Eckhard Jesse | Tom Mannewitz [Hrsg.]

Extremismusforschung

Handbuch für Wissenschaft und Praxis

Nomos

Sächsische Landeszentrale
für politische Bildung

Die Deutsche Nationalbibliothek verzeichnet diese Publikation in
der Deutschen Nationalbibliografie; detaillierte bibliografische
Daten sind im Internet über http://dnb.d-nb.de abrufbar.

Dresden 2018
Lizenzauflage der Sächsischen Landeszentrale für politische Bildung

1. Auflage 2018
© Nomos Verlagsgesellschaft, Baden-Baden 2018. Alle Rechte, auch die des Nachdrucks von Auszügen, der fotomechanischen Wiedergabe und der Übersetzung, vorbehalten. Gedruckt auf alterungsbeständigem Papier.

Inhaltsverzeichnis

Abbildungsverzeichnis 7

Tabellenverzeichnis 9

KAPITEL I   KONZEPTIONELLE ÜBERLEGUNGEN 11
Eckhard Jesse und Tom Mannewitz

KAPITEL II   GRUNDLAGEN 23
Eckhard Jesse

KAPITEL III   DEMOKRATISCHER VERFASSUNGSSTAAT ALS WIDERPART DES EXTREMISMUS 59
Birgit Enzmann

KAPITEL IV   EXTREMISTISCHE IDEOLOGIEN 99
Uwe Backes

KAPITEL V   EXTREMISTISCHE EINSTELLUNGEN UND EMPIRISCHE BEFUNDE 161
Viola Neu und Sabine Pokorny

KAPITEL VI   URSACHEN FÜR POLITISCHEN EXTREMISMUS 205
Lazaros Miliopoulos

KAPITEL VII   ERFOLGS- UND MISSERFOLGSBEDINGUNGEN EXTREMISTISCHER PARTEIEN 245
Tom Mannewitz

KAPITEL VIII   RECHTSEXTREMISMUS IN DER BUNDESREPUBLIK DEUTSCHLAND 303
Armin Pfahl-Traughber

KAPITEL IX   LINKSEXTREMISMUS IN DER BUNDESREPUBLIK DEUTSCHLAND 339
Jürgen P. Lang

KAPITEL X	ISLAMISMUS IN DER BUNDESREPUBLIK DEUTSCHLAND	389
	Thorsten Hasche	
KAPITEL XI	LINKS- UND RECHTSTERRORISMUS IN DER BUNDESREPUBLIK DEUTSCHLAND	427
	Alexander Straßner	
KAPITEL XII	EXTREMISMUS IN WEST- UND OSTEUROPÄISCHEN DEMOKRATIEN	473
	Tom Thieme	
KAPITEL XIII	SYSTEMTRANSFORMATION UND EXTREMISMUS	513
	Rolf Frankenberger	
KAPITEL XIV	POLITISCHER EXTREMISMUS IN DER WEIMARER REPUBLIK	547
	Jürgen W. Falter	
KAPITEL XV	RECHTSEXTREMISMUS AN DER MACHT – DER NATIONALSOZIALISMUS	591
	Bernd Jürgen Wendt	
KAPITEL XVI	LINKSEXTREMISMUS AN DER MACHT – DER KOMMUNISMUS	619
	Stéphane Courtois	

Literaturverzeichnis	639
Personenverzeichnis	661
Autorenverzeichnis	671

Abbildungsverzeichnis

Abbildung IV.1:	Strukturmerkmale der Extremideologien	154
Abbildung V.1:	Antwortmuster einer Extremismusskala	173
Abbildung VII.1:	Das Scheuch-Klingemann-Modell zur Wahl rechtsextremer Parteien	257
Abbildung VII.2:	Wahlerfolge und ideologische Profile in Westeuropa 1979-2003	266
Abbildung VII.3:	Wahlerfolge und Organisationstypen in Westeuropa 1979-2003	268
Abbildung VII.4:	Kitschelts politischer Raum	274
Abbildung X.1:	Radikalisierungszeiträume	415
Abbildung XIII.1:	Politische Transformationen 1946–2010	537

Tabellenverzeichnis

Tabelle V.1:	Rechtsextreme Einstellungen in der Bevölkerung (in Prozent)	190
Tabelle V.2:	Gruppenbezogene Menschenfeindlichkeit 2015 (in Prozent)	191
Tabelle VII.1:	(Miss-)Erfolgsfaktoren der extremen Rechten	296
Tabelle VII.2:	(Miss-)Erfolgsfaktoren der extremen Linken	297
Tabelle XII.1:	Demokratisierung in Europa (ohne Unterbrechung)	475
Tabelle XII.2:	Wahlergebnisse rechtsextremistischer Parteien in Europa (1990–2017)	487
Tabelle XII.3:	Wahlergebnisse linksextremistischer Parteien in Europa (1990–2017)	491
Tabelle XII.4:	Islamistische Terroranschläge in Europa mit zivilen Todesopfern (2004 – Juni 2017)	504

KAPITEL I
KONZEPTIONELLE ÜBERLEGUNGEN

Eckhard Jesse und Tom Mannewitz

1 Gegenstand

Das „Zeitalter der Extreme"[1] ist vorbei – und ist es doch nicht. Den Terminus verlieh der britische Sozialhistoriker Eric Hobsbawm vor über zwei Jahrzehnten an das an Extremen wahrlich nicht arme 20. Jahrhundert. Allerdings wurde bei ihm „Extremismus" anders verstanden. Für den Marxisten Hobsbawm ist Extremismus nicht im Sinn einer Antithese des demokratischen Verfassungsstaates zu verstehen. Er sieht den zentralen Gegensatz zwischen Sozialismus und Kapitalismus, wobei seine Sympathien dem Sozialismus gehören, ungeachtet der von ihm nicht geleugneten Verheerungen durch die Politik Stalins. Der Zusammenbruch des Sowjetsozialismus ist für ihn „nur Teil einer universalen oder globalen Krise".[2] Im Laufe der 1970er Jahre propagierten kapitalistische Staaten „Radikallösungen". „Die Extremisten des Laisser-faire waren aber auch nicht erfolgreicher als andere. In den achtziger und frühen neunziger Jahren wurde die kapitalistische Welt von Problemen erschüttert, die es bislang nur in den Zwischenkriegsjahren gegeben und von denen man angenommen hatte, dass sie vom Goldenen Zeitalter endgültig überwunden worden wären: Massenarbeitslosigkeit, bedrohliche zyklische Konjunkturkrisen, spektakuläre Konfrontationen von Obdachlosigkeit und luxuriösem Überfluss, von begrenzten Staatseinnahmen und grenzenlosen Staatsausgaben. Die erlahmenden und verwundbaren Wirtschaften der sozialistischen Staaten wurden zu einem ebensolchen, wenn nicht sogar noch radikaleren Bruch mit ihrer Vergangenheit getrieben und begannen, wie wir heute wissen, auf ihren Zusammenbruch zuzusteuern."[3] Während der Historiker Hobsbawm die Wirklichkeit im „Westen" perhorreszierte, idealisierte sie der amerikanische Politikwissenschaftler Francis Fukuyama mit seiner Furore machenden und von teleologischen Prämissen nicht freien These vom „Ende der Geschichte"[4]. Die liberale Demokratie habe ein für allemal gesiegt. Kurze Zeit später musste er sich durch das Aufkommen des Islamismus eines Besseren belehren lassen.

Eingeleitet wurde das „kurze Jahrhundert" vom Ersten Weltkrieg im August 1914, es fand sein Ende durch die Auflösung der Sowjetunion im Dezember 1991.[5] Wie kann von einem abgeschlossenen „Zeitalter der Extreme" und einem „Ende der Geschichte" die Rede sein, wenn

---
1 Eric Hobsbawm, Das Zeitalter der Extreme. Weltgeschichte des 20. Jahrhunderts, München/Wien 1995.
2 Ebd., S. 23.
3 Ebd., S. 24.
4 Vgl. Francis Fukuyama, Das Ende der Geschichte. Wo stehen wir?, München 1992.
5 Vgl. Ian Kershaw, Höllensturz. Europa 1914 bis 1949, München 2016; der zweite Band will die Zeit von 1949 bis zur Gegenwart behandeln. Für Ernst Nolte ist hingegen 1917 – nicht 1914 – das Schlüsseljahr durch den Sieg des Bolschewismus. Vgl. ders., Der europäische Bürgerkrieg 1917–1945. Nationalsozialismus und Bolschewismus, 5. Aufl., Berlin 1997.

seit einigen Jahren die Zahl der politischen Systeme mit „Mitte und Maß" – konstitutionelle Demokratien nämlich – stagniert, während Autokraten unterschiedlichster Couleur in vielen Staaten die Zügel übernehmen und fest im Sattel sitzen (z. B. in Russland, Türkei, Venezuela), wenn der globale islamistische Terrorismus die internationale Sicherheitsagenda bestimmt, wenn der Zulauf zu links- und rechtsextremistischen Milieus (in Deutschland) seit Jahren nicht abreißt, wenn Europa Zeuge eines – in einigen Regionen vehementen (etwa in Frankreich, Polen, Österreich, Ungarn) – Rechtsrucks wird und wenn zugleich der Ruf nach mehr demokratischer Mitbestimmung in vielen Gesellschaften immer lauter ertönt?

Das Ende des „Endes der Geschichte" ist längst nicht eingetreten und das „Zeitalter der Extreme" keineswegs vorbei – beides hat nur einen Wandel erfahren, und zwar zuvorderst an der antidemokratischen Front. Unterschiedliche Kräfte sagten und sagen dem demokratischen Verfassungsstaat den Kampf an, sei es in militanter Form, sei es in populistischer. Wer nicht einem historizistischen Glauben huldigt, weiß keineswegs, wie der weitere Gang der Geschichte verläuft.

Erstens betrat vor geraumer Zeit der Islamismus erneut die politische Bühne – mit der Islamischen Revolution 1978/79 unter ihrem Führer Ajatollah Ruhollah Chomeini einerseits sowie der djihadistischen Blütezeit infolge des sowjetischen Einmarschs in Afghanistan in den 1980er Jahren andererseits. Die Terrorakte von Al-Qaida und des Islamischen Staates sind die jüngsten Auswüchse dieser Form des Extremismus, ganz zu schweigen von dem barbarischen „Staatsbildungsprojekt" des IS in Syrien und im Irak.[6] Wohl kein (in politischer Hinsicht) islamisches Land ist ein demokratischer Verfassungsstaat. Kritiker sehen den Islamismus als einen „neuen Totalitarismus"[7] an.

Zweitens hat der Rechtsextremismus einen Formwandel durchlaufen und in einigen Teilen Europas unlängst Bodengewinne verzeichnet. Über Jahrzehnte fristeten rassistische wie nationalistische Ungleichwertigkeitsideologien infolge der nationalsozialistischen und faschistischen Schreckensherrschaft in der ersten Hälfte des 20. Jahrhunderts ein marginalisiertes Dasein in den politischen Systemen des europäischen Kontinents.[8] Zugleich konnten sich an vielen Stellen (organisatorische bzw. ideelle) Nachfolgeorganisationen halten – darunter der Front National in Frankreich, der Vlaams Belang (bis 2004 Vlaams Blok) in Belgien und die Fiamma Tricolore als Abspaltung des italienischen MSI. Sie – ebenso andere Vertreter des rechten Randes (nicht nur Rechtsextremisten) – meldeten sich überdies bei den jüngeren nationalen, regionalen, kommunalen und EU-Wahlen zurück. So schaffte es der Front National im Jahre 2017 – mit seiner Spitzenkandidatin Marine Le Pen – bereits zum zweiten Mal in die zweite Runde der Präsidentschaftswahlen. Für ähnliche Nervosität sorgten Norbert Hofer (FPÖ) in Österreich, Geert Wilders' Partei PVV bei den niederländischen und die PiS unter Beata Szydło bei den polnischen Nationalwahlen. Daneben gründeten sich unlängst neue, rechtsextreme Formationen, wie die ungarische Partei Jobbik im Jahre 2003. Die an das Erbe der Pfeilkreuzler anknüpfende, paramilitärische Formation sitzt im ungarischen wie im europäischen Parlament.

---

6 Volker Perthes, „Das ist ein Staatsbildungsprojekt", in: Neue Zürcher Zeitung vom 31. August 2014.
7 So Bassam Tibi, Der neue Totalitarismus. Heiliger Krieg und westliche Sicherheit, Darmstadt 2004.
8 Vgl. Thomas Schlemmer/Hans Woller (Hrsg.), Der Faschismus in Europa. Wege der Forschung, München 2014.

Eng verbunden mit diesen – regional begrenzten – Erfolgen rechtsextremer Formationen ist ein Formwandel am rechten Rand der nationalen Parteiensysteme. Versuche, an historische Traditionen des Rechtsextremismus anzuknüpfen, waren in den vergangenen Jahrzehnten ohnehin meist zum Scheitern verurteilt. Es handelt sich um eine Misserfolgsformel. All dies mag zu einem Bedeutungsverlust des „harten Rechtsextremismus"[9] beigetragen haben. Das Streben nach einer Diktatur, das Klammern an eine der historischen Großideologien, die rigorose Ablehnung der Demokratie, die unumwundene Kooperation mit gewaltbereiten Kräften und die Duldung starker extremistischer Zentren innerhalb einer Partei sind Merkmale, die viele Wähler abschrecken. Wohl auch deshalb dürfte der nicht-extremistische Rechtspopulismus den nicht-populistischen Rechtsextremismus in seiner Bedeutung für die nationalen politischen Systeme abgelöst haben. Dadurch ist der „harte" rechte Extremismus zwar geschwächt, ohne dass damit aber in jedem Fall eine klare Abgrenzung von *allen* antidemokratischen Positionen einherging.

Drittens hat der orthodoxe Kommunismus mit seinen Millionen von Toten als dominierende Ideologie des Linksextremismus ausgedient. Die ökonomische Leistungsschwäche und die politischen Limitierungen, die während und nach dem Fall des Eisernen Vorhangs offenkundig wurden (Öffnung der Archive, Gründung von Opferverbänden und Forschungsverbünden), diskreditierten diese Ideologie des 19. und 20. Jahrhunderts.[10] Überdies passten demokratischer Zentralismus und Klassenkampfrhetorik, „Diktatur des Proletariats" und orthodoxer Marxismus kaum mehr zu den Bedürfnissen einer von Globalisierung, Lohndumping und Finanzkrisen gebeutelten Klientel – zumindest im Westen Europas. Hier traten Parteien der „Neuen Linken" – inhaltlich pragmatische, strategisch flexible und organisatorisch dynamische Sammlungsparteien links der Sozialdemokratie, die Antirassismus mit Altermondialismus und „Neoliberalismus"-Kritik verbinden – an die Stelle der „alten linken" Parteien. Im Osten hingegen gehören die „Orthodoxen" nach wie vor zu den erfolgreicheren Kräften.

Diese Entwicklung an den Rändern hat zum einen jüngst Heinrich August Winkler, den Chronisten der „Geschichte des Westens"[11], dazu veranlasst, die Schwächen „des" Westens mit seiner Akzeptanz der Menschenrechte, der Gewaltenteilung und repräsentativen Demokratie ungeschönt bloßzulegen; zum andern motivierten ihn die Herausforderungen von außen dazu, die Krise des Westens nachdrücklich zur Sprache zu bringen.[12] Voller Leidenschaft verficht er die westliche Wertegemeinschaft: „Allein auf sich gestellt kann kein Mitgliedstaat der Europäischen Union sich im Zeitalter der Globalisierung behaupten. Wenn sie ihre Kräfte bündeln, verbessern die Staaten des alten Kontinents aber nicht nur ihre wirtschaftliche und politische Position gegenüber internationalen Akteuren, die sich an autoritären Ordnungsvorstellungen orientieren. Sie verstärken auch die innere Selbstbehauptungskraft der freiheitlichen, pluralistischen, gewaltenteilenden, die Menschen- und Bürgerrechte achtenden Demokratie – *die* Regie-

---

9 Vgl. Eckhard Jesse/Tom Thieme, Extremismus in den EU-Staaten. Theoretische und konzeptionelle Grundlagen, in: dies. (Hrsg.), Extremismus in den EU-Staaten, Wiesbaden 2011, S. 11–32, hier S. 17–20.
10 Vgl. Stéphane Courtois/Nicolas Werth/Jean-Louis Panné/Andrzej Paczkowski/Karel Bartosek/Jean-Louis Margolin, Das Schwarzbuch des Kommunismus. Unterdrückung, Verbrechen und Terror, München/Zürich 1998; François Furet, Das Ende der Illusion. Der Kommunismus im 20. Jahrhundert, München 1996.
11 Vgl. Heinrich August Winkler, Geschichte des Westens, 4 Bde., München 2009–2015.
12 Vgl. ders., Zerbricht der Westen? Über die gegenwärtige Krise in Europa und Amerika, München 2017.

rungsform, die es gegenüber den Populisten aller Schattierungen zu verteidigen gilt, weil sie die wertvollste Errungenschaft der beiden atlantischen Revolutionen des späten 18. Jahrhunderts, der Amerikanischen Revolution von 1776 und der Französischen Revolution von 1789, ist. Der globale Westen [...] hat den Höhepunkt seiner wirtschaftlichen, politischen und militärischen Weltgeltung hinter sich. Ob sein normatives Projekt seine weltweite Ausstrahlung bewahren kann, hängt vor allem vom Westen selbst ab."[13]

2 Sinn und Ziel

Zu Beginn des neuen Jahrtausends hat die von Jürgen Habermas 1985 konstatierte „Neue Unübersichtlichkeit"[14] gleichfalls an den Rändern des politischen Spektrums Einzug gehalten. Linksextremismus ist nicht mehr gleichbedeutend mit Anarchismus/Kommunismus, Rechtsextremismus nicht mehr gleichbedeutend mit Nationalsozialismus/Faschismus. Und was das „Dritte im Bunde" angeht, so scheiden sich die Geister, ob der Islamismus die einzigen relevanten Extremismen religiöser Provenienz stellt. Zu nennen sind etwa jüdische (Israel) und evangelikale (USA) Fundamentalisten. Allerdings dürfte der islamistische Fundamentalismus die härteste Form sein.

„Der" politische Extremismus hat sich in seiner Reaktion auf die politischen (Bedrohung durch internationalen Terrorismus, EU-Legitimitätsdefizit und -verkleinerung), gesellschaftlichen (Individualisierung, globale Migrationsströme) und ökonomischen (Sozialstaatsausbau bei zugleich steigender Globalisierung, erhöhtem Konkurrenzdruck und Wirtschaftskrisen) Umwälzungen der letzten Jahrzehnte nicht nur ideologisch ausdifferenziert (am linken Rand etwa durch das Auftreten der „Post-Autonomen"), sondern auch die Grenzen zwischen Demokratie und Extremismus zunehmend verwischt: Es sind weniger die „klassischen" Extremismen totalitärer Façon, durch die sich die Werte, Prinzipien und Institutionen des demokratischen Verfassungsstaates heute herausgefordert sehen, sondern vor allem jene Phänomene im „Graubereich", deren systemische Analogien die Autokratieforschung seit geraumer Zeit als „Demokratie mit Adjektiven"[15], als „hybride"[16] oder als „autoritäre Subtypen" (wie electoral authoritarianism[17] und competitive authoritarianism[18]) bezeichnet.[19]

Vor diesem Hintergrund will das Handbuch Orientierung und Übersichtlichkeit dort liefern, wo zuletzt Konfusion dominierte. Nun geht die unvermeidliche „Reduktion von Komplexität" (Niklas Luhmann) mit Informationsverlust einher: Themen fehlen, die Schwerpunkte mögen

---

13 Ebd., S. 421 (Hervorhebung im Original).
14 Jürgen Habermas, Die Neue Unübersichtlichkeit, Frankfurt a. M. 1985.
15 Siehe exemplarisch David Collier/Steven Levitsky, Democracy with Adjectives. Conceptual Innovation in Comparative Research, in: World Politics 49 (1997), S. 430–451; Wolfgang Merkel, Embedded and Defective Democracies, in: Democratization 11 (2004), H. 5, S. 33–58.
16 Siehe Larry J. Diamond, Elections without Democracy. Thinking about Hybrid Regimes, in: Journal of Democracy 13 (2002), H. 2, S. 21–35.
17 Vgl. Andreas Schedler, Electoral Authoritarianism: The Dynamics of Unfree Competition, Boulder 2006.
18 Vgl. Steven Levitsky/Lucan A. Way, The Rise of Competitive Authoritarianism, in: Journal of Democracy 13 (2002), H. 2, S. 51–66.
19 Siehe generell Petra Bendel/Aurel Croissant/Friedbert W. Rüb (Hrsg.), Zwischen Demokratie und Diktatur. Zur Konzeption und Empirie demokratischer Grauzonen, Opladen 2002.

einen wichtigen Aspekt aussparen, dafür aber einen anderen überbetonen, eine wissenschaftliche Position kommt nicht zu Wort, Kritik wird überdehnt. All dies liegt in der Natur der Sache. Wer ein Handbuch zu verfassen gedenkt, ist sich über die Selektivität der Themenauswahl bewusst. Diese bedeutet stets Wertung. Damit wird einzelnen Positionen Unrecht getan. In der *Auswahl* der Teilgebiete der Extremismusforschung haben sich die Herausgeber, in der *Darstellung* der Teilgebiete der Extremismusforschung die Autoren gleichwohl Mühe gegeben, trotz des Zwangs zu Kondensation und Selektion nichts Wesentliches auszusparen. Gemeinsames Ziel: dem Äquidistanzgebot Rechnung zu tragen.

Was als wesentlich gilt, hängt freilich von der eigenen wissenschaftlichen Position ab. Es ist kein Geheimnis: Die Autoren wissen sich in der impliziten oder expliziten Akzeptanz des normativen Extremismuskonzeptes (nicht: „-theorie") einig. Verbunden ist damit nicht mehr und nicht weniger als die Einigung auf eine Definition. Das bedeutet keineswegs, unterschiedliche Positionen zu glätten. Es gibt keine „richtige" oder „falsche" Vorstellung davon, was Extremismus ist. Abseits einer etymologischen Begriffsbestimmung[20], die zwar zur Analyse der Wortherkunft wichtig sein mag, aber wenig zu einer Definition beiträgt, ist Extremismus eine „Sammelbezeichnung für unterschiedliche politische Gesinnungen und Bestrebungen […], die sich der Ablehnung des demokratischen Verfassungsstaates und seiner fundamentalen Werte und Spielregeln einig wissen"[21]. „Extremismus" hat – in definitorischer Hinsicht – nichts mit einer (maximalen) Abweichung von „Normalität" zu tun, nichts mit einer Diskreditierung von „Minderheit". Der Extremismusbegriff delegitimiert keineswegs „kritische" Positionen. Auch radikale Forderungen – sei es von rechts, sei es von links, sei es aus fundamentalistischer Sicht – gelten nicht per se als ablehnungswürdig, solange sie den Boden von Verfassungsstaatlichkeit, Volkssouveränität, Pluralismus und grundlegenden Menschenrechten nicht verlassen.

Des Weiteren verliert der Begriff über die relevanten ideologischen Facetten, denkstrukturelle Gemeinsamkeiten und Unterschiede, variierende politische Ziele, Mittel, Erfolgsbedingungen, Charaktere, Einflussmöglichkeiten und Ursachen noch kein Wort. Es handelt sich um einen Begriff – keine Theorie – für ein empirisches Phänomen, das aufgrund seiner unversöhnlichen Frontstellung gegenüber in weiten Teilen der Welt für segensreich gehaltenen politischen Institutionen und Verfahrensregeln eine terminologische Klammer verdient.

Das normative Extremismuskonzept erklärt für sich genommen noch nichts – das leisten andere Konzepte (wie „Demokratie", „Globalisierung", „Toleranz" etc.) allerdings auch nicht. Insofern kommt bei einer solchen Kritik ein unfairer Maßstab zur Anwendung. Zudem setzt die zugehörige Forschung, die empirische Phänomene als extremistisch klassifiziert, diese nicht gleich – nicht mit Blick auf die Ursachen, nicht mit Blick auf die Folgen, nicht mit Blick auf die Wünschbarkeit. Sie behauptet nur, diese Phänomene teilen die eine Gemeinsamkeit, mit einzelnen (oder allen) Institutionen konstitutioneller Demokratie nicht vereinbar zu sein. Dieser Band vermeidet eine Fixierung auf eine bestimmte Form des Extremismus.

---

20 Vgl. Uwe Backes, Politische Extreme. Eine Wort- und Begriffsgeschichte von der Antike bis zur Gegenwart, Göttingen 2006.
21 Ders./Eckhard Jesse, Politischer Extremismus in der Bundesrepublik Deutschland, 4. Aufl., Bonn 1996, S. 45.

3 Aufbau und Autoren

Vor dem Hintergrund mannigfaltiger Unklarheiten, begrifflicher Verwirrung, gewollter und zufälliger Missverständnisse beim wissenschaftlichen, politischen, administrativen und gesellschaftlichen Gebrauch des Extremismusbegriffs erscheint ein konzeptionelles Kapitel unabdingbar. Eckhard Jesse (TU Chemnitz), der sich häufig der Extremismusthematik in ihren verschiedenen Facetten angenommen hat[22], wird darum nicht nur auf die Begriffsgeschichte von „Extremismus" eingehen, die in der aristotelischen Mesoteslehre wurzelt, sondern auch auf das begriffliche Wechselverhältnis von Extremismus und konstitutioneller Demokratie. Angesprochen ist damit die gegenseitige Bezugnahme der Begriffe, angesprochen sind aber auch die unterschiedlichen Schutzmechanismen, welche sich die Demokratien der Welt im Laufe der Zeit zugelegt haben (oder eben nicht), um der Bedrohung durch systemilloyale Kräfte einen Riegel vorzuschieben („wehrhafte Demokratie"/„militant democracy"). Zugleich: Ein solches Kapitel kommt ohne eine ausführliche Begriffskritik und Gegenkritik nicht aus: Was bedeutet „Extremismus"? Warum sollte der Begriff anstatt anderer Etiketten verwendet, warum nach Meinung der Begriffsgegner der Terminus durch einen anderen ersetzt werden? Und: durch welchen? Welche Unwägbarkeiten bringen alternative Konzepte wie Fundamentalismus und Populismus mit sich? Was ist mit Totalitarismus und Autoritarismus gemeint? Auf all jene Fragen will Kapitel II („Grundlagen") eine Antwort geben. Eine Kernthese lautet, dass die Politikwissenschaft ohne den vielgescholtenen Begriff des Extremismus nicht auskommt.

Birgit Enzmann von der Katholischen Universität Eichstätt-Ingolstadt geht auf den demokratischen Verfassungsstaat als Widerpart des politischen Extremismus näher ein. In vielen anderen Ländern Europas gedieh die konstitutionelle Demokratie auf den Trümmern der alten Feudal- und Ständeordnung. Den „Markenkern" des demokratischen Verfassungsstaates sieht die Autorin – in Abwandlung, nicht im Gegensatz zu Karl Loewenstein, der die Gewaltenteilung als zentrales Merkmal identifizierte – im „Verfassungsvorrang". Gemeint ist damit, die Verfassung als „higher law" verpflichte die Staatsgewalt nicht nur moralisch, sondern auch als positives Recht. Enzmann, die aus ihrem großen Fundus schöpft[23], zeichnet überdies nicht nur die historische Genese der drei prototypischen Verfassungsstaaten – England, USA, Frankreich – und Deutschlands nach, sondern wagt auch einen Blick in die Zukunft: Neben dem „Evergreen" (Freiheit versus Sicherheit) zeichne sich der Konflikt zwischen Verfassungsvorrang und Volkssouveränität, wie er am deutlichsten bei der Volksgesetzgebung zum Ausdruck kommt, als bleibende Herausforderung ab; ganz abgesehen von der Unterwanderung formaler demokratisch-konstitutioneller Institutionen durch eine Reihe informeller Praktiken, die unlängst bei einigen re-autokratisierten Staaten beobachtet werden konnten: Kauf von Medienunternehmen durch Strohmänner, Besetzung wirtschaftlicher, juristischer und sicherheitsrelevanter Entscheidungspositionen mit Vertrauten, Infiltration zivilgesellschaftlicher Organisationen, subtile Ein-

---

22 Vgl. zuletzt Eckhard Jesse (Hrsg.), Wie gefährlich ist Extremismus? Gefahren durch Extremismus, Gefahren im Umgang mit Extremismus, Baden-Baden 2015.
23 Vgl. Birgit Enzmann, Der Demokratische Verfassungsstaat. Entstehung, Elemente, Herausforderungen, Wiesbaden 2012.

schüchterung von Journalisten und Oppositionspolitikern, Ausdehnung exekutiver Kompetenzen.

Vor diesem Hintergrund tut genaue Kenntnis der antidemokratischen Ideologien Not. In dieser Hinsicht schafft der Beitrag des Dresdener Politikwissenschaftlers Uwe Backes Abhilfe. Der einschlägig ausgewiesene Autor[24] kapriziert sich nicht auf die holzschnittartige Trennung von Nationalsozialismus/Faschismus, Anarchismus, Kommunismus und Islamismus. Vielmehr kommt eine Vielzahl weiterer ideologischer Schattierungen und hierzulande weniger bekannter Phänomene zur Sprache: etwa der hinduistische Nationalismus (Indien), der jüdische Fundamentalismus (Israel) und die Tierrechtsbewegung (Großbritannien). Backes trägt somit zu einer Perspektivweitung der in Deutschland wurzelnden normativen Extremismusforschung für globale Phänomene bei. Zugleich führt der Beitrag die Relevanz der Ideologie beim Verständnis der politischen Extremismen in Vergangenheit und Gegenwart vor Augen. Wiewohl die verschiedenen Forschungskonjunkturen der Ideologie mal mehr, mal weniger Platz einräumten, veranschaulicht der Beitrag die lange, polymorphe Tradition (u. a. religionspolitologische, erkenntniskritische, sprachkritische, entwicklungspsychologische, konzeptmorphologische Zugänge), die auch heute nichts von ihrer Aktualität eingebüßt hat und zum Verständnis etwa politisch motivierter Gewalt ins Gedächtnis zu rufen ist.

Die in Backes' Kapitel offenkundig werdende Vielgestaltigkeit „des" politischen Extremismus erklärt einen Teil der Schwierigkeiten bei der Messung zugehöriger Einstellungen, denen der Beitrag von Viola Neu und Sabine Pokorny, zwei bei der Konrad-Adenauer-Stiftung angestellten Extremismus- und Wahlforscherinnen[25], gewidmet ist. Während eine Expertenkonferenz sich im Jahr 2001 auf eine sechsdimensionale Konvention zur Messung rechtsextremer Einstellungen (Befürwortung einer rechtsautoritären Diktatur, Chauvinismus, Ausländerfeindlichkeit, Antisemitismus, Sozialdarwinismus, Verharmlosung des Nationalsozialismus) einigte, die – trotz problematischer Items und von Studie zu Studie schwankenden Cutoff-Points – noch heute Anwendung findet, blieben ähnlich ambitionierte Bemühungen beim Islamismus und Linksextremismus aus. Für andere Extremismusvarianten fehlt es fast gänzlich an Einstellungsskalen. Was die Empirie angeht, fallen die Befunde ernüchternd aus – nicht so sehr wegen der Höhe der Zustimmung zu antidemokratischen Aussagen (das mag jeder selbst beurteilen), sondern wegen der mangelnden Vergleichbarkeit der Studien: Variierende Items, Schwellenwerte, Grundgesamtheiten, Stichproben und Erhebungsverfahren machen es geradezu unmöglich, das gesellschaftliche Gefährdungspotential von linkem, rechtem und islamistischem Extremismus ins Verhältnis zueinander zu setzen; ganz zu schweigen von der bisweilen dünnen empirischen Decke, auf denen einige der Befunde ruhen. Der Beitrag kartografiert mithin ein Terrain mit einer großen Zahl gut beleuchteter Plätze (Rechtsextremismus) und vielen unbekannten Flecken (Linksextremismus und Islamismus). Offenkundig macht die Wissenschaft weithin einen Bogen um linksextremistische Einstellungspotentiale.

---

24 Vgl. Uwe Backes, Politischer Extremismus in demokratischen Verfassungsstaaten. Elemente einer normativen Rahmentheorie, Opladen 1989; ders. (Anm. 20).
25 Vgl. Viola Neu, Das Janusgesicht der PDS. Wähler und Partei zwischen Demokratie und Extremismus, Baden-Baden 2004; Sabine Pokorny, Regionale Kontexteinflüsse auf extremistisches Wählerverhalten in Deutschland, Wiesbaden 2012.

Die in Teilen auf die „Explorationsverweigerung" des Feldes zurückzuführende miserable Datenlage bei der Erfassung extremistischer Einstellungen ist überdies ein Grund für die – schier unüberblickbare – Flut an – teils widersprüchlichen – Befunden zu den Ursachen extremistischer Einstellungen und Handlungen, wie Lazaros Miliopoulos von der Universität Bonn in seinem Beitrag aufzeigt. Zumal beim Linksextremismus gibt es kaum größere belastbare Studien. Hinzu kommt die Buntscheckigkeit des Explanandums: Sollen extremistische Einstellungen, Wahlentscheidungen zugunsten einer extremistischen Partei, politisch motivierte Straftaten, terroristische Gewaltakte oder Milieuzugehörigkeiten ergründet werden? Die Antworten determinieren die Ursachensuche. Diese komplexe Gemengelange spiegelt sich in dem Beitrag nur bedingt wider, gelingt es ihm doch, für Klarheit zu sorgen, indem er widersprüchliche Befunde zusammenführt. Trotz der Unterschiede im Detail: Wenn der Politikwissenschaftler, der regelmäßig zum politischen Extremismus publiziert[26], etwas verdeutlicht, dann ist es die Interaktion von Persönlichkeitsmerkmalen, frühkindlicher Sozialisation, Deprivations- und Unsicherheitserfahrungen, gruppensoziologischen Gelegenheitsfenstern, staatlichem Handeln, ideologischen Angeboten und kulturellen Frames, die wie Zahnräder ineinandergreifen, um Extremisten zu „produzieren". Was Miliopoulos angesichts der vielen offenen Fragen fordert, ist ein Mehr an Interdisziplinarität, Komparatistik und typologischer Differenzierung.

Zumal mit Blick auf die heterogene Parteienlandschaft und die höchst unterschiedlichen Wahlergebnisse links- wie rechtsextremer Parteien (in Europa und darüber hinaus) stellt sich Tom Mannewitz (TU Chemnitz) die Frage nach den Erfolgs- und Misserfolgsursachen. Sie ist nicht identisch mit der Frage nach den Gründen für die individuelle Wahlentscheidung zugunsten einer antidemokratischen Partei, überschneidet sich aber mit ihr: Wer wissen will, unter welchen Bedingungen die Parteien reüssieren, muss nicht nur wissen, warum relevante gesellschaftliche Segmente sie wählen, sondern auch, wie es um die parteipolitische Konkurrenzsituation, Krisenmomente, die Attraktivität der Konkurrenzparteien und vieles andere mehr bestellt ist. Eine Revue der Forschung fördert (auf einer abstrakten Ebene) recht ähnliche Erklärungsmuster – linksextreme Parteien profitieren cum grano salis eher von sozioökonomischen Krisenperzeptionen[27], rechtsextreme hingegen von soziokulturellen Bedrohungsszenarien – und unentdecktes Terrain zutage. Über die Gelegenheitsfenster islamistischer Formationen ist nahezu nichts bekannt; überhaupt fristen außereuropäische Parteien ein Schattendasein in der Forschung.

Die folgenden fünf Kapitel sind unterschiedlichen extremistischen Formen im Deutschland der Gegenwart und Vergangenheit gewidmet, nicht nur zum Rechts- und Linksextremismus, sondern auch zum islamistischen Fundamentalismus. Der Terrorismus von links und rechts in der zweiten deutschen Demokratie kommt ebenso zur Sprache wie der politische Extremismus in der Weimarer Republik: Ohne diese schmerzvollen Erfahrungen sind viele gegenwärtige Ent-

---

26 Vgl. Lazaros Miliopoulos, Die Geschichte des Extremismus in Deutschland 1949–1990, in: Uwe Backes/Alexander Gallus/Eckhard Jesse (Hrsg.), Jahrbuch Extremismus & Demokratie, Bd. 24, Baden-Baden 2012, S. 42–71; ders., Parteiförmiger und subkultureller Extremismus seit der deutschen Einheit – Symmetrien und Asymmetrien, in: Gerhard Hirscher/Eckhard Jesse (Hrsg.), Extremismus in Deutschland. Schwerpunkte, Vergleiche, Perspektiven, Baden-Baden 2013, S. 371–396.
27 Vgl. Tom Mannewitz, Linksextremistische Parteien in Europa nach 1990. Ursachen für Wahlerfolge und -misserfolge, Baden-Baden 2012.

wicklungen, sowohl auf extremistischer als auch auf demokratischer Seite, kaum angemessen zu verstehen.

Den „Aufschlag" macht Armin Pfahl-Traughber. Der Extremismusforscher der Hochschule des Bundes, der nicht nur zum Rechtsextremismus unaufhörlich publiziert[28], zeichnet die Linien des Rechtsextremismus in der Bundesrepublik nach. Einer ideologischen Typologie schließt sich eine historische Einordnung an, die beim (zunächst regionalen) Erfolg der SRP und ihrem Verbot Anfang der 1950er Jahre ansetzt, das auf dem Fuße folgte. Bei diesem historischen Parforceritt durch sieben Dekaden treten neben der anhaltend hohen Gewaltbereitschaft, die über einige Jahrzehnte teilweise bis in den Terrorismus hineinreichte, massive Revierkämpfe am rechten Rand zutage. *Ein* Ausdruck davon war der unerbittliche Wettbewerb um Wähler zwischen REP, DVU und NPD, den letztgenannte für sich entscheiden konnte, wiewohl auf bescheidenem Niveau. „Wie gewonnen, so zerronnen", ließe sich mit Blick auf die Aussichten der „Nationaldemokraten" im Jahr 2017 sagen, denn trotz zweier nicht-verlorener Verbotsprozesse (2003 und 2017) wollen Union und SPD die NPD von der Parteienfinanzierung ausschließen, blickt diese ihrem Niedergang entgegen. Ohnehin dürfte die von der Gewaltbereitschaft subkultureller wie NS-affiner Rechtsextremer ausgehende Gefahr für die innere Sicherheit größer sein, als es die der isolierten NPD mit Blick auf die Demokratie je war und ist.

Der Beitrag des Politikwissenschaftlers Jürgen P. Lang, in München leitender Redakteur beim Bayerischen Rundfunk und Linksextremismusexperte[29], folgt demselben Aufbau wie der zum Rechtsextremismus. Dabei liegt es in der Natur der Sache, dass die Ausführungen zumal zu den ideologischen Großfamilien höchst unterschiedlich geraten. Jürgen P. Lang stellt den Marxismus-Leninismus, den Trotzkismus, den Maoismus, den Reformkommunismus, den Anarchismus sowie den Gegensatz zwischen Antideutschen und Antiimperialisten heraus. Unter Rückgriff auf die historischen Vorläufer und Repräsentanten der kommunistischen Ideologie zeichnet sich sodann die Genese des Kommunismus in der Bundesrepublik und der DDR ab, wobei unter den Parteien aufgrund ihres Einflusses die PDS/Linke hervorstechen muss. Nicht unerwähnt bleiben die zahlreichen K-Gruppen, die in den 1980er Jahren so rasch wieder von der Bildfläche verschwanden, wie sie in den frühen 1970er Jahren aufgetaucht waren, sowie ihre im aktionsförmigen Linksextremismus bis heute wirkmächtigsten Nachfahren: die Autonomen, die im Gegensatz zu den K-Gruppen Gewalt nicht nur propagieren, sondern auch praktizieren.

Gänzlich anders stellen sich Genese und aktuelle Situation des Islamismus in Deutschland dar: Er kann hier, so der Göttinger Politik- und Islamwissenschaftler[30] Thorsten Hasche, an keine langjährige Tradition anknüpfen (wie der Links- und der Rechtsextremismus), wurde gleichsam im Zuge der weltweiten Globalisierung und Migration in den letzten Jahren „importiert". Paradoxerweise geht von ihm – besonders seiner sunnitischen Variante – derzeit dennoch die

---

28 Vgl. Armin Pfahl-Traughber, Rechtsextremismus in der Bundesrepublik, 4. Aufl., München 2006; ders., Konservative Revolution und Neue Rechte. Rechtsextremistische Intellektuelle gegen den demokratischen Verfassungsstaat, Opladen 1998.
29 Vgl. Jürgen P. Lang, Ist die PDS eine demokratische Partei? Eine extremismustheoretische Untersuchung, Baden-Baden 2003; Eckhard Jesse/ders., DIE LINKE – eine gescheiterte Partei?, München 2012.
30 Vgl. Thorsten Hasche, Quo vadis, politischer Islam? AKP, al-Qaida und Muslimbruderschaft in systemtheoretischer Perspektive, Bielefeld 2015.

größte Gefährdung für die innere Sicherheit (nicht für die Demokratie) aus, und zwar vor allem aufgrund der zunehmenden Zahl terroristischer Anschläge durch djihadistische Gruppierungen wie Al-Qaida und den Islamischen Staat. Hinzu kommen institutionell agierende Gruppierungen wie die Ableger der Muslimbruderschaft und Milli Görüs, die einerseits offensiv für die Anerkennung der Belange von Muslimen im öffentlichen Leben werben, andererseits nicht immer auf dem Boden der konstitutionellen Demokratie stehen. Und obwohl der Islamismus nicht in Deutschland wurzeln mag, zeigen der historische Exkurs in Thorsten Hasches Kapitel wie der Blick auf individuelle Radikalisierungsverläufe das Phänomen des „hausgemachten" Problems: Der westliche Kolonialismus der Vergangenheit nährt bis heute Gefühle der Zurückstellung und Demütigung bei vielen Muslimen. Zugleich steigt die Relevanz des „home-grown terrorism" durch „autochthone" Konvertiten.

Nicht zuletzt wegen der gewachsenen Bedeutung terroristischer Gefahren kommt ein Handbuch zur Extremismusforschung ohne ein eigenes Kapitel zum Terrorismus in Deutschland nicht aus. Das liefert der Regensburger Politikwissenschaftler und Terrorismusforscher Alexander Straßner. Seine Porträts umfassen am linken Rand die lange Zeit stilbildende Rote Armee Fraktion, die Bewegung 2. Juni, die Revolutionären Zellen – allesamt eher von historischer Relevanz. Der rechte Rand erlebte kein Initiationsdatum wie der linke mit dem 13. Mai 1970, sondern etablierte sich nur mühsam – zunächst noch in Gestalt von Personen etwa im Umfeld der „Wehrsportgruppe Hoffmann", später in der professionalisierten Hepp/Kexel-Gruppe und schließlich dem „Nationalsozialistischen Untergrund". Dabei reagierte der Staat, gestützt auf gesellschaftliche Akzeptanz, auf alle diese links- und rechtsterroristischen Herausforderungen entschlossen – wenngleich in unterschiedlicher Art und Intensität. Davon zeugen beispielsweise die Gründung der GSG 9 infolge der Geiselnahme in München 1972, die 1989 eingeführte Kronzeugenregelung, die „Kinkel-Initiative" des damaligen Justizministers Anfang der 1990er Jahre. Allerdings gab es auch staatliche Überreaktionen.

Den Deutschlandfokus weitet der Beitrag des jetzt an der Hochschule der Sächsischen Polizei in Rothenburg lehrenden Politikwissenschaftlers Tom Thieme, der zu allen Facetten des Extremismus veröffentlicht.[31] Die Rahmenbedingungen für den politischen Extremismus der Gegenwart könnten innerhalb Europas unterschiedlicher nicht ausfallen. „Alten" Demokratien (u. a. Belgien, Schweden, Schweiz) stehen „junge" (vor allem Osteuropa) gegenüber, „zufriedenen Demokraten" (z. B. Skandinavien) die „unzufriedenen (u. a. „PIGS-Staaten"), und wehrhaften Verfassungen (Deutschland, Tschechien und Bulgarien etwa) nicht-streitbare (Belgien, Irland, Luxemburg). Unabhängig davon: Der parteiförmige Rechtsextremismus ist trotz der höheren gesellschaftlichen Abwehrhaltung im Westen Europas insgesamt und konstant stärker als im Osten, vermutlich aufgrund der höheren Professionalisierung und der geringeren Wählervolatilität. Zugleich ist im Westen auch der Linksextremismus stärker in den Parteiensystemen verankert – wohl einerseits wegen der legitimierenden Kraft der Widerstandsvergangenheit in den nationalistischen Diktaturen aus der ersten Hälfte des 20. Jahrhunderts, andererseits wegen der Diskreditierung des Kommunismus im postkommunistischen Raum. Was den Islamismus

---

31 Vgl. Tom Thieme, Hammer, Sichel, Hakenkreuz. Parteipolitischer Extremismus in Osteuropa: Entstehungsbedingungen und Erscheinungsformen, Baden-Baden 2007; Jesse/ders. (Anm. 9).

angeht, so spielt dieser politisch in kaum einem Land eine Rolle, er gefährdet jedoch durch Anschläge Leib und Leben in zunehmendem Maße.

Eine Vielzahl erfolgreicher anti- oder semidemokratischer Parteien sitzt außerhalb Europas an den Hebeln der Macht – vor allem in Lateinamerika, Asien und Afrika. Jüngere Beispiele wie Venezuela führen vor Augen, wie derartige Parteien die Transformationen politischer Systeme induzieren. Dem tragen die verschiedenen theoretischen Stränge der Transformationsforschung in unterschiedlichem Maße Rechnung, wie Rolf Frankenberger belegt. Nach dem Tübinger Politikwissenschaftler, der zu autoritären Staaten vielfältig publiziert[32], räumen vor allem system- und kulturtheoretische, aber auch akteurszentrierte Ansätze extremistischen Akteuren in ihren Modellen größeren Platz ein. Das ist insofern erfreulich, als Extremisten in Zeiten von „critical junctures" nicht immer dieselbe Rolle spielen: Sie können innerhalb einer Diktatur lediglich die Ablösung (und Ersetzung) der herrschenden Klasse provozieren (z. B. Ersetzung Anwar al Sadats durch Hosni Mubarak in Ägypten 1981), in diesem Zug die „Spielregeln" des Systems ändern, ohne aber das Land zu demokratisieren (Ablösung des persischen Schahs durch Ruhollah Chomeini 1979) oder die Demokratisierung – letztlich erfolglos – zu verhindern suchen (z. B. Deutschland 1945). Wie ein Blick in die Vergangenheit belegt, kommen nicht-demokratische Systeme häufiger durch antidemokratische Systeme zu Fall, nicht durch demokratische. Die Chancen zur Demokratisierung sind in Militärdiktaturen am höchsten, bei personalistischen Regimen hingegen am geringsten.

Den Blick in die – vergangene – Empirie leitet der Mainzer Politikwissenschaftler Jürgen W. Falter ein, der sich nicht nur durch sein Werk „Hitlers Wähler" einen Namen als Extremismus- und Wahlforscher gemacht hat.[33] Die erste Demokratie auf deutschem Boden wurde zwischen den politischen Extremen wie zwischen zwei „Mühlsteinen" zerrieben. Gleichwohl: Allein NSDAP und KPD sowie deren (Helfers-)Helfern den „schwarzen Peter" zuzuschieben, zeugte von historischer Blindheit. Die instabile Verfassungsstruktur, der Argwohn Hindenburgs (und mit ihm eines Großteils der politischen Elite) gegenüber Konstitutionalismus, Republikanismus und Demokratie, die Weltwirtschaftskrise ab 1929 sowie schließlich das schwere Erbe des Ersten Weltkriegs mitsamt seinem nicht nur von Rechtsextremen als „Schandfrieden" gebrandmarkten Versailler Vertrag trugen ihr Scherflein zum Zusammenbruch der Weimarer Republik bei, um wichtige Faktoren des Demokratiezusammenbruches zu nennen. Die erste deutsche Demokratie war eine „Demokratie ohne Demokraten". Bereits bei der ersten Reichstagswahl 1920 verloren die Parteien der „Weimarer Koalition" (SPD, Zentrum, DDP) ihre Mehrheit – und sie erlangten sie nicht mehr wieder.

---

32 Vgl. Holger Albrecht/Rolf Frankenberger (Hrsg.), Autoritarismus Reloaded. Neuere Ansätze und Erkenntnisse der Autoritarismusforschung, Baden-Baden 2010.
33 Vgl. Jürgen W. Falter, Hitlers Wähler, München 1993; ders., Wer wählt rechts? Die Wähler und Anhänger rechtsextremistischer Parteien im vereinten Deutschland, München 1994; ders./Hans-Gerd Jaschke/Jürgen R. Winkler (Hrsg.), Rechtsextremismus. Ergebnisse und Perspektiven der Forschung, Opladen 1996; ders. (Hrsg.), Junge Kämpfer, alte Opportunisten. Die Mitglieder der NSDAP 1919–1945, Frankfurt a. M. 2016.

Der Pariser Historiker Stéphane Courtois, ein bekannter Kommunismusforscher[34], und der Hamburger Historiker Bernd Jürgen Wendt, ein nicht minder bekannter NS-Forscher[35], werfen anschließend einen ausführlichen Blick auf jene Repräsentanten des machtförmigen Links- und Rechtsextremismus, die nicht nur die Mehrheit bisheriger Regime – mit Blick auf die Todesopfer, die Herrschaftsreichweite und -intensität – in den Schatten stellen, sondern auch für einen Teil der antidemokratischen Strömungen im Nachgang anschlussfähig blieben und insofern einen langjährigen Identifikationskern und Bezugspunkt des Links- und des Rechtsextremismus schufen. Während Courtois sich aufgrund seiner vor allem in den späten 1990er Jahren zu einiger Resonanz führenden Forschungen für eine eingehende Auseinandersetzung mit dem Leninismus, seinen Ursprüngen und seinen Auswirkungen in der Sowjetunion empfahl, prädestinierten Bernd Jürgen Wendts Studien ihn für einen Blick auf die Kristallisationspunkte NS-Deutschlands. Beide Darstellungen sind eher essayistisch gehalten.

Das Werk setzt einen Schwerpunkt auf den Extremismus in Deutschland, ohne die Extremismen in Europa zu vernachlässigen. Die Extremismusforschung ist ein Zweig der Vergleichenden Politikwissenschaft.[36] Den Herausgebern war an einem möglichst einheitlichen Aufbau der Kapitel gelegen, sofern sich dies von der Sache her rechtfertigen ließ, damit eine bessere Vergleichbarkeit möglich ist. Der Band enthält am Ende ein Literaturverzeichnis, das nur selbstständig publizierte Titel versammelt. Die Leser mögen beurteilen, ob es gelungen ist, ein Handbuch vorzulegen, das einen instruktiven Überblick zur Thematik bietet und alle wesentlichen Facetten umfasst.

Die berühmte Skulptur „Jahrhundertschritt" von Wolfgang Mattheuer, einem der führenden Repräsentanten der „Leipziger Schule", findet sich auf dem Titelblatt. Das Kunstwerk von 1985 zeigt eine Person, deren lange rechte Hand den Hitlergruß zeigt und deren linke zur proletarischen Faust geballt ist. Der rechte Fuß ist weit nach vorn ausgestreckt, der linke Fuß nach hinten eingeknickt. Dadurch hat die monumentale Figur – mit winzigem Kopf – etwas Haltloses, bedingt dadurch, dass sie Gegensätzliches in sich vereinigt. Wohl kaum ein Kunstwerk symbolisiert so das zerrissene 20. Jahrhundert. Es war gekennzeichnet durch Feinde der Demokratie, die sich einig waren in dem, was sie nicht wollten, aber nicht einig in dem, was sie wollten. Gewiss, heute spielt der Kommunismus ebenso wenig eine tragende Rolle wie der Nationalsozialismus. Die Diskreditierung ist zu offensichtlich. Aber nach wie vor stellen Extremisten unterschiedlichster Couleur den demokratischen Verfassungsstaat in Frage.

---

34 Vgl. Courtois u. a. (Anm. 10); ders. (Hrsg.), Das Handbuch des Kommunismus. Geschichte, Ideen, Köpfe, München 2010.
35 Vgl. Bernd Jürgen Wendt, Deutschland 1933–1945: Das „Dritte Reich". Handbuch zur Geschichte, Hannover 1995; ders., Großdeutschland. Außenpolitik und Kriegsvorbereitung des Hitler-Regimes, München 1987.
36 Vgl. Steffen Kailitz/Tom Mannewitz, Extremismusforschung in der Vergleichenden Politikwissenschaft, in: Hans-Joachim Lauth/Marianne Kneuer/Gert Pickel (Hrsg.), Handbuch Vergleichende Politikwissenschaft, Wiesbaden 2016, S. 585–600.

KAPITEL II
GRUNDLAGEN

Eckhard Jesse

1 Die Brisanz der Thematik, dargelegt an zwei aktuellen Beispielen

Wer den Begriff des Extremismus offensiv verteidigt, sticht in ein Wespennest. Kaum ein wissenschaftlicher Terminus ruft solche Emotionen hervor. Folgende Schieflage fällt auf: Während die hiesige Rechtsextremismusforschung blüht, wächst und gedeiht, verkümmert die Linksextremismusforschung. Sie steht vielfach im Verdacht, Ideologie zu betreiben. Zumal die vergleichende Dimension (etwa zwischen links und rechts) provoziert, ist doch die schiere Zahl der Kritiken Legion. Dabei hat die Extremismusforschung in der Politikwissenschaft einen Platz, ungeachtet aller Desiderata.[1] Dass auch seriöse Autoren Bedenken anmelden, sei an zwei Beispielen aus jüngster Zeit belegt.

So kann Wolfgang Kraushaar, ausgewiesen durch zahlreiche Studien zur Studentenbewegung[2] und zum deutschen Terrorismus[3], die frei von Apologie sind und sogar heiße Eisen anfassen, etwa bei der Frage nach dem Zusammenhang von linker Ideologie und Antisemitismus[4], dem Extremismusbegriff ganz und gar nichts Positives abgewinnen, wie er jüngst in einem Artikel der „Süddeutschen Zeitung" mit dem programmatischen Titel „Der Begriff ‚Extremismus' wird als Etikett missbraucht" dargelegt hat. Nach den Ausschreitungen auf dem G20-Gipfel in Hamburg durch die linksautonome Szene habe der Staat mit einem Kardinalfehler geantwortet: „der Tendenz zu einer Extremistenhatz".[5] Der Staat berufe sich unisono auf das Extremismuskonzept, „das nach wie vor wegen seiner theoretischen Unterkomplexität und seiner empirischen Schwächen von geringer wissenschaftlicher Reputation ist".[6] Das Grundverständnis sei „ebenso simpel wie oberflächlich. Unter der Annahme, dass es eine verfassungsbejahende politische Mitte gebe, würden Positionen – je mehr sie sich davon entfernten und an den jeweiligen

---

1 Vgl. etwa Steffen Kailitz/Tom Mannewitz, Extremismusforschung in der Vergleichenden Politikwissenschaft, in: Hans-Joachim Lauth/Marianne Kneuer/Gert Pickel (Hrsg.), Handbuch Vergleichende Politikwissenschaft, Wiesbaden 2016, S. 585–600.
2 Vgl. Wolfgang Kraushaar (Hrsg.), Frankfurter Schule und Studentenbewegung. Von der Flaschenpost zum Molotowcocktail, 3 Bde., Hamburg 1998; ders., 1968 – Das Jahr, das alles verändert hat, München 1998; ders., 1968 als Mythos, Chiffre und Zäsur, Hamburg 2000; ders., Fischer in Frankfurt. Karriere eines Außenseiters, Hamburg 2001; ders., Achtundsechzig. Eine Bilanz, Berlin 2008; ders., Die blinden Flecken der 68er-Bewegung, Stuttgart 2018.
3 Vgl. ders. (Hrsg.), Die RAF und der linke Terrorismus, 2 Bde., Hamburg 2006; ders., Die blinden Flecken der RAF, Stuttgart 2017.
4 Vgl. ders., Die Bombe im Jüdischen Gemeindehaus, Hamburg 2005; ders., „Wann endlich beginnt bei Euch der Kampf gegen die heilige Kuh Israel?" München 1970: Über die antisemitischen Wurzeln des deutschen Terrorismus, Reinbek 2013.
5 Ders., Der Begriff „Extremismus" wird als Etikett missbraucht, in: Süddeutsche Zeitung vom 2. August 2017.
6 Ebd.

Rändern manifestierten – in eine Gegnerschaft zum Grundgesetz umschlagen."[7] Kraushaar scheint den Begriff des „Radikalismus" zu präferieren. Die These, er habe „im Lauf der vergangenen Jahrzehnte eine nachhaltige Abwertung erfahren"[8], trifft ganz und gar nicht zu – im Gegenteil. Schließlich erfolgte unter der sozial-liberalen Koalition in der ersten Hälfte der 1970er Jahre ein Wandel. Antidemokratische Bestrebungen wurden nicht mehr als „radikal", sondern als „extremistisch" bezeichnet.[9] Wer radikale Ziele verfechte, sei nicht per se antidemokratisch. Es vollzog sich also eine Aufwertung des Begriffs. Insofern zielt der Vorwurf Kraushaars ins Leere.

Seine Behauptung, die Inanspruchnahme des Radikalismusbegriffs durch Kräfte der außerparlamentarischen Opposition habe zu diesem Wandel geführt, ist stimmig und müsste von ihm doch positiv gewürdigt werden. Er wirft den staatlichen Stellen vor, sie wollten Strömungen als extremistisch brandmarken, „die sie mit ihren basisdemokratischen Ansprüchen als gegen die parlamentarische Demokratie und damit die Verfassungsordnung gerichtet ansahen."[10] „Basisdemokratische Ansprüche" sind nun wahrlich kein Grund gewesen, um solche Gruppierungen als extremistisch zu apostrophieren, wie Kraushaar suggeriert. Die Kritik am „normativ aufgeladenen" Extremismusbegriff unterschlägt, dass Extremismus und Demokratie normative Begriffe sein müssen, denn sonst wäre die Unterscheidung gleichsam beliebig und erst recht kritikwürdig. Organisationen, die das Etikett „extremistisch" angeheftet bekommen, könnten verboten werden. Kraushaar suggeriert, es bedürfe dafür keiner antidemokratischen Ausrichtung. Parteien der Mitte seien von jedem Extremismusverdacht freigesprochen, auch wenn das nicht immer richtig sein mag. Wie würde Kraushaar reagieren, wäre dies anders?

Nur der Radikalismusbegriff gestatte „eine differenzierte Analyse der sozialen, politischen und weltanschaulich-ideologischen Aspekte".[11] Die Begründung: Im Gegensatz zum statischen Extremismusbegriff besitze der des Radikalismus eine dynamische Signatur.[12] Ist die Differenzierung zwischen statisch und dynamisch sinnvoll, wenn es um die Ermittlung antidemokratischer Positionen geht? Kraushaar räumt am Ende seines Artikels selber ein, für den Verfassungsschutz seien radikale Kritiker etwa des hiesigen Wirtschaftssystems keine Extremisten. Insofern ist das Ziel seiner Polemik unklar, rennt diese zum Teil doch offene Türen ein. Zum Schluss der Ausführungen schlägt der Autor den Bogen zum Beginn. Mit Blick auf das G-20-Treffen heißt es, Kritik an den in mancher Hinsicht desaströsen Folgen einer neoliberalen Globalisierung widerstreite der parlamentarischen Demokratie nicht. „Im Gegenteil, solange sich die Probleme der Wirtschafts- und Finanzpolitik weiter radikalisieren, wie das seit Thatchers und Reagans Amtszeit der Fall gewesen ist, solange bedarf es auch eines Denkens, das bereit ist, sich an die marktradikalen Wurzeln dieser Gefährdungspotenziale heranzuwagen."[13] Das

---

7 Ebd.
8 Ebd.
9 Vgl. Uwe Backes, Politische Extreme. Eine Wort- und Begriffsgeschichte von der Antike bis zur Gegenwart, Göttingen 2006, S. 197–200.
10 Kraushaar (Anm. 4).
11 Ebd.
12 Andere Autoren wie Samuel Salzborn und Klaus Schroeder unterscheiden ebenfalls zwischen statisch und dynamisch, beziehen sich damit aber ausschließlich auf den Extremismusbegriff. Hier wird der Mehrwert der Differenzierung ebenso wenig deutlich.
13 Kraushaar (Anm. 4).

mag man so sehen, wenngleich „Marktradikalismus" ganz bewusst in eine dubiose Ecke gerückt wird. Im Übrigen: Was hat der zitierte Satz von Kraushaar mit den gewaltigen linksextremistischen Ausschreitungen beim G-20-Gipfel zu tun? Im Umkehrschluss ließe sich dieser so deuten, als bestehe eine Verpflichtung, dem „Marktradikalismus" den Kampf anzusagen.

Die Kernfrage lautet: Wie will Kraushaar die antidemokratischen Kräfte, und dass es solche gibt, leugnet er nicht, denn nun bezeichnen? Als extremistisch offenbar nicht. Bevorzugt der Autor den Begriff „radikal", dann besteht die Gefahr der Stigmatisierung von Positionen, die eben nicht antidemokratisch sein müssen. Dem zweiten Teil des Textes lässt sich entnehmen, dass auch „radikal" ausfällt. Wer den Artikel unvoreingenommen liest, kann den Eindruck gewinnen, dem Autor gehe es nur vordergründig um eine Kritik an der Terminologie, vielmehr im Kern um eine Kritik an dem als „unterkomplex" perzipierten Extremismuskonzept, ohne dass dies offen zur Sprache kommt.

Es ist merkwürdig: Der Verfasser, der so vehement gegen den Begriff des Extremismus zu Felde zieht, hat ihn früher selber benutzt, wenngleich in einem anderen Sinne. So gehörte er zu denjenigen, die der paradox anmutenden Wendung vom „Extremismus der Mitte" etwas abgewinnen konnten.[14] Dabei macht er vier unterschiedliche Varianten aus: die soziale Herkunft der Täter fremdenfeindlicher Exzesse; die „Komplizenschaft" zwischen „rechten" Drahtziehern und staatlichen Behörden; die Charakterisierung rechtspopulistischer Parteien; die Renaissance rechter Ideologien. „Die Mitte" sei im Kern für diese Phänomene verantwortlich. Freilich: Der Nachweis von Extremismen der Mitte dürfe nicht dazu führen, „dass diese Formel unbegründet auf die Bundesrepublik als Ganzes übertragen wird."[15] Allerdings beginne sich die Erkenntnis durchzusetzen, auch die Parteien der Mitte könnten „unter Extremismusverdacht geraten."[16] Kraushaar behauptet gar, das blinde Einschwören auf die freiheitlich-demokratische Ordnung verhindere, „gerade jene Kräfte auszuloten, die den Verfassungsstaat aus Gründen des Machterhalts zu unterminieren bereit sind. Jede Partei muss unabhängig davon, welche Programmatik sie sich gibt, und wie immer sie sich im politischen Spektrum verortet, als demokratisch bzw. extremistisch eingestuft werden können."[17] Fehlentwicklungen wie Korruption gab es und gibt es bei etablierten Kräften, aber wer in diesem Zusammenhang den Begriff des Extremismus bemüht, entleert ihn und macht ihn untauglich.

Der Hamburger Politikwissenschaftler verficht ein extensives (und zugleich relativistisches) Extremismusverständnis, das in einem merkwürdigen Verhältnis zu seinem restriktiven Demokratieschutzverständnis steht. Der Staat solle erst bei Gewalt reagieren.[18] Wie immer man die frühere und jetzige Position bewerten mag: Es bestehen, bezogen auf den Extremismusbegriff, Widersprüche zwischen den Texten, wiewohl der Autor im Zeitungsartikel teilweise auf ältere Passagen zurückgreift.

---

14 Vgl. etwa ders., Extremismus der Mitte. Zur Geschichte einer soziologischen und sozialhistorischen Interpretationsfigur, in: Hans-Martin Lohmann (Hrsg.), Extremismus der Mitte. Vom rechten Verständnis deutscher Nation., Frankfurt a. M. 1994, S. 23–50.
15 Ders., Implosion der Mitte, Teil II, in: Mittelweg 36, H. 3/1994, S. 77.
16 Ders., Implosion der Mitte. Teil III, in: Mittelweg 36, H. 5/1994, S. 76.
17 Ebd., S. 70 f.
18 Zur Kritik an Kraushaars Position vgl. Uwe Backes/Eckhard Jesse, Extremismus der Mitte, in: dies. (Hrsg.), Jahrbuch Extremismus & Demokratie Bd. 7, Baden-Baden, 1995, S. 13–26.

In das gleiche Horn wie Kraushaar stoßen Jonathan Riedl und Matthias Micus, der als Leiter der neugegründeten Forschungs- und Dokumentationsstelle zur Analyse politischer und religiöser Extremismen in Niedersachsen am Göttinger Institut für Demokratieforschung fungiert. Sie zielen auf Wort und Konzept gleichermaßen. Für die Autoren, die sich in der ersten Anmerkung auf den Artikel Kraushaars beziehen, ist der Extremismusbegriff „denkbar schlecht gerüstet", um aktuelle Wandlungen der Untersuchungsobjekte erfassen zu können. „Dynamische Entwicklungen und den Prozesscharakter, das Werden und Vergehen, von Erscheinungen und die Motive, Intentionen und Ziele der Akteure: All das kann er kaum einfangen."[19] Diese Kritik mag teilweise auf die Praxis des Verfassungsschutzes zutreffen, der Organisationen beobachtet, kaum aber auf die einschlägige Forschung, die bemüht ist, den Wandel in den verschiedensten Bereichen nuanciert zu erfassen. Ob gerade die biographisch ausgerichtete Extremismusforschung es versäumt hat, die Frage zu klären, inwieweit „die einstigen Antagonisten zu Vertretern der zuvor bekämpften Institutionen"[20] geworden sind, sei dahingestellt.[21] Jedenfalls urteilt die seriöse Forschung nicht nach der Devise: einmal Extremist, immer Extremist. Die Autoren müssen aufpassen, dass sie den Begriff „systemoppositionell" nicht entgrenzen. Denn wenn eine Partei wie die SPD im nicht-demokratischen Kaiserreich eine systemoppositionelle Kraft war, so kann sie nach 1945 durchaus eine systembejahende sein, und zwar ohne prinzipiellen Wandel.

Der Begriff des Extremismus wird in Anführungszeichen gesetzt, oder es ist von „sogenannten Extremisten" die Rede (ohne Anführungszeichen). Die Autoren berufen sich auf Colin Crouchs Kritik an der „Postdemokratie"[22] und leiten daraus die Annahme ab, das „Konstrukt einer idealen, von lebhafter demokratischer Partizipation geprägten ,Mitte', die sich von äußeren ,demokratiegefährdenden' Rändern bedroht sieht"[23], stehe auf wackligen Beinen. Aber wer spricht von der „idealen Mitte", und wer sieht „Demokratiegefährdungen" nur bei „äußeren Rändern"? Einmal mehr muss Seymour Martin Lipsets verzerrt wiedergegebenes Modell des „Extremismus der Mitte" mit der „bewusst widersprüchlich wirkenden Terminologie" dafür herhalten, um die „differenziertere Untersuchungsperspektive" gegenüber der „gängigen Extremismustheorie"[24] hervorzuheben – als bestehe zwischen beiden Ansätzen ein Widerspruch. Dann zielt die Kritik gegen den als beliebig angesehenen Begriff der „Mitte". Dieser Befund wird von der Extremismusforschung gar nicht bestritten. Hingegen wehrt diese sich gegen eine relativistische Interpretation des „demokratischen Verfassungsstaates": er hänge von „sozialen und kulturellen Kräfteverhältnissen und akuten politischen Konfliktlinien"[25] ab. Die Merkmale der positiven Extremismusdefinition (zum Beispiel Freund-Feind-Denken, Absolut-

---

19 Jonathan Riedl/Matthias Micus, Der blinde Fleck des Extremismus(-Begriffs). Überlegungen zu einer möglichen Alternative, in: Demokratie-Dialog, 1/2017, S. 17.
20 Ebd., S. 17.
21 Für Personen, die aus dem Linksaußenmilieu stammten, gilt dies. Vgl. Marco Carini, Die Achse der Abtrünnigen. Über den Bruch mit der Linken, Berlin 2012; Manuel Seitenbecher, Mahler, Maschke & Co. Rechtes Denken in der 68er-Bewegung?, Paderborn u. a. 2013; für den ideologischen Widerpart trifft dies weitaus weniger zu. Vgl. als eine der Ausnahmen Katja Eddel, Die Zeitschrift MUT – ein demokratisches Meinungsforum? Analyse und Einordnung einer politisch gewandelten Zeitschrift, Wiesbaden 2011.
22 Vgl. Colin Crouch, Postdemokratie, Frankfurt a. M. 2008.
23 Riedl/Micus (Anm. 19), S. 18.
24 Ebd., S. 19.
25 So ebd., S. 19.

heitsansprüche) seien dürftig, träten ebenso bei „Verfassungsfreunden" und im Schema der streitbaren Demokratie auf. Die „scheinbar objektive Gleichsetzung von ‚Links'- und ‚Rechtsextremismus' [kann] nicht zuletzt auch der Legitimation für neokonservative Bestrebungen der ‚Rehabilitation eines undemokratisch verselbständigten Staates' dienen."[26]

Durch die Favorisierung von staatlicher Stabilität leiste das Extremismusmodell einer autoritären Tendenz Vorschub, keiner „demokratischen". Die Warnung vor einer „Überdehnung des Demokratiebegriffs"[27] manifestiere sich darin. Schweres Geschütz, das zum Teil weit über die Kritik am Extremismuskonzept hinausgeht, wird aufgefahren. „Indem demokratische Organisationsprinzipien vorzugsweise dem Staat zugesprochen werden, beraubt sich dieses Konzept der Möglichkeit zur Analyse wichtiger postdemokratischer Momente der Demokratiegefährdung und Entpolitisierung – ‚von innen' durch eine Verselbständigung der Exekutivorgane und durch den Abbau von Grundrechten, ‚von oben' durch die Einflussnahme ökonomischer Eliten auf den Gesetzgebungsprozess und durch die Verschärfung sozialer Ungleichheit."[28] Zum Teil baut die Kritik einen Popanz auf (bezogen etwa auf die Gleichsetzung von Rechts- und Linksextremismus), zum Teil wird bewusst kein enges Demokratieverständnis forciert, weil dieses dann zu einer Überdehnung des Extremismusbegriffes führte. Die gesellschaftliche Offenheit soll erhalten bleiben. Die Extremismusforschung leistet weder einem „Abbau der Grundrechte" noch der „Verschärfung sozialer Ungleichheit" Vorschub.

Einen Alternativrahmen zum Extremismus-Modell sehen die Autoren im Konzept einer „sozialen Demokratie" unter Berufung auf den Staatsrechtslehrer Hermann Heller in der Weimarer Republik und den Marburger Politikwissenschaftler Wolfgang Abendroth. Dieser Vorschlag mutet merkwürdig an, zielt der Extremismusbegriff doch – minimalistisch – auf die Gegner des Verfassungsstaates, während die „soziale Demokratie", wie bereits der Name erkennen lässt, die Demokratiequalität zu verbessern sucht, unabhängig davon, ob der Marxist Abendroth dafür der geeignete Gewährsmann ist.

Riedl und Micus suchen nach einer besseren Terminologie, wollen sie doch den Extremismusbegriff nicht verwenden, schon gar nicht „Linksextremismus": zum einen wegen der abwertenden Konnotation, zum anderen wegen der Vielfalt der „linken Szenen". Sie sehen den Begriff der „radikalen Linken" als angemessen an, da er „die allen Linken gemeinsame Zielvorstellung einer nach sozialer Gleichheit strebenden Veränderung der Gesellschaft an ihrer Wurzel"[29] reflektiert. Dieser Terminus basiert lediglich auf dem Selbstverständnis, eine Differenzierung zwischen unterschiedlichen linken Positionen fehlt. Immerhin heißt es, die Akzeptanz des Begriffs bedeute nicht, „die angewandten Mittel der Zieldurchsetzung unkritisch zu betrachten".[30] Die Alternative der Autoren bei der als notwendig anerkannten Suche nach einer Terminologie: „Dies vorausgesetzt, vermag die Verwendung der Bezeichnung *radikale Linke* eine Alternative zum pejorativen Extremismus-Begriff darzustellen, da sie die Gesellschaft als Gan-

---

26 Ebd., S. 19. Das Zitat im Zitat stammt von Christoph Kopke und Lars Rensmann.
27 Das Zitat stammt von Uwe Backes und Eckhard Jesse.
28 Riedl/Micus (Anm. 19), S. 21.
29 Ebd., S. 21.
30 Ebd., S. 21.

ze in die Analyse einbezieht."³¹ Spricht aus diesen Worten nicht ein gewisses Maß an Hilflosigkeit? Soll auch von der „radikalen Rechten" die Rede sein? Wohl kaum! Der Text ist nicht durch ein Mindestmaß an Äquidistanz gegenüber den Antipoden des demokratischen Verfassungsstaates gekennzeichnet.

Einleitend kommen im Heft Aufgaben und Perspektiven der „Forschungs- und Dokumentationsstelle zur Analyse politischer und religiöser Extremismen in Niedersachsen" zur Sprache. Die drei zu untersuchenden Bereiche lauten: Rechtsextremismus, religiöser Extremismus und linke Militanz, wobei der letzte Terminus dem Selbstverständnis entnommen ist. Eigens heißt es, die Forschungsstelle wolle sich nicht „an die überkommene und von Staatsschutzbehörden jahrzehntelang zum Teil unkritisch verwendete Begrifflichkeit des ‚Extremismus' anlehnen" – politische Gewalt, Dissidenz und Radikalismus seien „nicht als Kehrseite der Demokratie [zu] denken, sondern als deren Begleiterscheinungen, als Phänomene gesellschaftlicher Transformationsprozesse."³² Was den ersten Punkt angeht, die Terminologie, tut sich die Forschungsstelle, wie gezeigt, recht schwer, und beim zweiten Punkt muss kein Gegensatz zwischen „Kehrseite" und „Begleiterscheinungen" bestehen. Wenn die Autoren meinen, die Debatte über den Extremismusbegriff trage einen „erheblichen Ballast mit sich"³³, so sollten sie ebenso nach dem Anteil derer fragen, die sich gegen eine derartige Zuschreibung sträuben. Der Anspruch, multiperspektivisch vorzugehen, die politische Kulturforschung einzubeziehen, öffentliche Debatten zu befruchten, den wissenschaftlichen Dialog zu fördern und sich der Kritik zu stellen, verdient Anerkennung. Aber liegt nicht ein blinder Fleck vor, wenn der Terminus „antidemokratisch" nur in Anführungszeichen auftaucht? Das Göttinger Institut für Demokratieforschung, das unter der Ägide von Franz Walter mit vielen wegweisenden Studien aufwarten konnte³⁴ und immer wieder den Elfenbeinturm der Wissenschaft verlassen hat, täte gut daran, sich den Erkenntnissen der etablierten Extremismusforschung unbefangen und unvoreingenommen zu nähern, bevor Kritik an ihr geübt wird. Wissenschaft lebt vom Austausch der Argumente. Missverständnisse (echte wie gespielte) tragen nicht zu einem lebendigen Diskurs bei. Und politische Orientierung darf nicht die wissenschaftliche überlagern.

Wie sich exemplarisch belegen lässt, ist die Auseinandersetzung um den Extremismusbegriff nicht ohne Brisanz. Wer ihn verwendet, begibt sich mitunter auf ein Minenfeld. Vielleicht mag diese Einschätzung übertrieben und zu defensiv ausgerichtet sein, aber eine Reihe von Anzeichen weist darauf hin. Das ist die eine Seite. Die andere: Nach wie vor besitzt der Begriff Geltungskraft, freilich mehr im staatlichen Sektor als im intellektuellen. Ob das so bleibt, hängt mit von der Überzeugungskraft des Extremismuskonzepts ab. Dass dieses Kritik, selbst scharfe, zu gewärtigen hat und dafür offen sein muss, ist unabdingbar. Beim Streit um den Extremis-

---

31 Ebd., S. 21 f. (Hervorhebung im Original).
32 Katharina Trittel/Matthias Micus/Stine Marg/Lars Geiges, Demokratie-Dialog. Die Arbeit des Instituts für Demokratieforschung im Rahmen der „Forschungs- und Dokumentationsstelle zur Analyse politischer und religiöser Extremismen in Niedersachsen", in: Demokratie-Dialog, H. 1/2017, S. 3.
33 Ebd., S. 6.
34 Vgl. nur die erste Studie zu Pegida: Lars Geiges/Stine Marg/Franz Walter, Pegida. Die schmutzige Seite der Zivilgesellschaft, Bielefeld 2015.

musbegriff spielt der Kampf um Worte eine große Rolle, weil sich dahinter verfassungs- und gesellschaftspolitische Konfliktlinien verbergen.[35]

Der folgende Beitrag will einige Grundfragen zur Sprache bringen, nicht zuletzt in der Hoffnung auf den Abbau von Vorbehalten gegenüber der Forschungsrichtung. Nach einer kurzen Darstellung zur Etymologie folgt ein Abschnitt zum zentralen Gegensatz zwischen dem demokratischen Verfassungsstaat und den Extremismen in ihren mannigfachen Varianten. Wer den demokratischen Verfassungsstaat verteidigt, muss über die legitimen Schutzmöglichkeiten gegenüber extremistischen Bestrebungen nachdenken. Schließlich ist es notwendig, die Kritik am Extremismuskonzept ebenso vorzutragen wie die Kritik der Kritik. In welchem Verhältnis zum Extremismus stehen Autoritarismus, Faschismus, Fundamentalismus, Kommunismus, Populismus, Radikalismus, Systemopposition, Terrorismus? Ergänzen sich diese Begriffe und Konzepte oder schließen sie einander aus? Wird von Extremismen gesprochen, so bezieht sich dies meist auf politische Kräfte jenseits staatlicher Machtausübung. Sollten Extremisten an die Macht gelangen, dürften sie ein diktatorisches System oder zumindest eine „defekte Demokratie" errichten. Insofern ist ein gesonderter Blick auf solche Regime sinnvoll. Zum Schluss folgen knappe Hinweise auf Desiderata der Extremismusforschung.

2 Begriffsgeschichte

Uwe Backes hat in einer mit Akribie aus den Quellen gearbeiteten Studie eine Geschichte des Extremismusbegriffs vorgelegt.[36] Er weist dem Sinn nach eine lange Tradition auf, die bis in die Antike zurückreicht. In Anlehnung an seinen Lehrer Platon unterschied Aristoteles in seiner Staatsformenlehre einerseits nach einem quantitativen Kriterium – der Zahl der Herrscher (einer, einige, viele) – und andererseits nach einem qualitativen Kriterium – dem Zweck der Herrschaft (Gemeinwohl, Eigennutz). So kommt er zu drei guten Staatsformen (Monarchie, Aristokratie, Politie) und zu drei schlechten (Tyrannis, Oligarchie, Demokratie bzw. Ochlokratie). Nicht die Zahl der Herrschenden war für die Einteilung entscheidend, sondern die Orientierung am Gemeinwohl. Die Herrschaft eines Einzigen (Monarchie) konnte ebenso gut sein wie die Herrschaft vieler (Politie), wenn sie am Gemeinwohl ausgerichtet war, die Herrschaft eines Einzigen (Tyrannis) ebenso schlecht wie die Herrschaft vieler (Demokratie bzw. Ochlokratie). Als beste Staatsform galt die Politie, weil sie auf die mittleren Schichten setzt, also nicht Arme oder Reiche bevorzugt. Diese bereits auf Herodot zurückgehende Dreigliederung war in der Antike die bekannteste[37] und besaß lange Zeit gleichsam kanonische Geltung.

Das Plädoyer für die Mischverfassung ist das eine Standbein von der Lehre des Aristoteles, das Plädoyer für die Mitte im Sinne von Mäßigung das andere. „Die Gegenüberstellung von Mitte und Extremen durchzieht das gesamte Werk."[38] Die beiden Begriffe werden nicht bloß be-

---

35 Vgl. etwa Gereon Flümann (Hrsg.), Umkämpfte Begriffe. Deutungen zwischen Demokratie und Extremismus, Bonn 2017.
36 Backes (Anm. 9).
37 Vgl. für Einzelheiten Alexander Demandt, Der Idealstaat. Die politischen Theorien der Antike, 3. Aufl., Köln u. a. 2000; ders., Antike Staatsformen. Eine vergleichende Verfassungsgeschichte der Alten Welt, Berlin 1995.
38 Backes (Anm. 9), S. 38.

schrieben, sondern auch bewertet. Die Mitte stellt eine Tugend dar, die Extreme hingegen stehen nicht für mäßigenden Ausgleich. Es heißt, dass „überall die Mitte unser Lob verdient, während die Extreme weder richtig sind noch Lob verdienen, sondern Tadel."[39]

Mit seiner Mesotes- und Mischverfassungslehre, die beide in einem engen Zusammenhang stehen, hat Aristoteles in gewisser Weise den Grundstein für die Theorie des demokratischen Verfassungsstaates gelegt[40], wenngleich sich viele Aussagen auch wegen der rudimentären Überlieferung nicht leicht erschließen. Für Aristoteles waren die Extreme weit von der Mitte entfernt. Dass sie sich berühren und in einem Wechselverhältnis stehen könnten, spielte in seinem Gedankengebäude keine Rolle: „Zwischen den Extremen ist [...] größte Verschiedenheit."[41]

Die Unterscheidung von Mitte und Extremen prägte über den Aristotelismus die Ideengeschichte des Verfassungsstaates. Das Wort Extremismus tauchte aber viel später auf. 1646 wandte der Calvinist Ludwig Camerarius das Wort auf die Jesuiten an, ohne dass es jedoch allem Anschein nach größere Verbreitung erlangte. Stärkere Aufmerksamkeit fand fast zwei Jahrhunderte später der Leipziger Philosoph Wilhelm Traugott Krug. Er hatte 1838 in einem Handwörterbuch den Begriff Ultraismus in einem doppelten Sinne gebraucht, für den übersteigerten Liberalismus ebenso wie für den Antiliberalismus. „Ultraismus" konnte sich in der Folge jedoch nicht durchsetzen, obwohl er zunächst eine gewisse Geltungskraft zu erlangen vermochte. „Da die Extreme sich immer berühren, so zeigen auch die Ausartungen des Liberalismus und seines Gegentheils darin eine gewisse Ähnlichkeit, dass sie sich beiderseits durch gewaltsame Maßregeln geltend machen wollen und ebendadurch ihre Verwerflichkeit selbst beurkunden. [...] Daher sehen wir oft das traurige Schauspiel in der Geschichte, dass Revoluzionen und Gegenrevoluzionen abwechseln und die eine immer wieder vernichtet, was die andre geschaffen hat."[42] Es war der deutsch-schweizerische Philosoph Friedrich Rohmer, der in seiner „Lehre von den politischen Parteien" wenige Jahre später zwischen vier Formen unterschied und dabei von extremen bzw. „extrematischen" Parteien sprach:[43] denen des „Radikalismus und des „Absolutismus". Diesen stünden die positiven Formen des Liberalismus und der Konservatismus gegenüber. Er sah einen Zusammenhang zwischen den Extremen. „Das eine Extrem ruft beständig das andere hervor."[44] Rohmer schwächte seine wegweisende Position aber dadurch, dass er die vier Ideenströmungen in eine Parallele zu den Altersstufen setzte: Radikalismus = junges Kind, Liberalismus = jüngerer Mann, Konservatismus = reiferer Mann, Absolutismus = alter Mann.

Im Verlauf der Französischen Revolution war zwar die Rechts-Links-Unterscheidung aufgekommen, die im 19. Jahrhundert eine große Rolle spielte, aber eine Konzeptualisierung des Extremismusbegriffs blieb aus. „Die ontologisch-axiologische Zweidimensionalität der platonisch-aristotelischen Mesotes- und Mischverfassungslehre bot logische Anknüpfungsmöglich-

---

39 Zitiert nach ebd., S. 41.
40 Vgl. Martin Gralher, Mitte – Mischung – Mäßigung,. Strukturen, Figuren, Bilder und Metaphern in der Politik und im politischen Denken, in: Peter Haungs (Hrsg.), Res Publica. Studien zum Verfassungswesen. Dolf Sternberger zum 70. Geburtstag, München 1977, S. 82–114.
41 Zitiert nach Backes (Anm. 9), S. 41.
42 Zitiert nach ebd., S. 124.
43 Vgl. Friedrich Rohmer, Lehre von den politischen Parteien, Zürich 1844.
44 Ebd., S. 305.

keiten an die neue politische Taxonomie, die sich im Zuge der Französischen Revolution herausbildete. Sie behielt die Unterscheidung ‚extremer' und ‚gemäßigter'/‚mittlerer' Formen bei und verband dies mit den neuen, der parlamentarischen Sitzordnung entsprechenden Richtungsbegriffen ‚rechts' und ‚links'. Die beiden traditionellen Extreme erhielten nun gewissermaßen ihren Platz an den Enden des politischen Kontinuums."[45]

Von den 1920er Jahren an spielte Extremismus in der wissenschaftlichen Forschung eine gewisse Rolle, ohne jedoch annähernd die Bedeutung des Terminus Totalitarismus zu erreichen. Während dieser zunächst mit Blick auf rechts entstand, war es beim Extremismus anders: Er bezog sich anfangs auf links. Im Zuge der Russischen Revolution fand der Terminus in England und Frankreich weite Verwendung.[46] Lenin wurde als Gefahr angesehen, zum einen wegen seiner antidemokratischen Position, zum andern wegen seines Bestrebens, einen Sonderfrieden mit Deutschland zu schließen. Deutschland hoffte hingegen auf einen Separatfrieden, ohne deswegen von der negativen Einschätzung Lenins abzurücken, jedenfalls außerhalb des kommunistischen Milieus. Das galt zumal auch und besonders für die Sozialdemokratie.[47] In der Weimarer Republik erlangte der Begriff des Extremismus nicht die Bedeutung wie in den angelsächsischen Ländern und Frankreich. Hingegen herrschte für die Charakterisierung antidemokratischer Positionen der Begriff des Radikalismus vor. Dieser hatte in Ländern wie Frankreich angesichts einer spezifischen Tradition zuweilen eine positive Konnotation.

Nach dem Zweiten Weltkrieg dominierten in Deutschland zunächst vielfach die Termini „totalitär" und „radikal" für systemfeindliche Richtungen. Beiden Begriffen haftete in diesem Zusammenhang ein Hautgout an. Systemfeindliche Kräfte waren offenkundig nicht durchweg totalitär, und radikale Strömungen mussten nicht systemfeindlich sein. So war die Umbenennung, welche die Verfassungsschutzberichte des Bundes in der ersten Hälfte der 1970er Jahre vornahmen, von „radikal" zu „extrem(istisch)" nur konsequent.[48] Und in keinem der Verfassungsschutzberichte der Länder, die von der zweiten Hälfte der 1970er Jahre das Licht der Öffentlichkeit erblickten, war noch von „Radikalismus" die Rede.[49] Der Vorteil des Begriffs Extremismus besteht darin, dass er weitaus weniger deutungsträchtigen Ballast mit sich „herumschleppt" und so höchst unterschiedliche antidemokratische Bestrebungen einfangen kann. Die Kritik an der Normativität ist wenig einleuchtend. Gleiches gilt auch für den Begriff der Demokratie. Während jede Richtung sich in das Renommiergewand der Demokratie kleidet, verwenden Extremisten den Terminus Extremismus in der Regel nicht positiv.

In vielen anderen westlichen Demokratien bürgerte sich „Extremismus" für antidemokratische Strömungen und Bestrebungen früher ein. So stellte für den amerikanischen Soziologen Seymour M. Lipset die Negierung von Pluralismus ein zentrales Element des politischen Extremis-

---

45 Backes (Anm. 9). S. 234.
46 Vgl. ebd., S. 137–149. Siehe etwa die Studie von Maxime Leroy, Les techniques nouvelles du syndicalisme, Paris 1921.
47 Vgl. etwa Peter Lösche, Der Bolschewismus im Urteil der deutschen Sozialdemokratie, Berlin 1967.
48 Vgl. Kapitel 1.
49 Vgl. Eckhard Jesse, Verfassungsschutzberichte des Bundes und der Länder im Vergleich. Zwischen Kontinuität und Wandel, in: Uwe Backes/ders., Vergleichende Extremismusforschung, Baden-Baden 2005, S. 379–396.

mus dar.⁵⁰ In Deutschland war es Erwin K. Scheuch, der an die Forschungen von Lipset anknüpfte, auch an die Interpretation, Extremismus sei Antipluralismus, und sie in empirischen Analysen vielfältig weiterentwickelte.⁵¹ Max Kaase betrachtete als einer der ersten den politischen Extremismus als ein „Mehrebenenproblem"⁵². Hans-Dieter Klingemann und Franz U. Pappi unterschieden zwischen einer Ziel- (Ablehnung demokratischer Werte) und Mitteldimension (Ablehnung demokratischer Mittel).⁵³ Im ersten Fall handele es sich um Extremismus, im zweiten um Radikalismus. Damit war die empirische Sozialwissenschaft in den Anfängen der deutschen Extremismusforschung dominierend. Im Jahre 1989 legte Uwe Backes in einer Pionierarbeit die „Elemente einer normativen Rahmentheorie" vor.⁵⁴

1987 bezeichneten er und der Verfasser die Extremismusforschung als ein „Stiefkind der Politikwissenschaft".⁵⁵ Dieses Urteil gilt 30 Jahre später z. T. immer noch, da etwa Kommunismus-, Rechtsextremismus- und Islamismusforschung häufig nicht als Einheit gelten, auch wenn sich der Forschungsstand deutlich verbessert hat. Bei dem von Uwe Backes und dem Verfasser 1989 ins Leben gerufenen Jahrbuch steht die normative Extremismuskonzeption im Vordergrund: Extremismus wird als Antithese zum demokratischen Verfassungsstaat gefasst. Mit der Verteidigung und Weiterentwicklung des Konzepts nahm naturgemäß die unterschiedlich ausgerichtete Kritik zu.⁵⁶

Während der Begriff „totalitär" zum Teil von jenen positiv übernommen wurde, gegen die er zielte, dies gilt etwa für die italienischen Faschisten in den 1920er Jahren, war und ist dies beim Terminus „extremistisch" nicht der Fall. Keine politische Strömung versteht sich als „extremistisch". Offenbar ist der Begriff so negativ besetzt, dass es als aussichtslos erscheint, ihm eine positive Konnotation zu verleihen.⁵⁷ Hingegen fällt die Wahrnehmung beim Begriff „radikal" – mittlerweile auch in Deutschland – anders aus. Es gibt eine auffallende Parallele zwischen dem Totalitarismus- und dem Extremismusansatz: Die vergleichende Anwendung (auf rechts und links) erfolgte jeweils später.

---

50 Vgl. Seymour M. Lipset/Earl Raab, The Politics of Unreason. Right-Wing Extremism in America – 1790–1977, 2. Aufl., Chicago 1978.
51 Vgl. etwa Erwin K. Scheuch, Politischer Extremismus in der Bundesrepublik, in: Richard Löwenthal/Hans-Peter Schwarz (Hrsg.), Die zweite Republik. 25 Jahre Bundesrepublik Deutschland, Stuttgart 1974, S. 433–469.
52 So Max Kaase, Zu den extremistischen Potentialen in der Bundesrepublik Deutschland, in: Extremismus und Schule. Daten, Analysen und Arbeitshilfen zum politischen Rechts- und Linksextremismus, Bonn 1984, S. 96.
53 Vgl. Hans-Dieter Klingemann/Franz Urban Pappi, Politischer Radikalismus. Theoretische und methodische Probleme der Radikalismusforschung, dargestellt am Beispiel einer Studie anlässlich der Landtagswahl 1970 in Hessen, München 1972.
54 Vgl. Uwe Backes, Politischer Extremismus in demokratischen Verfassungsstaaten. Elemente einer normativen Rahmentheorie, Opladen 1989.
55 Vgl. ders./Eckhard Jesse, Extremismusforschung. Ein Stiefkind der Politikwissenschaft, in: Wolfgang Michalka (Hrsg.), Extremismus und streitbare Demokratie, Stuttgart 1987, S. 9–28.
56 Vgl. z. B. Forum für kritische Rechtsextremismusforschung (Hrsg.), Ordnung. Macht. Extremismus. Effekte und Alternativen des Extremismus-Modells, Wiesbaden 2011.
57 Ausnahmen sind vernachlässigenswert. Vgl. Backes (Anm. 9), S. 237.

3 Demokratischer Verfassungsstaat und politischer Extremismus

Den Widerpart zum politischen Extremismus bildet der demokratische Verfassungsstaat. Dieser fußt auf einer demokratischen und einer konstitutionellen Komponente. Mit der demokratischen sind die Anerkennung des Prinzips der Volkssouveränität und das Ethos fundamentaler Menschengleichheit gemeint. Die konstitutionelle stellt insbesondere auf Gewaltenkontrolle, Freiheitssicherung und Pluralismus ab. Der demokratische Verfassungsstaat ist also eine spannungsreiche Synthese aus älteren Traditionen der Freiheitssicherung mit neueren Formen der Demokratie.[58] Das Mehrheitsprinzip bildet zwar die Grundlage des demokratischen Verfassungsstaates, aber es darf demokratische Spielregeln weder antasten noch unveräußerliche Menschenrechte verletzen. Der Verfassungsstaat erschöpft sich eben nicht in der Volkssouveränität, wie von führenden deutschen Politikwissenschaftlern (etwa Ernst Fraenkel, Peter Graf Kielmansegg oder Dolf Sternberger) dargelegt. Wilhelm Hennis hatte 1957 im Zusammenhang mit der Kritik an der Meinungsforschung zu Recht formuliert: „Weder die Verfassung der Vereinigten Staaten, die Englands noch die der Bundesrepublik kennt eine Regierung durch das Volk, sie kennen nur eine Regierung durch Ermächtigung und mit Billigung des Volkes. Die Demokratie ist weder ‚Selbstregierung des Volkes' noch ‚Volksherrschaft', sondern Regierung und Herrschaft mit verfassungsmäßig geregelter und periodisch revozierbarer Zustimmung des Volkes. [...] In Wirklichkeit kennt die Demokratie [...] die Unterscheidung von Regierenden und Regierten so gut wie jede andere Staatsform, ja *muss* sie kennen und aufrechterhalten als Bedingung der gesellschaftlichen und individuellen Gleichheit."[59]

Das im demokratischen Verfassungsstaat geltende Ethos fundamentaler Menschengleichheit untersagt eine Differenzierung des Stimmgewichts der Bürger nach qualitativen Merkmalen (z. B. nach Geld, Geschlecht oder Gesinnung). Als einzige legitime Regel muss dasjenige Abstimmungsergebnis zählen, das sich auf das Votum gleichberechtigter Wähler stützt (one man – one vote). Doch wird die Mehrheitsregel nicht absolut gesetzt. Der demokratische Verfassungsstaat sieht daher eine enge Verknüpfung von Mehrheitsregel und Minderheitenschutz vor. Nach konstitutionell-demokratischem Verständnis gelten Mehrheitsentscheidungen nur dann als akzeptabel, wenn das Recht der politischen Minderheit gesichert ist, sich um die Gunst der Mehrheit in einem prinzipiell Chancengleichheit gewährleistendem Wettbewerb zu bemühen. Im demokratischen Verfassungsstaat ist niemand souverän, genießt keiner unbegrenzte Macht. Ein Demokratieverständnis, das die Volkssouveränität absolut setzt, strebt die Identität von Regierenden und Regierten an, steht damit in einer rousseauistischen Tradition. Ihm wohnt die Gefahr der Selbstaufhebung inne. Im Bestreben, ein Höchstmaß an Selbstbestimmung zu erreichen, kommt es zur Fremdbestimmung. Jacob L. Talmon spricht in seinem wegweisenden

---

58 Vgl. Werner Kägi, Rechtsstaat und Demokratie. Antinomie und Synthese (1953), in: Ulrich Matz (Hrsg.), Grundprobleme der Demokratie, Darmstadt 1973, S. 107–146. Zur historischen Herleitung siehe Uwe Backes, Liberalismus und Demokratie – Antinomie und Synthese. Zum Wechselverhältnis zweier politischer Strömungen im Vormärz, Düsseldorf 2000.
59 Wilhelm Hennis, Meinungsforschung und repräsentative Demokratie, Tübingen 1957, S. 38 f. (Hervorhebung im Original).

Werk von der Tradition einer „totalitären Demokratie".[60] Die Doktrin der Volkssouveränität „gibt allein kein tragfähiges normatives Fundament für ein freiheitliches Gemeinwesen ab."[61]

Nun sind vielfach jene auf dem Vormarsch, welche die verstärkte Einführung plebiszitärer Elemente fordern.[62] Solche Überlegungen stellen die Legitimitätsgrundlage des demokratischen Verfassungsstaates nicht von vornherein in Frage. Der Pluralismustheoretiker Winfried Steffani unterscheidet am Beispiel der repräsentativen und der plebiszitären Demokratie zu Recht zwischen einem legitimatorischen und einem institutionellen Aspekt.[63] In legitimatorischer Hinsicht bedeutet repräsentative Demokratie, die Herrschaft werde mit Zustimmung des Volkes ausgeübt, ohne deswegen Minderheitsinteressen zu vernachlässigen oder gar zu unterdrücken. Ein einheitlicher Volkswille existiert nach diesem Verständnis nicht. Hingegen setzt eine plebiszitäre Demokratie im legitimatorischen Sinne die Identität von Regierenden und Regierten voraus. Partikularinteressen gelten als Häresie. In institutioneller Hinsicht stellt sich lediglich die Frage, welche Form der Partizipation im Verfassungsstaat bevorzugt wird. Anhänger der repräsentativen Demokratie im legitimatorischen Verständnis können durchaus Befürworter plebiszitärer Mechanismen der politischen Willensbildung sein. Wer diese Variante präferiert, verstößt damit nicht gegen die Prinzipien des demokratischen Verfassungsstaates. Allerdings ist die Auswirkung von institutionellen Strukturen auf die Legitimationsebene nicht auszuschließen. So vermag das Überhandnehmen plebiszitärer oder repräsentativer Elemente das Koordinatensystem zu verschieben.

Der demokratische Verfassungsstaat zeichnet sich durch die Akzeptanz der Menschenrechte[64], des Pluralismus[65] und der Gewaltenkontrolle[66] aus. Die Existenz aller drei Elemente ist eine conditio sine qua non.[67] Das Bundesverfassungsgericht hat im Nicht-Verbots-Urteil gegen die NPD die freiheitliche demokratische Ordnung, welche die zentralen Werte des demokratischen Verfassungsstaates umfasst, ganz ähnlich interpretiert, und zwar als eine Verbindung der Menschenwürde mit dem Demokratieprinzip und der Rechtsstaatlichkeit.[68]

Extremismus gilt mithin als Antithese zur Demokratie.[69] Er firmiert als Sammelbezeichnung für unterschiedliche antidemokratische Strömungen. Unter Rechtsextremismus fallen alle strikt antiegalitär ausgerichteten Varianten – Rassismus und/oder Nationalismus. Mit Linksextremismus ist einerseits jene Art des Extremismus gemeint, die alle gesellschaftlichen Übel auf die kapitalistische Klassengesellschaft zurückführt, wie dies beim Kommunismus der Fall ist, oder

---

60 Vgl. dazu das grundlegende Werk von Jacob L. Talmon, Die Geschichte der totalitären Demokratie, 3 Bde., hrsg. von Uwe Backes, Göttingen 2013.
61 Peter Graf Kielmansegg, Volkssouveränität. Eine Untersuchung der Bedingungen demokratischer Legitimität, Stuttgart 1977, S. 255.
62 Vgl. zur Diskussion etwa Frank Decker, Der Irrweg der Volksgesetzgebung. Eine Streitschrift, Bonn 2016.
63 Vgl. Winfried Steffani, Repräsentative und plebiszitäre Elemente des Verfassungsstaates, in: Ders., Pluralistische Demokratie. Studien zu Theorie und Praxis, Opladen 1980, S. 149–165.
64 Vgl. etwa ein Referenzwerk: Ludger Kühnhardt, Die Universalität der Menschenrechte, München 1987.
65 Vgl. etwa ein Referenzwerk: Ernst Fraenkel, Deutschland und die westlichen Demokratien, 9. Aufl., Baden-Baden 2011.
66 Vgl. etwa ein Referenzwerk: Karl Loewenstein, Verfassungslehre, 2. Aufl., Tübingen 1975.
67 Vgl. etwa Uwe Backes, Extremismus: Konzeptionen, Definitionsprobleme und Kritik, in: ders./Alexander Gallus/Eckhard Jesse (Hrsg.), Jahrbuch Extremismus & Demokratie, Bd. 22, Baden-Baden 2010, S. 24.
68 Vgl. 2 BvB 1/13 vom 17. Januar 2017, Randnummer 538–547.
69 Das ist weitgehender Konsens in der normativen Extremismusforschung.

die generell jede Form der Herrschaft ablehnt, wie das für den Anarchismus gilt. Der religiös geprägte Fundamentalismus – etwa in der Form des Islamismus – gilt als eine eigenständige Form des Extremismus, die sich der gängigen Rechts-Links-Dimension entzieht. Der extremistische Fundamentalismus strebt einen Gottesstaat an (Theokratie). Der „Heilige Krieg" zielt gegen die westliche Welt. Rechts- und linksextremistische sowie fundamentalistische Kräfte bekämpfen sich oft untereinander. Dies ist Ausdruck eines hohen ideologischen Dogmatismus. Während der Linksextremismus mit der konstitutionellen Komponente im Konflikt steht, gilt das Gleiche für den Rechtsextremismus zudem im Hinblick auf die Fundamentalgleichheit der Menschen. Die drei Typen sind zwar die Haupttypen, aber es gibt auch nicht-ideologische Extremismusvarianten wie Despotismus oder Absolutismus.[70]

Auch wenn Extremismen Gemeinsamkeiten und Analogien aufweisen (z. B. exklusiver Wahrheitsanspruch, Geschichtsdeterminismus, Missionsbewusstsein, Dogmatismus, ausgeprägte Freund-Feind-Stereotypen, vorgegebenes Gemeinwohl, Ablehnung des Pluralismus, keine Anerkennung der Universalität der Menschenrechte)[71], gibt es zwischen ihnen vielfältige Unterschiede. Der Extremismus mit seinen diversen Varianten stellt eine zentrale Herausforderung des demokratischen Verfassungsstaates dar. Zuweilen legitimiert der eine Extremismus seine Existenzberechtigung mit dem Kampf gegen einen anderen Extremismus. Rechts- und Linksextremisten sind – den Enden eines Hufeisens gleich – benachbart und doch entfernt.

In der Theorie scheinen viele Probleme klein, die in der Praxis große Schwierigkeiten bereiten. Schließlich bringen die meisten antidemokratischen Gruppierungen ihre Ablehnung des demokratischen Verfassungsstaates nicht ungeschützt zum Ausdruck, zumal bei gesellschaftlich hart sanktionierten Themen.[72] Und umgekehrt kann nicht jede Organisation, die „etablierten" Kräften „auf die Nerven geht" und politisch unbequem ist, als verfassungsfeindlich abgetan werden. Die Existenz von Grauzonen lässt keinesfalls die Schlussfolgerung zu, der Begriff des Extremismus sei obsolet. Ebenso wenig ist der Demokratiebegriff obsolet, nur weil es „hybride" und „defekte" Formen gibt. Während in der Geographie mit Breiten- und Längengraden eine exakte Ortsbestimmung möglich ist, gilt das nicht im gleichen Maße für das politische Koordinatensystem im Hinblick auf extremistische Spielarten. So lässt sich zwischen harten und weichen Formen unterscheiden.

Extremismen operieren zwar mit Heilsversprechen und entwickeln utopische Vorstellungen von einer zukünftigen Gesellschaft, benötigen aber Feindbilder. Diese sind beim Rechts- und Linksextremismus sowie dem religiösen Extremismus ähnlich (der Westen und die Globalisierung etwa) und unterschiedlich zugleich („Fremde", „Faschisten", „moderne Gesellschaft"). Sie gehen über Vorurteile, die mit Stereotypen arbeiten, deutlich hinaus und sind verschieden

---

70 Vgl. Tom Mannewitz, Jenseits von „Islamismus", „Links- " und „Rechtsextremismus" – eine gefahrenorientierte Extremismustypologie, in: Eckhard Jesse (Hrsg.), Wie gefährlich ist Extremismus? Gefahren durch Extremismus, Gefahren im Umgang mit Extremismus, Baden-Baden 2015, S. 61–87.

71 Vgl. z. B. Armin Pfahl-Traugber, Gemeinsamkeiten im Denken der Feinde einer offenen Gesellschaft – Strukturmerkmale extremistischer Ideologien, in: Martin H. W. Möllers/Robert Chr. Van Ooyen (Hrsg.), Jahrbuch Öffentliche Sicherheit 2006/2007, Frankfurt a. M. 2007, S. 21–35.

72 Vgl. den Beitrag von Mathias Brodkorb, Vom Verstehen zum Entlarven – Über „neu-rechte" und „jüdische Mimikry" unter den Bedingungen politisierter Wissenschaften, in: ders./Alexander Gallus/Eckhard Jesse (Hrsg.), Jahrbuch Extremismus & Demokratie, Bd. 22, Baden-Baden 2010, S. 32–64.

stark. Vereinfacht ausgedrückt: je aggressiver der jeweilige Extremismus, umso aggressiver die Feindbilder; und je rudimentärer die Ideologie, umso wichtiger die Feindbilder.

Was Deutschland betrifft, so gibt es zwar ideologische Überlappungen (zum Beispiel beim Kampf gegen Amerika und die Globalisierung), aber es besteht kaum Kooperation bei der Ablehnung des demokratischen Verfassungsstaates. Feindbilder dienen u. a. dazu, die Identität von Extremisten zu festigen, die eigene Richtung zu mobilisieren und „zusammenzuschweißen", den Feind zu dämonisieren. Sie erhöhen das Selbstwertgefühl. Extremismen benötigen Feindbilder nicht zuletzt, damit sie für das eigene Anliegen Gehör finden. Bei ihnen ist das „Anti" vielfach stärker entfaltet als das „Pro". Der Feind wird als geschlossene Kraft perzipiert. Wer solche Bilder verwendet, immunisiert die eigene Position. Feindbilder gehen oft mit Verschwörungstheorien einher.[73] Die Intensität von Feindbildern lässt Rückschlüsse darauf zu, ob die betreffende Gruppierung eher zu einer harten oder zu einer weichen Form des Extremismus zählt. Gleiches gilt spiegelbildlich für „Freundbilder" von tatsächlichen oder vermeintlichen Extremisten. Wer die Ideologie autoritärer oder totalitärer Staaten offen unterstützt, verficht im Allgemeinen eine harte Form des Extremismus. Wie die jeweiligen Feindbilder erkennen lassen, bildet sowohl der Rechts- als auch der Linksextremismus keine Einheit, wobei die Unterschiede nicht nur taktisch bedingt sind.

Zwar ist – von der Wortbedeutung her – Extremismus ein nicht steigerbarer Superlativ, aber es gibt im antidemokratischen Intensitätsgrad Unterschiede, wie bei Diktaturen. Bei Parteien dienen als Bestimmungsgründe die klassischen Kriterien: Ideologie; politische Strategie; Organisation. Dies erlaubt es, etwa zwischen einem „harten" Extremismus der NPD und einem „weichen" Extremismus bei der Partei Die Linke zu differenzieren.[74] Dabei besteht kein zwingender Zusammenhang zwischen dem Intensitätsgrad des Extremismus und seiner Gefährlichkeit. Der Intensitätsgrad des jeweiligen extremistischen Phänomens hängt von einer Reihe von Faktoren ab (wie der Akzeptanz des staatlichen Gewaltmonopols auf der einen Seite und der Bejahung bzw. sogar der Anwendung von Gewalt auf der anderen Seite), jedoch nicht davon, ob es sich um eine linke, rechte oder fundamentalistische Bestrebung handelt. Deren Verschiedenheit ist nicht im Sinne von „schlimmer" oder „weniger schlimm" zu interpretieren.

Extremismus tritt in verschiedenen Formen auf: Es gibt den (mehr oder weniger fest organisierten) gewalttätigen (1), den parteiförmigen (2), den intellektuellen (3) und den einstellungsorientierten Extremismus (4), wobei sich Variante 1 und 2 ebenso leicht überlappen können wie Variante 3 und 4. Für den Rechtsextremismus und den Linksextremismus in der Bundesrepublik fällt die Bilanz, die an dieser Stelle nur kursorisch geschieht[75], wie folgt aus:

---

73 Vgl. Eckhard Jesse, Feindbilder im Extremismus, in: ders., Extremismus und Demokratie, Parteien und Wahlen. Historisch-politische Streifzüge, Köln u. a. 2015, S. 199–224.
74 Vgl. ders., Die NPD und Die Linke. Ein Vergleich zwischen einer harten und einer weichen Form des Extremismus, in: Ebd., S. 111–129.
75 Vgl. ausführlicher etwa die beiden Beiträge von Lazaros Miliopoulos, Geschichte des Extremismus in Deutschland 1949–1990, in: Uwe Backes/Alexander Gallus/Eckhard Jesse (Hrsg.), Jahrbuch Extremismus & Demokratie, Bd. 24, Baden-Baden 2012, S. 42–71; Parteiförmiger und subkultureller Extremismus seit der deutschen Einheit – Symmetrien und Asymmetrien, in: Gerhard Hirscher/Eckhard Jesse (Hrsg.), Extremismus in Deutschland. Schwerpunkte, Vergleiche, Perspektiven, Baden-Baden 2013, S. 371–396.

(1) Der Rechtsterrorismus spielte lange eher eine marginale Rolle (z. B. Anfang der 1980er Jahre). Durch die 2011 bekannt gewordenen Untaten eines „Nationalsozialistischen Untergrundes" wurde die Öffentlichkeit aufgeschreckt. Diese Morde einer Kleingruppe zwischen 2000 und 2007 an neun Kleingewerbetreibenden ausländischer Herkunft und an einer deutschen Polizistin lösten einen Schock aus. Was den nicht fest organisierten gewalttätigen Rechtsextremismus betrifft, so ist er seit der deutschen Einheit angestiegen. Die Ursachen im Osten sind zum einen in den sozial-ökonomischen Folgen der deutschen Einheit zu suchen, zum anderen wohl auch in den Verhältnissen der wenig weltoffenen ostdeutschen Gesellschaft. Die Zahl der jährlichen Gewalttaten mit rechtsextremistisch motiviertem Hintergrund liegt mit einer gewissen Schwankungsbreite seit einiger Zeit bei rund 1.000. Die häufig unter Alkoholeinfluss und meist in der Gruppe begangenen Taten, vor allem gegen Personen aus anderen Kulturkreisen, desgleichen gegen tatsächliche oder vermeintliche Linksextremisten, sind selten geplant (expressive Gewalt).

Der hiesige Linksterrorismus war ein Spaltprodukt der Studentenbewegung. Neben der Roten Armee Fraktion, die für zahlreiche Morde in den 1970er und 1980er Jahren an führenden Repräsentanten des Staates und der Wirtschaft verantwortlich war, und der in Berlin operierenden „Bewegung 2. Juni" gab es die „Revolutionären Zellen", die sich zwar abschotteten, aber nicht in den Untergrund abtauchten („Feierabendterroristen"). Die Gewaltdelikte der linken Szene, vor allem gegen tatsächlichen oder vermeintlichen Rechtsextremismus sowie gegen staatliche Institutionen gerichtet, belaufen sich jährlich auf etwa 1.000. Dieser Linksextremismus, dessen „Massenmilitanz" beispielsweise am 1. Mai hervortritt, wird vor allem von den „Autonomen" getragen. Die Szene, die in manchen westdeutschen Universitätsstädten stark beheimatet ist, bekämpft mit ihren militanten Aktionen das „Schweinesystem". Sie propagiert „Gewalt gegen Sachen", nicht „Gewalt gegen Personen". Ausnahmen stellen Polizisten („Bullen") und Rechtsextremisten („Nazis") dar. Zu ihren klandestinen Aktionen zählen etwa Brandanschläge auf „Luxusautos". Beim „Kampf gegen den Faschismus" ist Gewaltanwendung aus Sicht der Autonomen legitimiert (instrumentelle Gewalt).

(2) Weder vor noch nach der deutschen Einheit spielte der parlamentsorientierte Rechtsextremismus eine nennenswerte Rolle. Die Nationaldemokratische Partei Deutschlands scheiterte 1969 mit 4,3 Prozent knapp an der Fünfprozenthürde, nachdem sie zuvor sieben Mal in einem Landtag repräsentiert gewesen war. Der radikalisierten NPD mit ihrer Vier-Säulen-Strategie („Kampf um den Wähler, Kampf um die Straße, Kampf um die Köpfe, Kampf um den organisierten Willen") blieben im vereinigten Deutschland größere Erfolge versagt. Immerhin gelangte sie in Sachsen und Mecklenburg-Vorpommern zweimal in die Landtage (2004/2009 sowie 2006/2011). Auch andere rechtsextreme Parteien zogen zeitweilig in Landtage ein – die Republikaner zweimal in Baden-Württemberg (1992/1996) und die (inzwischen mit der NPD verschmolzene) Deutsche Volksunion zweimal in Brandenburg (1999/2004). In den letzten Jahren entstanden aggressive Kleinstparteien wie Die Rechte und der III. Weg. Der parteiförmige Extremismus von rechts schneidet im Osten Deutschlands besser ab als im Westen. Das gilt auch für die Alternative für Deutschland, die im Osten radikaler auftritt als im Westen. Allerdings ist diese Partei, die bei der Bundestagswahl 2017 mit 12,6 Prozent in den Deutschen Bundestag eingezogen war (Ost: 21,9 Prozent; West: 10,7 Prozent), keine genuine Kraft des Rechtsextre-

mismus, ungeachtet einer gewissen Radikalisierung seit der Flüchtlingskrise 2015, etwa in Sachsen-Anhalt und Thüringen.

Was den parteiförmigen Linksextremismus angeht, so sind die Deutsche Kommunistische Partei, früher an der SED und der KPdSU ausgerichtet, die maoistisch orientierte Marxistisch-Leninistische Partei Deutschlands und die trotzkistische Sozialistische Gleichheitspartei (bis 2017: Partei für Soziale Gleichheit) nahezu vernachlässigenswert; zum Teil treten solche sektiererischen Kräfte bei Wahlen gar nicht an. Ihre Ergebnisse liegen im Promillebereich. Die aus der SED hervorgegangene Partei des Demokratischen Sozialismus (PDS), Linkspartei (2005–2007) und Die Linke (seit 2007) unterscheidet sich in der Ausrichtung fundamental davon: Von den über 60.000 Mitgliedern gehört ein kleiner Teil offen verfassungsfeindlichen Zusammenschlüssen an (wie der Kommunistischen Plattform). Außer in den Jahren 2002 bis 2005 ist sie stets im Bundestag vertreten (gewesen). Bei der Bundestagswahl 2017 erreichte sie 9,2 Prozent der Stimmen (West: 7,4 Prozent; Ost: 17,8 Prozent). Die PDS bzw. die Linke zog bei allen Landtagswahlen in die Parlamente der neuen Bundesländer ein. Allerdings schneidet sie in denjenigen Ländern deutlich schlechter ab, in denen sie zuvor als Juniorpartner eine Koalition eingegangen war (Mecklenburg-Vorpommern, Berlin und Brandenburg). In Thüringen stellt sie seit 2014 sogar den Ministerpräsidenten. Lange war die PDS bei den Landtagswahlen in den alten Bundesländern eine zu vernachlässigende Größe. Durch den Zusammenschluss mit der (westlichen) Wahlalternative Arbeit und soziale Gerechtigkeit im Jahre 2007 trat ein Wandel ein. Bis auf Baden-Württemberg, Bayern und Rheinland-Pfalz war die Partei, die im Westen deutlich radikaler als im Osten auftritt, zeitweilig in allen Landtagen repräsentiert.

(3) Beim intellektuellen Diskurs ist Rechtsextremisten nicht annähernd der Durchbruch gelungen. Sie konnten so gut wie niemals einen Einfluss auf die Mehrheitskultur gewinnen und verblieben in ihrem abgeschotteten Milieu. Doch steigt die Resonanz im Kielwasser der AfD-Erfolge seit einigen Jahren. Zugleich gibt es eine gewisse Intellektualisierung im Rechtsextremismus, die mit dem diffusen Begriff der „Neuen Rechten" nur unzureichend umschrieben ist. Die Mehrheitskultur bekämpft heftig solche Anwandlungen – z. B. in Gestalt des Instituts für Staatspolitik oder des Magazins „Compact".[76]

Linksextremisten sind im intellektuellen Milieu weit stärker vertreten und nicht annähernd so ausgegrenzt wie Rechtsextremisten. Man denke an Organe wie die „junge Welt" oder „Konkret". Sie verbinden ihren Antifaschismus mit Attacken gegen das etablierte Wirtschafts- und Gesellschaftssystem – gegen „Neoliberalismus", gegen „Marktliberalismus". Antifaschismus hat eine weitaus stärkere Mobilisierungs- und Zugkraft als Antikommunismus. Neben „Antiimperialisten", die ihren Hauptfeind in den USA sehen, gibt es „Antideutsche", die erst mit der deutschen Einheit entstanden sind.

(4) Studien zu rechtsextremen Einstellungen sorgen in der Öffentlichkeit häufig für großes Aufsehen. Das gilt etwa für die Untersuchungen der Leipziger Forschergruppe um Oliver De-

---

76 Der Herausgeber dieses Organs, Jürgen Elsässer, war, seltsam genug, der Begründer der Antideutschen. Vgl. Jürgen P. Lang, Biographisches Porträt: Jürgen Elsässer, in: Uwe Backes/Alexander Gallus/Eckhard Jesse (Hrsg.), Jahrbuch Extremismus & Demokratie, Bd. 28, Baden-Baden 2016, S. 225–240.

cker und des Bielefelder Teams um Andreas Zick. Beide arbeiten mit denselben Items, wobei die Ergebnisse sich nicht immer decken, wohl auch wegen unterschiedlicher Erhebungs- und Berechnungsmethoden. So ermittelten die Leipziger für das Jahr 2016 rechtsextreme Einstellungen in Höhe von 5,4 Prozent (Ost: 7,6 Prozent; West: 4,8 Prozent), die Bielefelder kamen im selben Jahr auf 2,8 Prozent (Ost: 5,9 Prozent West: 2,3 Prozent). 2012 lag die Quote rechtsextremer Einstellungen in den neuen Bundesländern laut der Leipziger Forschungsgruppe noch bei 15,8 Prozent.[77]

Die Forschung zum „Rechtsaußenpotential" ist deutlich besser ausgeprägt als die zum „Linksaußenpotential". Ein neues empirisches Werk kommt zu dem folgenden Befund: Vier Prozent der Bevölkerung weisen ein geschlossenes, 13 Prozent ein überwiegend geschlossenes linksextremistisches Gesellschafts- und Weltbild auf.[78] Die an den „Mitte"-Studien der Bielefelder und der Leipziger Forscher geübte Kritik lässt sich naturgemäß auf derartiges Zahlenmaterial anwenden.

Wie ein Vergleich zwischen diesen vier Formen zeigt, ist auf einigen Feldern die rechte Variante, auf anderen die linke stärker. Dieser Befund wird auch unter Einbeziehung der zeitlichen Dimension deutlich. Eine Forschung, die nur einer Richtung ins Auge sieht, muss sich den Vorwurf gefallen lassen, blind gegenüber der anderen zu sein. Zumal: Die Interaktion zwischen den verschiedenen Strömungen gerät dabei aus dem Blickfeld. Wer die Aussagen der jeweiligen Szene für bare Münze nimmt, unterliegt der Gefahr, die jeweilige Größenordnung zu verkennen.

4 Kritik an der Extremismusforschung und Gegenkritik

Wie bereits im einleitenden Kapitel an zwei Beispielen demonstriert, ist die Extremismusforschung vielfach in der Diskussion, milde formuliert. Die Kritik am Begriff „Extremismus" und an der einschlägigen Literatur ist teils (vor allem) politisch, teils wissenschaftlich bedingt. So heißt es, Analysen zum Extremismus seien unterkomplex, staatszentriert, ideologiegesättigt, auf Analogien höchst unterschiedlicher Phänomene bedacht und stark an der als repressiv geltenden streitbaren Demokratie orientiert, also auf den Erhalt des Status quo. Vor allem die vergleichende Forschung zum Extremismus mit ihrem Äquidistanzgebot ruft viele Einwände hervor. Misslich ist das weitgehende Fehlen von Diskussionen zwischen Anhängern und Gegnern des Extremismusbegriffes.[79] Die folgenden Ausführungen versuchen die Kritiken einerseits zu

---

[77] Vgl. Oliver Decker/Johannes Kiess/Elmar Brähler (Hrsg.), Die enthemmte Mitte. Autoritäre und rechtsextreme Einstellung in Deutschland, Gießen 2016, S. 48; Andreas Zick/Beate Küpper/Daniela Krause, Gespaltene Mitte – Feindselige Zustände. Rechtsextreme Einstellungen in Deutschland 2016, Bonn 2016, S. 139.

[78] Vgl. Klaus Schroeder/Monika Deutz-Schroeder, Gegen Staat und Kapital – für die Revolution, Frankfurt a. M. 2015; siehe auch dies., Linksextreme Einstellungen und Feindbilder. Befragungen, Statistiken und Analysen, Frankfurt a. M. 2016.

[79] Zu den wenigen Ausnahmen gehört das Streitgespräch zum Thema Linksextremismus zwischen Richard Stöss und Uwe Backes, in: Ulrich Dovermann (Hrsg.), Linksextremismus in der Bundesrepublik Deutschland, Bonn 2011, S. 291–318. Siehe zum Teil auch Gert Pickel/Oliver Decker (Hrsg.), Extremismus in Sachsen. Eine kritische Bestandsaufnahme, Leipzig 2016.

systematisieren, wobei gewisse Überschneidungen unvermeidlich sind, und sie andererseits in nuce zu widerlegen.

(1) Extremismus als Phantombegriff: Für den Berliner Historiker Wolfgang Wippermann existiert Extremismus in der Realität der Bundesrepublik Deutschland nicht. Die Forschung zu diesem Thema stelle einen „Politologentrug" dar. Es ist „ein in der Wissenschaft fast einmaliger Vorgang. Man muss schon weit zurückgreifen, um etwas Ähnliches zu finden. Mir fällt als Beispiel nur der ‚Hexenwahn' der frühen Neuzeit ein. ‚Hexen' gab es zwar genauso wenig wie ‚Extremisten', dennoch wurde ihre Existenz durch alle möglichen Tricks und Dokumente ‚bewiesen', und zwar ganz ‚wissenschaftlich'."[80] Der unwissenschaftliche Begriff des Extremismus sei eine Erfindung „allein vom Verfassungsschutz und einigen seiner offiziellen und inoffiziellen Mitarbeiter".[81] Sie haben sich damit eine ihnen nicht zustehende Macht angemaßt. Autoren befolgten die „Vorgabe des Verfassungsschutzes".[82]

Wer politischen Extremismus als Phantom ansieht, muss die gesamte einschlägige Literatur zu Makulatur erklären. Extremismus stellt die Gegenposition zum demokratischen Verfassungsstaat dar. Dieser wird von seinen Gegnern herausgefordert. Dass ein früherer Totalitarismusforscher diesen Sachverhalt leugnet, ist schwer nachvollziehbar. Schließlich handelt es sich bei extremistischen Kräften um solche, die ein totalitäres, ein autoritäres System oder zumindest eine defekte Demokratie errichten würden, kämen sie an die Macht. Wenn es stimmt, dass viele der Demokratien „keineswegs gefestigt [sind], sondern ernsthaft bedroht"[83], dann bedürfte es erst recht einer Warnung vor Antidemokraten. Die Behauptung, der Begriff des Extremismus gehe auf den Verfassungsschutz zurück, trifft so nicht zu. Und wer glaubt, der Verfassungsschutz habe die neue Terminologie dekretieren können, schreibt diesem eine Allmacht zu. Das gilt ebenfalls für die Annahme, Extremismusforscher seien vom Verfassungsschutz abhängig: Wie soll diese Abhängigkeit aussehen? Materieller Art? Erpresserischer Art?

(2) Verfehlter Normativismus: Der Berliner Parteienforscher Richard Stöss behauptet, das Extremismuskonzept leiste keinen Beitrag zur Frage, ob eine Partei rechtsextremistisch oder linksextremistisch ist. Typenbildende Merkmale sind so weich, „dass die Tür für subjektive Werturteile weit offen steht. Möglicherweise besteht gerade darin der eigentliche Gebrauchswert des Extremismuskonzepts."[84] Stöss warnt in einer instruktiven Studie über die PDS davor, den Begriff der Partei „mit einem normativen Demokratiegebot [zu] überfrachten".[85]

Tatsächlich untersucht die Extremismusforschung Parteien anhand von nachvollziehbaren, keineswegs schwammigen Kriterien, ob diese antidemokratisch sind oder nicht. Richard Stöss selber macht bei seinen Analysen zu Parteien regen Gebrauch vom Rechtsextremismusbegriff. Offenbar ist dieser akzeptiert, nicht aber der Linksextremismusbegriff. Der verbreitete Eindruck,

---

80 Wolfgang Wippermann, Politologentrug. Ideologiekritik der Extremismuslegende, Berlin 2010, S. 4.
81 Ebd., S. 5.
82 Ders., Verfassungsschutz und Extremismusforschung. Falsche Perspektiven, in: Jens Mecklenburg (Hrsg.), Braune Gefahr. DVU, NPD, REP – Geschichte und Zukunft, Berlin 1999, S. 269.
83 Ebd., S. 275.
84 Richard Stöss, "Extremistische Parteien" – Worin besteht der Erkenntnisgewinn?, in: Aus Politik und Zeitgeschichte B 47/2008, S. 7.
85 Gero Neugebauer/Richard Stöss, Die PDS. Geschichte, Organisation, Wähler, Konkurrenten, Opladen 1996, S. 13.

ein normativer Ansatz stünde einem empirisch-analytischen Ansatz gegenüber, ist so wohl nicht triftig. Bei der Analyse des parteiförmigen Rechtsextremismus dagegen bekennt sich Stöss durchaus zu einem normativen Gebot, nämlich dem des Antifaschismus – „als politische Norm und als pädagogisches Ziel".[86] Tatsächlich – und das ist wohl der Kern der Kontroverse – liegt der einen Auffassung ein antiextremistischer Ansatz zugrunde, der anderen ein – jedenfalls verdeckt – antifaschistischer.[87]

(3) Gleichsetzung ungleicher Positionen: Der Fluchtpunkt des Kölner Politikwissenschaftlers Christoph Butterwegge und anderer prinzipieller Gegner der Extremismusforschung ist die Behauptung, die rechte und die linke Seite des politischen Spektrums würden auf eine Stufe gestellt. Der Autor spricht bereits im Titel von einer „falschen Gleichsetzung". „Extremismustheoretiker setzen Links- und Rechtsextremismus nämlich mehr oder weniger explizit gleich." Ein Vergleich, der „Feuer mit Wasser vergleicht und beide womöglich auch noch gleichsetzt"[88], bringt keinen Erkenntnisgewinn. „Man kann unter dem Oberbegriff ‚Krankheiten' auch Hautkrebs und Hühneraugen miteinander vergleichen; dies wird aber kein seriöser Mediziner tun."[89] Laut Butterwegge grenzen Extremismusforscher Linke als potentielle Verbündete aus, zeigen aber wenig Berührungsängste gegenüber ultrarechten Kräften und Positionen. Die Extremismusforscher seien „staatsfixiert", was „zu den Hauptkennzeichen des Rechtsextremismus in Deutschland, nicht aber des Linksradikalismus zählt."[90]

Das ist nun in dreierlei Hinsicht nicht stimmig. Erstens geht es ganz und gar nicht um Gleichsetzung, sondern um Vergleiche mit Blick auf Gemeinsamkeiten und Unterschiede. Zweitens wird nicht Feuer mit Wasser verglichen. Denn die Phänomene weisen bei aller Gegensätzlichkeit strukturelle Analogien auf. Aus der Tatsache, dass der Linksextremismus den Rechtsextremismus bekämpft (und vice versa), folgt nicht, es gäbe keine Feindschaft ohne Nähe. Drittens sieht die Extremismusforschung den Extremismus als Widerpart des demokratischen Verfassungsstaates an. Rechtsextremisten sind jedoch nicht dessen Repräsentanten. Wer den Extremismusbegriff verteidigt, ist „demokratiefixiert", nicht notwendigerweise „staatsfixiert".

(4) Zeitgebundenheit des Begriffs: Für den deutsch-britischen Terrorismusforscher Peter R. Neumann kommt dem Extremismusbegriff keine universelle Bedeutung zu: „Was Extremismus heißt, hängt davon ab, was in einer bestimmten Gesellschaft oder zu einem bestimmten Zeitpunkt als gemäßigt gilt. [...] Extrem zu sein heißt deshalb zunächst nicht mehr (und nicht weniger) als die Forderung nach einer radikalen Änderung des Status quo – egal wie illiberal und undemokratisch dieser ist. [...] Die Geschwindigkeit, mit der sich politische Einstellungen –

---

86 So Richard Stöss, Die extreme Rechte in der Bundesrepublik Deutschland. Entwicklung – Ursachen – Gegenmaßnahmen, Opladen 1989, S. 244.
87 Stöss hat allerdings unter der Hand die frühere Position aufgegeben. Seinerzeit unterschied er zwischen „antidemokratischen" und „antikapitalistischen" Parteien. Im ersten Fall stellte er auf die politische Orientierung ab (bei den Rechtsaußenparteien), im zweiten Fall auf die wirtschaftliche (bei den Linksaußenparteien). Vgl. Richard Stöss, Einleitung: Struktur und Entwicklung des Parteiensystems in der Bundesrepublik – eine Theorie, in: ders. (Hrsg.), Parteien-Handbuch. Die Parteien der Bundesrepublik Deutschland 1945–1980, Bd. 1, Opladen 1984, S. 297.
88 Christoph Butterwegge, Linksextremismus = Rechtsextremismus? Über die Konsequenzen einer falschen Gleichsetzung, in: Ursula Birsl (Hrsg.), Rechtsextremismus und Gender, Opladen 2011, S. 24
89 Ebd., S. 36.
90 Ebd., S. 30.

und damit die Wahrnehmung dessen, was innerhalb einer Gesellschaft als akzeptabel gilt – ändern, macht den Extremismus-Begriff auch innerhalb westlicher Demokratien unscharf."[91] Als Beispiel für die Untauglichkeit des Extremismusbegriffs führt Neumann ferner an, selbst der Islamische Staat bezeichne interne Kritiker als „Extremisten".

Tatsächlich ist der Extremismusbegriff nicht notwendigerweise relativistischer Natur – im Gegenteil. Er fußt auf der Ablehnung einzelner Merkmale des demokratischen Verfassungsstaates (Universalität der Menschenrechte, Pluralismus, Gewaltenkontrolle). Dass sich politische Einstellungen ändern, bedeutet ja nicht, kann nicht bedeuten, auf einen Begriff für jene zu verzichten, die dem demokratischen Gemeinwesen den Kampf angesagt haben. Was Neumann gegen den Begriff des Extremismus anführt, müsste er ebenso gegen den Demokratiebegriff anbringen. Auch dieser wird allerorten für Unterschiedliches verwendet, in diesem Fall allerdings positiv.

(5) Extremismus der Mitte: Nicht nur die Politologen Christoph Kopke und Lars Rensmann übten am Begriff der „Mitte" Kritik. „Politische Orientierungen erscheinen […] völlig beliebig, links und rechts werden gleichgesetzt und austauschbar, sofern man außerhalb der willkürlich gesetzten Mitte steht. Der ‚Extremist' wird schlicht konstruiert als ‚verhaltensauffälliger' Außenseiter, der einer hermetischen Programmatik und einem teilungsunwilligen Machtanspruch folgt."[92] Und eine Vielzahl von Autoren verficht die These vom „Extremismus der Mitte".[93] So heißt es bei Gero Neugebauer: „Politischer Extremismus wird nicht in der Mitte der Gesellschaft, sondern als Randphänomen verortet."[94]

Begriffe wie „verhaltensauffällig" werden in Anführungszeichen gesetzt, als stammten sie von Extremismusforschern. Diese rechtfertigen entgegen stereotypen Insinuationen keineswegs unkritisch die „herrschende Politik". Der demokratische Verfassungsstaat ist vielfältig gefährdet. Jeder Rechtsextremist ist ein Antidemokrat, aber nicht jeder Antidemokrat ein Rechtsextremist, jeder Stalinist ein Linksextremist, doch nicht jeder Linksextremist ein Stalinist. Kaum ein Begriff ist so oft missverständlich rezipiert worden wie der von Seymour Martin Lipset geprägte „Extremismus der Mitte", sei es mit Absicht, sei es aus Unkenntnis. Diese Wendung in dem Aufsatz von 1959 hat Eigendynamik gewonnen.[95] Lipsets Kernthese lautet, in jeder sozialen Schicht seien neben demokratischen Positionen auch extremistische beheimatet. Die demokratische Variante der Mittelschicht sei der Liberalismus, die undemokratische der Faschismus, eben der „Extremismus der Mitte".[96] Lipset spielte damit auf die Überrepräsentanz der Mittelschicht in der Wählerschaft der NSDAP vor 1933 an. Tatsächlich ist der Terminus der „Mitte"

---

91 Peter R. Neumann, Der Terror ist unter uns. Dschihadismus und Radikalisierung in Europa, Berlin 2016, S. 29 f.
92 Christoph Kopke/Lars Rensman, Die Extremismus-Formel. Zur politischen Karriere einer wissenschaftlichen Ideologie, in: Blätter für deutsche und internationale Politik 45 (2000), S. 1452.
93 So etwa Gero Neugebauer, Extremismus – Rechtsextremismus – Linksextremismus. Einige Anmerkungen zu Begriffen, Forschungskonzepten Forschungsfragen und Forschungsergebnissen, in: Wilfried Schubarth/Richard Stöss (Hrsg.), Rechtsextremismus in der Bundesrepublik Deutschland. Eine Bilanz, Opladen 2001, S. 18.
94 Ders., Einfach war gestern. Zur Strukturierung der politischen Realität in einer modernen Gesellschaft, in: Aus Politik und Zeitgeschichte B 44/2010, S. 4.
95 Vgl. Seymour M. Lipset, Der „Faschismus", die Linke, die Rechte und die Mitte, in: Kölner Zeitschrift für Soziologie und Sozialpsychologie 11 (1959), S. 401–444. Der Text ist u. a. abgedruckt bei Ernst Nolte (Hrsg.), Theorien über den Faschismus, 2. Aufl., Köln 1970, S. 449–491.
96 Zitiert nach ebd., S. 459.

in der Extremismusforschung allenfalls bei der Verortung des demokratischen Verfassungsstaates von Relevanz. Und „Normalismus", an dem sich zahlreiche Autoren abarbeiten,[97] wäre innerhalb der Extremismusforschung auch nur dann von Bedeutung wenn er sich auf die minimalen Werte und Spielregeln konstitutionell-demokratischer Ordnung bezöge. Im Übrigen belegt die empirische Einstellungsforschung das unterdurchschnittliche Ausmaß von rechtsextremistischen Positionen in der politischen Mitte (nach dem Selbstverständnis der Befragten) und der sozialen Mitte. Unterschichten weisen zumeist das höchste Maß an rechtsextremistischen Einstellungen auf.

(6) Unterkomplexität des Extremismusbegriffs: Angesichts einer veränderten Konfliktstruktur „zwischen einer sozial-libertären und einer neoliberal-autoritären Politikkonzeption"[98] ist, so der Berliner Politikwissenschaftler Gero Neugebauer, „ein Begriff wie politischer Extremismus für die Wissenschaft unterkomplex und als Arbeitsbegriff ungeeignet. Es geht vielmehr darum, die weiteren Auswirkungen des fortschreitenden sozialen Wandels auf politische Einstellungen und Orientierungen angemessen zu analysieren. [...] Daher könnte überlegt werden, ob der Begriff nicht hinfällig geworden ist."[99]

Selbstverständlich ist es ein löbliches Unterfangen, die Auswirkungen des sozialen Wandels auf politische Einstellungen zu analysieren. Wer diese Position verficht, muss deswegen den Extremismusbegriff nicht ad acta legen. Durch sozialen Wandel sind extremistische Tendenzen ja nicht verschwunden. Neugebauer möchte der Zivilgesellschaft helfen, „gegen einzelne extremistische Einstellungen anzugehen und damit die Demokratie zu stärken."[100] Ist das nicht paradox: auf den Extremismusbegriff zu verzichten, aber extremistische Einstellungen zu bekämpfen? Und die Behauptung, auf der politischen Achse stünden sich Libertarismus (Links) und Autoritarismus (Rechts) gegenüber, läuft auf ein eindimensionales Modell hinaus, wie die Zuordnung in Klammern bezeugt. Dabei hat Neugebauer die „eindimensionale Rechts-Links-Achse"[101] gerade dem Extremismuskonzept vorgehalten. Dieses unterscheidet freilich nicht nur nach rechts und links, sondern vor allem nach demokratisch versus extremistisch, wobei Übergangszonen Berücksichtigung finden.

Ein beträchtlicher Teil der Kritik am Extremismusbegriff beruht zum einen auf Unterstellungen, zum anderen auf einem Verständnis, das dem der normativen Extremismusforschung entgegensteht. Das Paradoxe liegt nun darin, dass selbst die schärfsten Kritiker des Extremismusbegriffes an der Unterscheidung von Demokraten und Antidemokraten festhalten. Offenbar wird ein antifaschistisches Konzept bevorzugt. Der antiextremistische Konsens ist heute nicht

---

97 Vgl. etwa Tino Hein/Patrick Wöhrle, Politische Grenzmarkierungen im flexiblen Normalismus. Ein einleitender Essay, in: Jan Ackermann, Metamorphosen des Extremismusbegriffes. Diskursanalytische Untersuchungen zur Dynamik einer funktionalen Unzulänglichkeit, Wiesbaden 2015, S. 13–68; Holger Oppenhäuser, Das Extremismus-Konzept und die Produktion von politischer Normalität, in: Forum für kritische Rechtsextremismusforschung (Anm. 56), insbes. S. 35–58. Die Autoren berufen sich dabei als Gewährsmann auf Jürgen Link. Vgl. ders., Grenzen des flexiblen Normalismus?, in: Ernst Schulte-Holtey (Hrsg.), Grenzmarkierungen. Normalisierung und diskursive Ausgrenzung, Duisburg 1994, S. 24–39; ders., Versuch über den Normalismus, Göttingen 2006.
98 Neugebauer (Anm. 94), S. 8.
99 Ebd., S. 9.
100 Ebd., S. 9.
101 Ebd. S. 3.

mehr so selbstverständlich wie früher. Eine lediglich antifaschistische, eine lediglich antikommunistische sowie eine lediglich antifundamentalistische Position trägt nicht. Diese Maxime ist eine Konsequenz aus dem antithetischen Verhältnis von Extremismus und Demokratie. Mit „Antiextremismus" steht das Gebot der Äquidistanz in einem engen Zusammenhang. Mit ihm ist nicht gemeint, jede extremistische Spielart sei gleichweit vom demokratischen Verfassungsstaat entfernt. Doch müssen für alle Varianten dieselben Beurteilungsmaßstäbe gelten.

Der verbreitete Hinweis, (Rechts-)Extremismus komme aus der Mitte der Gesellschaft, ist entweder eine Banalität oder eine Insinuation: Eine Banalität ist die Aussage, soll damit gemeint sein, er sei aus der Gesellschaft entstanden (woher denn sonst?), eine Insinuation ist sie, wenn die „Mitte der Gesellschaft" (was immer diese auch sein mag) als das eigentliche Übel firmiert. Wer „gesellschaftliche Alternativen" anstrebt, ruft die Extremismusforschung nicht auf den Plan, sofern diese sich innerhalb des Verfassungsbogens bewegen. Die obigen Ausführungen sind keineswegs so zu verstehen, als gäbe es keine Desiderata innerhalb der Extremismusforschung.[102]

5 Schutz vor politischem Extremismus

Die demokratischen Verfassungsstaaten schützen sich vor Extremismus. Das ist konsequent. Allerdings fällt die Art des Demokratieschutzes höchst unterschiedlich aus, bedingt u. a. durch die politische Kultur und die historischen Erfahrungen. Die einen Staaten bekämpfen auch den nicht-gewalttätigen Extremismus, die anderen bloß den gewalttätigen.[103] So ist der Demokratieschutz in Deutschland nur vor dem Hintergrund des Aufstiegs und des Erfolges der nationalsozialistischen Massenbewegung zu verstehen.

Die im antiextremistisch ausgerichteten Grundgesetz verankerte Konzeption der streitbaren Demokratie will die Hilflosigkeit der relativistisch geprägten Demokratie des Weimarer Typs überwinden.[104] Ihr zentraler Gedanke ist die Vorverlagerung des Demokratieschutzes in den Bereich des legalen politischen Handelns. Die streitbare Demokratie Deutschlands umfasst drei Charakteristika: die Wertgebundenheit, die Abwehrbereitschaft und die Vorverlagerung des Demokratieschutzes, wobei dieser letzte Punkt eine Präzisierung des zweiten darstellt. Mit Wertgebundenheit ist gemeint, dass gemäß Art. 79 Abs. 3 des Grundgesetzes die in den Artikeln 1 (Unantastbarkeit der Menschenwürde) und 20 (Staatsstrukturprinzipien wie Demokratie, Republik, Rechtsstaat, Bundesstaat und Sozialstaat) niedergelegten Prinzipien nicht geändert werden dürfen. Das Bundesverfassungsgericht hat diese Prinzipien in seinem jüngsten NPD-Urteil nochmals präzisiert und im Sinne einer minimalistischen Demokratiedefinition eng gefasst.

---

102 Vgl. etwa das letzte Kapitel in diesem Beitrag.
103 Vgl. Martin Klamt, Die Europäische Union als Streitbare Demokratie. Rechtsvergleichende und europarechtliche Dimensionen einer Idee, München 2012.
104 Vgl. Eckhard Jesse, Streitbare Demokratie und politischer Extremismus von 1949 bis 1999; ders., Demokratieschutz, jeweils in: ders., Demokratie in Deutschland. Diagnosen und Analysen, Köln u.a. 2008, S. 317–332, S. 333–357.

Zur Abwehrbereitschaft gehört die Verteidigung des demokratischen Verfassungsstaates gegenüber extremistischen Positionen. Art. 9 Abs. 2 GG sieht die Möglichkeit des Vereinigungsverbots vor, Art. 18 erlaubt die Verwirkung der Grundrechte, Art. 21 Abs. 2 eröffnet die Möglichkeit des Parteiverbots, Art. 33 Abs. 4 und 5 statuiert die Notwendigkeit der Verfassungstreue für Beschäftigte im öffentlichen Dienst. Vorverlagerung des Demokratieschutzes meint: Der demokratische Verfassungsstaat darf nicht erst bei einem Verstoß gegen (Straf-)Gesetze reagieren. Der Zusammenhang von Wehrhaftigkeit und Werthaftigkeit liegt auf der Hand. Ein Staat, der auf unveränderbaren Werten ruht, muss bereit sein, für sie einzustehen. Und wer Abwehrbereitschaft bejaht, kommt ohne Wertgebundenheit nicht aus. Die Verfassungsschutzberichte, eine Reaktion auf die antisemitischen Schmiereien an der Jahreswende 1959/60, sind ein legitimer Ausdruck der Sorge des demokratischen Staates vor Unterwanderung, dürfen jedoch keine Verdachtsberichterstattung pflegen. Mittlerweile erstellt jedes Bundesland solche Berichte.

Allerdings wirft die Vorverlagerung des Demokratieschutzes für die zu gewährleistende Liberalität des Staates gravierende Probleme auf. Wird nicht gerade dadurch, dass die Legalität des Verhaltens keineswegs der einzige Maßstab für die Beurteilung ist, die Demokratie unterminiert und Legalität gegen Legitimität ausgespielt? Fördert die streitbare Demokratie, wenn auch unbeabsichtigt, McCarthyismus? Prinzipiell darf in einem demokratischen Verfassungsstaat Legitimität nicht über der Legalität rangieren. Träfe dies zu, wäre Art. 1 GG obsolet.

Hier setzt die Kritik von Autoren wie Claus Leggewie und Horst Meier an, die sich dagegen wenden, bloße Ziele negativ zu sanktionieren.[105] Nur der Aufruf zur Gewalt oder deren Anwendung sei strafwürdig. Bis heute konnte „nirgendwo der direkte ursächliche Zusammenhang zwischen Worten und Brandsätzen je empirisch nachgewiesen"[106] werden. Das Konzept der streitbaren Demokratie, das einen deutschen Sonderweg darstelle, laufe auf Illiberalität hinaus, das des Extremismus auf ein Freund-Feind-Denken. Auch Kritiker dieser Kritiker müssen ihnen Konsistenz der Argumentation zugestehen, etwa mit Blick auf die Äquidistanz gegenüber unterschiedlichen Formen des Extremismus. Allerdings ist die Orientierung an der Gewaltgrenze keine angemessene Lösung, denn Antidemokraten wenden oftmals keine Gewalt an. Und ein beliebiges Freund-Feind-Denken liegt trotz der Dichotomie keineswegs vor, fußt der Antiextremismus doch auf normativen Positionen. Andere Länder weisen ebenfalls Schutzmechanismen auf, die sich nicht an der Gewaltgrenze ausrichten. Die jakobinisch anmutende Formel „keine Freiheit den Feinden der Freiheit" kann in der Tat nicht das geeignete Motto des Demokratieschutzes sein, aber das gilt ebenso für den von den Autoren präferierten Slogan: „Freiheit für die Feinde der Freiheit".[107]

---

105 Vgl. Claus Leggewie/Horst Meier, Maßstäbe für die Verteidigung der Demokratie, Reinbek bei Hamburg 1995.
106 Horst Meier, Protestfreie Zonen? Variationen über Bürgerrechte und Politik, Berlin 2012, S. 75.
107 Ebd., S. 94.

Wie sieht die Praxis des Demokratieschutzes in Deutschland aus[108]? 1952 wurde die Sozialistische Reichspartei (SRP) verboten[109], 1956 die Kommunistische Partei Deutschlands (KPD).[110] Die junge – verunsicherte – Demokratie wollte mit den beiden Verboten Exempel statuieren. Die Urteile des Gerichts sind durch Zurückhaltung und Liberalität gekennzeichnet. Gegen die NPD wurde 2001 ein Verbotsverfahren eingeleitet – von der Bundesregierung, dem Bundestag und dem Bundesrat. Aufgrund verschiedener Pannen (z. B. Existenz von V-Leuten in der Führungsspitze der Partei) stellte das Bundesverfassungsgericht im März 2003 das Verfahren ein. Im Jahre 2013 wurde ein erneutes Verbot beantragt, diesmal nur durch den Bundesrat. Das Bundesverfassungsgericht sprach sich 2017 gegen ein Verbot aus. Die Partei strebe zwar die Beseitigung der freiheitlichen demokratischen Grundordnung an. „Es fehlt jedoch an konkreten Anhaltspunkten von Gewicht, die es zumindest möglich erscheinen lassen, dass dieses Handeln zum Erfolg führt."[111]

Bis zum Jahre 1964 kam es zu zahlreichen Vereinigungsverboten durch die Exekutive. Die früher hohe Zahl hing zum einen damit zusammen, dass seinerzeit Vereine bereits auf Länderebene verboten werden konnten, zum anderen galt damals das Legalitätsprinzip: Verfassungsfeindliche Organisationen wurden automatisch verboten, einen Ermessensspielraum im Hinblick auf die Opportunität des Vorgehens gab es nicht. In den letzten Jahrzehnten richteten sich die Verbote vor allem gegen rechtsextremistische und ausländische Vereinigungen, oft islamistische, nicht mehr gegen hiesige linksextremistische.[112]

Die Grundrechtsverwirkung ist viermal gegen Rechtsextremisten beantragt, jedoch niemals vollzogen worden: gegen Otto Ernst Remer, Gerhard Frey, Heinz Reisz und Thomas Dienel. Das Gericht sah in den Bestrebungen dieser Akteure keine Gefahr für die freiheitliche Ordnung. Diese Bestimmung taugt offenkundig nicht zum Schutz der Demokratie. In einer Parteiendemokratie können einzelne Personen, die keine Gewalt anwenden, das System schwerlich unterminieren.[113] Andere demokratische Verfassungsstaaten kennen keine solche Bestimmung.

Viel Wirbel hat die fälschlicherweise als „Radikalenerlass" bezeichnete Vereinbarung der Ministerpräsidenten vom 28. Januar 1972 ausgelöst. Faktisch wurde nur an die Verfassungstreue der Beschäftigten des öffentlichen Dienstes erinnert. Der Modus der Überprüfung – die sogenannte „Regelanfrage" – entfiel aufgrund der heftigen Kritik. Insgesamt kamen etwa 1.000 Be-

---

108 Vgl. Robert Philippsberg, Demokratieschutz im Praxistest. Deutschlands Umgang mit extremen Vereinigungen, Baden-Baden 2015.
109 Vgl. Otto Büsch/Peter Furth, Rechtsradikalismus im Nachkriegsdeutschland. Studien über die „Sozialistische Reichspartei" (SRP), Berlin 1957; Norbert Frei, Vergangenheitspolitik. Die Anfänge der Bundesrepublik und die NS-Vergangenheit, München 1996; Henning Hansen, Die Sozialistische Reichspartei. Aufstieg und Scheitern einer rechtsextremen Partei, Düsseldorf 2007.
110 Vgl. Hans Kluth, Die KPD in der Bundesrepublik Deutschland. Ihre politische Tätigkeit und Organisation 1945–1956, Opladen 1959; Till Kössler, Abschied von der Revolution. Kommunisten und Gesellschaft in Westdeutschland 1945–1968, Düsseldorf 2005; Josef Foschepoth, Verfassungswidrig? Das KPD-Verbot im Kalten Krieg, Göttingen 2017 (materialreich, aber einseitig).
111 Bundesverfassungsgericht 2 BvB 1/13 vom 17. Januar 2017, Leitsatz 9c.
112 Vgl. Julia Gerlach, Die Vereinsverbotspraxis der streitbaren Demokratie. Verbieten oder Nicht-Verbieten?, Baden-Baden 2012.
113 Vgl. Eckhard Jesse, Grenzen des Demokratieschutzes in der offenen Gesellschaft – Das Gebot der Äquidistanz gegenüber politischen Extremisten, in: Uwe Backes/Eckhard Jesse (Hrsg.), Gefährdungen der Freiheit. Extremistische Ideologien im Vergleich, Göttingen 2006, S. 493–520.

werber nicht in den öffentlichen Dienst, vornehmlich Kommunisten.[114] Das „Duckmäusertum" war weniger eine Folge der staatlichen Vorkehrungen als vielmehr der überbordenden Kritik – im Sinne einer self-fulfilling prophecy. Die Geschichte des Extremistenbeschlusses erwies sich als eine Geschichte seiner beständigen Rücknahme.

Der Spielraum für alternative politische Vorstellungen war in den 1950er Jahren relativ eng. Erst recht hatte es der politische Extremismus schwer, Gehör zu finden und für seine Position zu werben. Die etablierte Politik setzte sich mit ihm in aller Regel nicht argumentativ auseinander. Er war gleichsam verfemt. Insbesondere das Handeln der politischen Justiz gegen Kommunisten ist kein Ruhmesblatt der zweiten deutschen Demokratie gewesen.[115] Mit der Zunahme der Liberalität in der zweiten Hälfte der sechziger Jahre gingen „ausgrenzende" Verhaltensweisen stärker zurück. Dieser an sich begrüßenswerte Wandel hatte jedoch seinen Preis. Einerseits ist dadurch die Demokratie zwar stabilisiert, andererseits aber auch wieder geschwächt worden (z. B. durch die Geringschätzung demokratischer Spielregeln). Vor allem: Die Äquidistanz in der Auseinandersetzung mit Positionen von Rechts- und Linksaußen schwand. Die Abgrenzung gegen linksaußen wurde und wird nicht im gleichen Maße praktiziert; in den Medien ist die Schieflage auffallender als bei den Sicherheitsbehörden.[116]

Ein Problem des Demokratieschutzes: „Es gehört zu den schwierigsten Aufgaben des Rechtsstaates, die Wölfe im Schafspelz des Grundgesetzes zu erkennen und sich nicht an den Schafen im Wolfspelz des Verbalradikalismus zu vergreifen. Im Übrigen sind die Verfassungsgefährdungen selten offenkundig, und die offenkundigen weisen selten den höchsten Gefährlichkeitsgrad auf."[117] Daher darf der demokratische Verfassungsstaat nicht jede krasse Äußerung für bare Münze nehmen. Das gilt für Verbalradikalismen prinzipiell demokratischer Organisationen ebenso wie für offizielle Verlautbarungen von extremistischen Gruppierungen, die zumeist zurückhaltend agieren. Hinzu kommt ein weiteres Problem: Zum Teil verschränken sich demokratische und extremistische Elemente. Diese Verzahnung, die das Erkennen extremistischer und demokratischer Potentiale erschwert, kann in zweifacher Weise auftreten: erstens durch das Paktieren demokratischer und extremistischer Organisationen, zweitens durch extremistische und demokratische Gruppen in einer einzigen Organisation. Auch manche außerparlamentarische Protestbewegungen in der Bundesrepublik gelten als Nahtstelle für die Interaktion zwischen Extremismus und Demokratie.[118]

Schließlich: Der Demokratieschutz muss wesentlich ein Konzept zur geistigen Bekämpfung des politischen Extremismus sein. Die Orientierung an den im Grundgesetz aufgeführten Abwehrmechanismen greift zu kurz. Die Werte der freiheitlichen Demokratie verdienen eine offensive Verteidigung. Wer für Demokratieschutz eintritt, muss vor den Gefahren „von unten" und vor

---

114 Vgl. Gerhard Braunthal, Politische Loyalität und Öffentlicher Dienst. Der „Radikalenerlass" von 1972 und die Folgen, Marburg 1992.
115 Vgl. Alexander von Brünneck, Politische Justiz gegen Kommunisten in der Bundesrepublik Deutschland 1949–1968, Frankfurt a. M 1978.
116 Vgl. Thomas Grumke/Rudolf van Hüllen, Der Verfassungsschutz. Grundlagen. Gegenwart. Zukunft?, Opladen u. a. 1996.
117 So Josef Isensee, Wehrhafte Demokratie, in: Das Parlament vom 17. Januar 1976, S. 1.
118 Vgl. Armin Pfahl Traughber, Bereicherung oder Gefahr für die Demokratie? Protestbewegungen in Deutschland? Protestbewegungen in Deutschland nach 1949, in: Eckhard Jesse (Hrsg.), Eine normale Republik? Geschichte – Politik – Gesellschaft im vereinigten Deutschland, Baden-Baden 2012, S. 185–206.

denen „von oben" gleichermaßen warnen und darf die Auseinandersetzung mit ihnen nur in demokratischer Weise führen. Allerdings kommt diese in der Praxis viel zu kurz.

6 Mögliche Alternativbegriffe zu Extremismus

Wie hinlänglich gezeigt, steht der negativ konnotierte Terminus des Extremismus unter massiver Kritik. Er gehört zu den umkämpften Begriffen, zu den „Essentially Contested Concepts" in der Politik, der Publizistik und der Politikwissenschaft. Das gilt nicht nur für die Terminologie, sondern auch für den mit ihr verbundenen Inhalt. Im Folgenden wird die Überlegung angestellt, ob ein anderer Begriff denselben Sachverhalt zur Sprache bringt, ohne dass er auf annähernd gleich große Reserviertheit stößt.

Zunächst muss zwischen Autokratien bzw. Diktaturen und demokratischen Verfassungsstaaten einschließlich „defekter" Demokratien differenziert werden. Was Autokratien betrifft, so war lange die Unterscheidung zwischen totalitären und autoritären Systemen verbreitet. Der Begriff der „defekten Demokratie" kam erst nach der Bildung neuer, ungefestigter Demokratien in den neunziger Jahren des letzten Jahrhunderts auf.[119] Zu den Defekten gehören: Bei einer „exklusiven Demokratie" gilt das Wahlrecht nicht für alle Gruppen (vor allem Störungen der Herrschaftslegitimation), bei einer „Enklavendemokratie" können Vetomächte demokratische Willensbildung unterlaufen (Störungen im Bereich des Herrschaftsmonopols); bei einer „illiberalen Demokratie" bleiben manche rechtsstaatlichen Prinzipien auf der Strecke (u. a. Störungen der Herrschaftsstruktur).[120]

Hingegen sind die Begriffe der totalitären und der autoritären Diktatur deutlich älteren Ursprungs. Zwischen den Weltkriegen waren Regime entstanden, die aufgrund ihres umfassenden Herrschaftsanspruchs als totalitär bezeichnet wurden – der italienische Faschismus, der deutsche Nationalsozialismus sowie der sowjetische Kommunismus. Die Begriffsbildung kam nicht von der russischen Revolution, sondern ging von Italien aus. Der von dem Christdemokraten Luigi Sturzo, einem entschiedenen Gegner des italienischen Faschismus, zu Anfang der 1920er Jahre geprägte Begriff[121] war neu, wie auch die mit ihm umschriebene Erscheinung als neuartig empfunden wurde. Zwar fand seinerzeit der Begriff „totalitär" noch nicht auf den italienischen Faschismus *und* den – eher illustrierend herangezogenen – sowjetischen Bolschewismus Anwendung, doch sollte sich das bald ändern.

---

119 Vgl. u. a. Wolfgang Merkel u. a., Defekte Demokratien. Band 1: Theorie, Wiesbaden 2003; Petra Bendel/Aurel Croissant/Friedbert W. Rüb (Hrsg.), Zwischen Demokratie und Diktatur. Zur Konzeption und Empirie demokratischer Grauzonen, Opladen 2002.
120 Vgl. Aurel Croissant/Peter Thiery, Defekte Demokratie. Konzept, Operationalisierung und Messung, in: Hans-Joachim Lauth/Gert Pickel/Christian Welzel (Hrsg.), Demokratiemessung. Konzepte und Befunde im internationalen Vergleich, Wiesbaden 2000, S. 89–111.
121 Vgl. Uwe Backes/Günther Heydemann, Einleitung der Herausgeber, in: Luigi Sturzo, Über Totalitarismus und italienischen Faschismus, Göttingen 2018 (im Erscheinen). Jens Petersen hatte 1978 den Liberalen Giovanni Amendola als Urheber des Begriffs „totalitär" ausgemacht. Siehe ders., Die Entstehung des Totalitarismusbegriffs in Italien, in: Manfred Funke (Hrsg.), Totalitarismus. Ein Studien-Reader zur Herrschaftsanalyse moderner Diktaturen, Düsseldorf 1978, S. 105–128. Zuvor war die Forschung davon ausgegangen, der Begriff stamme aus dem Umkreis des italienischen Faschismus. Diese hat ihn dann usurpiert.

Die in der Folge entwickelten Konzeptionen erhoben den Anspruch, verschiedene und gegensätzliche politische Ordnungsformen unter dem Aspekt der Herrschaftstechnik als totalitär zu klassifizieren.[122] Die *differentia specifica* von Totalitarismuskonzeptionen ist dadurch gekennzeichnet, dass sich der totalitäre Staat erstens vom Typus des demokratischen Verfassungsstaates abhebt, zweitens von einer autoritären Diktatur und drittens von allen früheren Formen der Autokratie. Der Totalitarismus ist damit antidemokratisch, pseudodemokratisch und postdemokratisch gleichermaßen. Als totalitär gelten jene Systeme, die den Bürger in allen Lebensbereichen durch eine Ideologie zu formen, durch Kontrolle und Zwang zu erfassen suchen und gleichzeitig mobilisieren wollen.

Die Befürworter des Ansatzes legten unterschiedliche Elemente für Totalitarismus zugrunde und nahmen spezifische Gewichtungen vor. Zu den bedeutendsten Konzeptionen gehört das Sechspunktesyndrom von Friedrich/Brzezinski[123], vielleicht die elaborierteste Version, sowie die von Hannah Arendt[124] mit ihrer Hervorhebung des Terrors. Die mannigfachen Stadien der Totalitarismusforschung mit ihren zahlreichen „Kehren" und „Wenden" sind zum Teil ein Reflex auf den Wandel jener als totalitär klassifizierten Herrschaftsordnungen, zum Teil spiegeln sie Verschiebungen im politischen Koordinatensystem westlicher Demokratien wider. Als die kulturrevolutionäre Bewegung der Studentenbewegung einerseits Liberalität entfaltete, andererseits diese indirekt unterhöhlte, gerieten die so bitteren wie hautnahen Erfahrungen eines Arthur Koestler oder eines Manès Sperber vielfach in Vergessenheit.

Manche Kritiker beschritten den leichten Weg: Der Einwand, Totalitarismusansätze hätten in der Zeit des Kalten Krieges eine Blütezeit erlebt, ist prinzipiell richtig – aber ist er auch tragfähig? Das Argument ließe sich gegen die Urheber wenden: In Phasen der Entspannung wie etwa in den 1970er Jahren des 20. Jahrhunderts fristeten Totalitarismuskonzepte – jedenfalls in der Bundesrepublik – vielfach ein Mauerblümchendasein. Damit wird nur eine gewisse Abhängigkeit der öffentlichen Auseinandersetzung von politischen Konjunkturen belegt – mehr nicht. Der naheliegende und treffende Hinweis auf unterschiedliche Ziele kommunistischer und faschistischer Systeme wie auf deren andere soziale Basis erschüttert ebenfalls nicht den Kern des Konzepts, das Spezifika der Herrschaftslegitimation und Herrschaftstechnik zu erfassen sucht. Wissenschaftliche Totalitarismusansätze haben von einer völligen Gleichartigkeit niemals gesprochen. Selbst Friedrich und Brzezinski, Verfechter einer „identifizierenden" Totalitarismusinterpretation, verstanden das von ihnen genannte *Basically-alike*-Prinzip nicht im Sinne einer Identität. „Rot" ist in der Tat nicht gleich „braun", aber die Gegensätzlichkeit in manchen Punkten schließt Nähe in anderen nicht aus. Die Verwandtschaft zum Extremismuskonzept liegt auf der Hand.

Der Totalitarismusansatz trug bei der Einordnung von Diktaturen wissenschaftliche Früchte und hob bei anderen Konzepten vernachlässigte Aspekte hervor – so die Opferperspektive oder

---

122 Vgl. zusammenfassend Eckhard Jesse (Hrsg.), Totalitarismus im 20. Jahrhundert. Eine Bilanz der internationalen Forschung, 2. Aufl., Baden-Baden 1999; Alfons Soellner/Ralf Walkenhaus/Karin Wieland (Hrsg.), Totalitarismus. Eine Ideengeschichte des 20. Jahrhunderts, Berlin 1997.
123 Vgl. Carl J. Friedrich unter Mitarbeit von Zbigniew Brzezinski, Totalitäre Diktatur, Stuttgart 1957.
124 Vgl. Hannah Arendt, Elemente und Ursprünge totaler Herrschaft, 2. Aufl., Frankfurt a. M. 1962.

die Rolle des Individuums. Nach dem Sieg über das „gescheiterte Experiment"[125] des Kommunismus erlebte die von Kritikern totgesagte Konzeption des Totalitarismus eine Renaissance.[126] Sie behält ihre Gültigkeit, weil keine innere Abhängigkeit von der Existenz totalitärer Systeme besteht. Der Faschismusbegriff ist ja nicht durch das Ende der „Epoche des Faschismus" (Ernst Nolte) entwertet.

Vor allem der hispano-amerikanische Diktaturforscher Juan J. Linz hat den autoritären Diktaturtypus theoretisch und empirisch analysiert. Ihm lag daran, die Unterscheidung zwischen einer autoritären und einer totalitären Diktatur herauszuarbeiten – und zwar bezogen auf die Fragen nach dem politischen Monismus, nach der Ideologie und nach der gelenkten politischen Mobilisierung.[127] Ein totalitäres System ist nach Linz durch ein Machtzentrum gekennzeichnet, während ein autoritäres begrenzten Pluralismus aufweist. Ein totalitäres System macht sich eine exklusive Ideologie zu eigen, ein autoritäres beruht auf einer traditionellen, nicht festgefügten Geisteshaltung; forciert ein totalitäres System die Mobilisierung der Massen, so verzichtet ein autoritäres auf gelenkte Partizipation, begnügt sich also mit politischer Apathie. Linz sah in dem Ausmaß der Repression kein Unterscheidungsmerkmal zwischen einer totalitären und einer autoritären Diktatur.[128] Diese stellt für den Autor einen Diktaturtyp sui generis dar.

Nach dem nahezu weltweiten Zusammenbruch des Kommunismus gibt es kaum noch totalitäre Regime, von Nordkorea abgesehen. Selbst die Volksrepublik China und Kuba lassen sich nur sehr beschränkt diesem Diktaturtypus zuordnen. Obwohl Ideokratien bzw. Weltanschauungsdiktaturen über das Konzept des Totalitarismus hinausreichen, sind sie weltweit deutlich in der Minderzahl.[129] Zugleich hat eine Vielzahl an nicht-demokratischen Staaten höchst unterschiedliche Ausprägungen angenommen, so dass die Autokratieforschung mit der Bildung neuer Typologien zwar Fortschritte gemacht, zugleich aber Unübersichtlichkeit gefördert hat.[130] Uwe Backes etwa unterscheidet bei den Autokratien mit Blick auf die Herrschaftslegitimation in Anlehnung an Linz zwischen Autoritarismus, Ideokratie, Despotismus und Absolutismus, wobei die letzten beiden Formen der Vergangenheit angehören (in Europa vielleicht, aber nicht weltweit!). Alle eint die Ablehnung des Verfassungsstaates.

Gleichwohl erscheint es nicht sinnvoll, den Begriff Extremismus auf Diktaturen anzuwenden. Auf diese Weise käme nicht mehr die Unterscheidung zu jenen Kräften zum Tragen, die in demokratischen Verfassungsstaaten gegen diese wirken. Hingegen gilt der Begriff „antidemokratisch" für Herrschende in Diktaturen und für Personen, die in einem demokratischen Verfassungsstaat diesen im Kern ablehnen. Der Terminus „Systemopposition" taugt nicht als Synonym für Extremismus, weil er offen lässt, worauf die Opposition zielt. In einer Diktatur kann

---

125 So Zbigniew Brzezinski, Das gescheiterte Experiment. Der Untergang des kommunistischen Systems, Wien 1989.
126 Vgl. beispielsweise Abbott Gleason, Totalitarianism. The Inner History of the Cold War, Oxford 1997.
127 Vgl. Juan J. Linz, Totalitäre und autoritäre Regime (1975), hrsg. von Raimund Krämer, 3. Aufl., Berlin 2009.
128 Bei den autoritären Systemen klammert Linz unverständlicherweise manche Typen aus, so etwa sultanistische Regime. Sie seien weder demokratisch noch autoritär noch totalitär. Vgl. ebd., S. 112–128.
129 Vgl. Uwe Backes/Steffen Kailitz (Hrsg.), Ideokratien im Vergleich. Legitimation, Kooptation, Repression, Göttingen 2014.
130 Vgl. Steffen Kailitz/Patrick Köllner (Hrsg.), Autokratien im Vergleich, Baden-Baden 2013. Siehe jetzt: Politikum 4 (2018) H. 1 („Autokratie").

die Opposition zum System demokratisch sein.[131] Bei diesem Gebrauch geht die Bezugnahme zum demokratischen Verfassungsstaat verloren.

Welche Begriffsalternativen zum politischen Extremismus bieten sich dann an? Autoritarismus kommt schon wegen der Verwechslungsgefahr mit einem autoritären Staatsgebilde nicht in Frage. Der Begriff steht in der Sozialpsychologie vor allem für einen Persönlichkeitstyp, der aufgrund von Labilität, Rigidität und Unterwürfigkeit an Konventionen festhält und der Obrigkeit unkritisch folgt. Theodor W. Adorno hat damit u. a. den Erfolg des Nationalsozialismus erklärt.[132]

Terrorismus ist eine Unterform des Extremismus. Wer Gewalt aus politischen Gründen ausübt – sei es gegen Personen, sei es gegen Sachen –, ist ein Extremist, ganz unabhängig von der Zielrichtung. Jeder Terrorist ist ein Extremist, aber nicht jeder Extremist ein Terrorist. Das ist die eine Interpretation. Die andere: Der Begriff lässt sich ohne Bezug zum demokratischen Verfassungsstaat fassen.

Fundamentalismus muss ebenso als Unterform des Extremismus gelten. Er beschreibt eine nicht säkulare Form des Extremismus, wobei nicht nur der Islamismus gemeint ist, sondern auch jede andere Perversion einer Religion, die mit Absolutheitsansprüchen die Einheit von Staat und Religion anstrebt, die Einheit von weltlichem und geistlichem Streben nach Dominanz („Gottesstaat"). Allerdings legen manche Autoren den Begriff weiter aus, und zwar im Sinne einer Ablehnung der Moderne.[133] Dies trägt, nicht zuletzt wegen der Vieldeutigkeit des Begriffs der Moderne, mehr zur Verwirrung denn zur Erhellung bei.

Wer für „Kommunismus" oder „Faschismus" plädiert, sieht lediglich *eine* Form des Extremismus, wobei die Bezugnahme auf den „antifaschistischen Konsens" weitaus verbreiteter ist als die auf den antikommunistischen. Neben einem demokratischen Antifaschismus dominiert ein antidemokratischer, der auch liberale und konservative Strömungen attackiert, zum Teil als „Antifa", in aggressiver Form.[134] Die Gefahr für den demokratischen Verfassungsstaat gehe nur vom „Faschismus" aus. Verbreitet ist das Diktum: „Faschismus ist keine Meinung, sondern ein Verbrechen." In diesem Sinne läuft Antifaschismus auf einen Kampfbegriff wie mittlerweile Faschismus hinaus. Was für „faschistisch" gilt, trifft ebenso auf „kommunistisch" zu. Wer für ein antikommunistisches oder ein antifaschistisches Denkgebäude plädiert, lehnt offenkundig ein antiextremistisches ab. Insofern kann weder kommunistisch noch faschistisch allein ein Ersatz für extremistisch sein.[135]

Der Extremismusbegriff konkurriert vielfach mit dem des Radikalismus und dem des Populismus. Radikalismus ist nicht durchweg negativ besetzt, da ein Radikaler nach verbreitetem Verständnis den Ursachen eines Problems auf den Grund gehen will. In manchen Ländern kommt

---

131 Sie muss es nicht, denn das diktatorische System kann von einer anderen antidemokratischen Kraft abgelehnt werden.
132 Vgl. Theodor W. Adorno, Studien zum autoritären Charakter, Frankfurt a. M. 1982.
133 Vgl. etwa Thomas Meyer, Fundamentalismus. Aufstand gegen die Moderne, Reinbek bei Hamburg 1994; ders., Was ist Fundamentalismus? Eine Einführung, Wiesbaden 2011.
134 Vgl. Bettina Blank, „Deutschland, einig Antifa"? „Antifaschismus" als Agitationsfeld von Linksextremisten, Baden-Baden 2014.
135 Vgl. Armin Pfahl-Traughber, Antifaschismus – Antikommunismus, in: Flümann (Anm. 35), S. 301–318.

dem Radikalismusbegriff sogar eine positive Konnotation zu. In der Bundesrepublik wird er von den Sicherheitsbehörden, wie erwähnt, seit Mitte der 1970er Jahre nicht mehr verwendet. Auch sonst ist sein Gebrauch rückläufig – zu Recht, wenngleich die einen ihn nach wie vor schlicht als Synonym zu extremistisch wahrnehmen und die anderen ihn als Ehrenbezeichnung begreifen („Radikaldemokrat"). Als Antithese zum demokratischen Verfassungsstaat ist er wegen der unterschiedlichen Kontextualisierung ungeeignet. Wer den Begriff „radikal" benutzt, spielt darauf an, dass jemand eine Position besonders rigoros verficht.

Populismus, eher negativ konnotiert, zielt vor allem auf die Art und Weise, wie (simpel) eine politische Kraft gegen „die da oben" agiert und wie sie sich dabei auf den „wahren Volkswillen" beruft.[136] Oft verfügt eine populistische Bewegung über einen charismatischen Anführer. Populismus ist ein Politikstil, der auf Provokation und Tabubrüche setzt, und weniger inhaltlich ausgerichtet ist.[137] Eine Kraft des Populismus kann extremistisch sein, muss es aber nicht.[138] Dieser Begriff älteren Ursprungs hat in den letzten Jahrzehnten große Karriere gemacht, vor allem wegen der beträchtlichen Erfolge von Rechtsparteien in demokratischen Verfassungsstaaten, vielleicht auch wegen der ihm innewohnenden Unschärfe. Populisten können beides: einerseits Schwächen der Demokratie benennen (z. B. mit ihrer Kritik an einer starken Konsenskultur), andererseits den demokratischen Verfassungsstaat schwächen (z. B. mit ihrer Aggressivität).

Es ist verwirrend, und doch geschieht es oft, jene Kräfte, die zwischen demokratisch und extremistisch angesiedelt sind, mit diesen Termini zu etikettieren. Hat „extremistisch" zu Recht „radikal" abgelöst, so besteht heute die Gefahr, dass „populistisch", ubiquitär gebraucht, „extremistisch" ersetzt. Eine weder als klar extremistisch noch als klar demokratisch geltende Position mit dem Terminus „populistisch" zu versehen, trägt zur Verwirrung bei, zumal auch demokratische Kräfte zuweilen populistisch argumentieren, und zwar im Sinne von plumper Vereinfachung. Hier wäre die Begriffsbildung „Grauzone zwischen Demokratie und Extremismus" oder „Semiextremismus" treffender.

Wer die verschiedenen Alternativangebote (Autoritarismus, Faschismus, Fundamentalismus, Kommunismus, Populismus, Radikalismus, Systemopposition, Terrorismus) Revue passieren lässt, dürfte erkennen, dass der abstrakte und unbelastete Schlüsselbegriff „Extremismus" damit nicht zu ersetzen ist. Zum Teil liegen sie auf einer anderen Ebene, zum Teil sind sie Unterbegriffe, zum Teil politisch motiviert. Nun ließe sich für „antidemokratisch" plädieren. Das Wort trifft zwar das Gemeinte (Antithese zum demokratischen Verfassungsstaat), aber auf diese Weise gerieten die Elemente, durch die extremistische Positionen gekennzeichnet sind, ins Hintertreffen. Demokratie wird ja auch nicht durch Antiextremismus ersetzt. Zudem gerät so

---

136 Vgl. Jan-Werner Müller, Was ist Populismus? Ein Essay, Berlin 2016; Florian Hartleb, Die Stunde der Populisten. Wie sich unsere Politik trumpetisiert und was wir dagegen tun können, Schwalbach/Ts. 2017; Reinhard C. Heinisch/Christina Holtz-Bacha/Oscar Mazzoleni (Hrsg.), Political Populism. A Handbook, Baden-Baden 2017.
137 Für zahlreiche Autoren verfügt der Populismus allerdings über eine „dünne Ideologie". Vgl. Michael Freeden, Ideologies and Political Theory. A Conceptual Approach, Oxford 1996.
138 Vgl. beispielsweise Eckhard Jesse/Isabelle Panreck, Populismus und Extremismus. Terminologische Abgrenzung – das Beispiel der AfD, in: Zeitschrift für Politik 64 (2017), S. 59–76.

aus dem Blick, dass extremistisch sein kann, wer zwar die Menschenrechte verficht, aber mit den freiheitssichernden Institutionen des Rechts- und Verfassungsstaates bricht.

7 Desiderata der Extremismusforschung

Gewiss ist die Extremismusforschung trotz aller Vorbehalte weithin etabliert, nicht nur in Deutschland. Das gilt für Studien über den organisierten wie über den nicht-organisierten Extremismus, für den gewalttätigen wie für den nicht-gewalttätigen. Gleichwohl gibt es Desiderata, von denen einige, die sich bisweilen überschneiden, genannt sein sollen. Die teils empirische, teils normative Extremismusforschung als wichtiger Zweig der Politikwissenschaft muss offen für Neuerungen sein.

(1) Häufig kommen extremistische Formen zur Sprache, ohne zwischen ihnen einen Zusammenhang herzustellen. So läuft der Weg der Faschismusforschung neben dem der Kommunismus- und dem der Islamismusforschung. Separate Abhandlungen sind legitim, aber der spezifische Erkenntnisgewinn ließe sich durch eine Vergleichsperspektive erhöhen. Diese ist wenig entfaltet, zum Teil wegen der forschungsbedingten Fixierung auf ein antidemokratisches Phänomen, zum Teil wegen des in mancher Hinsicht als tabuisiert geltenden Vergleiches.

(2) Der Vergleich zwischen rechtsextremistischen Bestrebungen in verschiedenen Staaten ist weit verbreitet und führt zu zahlreichen erhellenden Ergebnissen (z. B. zu Einstellungsmustern, Entstehungsbedingungen und Gefährdungspotentialen).[139] Deutlich geringer fällt die Zahl der Studien zum Linksextremismus in Europa aus.[140] Erst recht fehlt es an Ländervergleichen unter Einbeziehung aller Varianten.[141]

(3) Studien zur Messung extremistischer Einstellungen boomen geradezu. Allerdings hängt die Überzeugungskraft der Ergebnisse wesentlich von der Art der Indikatoren ab. Bei „weichen" weist das einschlägige Einstellungspotential nach oben, bei „harten" nach unten. Die Forschung zum „Rechtsaußenpotential" ist deutlich besser ausgeprägt als die zum „Linksaußenpotential" oder zum „Islamismuspotential". Hier wäre die Entwicklung einer Skala sinnvoll, die möglichst trennscharf alle drei Extremismen erfasst: ein anspruchsvolles Unterfangen.

(4) Nahezu unübersehbar groß ist die Zahl der Studien zu rechtsextremistischen Skinheads, NS-affinen Gruppen und Gewalttätern von rechts.[142] Hingegen sind Analysen zum linksauto-

---

139 Vgl. Thomas Greven/Thomas Grumke (Hrsg.), Globalisierter Rechtsextremismus? Die extreme Rechte in der Ära der Globalisierung, Wiesbaden 2006; Kai Arzheimer, Die Wähler der extremen Rechten 1980–2002, Wiesbaden 2008; Uwe Backes/Patrick Moreau (Hrsg.), The Extreme Right in Europe. Current Trends and Perspectives, Göttingen, 2012.
140 Vgl. dies. (Hrsg.) Communist and Post-Communist Parties in Europe, Göttingen 2008; Luke March, Radical left parties in Europe, London/New York 2012; Tom Mannewitz, Linksextremistische Parteien in Europa nach 1990. Ursachen für Wahlerfolge und -misserfolge, Baden-Baden, 2012; Paolo Chiocchetti, The Radical Left Party Family in Western Europe. 1989–2015, Abingdon/New York 2017
141 Vgl. Eckhard Jesse/Tom Thieme (Hrsg.), Extremismus in den EU-Staaten, Wiesbaden 2011.
142 Etwa: Martin Thein, Wettlauf mit dem Zeitgeist. Der Neonazismus im Wandel. Eine Fallstudie, Göttingen 2010; Jan Schedler/Alexander Häusler (Hrsg.), Autonome Nationalisten. Neonazismus in Bewegung, Wiesbaden 2011; Andrea Röpke/Andreas Speit, Blut und Ehre. Geschichte und Gegenwart rechter Gewalt in Deutschland, Berlin 2013.

nomen Milieu[143] und zur Antifa-Gewalt keineswegs häufig anzutreffen. Oft muss die Forschung auf Studien zurückgreifen, die überwiegend das Selbstverständnis herausarbeiten.[144] Das ist nicht unwichtig, aber keinesfalls ausreichend.

(5) Studien zum intellektuellen Rechtsextremismus gibt es zuhauf (nicht immer mit der nötigen wissenschaftlichen Distanz)[145], jedoch kaum zum intellektuellen Linksextremismus. Der Grund liegt schwerlich darin, dass die eine Form erfolgreich, die andere erfolglos ist, eher im Gegenteil – und ebenso wenig in der Gefahr der einen und in der mangelnden Gefahr der anderen. Solche Arbeiten stießen in großen Teilen der scientific community auf Missmut, als solle gesellschaftskritischen Positionen der Garaus gemacht werden.

(6) Der Interaktionsdynamik links- und rechtsextremer Gruppen samt der Konfrontationsgewalt müsste größere Aufmerksamkeit geschenkt werden. Schließlich sind viele Entwicklungen nur unter Berücksichtigung der Interdependenzen extremistischer Akteure und ihrer „Umwelt" (etablierte Parteien, Medien, Bürgergesellschaft etc.) angemessen verstehbar.[146]

(7) Wer extremistische Phänomene, zuweilen ein Seismograph für gesellschaftliche Defizite, umfassend untersucht, tut gut daran, die Mehrheitskultur intensiver einzubeziehen. Denn manche extremistische Variante wird durch Versäumnisse innerhalb der Mehrheitsgesellschaft verstärkt. Die Extremismusforschung soll ebenso Defizite demokratischer Akteure und ihre demokratiegefährdenden Tendenzen offenlegen. Zuweilen ist der demokratische Verfassungsstaat nicht nur durch Extremismen bedroht, sondern auch durch dessen Schwächen (Selbstgefährdung).[147] Der demokratische Verfassungsstaat ist gefährdet – nicht bloß durch Rechtspopulismus.[148] Extremismusforschung gehört zur Demokratieforschung.

(8) Eine Lücke besteht ebenso darin, politisch-religiösen Fundamentalismus als dritte große Form des Extremismus in die einschlägige Forschung zu verankern. Steht etwa der Islamismus dem rechten Extremismus näher? Dem linken? Oder sind wenig Affinitäten zu finden, von der Ablehnung des demokratischen Verfassungsstaats abgesehen?[149] Wie ist das Verhältnis des Islamismus zum Rechts- und Linksextremismus? Das sind weithin offene Fragen.

(9) Eine besondere Herausforderung für die Extremismusforschung liegt in folgendem Punkt: Sie muss Sorge dafür tragen, dass sich der Begriff des Populismus, der sich zunehmend großer Beliebtheit erfreut, nicht anschickt, den des Extremismus zu verdrängen. Das wäre ein Menete-

---

143 Vgl. Karsten Dustin Hoffmann, „Rote Flora". Ziele, Mittel und Wirkungen eines linksautonomen Zentrums in Hamburg, Baden-Baden, 2011.
144 Vgl. A. G. Grauwacke, Autonome in Bewegung. Aus den ersten 23 Jahren, Berlin 2003, Thomas Schultze/Almut Gross, Die Autonomen. Ursprünge, Entwicklung und Profil der autonomen Bewegung, Hamburg 1997; ein neuerer Beitrag informiert kundig: Armin Pfahl-Traughber, Autonome und Gewalt. Das Gefahrenpotenzial im Linksextremismus, in: Aus Politik und Zeitgeschichte B 32–33/2017, S. 28–33.
145 Vgl. Clemens Heni, Salonfähigkeit der Neuen Rechten. ‚Nationale Identität', Antisemitismus und Antiamerikanismus in der politischen Kultur der Bundesrepublik 1970–2005: Henning Eichberg als Exempel, Marburg 2007.
146 Vgl. mit vielen Anregungen Uwe Kemmesies (Hrsg.), Terrorismus und Extremismus – der Zukunft auf der Spur, Köln 2006.
147 Für einige Ansätze vgl. die Beiträge in dem Band von Jesse (Anm. 70).
148 So aber Yascha Mounk, Der Zerfall der Demokratie. Wie der Populismus den Rechtsstaat bedroht, München 2018
149 Für erste Überlegungen vgl. Uwe Backes/Eckhard Jesse, Islamismus – Djihadismus – Totalitarismus – Extremismus. Herausforderungen der demokratischen Verfassungsstaaten, in: dies. (Anm. 49), S. 201–214.

kel für die Extremismusforschung. Die Termini, auf unterschiedlichen Ebenen angesiedelt, können sich ergänzen. Daher gehört eine Abgrenzung zwischen beiden Konzepten zu den vordringlichen Aufgaben. Was dem Extremismusbegriff oft (und im Kern zu Unrecht) vorgeworfen wird, gilt für den des Populismus weitaus stärker: eine gewisse Unschärfe, die Beliebigkeit Tor und Tür öffnet.

(10) Eine Aufgabe, die weniger die normative Extremismusforschung betrifft, sondern vor allem die empirische, sollte darin bestehen, den Extremismusbegriff in vielfacher Weise aufzuschlüsseln: nach Dimensionen, Kategorien, Indikatoren, und das auf vergleichender Basis. Dies ist bisher weitgehend unterblieben. So lässt sich die Fixierung der Empiriker auf die Einstellungsforschung überwinden.

(11) Die Kluft zwischen Einstellungs- und Verhaltensebene muss in der empirischen Forschung stärker berücksichtigt werden. Die Sicht auf die Einstellungsebene alleine lässt keinen hinreichend gesicherten Schutz auf die Gefährdung der Demokratie zu. Zudem sind Gefährdungen auf der Makro-, Mikro- und Mesoebene der Gesellschaft zu erfassen, und zwar mittels der Methodentriangulation. So lässt sich die Validität der Ergebnisse steigern.

(12) Die Forschung zum Umgang mit politischem Extremismus konzentriert sich auf die staatliche Ebene (etwa Sicherheitsbehörden). Dagegen ist der gesellschaftliche Umgang weit weniger gut untersucht, nicht aus empirisch-analytischer, nicht aus demokratietheoretischer Perspektive. Zudem ist es notwendig, Berührungsängste zum extremistischen Milieu abzubauen. Wer dessen Selbstverständnis erfasst, leistet einen Beitrag zum Begreifen der einschlägigen Phänomene.

(13) Last but not least: Die Extremismusforschung ist vor allem in den USA und in Europa beheimatet. Die Überwindung der Europazentriertheit muss ein wichtiges Anliegen sein, denn demokratische Verfassungsstaaten sind in bestimmten Gegenden der Welt labile Gebilde. Wer die Extremismusforschung fördert, trägt dazu bei, den demokratischen Verfassungsstaat zu stabilisieren. Insofern kommt ihr nicht zuletzt eine praktische Relevanz zu.

Ungeachtet aller Desiderata, dieser und weiterer: Wer Politikwissenschaft (auch) als Demokratiewissenschaft versteht, kommt nicht an der teils empirischen, teils normativen Extremismuskonzeption vorbei, ohne deswegen die Fruchtbarkeit anderer Ansätze und Perspektiven grundsätzlich in Zweifel zu ziehen. Der Vergleich gegensätzlicher – und doch verwandter – (tatsächlich oder vermeintlich) antidemokratischer Phänomene ist ein anspruchsvolles Unterfangen, empirisch wie theoretisch. Wer der Fundamentalkritik am normativ fundierten vergleichenden Extremismusbegriff entgegentritt, muss Diskursfähigkeit an den Tag legen, keine Bunkermentalität.

8 Kommentierte Bibliographie

Ackermann, Jan/Katharina Behne/Felix Buchta/Marc Drobot/Philipp Knopp: Metamorphosen des Extremismusbegriffes. Diskursanalytische Untersuchungen zur Dynamik einer funktionalen Unzulänglichkeit, Wiesbaden 2015 – Die Studie junger Dresdner Soziologen untersucht in einer Diskursanalyse die Geschichte des Extremismusbegriffes. In fünf Kapiteln wird seinem Wandel und seiner Funktion nachgespürt: zum einen chronologisch (diachron), zum anderen systematisch (synchron), jeweils bezogen auf politische Bildung, Verfassungsschutz, Wissenschaft und Öffentlichkeit („Die Zeit", „Der Spiegel"). Zuerst geht es am Beispiel der 68er-Bewegung um die Suche nach einem angemessenen Begriff, dann im Zusammenhang mit dem Extremistenbeschluss des Jahres 1972 um terminologischen Wandel, weiter um „Etablierung, Abnutzung und Erneuerung" des Begriffs im Zusammenhang mit dem Oktoberfestattentat 1980, schließlich um fremdenfeindliche Ausschreitungen 1992/93 und zuletzt um den „Patchwork-Radikalismus als diskursive Normalität" 2000. Das Unterfangen ist sehr löblich, die Umsetzung wenig gelungen. Eine Kernthese lautet: Die Achillesferse des Extremismusbegriffes sei der „mittige Rassismus".

Backes, Uwe: Politischer Extremismus in demokratischen Verfassungsstaaten. Elemente einer normativen Rahmentheorie, Opladen 1989 – Die Trierer politikwissenschaftliche Dissertation ist für die hiesige Extremismusforschung eine Pionierarbeit. Der Begriff des Extremismus gilt als Antithese zum demokratischen Verfassungsstaat. Die vor allem theoretische Studie bietet ein breites Spektrum zu antidemokratischen politischen Doktrinen von links und rechts, ebenso zu politischen Organisationen und Aktionen. Die Typologie setzt sich mit der Einordnung der verschiedenen extremistischen Formen auseinander. Extremismus wird nicht nur als Absage an den demokratischen Verfassungsstaat interpretiert, sondern auch durch eine Reihe positiver Strukturmerkmale bestimmt (wie Absolutheitsansprüche, Dogmatismus, Freund-Feind-Stereotype, Verschwörungstheorie), durch die alle Extremismen gekennzeichnet sind.

Backes, Uwe: Politische Extreme. Eine Wort- und Begriffsgeschichte von der Antike bis zur Gegenwart, Göttingen 2006 – Die erste (und bisher einzige) Studie zur Begriffsgeschichte von „Extremismus" ist aus den Quellen gearbeitet und zeichnet die verschlungene Entwicklung von der prägenden Mesoteslehre und der Mischverfassungslehre Aristoteles' über das 19. Jahrhundert bis zur Gegenwart nach. Die Rechts-Links-Dichotomie bildete sich im Zuge der Französischen Revolution heraus und setzte sich bald durch. Der Begriff Extremismus war zwar gelegentlich vorher aufgetaucht, ohne aber Breitenwirkung entfalten zu können. Er erfuhr vor allem durch die Kritik am Bolschewismus Eingang in die politische Sprache. In der frühen Totalitarismusdiskussion der 1920er Jahre spielte der Extremismusbegriff nur eine marginale Rolle. In der Bundesrepublik Deutschland löste er – im Verständnis von Verfassungsfeindlichkeit – erst in den beginnenden 1970er Jahren den des Radikalismus ab. Kritik daran blieb nicht aus

Backes, Uwe/Alexander Gallus/Eckhard Jesse (Hrsg.): Jahrbuch Extremismus & Demokratie, Bde. 1–6, Bonn 1989–1994, Bde. 7–29, Baden-Baden 1995–2017 – Das Jahrbuch umfasst durchgängig drei große Rubriken: Analysen (Beiträge zur Thematik, die über den Tag weisen), Daten, Dokumente, Dossiers (neben einem biographischen Porträt, einem Länder- und Zeitschriftenporträt finden sich aktualitätsorientierte Texte zum Links- und Rechtsextremismus sowie zum Fundamentalismus) und Literatur. Diese Rubrik umfasst jedes Mal: Literaturbericht, Sammelrezension, „Kontrovers besprochen", Rezensionsessay, „Wieder gelesen", Literatur aus der „Szene", Hauptbesprechungen, Kurzbesprechungen, Kommentierte Bibliographie, Zeitschriftenauslese. Etwa jedes vierte Jahr wird in der Rubrik „Forum" ein Thema, das als kontrovers gilt, von verschiedenen Seiten beleuchtet. Das Jahrbuch, an die Wissenschaft wie an die

Praxis gerichtet, fühlt sich dem Äquidistanzgebot gegenüber allen Facetten des Extremismus verpflichtet.

Backes, Uwe/Eckhard Jesse: Politischer Extremismus in der Bundesrepublik, 4. Aufl., Bonn 1996 – Dieser Band liefert eine umfassende Gesamtdarstellung zur Thematik, die allerdings nur bis Mitte der 1990er Jahre reicht und den Islamismus noch nicht einbezieht. Zur Sprache kommen: Propädeutik: Demokratischer Verfassungsstaat und politischer Extremismus; Phänomenologie: Extremistisches Spektrum im Vergleich; Ätiologie: Ansätze zur Erklärung des politischen Extremismus; Biographien: Karriereverläufe im Vergleich; Demokratischer Verfassungsstaat: Antipode des politischen Extremismus, Interaktion: Demokratie und Extremisten; Therapien: Wege der Extremismusbekämpfung. Den Verfassern lag daran, die hiesigen Formen des Extremismus nicht zu dämonisieren und die zweite deutsche Demokratie nicht zu idealisieren. 20 Jahre später gilt die Einschätzung unverändert, dass keine Form des Extremismus eine ernsthafte Gefahr für die zweite deutsche Demokratie darstellt.

Fritze, Lothar: Anatomie des totalitären Denkens. Kommunistische und nationalsozialistische Weltanschauung im Vergleich, München 2012 – Der am Hannah-Arendt-Institut forschende Philosoph und Politikwissenschaftler, der vor allem Texte von Karl Marx und Adolf Hitler heranzieht, die von Marx seien weitaus anspruchsvoller als die von Hitler, analysiert insbesondere strukturelle Parallelen und, weniger, inhaltliche Unterschiede beider totalitären Systeme, die sich gegenseitig als Todfeinde verstanden. Er gelangt zu der Feststellung, beide Ideologien lieferten Rechtfertigungen für opferreiches Handeln, zögen so „Täter mit gutem Gewissen" heran, Menschen mit einer psychischen Disposition zur Durchführung politisch motivierter Massenverbrechen. Im Vordergrund steht die Strukturgleichheit sendungsbewusster Ideologien (etwa der Glaube an Gesetzmäßigkeiten oder das Unbehagen an der modernen Kultur und Zivilisation), nicht so sehr der staatliche Totalitarismus wie allseitige Repression und Einparteienherrschaft.

Jesse, Eckhard/Tom Thieme (Hrsg.): Extremismus in den EU-Staaten, Wiesbaden 2011 – Der vergleichend angelegte Band analysiert extremistische Bestrebungen seit 1990 in den EU-Staaten, bis auf die drei Kleinstaaten Luxemburg, Malta und Zypern. Auf ein hohes Maß an Einheitlichkeit wurde besonderer Wert gelegt: Den Rahmenbedingungen (z. B. politische Kultur, Demokratieschutz) folgen Kapitel zur Wahlentwicklung, zu den extremistischen Parteien sowie zum nicht-parteiförmigen Extremismus, ehe ein Fazit den Beitrag abschließt. Die Frage nach dem jeweiligen Gefahrenpotential kommt ebenso zur Sprache wie die nach dem Intensitätsgrad der Extremismen. Der Band wird von einleitenden und vergleichenden Betrachtungen der Herausgeber eingerahmt. Angesichts des höchst unterschiedlichen Entwicklungsverlaufs (die osteuropäischen Staaten waren bis Ende der 1980er Jahre Diktaturen) darf der Befund einer großen Variationsbreite nicht verwundern – trotz der fortgeschrittenen europäischen Integration.

Möllers, Martin H. W./Robert Chr. van Ooyen (Hrsg.): Jahrbuch Öffentliche Sicherheit, Frankfurt a. M. 2002 ff. – Das Jahrbuch, das im zweijährigen Turnus erscheint, setzt, wie der Titel bereits signalisiert, einen Schwerpunkt auf dem Bereich der inneren und äußeren „Sicherheit". Dieser Begriff wird weit ausgelegt. Das letzte Jahrbuch 2016/17 etwa umfasst 59 Aufsätze zu den folgenden Rubriken: Essays, Sonderthema „Flüchtlingskrise", Sonderthema Demokratieschutz, Extremismus/Radikalismus, Öffentliche Sicherheit in Deutschland I, Öffentliche Sicherheit in Deutschland II, Europäische Sicherheitsstruktur, Internationale Sicherheit, „... das Letzte". Wie diese Auflistung erkennen lässt, ist die Palette der Themenfelder breit gespannt. Das stellt eine Stärke wie eine Schwäche des Jahrbuches dar, in dem neben Sozialwissenschaftlern viele Juristen zu Worte kommen.

Pfahl-Traughber, Armin (Hrsg.): Jahrbuch für Extremismus- und Terrorismusforschung, Brühl 2008 ff. – Das Jahrbuch unter der Ägide des Extremismusforschers Armin Pfahl-Traughber versteht sich als Forum für die Sicherheitsbehörden, deren Vertreter hier publizieren, also nicht notwendigerweise die Position des Arbeitgebers wiedergeben. Es kommen ebenso Wissenschaftler zu Wort, die nicht bei den Behörden angestellt sind. Veröffentlicht werden neben Texten zu einschlägigen Grundsatzfragen Beiträge zum Rechtsextremismus, zum Linksextremismus, zum Islamismus und zum Terrorismus. Sie beziehen sich fast alle auf Deutschland. Aufsätze, die über die genannten Themen hinausgehen, finden keine Berücksichtigung. Das Jahrbuch, das die international vergleichende Dimension eher vernachlässigt, bietet auch Raum für Kontroversen und zeigt damit beträchtliche Offenheit, wenn etwa Kritiker des Extremismusansatzes ihre Position darlegen können.

Popper, Karl R.: Die offene Gesellschaft und ihre Feinde (1945), 2 Bde., 8. Aufl., Tübingen 2003 – Der große Gelehrte rechnet mit philosophischen Vertretern ab, die für ihn zu den Anhängern einer "geschlossenen Gesellschaft" gehören, insbesondere Platon, Hegel und Marx. Eine geschlossene Gesellschaft ist nach Popper durch unabänderbar geltende gesellschaftliche Gesetze gekennzeichnet. Er bezeichnet diese Position als Historizismus. Den Autor, durch den Aufstieg der totalitären Bewegungen von links und rechts herausgefordert, drängte es, solchen Bewegungen mit einer sozialphilosophischen Analyse entgegenzutreten. Oft spricht Popper von totalitären Ideologien, ohne deren Elemente systematisch herauszuarbeiten. Eine Vielzahl einschlägiger, kritisch verwendeter Denkmuster findet immer wieder Erwähnung: so Absolutismus, Autoritarismus, Dogmatismus, Dualismus, Radikalismus, Rassismus. Extremismus und Fundamentalismus fehlen dem Worte nach, nicht dem Sinne nach. Das Werk ist bis auf den heutigen Tag von prägendem Einfluss.

KAPITEL III
DEMOKRATISCHER VERFASSUNGSSTAAT ALS WIDERPART DES EXTREMISMUS

Birgit Enzmann

1 Weimarer Lehren

Der demokratische Verfassungsstaat als Widerpart des Extremismus? Aus deutscher Perspektive ist man – aufgrund der diktatorischen Erfahrungen im 20. Jahrhundert – spontan geneigt, dieser These zuzustimmen. Im Grundgesetz hat der Parlamentarische Rat zahlreiche Lehren aus der Abwehrschwäche der Weimarer Republik gegenüber extremistischen Anfechtungen verarbeitet. Doch die Bundesrepublik ist nur einer von vielen demokratischen Verfassungsstaaten. Die USA als erster vollständig entwickelter Vertreter der Ordnungsform waren keine Antwort auf Extremismus, sondern auf die Machtansprüche des englischen Parlamentes.

Verbreiterter ist darum die These, wonach der demokratische Verfassungsstaat den Ausgangspunkt und der Extremismus seinen Herausforderer darstellt. So definiert das Bundesinnenministerium: „Als extremistisch werden solche Bestrebungen bezeichnet, die den demokratischen Verfassungsstaat und seine fundamentalen Werte, seine Normen und Regeln ablehnen und darauf abzielen, die freiheitliche demokratische Grundordnung abzuschaffen und sie durch eine nach den jeweiligen Vorstellungen formierte Ordnung zu ersetzen."[1]

Egal wie wir die Rollen der abhängigen und der unabhängigen Variable zuweisen, in einem stimmen die beiden Positionen überein: Der demokratische Verfassungsstaat ist eine wichtige Bezugsgröße der Extremismusforschung. Im Folgenden wird es deshalb darum gehen, Theorie und Praxis des demokratischen Verfassungsstaats darzustellen. Vom demokratischen Verfassungsstaat als einem Widerpart des Extremismus könnte man z. B. sprechen, wenn das dem demokratischen Verfassungsstaat zugrunde liegende theoretisch-normative Konzept explizit anti-extremistische Ziele enthielte oder wenn die Genese der Ordnungsform in einem Zusammenhang mit vorausgehenden extremistischen Konzepten und Erscheinungen stünde.

Dies zu beurteilen, erfordert zunächst eine genaue Vorstellung der Charakteristika demokratischer Verfassungsstaaten. Ausgehend von einem Alleinstellungsmerkmal, das die Ordnungsform klar von anderen trennt, werden im Folgenden die zentralen Prinzipien des demokratischen Verfassungsstaates erläutert. Dies sind die Rechtsstaatlichkeit, die Gewaltenteilung, das Demokratieprinzip, Grundrechte, eine höherrangige Konstitution und die Verfassungsgerichtsbarkeit. Anschließend zeigen vier Länderbeispiele die wichtigsten Entstehungsfaktoren sowie die Meilensteine der historischen Entwicklung der Ordnungsform. Der nächste Abschnitt ist

---

1 Bundesministerium des Inneren, Extremismusbekämpfung, unter: http://www.bmi.bund.de/DE/Themen/Sicherheit/Extremismusbekaempfung/extremismusbekaempfung_node.html (2. März 2014).

Stand und Perspektiven des demokratischen Verfassungsstaats gewidmet, wobei der Fokus auf Herausforderungen liegt, die für die Auseinandersetzungen mit Extremismus von besonderem Interesse sind.

2 Theoretische Grundlagen

2.1 Schlüsselkategorie Verfassungsvorrang

Eine eigenständige Theorie des demokratischen Verfassungsstaats zeichnet sich erst Ende des 18. Jahrhunderts ab. Sie ist aber keine völlige Neuschöpfung, sondern eine Weiterentwicklung der Theorie des liberalen Rechtsstaats.[2] Beide verbindet das Ziel, die Ausübung von Herrschaft auf ein notwendiges Maß zu beschränken und zugleich vorgegebenen Qualitätsmaßstäben zu verpflichten. Die dem Rechtsstaat zugrunde liegenden Ideen und die zu ihrer Umsetzung bereits entwickelten Mittel fließen in den demokratischen Verfassungsstaat ein. Dies sind vor allem die Bindung von Regierung und Verwaltung an allgemeine Gesetze, der gerichtliche Rechtschutz, die Gewaltenteilung, das Repräsentationsprinzip sowie Abwehrrechte der Bürger gegen Eingriffe des Staates in Leben und Eigentum. Sie werden auf ein neues, spezifisch verfassungsstaatliches Element hin geordnet: auf die Idee einer Bindung der gesamten Staatsgewalt an ein höherrangiges Recht. Auch das ist, wie der amerikanische Politik- und Rechtswissenschaftler David Fellman (1907–2003) betont, an sich nichts Neues:

„Constitutionalism as a theory and in practice stands for the principle that there are – in a properly governed state – limitations upon those who exercise the powers of government, and that these limitations are spelled out in a body of higher law which is enforceable in a variety of ways, political and judicial. This is by no means a modern idea, for the concept of a higher law which spells out the basic norms of a political society is as old as Western civilization. That there are standards of rightness which transcend and control public officials, even current popular majorities, represents a critically significant element of man's endless quest for the good life."[3]

Das eigentlich Neue am demokratischen Verfassungsstaat: Die Verfassung als „higher law" verpflichtet die Staatsgewalt nicht nur moralisch, sondern auch als positives Recht. Das wird durch eine Differenzierung zwischen einer vorstaatlichen, souveränen verfassunggebenden Gewalt und den von ihr errichteten, verfassten Gewalten erreicht. Gemäß der alten Weisheit, niemand dürfe Richter in eigener Sache sein, ist es diesen verfassten Gewalten verwehrt, die sie

---

[2] Die Begriffe „Rechtsstaat" und „Verfassungsstaat" werden häufig synonym gebraucht. Damit kommt aber die Herausbildung zusätzlicher Elemente, wie die verfassungsgerichtliche Kontrolle des Gesetzgebers, zu kurz. Soweit Studien nicht zwischen Rechts- und Verfassungsstaatlichkeit unterscheiden, nennen sie oft andere als die im Folgenden verwendete Schlüsselkategorie des justiziablen Verfassungsvorrangs. Karl Loewenstein etwa sieht als regulative Idee des Verfassungsstaats die Teilung von Macht, in Abgrenzung von autoritären und totalitären Systemen, wiewohl er das „richterliche Prüfungsrecht" des Supreme Court als den bei weitem „auffälligsten" und „eigentümlichsten" Zug des amerikanischen Regierungssystems erkennt; vgl. Karl Loewenstein, Verfassungsrecht und Verfassungspraxis der Vereinigten Staaten, Berlin 1959, S. 13, 17, 127, 249.

[3] David Fellman, Constitutionalism, in: Philip P. Wiener (Hrsg.), Dictionary of the history of ideas. Studies selected pivotal, New York 1973–74, S. 485–492.

erschaffende Konstitution zu ändern.⁴ Für die Revision sind deshalb Hürden, teils sogar Sperren in der Verfassung verankert, die selbst für den Gesetzgeber gelten. Zusätzlich überwacht eine unabhängige Gerichtsbarkeit die Einhaltung der Vorgaben. Sie kann verfassungswidrige Gesetze und Maßnahmen *letztentscheidend* für nichtig erklären, so dass sie von den übrigen Staatsorganen nicht mehr angewendet werden dürfen und wirkungslos bleiben. Dies gilt für parlamentarisch erlassene Gesetze wie für gesetzgebende Volksabstimmungen. Das zentrale Kennzeichen des demokratischen Verfassungsstaats ist somit ein justiziabler Vorrang der Verfassung vor Gesetz und Gesetzgeber.⁵ Darin unterscheidet er sich insbesondere vom Rechtsstaat, in dem das Gesetz die höchste Rechtsquelle vor Verordnungen, Satzungen etc. ist und der Gesetzgeber lediglich politisch kontrolliert werden kann.

Ein Staat ist somit nur dann als Verfassungsstaat einzuordnen, wenn er – über Rechtsstaatlichkeit, Gewaltenteilung und Grundrechte hinaus – über eine Verfassung verfügt, die (1) die höchste positive Rechtsquelle und Geltungsmaßstab allen übrigen Rechts ist, (2) die nur in besonderen Verfahren mit erhöhten Anforderungen geändert werden kann oder in Teilen sogar durch Revisionssperren der Änderung entzogen ist, (3) deren Einhaltung durch eine unabhängige Verfassungsgerichtsbarkeit überwacht und durchgesetzt wird und (4) deren Bindewirkung sich aufgrund erschwerter Änderbarkeit und Verfassungsgerichtsbarkeit selbst der Gesetzgeber nicht entziehen kann.

Ausgehend von dieser engen Definition zeigt sich, dass bei weitem nicht alle westlichen Demokratien demokratische Verfassungsstaaten sind. Der justiziable Verfassungsvorrang fehlt beispielsweise in Großbritannien, Dänemark, Finnland, Luxemburg, den Niederlanden, Schweden und Norwegen. Sie alle besitzen zwar eine Verfassung, die insoweit höherrangig ist, als sie von den Gesetzgebungsorganen nur unter Einhaltung besonderer Mehrheitsanforderungen oder Fristen geändert werden kann. Entscheidend für die Klassifikation als Verfassungsstaat ist aber, ob eine Durchbrechung der Verfassung wirksam durch eine unabhängige Verfassungsgerichtsbarkeit geahndet werden kann oder nicht.⁶ In den genannten Staaten ist das nicht der Fall, insbesondere ist eine Verfassungskonformität der Gesetze nicht zu erzwingen; es fehlt eine wirksame Verfassungsbindung des Gesetzgebers.⁷ Zu den demokratischen Verfassungsstaaten mit einem gesicherten justiziablen Verfassungsvorrang zählen dagegen beispielsweise die USA, Belgien, Deutschland, Frankreich, Griechenland, Italien, Portugal, Slowenien und die Slowakei, Tschechien oder auch die baltischen Staaten.⁸

---

4 Vgl. Ernst-Wolfgang Böckenförde, Staat, Nation, Europa. Studien zur Staatslehre, Verfassungstheorie und Rechtsphilosophie, Frankfurt a. M. 1999, S. 127 ff.
5 Grundlegend dazu Charles Grove Haines, The American Doctrine of Judicial Supremacy, New York 1973; Rainer Wahl, Der Vorrang der Verfassung, in: Der Staat 20 (1981), S. 485–516; Gerald Stourzh, Vom Widerstandsrecht zur Verfassungsgerichtsbarkeit. Zum Problem der Verfassungswidrigkeit im achtzehnten Jahrhundert, Graz 1974, S. 20.
6 Vgl. hierzu ausführlich Birgit Enzmann, Der demokratische Verfassungsstaat. Zwischen Legitimationskonflikt und Deutungsoffenheit, Wiesbaden 2009, S. 12, 23–43; Rainer Wahl, Elemente der Verfassungsstaatlichkeit, in: Juristische Schulung 11 (2001), S. 1041–1048. Die zentralen Punkte – erschwert änderbare Verfassung und Verfassungsgerichtsbarkeit – als wesentliche Voraussetzung des Vorrangs der Verfassung betont z. B. auch Christoph Möllers, Die drei Gewalten. Legitimation der Gewaltengliederung in Verfassungsstaat, europäischer Integration und Internationalisierung, Weilerswist 2008, S. 136.
7 Vgl. zur Einordnung Enzmann (Anm. 6), S. 23 ff.
8 Vgl. ebd., S. 38 ff.

Dass sich bei weitem nicht alle Demokratien für die Ausgestaltung als demokratischen Verfassungsstaat entscheiden, mag an den weitreichenden Folgen liegen, die der justiziable Verfassungsvorrang für den Gestaltungsspielraum der politischen Akteure hat: Mit der Übertragung des Letztentscheidungsrechts zur Auslegung der Verfassung an ein Gericht werden die grundlegenden Vorgaben der Konstitution verrechtlicht, ja gewissermaßen sogar „entpolitisiert".[9] Der wesentliche Vorzug des juristischen Schutzes liegt darin, dass gemäß den Prinzipien eines gerichtlichen Verfahrens ein nicht am Streit beteiligter Dritter eine für beide Streitparteien verbindliche Entscheidung trifft. Das Urteil muss sich an einem fixen Maßstab, dem Verfassungsrecht, orientieren. Es ergeht mit einer Begründung nach umfassender Würdigung des Sachverhaltes und nachdem beide Seiten Gelegenheit hatten, ihre Position darzulegen. Der juristische Schutz hat somit die Unparteilichkeit, die transparente Nachvollziehbarkeit und den definierten Abschluss eines Streits zum Vorteil. Politischer Schutz beruht dagegen auf Verständigungsprozessen der Streitparteien, die ihre Positionen anhand unterschiedlicher Maßstäbe darlegen (etwa Recht, Moral, Wirtschaftlichkeit, Machterhalt).[10] Da die Entscheidung wesentlich durch das Kräfteverhältnis der Kontrahenten geprägt ist, sehen sich die Streitparteien nur so lange an den ausgehandelten Entschluss gebunden, wie erneute Verhandlungen keine vorteilhafteren Ergebnisse versprechen.

Darum ist beispielsweise ein rein politischer Schutz der Rechte von Einzelnen, Minderheiten, marginalisierten und nicht stimmberechtigten Gruppen unmöglich. Sie haben – auf sich gestellt – nicht genug Gewicht, um ihre Anliegen in politischen Entscheidungsprozessen durchzusetzen. Deshalb sind sie darauf angewiesen, ihre Grundrechte und Freiheiten gegebenenfalls selbst gegen die legislative Mehrheit vor einem unabhängigen Gericht einklagen zu können.[11]

Unzureichend ist auch ein rein politischer Schutz der Kompetenzverteilung in föderalen Staaten. Diese entstehen in der Regel aus dem Zusammenschluss bereits existierender Staaten, die Teile ihrer Autonomie aufgeben und sich der neuen Bundesebene zumindest teilweise unterordnen. Sie wollen Bedingungen hierfür selbst bestimmen und sicherstellen, dass der Bundesgesetzgeber die vereinbarte Kompetenzverteilung nicht nachträglich ohne ihre Beteiligung ändern kann. Dagegen will der Bund ihnen in reinen Bundesaufgaben in der Regel keine gleichrangige Mitbestimmung, sondern allenfalls ein aufschiebendes Veto zugestehen. Außerdem braucht er die Sicherheit, dass das Bundesrecht in den Ländern umgesetzt und kein widersprechendes Landesrecht erlassen wird. Beide Seiten haben demnach ein Interesse an einer Differenzierung zwischen verfassunggebender und gesetzgebender Gewalt sowie an einer unabhängigen Schiedsinstanz. Die Bildung föderaler Staaten war deshalb ein Hauptgrund für die Errichtung eines justiziablen Verfassungsvorrangs.[12] Zudem gibt es Staaten, etwa die Schweiz, die einen solchen Verfassungsvorrang ausschließlich zur Kontrolle von Kantonsrecht, i. e. des Einzelstaatenrechts, errichtet haben, aber den Bundesgesetzgeber aus der verfassungsgerichtlichen Nor-

---

9 Vgl. Dieter Grimm, Verfassung, in: Staatslexikon. Recht, Wirtschaft, Gesellschaft, Freiburg/Brsg. 1989, S. 633–643, hier S. 634 f.
10 Vgl. Georg Jellinek, Allgemeine Staatslehre, Darmstadt 1960, S. 789 ff.
11 Vgl. Klaus Stern, Die Verbindung von Verfassungsidee und Grundrechtsidee zur modernen Verfassung, in: Georg Müller (Hrsg.), Staatsorganisation und Staatsfunktionen im Wandel. Festschrift für Kurt Eichenberger zum 60. Geburtstag, Basel u. a. 1982, S. 197–210, hier S. 201 f.
12 Gut belegt durch Haines (Anm. 5) und Loewenstein (Anm. 2), S. 249 f.

menkontrolle ausnehmen. Ein rein politischer Schutz der Kompetenzverteilung zwischen verschiedenen Ebenen verbietet sich schon aufgrund der Tatsache, dass bei Streitigkeiten jeweils nur gemeinsam von Bund und allen Ländern eine Lösung ausgehandelt werden kann. Sonderlösungen sind um der Rechtseinheit willen nicht möglich. Auch aufgrund der zu erwartenden Reibungsverluste, der nachhaltigen Schäden für eine vertrauensvolle Zusammenarbeit und der erheblichen Eskalationsgefahr bietet sich die gerichtliche Beilegung von Bund-Länder- oder Länderstreitigkeiten als der bessere Weg an.

Auch der Wunsch nach Stabilisierung innerstaatlicher Kompetenzverteilung kann Anlass zur Einführung eines justiziablen Verfassungsvorrangs sein. In vormodernen Mischverfassungen war die Kompetenzverteilung in hohem Maße von den sozioökonomischen Machtverhältnissen abhängig.[13] Nur größere Umbruchphasen machten eine Neuverhandlung erforderlich.[14] In modernen Demokratien würde ein politischer Schutz der Kompetenzordnung aber nach jeder Wahl zu Versuchen führen, die eigenen Zuständigkeiten auf Kosten anderer Organe oder des geschützten staatsfreien Raums zu erweitern. Die Verrechtlichung verschafft der Kompetenzordnung eine größere Stabilität: Neuverhandlungen über die Zuständigkeiten lohnen erst, wenn eine eigene verfassungsändernde Mehrheit erreichbar scheint. Erfordern Verfassungsänderungen eine Volksabstimmung, bleibt den politischen Organen selbst dann der legale Zugriff auf die Kompetenzordnung verwehrt, wenn in der herrschenden politischen Elite Einigkeit über Änderungen besteht.

Einmal errichtet, kann der justiziable Verfassungsvorrang weitere Zwecke erfüllen: Er schafft einen streitfreien Raum, in den Entscheidungen verschoben werden können, die auf absehbare Zeit nicht neu verhandelt werden sollen. Das klassische Beispiel hierfür ist die stillschweigende Duldung der Sklaverei in den USA durch eine Verfassungsbestimmung von 1836, die den Kongress verpflichtete, sich mit Eingaben zur Frage der Sklaverei nicht zu befassen, sondern sie unveröffentlicht zu den Akten zu legen.[15] Durch eine entsprechende Verfassungsbestimmung können Gegenstände auch ganz aus der Regelungsbefugnis des Staates bzw. der Mehrheit genommen werden. Dadurch werden bestimmte Fragen nicht nur entpolitisiert, sondern gewissermaßen auch privatisiert. Politische Mehrheitsverhältnisse sollen nicht dazu genutzt werden können, in diesen Bereichen eine bestimmte Position vorzugeben, so der Grundgedanke. Das bietet sich beispielsweise in multikulturellen Gesellschaften für religiöse und ethnisch-kulturelle Fragen an. Diese können durch strikten Laizismus oder weitgehende Autonomierechte ausgelassen werden. Stephen Holmes bezeichnet solche Regelungen als Knebelgesetze: „[B]y agreement to privatize religion, a divided citizenry can enable itself to revolve its other differences rationally, by means of public debate and compromise."[16] Besteht auf religiöse Belange kein staatlicher Zugriff, so die Theorie, können politische Gruppierungen sie nicht zur eigenen Profilierung

---

13 Eine solche „Mischverfassung" – gestützt auf die entscheidenden sozialen Kräfte – galt bis zum Beginn der Neuzeit als Ideal guter Ordnung; vgl. Wilfried Nippel, Mischverfassungstheorie und Verfassungsrealität in Antike und früher Neuzeit, Stuttgart 1980.
14 Etwa durch Kriege, Dynastiewechsel, Staatsverschuldung oder sozioökonomischen Wandel.
15 Stephen Holmes, Gag Rules or the Politics of Omission, in: Jon Elster/Rune Slagstad (Hrsg.), Constitutionalism and Democracy, Cambridge 1988, S. 19–58, hier S. 31–43.
16 Ebd., S. 24.

nutzen. Konfessionelle Gegensätze blockieren auf diese Weise nicht die Lösung gesellschaftlicher Belange.

Besondere Relevanz hat die Bindung an höherrangiges Recht in jungen Demokratien. Die Verfassung gibt das Ideal einer neuen Ordnung vor, das in der Bevölkerung noch keinen gefestigten Rückhalt hat und das Verfechter des alten Systems immer wieder grundsätzlich in Frage stellen. Eine Wesensgehaltsgarantie für zentrale Grundrechte und ein Revisionsverbot für Demokratie- und Rechtsstaatsprinzip können der Etablierung der neuen Ordnung etwas Zeit verschaffen. Sie verhindern, dass die Demokratie sich schon nach den ersten Rückschlägen selbst abschafft oder schleichend aufgibt. Will eine Mehrheit zum autoritären System zurückkehren, muss sie sich dazu vor aller Öffentlichkeit durch eine Verfassungsänderung oder die Missachtung des Verfassungsgerichts bekennen.

2.2 Weitere Elemente

Der justiziable Verfassungsvorrang bildet zwar gewissermaßen den Schlussstein im Gebäude des demokratischen Verfassungsstaats; damit er seine Wirkung entfalten kann, ist er aber auf die Unterstützung weiterer Elemente angewiesen. Sie sind teils nicht in vollständiger Reinform, also als *der* Rechtsstaat oder *die* Demokratie aufgenommen, sondern als den Verfassungsstaat ermöglichende und ergänzende Prinzipien, die es den verschiedenen Elementen ermöglichen, konfliktfrei in einem Funktionengefüge zusammenzuwirken.[17]

Das *Rechtsstaatsprinzip* manifestiert sich in Form formeller und materieller Rechtsstaatlichkeit. Die formelle Rechtsstaatlichkeit stellt über die Bindung der Exekutive und Judikative an Gesetz und Recht sicher, dass verfassungskonforme Gesetze nicht unterlaufen werden können. Sie sorgt mit Garantien, wie dem Zugang zum Rechtsweg und unabhängigen Gerichten dafür, dass Verstöße gegen verfassungskonforme Gesetze geahndet werden. Außerdem sind die ordentlichen Gerichte verpflichtet, die für einen Fall maßgeblichen Gesetze zur Kontrolle an die Verfassungsgerichtsbarkeit zu überweisen, wenn hinsichtlich deren Verfassungskonformität Zweifel bestehen.[18] Sie bilden somit eine wichtige Vorstufe zu der dann letztentscheidenden Verfassungsgerichtsbarkeit.

Zur formellen Rechtsstaatlichkeit gehört zudem das Amtsprinzip: Staatliche Macht wird nicht bestimmten Personen zugewiesen, sondern an ein bestimmtes Amt gebunden, an eine Position innerhalb der Staatsgewalt also, die durch klar umrissene Zuständigkeiten, Zugangsvoraussetzungen und verfügbare Ressourcen definiert ist. Vorab festgelegte Verfahren bestimmen, wie ein pflichtverletzender Inhaber eines Amtes zur Verantwortung gezogen werden kann. Macht

---

17 Vgl. zum Folgenden die Darstellung der Elemente bei Birgit Enzmann, Der demokratische Verfassungsstaat. Entstehung, Elemente, Herausforderungen, Wiesbaden 2012, S. 41–163.
18 Vgl. zu Elementen und Stellenwert formaler Rechtsstaatlichkeit Katharina Sobota, Das Prinzip Rechtsstaat. Verfassungs- und verwaltungsrechtliche Aspekte, Tübingen 1997.

wird damit im Rechtsstaat von vornherein nur partiell zugewiesen; außerhalb der Ämterordnung gibt es keine legitime öffentliche Gewalt.[19]

Unter dem materiellen Rechtsstaat ist vor allem die Orientierung an allgemeinen Maßstäben von Gerechtigkeit und Fairness, teils auch an kontextabhängigen Werten zu verstehen. Sie sind in gesetzmäßigen Rechten niedergelegt, aber auch in Verfahren gegossen. Dazu gehören etwa der gesetzlich verankerte Schutz des Eigentums, das Recht auf Entschädigung oder Wiedergutmachung, das Recht auf körperliche Unversehrtheit, das Verbot von Folter und grausamen Strafen sowie wichtige justizielle Rechte, wie der Schutz vor unrechtmäßiger Verhaftung und der Anspruch auf ein faires Verfahren.[20]

Zu den wichtigsten in Verfahren gegossenen Vorgaben zählen das Übermaß- und das Willkürverbot: Verwaltung und Gerichte haben zu prüfen, ob eine Maßnahme einen legitimen Zweck anstrebt, ob sie geeignet und erforderlich ist, ihn zu erreichen und ob die Mittel – nach Abschätzung von Kosten und Nutzen – verhältnismäßig sind.[21] An alle staatlichen Organe richtet sich das Willkürverbot: Jede Entscheidung ist mit einer sachlichen Begründung zu versehen, die u. a. erweisen muss, dass Dinge sachgerecht und dem allgemeinen Diskriminierungsverbot entsprechend behandelt wurden.[22] Von zentraler historischer wie praktischer Bedeutung ist außerdem der Grundsatz *nulla poena sine lege*: Den Gerichten ist untersagt, auf eine Rechtsnorm zuzugreifen, die zum Zeitpunkt der Tat noch nicht in Kraft war. Indirekt ist damit der Gesetzgeber daran gehindert, rückwirkende Strafgesetze zu erlassen.[23]

Der demokratische Verfassungsstaat ist auf verschiedene Formen der *Gewaltenteilung* angewiesen. Gewaltenteilung bedeutet, die Staatsgewalt in verschiedene Funktionen zu gliedern und sie in gesonderten Verfahren und/oder von gesonderten Organen ausüben zu lassen. Unterschieden werden können Funktionen horizontal, also auf derselben staatlichen Ebene (entweder auf der supranationalen oder nationalen oder regionalen) oder vertikal zwischen verschiedenen Ebenen.[24]

Die horizontale Gewaltenteilung ist nicht nur Teil des Verfassungsstaats, sondern auch jedes Rechtsstaats. Sie ergibt sich aus der Entscheidung für eine gesetzliche Herrschaft. Könnte ein Organ, das die Gesetze ausführen oder danach urteilen soll, sie auch erlassen oder ändern, hätte es jederzeit die Möglichkeit, sich durch Änderung oder Uminterpretation aus den gesetzlichen Vorgaben zu befreien. Außerdem könnte es sich mit Blick auf einen konkreten Einzelfall eine gesetzliche Ermächtigung zu beliebigem Handeln schaffen. Gesetzgebung, Gesetzesausfüh-

---

19 Vgl. zum Amtsprinzip im Rechtsstaat Wolfgang H. Lorig, „Good Governance" und „Public Service Ethics". Amtsprinzip und Amtsverantwortung im elektronischen Zeitalter, in: Aus Politik und Zeitgeschichte B 18/2004, S. 24–30; Josef Isensee, Das Amt als Medium des Gemeinwohls in der freiheitlichen Demokratie, in: Gunnar Folke Schuppert/Friedhelm Neidhardt (Hrsg.), Gemeinwohl. Auf der Suche nach Substanz, Berlin 2002, S. 241–270.
20 Vgl. zu Rechtsschutzstandards Eberhard Schmidt-Aßmann, Der Rechtsstaat, in: Josef Isensee/Paul Kirchhof (Hrsg.), Handbuch des Staatsrechts der Bundesrepublik Deutschland, Band I, Heidelberg 1987, S. 984–1044, hier S. 1026, Rdnr. 74.
21 Vgl. Alfred Katz, Staatsrecht. Grundkurs im öffentlichen Recht, Heidelberg 2010, S. 362.
22 Vgl. Sobota (Anm. 18), S. 62 f.
23 Vgl. Katz (Anm. 21), S. 105 f.
24 Vgl. das über diese grundlegende Differenzierung hinausgehende Modell bei Winfried Steffani, Gewaltenteilung und Parteien im Wandel, Opladen 1997.

rung und Rechtsprechung müssen also getrennt ausgeübt werden, wenn ein Staat Rechts- oder Verfassungsstaat sein soll.[25] Größe, Zusammensetzung und gegebenenfalls Kombination der Träger einer Funktion richten sich nach verschiedenen Kriterien, wie fachliche Eignung, Effizienz, Repräsentativität und Responsivität.[26] So wird die Judikative meist einem Verbund gleichartiger Organe (Gerichte verschiedener Stufen und Rechtsgebiete) anvertraut, um die Eigenlogik und die Sachkunde der Rechtsprechung zu wahren. Die Legislative obliegt dagegen meist mehreren Organen: Am Gesetzgebungsverfahren sind oft zwei Kammern, teils auch das Volk und über Initiativ- und Vetorechte das Staatsoberhaupt und die Regierung beteiligt.[27]

Zuweilen werden weitere Staatsfunktionen definiert und bestimmten Organen zugewiesen, z. B. eine „Gubernative"[28] als die der Regierung zustehende politische Handlungs- und Gestaltungsfreiheit in Abgrenzung zur nur rechtsausführenden Verwaltung. Sie stehen mit Rechts- und Verfassungsstaat aber in keinem notwendigen Verhältnis.

Ergänzend zur horizontalen Gewaltenteilung, liegt in supranationalen Gebilden und in Bundesstaaten eine vertikale Gewaltenteilung zwischen supranationaler, Bundes- und Länderebene vor, die zwingend eines justiziablen Verfassungsvorrangs bedarf. Umgekehrt setzt der demokratische Verfassungsstaat mindestens zwei Formen von Gewaltenteilung voraus: Zum einen muss die Hierarchie zwischen Verfassung, Gesetz und untergesetzlichem Recht gewährleistet sein – dies ließe sich als „verfassungsfunktionale Gewaltenteilung" bezeichnen. Dafür gilt es, das Recht zur Verfassungsgebung vom Recht zur Verfassungsänderung und dieses wiederum vom Gesetzgebungsrecht zu scheiden. Diese Trennung muss mindestens durch eigene Verfahren hergestellt sein, z. B. durch unterschiedliche Quoren für Verfassungs- und Gesetzesänderung. Sie kann auch durch die Zuweisung an unterschiedliche Organe gesichert werden. Zum anderen müssen mittels horizontaler Gewaltenteilung Gesetzgebung, Ausführung der Gesetze und Rechtsprechung getrennt werden, damit das Recht seine Bindewirkung zu entfalten vermag.[29]

Daneben kann Gewaltenteilung weitere Leistungen erbringen, die das Gesamtgefüge stützen. Eingebunden in ein System wechselseitiger Einflussmöglichkeiten, kontrollieren und begrenzen sich die verschiedenen Organe gegenseitig. Gleichzeitig sind sie auf Kooperation und Zulieferungen angewiesen – dies trägt insgesamt zu einer Rationalisierung und Richtigkeitsgewähr von Entscheidungen bei. An dieser Stelle ist auf die Bedeutung der innerparlamentarischen *Checks and Balances* zwischen regierungsnahen und Oppositionsfraktionen hinzuweisen.[30] Zusätzlich vermögen die Bestellungsverfahren und die Zusammensetzung von Organen unter-

---

25 Vgl. Rudolf Weber-Fas, Der Verfassungsstaat des Grundgesetzes. Entstehung – Prinzipien – Gestalt, Tübingen 2002, S. 156 ff.
26 Vgl. zu verschiedenen Modellen Christoph Möllers, Gewaltengliederung. Legitimation und Dogmatik im nationalen und internationalen Rechtsvergleich, Tübingen 2005, S. 70–78.
27 Vgl. Hans-Detlef Horn, Gewaltenteilige Demokratie, demokratische Gewaltenteilung, in: Archiv des öffentlichen Rechts 127 (2002), S. 427–459.
28 Vgl. zu einer solchen weiteren Gewalt Oskar Werner Kägi, Zur Entstehung, Wandlung und Problematik des Gewaltenteilungsprinzips. Ein Beitrag zur Verfassungsgeschichte und Verfassungslehre, Zürich 1937, S. 180.
29 Kritisch dazu Hans-Peter Schneider, Gewaltenverschränkung zwischen Parlament und Regierung, in: Detlef Merten (Hrsg.), Gewaltentrennung im Rechtsstaat. Zum 300. Geburtstag von Charles de Montesquieu, Berlin 1989, S. 77–89, hier S. 85 f.
30 Vgl. Steffani (Anm. 24), hier S. 22–26.

schiedlichen gesellschaftlichen Kräften und ihren Interessenunterschieden Rechnung zu tragen; typische Beispiele sind eine gesonderte Länderkammer oder ein Oberhaus in der Legislative.

Verfassungsstaat und *Demokratie* sind auf legitimatorischer Ebene unlösbar miteinander verbunden. Seit Beginn der Neuzeit kommt nur dem Volk die verfassunggebende Gewalt zu, da es die einzige Entität ist, die schon vorstaatlich legitime, allgemein verbindliche Entscheidungen für ihre Mitglieder treffen kann. Für diejenigen Teile der Verfassung, die reine Willensentscheidungen zwischen gleichermaßen zulässigen Alternativen darstellen, schafft die verfassunggebende Gewalt des Volkes die nötige Legitimität.[31] Wichtig ist die Rückführbarkeit auf den Volkswillen vor allem zur Rechtfertigung der erschwerten oder durch Revisionssperren blockierten Änderbarkeit der Verfassung. Zwar beschränkt sich die Beteiligung des Volkes in den meisten Verfassungsgebungsprozessen auf eine abschließende Abstimmung über einen von politischen Eliten gefertigten Entwurf. Doch selbst dann kann eine Verfassung als *Selbstbindung* des Volkes verstanden werden, mit der es sich und seine Mitglieder vor unbeabsichtigten Fehlentscheidungen schützen will. Gegenüber dem Gesetzgeber und der übrigen Staatsgewalt stellt die Verfassung dagegen eine *Fremdbindung* durch den Souverän Volk dar.

Trotz der zwingenden Verbindung zum Verfassungsstaat auf legitimatorischer Ebene ist das Demokratieprinzip auf organisatorischer Ebene häufig nur teilweise verwirklicht, da die Verfassung ihre Bindewirkung nur entfalten kann, wenn nicht jede Äußerung des Volkes als über der Verfassung stehender Wille des Souveräns zu gelten hat. Hierfür sorgt die Differenzierung zwischen vorstaatlicher verfassunggebender Gewalt und der im Staat bestehenden verfassten Gewalten. Das Volk ist nur vorstaatlich, im Akt der Verfassungsgebung *souverän*. Danach kann es innerhalb der geltenden Verfassungsordnung nur noch als verfasste Gewalt im Rahmen der selbstgesteckten Grenzen handeln. Es übt dann durch seine Mitglieder Ämter aus, insbesondere in Wahlen und Abstimmungen.[32] Heidrun Abromeit unterscheidet deshalb zwischen der im demokratischen Verfassungsstaat geltenden Verfassungs- bzw. Verfassungsgerichtssouveränität einerseits und der in einer reinen Demokratie bestehenden Volkssouveränität sowie schließlich – im speziellen Fall Großbritanniens – einer Parlamentssouveränität.[33] Richtig ist: *Innerhalb* des demokratischen Verfassungsstaats gibt es keine souveräne, über der Verfassung stehende Gewalt. Selbst die Verfassungsänderungskompetenz ist eine verfasste Gewalt, die nur im Rahmen der in der Verfassung selbst genannten formalen und materiellen Vorgaben ausgeübt werden darf.

Innerhalb der demokratisch-verfassungsstaatlichen Ordnung besteht das Demokratieprinzip wiederum vor allem in der legitimen Entscheidung zwischen gültigen Alternativen. Das betrifft die Besetzung politischer Ämter und, soweit vorgesehen, direktdemokratische Sachentscheidungen. Da demokratische Verfahren häufig mehrstufig und komplex sind, bieten sie zusätzlich eine erhöhte Richtigkeitsgewähr im Vergleich zu einstufigen oder autoritären Entschei-

---

31 Vgl. Ernst-Wolfgang Böckenförde, Die verfassunggebende Gewalt des Volkes. Ein Grenzbegriff des Verfassungsrechts, Frankfurt a. M. 1986; siehe dagegen die kritische Position bei Josef Isensee, Das Volk als Grund der Verfassung. Mythos und Relevanz der Lehre von der verfassunggebenden Gewalt, Opladen 1995.
32 Vgl. Böckenförde (Anm. 31), S. 18–22.
33 Vgl. Heidrun Abromeit, Volkssouveränität, Parlamentssouveränität, Verfassungssouveränität. Drei Realmodelle der Legitimation staatlichen Handelns, in: Politische Vierteljahresschrift 36 (1995), S. 49–66.

dungsverfahren.³⁴ Inwieweit der politischen Partizipation der Bürgerinnen und Bürger eine weitergehende Bedeutung zugesprochen wird, hängt wesentlich von der dem konkreten Staat zugrundeliegenden Vorstellung von Demokratie ab. Aufgrund der historischen Wurzeln des demokratischen Verfassungsstaats im liberalen Rechtsstaat billigt jener der politischen Partizipation oft keinen Eigenwert zu. Das ist aber keine aus dem justiziablen Verfassungsvorrang erwachsende Notwendigkeit. Solange das Volk an die Verfassung gebunden ist, sind vielfältige andere Ausprägungen des Demokratieprinzips möglich.³⁵

Neben der Sicherung bundesstaatlicher Kompetenzverteilung ist der wichtigste Grund für die Entstehung des demokratischen Verfassungsstaats die „Idee angeborener, vorstaatlicher subjektiver Rechte, die einen ursprünglichen Freiheitsraum des Menschen umhegen, der auch von der Staatsgewalt zu beachten ist. In dem Augenblick, in dem diese Freiheiten vom Staat und gegen den Staat zu verfassungsmäßigen *Rechten* werden, erzwingt ihre Verankerung in der Verfassung Beachtlichkeit auch von Seiten der Staatsgewalt. Die Judiziabilität gegenüber allen Äußerungen der Staatsorgane ist dann nur noch Konsequenz der Verfassungsrechtsqualität."³⁶

Der deutsche Staatsrechtslehrer Klaus Stern nennt an dieser Stelle die Besonderheit der *Grundrechte* im demokratischen Verfassungsstaat: Sie sind in die Verfassung integriert und besitzen volle positive Rechtsgeltung. Somit sind sie persönlich einklagbare subjektive Rechte. Dagegen hatten die meisten Grundrechtskataloge in der europäischen Geschichte entweder nur politisch-proklamatorischen Charakter oder sie galten „im Rahmen der Gesetze", also nur, soweit sie in Gesetzesrecht überführt waren.

Demokratischer Verfassungsstaat und Grundrechte stehen in einem Verhältnis wechselseitiger Abhängigkeit. Auf der einen Seite sind Grundrechte für ihre sichere Durchsetzung gegenüber der gesamten Staatsgewalt einschließlich des Gesetzgebers auf den justiziablen Verfassungsvorrang angewiesen. Auf der anderen Seite tragen Grundrechte, insoweit sie z. B. auf naturrechtlicher Basis oder anerkannten Wertvorstellungen beruhen, zur Legitimation der Verfassung bei.

Der Begriff der *Verfassung* kann sehr weit verstanden werden als die Gesamtheit der Strukturen, Verfahren und Rechte, die den spezifischen Charakter eines konkreten Staates ausmachen. Er kann auch sehr eng als das in einer Urkunde niedergelegte Verfassungsgesetz definiert werden. Der als Anknüpfungspunkt für den justiziablen Vorrang erforderliche Verfassungsbegriff liegt dazwischen:³⁷

Eine verfassungsgerichtliche Kontrolle ist nur möglich, wenn (1) die Verfassung positivrechtliche Wirkung besitzt, also nicht nur moralisch oder politisch-programmatisch gilt; wenn (2) die gesamte Staatsgewalt einschließlich der Legislative der Verfassung nicht nur unterworfen, sondern überhaupt erst durch sie begründet ist und wenn (3) die Verfassung als solche eindeutig vom übrigen positiven Recht unterscheidbar und ihm formell übergeordnet ist; das setzt in der Regel eine schriftliche Kodifizierung voraus, wobei durch Bezugnahme in der Verfassungsur-

---

34 Vgl. Albert Bleckmann, Vom Sinn und Zweck des Demokratieprinzips. Ein Beitrag zur teleologischen Auslegung des Staatsorganisationsrechts, Berlin 1998.
35 Vgl. verschiedene Modelle Birgit Enzmann, Auf dem Weg zu einer pluralistischen Theorie des demokratischen Verfassungsstaats [2011], unter: http://d-nb.info/1023278618/34 (15. Mai 2015).
36 So der deutsche Rechtswissenschaftler Stern (Anm. 11); hier S. 201 f.
37 Vgl. Wahl (Anm. 5).

kunde andere Normen als materielles Verfassungsrecht kenntlich gemacht werden können. Ein Beispiel ist die Französische Menschenrechterklärung von 1789, die zu geltendem französischem Verfassungsrecht wurde. (4) Falls vorpositives Recht – wie Gewohnheits- oder Naturrecht – die gesamte Staatsgewalt binden soll, muss es in Verfassungsnormen überführt werden. Es kann nur eine höchste Rechtsquelle geben. (5) Der Vorrang der Verfassung muss institutionell durch eine Trennung zwischen verfassunggebender und gesetzgebender Gewalt sowie zwischen Legislative und Exekutive gesichert sein. (6) Eine Verfassungsgerichtsbarkeit muss die Konstitution rechtswirksam gegenüber der gesamten Staatsgewalt durchsetzen können. (7) Änderungen der Verfassung müssen schon um der Fehlerkorrektur willen möglich sein; die Verfahrensvorgaben müssen in der Verfassung selbst geregelt sein und sich vom Gesetzgebungsverfahren durch zusätzliche Hürden oder andere Zuständigkeiten unterscheiden.[38]

Enthalten muss die für einen demokratischen Verfassungsstaat geeignete Konstitution mindestens die Festlegung der gewaltenteiligen Kompetenzordnung, die Grundrechte und die Bestimmungen zur Verfassungsänderung.[39] Meist sind Verfahren mit erhöhten Quoren und Wartefristen, teils auch besonderen Entscheidungsgremien oder zusätzlichen Volksabstimmungen vorgesehen. Einige Verfassungen erklären einen kleinen Teil ihres Inhalts sogar für unabänderlich. Solche Revisionssperren verewigen z. B. häufig Staatsform, Rechtsstaatlichkeit, Demokratieprinzip, ein oder mehrere zentrale Grundrechte und gelegentlich die Verfahrensvorgaben zur Verfassungsänderung selbst. Der justiziable Verfassungsvorrang ist umso ausgeprägter, je höher die Hürden zur Verfassungsänderung liegen und je vielfältiger die dem Verfassungsgericht zugewiesenen Kontrollbefugnisse ausfallen. Was unter einen solchen Ewigkeitsschutz gestellt wird, muss sorgfältig abgewogen werden. Denn zum einen muss es möglich sein, eine Verfassung an die sich ändernde Lebenswirklichkeit anzupassen. Ein Grundrecht zur Rundfunk- und Pressefreiheit, das digitale Medien nicht erfasst, erfüllt seinen Zweck nicht mehr. Eine nicht änderbare Verfassung macht die Abtretung von Souveränitätsrechten an einen supranationalen Verbund unmöglich. Zudem nimmt das Verfassungsgericht mit seiner Rechtsprechung eine letztentscheidende, anschließend verbindliche Auslegung der Verfassung vor. Diese Auslegung kann nur durch eine Wortlautänderung oder Konkretisierung des betreffenden Wortlautes korrigiert werden. Die Änderbarkeit der Verfassung ist die Gewähr dafür, dass das Gericht nicht vom Hüter zum Herrn der Verfassung wird und die Verfassung nicht zur Herrschaft der Toten über die Lebenden.[40]

Verfassungsgerichtsbarkeit ist „Gerichtsbarkeit über Fragen des Verfassungslebens [...], die aber nur solche Verfahren umfasst, die echte Rechtsprechung, d. h. verbindliche Entscheidung über bestrittenes oder verletztes Verfassungsrecht, nicht Vermittlung oder Aufsicht darstellen und in denen die Entscheidung über Rechtsfragen der Verfassung einen Hauptpunkt bedeu-

---

38 Vgl. zur Begründung Enzmann (Anm. 6).
39 Vgl. zu möglichen Schranken Ingolf Pernice, Bestandssicherung der Verfassungen. Verfassungsrechtliche Mechanismen zur Wahrung der Verfassungsordnung, in: Roland Bieber (Hrsg.), L'espace constitutionnel européen. Der europäische Verfassungsraum, Zürich 1995, S. 225–264, hier S. 230 ff.
40 Vgl. zur Problemstellung und Beispielen Peter Häberle, Verfassungsrechtliche Ewigkeitsklauseln als verfassungsstaatliche Identitätsgarantien, in: Yvo Hangartner (Hrsg.), Völkerrecht im Dienste des Menschen. Festschrift für Hans Haug, Bern 1986, S. 81–108.

tet".[41] Das Gerichtsurteil bindet alle staatlichen Organe von Legislative, Exekutive und Judikative abschließend. Verfassungsgerichtsbarkeit ist immer „Instanz des letzten Wortes."[42] Jedoch muss es sich nicht um ein spezielles Verfassungsgericht handeln, das sich nur mit verfassungsrechtlichen Streitigkeiten befasst. Neben diesem Trennungsmodell besteht die Möglichkeit eines Einheitsmodells, in dem das Oberste Gericht der ordentlichen Gerichtsbarkeit zusätzlich verfassungsgerichtliche Aufgaben übernimmt. Zentrales Beispiel ist der Supreme Court in den USA. Allerdings sind die Kompetenzen hier auf die konkrete Normenkontrolle, ausgelöst durch Zweifel an der Verfassungsmäßigkeit eines für einen aktuellen Fall nötigen Gesetzes, beschränkt. Gerichte nach dem Trennungsmodell, wie z. B. das deutsche Bundesverfassungsgericht, haben oft viele weitere Zuständigkeiten – etwa Organstreitigkeiten, Bund-Länder-Streitigkeiten, die konkrete und abstrakte Normenkontrolle, Verfassungsbeschwerden und Popularklagen sowie Verfahren zu Parteiverbot, Grundrechtsentzug, Amtsenthebung und Wahlprüfung.[43]

Nur wenige Gerichte sind mit derart vielen Kompetenzen ausgestattet. Zentral für die Umsetzung des justiziablen Verfassungsvorrangs ist die Möglichkeit, verfassungswidrige Gesetze zuverlässig unwirksam und selbstermächtigte Erweiterungen staatlicher Kompetenzen rückgängig zu machen. Über Verfassungsgerichte nach dem Trennungsmodell, die über diese Möglichkeiten in der Regel verfügen, sagt der ehemalige Verfassungsrichter Ernst-Wolfgang Böckenförde: „In diesem Modell wird die Verfassungsgerichtsbarkeit ganz vom Vorrang der Verfassung her organisiert. Dieser Vorrang gilt für die Staatsgewalt in allen ihren Funktionen, er soll durch ein eigenes Organ entsprechend gesichert werden. Das Verfassungsgericht wird, wiewohl es rechtsprechende Tätigkeit ausübt, aus dem Zusammenhang der Rechtsprechung herausgehoben. Es tritt in den Kreis der Verfassungsorgane und dies in der Weise, dass es allgemein und auch gegenüber der Rechtsprechung sozusagen zum Organ der Verfassung wird, diese im Streitfall zur Geltung bringt und in ihrem Vorrang behauptet. Geht die Vermutung fehl, dass der Gedanke der Souveränität der Verfassung dabei im Hintergrund steht?"[44]

3 Historische Genese demokratischer Verfassungsstaaten

3.1 England: Einmal Rechtstaat – Verfassungsstaat und zurück

Wer alle ideellen und institutionellen Wurzeln des demokratischen Verfassungsstaats einbezieht, müsste eine Darstellung seiner Genese bereits in der Antike beginnen.[45] Hier interessie-

---

41 Ulrich Scheuner, Die Überlieferung der deutschen Staatsgerichtsbarkeit im 19. und 20. Jahrhundert, in: Christian Starck (Hrsg.), Bundesverfassungsgericht und Grundgesetz. Festgabe aus Anlaß des 25jährigen Bestehens des Bundesverfassungsgerichts, Band I, Tübingen 1976, S. 1–62, hier S. 5.
42 Peter Graf Kielmansegg, Die Instanz des letzten Wortes. Verfassungsgerichtsbarkeit und Gewaltenteilung in der Demokratie, Stuttgart 2005.
43 Vgl. die Übersicht bei Helmut Steinberger, Models of Constitutional Jurisdiction, Straßburg 1994.
44 Ernst-Wolfgang Böckenförde, Verfassungsgerichtsbarkeit. Strukturfragen, Organisation, Legitimation, in: Neue Juristische Wochenschrift 52 (1999), S. 9–17, hier S. 14.
45 Vgl. ausführlich Hans Fenske, Der moderne Verfassungsstaat. Eine vergleichende Geschichte von der Entstehung bis zum 20. Jahrhundert, Paderborn 2001; Enzmann (Anm. 6).

ren jedoch nur die Auslöser, die in einigen wichtigen Ländern zur Errichtung des Ordnungsmodells geführt haben, mithin die historischen Wegmarken des demokratischen Verfassungsstaates. Die relevanten Ereignisse spitzen sich im 16. Jahrhundert in Europa zu. Die alte Feudal- und Ständeordnung erodierte, überall versuchten Herrscher, die verstreuten Herrschaftsrechte in einer Hand zu konzentrieren, um eine effiziente Staatsgewalt zu errichten. Die Gottesgnadenlehre und die neuen Souveränitätstheorien von Jean Bodin und Thomas Hobbes bereiteten den ideengeschichtlichen Nährboden der konstitutionellen Demokratie.

Gegen die Bestrebungen des Monarchen zur Machtkonzentration bildete sich im englischen Feudalsystem vielfältiger Widerstand. Dieser war zunächst auf die Herstellung eines Kräftegleichgewichts zwischen den drei Trägern staatlicher Macht gerichtet: König sowie Ober- und Unterhaus des Parlaments. Der Zankapfel war die Prärogative des Monarchen.[46] Sie umfasste die Befugnis, durch Gnaden- und Dispenserlasse Personen von gesetzlichen Pflichten oder Strafen zu befreien.[47] Außerdem konnte der Monarch in einigen Politikbereichen Proklamationen erlassen, die zwar Parlamentsgesetze nicht brechen oder ändern durften, ihnen im Geltungsrang aber gleichgestellt waren. Da die Grenzen der Prärogative in der gewachsenen Rechtsordnung, dem Common Law, nur unscharf umrissen waren, versuchten englische Monarchen wiederholt, ihre Befugnisse weit in den Regelungsbereich des Parlamentes zu verschieben. Im Gegenzug bemühten sich die Gerichte zu Beginn des 17. Jahrhunderts unter Führung des Obersten Richters Sir Edward Coke (1552–1633), die im Common Law enthaltenen organisationsrechtlichen Grundlagen als höherrangiges Recht zu etablieren, indem sie königliche Proklamationen ebenso wie Parlamentsgesetze auf die Einhaltung der Kompetenzgrenzen hin prüften.

Doch weder Parlament noch Monarch waren bereit, sich der von Coke herausgearbeiteten Kernverfassung zu unterstellen. Die Streitigkeiten führten in Verbindung mit sich verschärfenden Konfessionskonflikten zum Bürgerkrieg, der mit der Hinrichtung Karl I. und der Auflösung des Oberhauses endete.[48] Damit ergab sich für kurze Zeit ein Gelegenheitsfenster für eine völlig neue Staatsordnung. Der Führer des Parlamentsheeres Oliver Cromwell (1599–1658) übernahm die Regierung. Als Legislative fungierte das Unterhaus, das die zuvor auf drei Träger verteilte Macht in sich vereinte. Die presbyterianische Mehrheitsfraktion nutzte dies für drastische Eingriffe in die Rechte der Bürger und für Angriffe auf politische und konfessionelle Gegner. Deshalb wurden selbst in den Reihen des Parlamentsheeres Stimmen nach einer klaren Kompetenzbeschränkung laut. Damit schlugen die Verfassungsdiskussionen eine neue Richtung ein: War es vor dem Bürgerkrieg vorrangig darum gegangen, den König unter das Recht zu zwingen, war es nun das Ziel, das Parlament in rechtliche Schranken zu weisen. Die kleinbürgerliche Partei der *Leveller* brachte deshalb den Entwurf eines wörtlich gemeinten *Agreement of the People* ein: einen Gesellschaftsvertrag, den alle Bürger unterzeichnen und den ein

---

[46] Hierzu und zum Folgenden siehe Martin Kriele, Einführung in die Staatslehre. Die geschichtlichen Legitimitätsgrundlagen des demokratischen Verfassungsstaates, Opladen 1994, S. 93 f.; Alexander von Brünneck, Die Entstehung des modernen Verfassungsstaates in der englischen, amerikanischen und französischen Revolution, in: Timm Beichelt (Hrsg.), Europa-Studien. Eine Einführung, Wiesbaden 2006, S. 253–267.

[47] Zum englischen Rechtssystem und der ancient constitution vgl. Hans-Christoph Schröder, Ancient Constitution. Vom Nutzen und Nachteil der ungeschriebenen Verfassung Englands, in: Hans Vorländer (Hrsg.), Integration durch Verfassung, Wiesbaden 2002, S. 137–212; Rudolf Vollmer, Die Idee der materiellen Gesetzeskontrolle in der englischen Rechtsprechung, Bonn 1969.

[48] Vgl. zur Vorgeschichte Fenske (Anm. 45), S. 55–59; zum Bürgerkrieg Schröder (Anm. 47).

neu zu wählendes Parlament anschließend als oberste Rechtsgrundlage anerkennen sollte. Der Entwurf enthielt neben Regelungen zu Wahlrecht, Legislaturperiode und Aufgaben des Parlaments eine Liste von Befugnissen, die dem Parlament ausdrücklich nicht zustehen sollten.

Dieser indirekte Weg der Zugriffsverweigerung sollte eine Reihe bürgerlicher Freiheiten vor Eingriffen schützen. Hierzu gehörten die Gewissens- und Religionsfreiheit, die Gleichheit vor dem Gesetz, der Schutz vor Strafverfolgung und Eigentumseingriffen ohne gesetzliche Grundlage sowie das Recht auf Privateigentum. Das Novum dieser Reservatrechte war, dass sie nicht der Beschränkung der Exekutive, sondern der Legislative dienten. Zwischen gewählten Vertretern und Wählern – so wurde deutlich – bestand keine Interessenidentität und die Bevölkerung bedurfte des Schutzes vor einem möglichen Machtmissbrauch des Parlamentes.[49] Inhaltlich, wenn auch nicht formal, wäre das Agreement eine vollständige, kodifizierte Verfassung gewesen und vom Verfassungsstaat hätte England dann nur noch eine gerichtliche Überwachung getrennt. Die Abstimmung über das Agreement scheiterte jedoch am Widerstand des Parlamentes, das nicht bereit war, sich aufzulösen und sich solchen vom Volk auferlegten Normen zu unterwerfen.[50]

Stattdessen wurde nach dem Tode Cromwells die Monarchie auf der Basis des *Common Law* mit ihren ungeklärten Kompetenzverhältnissen wiederhergestellt.[51] Gelöst wurde der Konflikt 1688. Das Parlament übertrug die Königswürde nach erneuten Machtstreitigkeiten mit dem letzten Stuart-König Karl II. auf das holländische Königspaar. Im Gegenzug unterzeichneten die neuen Herrscher in dieser *Glorious Revolution* eine weitgehende Rechtsverbürgung, in der sie indirekt die ausschließliche Gesetzgebungsbefugnis des Parlaments anerkannten und weitere Rechte garantierten: das Steuerbewilligungsrecht, die Redefreiheit im Parlament und freie Wahlen. Die Prärogative wurde beschränkt und das Dispensrecht gänzlich aufgehoben. Gerichtliche Präzedenzfälle, die den Bestimmungen dieser *Bill of Rights* widersprechen könnten, wurden vorab für ungültig erklärt.[52]

Seitdem besitzt das Parlament die volle Souveränität.[53] Es hat unbeschränkten Zugriff auf alle Rechtsnormen, selbst auf die es selbst konstituierenden organisationsrechtlichen Bestimmungen. Einen weiteren Versuch, das Parlament einer höherrangigen Verfassung zu unterwerfen, hat es nicht gegeben. Die eingelebten Rechtstraditionen und Verfassungskonventionen wurden in Verbindung mit den internen Kontrollmechanismen zwischen Regierungsmehrheit und Opposition als ausreichende Sicherheit gegen Kompetenzverstöße angesehen.[54] Ein Übriges an Schutz vor Machtmissbrauch sollte das seit Jahrhunderten gewachsene *Common Law* bieten. Da die Gerichte aus älteren Präzedenzfällen die angestammten Freiheiten immer neu aufleben

---

49 Zweig spricht hier von „Reservatrechten", weil die Verfügung darüber die Individuen sich selbst vorbehalten; vgl. Egon Zweig, Die Lehre vom Pouvoir constituant, Tübingen 1909, S. 40 f.; vgl. auch Jellinek (Anm. 10), S. 511: Er spricht von Volks- gegenüber Parlamentsrechten.
50 Vgl. ebd., S. 511.
51 Vgl. dazu Fenske (Anm. 45), S. 65 f.
52 Vgl. Bill of Rights vom 23. Oktober 1689, Abschnitt I.
53 Vollmer (Anm. 47), S. 125.
54 Vgl. Rainer Grote, Rule of Law, Rechtsstaat and ‚Etat de droit', in: Christian Starck (Hrsg.), Constitutionalism, Universalism and Democracy. A Comparative Analysis, Baden-Baden 1999, S. 269–306, S. 275 f.

lassen können,⁵⁵ sei es unmöglich das englische Recht vollständig zu beseitigen oder gar auszuhöhlen, erläuterte der Rechtswissenschaftler Albert Venn Dicey (1835–1922) euphorisch in einer erstmals 1885 erschienenen, grundlegenden Arbeit zum englischen Rechtsstaat.⁵⁶ In den meisten Staaten Kontinentaleuropas stünde dagegen das Recht nach römisch-rechtlicher Tradition ganz in der Verfügungsgewalt des Staates. Selbst Grundrechte ließen sich durch Verfassungsänderung jederzeit wieder abschaffen, während in England zwar ein bestimmter staatlich erlassener Rechtsbehelf zum Schutz der persönlichen Freiheit ausgesetzt werden könne, nie jedoch die persönliche Freiheit als solche.⁵⁷

Den heutigen hohen europäischen rechts- und verfassungsstaatlichen Standards genügt das *Common Law* allerdings nicht mehr.⁵⁸ Es enthält kaum soziale und wirtschaftliche Grundrechte und seine unpräzisen Formulierungen werden den Anforderungen an einen modernen Individualrechtsschutz nur noch bedingt gerecht. Insofern ergänzt die Europäische Menschenrechtskonvention, die 1998 durch den *Human Rights Act* in nationales britisches Recht umgesetzt wurde, das britische Recht. Europäische Menschenrechtsstandards sind dadurch vor allen britischen Gerichten einklagbar.⁵⁹ Nach wie vor besteht aber keine gerichtliche Möglichkeit, menschenrechtswidrige Normen zu kassieren. England ist somit ein Paradebeispiel für die nichtlinearen Entwicklungswege des demokratischen Verfassungsstaats: Ein frühes Rechtsstaatsmodell wird als ungenügend erkannt, nach ersten Schritten in Richtung eines Verfassungsstaates jedoch ein verbessertes Rechtsstaatsmodell vorgezogen, da unter den politischen Machthabern Einigkeit darüber bestand, sich nicht einer höherrangigen Verfassung unterzuordnen.

3.2 USA: Vollendung des Verfassungsstaates

Durch den Rückzug Englands auf die Stufe eines materiellen Rechtsstaats blieb es den Siedlern Nordamerikas überlassen, den ersten modernen Verfassungsstaat zu konstituieren. Historische Ereignisse und neue politische Ideen wie die der Gewaltenteilung oder einer höherrangigen Verfassung bereiteten hierfür den Boden. Ausschlaggebend war aber, dass nach der Abspaltung vom englischen Mutterland keine legitime Rechtsetzungsinstanz mehr vorhanden war. Somit blieb nur der Rückgriff auf eine Entität, von der man behaupten könnte, sie habe eine bereits

---

55 Ähnlich Gustav Radbruch, „Erst im Juristenrecht, im Common Law, wird die Eigengesetzlichkeit des Rechts, die Unterordnung der Staatsgewalt unter das Recht, der Rechtsstaat wirksam garantiert." Ders., Der Geist des englischen Rechts, Heidelberg 1947, S. 32–71.
56 Vgl. Albert Venn Dicey, Einführung in das Studium des Verfassungsrechts, hrsg. von Gerhard Robbers, Baden-Baden 2002, S. 273 f.
57 Ebd., S. 272 f. Kaarlo Tuori spricht von der induktiven Entstehung des englischen Common Law im Gegensatz zum deduktiven, d. h. aus generellen Überlegungen abgeleiteten römischen Rechts, Kaarlo Tuori, The Rule of Law and the Rechtsstaat, in: Ratio and voluntas. The tension between reason and will in law, Farnham 2011, S. 207–240, hier S. 217.
58 Kritisch zur Unabhängigkeit der Richter und ihrer Schutzleistung für das Common Law Iain Byrne/Stuart Weir, The Uncertainties of the Rule of Law in Britain, in: Michael Becker/Hans-Joachim Lauth/Gert Pickel (Hrsg.), Rechtsstaat und Demokratie. Theoretische und empirische Studien zum Recht in der Demokratie, Wiesbaden 2001, S. 224–251, hier S. 232–237, 245–247.
59 Zu den Erwartungen siehe ebd., S. 236 ff.; zu ersten Folgen Thomas Henry Bingham of Cornhill, The rule of law, London 2010, S. 66–84.

vorstaatliche Legitimation, Entscheidungen für das Ganze zu treffen. Da die europäisch-absolutistische Lösung eines Herrschers von Gottes Gnaden angesichts der gerade erlangten Unabhängigkeit indiskutabel erschien, blieb einzig und allein das Volk. Die amerikanischen Einzelstaaten kamen an seiner verfassunggebenden Gewalt nicht vorbei.

Auslöser der Entwicklung war ein Protest der englischen Kolonien gegen die Besteuerung durch das Mutterland Mitte des 18. Jahrhunderts. Nach dem Grundsatz „no taxation without representation" verlangten die Kolonialbürger, dass ihnen Steuern nur mit Billigung ihrer Kolonialparlamente auferlegt werden dürften.[60] Die ab 1764 vom englischen Parlament zusätzlich geforderten Steuern seien somit ein Verfassungsbruch. Mehrere Gerichte bezogen sich in entsprechenden Urteilen auf die Präzedenzfälle unter Edward Coke.[61] Den Konflikt verschärften weitere Streitigkeiten, z. B. die vom Mutterland auferlegten Handels- und Wirtschaftshemmnisse sowie die von England verbotene weitere Besiedelung der Indianergebiete im Westen. Auf Proteste reagierte das englische Parlament mit Restriktionen, die in den Kolonien als eklatantes Unrecht empfunden oder zumindest so kommentiert wurden. Der folgende Unabhängigkeitskrieg endete mit der Lossagung der Kolonien vom Mutterland, der Konstitution von Einzelstaaten und schließlich deren Zusammenschluss zu den Vereinigten Staaten von Amerika.

Von zentraler Bedeutung für diese Ereignisse waren die neuen politischen Ideen, die in Europa die Entstehung des modernen Staates und den Kampf gegen den Absolutismus begleitet hatten. Anders als in Europa bot sich in Nordamerika die Gelegenheit, diese Ideen weitgehend in praktikable Staatsordnungen umzusetzen. Stark rezipiert wurden die Vertragstheorie John Lockes, die Naturrechtslehre Samuel Pufendorfs, die Gewaltenteilungslehre Charles de Montesquieus sowie die alle Stränge vereinigende Verfassungstheorie Emer de Vattels.[62] Sie alle waren den amerikanischen Kolonien bekannt und wurden in den Debatten zur Neuordnung von Juristen und Politikern wie selbstverständlich zitiert. Ihr gemeinsamer Nenner war das naturrechtlich-neuzeitliche Credo, alle Menschen seien frei und gleich geboren – es gebe somit keine naturgegebene Herrschaft von Menschen über Menschen. Nur ein sich freiwillig vereinigendes Volk sei demnach befugt, eine nach eigenen Vorstellungen gestaltete politische Ordnung zu errichten. Die mit der Herrschaft Beauftragten sind an die Vorgaben des Volkes gebunden. Die Theorien lieferten den neuen Verfassungen eine überzeugende theoretische und moralische Rechtfertigung, die nach der Sezession vom Mutterland 1776 geschaffen werden mussten. An der Rechtswirklichkeit änderte dies wenig. Einige der noch vom König oder Eigentümer erlassenen Grundordnungen, *Charters*, wurden lediglich überarbeitet und erneut verabschiedet.[63] Ein rudimentärer grundrechtlicher und ein organisationsrechtlicher Teil waren meist enthalten

---

60 Vgl. Angela Adams/Willi Paul Adams (Hrsg.), Die Amerikanische Revolution und die Verfassung. 1754–1791, München 1987, S. 60 f.
61 Vgl. Stourzh (Anm. 5), S. 15 f.; Haines (Anm. 5), S. 59 f., 276.
62 Vgl. zu Inhalt und Rezeption der Schrift Paul Guggenheim, Einleitung. Emer de Vattel und das Völkerrecht, in: Le Droit des Gens ou Principes de la Loi Naturelle appliqués à la Conduite es aux Affaires des Nations et des Souverains, Tübingen 1959, S. XIII–XXXII, S. XIX, XVII ff. Zur Bedeutung von de Vattel für die amerikanische Verfassungsdebatte vgl. auch Robert Trout, Life Liberty and the Pursuit of Happiness. How the Natural Law Concept of Gottfried Wilhelm Leibnitz Inspired America's Founding Fathers (2008), unter: www.schillerinstitute.org/fid_97-01/971_vattel-2.html (21. März 2011).
63 So die Verfassungen von Connecticut, Rhode Island und New Haven.

gewesen. Und da die Siedler schon bei der Verabschiedung einiger Charters einbezogen gewesen waren, war die Idee einer originären verfassunggebenden Gewalt des Volkes nicht so neu, wie zur gleichen Zeit in Europa.[64] Wo Organisationsstrukturen geändert werden mussten, lieferte das gerade veröffentlichte *Checks-and-Balances-Modell* Montesquieus einen geeigneten Entwurf.

Dass sich in Nordamerika der erste Verfassungsstaat der Welt der Welt entwickelte, verdankte sich nicht den Einzelstaatsverfassungen, für die zunächst kein verfassungsgerichtlicher Schutz vorgesehen war. Den Ausschlag gab die Gründung des Bundesstaates. Dessen Einzelstaaten unterschieden sich hinsichtlich ihrer Bevölkerungszusammensetzung, kulturellem Hintergrund, religiöser Orientierung, Wirtschaftsstruktur etc. erheblich und wollten Einmischungen anderer Staaten oder des Bundes in ihre Angelegenheiten so gering wie möglich halten. Als sie deshalb nach langen Verhandlungen übereinkamen, sich zu einem Bundesstaat zu vereinigen, galt ihre zentrale Sorge dem Erhalt ihrer teilstaatlichen Souveränität. Die Vereinbarungen wurden zu ihrer Sicherung in einer nur gemeinsam von Bund und Einzelstaaten ergänzbaren Verfassung verankert. Eine Änderung bestehender Verfassungsartikel ist bis heute nicht zulässig.

Die US-Verfassung enthält unter anderem eine abschließende Liste von Aufgaben, die an die Bundesgewalt überwiesen werden sollten: u. a. das Münzrecht, die Außen- und Sicherheitspolitik. In diesen Bereichen ist die Bundesgewalt gegenüber den Einzelstaaten weisungsbefugt; Bundesrecht bricht Landesrecht. Gemeinsame Aufgaben von Bund und Einzelstaaten sind dagegen nicht enthalten.

Ursprünglich nicht vorgesehen war ein gemeinsamer Grundrechtskatalog. Die naheliegende Vermutung ist falsch, die politische Elite habe sich dadurch mehr Handlungsspielraum offen halten wollen. Die Sorge war vielmehr, die Kodifizierung eines solchen Kataloges könnte die Gerichte davon abhalten, bei der Urteilsfindung weiterhin auf die umfangreiche Rechtssammlung des *Common Law* zuzugreifen.[65] Trotz vereinzelter Bedenken wurde erst zwei Jahre nach der Ratifizierung der Bundesverfassung durch Zusatzartikel ein Grundrechtekatalog ergänzt.

Zur Sicherung der Rechtseinheitlichkeit wurde für alle Akte der Einzelstaaten eine verfassungsgerichtliche Prüfung am Maßstab der Bundesverfassung errichtet.[66] Eine verfassungsgerichtliche Normenkontrolle von Bundesgerichten war dagegen nicht vorgesehen, obwohl der wohl wichtigste Initiator der Bundesverfassung, der Politiker und Jurist Alexander Hamilton (1755–1804), entschieden die Ansicht vertrat, eine solche Normenkontrolle entspräche der Logik

---

64 Vgl. Ellen Bos, „Die Vertragslehre war zum Zeitpunkt der Verabschiedung der amerikanischen Verfassung so sehr zur unangefochtenen Grundlage des politischen Denkens geworden, daß sie keiner Begründung mehr bedurfte." Dies., Verfassungsgebung und Systemwechsel. Die Institutionalisierung von Demokratie im postsozialistischen Osteuropa, Wiesbaden 2004, S. 88. Die Bedeutung der Vertragstheorie für das amerikanische Projekt betont auch Hans Vorländer, Die Verfassung. Idee und Geschichte, München 2004, S. 38 f.

65 Angela Adams/Willi Paul Adams, Einleitung. Die Federalist-Artikel und die Verfassung der amerikanischen Nation, in: dies. (Hrsg.), Die Federalist-Artikel. Politische Theorie und Verfassungskommentar der amerikanischen Gründerväter, Paderborn 1994, S. xxvii–xciii.

66 Vgl. Loewenstein (Anm. 2), S. 419; Winfried Brugger, Grundrechte und Verfassungsgerichtsbarkeit in den Vereinigten Staaten von Amerika, Tübingen 1987, S. 46.

einer Verfassung.⁶⁷ Stattdessen beließ man es zunächst bei dem politischen Schutz der Verfassung, der sich aus dem auf wechselseitiger Kontrolle von Exekutive und Legislative beruhenden Modell der Gewaltenteilung ergeben sollte.

Erst 1803 gelang es dem Obersten Bundesgericht in einem Akt der Selbstermächtigung, eine gerichtliche Normenkontrolle für Bundesgesetze zu installieren. *Supreme Court*-Richter John Marshall wollte in einem Streitfall mit hoher politischer Brisanz (*Marbury versus Madison*) kein Urteil fällen und erklärte deshalb das Gesetz für verfassungswidrig, das dem Gericht die Zuständigkeit für solche Fälle zuwies. Die fragliche Kompetenz sei so weitreichend, dass sie von der Verfassung, nicht durch Gesetz geregelt sein müsse. In dem er eine Befugnis zurückwies, usurpierte Marshall eine weitaus größere: Er beanspruchte für den Supreme Court das richterliche Prüfungsrecht für Gesetze, genannt *judicial review*, und konstatierte eine Verwerfungskompetenz des Obersten Gerichts.⁶⁸ Der Fall gilt als der eigentliche Beginn der Verfassungsgerichtsbarkeit in den USA und damit als Geburtsstunde des modernen Verfassungsstaats. Allerdings dauerte es 50 Jahre, bis der *Supreme Court* erneut ein Bundesgesetz für verfassungswidrig erklärte.⁶⁹ In die Bundesverfassung ist die Zuständigkeit bis heute nicht aufgenommen.

3.3 Frankreich: Verfassungslabor

In Frankreich etablierte sich im 17. und 18. Jahrhundert unter den Bourbonen eine umfassende, absolutistische Monarchie, die unter dem Einfluss der Entwicklungen in England und den USA sowie den Ideen der Aufklärung blutig gestürzt wurde. Die nachrevolutionären Kräfte waren allerdings in ein radikales und ein liberal-gemäßigtes Lager gespalten. Sie konnten sich über Jahrzehnte nicht auf ein gemeinsames Ordnungsideal einigen und so schwankte die Grande Nation beständig zwischen Modellen von radikaler Demokratie, liberalem Rechtsstaat und Cäsarismus.⁷⁰ In der Revolution von 1789 hatten sich zunächst die radikalen Kräfte durchgesetzt. In der Folge entwickelte sich das Land zu einem regelrechten Verfassungslaboratorium. Zwischen 1789 und 1870 entstanden hier allein zwölf verschiedene Konstitutionen. Allerdings waren viele davon misslungen, enthielten keinen nennenswerten Grundrechtskatalog, sahen keine funktionierende Gewaltenteilung vor. Keine schuf eine verfassungsgerichtliche Kontrolle der Legislative. Dennoch förderte Frankreich die Entwicklung der Verfassungsstaatlichkeit in West- und Mitteleuropa erheblich, weil die Konstitutionen sehr unterschiedliche Gewaltenteilungs- und Demokratiemodelle enthielten. Außerdem veranschaulichten sie die souveräne ver-

---

67 Alexander Hamilton/James Madison/John Jay, Die Federalist-Artikel. Politische Theorie und Verfassungskommentar der amerikanischen Gründerväter, Paderborn 1994, Art. 81, S. 488–498, hier S. 489; im selben Sinn Art. 78, S. 469–477, hier S. 472 ff. Vgl. Nippel (Anm. 13), S. 311, FN 58.
68 Vgl. Maeva Marcus, The Founding Fathers Marbury vs. Madison – And so what?, in: Eivind Smith (Hrsg.), Constitutional Justice under Old Constitutions, Den Haag 1995, S. 23–50, S. 44–46; Nadine E. Herrmann, Entstehung, Legitimation und Zukunft der konkreten Normenkontrolle im modernen Verfassungsstaat. Eine verfassungsgeschichtliche Untersuchung des richterlichen Prüfungsrechts in Deutschland unter Einbeziehung der französischen Entwicklung, Berlin 2001, S. 49–63.
69 Vgl. Haines (Anm. 5), S. 203.
70 Vgl. zur Entwicklung Brünneck (Anm. 46).

fassunggebende Gewalt des Volkes. Die meisten wurden von eigens gebildeten Konventen ausgearbeitet und durch Plebiszit in Kraft gesetzt. Dies betonte die Trennung zwischen verfassunggebender und verfasster Gewalt. Außerdem trat in den Verfassungen gerade wegen ihrer Unterschiedlichkeit der Gedanke der planvollen Gestaltung einer Gesellschaft durch Recht hervor. Er setzte sich als Ideal moderner Staatlichkeit durch und erzeugte einen europaweiten Modernisierungsdruck.[71]

Kaum zu überschätzen ist die Außenwirkung der Erklärung der Menschen- und Bürgerrechte von 1789. Sie war deutlich von den amerikanischen Grundrechtskatalogen, insbesondere der Virginia Declaration of Rights beeinflusst und stellte damit ein wichtiges Bindeglied zwischen amerikanischer und europäischer Verfassungsstaatlichkeit dar. Sie fügte aber auch einige wichtige neue Aspekte hinzu, etwa den Grundsatz der Gleichheit vor dem Gesetz und gleiche unveräußerliche Rechte unabhängig von Konfession, Hautfarbe etc. Daneben stehen klassische rechtsstaatliche Garantien, wie die gesetzliche Herrschaft, die persönliche Rechenschaftspflicht aller Beamten, der Schutz vor unrechtmäßiger Enteignung und Verhaftung, die Unschuldsvermutung, das Rückwirkungsverbot und die Verhältnismäßigkeit von Strafen. Es folgen kulturelle und politische Rechte, wie die Religions-, Meinungs- und Pressefreiheit sowie das Mitwirkungsrecht jedes Bürgers an der gemeinsamen Willensbildung. Die Erklärung erhielt dadurch eine tolerante, liberale Note, die so in den angloamerikanischen Urkunden nicht zu sehen war.[72]

Ein Meilenstein der Grundrechtsentwicklung bildete die Verfassung von 1793. Sie enthielt als erste moderne Verfassung ein allgemeines aktives und passives Wahlrecht aller Männer ab 21 Jahren ohne Zensus. Außerdem waren soziale Rechte und die verpflichtende Dimension von Eigentum verankert. Aufgeführt waren die Freiheit der Berufswahl und Gewerbefreiheit, das Verbot der Leibeigenschaft, der Anspruch auf Arbeit oder Armenhilfe, ja selbst der Zugang zu Bildung!

Gleichwohl blieben die französischen Grundrechtskataloge bis ins 20. Jahrhundert lediglich politische Erklärungen ohne Rechtsverbindlichkeit, anders als die US-Grundrechte. Die Verfasser der Französischen Erklärung der Menschen- und Bürgerrechte von 1789 sahen sie dennoch als überlegen an. Die Rechtsverbindlichkeit sei unerheblich, denn es handele sich nicht nur um eine Feststellung der Rechte französischer Bürger, sondern um universelle Menschenrechte, an denen sich jede Ordnung zu messen habe.[73] Erst die heute geltende Verfassung von 1958 machte die Erklärung 1789 zu positivrechtlich geltendem Verfassungsrecht.

Die fehlende Rechtsgeltung der Grundrechte und der freimütige Gebrauch der verfassunggebenden Gewalt behinderten die Entstehung einer französischen Verfassungsgerichtsbarkeit. Jene ließ sie unnötig erscheinen, diese stand für eine Vorstellung uneingeschränkter Volkssouve-

---

71 Vgl. Grote (Anm. 54), S. 281 ff.
72 Vgl. Ludger Kühnhardt, Die Universalität der Menschenrechte. Studie zur ideengeschichtlichen Bestimmung eines politischen Schlüsselbegriffs, München 1987, S. 93 ff.; eine Gegenüberstellung der Artikel der Französischen und verschiedener amerikanischer Rechteerklärungen bei Sigmar-Jürgen Samwer, Die französische Erklärung der Menschen- und Bürgerrechte von 1789/91, Hamburg 1970, S. 349 ff.
73 Vgl. Klaus Stern, Idee der Menschenrechte und Positivität der Grundrechte, in: Josef Isensee/Paul Kirchhof (Hrsg.), Handbuch des Staatsrechts der Bundesrepublik Deutschland, Band V, Heidelberg 1992, S. 3–44, hier S. 14; Fenske (Anm. 45), S. 159 ff.

ränität. In Frankreich konfligiert in gewissem Umfang bis heute ein starker politischer Souveränitätsbegriff mit ihr. Unmittelbar nach der Französischen Revolution hatte sich unter dem Einfluss des Politikers Emmanuel Joseph Sieyès eine Variante der Volkssouveränitätslehre durchgesetzt, die der Nationalversammlung, nicht dem Volk, die Rolle zuschrieb, den Gemeinwillen zu artikulieren. Dadurch geriet das Gesetz zum wichtigsten Ausdruck der Volkssouveränität und zugleich zum Garanten rechtlicher Gleichstellung. Dagegen galten die Gerichte als Relikte und Verteidiger des Privilegiensystems, denen die Kontrolle der Gesetze der Nationalversammlung keinesfalls überlassen werden durfte.[74] Stattdessen schlug Sieyès für die Verfassung von 1793 die Schaffung einer *Jury constitutionnaire* vor.[75] Das neuartige Gremium sollte auf Antrag der Exekutive oder der zweiten Kammer Gesetzentwürfe noch vor der Verabschiedung prüfen und verwerfen können. Es blieb ein Vorschlag. Erst unter napoleonischer Herrschaft wurden verschiedentlich Gremien eingerichtet, die präventiv die Gesetze auf ihre Verfassungskonformität prüften. Sie waren aber nicht unabhängig und erwiesen sich als Machtinstrumente der Regierung zur Kontrolle der Gesetzgebung.[76]

Die heutige Verfassungsgerichtsbarkeit in Frankreich verdankt sich nicht dem Willen zum Schutz des Bürgers vor Grundrechtsverletzungen, obschon die heutige Verfassung mit der Erklärung von 1789 über einen rechtsgültigen Grundrechtekatalog verfügt. Vielmehr wurde der *Conseil Constitutionnel*[77] geschaffen, um Veränderungen der Kompetenzverteilung durch das Parlament zu verhindern. Die Verfassung der Fünften Republik schuf ein semi-präsidentielles System mit starker Exekutive und einer auf einen abgeschlossenen Zuständigkeitskatalog beschränkten Gesetzgebung. Um eine nachträgliche Erweiterung zu verhindern, überprüft der Verfassungsrat präventiv und obligatorisch alle die Organisationsgrundlagen des Parlaments betreffenden Gesetze. Außerdem kann er von Exekutive, Kammerpräsidenten oder mindestens 60 Abgeordneten (seit 1974) zur präventiven Prüfung anderer Gesetze aufgefordert werden. Für verfassungswidrig erklärte Gesetze treten nicht in Kraft. Einmal in Kraft getretene Gesetze können hingegen nicht mehr kassiert werden, obwohl die verfassungswidrigen Folgen häufig erst bei der Anwendung von Gesetzen ersichtlich werden. Dieses Problem behob eine Verfassungsänderung vom 1. März 2010. Seitdem besteht die Möglichkeit, Normen repressiv zu kontrollieren. Bürger können im Verlauf eines anhängigen Verfahrens die Prüfung von für den Fall maßgeblichen Gesetzen verlangen, die sie mutmaßlich in ihren Grundrechten verletzen. Allerdings entscheiden die Gerichte, ob sie die Prüffrage für begründet halten und weiterleiten.[78]

---

74 Vgl. Möllers (Anm. 6), S. 23.
75 Vgl. Herrmann (Anm. 68), S. 137 ff.; Christian Starck, Der demokratische Verfassungsstaat. Gestalt, Grundlagen, Gefährdungen, Tübingen 1995, S. 47 ff.
76 Vgl. hierzu Herrmann (Anm. 68), S. 139 ff.; Jörg Luther, Vorstufen europäischer Verfassungsgerichtsbarkeit um 1900, in: Martin Kirsch (Hrsg.), Der Verfassungsstaat vor der Herausforderung der Massengesellschaft. Konstitutionalismus um 1900 im europäischen Vergleich, Berlin 2002, S. 279–305, hier S. 281 ff.
77 Art. 61 Abs. I und II der Verfassung von 1958; vgl. zu Entstehung und Kompetenzen Michel Fromont, Der französische Verfassungsrat, in: Christian Starck/Albrecht Weber (Hrsg.), Verfassungsgerichtsbarkeit in Westeuropa. Teilband I: Berichte, Baden-Baden 1986, S. 306–341.
78 Verfassungsänderung vom 23. Juli 2008, Art. 61-1. Vgl. Verfassungsrat, unter: http://www.conseil-constitutionnel.fr/conseil-constitutionnel/deutsch/verfassungsrat/verfassungsrat.25770.html.

3.4 Deutschland: Entfaltung des antiextremistischen Potentials

In Deutschland gelang es erst mit dem Grundgesetz im Mai 1949 und den ersten Urteilen des Bundesverfassungsgerichts im September 1951 einen justiziablen Verfassungsvorrang zu errichten. Versuche, im 18. und 19. Jahrhundert im Kielwasser der Französischen Revolution liberale Verfassungen auf dem Prinzip der verfassunggebenden Gewalt des Volkes zu erreichen, scheiterten an der mangelnden Geschlossenheit und der geringen realpolitischen Urteilskraft der Reformkräfte aus Liberalen, Demokraten und Frühsozialisten. Insbesondere konnten sich Liberale und Demokraten nur in wenigen Ländern, wie in Baden, auf eine gemeinsame Position einigen.[79] Diese Zerstrittenheit brachte schließlich das ehrgeizige Projekt der Paulskirchen-Verfassung zu Fall. Nach der Märzrevolution 1848 hatte eine von den Bürgern gewählte Nationalversammlung eine Verfassung ausgearbeitet, mit der erstmals ein deutscher Nationalstaat errichtet werden sollte. Zu den Besonderheiten zählte ein umfassender Grundrechtskatalog (Abschnitt VI), aus dem Teile wörtlich in das heutige Grundgesetz aufgenommen wurden. Er enthält die Unverletzlichkeit des Eigentums, die Freizügigkeit, die Aufhebung der Todesstrafe, die Freiheit der Person, das Briefgeheimnis, die Freiheit von Wissenschaft und Lehre, die Versammlungs- und die Redefreiheit. Der Katalog wurde noch im Dezember 1848 verabschiedet. Als der Preußische König die ihm „von Metzgern und Bäckern" angetragene deutsche Kaiserkrone überraschend verweigerte, ratifizierten die meisten Länder den Grundrechtekatalog und die Verfassung nicht. Das Verfassungsprojekt war gescheitert. Deutschland fiel auf den Stand formaler Rechtsstaatlichkeit zurück. Später erlassene Bundesverfassungen banden immerhin die Verwaltung wirksam an die gesetzmäßigen Rechte der Bürger.[80]

Keinen echten Fortschritt bedeutete aus verfassungsstaatlicher Perspektive die Weimarer Verfassung von 1919. Der rein formelle Rechtsstaat der Weimarer Republik war gegen den Nationalsozialismus nicht nur machtlos; er verhalf ihm sogar zu einer legalistischen Fassade und ermöglichte eine weitgehende Unterstützung aus Justiz und Verwaltung. Die Verfassung enthielt zwar einen umfangreichen Grundrechtskatalog (Artikel 109 bis 165), er galt aber nur nach Maßgabe der Gesetze, also insoweit er in geltende Gesetze überführt wurde. Zudem konnte der Reichspräsident Grundrechte mit Hilfe des Notstandsartikels 48 außer Kraft setzen; im März 1933 wurden auf diesem Weg alle Grundrechte suspendiert. Ein richterliches Prüfungsrecht war in der Weimarer Verfassung ebenfalls nicht vorgesehen. Nach heftiger Diskussion innerhalb der deutschen Rechtswissenschaft entschied das Reichsgericht 1925, dass alle Richter berechtigt und verpflichtet seien, die Verfassungsmäßigkeit der Reichsgesetze zu prüfen, die sie in einem konkreten Rechtsfall anwenden wollen. Seitdem prüften die Gerichte die Verfassungskonformität von Reichsgesetzen zwar, es wurde aber nur selten ein Gesetz für unwirksam erklärt.[81]

---

79 Zum Konflikt vgl. Uwe Backes, Liberalismus und Demokratie – Antinomie und Synthese. Zum Wechselverhältnis zweier politischer Strömungen im Vormärz, Düsseldorf 2000.
80 Vgl. Stern (Anm. 73), S. 18, Rdnr. 26.
81 Nachweise bei Bernd J. Hartmann, Das richterliche Prüfungsrecht unter der Weimarer Reichsverfassung, in: Thomas Vormbaum (Hrsg.), Jahrbuch der Juristischen Zeitgeschichte, Bd. 8, Berlin 2006–2007, S. 154–173, S. 169 mit FN 117–123.

Nach der totalitären Katastrophe hat der Parlamentarische Rat einen demokratischen Verfassungsstaat entworfen, der die Möglichkeiten der Ordnungsform zum Selbstschutz umfassend nutzt und das Basismodell speziell für die Abwehr extremistischer Bestrebungen modifiziert. Das lässt sich auf der Basis folgender Minimaldefinition zeigen: Wesentliche Merkmale von Extremismus sind ein Absolutheitsanspruch der eigenen Ideologie und die dogmatische Überzeugung von der eigenen Unfehlbarkeit. Daraus resultieren fehlende Kompromissbereitschaft und Toleranz gegenüber anderen politischen Angeboten, missionarischer Eifer und verschwörungstheoretische Schuldzuweisungen an imaginäre Feinde. Hinzu kommen ein starker antiindividualistischer und antipluralistischer Grundton.

Kern bundesdeutscher Verfassungsstaatlichkeit ist die Revisionssperrklausel in Art. 79 Abs. 3 des Grundgesetzes. Durch sie sind die für Identität und Funktionsfähigkeit des neuen Staates unabdingbaren formellen und materiellen Elemente von der Revision ausgenommen: Menschenwürde, Föderalismus, republikanische Staatsform, Demokratie und Volkssouveränität, Sozialstaatlichkeit, Gewaltenteilung, die Verfassungsbindung des Gesetzgebers sowie die Rechts- und Gesetzesbindung von Exekutive und Judikative. So kann der Staat selbst dann nicht unter formaler Fortgeltung der Verfassung nach extremistischen Leitbildern umgeformt werden, wenn extremistische Kräfte bereits die Mehrheit im Parlament errungen haben. Durch die Beschränkung der Revisionssperre auf die identitätsstiftenden Grundlagen bleibt aber ein breiter Gestaltungsspielraum für spätere Generationen erhalten. Man kann von einer ermöglichenden statt verhindernden Ewigkeitsklausel sprechen, wenn sie lediglich die Voraussetzungen für individuelle und kollektive Selbstbestimmung schützt. Das ist umso wichtiger, als sich der im Wortlaut einer Revisionssperre anfangs enthaltene Spielraum durch die verbindliche verfassungsgerichtliche Auslegung der Normen immer weiter verengt. Insofern enthält das Verfassungsprinzip des Grundgesetzes eine Absage an die extremistische Vorstellung der Unfehlbarkeit. Die meisten Normen können zur Korrektur von Fehlern, zur Aktualisierung von nicht mehr Angemessenem oder zur Integration neuer Erkenntnisse geändert werden. Änderungshürden in Form retardierender Momente und der Zwang zu breiten Koalitionen durch die erforderliche qualifizierte Mehrheit sorgen dabei für eine hohe Richtigkeitsgewähr.

Das Rechtsstaatsprinzip des Grundgesetzes vereint materielle und formelle Elemente, um eine erneute Instrumentalisierung von Verwaltung und Justiz zur Durchsetzung menschenverachtender Ziele unmöglich zu machen. Die Stufenfolge von Verfassungs- und Gesetzesbindung sowie die in die rechtsstaatlichen Verfahren integrierten Gerechtigkeitsmaßstäbe verhindern, dass verfassungsfeindliche Bestimmungen von Justiz und Verwaltung unbesehen angewendet werden. Sie dürfen Normen auch nicht verfassungswidrig auslegen oder ohne Rechtsgrundlage handeln. Zur Durchsetzung dienen die wechselseitige Kontrolle der Gewalten und die Rechtsweggarantie für betroffene Bürger. Zusammengenommen kann dies einer Instrumentalisierung rechtsstaatlicher Instrumente für extremistische Zwecke entgegenwirken.

Eine zurückhaltende Ausgestaltung des Demokratieprinzips soll Zersplitterung und Demagogie behindern und gleichzeitig Systemstabilität und effizientes Entscheiden erleichtern. Das modifizierte Verhältniswahlrecht und das Zweikammersystem sichern zwar eine breite Repräsentation, Pluralität und ein Mindestmaß an Responsivität; aber die indirekte Wahl von Staats- und

Regierungschef, das Parteienprivileg, die Fünfprozentklausel sowie der weitgehende Verzicht auf plebiszitäre Elemente grenzen die politische Partizipation ein.

Dagegen verfügt das Bundesverfassungsgericht über alle notwendigen Kompetenzen, um Verfassungsverstöße jedes Staatsorgans zu korrigieren. Durch die repressive abstrakte und konkrete Normenkontrolle kann es Gesetze auch dann noch kassieren, wenn sie sich erst in der Anwendung als verfassungswidrig erweisen. Klagebefugt sind nicht nur andere Gerichte und Verfassungsorgane. Bürger, die sich durch Hoheitsakte in ihren Grundrechten verletzt sehen, haben die Möglichkeit der Verfassungsbeschwerde. Seine umfangreichen Kompetenzen hat das Bundesverfassungsgericht überwiegend im Sinne einer breiten und freiheitlichen Auslegung der Grundrechte genutzt und so deren Schutzwirkung erheblich vergrößert.

Der Grundrechtskatalog des Grundgesetzes ist, anders als jüngere Kataloge in Süd- und Ostmitteleuropa, individualistisch geprägt. Die Rechte gelten unmittelbar und sichern einen breiten privaten Autonomiebereich, der Einzelne und Minderheiten vor einem Diktat der Mehrheit schützt. So wird eine ideologisch motivierte Durchformung der Gesellschaft blockiert. Der Einzelne soll sich in seiner privaten Lebensweise und seinen Einstellungen von der Mehrheit emanzipieren können. Dennoch ist als einziges Grundrecht die Menschenwürde unter Ewigkeitsgarantie gestellt. Für alle anderen gilt lediglich eine Wesensgehaltsgarantie nach Art. 19 Abs. 2. Diese Differenzierung unterstreicht einerseits die Humanität als zentrale Wertentscheidung und betont andererseits die nicht vorbehaltlose Geltung der meisten Grundrechte. Das Grundgesetz eröffnet bei vielen die Möglichkeit der Einschränkung oder näheren Ausgestaltung durch den Gesetzgeber. Die Geltung einiger Grundrechte ist schon im Verfassungstext auf bestimmte Voraussetzungen oder Rahmenbedingungen beschränkt.[82]

Vorbehalte und Einschränkungen sind oft schon erforderlich, um Grundrechte realisierbar und mit den gleichen Rechten anderer vereinbar zu machen. Einige Schranken zielen aber darauf, den Missbrauch der Grundrechte zu verfassungsfeindlichen, kriminellen oder sicherheitsgefährdenden Zwecken zu verhindern. Man denke an den Vorbehalt der Versammlungsfreiheit, die nur für friedliche, unbewaffnete Menschen unter freiem Himmel gilt.

Auf diese Weise wird der Schutz der Verfassungsordnung auf die zivilgesellschaftliche Ebene ausgedehnt. Die zuvor geschilderten Vorkehrungen sind – der traditionellen Konzeption demokratischer Verfassungsstaaten entsprechend – gegen Machtmissbrauch durch Staatsorgane, Amtsinhaber und Mandatsträger gerichtet. Sie erfassen Angriffe also erst, wenn bereits Ressourcen aus dem Inneren des politischen Systems dafür genutzt werden. Aufgrund der Weimarer Erfahrungen enthält das Grundgesetz aber weitere Vorkehrungen, die gegen aufkeimenden Extremismus in der Zivilgesellschaft gerichtet sind: neben einigen Grundrechtsschranken zählen dazu die Einrichtung einer Verfassungsschutzbehörde (Art. 3 Abs. 1 Ziff. 10 und 87 Abs. 1 Satz 2 GG), das Verbot verfassungsfeindlicher Vereine (Art. 9 Abs. 2 GG) und Parteien (Art. 21 Abs. 2 GG) sowie der Entzug individueller Grundrechte (Art. 18 GG) durch das Bundesverfassungsgericht. Laut diesem Gericht können solche Sanktionen bereits im Vorfeld konkreter Handlungen verhängt werden. Es reicht aus, dass in Reden und Handlungen

---

82 Vgl. zu Grundrechtsschranken im Grundgesetz Annegret Rohloff, Grundrechtsschranken in Deutschland und den USA, Berlin 2008. S. 24 ff.

eine „aktiv kämpferische, aggressive Haltung gegenüber der bestehenden Ordnung" sowie das Ziel ersichtlich werden, das Funktionieren der Ordnung zu beeinträchtigen. Konkrete Pläne müssen nicht vorliegen.[83] Frühes Eingreifen wird außerdem durch die Festlegung des Schutzgutes ermöglicht: Das ist nicht der Kernbereich des Art. 79 Abs. 3 GG, sondern die in den Art. 18 und 21 Abs. 2 GG genannte „freiheitliche demokratische Grundordnung" (fdGO). Sie ist auch der Anknüpfungspunkt für die eingangs zitierte Extremismusdefinition des Bundesinnenministeriums und Grundlage der Arbeit des Verfassungsschutzes. Da der Terminus „fdGO" im Grundgesetz nicht weiter ausgeführt ist, hat das Bundesverfassungsgericht 1952 eine Liste von „mindestens" zur Grundordnung gehörenden Merkmalen formuliert. Sie enthält über den Schutzbereich der Ewigkeitsklausel in Art. 79 Abs. 3 hinaus ein Bekenntnis zum Pluralismus durch Mehrparteiensystem und dem Recht auf verfassungsmäßige [sic!] Bildung und Ausübung einer Opposition.[84] Die Liste ist also um Merkmale erweitert, gegen die sich extremistische Aktionen vorrangig richten. Durch ihre explizite Unabgeschlossenheit („mindestens") lässt die Aufzählung – durchaus zweischneidig – Raum für Interpretationen und damit zur Ausdehnung auf neuartige Bedrohungen. Vervollständigt wird der um die bundesdeutsche Grundordnung gezogene Schutzwall durch unterhalb der Verfassungsebene angesiedelte beamtenrechtliche Regelungen und besondere Straftatbestände wie Propagandadelikte (§§ 86, 86a StGB) oder Volksverhetzung (§ 130 StGB).

Bilanz: Die Bundesrepublik nutzt die Schutzinstrumente demokratischer Verfassungsstaatlichkeit umfänglich und entfaltet das darin enthaltene anti-extremistische Potential. Zudem dehnt sie deren Reichweite aus: Sie schützt die grundgesetzliche Ordnung nicht nur gegen Angriffe aus Staat und Politik, sondern auch gegen extremistische Bestrebungen auf zivilgesellschaftlicher Ebene. Das spiegelt ihr Selbstverständnis als „wehrhafte" oder „streitbare" Demokratie, das im SRP- und KPD-Urteil des Bundesverfassungsgerichts deutlich zum Ausdruck kam:

„Wenn das Grundgesetz einerseits noch der traditionellen freiheitlich-demokratischen Linie folgt, die den politischen Parteien gegenüber grundsätzliche Toleranz fordert, so geht es doch nicht mehr so weit, aus bloßer Unparteilichkeit auf die Aufstellung und den Schutz eines eigenen Wertsystems überhaupt zu verzichten. Es nimmt aus dem Pluralismus von Zielen und Wertungen, die in den politischen Parteien Gestalt gewonnen haben, gewisse Grundprinzipien der Staatsgestaltung heraus, die, wenn sie einmal auf demokratische Weise gebilligt sind, als absolute Werte anerkannt und deshalb entschlossen gegen alle Angriffe verteidigt werden sollen; soweit zum Zwecke dieser Verteidigung Einschränkungen der politischen Betätigungsfreiheit der Gegner erforderlich sind, werden sie in Kauf genommen. Das Grundgesetz hat also bewusst den Versuch einer Synthese zwischen dem Prinzip der Toleranz gegenüber allen politischen Auffassungen und dem Bekenntnis zu gewissen unantastbaren Grundwerten der Staatsordnung unternommen."[85]

---

83 BVerfGE 5, 85 (KPD-Urteil) vom 17. August 1956, S. 142.
84 Dies sind: „die Achtung vor den im Grundgesetz konkretisierten Menschenrechten, vor allem vor dem Recht der Persönlichkeit auf Leben und freie Entfaltung, die Volkssouveränität, die Gewaltenteilung, die Verantwortlichkeit der Regierung, die Gesetzmäßigkeit der Verwaltung, die Unabhängigkeit der Gerichte, das Mehrparteienprinzip und die Chancengleichheit für alle politischen Parteien mit dem Recht auf verfassungsmäßige Bildung und Ausübung einer Opposition", siehe BVerfGE 2, 1 (SRP-Verbot) vom 23. Oktober 1952.
85 BVerfGE 5, 85 (141).

Das Demokratieprinzip der Bundesrepublik steht dadurch unter einem Gebot der *Toleranz auf Gegenseitigkeit*, d. h. nur diejenigen Kräfte, die anderen gegenüber tolerant sind, können sich auf ein verfassungsrechtlich gesichertes Teilhaberecht berufen. Das schließt hier und da die Überzeugung von der eigenen Überlegenheit und Werbung für die eigene Sache nicht aus. Es verbietet aber das Ziel, Alternativen zu vernichten. Integrierbar sind in den demokratischen Verfassungsstaat mithin alle Demokratieformen, die auf fairem Wettbewerb, Parteienvielfalt und einer breiten Repräsentation der gesellschaftlichen Kräfte beruhen. Die einzige Form von Demokratie, die mit politischem Extremismus vereinbar ist, wird somit blockiert: Denn mit extremistischen Zielen verträgt sich nur eine identitäre Form der Demokratie, die eine Übereinstimmung der Interessen der Einzelnen mit denen der Gemeinschaft voraussetzt.[86]

Die Instrumente streitbarer Demokratie sind aufgrund ihrer Verlagerung in das strafrechtliche Vorfeld, aufgrund der unabgeschlossenen Definition des Schutzgutes und der Missbrauchsgefahr zur Ausgrenzung fundamentaler Kritik höchst umstritten. Kritiker mahnen an, dass extremistische Ideologien durch argumentative Auseinandersetzung statt durch Verbote bekämpft werden müssten. Als ein letztes Mittel stellen die Instrumente aber eine logische Fortschreibung verfassungsstaatlichen Selbstschutzes dar.[87]

4 Stand und Perspektiven des demokratischen Verfassungsstaates

4.1 Ewige Spannung: Sicherheit und Freiheit

Das deutsche Beispiel zeigt die umfassenden Möglichkeiten, einen demokratischen Verfassungsstaat als Widerpart des Extremismus auszugestalten. Sie finden ihre Grenzen am Wesensgehalt der eigenen Prinzipien. Das spielt insbesondere in den aktuellen Streitigkeiten zur Verschärfung von Sicherheitsmaßnahmen gegen extremistische Gewalt, illegale Zuwanderung und internationalen Terrorismus eine Rolle.

Das Gewaltmonopol des Staates birgt freiheitssicherndes und freiheitsgefährdendes Potential. Auf den ersten Blick erscheint es, als ob der demokratische Verfassungsstaat der Freiheit Vorrang vor der Sicherheit gibt. Auf den zweiten Blick gilt: Freiheit und Sicherheit sind beide nur relative Werte: Sicherheit ist um des Lebens in Freiheit Willen da; und Freiheit findet ihre Grenzen nicht nur im Sicherheitsbedürfnis der Bürgerinnen und Bürger, sondern auch in den anderen, in der Verfassung verankerten Grundrechten und Staatszwecken. Die Bundesrepublik ist hierfür ein besonders prägnantes Beispiel. Auf der einen Seite räumt sie der Freiheit einen hohen Rang ein: Zum Beispiel errichtet sie hohe Hürden für Eingriffe in Grundrechte und höchste für ihre Aberkennung; es gelten die Unschuldsvermutung und das Gebot der Verhältnismäßigkeit; Notstandsbefugnisse sind eng begrenzt und befristet. Auf der anderen Seite defi-

---

86 Eckhard Jesse, Formen des politischen Extremismus, in: Bundesministerium des Innern (Hrsg.), Extremismus in Deutschland. Erscheinungsformen und aktuelle Bestandsaufnahme, Berlin 2004, S. 7–24, hier S. 11.
87 Vgl. zu Konzept und Debatten Gereon Flümann, Streitbare Demokratie in Deutschland und den Vereinigten Staaten. Der staatliche Umgang mit nichtgewalttätigem politischem Extremismus im Vergleich, Wiesbaden 2015.

niert sich die Bundesrepublik als wehrhafte Demokratie, die ihre Grundlagen unter Ewigkeitsgarantie stellt und gewillt ist, sie zu verteidigen.

Das Dilemma des demokratischen Verfassungsstaats liegt darin, dass die Schutzmaßnahmen häufig einen Eingriff in jene Güter erfordern, die er zu schützen sucht. Dabei stellt das Parteienverbot ein vergleichsweise geringes Problem dar, weil die Maßnahme nur einen durch Mitgliedschaft in einer extremistischen Partei klar begrenzten Personenkreis und lediglich eine von beliebig vielen Ausprägungen des Schutzgutes politischer Betätigung betrifft. Das Bundesverfassungsgericht hat sich solche Entscheidungen dennoch nie leicht gemacht und alle Anträge auf Grundrechtsentzug für einzelne Personen stets zurückgewiesen.[88]

Seit Mitte der 1990er Jahre konstatieren Sicherheitsexperten und Verfassungsschützer jedoch eine gestiegene Bedrohungslage durch organisierte und grenzüberschreitende Kriminalität nach dem Wegfall der Kontrollen an den EU-Binnengrenzen, durch einen in Form und Ausmaß neuartigen Terrorismus nach dem 11. September 2001 sowie durch die sich rasant entwickelnden Nutzungsmöglichkeiten des digitalen Datenverkehrs für kriminelle, extremistische und terroristische Zwecke. Um die „Waffengleichheit" wiederherzustellen, wurden mehrere Sicherheitsgesetze erlassen, die das Bundesverfassungsgericht allerdings wegen zu weit reichender oder unverhältnismäßiger Eingriffe in Grundrechte beanstandete.[89] Diese neue Generation von Sicherheitsgesetzen kann rechts- und verfassungsstaatliche Prinzipien auf fünf Wegen beeinträchtigen.[90]

Als problematisch müssen – erstens – aus rechts- und verfassungsstaatlicher Sicht Maßnahmen präventiver Gefahrenabwehr gelten, die lediglich aufgrund einer diffusen, allgemeinen Bedrohungslage ergriffen werden. Sie unterminieren das Gebot der Verhältnismäßigkeit und mithin eine zentrale Rechtsschutzvorkehrung des Rechtsstaatsprinzips.[91] Denn wenn Ausmaß und genaue Art der Gefährdung nicht bekannt sind, können weder die Verantwortlichen noch später ein Gericht entscheiden, ob die Maßnahmen angemessen, erforderlich und geeignet waren, um das angestrebte Ziel zu erreichen.[92] Eine Einschätzung kann allenfalls auf Prognosen beruhen. Aus diesem Grund hat das Bundesverfassungsgericht eine Änderung des Luftsicherheitsgesetzes im Jahr 2005 für nichtig erklärt:[93] Sie sollte es ermöglichen, ein von Terroristen gekapertes Flugzeug abzuschießen, um zu verhindern, dass es über dicht besiedeltem Gebiet zum Absturz gebracht wird. Das Leben der Insassen würde geopfert, um noch mehr Opfer am Boden zu verhindern. Das Bundesverfassungsgericht urteilte jedoch, der gezielte Abschuss verstoße gegen

---

88 Vgl. Eckhard Jesse, Der antiextremistische Grundkonsens. Anker der freiheitlichen Demokratie, in: Dagmar Schipanski/Bernhard Vogel (Hrsg.), Dreißig Thesen zur deutschen Einheit, Freiburg/Brsg. u. a. 2009, S. 250–260, hier S. 255.
89 BVerfGE 115, 320 [2006] zur Rasterfahndung, BVerfGE 113, 348 [2005] zur präventiven Telefonüberwachung; BVerfGE 120, 274 [2008] zur Online-Durchsuchung; BVerfGE 120, 378 [2008] zur automatischen Kennzeichenerfassung; BVerfGE, 125, 260 [2010] zur Vorratsdatenspeicherung.
90 Vgl. hierzu und zum Folgenden Stefan Huster/Karsten Rudolph, Vom Rechtsstaat zum Präventionsstaat, in: dies. (Hrsg.), Vom Rechtsstaat zum Präventionsstaat, Frankfurt a. M. 2008, S. 9–22. Erhard Denninger, Prävention und Freiheit. Von der Ordnung der Freiheit, in: Ebd., S. 85–106; Oliver Lepsius, Sicherheit und Freiheit – ein zunehmend asymmetrisches Verhältnis, in: Gunnar Folke Schuppert (Hrsg.), Der Rechtsstaat unter Bewährungsdruck, Baden-Baden 2010, S. 23–45.
91 In diesem Sinne auch Huster/Rudolph (Anm. 90), S. 18 f.
92 Vgl. Lepsius (Anm. 90), S. 33–35.
93 BVerfGE 115, 116 [2006].

die Menschenwürde der Passagiere sowie gegen das rechtsstaatliche Gebot der Verhältnismäßigkeit. Aller Voraussicht nach könne der für die Einzelentscheidung zuständige Minister im Ernstfall nicht mit ausreichender Gewissheit feststellen, ob es sich um eine geeignete, erforderliche und nach Abwägung der sicheren Opfer in der Luft und der ungewissen Zahl der Opfer am Boden angemessene Maßnahme handele.[94] Für die Terror- und Extremismusabwehr gilt: Täterprofile und Bedrohungslage sind unscharf.[95] Das Bundesverfassungsgericht hat aber mehrfach angemahnt, Grundrechtseingriffe seien nur im Falle konkreter Gefahren und Verdachtsmomente erlaubt.[96]

Das zweite Problem besteht in der Heimlichkeit von Eingriffen. Sie beeinträchtigt Transparenz und Rechtssicherheit, die besagen: Im Rechts- und Verfassungsstaat soll jede Person jederzeit wissen können, was nicht erlaubt ist, um ihr Verhalten anpassen und ein vom Staat weitgehend unbehelligtes Leben führen zu können. Die Fülle der Vorschriften im modernen Staat schränkt diese Gewissheit jedoch erheblich ein. Insofern bietet die Ankündigung von Überwachung dem Bürger zumindest die Chance, potentiell rechtswidriges Verhalten zu unterlassen. Angekündigte Radar- und Alkoholkontrollen sind hierfür eine alltägliches Beispiel.

Bedenklich sind drittens Maßnahmen mit hoher Streubreite, die neben verdächtigen Personen und Gruppen (potentiellen „Störern") eine Vielzahl von „Nichtstörern", also unbeteiligte und nicht verdächtige Personen erfassen. Das gilt für die automatisierte Überwachung öffentlicher Plätze, für die Rasterfahndung, die Speicherung von Telefondaten und Kfz-Kennzeichen und die Auswertung der Kommunikation von Verdächtigen mit unbeteiligten Dritten. Im „Rüstungswettlauf zwischen Überwachern und Verdächtigen sind dabei in aller Regel die Unverdächtigen und Unbescholtenen die Verlierer."[97] Nach Ansicht des Bundesverfassungsgerichts schüchtern Heimlichkeit und Streubreite die Bürger derart ein, dass manch ein auf den ersten Blick geringfügig erscheinender Grundrechtseingriff besonders schwerwiegend ist.[98] Denn wenn politische Grundrechte wie Meinungsfreiheit, Versammlungs- und Vereinigungsfreiheit nicht unbefangen genutzt werden, gefährdet das den für das Demokratieprinzip zentralen öffentlichen Willensbildungsprozess. Die anlasslose Überwachung von Personen unterminiert außerdem das rechtsstaatliche Prinzip der Unschuldsvermutung, und bei der Rasterfahndung droht sogar eine Umkehr der im Rechtsstaat zwingend beim Kläger liegenden Beweislast.[99]

Viertens sind Maßnahmen bedenklich, die weit in die Privatsphäre hineinreichen, indem sie die Wohnung, die private Kommunikation und alltägliche Verhaltensweisen zu erfassen suchen. In früheren Urteilen hatte das Bundesverfassungsgericht aber einen Kernbereich privater Lebens-

---

[94] Vgl. Lepsius (Anm. 90), S. 48 f.
[95] Vgl. Ulrich Scheckener, Warum lässt sich der Terrorismus nicht „besiegen"?, in: Huster/Rudolph (Anm. 105), S. 24–44; Christoph Gusy, Mehr als der Polizei erlaubt ist? Die Nachrichtendienste im Anti-Terrorkampf, in: Stefan Huster/Karsten Rudolph (Hrsg.), Vom Rechtsstaat zum Präventionsstaat, Frankfurt a. M. 2008, S. 120–133.
[96] Vgl. BVerfGE 125, 260 (261) [2008] zur Vorratsdatenspeicherung.
[97] Vgl. hierzu die Ausführungen des Bundesbeauftragten für den Datenschutz Peter Schaar, Der Rüstungswettlauf in der Informationstechnologie, in: Huster/Rudolph (Anm. 90), S. 45–63.
[98] So in BVerfGE 120, 274 (323f) [2008] zur Online-Durchsuchung; BVerfGE 120, 378 (398f) [2008] zur Kfz-Kennzeichenabfrage.
[99] Lepsius (Anm. 90), S. 31.

gestaltung konstatiert, in den der Staat zu keinem Zweck eingreifen darf.[100] 2004 sah sich das Gericht im Urteil zur akustischen Wohnraumüberwachung genötigt, diesen Kernbereich näher zu definieren. Darin bezeichnet es die Privatwohnung als ein „letztes Refugium" und Mittel zur Wahrung der Menschenwürde, da Menschen über einen Raum verfügen müssen, in dem sie darauf vertrauen können, ungehört und unbeobachtet Höchstpersönliches zum Ausdruck bringen können.[101]

Ein fünftes erhebliches Risiko für Rechts- und Verfassungsstaat hat das Bundesverfassungsgericht in der Totalität erkannt, mit welcher der Staat heute einen Menschen erfassen kann. Durch die Summierung gesammelter Daten ergäbe sich ein weitaus „vollständigeres" Bild, als selbst enge Vertraute es je von einer Person haben könnten. Das Gericht sieht in dieser Möglichkeit eine erhebliche Gefahr für Persönlichkeitsrechte, da die Betroffenen die Definitionsmacht über ihre Identität und deren Darstellung nach außen verlieren.[102]

Über die Folgen, die sich aus der Häufung solcher Maßnahmen ergeben, besteht keine Einigkeit. Der Bayreuther Staatsrechtler Oliver Lepsius fürchtet, die Freiheit könne vom einst zentralen Staatszweck auf den Rang eines einfachen Grundrechts reduziert und die Sicherheit zum eigenständigen Ziel und Staatszweck erhoben werden. Langfristig bedeutet dies einen Vorrang der Sicherheit vor der Freiheit. Schon jetzt habe die Schutzwirkung der Grundrechte für die individuelle Freiheit deutlich nachgelassen.[103] Im Ergebnis sieht das auch der Rechtsphilosoph Erhard Denninger so, er konstatiert aber eine andere Ursache: Der Staat verstehe die Grundrechte immer weniger als Abwehrrechte gegen staatliche Eingriffe denn als primäre Schutzpflichten. Galt im Rechtsstaat ein Übermaßverbot, so gelte im kommenden Präventionsstaat ein Untermaßverbot, das den Gesetzgeber zu unermüdlicher Aktivität antreibe.[104] Der Rechtswissenschaftler Uwe Wesel fürchtet, das Bundesverfassungsgericht werde dem Ansturm neuer Sicherheitsgesetze nicht mehr lange standhalten können. Zwar habe es durch bisherige Urteile erhebliche Beeinträchtigungen der Freiheit und rechtsstaatlicher Prinzipien verhindert und dadurch an Ansehen gewonnen. Aber es habe auch viele Zugeständnisse gemacht, um nicht beschuldigt zu werden, dem Terrorismus in die Hände zu arbeiten.[105]

Ob sich dieser Trend fortsetzt, hängt wesentlich davon ab, wie sich in Politik und Gesellschaft die Wertschätzung für die Privatsphäre, Staatsfreiheit und freimütige politische Partizipation entwickeln wird. Je größer sie ist, desto gelassener kann eine Gesellschaft mit Bedrohungen

---

100 BVerfGE 6, 32 (41) [1957] – Elfes Urteil; BVerfGE 34, 238 (245) [1973] – Tonband; BVerfGE 80, 367 (373) [1989] – Tagebuch.
101 BVerfGE 109, 279 (313f) [2004] zur akustischen Wohnraumüberwachung. Oliver Lepsius konstatiert, dass mit Lauschangriff und Telekommunikationsüberwachung auf der einen und anlassloser Überwachung öffentlicher Räume auf der anderen Seite die Freiheit in die Zange gerate. Man könne weder ins Private noch ins Soziale ausweichen, um Freiheitsverluste durch andere Verhaltensschwerpunkte zu kompensieren. Vgl. ders. (Anm. 90), S. 28.
102 BVerfGE 65, 1 (42) [1983] zur Volkszählung; BVerfGE 113, 29 (45f) [2005] zur Computerdurchsuchung bei Rechtsanwälten; BVerfGE 115, 320 (342) [2006] zur Rasterfahndung; BVerfGE 118, 168 (184f) [2007] zur Abfrage von Kontostammdaten; BVerfGE 120, 378 (398) [2008] zur Kfz-Kennzeichenabfrage.
103 Lepsius (Anm. 90), S. 34 f.
104 Denninger (Anm. 90), S. 95.
105 Uwe Wesel, Recht Gerechtigkeit und Rechtsstaat im Wandel, in: Aus Politik und Zeitgeschichte B 35–36/2011, S. 41–48, hier S. 44; ähnlich Lepsius (Anm. 90), S. 31, 43–46.

umgehen. Bisher hat das Bundesverfassungsgericht umsichtig dafür gesorgt, dass der demokratische Verfassungsstaat seine eigenen Prinzipien bei der Bekämpfung von Bedrohungen wahrt.

4.2 Alte Debatten: Volkssouveränität und Verfassungsvorrang

Eine ständige Herausforderung ist das Spannungsverhältnis der beiden legitimatorischen Säulen des demokratischen Verfassungsstaates: der Bindung an höherrangiges Recht einerseits und der demokratischen Selbstbestimmung andererseits. Versteht man Demokratie im Sinne einer absoluten Souveränität des Volkes, erscheint es unzulässig, nachfolgende Generationen durch Revisionssperren „auf ewig" an Entscheidungen der Gründergeneration zu binden und ihnen die Umgestaltung der Verfassung nach eigenen Vorstellungen zu verwehren. Verschärft wird dieses Problem, wenn ein nicht demokratisch kontrollierbares Verfassungsgericht letztentscheidend verfassungswidrige Gesetze kassiert und damit seine Auslegung der Verfassung über die des Volkes stellt. Der amerikanische Rechtswissenschaftler Alexander M. Bickel (1924–1974) bezeichnete die Verfassungsgerichtsbarkeit deshalb als „counter-majoritarian difficulty".[106]

Dieser Konflikt gilt als Hauptgrund dafür, warum Staaten wie die Schweiz und Frankreich sich bis heute nicht für eine voll ausgebaute Verfassungsgerichtsbarkeit entscheiden konnten. Die Schweiz belässt es bei der Kontrolle von Kantons- und untergesetzlichem Bundesrecht. Frankreich umgeht das Problem durch eine sehr spezielle, politisch dominierte Zusammensetzung des Conseil Constitutionnel und eine überwiegend präventive Normenkontrolle. Dadurch erhält die Normprüfung den Charakter einer integrierten Qualitätskontrolle im Gesetzgebungsverfahren, so dass sie nicht als Zurückweisung des Volkswillens erscheint. Gemildert wird die Konfrontation in Frankreich auch dadurch, dass es sich um eine strikt repräsentative Demokratie handelt, in der der Volkswille nur indirekt über seine gewählten Vertreter artikuliert werden kann.

In Deutschland wird dies in der Diskussion um eine Einführung direktdemokratischer Entscheidungsverfahren auf Bundesebene häufig als Contra-Argument angeführt: Um eine direkte Konfrontation mit dem Volkswillen zu vermeiden, müsste man entweder auf eine verfassungsgerichtliche Prüfung von per Volksentscheid verabschiedeten Gesetzen verzichten und damit den justiziablen Verfassungsvorrang aufgeben. Oder man zerstört im Falle einer Prüfung mit anschließender Kassation des Gesetzes die Akzeptanz von Grundgesetz und Bundesverfassungsgericht. Das Problem wäre aber durch eine obligatorische präventive Prüfung der Gesetzentwürfe leicht zu beheben. Der Ausschluss von Volksentscheiden aus der Normenkontrolle ist dagegen mit demokratischer Verfassungsstaatlichkeit unvereinbar, beruht diese doch auf der Einsicht, Einzelne und Minderheiten seien mangels politischer Durchsetzungskraft auf gerichtlichen Schutz ihrer Grundrechte angewiesen – gegebenenfalls auch gegen demokratisch legitimierte Mehrheiten.

---

106 Alexander M. Bickel, The Least Dangerous Branch. The Supreme Court at the Bar of Politics, Indianapolis 1962.

Die Politische Theorie erörtert zunehmend die Frage, wie groß das Konfliktpotential zwischen den beiden Säulen des demokratischen Verfassungsstaats noch ist, wenn realitätsnahe Demokratie- und Verfassungsverständnisse zugrunde gelegt werden.[107] Schon Alexander Bickel räumte ein, das Dilemma der counter-majoritarian difficulty löse sich durch die Annahme, das Gericht agiere als Repräsentant des Volkes, um kurzsichtige Entscheidungen der gewählten Volksvertreter zu verhindern. Es dient somit dem Demokratieprinzip.[108] Werner Kägi zeigte bereits 1953, schon wenige Abstriche von einem radikalen Volkssouveränitätsverständnis genügen, um beide Prinzipien als harmonische Ergänzung zu erweisen.[109] Den ersten Versuch, ein alternatives Demokratiemodell zu integrieren machte 1980 John H. Ely in „Democracy and Distrust". Darin geht er von einem prozeduralistischen Demokratiemodell aus, bei dem anspruchsvolle demokratische Verfahren die Richtigkeit der Entscheidungen sichern sollen. Ohne die verfassungsmäßige Sicherung der politischen Teilhaberechte, Freiheit, Gleichheit und vielem mehr seien die Voraussetzungen zur fairen Durchführung dieser Verfahren nicht gegeben. Anspruchsvolle Demokratiemodelle erforderten deshalb mehr, nicht weniger durch justiziablen Verfassungsvorrang geschützte Vorgaben.[110] Zu einem ähnlichen Schluss kommen Frank I. Michelman und Jürgen Habermas: Der demokratische Verfassungsstaat sei offen für vielfältige Ausgestaltungen des Demokratieprinzips, die sich mit Grundrechten, Gewaltenteilung und Normenkontrolle zu widerspruchsfreien Gesamtmodellen verbinden lassen.[111] Wie vielfältig die Welt demokratischer Verfassungsstaaten bereits ist, zeigen vergleichende Erhebungen der *European Commission for Democracy through Law*, kurz *Venedig-Kommission*.[112]

Diskutiert werden weiterhin Möglichkeiten, wie der Konflikt zwischen artikuliertem Volkswillen und Verfassungsrechtsprechung aufzulösen ist. Empfohlen wird unter anderem ein *judicial restraint*, eine Selbstbeschränkung der Verfassungsgerichte. Diese sollen sich darauf beschränken, Verfassungswidriges zu kassieren, aber sich jeder Empfehlung zur verfassungskonformen Änderung eines Gesetzes enthalten. Außerdem sollen sie darauf verzichten, durch ihre Rechtsprechung die Auslegungsspielräume des Gesetzgebers zu verengen.[113] Da in Deutschland die Urteile des Bundesverfassungsgerichts Teil des materiellen Verfassungsrechts werden, konnten

---

107 Zur amerikanischen Debatte vgl. die Beiträge in Lawrence A. Alexander (Hrsg.), Constitutionalism. Philosophical foundations, Cambridge 1998; zu deutschen Positionen Michael Becker, Grundrechte versus Volkssouveränität. Zur Achillesferse des demokratischen Prozeduralismus, in: Michael Becker/Hans-Joachim Lauth/Gert Pickel (Hrsg.), Rechtsstaat und Demokratie. Theoretische und empirische Studien zum Recht in der Demokratie, Wiesbaden 2001, S. 45–69.
108 Vgl. Bickel (Anm. 106).
109 Oskar Werner Kägi, Rechtsstaat und Demokratie. Antinomie und Synthese, in: Demokratie und Rechtsstaat. Festgabe zum 60. Geburtstag von Zaccaria Giacometti, Zürich 1953, S. 107–143.
110 John Hart Ely, Democracy and Distrust. A Theory of Judicial Review, Cambridge 1980.
111 Vgl. Frank I. Michelman, Law's Republic, in: The Yale Law Journal 97 (1988), S. 1493–1538; Jürgen Habermas, Faktizität und Geltung. Beiträge zur Diskurstheorie des Rechts und des demokratischen Rechtsstaats, Frankfurt a. M. 1992; siehe eine idealtypische Konstruktion von vier Modellen bei Enzmann (Anm. 35).
112 European Commission for Democracy through Law (Venice Commission), Referendums in Europe. An Analysis of the Legal Rules in European States (CDL-AD[2005]034) (2005), unter: http://www.venice.coe.int/webforms/documents/default.aspx?pdffile=CDL-AD%282005%29034-e (29. Mai 2014); European Commission for Democracy through Law (Venice Commission), Decisions of Constitutional Courts and equivalent bodies and their execution. Report adopted by the Commission at its 46th plenary meeting (Venice, 9–10 March 2001. (CDL-INF[2001]9. (2001), unter: http://www.venice.coe.int/webforms/documents/default.aspx?pdffile=CDL-INF%282001%29009-e (29. Mai 2014).
113 Vgl. zur Debatte Ulrich R. Haltern, Verfassungsgerichtsbarkeit, Demokratie und Mißtrauen. Das Bundesverfassungsgericht in einer Verfassungstheorie zwischen Populismus und Progressivismus, Berlin 1998.

die Karlsruher Richter durch verbindliche Auslegung des Grundgesetzes 1983 mit dem Recht auf informationelle Selbstbestimmung sogar ein neues Grundrecht synthetisieren.[114]

Ein anderer Vorschlag zur Milderung der Konfrontation zielt auf eine demokratische Wahl und Abberufbarkeit der Verfassungsrichter. Dies hätte allerdings eine noch stärkere Politisierung der Verfassungsgerichte zur Folge und wäre mit der Unabhängigkeit eines Gerichts nicht zu vereinbaren. In Deutschland wurden aus diesem Grund öffentliche Debatten zu Neubesetzungen im Bundesverfassungsgericht weitestgehend vermieden. Nach Art. 94 Abs. 1 S. 2 GG wird die Hälfte der Richter vom Bundestag gewählt. Die Wahl erfolgte bis Mitte 2015 indirekt durch einen nach Parteienproporz besetzten Wahlausschuss hinter verschlossenen Türen. Etwas transparenter, aber noch immer möglichst streitfrei ist das seit 30. Juni 2015 geltende Verfahren: Der zwölfköpfige Wahlausschuss erarbeitet nur noch einen Vorschlag, über den anschließend das Plenum abstimmt. Eine vorherige Aussprache findet weiterhin nicht statt, um eine Politisierung zu vermeiden. Kommentatoren erachten die Reform deshalb als Marginalie und interpretieren das Geschehen eher als Disziplinierung eines unbequemen Kritikers.[115] Denn insgesamt betrachtet gibt es ausreichende Möglichkeiten, um eine direkte Konfrontation zwischen Verfassungsrechtsprechung und Volkswillen zu verhindern. Hinter den Debatten verbirgt sich oft eine greifbarere Gefahr für die Zukunft des demokratischen Verfassungsstaats: die Konfrontationen zwischen Verfassungsgerichtsbarkeit und gewählten Volksvertretern. Das Bundesverfassungsgericht stand bei Entscheidungen mit großer politischer Reichweite (z. B. zu Rüstung, Europäischer Integration) zwar vielfach in der Kritik. Durch wegweisende Grundrechtsurteile konnte es sich aber ein erhebliches Ansehen und öffentlichen Rückhalt erwerben.[116] Es hat damit eine Autorität gewonnen, die eine Missachtung oder Kompetenzbeschneidungen des Gerichts kaum zulassen. In Ungarn und Polen haben regierungsbildende Parlamentsmehrheiten ihre Macht aber genutzt, um die Kompetenzen der Verfassungsgerichte massiv zu beschneiden. Verwiesen wurde dabei auf einen Konflikt mit dem Demokratieprinzip: Das Gericht hindere die Volksvertreter an der Durchsetzung der Politik, für die sie gewählt wurden.[117] Kritik der EU an der Gerichtsreform hat Polens nationalkonservative Regierung als einen Kolonialisierungsversuch des polnischen Volkes zurückgewiesen und den justiziablen Verfassungsvorrang prinzipiell in Frage gestellt.[118] Das erinnert daran, dass sich die Schutzmechanismen des demokratischen Verfassungsstaats zuallererst gegen die Inhaber staatlicher Ämter und Mandate richten.

---

114 BVerfGE 65, 1 [1983] (Volkszählungsurteil); zur Interpretationsmacht des Bundesverfassungsgerichts Böckenförde (Anm. 4), S. 166 ff.
115 § 6 BVerfGG in der ab 30. Juni 2015 geltenden Fassung; vgl. Fabian Wittreck, Reform der Besetzung des BVerfG: „Beteiligung" durch Abnicken, in: Legal Tribune Online vom 31. März 2014, unter: http://www.lto.de/persistent/a_id/11498/.
116 Vgl. zum Stand 2001 Oliver Lembcke, Über das Ansehen des Bundesverfassungsgerichts Ansichten und Meinungen in der Öffentlichkeit 1951–2001, Berlin 2010. Zum noch einmal deutlich gestiegenen Ansehen –Stand 2012 siehe Institut für Demoskopie Allensbach, Das Bollwerk. Eine Dokumentation des Beitrags von Prof. Dr. Renate Köcher in der Frankfurter Allgemeinen Zeitung vom 22. August 2012, unter: http://www.ifd-allensbach.de/uploads/tx_reportsndocs/August12_Bundesverfassungsgericht_01.pdf (23. September 2016).
117 Dieter Grimm, Grenzen der Mehrheitsherrschaft, in: Frankfurter Allgemeine Zeitung vom 04. Januar 2016, unter: http://www.faz.net/aktuell/feuilleton/debatten/dieter-grimm-ueber-das-verfassungsgericht-in-polen-13995517.html.
118 Vgl. Jan Pallokat, Machtkampf in Polen. Verfassungsgericht kippt eigene Entmachtung, in: tagesschau.de vom 9. März 2016, unter: https://www.tagesschau.de/ausland/polen-verfassung-justiz-103.html.

4.3 Neue Konkurrenz: Autoritarismus im Verfassungskleid

Der demokratische Verfassungsstaat galt über Jahrzehnte als die bestmögliche aller Staatsformen, deren Siegeszug nicht mehr aufzuhalten schien. Francis Fukuyama feierte das mit ironischem Seitenblick auf die Marxistische Geschichtsphilosophie 1992 als das „Ende der Geschichte".[119] Die Ernüchterung folgte auf dem Fuße, als eine Reihe von Realisierungsversuchen in Ost- und Ostmitteleuropa nicht den erwarteten Erfolg hatten. Es gab viele Rückfälle und Stagnationen. Einige Staaten blieben auf der Stufe einer „defekten Demokratie" stehen, gekennzeichnet durch einen Mangel an Rechts- und Verfassungsstaatlichkeit. Damals wurde deutlich: Diese Elemente sind für die Konsolidierungsphase eines Systemwechsels entscheidend. Seitdem entstanden Typologien, die Länder hinsichtlich der Ausgestaltung der Rechtsstaatlichkeit einteilen.[120] Darin galt zunächst der grundrechtsgeprägte Rechtsstaat der „liberalen Demokratie" als Maßstab gelungener Konsolidierung, nach neueren Vorschlägen ist es die „embedded democracy". Sie entspricht weitgehend dem, was oben als demokratischer Verfassungsstaat geschildert wurde. Sie garantiert neben regelmäßigen freien und gleichen Wahlen bürgerliche Grundfreiheiten, rechtsstaatliche Verfahren sowie eine funktionstüchtige Staatsverwaltung und kann sich auf den Rückhalt einer lebendigen Zivilgesellschaft stützen.[121] Das Modell trägt damit Überlegungen des früheren Bundesverfassungsrichters Ernst-Wolfgang Böckenförde Rechnung, wonach der freiheitlich-säkularisierte Staat auf Voraussetzungen angewiesen ist, die er selbst nicht herstellen kann.[122] Verfassung und Verfassungsgerichtsurteile beispielsweise besitzen nur die Autorität, die ihnen Bürgerschaft und politische Akteure zusprechen. Ohne eine gelebte Wertschätzung des Rechts, ohne eine grundsätzliche Kooperationsbereitschaft der Interessengruppen und politischen Gegner ist der demokratische Verfassungsstaat einschließlich des justiziablen Verfassungsvorrangs nicht konsolidierungsfähig.

Insofern ist hinsichtlich einer weiteren Ausbreitung des demokratischen Verfassungsstaats Skepsis angesagt. Die Stiftung Freedom House stellte 2016 einen seit nunmehr zehn Jahren andauernden Rückgang freiheitlicher Demokratien fest.[123] Stattdessen breitet sich eine moderne, neue Form von Autoritarismus aus. Typisch sei weniger die Zerstörung als vielmehr die Usurpation demokratisch-rechtsstaatlicher Institutionen, etwa durch den Kauf von Medienunternehmen durch Strohmänner oder Familienangehörige, durch die Besetzung von Schlüsselstellen in Wirtschaft, Justiz und Sicherheitskräften, durch die Unterwanderung zivilgesellschaftlicher Vereinigungen. Auf diese Weise höhlt er alle Einrichtungen aus, die für eine pluralistische Gesellschaft erforderlich wären. Oppositionelle, die sich nicht mittels einer Teile-und-Herrsche-

---

119 Vgl. Francis Fukuyama, Das Ende der Geschichte. Wo stehen wir?, München 1992.
120 Z. B. Hans-Joachim Lauth, Rechtsstaat, Rechtssysteme und Demokratie, in: Becker/Lauth/Pickel (Anm. 107), S. 21–44.
121 Vgl. Wolfgang Merkel/Hans-Jürgen Puhle/Aurel Croissant/Claudia Eichner/Peter Thiery (Hrsg.), Defekte Demokratie. Bd. 1: Theorie, Opladen 2003.
122 Ernst-Wolfgang Böckenförde, Staat, Gesellschaft, Freiheit. Studien zur Staatstheorie und zum Verfassungsrecht, Frankfurt a. M. 1976.
123 Freedom House, Freedom in the World 2016. Highlights from Freedom House's annual report on political rights and civil liberties, unter: https://freedomhouse.org/sites/default/files/FH_FITW_Report_2016.pdf (31. August 2016).

Strategie domestizieren lassen, werden nicht verboten, sondern unauffällig diskreditiert.[124] Die Gewaltenteilung bleibt im Prinzip bestehen, aber die Befugnisse von Präsident oder Regierung dehnen sich in den Kernbereich parlamentarischer Kompetenzen aus. Dies untergräbt wirksame *Checks and Balances*.[125] Eine Verfassung, so bilanziert der Regensburger Politikwissenschaftler Ingmar Bredies, steht dieser Form des neuen Autoritarismus nicht im Weg, sie kommt ihr sogar entgegen. „Verfassungen erweisen sich auch für autoritäre Herrschaftsträger als hilfreich, indem sie feste Abläufe und Routinen schaffen sowie Erwartungssicherheit bieten. Dazu tragen insbesondere der Rechtsvorrang von Verfassungsbestimmungen innerhalb der Normenhierarchie sowie die schwer überwindbaren Mechanismen ihrer Veränderung bei."[126]

Tatsächlich sind in den meisten demokratischen Verfassungsstaaten nur wenige Vorgaben durch Revisionssperren vor Veränderungen geschützt. Insofern sind selbst radikale Eingriffe in die Verfassung durch formelle Verfassungsänderung auf legalem Wege möglich. Wird eine solche Änderung zusätzlich einer Volksabstimmung unterworfen, gewinnt das autoritäre Regime gegebenenfalls sogar innen und außen an Rückhalt und kann für sich gleichermaßen verfassungsstaatliche wie demokratische Legitimation beanspruchen.[127] Noch leichter ist es, nach einem gescheiterten Transitionsprozess eine neue Verfassung zu erlassen, die das Erscheinungsbild eines demokratischen Verfassungsstaats wahrt. Statt einer freiheitlich-säkularen wird aber eine national oder religiös fundierte Wert- und Rechtsordnung installiert. Einige dieser neuen autoritären Staaten stellen, weil sie im regionalen Vergleich wirtschaftlich erfolgreich sind,[128] ein attraktives Vorbild dar und präsentieren sich als Alternative zum demokratischen Verfassungsstaat westlicher Prägung. Russland ist ein gutes Beispiel. Hiervon können Extremisten profitieren; in Teilen Europas sind anti-pluralistische, anti-liberale und nationalistische Konzepte bereits wieder salonfähig.

5 Antiextremistische Potentiale zwischen Überforderung und Unterschätzung

Theorie und Geschichte des demokratischen Verfassungsstaats belegen ein breites anti-extremistisches Potential der Ordnungsform. Da einmal getroffene Grundentscheidungen zu Bürgerrechten, Werten, staatlichen Zielen und Strukturen dem politischen Zugriff ganz oder teilweise

---

124 Vgl. Ingmar Bredies, Entstehungsbedingungen Stützen und Wirkungsumfeld „neuer" Autoritarismen (2011), unter: http://www.regensburger-politikwissenschaftler.de/frp_working_paper_01_2011.pdf (8. Januar 2010), S. 6 f.; Patrick Köllner, Autoritäre Regime – Ein Überblick über die jüngere Literatur, in: Zeitschrift für Vergleichende Politikwissenschaft 2 (2008), S. 351–366, hier S. 357; Andreas Schedler, Electoral Authoritarianism. The Dynamics of Unfree Competition, Colo 2006, S. 3; André Bank, Die neue Autoritarismusforschung: Ansätze, Erkenntnisse und konzeptionelle Fallstricke, in: Holger Albrecht/Rolf Frankenberger (Hrsg.), Autoritarismus Reloaded. Neuere Ansätze und Erkenntnisse der Autokratieforschung, Baden-Baden 2010, S. 21–36, hier S. 24 f.
125 Vgl. Bredies (Anm. 124), S. 7.
126 Ebd., S. 6 mit Verweis auf Ivan Adamovich, Entstehung von Verfassungen. Ökonomische Theorie und Anwendung auf Mittel- und Osteuropa nach 1989, Fribourg 2003, S. 11 f.
127 Vgl. Schedler (Anm. 124), der von „elektoralem Autoritarismus" spricht; kritisch dazu Bank (Anm. 124), S. 27 f.
128 Vgl. Gert Pickel, Staat, Bürger und politische Stabilität. Benötigen auch Autokratien politische Legitimität?, in: Albrecht/Frankenberger (Anm. 124), S. 179–200.

entzogen werden, können sie nicht legal nach extremistischen Leitbildern umgestaltet werden. Zudem schaffen Rechtsstaatlichkeit und Grundrechte eine Schutzzone privater Autonomie, die die Minderheit vor einer – wiederum legalen – Unterdrückung der Mehrheit schützt. Die verfassungsgerichtliche Kontrolle bildet ein verlässliches Korrekturverfahren für unbeabsichtigte und/oder seltene Verstöße und ist zudem ein wichtiges Vorwarnsystem: Die Zunahme bewusster Verstöße zeigt ein Auseinanderdriften von Verfassungstext und Verfassungswirklichkeit an oder deutet sogar auf einen beginnenden Zerfall des in die Verfassung eingegossenen Grundkonsenses hin. Historisch bedingt sind die Schutzvorkehrungen zuallererst gegen einen Missbrauch staatlicher Machtbefugnisse gerichtet. Sie lassen sich aber durch Eingriffsmöglichkeiten in Grundrechte, Überwachungs- und Sanktionsmaßnahmen auf die zivilgesellschaftliche Ebene ausdehnen.

Beide Ebenen des Selbstschutzes der Verfassung können Konflikte verursachen. Die Kontrolle der staatlichen Akteure schränkt deren Gestaltungsfreiheit erheblich ein und mag insbesondere Regierung oder Parlament in jungen Demokratien dazu verleiten, Urteile nicht anzuerkennen, die verfassungsgerichtlichen Kompetenzen wieder einzuschränken oder die Verfassungsänderungsschranken zu missachten. Gelingt es einem Verfassungsgericht nicht, sich durch seine Spruchpraxis öffentliches Ansehen zu erwerben, erleichtert das seine Missachtung durch die übrigen Staatsorgane erheblich. Auch die prominente These eines latenten Konflikts zwischen demokratischem Selbstbestimmungsrecht des Volkes und der Bevormundung durch das Verfassungsgericht lässt sich dafür instrumentalisieren. An sich gäbe es hinreichende Möglichkeiten, diesen Konflikt mit der Volkssouveränität zu entschärfen, etwa durch eine Beschränkung von Revisionssperren auf die zwingend erforderlichen Prinzipien oder eine präventive Normenkontrolle von gesetzgebenden Volksentscheiden.

Die Kontrolle der zivilgesellschaftlichen Akteure birgt neue Konflikte. Die Beschränkung der Träger von Amt und Mandat lässt sich mit den Prinzipien demokratischer Verfassungsstaatlichkeit gut vereinbaren, handelt es sich doch darum, diese Akteure an die Bedingungen zu binden, unter denen ihnen Macht und Hoheitsgewalt verliehen wurden. Dagegen erfordert der Schutz der Verfassung vor Angriffen aus der Zivilgesellschaft Eingriffe in Grundrechte, die zwangsläufig auch Nichtbeteiligte treffen. Zudem birgt die bloße Möglichkeit der Eingriffe zum Schutz der Verfassung das Risiko staatlichen Missbrauchs, das die Ordnungsform eigentlich bannen soll. Die gegenwärtig überhitzte Debatte zur Zuwanderung sowie die Zunahme extremistischer und terroristischer Gewalt provozieren immer neue Vorschläge zu Überwachungsmaßnahmen, Datenspeicherung und Grundrechtseinschränkungen. Das Bundesverfassungsgericht sah sich wiederholt gezwungen, Sicherheitsgesetze zur Extremismus- und Terrorbekämpfung ganz oder teilweise zu kassieren, weil die absehbare Schwere der Eingriffe den kalkulierbaren Nutzen deutlich überstieg. Das weist dem Gericht die undankbare Rolle zu, der Öffentlichkeit solche Entscheidungen als Schutz ihrer bürgerlichen Freiheit zu vermitteln, während sich populistische Akteure mit Bedrohungsszenarien überbieten. Mittelfristig kann das dem bislang hohen Ansehen von Verfassungsgericht und Grundgesetz schaden. Der Gesetzgeber sollte das durch eine sorgfältigere Vorprüfung der Verfassungskonformität von Gesetzentwürfen verhindern.

Auf prinzipieller Ebene ist somit das Konfliktpotential der gegen zivilgesellschaftliche Akteure gerichteten Schutzmaßnahmen sehr groß. Es gefährdet Bestand und Funktion demokratischer Verfassungsstaatlichkeit aber weitaus weniger als staatliche Akteure, die versuchen sich aus den unbequemen Kontrollen zu befreien.

6 Kommentierte Auswahlbibliographie

Backes, Uwe: Liberalismus und Demokratie – Antinomie und Synthese. Zum Wechselverhältnis zweier politischer Strömungen im Vormärz, Düsseldorf 2000 – Ob politische Partizipationsrechte bürgerliche Freiheit nicht nur fördern, sondern auch gefährden können, wurde im deutschen Vormärz kontrovers diskutiert. Backes deckt den theoretischen Hintergrund des Streits auf, indem er die Positionen demokratischer und liberaler Autoren zu Demokratie und Republik, Gleichheit, Volkssouveränität, Konstitutionalismus, Rechtsstaat, Repräsentation, Parteien, Opposition, Revolution und Reform vergleicht. So wird deutlich, warum Verfassungsstaatlichkeit in Deutschland Mitte des 19. Jahrhunderts am Zwist zwischen Liberalen und Demokraten scheitern konnte, obwohl sie sich in der Ablehnung des Absolutismus einig waren. Parallelen der historischen zu heutigen Debatten um Parlamentarismus, mehr Demokratie und Meinungsfreiheit sind unverkennbar.

Bickel, Alexander: The Least Dangerous Branch. The Supreme Court at the Bar of Politics, Indianapolis 1962 – Der Titel dieser Standardschrift über den US-amerikanischen Supreme Court nimmt Bezug auf Alexander Hamilton, der die Justiz im berühmten Federalist Paper No. 78 als den für die Individualrechte am wenigsten gefährlichen Teil der Staatsgewalt bezeichnet hatte. Bickel zufolge hat das Oberste Gericht durch seine Selbstermächtigung zur verfassungsgerichtlichen Normenkontrolle aber eine Interpretationsgewalt über die Verfassung gewonnen, die eigentlich nur dem Volk zustehe. Dies sei eine „counter-majoritarian difficulty", zumal das Gericht nicht demokratisch legitimiert sei. Der Konflikt löst sich für Bickel durch die Annahme, die verfassungsgerichtliche Normenkontrolle ermögliche und schütze die Demokratie, indem sie das Volk und seine Vertreter vor kurzsichtigen Entscheidungen bewahre.

Bingham of Cornhill, Thomas Henry: The Rule of Law, London 2010 – Die kleine Schrift gibt einen ersten Einblick in die Besonderheiten des englischen Rechtsstaats. Prinzipien wie die Gleichheit vor dem Gesetz oder der Anspruch auf ein faires Verfahren gelten analog zu den Modellen anderer Staaten. Der Grundrechtsschutz unterschied sich bislang aber deutlich von der verfassungsstaatlichen Durchsetzung. Der Autor erläutert, welche Annäherungen durch die Umsetzung der Europäischen Menschenrechtskonvention zu erwarten sind. Weitere Herausforderungen der Rule of Law sieht er in der Bekämpfung des Terrorismus unter Wahrung der Rechtsstaatlichkeit sowie im traditionellen Souveränitätsanspruch des britischen Parlaments.

Enzmann, Birgit: Der demokratische Verfassungsstaat. Zwischen Legitimationskonflikt und Deutungsoffenheit, Wiesbaden 2009 – Das Verhältnis zwischen den namengebenden Bestandteilen des demokratischen Verfassungsstaats wird in amerikanischer und deutscher Forschung teils als Antinomie, teils als wechselseitige Unterstützung beschrieben. Der Band wendet sich mit einer breit angelegten Untersuchung der Theorie und Geschichte demokratischer Verfassungsstaatlichkeit gegen beide Pauschalisierungen. Deutungen als Antinomie werden auf unnötig verabsolutierende Definitionen und schlecht aufeinander abgestimmte Ausgestaltungen zurückgeführt. Fallbeispiele und vier jeweils auf einem anderen Demokratiekonzept beruhende Modelle demokratischer Verfassungsstaatlichkeit belegen die Möglichkeit wechselseitig gewinnbringender Kombination.

Fenske, Hans: Der moderne Verfassungsstaat. Eine vergleichende Geschichte von der Entstehung bis zum 20. Jahrhundert, Paderborn 2001 – Es handelt sich um eine zeitlich und räumlich weit ausgreifende Entwicklungsgeschichte der Konstitutionalisierung von Staaten. Sie reicht von Wurzeln im Mittelalter bis zum Beginn des 20. Jahrhunderts und über mehrere Kontinente. Fenske ordnet die untersuchten Staaten zehn verfassungspolitischen Zonen zu (sechs europäischen sowie den USA, den britischen Dominien, Lateinamerika und Asien) und identifiziert mehrere Faktoren, die zur Ausbildung einer demokratischen Form von Verfassungsstaatlichkeit beitrugen: eine große Bevölkerungsgruppe mit guter Bildung und hohem gesellschaftlichem Ansehen, das Fehlen einer Adelsschicht und ein Gelegenheitsfenster durch Revolution, Staatsneugründung oder Konfessions- und Dynastiewechsel.

Fraenkel, Ernst: Deutschland und die westlichen Demokratien, Stuttgart u. a. 1974 – Die Aufsatzsammlung zeigt auf, dass die Bundesrepublik sich in den 1960er Jahren noch keineswegs als Teil, wenn auch immerhin als Partnerin und Verwandte der westlichen Demokratien betrachtete. Neben den Institutionen werden dem Leser deshalb die „regulative Idee" und die geistigen Grundlagen des demokratischen Verfassungsstaates nahe gebracht: Pluralismus, Gemeinwohlorientierung und der friedliche Wettbewerb öffentlicher Meinungsbildung. Gemeinwohl dürfe dabei aber ebenso wenig wie „Volkswille" als a priori feststehend verstanden werden. Es bilde sich erst im fairen demokratischen Kräftespiel. Darin sieht der Fraenkel den wesentlichen Unterschied zwischen totalitären und freiheitlichen Staaten und erteilt gleichzeitig partizipationsfeindlichen Auslegungen des Grundgesetzes eine Absage.

Häberle, Peter: Verfassungslehre als Kulturwissenschaft, Berlin 1998 – Die programmatische Schrift präsentiert ein dynamisch-kontextuelles Verständnis des demokratischen Verfassungsstaats. Er sei eine „kulturelle Leistung", in deren Mittelpunkt die Verfassung als Produkt der fortwährenden wechselseitigen Beeinflussung von Wertvorstellungen, Machtverhältnissen, öffentlicher Willensbildung und Strukturen stehe. Verfassungsinterpretation betrachtet Häberle deshalb nicht als institutionalisierte Zuständigkeit von Gesetzgeber und Verfassungsgericht, sondern als öffentlichen Prozess. Die daraus resultierende Fülle unterschiedlicher Verfassungstraditionen könne durch eine neue Auslegungsmethode, die kulturelle Verfassungsvergleichung, deutlich werden. Die Erkenntnis der Kulturabhängigkeit öffnet auch den Blick für die Möglichkeit unterschiedlicher Entwürfe demokratischer Verfassungsstaatlichkeit.

Habermas, Jürgen: Faktizität und Geltung. Beiträge zur Diskurstheorie des Rechts und des demokratischen Rechtsstaats, Frankfurt a. M. 1992 – Kern des Bandes ist eine diskurstheoretische Rekonstruktion demokratischer Rechts- und Verfassungsstaatlichkeit. Anhand der Frage, welches System der Rechte „Bürger einander zugestehen müssen, wenn sie ihr Zusammenleben mit Mitteln des positiven Rechts legitim regeln wollen", belegt Habermas die Untrennbarkeit privater Freiheits- und politischer Mitspracherechte. Sie ermöglicht eine spezifisch verfassungsstaatliche Form der Demokratie, die auf der Legitimationskraft der besseren Argumente basiert. Volkssouveränität besteht darin, Träger staatlich-politischer Entscheidungsmacht zu einer diskursiven Auseinandersetzung mit den Bürgern zwingen zu können. Ein Staat, der sich dem verweigert, verliert trotz legaler Herrschaftsausübung an Legitimität.

Haines, Charles Grove: The American Doctrine of Judicial Supremacy, Nachdr. der 2. Aufl. 1932, New York 1973 – Haines arbeitet in dieser erstmals 1914 erschienenen Studie als einer der Ersten den justiziablen Verfassungsvorrang als Unterscheidungsmerkmal des demokratischen Verfassungsstaates gegenüber allen anderen Demokratieformen heraus. Gleichzeitig widerlegt er den verbreiteten Gründungsmythos, die ersten demokratischen Verfassungsstaaten seien zum Schutz der Grundrechte entstanden. Der historisch wichtigste Entstehungsgrund war der Schutz der Kompetenzaufteilung zwischen Bund und Ländern. In der zweiten Auflage von 1932 verarbeitet Haines auch vielfältige Kritik an einer politisch einseitigen Rechtsprechung des Obersten Gerichts; er fordert zudem die Richter zur Selbstbeschränkung auf.

Herrmann, Nadine E.: Entstehung, Legitimation und Zukunft der konkreten Normenkontrolle im modernen Verfassungsstaat. Eine verfassungsgeschichtliche Untersuchung des richterlichen Prüfungsrechts in Deutschland unter Einbeziehung der französischen Entwicklung, Berlin 2001 – Die Studie zeichnet die Entwicklung des richterlichen Rechts zur Prüfung von Gesetzen am Maßstab höherrangigen Rechts nach, beginnend im Heiligen Römischen Reich bis in die Gegenwart. Herrmann erhellt dabei die vielfältigen Bedenken, die in Deutschland die Errichtung der heute als konkrete Normenkontrolle bezeichneten Kompetenz behindert haben. Hierzu gehören die Sorge um Souveränitätsverlust, die Schädigung der Gewaltenteilung, mangelnder politischer Sachverstand der Richter und die Vermutung einer Verrechtlichung der Politik oder Politisierung des Rechts.

Kielmansegg, Peter Graf: Die Instanz des letzten Wortes. Verfassungsgerichtsbarkeit und Gewaltenteilung in der Demokratie, Stuttgart 2005 – Aus einer liberal-konservativen Sicht erläutert der Autor die Bedeutung des justiziablen Verfassungsvorrangs und das Konfliktpotential mit demokratischer Entscheidungsfreiheit. Durch das Letztentscheidungsrecht über die zulässige Auslegung der Verfassung sei den Verfassungsgerichten letztlich verfassunggebende Gewalt anvertraut. Aufgrund der Unabhängigkeit der Richter könne das aber nicht harmonisierend als stellvertretende Artikulation von Volkswillen gedeutet werden. Kielmansegg erkennt darin eher ein „aristokratisches Moment", angelehnt an das auf wechselseitiger Mäßigung und Interessenausgleich beruhende Konzept der Mischverfassung.

Loewenstein, Karl: Verfassungslehre, Tübingen 2000 – Verfassungsstaatlichkeit wird in dieser weitsichtigen und bis heute lesenswerten Arbeit als eine auf dem Prinzip der Machtteilung beruhende Gattung politischer Systeme verstanden. Sie lasse sich durch dieses Kriterium trennscharf von autoritären und totalitären Systemen unterscheiden. Die Verfassungsgerichtsbarkeit ordnet Loewenstein als eine Form der Interorgan-Kontrolle in sein System ein und begrüßt die Zuständigkeit für Organ- und Bund-Länderstreitverfahren. Die Normenkontrolle erachtet er jedoch als problematisch und keinesfalls als ein zwingendes Merkmal der Verfassungsstaatlichkeit. Sollte sich das Bundesverfassungsgericht einmal einer staatspolitisch wichtigen Entscheidung entgegenstellen, müsse es mit einer „Entmannung" durch Regierung und Parlament im

Wege der Verfassungsänderung rechnen, so der Autor aus der Sicht von 1959, dem Jahr der deutschen Erstausgabe.

Möllers, Christoph: Die drei Gewalten. Legitimation der Gewaltengliederung in Verfassungsstaat, europäischer Integration und Internationalisierung, Weilerswist 2008 – Gewaltenteilung kann abhängig vom konkreten Verfassungsrahmen unterschiedlich ausgestaltet sein und vielfältige Funktionen erfüllen. Der Autor stellt zunächst verschiedene historische Traditionen der Gewaltenteilung dar. Anschließend erläutert er die spezifische Ausgestaltung unter den demokratischen Prämissen individueller und kollektiver Selbstbestimmung und bezieht schließlich die Ebene konstitutioneller Gewaltenteilung im Rahmen moderner Verfassungsstaaten ein. Überlegungen zur Übertragung der Gewaltenteilungslogik auf die EU und internationale Organisationen schließen die Arbeit ab. Die ausführliche Darstellung erlaubt ein tieferes Verständnis der vielfältigen Funktionen von Gewaltenteilung in Rechts- und Verfassungsstaat.

Schuppert, Gunnar Folke (Hrsg.): Der Rechtsstaat unter Bewährungsdruck, Baden-Baden 2010 – Der Sammelband skizziert Bedrohungslagen, denen der demokratische Verfassungsstaat aktuell ausgesetzt ist und die ihn zu einer Abkehr von seinen Prinzipien verleiten könnten. So fürchtet Rainer Lepsius eine Überbetonung des Wertes Sicherheit, die ihn zu einem normativ unangreifbaren „Ermächtigungsvehikel" für immer mehr Freiheitsbeschränkungen mache. Wolfgang Hoffmann-Riem betont die Freiräume, die der Verfassungsstaat zwangsläufig auch Extremisten zur Verfügung stelle und warnt vor der Anwendung von Sondermaßstäben, um solche Gruppierungen am legalen Gebrauch von Freiheitsrechten zu hindern. Otto Depenheuer spricht gar von einer „Doppelmoral im Rechtsstaat", wenn einerseits die Unantastbarkeit grundlegender Rechte betont, andererseits über ihre Missachtung im Kampf gegen Terrorismus räsoniert werde.

Sobota, Katharina: Das Prinzip Rechtsstaat. Verfassungs- und verwaltungsrechtliche Aspekte, Tübingen 1997 – Die Entwicklungsoffenheit von Verfassungsprinzipien verleitet zur Subsumption einer Vielzahl möglicher Ausprägungen. So wird der Blick auf die unverzichtbaren Kerngehalte verstellt. Die umfangreiche Studie Sobotas zielt darauf, den Kerngehalt des Rechtsstaatsprinzips zu rekonstruieren und so seine zentrale Funktion im Rahmen des demokratischen Verfassungsstaats zu unterstreichen. Hierfür stützt sich die Autorin auf eine Zusammenstellung der grundgesetzlichen Konkretisierungen und ideengeschichtlichen Quellen des Rechtsstaatsprinzips. Die Untersuchung mündet in eine Einordnung des Prinzips in das Gesamtgefüge demokratischer Verfassungsstaatlichkeit, verbunden letztlich mit einer Warnung vor der Geringschätzung der „nur" formalen Instrumente.

Steffani, Winfried: Gewaltenteilung und Parteien im Wandel, Opladen 1997 – Der klassischen Gewaltenteilungslehre Montesquieus wird hier eine „politologische Gewaltenteilungslehre" entgegengestellt, die alle in einer modernen Demokratie bestehenden Dimensionen der Machtstreuung und Kontrolle erfassen soll. Der Autor nennt neben der horizontalen und vertikalen auch eine temporale und – hier von besonderem Interesse – konstitutionelle Dimension, die auf die besondere Bedeutung der Verfassungsgerichtsbarkeit verweist. Herzstück des Konzepts ist allerdings die Einbeziehung politischer und sozialer Akteure außerhalb des staatlichen Sektors, die Diskussions- und Entscheidungsprozesse beeinflussen. Steffani sieht in der Sicherung ihrer

Willensbildungsautonomie und Pluralität ein entscheidendes Mittel zur Verhinderung von Machtmonopolen.

Vorländer, Hans: Die Verfassung. Idee und Geschichte, München 2004 – Die griffige, kleine Darstellung gibt einen Überblick über Wesen und Funktion der Verfassung von der Antike bis zur Gegenwart: Verfassungen schaffen eine transparente Kompetenzordnung, regeln die wesentlichen Entscheidungsverfahren und definieren das Verhältnis zwischen Staat und Bürger. Oft spiegeln sie zudem einen Grundkonsens zu Zielen und Werten und befördern so die gesellschaftliche Integration. Anhand der Länderbeispiele England, Nordamerika, Frankreich und Deutschland weist der Autor auf fördernde und hemmende Faktoren der Verfassungsentwicklung hin. Zugleich warnt er vor einer schleichenden Verrechtlichung demokratischer Willensbildungs- und Entscheidungsprozesse, wenn die Verfassung zum alltäglichen Schiedsrichter erhoben werde und durch verfassungsgerichtliche Interpretation immer weniger politische Spielräume blieben.

KAPITEL IV

EXTREMISTISCHE IDEOLOGIEN

Uwe Backes

1 Ideologien in der Extremismusforschung

„Der Gedanke geht der Tat voraus wie der Blitz dem Donner".[1] Diese apodiktische Aussage stammt aus Heinrich Heines Betrachtungen „Zur Geschichte der Religion und Philosophie in Deutschland" (1834). Darin setzte er sich kritisch, teils ironisch, teils sarkastisch, mit der Philosophie des „deutschen Idealismus" in ihren elitären wie vulgären Formen auseinander. Er wollte nicht zuletzt die französischen Nachbarn für die möglichen politischen Folgen im Land der „Dichter und Denker" (Madame de Staël) sensibilisieren, das nach verbreitetem Urteil zwar zu revolutionären Gedanken, nicht aber zu umstürzenden Taten fähig sei. Heine sah hingegen dunkle Gewitterwolken am Horizont aufziehen und warnte insbesondere vor dem „Willensfanatismus" „bewaffnete[r] Fichteaner" und „Transzendentalidealisten" sowie den „dämonischen Kräfte[n] des altgermanischen Pantheismus".[2] Wenn sie erwacht seien und einmal ihr Werk der Zerstörung begonnen hätten, könnten ihnen am Ende die „gotischen Dome" Deutschlands zum Opfer fallen.

Heine hat das extremistische Potential politischer Ideologien seiner Zeit erfasst und geradezu prophetische Gaben unter Beweis gestellt, ohne die im 20. Jahrhundert zu voller Entfaltung gelangende Zerstörungskraft ideologiegetriebener Bewegungen in ihrem ganzen Ausmaß erahnen zu können. Seine Reflexionen lassen den Zeithorizont kultureller Entwicklungen ermessen, aus denen Formen politisch motivierter Gewalt hervorgehen. Sie sind auch eine Mahnung, die Wirkkraft von Ideen ernst zu nehmen und sie nicht als bloßen Ausdruck sozialer Problemlagen und Kräftekonstellationen zu unterschätzen. Zugleich bewahrt der Spötter Heine davor, den Inhalt politischer Ideologien überzubewerten, so renommiert die Vordenker auch sein mögen, die sie für sich in Anspruch nehmen. Er öffnet den Blick auch für die geistigen Niederungen, in denen deformierte Trümmer politischer Weltbilder das Feld bestimmen.

Politischer Extremismus kann per definitionem als ideologiegeleitet gelten, sofern der Begriff eine geistige Gegenwelt zum demokratischen Verfassungsstaat umschreibt und Ideologien in einem weitgefassten Sinne als Überzeugungsgefüge mit normativen und handlungsleitenden Komponenten verstanden werden.[3] Dies bedeutet indes keineswegs, politisches Verhalten mit erkennbar extremistischer Zielrichtung sei stets primär ideologisch motiviert. So hat etwa die NS-Täterforschung zwischen Konformisten, „Weltanschauungstätern", „Exzesstätern",

---

[1] Heinrich Heine, Zur Geschichte der Religion und Philosophie in Deutschland (1834), in: ders., Beiträge zur deutschen Ideologie, mit einer Einleitung von Hans Mayer, Berlin 1971, S. 1–110, hier S. 109.
[2] Ebd., S. 108.
[3] Vgl. in diesem Sinne schon: Eugen Lemberg, Ideologie und Gesellschaft. Eine Theorie der ideologischen Systeme, ihrer Struktur und Funktion, 2. Aufl., Stuttgart u. a. 1974 (1971), S. 25–56.

Schreibtischtätern sowie diversen Mischformen[4] unterschieden – Typen, in denen ideologische Einflüsse eine unterschiedliche Rolle spielen. Meist aber dürfte der Ideologie als „Referenzrahmen"[5] (nicht zuletzt mit ihren Feindbildkonstruktionen) im konkreten Tatgeschehen hohe Relevanz zukommen.

Aber selbst im Falle der Weltanschauungseliten wird der Forscher meist gezwungen sein, in die Niederungen dogmatisierter Überzeugungen und Ideologiefragmente hinabzusteigen, will er die ideologischen Hintergründe und Motivationen des politischen Extremismus ergründen. Das geschieht hier in erster Linie anhand neuerer Forschungen zur politisch motivierten Gewalt in Deutschland. Anschließend werden die Großideologien, aus deren Ideenreservoir sich die Extremismen der Gegenwart meist bedienen, in ihrer historischen Entwicklung knapp nachgezeichnet. Dabei können die Rahmenbedingungen nicht außer Betracht bleiben, denen sie ihre Entstehung und Dynamik verdankten. Ihre Auswahl richtet sich nach der Bedeutung, die ihnen für die Extremismen der Gegenwart zukommt. Deutschland und Europa stehen im Mittelpunkt der Betrachtung. Doch finden auch außereuropäische Einflüsse Beachtung. Der Beitrag schließt mit einer systematischen Betrachtung zu den strukturellen Gemeinsamkeiten extremistischer Ideologien, die sich aus dem Steinbruch der zuvor in Augenschein genommenen Ideen bedient.

Die Extremismusforschung bewegt sich zwischen Skylla und Charybdis, der Über- und der Unterschätzung der Rolle von Ideologien bei der Erklärung politisch motivierten Handelns. Der internationale Forschungsbetrieb kennt wie die Mailänder Mode nicht selten abrupt wechselnde Konjunkturen, die zur starken Hervorhebung wie zur Minimierung ideologischer Einflüsse beitragen. Für die Faschismus- und NS-Forschung lässt sich dies besonders gut zeigen. So gewann in den 1970er Jahren eine Forschungsrichtung an Einfluss, die dem italienischen Faschismus eine ernstzunehmende ideologische Grundlage absprach und stattdessen die äußeren Formen eines beinahe inhaltsleeren „faschistischen Stils" sowie die sozialen Triebkräfte der Bewegung ins interpretatorische Zentrum stellte.[6] Dem traten Forscher entgegen, die sich um die Definition eines generischen Faschismusbegriffs bemühten und dabei erkannten, dass sich das Phänomen mit formalen Merkmalen und sozial-ökonomischen Funktionselementen nicht trennscharf von anderen Phänomenen unterscheiden ließ. Sie mussten folglich in die Fußstapfen Ernst Noltes treten, der zuvor Pionierarbeit geleistet hatte[7], und den Versuch unternehmen, ein „faschistisches Minimum" aus ideologischen Kernbestandteilen zu bestimmen.[8] So gelangten die geistigen Triebkräfte der Faschismen stärker in den Vordergrund.

---

4 Vgl. Gerhard Paul/Klaus-Michael Mallmann, Sozialisation, Milieu und Gewalt. Fortschritte und Probleme der neueren Täterforschung, in: dies. (Hrsg.), Karrieren der Gewalt. Nationalsozialistische Täterbiographien, Darmstadt 2004, S. 1–32, hier S. 17 f.
5 Frank Bajohr, Neuere Täterforschung, in: Docupedia Zeitgeschichte vom 18. Juni 2013, S. 9.
6 „For many years, after all, it was common form to see fascism either as completely wanting in ideological concepts or as having gotten itself up for the sake of the cause in a few rags of doctrine, which therefore need not be taken seriously". Zeev Sternhell, Fascist Ideology, in: Walter Laqueur (Hrsg.), Fascism. A Reader's Guide. Analyses, Interpretations, Bibliography, Berkeley/Los Angeles 1976, S. 315–376.
7 Vgl. vor allem Ernst Nolte, Der Faschismus in seiner Epoche. Die Action française, der Italienische Faschismus, der Nationalsozialismus, 5. Aufl., München/Zürich 1979 (1963).
8 Vgl. Roger Griffin, The Nature of Fascism, London 1991, S. 26. Eine aktualisierte, komprimierte Darstellung seines Ansatzes: ders., Palingenetischer Ultranationalismus. Die Geburtswehen einer neuen Faschismusdeutung, in:

In der NS-Forschung gibt es eine ähnliche Pendelbewegung. Im Vergleich zum Marxismus-Leninismus wies die NS-Ideologie ein geringes Maß an Systematik, Konsistenz und Aussagenreichweite auf. Zudem sprangen die Differenzen zwischen Hitlers „Weltanschauung" und den doktrinären Elaboraten anderer NS-Repräsentanten wie Alfred Rosenberg und Walter Darré ins Auge.[9] So war es verführerisch, der NS-Ideologie eher eine Nebenrolle zuzuweisen und stattdessen die Transformationsdynamik des Regimes und seine „kumulative Radikalisierung"[10] in den Mittelpunkt der Interpretation zu stellen. Gegen die „Strukturalisten" führten die „Intentionalisten" jedoch ins Feld, der biologische Rassismus bilde ein verbindendes Element der Bewegung und der Prozess der Entrechtung, Verfolgung und Vernichtung der Juden und anderer Minderheiten sei ohne eine angemessene Berücksichtigung der ideologischen Grundlagen des Nationalsozialismus nicht zu erklären.[11]

Diese nur knapp angedeuteten Zusammenhänge können das Bewusstsein dafür schärfen, dass politischen Phänomenen generell ein komplexes Wirkungsgefüge zugrunde liegt, innerhalb dessen mannigfache Wechselwirkungen zwischen sozialen, ökonomischen und kulturellen Triebkräften bestehen. Dies zeigt sich vor allem auf der Mikroebene, wenn etwa Gewalthandlungen von Individuen im unmittelbaren Tatgeschehen betrachtet und in ihren Umständen und Voraussetzungen gedeutet werden.

2 Politische Gewalt und die Analyse extremistischer Ideologien

Wie die Forschung zur politisch motivierten Gewalt zeigt, stehen extremistische Ideologien und politisch motivierte Gewalt zueinander in einer komplexen Interaktionsbeziehung.[12] Politische Gewalttäter mögen einer politischen Gruppe/Bewegung angehören oder – als sogenannte „lone wolves" – lose in ein kommunikatives Netzwerk eingebunden sein.[13] Über ihre individuelle Motivation folgt daraus jedoch keineswegs, sie agierten primär aus einer politischen und extremistischen Grundorientierung heraus. Nicht selten treiben opportunistische Gründe den Radikalisierungsprozess an und bewirken den Anschluss an eine politisch ausgerichtete Vereinigung.

Thomas Schlemmer/Hans Woller, Der Faschismus in Europa. Wege der Forschung, München 2014, S. 17–33. Siehe zu den Versuchen zur Bestimmung eines generischen Faschismusbegriffs: Roger Eatwell, Zur Natur des „generischen Faschismus" – Das „faschistische Minimum" und die „faschistische Matrix", in: Uwe Backes (Hrsg.), Rechtsextreme Ideologien in Geschichte und Gegenwart, Köln u. a. 2003, S. 93–122.

9 Vgl. nur Frank-Lothar Kroll, Utopie als Ideologie. Geschichtsdenken und politisches Handeln im Dritten Reich, 2. Aufl., Paderborn 1999; Barbara Zehnpfennig, Hitlers Mein Kampf. Eine Interpretation, 3. Aufl., München 2006.
10 Hans Mommsen, Der Nationalsozialismus. Kumulative Radikalisierung und Selbstzerstörung des Regimes, in: Meyers Enzyklopädisches Lexikon, Bd. 16, München 1976, S. 785–790. Eine differenziertere und im Verhältnis zur Ideologie vermittelnde Position nimmt Mommsen in seinem letzten großen Werk ein: ders., Das NS-Regime und die Auslöschung des Judentums in Europa, Göttingen 2014.
11 Vgl. zu den Positionen der Kontroverse im Einzelnen: Ian Kershaw, Der NS-Staat. Geschichtsinterpretationen und Kontroversen im Überblick, 3. Aufl., Reinbek bei Hamburg 1994, S. 114–118.
12 Vgl. Peter Merkl, Approaches to the Study of Political Violence, in: ders., Political Violence and Terror. Motifs and Motivations, Berkeley/London 1986, S. 19–59.
13 Vgl. Ramon Spaaij, Understanding Lone Wolf Terrorism. Global Patterns, Motivations and Prevention, Dordrecht 2012.

Zur Rolle von Ideologien im politisch „rechts" motivierten Gewalthandeln fasste der 2006 veröffentlichte Zweite Periodische Sicherheitsbericht der deutschen Bundesregierung den Forschungsstand etwa wie folgt zusammen: „Die Motivation der Täter basiert im Allgemeinen auf Deprivationserfahrungen, fremdenfeindlichen Emotionen und generalisierten Gewaltbereitschaften. Seltener sind ideologisch verfestigte politische Ideologien Auslöser der Gewaltdelikte. Meistens übernehmen die Täter die Überzeugungen ihrer Freizeitclique und treten im Namen der Gruppe, die ihnen Geborgenheit, Schutz und Anerkennung bietet, für deren fremdenfeindlichen Ziele ein. Daher ist bei den meisten Tätern, zumindest zum Zeitpunkt der Straftatbegehung, eine dezidiert fremdenfeindliche sowie eine (meist ungefestigte) politisch rechte Orientierung vorhanden".[14] Selbst in einer Untersuchung zum engen Kreis der „Mehrfach- und Intensivtäter" (Bundesland Sachsen, 2001 bis 2011) wiesen etwa drei Viertel der Probanden einen nur schwachen Ideologisierungsgrad auf.[15]

Allerdings sollten solche Befunde nicht dazu verleiten, die Rolle von Ideologien beim Gewalthandeln zu minimieren.[16] Ideologisch geprägte Freund-Feind-Bilder sind auch dort anzutreffen, wo es an Selbstreflexion und elaborierten Tatbegründungen mangelt. Zudem gibt es bei politisch motivierten Gruppentaten stärker ideologisierte Akteure, die maßgeblich zur Herausbildung einer im weitesten Sinne politischen Identität beitragen. Ihnen kam in der Gruppe der rechts motivierten Mehrfach- und Intensivtäter nicht selten eine Schlüsselrolle zu: „Sie ließen ein explizites ideologisches Bekenntnis erkennen, verfügten über Kontakte zur ‚Nationaldemokratischen Partei Deutschlands' (NPD), traten als Anführer oder (hetzerische) Redner (etwas bei Demonstrationen) hervor, waren Ideologieproduzenten und/oder beteiligten sich an Gewaltdiskursen." Zwar verfasste keiner von ihnen umfangreiche ideologische Traktate. Aber einige wurden als Flugblatt-Verfasser, „Gestalter von Stickern und Textilien" oder als „Texter von Rechtsrock-Bands"[17] identifiziert. Einer betätigte sich als Redakteur in einem NS-affinen Organ. Meist waren die ideologischen Bezüge nicht in der Form von schriftlichen Ausarbeitungen, sondern in den sparsamen, aber effektiven Kommunikationsformen politischer Symbolik erkennbar.

Wie zahlreiche Studien zeigen, sind politisch motivierte Gruppen durch eine teils formalisierte, teils informelle Arbeitsteilung gekennzeichnet, innerhalb derer Praktiker und Ideologen kooperieren, aber meist getrennte Funktionen übernehmen. In der Gründergeneration der wohl am besten erforschten linksterroristischen Gruppe in Deutschland, der „Roten Armee Fraktion" (RAF), verfassten die einen (vor allem Horst Mahler und Ulrike Meinhof) umfangreiche Rechtfertigungsschriften, während andere (wie Andreas Baader) die praktischen Fertigkeiten

---

14 Bundesministerium des Innern/Bundesministerium der Justiz (Hrsg.), Zweiter Periodischer Sicherheitsbericht, Berlin 2006. Siehe auch: Helmut Willems/Sandra Steigleder, Jugendkonflikte oder hate crime? Täter-Opfer-Konstellationen bei fremdenfeindlicher Gewalt, in: Journal für Konflikt- und Gewaltforschung 5 (2003), H. 1, S. 5–28.
15 Uwe Backes/Anna-Maria Haase/Michail Logvinov/Matthias Mletzko/Jan Stoye, Rechts motivierte Mehrfach- und Intensivtäter in Sachsen, Göttingen 2014, S. 175.
16 Vgl. zur Unterschätzung der Ideologie als Motivationsfaktor bei der Gewaltradikalisierung: Jan Buschbom, Anlass oder Legitimation? Zum Verhältnis zwischen rechter Gewalt und Ideologie, in: Totalitarismus und Demokratie 10 (2013), S. 301–323.
17 Backes u. a. (Anm. 15), S. 175 f.

für Tatvorbereitung und -ausführung mitbrachten.[18] Dies dürfte in militanten Gruppen der linksautonomen Szene, die mehr oder weniger systematisch Gewalt anwenden, ähnlich sein, auch wenn deren Ideologie ein höheres Maß an Diffusität aufweisen mag. Allerdings sind wir hier weithin auf Selbstdarstellungen der Szene angewiesen, weil das Terrain für Wissenschaftler schwer zugänglich und wenig erforscht ist.[19] Folgende Szeneverlautbarung lässt auf ein hohes Maß individueller Wandlungsfähigkeit schließen: „Aus Freundeskreisen werden mehr oder weniger kurzlebige Banden oder bei Bedarf aktivierbare Aktionsgruppen; aus Demo-Bekanntschaften ergeben sich spontan handlungsfähige und wieder zerfallende Chaoten-Combos; aus politischen Plena entwickeln sich dauerhafte Gruppen, die auch zur Tat schreiten, in wechselnden und sich auch überschneidenden Zusammensetzungen agieren Gruppen manchmal nur ein einziges Mal, manchmal über Jahre, einige verfestigen sich, andere bleiben lose, manche wandeln sich in Theoriezirkel oder Selbsthilfegruppen".[20]

Die mitunter verblüffende Konversions- und Rekonversionsgeschwindigkeit deutet auf das nicht selten geringe Maß an Internalisierung ideologischer Bekenntnisse hin. Besonders im Blick auf die salafistische Szene ist seit einigen Jahren von einer „Turboradikalisierung" die Rede, wobei dem Internet die Funktion des grenzüberschreitenden Konversionsbeschleunigers zugewachsen ist.[21] Als herausragender Fall ist in Deutschland der muslimische Kosovo-Albaner Arid Uka zu nennen, bei dem vor dem Anschlag auf die US-Soldaten auf dem Frankfurter Flughafen im März 2011 keine physischen Kontakte zu Jihadisten nachgewiesen werden konnten, der aber in den Monaten zuvor eifrig entsprechende Internetseiten genutzt hatte.[22] Uka war zum Tatzeitpunkt 21 Jahre alt – und somit etwas älter als die überwältigende Mehrheit der in den Jahren 2001 bis 2011 in Sachsen straffällig gewordenen rechten Gewalttäter.[23] Viele andere Studien belegen die starke Dominanz lediger junger Männer unter 25 Jahren. Eine der wenigen Untersuchungen zu links motivierten Tätern in Berlin gelangte zu einem ähnlichen Befund.[24] Für sie alle gilt: Die Täter befinden sich in der Phase der Adoleszenz, die in besonders hohem Maße bestimmt ist von der Suche nach Orientierung und Lebenssinn und von der Bereitschaft, sich für Neues zu öffnen und mit den Normen der Eltern und Erwachsenen zu brechen. Anders als im Fall Arid Uka erfolgt die Radikalisierung meist mit dem Anschluss an eine Gruppe, deren im weitesten Sinne politische Identitätsangebote sinnstiftend wirken. In vielen

---

18 Alexander Straßner, Perzipierter Weltbürgerkrieg: Rote Armee Fraktion in Deutschland, in: ders. (Hrsg.), Sozialrevolutionärer Terrorismus. Theorie, Ideologie, Fallbeispiele, Zukunftsszenarien, Wiesbaden 2008, S. 209–236, hier S. 214–224.
19 Vgl. Karsten Dustin Hoffmann, Ziele, Mittel und Wirkungen der „Roten Flora" – Analyse eines Autonomen Zentrums, in: Gerhard Hirscher/Eckhard Jesse (Hrsg.), Extremismus in Deutschland. Schwerpunkte, Vergleiche, Perspektiven, Baden-Baden 2013, S. 257–271, hier S. 257. Siehe auch ders., „Rote Flora". Ziele, Mittel und Wirkungen eines linksautonomen Zentrums in Hamburg, Baden-Baden 2011.
20 A.G. Grauwacke, Autonome in Bewegung. Aus den ersten 23 Jahren, Berlin u. a. 2003, S. 143. Siehe dazu auch Udo Baron, Die linksautonome Szene, in: Ulrich Dovermann (Hrsg.), Linksextremismus in der Bundesrepublik Deutschland, Bonn 2011, S. 231–245, hier S. 238 f.
21 Vgl. nur AIVD, Violent Jihad in the Netherlands, Den Haag 2006, S. 43.
22 Vgl. Guido Steinberg, Jihadismus und Internet. Eine Einführung, in: ders. (Hrsg.), Jihadismus und Internet: Eine deutsche Perspektive, SWP-Studie 23, Berlin 2012, S. 7–22.
23 Vgl. Backes u. a. (Anm. 15), S. 82.
24 Vgl. Senatsverwaltung für Inneres und Sport, Abteilung Verfassungsschutz (Hrsg.), Linke Gewalt in Berlin, Berlin 2009.

Fällen bleibt es bei mehr oder weniger opportunistischem Mitläufertum. Gewinnen charismatische Autoritäten Einfluss, sind fanatischer Eifer und blinde Gefolgschaft keineswegs selten.[25]

Selbst wenn 90 Prozent der als politisch motiviert geltenden Gewalttäter nicht als in erster Linie ideologiegeleitet gelten könnten, wäre es verfehlt, die ideologischen Bezüge ihres Handelns zu ignorieren. Denn auch dort, wo andere Motive (wie persönliche Loyalitäten, Gruppenerlebnisse, das Bedürfnis, einer Elite anzugehören, Außeralltägliches zu erleben) vorrangig sind, werden Gewalthandlungen doch in aller Regel politisch legitimiert. Die Ideologie dient dazu, dem eigenen Handeln einen höheren Sinn zu verleihen, es aus der Masse herauszuheben, ihm besondere Dignität zu verleihen und den Status des Täters auf diese Weise moralisch zu erhöhen. Die Wahl der Opfer wird meist ideologisch begründet[26] oder ergibt sich aus den Freund-Feind-Definitionen, die bei kommunikationsarmen und intellektuell wenig versierten Gruppen den Kern der Kollektividentität bilden.

Die im 18. und 19. Jahrhundert entstandenen Großideologien bilden das Ideenreservoir, aus dem die Extremismen der Gegenwart – ob gewaltorientiert oder gewaltfrei agierend – die argumentativen Elemente ihrer Erklärungs-, Deutungs- und Rechtfertigungsversuche gewinnen. Entstehung und Entwicklung dieser Großideologien sind wissenschaftlich intensiv erforscht worden. Als der Bonner Zeithistoriker Karl Dietrich Bracher die historischen Wurzeln der extremistischen Ideologien des 20. Jahrhunderts in einer Summe der Forschung zu Beginn der 1980er Jahre systematisch freilegte und in ihrem filigranen Wirkungsgeflecht erhellte, konnte er bereits auf einer Fülle *ideologiegeschichtlicher* Studien aufbauen.[27] Wegweisend war der Jerusalemer Ideenhistoriker Jacob L. Talmon (1916–1980) mit seiner Trilogie zur Geschichte der „totalitären Demokratie". Im ersten Band hatte er die Ursprünge des Linkstotalitarismus im 18. Jahrhundert vom radikal-egalitären Flügel der Aufklärungsphilosophie bis zu den Agrarkommunisten während und nach der Französischen Revolution nachgezeichnet. Im zweiten Band verfolgte er die Entwicklung des „politischen Messianismus" im 19. Jahrhundert, denen die „totalitär-demokratische Erwartung einer vorbestimmten, allumfassenden und exklusiven Ordnung der Dinge"[28] gemeinsam gewesen sei, ohne dass sie in jedem Fall als vollgültige Ausprägung „totalitärer Demokratie" gelten konnten. Der Begriff erfasste die im ersten Teil des Bandes behandelten Vertreter des „sozialistischen Messianismus" (von Saint-Simon und Fourier über Fichte bis Marx) ebenso wie die Verfechter eines „messianischen Nationalismus" (Lamennais, Michelet, Mazzini, Mickiewicz), bei denen die Völker als Kollektivsubjekte zu Triebkräften der Geschichte und Trägern einer universalen Sendung wurden. Weil der „Horror vor einem sinnlosen Dahintreiben nicht durch Vertrauen auf eine göttliche Vorsehung"[29] beschwichtigt wurde, traten die Gesetze der Geschichte an deren Stelle. Manche lehnten die Religion (wie Blanqui und Marx) ab, andere propagierten eine neue Religion (etwa eine Art ratio-

---

25 Vgl. Eric Hoffer, The True Believer. Thoughts on the Nature of Mass Movements, New York/Evanston 1951.
26 Vgl. C.J.M. Drake, The Role of Ideology in Terrorist's Target Selection, in: Terrorism and Political Violence 10 (1998), H. 2, S. 53–85.
27 Vgl. Karl Dietrich Bracher, Zeit der Ideologien. Eine Geschichte des politischen Denkens im 20. Jahrhundert, Stuttgart 1982.
28 Jacob L. Talmon, Die Geschichte der totalitären Demokratie, hrsg. und eingeleitet von Uwe Backes, Bd. 2: Politischer Messianismus: die romantische Phase, Göttingen 2013, S. 8.
29 Ebd., S. 255.

nalisierten Christentums wie Rousseau, Robespierre, Saint-Simon), wieder andere entwickelten Formen des Pantheismus (wie Hegel und Mazzini), in denen das Göttliche die Totalität des geschichtlichen Prozesses durchflutet.[30] Stets aber ging es darum, etwas Neues an die Stelle der alten, traditionellen, „degenerierten" Religion zu setzen, und zwar nicht etwa lebenspraktische Maximen und Verhaltensregeln, sondern eine allumfassende Weltanschauung, die eine große Umwälzung, ein „dénouement" im Sinne einer Auflösung des historischen Knotens, einer irreversiblen Überwindung überkommener Konfliktstrukturen und einer Erlösung im Diesseits versprach.

Talmon beschränkt sich im zweiten Band nicht auf die Vertreter einer „totalitären Demokratie" im engen Sinne, sondern bezieht auch liberale Gegenspieler in die Betrachtung ein, vom frühesten systematischen Kritiker der „totalitären Demokratie", Benjamin Constant, bis zu François Guizot, Alexis de Tocqueville und Alphonse de Lamartine. Zudem behandelt er knapp die „konterrevolutionäre Rechte" (de Maistre, Bonald, deutsche Romantiker), die mit ihren linken Antagonisten die tiefe Abneigung gegenüber dem Liberalismus nicht zuletzt wegen dessen areligiösem Charakter teilt, scheint er ihr doch frei von der „Last der Sünde" wie von der „Sehnsucht nach Erlösung".[31] Anders als im ersten Band treten neben die Ideologiegeschichte eigenständige Abhandlungen, die den sozialen und ökonomischen Rahmenbedingungen der Revolutionen von 1830 und 1848 in Frankreich gewidmet sind, den Verlauf der politischen Ereignisse nachzeichnen und die Revolutionsakteure mit ihren unterschiedlichen Konzepten und Strategien charakterisieren. Besonders die Februarrevolution von 1848 erscheint als Ringen um die Interpretation des wahren Volkswillens, der keineswegs mit dem empirischen Volkswillen übereinstimmt und seine selbsternannten Deuter mit weitreichenden Handlungsbefugnissen ausstattet. Und die in der Theorie allenthalben geteilte Forderung nach allgemeinen Wahlen stößt in der Praxis auf vielerlei strategische Bedenken selbst bei den entschiedensten Verfechtern revolutionärer Prinzipien: Würde das Volk die nötige Reife aufbringen und seinem „wahren Willen" Ausdruck verleihen? Das allgemeine Wahlrecht bahnt schließlich der „autoritären Demokratie" oder „plebiszitären Diktatur" Napoleons III. den Weg, die Elemente der Vor-1848er Messianismen, des Sozialismus wie des Nationalismus, aufnimmt und in ihnen enthaltene Sehnsüchte auf die mythische, über den Parteien thronende, die Souveränität der Nation verkörpernde Führerfigur projiziert.

Der Bonapartismus vereint so in nuce ideologische Elemente, aus denen die ideologische Polarisation des 20. Jahrhunderts ihre Wucht gewinnt. Den Verbindungen und Wechselwirkungen zwischen der Vision der Weltrevolution und einem von universalistischen Verpflichtungen losgelösten Mythos der Nation ist der dritte Band der Trilogie gewidmet. Dessen geographischer Schwerpunkt verlagert sich gegenüber seinen Vorgängern nach Osten, von Frankreich nach Italien, Deutschland, Österreich, Polen und Russland, den Hauptschauplätzen der totalitären Regimebildungen. Einerseits wird deutlich, wie die Auseinandersetzung mit der Nationenproblematik die Konflikte und Verwerfungen innerhalb der Linken von Marx und Engels über die deutsche Sozialdemokratie des Kaiserreiches und den Austromarxismus bis zu den russischen

---

30 Vgl. ebd., S. 233.
31 Ebd., S. 381.

Revolutionären (von Belinski und Herzen, Tschernyschewski und Dobroljubow, Bakunin und Lawrow bis Tkatschow, Netschajew und Lenin) prägt und welche geistigen Anknüpfungsmöglichkeiten entstehen, wenn die Nation zum bevorzugten Gehäuse sozialer Befreiung avanciert. Andererseits sucht Talmon zu zeigen, dass der Rechtstotalitarismus nicht etwa aus dem Legitimismus und Neoabsolutismus hervorgeht, sondern aus der Transformation des (ursprünglich „linken", bereits auf einem homogenen Nationenverständnis basierenden) Nationalismus von einer egalitär-universellen in eine integral-partikulare Doktrin, die sich für imperiale Projekte auf rassistischer Grundlage wie geschaffen erweist. An die Stelle rationalistischer Visionen treten historische Mythen, denen eine ähnliche Funktion als Beweger der Geschichte zufällt. Dies wird ideologiegeschichtlich greifbar vor allem in der geistigen Entwicklung George Sorels vom Marxismus zum Nationalsyndikalismus und seinem Einfluss auf Mussolini und dessen Werdegang vom linksrevolutionären Chefredakteur der sozialistischen Parteizeitung „Avanti" zum Gründer und Anführer des Faschismus.

Hier leuchten die Strukturähnlichkeiten der (prä-)totalitären Bewegungen auf: „Beide Typen des Totalitarismus gründeten auf der Annahme, dass es eine einzige, allumfassende und ausschließliche Wahrheit in der Politik gibt, und letzten Endes erkannten beide Ideologien nur eine Existenzebene an – die politische. Wenn die Linke ihre Doktrin vom Glauben an die deterministische Vorrangstellung des Materiellen, die sich verändernden Produktionsweisen und die entsprechenden Formen des Klassenkampfes ableitete, entwickelte die Rechte Schritt für Schritt ihre Antwort aus der Behauptung der deterministischen und maßgeblichen Bedeutung der natürlichen Gegebenheiten von Volk und Blut. Jede der beiden Ideologien verband sich mit einer Vision von einer Geschichte, die dazu bestimmt sei, einen erlösenden Höhepunkt, die Auflösung der sozialen Widersprüche auf dem Weg über einen revolutionären Durchbruch oder die Wiederherstellung einer ursprünglichen Authentizität durch Reinigung der völkischen Substanz von sinnentstellenden und schwächenden Verdünnungsmitteln zu erreichen. Beide Ideologien hatten eine manichäische Sicht der Geschichte. Überzeugt, im Besitz der allumfassenden und alles heilenden Wahrheit zu sein, glaubte jede von ihnen, alles ihren Zielen Förderliche sei richtig und gut, und alles, was sich ihrem Vormarsch in den Weg stellte, sei böse."[32] Ihre Konfrontation musste tödlich sein.

Als Ideologiehistoriker hat sich Talmon auch analytischer Kategorien bedient, wie sie Vertreter eines *religionspolitologischen Ansatzes* entwickelt hatten. Die Gemeinsamkeiten extremistischer Ideologien traten im Vergleich mit religiösen Strömungen der Vergangenheit und Gegenwart zutage. Einer der geistigen Väter und frühen Vordenker des Totalitarismusansatzes, der katholische Priester, christdemokratische Parteiführer und Mussoligegner Luigi Sturzo (1871–1959) bemerkte in einer der ersten systematischen Betrachtungen zu den strukturellen Gemeinsamkeiten von Kommunismus, Faschismus und Nationalsozialismus, diese Bewegungen und Regime forderten und erzeugten „gefühlsmäßigen Konformismus", völlige „intellektuelle und moralische Hingabe", „Enthusiasmus des Glaubens" und die „Mystik einer Religion".[33] Lange vor Sturzo hatten andere Autoren auf die religionsähnlichen Züge der Extrem-

---
32 Talmon (Anm. 28), Bd. 3: Der Mythos der Nation und die Vision der Revolution: Die Ursprünge ideologischer Polarisierung im zwanzigsten Jahrhundert, Göttingen 2013, S. 695.
33 Luigi Sturzo, El Estado totalitario, Madrid 1935, S. 33 (Übersetzung des Verfassers).

ideologien hingewiesen. Sie standen damit in einer Deutungstradition, wie sie sich mit den älteren Begriffen des „Fanatismus" und der „Ideokratie" verband.[34]

Heute gilt vor allem Eric Voegelin (1901–1985) als Begründer eines Ansatzes, der das Phänomen des Totalitarismus religionspolitologisch zu erfassen sucht – nicht zuletzt wegen seiner universalhistorisch kühn ausholenden, dichotomisch typisierenden und thesenhaft zuspitzenden Darstellungsweise, die mit ihren provokanten Positionen Stoff für Kontroversen bot, entschiedene Gegner wie begeisterte Anhänger auf den Plan rief.[35] Ausgehend von der Annahme, allen weltlich-politischen Gemeinschaften lägen religiös zu verstehende existentielle Grunderfahrungen zugrunde, unterschied Voegelin in seiner kurz vor dem „Anschluss" Österreichs erschienenen schmalen Schrift zwischen den das Göttliche in einem transzendenten „Weltgrund" verankernden „überweltlichen" und den „innerweltlichen Religionen", die das Göttliche in „Teilinhalten der Welt finden".[36] Die mit dem Säkularisierungsprozess einhergehende Abwendung von den Erlösungsreligionen habe insbesondere in den „verspäteten Nationen" Europas politische Bewegungen hervorgebracht, die sich strukturell dem Modell einer monolithischen Verbindung von Politik und Religion annäherten. Dieses Modell verfolgte Voegelin ideenhistorisch bis zu dem gescheiterten Versuch des ägyptischen Pharaos Echnaton zurück, einen monotheistischen Sonnenkult um den Gott Horus zu etablieren. Die Extremideologien des 18., 19. und 20. Jahrhunderts sah Voegelin zudem in einer Traditionslinie mit der Reichsapokalypse Joachim von Fiores und dem „Symbolismus des Spätmittelalters": „im Glauben an die perfectibilitas der menschlichen Vernunft, an die unendliche Höherentwicklung der Menschheit zum idealen Endzustand in der Aufklärung [...], in den drei Reichen der Marx-Engels'schen Geschichtsphilosophie, im dritten Reich des Nationalsozialismus, im faschistischen dritten Rom, nach dem antiken und dem christlichen." Auch die Inhalte der dritten Reiche seien „erhalten geblieben: und zwar der Glaube an die Auflösung der weltkirchlichen Institution durch die Vergeistigung zu Orden des vollkommenen Lebens im Heiligen Geist, im Glauben an das Absterben des Staates und die brüderliche freie Assoziation der Menschen im kommunistischen dritten Reich; der Glaube an den Bringer des Reiches [...], die Orden des neuen Reiches in den kommunistischen, faschistischen und nationalsozialistischen Bünden und Eliten als dem Kern der neuen Reichsorganisationen".[37]

Voegelins Aufklärungs- und Liberalismuskritik hat ihm heftige Kritik eingetragen.[38] Sie ist mit dem Ansatz selbst aber nicht notwendigerweise verbunden, wie etwa Raymond Arons (1905–1983) frühe Beiträge zu den „religions séculières" beweisen, die in der Tradition aufklärerisch-liberaler Religionskritik stehen.[39] Die Stärke des Ansatzes in seinen verschiedenen Varianten:

---

34 Vgl. Uwe Backes, „Ideokratie" – eine begriffsgeschichtliche Skizze, in: ders./Steffen Kailitz (Hrsg.), Ideokratien im Vergleich. Legitimation – Kooptation – Repression, Göttingen 2014, S. 19–45.
35 Vgl. Jürgen Gebhardt, Eric Voegelin: Leben und Werk, in: Politische Vierteljahresschrift 26 (1985), S. 313–317.
36 Eric Voegelin, Die Politischen Religionen (1938), hrsg. und mit einem Nachwort versehen von Peter J. Opitz, München 1993, S. 17.
37 Ebd., S. 40 f.
38 Vgl. Hans-Christof Kraus, Eric Voegelin redivivus? Politische Wissenschaft als Politische Theologie, in: Michael Ley/Julius H. Schoeps (Hrsg.), Der Nationalsozialismus als politische Religion, Bodenheim 1997, S. 74–88.
39 Vgl. vor allem Raymond Aron, Opium für Intellektuelle oder Die Sucht nach Weltanschauung, Köln 1957; ders., Über Deutschland und den Nationalsozialismus. Frühe politische Schriften 1930–1939, Opladen 1993.

Er macht das Religiöse als „Mysterium tremendum et fascinans"[40] mit seiner reichen Formenwelt für die Analyse der Extremideologien fruchtbar, erschließt vor allem deren Symbolik, Mythen[41], Kulte, Rituale und Inszenierungen. Mit ihm lassen sich mehrere Aspekte der Legitimierung extremistischer Bewegungen in ihrem reziproken Verhältnis zum Legitimitätsglauben erhellen: das politisch-religiöse Angebot mit seinen einfachen Lösungen, Weltdeutungen, Verdammungsurteilen, Freund-Feind-Schemata, Sündenböcken, Heilsgewissheiten und den propagandistischen wie kultischen Formen, mit denen die Nachfrage bei den gläubigen Anhängern befriedigt wird.[42] Zum Angebot zählen die Führerkulte ebenso wie die totalitären Liturgien, mit Festen und Feiern, dem Totenkult um gefallene Helden, Märtyrer und „Blutzeugen", der Fahnenweihe und Reliquienverehrung.[43]

Mindestens ebenso alt wie der religionspolitologische mit seinen ideenhistorischen Vorläufern ist der *erkenntniskritische Ansatz*, der Gehalt, Logik und empirische Überprüfbarkeit der Aussagensysteme extremistischer Ideologien auf den Prüfstand stellt. Als frühester Beitrag kann Francis Bacons Idolenlehre (Novum Organum, 1620) gelten. Hier geht es noch darum, die Faktoren zu eruieren, die „den menschlichen Intellekt daran hindern, zu einer richtigen Erkenntnis der Natur zu gelangen".[44] Immanuel Kants Erkenntniskritik begünstigt eine skeptischere Einschätzung der menschlichen Kognition. Der daran anknüpfende „kritische Rationalismus", entwickelt in der Auseinandersetzung mit den extremistischen Ideologien des 20. Jahrhunderts[45], geht von der Fehlbarkeit der Vernunft und der Vorläufigkeit allen Wissens aus, lehnt Erkenntnisgewissheiten sowie den logischen Schluss vom Seienden auf das Seinsollende entschieden ab und bindet den grundsätzlich für möglich erachteten Wissensfortschritt an die Formulierung empirisch falsifizierbarer Theorien. Die so gewonnenen Aussagen gelten wiederum als vorläufig, dürfen sich nicht gegen Kritik immunisieren.

Karl R. Poppers (1902–1994) Erkenntniskritik und Wissenschaftslehre bildet die Grundlage einer politisch-philosophischen Konzeption, die er in der Auseinandersetzung mit den Extremideologien und dem Glauben an einen streng gesetzmäßigen Ablauf der Weltgeschichte entfaltete. In seiner Schrift „Das Elend des Historizismus" (1957) und schon zuvor in dem Werk „Die offene Gesellschaft und ihre Feinde" (1944) setzte er sich insbesondere mit den politischen Konzepten und Geschichtsphilosophien Platons, Hegels und Marx' auseinander.[46] Sie alle basierten auf weitreichenden Annahmen, die sich einer wissenschaftlichen Begründung entzögen. Der mit ihnen verbundene Anspruch auf objektive Erkenntnis müsse zurückgewiesen werden. Charakteristischerweise thematisierten die historizistischen Lehren nicht Teilaspekte der Wirklichkeit, sondern die Entwicklung der Gesellschaft als Ganzes. Ihr „Holismus" bilde das ent-

---

40 Vgl. zu diesem Begriff Rudolf Otto, Das Heilige. Über das Irrationale in der Idee des Göttlichen und sein Verhältnis zum Rationalen, Neuausgabe, München 2014 [1917].
41 Roger Griffin, The Legitimizing Role of Palingenetic Myth in Ideocracies, in: Backes/Kailitz (Anm. 34), S. 279–295.
42 Marcel Gauchet, L'Avènement de la démocratie, Bd. 3: À l'épreuve des totalitarismes 1914–1974, Paris 2010, S. 516–554.
43 Vgl. Thomas Kunze/Thomas Vogel (Hrsg.), Oh, Du geliebter Führer! Personenkult im 20. und 21. Jahrhundert, Berlin 2013.
44 Ernst Topitsch/Kurt Salamun, Ideologie. Herrschaft des Vor-Urteils, München/Wien 1972, S. 24.
45 Vgl. Karl R. Popper, Vorwort zur deutschen Ausgabe, in: ders, Das Elend des Historizismus, 5. Aufl., Tübingen 1979, S. VII-IX, hier S. VII.
46 Ders., Die offene Gesellschaft und ihre Feinde, 2 Bde., 6. Aufl., München 1980.

scheidende Bindeglied zu dem für sie typischen „Utopismus", dem Projekt, eine „neue Welt" zu errichten. Historizismus, Holismus und Utopismus sind nach Popper zentrale Bestandteile eines totalitären Weltbildes.[47] Seine Schüler und Nachfolger haben den Ansatz fortgeführt und das ideologiekritische Instrumentarium um Elemente erweitert, die insbesondere bei der Strukturanalyse von Extremideologien hilfreich sein können.[48]

Der *sprachkritische Ansatz* widmet sich den schriftlichen wie rhetorischen Ausdrucksformen und Diskursen extremistischer Ideologien und Bewegungen. Er hat literarische Vorläufer, denkt man nur an George Orwells „Neunzehnhundertvierundachtzig". Das für die Propaganda und die offiziellen Ansprachformen des Nationalsozialismus entwickelte Instrumentarium zwecks Identifikation zu Sprache geronnener Menschenfeindlichkeit, wie man es in den frühen Beobachtungen Victor Klemperers, Dolf Sternbergers, Gerhard Storz' und Wilhelm E. Süskinds finden kann[49], ist in späteren Arbeiten beträchtlich erweitert worden.[50] Neueren Datums sind die Auseinandersetzungen mit der Sprache des Kommunismus/Bolschewismus und der realsozialistischen Länder. Im Zentrum der Betrachtung stehen die Dekodierung des „newspeak", der formelhaft-abstrakten „langue de bois", die dazu dient, den zentralen Zweck der Sprache: die Verständigung über Probleme, zu umgehen. Gleichermaßen bedeutsam sind die dualistischen Weltdeutungen und Freund-Feind-Stereotype, die Stigmawörter und ihr Einsatz bei der propagandistischen Feindbekämpfung wie bei der Entwicklung von Führerkulten, der Märtyrer-, Heiligen- und Heldenverehrung. Die Abgrenzung von den erklärten Feinden verbindet sich stets mit der Hervorhebung positiver, gemeinschaftsstiftender Identifikationsmomente.[51]

Der von Erik Erikson (1902–1994) begründete *entwicklungspsychologische Ansatz* dient der Identifikation missglückter Identitätsfindungsprozesse, die eine besondere Aufnahmefähigkeit für extremistische Ideologien erklären. Besondere Beachtung findet jene Altersgruppe, der die meisten politischen Gewalttäter entstammen und aus denen die totalitären Bewegungen ihre glühendsten Anhänger rekrutierten. In der Übergangsphase zwischen Kindheit und Erwachsenenalter muss es dem Heranwachsenden nach Erikson gelingen, aus der Vielfalt teils kompatibler, teil inkompatibler Identitätsangebote ein positives Selbstbild aufzubauen, das eine eigenständige Synthese bildet und sich nicht in der Ablehnung alles anderen erschöpft. Schlägt dies fehl, entsteht oft eine Negatividentität, die vor allem aus der Totalnegation schöpft. Die Jugendlichen werden dann empfänglich für „totalistische" Ideologieangebote (wie extremen Nationalismus, Rassismus oder Klassenkampflehren), die eine absolute Grenze ziehen, bei der nichts, was außen ist, im Inneren bleiben kann. Dieser „Totalismus" ist mithin in seiner Intention absolut inklusiv und extrem exklusiv.[52]

---

[47] Vgl. ders. (Anm. 45), S. 63. Siehe auch: Hans Albert, Kritischer Rationalismus, Tübingen 1980.
[48] Vgl. Kurt Salamun, „Fundamentalismus" – Versuch einer Begriffsklärung und Begriffsbestimmung, in: ders. (Hrsg.), Fundamentalismus „interdisziplinär", Wien 2005, S. 21–45.
[49] Vgl. Victor Klemperer, LTI. Notizbuch eines Philologen, Berlin (Ost) 1949; Dolf Sternberger/Gerhard Storz/ Wilhelm E. Süskind, Aus dem Wörterbuch des Unmenschen, Frankfurt a. M. 1989.
[50] Vgl. vor allem Jean-Pierre Faye, Totalitäre Sprachen, 2 Bde., Frankfurt a. M. 1977; Jacques Dewitte, Le pouvoir de la langue et la liberté de l'esprit. Essai sur la résistance au langage totalitaire, Paris 2007.
[51] Vgl. Orlando Figes/Boris Kolonitskii, Interpreting the Russian Revolution. The Language and Symbols of 1917, New Haven 1999; Elizaveta Liphardt, Aporien der Gerechtigkeit, Tübingen 2005.
[52] Erik H. Erikson, Wholeness and Totality – A Psychiatric Contribution, in: Carl J. Friedrich (Hrsg.), Totalitarianism, New Haven 1954, S. 156–171; ders., Jugend und Krise. Die Psychodynamik im sozialen Wandel, 5. Aufl., Freiburg im Brsg. 2003.

Vor allem Eriksons Schüler Robert Jay Lifton (geb. 1926) hat den Ansatz weiterentwickelt und in seiner Studie zur Gedankenreform und Gehirnwäsche im China Mao Tse-tungs die Techniken extremistischer Gruppen erforscht. Zu ihnen zählen die „Milieukontrolle", die Abschottung gegenüber der Außenwelt, die „mystische Manipulation", mit deren Hilfe die Gruppe der Außenwelt überlegen erscheint, die „Aura der heiligen Wissenschaft", mit welcher der Anspruch erhoben wird, im Besitz höherer Wahrheit zu sein, die Unterordnung des Individuums unter das Kollektiv und die strenge Unterscheidung zwischen Insidern und Outsidern, wobei den einen Rettung zuteilwird, während die anderen der Vernichtung anheimfallen.[53] In späteren Arbeiten hat Lifton seine Analysekategorien auf die an genozidalen Praktiken beteiligten NS-Ärzte sowie geschlossene religiöse Gruppen wie die „Aum-Sekte" angewendet und die Funktion des Gurus beschrieben. Auch den Märtyrerideologien widmete er tief eindringende Analysen.[54]

Der *konzeptmorphologische Ansatz* schließlich geht auf den Oxforder Politikwissenschaftler Michael Freeden zurück[55] und ist anders als die bereits genannten Schulen nicht in erster Linie in der Auseinandersetzung mit extremistischen Ideologien entstanden. Generell sind Ideologien – als omnipräsente und äußerst vielfältige, teils hochreflektierte, teils gänzlich oberflächliche, Formen politischen Denkens – nach Freeden durch die je spezifische Verknüpfung verschiedener Konzepte gekennzeichnet, etwa dem der Freiheit, der Gleichheit, der Solidarität, der Sicherheit und Ordnung. Stets gruppieren sich die ideologischen Aussagensysteme um ein Kernkonzept, das mit anderen teils lose, teils eng verbunden ist.[56] Für die Untersuchung von Extremideologien besonders aufschlussreich ist Freedens Begriff der „thin-centered ideology"[57], der in die Nationalismus- und Populismusforschung Eingang gefunden hat. Die Inhalte „dünner" Ideologien gruppieren sich um einen eingängigen Aussagekern, lassen aber viele Problembereiche unberührt und bleiben so äußerst kombinations- und anpassungsfähig. Beim Populismus besteht das Kernkonzept aus dem Dualismus Volk/Elite, wobei sich der populistische Führer mit dem Volk identifiziert und dessen „wahre Interessen" gegen die „abgehobene", dem Volk entfremdete politische Klasse zu vertreten beansprucht.[58]

3 Formen extremistischer Ideologien

Das am meisten verbreitete Ordnungsschema zur Unterteilung extremistischer Ideologien ist die Rechts-Links-Dichotomie. Sie geht auf die politische Frontenbildung der Französischen Revolution zurück. Dieser lag der Konflikt zwischen den Legitimitätsprinzipien der königlichen

---

53 Vgl. Robert Jay Lifton, Thought Reform and the Psychology of Totalism. A Study of "Brainwashing" in China, New York 1961.
54 Vgl. vor allem Robert Jay Lifton, The Nazi Doctors. Medical Killing and the Psychology of Genocide, London 1986; ders., Terror für die Unsterblichkeit. Erlösungssekten proben den Weltuntergang, München/Wien 2000.
55 Siehe vor allem Michael Freeden, Ideologies and Political Theory. A Conceptual Approach, Oxford 1996.
56 Vgl. Michael Freeden, The Morphological Analysis of Ideology, in: Ders./Lyman Tower Sargent/Marc Stears (Hrsg.), The Oxford Handbook of Political Ideologies, Oxford 2013, S. 115–137.
57 Ders., Is Nationalism a Distinct Ideology?, in: Political Studies 46 (1998), S. 748–765, hier S. 750.
58 Vgl. nur Cas Mudde, Populist Radical Right Parties in Europe, Cambridge 2007, S. 150–157; Yves Mény/Yves Surel (Hrsg.), Democracies and the Populist Challenge, Basingstoke 2002.

Souveränität und der Volkssouveränität zugrunde.[59] In den folgenden Jahrhunderten haben sich die Grenzen zwischen „Links" und „Rechts" zwar vielfach verwischt. Doch kommt besonders in den Extrempositionen der Antagonisten auch heute noch eine Konfliktlinie zum Ausdruck, die mit dem Prinzip der Gleichheit verbunden ist. Dem Turiner Rechtsphilosophen Norberto Bobbio (1909–2004) zufolge sind Rechte weit eher als Linke geneigt, menschliche Ungleichheit als naturgegeben und unabänderlich zu akzeptieren und sie zur Grundlage politischer Programmatik zu machen.[60]

Allerdings unterscheiden sich die Varianten einer gegen Grundprinzipien demokratischer Verfassungsstaaten gerichteten Rechten (Rechtsextremismus) nicht zuletzt darin, welche Art von Ungleichheit anerkannt und welche zurückgewiesen wird. Die Verteidiger überkommener Privilegien, Standesunterschiede und Hierarchien, gegen die Liberale in der ersten Hälfte des 19. Jahrhunderts polemisierten[61], leugneten die Gleichheit der Menschen vor Gott keineswegs. Verfechter eines integralen Nationalismus hingegen, wie sie ab der zweiten Hälfte des 19. Jahrhunderts in einigen europäischen Staaten an Bedeutung gewannen, waren egalitärer in ihren Entwürfen „nationaler Gemeinschaft", zogen aber eine strenge Trennungslinie zu anderen Nationen und deren Angehörigen, die oft als kulturell Minderwertige herabgesetzt wurden. Erst im 20. Jahrhundert hat sich der (Ultra-)Nationalismus als ideologische Grundlage weitester Teile des Rechtsextremismus durchgesetzt. Ihm haben Faschismus und Nationalsozialismus wiederum eine bis in die Gegenwart nachwirkende ideologische Gestalt verliehen. Sie ist im Positiven wie im Negativen zentraler Bezugspunkt aller Versuche geblieben, die „Rechte" als geistige Kraft neu zu begründen.

Linksextreme Gruppierungen propagieren einen radikalen Egalitarismus, neigen aber in der Praxis oft zur Diskriminierung von Minderheiten und sozialen Gruppen aufgrund zugeschriebener sozialschädlicher Eigenschaften („soziale Hygiene"). Allerdings bilden sie auch in dieser Hinsicht keine Einheit, wenn man den Egalitarismus als zentrales Definitionselement akzeptiert. Während revolutionäre Sozialisten/Kommunisten in Kollektiven denken, argumentieren Anarchisten meist betont individualistisch und neigen dazu, das Individuum aus sozialen Verpflichtungen zu lösen.

Nicht alle Extremismen lassen sich auf der Rechts-Links-Achse sinnvoll einordnen. Die politische Topographie kann und sollte stets multidimensional vermessen werden.[62] Neben dem Verhältnis zum Gleichheitsprinzip ist die Frage nach der Wechselbeziehung von Politik und Religion für eine typologische Einordnung der Extremismen von grundlegender Bedeutung. Ihr lässt sich mit dem Begriff des politisch-religiösen Fundamentalismus Rechnung tragen. Als gemeinsamer Nenner aller Fundamentalismen kann das Streben nach einer monolithischen Einheit

---

59 Vgl. vor allem Marcel Gauchet, La Droite et la gauche, in: Pierre Nora (Hrsg.), Les lieux de mémoire, Bd. III, Paris 1993, S. 395–467. Siehe auch Jean A. Laponce, Left and Right. The Topography of Political Perceptions, Toronto 1981.
60 Vgl. Norberto Bobbio, Rechts und Links. Gründe und Bedeutung einer politischen Unterscheidung, Berlin 1994, S. 79.
61 Vgl. beispielsweise Wilhelm Traugott Krug, Die Staatswissenschaft im Restaurazionsprozesse der Herren v. Haller, Adam Müller und Konsorten betrachtet (1817), in: ders., Gesammelte Schriften, 2. Abteilung, Bd. 1, Braunschweig 1834, S. 321–392.
62 Vgl. Uwe Backes, Politischer Extremismus in demokratischen Verfassungsstaaten. Elemente einer normativen Rahmentheorie, Opladen 1989, S. 262.

von Politik und Religion gelten. Der Raum des Politischen soll nach den Maximen einer mit exklusivem Wahrheitsanspruch auftretenden Heilslehre geformt und durchdrungen werden. Die spezifizierenden Attribute „politisch-religiös" sollen zum einen jene Fundamentalismen aus der Betrachtung ausschließen, die zur Weltflucht neigen, also keinen politischen Gestaltungsanspruch erheben, zum anderen „säkulare" Extremismen, die jeglichem Jenseitsglauben eine Absage erteilen („Diesseitsreligionen"). Der politisch-religiöse Fundamentalismus strebt nach aktiver Weltgestaltung, ja Weltbeherrschung, kennt aber darüber hinaus ein Jenseits, das den Gläubigen nach seinem Tod erwartet.[63] Der politisch-religiöse Fundamentalismus findet sich in allen großen Weltreligionen ebenso wie in einer Vielzahl kleiner religiöser Gemeinschaften. Das Phänomen des politisch-religiösen Fundamentalismus ist auf der Rechts-Links-Achse nicht eindeutig zu verorten. Jedoch lässt sich bei einigen Formen eine Schnittmenge zu rechtsextremen Ideologien feststellen.

4 Rechtsextremismus

4.1 Überblick

Folgt man der von Norberto Bobbio vorgenommenen Vierteilung des politischen Raumes, so kann Rechtsextremismus als Sammelbezeichnung für jene Doktrinen gelten, welche einen radikalen Antiegalitarismus implizieren und somit dem für den modernen Verfassungsstaat konstitutiven Ethos fundamentaler Menschengleichheit zuwiderlaufen.[64] Auf der Grundlage dieser Definition lässt sich ein weiter historischer Bogen von den Legitimisten und Ultraroyalisten zur Zeit der Französischen Revolution über die konservativen Traditionalisten und Nationalimperialisten des 19. Jahrhunderts, die obrigkeitsstaatlich orientierten Nationalkonservativen des 20. Jahrhunderts bis zu den Faschismen der Zwischenkriegszeit spannen. Der Begriff umfasst verschiedene ideologisch-programmatische Strömungen einer dem demokratischen Verfassungsstaat fremd bis ablehnend gegenüberstehenden „Rechten". Er weitet den Blick auf nichtnationalistische Formen und eignet sich damit für die Anwendung auf regressive Spielarten eines „Neoaristokratismus" wie für die Transgression zu einem „planetarischen Imperialismus"[65], um die analytischen Kategorien Stefan Breuers anzuwenden. Der Begriff ist offen für ideologische „Mutationen", die möglicherweise über ein größeres Zukunftspotential verfügen als etwa die mimetischen Faschismen der heutigen Jugendsubkulturen. Er inspiriert zudem epochenübergreifende Betrachtungen, etwa die Herausarbeitung politischer Traditionslinien seit dem ausgehenden 18. Jahrhundert. Aufgrund seines hohen Abstraktionsgrades bietet er sich als analytischer Rahmen für länder- und kulturvergleichende Studien innerhalb wie außer-

---

63 Vgl. zu dieser Unterscheidung: Martin Riesebrodt, Fundamentalismus als patriarchalische Protestbewegung. Amerikanische Protestanten (1910–28) und iranische Schiiten (1961–79) im Vergleich, Tübingen 1990, S. 23.
64 Vgl. ausführlich Uwe Backes, „Rechtsextremismus" – Konzeptionen und Kontroversen, in: ders. (Hrsg.), Rechtsextreme Ideologien in Geschichte und Gegenwart, Köln u. a. 2003, S. 15–52.
65 Stefan Breuer, Ordnungen der Ungleichheit – die deutsche Rechte im Widerstreit ihrer Ideen 1871–1945, Darmstadt 2001, S. 40 f.

halb Europas an. Dies gilt besonders für den historischen Zeitraum von den „demokratischen Revolutionen" der zweiten Hälfte des 18. Jahrhunderts bis in die Gegenwart.

Allerdings bringt der Begriff politische Gruppierungen zusammen und auf einen gemeinsamen Nenner, die historisch untereinander vielfach kaum bündnisfähig waren. Der Übernahme linker Ideen durch rechte Kräfte trägt er wenig Rechnung. Eine Bewegung wie der Nationalsozialismus mit ihren volksgemeinschaftlich-egalitären Elementen wird der gleichen Begriffskategorie zugeordnet wie Anhänger oligarchisch-aristokratischer Ordnungsvorstellungen. Die Rechts-Links-Unterscheidung erfasst das Verhältnis zur Gleichheitsidee, blendet aber andere Dimensionen des ideologischen Raumes aus.

Rassismus und Nationalismus, die oft als zentrale Bestandteile „des" Rechtsextremismus gelten, sind nach dieser Definition mögliche, jedoch keine notwendigen Merkmale. Im Zentrum steht die Ideologie der Ungleichheit als verfassungspolitische Basis. Ein utopischer Entwurf im Sinne Platons mit der funktionellen Trennung von Lehr-, Wehr- und Nährstand würde demnach alle Definitionsmerkmale des Rechtsextremismus erfüllen. Eine nicht-rassistische, nicht-nationalistische extreme Rechte in diesem Sinne könnte in der Zukunft eine größere Herausforderung für die konstitutionellen Demokratien darstellen als vergangenheitsfixierte Formen.

4.2 (Ultra-)Nationalismus

Der Nationalismus entwickelte sich schon in der ersten Hälfte des 20. Jahrhunderts zum gemeinsamen ideologischen Nenner der weitaus meisten rechtsextremen Gruppierungen, sofern der Begriff nicht allzu streng gefasst wird. Denn die angestrebten Gemeinschaften konnten und können den mehrheitlich anerkannten territorialen Rahmen sowohl unter- (separatistischer Regionalismus) als auch überschreiten (wie in den Konzepten des Pangermanismus und Panslawismus). Vor allem in den angelsächsischen Ländern wird „Nationalismus" oft in einem weiteren Sinne für all jene politischen Strömungen verwendet, die im Nationalstaat unter den obwaltenden und auf unabsehbare Zeit geltenden historisch-politischen Bedingungen eine wesentliche Voraussetzung für die Schaffung oder Aufrechterhaltung konstitutionell-demokratischer Verhältnisse sehen.[66] Für die Extremismusforschung relevant sind jedoch nur „ultranationalistische" Formen, also jene, die der Nation als – wie auch immer zu definierendem – Kollektiv im Wertekonflikt überragende Bedeutung beimessen[67] – größeres Gewicht insbesondere als der individuellen Freiheit und der Loyalität gegenüber anderen sozialen Gebilden höherer (wie der Menschheit) oder niedrigerer Stufe (wie der Familie oder dem lokalen Lebensumfeld). Mit anderen Worten: Die in offenen Gesellschaften wünschenswerte Balance zwischen den Loyalitäten zu unterschiedlichen Lebenskreisen (von der Treue gegenüber sich selbst und seinen nächsten Angehörigen bis zur Idee gesamtmenschheitlicher Verantwortlichkeit) geht mit dem (Ultra-)Nationalismus verloren. Er ist das Resultat einer ideologischen Überhöhung des Kollektivs „Nation", die andere Loyalitäten zurückdrängt, natürliche Vielfalt unter Homoge-

---

66 Vgl. Ralf Dahrendorf, Die Zukunft des Nationalstaates, in: Merkur 48 (1994), S. 751–761.
67 Siehe auch Bernd Estel, Grundaspekte der Nation, in: Bernd Estel/Tilman Mayer (Hrsg), Das Prinzip Nation in modernen Gesellschaften. Länderdiagnosen und theoretische Perspektiven, Opladen 1994, S. 13–81, hier S. 19.

nisierungsdruck setzt und die Herausbildung von Feindbildern gegenüber Andersartigen begünstigt.

Nach seinen historisch-politischen Funktionen sind vier Typen des Nationalismus/Ultranationalismus unterschieden worden: Emanzipations-, Integrations-, Konfrontations- und Hegemonialnationalismus.[68] Sie traten nicht selten in Kombination auf. Von *Emanzipationsnationalismus* kann die Rede sein, wenn sich ein durch gemeinsame kulturelle Merkmale gekennzeichneter Bevölkerungsteil aufgrund von Erfahrungen der Fremdbestimmung aus einem größeren Staatsverband herauslösen will und nach staatlicher Eigenständigkeit strebt. Solche Prozesse sind oft mit homogenisierender Identitätsbildung und aggressiver Abgrenzung gegenüber dem tatsächlichen/vermeintlichen Unterdrücker verbunden und nehmen dann extremistische Formen an. Dies galt für die antinapoleonischen Befreiungsnationalismen des 19. Jahrhunderts (insbesondere in Deutschland, Österreich, Italien und Spanien) ebenso wie für nicht wenige antikoloniale Bewegungen des 20. Jahrhunderts in Asien und Afrika. Im Europa des 20. Jahrhunderts führten der korsische, baskische und irische Nationalismus zu dauerhaften, bis ins 21. Jahrhundert nachwirkenden Konflikten mit extremistischer Ideologisierung und terroristischen Exzessen.[69] Befreiungsnationalistische Ideologien verbanden sich dabei nicht selten mit rassistischen wie sozialrevolutionären, mitunter auch religiös fundierten Grundideen.

Der *Integrationsnationalismus* liegt in der Notwendigkeit homogenisierender Identitätsbildung bei neu entstehenden („Nation-Building") wie von Zerfall bedrohten Staatsverbänden begründet. Die für Europa im ausgehenden 20. Jahrhunderts bedeutendsten Beispiele finden sich auf den Territorien der ehemaligen Sowjetunion und Jugoslawiens – zum einen in der Form einer neoimperialen Ideologiebildung wie im Serbien Miloševićs oder im Russland Putins[70], zum anderen bei den politisch unabhängig gewordenen ehemaligen Satellitenstaaten und Unionsrepubliken, die teilweise ihrerseits wiederum imperiale Tendenzen entwickeln. Der großungarische und großrumänische Nationalismus mit ihren territorialen Expansionsplänen sind hierfür anschauliche Beispiele.

Hier zeigt sich die enge Verbindung zwischen Integrations- und Konfrontationsnationalismus, da die Inklusion durch homogenisierende Identitätsbildung stets mit scharfer Abgrenzung gegenüber all jenen Gruppen einhergeht, die das Integrationsprojekt von innen oder außen bedrohen. Die europäische Geschichte des 19. und 20. Jahrhunderts ist von Konfrontationen zwischen Nationen geprägt, welche die eigene Überlegenheit mit der Minderwertigkeit ihrer Kontrahenten begründeten.

Von einem *Hegemonialnationalismus* kann dann gesprochen werden, wenn die Ideologie der Höherwertigkeit mit einem Herrschaftsanspruch gegenüber den Unterlegenen einhergeht. Die Panbewegungen (wie Pangermanismus, Panslawismus, Panhispanismus, Panislamismus, Pan-

---

68 Vgl. im Überblick Jürgen Domes, Nationalismus, in: Staatslexikon in 5 Bänden, hrsg. von der Görres-Gesellschaft, 7. Aufl., Bd. 3, Freiburg im Brsg. u. a. 1987, Sp. 1271–1275, hier Sp. 1274 f.
69 Vgl. etwa Peter Waldmann, Ethnischer Radikalismus. Ursachen und Folgen gewaltsamer Minderheitenkonflikte, Opladen 1989.
70 Vgl. zum ideologischen Hintergrund vor allem Michel Eltchaninoff, In Putins Kopf. Die Philosophie eines lupenreinen Demokraten, Stuttgart 2016; Srbobran Branković, The Yugoslav „Left" Parties. Continuities of Communist Tradition in the Milošević Era, in: András Bozóki/John T. Ishiyama (Hrsg.), The Communist Successor Parties of Central and Eastern Europe, London 2002, S. 206–222.

turkismus[71]), die sich seit der zweiten Hälfte des 19. Jahrhunderts entwickelten, beanspruchten die Vereinigung aller Mitglieder einer Kulturgemeinschaft in einem gemeinsamen Staat – und gingen dabei oft rücksichtslos über die Interessen von Bevölkerungsgruppen hinweg, die sich nicht (in erster Linie) als Teil der – meist ethnisch und/oder religiös definierten – Kulturgemeinschaft verstanden. Der deutsche Nationalsozialismus ist dafür ein extremes Beispiel, weil die auf dem Arier-Mythos basierende rassistische Superioritätsdoktrin den geopolitischen Rahmen des aus der Romantik stammenden Pangermanismus („Alldeutsche") bei weitem überschritt und mit einer masseneliminatorischen Säuberungsideologie gekoppelt war.

Am deutschen Beispiel lässt sich die ideologische Bandbreite und Vielgestaltigkeit der (Ultra-)Nationalismen aufzeigen. So hat Kurt Sontheimer zwischen drei Hauptformen der extremistischen Weimarer Rechten unterschieden:[72] Den *Deutschnationalismus* verband er mit der Deutschnationalen Volkspartei (DNVP) samt ihrer Neben- und Unterorganisationen. Nicht alle ihre Anhänger blieben überzeugte Monarchisten, aber sie trauerten dem untergegangenen Kaiserreich nach, weil es Deutschland in einem mächtigen Staat geeint und ihnen dadurch ihre angestammten gesellschaftlichen Positionen und Privilegien gesichert hatte. Der Deutschnationalismus befürwortete weithin den Obrigkeitsstaat, zeigte sich autoritär-etatistisch und begegnete der „sozialen Frage" zugleich abwehrend, fürchtete er doch um den Verlust gesellschaftlichen Einflusses. Sozialrevolutionäre Experimente wurden entschieden abgelehnt.

Der *Neue Nationalismus* der „Konservativen Revolution" wurde von der Generation der Frontsoldaten getragen, die den „totalen Krieg" in seiner klassensprengenden Wirkung erlebt hatten. Das existentielle Erlebnis der Materialschlachten, die unerwartete, bittere Niederlage nach entbehrungsreichen Kämpfen, für die man die republikanischen Kräfte verantwortlich machte, mündete in die Forderung nach einer „1789" rückgängig machenden geistigen, politischen und sozialen Konterrevolution („Konservative Revolution"). Sie sollte zur Überwindung traditioneller Klassenschranken und der Errichtung eines wahren, von einem alles überwölbenden Ethos erfüllten „Volksstaates" führen, der den „ewigen Werten" des Lebens zu ihrem Recht verhelfen würde. Der „Volksstaat" wurde überwiegend ethno-kulturell definiert.

Die *Völkischen* fassten den von ihnen propagierten Staat dagegen biologisch-rassistisch. Ausgehend von den sozialdarwinistischen und antisemitischen Strömungen des Kaiserreiches, übertrugen sie die Gesetze der Fauna auf die Humangesellschaft. Die Menschen galten als erblich weitgehend determinierte Wesen, die Kategorien der „Rasse" und des „Blutes" als entscheidende Kriterien zur Beurteilung der „Qualität" einer Nation. Die rassische Substanz des deutschen Volkes sollte durch Rassenhygiene, Eugenik, Selektion und Züchtung erhalten und gefördert werden. Der rassistische Nationalismus der Völkischen konnte einen utopischen Charakter annehmen und sich mit sozialrevolutionären Programmelementen verbinden.

---

71 Vgl. im Überblick Louis L. Snyder, Encyclopedia of Nationalism, New York 1990, insbes. S. 304–306.
72 Vgl. Kurt Sontheimer, Antidemokratisches Denken in der Weimarer Republik. Die politischen Ideen des deutschen Nationalismus zwischen 1918 und 1933, 2. Aufl., München 1983 [1962].

4.3 Rassismus und Sozialdarwinismus

Die Wortgeschichte des „Rassismus" scheint mit der deutschen Strömung der „Völkischen" verknüpft zu sein. Französische Deutschlandkenner übersetzten das deutsche Wort „völkisch" zu Beginn der 1920er Jahre mit dem französischen Neologismus „raciste".[73] Die sich daran anschließenden Begriffsbildungen sind so vielfältig, dass von einer partiellen Begriffsentleerung durch Überdehnung der ursprünglichen Inhalte die Rede sein kann.[74] Mit guten Gründen wird der Rassismusbegriff im engeren Sinne für die kollektive Zuordnung von Eigenschaften auf – angeblich – biologisch-genetisch konstante Menschengruppen („Rassen") verwendet. In diesem Sinne kam er im 17. Jahrhundert in Frankreich auf.[75] Er wurde theoretisch mit der neuen Wissenschaft der Anthropologie vertieft und durch die Sprachwissenschaft (Sanskrit) mit dem Arier-Mythos verknüpft. Eine wirkungsmächtige Systematisierung erhielt die Rassenlehre mit dem „Essai sur l'inégalité des races humaines" (1853 bis 1855) des französischen Diplomaten Joseph Arthur Comte de Gobineau (1816–1882). Die Übertragung der Prinzipien der (im Wesentlichen für das Tier- und Pflanzenreich entwickelten) bahnbrechenden Evolutionstheorie Charles Darwins auf die Menschengesellschaft förderte den weiteren Aufstieg des Rassismus als einer in breiten Gesellschaftskreisen anerkannten Lehre, die dem Imperialismus zugleich eine Legitimationsgrundlage verlieh. Houston Stewart Chamberlain (1855–1927) verknüpfte den Gobineau'schen Rassismus in seinen „Grundlagen des neunzehnten Jahrhunderts" (1899) mit Pangermanismus und biologischem Antisemitismus und schuf damit ein Kultbuch der völkischen Bewegung und des Nationalsozialismus.[76]

Mögliche Elemente des Rassismus sind der *Ethnozentrismus*, insbesondere in der Form der Hervorhebung der – angeblich – überlegenen Fähigkeiten der – als homogen gedachten – Eigengruppe, die Geringschätzung, Abwertung und Anfeindung von Fremdgruppen (*Fremdenfeindlichkeit, Xenophobie*), so etwa gegenüber den Juden (*Antisemitismus*), sowie die Propagierung der *Endogamie* und „Blutreinheit", also der Ablehnung der Vermischung mit den Fremden.

Der Rassismus war weder das hinreichende noch ein notwendiges Merkmal der extremen Rechten. Rassistische Doktrinen fanden Verfechter in allen politischen Lagern – auch in dem der Linken.[77] Umgekehrt gab es Vertreter einer antidemokratischen und antiliberalen Rechten, die „Volk" und „Nation" nicht biologisch-naturalistisch, sondern vorwiegend geistig-kulturell

---

73 Vgl. Henri Lichtenberger, L'Allemagne d'aujourd'hui. Dans ses relations avec la France, Paris 1922, S. 107; Edmond Vermeil, L'Allemagne contemporaine (1919–1924). Sa structure et son évolution politiques, économiques et sociales, Paris 1925, S. 55. Siehe dazu Pierre-André Taguieff, Die Macht des Vorurteils. Der Rassismus und sein Double, Hamburg 2000, S. 112–115.
74 Davor warnt Robert Miles, Rassismus. Einführung in die Geschichte und Theorie eines Begriffs, 2. Aufl., Hamburg 1992, S. 57–91.
75 Vgl. Imanuel Geiss, Geschichte des Rassismus, Frankfurt a. M. 1988, S. 17.
76 Vgl. Udo Bermbach, Houston Stewart Chamberlain. Wagners Schwiegersohn – Hitlers Vordenker, Stuttgart/Weimar 2015; Anja Lobenstein-Reichmann, Houston Stewart Chamberlain. Zur textlichen Konstruktion einer Weltanschauung. Eine sprach-, diskurs- und ideologiegeschichtliche Analyse, Berlin 2008, S. 26–31; Uwe Puschner, Die völkische Bewegung im wilhelminischen Kaiserreich. Sprache – Rasse – Religion, Darmstadt 2001, S. 280.
77 Vgl. Geiss (Anm. 75), S. 176–179.

im Rückgriff auf historische Mythen bestimmten.[78] Auch die für den Rassismus typische Mischungsaversion wurde nicht von allen Vertretern der extremen Rechten geteilt. So vertrat der „Nationalbolschewist" Ernst Niekisch (1881–1967) zu Beginn der 1930er Jahre die Auffassung, das Preußentum sei durch die Vermengung „germanischen" und „slawischen Blutes" entstanden. Die „preußische Rasse" habe die von romanisch-städtisch-bürgerlichen Einflüssen unterminierte Substanz der Deutschen vom Osten her aufgefrischt.[79]

4.4 Faschismus und Nationalsozialismus

Der Rassismus bildete ein ideologisches Element des italienischen Faschismus wie des deutschen Nationalsozialismus, aber sein Gewicht war in beiden Bewegungen unterschiedlich. Beim Nationalsozialismus bildete die Rassenlehre die ideologische Grundlage, auf der die anderen Bausteine der „Weltanschauung" basierten. Für den italienischen Faschismus hingegen trifft dies nicht zu, wie auch Benito Mussolini (1883–1945) in seinem Antisemitismus weit weniger konsequent als Adolf Hitler (1889–1945) war.[80] Das wichtigste ideologische Bindeglied zwischen beiden Bewegungen sehen die meisten Kenner daher nicht im Rassismus, sondern – neben den Negationen, insbesondere dem Antimarxismus und Antiliberalismus – in einer spezifischen Form des Ultranationalismus.

International viel Anerkennung hat die Definition Roger Griffins gefunden, der den gemeinsamen Nenner der Faschismen (und damit der Bewegungen in Italien und Deutschland) wie folgt definiert: „Faschismus ist eine politische Ideologie, deren mythischer Kern in seinen diversen Permutationen eine palingenetische Form von populistischem Ultra-Nationalismus ist."[81] Damit verbinde sich die Vorstellung, „die wie auch immer definierte Nation befinde sich in einem Zustand der Dekadenz oder des Verfalls, aus dem sie durch revolutionäres Handeln erlöst werden müsse, also durch einen von einer Bewegung und schließlich einem Staat oder einer Neuen Ordnung getragenen Prozess der Wiedergeburt, der Erneuerung und der Regeneration."[82] Dies erklärt die antikonservativen, modernisierenden, revolutionären und utopischen Züge des Faschismus, der einen „neuen Menschen" propagiert.

Der palingenetische Mythos des italienischen Faschismus war das idealisierte römische Reich, sein wichtigstes Erkennungszeichen das Rutenbündel der Liktoren, Sinnbild der Vereinigung aller Kräfte.[83] Der Nationalsozialismus sah das von ihm propagierte Dritte Reich in historischer Kontinuität zum Ersten Reich der mittelalterlichen Kaiser, das die Nachfolge des römischen

---

78 Vgl. Sontheimer (Anm. 72), S. 244–255.
79 Vgl. Ernst Niekisch, Die Entscheidung, Berlin 1930, S. 165–167. Siehe Stefan Breuer, Anatomie der Konservativen Revolution, Darmstadt 1993, S. 93. Siehe auch ders. (Anm. 65), S. 36–41.
80 Vgl. Nolte (Anm. 7), S. 293, 343–345. Siehe zur Bedeutung des Antisemitismus bei Mussolini nun vor allem Hans Woller, Mussolini, der erste Faschist. Eine Biografie, München 2016.
81 Roger Griffin, Palingenetischer Ultranationalismus. Die Geburtswehen einer neuen Faschismusdeutung, in: Schlemmer/Woller (Anm. 8), S. 17–33, hier S. 17. Siehe zu dieser Definition und ihren Alternativen: Stanley G. Payne, A History of Fascism 1914–45, London 1995, S. 3–22.
82 Ebd., S. 18. Siehe auch bereits Griffin (Anm. 8).
83 Vgl. Emilio Gentile, Der Liktorenkult, in: Christof Dipper/Rainer Hudemann/Jens Petersen (Hrsg.), Faschismus und Faschismen im Vergleich. Wolfgang Schieder zum 60. Geburtstag, Köln 1998, S. 247–262.

beansprucht hatte und als „germanisch" gedeutet wurde. Als Stadt der Reichsparteitage fungierte Nürnberg mit seiner historisch bedeutenden Kaiserburg.[84]

Der palingenetische Mythos war Grundlage einer Missionsidee, legitimierte einen Imperialismus mit hegemonialen Ambitionen über den europäischen Rahmen hinaus und legte die Grundlage für eine aggressive Außenpolitik. Im Inneren begründete er homogenisierende Identitätsbildung mit Exklusion gegenüber jenen Gruppen, die sich dem politischen Projekt als „subjektive" (durch Gegnerschaft) oder „objektive Feinde" (aufgrund von ideologisch zugeschriebenen Eigenschaften) entzogen.[85] Zwecks Inklusion der nationalen Gemeinschaftsangehörigen war der (Ultra-)Nationalismus mit sozialen Integrationsangeboten verknüpft.[86] Der Korporatismus des italienischen Faschismus sah die Nation als sozialen Organismus, innerhalb dessen die Angehörigen aller sozialen Berufsstände harmonisch zusammenwirken sollten. Eine ähnliche sozialharmonisierende Vision bildete die Idee der „Volksgemeinschaft", in der die Arbeiter „der Stirn und der Faust" jenseits überkommener Klassenschranken gedeihlich zusammenwirken sollten.[87]

Korporatismus und egalitäre Volksgemeinschaft waren gleichsam „dritte Wege" zwischen Marxismus/Bolschewismus und Liberalismus/Kapitalismus. Weder das Individuum noch die „Menschheit" bildeten den zentralen Bezugspunkt, sondern ein Kollektiv wie Nation, Volk oder Rasse. Gefordert wurde eine neue Synthese zwischen den Grundideen von Sozialismus und Nationalismus.[88] In der entstehenden nationalen Gemeinschaft sollten die Klassenschranken verschwinden und jeder Angehörige dieser Gemeinschaft einen Platz einnehmen können, der seinen Fähigkeiten entsprach.

Weder Nationalsozialismus noch Faschismus bildeten eine dem Marxismus-Leninismus vergleichbare elaborierte Ideologie aus. Dies erleichterte die Integration divergierender ideologischer Positionen innerhalb des konzeptionellen Rahmens. Im Vergleich zum Nationalsozialismus war der italienische Faschismus in ideologischer Hinsicht pragmatischer, changierte zwischen kulturellen und biologisch-rassistischen Definitionen der Nation.[89] Aber auch der deutsche Nationalsozialismus bildete programmatisch alles andere als eine strenge Einheit. Die Vision eines „nationalen Sozialismus" war für Vertreter des „linken" NSDAP-Parteiflügels bedeutsamer als utopische Vorstellungen auf der Grundlage des Rassegedankens, wie sie Reichsführer-SS Heinrich Himmler (1900–1945) propagierte und in die Praxis umzusetzen versuch-

---

84 Vgl. Robert Fritzsch, Nürnberg unterm Hakenkreuz. Im Dritten Reich 1933–1939, Düsseldorf 1983.
85 Vgl. zu dieser Unterscheidung: Hannah Arendt, Elemente und Ursprünge totaler Herrschaft. Antisemitismus, Imperialismus, totale Herrschaft, 10. Aufl., München/Zürich 2005, S. 877–880.
86 Vgl. Peter Cornelius Mayer-Tasch, Korporativismus und Autoritarismus. Eine Studie zu Theorie und Praxis der berufsständischen Rechts- und Staatsidee, Frankfurt a. M. 1971.
87 Vgl. Frank Bajohr/Michael Wildt (Hrsg.), Volksgemeinschaft. Neue Forschungen zur Gesellschaft des Nationalsozialismus, Frankfurt am Main 2009.
88 Vgl. Roger Eatwell, On Defining the "Fascist Minimum": the Centrality of Ideology, in: Journal of Political Ideologies 1 (1996), S. 303–320; Sternhell (Anm. 6), S. 325–355.
89 Vgl. Kevin Passmore. Fascism. A Very Short Introduction, Oxford 2002, S. 116–118.

te.⁹⁰ Der Rassegedanke selbst wiederum variierte beträchtlich.⁹¹ Während Hitler und andere wichtige Vertreter der Bewegung einen biologischen Rassismus propagierten⁹² (und dabei in ihren Zukunftsvorstellungen wiederum weit auseinander lagen), verwandte einer der bedeutendsten NS-Ideologen, Alfred Rosenberg (1893–1946), einen metaphysischen Rassebegriff, bei dem die Rassezugehörigkeit im Kern ideell-subjektiv begründet war. Anders als die Verfechter rassischer „Höherzüchtung" setzte Rosenberg auf seelische Regeneration und die Hervorbringung einen „neuen Menschen" durch die Erneuerung germanischer Religiosität.⁹³

4.5 Neofaschismus und Neonationalsozialismus

Die umfassende Diskreditierung des Faschismus/Nationalsozialismus infolge der Kriegsniederlage und der Massenverbrechen, die sich mit den Regimen verbanden, bestimmte nach 1945 alle Versuche ideologischer Wiederbelebung. Dies zeigt sich auch und gerade in den Zirkeln jener Autoren, die allerlei Anstrengungen unternehmen, um die moralische Last zu verringern und die Bewegung zu relegitimieren, indem zumindest die schlimmsten Exzesse (wie das fabrikmäßige Töten in Gaskammern) entgegen aller Quellenevidenz als – angeblich – technisch undurchführbar geleugnet wurden.⁹⁴

Einen Neuanfang versuchten die diversen Anläufe zu einer „faschistischen Internationale" von den ersten Nachkriegsjahren an. Die Gräben zwischen den europäischen Ultranationalismen sollten durch die Berufung auf die gemeinsamen kulturellen und rassischen Merkmale der abendländischen Völker überwunden werden.⁹⁵ Als Vorbild galt die Waffen-SS, in deren Reihen Verbände aus vielen Ländern Europas zum „Kampf gegen den Bolschewismus" geworben worden waren. Ein ehemaliges Mitglied, Artur Ehrhardt (1896–1971), gründete in diesem Sinne 1951 in Coburg die Zeitschrift „Nation Europa", die sich in den folgenden Jahrzehnten zu einem intellektuellen Forum am rechten Rand entwickelte.⁹⁶ In ihren ersten Nummern warben der ehemalige Führer der britischen „Schwarzhemden", Sir Oswald Mosley (1896–1980), für einen „Europäischen Sozialismus", der italienische Rechtsintellektuelle Julius Evola (1898–

---

90 Vgl. Isabel Heinemann, „Rasse, Siedlung, deutsches Blut". Das Rasse- und Siedlungshauptamt der SS, Göttingen 1999; Uwe Puschner/Clemens Vollnhals (Hrsg.), Die völkisch-religiöse Bewegung im Nationalsozialismus. Eine Beziehungs- und Konfliktgeschichte, Göttingen 2012.
91 Vgl. Frank-Lothar Kroll, Endzeit, Apokalypse, Neuer Mensch – Utopische Potentiale im Nationalsozialismus und Bolschewismus, in: Backes (Anm. 64), S. 139–157, hier S. 144–150.
92 Vgl. aus der Fülle der Veröffentlichungen zum Thema Barbara Zehnpfennig, Hitlers Weltanschauung, in: Frank-Lothar Kroll/dies., Ideologie und Verbrechen, München 2013, S. 67–89; Adolf Hitler, Mein Kampf. Eine kritische Edition, 2 Bde., hrsg. von Christian Hartmann u. a., München/Berlin 2016.
93 Vgl. Alfred Rosenberg, Der Mythus des 20. Jahrhunderts. Eine Wertung der seelisch-geistigen Gestaltenkämpfe unserer Zeit (1930), 11. Aufl., München 1933, S. 611. Dazu vor allem: Claus-Ekkehard Bärsch, Alfred Rosenbergs „Mythus des 20. Jahrhunderts" als politische Religion, in: Hans Maier/Michael Schäfer (Hrsg.), „Totalitarismus" und „Politische Religionen". Konzepte des Diktaturvergleichs, Bd. II, Paderborn u. a. 1997, S. 227–248.
94 Über dieses und andere Motive der Holocaust-Leugnung differenzierend: Jean-Yves Camus, Holocaust-denial – New Trends of a Pseudo-Scientific Smokescreen of Anti-Semitism, in: Uwe Backes/Patrick Moreau (Hrsg.), The Extreme Right in Europe. Current Trends and Perspectives, Göttingen 2012, S. 243–263. Siehe auch Valérie Igounet, Histoire du négationnisme en France, Paris 2000.
95 Vgl. im Überblick Jean-Yves Camus, Neo-Nazism in Europa, in: Backes/Moreau (Anm. 94), S. 231–241.
96 Vgl. Armin Pfahl-Traughber, Zeitschriftenporträt „Nation Europa", in: Uwe Backes/Eckhard Jesse (Hrsg.), Jahrbuch Extremismus & Demokratie, Bd. 12, Baden-Baden 2000, S. 305–322.

1974) für den „organischen Gedanken" und der Franzose Maurice Bardèche (1907–1998) für die von ihm ins Leben gerufene geistesverwandte Zeitschrift „Défense de l'Occident".

Spätere Versuche einer politischen Wiederbelebung des Faschismus und Nationalsozialismus erschöpften sich teilweise in kritikloser Verehrung der historischen Formen. Ein „nostalgic Nazism" oder „mimetic fascism"[97], verbunden mit oft lächerlicher Nachäffung des faschistischen Stils (Uniformen, Abzeichen, Fahnen), entstand selbst in Ländern, die Opfer völkermörderischer NS-Okkupation geworden waren. Intelligentere Anhänger dieser Gruppierungen vermieden eine pauschale Identifikation mit den Vorbildern der Zwischenkriegszeit. Oft dienten der frühe sozialrevolutionäre Faschismus oder die NSDAP-„Linke" um die Gebrüder Strasser als Ideenlieferanten. Antikapitalismus und Antiamerikanismus gingen meist Hand in Hand. Ein deutsches Beispiel bot die terroristische Hepp-Kexel-Gruppe, die ihre Anschläge mit einem Plädoyer für den „Abschied vom Hitlerismus" (1982) verbunden hatte. Sie erteilten darin dem „Hitler-Kult" ebenso eine Absage wie dem „bürgerlichen Nationalismus". Im „antiimperialistischen Befreiungskampf" „gegen den Amerikanismus" warben sie um Mitstreiter auch auf der Linken und zogen sogar ein Bündnis mit in der Bundesrepublik lebenden „ausländische[n] Antiimperialisten"[98] in Betracht.

Gleichsam als ideologischer Reimport des nationalsozialistischen Rassismus kann in Teilen die „white power"-Ideologie gelten, die sich in NS-affinen Gruppierungen nicht zuletzt durch einen Teil der Skinhead-Subkultur von den 1980er Jahren an verbreitete. Der Schlachtruf stammt ursprünglich aus den USA, wo ihn die American Nazi Party George Lincoln Rockwells (1918–1967) als Kontrapunkt zur „black power" der Schwarzenbewegung verbreitete. Der Panarianismus amerikanischer „white supremacists" übersteigt allerdings den Inklusionsrahmen der historischen NS-Ideologie, da er Russland und Osteuropa als Teil der „weißen Welt" versteht. Nur so kann der Zweite Weltkrieg als „brudermörderisches Desaster" (William L. Pierce) gedeutet werden.[99] Noch weiter entfernten sich intellektuelle Zirkel einer „Neuen Rechten" ideologisch von den regimebildenden Bewegungen und Ideologien der Vergangenheit.

4.6 „Neue Rechte"

Die Selbstbezeichnung „Neue Rechte" kam in Deutschland in den Jahren 1967/68 auf[100], als die „Neue Linke" immer mehr ins Zentrum öffentlicher Aufmerksamkeit rückte. Der wohl anspruchsvollste theoretische Kopf, Henning Eichberg (geb. 1942; Hauptpseudonym: Hartwig Singer), hatte seine Ideen in enger Tuchfühlung zu französischen Gruppierungen entwickelt, die sich um die Zeitschrift „Europe Action" und die „Féderation des Etudiants Nationalistes"

---

97 Vgl. Griffin (Anm. 8), S. 164.
98 Zitate nach dem Abdruck des Faksimiles bei: Bernd Rabert, Links- und Rechtsterrorismus in der Bundesrepublik Deutschland von 1970 bis heute, Bonn 1995, S. 397–400.
99 Vgl. Thomas Grumke, Globalized Anti-Globalists – The Ideological Basis of the Internationalization of Right-Wing Extremism, in: Backes/Moreau (Anm. 94), S. 323–332, hier S. 324 f.
100 Vgl. Klaus Schönekäs, Bundesrepublik Deutschland, in: Franz Greß/Hans-Gerd Jaschke/ders., Neue Rechte und Rechtsextremismus in Europa: Bundesrepublik, Frankreich, Großbritannien, Opladen 1990, S. 236.

(F.E.N.) formierten. Im Gegensatz zu Frankreich, wo mit dem „Groupement de Recherche et d'Etudes pour la Civilisation Européenne" (G.R.E.C.E.) im Januar 1969 eine politische Infrastruktur entstand, deren Effizienz eine gewisse Resonanz der „Nouvelle droite" im folgenden Jahrzehnt ermöglichte[101], war die Organisationsgeschichte der deutschen Neuen Rechten in den siebziger Jahren durch geringen Zuspruch und sektenhafte Zersplitterung gekennzeichnet. Ende der siebziger Jahre verstärkte sich der Einfluss der „Nouvelle Droite", die von den französischen Medien „entdeckt" und zeitweilig in den Mittelpunkt öffentlicher Diskussionen gestellt worden war.[102] Sie inspirierte nicht nur in Deutschland, sondern auch in anderen europäischen Ländern geistesverwandte Theoriezirkel.[103]

Die Neue Rechte war ebenso wenig wie die Neue Linke ideologisch homogen. Sucht man nach einem kleinsten gemeinsamen Nenner, scheinen folgende Elemente dazu zu gehören:[104]

– Sie üben Fundamentalkritik an der modernen Massengesellschaft, die zur geistigen und kulturellen Nivellierung und Mediokrisierung der Lebensverhältnisse führe. Dem Konsumrausch und nackten Materialismus verfallen, verlören die Menschen jeglichen Sinn für „höhere Werte" und „große Ziele". Es bedürfe einer Rückbesinnung auf verloren gegangene kulturelle Normen, um die Menschen von lähmender Lethargie zu befreien und für große politische Aufgaben zu mobilisieren.

– Hauptursache der tiefen Dekadenz der modernen Welt sei der Egalitarismus in seinen verschiedenen Varianten: Christentum, Judentum, Marxismus und Liberalismus. Er habe zur Einebnung der natürlich gewachsenen Verschiedenheiten geführt und mit der Vielfalt auch ursprüngliche Kreativität beseitigt. Die Gleichheitslehren hätten das kulturelle Erbe des Abendlandes zerstört und die schöpferische Kraft seiner Völker untergraben.

– Die Berufung auf die „Menschenrechte" und die Beschwörung der „einen Welt" glichen hohlen Phrasen. „Die" Menschheit sei eine Fiktion, die Vielfalt unterschiedlicher Rassen, Völker, Ethnien eine Realität. Nur in seiner Nation oder Ethnie vermöge der Mensch kulturschöpferisch zu wirken. Werde er aus seinem natürlichen Lebenszusammenhang gerissen und in eine fremde Umgebung verpflanzt, seien kultureller Niedergang und Sittenverfall die Folge. Völkervermischung bedeute „Ethnozid", der „melting pot" Dekadenz und bestenfalls kulturelle Mittelmäßigkeit.

---

101 Vgl. zur Entstehung der Nouvelle droite: Hans-Gerd Jaschke, Frankreich, in: Greß/ders./Schönekäs (Anm. 100), insbes. 45–55; Pierre-André Taguieff, La stratégie culturelle de la Nouvelle Droite en France (1968–1983), in: Robert Badinter (Hrsg.), Vous avez dit Fascismes?, Paris 1984, S. 19–40.
102 Vgl. Pierre-André Taguieff, Sur la nouvelle droite. Jalons d'une analyse critique, Paris 1994; Armin Pfahl-Traughber, Konservative Revolution und Neue Rechte. Rechtsextremistische Intellektuelle gegen den demokratischen Verfassungsstaat, Opladen 1998, S. 129–222.
103 Vgl. Tamir Bar-On, Where Have All the Fascists Gone?, Aldershot 2007.
104 Vgl. dazu wichtige theoretische Schriften der „Neuen Rechten": Alain de Benoist, Heide sein. Zu einem neuen Anfang. Die europäische Glaubensalternative, Tübingen 1981; ders., Aus rechter Sicht. Eine kritische Anthologie zeitgenössischer Ideen, 2 Bde., Tübingen 1983/84; ders., Kulturrevolution von rechts. Gramsci und die Nouvelle Droite, Krefeld 1985; ders., Demokratie. Das Problem, Tübingen 1986; Roland Bubik (Hrsg.), Wir 89er. Wer wir sind – was wir wollen, Berlin 1995; Henning Eichberg, Nationale Identität. Entfremdung und nationale Frage in der Industriegesellschaft, München/Wien 1978; Pierre Krebs (Hrsg.), Das unvergängliche Erbe. Alternativen zum Prinzip der Gleichheit, Tübingen 1981; ders., Mut zur Identität. Alternativen zum Prinzip der Gleichheit, Struckum 1988; Armin Mohler, Der Nasenring. Im Dickicht der Vergangenheitsbewältigung, Essen 1989; ders., Liberalenbeschimpfung. Sex und Politik – Der faschistische Stil – Gegen die Liberalen, Essen 1990; Stefan Ulbrich (Hrsg.), Multikultopia. Gedanken zur multikulturellen Gesellschaft, Vilsbiburg 1991; Bernard Willms, Die Deutsche Nation. Theorie – Lage – Zukunft, Köln-Lövenich 1982.

– Deutschland/Europa sei Objekt eines politischen, ökonomischen und kulturellen Imperialismus. Die deutsche Nation/europäischen Völker müsse/müssten sich aus der politischen und ökonomischen Bevormundung durch die Weltmächte befreien. Ein „dritter Weg" habe die Grundübel des Kommunismus und des Kapitalismus zu vermeiden. Der „Wodka-Cola-Imperialismus" zerstöre die kulturelle Vielfalt und Eigenständigkeit Europas. Die Freilegung der verschütteten „nationalen Identitäten" bedeute einen Akt der Befreiung.
– Die Eroberung politischer Macht setze einen Sieg im Kampf um die Köpfe voraus. Nicht Politik, sondern Metapolitik sei das Gebot der Stunde. Die Lehren des italienischen Kommunisten Antonio Gramsci (1891–1937) gelte es zu beherzigen: Terraingewinne im ideologischen Kampf – die Erlangung „kultureller Hegemonie" – sind die entscheidenden Voraussetzungen für eine künftige Machtübernahme.

Die Neue Rechte war auch Produkt einer jungen Generation, die, biographisch unbelastet, von emotionsgeladenen historischen Deutungen und Reminiszenzen der alten Rechten Abschied nahm. Freilich erschienen antiquierte Formeln vielfach nur in abgewandelter Gestalt, wurden verfängliche Wendungen durch modern klingende Vokabeln ersetzt.[105] Ein Beispiel hierfür bietet der Begriff des „Ethnopluralismus": statt „Rasse" die wissenschaftlich-neutral klingende Vokabel „Ethnie", statt Betonung kultureller Rangunterschiede Herausstellung des Liberalität suggerierenden Gedankens der „Vielfalt". Doch gilt die „Ethnie" – nicht anders als die „Rasse" zuvor – als „organische" Einheit, der sich das Individuum unterordnet. Mit dem „Recht auf den Unterschied" verbindet sich die Pflicht zur Unterwerfung unter die Eigengruppe. Die Anerkennung kultureller Autonomie für die Fremdgruppen wird durch die Hervorkehrung der historischen Leistungen des Okzidents relativiert, Rangunterschiede zwischen den „Ethnien" kehren so gleichsam durch die Hintertür wieder. Mischung zwischen „Ethnien" bedeutet überdies Kulturverfall. So ist das Konzept mit einigem Recht als „differentialistischer" Rassismus[106] bewertet worden.

4.7 Antisemitismus

Judenfeindschaft wird mit einem aus dem 19. Jahrhundert stammenden, von aktiven Judenfeinden geprägten Begriff[107] meist als „Antisemitismus" bezeichnet, obwohl sich die damit verknüpften Einstellungen und Haltungen gegen die Juden als Kollektiv richten. Der Begriff hat sich für ein politisch-soziales und kulturelles Phänomen international etabliert und dient auch zur Etikettierung eines entsprechenden Forschungszweiges.[108] Eine Definition des Phänomens, die für weite Teile der Wissenschaft konsensfähig sein dürfte, hat der von der Bundesregierung

---
105 Siehe zur Kritik der „Neuen Rechten" vor allem Patrick Moreau, Die neue Religion der Rasse. Der Biologismus und die kollektive Ethik der Neuen Rechten in Frankreich und Deutschland, in: Iring Fetscher (Hrsg.), Neokonservative und „Neue Rechte". Der Angriff gegen Sozialstaat und liberale Demokratie in den Vereinigten Staaten, Westeuropa und der Bundesrepublik, München 1983, S. 117–162.
106 Vgl. Pierre André Taguieff, Face au racisme, Paris 1991.
107 Vgl. Thomas Nipperdey/Reinhard Rürup, Antisemitismus. Entstehung, Funktion und Geschichte eines Begriffs, in: Reinhard Rürup, Emanzipation und Antisemitismus. Studien zur „Judenfrage" der bürgerlichen Gesellschaft, Göttingen 1975, S. 95–114.
108 Vgl. Wolfgang Benz (Hrsg.), Handbuch des Antisemitismus, 8 Bde., Berlin 2008–2015.

eingerichtete „Expertenkreis Antisemitismus" in seinem ersten Bericht (2011) vorgenommen: Antisemitismus firmiert als „Sammelbezeichnung für alle Einstellungen und Verhaltensweisen, die den als Juden wahrgenommenen Einzelpersonen, Gruppen oder Institutionen aufgrund dieser Zugehörigkeit negative Eigenschaften unterstellen. Ist etwa die Abneigung gegen Juden ausschließlich durch deren individuelles Auftreten motiviert, so kann man nicht von einer antisemitischen Einstellung sprechen. Ergibt sich die Abneigung gegen eine jüdische Person aus deren Zurechnung zur jüdischen Religionsgruppe, ist demgegenüber sehr wohl von einer antisemitischen Haltung auszugehen."[109]

Nach den ideologischen Bezügen und Argumentationsmustern können verschiedene Formen des historischen wie gegenwärtig verbreiteten Antisemitismus unterschieden werden. *Religiöser Antisemitismus* hat sowohl im Christentum als auch im Islam eine lange Tradition. Ausgangspunkt des christlichen Antisemitismus war die maßgebliche Beteiligung „der Juden" am Kreuzestod Jesus von Nazareths. Er wurde von einem Überlegenheitsgefühl gegenüber dem Judentum genährt, mündete in teils absurde Vorhaltungen (Ritualmordlegende) und blutige Verfolgungen. In den muslimisch geprägten Kulturen des Nahen und Mittleren Ostens sind antisemitische Stereotype über die Juden wegen ihrer Andersartigkeit verbreitet. Sie können an abwertende Äußerungen über Juden im Koran anknüpfen. Allerdings war die Abwehrhaltung des Islam gegenüber dem Judentum kulturhistorisch weit weniger ausgeprägt als die des Christentums gegenüber dem Judentum.[110] Daher handelt es sich in der Gegenwart meist um Formen des Antisemitismus, die mit der Existenz des Staates Israel und – angeblichen – weltweiten Machenschaften des „Weltjudentums" (Globalisierung, Finanzkapital, Einfluss auf die USA) verknüpft („antizionistischer Antisemitismus") und größtenteils aus dem Argumentationshaushalt des europäischen Antisemitismus importiert worden sind.[111]

Der religiöse geht vielfach in *sozialen Antisemitismus* über. Den Juden werden negative Eigenschaften aufgrund ihrer sozialen Stellung zugeschrieben. Dafür typisch sind Stereotype über „betrügerische" jüdische Viehhändler oder „Wucherer". Der soziale wandelt sich zum *politischen Antisemitismus*, wo den Juden aufgrund ihrer sozialen Stellung kollektiv eine herausragende politische Machtposition unterstellt wird. Oft ist der politische Antisemitismus mit Verschwörungstheorien verbunden, etwa wenn von der weltbeherrschenden Stellung der amerikanischen „Ostküste" mit ihren „jüdischen Finanzkapitalisten" die Rede ist.[112] Die zu Beginn des 19. Jahrhunderts im Zarenreich verbreitete Fälschung „Protokolle der Weisen von Zion" stellt dafür das bedeutendste Dokument dar, das internationale Verbreitung erlangt hat und in rechtsextremen Kreisen nicht selten als authentische Quelle gilt.[113]

---

109 Bericht des Unabhängigen Expertenkreises Antisemitismus, Antisemitismus in Deutschland – Erscheinungsformen, Bedingungen, Präventionsansätze, Deutscher Bundestag, Drucksache 17/7700, Berlin 2011, S. 9.
110 Vgl. Bernard Lewis, Semites and Anti-Semites. An Inquiry into Conflict and Prejudice, New York 1999.
111 Vgl. Armin Pfahl-Traughber, Der Ideologiebildungsprozess beim Judenhass der Islamisten, in: Martin H.W. Möllers/Robert Chr. van Ooyen (Hrsg.), Jahrbuch Öffentliche Sicherheit 2004/2005, Frankfurt a. M. 2005, S. 189–208.
112 Vgl. Bericht des Unabhängigen Expertenkreises (Anm. 109), S. 9 f.
113 Vgl. Armin Pfahl-Traughber, Der antisemitisch-freimaurerische Verschwörungsmythos in der Weimarer Republik und im NS-Staat, Wien 1993; Esther Webman (Hrsg.), The Global Impact of the Protocols of the Elders of Zion. A Century-Old Myth, London 2011.

Während der *nationalistische Antisemitismus* in der Theorie eine „Nationalisierung" der – als national fremdartige Religions- und Kulturgemeinschaft geltenden – Juden durch Assimilation erlaubt, schließt dies der *Rassenantisemitismus* kategorisch aus. Die Juden sind demzufolge eine nicht-assimilierbare Gruppe mit negativen genetischen Eigenschaften. Dieser biologisch-rassistische Antisemitismus war in der deutschen völkischen Bewegung wie im Nationalsozialismus dominant und ist bis heute in NS-affinen Gruppierungen weit verbreitet.

4.8 Muslimfeindlichkeit

Antisemitismus geht auf der extremen Rechten mitunter mit Muslimfreundlichkeit einher. Im deutschen Rechtsextremismus wirkte die gegen die westlichen Kolonialmächte gerichtete und antisemitisch/antijüdisch/antizionistisch motivierte Kooperation von Teilen des NS-Regimes mit Vertretern der muslimischen Welt nach 1945 viele Jahre nach.[114] Aversionen gegen Muslime und die muslimische Welt speisten sich in erster Linie aus der Wahrnehmung von Bedrohungen aus dem Morgenland, die eng mit traditionellen, historisch weit zurückreichenden Gefährdungsperzeptionen verbunden waren. Mit der islamischen Revolution im Iran und dem Vordringen des Islamismus nahm die Bedrohungsperzeption erheblich zu, ohne muslimfreundliche Sichtweisen gänzlich zu verdrängen. Gerade die Anschläge vom 11. September 2001 führten eine seit langem bestehende Scheidelinie vor Augen: Während NS-affine Gruppierungen das Verbindende gegenüber den Angreifern hervorhoben, sahen gemäßigtere rechtspopulistische Parteien in erster Linie die von ihnen ausgehende Gefahr. Deren USA-Kritik richtete sich vor allem gegen die „multikulturelle Illusion", ging aber keineswegs mit Sympathie für die Dschihadisten einher. Stattdessen bestand die Tendenz, Dschihadismus, Islamismus und Islam gleichzusetzen und sie dem zu verteidigenden „christlichen Abendland" gegenüberzustellen.[115] Einige Parteien zeigten sich sogar bereit, im Kampf gegen „den Islam" mit jüdischen Vereinigungen zusammenzuarbeiten. Einen Meilenstein bildete die „Jerusalemer Erklärung", die u. a. Repräsentanten der Freiheitlichen Partei Österreichs (FPÖ), des belgischen Vlaams Belang (VB) und der Schwedendemokraten (Sverigedemokraterna, SD) im Dezember 2010 auf einer Israel-Reise verabschiedeten. Sie stellte sich auf die Grundlage „der jüdisch-christlichen kulturellen Werte" und übte Kritik am „Islam als ein totalitäres System mit dem Ziel der Unterwerfung der Welt".[116]

---

114 Vgl. Jeffrey Herf, Nazi Propaganda for the Arab World, New Haven/London 2010; Bernard Lewis, Die Wut der arabischen Welt. Warum der jahrhundertelange Konflikt zwischen dem Islam und dem Westen weiter eskaliert, Frankfurt a. M./New York 2003, S. 78–80; Stefan Meining, Eine Moschee in Deutschland. Nazis, Geheimdienste und der Aufstieg des politischen Islam im Westen, München 2011, S. 13–115. Siehe zum Forschungsstand Götz Nordbruch, Kontroversen der Forschung. Die Beziehungen zwischen Nationalsozialismus und arabischer Welt, in: Wolfgang Benz/Juliane Wetzel (Hrsg.), Antisemitismus und radikaler Islamismus, Essen 2007, S. 23–41.
115 Vgl. Bundesministerium des Innern (Hrsg.), Verfassungsschutzbericht 2001, Berlin 2002, S. 105 f.
116 Heinz Christian Strache/René Stadtkewitz/Filip Dewinter/Kent Ekeroth, Jerusalemer Erklärung (7. Dezember 2010), unter: http://www.diefreiheit.org/jerusalemer-erklaerung/ (31. März 2011).

Das sich hier abzeichnende neue rechtsextreme Ideologiesyndrom lässt sich in folgenden Punkten zusammenfassen:
- „Der Islam" ist der Hauptfeind, der in einem „Kampf der Kulturen" besiegt werden muss. „Islam" und „Islamismus" sind identisch. Islamismus und Dschihadismus stellen die einzigen authentischen Ausdrucksformen „des Islam" dar.
- Die Werte des „christlichen Abendlandes" müssen in einem neuen Kreuzzug gegen „den Islam" verteidigt werden. „Der Islam" ist kein legitimer Bestandteil der europäischen Kultur. Als Fremdkörper muss er aus ihr entfernt werden.
- Die Juden und der Staat Israel sind Bündnispartner im Kampf gegen „den Islam". Der gemeinsam errungene Sieg gegen die Heerscharen „des Islam" verspricht eine Lösung im europäischen „Kulturkampf" wie im Nahost-Konflikt.

Dieses Syndrom bricht mit einigen Traditionslinien der extremen Rechten und ist dazu angetan, Akzeptanz in Bevölkerungsschichten zu gewinnen, die älteren Varianten des Rechtsextremismus verschlossen blieben. Es hat insbesondere folgende strategische, in Wahlkämpfen wirksam einsetzbare Vorzüge:
- Prozionismus hebelt den Antisemitismusvorwurf aus. Wer an der Seite „der Juden" und Israels einen Kampf gegen „den Islam" führt, kann kein Judenhasser sein.
- „Der Islam" wird als „faschistisch", „totalitär", „frauenfeindlich" und „homophob" entlarvt. Auf diese Weise lassen sich Faschismus-, Extremismus, Misogynie- und Homophobie-Vorwürfe gegen die eigene Partei aushebeln.
- Mit der Verteidigung des „christlichen Abendlandes" wird der Antiuniversalismus-Vorwurf entkräftet und Anschluss an – im weitesten Sinne – christlich orientierte Mehrheitsströmungen in der Bevölkerung hergestellt. Auf diese Weise laufen auch der Nationalismus- und Ethnozentrismus-Vorwurf ins Leere, denn es werden ja nicht „deutsche", sondern „europäische Werte" gegen „kulturfremde" Aggressoren in Schutz genommen.

Zu einem Bündnis „mit Juden gegen Muslime" konnten sich NS-affine Gruppierungen keinesfalls bereit erklären. Die ambivalente Haltung gegenüber dem Islamismus/Dschihadismus führte teilweise zu heftigen Auseinandersetzungen in der deutschen Neo-NS-Szene.[117] Klar auf der Linie der selektiv-israelfreundlichen Muslimfeinde argumentierte hingegen der Oslo-Attentäter Anders Behring Breivik (geb. 1979) in dem zur Begründung seiner Taten verbreiteten „Manifest", einem mehr als 1500 Seiten umfassenden Konvolut aus Eigenbeiträgen und umfangreich eingestreuten Internetfunden.

Das Dokument vermittelt trotz seines eklektischen Charakters eine klare Botschaft. Breivik stellt sich in die Tradition der christlichen Kreuzritter (Symbol: das Georgskreuz des Templerordens) im Kampf gegen die „islamische Gefahr" und greift damit gleichsam den Fehdehandschuh auf, den Osama Bin-Laden (1957–2011) der „westlichen Welt" um die Ohren schlug. Er macht den „kulturellen Marxismus" mit der Verbreitung des „Multikulturalismus" als Haupt-

---

[117] Marc Brandstetter, Biographisches Porträt: Matthias Faust, in: Uwe Backes/Alexander Gallus/Eckhard Jesse (Hrsg.), Jahrbuch Extremismus & Demokratie, Bd. 23, Baden-Baden 2012, S. 220–233, hier S. 222.

verursacher der „Kolonisierung"[118] Europas durch den Islam aus. Später werden Hilfstruppen wie „Selbstmordhumanisten", „Karrierezyniker" und „Globalkapitalisten" zu den Feinden gerechnet.[119] Anders als die USA verfüge Europa aufgrund der weit fortgeschrittenen Säkularisierung über nur geringe Abwehrkräfte, um sich der „Islamisierung" zu entziehen.[120] Daher sei es erforderlich, eine neue integrative Ideologie zu entwickeln, der sich möglichst viele in Europa anschließen könnten. Als Bestandteile dieser Ideologie werden genannt: „Monokulturalismus", „Moral", „Kernfamilie", „freier Markt", „Unterstützung für Israel und die christlichen Verwandten im Osten", „Recht und Ordnung" sowie Christentum. Der Islam sei als politische Ideologie zu entlarven. Koran und Hadith müssten als „genozidale politische Werkzeuge"[121] verboten werden. Eine neue Jugendorganisation solle sich am Vorbild der Putin-treuen russischen „Nashi" orientieren, um die Heranwachsenden vor neonationalsozialistischen/neofaschistischen Angeboten zu schützen.[122] Die europäischen Armeen werden zum Staatsstreich aufgefordert, um die muslimische Masseneinwanderung zu stoppen und die Deportation „aller Muslim-Individuen vom europäischen Boden" in die Wege zu leiten.[123] Die Massendemokratie solle einem System weichen, das der russischen „administrierten Demokratie" ähnele. Ein „Patriotisches Tribunal" müsse als „Wächterrat" fungieren, Militär und Polizei kontrollieren, multikulturelle „Hardcore-Marxisten", die „Nazis von heute"[124], entmachten, eine konservative „Monokultur" durchsetzen.[125] Breivik bezeichnet sich als „kulturellen Christen", bekundet aber Respekt für den Odinismus (als Bestandteil der norwegischen Kultur) und lädt dessen Anhänger ein, sich dem Kampf der neuen Tempelritter anzuschließen.[126] Im November 2012 erfuhr die Öffentlichkeit von einem Brief Breiviks an die NSU-Angeklagte Beate Zschäpe, in dem er sich anerkennend über die Gewalttaten der Terrorzelle äußerte.[127]

4.9 Religiöse Rechte

Der Begriff der Religiösen Rechten wird vor allem in den USA verwendet, oft bedeutungsgleich mit dem Begriff Christliche Rechte. Er bezeichnet eine in den 1940er Jahren entstandene, seit den 1970er Jahren bedeutsamer gewordene Strömung von Protestanten, Evangelikalen, Mormonen, Katholiken etc., die insbesondere innerhalb der Republikanischen Partei um die Stärkung ihres politischen Einflusses bemüht ist.[128] Die von ihr vertretenen ultrakonservativen Po-

---

118 Andrew Berwick [Anders Breivik], A European Declaration of Independence. De Laude Novae Militiae Pauperes commilitones Christi Templique Salomonici, London 2011, S. 4 f.
119 Ebd., S. 805.
120 Ebd., S. 643.
121 Ebd., S. 650.
122 Ebd., S. 652.
123 Ebd., S. 808.
124 Ebd., S. 802.
125 Ebd., S. 789.
126 Ebd., S. 1361.
127 „Brief des Massenmörders. Breivik fordert Zschäpe zu rechtsextremer Propaganda auf", in: Der Spiegel vom 18. November 2012.
128 Vgl. Martin Durham, The Christian Right, the Far Right and the Boundaries of American Conservatism, Manchester/New York 2000; Daniel K. Williams, God's Own Party. The Making of the Christian Right, New York 2010.

sitionen wie die Ablehnung der Evolutionstheorie und die Befürwortung des Kreationismus, die entschiedene Missbilligung von Verhütung und Abtreibung, der Stammzellenforschung, der Pornographie oder auch der Homosexualität sind nicht notwendigerweise extremistisch, können aber in militante Formen der Auseinandersetzung und in Intoleranz gegenüber Minderheiten münden. Die ideologischen Spielarten einer Religion und Politik als Einheit konzipierenden Rechten finden im Abschnitt „Politisch-religiöser Fundamentalismus" nähere Beachtung.

5 Linksextremismus

5.1 Überblick

Unter dem Begriff „Linksextremismus" können – als Gegenbegriff zum „Rechtsextremismus" – strikt auf die Gleichheit von Menschen ausgerichtete Formen des politischen Extremismus erfasst werden. Von Bedeutung sind insbesondere zwei politische Ideenströmungen: Kommunismus und Anarchismus. Beiden Strömungen ist neben ihrer radikal-egalitären Orientierung die Überzeugung gemeinsam, dass ein Qualitätssprung aus der bisherigen Geschichte in eine gänzlich neue Gesellschaft der Freien und Gleichen möglich sei.[129] Der Anarchismus zielt auf Herrschaftslosigkeit, die Befreiung des Einzelnen von allen Zwängen, scheut umfassend-systematische Theoriebildung und sieht in jeder Form komplexer Organisation (und Staatlichkeit) eine repressive Gefahr. Der Kommunismus strebt nach einer „klassenlosen Gesellschaft", macht den Akt der Befreiung in erster Linie von der Überwindung sozial-ökonomischer Strukturen abhängig, ist stärker theorieorientiert und setzt in seiner Revolutionsstrategie auf langfristige Planung und organisatorische Bündelung. In der Realität gibt es zwischen diesen beiden Strömungen vielfältige Übergangs- und Mischformen.

5.2 Kommunismus

„Kommunisten" nannten sich Anhänger radikal auf Gleichheit ausgerichteter Gesellschaftsmodelle in England und Frankreich seit den 1830er Jahren. Schon im Altertum finden sich Visionen einer Ungleichheit überwindenden Gütergemeinschaft (Beispiel: Platons „Politeia"). In der Neuzeit knüpften Idealstaatsentwürfe daran an. Dem Christentum waren Vorstellungen dieser Art weder in Theorie noch Praxis fremd, wie manche Orden und Klöster zeigten. Die großen Kirchen erhofften die Verwirklichung des Heils jedoch im Jenseits und strebten nach christlicher Lebensführung überwiegend auf der Grundlage bestehender politischer Ordnungen. Revolutionäre Gruppierungen kommunistischer Prägung, wie sie sich seit der Französischen Revolution politisch organisierten, propagierten hingegen einen Zustand vollkommener Freiheit und Gleichheit im Diesseits.[130]

---

129 Vgl. zu den ideologischen Gemeinsamkeiten und Unterschieden vor allem James Joll, Die Anarchisten, Berlin 1966; Leszek Kolakowski, Die Hauptströmungen des Marxismus, 3 Bde., 2. Aufl., München/Zürich 1981.
130 Vgl. Stéphane Courtois (Hrsg.), Das Handbuch des Kommunismus. Geschichte, Ideen, Köpfe, München 2010.

Gegen den „utopischen Sozialismus" polemisierten Karl Marx (1818–1883) und Friedrich Engels (1820–1895), die zugleich den Anspruch erhoben, den Kommunismus auf eine materialistische, geschichtsphilosophisch und ökonomisch fundierte wissenschaftliche Grundlage zu stellen. Der Kommunismus marxistischer Prägung erlangte Weltgeltung durch die Machtergreifung der von Lenin geführten Bolschewiki 1917 in Russland und die Ausdehnung des sowjetischen Machtbereichs infolge des Sieges im Zweiten Weltkrieg. Erst die Reformen Gorbatschows führten das Ende des Kalten Krieges – und der Sowjetunion 1991 – herbei. Lange zuvor hatte der Marxismus-Leninismus infolge der immer tiefer gewordenen Kluft zwischen propagandistischen Versprechungen und einer grauen, von Mangelwirtschaft geprägten Wirklichkeit an intellektueller Ausstrahlung eingebüßt.

Wichtige Formen des Kommunismus, an die linksextremistische Organisationen bis in die Gegenwart anknüpfen, sind Leninismus, Stalinismus, Trotzkismus, Maoismus und Rätekommunismus. Zudem bemühen sich linksextremistische Intellektuelle um eine zeitgemäße Reformulierung des Kommunismus, wobei Lehren aus dem Scheitern des „real existierenden Sozialismus" der Sowjetunion und ihrer Satellitenstaaten gezogen werden sollen.

Marxismus wurde zeitweilig beinahe zum Synonym für „Kommunismus", doch wird diese Gleichsetzung der Heterogenität eines sich auf die Lehren von Karl Marx beziehenden politischen Denkens nicht gerecht. Der Kern der von Marx entwickelten politischen Doktrin ist durch die Verschmelzung dreier geistiger Nährstöme entstanden: erstens der idealistischen Geschichtsphilosophie Hegels, die zwar „vom Kopf auf die Füße gestellt", in ihren grundlegenden Strukturprinzipien jedoch übernommen wird: die Teleologie und der Anspruch umfassender Erkenntnis der historisch-gesellschaftlichen Prozesse samt der in ihnen regierenden Gesetze (Dialektik); zweitens das Erbe des französischen Frühsozialismus mit der Überzeugung von der Notwendigkeit einer grundlegenden Umwälzung der sozialen Verhältnisse; drittens die englische politische Ökonomie, in deren Gefolge Marx den Versuch unternimmt, die Hegel'sche Geschichtsphilosophie naturwissenschaftlich zu fundieren.[131] Auf diesen drei Säulen ruht die Überzeugung von der notwendigen Entstehung einer „klassenlosen Gesellschaft", die als Endziel der Menschheitsentwicklung firmiert. Alle bisherigen Gesellschaftsformationen seien demgegenüber durch „Klassenkämpfe" geprägt. Im Kapitalismus stehe einer „bourgeoisen" Minderheit die „ungeheure[n] Mehrzahl" des Proletariats gegenüber. Durch die Aneignung des „Mehrwertes" beute der Kapitalbesitzer den nur über seine Arbeitskraft verfügenden Proletarier aus. Die dem Kapitalismus inhärente Tendenz zur Monopolisierung lasse den „Widerspruch zwischen Kapital und Arbeit" größer und größer werden, die Arbeiterschaft verelende. In dieser Situation besäßen die Kommunisten „vor der übrigen Masse des Proletariats" „die Einsicht in die Bedingungen, den Gang und die allgemeinen Resultate der proletarischen Bewegung"[132] und seien in einer revolutionären Situation in der Lage, die Entwicklung in die richtigen Bahnen zu lenken.

---

131 Vgl. Kolakowski (Anm. 129), Bd. 1, S. 19.
132 Karl Marx/Friedrich Engels, Manifest der Kommunistischen Partei, in: Marx-Engels-Werke, Bd. 4, Berlin (Ost) 1964, S. 459–493, hier S. 474.

Mit der Unterscheidung zwischen einem kommunistischen Urzustand der Menschheit, seiner Zerstörung durch die einsetzende Arbeitsteilung und „Entfremdung" und der Rückgewinnung des verlorenen Paradieses in der „klassenlosen Gesellschaft" verbindet die Marx'sche Geschichtsphilosophie Elemente wissenschaftlichen Erkenntnisstrebens mit den Zügen einer säkularisierten Heilslehre.[133] Dies bestimmte Rezeption, Verbreitung und Charakter der Doktrin maßgeblich. Einerseits zogen aus ihr Gelehrte und akademische Schulen Inspiration, andererseits fand sie Heerscharen gläubiger Anhänger und beeinflusste die politische Landschaft des ausgehenden 19. und 20. Jahrhunderts nachhaltig.

Der *Leninismus* besteht vor allem in einer Partei- und Revolutionstheorie, die sich in wesentlichen Aussagen auf die Werke von Karl Marx und Friedrich Engels stützen kann. Wladimir Iljitsch Lenins (1870–1924) politische Schriften sind die eines Praktikers der Revolution. Seine Imperialismustheorie sucht den Nachweis zu führen, dass eine sozialistische Revolution – entgegen den Annahmen von Marx – in einem rückständigen Agrarland wie Russland mit Erfolg eingeleitet werden könne. Lenins Parteikonzept gibt den Revolutionären ein Mittel in die Hand, um ihre Ziele auch gegen starke Widerstände in die Tat umzusetzen. Lenins „Partei neuen Typs" ist keine Massenvereinigung, sondern eine aus Berufsrevolutionären bestehende, disziplinierte, streng hierarchisch gegliederte und zentral geführte (demokratischer Zentralismus) Kaderorganisation, die zwar als Vorhut („Avantgarde") Tuchfühlung zu den Massen hält, darüber hinaus aber wie ein verschwörerischer Zirkel handelt. Die „Diktatur des Proletariats" mit der Kommunistischen Partei an der Spitze verteidigt nach erfolgreichem Umsturz die „revolutionären Errungenschaften" auch gegen Widerstände, notfalls mit Gewalt.[134] Der Leninismus ist in dieser Form bis heute elementarer Bestandteil „orthodoxer" kommunistischer Parteien.

Die unter Lenin in Russland errichtete bolschewistische Einparteidiktatur war von einer Säuberungsideologie geprägt. Alle schädlichen Elemente, die sich dem großen Transformationsprojekt der Errichtung einer historisch präzendenzlosen egalitären, klassen- und konfliktfreien Gesellschaft widersetzten, sollten ausgetilgt werden.[135] Das betraf nicht nur die tatsächlich-subjektiv gegnerischen politischen und sozialen Gruppen, sondern auch – in der Terminologie Hannah Arendts – jene „objektiven Feinde"[136], die das zu zerstörende Alte repräsentierten und dem zu schaffenden Neuen weichen mussten. Das Lagersystem des Gulag, das unter Lenin aufgebaut wurde, war keineswegs nur eine gesteigerte Fortsetzung zaristischer Internierungspraxis, sondern diente einer rigorosen Form „sozialer Hygiene", der Unschädlichmachung „parasitärer" Existenzen und der Umerziehung im Sinne des zu etablierenden neuen Wertesystems. Die unter Lenin gebildeten Revolutionstribunale mit ersten Schauprozessen, das Agentennetz der Tscheka dienten dem Massenterror, der als notwendiges Instrument zur Purifizierung der

---

133 Vgl. Richard Löwenthal, Die Lehren von Karl Marx und ihr Schicksal, in: Ossip K. Flechtheim (Hrsg.), Marx heute. Pro und contra, Hamburg 1983, S. 114–133; Karl Löwith, Weltgeschichte und Heilsgeschehen. Die theologischen Voraussetzungen der Geschichtsphilosophie, 6. Aufl., Stuttgart u. a. 1973 (1953).
134 Vgl. Kolakowski (Anm. 129), Bd. 1, S. 476–480; Alexander Schwan, Theorie als Dienstmagd der Praxis. Systemwille und Parteilichkeit. Von Marx zu Lenin, Stuttgart 1983.
135 Vgl. Dominique Colas, Säubernde und gesäuberte Einheitspartei – Lenin und der Leninismus, in: Uwe Backes/ Stéphane Courtois (Hrsg.), „Ein Gespenst geht um in Europa". Das Erbe kommunistischer Ideologien, Köln u. a. 2002, S. 147–186.
136 Vgl. Arendt (Anm. 85), S. 877.

russischen Erde galt. Die 1921 eingeleitete Neue Ökonomische Politik bedeutete eine wirtschaftspolitische Kurskorrektur, nicht jedoch eine Unterbrechung der Säuberungspraxis, wie etwa Lenins Direktiven zur Vernichtung der orthodoxen Priester vom März 1922 beweisen.[137]

Lenin war stark von dem radikalen russischen Materialisten Tschernyschewski (1828–1889) beeinflusst, dessen Beiträge er nach eigenen Angaben in der Zeit der Verbannung nach Sibirien 1887/88 gelesen hatte. Durch Tschernyschewski kam er mit dem philosophischen Materialismus in Kontakt, wurde ihm die Bedeutung Hegels bewusst, erhielt er Kenntnis von der „dialektischen Methode". Wie sein Lehrer Alexander Herzen hatte Tschernyschewski den Kollektivismus der archaischen russischen Dorfgemeinde als revolutionäre Chance gesehen und in seinem Roman „Was tun?" (1863) die Utopie einer alle Konflikte und Klassen aufhebenden lockeren Föderation sich selbst verwaltender, genossenschaftlich organisierter Gemeinwesen entworfen.[138]

Tschernyschewski lieferte zwei Grundelemente von Lenins politischem Weltbild: eine auf die russischen Verhältnisse angewandte sozialistische Utopie als ein realisierbar erscheinendes Telos und mit der Dialektik eine Methode, um die Gesetzmäßigkeiten des historischen Prozesses zu begreifen, seine Entwicklung zu prognostizieren und seine Zielgerichtetheit zu erfassen. Die Lenin'sche Säuberungsideologie war mit beiden Elementen eng verknüpft. Ansätze dazu fanden sich in den Marx'schen ökonomischen Analysen, die Lenin in präskriptiver Weise deutete.[139] In einem Beitrag über „Das Agrarprogramm der Sozialdemokratie in der ersten russischen Revolution von 1905 bis 1907" zitierte er ausführlich aus dem vierten Band des „Kapitals", in dem Marx den Vorgang der sogenannten „clearing of estates" in England beschrieben hatte. Der Kapitalismus habe dort durch Vertreibung, Zerstörung der Gebäude, Veränderung der Produktionsformen aus dem feudalen Agrarsystem eine neue Produktionsweise geschaffen. Diese Art der Säuberung war es wohl, die Lenin vor Augen hatte, wenn er die „Kulaken" als „Parasiten" bezeichnete, die ihren Wohlstand der Entwicklung des Kapitalismus auf dem Lande verdankten. Die Vernichtung von Hunderttausenden wohlhabender Bauern wurde dann nach der Oktoberrevolution politisches Programm.[140]

Der Begriff *Stalinismus* meint ein politisches Konzept sowie eine bestimmte Herrschaftspraxis. Lag bereits der Beitrag Lenins stärker im Bereich der praktischen Revolutionskunde als in dem einer umfassenden politischen Theorie, so galt dies umso mehr für seinen Nachfolger Josef Wissarionowitsch Stalin (1879–1953). Dessen Antwort auf die Frage des „Sieges des Sozialismus in einem Lande" (Russland bzw. der Sowjetunion) war die Schlussfolgerung aus der Tatsache, dass die bolschewistische Oktoberrevolution 1917 entgegen den Erwartungen Lenins keine revolutionären Erhebungen im Weltmaßstab ausgelöst hatte. Praktisch hatte bereits Lenin die auf die Oktoberrevolution unmittelbar folgende Phase innenpolitischer Konzeptionslosigkeit und intensiver Außenaktivitäten in Erwartung weltrevolutionärer Ereignisse beendet

---

137 Vgl. Colas (Anm. 135), S. 155; Richard Pipes, The Unknown Lenin, New Haven 1996, S. 152–156.
138 Vgl. Andrzej Walicki, A History of Russian Thought from the Enlightenment to Marxism, Stanford 1979, S. 189–192.
139 Vgl. dazu ausführlich Colas (Anm. 135), S. 184.
140 Vgl. nur Lenin, Genossen Arbeiter! Auf zum letzten, entscheidenden Kampf (August 1918), in: Ders., Werke, Bd. 28, S. 40–44, hier S. 43.

und mit der Entmachtung der Räte („Sowjets") und der Ausschaltung von „Fraktionsbildungen" in der Partei die Weichen für einen Stabilisierungskurs gestellt. Nach Lenins Tod konnte sich der realistischer denkende Stalin gegen seinen weiterhin auf weltrevolutionäre Unternehmungen drängenden Rivalen Trotzki durchsetzen. Zwar beteuerte auch Stalin, er halte einen endgültigen Sieg des „Sozialismus in einem Lande" ohne den Triumph der Revolution in anderen Ländern für unmöglich; aber gleichzeitig betonte er die Möglichkeit, den Sozialismus „mit den Kräften eines Landes" zu errichten.

Bis Anfang der 1930er Jahre gelang es Stalin, innenpolitische Kontrahenten auszuschalten und maßgeblichen Einfluss auf die Politik des Sowjetstaates zu gewinnen. Der „Aufbau des Sozialismus in einem Lande" bedeutete für die 1919 gegründete Kommunistische Internationale, dass sich ihre Mitgliedsorganisationen den Interessen der sowjetischen Kommunisten unterzuordnen hatten.[141] Der bewusst genährte Mythos vom „Vaterland aller Werktätigen" musste künftig für das Ausbleiben der Weltrevolution entschädigen. „Stalinismus" bedeutet daneben die Art und Weise, wie Stalin seine Macht in der Sowjetunion ausübte, und ist für die meisten heutigen Linksextremisten ein abwertender Begriff. Allerdings hatten alle Hauptbestandteile des Stalinismus (Terror, Konzentrationslager, Massenmord an sozial definierten Gruppen) Vorläufer in der Regierungszeit Lenins.

Der *Rätekommunismus* ähnelt in manchen Zügen dem Anarchismus. Lenin hatte sich zwar für die Macht der Räte (Sowjets) ausgesprochen, ihren Einfluss in der Praxis jedoch rigoros beschnitten. Wenn Rosa Luxemburg (1871–1919) mitunter als Theoretikern des Rätekommunismus angeführt wird, obwohl sie selbst kein eigenes Rätekonzept entwickelte, so ist dies auf ihre Verteidigung der spontanen Schöpfungen des Volkes gegenüber dem Diktat einer minoritären Führungsgruppe zurückzuführen. Theoretisch ist der Rätekommunismus in Deutschland vor allem von Ernst Däumig (1866–1922) entfaltet worden. Dabei verhielten sich Räteidee und Parlamentarismus wie Feuer und Wasser. Nach Däumig ist das Proletariat alleiniger Träger des Rätegedankens. Folglich können Räte auch nur unmittelbar in den Betrieben entstehen, die unablässige Teilnahme aller vorausgesetzt. Mandate an eine übergeordnete Räteorganisation sind nur befristet und weisungsgebunden zu vergeben. Ziel des Rätesystems ist das „sich selbst verwaltende Gemeinwesen".[142] Er lehnt darüber hinaus – wie der Anarchismus – „Zentralismus" ab, fordert dezentrale Organisationsformen und ein größtmögliches Maß an Autonomie der Selbstverwaltungseinheiten.

Rätekommunisten misstrauen bürokratischen Strukturen, die unweigerlich entstehen, wenn auf überlokaler Ebene Willensbildungs- und Entscheidungsstrukturen existieren. Der Rätekommunismus verlor mit der Stabilisierung der Weimarer Republik an Bedeutung, erlebte aber mit der Studentenbewegung Ende der 1960er Jahre eine gewisse Renaissance. Die Ökologiebewegung nahm zeitweilig Elemente des Rätekommunismus auf („Basisdemokratie", imperatives

---

141 Tim Rees/Andrew Thorpe (Hrsg.), International Communism and the Communist International, 1919–1943, Manchester u. a. 1998; Hermann Weber/Jakov Drabkin/Bernhard H. Bayerlein/Alexander Galkin, Deutschland, Russland, Komintern, 3 Bde., Berlin/Boston 2014.
142 Zit. nach Ernst Fraenkel, Rätemythos und soziale Selbstbestimmung. Ein Beitrag zur Verfassungsgeschichte der deutschen Revolution, in: ders., Deutschland und die westlichen Demokratien, 7. Aufl., Stuttgart u. a. 1979 [1964], S. 69–100, hier S. 90.

Mandat, Rotationsprinzip), stellte sich in ihrer Mehrheit jedoch bald uneingeschränkt auf die Grundlage des parlamentarischen Systems (Repräsentationsidee, freies Abgeordnetenmandat, längere Amtsperioden). Der international verbreitete Trotzkismus kann als eine Spielart des Rätekommunismus gelten.

Der Begriff *Trotzkismus* ist keine Erfindung des Mitstreiters Lenins in der Oktoberrevolution, Leo Trotzki (1878–1940), oder seiner Anhänger. Das Etikett wurde ihnen von ihren Gegnern, insbesondere Stalin, bereits angeheftet, bevor Trotzki aus der Kommunistischen Partei der Sowjetunion (KPdSU) ausgestoßen worden war.[143] In dieser Wortbedeutung bildete er zunächst das Synonym für Trotzkis Theorie der „permanenten Revolution" („Permanenzler"). Im Laufe der 1930er Jahre wandte Stalin den Begriff jedoch mehr oder weniger unspezifisch auf Oppositionelle und „Abweichler" an. Leo Trotzki hatte den bolschewistischen Oktoberputsch an maßgeblicher Stelle mitorganisiert, sich in der Auseinandersetzung um die Nachfolge Lenins jedoch nicht gegen Stalin durchsetzen können. Abgesehen von puren Machtfragen war der Kern ihrer Auseinandersetzung revolutionstheoretischer Natur. Während die von Trotzki in ihren Grundzügen bereits vor dem russischen Umsturzversuch des Jahres 1905 entwickelte[144] Theorie der „permanenten Revolution" die These einschloss, ein „sozialistisches Regime" könne sich in der Sowjetunion nur dann dauerhaft etablieren, wenn es Teil eines zügig voranzutreibenden weltrevolutionären Prozesses sei, plädierte Stalin für die Konsolidierung des „Sozialismus in einem Lande", wollte also das Projekt der bolschewistischen Revolution in relativer Unabhängigkeit von weltrevolutionären Ambitionen stabilisieren. Trotzki wurde aus der Kommunistischen Partei ausgeschlossen, kurzzeitig nach Sibirien verbannt und im Januar 1929 des Landes verwiesen.

Trotzki übte nun scharfe Kritik an der „bürokratischen Entartung" des Sowjetsystems und der Erstarrung des innerparteilichen Lebens. Allerdings waren die Grundlagen hierfür bereits in der Zeit gelegt worden, als Trotzki noch loyal mit Lenin zusammenarbeitete. Trotzki blieb ein unbedingter Verfechter der Organisationsprinzipien Lenins und versagte Stalin und dem Sowjetsystem bei aller Kritik doch niemals die Anerkennung als Arbeiterstaat. Das Zerwürfnis zwischen Stalin und Trotzki stellte für den Erstgenannten wohl primär eine Frage der Macht dar, bei Letztgenanntem die Konsequenz einer dogmatischen Haltung wie eines unbedingten Glaubens an die eigene Mission.[145] In Wirklichkeit war – selbst bei immanenter Betrachtung – der Hauptgegensatz zwischen Trotzkis hochabstraktem Theoriekonstrukt und dem pragmatischen Lösungsmodell Stalins aufgebauscht: Weder leugnete der eine die Möglichkeit des Beginns einer sozialistischen Revolution im nationalen Rahmen[146], noch glaubte der andere an einen „endgültigen" „Sieg des Sozialismus in einem Lande".[147]

---

143 Vgl. Josef W. Stalin, Trotzkismus oder Leninismus? Rede auf dem Plenum der kommunistischen Fraktion des Zentralrats der Gewerkschaften der Sowjetunion, 19. November 1924, in: ders., Werke, hrsg. vom Marx-Engels-Institut beim Zentralkomitee der SED, Bd. 6, Berlin (Ost) 1952, S. 290–319.
144 So Trotzki in der Einleitung zu: ders., Die permanente Revolution, Berlin 1930, S. 21.
145 Vgl. Klaus-Georg Riegel, Sendungsprophetie und Charisma. Am Beispiel Leo Trotzkis, in: Wolfgang Lipp (Hrsg.), Kulturtypen, Kulturcharaktere, Berlin 1987, S. 221–237.
146 Vgl. Trotzki (Anm. 144), S. 160 f.
147 Vgl. Stalin, Zu den Fragen des Leninismus (1926), in: ders., Werke, hrsg. vom Marx-Engels-Institut beim Zentralkomitee der SED, Bd. 8, Berlin (Ost) 1951, S. 134–192.

Dem Trotzkismus war nirgends ein durchschlagender Erfolg beschieden. Nur auf Ceylon, in Bolivien und Vietnam gelang es zeitweilig, trotzkistische Parteien mit größerem Einfluss zu etablieren.[148] Die Geschichte des Trotzkismus bestätigt die Regel, wonach ein hoher Grad dogmatischer Verfestigung mit häufigen Spaltungen und Splittergruppen-Bildungen einhergeht. Bereits zur Zeit der Gründung der IV. Internationale (1938 in einem Pariser Vorort als Konkurrenzunternehmen zur Moskauer Komintern) fand diese keinesfalls die Anerkennung aller Anhänger der Ideen Trotzkis. In der Folgezeit entstand eine Vielzahl konkurrierender Organisationen, die jeweils für sich die authentische Interpretation der Lehre beanspruchten. Abgesehen von persönlichen Rivalitäten und Zerwürfnissen waren es sowohl strategische als auch revolutionstheoretische Divergenzen, welche die Zersplitterung des Trotzkismus bewirkten. So plädierte ein Teil der Vereinigungen für offenen, ein anderer für „verdeckten Entrismus" – dem Bemühen um Einflussgewinn in einer größeren Wirtsorganisation.[149] Weltanschaulich wie revolutionstheoretisch nahm der Posadismus gegenüber den übrigen Richtungen eine Sonderstellung ein. Der Chefideologe dieser Strömung, Juan Posadas (1912–1981), hielt einen Atomkrieg für unvermeidlich, um dem „Imperialismus" den Todesstoß zu versetzen, und plädierte für eine „monolithische Gesellschaft", in der „die Ehen in revolutionäre Zellen umgeschmolzen werden."[150] Die Staaten des „real existierenden Sozialismus" erkannte er als revolutionäre Triebkräfte ebenso an wie nationalrevolutionäre Bewegungen vom Schlage des Peronismus.[151]

Es ist schwer, einen kleinsten gemeinsamen Nenner zwischen den Trotzkismen zu finden. Als Hauptmerkmal kann der ausgeprägte Internationalismus gelten. Die aus der „Krise des Kapitalismus" hervorgehende Revolution werde schon aufgrund des internationalen Charakters des Kapitalismus nur im Weltmaßstab erfolgreich sein. Die Trotzkisten lehnen den Nationalstaat generell ab, da auf seiner Grundlage keine Revolution zu bewerkstelligen sei. Sie fordern die Errichtung eines kontinentalen Rätestaates, der die Voraussetzungen für das eigene Absterben schaffen und dem ohne Herrschaft funktionierenden Weltkommunismus Platz machen soll. In einem Spannungsverhältnis, wenn nicht im Widerspruch zur Forderung nach einem Rätesystem und der „Arbeiterdemokratie", steht die Berufung auf die „bolschewistisch-leninistische" Tradition. Die Rätebewegung nämlich soll der Rekrutierung einer nach den Prinzipien des „demokratischen Zentralismus" organisierten Kaderpartei dienen, in der zwar „Linientreue" gefordert wird, jedoch „Fraktionsfreiheit" gelten soll.

Der Begriff *Maoismus* wurde weder von der Kommunistischen Partei Chinas noch von mit ihr sympathisierenden kommunistischen Parteien außerhalb Chinas verwendet. Er bürgerte sich als Bezeichnung für die politische Doktrin des chinesischen Parteichefs Mao Tse-tung (1893–1976) und der sich an ihr orientierenden KPen im Westen ein. Grundlage des „Maoismus" sind demnach die politischen Schriften Maos und – im weiteren Sinne – die von ihm maßgeblich getragene und mitverantwortete Politik im Zeitraum von 1958, dem Beginn der Abkehr der Volksrepublik China vom sowjetischen Vorbild, bis zu seinem Tod 1976. Wer „Maois-

---

148 Vgl. Robert J. Alexander, International Trotskyism, 1929–1985. A Documented Analysis of the Movement, Durham 1991.
149 Vgl. Günther Bartsch, Trotzkismus als eigentlicher Sowjetkommunismus. Die IV. Internationale und ihre Konkurrenzverbände, Berlin/Bonn 1977.
150 Ebd., S. 109.
151 Ebd., S. 108 f.

mus" als Kriegsstrategie versteht, müsste auch das Wirken Maos vor Gründung der Volksrepublik (1949) einbeziehen. 1949 hatte Mao der Welt den Sieg der Kommunisten in China verkünden können. Dies war ihm nicht mit der Unterstützung Stalins, sondern gegen dessen Willen gelungen. Mao Tse-tung hatte nämlich nicht wie Marx auf das revolutionäre Potential der Industriearbeiterschaft gesetzt, die in China eine verschwindend kleine Gruppe in der Bevölkerung bildete (noch kleiner als in Russland 1917/18), sondern auf die verarmten bäuerlichen Massen. Nicht von den Städten sollte die Revolution ausgehen; Maos Strategie sah die „Einkreisung der Städte durch das Land" vor.[152]

Die chinesischen Kommunisten vollzogen die „Entstalinisierung" auf dem XX. Parteitag der KPdSU 1956 nicht mit und kritisierten die Rede Chruschtschows über den „Personenkult" heftig, da sie die großen Verdienste Stalins beim „Aufbau des Sozialismus" nicht gewürdigt habe. Der in Moskau propagierten Politik der „friedlichen Koexistenz" hielten die Vertreter der chinesischen KP die Auffassung entgegen, es könne kein friedliches Hinübergleiten vom Kapitalismus zum Sozialismus geben, vielmehr sei der weltrevolutionäre Prozess ohne kriegerische Auseinandersetzungen unmöglich.[153]

Nicht das Werk Mao Tse-tungs, sondern der sich entspinnende chinesisch-sowjetische Gegensatz wurde zum Anlass „maoistischer" Organisationsgründungen in den westlichen Demokratien. Infolge dessen stand ihr Maoismus nur in einem lockeren Verhältnis zum literarischen Wirken des chinesischen KP-Führers. Dies kann umso weniger erstaunen, als die Schriften Maos überwiegend politisch-praktischer Natur sind, während seine wenigen philosophisch-theoretischen Beiträge kaum als originell erscheinen.[154] Für die seit Anfang der 1970er Jahre entstandenen maoistischen Gruppierungen, in den ersten beiden Jahrzehnten ein Sammelbecken von Altstalinisten und des Antiautoritarismus überdrüssiger Anhänger der Studentenbewegungen, war die Volksrepublik China eine Projektionsfläche ihrer revolutionären Wunschvorstellungen.[155] Sie einte das entschiedene Bekenntnis zum Marxismus-Leninismus, das den Vorwurf des „Revisionismus" gegenüber der Sowjetunion und ihren Satellitenstaaten einschloss. Mit unterschiedlichem Nachdruck ehrten sie Stalin als konsequentesten Fortführer des von Lenin begonnenen Werkes. Alle Gruppierungen betonten das Ziel einer kommunistischen Weltrevolution. Die ideologisch-programmatischen Bindungen an die chinesische Mutterpartei waren jedoch unterschiedlich eng. Wichtiger erschien das Anlehnungsbedürfnis an ein bestimmtes Entwicklungsmodell, ein „real existierendes" System, das emotionale Identifikationsmöglich-

---

152 Die Formulierung ist Maos militärstrategischen Schriften entlehnt. Siehe vor allem Mao Tse-tung, Strategische Probleme des Partisanenkrieges gegen die japanische Aggression (1937), in: ders., Ausgewählte Werke, Bd. 2, Peking 1968, S. 83–125, hier S. 111 f. Siehe zur Entwicklung von Maos Konzepten: Stuart Schram, The Thought of Mao Tse-tung, Cambridge 1989.
153 Vgl. Jürgen Bacia, Kommunistische Partei Deutschlands/Marxisten-Leninisten, in: Richard Stöss (Hrsg.), Parteien-Handbuch. Die Parteien der Bundesrepublik Deutschland 1945–1980, Bd. 2: FDP bis WAV, Opladen 1984, S. 1831–1851, hier S. 1831 f.
154 Kolakowski urteilt: „Seine beiden philosophischen Vorträge – über die Praxis und über die Widersprüche – sind eine populäre und vereinfachte Darstellung dessen, was er bei der Lektüre Lenins und Stalins aufgenommen hatte; es bedarf (euphemistisch ausgedrückt) einer beträchtlichen Anspannung des guten Willens, um in diesen Texten theoretische Tiefen zu entdecken." Ders. (Anm. 129), S. 538 f.
155 Vgl. Felix Wemheuer, Die westeuropäische Neue Linke und die chinesische Kulturrevolution, in: Aus Politik und Zeitgeschichte B 23/2016, S. 32–38. Siehe auch ders. (Hrsg.), Maoismus. Ideengeschichte und revolutionärer Geist, Wien 2008, S. 41–58.

keiten schuf, um gegenüber den Verlockungen des Kapitalismus gewappnet zu sein. So verstanden sich auch kommunistische Organisationen als „maoistisch", die weder von der KP Chinas Anerkennung erfuhren, noch in entscheidenden Punkten des ideologisch-programmatischen Selbstverständnisses mit offiziell anerkannten Parteien übereinstimmten.[156] Dies konnte angesichts der Unzahl heillos zerstrittener maoistischer Zirkel in vielen Ländern nicht sonderlich überraschen.

Mehr über die wahren Triebkräfte maoistischer Organisationen war nach dem Tode Mao Tsetungs 1976 zu erfahren. Bereits einige Jahre zuvor hatten Nachfolgekämpfe innerhalb der KPen eingesetzt. Die Frage war nun, wie sich die maoistischen Organisationen gegenüber dem politischen Kurs der neuen Führungsriege in Peking verhalten würden. Manche kehrten dem Zentrum Peking den Rücken, andere fanden nach einer gewissen Zeit wieder zu ihm zurück.

Die weitere Transformation und marktwirtschaftliche Öffnung Chinas hat das Phänomen des Maoismus nicht verschwinden lassen, da die Werke Maos als Referenzsystem blieben. So beruft sich die Marxistisch-Leninististische Partei Deutschlands (MLPD) unverdrossen auf die Lehren Mao Tse-tungs[157], erreicht aber bei Wahlen, sofern sie denn kandidiert, nur einen verschwindend geringen Stimmenanteil (Bundestagswahl 2017: 0,1 Prozent). Weit größeren und bis in die Gegenwart anhaltenden Einfluss erlangten Maoisten in Indien, wo infolge von Bauernaufständen in den 1960er Jahren in dem westbengalischen Ort Naxalbari die Bewegung der „Naxaliten" entstand. Sie spaltete sich in den folgenden Jahrzehnten auf, wobei sich der gemäßigtere Teil wahlpolitisch engagierte, während die Befürworter revolutionärer Gewalt den Weg des Guerillakampfes gingen.[158]

Während der Maoismus die „Entstalinisierung" nicht mittrug, ging der von Chruschtschow vollzogene Bruch jenen Gruppierungen nicht weit genug, die bald unter dem Begriff der *Neuen Linken* zusammengefasst wurden. Seit 1956 entstanden in Großbritannien Zeitschriftenzirkel („The Reasoner", „University and Left Review", später vereinigt zu: „New Left Review"), die sich einerseits scharf gegenüber der Labour Party abgrenzten, andererseits vom „Stalinismus" der britischen KP abrückten und einen „humanistischen Sozialismus" propagierten.[159] In der Bundesrepublik Deutschland bildeten sich zwischen der marxistischen Ballast abwerfenden SPD (Godesberg 1959) und der vorerst noch illegalen KPD einerseits neue Gruppierungen, andererseits radikalisierten sich bestehende Organisationen (wie der Sozialistische Deutsche Studentenbund).[160] In Frankreich hatte sich bereits Ende der vierziger Jahre eine Gruppe ehemaliger Trotzkisten um die Zeitschrift „Socialisme ou barbarie" geschart (wie Cornelius Castoriadis und Claude Lefort). Gegenüber dem Herrschaftssystem in der Sowjetunion vertrat sie die Auffassung, das Lenin'sche Parteikonzept habe einer neuen Clique von Ausbeutern zur Macht

---

156 Vgl. Andreas Kühn, Stalins Enkel, Maos Söhne. Die Lebenswelt der K-Gruppen in der Bundesrepublik der 70er Jahre, Frankfurt a. M./New York 2005.
157 Vgl. Sascha Dietze, Die Ideologie der Marxistisch-Leninistischen Partei Deutschlands (MLPD), Berlin 2010.
158 Vgl. Chitralekha, Ordinary People, Extraordinary Violence. Naxalites & Hindu Extremists in India, London u. a. 2012.
159 Vgl. Massimo Teodori, Storia delle nuove sinistre in Europa (1956–1976), Bologna 1976; ders., The New lefts in Europe, in: Seweryn Bialer/Sophia Sluzar (Hrsg.), Radicalism in the Contemporary Age, Bd. 3: Strategies und Impact of Contemporary Radicalism, Boulder/Col. 1977, S. 201–218.
160 Vgl. nur Tilman P. Fichter/Siegward Lönnendonker/Wolfgang Kraushaar, Kleine Geschichte des Sozialistischen Deutschen Studentenbundes von Helmut Schmidt bis Rudi Dutschke, Essen 2007.

verholfen. Mögliche Alternativen sah man in Formen der Arbeiterselbstverwaltung („autogestion").[161] Obwohl sich der Zirkel bereits Mitte der 1960er Jahre auflöste und die Zeitschrift eingestellt wurde, hatten diese Ideen doch großen Einfluss auf die weitere Diskussion in Frankreich und den europäischen Nachbarländern.

Die „Neue Linke" prägte das politische Denken der Studentenbewegungen Ende der 1960er Jahre. Dadurch wurde das Etikett auf nahezu alle Protestformen und -strömungen ausgedehnt, so dass es einen diffusen Charakter annahm. Als „Neue Linke" galten nun bald sozialistische Reformisten ebenso wie erklärte Revolutionäre und sogar Linksterroristen. Sowohl der Hedonismus der späteren „Spontis"[162] als auch das revolutionäre Asketentum der maoistischen Kadergruppen konnte „neu-linke" Ideen für sich reklamieren. Doch lassen sich einige ideologische Merkmale herausfiltern, die in vielen „neu-linken" Gruppierungen konsensfähig waren: An die Stelle strenger revolutionstheoretischer Erwägungen tritt ein Voluntarismus, der die „Machbarkeit" von Revolutionen zu jeder Zeit an jedem Ort propagiert. Der vor allem auf ungerechte Arbeitsverhältnisse gemünzte Marx'sche Entfremdungsbegriff wird durch die anarchistisch inspirierte Forderung nach sofortiger totaler Befreiung von gesellschaftlichen Zwängen (Arbeit, Sexualität, physische und psychische Beschränkungen) ersetzt (Wilhelm Reich).[163] In den angeblich liberalen Gesellschaften seien die Individuen Objekte raffinierter Manipulation (Herbert Marcuse).[164] Die Befreiung werde nicht von den hochentwickelten Industriestaaten ausgehen, sondern von den Ländern der „Dritten Welt".[165] Vorbilder waren Revolutionäre Asiens (Ho Chi Minh), Lateinamerikas (Che Guevara) oder der militanten Schwarzenbewegung in den USA (Malcolm X). Die Schriften von Theoretikern des antikolonialen Widerstandskampfes (Frantz Fanon, Régis Debray) fanden weite Verbreitung.[166]

Das Ende der Sowjetunion 1991 verschärfte die intellektuelle Krise, in der sich die (extreme) Linke bereits zuvor befunden hatte. Doch war der Kommunismus zu sehr Ausdruck uralter menschlicher Sehnsüchte und Erlösungsphantasien, als dass man ihn durch noch so opferreich fehlgeschlagene Experimente historisch ein für alle Mal hätte überwinden können. Es konnte daher kaum überraschen, dass eine Vielzahl politischer Gruppierungen überdauerte, welche die „Aktualität des Kommunismus"[167] beschworen und sich um eine Wiederbelebung und Reformulierung kommunistischer Traditionen bemühten (*Neokommunismus*).

---

161 Vgl. Kolakowski (Anm. 129), Bd. 3, S. 523; Philippe Gottraux, „Socialisme ou barbarie". Un engagement politique et intellectuel dans la France de l'après-guerre, Lausanne 1997.
162 Vgl. Gerd Langguth, Protestbewegung. Entwicklung, Niedergang, Renaissance. Die Neue Linke seit 1968, Köln 1983, S. 234–241; Johannes Schütte, Revolte und Verweigerung. Zur Politik und Sozialpsychologie der Spontibewegung, Gießen 1980. Für Frankreich: Jacques Leclercq, Ultra-Gauches. Autonomes, émeutiers et insurrectionnels 1968–2013, Paris 2013.
163 Vgl. nur Wilhelm Reich, Die Massenpsychologie des Faschismus, 2. Aufl., Köln 1972.
164 Vgl. ders., Der Eindimensionale Mensch. Studien zur Soziologie der fortgeschrittenen Industriegesellschaft, 3. Aufl., Neuwied/Berlin 1968. Siehe auch ders., Repressive Tolerance (1965), in: Robert Paul Wolff/Barrington Moore, jr./ders., A Critique of Pure Tolerance, Boston 1969, S. 81–123.
165 Vgl. zur Kritik: Bernd Guggenberger, Die Neubestimmung des subjektiven Faktors im Neomarxismus. Eine Analyse des voluntaristischen Geschichtsverständnisses der Neuen Linken, Freiburg im Breisgau/München 1973, ders., Weltflucht und Geschichtsgläubigkeit. Strukturelemente des Linksradikalismus, Mainz 1974.
166 Vgl. nur Frantz Fanon, Die Verdammten dieser Erde, Vorwort von Jean-Paul Sartre, Frankfurt a. M. 1966.
167 So der seinerzeitige Vorsitzende des Parti Communiste Français (PCF): Robert Hue, Die Aktualität des Kommunismus, in: Z. Zeitschrift Marxistische Erneuerung 12 (2001), H. 47, S. 98–102.

Auch eine Anzahl radikaler Linksintellektueller betrieb eine Revitalisierung des Kommunismus (und Anarchismus).[168] Einige von ihnen fanden im Umkreis globalisierungskritischer Szenen Gehör. Ihre Bücher erreichten zum Teil hohe Auflagen, und die Stars unter ihnen sprachen in europäischen Hauptstädten in prallgefüllten Sälen vor großem Publikum. Eine Art Kult-Status erlangte zeitweilig der slowenische Gesellschaftstheoretiker Slavoj Žižek (geb. 1949), der es schaffte, auf Žižek-T-Shirts, You-Tube-Seiten, in einem International Journal of Žižek Studies, auf Žižek-CDs und –DVDs und in einem Film mit dem bündigen Titel: Žižek!, verewigt zu werden.[169] Der Meister versammelte gemeinsam mit einem Kollegen die gefragtesten Autoren in einer Anthologie „The Idea of Communism", die Beiträge einer Konferenz am Londoner Birkbeck Institute for the Humanities (März 2009) darbot.[170] Die Autoren setzten unterschiedliche Akzente, teilten nach Aussagen der Herausgeber jedoch folgende Prämissen: Angesichts fortschreitender Depolitisierung erwecke die Idee des Kommunismus in der Bevölkerung neue Hoffnungen. Der Kommunismus sei „die" Idee „radikaler Philosophie und Politik". Wenn er aber „radikales Handeln" anleiten solle, müsse er sich von einer Fixierung auf Staat und Ökonomie lösen und die Erfahrungen des 20. Jahrhunderts verarbeiten. Die kommunistische Betonung der Gemeingüter (etwa gemeinschaftliche Vorkehrungen und Einrichtungen gegen den Raubbau an der Natur oder die ungerechte Verteilung von Bildungschancen) fordere die Privatisierungsprojekte „neoliberaler kapitalistischer Ausbeutung und Beherrschung"[171] heraus. Dabei sei der (neue) Kommunismus bestrebt, Freiheit und Gleichheit zu vereinen: Freiheit gedeihe nicht ohne Gleichheit, und Gleichheit könne nicht bestehen ohne Freiheit.

Ob dies gelingen könne, musste allerdings auch jenen zweifelhaft erscheinen, welche die Erfahrungen mit allen „real existierenden" Kommunismen der Vergangenheit ausblendeten. Die Autoren setzten den Verfassungsstaat mit „Neoliberalismus" gleich und verwarfen seine institutionellen Mechanismen als repressiv. „Kommunist sein" bedeute, „gegen den Staat zu sein"[172], so einer der prominenten Autoren, Antonio Negri (geb. 1933), wegen Unterstützung der „Roten Brigaden" zu einer Haftstrafe verurteilter Soziologe und Philosoph aus Padua. Keiner der Autoren gab eine Antwort darauf, was an die Stelle des „repressiven Staates" nach seiner Überwindung treten solle, wie sich also Freiheit in radikaler Gleichheit auf andere Weise institutionalisieren lasse. Aber das ist nicht der Grund, warum sich der französische Philosoph Alain Badiou (geb. 1937), Schüler des marxistischen Philosophen Louis Althusser und einstiger Mitbegründer (1969) der maoistischen „Marxistisch-leninistischen Union der Kommunisten Frankreichs", wenig Illusionen über die derzeitigen Erfolgschancen der kommunistischen Idee machte. Vielmehr liege dies wesentlich an der Zerstrittenheit der Revolutionäre, der „nihilistischen Verzweiflung" der „Arbeiterklassen-Jugend" und der knechtischen Haltung der „breiten Mehrheit der Intellektuellen".[173]

---

168 Vgl. Uwe Backes, Linker politischer Extremismus in Europa, in: Ulrich Dovermann (Hrsg.), Linksextremismus in der Bundesrepublik Deutschland, Bonn 2011, S. 263–280, hier S. 264–266.
169 Vgl. Alan Johnson, Ein bisschen Terror darf dabeisein. Zum Denken von Slavoj Žižek, in: Merkur 64 (2010), S. 299–307, hier S. 299.
170 Costas Douzinas/Slavoj Žižek, The Idea of Communism, London/New York 2010.
171 Dies., Introduction: The Idea of Communism, in: Ebd., S. VII-X, hier S. IX.
172 Antonio Negri, Communism: Some Thoughts on the Concept and Practice, in: Ebd., S. 155–165, hier S. 158.
173 Alain Badiou, The Idea of Communism, in: Ebd., S. 1–14, hier S. 14.

5.3 Anarchismus

Der Anarchismus (von altgriech. *anarchia*, Herrschaftslosigkeit) teilt mit dem Kommunismus die radikale Absage an alle bestehenden oder herkömmlichen Herrschaftsformen und entwirft stattdessen eine utopische Idealgesellschaft der Zukunft, in der Individuen und soziale Gruppen losgelöst von allen gesellschaftlichen Zwängen leben können (herrschaftsfreie Gesellschaft). Im Gegensatz zum Kommunismus ist der Anarchismus jedoch durch eine gewisse Organisations- und Theoriescheu gekennzeichnet. Am ehesten kann man nach der Stellung des Individuums in der Gesellschaft ein gewisses Spektrum anarchistischer Positionen bestimmen. Es reicht vom „Anarcho-Liberalismus" bis zum „Anarcho-Kommunismus".[174]

Der *Individualanarchismus* neigt dazu, die Autonomie des Einzelnen mehr oder weniger grenzenlos auszulegen. Die Anhänger bewundern den trotzigen Egoismus Max Stirners (1806–1856) und dessen Werk „Der Einzige und sein Eigentum" (1845), teilen allerdings nicht dessen rigoristische Schlussfolgerungen, etwa im Blick auf die Geltung ethischer Maximen. Sie lehnen eine generelle Vergesellschaftung von Produktionsmitteln ab, weil dies die freie Wahl der Erwerbsformen beschneide.[175] Im nordamerikanischen Anarchismus (Benjamin R. Tucker, 1854–1939) findet man gleichzeitig die besondere Wertschätzung des Wettbewerbs als Mittel der Leistungssteigerung und Effizienzkontrolle. Dies gilt in ähnlicher Weise für den Anarchokapitalismus Murray Rothbards (1926–1995), der jegliche Bevormundung der Wirtschaftssubjekte durch staatliche Institutionen zurückweist.[176]

Während der individualistische Anarchismus nur von einer Minderheit vertreten wird, hat der – am anderen Ende der Skala einzuordnende – *kollektivistische Anarchismus* weit stärkere Verbreitung gefunden. Als einer seiner Klassiker gilt der anarchistische Fürst Pjotr Alexejewitsch Kropotkin (1842–1921), für den Anarchismus und Kommunismus eine Einheit bilden, sofern Kommunismus als ein „Modus für den wirtschaftlichen Verbrauch und die wirtschaftliche Produktion"[177] verstanden wird. Kropotkin idealisierte die Lebensweise der sibirischen Siedler am Amur, deren Existenz auf gemeinsamer Arbeit und gegenseitiger Hilfe gründete.[178] Die Agrarkommune bildete in seinen Augen die Urzelle einer anarchistischen Zukunftsgesellschaft.

Die Bedeutung des Individuums ist im Anarchismus eng mit der Organisationsfrage verknüpft. Während „Individual-Anarchisten" für eine Vielzahl freiwilliger Zusammenschlüsse plädierten, setzt der kollektivistische Anarchismus die Vergesellschaftung der Produktionsmittel voraus und beschneidet individuelle Wahlmöglichkeiten. Zwischen beiden Extremen gibt es allerdings eine Fülle vermittelnder Positionen. Pierre-Joseph Proudhons (1809–1869) Konzeption etwa hatte noch die Existenz selbständiger Handwerker und kleiner Gewerbetreibender vorgesehen.[179] Das System der „Mutualisten" (franz. für Gegenseitigkeit), wie es seine Anhänger spä-

---

174 Vgl. Günther Bartsch, Anarchismus in Deutschland, 2 Bde., Hannover 1972/73.
175 Vgl. K.H.Z. Solneman/Uwe Timm, Individualistischer Anarchismus. Eine Autorenauswahl, 3. Aufl., Berlin 1982.
176 Vgl. Richard Sylvan, Anarchism, in: Robert E. Goodin/Philip Pettit (Hrsg.), A Companion to Contemporary Political Philosophy, Oxford/Cambridge 1993, S. 215–243.
177 Zit. nach Max Nettlau, Die erste Blütezeit der Anarchie: 1886–1894, Vaduz 1981, S. 237.
178 Vgl. Peter Kropotkin, Memoiren eines Revolutionärs, Bd. 1, Stuttgart 1920, S. 37.
179 Vgl. Daniel Guérin, Anarchismus. Begriff und Praxis, Frankfurt a. M. 1967, S. 44.

ter nannten, beruht auf der gegenseitigen Hilfe kleiner dezentraler Lebens- und Arbeitsgemeinschaften. Auf spezifische Bedürfnisse und Interessen abgestimmte Verträge sollen nach dem Absterben des Staates an die Stelle der Gesetze treten.[180] Proudhons Überzeugung von der Verderblichkeit der Geld- und Zinswirtschaft – eine auf Güterbasis operierende „Tauschbank" sollte sie ersetzen – teilten viele Anarchisten. Würde die Geldwirtschaft beseitigt, so die Hoffnung, ließe sich auch die angestrebte soziale Gleichheit erreichen. Wo dies in der Praxis versucht wurde (wie in Aragonien nach dem Militäraufstand vom Juli 1936), endet es im Desaster.[181]

Eine zentrale Frage anarchistischer Theorie betrifft den Einsatz von Gewalt als Mittel zum Aufbau einer neuen Gesellschaft. Keineswegs alle Anarchisten billigten eine terroristische Praxis. Der feste Glaube an die Realisierbarkeit einer herrschaftslosen Ordnung führte andere jedoch zur Rechtfertigung des politischen Terrorismus. Die erste „Blütezeit der Anarchie", wie einer der frühen Historiker des Anarchismus, Max Nettlau, die Jahre 1886 bis 1894 nannte, fiel mit der Hochphase des *Anarchoterrorismus* zusammen. Zahlreiche gekrönte Häupter, Minister, Staatsanwälte, Richter, Polizeikommissare wurden Opfer des Terrors. 1894 deponierte der Anarchist Émile Henry eine Bombe in einem Pariser Café und verursachte ein Blutbad. Es sei seine Absicht gewesen, eine möglichst große Zahl von Angehörigen der Oberschicht zu töten. Geistiger Hintergrund der Terrorwelle war die von führenden Anarchisten wie Michael Bakunin (1814–1976) und Kropotkin verfochtene „Propaganda der Tat". Das Handeln entschlossener Minderheiten sollte den revolutionären Geist der Massen anstacheln, ein Gefühl von Unabhängigkeit und Wagemut erregen, um eine Revolution zu entfesseln. Bei zahlreichen anarchistischen Gruppen in Europa wirkten diese Worte wie ein Plädoyer für den politischen Terrorismus, auch wenn Kropotkin selbst – im Gegensatz zu anderen wie Bakunin oder Sergei Netschajew (1847–1882) – das Spektrum der „Propaganda der Tat" nicht weiter präzisierte. Kropotkin distanzierte sich aus strategischen Gründen bald von terroristischer Praxis und trug damit auch bei anderen Gesinnungsgenossen zu einer Umkehr bei.[182]

Einen ganz anderen Weg revolutionärer Umgestaltung schlug der *Anarchosyndikalismus* ein. Führende Anarchisten hatten in den 1890er Jahren die Möglichkeiten erkannt, die eine Mitwirkung in der sich entwickelnden Gewerkschaftsbewegung bot. Umgekehrt wuchs in den betont revolutionär gesonnenen Teilen der Gewerkschaften die Sympathie für die Anarchisten, die selbst eine strategische Mitwirkung in Parteien oder Parlamenten ablehnten. Die neue Gesellschaft sollte aus den Organisationen der Arbeiter hervorgehen. In Deutschland gewann der Anarchosyndikalismus nur in den Jahren unmittelbar nach dem Ersten Weltkrieg eine größere Anhängerschaft. Viele Anarchisten lehnten ihn aus Organisationsscheu ab.[183] Dagegen entwickelte er sich in den romanischen Ländern zu einer starken sozialen Kraft. In Frankreich und Italien erreichte er seinen Höhepunkt bereits vor dem Ersten Weltkrieg, in Spanien übte er be-

---

180 Vgl. Franz Neumann, Anarchismus, in: ders. (Hrsg.), Handbuch politischer Theorien und Ideologien, Reinbek bei Hamburg 1983, S. 222–294, hier S. 237.
181 Vgl. Walther L. Bernecker, Anarchismus und Bürgerkrieg. Zur Geschichte der sozialen Revolution in Spanien 1936–1939, Hamburg 1978, S. 104.
182 Vgl. Jean Maitron, Le Mouvement anarchiste en France, Bd. 1: Des origines à 1914, Paris 1975, S. 206–350.
183 Vgl. Wilfried Röhrich, Revolutionärer Syndikalismus. Ein Beitrag zur Geschichte der Arbeiterbewegung, Darmstadt 1977.

sonders in Katalonien bis zum Bürgerkrieg einen prägenden Einfluss auf die Arbeiterbewegung aus.[184]

Das Ende des „real existierenden Sozialismus" hat linksextreme Strömungen begünstigt, die es stets abgelehnt hatten, sich an einer reinen Lehre auszurichten. Die anarchistische Skepsis gegenüber zentralisierten Organisationsstrukturen lebt in der Szene der *Autonomen* fort. Sie entstand im westlichen Deutschland Ende der 1970er Jahre aus der „Sponti-Bewegung" und nahm Anregungen aus den norditalienischen Zentren des Operaismus auf, wo der Begriff der „autonomia", der (betrieblichen) Selbstorganisation, in den gewalttätigen Auseinandersetzungen des Jahres 1977 eine bedeutende Rolle gespielt hatte.[185] Impulse gingen auch von den Amsterdamer „Kraakern", den Kämpfen um das Züricher „Autonome Jugendzentrum" und den Kopenhagener „Initiv-gruppen" aus.[186] Im Zuge der „Vorbereitung praktischer Aktionen"[187], nicht aus einem theoretischen Diskussionsprozess, entwickelte sich eine „Szene", die bei aller Heterogenität durch ein Minimum gemeinsamer Einstellungen und Überzeugungen in unversöhnlicher Gegnerschaft zum „repressiven" System wie in Abgrenzung zu „dogmatischen" Formen der Linken geprägt war. In ihren Deutungsversuchen verbanden sich anarchistische Theorie- und Organisationsscheu mit Versatzstücken revolutionär-marxistischer Analyse und Utopie.

Der verbreitete Hedonismus, die Betonung von Spontaneität und die Aversion gegenüber jeglicher Form hierarchisch-zentraler Organisation vereitelten Versuche überregionaler Bündelung und Koordinierung. Ideologische Binnendifferenzierungen waren themenbezogen und führten zum Teil zu heftigen Auseinandersetzungen. So kam es in der Frage des Nahost-Konflikts zur einer Polarisierung zwischen bedingungslos proisraelischen (und teilweise proamerikanischen) „antideutschen" und betont israel- und amerikakritischen Positionen. Zum Forum der Antideutschen entwickelte sich die Berliner Zeitschrift „Bahamas", die Ende 1999 zu einer Konferenz in die Bundeshauptstadt einlud. Die Kritik an Deutschland wurde mit einer Ablehnung des nationalen Gedankens im Allgemeinen und des Kapitalismus im Besonderen verknüpft: Deutschland sei „Schrittmacher einer sich weiter barbarisierenden Welt". Allein der Kommunismus gewährleiste das „sichere Ende der Nation, der brutalsten aller Rechtfertigungsideen für den kapitalistischen Alltag". Wer den Kapitalismus nicht kritisiere, dem werde auch nichts zu Auschwitz einfallen, „dem sinnlichen Ausdruck dafür, was aus der Nation wird, wenn sie anfängt, deutsch zu werden".[188]

---

184 Vgl. Roland Biard, Histoire du movement anarchiste 1945–1975, Paris 1976; Murray Bookchin, The Spanish Anarchists. The Heroic Years 1868–1936, New York 1977.
185 Vgl. aus „autonomer" Binnenperspektive: Geronimo, Feuer und Flamme. Zur Geschichte der Autonomen, 4. Aufl., Berlin/Amsterdam 1995, S. 46 f.
186 Vgl. George Katsiaficas, The Subversion of Politics. European Autonomous Social Movements and the Decolonization of Everyday Life, New Jersey 1997, S. 111–127.
187 Vgl. A.G. Grauwacke, Autonome in Bewegung. Aus den ersten 23 Jahren, Berlin, o. J. (2003), S. 10. Siehe zur Entwicklung auch folgende – szenenahe – Publikationen: Thomas Schultze/Almut Gross, Die Autonomen. Ursprünge, Entwicklung und Profil der Autonomen Bewegung, Hamburg 1997; Jörg Lauterbach, Staats- und Politikverständnis autonomer Gruppen in der BRD, Diss. phil., Johann Wolfgang Goethe-Universität Frankfurt am Main, 1999; Jan Schwarzmeier, Die Autonomen zwischen Subkultur und sozialer Bewegung, Göttingen 2001.
188 Redaktion Bahamas u. a., Der Hauptfeind ist das eigene Land. Ankündigung für eine antideutsche Konferenz am 2. 10. 1999, in: Bahamas 8 (1999), H. 29, S. 43. Siehe dazu: Sebastian Dittrich, Zeitschriftenporträt: Baha-

Auf verschiedenen Themen- und Handlungsfeldern der Autonomen entstanden teilweise eigenständige Netzwerke mit spezifischen Aufmerksamkeitsschwerpunkten. Im Zeitablauf lassen sich Protestkonjunkturen ausmachen. War etwa der Antimilitarismus in der ersten Hälfte der 1980er Jahre en vogue („Friedensbewegung"), büßte er danach zeitweilig an Bedeutung ein, um infolge der „neuen Kriege" nach dem Ende des Ost-West-Konflikts und häufiger werdender „Out-of-area"-Einsätze der Bundeswehr wieder in den Vordergrund zu treten. Rechtsextreme Gewalt und Mobilisierungserfolge von Rechtsaußenparteien ließen den Antifaschismus zum Dauerbrenner werden.[189] Über mehrere Jahrzehnte hinweg geführte, sich aufgrund der Szenefluktuation teilweise wiederholende „Militanzdebatten" um Legitimität, Bedingungen, Modalitäten und strategische Erfordernisse des Gewalteinsatzes[190] orientierten sich überwiegend am Terrorkonzept der „Revolutionären Zellen" (RZ), die in kritischer Auseinandersetzung mit der Roten Armee Fraktion (RAF) auf technisch wie legitimatorisch aufwendige und risikoreiche „Aktionen" wie Geiselnahmen und gezielte Tötungen verzichtet und sich stattdessen auf Anschläge „gegen Sachen" (Fahrzeuge, Gebäude, Infrastruktur) konzentriert hatten.[191]

Das in der Szene verbreitete Lebensgefühl spiegelt sich in dem Pamphlet „Der kommende Aufstand" eines „unsichtbaren Komitees" aus Frankreich. Es handelte sich gleichsam um den Versuch, „ultralinker Politik" mit einer Mischung aus „Situationismus, Autonomen-Anarchismus und Punkpoesie" ein „glamouröses Antlitz zu verpassen".[192] Es wurde rasch in andere Sprachen übersetzt, auch ins Deutsche, weil sich die Abhandlung – so die Herausgeber – nicht „mit der Darstellung der schlechten Verhältnisse begnügen", sondern „konkrete Schritte zu ihrer Aufhebung"[193] diskutieren wolle. U. a. schlugen sie vor, aus „jeder Krise ein Feuer"[194] zu machen, die Unzulänglichkeit staatlicher Reaktionen etwa im Fall von Naturkatastrophen, Unterbrechung der Warenströme, Stromausfall (ausgelöst auch durch „Blockaden") für Aufruhr und „Möglichkeiten der Selbstorganisation"[195] zu nutzen, dabei sektiererische Zellbildung nach trotzkistischer Art ebenso zu vermeiden wie die Einberufung von Vollversammlungen (mit ihrem ziellosen „Palaver"[196]), Konfrontationen zu vermeiden, sich aber zu bewaffnen und doch möglichst gar keinen Gebrauch von den Waffen zu machen. Wenn die Situation reif sei, falle die Macht wie ein Apfel in die Hand der „Kommunen".

Ob dieser Traum vom „Sommer der Anarchie" aber in Erfüllung gehen kann, durften weniger enthusiastische Zeitgenossen bezweifeln: „Nach dem Gewaltmonopol des Staates, nach dem Privateigentum und ohne öffentlichen Nahverkehr blüht höchstens ein sehr kurzer Sommer der

---

mas, in: Uwe Backes/Eckhard Jesse (Hrsg.), Jahrbuch Extremismus & Demokratie, Bd. 16, Baden-Baden 2004, S. 220–235, hier S. 227.
189 Vgl. aus der Binnenperspektive: Horst Schöppner, Antifa heißt Angriff. Militanter Antifaschismus in den 1980er Jahren, Hamburg/Münster 2015.
190 Vgl. Matthias Mletzko, Gewaltdiskurse und Gewalthandeln militanter Szenen, Teil 1. Unterschiede am Beispiel „Antifa" und „Anti-Antifa" dargestellt, in: Kriminalistik 57 (2001), H. 8–9, S. 543–548.
191 Vgl. vor allem Iring Fetscher/Günter Rohrmoser, Ideologien und Strategien, = Analysen zum Terrorismus 1, Opladen 1983.
192 Aram Linzel, Revolution mit Melancholie, in: taz vom 10. November 2009.
193 Der kommende Aufstand. Unsichtbares Komitee, o. O., Frühjahr 2010 (Vorwort, unpaginiert).
194 Ebd., S. 80.
195 Ebd.
196 Ebd., S. 82.

Anarchie. Die unsichtbaren linken Militanten überschätzen ihre Kraft: Eine kollabierende Ordnung würde nicht von Deleuze lesenden Kommunarden verbessert, sondern durch eine Mafia regiert. Wenn die Züge nicht mehr fahren, folgt nichts Besseres. Nach dem kommenden Aufstand kommen die schwarzen Geländewagen."[197]

6 Politisch-religiöser Fundamentalismus

6.1 Überblick

Der Fundamentalismusbegriff geht auf Entwicklungen im amerikanischen Protestantismus der 1920er Jahre zurück und verband sich ursprünglich mit religiösen Erweckungsbewegungen, die aus unverrückbaren, oft in „heiligen Schriften" kodifizierten „fundamentals" einen exklusiven Gestaltungsanspruch ableiten, den Menschen in seinem ganzen Sein beanspruchen und einem rigiden Regelgefüge unterwerfen. Von der islamischen Revolution im Iran 1979 an verbreitete sich der Begriff und fand auf politisch-religiöse Phänomene aller Kulturkreise Anwendung. Während manche Autoren ihn auch auf areligiöse oder gar dezidiert antireligiöse Strömungen anwandten, reservierten Martin E. Marty und R. Scott Appleby ihn im Fundamentalismus-Projekt der American Academy of Arts and Sciences für solche Gruppierungen, denen ein Leben im Jenseits nicht fremd ist.[198] Folgt man diesem Begriffsverständnis, so lassen sich politisch-religiöse Fundamentalismen am Rande aller Weltreligionen und bei vielen kleineren religiösen Gemeinschaften finden. Nur die ideologischen Merkmale der politisch einflussreichsten sollen knapp skizziert werden.

6.2 Christentum

Politisch-religiöse Fundamentalismen sind aus nahezu allen christlichen Denominationen hervorgegangen. Im Protestantismus offenbaren sich diese Tendenzen vor allem in den Gruppierungen der sogenannten Evangelikalen, die Mitte des 19. Jahrhunderts in den USA entstanden und sich von dort weltweit verbreiteten.[199] Ihre Theologie ist durch Schriftgläubigkeit und strenge Orientierung am Wortlaut der Bibel gekennzeichnet. Sie lehnen die historisch-kritische Methode der Bibelauslegung ebenso ab wie die Ergebnisse der modernen Naturwissenschaften. Die Schöpfungsgeschichte der Genesis ist für sie verbindlich („Kreationismus"), die auf den Forschungen Darwins basierende Evolutionsbiologie hingegen Teufelswerk. Sie sehen sich als auserwählte Elite, die den modernistischen Irrlehren mutig entgegentritt, um ihre unverrückbaren Wahrheiten gegen eine Welt von Feinden zu verteidigen, schotten sich nicht selten von der Außenwelt ab, unterwerfen die Anhänger strengen Gesinnungs- und Verhaltenskontrollen und

---

197 Nils Minkmar, Seid faul und militant!, in: Franfurter Allgemeine Zeitung vom 8. November 2010.
198 Vgl. Martin E. Marty/R. Scott Appleby, Herausforderung Fundamentalismus. Radikale Christen, Moslems und Juden im Kampf gegen die Moderne, Frankfurt a. M. 1996, S. 10.
199 Vgl. Klaus Kienzler, Der religiöse Fundamentalismus. Christentum, Judentum, Islam, Frankfurt a. M. u. a. 1996, S. 29–41.

sind mitunter bereit, ihre Feinde unter Missachtung geltender Regeln durch Anwendung von Gewalt zu bekämpfen.[200]

Ein extremes Beispiel bot die adventistische Religionsgemeinschaft der „Branch Davidians", deren befestigtes Lager in der Nähe von Waco 1993 von den amerikanischen Sicherheitsbehörden gestürmt wurde, wobei zahlreiche Mitglieder der Gemeinschaft, darunter schwangere Frauen und Kinder, ums Leben kamen. Die Gemeinschaft lebte in dem Glauben, die Erde sei seit der Schöpfung erst etwa 6.000 Jahre alt. Wenn vor Gott 1.000 Jahre aber wie ein Tag seien, würde nun der siebte Tag anbrechen, mit dem nach der Offenbarung des Johannes das Tausendjährige Reich Christi auf Erden beginne. Für diesen Tag erwartete die Gruppe ein finales Gefecht zwischen der weltlichen Macht und der Schar Gottes. Daher bewaffnete sie sich und bildete alle Mitglieder, auch Kinder, im Gebrauch von Pistolen und Gewehren aus.[201]

Die katholische Variante des politisch-religiösen Fundamentalismus wird innerhalb der Katholischen Kirche meist als „Integralismus" bezeichnet. Seine Anhänger berufen sich nicht selten auf Papst Pius IX., der im „Syllabus errorum" (1864) unter den Irrtümern der modernen Zeit auch Liberalismus und Demokratie angeprangert hatte. Sein Namensnachfolger Papst Pius X. stellt mit seiner modernisierungsfeindlichen Enzyklika Pascendi (1907) ebenfalls ein wichtiges Vorbild dar.[202] Die Integralisten lehnen folglich die Reformen entschieden ab, die das Zweite Vatikanische Konzil mit der Hinwendung der Katholischen Kirche zur modernen Welt und zum demokratischen Verfassungsstaat eingeleitet hatte.

International wohl die größte Aufmerksamkeit erregte die zu Beginn der 1970er Jahre von dem konzilskritischen Erzbischof Marcel Lefebvre (1905–1991) gegründete Priesterbruderschaft St. Pius X. wegen ihrer Sympathien für autoritäre Regime mit katholischer Legitimierung (Pétain, Franco, Salazar, Pinochet). In Frankreich gelang es dem rechtsextremen „Front national" unter Jean-Marie Le Pen zeitweilig, Teile der Integralisten in die Partei einzubinden.[203] Im Jahr 2009 sorgte die Aufhebung der Exkommunikation von vier Lefebvre-Bischöfen durch Papst Benedikt XVI. für einen Skandal. Zu den Begünstigten zählte auch Richard Williamson, der mehrfach die Vergasung von Juden in nationalsozialistischen Konzentrationslagern öffentlich geleugnet hatte.[204] Jüdische Kreise hätten diese Legende ins Leben gesetzt, um damit die Gründung des Staates Israel zu legitimieren.

---

200 Vgl. Stefan Braun, Religiöser und separatistischer Extremismus, in: Beiträge zur Internationalen Politik und Sicherheit 2 (2005), S. 29–39.
201 Vgl. Jayne Docherty, Learning Lessons from Waco. When Parties Bring Their Gods to the Negotiation Table, Syracuse 2001.
202 Vgl. Émile Poulat, Intégrisme et catholicisme intégral. Un reseau secret international antimoderniste: La „Sapinière" (1909–1921), Paris 1969.
203 Vgl. Jean-Yves Camus, Strömungen der europäischen extremen Rechten – Populisten, Integristen, Nationalrevolutionäre, Neue Rechte, in: Backes (Anm. 64), S. 235–260, hier S. 247 f.
204 Vgl. Wolfgang Benz, Williamson, Richard Nelson, in: ders. (Anm. 108), Bd. 2/2, Berlin 2009, S. 888 f.

6.3 Judentum

Der jüdische Fundamentalismus kann nach der Haltung zum Staat Israel grob in zwei Lager unterteilt werden: Während die ultra-orthodoxen Religiösen (Haredim) dem Zionismus und der Bildung eines säkularen Staates Israel ablehnend gegenüberstehen, sehen die zionistischen Religiösen (Hatzionim Hadatiim) die Gründung des Staates Israel als Grundlage für die Erlösung des jüdischen Volkes an.[205] Beide Lager sind in sich heterogen und beherbergen gemäßigtere wie extreme Gruppierungen. Beispiele extremistischer Ideologiebildung sind bei den Haredim die Gruppierungen der Edah Haredit und bei den Hatzionim Hadatiim die Kach-Partei.

Die Anhänger der Edah Haredit teilen mit allen anderen Haredim eine extreme Interpretation der jüdischen Gesetze, wonach alle „mitzvot" (Anordnungen) des Alten Testaments strengstens zu befolgen seien.[206] Darüber hinaus fallen sie in der israelischen Öffentlichkeit immer wieder durch die gewaltsame Störung des öffentlichen Verkehrs am Sabbat auf. Nach der von ihnen vertretenen Ideologie liegt die Erlösung des jüdischen Volkes allein in Gottes Hand. Jedes menschliche Zutun gilt als frevelhaft. Sie bekämpfen daher den Zionismus in all seinen Formen und waren sogar bereit, mit der PLO zusammenzuarbeiten, als diese noch das Ziel der Zerstörung des Staates Israel verfolgte.[207]

Im Lager der Hatzionim Hadatiim erlangte die Kach-Partei größere Bekanntheit außerhalb Israels. Sie wurde 1971 von dem aus den USA nach Israel emigrierten Rabbi Meir Kahane (1932–1990) gegründet und entwickelte eine extreme Variante des Zionismus insofern, als sie die Auserwähltheit des jüdischen Volkes mit dem Anspruch auf dessen ethnische Überlegenheit verband. Sie wurde aus diesem Grund 1988 auf der Basis des zwei Jahre zuvor verabschiedeten Antirassismus-Gesetzes vom Obersten Gerichtshof Israels von den Wahlen zur Knesset ausgeschlossen. Nach dem gewaltsamen Tod Kahanes 1990 zerfiel die Vereinigung in mehrere Fraktionen. Eine von ihnen, die Kahane Chai, ist vor allem in den USA aktiv. Die mit ihr in Verbindung stehende, 1968 von Meir Kahane gegründete Jewish Defense League (JDL) wurde im Jahr 2000 vom FBI als rechtsextremistische terroristische Organisation eingestuft. Strafrechtliche Maßnahmen trugen in der Folgezeit zu einer starken Abnahme der Aktivitäten bei.[208] Eine deutsche Sektion fasste ihre „Kernideologie" im Frühjahr 2016 in fünf Prinzipien zusammen und berief sich dabei auf den nationalistischen Zionismus Wladimir Ze'ev Jabotinskys (1880–1940). Die Jüdische Verteidigungsliga diene der Verbreitung von „Stolz und Kenntnis der jüdischen Tradition, Glaube, Kultur, Land, Geschichte, Kraft, Schmerz und Volkstum. Hadar ist die Notwendigkeit, stolz auf das Judentum zu sein und nicht zuzulassen, dass Juden beschimpft und durch Schläge und Schändung die jüdische Ehre verlieren."[209]

---

205 Vgl. Stephan Maul, Israel auf Friedenskurs? Politischer und religiöser Fundamentalismus in Israel – Wirkungen auf den Friedensprozess im Nahen Osten, Münster 2000, S. 44–80.
206 Vgl. Ehud Sprinzak, Brother against Brother. Violence and Extremism in Israeli Politics from Altalena to the Rabin Assassination, New York 1999, S. 88.
207 Vgl. Maul (Anm. 205), S. 56.
208 Vgl. „Jewish Defense League", unter: https://www.splcenter.org/fighting-hate/extremist-files/group/jewish-defense-league (20. Dezember 2015).
209 „Die 5 Grundsätze", unter: http://www.jdl-germany.org/index.php/ideologie-verteidigung/die-5-grundsaetze (5. April 2016).

6.4 Islam

Politisch-religiöse Fundamentalismen gibt es sowohl im schiitischen als auch im sunnitischen Islam. William E. Shepards Typologie zum Verhältnis von Islam und Ideologie weist der Herrschaft des Rechtsgelehrten nach Ajatollah Chomeini einen ähnlichen Grad an „Islamic Totalism" zu wie den Vordenkern des sunnitischen „radikalen Islamismus", Sayyid Abu l-A'la Maududi (1903–1979) und Sayyid Qutb (1906–1966). Ihnen allen sei gemeinsam, dass sie den Islam als verbindliche Grundlage zur Regelung aller Aspekte des politischen, sozialen und privaten Lebens ansähen. Zugleich sei ihre Orientierung – im Gegensatz zu den islamischen Traditionalisten – „modernistisch", da sie sich aufgeschlossen für moderne Technik und Organisationsformen (wie Parteien) zeigten.[210]

Die schiitischen Varianten unterscheiden sich von den sunnitischen durch den hierarchischen Klerus und die messianische Orientierung. Als Imame gelten nur die Oberhäupter der schiitischen Gemeinschaft. Bis zur Rückkehr des im 9. Jahrhundert „verschwundenen" 12. Imams (als „Mahdi") bedarf es einer „Statthalterschaft des Rechtsgelehrten". Die entsprechende Staatstheorie entwickelte der Ajatollah Chomeini noch vor der islamischen Revolution im Iran in seinen Vorlesungen vor Theologiestudenten in Nadschaf (Irak). Im „islamischen Staat" seien „die Regierenden in ihrer exekutiven und administrativen Tätigkeit an eine Reihe von Bedingungen gebunden sind, die im heiligen Koran und in der Sunna des hochedlen Propheten – G – festgelegt worden sind. […] Daher ist die islamische Regierung die Regierung des göttlichen Gesetzes über das Volk."[211] Dem obersten Rechtsgelehrten und dem mehrheitlich aus islamischen Klerikern zusammengesetzten Wächterrat kommt folglich eine Schlüsselposition im politischen System der Islamischen Republik Iran zu. In den Augen seiner Anhänger (wie dem internationalen Netzwerk der Hizbollah) steht dieses System dem idealen „Gottesstaat" am nächsten.

Im sunnitischen Islam wird die „Statthalterschaft des Rechtsgelehrten" meist als Kalifat bezeichnet. Zu den ersten, die das Kalifat von Deutschland aus propagierten, zählte der von den Medien zum „Kalifen von Köln" gekürte, aus Anatolien stammende Prediger Cemaleddin Hocaoğlu Kaplan, dessen Sohn und Nachfolger Metin nach dem Verbot der Vereinigung „Kalifatstaat" (2001) aus der Bundesrepublik ausgewiesen wurde.[212] In dem Buch „Die neue Weltordnung" hatte Kaplan Senior die Unvereinbarkeit von Islam und Demokratie erklärt, da die Demokratie auf „Volksherrschaft" und „Menschengeist" beruhe, der Islam hingegen „auf Offenbarung".[213]

Während Kaplan das Kalifat in der muslimischen Welt wiedererrichten wollte, propagierte der aus Ägypten stammende Muhammad Rassoul „Das deutsche Kalifat". Es sollte an die Stelle der fehlerhaften Demokratie treten. Denn sie basiere „auf menschlichem und damit fehlerhaf-

---

210 Vgl. William E. Shepard, Islam and Ideology. Toward a Typology, in: International Journal for Middle East Studies 19 (1987), S. 307–336.
211 Ajatollah Chomeini, Der islamische Staat, Berlin 1983, S. 51.
212 Vgl. Ursula Spuler-Stegemann, Muslime in Deutschland. Informationen und Klärungen, 3. Aufl., Freiburg u. a. 2002, S. 73–82; Werner Schiffauer, Die Gottesmänner. Türkische Islamisten in Deutschland, Frankfurt a. M. 2000.
213 Cemaleddin Hocaoğlu Kaplan, Die neue Weltordnung: Kalifat, o. O., o. J., S. 36 („Islam und Demokratie").

tem Gedankengut". Demgegenüber sei „die Grundlage des islamischen Staatswesens von göttlicher und damit fehlerfreier Art."[214] Der Kalif ernennt die Inhaber aller staatlichen Spitzenämter.[215] Er ist zwar verpflichtet, den Staatsrat (Aš-Šūrā) anzuhören, kann aber danach unabhängig entscheiden. Zudem wird der Staatsrat keineswegs aus der „Gesamtheit oder Mehrheit des Volkes"[216] rekrutiert; die Mitgliedschaft in ihm setzt besondere Kenntnisse voraus. Durch seine Existenz „erübrigt sich das Parteiensystem mit all seinen negativen Auswirkungen auf den Staat."[217]

Das Ziel der Schaffung eines Staates, in dem Politik und Religion eine strenge Einheit bilden, verbindet die politisch-religiösen Fundamentalismen islamischer Orientierung. Sie unterscheiden sich aber in der Wahl der als legitim geltenden Mittel, um dieses Ziel zu erreichen. Während Parteien wie die Muslimbruderschaft in Ägypten unter dem Regime Hosni Mubaraks im Wesentlichen auf Einflussgewinn durch Wahlen setzten, erachteten andere Gruppierungen die systematische Anwendung von Gewalt für unerlässlich.[218] Während sich viele islamistische Gruppierungen auf regionale Einflusszonen konzentrierten, sprengten andere den nationalen Rahmen. Der internationale Terrorismus Al Qaidas ist – wie der Terrorismus im Allgemeinen – ein Mittel, das aus einer Position der Schwäche heraus angewendet wird, da es an der Fähigkeit militärischer Eroberung fehlt.[219] Selbst der „Islamische Staat", der zeitweilig große Territorien im Irak und in Syrien kontrollieren und quasi-staatliche Strukturen etablieren konnte, bestätigt diese Regel, denn die von ihm inaugurierten Terroranschläge in Europa dienten nicht zuletzt dem Ziel, den kriegführenden demokratischen Regierungen die Unterstützung zu entziehen.

Die genannten strategischen Differenzen erklären auch die Heterogenität des „Salafismus", einer vom saudi-arabischen Wahhabismus inspirierten Strömung, welche die idealisierte urislamische Gemeinschaft der Frühzeit (7./8. Jahrhundert in Mekka und Medina) wiederherstellen will. Während salafistische „Puristen" in erster Linie an der Reinheit der islamischen Lehre und einem entsprechenden gottgefälligen Leben interessiert sind, fordern die „politischen Salafisten" einen Islamischen Staat, dem die einzig korrekte Islaminterpretation zugrunde liegen soll. Dies kann mit friedlichen Mitteln erreicht werden. Dagegen setzen die „dschihadistischen Salafisten" ganz auf einen zum „heiligen Krieg" erklärten bewaffneten Kampf.[220]

---

214 Muhammad Ibn Ahmad Ibn Rassoul, Der deutsche Mufti, Köln 1997, S. 677 f.
215 Ebd., S. 682.
216 Ebd., S. 683.
217 Ebd., S. 682.
218 Vgl. im Überblick: Tilman Seidensticker, Islamismus. Geschichte, Vordenker, Organisationen, Bonn 2015.
219 Vgl. nur Joachim Krause, Al Qaida nach bin Laden: Die strategische Relevanz des islamistischen Terrorismus, in: Jahrbuch Terrorismus 2011/2012, Opladen u. a. 2012, S. 39–73. Zur Ideologie Al Qaidas vor allem: Gilles Kepel/Jean-Pierre Milleli (Hrsg.), Al Qaida. Texte des Terrors, München 2006.
220 Vgl. Guido Steinberg, Wer sind die Salafisten?, SWP-Aktuell 28, Berlin 2012. Siehe auch Aladdin Sarhan/Ekkehard Rudolph, Salafismus in Deutschland: Ideologie, Aktionsfelder, Gefahrenpotenzial in Zeiten des „Islamischen Staates", in: Uwe Backes/Alexander Gallus/Eckhard Jesse (Hrsg.), Jahrbuch Extremismus & Demokratie, Bd. 27, Baden-Baden 2015, S. 172–185.

6.5 Hinduismus

Hindu-Extremismus ist vor allem in Indien ein Phänomen, das eng mit aggressivem Verhalten gegenüber Muslimen verknüpft ist. Der Hindu-Nationalismus entstand als Minderheitsströmung innerhalb der indischen Nationalbewegung. Im Gegensatz zur säkularen Ideologie der Kongresspartei bildeten sich Organisationen wie der 1925 ins Leben gerufene Kampfverband RSS (Rashtriya Swayamsevak Sangh – Nationale Freiwilligenorganisation) heraus, für die ein als homogen gedachter Hinduismus den Identitätskern der indischen Nation bildete.[221] Folglich wurden die Muslime zu einem fremden Element erklärt. Täterstudien zur Gewalt von Hindus gegen Muslime in Gujarat zeigen, dass muslimische Männer von den Mob-Anführern als brutale Aggressoren, ständige Bedrohung für die Eigengruppe, permanent anwachsende Menge antinationaler „Fundamentalisten" und potentielle Vergewaltiger der Hindu-Frauen wahrgenommen wurden.[222]

Der Hindu-Nationalismus hat sich von seinen religiösen Motivationsquellen gelöst und zu einer Einheitslehre entwickelt, die von der Idee „des harmonisch-hierarchischen Gefüges des hinduistischen Kasten-Systems"[223] erfüllt ist. Deren exkludierende Aspekte stimulieren bis heute Gewalt gegen als bedrohlich wahrgenommene Bevölkerungsgruppen (auch Christen). Dagegen haben Teile der Bewegung auf parlamentarischer Ebene Mäßigungsprozesse durchlaufen. Während die 1980 gegründete BJP (Bharatiya Janata Party, Indische Volkspartei) staatstragend geworden ist, sind aus der hierarchisch strukturierten Kaderorganisation RSS immer wieder systemfeindliche Töne zu vernehmen.[224]

6.6 Sikhismus

Der Skihismus, eine monotheistische Religion, entstand im 15. Jahrhundert im Nordwesten Indiens „an der Nahtstelle zwischen Islam und Hinduismus".[225] Extremistische Sikh-Gruppen strebten nach politischer Unabhängigkeit und wurden wegen ihres Separatismus Opfer massiver staatlicher Repression. Umgekehrt waren einige Sikh-Vereinigungen bereit, für das Ziel der Errichtung des Staates Khalistan Gewalt und Terror als Mittel einzusetzen. Die deutschen Verfassungsschutzbehörden zählten die Sikh-Vereinigung Babbar Khalsa (BK) mit ihren rund 100 Mitgliedern in Deutschland (Ende 2015) zum „Ausländerextremismus". Sie setze in Indien auch terroristische Mittel ein und versuche, „die politische Lage im Punjab mit gezielten An-

---

221 Vgl. Chetan Bhatt, Hindu Nationalism. Origins, Ideologies and Modern Myths, Oxford/New York 2001; Thomas Blom Hansen/Christophe Jaffrelot, The BJP and the Compulsions of Politics in India, Oxford 1998.
222 Vgl. Chitralekha (Anm. 158), S. 144.
223 Julia Eckert, Der Hindu-Nationalismus und die Politik der Unverhandelbarkeit. Vom politischen Nutzen eines (vermeintlichen) Religionskonflikts, in: Aus Politik und Zeitgeschichte B 42–43/2002, S. 23–30, hier S. 24.
224 Vgl. Tobias Wolf, Extremismus im Namen der Religion. Wie der Hindu-Nationalismus die Demokratie in Indien gefährdet, Aachen 2012.
225 Ulrich Dehn, Skihismus, in: Michael Klöcker/Udo Tworuschka (Hrsg.), Handbuch der Religionen. Kirchen und andere Glaubensgemeinschaften in Deutschland, Bd. 7, München 2000 (4. EL), S. 1.

schlägen zu destabilisieren".²²⁶ In Deutschland unterstützten sie ihre Gesinnungsgenossen in Indien propagandistisch und sammelten Spendengelder.

6.7 Buddhismus

Mehr noch als der Hinduismus gilt der Buddhismus in Europa als eine tolerante und friedsame Religion. Die Praxis in asiatischen Ländern mit buddhistischer Mehrheitsbevölkerung (wie Myanmar, Sri Lanka, Thailand) vermittelt ein differenzierteres Bild. Zu ihr zählt auch Gewalt, mitunter sogar von buddhistischen Mönchen gegen Angehörige religiöser Minderheiten ausgeübt.²²⁷ Von einem buddhistischen Extremismus kann indes nur dann die Rede sein, wenn die Religion als Legitimationsgrundlage politisch motivierter Intoleranz und Gewalt dient.

Ein extremes Beispiel bieten die Anschläge der japanischen Terrorgruppe Aum Shinrikyo, die infolge der Giftgasanschläge auf die Tokioter U-Bahn internationale Bekanntheit erlangte. Ihr halb blinder Gründer Shoko Asahara (geb. 1955), ein Kenner traditioneller chinesischer Medizin und diverser Yoga-Techniken, hatte auf einer Reise nach Indien sein politisches Erweckungserlebnis und knüpfte in seinen Lehren an Hinduismus und Buddhismus an. In eigenwilliger Interpretation des buddhistischen Guru-Yoga forderte er unbedingten Gehorsam gegenüber dem religiösen Lehrmeister. Schließlich verstieg er sich zu dem Gedanken, die Menschen durch die tibetisch-buddhistische Meditationstechnik des „Phowa" in den Tod zu führen, um ihre Erlösung zu bewirken und sie eine höhere spirituelle Ebene erreichen zu lassen.²²⁸

6.8 Ethnische Religionen

Als ethnische oder Volksreligionen lassen sich – im Gegensatz zu den Welt- oder Universalreligionen – jene Glaubensgemeinschaften bezeichnen, die auf ein Volk oder eine Ethnie als deren Träger beschränkt sind und in denen das Heil durch die besondere Beziehung von Familie, Sippe oder Stamm zu den Gottheiten entsteht und durch entsprechende Kulthandlungen erhalten wird.²²⁹ Volksreligionen sind meist polytheistisch und verfügen über ein Pantheon von Gottheiten. Zu den kosmologischen Vorstellungen zählt der Animismus, der Glaube an die Beseeltheit der Natur. Besondere Rituale dienen dazu, den Göttern Opfer darzubringen und ihnen nahezukommen, um ihre Gunst zu erlangen oder an ihrer Weisheit teilzuhaben.

Volksreligionen wurden ab dem 19. Jahrhundert in Europa und den USA wiederentdeckt und wiederbelebt. Sie können für Angehörige anderer Kulturgemeinschaften offen, ebenso aber ethnozentrisch und rassistisch sein.²³⁰ Das bekannteste Beispiel für den rassistischen Typ bil-

---

226 Bundesministerium des Innern (Hrsg.), Verfassungsschutzbericht 2015, Berlin 2016, S. 243.
227 Vgl. Georg Blume, Der Zorn der Mönche, in: Die Zeit vom 16. Mai 2013.
228 Vgl. Mark Juergensmeyer, Terror in the Mind of God. The Global Rise of Religious Violence, Berkeley/Los Angeles/London 2001, S. 102–118; Robert Jay Lifton, Terror für die Unsterblichkeit. Erlösungssekten proben den Weltuntergang, München/Wien 2000, S. 27–34.
229 Vgl. Albrecht Dieterich, Mutter Erde. Geschichte und Theorie der Volksreligionen, Hamburg 1913.
230 Vgl. Stefanie von Schnurbein, Norse Revival. Transformations of Germanic Neopaganism, Leiden 2016, S. 6 f.

den die „neopaganen" völkischen Germanenkulte, die in den angelsächsischen Ländern meist unter den Bezeichnungen „Odinismus" oder „Wotanismus" firmieren.[231] Sie basieren auf der Überzeugung von der Überlegenheit der Eigengruppe und der Minderwertigkeit von Fremdgruppen. Sie gehen von der Existenz einer unterscheidbaren „arischen" oder „nordischen Rasse" aus, die eine besondere Verbindung zum Göttlichen besitze. Die Reinheit dieser Rasse sei zu erhalten bzw. wiederherzustellen. Multikulturalismus wird daher ebenso entschieden wie Rassenmischung abgelehnt. Im Unterschied zu vielen NS-affinen Gruppierungen stehen religiöse Überzeugungen und Kulthandlungen im Zentrum der Gruppenaktivitäten.

Volksreligiöse Gruppierungen in den USA, Großbritannien und Skandinavien wurden stark von der deutschen Romantik und ihrer Suche nach dem Eigenen in Volk, Sprache, Literatur und Brauchtum beeinflusst. In Deutschland erhielt das Streben nach einer einheitlichen neuen Nationalreligion nach der Reichsgründung 1871 Auftrieb. Auf der einen Seite wurden, beginnend mit Paul de Lagarde (1827–1891), Versuche unternommen, das Christentum zu germanisieren, zum anderen erhielten alternative religiöse Gruppierungen Auftrieb, die für eine Rückkehr zu den vorchristlichen „germanischen", „nordischen" oder „arischen" Kulten eintraten. Eine Vielzahl solcher Gruppen versammelte sich in der Strömung der „Völkischen", die den Nationalsozialismus mit ihrem biologischen Rassismus prägte, ohne sich aber in der Zeit des Dritten Reiches religionspolitisch durchsetzen zu können.[232]

Für die Versuche einer Wiederbelebung nach 1945 bietet die 1951 von dem ehemaligen SS-Angehörigen Wilhelm Kusserow (zuvor Leiter der Nordischen Glaubensgemeinschaft[233]) gegründete Artgemeinschaft – Germanische Glaubensgemeinschaft ein Beispiel. In ihrem „Artbekenntnis" plädiert sie für ein „Leben im Einklang mit den Naturgesetzen". Zu ihnen zähle der „nie endende Lebenskampf". Die „Menschenarten" seien „verschieden in Gestalt und Wesen". Höchstes Lebensziel sei „Erhaltung und Förderung unserer Menschenart". Der Mensch sei „unsterblich in den Nachkommen und Verwandten, die sein Erbe teilen. Nur sie können unsere von den Ahnen erhaltenen Anlagen verkörpern. Wir bekennen, dass der höchste Sinn unseres Daseins die reine Weitergabe unseres Lebens ist."[234] Vorsitzender der Artgemeinschaft und „Schriftleiter" ihres Organs „Nordische Zeitung" von 1988 bis zu seinem Tod 2009 war der langjährige NPD-Funktionär Jürgen Rieger (1946–2009).[235]

Volksreligiöse Mythen und Symbole germanischer, keltischer oder gotischer Provenienz haben Eingang in die Formenwelt rassenideologischer Gruppierungen nicht nur in Deutschland gefunden. Ein besonders verbreitetes Symbol ist der Thorshammer, die aus der Edda bekannte

---

231 Vgl. Jeffrey Kaplan, Radical Religion in America. Millenarian Movements from the Far Right to the Children of Noah, Syracuse 1997; Mattias Gardell, Gods of the Blood. The Pagan Revival and White Separatism, Durham/London 2003.
232 Vgl. Schnurbein (Anm. 230), S. 28–50; Ulrich Nanko, Das Spektrum völkisch-religiöser Organisationen von der Jahrhundertwende bis ins „Dritte Reich", in: Stefanie von Schnurbein/Justus H. Ulbricht (Hrsg.), Völkische Religion und Krisen der Moderne. Entwürfe „arteigener" Glaubenssysteme seit der Jahrhundertwende, Würzburg 2001, S. 208–226.
233 Vgl. Felix Wiedemann, Rassenmutter und Rebellin. Hexenbilder in Romantik, völkischer Bewegung, Neuheidentum und Feminismus, Würzburg 2007, S. 201 f.
234 „Artbekenntnis", unter: http://www.asatru.de/nz/index.php?option=com_content&view=article&id=12:das-artbekenntnis-&catid=14:artglaube&Itemid=17 (17. November 2015).
235 Vgl. Robert Philippsberg, Biographisches Porträt: Jürgen Rieger, in: Uwe Backes/Alexander Gallus/Eckhard Jesse (Hrsg.), Jahrbuch Extremismus & Demokratie, Bd. 24, Baden-Baden 2012, S. 211–227.

magische Kriegswaffe des Gottes Thor, die ihr Ziel nie verfehlte und immer wieder zu ihrem Besitzer zurückkehrte. Die deutsche völkische Bewegung nutzte den Thorshammer in ihren Anfängen als zentrales Kennzeichen, bevor er zunehmend durch das Hakenkreuz abgelöst wurde. Der antisemitische Autor und Verleger Theodor Fritsch (1852–1933) gründete 1912 in Leipzig den Reichshammerbund mit der Zeitschrift „Der Hammer", um die zersplitterte völkische Szene zu einen. In Fritschs Hammer-Verlag erschien 1924 die antisemitische Verschwörungsschrift „Protokolle der Weisen von Zion".

Die historische Verbindung zu den Ursprüngen der politischen Nutzung der Hammersymbolik scheint bei den US-amerikanischen Hammerskins verloren gegangen zu sein. Die erste Gruppe in Dallas entlehnte das Hammersymbol Ende der 1980er Jahre dem Album der Rock-Band Pink Floyd „The Wall". Darin wird die Geschichte des Rocksängers Pink erzählt, der zum Faschismus konvertiert und gekreuzte Zimmermannshämmer statt des Hakenkreuzes als Erkennungssymbol verwendet.[236]

7 Monothematische Extremismen

Manche extremistische Gruppierungen sind in ihrer Ideologie und Programmatik so stark auf ein Einzelthema fixiert, dass die Zuordnung zu einer ideologischen „Großfamilie" schwerfällt. Sie führen auch oft organisatorisch ein Eigenleben und sind weniger als andere Gruppen in kommunikative Netzwerke eingebunden. Europol führt daher in seinen Jahresberichten zur politisch motivierten Gewalt in den EU-Mitgliedstaaten eine eigene Rubrik „Single-Issue Terrorism" – neben den Kategorien „religiously inspired", „ethno-nationalist and separatist", „left-wing and anarchist" sowie „right-wing terrorism".

Die Abgrenzung eines „streitfragen-spezifischen"[237] Extremismus wirft allerdings oft Probleme auf. So wies Europol im Bericht für das Jahr 2014 auf die häufige Kooperation zwischen Anarchisten und radikalen Umweltschutz-Aktivisten hin.[238] In Deutschland hatten sich Jahrzehnte zuvor nicht wenige Anhänger linksrevolutionärer Konzepte später am linken Flügel der sich parteipolitisch formierenden Umweltschutzbewegung engagiert. So propagierte der ehemalige DDR-Dissident und Reformkommunist Rudolf Bahro (1935–1997) nach seiner Abschiebung in den Westen bald eine radikal-ökologische „Rettungspolitik". Die heranrasende ökologische Katastrophe war für ihn Folge der „zerstörerischen Verwertungslogik des Kapitals". Daher plädierte er für „ökodiktatorische Maßnahmen" und appellierte an seine Sympathisanten, doch „nicht ernstlich bei einem politischen System stehenbleiben" zu wollen, „bei dem der Wahlakt zum nationalen Parteienparlament alle vier Jahre als höchster Ausdruck meiner politischen Selbst- und Mitbestimmung gilt".[239]

---

236 Vgl. The Hammerskin Nation, in: Anti-Defamation League, unter: http://archive.adl.org/learn/ext_us/hammerskin.html?xpicked=3&item=15 (17. Januar 2010).
237 So die Terminologie bei Kai Hirschmann, Terrorismus in neuen Dimensionen. Hintergründe und Schlussfolgerungen, in: Aus Politik und Zeitgeschichte B 51/2001, S. 7–15.
238 Europol (Hrsg.), TE-SAT 2015, Den Haag 2015, S. 38.
239 Rudolf Bahro, Logik der Rettung. Wer kann die Apokalypse aufhalten? Ein Versuch über die Grundlagen ökologischer Politik, Stuttgart/Wien 1987, S. 484.

Der Ökofundamentalismus war bei Bahro Teil eines revolutionären Transformationsprojekts, das die sozialen und ökonomischen Grundlagen der Gesellschaft verändern sollte, um auch das Verhältnis von Mensch und Natur neu zu bestimmen. Ein streitfragen-zentrierter Extremismus im engeren Sinne lässt sich jedoch gerade daran festmachen, dass er auf ein mehr oder weniger eng umgrenztes Problemfeld fixiert ist und mit dessen erfolgreicher Bestellung kein umfassendes Transformationsvorhaben verbindet.[240] Beispiele hierfür finden sich insbesondere bei radikalen Tierschützern und Abtreibungsgegnern.

Zwar verstehen sich radikale Tierschützer nicht selten als Teil einer „linken" Bewegung, aber sie führen meist ein Eigenleben und sehen sich von linken Gruppierungen nicht selten mit dem Vorwurf konfrontiert, Tierleid gegen Menschenleid aufzuwiegen. Die Ideologie der Tierbefreiung kann zudem nicht auf eine lange linksrevolutionäre Galerie der Vordenker zurückblicken, sondern empfing ihre wichtigsten Anstöße von der utilitaristischen Ethik, insbesondere dem Buch „Animal liberation" (1975) des australischen Philosophen Peter Singer.[241] Allerdings geht die ein Jahr nach dem Erscheinen von Singers Buch in Großbritannien gegründete und international verbreitete Animal Liberation Front (ALF) insofern über die Forderungen Singers hinaus, als auch jede Form „artgerechter Tierhaltung" abgelehnt und der dosierte Einsatz von Gewalt als Mittel der Tierbefreiung gerechtfertigt wird. Eine Serie von Anschlägen trug ihr in den USA von Seiten des FBI die Einordnung als terroristische Vereinigung ein.[242] Jedoch weist die Tierbefreiungsfront diese Einordnung entschieden zurück. Sie sieht sich vielmehr in einer historischen Ahnengalerie „mit den Widerstandskämpfern der Nazi-Zeit […], die Kriegsgefangene und Holocaust-Opfer retteten und Geräte zerstörten, die Nazis benutzten, um ihre Opfer zu foltern und zu töten." Die wirklichen Terroristen befänden sich „in den Top-Positionen der US-Unternehmen und -Regierung. Sie sind die Hauptverantwortlichen für die Ausbeutung der Menschen, dem Massaker an Tieren und der Zerstörung des Planeten."[243]

Ehemalige ADL-Mitglieder propagierten in einer „Declaration of War" die Tötung von Menschen zum Schutz der Tiere.[244] Sie argumentierten auf der Grundlage der von dem norwegischen Philosophen Arne Naess (1912–2009) begründeten „deep ecology", einer anti-anthropozentrischen Lehre vom Existenzrecht aller Lebewesen.

Ein anderes Beispiel für monothematische Extremismen bieten die Gruppierungen radikaler Abtreibungsgegner. Sie sind in ihrer Mehrzahl von christlicher Theologie unterschiedlicher Denominationen inspiriert und teilen die Überzeugung, menschliches Leben beginne bereits mit der Verschmelzung von Ei- und Samenzelle – gleichgültig, ob dies im Körper der Frau oder in vitro geschieht. Jede Form der Abtreibung oder der Verwendung befruchteter Eizellen zu Forschungszwecken wird daher strikt abgelehnt. Wer dies tue, beteilige sich an einem „Babycaust"

---

[240] Vgl. Elżbieta Posłuszna, Single-Issue Terrorism, Warschau 2013, S. 13.
[241] Peter Singer, Animal liberation. A new ethics for our treatment of animals, New York 1975. Deutsche Erstausgabe: ders., Befreiung der Tiere. Eine neue Ethik zur Behandlung der Tiere, München 1982.
[242] John E. Lewis, Animal Rights Extremism and Ecoterrorism (18. Mai 2004), unter: https://www.fbi.gov/news/testimony/animal-rights-extremism-and-ecoterrorism (12. März 2005).
[243] Steven Best, Warum unterstützt Du nicht die ALF?, unter: https://www.tierbefreier.de/tierbefreiung/44/best.html (12. April 2016).
[244] Vgl. Screaming Wolf, A Declaration of War. Killing People to Save Animals and the Environment, unter: http://www.animalliberationfront.com/Philosophy (20. Mai 2014). Siehe dazu ausführlich: Posłuszna (Anm. 240), S. 46–54.

– und stehe auf derselben moralischen Ebene wie die Täter des Holocaust.[245] Das Eintreten für den bedingungslosen Schutz des ungeborenen Lebens verbinden einige Gruppen mit der Befürwortung der Todesstrafe für diejenigen, die ungeborenes Leben vernichten. In ihrem Kampf gegen Abtreibungsärzte und -kliniken schrecken sie mitunter nicht vor Gewalt bis hin zur Tötung von Menschen zurück. Im Zeitraum zwischen 1973 und 2003 wurden in den USA 300 Akte „extremer Gewalt" gegen „Abtreibungsdienstleister" verübt.[246] Allerdings lehnen gemäßigtere Abtreibungsgegner ein solches Vorgehen entschieden ab.[247]

8 Strukturen extremistischer Ideologien

Die Wanderung durch die Welt extremistischer Ideologien verdeutlicht die beachtliche inhaltliche Breite der Orientierungssysteme und große Varianz im Blick auf Aussagenreichweite und Elaborierungsgrad. Im Vergleich zeigen sich Schnittmengen, aber auch unüberwindbare Gegensätze. Dennoch treten strukturelle Gemeinsamkeiten hervor, die selbst zwischen inhaltlich weit entfernten Doktrinen bestehen. Das geflügelte Wort von den Extremen, die sich berühren, findet vor allem hier seine Bestätigung.

Extremideologien basieren allesamt auf einem strengen Dualismus. Freunde und Feinde, Insider und Outsider stehen einander unvermittelt gegenüber. Zwar wird um neue Mitglieder mitunter auch bei potentiellen Feindgruppen geworben, und Konversionen sind oftmals möglich. Aber das Verdikt „objektiver Feindschaft" trifft jene umso härter, die sich politischer Missionierung entziehen. So liegt es nahe, Freund-Feind-Stereotype als Konzeptkern der Extremideologien zu bestimmen, zumal sie in hoch elaborierten Formen ebenso zu finden sind wie in vergleichsweise schlichten politischen Weltbildern. Sie sind stets zentraler Teil der Identitätsfindung, wirken integrierend und mobilisierend zugleich. Sie zeichnen in aller Regel ein grob verzerrtes Bild vom Feind und nehmen kaum Differenzierungen vor, basieren mithin auf einer manichäischen Sicht der Wirklichkeit.[248]

Die Grundlage von Manichäismus und Feindbild-Stereotypen bildet ein exklusiver Deutungs-, Wahrheits- und Erklärungsanspruch, der alle anderen Geltungsprätentionen als irrig zurückweist. Sie zählen mithin zum „falschen Bewusstsein"[249] oder der „jahiliyya", einem Zustand geistiger Finsternis, in der alle verharren, die göttlicher (oder wissenschaftlicher) Inspiration ermangeln.[250] Für die totalitären Großideologien des 20. Jahrhunderts hat Hannah Arendt, an-

---

245 Vgl. Celeste Michelle Condit, Decoding Abortion Rhetoric. Communicating Social Change, Urbana/Chicago 1990, S. 49 f., 89.
246 Vgl. Mireille Jacobson/Heather Royer, Aftershocks: The Impact of Clinic Violence on Abortion Services, in: American Economic Journal: Applied Economics 3 (2011), H. 1, S. 189–223.
247 Vgl. Joseph M. Scheidler, Closed: 99 Ways to Stop Abortion, Chicago 2016, Abschnitt 28.
248 Vgl. Eckhard Jesse, Feindbilder im Extremismus, in: Backes/Gallus/ders. (Anm. 117), S. 13–36. Siehe auch Hendrik Hansen, Globaler Dschihad? Die Freund-Feind-Unterscheidung im Islam und in der Theorie des Gesellschaftsvertrags, in: Aus Politik und Zeitgeschichte B 18/2002, S. 17–25.
249 Zur Bedeutung dieses Begriffs in der Marx'schen Lehre: Kolakowski (Anm. 129), Bd. 1, S. 176.
250 Vgl. William E. Shepard, Sayyid Qutb's Doctrine of Jahiliyya, in: International Journal for Middle Eastern Studies 35 (2003), S. 521–545; Bassam Tibi, Fundamentalismus und Totalitarismus in der Welt des Islam, in: Richard Saage (Hrsg.), Das Scheitern diktatorischer Legitimationsmuster und die Zukunftsfähigkeit der Demokratie, Berlin 1995, S. 305–318.

knüpfend an ihren Lehrer Karl Jaspers, Isomorphien benannt, die unabhängig von den konkreten Inhalten ins Auge springen. Sie erheben erstens einen „Anspruch auf totale Welterklärung […], und zwar totale Erklärung des Vergangenen, totales Sich-Auskennen im Gegenwärtigen und verlässliches Vorhersagen des Zukünftigen".[251] In dem Maße, in dem die Einlösung des Anspruchs umfassender Weltdeutung scheitert, entfernen sich die Aussagen von der erfahrbaren Wirklichkeit. Zwischen Realität und ideologischem Lehrgebäude entsteht eine Kluft, die durch propagandistische Anstrengungen zu überbrücken versucht wird. Schließlich bleibt das von der geschichtlichen Erfahrung losgelöste ideologische Denken auf das strenge logische Deduzieren und Schlussfolgern aus den selbstgesetzten Voraussetzungen angewiesen: „Ideologisches Denken ist, hat es einmal seine Prämisse, seinen Ausgangspunkt, statuiert, prinzipiell von Erfahrungen unbeeinflussbar und von der Wirklichkeit unbelehrbar." Über der erfahrbaren Welt schwebend, gefangen im eigenen Theoriegebäude, in einem „in sich stimmige[n] Netz von abstrakt logischen Deduktionen, Folgerungen und Schlüssen", entwickelt sich die „Tyrannei des zwangsläufigen Schlussfolgerns", die „Narrenhölle" oder das „Narrenparadies", in dem den Menschen „jene Ruhe niemals vergönnt ist, in der sie allein der Wirklichkeit einer erfahrbaren Welt begegnen können."[252] In den Kategorien Jasper'scher Existenzphilosophie bedeutet dies: Die Menschen verlieren jene Fähigkeit, die sie eigentlich erst zu Menschen macht, die Fähigkeit zur Koexistenz mit anderen Menschen. Sie vermögen sich auf das Anderssein des anderen nicht mehr einzulassen, werden in gewisser Weise kommunikationsunfähig. Um eine Formulierung Arendts zur Existenzphilosophie Jaspers abzuwandeln: Sie jagen dem Phantom des Selbst nach und leben in dem hybriden Wahn, das Sein überhaupt zu sein.[253]

In den Niederungen extremistischer Ideologiebildung begegnen uns vor allem die Fragmente totalitären Denkens. Oft ist es weder mit einem elaborierten Geschichtsbild noch mit einer klar umrissenen Zukunftsvision verknüpft. Häufig erscheint der exklusive Erklärungsanspruch in Gestalt eines Naturalismus – im Bewusstsein, einer erwählten Gruppe anzugehören, die im Unterschied zu ihren Kontrahenten über eine „naturgesetzlich fundierte Weltanschauung"[254] oder ein „richtiges Menschenbild" verfügt: Den „ersichtlich an der Wirklichkeit gescheiterten Vorstellungen, die unsere Völker fast lebensuntüchtig gemacht haben, stellen wir Nationalisten das wirkliche Menschenbild gegenüber. Dieses bindet sich an naturwissenschaftlich erhärtete Tatsachen (etwa der Verhaltensforschung und biologischen Anthropologie), und überwindet waghalsige Vorstellungen (nach ideologischen Vorgaben rein verallgemeinernd hergeleitete Einfälle ohne Wirklichkeitsbezug). Das wirkliche Menschenbild trägt der biologischen Grundlage, der Gemeinschaftsgebundenheit und der Überlieferung der Menschen und ihrer natürlichen Ordnungsform, sowie den Völkern, Rechnung."[255] In orthodoxen Zirkeln linksextremistischer Provenienz sind es vor allem ökonomische und soziale Gesetze, deren Kenntnis unanfechtbares Wissen vermittelt: Sie berufen sich daher „auf den von Marx, Engels und Lenin begründeten

---

[251] Arendt (Anm. 85), S. 964.
[252] Ebd., S. 970.
[253] Vgl. Hannah Arendt, Was ist Existenz-Philosophie?, in: dies., Sechs Essays, Heidelberg 1948, S. 48–80, hier S. 80.
[254] SG/RG, Weltanschauung oder Ideologie?, in: Der Aktivist 16 (2007), H. 2, S. 10–12, hier S. 11.
[255] NPD, Politisches Lexikon, Art. „Menschenbild (wirkliches Menschenbild)".

wissenschaftlichen Sozialismus".[256] Immerhin wird eingeräumt, diese Lehren müssten „ständig weiterentwickelt" werden. Dagegen lässt „göttliche Offenbarung" als Quelle der Erkenntnis nur Neuinterpretationen im Lichte sich verändernder Umstände zu.

Abbildung IV.1: Strukturmerkmale der Extremideologien

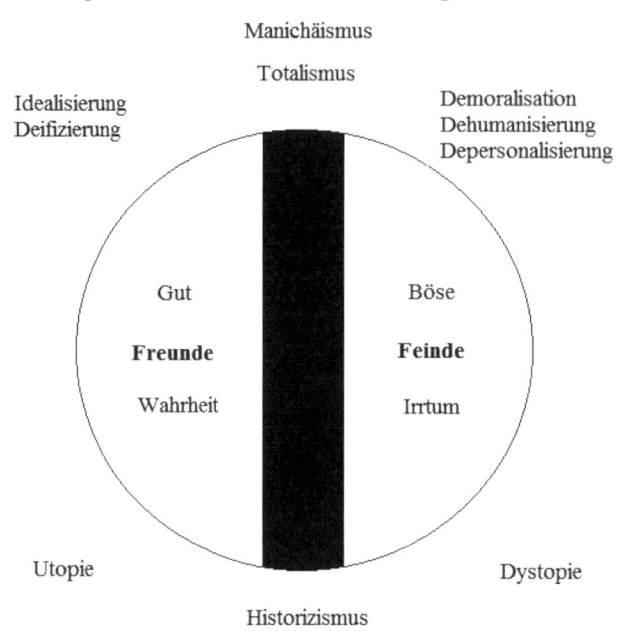

```
                    Manichäismus
                     Totalismus
   Idealisierung              Demoralisation
   Deifizierung               Dehumanisierung
                              Depersonalisierung


              Gut            Böse

            Freunde        Feinde

            Wahrheit        Irrtum



   Utopie                        Dystopie
                   Historizismus
```

Quelle: Eigene Darstellung.

Der Grazer Philosoph Kurt Salamun hat den umfassenden Erklärungsanspruch der Extremideologien als „essentialistischen Totalismus" gedeutet. Gemeint ist die Vorstellung, „dass es so etwas wie eine Totalität oder Ganzheit von Phänomenen, Zuständen oder von Wirkungszusammenhängen in der Natur, der Gesellschaft, der Geschichte, der Politik, der Kunst usw. gibt und dass es prinzipiell möglich sei, das Wesen solcher Totalitäten oder Ganzheiten ein für allemal zu erfassen".[257] Eine solche Denkweise komme „gewissen elementaren Bedürfnissen, Wünschen und Sehnsüchten" entgegen, „die tief in der menschlichen Psychostruktur verankert sind. Es sind dies Bedürfnisse und Sehnsüchte nach Sicherheit, nach Unkompliziertheit der Lebensverhältnisse und nach Eindeutigkeit, nach dem Zustand, in dem man als Teil in einem wesentlichen Ganzen geborgen ist, eine Einheit mit diesem Ganzen bildet und von diesem Ganzen her in seinen individuellen Lebensentwürfen gestützt und gerechtfertigt wird".[258] Die Extremideologien eröffnen eine Flucht aus der vieldeutigen Interpretierbarkeit der Welt, der Vielfalt

---

256 Patrick Köbele, Rede auf dem 3. Tag des 20. Parteitages am 25. Mai 2013 (Hannover), in: DKP-Informationen, Nr. 5 vom 6. Juni 2013, S. 2–20, hier S. 11.
257 Kurt Salamun, Demokratische Kultur und anti-demokratisches Denken. Vorbemerkungen zur demokratischen Kultur, in: ders. (Hrsg.): Geistige Tendenzen der Zeit. Perspektiven der Weltanschauungstheorie und Kulturphilosophie, Frankfurt a. M. 1996, S. 151–165, hier S. 154.
258 Ebd., S. 155.

koexistierender Lebensentwürfe und dem Mangel an Verbindlichkeit und Homogenität, wie sie geschlossene Gesellschaften in weit höherem Maße zu bieten vermögen.

Überdies vermitteln sie ihren Anhängern das Gefühl, einer Elite anzugehören, die über höhere Einsichten verfügt und allen Nichterleuchteten überlegen ist. Nicht selten ist das Avantgarde-Bewusstsein mit utopischen Visionen einer irreversiblen Höherführung des Menschen verbunden. Der „neue Mensch" nimmt Züge einer Gottheit an, durchbricht die Schranken irdischen Daseins und ermöglicht so eine Art Sprung aus der Geschichte – hinein in eine „neue Welt".[259] Aus ihren Idealen und Zukunftsverheißungen können Extremideologien unter günstigen Rahmenbedingungen mobilisierende Kraft entfalten.

Die axiomatischen Anker der Extremideologen lassen sie oft zu Doktrinen erstarren, beschränken die Fähigkeit zur Informationsverarbeitung und führen zu dem, was Hannah Arendt die „Emanzipation des Denkens von erfahrener und erfahrbarer Wirklichkeit"[260] genannt hat. Kontrafaktisches wird nicht oder nur unzureichend zur Kenntnis genommen. Der Wirklichkeitsverlust geht mit dem ständigen Bemühen einher, die Veränderungen der Welt den Aussagen des Glaubenssystems anzupassen. Die Extremideologien gleichen darin den vor-aufgeklärten Religionen, die in ihrem kognitiven Verhältnis zur Wirklichkeit an einer Bestätigung ihrer Glaubensinhalte interessiert waren.[261] Der damit verknüpfte Anspruch auf einen privilegierten Zugang zur historisch-politischen Wahrheit verbindet sich mit „ideologiepolitisch koexistenzunfähigen Geltungsansprüchen"[262], begründet Respektlosigkeit im Umgang mit den Auffassungen des Andersdenkenden und macht politisch angriffslustig. Die Überzeugung von der absoluten und ausschließlichen Gültigkeit der eigenen Anschauungen stachelt einen fanatischen Eifer an, dem jedes zum Ziel führende Mittel legitim erscheint.

Wer sich selbst im Besitz absoluter Wahrheit wähnt und nur den eigenen Weg für legitim erachtet, entwickelt eine Weltsicht, in der sich absolut Gute und absolut Böse, Erleuchtete und Irrgläubige gegenüberstehen. Die Doktrin postuliert völlige Identifikation und unterminiert das Existenzrecht all jener, die sich dieser Forderung widersetzen. Extremideologien sind oft mit dem Gedanken einer Tabula rasa verbunden, eines großen Reinemachens, einer Säuberung/Purifizierung der Gesellschaft von allerlei „schädlichen Elementen", können in eine eliminatorische Praxis münden, tendieren aber stets zur Dehumanisierung oder Depersonalisierung der Feindgruppen (Tiervergleiche, Verteufelung). Rassistische Hassmusik strotzt vor menschenfeindlichen Ausfällen, die nicht selten die Grenze des Justiziablen überschreiten.[263] Dehumanisierung ist auch linksextremistischer Hassmusik keineswegs fremd.[264] Vor allem politisch-religiös und linksextremistisch orientierte Gewalttäter neigen zur Demoralisation ihrer Kontra-

---

259 Vgl. zur begrifflichen Differenzierung: Birgit Enzmann, Der Neue Mensch- ein totalitäres Projekt?, in: Backes/Gallus/Jesse (Anm. 117), S. 66–83.
260 Arendt (Anm. 85), S. 965.
261 Vgl. Hermann Lübbe, Heilsmythen nach der Aufklärung. Geschichtsphilosophie als Selbstermächtigungsideologie, in: Jacob Taubes, Religionstheorie und Politische Theologie, Bd. 3: Theokratie. München u. a. 1987, S. 279–292.
262 Ebd., S. 287.
263 Vgl. Backes u. a. (Anm. 15), S. 210–214.
264 Vgl. Ulrike Madest, Linksextremistische Musik in Deutschland, in: Uwe Backes/Alexander Gallus/Eckhard Jesse (Hrsg.), Jahrbuch Extremismus & Demokratie, Bd. 25, Baden-Baden 2013, S. 136–149.

henten, d. h. sie schließen sie aus dem Kreis jener Gruppen aus, bei denen die Beachtung moralischer Standards als verpflichtend gilt.[265]

Extremideologien betonen meist den Gedanken der Einheit und Geschlossenheit. Harmonie, Übereinstimmung, Gleichklang, Einförmigkeit, Eintracht gelten als unbedingt erstrebenswert. Die Konflikthaftigkeit der Gesellschaft, der Konkurrenzkampf von Interessengruppen, die Vielfalt der Weltsichten und Lebensentwürfe, der politische Wettstreit unterschiedlicher politischer Strömungen erscheinen aus dieser Perspektive als zu bekämpfende Übel. Sie liefern zugleich eine Grundlage für die „objektive" und umfassende Bestimmung des Gemeinwohls, erheben meist den Anspruch, die als homogen gedachten „wahren Interessen" des Volkes zu vertreten.[266]

Die Zukunftsvisionen der Extremideologien stehen in grellem Kontrast zu der von ihnen geübten Totalkritik, die, voller Verachtung, alles schwarz in schwarz zeichnet.[267] Der Totalkritiker geht von der Möglichkeit eines Bruchs mit allem Bestehenden aus, misst die Wirklichkeit an hochgestreckten, oft unerreichbaren Idealen, wägt nicht die Realisationschancen in konkreten historischen Situationen und zeichnet ein derart desolates Bild, dass die radikale Alternative, wie vage auch immer sie umrissen ist, als einzige Ausflucht erscheint. Er liefert so – willentlich oder unwillentlich – eine Rechtfertigungsgrundlage für hochriskantes und opferträchtiges politisches Handeln.[268]

Die von Totalkritikern entworfenen Schreckensbilder verbinden sich nicht selten mit Verschwörungstheorien. Mal sind es religiös, weltanschaulich und ethnisch definierte Minderheiten (vor allem die stets verdächtigen Juden[269]), denen die Verantwortung für allerlei Übel aufgebürdet wird, mal sieht man „raffgierige Kapitalisten" am Werk, die als „reaktionäre Kräfte" den revolutionären Fortschritt sabotieren.[270] Die fixe Idee der Weltverschwörung liefert – dies ist eine ihrer Funktionen – die Erklärung, warum sich die Wirklichkeit beharrlich den großen Visionen der Extremideologien verweigert.

Ihre Architektur begründet ihre Faszinationskraft: Sie bieten umfassende Erklärungen, einfache Lösungen, das Gefühl, einer Elite anzugehören, nähren die Hoffnung, aus der Geschichte aussteigen zu können und die Grenzen der Conditio humana zu sprengen. In ihren einfachsten Bauelementen: den Dualismen von Freund und Feind, Guten und Bösen, Insidern und Outsidern, Erleuchteten und Irrenden, Rettung oder Verdammnis, sind sie eingängig und in extremistischen Gruppen omnipräsent. Sie bilden geistige Brücken, die alle Extremideologien miteinander verbinden.

---

265 Vgl. Cristian Tileagă, Ideologies of moral exclusion: A critical discursive reframing of depersonalization, delegitimization, and dehumanization, in: British Journal of Social Psychology 46 (2007), S. 717–737.
266 Vgl. wegweisend Ernst Fraenkel, Der Pluralismus als Strukturelement der freiheitlich-rechtsstaatlichen Demokratie, in: ders. (Anm. 142), S. 297–325.
267 Vgl. Gerhart Niemeyer, Between Nothingness and Paradise, South Bend 1998.
268 Vgl. Lothar Fritze, Anatomie des totalitären Denkens. Kommunistische und nationalsozialistische Weltanschauung im Vergleich, München 2012, S. 218 f.
269 Vgl. Armin Pfahl-Traughber, „Bausteine" zu einer Theorie über „Verschwörungstheorien". Definitionen, Erscheinungsformen, Funktionen und Ursachen, in: Helmut Reinalter (Hrsg.), Verschwörungstheorien. Theorie – Geschichte – Wirkung, Innsbruck u. a. 2002, S. 30–44.
270 Vgl. Kurt Salamun, Ideologie und Aufklärung. Weltanschauungstheorie und Politik, Köln/Graz 1988, S. 34.

9 Kommentierte Auswahlbibliographie

Backes, Uwe: Politische Extreme. Eine Wort- und Begriffsgeschichte von der Antike bis zur Gegenwart, Göttingen 2006 – Der Verfasser zeigt: Die Begriffsgeschichte der politischen Extreme war mehr als zwei Jahrtausende lang eng mit der ethischen Mesoteslehre und der politischen Mischverfassungstheorie verknüpft. Beide Doktrinen beeinflussten den Republikanismus der norditalienischen Stadtstaaten und später der Vereinigten Staaten von Amerika ebenso wie den britischen Parlamentarismus. Erst im Zuge der Französischen Revolution verband sich die alte Gegenüberstellung von Mäßigung und Extremen mit der noch heute fortwirkenden geistig-politischen Rechts-Links-Geographie.

Backes, Uwe/Eckhard Jesse (Hrsg.): Gefährdungen der Freiheit. Extremistische Ideologien im Vergleich, Göttingen 2006 – Der Band ist in mehrfacher Hinsicht vergleichend angelegt: international, interregional, links/rechts. Vor allem im europäischen Kontext werden die wichtigsten ideologischen Strömungen (Altermondialismus, Kommunismus, Ultranationalismus, Populismus, Islamismus) und Organisationsformen (Parteien, Bewegungen, Kampfbünde, Terrorgruppen, Theoriezirkel) erfasst, historisch eingeordnet und in ihrem aktuellen Gefahrenpotential für die demokratischen Verfassungsstaaten bewertet.

Bobbio, Norberto: Rechts und links. Gründe und Bedeutung einer politischen Unterscheidung, Berlin 1994 – Der Turiner Rechtsphilosoph hat mit seinem Buch wesentlich zur begrifflichen Präzisierung der aus der Französischen Revolution stammenden Rechts-Links-Dichotomie beigetragen. Sie bringe die konträre Haltung zum Ideal der Gleichheit zum Ausdruck. Linke seien geneigt, Ungleichheiten als Folge veränderbarer sozialer Zustände zu interpretieren und auf ihre Beseitigung zu dringen, während sich Rechte viel eher bereit zeigten, „das Natürliche und diese zweite Natur zu akzeptieren, die sich in Gewohnheit, in Tradition, in der Kraft des Vergangenen ausdrückt".

Bracher, Karl Dietrich: Zeit der Ideologien. Eine Geschichte politischen Denkens im 20. Jahrhundert, Stuttgart 1982 – Der Bonner Nestor der Zeitgeschichtsforschung bilanziert umfassend Entwicklung, Gehalt, Strukturen, Wechselwirkungen und Nachleben autoritärer und totalitärer Ideologien, welche die Diktaturen des 20. Jahrhunderts nährten. Die historisch ausgreifende Analyse setzt bei den Vorläufern seit dem späten 18. Jahrhundert ein und beleuchtet umfassend und in ihren Wechselwirkungen die ideologischen Nährströme der autoritären wie totalitären Regime. Das 20. Jahrhundert sieht er durch die oft jäh wechselnde Abfolge von Entideologisierungs- und Reideologisierungswellen gekennzeichnet.

Flümann, Gereon (Hrsg.): Umkämpfte Begriffe. Deutungen zwischen Demokratie und Extremismus, Bonn 2017 – Die Autoren des im Auftrag der Bundeszentrale für politische Bildung konzipierten Bandes zeigen, wie Extremisten Begriffe mit Inhalten füllen, die sie nicht selten in einen Gegensatz zu dem bei Anhängern des demokratischen Verfassungsstaates vorherrschenden Verständnis bringen. Der Band leistet auf diese Weise einen wichtigen Beitrag zur Analyse extremistischer Ideologien.

Freeden, Michael: Ideologies and Political Theory. A Conceptual Approach, Oxford 1996 – Der Oxforder Ideologieforscher entwickelt in dieser Grundlagenschrift einen neuen Ansatz zur

Analyse von Ideologien, der die jeweils spezifische Verknüpfung zentraler Leitbegriffe/Konzepte (wie Gleichheit, Freiheit, Solidarität, Sicherheit, Gerechtigkeit, Tugend, Effizienz etc.) in den Vordergrund rückt. Als „Ideologien" gelten nicht nur extremistische Doktrinen, sondern alle politischen Orientierungssysteme, die normativ und praxisorientiert sind.

Kroll, Frank-Lothar/Barbara Zehnpfennig (Hrsg.): Ideologie und Verbrechen. Kommunismus und Nationalsozialismus im Vergleich, München 2014 – Die Beiträge des Bandes widmen sich zwei Schwerpunktthemen: Zum einen fragen sie nach der Bedeutung der Ideologie für die Massenverbrechen der totalitären Bewegungen – und konterkarieren Deutungen, die den ideologischen Referenzrahmen der Mordtaten weitgehend ausblenden. Zum anderen zeigen Sie die Wechselwirkungen und Interaktionen, Gemeinsamkeiten wie Unterschiede der ideologischen Antagonisten auf.

Maier, Hans u. a. (Hrsg.): Totalitarismus und politische Religionen, 3 Bde., Paderborn 1996, 1997 und 2003 – Die umfangreichen Bände enthalten die Ergebnisse zweier Konferenzen und eines großangelegten Forschungsprojekts unter der Leitung des Münchener Politikwissenschaftlers Hans Maier. Der Schwerpunkt liegt auf dem Ansatz der „politischen Religionen", der konzeptgeschichtlich rekonstruiert, zum Totalitarismusansatz in Beziehung gesetzt und für die vergleichende Analyse von Ideologien, Bewegungen und Regimen fruchtbar gemacht wird. So entsteht ein historischer Deutungsrahmen, der von den Theokratien des Altertums über den Totalitarismus des 20. Jahrhunderts bis in den religiösen Fundamentalismus der Gegenwart reicht.

Marty, Martin E./R. Scott Appleby: Herausforderung Fundamentalismus. Radikale Christen, Moslems und Juden im Kampf gegen die Moderne, Frankfurt a. M./New York 1996 – Der Band breitet u. a. die Ergebnisse des von der American Academy of Arts and Sciences geförderten „Fundamentalismus-Projekts" aus. Im Zentrum stehen fundamentalistische Protestanten in den USA, Islamisten unterschiedlicher Spielarten in Ägypten und radikale Siedleraktivisten in Israel. Die Autoren fragen nach Gemeinsamkeiten und Unterschieden, den Motivationsquellen und Merkmalen fundamentalistischen Denkens wie auch den Erfolgsbedingungen entsprechender Ideologieangebote in der modernen, säkularen, technisierten, rational-planenden und pluralistisch verfassten modernen Welt.

Mudde, Cas (Hrsg.): Political Extremism, Bd. 1: Extremism and Democracy: Concept, Theories and Responses, Bd. 2: Historical Extremism, Bd. 3: Right-Wing Extremism, Bd. 4: Left-Wing Extremism, Berkeley/Los Angeles 2014 – Die vier Bände vermitteln einen Überblick zu den Begriffen, Konzepten und Ansätzen der Extremismusforschung ebenso wie zu den wichtigsten historischen Formen und aktuellen Erscheinungen des Links- und Rechtsextremismus. Der politisch-religiöse Fundamentalismus wird nur am Rande behandelt. Band 2 enthält Beiträge zu den historischen Bewegungen und Ideologien, die Bände 3 und 4 sind jeweils links- und rechtsextremen Phänomenen in der Gegenwart gewidmet.

Talmon, Jacob L.: Die Geschichte der totalitären Demokratie, Bd. 1: Die Ursprünge der totalitären Demokratie, Bd. 2: Politischer Messianismus: Die romantische Phase, Bd. 3: Der Mythos der Nation und die Vision der Revolution: Die Ursprünge ideologischer Polarisierung im zwanzigsten Jahrhundert, hrsg. und eingeleitet von Uwe Backes unter Mitarbeit von Silke

Isaak und Annett Zingler, Göttingen 2013 – Die Trilogie des viele Jahre lang an der Hebräischen Universität Jerusalem lehrenden Historikers Jacob L. Talmon (1916–1980) zur Geschichte der „totalitären Demokratie" zählt zu den bedeutendsten ideenhistorischen Deutungen des Totalitarismus. Sie war für die Rekonstruktion der intellektuellen Geschichte der totalitären Ideologien des 20. Jahrhunderts von bahnbrechender Bedeutung. Im ersten Band untersucht Talmon die Ursprünge der „totalitären Demokratie" im 18. Jahrhundert, im zweiten Band ein breites Spektrum „messianischer" politischer Strömungen des 19. Jahrhunderts, die überwiegend die Erwartung einer vorbestimmten, allumfassenden und exklusiven Ordnung der Dinge teilten. Der dritte Band ist den Wechselwirkungen der rechten und linken Totalitarismen gewidmet.

KAPITEL V

EXTREMISTISCHE EINSTELLUNGEN UND EMPIRISCHE BEFUNDE

Viola Neu und Sabine Pokorny

1 Extremistische Einstellungen als ein Gegenstand der Extremismusforschung

Zweifellos gehört politischer Extremismus zu den großen Herausforderungen offener Gesellschaften: Nach dem Böckenförde-Dilemma lebt der demokratische Staat von Grundlagen, die er selbst nicht schaffen kann. So machten unlängst die Morde des NSU sowie die weltweiten Aktivitäten islamistischer Provenienz deutlich, dass der Terrorismus nach der Selbstauflösung der RAF keineswegs passé ist, sondern eine neue Heimat gefunden hat. Erstaunlich ist es, dass zwar extremistische Phänomene – wie Parteien, Vereine und Zellen – ausgiebig erforscht werden, die Einstellungsforschung dem jedoch hinterherhinkt, vermögen doch nicht nur organisierte Extremisten, sondern auch verbreitete antidemokratische Einstellungen in der Gesellschaft die Demokratie in Bedrängnis zu bringen, was anhand der Wahlergebnisse der Weimarer Republik im kollektiven zeitgeschichtlichen Gedächtnis Deutschlands verankert ist.

Die normative Extremismustheorie, die eine Minimaldefinition präsentiert, nach der Extremismus als Antipode der Demokratie[1] gilt, eignet sich als theoretischer Rahmen einer Einstellungsmessung. Nach Uwe Backes und Eckhard Jesse handelt es sich um eine Sammelbezeichnung für „unterschiedliche politische Gesinnungen und Bestrebungen […], die sich in der Ablehnung des demokratischen Verfassungsstaats und seiner fundamentalen Werte und Spielregeln einig wissen"[2]. Damit geht keine wertrelativistische Haltung einher: Die Definition kann keine völlige Wertefreiheit garantieren, da sie die „Spielregeln" benennt und das „Spielfeld" begrenzt. Die Definition ist zudem hinreichend offen.

Was bei der Einstellungsmessung als extremistisch gilt, kann in unterschiedlichen Epochen und Systemen und selbst in bestimmten Situationen sehr unterschiedlich sein. Wer heute gegen das Frauenwahlrecht plädieren würde, ließe sich als Extremist brandmarken. In den Vereinigten Staaten gab es Sklaverei, und das schrankenfreie Wahlrecht für Afroamerikaner wurde erst in den 1960er Jahren gewährt. Dennoch galten die USA als demokratischer Verfassungsstaat – wenngleich mit Einschränkungen. In Deutschland standen sexuelle Handlungen zwischen (mindestens 21-jährigen) Männern erst ab 1969 nicht mehr unter Strafe. Laut Gesetz brauchten Frauen lange Zeit die Einwilligung des Ehemanns, um ein Konto zu eröffnen (bis 1957) oder eine Beschäftigung aufzunehmen (bis 1977). Forderungen einer Partei, die das allgemeine

---

[1] Da der Begriff der Demokratie gelegentlich auch umgewertet wird, wie z. B. in der DDR, werden hier unter dem Begriff Demokratie vereinfacht Demokratien in der Form und Tradition der westlichen Verfassungsstaaten verstanden.
[2] Uwe Backes/Eckhard Jesse, Politischer Extremismus in der Bundesrepublik Deutschland, 4. Aufl., Bonn 1996, S. 45.

Wahlrecht oder die Gleichstellung und -berechtigung von Frauen, Homosexuellen oder Ethnien einschränken können, werden zu Recht als extremistisch wahrgenommen.

Unabhängig davon: Die Abgrenzung dessen, was eine extremistische Einstellung ist, verlangt Grautöne statt eine klare Schwarz-Weiß-Entscheidung. „Ob z. B. eine Haltung als noch konservativ oder schon rechtsextremistisch definierbar ist, wird immer zu einem gewissen Grad dem jeweiligen Forschungskonzept sowie den zeitlichen und politischen Umständen geschuldet sein."[3] Bei der Messung extremistischer Einstellungen wendet die Sozialforschung überwiegend erprobte Theorien und Methoden an, etwa repräsentative Bevölkerungsbefragungen und qualitative Interviews. Neuere sozialwissenschaftliche Methoden, Experimente und interdisziplinäre Ansätze finden sich hingegen eher nicht. Zum Beispiel könnten Analysen der sozialen Netzwerke mit der Methode des „social listening" in der Sozialforschung zu neuen Erkenntnissen führen.

Der Zusammenhang zwischen Einstellungen und Verhalten ist keineswegs perfekt: Einstellungen werden erst unter einer Reihe von Rahmenbedingungen verhaltenswirksam. Gleichwohl kann und muss es ein Ziel der Einstellungsmessung sein, Verhalten zu verstehen und zu erklären, etwa die Wahl extremistischer Parteien. Dabei zeigte sich in der Vergangenheit: Jemand mit einem geschlossenen extremistischen Einstellungssyndrom könnte im Wahlverhalten[4] im demokratischen Parteiensystem verankert sein, wie auch der umgekehrte Fall möglich ist: Die Wahl einer extremistischen Partei stimmt nicht mit entsprechenden Einstellungen überein. So zeigt sich gerade bei der Wahl populistischer und extremistischer Parteien häufig ein Motivbündel, das unterschiedliche Protestmotive ebenso erkennen lässt wie eine gewisse ideologische Nähe.

Ein Ziel der Forschung zu extremistischen Einstellungen ist es, die Struktur der Einstellungen zu erfassen: ihre wesentlichen inhaltlichen Merkmale und Ausprägungen. Zudem spielen die Einstellungsursachen eine Rolle in der Forschung: Handelt es sich um eine Reaktion auf soziale oder ökonomische Rahmenbedingungen? Entwickeln sie sich in einer besonderen, z. B. politischen (Krisen-)Konstellation? Liegt ihnen eine bestimmte Persönlichkeitsstruktur zugrunde? Werden sie durch eigene Erfahrungen oder die Prägung durch Peer-Groups erst aktiviert? Gibt es andere Prädispositionen?[5] All jene Fragen umreißen knapp das Erkundungsgebiet der Forschung zu extremistischen Einstellungen.

Sozialwissenschaftler, welche die Persönlichkeitsstruktur in den Mittelpunkt ihrer Studien zu extremistischen Einstellungen und Verhaltensweisen stellen, betonen die nachhaltig prägende Wirkung der Primärsozialisation im Kindheits- und Jugendalter. Die Hirnforschung liefert seit

---

3 Viola Neu, Das Janusgesicht der PDS. Wähler und Partei zwischen Demokratie und Extremismus, Baden-Baden 2004, S. 154 f.
4 Vgl. Kai Arzheimer, Die Wähler der extremen Rechten 1980–2002, Wiesbaden 2008. Arzheimer arbeitet heraus, dass die politischen Kontexte sowie fremdenfeindliche Einstellungen zu den zentralen Erklärungsfaktoren für rechtsextreme Parteien gelten. Für die linksextremen Parteien in Westeuropa findet Mannewitz heraus, dass eine höhere Arbeitslosigkeit sowie die Existenz eines „rechten" Konkurrenten notwendig sind. Abspaltungen würden die Erfolgsaussichten verringern. Vgl. Tom Mannewitz, Linksextremistische Parteien in Europa nach 1990. Ursachen für Wahlerfolge und -misserfolge, Baden-Baden 2012, S. 407.
5 Vgl. zu den Konzepten im Detail: Kai Arzheimer, Berühren sich die Extreme? – Ein empirischer Vergleich von Personen mit extrem linken und extrem rechten Einstellungen in Europa, in: Uwe Backes/Eckhard Jesse (Hrsg.), Gefährdungen der Freiheit. Extremistische Ideologien im Vergleich, Göttingen 2006, S. 258 ff.

geraumer Zeit regelmäßig Belege für diese These.[6] In der Sozialforschung haben sich vor allem Theodor W. Adorno, Milton Rokeach und Siegfried Schumann mit der Persönlichkeitsstruktur sowie ihrer Wirkung auf Einstellungen und Verhalten befasst.[7] Im Kern liege ein Zusammenhang zwischen dem vor, was (häufig synonym) „Autoritarismus" oder „Dogmatismus" heißt und extremistischen Einstellungen wie Handlungen. Daneben wurde in mehrfachen empirischen Verfahren eine empirisch häufig angewendete Konvention zur Messung von Persönlichkeitsmerkmalen entwickelt, die herangezogen werden, um extremistische Einstellungen zu erklären – die sogenannten „Big Five", die Folgendes erfassen: Offenheit für neue Erfahrungen, Gewissenhaftigkeit, Extraversion, Verträglichkeit, Neurotizismus.[8] In den engeren Fokus gerückt sind dabei vor allem die Offenheit für neue Erfahrungen und Verträglichkeit. Dynamische, externe Elemente bei der Manifestation von Einstellungen, unabhängig von der Persönlichkeitsstruktur, erfasst das Konstrukt nicht.

Soziale Ungleichheit – etwa in Gestalt der Konzepte der relativen Deprivation oder der Statusinkonsistenz[9] – spielt bei der Analyse extremistischer Einstellungen eine nicht minder wichtige Rolle, als es Persönlichkeitsmerkmale tun. In einer weiteren Forschungstradition stehen das politische System und die politische Kultur im Brennpunkt der Analysen extremistischer Einstellungen. Viele Studien beziehen sich dabei auf den strukturfunktionalistischen Rahmen Talcott Parsons'.[10] Diese wie andere theoretische Konstrukte fließen implizit oder explizit in die empirische Extremismusforschung ein.

2 Ursprünge der Extremismusmessung in Deutschland

Bei der „Messung" von Extremismus sind unterschiedliche Analyseeinheiten denkbar: Systeme, Ideologien, Parteien, Wahlergebnisse, Organisationen, Personen oder Taten (z. B. Terrorismus) usw. Messbar sind Parameter wie Umfang, Größe oder Reichweite. Darum geht es hier jedoch nicht. Vielmehr werden die Methoden der empirischen Sozialforschung und die Messinstrumente in den Fokus gestellt, die individuellen extremistischen Einstellungen auf den Grund gehen. Dazu zählen alle quantitativen und qualitativen Verfahren der Befragung (u. a. face-to-face, schriftlich, telefonisch, online) sowie alle Teildisziplinen, die unter verschiedenen Namen

---

6 Vgl. Gerhard Roth, Aus Sicht des Gehirns, Frankfurt a. M. 2003; ders., Persönlichkeit, Entscheidung und Verhalten: Warum es so schwierig ist, sich und andere zu ändern, Stuttgart 2015.
7 Siehe Theodor W. Adorno, Studien zum autoritären Charakter, Frankfurt a. M. 1982 (Original: The Authoritarian Personality, New York 1950); Siegfried Schumann, Wahlverhalten und Persönlichkeit, Opladen 1990; Milton Rokeach, The Open and Closed Mind: Investigations into the Nature of Belief Systems and Personality Systems, New York 1960.
8 Siehe Beatrice Rammstedt/Christoph J. Kemper/Mira Céline Klein/Constanze Beierlein/Anastassiya Kovaleva, Eine kurze Skala zur Messung der fünf Dimensionen der Persönlichkeit: Big-Five-Inventory-10 (BFI-10), in: GESIS Working Papers, 2012/23.
9 Vgl. Ted Robert Gurr, Rebellion. Eine Motivationsanalyse von Aufruhr, Konspiration und innerem Krieg, Düsseldorf/Wien 1972 (Original: Ted Robert Gurr, Why Men Rebell, Princeton 1971); Richard Hofstadter, The Pseudo-Conservative Revolt, in: Daniel Bell (Hrsg.), The Radical Right, Garden City 1964, S. 75–95; Stefan Hradil, Soziale Ungleichheit in Deutschland, Wiesbaden 1999; Andreas Zick, Vorurteile und Rassismus. Eine sozialpsychologische Analyse, Münster 1997; Ulrich Beck, Risikogesellschaft. Auf dem Weg in eine andere Moderne, Frankfurt a. M. 1986.
10 Vgl. Dieter Fuchs, Die Unterstützung des politischen Systems der Bundesrepublik Deutschland, Opladen 1989.

in der Literatur zu finden sind (wie Demoskopie oder Meinungsforschung). Dazu gehören die unterschiedlichen theoretischen Konzepte, die mittels der Methoden geprüft werden.

Lassen sich die Grundzüge einer Extremismustheorie[11] bis zum antiken Griechenland zurückverfolgen, so reichen die Wurzeln der repräsentativen Einstellungsforschung wesentlich kürzer, da erst im 20. Jahrhundert die entsprechenden Methoden entwickelt wurden. Doch hat sich die empirische Sozialforschung zunächst nicht der Extremismusforschung, sondern der Marktforschung, somit der kommerziellen Werbe- und Konsumforschung, angenommen. Als Durchbruch der repräsentativen Befragung gilt bis heute die gelungene Prognose des US-Präsidentschaftswahlergebnisses von 1936 durch George Gallup, der zuvor in einen Wettstreit mit der Zeitschrift „Literary Digest" getreten war und letztlich den Sieg davontrug. Er konnte beweisen, dass eine kleine, nach Regeln der Repräsentativität gezogene Zufallsstichprobe die Grundgesamtheit abbildet und damit einer sehr großen, aber willkürlich gezogenen Stichprobe (wie in diesem Fall die Leserschaft einer Zeitschrift) überlegen ist.[12]

Nachdem repräsentative Querschnittsumfragen in den Vereinigten Staaten bereits ihren Durchbruch gefeiert hatten, begann in Deutschland der unaufhaltsame Aufschwung der empirischen Sozial- und Meinungsforschung aus naheliegenden Gründen erst nach dem Zweiten Weltkrieg. Anfänglich konzentrierte sich das Forschungsinteresse – vor allem seitens Frankreich, Großbritannien und den USA – vor allem auf die Verankerung demokratischer Einstellungen der (West-)Deutschen. Die Sowjetunion hat darauf in ihrem Einflussbereich verzichtet. Methodisch gingen die Briten und Amerikaner ähnlich vor: Sie bevorzugten quantitative repräsentative Surveys.[13] Neben Fragen zum Alltag der Deutschen standen Items zu den demokratischen Einstellungen und zur Haltung zum Nationalsozialismus im Vordergrund. Die von den Amerikanern konzipierten Umfragen (zunächst von der OMGUS, dann von HICOG durchgeführt[14]) etablierten bereits einen Item-„Klassiker", der heute so bzw. leicht abgewandelt noch in der Einstellungsforschung Verwendung findet, nämlich die Frage, ob der Nationalsozialismus eine gute Idee gewesen sei, die nur schlecht ausgeführt wurde.[15]

---

11 Uwe Backes, Politische Extremismen – Begriffshistorische und begriffssystematische Grundlagen, in: ders./Eckhard Jesse (Hrsg.), Gefährdungen der Freiheit. Extremistische Ideologien im Vergleich, Göttingen 2006, S. 17–40.
12 Zur Geschichte der politischen Umfrageforschung in Deutschland vgl. Anja Kruke, Demoskopie in der Bundesrepublik Deutschland. Meinungsforschung, Parteien und Medien 1949–1990, Düsseldorf 2012; dies., Fragen über Fragen: Zur Geschichte der politischen Umfrage, in: Aus Politik und Zeitgeschichte B 43–45/2014, S. 11–17.
13 Vgl. Kruke (Anm. 12), S. 38–42.
14 Von 1945 bis 1949 führte OMGUS (Office of Military Government United States) Umfragen durch. Bis 1950 wurden Umfragen von der HICOG (High Commission for Occupied Germany) erhoben, ab 1955 die sogenannten EMBASSY-Studien durchgeführt. Vgl. Anna J. Merritt/Richard L. Merritt, Public Opinion in Occupied Germany. Omgus-Surveys 1945–1949, Illinois 1970.
15 Vgl. Martin Rothland, Selektive Erinnerung? Meinungsumfragen zum Nationalsozialismus der frühen Nachkriegszeit, in: Die Politische Meinung Ausgabe 53 (2008), H. 5, S. 55–61, hier S. 60.

Nachdem die empirische Sozialforschung jenseits der kommerziellen Forschung eine universitäre Disziplin[16] wurde, entstand daraus u. a. die Wahlforschung.[17] Die „Messung" von Extremismus kam hingegen erst sehr spät in Gang. Überhaupt lag die empirische Extremismusforschung bis in die 1960er Jahre hinein weitgehend brach, während die Forschung zum Totalitarismus, dem Nationalsozialismus und dem Stalinismus auf der System- und Ideologieebene eine erste Blüte erreichte. Erst als die NPD zwischen 1965 und 1969 mit beachtlichen Wahlerfolgen in Parlamente einzog und bei der Bundestagswahl 1969 nur knapp an der Fünf-Prozent-Hürde scheiterte, zog politischer Extremismus die Aufmerksamkeit der Meinungsforschung auf sich, deren Pioniere u. a. Hans-Dieter Klingemann, Erwin K. Scheuch und Franz Urban Pappi waren.[18] Deren theoretische Grundannahme bildet nach wie vor die Basis der heutigen Extremismusmessung: Zwar mag jeder Extremismus ein eigenständiges Phänomen sein, es gibt aber allen Extremismen (sie beziehen sich auch auf Linksextremismus) zugrunde liegende Merkmale. Um ihre Identifikation kreist eine bis heute anhaltende Kontroverse.

Zu den wesentlichen Leistungen dieser Pionierstudien, zumal von Scheuch und Klingemann, zählt die Entkräftung eines pseudo-kausalen, seinerzeit populären Argumentes: Ein Wähler muss „rechte" Einstellungen haben, um eine „rechte" Partei zu wählen.[19] Ebenso zeitlos sind ihre Überlegungen, dass es „politischen Wissenschaftlern auch heute noch schwer(fällt) ‚rechtsradikal' anders zu definieren als unter bezug auf vergangene Erscheinungsformen"[20]. Diese selbstkritische Anmerkung – ein Seitenhieb auf die eigene Itemformulierung – gilt auch heute für eine Reihe von Extremismusskalen. Zudem wurde selten ein Wissenschaftsparadoxon schöner formuliert: „Eine von uns verwandte Frage zur Abgrenzung ‚rechter' Grundhaltungen wie: ‚Keine Duldung von Unterschieden in Grundfragen des Glaubens und der Sitte' drückt möglicherweise ein Sentiment viel zu reflektiert aus. Vielleicht existiert ein solches Sentiment nur in der Form ‚das geht doch nicht, daß heute…'"[21] Unabhängig von solchen Nebenbeobachtungen gilt der zentrale Befund von Scheuch und Klingemann nach wie vor: „In allen westlichen Industriegesellschaften existiert ein Potential für rechtsradikale politische Bewegungen.

---

16 Horst Kern spricht von drei Schulen: von der „Frankfurter" Schule um Max Horkheimer und Theodor W. Adorno; von der „Kölner" Schule René Königs und der Schule von Helmut Schelsky. Vgl. Horst Kern, Empirische Sozialforschung. Ursprünge, Ansätze, Entwicklungslinien, München 1982, S. 220 ff. Die Autoren verstehen empirische Sozialforschung demnach im Sinne von René König und folgen der Theorie des kritischen Rationalismus. Vgl. auch zu Adornos Sicht auf die empirische Sozialforschung: Christoph Weischer, Das Unternehmen ‚Empirische Sozialforschung'. Strukturen, Praktiken und Leitbilder der Sozialforschung in der Bundesrepublik Deutschland, München 2004, S. 5–12.
17 Vgl. Kruke (Anm. 12), S. 55 ff. Sie weist auf die Rolle der Universität Mannheim und Rudolf Wildenmanns hin, der für die infrastrukturelle Etablierung der Disziplin eine entscheidende Rolle einnahm. Die Gründung des ZA und ZUMA (heute GESIS), die Forschungsgruppe Wahlen, aber auch das Eurobarometer tragen seine Handschrift. Neben Mannheim war Köln ein Zentrum der politischen Meinungsforschung.
18 Siehe Hans-Dieter Klingemann/Franz Urban Pappi, Politischer Radikalismus. Theoretische und methodische Probleme der Radikalismusforschung. Dargestellt am Beispiel einer Studie anlässlich der Landtagswahl 1970 in Hessen, München 1972; Erwin K. Scheuch/Hans-Dieter Klingemann, Theorie des Rechtsradikalismus in westlichen Industriegesellschaften, in: Hamburger Jahrbuch für Wirtschafts- und Gesellschaftspolitik 12 (1967), S. 11–29; Hans-Dieter Klingemann, Research into Right-Wing Radicalism, in: Patterns of Prejudice 2 (1968), H. 3, S. 3–10.
19 Vgl. Scheuch/Klingemann (Anm. 18), S. 9. In den 1960er Jahren war der Begriff Radikalismus gegenüber dem des Extremismus weiter verbreitet. Auch der Nationalsozialismus wird von ihnen als rechtsradikale Bewegung beschrieben.
20 Ebd., S. 12.
21 Ebd., S. 27.

Rechtsradikalismus ist unter dieser Perspektive eine ‚normale' Pathologie von freiheitlichen Industriegesellschaften."[22]

In einer empirischen Analyse der hessischen Landtagswahl von 1970 beziehen Klingemann und Pappi die DKP als linksextreme (in ihrem Vokabular „radikale") Partei neben der NPD ein, denn beide Parteien bilden die Antipoden im Parteiensystem.[23] Die später so hitzig geführte Debatte um die „Unmöglichkeit" des Vergleichs von Rechts- und Linksextremismus hätte beide vermutlich irritiert. Allerdings haben sie keine Itembatterie zum Linksradikalismus entwickelt, da sie dafür vorhandene US-amerikanische Skalen hätten übersetzen müssen. Ihre Befürchtung war, dass „gemäßigter Sozialdemokratismus […] dann wohl häufig als linksextrem"[24] bezeichnet würde. Gleichwohl haben sie eine selbstentwickelte Skala (Grundrechte) sowie eine Reihe von Fremdskalen getestet. Unabhängig davon: Ihr Ziel war es, Wahlverhalten zu prognostizieren; nicht, eine konsistente Extremismusskala zu erarbeiten.

Dennoch handelt es sich um eine wichtige Wegmarke in der Entwicklung von Extremismusskalen, die in den folgenden Jahrzehnten weitgehend darniederlag, von einigen Ausnahmen kommerziell arbeitender Institute abgesehen.[25] Vor allem die Sinus-Studie von 1981 stieß auf eine starke mediale Resonanz. Einige der Items findet man so oder fast wörtlich nach wie vor in empirischen Studien.[26] Die Mehrheit verschwand nach Veröffentlichung der Studien aus den 1980er Jahren jedoch wieder in der Versenkung.

Wahrscheinlich ist die Jahrzehnte andauernde Erfolglosigkeit rechts- wie linksextremer (und populistischer) Parteien in Deutschland ursächlich für das wissenschaftliche Desinteresse an der Messung extremistischer Einstellungen. Mit welchem Impetus sollte man auch extremistische Einstellungen messen, wenn diese prima vista keine Relevanz entfalten? Doch auch wenn eine eigenständige Extremismusforschung über Jahrzehnte hinweg nicht existierte, gingen nicht alle nunmehr von ihr bearbeiteten Fragestellungen unter, sondern fanden Einzug in die empirische politische Partizipationsforschung mit ihrer Differenzierung von konventioneller und unkonventioneller Partizipation.[27] Dabei reicht das Spektrum von legaler (z. B. Petitionen) über unkonventionelle Partizipation (z. B. Verkehr blockieren) bis zur Gewalt gegenüber Sachen und Personen.

Nach der „Dürreperiode" der 1970er und 1980er Jahre begann – aufgrund der Wahlerfolge der Republikaner – eine intensive Auseinandersetzung mit den Gründen für die Wahlentscheidung zugunsten rechtsextremer Parteien, in deren Zug u. a. (rechts-)extremistische Einstellungen wieder mehr Aufmerksamkeit erhielten.[28] Ein Beispiel hierfür ist die 1994 von Jürgen W.

---

22 Ebd., S. 13.
23 Vgl. Klingemann/Pappi (Anm. 18), S. 22 f.
24 Ebd., S. 62.
25 Siehe Elisabeth Noelle-Neumann/Erp Ring, Das Extremismus-Potential unter jungen Leuten in der Bundesrepublik Deutschland, Bonn 1984; Sinus-Institut, 5 Millionen Deutsche: „Wir sollten wieder einen Führer haben …". Die Sinus-Studie über rechtsextremistische Einstellungen bei den Deutschen, Reinbek 1981.
26 Z. B.: „Die meisten Menschen haben keine Ahnung, wie stark ihr Leben von geheimen Abmachungen und Plänen kontrolliert wird." „Homosexualität ist widernatürlich und sollte streng bestraft werden."
27 Vgl. Samuel H. Barnes/Max Kaase u. a., Political Action, Beverly Hills 1979.
28 Vgl. Dieter Roth, Sind die Republikaner die fünfte Partei, in: Aus Politik und Zeitgeschichte B 41–42/1989, S. 10–20; Ursula Feist, Rechtsparteien im Vormarsch. Gründe für ihre Wahlerfolge – Strategien zu ihrer Eindäm-

Falter[29] präsentierte Rechtsextremismusskala, die aus den Dimensionen Nationalstolz und Kollektivdenken, Diktatur und Nationalsozialismus sowie Antisemitismus und Ausländerfeindlichkeit bestand und lange Zeit Vorbildcharakter besaß. Der Mangel an Wahlerfolgen vergleichbarer Parteien im linksextremen Spektrum erklärt, weshalb die Erforschung linksextremer Einstellungen hiervon nicht profitierte.[30]

Das Jahr 2001 stellt für die Einstellungsmessung eine weitere Wegmarke dar, weil eine Expertenkonferenz in Berlin stattfand, die „Empfehlungen" für die Erfassung rechtsextremer Einstellungen entwickelte.[31] Mit „Bauchschmerzen"[32] einigte sich der Kreis auf inhaltliche Dimensionen und im Nachgang auf eine Reduktion der Items. Schließlich wurden aus 30 Items sechs extrahiert, die jeweils eine Dimension abbilden. Bei Messstandards sowie dem Cutting-Point (Ab welchem Grad der Zustimmung liegt „Rechtsextremismus" vor?) blieb hingegen ein Konsens aus. Inhaltlich konstituieren folgende Dimensionen Rechtsextremismus: „Befürwortung einer rechtsautoritären (rechten) Diktatur, Chauvinismus, Ausländerfeindlichkeit, Antisemitismus, Sozialdarwinismus sowie Verharmlosung des Nationalsozialismus."[33] Der Linksextremismus spielte kaum eine Rolle, wenngleich die Absicht einer weiteren – auch vergleichenden – Befassung angedeutet wurde – jedoch ohne Ergebnis.

Wie es in dem Bericht weiter heißt, bevorzuge man eine „pragmatische Sichtweise" und eine Mischung aus einem „induktiven und deduktiven Vorgehen"[34]. Anders ausgedrückt: Die Extremismustheorie bildete ebenso wenig die Grundlage der Skalenbildung wie die Vielzahl früherer Arbeiten. Zugleich: „Trial and Error" ist für sozialwissenschaftliches Arbeiten keineswegs unüblich. Vielmehr zeigt sich hier die Nähe zu den Methoden der Naturwissenschaften. Da die Fragebogengestaltung zu den kreativen Leistungen der Scientific Community gehört, besteht eine gewisse Freiheit gegenüber der im engen Sinne theoretischen Definition des Forschungsgegenstandes. Und bei aller Kritik im Detail: Dass die Skalen (einen Teil von) extremistische(n) Einstellungen erfassen, bestreitet niemand. Die Gütekriterien von Items, Reliabilität, Objektivität und Validität sind so erfüllt wie dies im Rahmen eines wissenschaftlichen Prozesses erreicht werden kann.[35]

Falter hatte die in seinem Buch „Wer wählt rechts?" (1994) eingeführte Rechtsextremismusskala bereits vor der Konferenz von 2001 repliziert und um einige Items erweitert.[36] Den elf

---

    mung, in: Gegenwartskunde 38 (1989), S. 321–330; Jürgen W. Falter, Die Wähler und Anhänger rechtsextremistischer Parteien im vereinigten Deutschland, München 1994; Richard Stöss, Die Republikaner, Köln 1990.
29 Siehe Falter (Anm. 28), S. 137 ff.
30 Vgl. Neu (Anm. 3), S. 217 ff.
31 Vgl. Joachim Kreis, Zur Messung von rechtsextremer Einstellung: Probleme und Kontroversen am Beispiel zweier Studien, Arbeitshefte aus dem Otto-Stammer-Zentrum, Nr. 12, Berlin 2007.
32 Ebd., S. 5. Teilnehmer an den zwei Konferenzen waren Elmar Brähler, Michael Edinger, Jürgen W. Falter, Andreas Hallermann, Oskar Niedermayer, Karl Schmitt, Siegfried Schumann und Richard Stöss. Bettina Westle und Joachim Kreis nahmen an der zweiten Konferenz teil, Jürgen Winkler und Helmut Tausendteufel an der ersten Konferenz.
33 Vgl. ebd., S. 11.
34 Ebd., S. 10.
35 Wenn die Stabilität bei wiederholten Messungen unter gleichen Bedingungen gegeben ist, gilt eine Messmethode als reliabel. Objektiv ist sie, wenn das Messergebnis vom Messenden unbeeinflusst ist. Validität ist dann gegeben, wenn gemessen wird, was beabsichtigt ist.
36 Der Fragebogen findet sich unter: https://dbk.gesis.org/dbksearch/sdesc2.asp?no=4301&search=gabriel&search2=&DB=d&tab=0&notabs=&nf=1&af=&ll=10 (20. Januar 2017).

Fragen, die er dem Rechtsextremismus zuordnet, hatte er drei weitere linksextremistische Items hinzugefügt, allerdings würde diese Skala „weniger gut den messtheoretischen Anforderungen entsprechen"[37] als die Rechtsextremismusskala. Obwohl nicht ersichtlich ist, welche Items getestet wurden, zählen dazu:

- Die Zustimmung zur Verstaatlichung von Wirtschaftsunternehmen,
- die Meinung, die DDR habe mehr gute als schlechte Seiten gehabt und
- die Auffassung, der Sozialismus sei eine gute Idee, die nur schlecht ausgeführt wurde.

Zu den drei Items könne man noch zwei weitere in eine Skala integrieren: die Forderung nach einer Allgemeinwohlorientierung der Politik und nach einer Diktatur. Aufgrund der Kürze der Skala und der Frage, inwieweit diese Items tatsächlich Linksextremismus messen, ist das niedrige Messniveau nicht verwunderlich. Die Werte für die Linksextremismus-Items sind nicht veröffentlicht. Von den elf Rechtsextremismus-Items flossen wiederum zehn in die Publikation ein. Abgefragt wurden:

- Der Stolz, Deutscher zu sein,
- der Wunsch nach mehr Nationalgefühl,
- die Meinung, Gemeinwohl habe Vorrang,
- die Aussage, eine Diktatur sei manchmal die bessere Staatsform,
- die Auffassung, der Nationalsozialismus hätte gute Seiten,
- die Überzeugung, Hitler würde ohne die Judenvernichtung als ein großer Staatsmann angesehen werden,
- die Angst vor einer gefährlichen Überfremdung durch Ausländer,
- der Wunsch, Ausländer sollten nur „ihre" Landsleute heiraten,
- die Klage, die Juden hätten auch heute noch einen zu großen Einfluss,
- der Eindruck, Juden würden nicht zu „uns" passen sowie schließlich
- Verständnis für Anschläge auf Asylbewerberheime (nicht in die Auswertung eingeflossen).

Aus heutiger Perspektive wird deutlich, wie schwer es ist, mit inhaltlichen Items eine Skala zu entwickeln, die über viele Jahre hinweg brauchbar sein soll, weil sie tatsächlich das misst, was sie messen soll. Spätestens seit der Fußballweltmeisterschaft in Deutschland 2006 hat beispielsweise Nationalstolz nicht mehr ausschließlich eine völkisch-rassistische Konnotation.[38] Auch die DDR-nostalgischen Aspekte dürften an Relevanz verloren haben. Und ob ein Linksextremist automatisch den Sozialismus für eine gute Idee mit schlechter Ausführung halten muss, ist ebenfalls nicht zwangsläufig (wie auch der umgekehrte Fall). Die Skala hat mit einem dreifachen Stimulus auf „Juden" eine gewisse Schieflage, zumal antisemitische Einstellungen auch in linksextremen Gedankenwelten eine gewisse Rolle spielen,[39] während sie im Rechtsextremis-

---

37 Jürgen W. Falter, Politischer Extremismus, in: ders./Oscar W. Gabriel/Hans Rattinger (Hrsg.), Wirklich ein Volk? Die politischen Orientierungen von Ost- und Westdeutschen im Vergleich, Opladen 2000, S. 403–433, hier S. 406.
38 Vgl. Volker Kronenberg, Patriotismus in Deutschland. Perspektiven für eine weltoffene Nation, Wiesbaden 2013.
39 Vgl. Samuel Salzborn, Antisemitismus. Geschichte, Theorie, Empirie, Baden-Baden 2014; Viola Neu, Die Linke und Israel, in: Konrad-Adenauer-Stiftung (Hrsg.), Der Fall der Berliner Mauer: Die deutsche friedliche Revolution und die folgenden zwei Jahrzehnte, Jerusalem 2009, S. 60–75.

mus zumindest streckenweise durch feindliche Einstellungen gegenüber Muslimen abgelöst worden sein dürfte.

Neben den oben erwähnten Forschern hat Wilhelm Heitmeyer[40] mit der Reihe „Deutsche Zustände"[41] und dem Konzept der Gruppenbezogenen Menschenfeindlichkeit (GMF) Akzente gesetzt, die jedoch nur im weiteren Sinne der Extremismusforschung zugerechnet werden können. Dies liegt daran, dass ein „Bild über die heterogene Mitte abgegeben" werden soll und „nicht alle Nischen der Gesellschaft"[42] interessieren. Außerdem hat GMF mit dem Kern von Extremismus, nämlich der Überwindung der Demokratie, erkennbar wenig zu tun. Man mag unterschiedlicher politischer Auffassung sein, aber eine Zustimmung/Ablehnung von Aussagen wie „Frauen sollten ihre Rolle als Ehefrau und Mutter ernster nehmen", „Der Islam ist eine Religion der Intoleranz", „Es gibt nichts Unmoralisches an Homosexualität" oder „Sozial schwache Gruppen müssen zur Eigenverantwortung angehalten werden" lassen sich schwerlich mit der Konzeption des Extremismus in Einklang bringen. So könnte Gruppenbezogene Menschenfeindlichkeit zwar eine Dimension extremistischer Einstellungen bilden, jedoch richtet sich der Fokus auf gesellschaftliche Entwicklungen, auf Ressentiments und Stereotype: „Die Grundkonzeption der seit 2002 laufenden Langzeitstudie zu Ausmaß und Ursachen Gruppenbezogener Menschenfeindlichkeit enthält drei Aspekte: Die Analyse von gesellschaftlichen Zuständen und Entwicklungen wird verbunden mit der Untersuchung der Verarbeitung dieser Trends durch die Menschen und Auswirkung auf schwache Gruppen."[43]

Die sogenannten Mitte-Studien sind kontinuierlich umfassender Kritik unterworfen. Klaus Schroeder hat bereits die 2006 erschienene Mitte-Studie kritisiert; Max Kaase hat sich zur Mitte-Studie von 2010 geäußert, Jürgen W. Falter zu der 2014 erschienenen, Sabine Pokorny zu der Studie von 2016 und Eckhard Jesse, Uwe Backes sowie Viola Neu und Sabine Pokorny haben sich generell zur Tauglichkeit des Konzeptes geäußert.[44] Im Tenor sind sich die Kritiker ei-

---

[40] Heitmeyer hatte vorher einen Forschungsschwerpunkt bei der politischen Sozialisation rechtsextremer Jugendlicher. Er wandte jedoch keine quantitativen Methoden an. Daher wird auf diese Forschung hier nicht eingegangen, da er einen Beitrag zur Biographieforschung leistete. Vgl. ders., Rechtsextremistische Orientierungen bei Jugendlichen. Empirische Ergebnisse und Erklärungsmuster einer Untersuchung zur politischen Sozialisation, Weinheim/München 1987. Er knüpft damit an frühere Sozialisationsstudien Jugendlicher an.

[41] Wilhelm Heitmeyer (Hrsg.), Deutsche Zustände, Band 1–10, Frankfurt a. M. 2002–2012. Seit 2014 ist das Modell der Gruppenbezogenen Menschenfeindlichkeit des Bielefelder Instituts für Interdisziplinäre Konflikt- und Gewaltforschung Gegenstand der Studie der Friedrich-Ebert-Stiftung (FES) über rechtsextreme Einstellungen. Die Forschergruppe um Oliver Decker und Elmar Brähler publizierten 2014 und 2016 eigene Studien. Von 2006 bis 2012 waren Decker und Brähler bei den Rechtsextremismus-Studien der FES federführend.

[42] Andreas Zick/Anna Klein, Fragile Mitte – Feindselige Zustände. Rechtsextreme Einstellungen in Deutschland 2014, Bonn 2014, S. 22.

[43] Wilhelm Heitmeyer, Disparate Entwicklungen in Krisenzeiten, Entsolidarisierung und Gruppenbezogene Menschenfeindlichkeit, in: ders., Deutsche Zustände, Folge 9, Berlin 2010, S. 13–33, hier S. 13.

[44] Siehe Klaus Schroeder, Expertise zu „Vom Rand zur Mitte. Rechtsextreme Einstellungen und ihre Einflussfaktoren in Deutschland, in: Politische Studien 58 (2007), Sonderheft, S. 83–119. Vgl. zu Kritik und Gegenkritik Joachim Kreis, Zur Messung rechtsextremer Einstellung: Probleme und Kontroversen am Beispiel zweier Studien, Arbeitshefte des Otto Stammer Zentrums, Nr. 12, Berlin, 2007; Max Kaase, Neues vom Rechtsextremismus?, in: Uwe Backes/Alexander Gallus/Eckhard Jesse (Hrsg.) Jahrbuch Extremismus & Demokratie, Bd. 22, Baden-Baden 2011, S. 363–368; Jürgen W. Falter, Fragile Mitte – feindselige Zustände, in: Uwe Backes/Alexander Gallus/Eckhard Jesse (Hrsg.) Jahrbuch Extremismus & Demokratie, Bd. 27, Baden-Baden 2015, S. 377–381; Sabine Pokorny, Wirklich so enthemmt? Über eine Studie zu rechtsextremistischen Einstellungen in der Mitte, in: Die Politische Meinung 61 (2016), H. 10, S. 57–60; Eckhard Jesse, Mitte und Extremismus, in: Uwe Backes/Alexander Gallus/Eckhard Jesse (Hrsg.), Jahrbuch Extremismus & Demokratie, Bd. 25, Baden-Baden 2013,

nig, dass die „Mitte"-Studien[45] erhebliche methodische Probleme und Mängel bei der Interpretation aufweisen.

Auf der methodischen Ebene sind vor allem die Fragebogen-Items zu erwähnen, mit denen rechtsextremistische Einstellungen gemessen werden sollen und die in den Widerholungsbefragungen immer wieder gestellt werden.

Hier sollen nur wenige Beispiele genannt werden: Die Dimension Antisemitismus wird unter anderem mit der Aussage gemessen „Auch heute noch ist der Einfluss der Juden zu groß". Diese Aussage findet sich immer wieder in Untersuchungen zum Rechtsextremismus. Sie ist jedoch zu unpräzise und weich formuliert. Was ist mit Einfluss gemeint? Einfluss worauf? Dies lädt zu Interpretationen seitens der Befragten ein. Jeder Befragte wählt seine eigene Interpretation, sodass eine valide Messung nicht mehr möglich ist.

Weiterhin ist die Validität eines Items der Dimension Ausländerfeindlichkeit fraglich. Ausländerfeindlichkeit soll u. a. mit dieser Aussage erfasst werden: „Wenn Arbeitsplätze knapp werden, sollte man die Ausländer wieder in ihre Heimat zurückschicken." Eine solche Regelung ist in manchen Ländern gängige Praxis. Dadurch ist eine valide Messung von Ausländerfeindlichkeit mit dieser Aussage nicht gegeben.

Auch die Dimension Sozialdarwinismus ist problematisch. Eine Aussage lautet: „Es gibt wertvolles und unwertes Leben." Diese Formulierung ist erneut zu unpräzise. Bezieht sie sich allein auf menschliches Leben? Oder sind Tiere und Pflanzen inbegriffen? Auch hier bietet sich den Befragten Interpretationsspielraum, sodass eine Vergleichbarkeit der Antworten nicht mehr gewährleistet ist.

Neben den methodischen Kritikpunkten finden sich Schwierigkeiten bei der Interpretation der Ergebnisse. In einigen untersuchten Teilgruppen ist die Fallzahl zu klein, um belastbare Analysen vorzunehmen. Zusätzlich werden minimale Prozentsatzdifferenzen inhaltlich interpretiert, obwohl sie zu gering sind, um inhaltliche Aussagen zu treffen. Ein Beispiel aus der Studie von 2012: „Bemerkenswert ist, dass die Jüngsten in dieser Befragung eher eine rechtsautoritäre Diktatur befürworten und den Nationalsozialismus verharmlosen als die 31- bis 60-Jährigen".[46] Tatsächlich belaufen sich die Differenzen zwischen jüngeren Befragten und Befragten zwischen 31 und 60 Jahren auf 0,4 Prozentpunkte (Befürwortung einer Diktatur) und 0,8 Prozentpunkte (Verharmlosung des Nationalsozialismus). Folglich gibt es keinen substantiellen Unterschied zwischen den beiden Gruppen.

S. 13–35; Uwe Backes, Rechtsextremismus in der Mitte der Gesellschaft? Paradoxie und triste Banalität eines Gemeinplatzes alarmistischer Zeitdiagnostik, in: Ministerium des Innern, Land Brandenburg, Landesamt für Verfassungsschutz, Freistaat Sachsen (Hrsg.), Rechtsextremismus zwischen „Mitte der Gesellschaft" und Gegenkultur.

45 Vgl. Oliver Decker/Johannes Kiess/Elmar Brähler (Hrsg.), Die enthemmte Mitte. Autoritäre und rechtsextreme Einstellung in Deutschland, Gießen 2016; dies., Die stabilisierte Mitte. Rechtsextreme Einstellungen in Deutschland 2014, Leipzig 2014; dies., Die Mitte im Umbruch. Rechtsextreme Einstellungen in Deutschland 2012, Bonn 2012; Oliver Decker/Marliese Weißmann/Johannes Kiess/Elmar Brähler, Die Mitte in der Krise. Rechtsextreme Einstellungen in Deutschland 2010, Bonn 2010; Oliver Decker/Elmar Brähler, Bewegung in der Mitte. Rechtsextreme Einstellungen in Deutschland 2008, Berlin 2008; dies., Vom Rand zur Mitte. Rechtsextreme Einstellungen und ihre Einflussfaktoren in Deutschland, Berlin 2006.
46 Vgl. Oliver Decker/Johannes Kiess/Elmar Brähler, Die Mitte im Umbruch (Anm. 45), S. 41.

Generell messen die Mitte-Studien rechtsextreme Einstellungen zum Teil mit Fragen, die nicht das erfassen, was sie erfassen sollen und folglich nicht valide sind. Dies schränkt die Belastbarkeit der gesamten Studien deutlich ein und überschätzt die tatsächlich vorhandenen rechtsextremen Einstellungen. Zudem werden minimale Differenzen zwischen Gruppen und Zeitpunkten unangemessen interpretiert, sodass der Eindruck entsteht, es habe gravierendere Veränderungen gegeben, als es tatsächlich der Fall ist. Jürgen W. Falter charakterisiert die Studie als „wohlwollend formuliert, nicht hypothesenkonträr oder neutral, sondern fast durchgängig konzeptionskonform, d. h. im Sinne der Vorstellung eines aus der Mitte der Gesellschaft kommenden Rechtsextremismus"[47]. Ähnlich hart fällt das Urteil Max Kaases aus. Es bezeichnet die Mitte-Studie von 2010 als „theoretisch unzureichend unterfüttert, diffus und methodische hoch problematisch"[48].

Zur Veranschaulichung der Problematik sollen auch Analysen von Niedermayer und Stöss[49] herangezogen werden, da sich hier die Auswirkungen auf die Größenordnung der extremistischen Potentiale veranschaulichen lässt sowohl was die Formulierung von Fragen als auch Ziehung der Cutting Points betrifft (bei den Mitte-Studien ist die wissenschaftliche Transparenz nicht bei jeder Studie gegeben, indem z. B. vollständige Zustimmungen zu jedem Skalenwert veröffentlicht werden).

Das eine Beispiel liefert eine Studie von Richard Stöss aus dem Jahr 2001. Er sprach seinerzeit von einem rechtsextremen Einstellungspotential von 15 Prozent. Dabei liege das Potential im Westen bei ca. elf bis zwölf Prozent, im Osten bei ca. 18 bis 19 Prozent.[50] Grundlage war eine Skala aus sechs Items:

– „Wer seine Kinder zu anständigen Bürgern erziehen will, muss von ihnen vor allem Gehorsam und Disziplin verlangen (Autoritarismus).
– Deutschland sollte wieder eine führende Rolle in der Welt übernehmen (Nationalismus).
– Ausländer sollten so schnell wie möglich Deutschland verlassen (ethnisch motivierte Fremdenfeindlichkeit).
– Bei der Einstellung von Arbeitskräften sollten Deutsche grundsätzlich Ausländern vorgezogen werden (sozioökonomisch motivierte Fremdenfeindlichkeit).
– Ohne Judenvernichtung würde man Hitler heute als großen Staatsmann ansehen (Pronazismus).
– Die Juden haben einfach etwas Besonderes und Eigentümliches an sich und passen nicht so recht zu uns (Antisemitismus)."[51]

Die inhaltliche Kritik liegt auf der Hand: Gehorsam und Disziplin sind Werte, die klassischerweise der – demokratische – Konservatismus fordert und fördert. Dass Deutschland eine führende Rolle in der Welt einnimmt und einnehmen will, ist nicht strittig (wie die Debatte um

---

47 Falter (Anm. 44), S. 381.
48 Kaase (Anm. 44), S. 368.
49 Vgl. Richard Stöss/Oskar Niedermayer, Rechtsextreme Einstellungen in Berlin und Brandenburg 2000–2008 sowie Gesamtdeutschland 2005 und 2008, unter: http://www.polsoz.fu-berlin.de/polwiss/forschung/systeme/empsoz/forschung/media/rex_00_08.pdf (9. November 2015).
50 Vgl. Richard Stöss, Gewerkschaften und Rechtsextremismus in der Region Berlin – Brandenburg im Mai/Juni 2001, Arbeitspapiere des Otto-Stammer-Zentrums, Nr. 4, Berlin 2001, S. 24.
51 Ebd., S. 21.

einen Sitz im Sicherheitsrat der UNO zeigt). Das zugehörige Item misst daher wohl kaum „Nationalismus". Die Migrations-, Integrations- und Asylpolitik differenziert wiederum seit jeher nach unterschiedlichen Migranten und strebt zum Teil eine Rückkehr an – etwa bei Asylsuchenden. Die Bevorzugung einheimischer Arbeitskräfte ist in vielen demokratischen Ländern gang und gäbe (Kanada; USA).[52] Obwohl die Skala einzelne Dimensionen von Rechtsextremismus ausspart, gehören lediglich die beiden letzten Aussagen der nationalsozialistischen und somit einem Teil der rechtsextremen Gedankenwelt an. Wenn also Befragte, die diesen Items zustimmen, zum gesellschaftlichen Rechtsextremismuspotential zählen, ist dies problematisch. Neben der nur inhaltlichen Potentialmessung ist zu kritisieren, dass nicht dokumentiert wird, wie groß die Zustimmung zu den einzelnen Antwortmöglichkeiten war.

Wer extremistische Einstellungsmuster anhand der Zustimmung zu einzelnen Aussagen erfassen will, sieht sich bei Intervallskalierungen mit der Frage der Grenzziehung (Cutting-Point) konfrontiert. Dies lässt sich anhand einer weiteren Untersuchung illustrieren.[53] Je nachdem, ob auf einer von 1 (Zustimmung) bis 7 (Ablehnung) reichenden Skala die ersten zwei oder die ersten drei Skalenpunkte für eine rechtsextreme Meinung sprechen, beträgt das gesellschaftliche Rechtsextremismuspotential 13 oder 2 Prozent.[54] Welche Grenze bei der Messung von Einstellungen die „richtige" ist, unterliegt der Freiheit des Wissenschaftlers.

Unabhängig davon, ob man bei der Extremismusforschung eine verbalisierte Antwortskala (z. B. stimme zu/stimme nicht zu), eine numerische Skala (z. B. von +3 bis -3) einsetzt, ob die Skala einen Nullpunkt besitzt oder eine mittlere Kategorie (wie teils/teils), die Verteilung der Antwortkategorien ist meist recht ähnlich. Kürzere Skalen (z. B. nur vier Antwortmöglichkeiten) ohne neutrale Mitte[55] (oder Nullpunkt) führen zu größeren Potentialen als breitere mit Nullpunkt (s. Abbildung 1). An den äußeren Punkten der Skala finden sich meistens deutlich weniger Befragte als an den mittleren Punkten. Dabei ist die eine Messmethode nicht richtiger oder besser als die andere. Nur sollte man sich darüber bewusst sein, dass Ergebnisse vom Messinstrument abhängen.

---

52 Auch das Item „Es gibt wertvolles und unwertes Leben" würde zweifelsfrei messen, was gemeint ist, wenn es lauten würde „Es gibt wertvolles und unwertes menschliches Leben".
53 Richard Stöss/Oskar Niedermayer, Rechtsextremismus, politische Unzufriedenheit und das Wählerpotential rechtsextremer Parteien im Frühsommer 1998, Arbeitspapiere des Otto-Stammer-Zentrums, Nr. 1, Berlin 1998.
54 INTER/ESSE, Bundesverband deutscher Banken (Hrsg.), 8/1998, S. 1.
55 In Umfragen lassen Befragte häufig eine „Tendenz zur Mitte" erkennen. Dafür gibt es unterschiedliche Erklärungen, die bei der Interpretation eine Rolle spielen können. Für die Hinzunahme einer mittleren Antwortvorgabe spricht, dass Befragte häufig keine dezidierte Meinung haben. Ohne Ausweichmöglichkeit kommt es zu „forced choices", also erzwungenen Antworten, denen keine eigene Meinung zugrunde liegt.

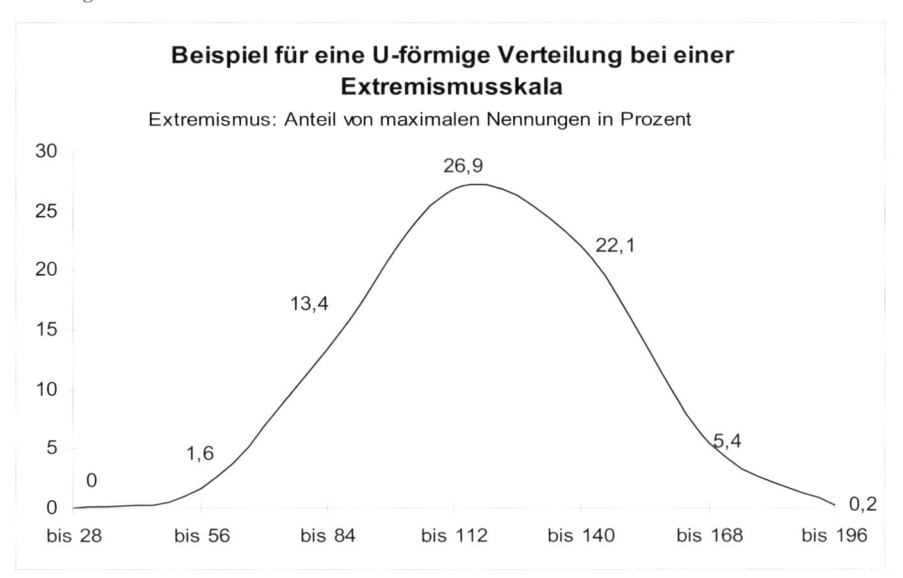

Abbildung V.1: Antwortmuster einer Extremismusskala

Beispiel für eine U-förmige Verteilung bei einer Extremismusskala

Extremismus: Anteil von maximalen Nennungen in Prozent

bis 28	bis 56	bis 84	bis 112	bis 140	bis 168	bis 196
0	1,6	13,4	26,9	22,1	5,4	0,2

Quelle: Neu (Anm. 3), S. 244, additive Skala. Je stärker sich die Kurve dem maximalen Wert von 196 nähert, desto stärker stimmen Befragte extremistischen Aussagen zu.

Da es der Extremismusforschung bislang an einer allgemein akzeptierten Skala fehlt, mit der sich Rechts- und/oder Linksextremismus valide messen ließe, variieren also die ermittelten gesellschaftlichen Extremismuspotentiale aufgrund unterschiedlicher Frageformulierungen, Skalen und Cutting-Points. Rechts-Links-Skalen kommen in der Einstellungsmessung regelmäßig zur Anwendung, wobei es auch hier unterschiedliche Skalen gibt. Dieses Instrument basiert auf einer Selbsteinstufung der Befragten und erfüllt bei der Bewertung von Parteien gute Dienste, sagt aber wenig über extremistische Einstellungen aus, da sie keinen Bezug zu Demokratie und Konstitutionalismus herstellt. So stellt Kai Arzheimer fest, dass sich die Mehrheit derjenigen, die als Extremisten identifiziert werden, sich „vielmehr in der linken bzw. rechten Mitte" einordnet. „Auch dieser Befund steht im Einklang mit älteren Ergebnissen der deutschen Forschung, denen zufolge (1) keineswegs alle oder auch nur die Mehrheit der antidemokratisch denkenden Bürger sich den Flügelparteien zuwendet und (2) deren Elektorat sich keineswegs nur aus Extremisten zusammensetzt."[56]

Die empirische Extremismusforschung ist weitgehend auf den Rechtsextremismus eingeengt und die Messmethoden führen nicht zu über jeden Zweifel an der Validität erhabenen Ergebnissen. Dies gilt auch für jüngere Untersuchungen zum Linksextremismus.[57] Es hieße jedoch, den Teufel mit dem Beelzebub auszutreiben, den Extremismusbegriff deshalb auf leichter messbare Einstellungskonzepte anzuwenden. Da Extremismus politisch aufgeladen und seine Messung mit einer Reihe methodischer Herausforderungen behaftet ist, verlangt die Zuordnung

---

56 Arzheimer (Anm. 5), S. 280.
57 Vgl. Klaus Schroeder/Monika Deutz-Schroeder, Gegen Staat und Kapital – für die Revolution. Linksextremismus in Deutschland – eine empirische Studie, Frankfurt a. M. 2015.

von Positionen zum Extremismus Sensibilität. Die Forschungen zum „marktförmigen Extremismus" sind hierfür ein Gegenbeispiel. Wenn die Zustimmung zu Aussagen wie „Der Schlüssel zum Erfolg ist, besser als die Anderen zu sein", „Wer nicht bereit ist, Neues zu wagen, ist selber schuld, wenn er scheitert", „Wer keine Ideen hat (zusätzlich: sich nicht selbst motivieren kann), der ist selber schuld, wenn er scheitert" oder „Fortschritt gibt es nur durch Wettbewerb"[58] als Merkmale eines – marktförmigen – Extremismus gelten, hat der Begriff seine analytische Kraft eingebüßt, weil er alles und nichts bezeichnet. Zumindest eine Ablehnung der Demokratie und ihrer grundlegenden Prinzipien ist daran nicht festzumachen.

3 Dimensionale Extremismusskala

Einen alternativen Weg bei der Messung von Extremismus hat Viola Neu eingeschlagen.[59] Von der Überlegung ausgehend, dass die inhaltlichen Unterschiede der Extremismen zu groß sind, um eine treffsichere Itembatterie zu entwickeln, wurden Dimensionen konstruiert, welche für jede inhaltliche Ausprägung von Extremismen strukturell vorhanden sind. Zu den weiteren Kritikpunkten, die Anlass zur dimensionalen Extremismusskala boten, gehörten Validitätsprobleme bisheriger Studien: Obwohl etwa eine Befürwortung des Nationalsozialismus zweifelsfrei ein Indikator für eine extremistische Einstellung ist, muss nicht jeder Rechtsextremist dem Nationalsozialismus huldigen. Und Antisemitismus kann auch außerhalb des *rechts*extremen Lagers Zustimmung finden. Die Verstaatlichung großer Konzerne wiederum ist auch in Teilen der rechtsextremen Szene akzeptiert. Zudem ändert sich im Zeitverlauf die Relevanz von Themen. Der positive Bezug zum Nationalsozialismus inklusive der Leugnung der Shoah ist in rechtsextremen Kreisen weniger verbreitet, als es noch im letzten Jahrhundert der Fall war. Auch die Verherrlichung der Wehrmacht ist heute nur noch für wenige Aktivisten charakteristisch. Und Heß-Gedenkmärsche sind eher zu einer Randerscheinung mutiert. Zugleich sind die sozialistischen Theorien nur noch für Minderheiten am linken Rand relevant und Solidarität mit der RAF dürfte ebenso wenig zentral für heutige Linksextremisten sein. Um jedoch auch die Richtung des Extremismus messen zu können, wurden einige Items aus dem Bereich des Links- und Rechtsextremismus integriert. Doch auch hier sind Validitätsprobleme – wie bei allen anderen Studien – generell vorhanden.

Position und Salienz bestimmter Themenfelder in den unterschiedlichen Extremismen verschieben sich mithin im Zeitverlauf. Wenn aber ein Item langfristig Verwendung finden soll, steht der Forscher vor einer Gewissensfrage: Darf ein Trend beerdigt werden? Und in den meisten Fällen entscheiden sich die Forscher (aus gutem Grund) für die Beibehaltung der Trenderhebung mit identischen Items, um über Momentaufnahmen hinausgehen zu können.

Der Alternativvorschlag sollte als Impuls dienen, um die festgefahrenen wissenschaftlichen Auseinandersetzungen zwischen Rechtsextremismus-Forschern und Komparatisten, die ebenso

---

58 Andreas Hövermann/Eva Groß/Andreas Zick, ‚Sozialschmarotzer' – der marktförmige Extremismus der Rechtspopulisten, in: Andreas Zick/Beate Küpper (Hrsg.), Wut, Verachtung, Abwertung. Rechtspopulismus in Deutschland, Bonn 2015, S. 95–108.
59 Vgl. Neu (Anm. 3).

den Linksextremismus inkludieren wollten, aufzulösen. Sein Vorteil liegt darin, dass er von den Charakteristika des jeweiligen Extremismustyps abstrahiert und stattdessen allen Extremismen gemeinsame, sie konstituierende Strukturmerkmale zum Gegenstand macht. Den Ausgangspunkt bilden Uwe Backes' Überlegungen zu den Elementen einer normativen Rahmentheorie des politischen Extremismus.[60] Er spricht von sechs Dimensionen, die allen Extremismen gemein seien:

- Absolutheitsansprüche,
- Dogmatismus,
- Fanatismus,
- Utopismus/kategorischer Utopieverzicht,
- Freund-Feind-Stereotype und
- Verschwörungstheorien.

Unter Absolutheitsansprüchen versteht er axiomatische Setzungen von Werturteilen, die sich gegenüber jeglicher Form der Überprüfung immunisieren.[61] Wer diese Werturteile glaubt, fühlt sich privilegiert, da ihm eine pseudo-exklusive und zum Teil pseudo-wissenschaftliche Erklärung der „Wirklichkeit" vorschwebt. Diese kohärenten Weltbilder egalisieren Widersprüche, Ungereimtheiten und Ambiguitäten, indem sie ihren Trägern den Glauben verleihen, im Besitz des höheren, richtigen und einzigen Wissens zu sein. Der damit verbundene Dogmatismus basiert ebenfalls auf Axiomen, die der Dichotomie von wahr-falsch folgen. In der Folge „emanzipiert sich das ideologische System mehr und mehr von der erfahrbaren Welt"[62]. Ob der attraktiven Deutungsangebote extremistischer Ideologien, folgen ihnen ihre Anhänger häufig mit an Fanatismus grenzendem Eifer.

Eng damit verbunden sind Verschwörungstheorien, die einerseits eine vereinfachte Erklärung komplexer Zusammenhänge anbieten, andererseits Verantwortliche für die Zustände benennen, die überwunden werden sollen. Verdeckte „Drahtzieher" werden so zur Ursache allen Übels. Agenten können Personen, Personengruppen, Teilstrukturen oder gleich das System sein (z. B. die Juden, das Kapital, die Medien, das System). Diese arbeiten angeblich im Geheimen und mit konspirativen Methoden gegen ein wie auch immer definiertes Gemeinwohl. Verschwörungstheorien sind wie Absolutheitsansprüche und Dogmatismus rationalen wie wissenschaftlichen Gegenbeweisen nicht erlegen, da der Gegenbeweis häufig als Beleg für die Richtigkeit der Konspiration interpretiert wird. Gerade im Zusammenhang mit dem terroristischen Anschlag auf das World Trade Center (9/11) kursieren die unterschiedlichsten Verschwörungstheorien. Zugleich zeigt dieses Beispiel: Verschwörungstheorien müssen nicht unbedingt extremistischen Weltbildern entspringen, sondern entstehen häufig dann, wenn bei Ereignissen Zweifel an dem tatsächlichen Zusammenhang oder Hergang auftauchen. Und es gibt Bereiche,

---

60 Uwe Backes, Politischer Extremismus in demokratischen Verfassungsstaaten. Elemente einer normativen Rahmentheorie, Opladen 1989. Vgl. auch Armin Pfahl-Traughber, Gemeinsamkeiten im Denken der Feinde einer offenen Gesellschaft. Strukturmerkmale extremistischer Doktrine, in: ders. (Hrsg.), Jahrbuch für Extremismus- und Terrorismusforschung 2009/2010, Brühl 2010, S. 9–32.
61 Backes (Anm. 60), S. 298 f.
62 Ebd., S. 301.

bei denen offene Fragen bleiben, ohne dass zwangsläufig ein Bezug zum Extremismus besteht (z. B. die „Barschel-Affäre").[63]

Ein weiteres von Backes identifiziertes Extremismusmerkmal ist der Utopismus bzw. der „kategorische Utopieverzicht"[64]. Hierunter sind zum einen teleologische Entwürfe eines idealen und dann nicht mehr veränderbaren Zusammenlebens zu fassen wie zum anderen die komplette Bewahrung des „Ist"-Zustandes. Ab bzw. bis zu dem Erreichen des „Idealzustands" sind keine politischen, institutionellen oder gesellschaftlichen Veränderungen mehr vorgesehen. Bis zum Erreichen des „höheren" Zieles ist die freie Entwicklung der Gesellschaft nicht vorgesehen.

Ohne Freund-Feind-Schemata[65] kommen Extremismen ebenfalls nicht aus. Hierzu werden auch gerne Gruppenkategorien gebildet, die das „Wahre" und „Falsche" personifizieren. Soziologisch bilden sich so In- und Outgroups. Freund-Feind-Schemata legitimieren das eigene Handeln und Denken, das nicht übermäßig von Zweifeln belastet ist.

Die Effekte all dieser Basisbestandteile des Extremismus widersprechen den Grundlagen der Demokratie, die ohne Telos, Ausgrenzung und ewige Wahrheiten auskommt und den Irrtum selbstverständlich mit einkalkuliert, da sie nicht dem Irrglauben der Unfehlbarkeit[66] anhängt.

Die darauf aufbauende dimensionale Extremismusskala fasst Dogmatismus mit Absolutheitsansprüchen[67] in einer Kategorie zusammen. Utopismus und Chiliasmus[68], Freund-Feind-Stereotype[69], Verschwörungstheorien[70] und Fanatismus/Aktivismus[71] werden jeweils mit eigenständigen Items gemessen. Statements zur Ablehnung der demokratischen Ordnung, Parteibindung, interne und externe politische Kompetenz, politischer Protest/Elitenkritik, Populismus, Autoritarismus/Antipluralismus, Einstellungen zu Dekadenz/Werteverfall und die subjektive Einstufung als Modernisierungsverlierer wurden zusätzlich in die Extremismusskala integriert, um Beziehungsmuster zwischen den verschiedenen Einstellungen freilegen zu können.[72]

Ohne auf die Ergebnisse im Einzelnen einzugehen, hat sich die Extremismusskala in der Empirie bewährt, wiewohl die deduktiv erstellte Itemstruktur sich in der Faktorenanalyse nicht wiederfindet. Aber ein vom Rechts-Links-Schema unabhängiges extremistisches Einstellungssyn-

---

63 Vgl. Sebastian Bartoschek, Bekanntheit von und Zustimmung zu Verschwörungstheorien – eine empirische Grundlagenarbeit, Hannover 2015.
64 Backes (Anm. 60), S. 302–305.
65 Ebd., S. 305. Backes nennt dies „Freund-Feind-Stereotype".
66 Um Irrtümern vorzubeugen: Der Papst ist in Glaubensfragen „unfehlbar".
67 „Nur mit dem Sozialismus lassen sich alle Probleme lösen." „Nur wenn das Recht des Stärkeren auch in der Politik angewandt wird, lassen sich die Probleme der Menschheit lösen." „In der Politik gibt es nur wahr und falsch. Deshalb darf man keine Kompromisse machen."
68 „Ich wünsche mir, dass die Menschen in Zukunft in einer klassenlosen Gesellschaft leben können." „Wir müssen eine Welt schaffen, in der alle Menschen nach einem gemeinsamen Ideal zusammenleben." „In unserer heutigen Gesellschaft gibt es keine Ideale mehr, an denen man sich orientieren kann."
69 „Der Kapitalismus richtet die Welt zugrunde." „Ausländer und Asylanten sind der Ruin Deutschlands."
70 „Die Medien sind manipuliert und dienen nur zur Volksverdummung." „Die Reichen und Mächtigen verhindern, dass die Bürger ihren gerechten Anteil von dem bekommen, was sie erarbeitet haben." Die meisten Menschen haben keine Ahnung, wie stark ihr Leben von geheimen Abmachungen und Plänen kontrolliert wird." „Die Arbeitslosigkeit wird nur durch die Profitinteressen des Großkapitals geschaffen."
71 „Wer nicht radikal handelt, kann die wahren Ideale in der Politik nicht verwirklichen." Unter der Kategorie Ablehnung der demokratischen Ordnung wurde noch folgendes Item abgefragt: „In jeder demokratischen Gesellschaft gibt es Konflikte, die mit Gewalt ausgetragen werden müssen."
72 Alle Items wurden auf einer von +3 bis -3 reichenden Skala (inklusive Nullpunkt) gemessen. Für die Ergebnisse im Detail vgl. Neu (Anm. 3), S. 227 ff.

drom hat sich mehrfach bestätigt.[73] Insofern bildet die von konkreten Inhalten unabhängige Messung von Extremismus eine sinnvolle Ergänzung bzw. Erweiterung der Skalen, die vor allem inhaltliche Postulate erfassen. „In diese Richtung müsste sich die Extremismusforschung weiter entwickeln und der Frage nachgehen, ob sich eine derartige ‚extremistische Persönlichkeit' empirisch nachweisen lässt und welche Bedingungen gegeben sein müssen, dass sich diese Persönlichkeit nach links oder nach rechts entwickelt."[74]

4 „Extremismus der Mitte"?[75]

Neben den Begriffen Rechts- und Linksextremismus findet sich immer wieder der Begriff des „Extremismus der Mitte", zumal in den Medien.[76] Fundierte Kritik an diesem Begriff ist schon mehrfach geäußert worden.[77] Geprägt wurde der Begriff vom „Extremismus der Mitte" von Seymour Martin Lipset mit dem Ziel, Faschismus zu erklären.[78] Er unterscheidet zwischen Linksextremismus, Rechtsextremismus und Extremismus der Mitte, wobei er jede Form des Extremismus einer sozialen Schicht zuordnet: „Die extremistischen Bewegungen der Linken, der Rechten und der Mitte (Kommunismus und Peronismus, traditioneller Autoritarismus und Faschismus) wurzeln der Reihe nach in der Arbeiter-, der Ober- und der Mittelklasse."[79] Alle drei Klassen würden durch „sowohl demokratische als auch extremistische politische Tendenzen"[80] vertreten. Extremismus sei also kein Phänomen nur einer bestimmten Klasse. Zugleich hält Lipset keine soziale Klasse pauschal für demokratisch. Vielmehr setzt er jede Klasse einer bestimmten Ideologie gleich, da er von einem „unauflösbaren Zusammenhang zwischen der Klassenzugehörigkeit einer Bewegung und ihrer ideologisch-programmatischen Orientierung"[81] ausgeht. Sein Mitte-Begriff bezieht sich daher auf die soziale Mittelschicht, nicht auf eine wie auch immer geartete politische oder soziokulturelle „Mitte der Gesellschaft", wie zum Teil behauptet wird.[82] Zudem entwickelt Lipset ein ganz eigenes Verständnis von „Mittelklas-

---

73 Ebd., S. 240 ff.
74 Streitgespräch zum Thema Linksextremismus zwischen Prof. Richard Stöss und Prof. Uwe Backes, Moderation: Prof. Hans-Gerd Jaschke, in: Ulrich Dovermann (Hrsg.), Linksextremismus in der Bundesrepublik Deutschland, Bonn 2011, S. 291–318, hier S. 300.
75 Vgl. Viola Neu/Sabine Pokorny, Ist „die Mitte" (rechts)extremistisch, in: Aus Politik und Zeitgeschichte B 40/2015, S. 3–8.
76 Siehe u. a. Pegida-Demonstrationen: „Es gibt einen Extremismus der Mitte". Interview mit Oliver Decker im Deutschlandradio Kultur am 15. Dezember 2014, unter: http://www.deutschlandradiokultur.de/pegida-demonstrationen-es-gibt-einen-extremismus-der-mitte.2165.de.html?dram:article_id=306304 (12. März 2015); Peter Becker, Der Extremismus der Mitte, unter: http://www.tagesspiegel.de/politik/pegida-in-dresden-der-extremismus-der-mitte/11155136.html (12. März 2015); Ulrich Clauß, Die Pegida-Wutbürger sind mehr Mitte als Mob, unter: http://www.welt.de/debatte/kommentare/article135316986/Die-Pegida-Wutbuerger-sind-mehr-Mitte-als-Mob.html (12. März 2015).
77 Vgl. exemplarisch Uwe Backes/Eckhard Jesse, Vergleichende Extremismusforschung, Baden-Baden 2005, S. 157–169; Jesse (Anm. 44), S. 13–35.
78 Vgl. Seymour Martin Lipset, Der „Faschismus", die Linke, die Rechte und die Mitte, in: Ernst Nolte (Hrsg.), Theorien über den Faschismus, Köln 1976, S. 449–491 sowie Seymour Martin Lipset, Political Man. The Social Bases of Politics, Baltimore 1981, S. 128 ff.
79 Lipset 1976 (Anm. 78), S. 449.
80 Ebd.
81 Backes/Jesse (Anm. 77), S. 161.
82 Für die Verwendung des Begriffs „Mitte der Gesellschaft" bzw. „gesellschaftliche Mitte" unter Bezug auf Lipset siehe Decker/Kiess/Brähler (Anm. 45); Decker/Weißmann/Kiess/Brähler (Anm. 45); Decker/Brähler (Anm. 45).

se", wenn er dem Faschismus bescheinigt, er habe „auch bei anderen Gruppen der Mittelklasse, vor allem bei den Arbeitslosen großen Erfolg"[83] gehabt.

Des Weiteren sieht er Gemeinsamkeiten zwischen den verschiedenen Formen des Extremismus, die ebenfalls verdeutlichen, dass mit Mittelklasse nicht die „Mitte der Gesellschaft" gemeint ist, wie auch immer man diese genau definieren mag. Eine davon: „Die extremistischen Bewegungen haben vieles gemeinsam. Sie sprechen die Unzufriedenen und die psychologisch Entwurzelten an, die persönlich Erfolglosen und die gesellschaftlich Isolierten, die wirtschaftlich Unsicheren, die Ungebildeten, die Unintelligenten und die Autoritären einer jeden einzelnen gesellschaftlichen Schicht".[84] Sowohl innerhalb der Arbeiter-, als auch der Mittel- und der Oberklasse sieht Lipset die sozial Deprivierten als besonders anfällig für Extremismus jedweder Richtung, wobei die sozial Deprivierten der Mittelklasse eben besonders anfällig für den Faschismus seien.

Eine der frühesten Kritiken an Lipsets These stammt von Ralf Dahrendorf[85], der jedoch nicht das Konzept des „Extremismus der Mitte" an sich kritisierte: „Die Wurzel dieses Extremismus ist die Unsicherheit der sozialen Position; seine vornehmlichen Träger sind die am wenigsten geprägten und intelligenten Gruppen des Mittelstandes; seine Ideologie ist der Faschismus."[86] Vielmehr zweifelt Dahrendorf den Nutzen von Lipsets Konzept an: „Was erklärt diese Theorie?"[87] Er sieht Lipsets These als Ergänzung zu seinem eigenen Erklärungsansatz, da sie für sich genommen nicht ausreichend erklärungsmächtig sei.[88] Auch M. Rainer Lepsius bezieht sich auf Lipsets These, wenn er feststellt, „[d]er Faschismus ist ja – wie Lipset zeigen konnte – trotz aller Konservatismen, keineswegs ein Extremismus der Rechten, sondern der Mitte"[89], des Mittelstands also. Sowohl Dahrendorf als auch Lepsius interpretieren Lipsets Mitte-Begriff als soziologischen Terminus, der sich auf die soziale Lage bezieht.

Auch Jürgen W. Falter sieht in Lipsets Ansatz eine „klassentheoretische Position"[90]. Er kommt in deren empirischer Überprüfung zu dem Schluss, dass der Arbeiteranteil an der NSDAP-Wählerschaft mit 40 Prozent „als viel zu hoch [erscheint], als daß man noch länger von der NSDAP als einer reinen oder zumindest weit überwiegenden Mittelschichtbewegung sprechen könnte"[91]. Eher sei die NSDAP „wegen des nach wie vor überdurchschnittlichen, aber eben nicht erdrückenden Mittelschichtanteils unter ihren Wählern [...] als] eine Volkspartei mit Mittelstandsbauch"[92] zu bezeichnen. Mithin lag Lipset nicht völlig falsch mit seiner Mittelstandsthese, er vernachlässigte jedoch den Umstand, dass auch große Teile anderer Schichten zu den Wählern der NSDAP zählten. Vor dem Hintergrund dieser Erkenntnisse überrascht es, dass der „Extremismus der Mitte" in den 1990er Jahren eine Renaissance erlebte, diesmal jedoch mit

---

83 Lipset (Anm. 78), S. 463.
84 Ebd., S. 483.
85 Vgl. Ralf Dahrendorf, Gesellschaft und Demokratie in Deutschland, München 1965, S. 424 f.
86 Ebd., S. 424.
87 Ebd.
88 Ebd., S. 425.
89 M. Rainer Lepsius, Extremer Nationalismus. Strukturbedingungen vor der nationalsozialistischen Machtergreifung, Stuttgart 1966, S. 14 f.
90 Jürgen W. Falter, Hitlers Wähler, München 1991, S. 45.
91 Ebd., S. 371.
92 Ebd., S. 371 f.

einer anderen, komplexeren und vielfältigeren Ausrichtung. Wolfgang Kraushaar stellt vier Konnotationen fest. „Es sind dies:

1. Eine zur Kennzeichnung der sozialen Herkunft der Täter,
2. eine zur Identifizierung der Komplizenschaft zwischen Tätern und Politikern, besonders zwischen rechtsradikalen Drahtziehern und staatlichen Behörden,
3. eine zur Charakterisierung moderner rechtspopulistischer Parteien und
4. eine zur Analyse reaktualisierter rechtskonservativer Ideologien."[93]

Nur die erste Konnotation bezieht sich auf die ursprüngliche, empirisch jedoch nicht haltbare These Lipsets. Obwohl Kraushaar einräumt, dass „die Reichweite ihrer Aussagen doch begrenzt"[94] sei, und er auch Falters empirisch unterlegte Einschränkung der These akzeptiert, ist er der Meinung, es sei „weiterhin legitim, […] vom Extremismus der Mitte als einer theoretischen Figur Gebrauch zu machen"[95]. Wolf-Dieter Narr vertritt demgegenüber die Position, „[a]ller ‚Extremismus' geht von der Mitte aus"[96]. Darauf erwidern Backes und Jesse, es sei eine „Bagatellisierung", die Extremismen „lediglich als Resultat fehlerhafter Politik in der ‚Mitte' zu betrachten"[97]. Zudem lebe „die Formel vom Extremismus der Mitte […] geradezu von provozierender Konfusion"[98]. Diese „Konfusion" entspringt der Verquickung von Lipsets Hypothese zur Erklärung eines historischen Phänomens mit dem Ansatz der heutigen normativen Extremismusforschung.

Zeugnis hiervon legen die sogenannten Mitte-Studien[99] ab. Die Autoren einer Überblicksstudie berufen sich explizit auf Lipsets „Extremismus der Mitte" mit der – einer empirischen Prüfung durchaus zugänglichen – Begründung: „[D]as gesellschaftliche Zentrum kann zur Bedrohung der bestehenden Gesellschaftsordnung werden".[100] Die Autoren lassen jedoch außer Acht, dass Lipset sich ausschließlich auf die *soziale* Mittelschicht bezieht. Sie unterscheiden nicht zwischen sozialer Mitte und politischer Mitte. Jesse kritisiert an der These, der Extremismus komme aus der „Mitte der Gesellschaft", dass dies „je nach Interpretation eine Banalität oder eine unbewiesene Unterstellung"[101] ist. Selbstverständlich gebe es Rechtsextremismus auch in den mittleren sozialen Schichten der Bevölkerung. Allerdings sei es „eine unbewiesene Unterstellung, wenn suggeriert wird, von den tragenden sozialen Gruppen der Gesellschaft gehe Rechtsextremismus aus"[102].

---

93 Wolfgang Kraushaar, Extremismus der Mitte. Zur Geschichte einer soziologischen und sozialhistorischen Interpretationsfigur, in: Hans-Martin Lohmann (Hrsg.), Extremismus der Mitte. Vom rechten Verständnis deutscher Nation, Frankfurt a. M. 1994, S. 26.
94 Ebd.
95 Ebd., S. 48.
96 Wolf-Dieter Narr, Vom Extremismus der Mitte, in: Politische Vierteljahresschrift 34 (1993), S. 106–113, hier S. 113.
97 Backes/Jesse (Anm. 77), S. 168.
98 Ebd., S. 169.
99 Zick/Klein (Anm. 42); Decker/Kiess/Brähler (Anm. 45); dies., 2014 (Anm. 45); dies., 2012 (Anm. 45); Decker/Weißmann/Kiess/Brähler (Anm. 45); Decker/Brähler (Anm. 45); dies., 2006 (Anm. 45).
100 Oliver Decker/Johannes Kiess/Elmar Brähler, Rechtsextremismus der Mitte. Eine sozialpsychologische Gegenwartsdiagnose, Gießen 2013, S. 7.
101 Jesse (Anm. 77), S. 34.
102 Ebd.

Des Weiteren irritiert der explizite Bezug auf Lipset, da es nach Lipsets Verständnis zwar einen Extremismus der Mitte, nicht aber einen Rechtsextremismus der Mitte geben kann. Lipset bezieht den Begriff des Rechtsextremismus auf den totalitären Autoritarismus der Oberklasse, der nicht identisch mit dem Extremismus der Mittelklasse sei (und auch nicht sein könne), für den Lipset den Faschismus und nicht den Rechtsextremismus identifiziert. Lipset hat folglich ein völlig anderes Verständnis von Rechtsextremismus als heutige Forscher.

Schon auf die erste in Buchform gebrachte Mitte-Studie aus dem Jahr 2006 (2002 und 2004 waren Vorläuferstudien erschienen, die nicht aus einer Kooperation mit der Friedrich-Ebert-Stiftung resultierten) „Vom Rand zur Mitte" hin regte sich ausführliche Kritik[103], die zu einer Diskussion über die Wissenschaftlichkeit der Studie führte.[104] Seitdem sind im Zwei-Jahres-Rhythmus Nachfolgestudien erschienen, die wiederum Beanstandungen nach sich zogen.[105] Eckhard Jesse etwa äußert regelmäßig breite Kritik an der missverständlichen Verwendung des Begriffes des „Extremismus der Mitte", an der theoretischen Konzeption, der „eine Fundamentalkritik am Extremismuskonzept"[106] zugrunde liege, an der Inhaltsvalidität einiger Items, am niedrigen Schwellenwert für ein geschlossenes rechtsextremes Weltbild sowie an der Interpretation der Ergebnisse.

Aus empirischer Sicht ist eine Erforschung der „Mitte" mit Problemen behaftet. Das größte Problem beginnt bei der Definition und endet bei der Operationalisierung der „Mitte". Man kann sowohl eine soziale als auch eine politische Mitte definieren. Die Grenzziehung zwischen der Mitte und dem „Rest" ist vor allem bei der sozialen Mitte schwierig. Wo beginnt z. B. die soziale Mitte und wo endet sie? Ab wann gehört jemand der Mittelschicht an und ab wann der oberen Unter- oder der unteren Oberschicht? Je nach sozialstrukturellem Ansatz fallen die Definitionen unterschiedlich aus. Vor dem Schicht-Ansatz wurde lange Zeit von „Klasse" gesprochen. Inzwischen wird neben der Einteilung in Schichten häufig eine Unterscheidung der Gesellschaft nach „sozialen Lagen", „Milieus" oder „Lebensstilen" vorgenommen.[107] Doch welches Milieu bietet der „Mitte" eine Heimat? Und wenn man die „Mitte" definieren kann, wie misst man sie? Beim Schicht-Ansatz wird die Einteilung in der Regel anhand des Berufs, des Einkommens und des formalen Bildungsniveaus vorgenommen.[108] Die Grenzziehung fällt hier keineswegs leichter: Ab welchem Einkommen beginnt die Mittelschicht? Wie geht man mit arbeitslosen Akademikern um und wie mit gut verdienenden Arbeitern? Generell können Gruppen wie Arbeitslose, Studierende, Rentner und Hausfrauen über den Schicht-Begriff nicht eingeordnet werden, da die Einordnung auf dem Beruf basiert.[109] Milieu- oder Lebensstil-Ansätze verkomplizieren das Unterfangen um ein Vielfaches, zumal beispielsweise die Sinus-Milieus immer wieder verändert und aktualisiert werden. Mithilfe von Fragen zum Lebensstil und zum Konsumverhalten identifiziert das Institut Milieus, die innerhalb der Dimensionen soziale Lage

---

103 Vgl. Schroeder (Anm. 44), S. 83–119.
104 Vgl. Kreis (Anm. 31), S. 87–103.
105 Vgl. Jesse (Anm. 44), S. 13–35; Backes (Anm. 44), S. 33–50; Kaase (Anm. 44), S. 363–368.
106 Jesse (Anm. 44), S. 25.
107 Zudem wurde auch der Schicht-Begriff schon unterschiedlich verwendet. Für eine ausführlichere Darstellung der Unterschiede zwischen Klasse, Schicht, sozialer Lage, Milieu und Lebensstil siehe Stefan Hradil, Soziale Ungleichheit in Deutschland, Wiesbaden 2001, S. 38–46.
108 Ebd., S. 41 f.
109 Vgl. ebd., S. 363.

(von Unterschicht über Mittelschicht bis Oberschicht) und Grundorientierung (von Tradition über Modernisierung/Individualisierung zu Neuorientierung) variieren. Die Sinus-Milieus sind nicht statisch, sondern werden fortlaufend an die gesellschaftlichen Veränderungen angepasst.[110] Einige Milieus verlaufen über Schichtgrenzen hinweg, während die Milieus generell keine festen Grenzen haben, sondern ineinander übergehen.[111]

Aus all diesen Gründen gibt es keine aktuelle systematische empirische Forschung über die Einstellungen der gesellschaftlichen Mitte, weshalb die Verwendung des Mitte-Begriffes mangels Lokalisierbarkeit der sozialen Mitte häufig wenig erhellend ist. Eine politische Mitte zu definieren, erscheint aus ähnlichen Gründen problematisch, zumal sie sich im Rahmen des gesellschaftlichen und politischen Wandels inhaltlich kaum festmachen lässt. Wo befindet sich z. B. die politische Mitte bei den Themen „Homo-Ehe" oder Atomkraft? Auch Mehrheiten für oder gegen eine politische Frage haben wenig Aussagekraft bezüglich einer politischen Mitte. Ähnlich verhält es sich mit der Parteiwahl. Wo würden Nichtwähler eingeordnet?

5 Empirische Befunde

5.1 Islamistische Einstellungen

Anzahl und Qualität der Studien zu extremistischen Einstellungen unterscheiden sich stark nach der Extremismusform. Zum Islamismus existieren nur wenige Analysen, von denen wenige quantitativ angelegt sind.[112] Repräsentative Studien zu Islamismus und islamistischen Einstellungen sind uns bisher nicht bekannt, nicht zuletzt aufgrund des finanziellen und organisatorischen Aufwandes, der mit einer repräsentativen Zufallsstichprobe der muslimischen Bevölkerung in Deutschland einherginge. Zudem herrscht bisher kein Konsens über die Items zur Messung islamistischer Einstellungen, weshalb die bislang vorliegenden quantitativen Studien nur bedingt vergleichbar sind.[113] Manche Untersuchungen beziehen sich nicht auf Islamismus, sondern befassen sich mit religiösem Fundamentalismus[114], der jedoch in engem Zusammenhang zum Islamismus steht. Qualitative Studien zu diesem Thema beziehen sich häufig auf Ju-

---

110 Vgl. ebd., S. 431.
111 Vgl. ebd., S. 427–436.
112 Siehe z. B. Wilhelm Heitmeyer/Joachim Müller/Helmut Schröder, Verlockender Fundamentalismus, Frankfurt a. M. 1997; Katrin Brettfeld/Peter Wetzels, Muslime in Deutschland. Integration, Integrationsbarrieren Religion sowie Einstellungen zu Demokratie, Rechtsstaat und politisch-religiös motivierter Gewalt. Ergebnisse von Befragungen im Rahmen einer multizentrischen Studie in städtischen Lebensräumen, Hamburg 2007; Wolfgang Frindte/Klaus Boehnke/Henry Kreikenbom/Wolfgang Wagner, Lebenswelten junger Muslime in Deutschland, Berlin 2011; Dirk Halm/Martina Sauer, Lebenswelten deutscher Muslime, Gütersloh 2015.
113 Auf die jüngste (nicht repräsentative) Studie zu Muslimen in Deutschland – „Lebenswelten deutscher Muslime" der Bertelsmann Stiftung – wird im Folgenden nicht eingegangen. Die Anzahl der abgefragten antidemokratischen Einstellungen ist sehr gering. Zudem wird die Ausprägung dieser Einstellungen nur für religiöse und sehr religiöse Sunniten berichtet. Dabei handelt es sich lediglich um 85 Personen, die zusätzlich noch danach unterteilt werden, wie häufig sie ihre religiösen Einstellungen hinterfragen. Vgl. Halm/Sauer (Anm. 112), S. 29.
114 Siehe z. B. Detlef Pollack/Olaf Müller/Gergely Rosta/Anna Dieler, Integration und Religion aus der Sicht von Türkeistämmigen in Deutschland, Münster 2016.

gendliche.[115] Aufgrund des Untersuchungsdesigns lassen sie keine Rückschlüsse auf die Verbreitung islamistischer Einstellungen in der Gesellschaft zu.

Eine der ersten quantitativen Befragungsstudien zum Islamismus legten 1997 Heitmeyer, Müller und Schröder vor.[116] Fragestellungen und Antwortmuster unterscheiden sich deutlich von denen späterer Studien. Wie bei den meisten anderen Analysen sind die Ergebnisse nicht repräsentativ für die gesamte (muslimische) Bevölkerung, da in 63 Schulklassen in Nordrhein-Westfalen Jugendliche türkischer Herkunft befragt wurden. Die Jugendlichen zeigten eine wenig kritische Einstellung zum Islam und hielten ihn seinerzeit für universell gültig, nicht reformierbar und anderen Religionen überlegen. Zudem fühlten sie sich auserkoren, den Islam zu verbreiten.[117] Gleichzeitig sagte aber die Hälfte der Befragten von sich, an Gott zu glauben, ohne streng religiös zu sein; 16,7 Prozent gaben an, auf ihre eigene Weise religiös zu sein. Lediglich ein Viertel bezeichnete sich als gläubig und den Lehren des Islam folgend.[118] Zugleich sahen viele den Islam durch Christen und Juden bedroht.[119] „Islamzentrierte Überlegenheitsansprüche"[120] waren weit verbreitet. Insgesamt wurden vier Items zum Themenkomplex „religiös fundierte Gewaltbereitschaft" erhoben. Je nach Item befürworteten zwischen 23,2 Prozent und 35,7 Prozent der Jugendlichen religiös fundierte Gewalt.[121] Auch geopolitische Ausweitungsansprüche hielten – je nach Aussage – 31,4 Prozent bis zu 43,4 Prozent für gut.[122]

Erst zehn Jahre später, im Jahr 2007 folgte die nächste größere Studie, und zwar im Auftrag des Bundesministeriums des Innern. Katrin Brettfeld und Peter Wetzels kombinierten in dieser umfangreichen Studie qualitative und quantitative Methoden.[123] Wir werden uns im Folgenden auf die Ergebnisse der quantitativen, nicht repräsentativen Befragung der erwachsenen muslimischen Wohnbevölkerung beschränken[124], da es sich um eine der umfangreichsten Studien zum Thema handelt. In dieser Befragung wurden unter anderem fundamentale Orientierungen, Einstellungen zum Islam und zu westlichen Gesellschaften, zu Demokratie und Rechtsstaat sowie zu politisch-religiös motivierter Gewalt erhoben. Dabei zeigte eine Minderheit von 6,1 Prozent eine sehr hohe fundamentale religiöse Orientierung. Bei 21,6 Prozent waren fundamentale Orientierungen „eher hoch" ausgeprägt.[125] Über die Hälfte der Befragten wertete demgegenüber den Islam auf und christliche/westliche Gesellschaften ab. Zwischen beidem stellten die Autoren einen Zusammenhang her: Mit steigender Aufwertung des Islam nehme

---

115 Siehe z. B. Hasan Alacacioglu, Deutsche Heimat Islam, Münster 2000; Viola Neu, Jugendliche und Islamismus in Deutschland. Auswertung einer qualitativen Studie, Sankt Augustin/Berlin 2011.
116 Heitmeyer/Müller/Schröder (Anm. 112).
117 Vgl. ebd., S. 122 f. An dieser Stelle sei aber darauf hingewiesen, dass die Items, mit denen diese Einstellungen gemessen wurden, zum großen Teil mehrdimensional und daher mit Vorsicht zu interpretieren sind.
118 Vgl. ebd., S. 119.
119 Vgl. ebd., S. 124.
120 Ebd., S. 127. Auch hier sind manche Items mehrdimensional. Zudem werden einige Items für mehrere theoretische Konzepte herangezogen – sie wiederholen sich in der Analyse.
121 Vgl. ebd., S. 129 f. Die Kategorien „stimme voll zu" und „stimme zu" wurden zusammengefasst.
122 Vgl. ebd., S. 181. Die Kategorien „trifft ganz genau zu" und „trifft zu" wurden zusammengefasst.
123 Brettfeld/Wetzels (Anm. 112).
124 Zusätzlich wurden eine Schülerbefragung, eine Studierendenbefragung sowie qualitative Interviews mit erwachsenen Muslimen durchgeführt. Die Befragung der muslimischen erwachsenen Wohnbevölkerung fand in West-Berlin, Hamburg, Köln und Augsburg statt. Befragt wurden 1.000 Muslime. Vgl. ebd., S. 70.
125 Ebd., S. 119.

auch die Abwertung der Anderen zu.[126] Besonders aufschlussreich sind die Befunde zu den Einstellungen zu Demokratie und Rechtsstaat. Zwar äußerten die Befragten eine sehr hohe Zustimmung zum Demonstrationsrecht (89,3 Prozent[127]) und zur freien Meinungsäußerung von Minderheiten (95,6 Prozent). Zugleich lehnte die Mehrheit ein Verbot von Streiks und Demonstrationen ab (79,8 Prozent[128]). Zwei Drittel zeigten sich offen dafür, Zeitungen und Fernsehen staatlich zu kontrollieren (65,5 Prozent[129]). Für fast die Hälfte der befragten Muslime war die Befolgung ihrer Religion wichtiger als Demokratie. Zusätzlich befürwortete ein Drittel die Todesstrafe und fast 50 Prozent waren der Meinung, Demokratie führe zu Kriminalität. Der Prügelstrafe stimmte dagegen nur eine Minderheit zu.[130] Werden die Einzelaussagen zu einem Index verbunden, ergibt sich eine Skala der Demokratiedistanz. Lediglich 9,9 Prozent der muslimischen Befragten wiesen demnach eine hohe Demokratiedistanz auf.[131] Auf dieser Grundlage ermittelten die Autoren eine „Risikogruppe, bei der hohe Anteile ein problematisches Verhältnis zu Demokratie und Rechtsstaatlichkeit aufweisen"[132]. Diese Risikogruppe erwies sich als eher männlich, berichtete überdurchschnittlich häufig, schweren Diskriminierungen ausgesetzt zu sein, forderte mit Blick auf das Thema Integration Akzeptanz oder eine stärkere Segregation und war überdurchschnittlich fundamental orientiert.[133] Infolge der Skalenbildung war die Fallzahl so gering, dass die Autoren auf die absoluten Zahlen eingingen und nur zur Vollständigkeit die Prozentwerte berichteten. Insgesamt wurden lediglich 52 Befragte (5,4 Prozent) „als Personen mit einer Affinität zu islamistischen Haltungen klassifiziert"[134], wobei Gewaltbereitschaft nicht berücksichtigt wurde. Vielmehr untersuchten die Autoren die Zustimmung zu politisch-religiös motivierter Gewalt separat. Mit 38,3 Prozent war die Bereitschaft relativ hoch, Muslime mit Gewalt gegen die Bedrohung durch den Westen zu verteidigen. Ebenfalls glaubten recht viele Befragte (44,3 Prozent), dass im Kampf gestorbene Muslime in das Paradies kommen. Allerdings rechtfertigte nur eine Minderheit körperliche Gewalt gegen Ungläubige (7,6 Prozent) sowie zur Verbreitung des Islam (5,5 Prozent).[135]

Terroristische Gewalt fand ebenfalls kaum Zustimmung unter den Befragten. Über 90 Prozent lehnten Selbstmordattentate als feige ab, sahen terroristische Handlungen als Sünde an, verurteilten die Aufforderung zu Selbstmordattentaten und lehnten das Töten anderer Menschen im Namen Allahs ab.[136] Die Autoren bildeten auch hier eine Skala aus den einzelnen Aussagen. Danach wiesen lediglich 57 Personen (5,9 Prozent) eine hohe Neigung zu politisch-religiös motivierter Gewalt auf.[137] Werden alle Einstellungen miteinander kombiniert, ergeben sich 135

---

126 Vgl. ebd., S. 120 f.
127 Der Prozentwert bezieht sich auf den Anteil der Befragten, der mit „stimme eher zu" oder „stimme völlig zu" geantwortet hat.
128 Der Prozentwert bezieht sich auf den Anteil der Befragten, der mit „stimme eher nicht zu" oder „stimme gar nicht zu" geantwortet hat.
129 Der Prozentwert bezieht sich auf den Anteil der Befragten, der mit „stimme eher zu" oder „stimme völlig zu" geantwortet hat.
130 Vgl. ebd., S. 141.
131 Vgl. ebd., S. 143.
132 Ebd., S. 158.
133 Vgl. ebd., S. 159, Tabelle 3.
134 Ebd., S. 170.
135 Vgl. ebd., S. 176.
136 Vgl. ebd., S. 177.
137 Vgl. ebd., S. 178.

Personen (13,9 Prozent), die als „hoch demokratiedistant und/oder in hohem Maße politisch-religiös motivierte Gewalt legitimierend" bezeichnet werden können. Sie stellen mithin „das Potential derer [dar], bei denen eine gewisse Nähe zu einer auch religiös konnotierten Radikalisierung angenommen werden kann"[138]. Mit 86,1 Prozent wurde dagegen die überwiegende Mehrheit der Befragten von den Autoren als unproblematisch eingestuft.

Eine weitere vom Innenministerium in Auftrag gegebene Studie zu den „Lebenswelten junger Muslime in Deutschland" erkundet mittels qualitativer und quantitativer Methoden die in Deutschland lebenden Muslime zwischen 14 und 32 Jahren.[139] Der quantitative Teil umfasst eine telefonische Befragung deutscher Nichtmuslime, deutscher Muslime und nichtdeutscher Muslime. Lediglich die Stichprobe der deutschen Nichtmuslime ist repräsentativ. Die Stichproben der Muslime wurden mittels onomastischer Verfahren gezogen und sind somit nicht repräsentativ. Onomastische Stichprobenziehungen sind in der Migrationsforschung weit verbreitet und greifen auf die Erkenntnisse der Namensforschung zurück.[140] Dabei wird für jede zu untersuchende Nationalität in der Regel mithilfe eines Namenslexikons eine eigene Namensliste erstellt, die dann mit den Telefonbucheinträgen abgeglichen wird. Daneben wurden Mehrgenerationenfallstudien, Fokusgruppen und Medienberichtsanalysen durchgeführt sowie Internetforen ausgewertet.[141] Diese qualitativen Bestandteile bleiben an dieser Stelle ausgespart. Im quantitativen Bereich wurden sechs Dimensionen der Radikalisierung untersucht:

– Vorurteile gegenüber dem Westen,
– Vorurteile gegenüber Juden (Antisemitismus/Antizionismus),
– religiöser Fundamentalismus,
– negative Emotionen gegenüber dem Umgang des Westens mit der islamischen Welt,
– Demokratiedistanz und
– die Akzeptanz ideologisch fundierter Gruppengewalt.[142]

Da die Autoren kaum relative Häufigkeiten berichten, sondern Mittelwerte vergleichen, werden im Folgenden Unterschiede zwischen den Gruppen aufgezeigt, ohne absolute Werte zu nennen. Deutsche und nichtdeutsche Muslime äußern mehr Vorurteile gegenüber dem Westen und gegenüber Juden als deutsche Nichtmuslime.[143] Religiöser Fundamentalismus ist unter den nichtdeutschen Muslimen am stärksten ausgeprägt. Danach folgen die deutschen Muslime. Unter deutschen Nichtmuslimen ist religiöser Fundamentalismus am geringsten verbreitet.[144] Bei den negativen Emotionen gegenüber dem Umgang der westlichen Welt mit dem Islam wurden vier Emotionen erhoben: Trauer, Wut, Angst und Hass. Mit Blick auf Angst gibt es kaum Unterschiede zwischen den Teilgruppen; anders als bei Wut und Trauer: Deutsche Nichtmuslime geben sich weniger wütend und weniger traurig als deutsche Muslime und nichtdeutsche Muslime. Hass wiederum ist am stärksten unter nichtdeutschen Muslimen verbreitet, gefolgt

---

138 Vgl. ebd., S. 185.
139 Vgl. Frindte/Boehnke/Kreikenbom/Wagner (Anm. 112).
140 Vgl. Andreas Humpert/Klaus Schneiderheinze, Stichprobenziehung für telefonische Zuwandererumfragen. Einsatzmöglichkeiten der Namensforschung, in: ZUMA-Nachrichten 23 (2000), H. 47, S. 36–64.
141 Vgl. Frindte/Boehnke/Kreikenbom/Wagner (Anm. 112), S. 106.
142 Vgl. ebd., S. 120.
143 Vgl. ebd., S. 215–250.
144 Vgl. ebd., S. 251.

von deutschen Muslimen; deutsche Nichtmuslime bilden das Schlusslicht. Über alle Gruppen hinweg ist Trauer gegenüber dem Umgang der westlichen Welt mit dem Islam das dominierende Gefühl. Danach folgen Wut und Angst. Hass spielt die geringste Rolle.[145]

Bei der Demokratiedistanz ist die Gesamtskala nicht reliabel, sodass die Ergebnisse für die Einzelitems berichtet werden. Der Aussage „Jeder Mensch sollte das Recht haben, für seine Überzeugungen auf die Straße zu gehen" stimmen ähnlich viele deutsche Nichtmuslime und deutsche Muslime zu. Nichtdeutsche Muslime weisen dagegen höhere (rekodierte) Ablehnungswerte auf. Die Aussage, „der Staat sollte Zeitungen und Fernsehen kontrollieren, um Moral und Ordnung sicherzustellen", stößt unter deutschen Nichtmuslimen auf eine stärkere Ablehnung als unter deutschen und nichtdeutschen Muslimen. Keine Unterschiede zeigen sich hingegen beim Statement, „unsere demokratische Verfassung hat ja sicherlich ihre Schwächen, sie ist jedoch, verglichen mit allen anderen, immer noch die beste politische Ordnung, die man sich vorstellen kann" (rekodiert). Als viertes Item für Demokratiedistanz wurde die Aussage verwendet: „Die Befolgung der Gebote meiner Religion ist für mich wichtiger als die Gesetze des Staates, in dem ich lebe". Hier zeigen nichtdeutsche Muslime die prononcierteste Demokratiedistanz.[146]

Nicht nur die Demokratiedistanz-, sondern auch die Gewaltskala („Akzeptanz ideologischer Gruppengewalt") ist nicht reliabel. Daher im Folgenden die zugehörigen Items: In den Augen vieler deutscher wie nichtdeutscher Muslime rechtfertigt die „Bedrohung der islamischen Welt durch den Westen […], dass Muslime sich mit Gewalt verteidigen". Anders sehen das – wenig überraschend – deutsche Nichtmuslime. Die Aussage „Kein Mensch ist berechtigt, im Namen seines Gottes andere Menschen zu töten" wird nur von einer sehr kleinen Minderheit abgelehnt – über alle drei Gruppen hinweg.[147]

Nicht weniger aufschlussreich als die deskriptiven Analysen sind die Zusammenhänge zwischen verschiedenen Meinungen, Einstellungen und Werten: Für die Teilgruppe der deutschen Muslime ergeben Kausalanalysen, dass Demokratiedistanz verstärkt wird durch traditionelle Religiosität, autoritäre Einstellungen, eine traditionelle Wertorientierung und ein gruppenbezogenes Diskriminierungsgefühl. Religiöser Fundamentalismus wird bei den deutschen Muslimen durch traditionelle Religiosität vergrößert. Ihre Gewaltakzeptanz wiederum erfährt durch autoritäre Einstellungen und ein gruppenbezogenes Diskriminierungsgefühl Nahrung.[148]

Die Kausalanalysen in der Gruppe der nichtdeutschen Muslime zeigen weitere Zusammenhänge. Deren Demokratiedistanz verstärkt sich ausweislich der Daten infolge traditioneller Religiosität, autoritärer Einstellungen, der Wertorientierungen Macht und Tradition sowie eines gruppenbezogenen Diskriminierungsgefühls. Religiöser Fundamentalismus hat wiederum eine Ursache in traditioneller Religiosität, autoritären Einstellungen und gruppenbezogener Diskriminierung. Antiwestliche Vorurteile und negative Gefühle gegenüber dem Umgang des Westens mit dem Islam stehen in engem Zusammenhang mit autoritären Einstellungen sowie gruppen-

---

145 Vgl. ebd., S. 252–256.
146 Vgl. ebd., S. 257–263.
147 Vgl. ebd., S. 263–268.
148 Vgl. ebd., S. 311–316.

bezogener Diskriminierung. Vorurteile gegenüber Juden wiederum werden durch autoritäre Einstellungen verstärkt, während die Gewaltakzeptanz nichtdeutscher Muslime mit der Zunahme autoritärer Einstellungen ebenfalls steigt, mit zunehmender individueller Erfolgsorientierung dagegen sinkt.[149]

Eine qualitative Studie aus dem Jahr 2011 ergänzt das Bild der Studien von Brettfeld und Wetzels sowie Frindte et al. Dabei wurden 38 Interviews mit muslimischen Jungen und Mädchen im Alter von 14 bis 20 Jahren durchgeführt.[150] Darin äußern die Jugendlichen Verschwörungstheorien zum 11. September 2001, indem sie die USA als eigentlichen Urheber der Anschläge ausmachen. Sie sind kritisch gegenüber den USA und gegenüber Israel eingestellt, sogar eine gewisse Judenfeindlichkeit wird in einigen Interviews deutlich. Zudem überhöhen manche Befragte den Islam so stark, dass sie Absolutheitsansprüche vertreten, obwohl die meisten Jugendlichen kein differenziertes Islam-Bild besitzen. Zugleich stoßen Terroristen auf keinerlei Verständnis, da diese keine echten Muslime seien. Eine besondere Bedeutung besitzt ein weit verbreitetes Gefühl der kollektiven Diskriminierung. Auch wenn die Jugendlichen nicht selbst diskriminiert wurden, halten sie Muslime insgesamt für diskriminiert.[151]

Vertieft werden die Befunde durch eine weitere quantitative Studie aus dem Jahr 2016 zum Thema Integration und Religion, die auch das Thema religiöser Fundamentalismus anschneidet.[152] Allerdings untersucht die Studie nicht alle in Deutschland lebenden Muslime, sondern lediglich Türkeistämmige in Deutschland. Diese werden zu ihrer Zustimmung oder Ablehnung zu folgenden Items befragt:

– „Die Befolgung der Gebote meiner Religion ist für mich wichtiger als die Gesetze des Staates, in dem ich lebe."
– „Muslime sollten die Rückkehr zu einer Gesellschaftsordnung wie zu Zeiten des Propheten Mohammeds anstreben."
– „Es gibt nur eine wahre Religion."
– „Nur der Islam ist in der Lage, die Probleme unserer Zeit zu lösen."

Aus diesen Aussagen resultiert ein Gesamtindex, auf dessen Grundlage jedoch nur eine Minderheit als religiös-fundamentalistisch bezeichnet werden kann: 13 Prozent aller Türkeistämmigen stimmen allen vier Aussagen stark oder eher zu. In der ersten Generation liegt der Anteil mit 18 Prozent doppelt so hoch wie in der zweiten und dritten Generation (9 Prozent).[153] Neben religiösem Fundamentalismus untersucht die Studie die Gewaltakzeptanz der Türkeistämmigen mit folgenden Items:

– „Die Bedrohung des Islam durch die westliche Welt rechtfertigt, dass Muslime sich mit Gewalt verteidigen."
– „Gewalt ist gerechtfertigt, wenn es um die Verbreitung und Durchsetzung des Islam geht."

---

149 Vgl. ebd., S. 314 f.
150 Neu (Anm. 115), S. 14.
151 Vgl. ebd., S. 26 ff.
152 Vgl. Pollack/Müller/Rosta/Dieler (Anm. 114).
153 Vgl. ebd., S. 14.

Die Zustimmung zu Gewaltanwendung zur Verteidigung fällt deutlich höher aus (20 Prozent) als die Zustimmung zu Gewaltanwendung zur Verbreitung des Islam (7 Prozent). Die erste Generation befürwortet Gewalt stärker als die zweite und dritte Generation.[154]

Insgesamt zeigen sich im Bereich des Islamismus Zusammenhänge mit der Glaubensintensität, Einstellungen zur Demokratie und Viktimisierungserfahrungen oder -gefühlen. Doch finden sich auch hier – ähnlich wie im Feld der empirischen Extremismusforschung – noch viele Lücken. Neuere Studien von Peter R. Neumann zu den Biographien islamistischer Terroristen könnten instruktive Impulse für die Einstellungsforschung liefern.[155]

5.2 Rechtsextreme Einstellungen

Der Rechtsextremismus in Deutschland ist insgesamt gut erforscht. Vor allem die Wahl einschlägiger Parteien war und ist Gegenstand unzähliger Untersuchungen, obwohl diese Formationen in der Bundesrepublik – verglichen mit anderen Ländern – eine eher geringe politische Rolle spielen. Ob das auf rechtsextremistische Einstellungen ebenso zutrifft, ist ausweislich zahlreicher Studien, die sich unterschiedlicher Messinstrumente bedienen und demnach zu unterschiedlichen gesellschaftlichen Rechtsextremismuspotentialen gelangen, strittig. Da häufig unterschiedliche Fragestellungen und unterschiedliche Grenzwerte zugrunde liegen, sind die Ergebnisse meist nur bedingt miteinander vergleichbar. Eine der ersten empirischen Studien zur Verbreitung rechtsextremistischer Einstellungen erschien 1981 vom Sinus-Institut.[156] Die Forscher entwickelten eine Rechtsextremismus-Einstellungsskala, bestehend aus folgenden Items:

- „Wir sollten wieder einen Führer haben, der Deutschland zum Wohle aller mit starker Hand regiert."
- „Die nationalen Kräfte werden heute in der Bundesrepublik unterdrückt."
- „Dass bei uns heute alles drunter und drüber geht, verdanken wir den Amerikanern."
- „Wenn es so weitergeht, steht unserem Volk schon bald eine ungeheure Katastrophe bevor."
- „Das Mitspracherecht der Gewerkschaften in der Wirtschaft sollte ausgebaut werden (negative Polung)."
- „Der heutige Staat ist kein Beschützer der Volksgemeinschaft mehr."
- „Abtreibung sollte streng bestraft werden, weil wir in Deutschland dringend mehr Kinder brauchen."
- „Der Nationalsozialismus hat dem deutschen Volk von Anfang an geschadet (negative Polung)."
- „Parteien und Gewerkschaften schaden dem Allgemeinwohl."
- „Wir sollten wieder eine einzige starke Partei haben, die wirklich die Interessen aller Schichten unseres Volkes vertritt."

---

154 Vgl. ebd., S. 15.
155 Siehe z. B. Peter R. Neumann, Der Terror ist unter uns: Dschihadismus, Radikalisierung und Terrorismus in Europa, Berlin 2016.
156 Siehe Sinus-Institut (Anm. 25).

- „Man sollte sich endlich damit abfinden, dass es zwei deutsche Staaten gibt (negative Polung)."
- „Die Bonner Politiker betreiben den Ausverkauf der deutschen Interessen."
- „Wir sollten streng darauf achten, dass wir das Deutschtum rein erhalten und Völkermischung unterbinden."
- „Die Bundesregierung ist eine Marionettenregierung von Amerikas Gnaden."
- „Der Einfluss von Juden und Freimaurern auf unser Land ist auch heute groß."
- „Was uns fehlt, ist wieder eine echte Volksgemeinschaft, also weder Kommunismus noch Kapitalismus."
- „Unser Volk wird durch die linken Journalisten in Rundfunk und Fernsehen systematisch irregeführt."
- „Nicht nur unsere Umwelt, sondern auch unsere Rasse muss reinerhalten werden."
- „Der Verrat des deutschen Widerstands war schuld an unserer militärischen Niederlage im Zweiten Weltkrieg."
- „Es ist richtig, dass man den Kriegsdienst verweigern kann (negative Polung)."
- „Wenn man vom Krieg absieht, hatte es Deutschland unter Hitler eigentlich besser als heute."
- „Gäbe es bei uns wieder Arbeitslager, kämen Zucht und Ordnung von allein."
- „Homosexualität ist widernatürlich und sollte streng bestraft werden."[157]

Der Studie zufolge zählen im Jahr 1981 „13 % der Wahlbevölkerung zum rechtsextremen Einstellungspotential"[158]. Zusätzlich stellt die Studie fest, dass „insgesamt rund 6 % der Wahlbevölkerung rechtsextremistische Gewalttaten im Grunde billigen"[159].

Die nächste größere Bestandsaufnahme nahm 1994 Jürgen W. Falter vor[160], der die Wähler rechtsextremer Parteien, besonders den Einfluss rechtsextremistischer Einstellungen auf das Wahlverhalten, unter die Lupe nahm. Er legte seinerzeit großen Wert auf die Feststellung, der ausgewiesene Anteil an Personen mit rechtsextremem Weltbild hänge entscheidend davon ab, wie man folgende Frage für sich beantwortet[161]: Wie vielen Aussagen auf einer Rechtsextremismusskala muss ein Befragter zustimmen, um als rechtsextrem zu gelten? Er selbst setzte einen strengen Maßstab an, sprach erst dann von einem geschlossenen rechtsextremistischen Weltbild, wenn „mindestens neun von zehn Fragen der Skala von einer Person stark positiv beantwortet werden"[162]. Auf dieser Grundlage war lediglich etwa vier Prozent der Bevölkerung ein geschlossenes rechtsextremistisches Weltbild zu attestieren.[163] Der Berliner Politikwissenschaftler Richard Stöss wiederum legte in seiner Studie aus dem Jahr 2005 – über zehn Jahre waren nach Falters Auswertung vergangen – dem Rechtsextremismus sechs Dimensionen zugrunde:

---

157 Ebd., S. 69 f.
158 Ebd., S. 78.
159 Ebd., S. 83.
160 Jürgen W. Falter (in Zusammenarbeit mit Markus Klein), Wer wählt rechts? Die Wähler und Anhänger rechtsextremistischer Parteien im vereinigten Deutschland, München 1994.
161 Vgl. ebd., S. 151.
162 Ebd., S. 138.
163 Vgl. ebd., S. 150.

- Befürwortung einer rechtsautoritären Diktatur,
- Chauvinismus,
- Ausländerfeindlichkeit,
- Antisemitismus,
- Sozialdarwinismus und
- Verharmlosung des Nationalsozialismus.[164]

Jede Dimension misst er mit einem einzelnen Item:
- „Andere Völker mögen Wichtiges vollbracht haben, an deutsche Leistungen reicht das aber nicht heran."
- „Es gibt wertvolles und unwertes Leben."
- „Auch heute noch ist der Einfluss der Juden zu groß."
- „Wenn Arbeitsplätze knapp werden, sollte man die Ausländer/innen wieder in ihre Heimat zurückschicken."
- „Wir sollten einen Führer haben, der Deutschland zum Wohle aller mit starker Hand regiert."
- „Der Nationalsozialismus hatte auch seine guten Seiten."[165]

Anhand dieser Aussagen ergab sich ein rechtsextremistisches Einstellungspotential von zwölf Prozent und für 2008 von zehn Prozent.[166] Dem lagen – anders als bei den „Mitte-Studien" – zwar nur die zustimmenden Antworten („stimme völlig zu" und „stimme eher zu") zugrunde; gleichwohl kam Stöss hier zu einem deutlich höheren Rechtsextremismusanteil als Falter seinerzeit. Dabei steche überraschenderweise der Westen Deutschlands durch ein höheres Potential hervor. Besonders betroffen seien Ältere, die Unterschicht und einfache Arbeiter – und zwar aus dem ländlichen Raum. Dabei sei das Einstellungsmuster als Mechanismus zur Bewältigung individueller Probleme (soziale Desintegration, relative Deprivation etc.) zu sehen. Es liefert Orientierung, ein positives Selbstbild und Risikobewältigung.

Eine weitere Quelle für Daten zum gesellschaftlichen Rechtsextremismuspotential ist die bereits zitierte „Mitte"-Reihe. Die zugehörigen Studien, seit 2006 herausgegeben von der Friedrich-Ebert-Stiftung, erheben seit 2002 das Ausmaß rechtsextremistischer Einstellungen in Deutschland. Sie arbeiten mit denselben Dimensionen wie Stöss, ordnen aber jeder Dimension drei Items zu. In der ersten Studie ermitteln sie ein Potential von 9,7 Prozent.[167] Die Studien von 2002 bis 2012 wurden von einer Leipziger Forschergruppe um Elmar Brähler und Oliver Decker durchgeführt. Ab 2014 gingen die Stiftung und die Forschergruppe jedoch getrennte Wege, sodass nunmehr parallel zwei Mitte-Studien mit identischen Items, aber variierenden Rechtsextremismus-Werten erscheinen: Die Leipziger Forscher, von denen die Mitte-Studien von 2002 bis 2012 stammen, haben 2014 eine Studie in Alleinverantwortung und 2016 eine Studie in Kooperation mit der Rosa-Luxemburg-, der Heinrich-Böll- und der Otto-Brenner-

---

164 Vgl. Richard Stöss, Rechtsextremismus im Wandel, Berlin 2010, S. 57 f.
165 Ebd., S. 58 f.
166 Vgl. ebd., S. 65.
167 Vgl. Decker/Kiess/Brähler, 2014 (Anm. 45), S. 48 sowie Andreas Zick/Anna Klein, Rechtsextreme Einstellungen in einer fragilen Mitte, in: dies. (Anm. 42), S. 46.

Stiftung veröffentlicht.[168] Die Friedrich-Ebert-Stiftung ging 2014 und 2016 eine Kooperation mit einer Bielefelder Forschergruppe um Andreas Zick ein, die – zusätzlich zum Rechtsextremismus – das Konzept der Gruppenbezogenen Menschenfeindlichkeit untersuchen.[169] Beide Untersuchungen – die Leipziger und die Bielefelder – verzeichnen zwischen 2012 und 2014, unabhängig von kleineren Differenzen, einen erheblichen Rückgang rechtsextremer Einstellungen in der Bevölkerung.

2016 vermeldet die Leipziger Studie wieder leichte Anstiege in der Zustimmung zu einer rechtsautoritären Diktatur, zu chauvinistischen, ausländerfeindlichen und sozialdarwinistischen Aussagen. Die Veränderungen liegen jedoch jeweils bei unter fünf Prozentpunkten und sollten daher nicht inhaltlich interpretiert werden. In den Dimensionen Antisemitismus und Verharmlosung des Nationalsozialismus hat sich die Zustimmung nicht verändert (< 0,5 Prozentpunkte Differenz).[170] Insgesamt kommen die Leipziger auf 5,4 Prozent rechtsextremistisches Einstellungspotential, 0,3 Prozentpunkte weniger als 2014.[171]

Tabelle V.1: Rechtsextreme Einstellungen in der Bevölkerung (in Prozent)

	Leipziger Studie 2016	Bielefelder Studie 2016
Rechtsextremistische Einstellungen	5,4	2,8
Befürwortung einer rechtsautoritären Diktatur	5,0	3,6
Chauvinismus	16,7	12,5
Ausländerfeindlichkeit	20,4	7,7
Antisemitismus	4,8	2,4
Sozialdarwinismus	3,4	2,0
Verharmlosung des Nationalsozialismus	2,1	2,0

Bielefelder Studie: Andreas Zick/Beate Küpper/Daniela Krause, Gespaltene Mitte – Feindselige Zustände. Rechtsextreme Einstellungen in Deutschland 2016, Bonn 2016.
Leipziger Studie: Oliver Decker/Johannes Kiess/Elmar Brähler, Die enthemmte Mitte. Autoritäre und rechtsextreme Einstellung in Deutschland, Leipzig 2016, S. 37 f.

Auch die Bielefelder Studie kann 2016 keinen erneuten Anstieg rechtsextremistischer Einstellungen feststellen. Hier sind die Werte – ähnlich wie bei den Leipzigern – im Vergleich zu 2014 nahezu unverändert geblieben.[172] Statt 5,4 Prozent kommen die Bielefelder jedoch nur auf 2,8 Prozent.[173] Die unterschiedlichen Niveaus könnten an den Erhebungsmethoden liegen. Für die Leipziger Studie wurden – wie schon 2002 bis 2012 – die Interviews face-to-face mithilfe von Selbstausfüllerfragebögen durchgeführt. Nach dem eigenständigen Ausfüllen des Fragebogens konnte dieser von den Befragten in einen Umschlag gesteckt und verschlossen werden.[174] Dadurch war maximale Anonymität gesichert. Die Bielefelder hingegen führten die Interviews te-

---

168 Vgl. Decker/Kiess/Brähler, 2016 (Anm. 45); dies., 2014 (Anm. 45).
169 Vgl. Andreas Zick/Beate Küpper/Daniela Krause, Gespaltene Mitte – Feindselige Zustände. Rechtsextreme Einstellungen in Deutschland 2016, Bonn 2016; Zick/Klein (Anm. 42).
170 Vgl. Decker/Kiess/Brähler, 2016 (Anm. 45), S. 43–48.
171 Vgl. ebd., S. 48.
172 Vgl. Zick/Küpper/Krause (Anm. 169), S. 138.
173 Vgl. ebd., S. 139.
174 Vgl. Decker/Kiess/Brähler 2014 (Anm. 45), S. 28 f.

lefonisch durch.[175] Die Anwesenheit eines Interviewers, der die Antworten registriert, kann zu einem stärkeren sozial erwünschten Antwortverhalten führen, wodurch es zu einer geringeren Zustimmung etwa zu ausländerfeindlichen Aussagen kommen kann als bei dem PAPI (Paper And Pencil Interview) der Leipziger Studie.

In der Bielefelder Studie werden 2014 und 2016 zusätzlich die Daten der Gruppenbezogenen Menschenfeindlichkeit weitergeschrieben (vgl. Tabelle 2). Auch die Leipziger Studie 2016 erfasst einen Teil der Dimensionen der Gruppenbezogenen Menschenfeindlichkeit, jedoch nicht alle, weshalb ein Vergleich schwierig ist. In der Bielefelder Studie ist die Zustimmung zu einigen Aussagen nahezu unverändert im Vergleich zur letzten Erhebung in 2014. Antisemitismus und die Abwertung von Menschen mit Behinderung sind sogar leicht zurückgegangen. Einzig die Abwertung Asylsuchender ist leicht angestiegen von 44,3 Prozent im Jahre 2014 auf 49,5 Prozent im Jahre 2016.[176]

Tabelle V.2: Gruppenbezogene Menschenfeindlichkeit 2015 (in Prozent)

Fremdenfeindlichkeit	19,0
Rassismus	8,7
Antisemitismus	5,8
Etabliertenvorrechte	38,8
Sexismus	8,7
Muslimfeindlichkeit	18,3
Abwertung homosexueller Menschen	9,7
Abwertung obdachloser Menschen	18,0
Abwertung behinderter Menschen	1,8
Abwertung langzeitarbeitsloser Menschen	49,3
Abwertung von Sinti und Roma	24,9
Abwertung asylsuchender Menschen	49,5

Quelle: Andreas Zick/Beate Küpper/Daniela Krause, Gespaltene Mitte – Feindselige Zustände. Rechtsextreme Einstellungen in Deutschland 2016, Bonn 2016, S. 50 f.

Beim Antisemitismus differenzieren die Forscher im Jahr 2014 zwischen klassischem Antisemitismus, sekundärem Antisemitismus, israelbezogenem Antisemitismus, NS-vergleichender Israelkritik und israelkritischen Einstellungen.[177] Die Zustimmung zum klassischen Antisemitismus hat sich zwischen 2004 und 2014 nicht nennenswert verändert, befindet sich aber im Vergleich zu den anderen Dimensionen mit 15,3 und 18 Prozent auf dem niedrigsten Niveau. Dagegen ist die Zustimmung zu allen anderen Dimensionen deutlich zurückgegangen. Je nach Aussage beträgt der Rückgang zwischen elf und 28 Prozentpunkten.[178] 2016 wird neben dem klassischen Antisemitismus auch sekundärer und israelbezogener Antisemitismus erhoben, al-

---

175 Vgl. Eva Groß, Untersuchungsanlage, Methodik und Stichprobe der Analysen, in: Zick/Klein (Anm. 42), S. 24.
176 Vgl. Zick/Küpper/Krause (Anm. 169), S. 50 f.
177 Vgl. Eva Groß (Anm. 175), S. 70 f.
178 Dennoch stimmen mit 20 bis 68 Prozent zum Teil noch recht viele Befragte den Aussagen zu. Das mag bei der ein oder anderen Aussage auch an der fragwürdigen Inhaltsvalidität der Frageformulierung liegen.

lerdings etwas anders als 2014, sodass ein valider Vergleich der Dimensionen über die Zeit nicht möglich ist. Lediglich bei einem von drei Items zeigt sich ein Anstieg in der Zustimmung.[179]

So unterschiedlich die Befunde zur Verbreitung von Rechtsextremismus ausfallen, so ähnlich sind sie bei der Ursachenanalyse. Personen mit einer niedrigen formalen Bildung gelten als überdurchschnittlich anfällig für rechtsextreme Einstellungen.[180] Das gilt besonders für die Dimensionen Chauvinismus, Ausländerfeindlichkeit und Antisemitismus.[181] Zudem neigen überwiegend ältere Befragte über 60[182] bzw. 65[183] Jahren zu verstärktem Rechtsextremismus, in manchen Untersuchungen sind auch die Jüngeren unter 30 Jahren anfälliger für Chauvinismus[184] und Gruppenbezogene Menschenfeindlichkeit[185] als die Befragten zwischen 31 und 60 Jahren. In der Leipziger Studie von 2014 zeigt sich dagegen kein Alterseffekt.[186]

Die meisten Studien können entgegen der Untersuchungen zum rechtsextremistischen Wahlverhalten keine Geschlechterunterschiede feststellen.[187] Nur eine Analyse aus dem Jahr 2010, die mehrere Variablen gleichzeitig berücksichtigt, ergibt eine stärkere Rechtsextremismus-Neigung unter Männern als unter Frauen.[188] Auch in den Exit-Polls neigen Männer stärker zur Wahl rechtsextremer Parteien. So oder so: Einstellungen und (Wahl-)Verhalten stimmen nicht zwangsläufig überein. Unter den sozialen Gruppen neigen Arbeitslose[189], Arbeiter[190], Facharbeiter und Rentner verstärkt zu rechtsextremistischen Einstellungen.[191] Dagegen finden sich keine einheitlichen Unterschiede zwischen den Konfessionen. In der Sinus-Studie und in einer Untersuchung von Falter gibt es keine bedeutsamen Unterschiede zwischen Katholiken, Protestanten und Konfessionslosen.[192] In der Mitte-Studie von 2012 neigen Protestanten und Konfessionslose stärker zu Ausländerfeindlichkeit als Katholiken. Konfessionslose weisen zudem höhere Zustimmungswerte zu Chauvinismus, Antisemitismus und Sozialdarwinismus auf als konfessionell gebundene Befragte.[193] 2014 stimmen hingegen nur die katholischen Befragten stärker ausländerfeindlichen Aussagen zu.[194] Komplexere Analysen zeigen, dass Nationalismus und Fremdenfeindlichkeit vor allem von kollektiver Desintegration sowie von Angst vor kollektiver Desintegration befördert werden. Individuelle Desintegration wirkt sich nur zum Teil

---

179 Vgl. Zick/Küpper/Krause (Anm. 169), S. 44 f.
180 Vgl. z. B. Decker/Weißmann/Kiess/Brähler (Anm. 45), S. 118; Falter (Anm. 37), S. 420 f.
181 Vgl. z. B. Decker/Kiess/Brähler, 2014 (Anm. 45), S. 38; Decker/Kiess/Brähler, 2012 (Anm. 45), S. 40.
182 Vgl. Sinus-Institut (Anm. 25), S. 87; Decker/Weißmann/Kiess/Brähler (Anm. 45), S. 118.
183 Vgl. Stöss (Anm. 164), S. 67.
184 Vgl. Zick/Klein (Anm. 42), S. 40.
185 Vgl. Anna Klein/Eva Groß/Andreas Zick, Menschenfeindliche Zustände, in: Ebd., S. 75.
186 Vgl. Decker/Kiess/Brähler, 2014 (Anm. 45), S. 40. Text und Tabelle stehen hier in einem Widerspruch. Die Autoren interpretieren Altersunterschiede, obwohl die Prozentpunktdifferenzen nur sehr gering sind. Wir erachten diese Unterschiede als zu gering. Lediglich die Ausländerfeindlichkeit liegt mit sechs Punkten Unterschied bei den Älteren leicht höher als bei den Jüngeren.
187 Vgl. Sinus-Institut (Anm. 25), S. 87; Falter (Anm. 37), S. 420; Decker/Kiess/Brähler, 2014 (Anm. 45), S. 39; Zick/Klein (Anm. 42), S. 38 f.; Klein/Groß/Zick (Anm. 185), S. 74.
188 Vgl. Decker/Weißmann/Kiess/Brähler (Anm. 45), S. 118.
189 Vor allem bei den Dimensionen Chauvinismus, Ausländerfeindlichkeit und Antisemitismus; vgl. Decker/Kiess/Brähler (Anm. 45), S. 40.
190 Vgl. Falter (Anm. 37), S. 420 f.
191 Letztgenannter mag an der höheren Anfälligkeit älterer Menschen liegen. Vgl. Stöss (Anm. 164), S. 68.
192 Vgl. Sinus-Institut (Anm. 25), S. 88 f.; Falter (Anm. 37), S. 420 f.
193 Vgl. Decker/Kiess/Brähler, 2012 (Anm. 45), S. 47.
194 Vgl. dies., 2014 (Anm. 45), S. 42.

direkt auf Nationalismus und Fremdenfeindlichkeit aus, stattdessen erhöht individuelle Desintegration die Angst vor kollektiver Desintegration.[195]

Doch wie steht es um die Frage des Rechtsextremismus in der Mitte der Gesellschaft? Trotz der skizzierten Schwierigkeiten bei der Operationalisierung der „Mitte" lassen sich Ergebnisse zu rechtsextremen Einstellungen in der sozialen sowie der politischen Mitte – gemessen anhand der Links-Rechts-Selbsteinstufung – heranziehen. Dabei zeigt sich, dass Rechtsextremismus kein besonders ausgeprägtes Phänomen der sozialen Mitte ist. Stöss misst ein rechtsextremistisches Einstellungspotential von 21 Prozent in der Unterschicht, 8 Prozent in der Mittelschicht und 4 Prozent in der Oberschicht.[196] Daraus schließt er, dass „sich Rechtsextremismus weithin (aber nicht durchgängig) als ein Unterschichtphänomen"[197] erweise. Ebenso stellt die Bielefelder Mitte-Studie für 2014 fest: „Die Zustimmung zum Rechtsextremismus ist in dieser [sozioökonomischen] Mitte am geringsten."[198] Demnach findet Chauvinismus in der Mittelschicht bei 10,4 Prozent der Befragten Zustimmung, in der Oberschicht bei 17,8 Prozent und in der Unterschicht bei 25,7 Prozent. Ausländerfeindlichkeit finde sich in der Mittelschicht bei 5,7 Prozent, in der Oberschicht bei 8,8 Prozent und in der Unterschicht bei 24,7 Prozent. Antisemitismus sei nur bei 2,8 Prozent der Mittelschicht, 2,2 Prozent der Oberschicht und 8,9 Prozent der Unterschicht vorhanden. Bei den anderen Dimensionen – Befürwortung einer rechtsautoritären Diktatur, Sozialdarwinismus und Verharmlosung des Nationalsozialismus – liegen die Prozentsatzdifferenzen zwischen den sozialen Schichten bei weniger als fünf Prozentpunkten.[199] In der Bielefelder Mitte-Studie von 2016 werden die Daten nicht mehr nach Schichten ausgewertet. Stattdessen werden die Einstellungen nach Einkommensgruppen aufgeschlüsselt. Die höchsten Werte rechtsextremistischer Einstellungen weisen Menschen mit niedrigem Einkommen auf. Mit steigendem Einkommen sinkt die Zustimmung zu rechtsextremistischen Aussagen.[200]

Auch bei der Verbreitung Gruppenbezogener Menschenfeindlichkeit im Jahr 2014 „zeigt sich – ähnlich wie bei rechtsextremen Einstellungen –, dass Personen, die sich in der mittleren Schicht verorten, am wenigsten feindselig sind"[201]. Im Jahr 2016 wird auch bei der Gruppenbezogenen Menschenfeindlichkeit nicht nach Schicht, sondern nach Einkommen differenziert. Analog zu den Befunden zu rechtsextremistischen Einstellungen sinkt die Gruppenbezogene Menschenfeindlichkeit mit steigendem Einkommen.[202] Am menschenfeindlichsten sind die Einkommensschwachen.

Die empirischen Befunde deuten demnach keineswegs darauf hin, Rechtsextremismus sei ein Phänomen der sozialen Mitte. Wenn die soziale Mitte kein Hort des Rechtsextremismus ist, vielleicht ist es dann die politische Mitte? Hier weisen die Ergebnisse ebenso in eine andere

---

195 Vgl. Susanne Rippl/Dirk Baier/Klaus Boehnke, Desintegration, Deprivation und die Erklärung rechtsextremer Einstellungen – Befunde zur EU-Osterweiterung, in: Wilhelm Heitmeyer/Peter Imbusch (Hrsg.), Desintegrationsdynamiken. Integrationsmechanismen auf dem Prüfstand, Wiesbaden 2012, S. 289–315.
196 Vgl. Stöss (Anm. 164), S. 69.
197 Ebd., S. 66.
198 Zick/Klein (Anm. 42), S. 41.
199 Vgl. ebd., S. 42, Tabelle 3.1.5.
200 Vgl. Zick/Küpper/Krause (Anm. 169), S. 134.
201 Klein/Groß/Zick (Anm. 185), S. 76.
202 Vgl. ebd., S. 60.

Richtung: „Unter Befragten, die sich selbst links verorten, sind rechtsextreme Einstellungen am wenigsten weit verbreitet, in der Mitte auf vergleichsweise mittlerem Niveau und unter Befragten, die sich selbst rechts verorten, am weitesten verbreitet."[203] Ähnlich verhält es sich bei Gruppenbezogener Menschenfeindlichkeit: „Unter Befragten, die sich links oder eher links der Mitte positionieren, ist GMF durchweg weniger verbreitet als unter Befragten, die sich ‚genau in der Mitte' sehen und deutlich weniger als bei jenen, die sich eher oder rechts der Mitte verorten."[204] Zum Teil stimmen Befragte, die sich politisch rechts verorten, einzelnen Dimensionen der Menschenfeindlichkeit um bis zu 30 Prozentpunkte mehr zu als Befragte, die sich in der politischen Mitte verorten.[205] Auch die politische Mitte ist demnach empirisch nicht in besonderem Maße von Rechtsextremismus und Gruppenbezogener Menschenfeindlichkeit betroffen.

5.3 Linksextreme Einstellungen

Die sozialwissenschaftliche Erforschung linksextremistischer Einstellungen ist deutlich schlechter entwickelt als die rechtsextremistischer Einstellungen. Eine 2015 erschienene Studie von Klaus Schroeder und Monika Deutz-Schroeder widmet sich dem Thema mithilfe einer eigens erstellten Umfrage.[206] Die Autoren messen linksextremistische Einstellungen anhand von fünf Dimensionen (Anti-Kapitalismus und Anti-Faschismus werden in der endgültigen Analyse zu einem Faktor zusammengefügt), die jeweils durch mehrere Aussagen repräsentiert sind:[207]

1) Anti-Kapitalismus/Anti-Faschismus:
    - „Der Kapitalismus führt zwangsläufig zu Armut und Hunger."
    - „Der Kapitalismus muss überwunden werden, um die Herrschaft einer kleinen Minderheit über die große Mehrheit abzuschaffen."
    - „Kapitalismus führt zwangsläufig zu kriegerischen Auseinandersetzungen."
    - „Ich sehe die Gefahr eines neuen Faschismus in Deutschland."
    - „Kapitalismus führt letztlich zu Faschismus."
2) Anti-Rassismus:
    - „Eine tief verwurzelte Ausländerfeindlichkeit lässt sich bei uns in Deutschland überall im Alltag beobachten."
    - „Die deutsche Ausländerpolitik ist rassistisch."
    - „Die deutsche Polizei ist auf dem rechten Auge blind."
3) Demokratiefeindlichkeit:
    - „Unsere Demokratie ist keine echte Demokratie, da die Wirtschaft und nicht die Wähler das Sagen haben."

---

203 Ebd., S. 135.
204 Ebd., S. 64.
205 Vgl. ebd., S. 63, Tabelle 3.8.
206 Vgl. Schroeder/Deutz-Schroeder (Anm. 57).
207 Vg. ebd., S. 582–590.

- „Die Lebensbedingungen werden durch Reformen nicht besser – wir brauchen eine Revolution."
- „In unserer Demokratie werden Kritiker schnell als Extremisten abgestempelt."
4) Kommunismusnahes Geschichtsbild/Ideologie:
- „Nur im Sozialismus/Kommunismus ist ein menschenwürdiges Leben möglich."
- „Der Sozialismus/Kommunismus ist eine gute Idee, die bisher nur schlecht ausgeführt wurde."
- „Die soziale Gleichheit aller Menschen ist wichtiger als die Freiheit des Einzelnen."

Insgesamt kommen die Autoren zu folgendem Ergebnis: „Auf Basis unserer Linksextremismusskala stufen wir 4 % der Befragten als Personen mit einem nahezu geschlossenen und weitere 13 % mit einem überwiegend linksextremen Welt- und Menschenbild ein. Insgesamt liegt das Potential für linksextreme Einstellungen derzeit bei 17 % der Bevölkerung der Bundesrepublik".[208] Der Anteil der Linksextremisten (geschlossenes plus überwiegend linksextremes Weltbild) nimmt mit steigendem Alter sowie höherer formaler Bildung ab. Frauen weisen häufiger linksextremistische Einstellungen auf als Männer. Bei den Einzeldimensionen (nur geschlossen linksextremes Weltbild) stimmen 14 Prozent demokratiefeindlichen Aussagen zu, zehn Prozent antikapitalistischen und -faschistischen Statements, neun Prozent werden als antirassistisch eingestuft und zwölf Prozent vertreten ein kommunismusnahes Geschichtsbild.[209]

Allerdings wurden rasch Zweifel an der Validität der Studie laut.[210] Kritik gab es an der Brauchbarkeit der Dimensionen und den damit verbundenen Items. Bei den Dimensionen Anti-Kapitalismus/Anti-Faschismus und Anti-Rassismus handele es sich nicht um „Auffassungen, die gegen die Normen und Regeln einer modernen Demokratie und offenen Gesellschaft gerichtet sind"[211]. Zudem fände man Demokratiefeindlichkeit auch im Bereich des Rechtsextremismus. Damit sei einzig ein kommunismusnahes Geschichtsbild/Ideologie ein „brauchbares und trennscharfes Kriterium"[212].

5.4 Vergleichende Untersuchungen

Die meisten Studien, die linksextreme Einstellungen messen, berücksichtigen ebenso rechtsextreme Einstellungen. Das trifft u. a. auf die erwähnte Studie Jürgen W. Falters zu. Dem daraus hervorgegangenen, vergleichenden Aufsatz zum politischen Extremismus fehlt jedoch die Linksextremismusskala aufgrund mangelnder Skalenqualität.[213] Einer der frühen Vorläufer

---

208 Ebd., S. 588.
209 Vgl. ebd., S. 587 f.; in einer weiteren Publikation von 2016 wurden die Ergebnisse derselben Befragung erneut dargestellt mit nur geringfügig erweiterten Auswertungskriterien. Vgl. Klaus Schroeder/Monika Deutz-Schroeder, Linksextreme Einstellungen und Feindbilder. Befragungen, Statistiken und Analysen, Frankfurt a. M. 2016.
210 Vgl. Armin Pfahl-Traughber, Klaus Schroeder/Monika Deutz-Schroeder. Gegen Staat und Kapital – für die Revolution! Linksextremismus in Deutschland – eine empirische Studie, in: Politische Vierteljahresschrift 56 (2015), S. 545–547.
211 Ebd., S. 547.
212 Ebd.
213 Vgl. Falter (Anm. 37), S. 406 f.

war die vergleichende Studie von Elisabeth Noelle-Neumann und Erp Ring aus dem Jahr 1984 zum Extremismus-Potential unter Jugendlichen.[214] Mithilfe einer Linksextremismusskala sowie einer Rechtsextremismusskala wurden 16- bis 25-Jährige auf ihre Einstellungen hin untersucht. Zusätzlich differenzieren die Autoren nach „aktiven" und „passiven" Extremisten, also Personen, die sich aktiv für ihre politischen Ziele einsetzen oder nicht. Das Potential unter den 16- bis 25-Jährigen verteilt sich wie folgt:

– Aktive Rechtsextremisten: 3,7 Prozent,
– passive Rechtsextremisten: 2,5 Prozent,
– rechte Demokraten: 23,1 Prozent,
– demokratische Mitte: 36,4 Prozent,
– linke Demokraten: 21,9 Prozent,
– passive Linksextremisten: 3,0 Prozent und
– aktive Linksextremisten: 9,4 Prozent.[215]

Das Potential an Linksextremisten war in den 1980er Jahren mithin etwa doppelt so hoch wie das der Rechtsextremisten. Da die Studie nicht nur auf einer repräsentativen Befragung, sondern auch auf qualitativen Daten wie Tiefeninterviews beruht, werden die Gruppen der aktiven Rechts- und aktiven Linksextremisten umfassend beschrieben. Junge aktive Rechtsextremisten seien eher männlich, berichteten häufiger, keine glückliche Kindheit gehabt zu haben, seien selbstbewusst, führungsstark und neigten zu Gewalt. Zudem seien sie gekennzeichnet durch Trotz und ein hohes Interesse an Technik, Sport und Wirtschaft.[216] Junge aktive Linksextremisten seien dagegen etwas höher gebildet, kämen häufiger aus zerrütteten Elternhäusern, hätten eine große Distanz zu den Eltern und ein großes Interesse an Kunst und Büchern.[217] Linksextremisten zeigten im Vergleich zu Rechtsextremisten eine größere Bereitschaft, Gewalt anzuwenden.[218] Gemeinsam sei beiden, dass sie häufig in Konflikte geraten, Hass auf Lehrer und Schule äußern, häufiger die Schule schwänzen und eine Klasse wiederholen müssen. Besonders männliche Extremisten mit Hauptschulabschluss hätten häufig Erfahrung mit dem Jugendgericht gemacht. Zudem seien sie enttäuscht vom Staat und von der Gesellschaft, berichteten von Schicksalsschlägen, seien pessimistisch und verfügten gleichzeitig über ein ausgeprägtes Interesse an Politik. Letzteres gelte aber nur für die aktiven Extremisten. Passiven Extremisten fehle es hingegen häufig an politischem Interesse.[219]

Auf die Studie von Neu aus dem Jahr 1997, die den Fokus auf die PDS und ihre Wähler legt, wurde bereits eingegangen.[220] Sie basiert auf einer Extremismusskala, „die eine links- und eine rechtsextremistische Ausprägung hat"[221]. Die Skala enthält folgende theoretisch hergeleiteten Dimensionen:

---

214 Vgl. Noelle-Neumann/Ring (Anm. 25).
215 Vgl. ebd., S. 42 f.
216 Vgl. ebd., S. 44 ff.
217 Vgl. ebd., S. 48 ff.
218 Vgl. ebd., S. 79 ff.
219 Vgl. ebd., S. 51 ff.
220 Vgl. Neu (Anm. 3).
221 Vgl. ebd., S. 220.

– Absolutheitsansprüche/Dogmatismus,
– Fanatismus/Aktivismus,
– Utopismus/Chiliasmus,
– Freund-Feind-Stereotype,
– Verschwörungstheorien,
– Ablehnung demokratischer Ordnung,
– *Dealignment*/Parteibindung,
– interne politische *efficacy*,
– externe politische *efficacy*,
– politischer Protest/Elitenkritik,
– Populismus,
– Autoritarismus/Antipluralismus,
– gesellschaftliche Dekadenz/Werteverfall,
– Modernisierungsverlierer,
– Staatsbürgerverständnis,
– DDR-Nostalgie und
– Wohlstandschauvinismus/Ethnozentrismus.[222]

Bei vielen der zu den Dimensionen gehörenden Items wiesen sowohl die Anhänger der Republikaner als auch die Anhänger der PDS überdurchschnittlich hohe Werte auf.[223] Den Anhängern beider Parteien war gemeinsam, dass sie das Fehlen einer Werteorientierung und einen zunehmenden Werteverfall bemängelten, Verschwörungstheorien anhingen, der Meinung waren, nur einen geringen politischen Einfluss zu besitzen und Elitenkritik wie Populismus zustimmten. Zudem stimmten beide Gruppen verstärkt Autoritarismus/Antipluralismus und Kapitalismuskritik zu, die ein Teil der Freund-Feind-Stereotype sind.[224] Unterschiede zwischen Anhängern von Republikanern und PDS fanden sich in der ideologischen Ausrichtung. Die Anhänger der PDS zeichneten sich durch ein „marxistisch-utopistisches Weltbild mit antikapitalistischer Ausrichtung" aus, während Anhänger der Republikaner über ein „autoritär-radikales Denken mit ethnozentrischer und sozialdarwinistischer Ausrichtung"[225] verfügten. Durch eine Faktorenanalyse verdichten sich die Dimensionen zu sieben Faktoren:

– Rechtsextremer Autoritarismus,
– linksextreme Anti-Demokratie,
– Elitenkritik/Verschwörungstheorie,
– Radikalismus/Aktivismus,
– Wertepessimismus,
– politische Entfremdung und
– Utopismus.[226]

---

222 Vgl. ebd., S. 227 ff.
223 Vgl. ebd., S. 231.
224 Vgl. ebd.
225 Ebd.
226 Vgl. ebd., S. 240.

Die Zustimmung zur Gesamtskala sowie zu den Teilskalen ohne Rechtsextremismus bzw. ohne Linksextremismus lag 1997 bei unter zehn Prozent. Unter den Extremisten waren Ostdeutsche, Frauen, Arbeiter, Angehörige der Arbeiterschicht, Arbeitslose, niedrig Gebildete und Konfessionslose überrepräsentiert.[227] Dies stimmt mit den Befunden zum Rechtsextremismus überein.

2007 wurde die Umfrage mit einer verkürzten Itemliste wiederholt. Dabei ergaben sich drei Faktoren: Linkspopulismus/Linksextremismus, Rechtspopulismus/Rechtsextremismus, demokratische Positionen.[228] Insgesamt offenbarte sich ein Rückgang der extremistischen und populistischen Potentiale von 1997 bis 2007. Im Jahr 2007 stimmten 16 Prozent der Befragten einer klassenlosen Gesellschaft zu. 15 Prozent meinten, unter bestimmten Umständen sei eine Diktatur die bessere Staatsform. Die Hälfte der Befragten war dagegen der Meinung, es gebe keine bessere Staatsform als die Demokratie, während ein Drittel Angst äußerte, zu den Verlierern zu gehören. Dass „die da oben" machen, was sie wollen, glaubten 38 Prozent der Befragten. 42 Prozent stimmten zu, Politik gehe zulasten der kleinen Leute. Gleichzeitig beklagte fast die Hälfte den Umgang mit sozial Schwachen. Verschwörungstheorien finden eine etwas geringere Zustimmung. Zwölf Prozent glaubten, die Reichen verhinderten eine gerechte Verteilung. Zugleich meinte jeder Zehnte, dass viele nicht wüssten, wie stark ihr Leben von geheimen Abmachungen bestimmt sei. Und neun Prozent machten das Großkapital für Arbeitslosigkeit verantwortlich. Lediglich sechs Prozent der Befragten meinten, Ausländer ruinierten Deutschland, wohingegen elf Prozent den Kapitalismus als Übel der Welt ausmachten.[229] Diejenigen, die eine Diktatur befürworteten, zeigten überdurchschnittliche Zustimmungswerte beim Utopismus, bei den Verschwörungstheorien und Freund-Feind-Stereotypen. Zugleich lehnten Diktaturbefürworter häufiger die Demokratie ab und neigten unterdurchschnittlich stark zu Populismus.[230] Abgedeckt ist davon die Zustimmung zu Verschwörungstheorien (z. B. „Die Reichen und Mächtigen verhindern, dass die Bürger ihren gerechten Anteil von dem bekommen, was sie erarbeitet haben.") und zur Aussage „Es ist beschämend, wie mit den sozial Schwachen in der Gesellschaft umgegangen wird." Insgesamt finden sich „Hinweise darauf, dass strukturelle Gemeinsamkeiten des Extremismus in Einstellungsstrukturen vorhanden sind".[231]

6 Gemeinsamkeiten und Unterschiede der Extremismen

Die empirische Extremismusforschung stellt die Dichotomie von Demokratie und Diktatur in den Fokus. In ihrem Selbstverständnis betreibt sie Demokratieforschung. Sie geht dabei mehreren Fragestellungen nach: Welche extremistischen Einstellungen gibt es, was sind die Ursachen für deren Entstehung, Entwicklung und Ausprägung? Wer sind die Träger dieser Einstellungen? Allerdings geht die Messung extremistischer Einstellungen mit einer Reihe von Problemen

---

227 Vgl. ebd., S. 246 ff.
228 Vgl. Viola Neu, Rechts- und Linksextremismus in Deutschland. Wahlverhalten und Einstellungen, Sankt Augustin/Berlin 2009, S. 56.
229 Vgl. ebd., S. 61–71.
230 Vgl. ebd., S. 69 f.
231 Ebd., S. 69.

einher.[232] Nach der klassischen normativen (Minimal-)Definition gilt Extremismus als Ablehnung von Demokratie.[233] Demnach wird er als Sammelbezeichnung für „unterschiedliche politische Gesinnungen und Bestrebungen [verstanden], die sich der Ablehnung des demokratischen Verfassungsstaates und seiner fundamentalen Werte und Spielregeln einig wissen"[234]. So einfach sich die Definition liest, so ambitioniert ist die Umsetzung in ein sozialwissenschaftliches Projekt. Welche Dimensionen und konkreten Inhalte dem jeweiligen Extremismus zugeschrieben werden, konnte noch nicht zufriedenstellend und verbindlich erarbeitet werden. Dies gilt gleichermaßen für die Rechtsextremismusforschung[235] wie für die größere Defizite aufweisende Linksextremismusforschung und die noch in den Kinderschuhen steckende religiöse Fundamentalismusforschung (Islamismus). Es gibt somit in der Extremismusforschung bislang keine allgemein akzeptierte Skala bzw. Fragebatterie. Es fehlt sogar an einem Konsens über die inhaltlichen Dimensionen, die für die jeweilige Extremismusform konstitutiv sind. Die Ergebnisse variieren überdies zusätzlich infolge der Auswahl und Formulierung der Interviewfragen. Hinzu kommen uneinheitliche Messverfahren: unterschiedliche Skalenlängen sowie Antwortvorgaben mit und ohne mittlere/neutrale Antwortkategorie.

Auch in der Auswertung der Daten bestehen erhebliche Spielräume. Ob ein Forscher nur die erste Antwortkategorie (z. B. „stimme voll und ganz" zu oder der entsprechende Skalenpunkt auf einer nummerierten Skala) oder noch weitere hinzunimmt, verändert das Ergebnis beträchtlich. Es kann so weit reichen, dass sich entweder nur bei einer absoluten Minderheit extremistische Einstellungen finden oder die Gesellschaft mehrheitlich als extremistisch gilt.[236]

Dennoch zeigen sowohl die theoretische als auch empirische Forschung, dass es Dimensionen gibt, die allen Extremismen gemein sind: Von Verschwörungstheorien über die Suche nach ewigen Wahrheiten, die Immunisierung des eigenen Denkens gegenüber der Realität, das Denken in Gut-Schlecht-, Falsch-Wahr- und Freund-Feind-Kategorien über die Bereitschaft zum Aktivismus bis hin zu politischer Gewalt und Terrorismus reicht das Spektrum der Momente, die bei allen Formen des Extremismus immer wieder auftauchen. Umso dringlicher ist die Erforschung der Ursachen extremistischen Denkens und Handelns, um präventive Maßnahmen ergreifen zu können – vor allem, da sie regelmäßig wiederkehren oder auch bleiben, wie gerade die jüngste Herausforderung durch den islamistischen Extremismus, aber auch durch den Rechtsextremismus und Linksextremismus zeigt. Während beim Islamismus gleich alle Andersdenkenden (darunter auch Muslime) zum Feind auserkoren sind, versucht der Rechtsextremismus verstärkt Muslime zu stigmatisieren und darüber Akzeptanz zu mobilisieren, während

---

232 Vgl. Neu (Anm. 3), S. 151–167.
233 Mittlerweile ist die Extremismusforschung auch von der Terminologie weithin etabliert. Vgl. das Streitgespräch zum Thema Linksextremismus zwischen Prof. Richard Stöss und Prof. Uwe Backes (Anm. 74), S. 291–318; Mathias Brodkorb, Kritik der Kritik – Über die missverstandene Extremismustheorie, in: ders. (Hrsg.), Extremistenjäger? Der Extremismusbegriff und der demokratische Verfassungsstaat, Banzkow 2011, S. 89–99.
234 Backes/Jesse (Anm. 2), S. 45.
235 Einige Kontroversen bei der Entwicklung von validen und reliablen Messinstrumenten sind dokumentiert in: Kreis (Anm. 31), S. 5. Die Einigung auf eine Rechtsextremismusskala erfolgte jedoch auch hier „mit Bauchschmerzen".
236 Vgl. Eckhard Jesse, Rechtsextremismus in Deutschland: Definition, Gewalt, Parteien, Einstellungen, in: Neue Kriminalpolitik 29 (2017), S. 15–35, insbes. S. 29 f.

sich der Linksextremismus gegen den Staat, seine Träger sowie „das Kapital" und (tatsächliche wie vermeintliche) Rechtsextremisten wendet.

7 Kommentierte Auswahlbibliographie

Brettfeld, Katrin/Peter Wetzels: Muslime in Deutschland. Integration, Integrationsbarrieren Religion sowie Einstellungen zu Demokratie, Rechtsstaat und politisch-religiös motivierter Gewalt. Ergebnisse von Befragungen im Rahmen einer multizentrischen Studie in städtischen Lebensräumen, Hamburg 2007 – Es handelt sich um eine umfangreiche Studie im Auftrag des Bundesministeriums des Innern, in der qualitative und quantitative Methoden kombiniert werden. Im Zentrum des Studieninteresses stehen Vorformen von Terrorismus, „vor allem ein auf der Einstellungsebene bestehender Resonanzboden, der die Entfaltung eines islamisch geprägten Extremismus begünstigen und ein Reservoir für entsprechende Organisationen und eine Rekrutierungsbasis für künftige Täter politisch motivierter Gewalthandlungen darstellen kann". Der quantitative Teil, in dem die erwachsene muslimische Wohnbevölkerung befragt wurde, ist nicht repräsentativ, gibt jedoch viele aufschlussreiche Einblicke. Die Autoren entwickeln neue Items für die Messung eines spezifischen islamistischen Extremismus, wodurch sie eine Replizierung und einen Vergleich durch andere Forscher ermöglichen. Zusätzlich wurden erwachsene Muslime in qualitativen Tiefeninterviews befragt, um tiefere Einblicke zu bekommen, als es durch quantitative Befragungen möglich ist.

Decker, Oliver/Elmar Brähler: Vom Rand zur Mitte. Rechtsextreme Einstellungen und ihre Einflussfaktoren in Deutschland, Berlin 2006; Decker, Oliver/Elmar Brähler: Bewegung in der Mitte. Rechtsextreme Einstellungen in Deutschland 2008, Berlin 2008; Decker, Oliver/Marliese Weißmann/Johannes Kiess/Elmar Brähler: Die Mitte in der Krise. Rechtsextreme Einstellungen in Deutschland 2010, Bonn 2010; Decker, Oliver/Johannes Kiess/Elmar Brähler: Die Mitte im Umbruch. Rechtsextreme Einstellungen in Deutschland 2012, Bonn 2012; Decker, Oliver/Johannes Kiess/Elmar Brähler: Die stabilisierte Mitte. Rechtsextreme Einstellungen in Deutschland 2014, Leipzig 2014; Decker, Oliver/Johannes Kiess/Elmar Brähler: Die enthemmte Mitte. Autoritäre und rechtsextreme Einstellung in Deutschland, Gießen 2016 – Die für die Rechtsextremismusskala dieser Studienreihe verwendeten Items basieren auf den Ergebnissen einer Expertenkonferenz. Trotzdem ist sowohl an den Inhalten der in den Studien verwendeten Items als auch an den Cutting-Points früh Kritik geübt worden. Um einen vergleichbaren Trend zu erhalten und Entwicklungen aufzuzeigen, ist die Beibehaltung der Frageformulierungen unabdingbar. Daher ziehen sich die Messprobleme der ersten Studie durch alle Ausgaben. Alternative Messmethoden wurden nicht entwickelt. Dadurch bieten die sogenannten Mitte-Studien eine lange Zeitreihe, die Veränderungen im Antwortverhalten nachvollziehbar machen.

Falter, Jürgen W.: Wer wählt rechts? Die Wähler und Anhänger rechtsextremistischer Parteien im vereinigten Deutschland, München 1994 – Die Studie beschäftigt sich zwar überwiegend mit Wählern und Wahlverhalten, umfasst aber auch eine Rechtsextremismusskala, die aus den Dimensionen Nationalstolz und Kollektivdenken, Diktatur und Nationalsozialismus sowie Antisemitismus und Ausländerfeindlichkeit besteht. Neben einer umfassenden Beschreibung der

Wähler rechtsextremer Parteien enthält die Studie eine erhellende Untersuchung des Einflusses rechtsextremistischer Einstellungen auf das Wahlverhalten. Dabei kommt Falter zu dem Schluss, 1994 seien unter den Wählern der Republikaner so gut wie keine nicht rechtsextrem denkenden Menschen gewesen. Zugleich reiche eine rechtsextreme Einstellung für die Wahl einer rechtsextremen Partei nicht aus, sondern es müssten Protestmotive hinzukommen: „Bei den Wählern der Republikaner von 1993 und 1994 handelt es sich mit hoher Wahrscheinlichkeit um rechtsextreme Protestwähler."

Frindte, Wolfgang/Klaus Boehnke/Henry Kreikenbom/Wolfgang Wagner: Lebenswelten junger Muslime in Deutschland, Berlin 2011 – Die ebenfalls vom Bundesministerium des Innern in Auftrag gegebene Studie kombiniert qualitative und quantitative Verfahren. Der Fokus liegt auf in Deutschland lebenden Muslimen zwischen 14 und 32 Jahren. Im quantitativen Teil werden deutsche Nichtmuslime, deutsche Muslime und nichtdeutsche Muslime telefonisch befragt. Lediglich die Stichprobe der deutschen Nichtmuslime ist repräsentativ. Untersucht werden Indikatoren für Integration sowie für radikale Einstellungen und gewaltbereite Handlungstendenzen. Dabei gibt es ein eigenes Unterkapitel zu religiösem Fundamentalismus. Im qualitativen Teil stehen die Lebenswelten der Muslime in Deutschland im Mittelpunkt. Auch hier wird auf religiöse Themen und Radikalisierungsprozesse Bezug genommen.

Heitmeyer, Wilhelm (Hrsg.): Deutsche Zustände, Band 1–10, Frankfurt a. M. 2002–2012 – Das in diesen Bänden verwendete Konzept der Gruppenbezogenen Menschenfeindlichkeit kann nur im weiteren Sinne der Extremismusforschung zugerechnet werden. Gruppenbezogene Menschenfeindlichkeit kann eine Dimension extremistischer Einstellungen sein, ist jedoch nicht mit (Rechts-)Extremismus gleichzusetzen. Ähnlich wie bei den Mitte-Studien liegt der große Mehrwert dieser Studienreihe in dem langen Untersuchungszeitraum. So sind im Hinblick auf die Indikatoren der Gruppenbezogenen Menschenfeindlichkeit langfristige Vergleiche und Entwicklungstendenzen nachvollziehbar. Allerdings wurde das Konzept im Laufe der Zeit erweitert und durch zusätzliche Indikatoren ergänzt, für die dann nur für einen Teil der gesamten Reihe Zahlen vorliegen.

Heitmeyer, Wilhelm/Joachim Müller/Helmut Schröder: Verlockender Fundamentalismus, Frankfurt a. M. 1997 – Es handelt sich um eine frühe, nicht repräsentative quantitative Studie zum Islamismus unter Jugendlichen türkischer Herkunft. Die Fragestellungen wie Antwortmuster weichen grundlegend von späteren Untersuchungen ab und wurden nicht mehr repliziert, sodass bisher keine Entwicklung dieser Einstellungen untersucht wurde. Da es sich um die erste empirische Studie im Bereich des religiösen Fundamentalismus handelt, gilt sie dennoch als grundlegend, auch wenn sich die Items in der Forschungswelt nicht durchgesetzt haben.

Neu, Viola: Das Janusgesicht der PDS. Wähler und Partei zwischen Demokratie und Extremismus, Baden-Baden 2004 – Dies ist eine der wenigen Studien, die sich mit Rechts- und Linksextremismus beschäftigt. Basierend auf der normativen Extremismustheorie werden Dimensionen gesucht, die allen Extremismen gemeinsam sind. Lediglich zur Abgrenzung der Extremismen werden spezifische Inhalte hinzugefügt. Damit geht diese Studie einen anderen Weg als frühere Ansätze, die Extremismus überwiegend inhaltlich definiert haben. Die in der Theorie bereits herausgearbeiteten strukturellen Gemeinsamkeiten der Extremismen lassen sich auch in den Einstellungen der Menschen finden.

Noelle-Neumann, Elisabeth/Erp Ring: Das Extremismus-Potential unter jungen Leuten in der Bundesrepublik Deutschland, Bonn 1984 – Der Band untersucht sowohl Rechts- als auch Linksextremismus. Dadurch können Unterschiede wie Gemeinsamkeiten von Rechts- und Linksextremisten herausgearbeitet werden. Zugleich wird empirisch zwischen Extremisten und Demokraten differenziert. Zudem werden quantitative und qualitative Methoden miteinander kombiniert: Tiefeninterviews ergänzen repräsentative Umfragen. Die Inhalte spiegeln die politischen Auseinandersetzungen der 1970er und 1980er Jahre wider und sind damit auch als ein Stück Zeitgeschichte interpretierbar. Zu den Gemeinsamkeiten der Extremismen zählen die Allensbacher u. a. Enttäuschung über Staat und Gesellschaft sowie eine ausgeprägte Streitkultur.

Deutz-Schroeder, Monika/Klaus Schroeder: Gegen Staat und Kapital – für die Revolution! Linksextremismus in Deutschland – eine empirische Studie, Frankfurt a. M. 2015; Deutz-Schroeder, Monika/Klaus Schroeder: Linksextreme Einstellungen und Feindbilder. Befragungen, Statistiken und Analysen, Frankfurt a. M. 2016 – In der 2016 erschienenen Studie gehen die Autoren weitgehend auf die Kritik ihres Buches von 2015 ein, wobei sie vor allem im linksextremen Milieu auf Ressentiments stößt. Die Autoren verfolgen die zentrale These, dass Versatzstücke des linksextremen Denkens in der Mehrheitsbevölkerung angekommen sind. Dies testen sie empirisch mit Items, die sie überwiegend aus der Lektüre einschlägiger Literatur entwickelt haben. Ob sie mit den Daten ihre zentrale These belegen können, hängt von der Interpretation des verwendeten Items ab. Einige dürften zwar innerhalb des Linksextremismus einen zentralen Stellenwert haben, doch lässt die Zustimmung zu den Items nicht automatisch Rückschlüsse auf ein linksextremes Weltbild der Befragten zu.

Sinus-Institut: 5 Millionen Deutsche: „Wir sollten wieder einen Führer haben...". Die Sinus-Studie über rechtsextremistische Einstellungen bei den Deutschen, Reinbek 1981 – Es handelt sich um eine der ersten empirischen Studien mit einer Extremismusskala. Einige Items findet man so oder fast wörtlich nach wie vor in der Forschung, die meisten Items wurden jedoch nicht wieder repliziert. Die Studie entwickelt insgesamt vier Skalen: autoritäre Einstellungsskala, rechtsextreme Einstellungsskala, Protestpotentialskala Rechtsextremismus, Skala regressive Öko-Leitbilder. Für die Entwicklung der Skalen wurde eine psychologische Vorstudie durchgeführt, um möglichst authentische Formulierungen für die Items zu erhalten.

Stöss, Richard: Rechtsextremismus im Wandel, 3. Aufl., Berlin 2010 – Stöss legt hiermit eine umfangreiche Überblickspublikation zum Thema Rechtsextremismus vor, die sich nur in einem kleinen Abschnitt mit rechtsextremistischen Einstellungen befasst. Dafür wird eine ausführliche Bestimmung des Begriffs „Rechtsextremismus" vorgenommen. Zudem kommen die Aspekte Inhalte, Ursachen, Wähler, Organisationen, Protestverhalten, Frauen und Rechtsextremismus sowie Rechtsextremismus in Europa zur Sprache. Die Studie liefert einen guten Überblick zum Rechtsextremismus.

Zick, Andreas/Beate Küpper/Daniela Krause: Gespaltene Mitte – Feindselige Zustände. Rechtsextreme Einstellungen in Deutschland 2016, Bonn 2016; Zick, Andreas/Anna Klein: Fragile Mitte – Feindselige Zustände. Rechtsextreme Einstellungen in Deutschland 2014, Bonn

2014 – Die Bielefelder Gruppe führt hiermit sowohl die Reihe „Deutsche Zustände" als auch die „Mitte-Studien" fort, in denen das Konzept der Gruppenbezogenen Menschenfeindlichkeit sowie die Rechtsextremismusskala der früheren Mitte-Studien verwendet werden. Analog zu den Mitte-Studien und der Reihe „Deutsche Zustände" bieten diese Fortführungen den Vorteil der langen Zeitreihe. Zusätzlich können für 2014 und 2016 jeweils die Studien dieser Reihe mit den Mitte-Studien von Brähler und Decker verglichen werden. Da beide Reihen methodisch unterschiedlich erhoben werden, liegen leicht differierende Ergebnisse im Bereich des Erwartbaren.

KAPITEL VI

URSACHEN FÜR POLITISCHEN EXTREMISMUS

Lazaros Miliopoulos

1 Fragen über Fragen

Wer nach den Ursachen von Extremismus sucht, dem stellt sich die Frage, wie sich extremistische Einstellungen (alternativ: Überzeugungen, Denkweisen, Weltbilder oder Weltanschauungen) einer Person herausbilden und welches extremistische Verhalten daraus resultiert. Dabei ist es unabdingbar, Einstellungen und Verhaltensweisen zu separieren und eine Vermischung, die zu irreführenden Ergebnissen führt, zu vermeiden.

Daran schließt eine Reihe von Folgefragen an: Sind Einstellungen und Verhaltensweisen ideologieübergreifend bestimmbar? Kann also die Rede sein von einem für Links- *und* Rechtsextremisten *sowie* Islamisten typischen Einstellungs- und Verhaltensprofil? Kann sodann von Ursachen im engeren Sinne des Wortes die Rede sein? Impliziert dies nicht ein direktes kausales Durchgreifen von Ursache und Wirkung und ist so ein enges Kausalitätsverhältnis überhaupt beobachtbar? Was muss an die Stelle treten, falls nicht?

Erst nachdem diese wichtigen begrifflichen und theoretischen Fragestellungen beantwortet werden (Kap. 2), ist es möglich, die wichtigsten Forschungsansätze nach ihrer allgemeinen Zuordnung (psychologisch-biographisch, sozioökonomisch und sozialpsychologisch, politisch, ideologisch, kulturell und religiös) vorzustellen und zu erörtern (Kap. 3–7). Am Ende steht ein Fazit, das auf die wichtigsten Forschungsdesiderata hinweist (Kap. 8).

2 Begriffliche und theoretische Fragen

2.1 Unterscheidung von Einstellungen und Verhaltensweisen

Eine Einstellung ist definiert als „ein mentaler und neutraler Bereitschaftszustand, der durch die Erfahrung strukturiert ist und einen steuernden und/oder dynamischen Einfluss auf die Reaktion eines Individuums gegenüber allen Objekten und Situationen hat"[1]. Extremistisches Verhalten wiederum umfasst mehrere Handlungsweisen: An einem Ende der Skala steht das „stille" Wahlverhalten, am anderen die politisch motivierte Gewalthandlung. Dazwischen sind das „zielgerichtete politische Verhalten" und das „Protestverhalten" anzusiedeln.[2]

---

[1] Vgl. Gordon W. Allport, Attitudes, in: Carl Murchison (Hrsg.), A Handbook of Social Psychology, 2. Aufl., Worchester/Massachusetts 1935, S. 810.
[2] Vgl. Richard Stöss, Forschungs- und Erklärungsansätze – ein Überblick, in: Wolfgang Kowalsky/Wolfgang Schroeder (Hrsg.), Rechtsextremismus. Einführung und Forschungsbilanz, Opladen 1994, S. 23–66.

Obwohl es keinen Automatismus zwischen Einstellungen und Verhalten gibt, sind extremistische Einstellungen erwiesenermaßen verhaltensrelevant.[3] Die Frage, „wann Einstellungen zu Gewalt führen sowie unter welchen Bedingungen Gewaltorientierungen zur [...] Gewalt ausarten"[4], ist allerdings nach wie vor ungeklärt. Eine ähnliche Problematik zeichnet sich beim „stillen" Wahlverhaltens ab, denn die Wahl einer entsprechenden Partei kann ein reines Protestverhalten abbilden, das abseits oder allenfalls in Kombination mit einer „extremistischen Einstellung" erfolgt.[5]

Diese Beobachtung lässt sich auf das Gewaltverhalten übertragen, das einer niedrigen Selbstkontrolle bzw. der jugendbewegten Lust an Provokation, Rebellion oder Abenteuer entspringen kann.[6] Zugleich mag Gewalt aus gruppendynamischen Prozessen (ganz ohne politische Motive) oder grundlegender Delinquenz, die sich gleichsam zufällig im extremistischen Milieu entlädt, hervorgehen. Gewaltverhalten ist mithin als reiner „Hooliganismus" im Sinne eines hedonistisch-vitalistischen Auslebens einer puren „Lust an der Gewalt" vorstellbar und kann auf einen triebgesteuerten Aggressionshaushalt, auf rein affektives Handeln, vielleicht gar auf „niedere Beweggründe", sadistische Veranlagungen und entsprechende charakterliche Dispositionen und externe Faktoren (Alkoholeinfluss, gruppendynamische Prozesse) zurückzuführen, vielleicht gar als „absolute Gewalt" verstehbar sein.[7] Die im Individuum beheimateten, potentiellen Ursachen sind schier unüberschaubar.

Das gilt umso mehr für den Rechtsextremismus. Hier wird zuweilen betont, dass die Gewalttäter – nahezu immer Männer – schlicht Wünsche nach (männlicher) Größe und damit einhergehende narzisstische Phantasien blind auslebten, während nicht-extremistische Männer diese Triebimpulse entweder verleugneten oder verdrängten, bestenfalls ehrlich reflektierten und konstruktiv sublimierten.[8] Der Grund für Gewalt liege also im blinden Ausagieren einer angeborenen, geschlechtsspezifischen Triebstruktur, das in rechtsextremen Szenen, aber eben nicht nur dort und nicht nur im *politisch*-delinquenten Raum möglich ist. In diesem Kontext spielen rechtsextreme Ideologien eine begünstigende oder ermöglichende, aber keine motivierende oder gar ursächliche Rolle. Und letzteres gilt erst recht für „rechtsextreme Einstellungen". So stellt sich die Frage, inwiefern bestimmte Verhaltensweisen im engeren Sinne des Wortes „politisch", d. h. „extremistisch" sind. An diesen Punkt spielen messbare Einstellungen die entschei-

---

3 Vgl. zuletzt Dirk Baier/Patrick Manzoni/Marie Christine Bergmann, Einflussfaktoren des politischen Extremismus im Jugendalter. Rechtsextremismus, Linksextremismus und islamischer Extremismus im Vergleich, in: Monatsschrift für Kriminologie und Strafrechtsreform 99 (2016), S. 171–198, hier S. 192.
4 Vgl. Michail Logvinov, Rechtsextreme Gewalt. Erklärungsansätze – Befunde – Kritik, Wiesbaden 2017, S. 41.
5 Vgl. den Beitrag von Tom Mannewitz in diesem Band.
6 Vgl. Klaus Wahl, Rechtsextreme und fremdenfeindliche Vorstellungen und Verhaltensweisen in Deutschland. Ergebnisse der Jugendforschung, in: Michael Minkenberg u. a. (Hrsg.), Radikale Rechte und Fremdenfeindlichkeit in Deutschland und Polen. Nationale und europäische Perspektiven, Bonn 2006, S. 152–169, hier S. 158; Clark McCauly/Sophia Moskalenko, Mechanismen der Radikalisierung von Gruppen und Individuen, in: Der Bürger im Staat 61 (2011), S. 219–224, hier S. 220 f.; Baier/Manzoni/Bergmann (Anm. 3), S. 184.
7 Vgl. Wolfgang Sofsky, Traktat über die Gewalt, Frankfurt a. M. 1996, S. 53; Trutz von Trotha (Hrsg.), Soziologie der Gewalt, Wiesbaden 1997; Bill Bufford, Geil auf Gewalt. Unter Hooligans, München 1992, S. 232–234; Heiner Keupp, Zivilgesellschaftliches Engagement – Das Rezept gegen Extremismus?, in: Kind-Jugend-Gesellschaft 46 (2000), S. 3–12, hier S. 4 f.
8 Vgl. Hans-Dieter König, Fasziniert vom Körper eines Neonazis. Soziologische und psychoanalytische Rekonstruktion einer Studentenbiographie, in: Peter Alheit u. a. (Hrsg.), Biographie und Leib, Gießen 1999, S. 264–286, hier S. 284; Uwe Backes u. a., Rechts motivierte Mehrfach- und Intensivtäter in Sachsen, Göttingen 2014, S. 290.

dende Rolle, denn an *ihnen* lässt sich ablesen, ob eine Handlung als extremistisch einzustufen ist.

An dieser Stelle kommt wiederum die Kritik an Indikatoren (Was muss vorliegen, damit von einer solchen Einstellung gesprochen werden kann?) und „Schwellenwerten" (Wie „viel" muss vorliegen?) für „extremistische Einstellungen" ins Spiel. Sie werden häufig nur im Rahmen *einer* bestimmten ideologischen Ausprägung definiert und operationalisiert (rechtsextrem, linksextrem, islamistisch/religiös-extrem). Sind extremistische Einstellungen ideologieübergreifend zu bestimmen, müssten nicht ideologische, sondern denktypische Strukturmerkmale erforscht werden.

Hierfür liefern Ansätze Anknüpfungspunkte, die auf der Grundlage eines ideengeschichtlich-phänomenologischen Verständnisses von „Totalitarismus" eine „totalitäre Denkungsart" als *den* Idealtypus einer „extremistischen Denkungsart"[9] ansehen.

Eine voll ausgebildete totalitäre Denkungsart bestünde demnach aus[10]

- einem holistischen Anspruch und einem ausgeprägten Freund-Feind-Denken,
- Utopismus und Integrismus, verbunden mit einer Totalkritik am Status quo,
- Fanatismus, Aktivismus und Mitleidslosigkeit,
- Egozentrik als Unfähigkeit zu innerer Selbstprüfung und als rein instrumentelle Haltung zu Mitmenschen,
- Konspirationsgläubigkeit,
- latentem oder manifestem Bellizismus, einem Denken also „im Zustand der Mobilmachung", in dem der „Kampf als inneres Erlebnis" fungiert und eine antibürgerliche Geisteshaltung vorherrscht sowie
- ggf. einem Wertepessimismus und einer politischen Entfremdung.

Daraus resultieren in programmatisch-ideologischer sowie sprachlich-inhaltlicher Hinsicht manichäische Konstruktionen zwischen dem absolut „Falschen" und dem absolut „Richtigen". In formalsprachlicher wie verhaltenstypischer Perspektive wird das Handeln aller kommunikativen Funktionen entledigt und durch liturgische Elemente politischer Religiosität ersetzt. Verhaltensdiagnostisch kann von den Konsequenzen einer sogenannten „Monoperzeptose" gesprochen werden. Damit ist „im nicht klinischen Sinn die Dominanz einer geschlossenen Vorstellungswelt" gemeint, „welche gegen Einwände immunisiert, sich durch überwertige Ideen auszeichnet und in Allmachtgefühle sowie gesteigerte Aggressivität münden kann"[11]. Vor al-

---

9 Vgl. vor allem Viola Neu, Rechts- und linksextreme Einstellungsmuster in Deutschland, in: Uwe Backes/Eckhard Jesse (Hrsg.), Gefährdungen der Freiheit. Extremistische Ideologien im Vergleich, Göttingen 2006, S. 223–252; dies., Jugendliche und Islamismus in Deutschland, St. Augustin 2011, S. 11 f.
10 Vgl. im Folgenden Lazaros Miliopoulos, Der Totalitarismusansatz nach 1990 – Bestandsaufnahme, Tendenzen, Forschungsperspektiven, in: Uwe Backes/Eckhard Jesse (Hrsg.), Jahrbuch Extremismus & Demokratie, Bd. 21, Baden-Baden 2009, S. 32–52.
11 Michail Logvinov, Salafismus, Radikalisierung und terroristische Gewalt. Erklärungsansätze – Befunde – Kritik, Wiesbaden 2017, S. 110. Der Begriff geht zurück auf Wolfgang de Boor, Terrorismus: Der „Wahn" der Gesunden, in: Hans-Dieter Schwind (Hrsg.), Ursachen des Terrorismus in der Bundesrepublik Deutschland, Berlin 1978, S. 122–153.

lem die Konzepte des „Dogmatismus" von Milton Rokeach und Hans-Jürgen Eysenck[12] bieten hierfür die gegenwärtig wichtigste empirische Grundlage. Darauf wird im Verlaufe des Beitrags näher einzugehen sein (vgl. Kapitel 3.2).

Eine *politisch* „extremistische Einstellung" muss auf dieser psychologischen Grundlage die Frage der politischen Unterstützung der Objekte eines freiheitlich-demokratischen Systems bzw. demokratischen Verfassungsstaates einschließen. Nach David Easton wird bekanntlich eine Abstufung zwischen der „politischen Gemeinschaft" (= politische Ziele, Werte und Normen des Regimes), dem „Regime" (= Institutionenstruktur) und den „Autoritäten" (= Handlungsträger, d. h. konkrete Institutionen und Personen) vorgenommen. Relevant für den Bereich extremistischer Einstellungen sind das „Regime" und die „politische Gemeinschaft".

2.2 Theoretische und konzeptionelle Probleme

Von „Ursachen des Extremismus" im engeren Sinne kann eigentlich keine Rede sein. Es gibt zwar Faktoren, die Extremismus begünstigen, aber keine direkte, deterministische Kausalbeziehung. Insofern ist die Frage nach den Ursachen eine, die eigentlich nicht weiter reichen kann als die Frage nach „Entstehungsfaktoren" – ihrerseits überaus reich an der Zahl und zudem auf der Makro-, der Meso- und der Mikroebene angesiedelt.

Makrosoziologische Faktoren alleine reichen nicht aus, um die Entstehung von Extremismus ausreichend zu erklären. Sie können vielleicht die *Stärke* eines gesamtgesellschaftlich oder kollektiv-politisch in Erscheinung tretenden Extremismus durch entsprechende Korrelationsanalysen erklären, aber gegen die Vorstellung, dass massenhafte Arbeitslosigkeit, fehlende Bildung, gesellschaftliche Individualisierung oder ähnliches *schlechthin* zum Extremismus führt, spricht die Fortexistenz eines extremistischen „Bodensatzes" in jeder Gesellschaft. Damit rücken u. a. Persönlichkeitsmerkmale als vorpolitische Faktoren in den Mittelpunkt, also etwa die Frage, ob bestimmte Personen stressresistent oder emotional stabil sind.[13]

Zuweilen wird eingewandt, ein spezifischer Begriff von „Rationalität" mache die Frage nach bestimmten Persönlichkeitsfaktoren obsolet. Bezogen auf den Terrorismus ist gar von einer „Rationalität" der „ultimativen Kommunikation" die Rede.[14] Extremistische, auch terroristische Handlungen wären demnach als eine Art Normalfall moderner Gesellschaften zu sehen, so der Gedankengang. Die Antwort auf die Frage, wer warum zum Extremisten wird, hätte bis

---

[12] Vgl. Milton Rokeach, The Open and the Closed Mind, New York 1960; Edward A. Shils, Authoritarianism: „Right" and „left", in: Richard Christie/Marie Jahoda (Hrsg.), Studies in the Scope and Method of „The Authoritarian Personality", Glencoe 1954, S. 24–49; Hans-Jürgen Eysenck, The Psychology of Politics, London 1954. Vgl. ferner Siegfried Schumann, Politische Einstellungen und Persönlichkeit, Frankfurt a. M. 1986; ders., Wahlverhalten und Persönlichkeit, Opladen 1990; ders., Persönlichkeitsbedingte Einstellungen zu Parteien. Der Einfluß von Persönlichkeitseigenschaften auf Einstellungen zu politischen Parteien, München/Wien 2001. Schumann operationalisiert rigides Denken mit der sogenannten ASKO-Skala. ASKO steht für „Affinität zu stabilen sozialen Strukturen". Die Skala besteht aus neun Items, die Gegensatzpaare abbilden, z. B. „neue, bisher unbekannte Dinge" versus „bekannte Dinge" auf die Frage, was den Befragten spontan sympathischer ist.
[13] Vgl. Wahl (Anm. 6), S. 154.
[14] Vgl. Klaus P. Japp, Zur Soziologie des fundamentalistischen Terrorismus, in: Soziale Systeme 9 (2003), S. 54–87, hier S. 73 f.

zu einem gewissen Grad Kontingenzcharakter. Psychologische Zugänge werden aus diesem Blickwinkel häufig überschätzt.[15]

„Normalen" moralischen Erwägungen oder spezifisch normativen Verständnissen entspricht die in Rede stehende Rationalität jedoch nicht.[16] Wichtiger noch scheint, dass „Rationalität" als erklärende Variable höchst umstritten ist. Vor allem im Falle des Islamismus wird angenommen, dass die Motive weniger „rationaler" denn „irrationaler" Natur seien, weil sie in einer nur transzendent-religiös erfahrbaren und sakramental ausagierten „politischen Apokalyptik" wurzeln und insofern stark von exogenen (hier religiös-kulturellen) Traditionen abhängig sind (vgl. Kap. 7). Auf der Mikroebene sind dann z. B. religionspsychologische Zugänge vonnöten.[17]

Inzwischen finden auch hirnphysiologische Erkenntnisse Beachtung, die kognitionsorientierte Erklärungsmuster für *jegliches* gesellschaftliche Verhalten fragwürdig erscheinen lassen. Stattdessen sei „vom Primat der Affekte und Emotionen *vor* den Kognitionen" auszugehen.[18] Das heißt zwar nicht, dass geistige Lerninhalte keine Rolle spielen – allerdings beschränkt sich deren Wirkung darauf, in spezifischer Weise auf Emotionen „zurück[zu]wirken".[19]

So oder so: Es gibt mehrere „Typen" von Extremisten. Die Terrorismusforschung nimmt – zumindest teilweise – an, dass Extremisten sich von „rationalen" Kosten- und Nutzenkalkülen leiten lassen, je weiter oben sie in den Hierarchien einer Organisation angesiedelt sind. Vielen Studien mangelt es jedoch schlicht an fallkontrastiven Samples, d. h. es werden keine Biographie- oder Extremisten-Typen (Kriminelle, Mitläufer, Aktivisten, Ideologen) ausdifferenziert.[20] Ansätze dazu sind vorhanden,[21] nur werden sie bisher nicht genutzt.

---

15 Vgl. Heinrich-W. Krumheide, Ursachen des Terrorismus, in: Peter Waldmann (Hrsg.), Determinanten des Terrorismus, Weilerswist 2004, S. 29–84, hier S. 35 und 65 f.; Marc Sageman, Understanding Terror Networks, Philadelphia 2004, S. 119 f.; Peter Waldmann (Hrsg.), Beruf: Terrorist. Lebensläufe im Hintergrund, München 1993; ders., Terrorismus. Provokation der Macht, München 1998; Bruce Hoffman, Inside Terrorism, New York 1998, S. 8; Daniel Witte, Terrorismus und Rationalität. Zur Rational-Choice-Analyse des 11. September, Münster 2005; Bruno S. Frey, Terrorism from the Rational Choice Point of View, in: Andreas Diekmann u. a. (Hrsg.), Rational Choice. Theoretische Analysen und empirische Resultate, Wiesbaden 2008, S. 211–222; Martha Crenshaw, The Causes of Terrorism, in: Comparative Politics 13 (1981), S. 379–399; dies., The Logic of Terrorism. Terrorist Behaviour as a Product of Strategic Choice, in: Walter Reich (Hrsg.), Origins of Terrorism. Psychologies, Ideologies, Theologies, States of Mind, Washington D.C. 1998, S. 7–24.
16 Vgl. Krumheide (Anm. 15), S. 73.
17 Vgl. Hoffman (Anm. 15), S. 94; Marc Juergensmeyer, Terror in the Mind of God. The Global Rise of Religious Violence, Berkeley u. a. 2000; Victor und Victoria Trimondi, Krieg der Religionen. Politik, Glaube und Terror im Zeichen der Apokalypse, München 2006.
18 Wahl (Anm. 6), S. 156 (mit weiteren Verweisen); vgl. ferner ders., Kritik der soziologischen Vernunft. Sondierungen zu einer Tiefensoziologie, Weilerswist 2000.
19 Vgl. Wahl (Anm. 6), S. 164.
20 Vgl. Logvinov (Anm. 10), S. 107.
21 Vgl. neuerdings vor allem Peter R. Neumann, Die neuen Dschihadisten. IS, Europa und die nächste Welle des Terrorismus, Berlin 2015. Vgl. ferner Mitchell D. Silber/Arvin Bhatt (New York City Police Department), Radicalization in the West. The Homegrown Threat, New York 2007, S. 16–18; Roel Meijer, Introduction, in: ders. (Hrsg.), Global Salafism. Islam's New Religious Movement, New York 2009, S. 1–32; Heinz Steinert, Sozialstrukturelle Bedingungen des „linken Terrorismus" der 70er Jahre, in: ders./Fritz Sack, Protest und Reaktion. Analysen zum Terrorismus. Band 4, Opladen 1984, S. 388–601; Iring Fetscher, Ursachen und Anlässe des bundesdeutschen Terrorismus, in: ders., Terrorismus und Reaktion, Reinbek 1981, S. 13–33, hier S. 29.

Auf Persönlichkeitsmerkmalen basierende Erklärungsansätze rekurrieren auf sozialisations-, bindungstheoretische sowie kriminalpsychologische Erkenntnisse.[22] Allerdings wird die Frage, ob die politische Sozialisation von bestimmten Vorprägungen im Kindes- oder Jugendalter abhängt[23] und bis zu welchem Grad sie in den genannten Lebensphasen abgeschlossen ist[24], uneinheitlich beantwortet.

Weitgehend unumstritten scheint hingegen zu sein, dass Persönlichkeitsmerkmale nicht etwas (bloß) Angeborenes, Statisches, Naturgegebenes sind, sondern vom individuellen Mikrosystem abhängen. Dieses besteht aus Personen, aber auch aus lebensräumlich-physikalischen Eigenschaften: dem Elternhaus, Freunden und Cliquen, Erziehern, Lehrern, Mitschülern und Kollegen, gegebenenfalls Geistlichen, aber auch der Beschaffenheit von Schul- und Berufsplatzräumlichkeiten sowie religiöser Stätten.

Die im Mittelpunkt eines Mikrosystems stehende Person interagiert darüber hinaus mit anderen Mikrosystemen; etwa über Kontakte mit Freunden, Gruppen, Cliquen, Vereinen und Organisationen. Insoweit kann von einer „mittleren Ebene" gesprochen werden.

Das gesamte Mikrosystem einer Person korreliert mit (exoterischen und esoterischen) Makroebenen, d. h. mit Prozessen der gesellschaftlichen wie politischen Eingliederung. Die exoterische Ebene zielt auf die Integration durch Inkorporation in Institutionen der Bildung und Verwaltung (Kindertagesstätten, Schulen, ggf. Kirchen, Behörden wie Einwanderungs- oder Arbeitsämter, Ausbildungsstätten, Einrichtungen der Wirtschafts- und Finanzwelt), aber auch durch Medieneinfluss und -nutzung. Die esoterische Makroebene umfasst einerseits kulturelle Verankerungen, die sich gesamtgesellschaftlich niederschlagen, andererseits Ideologien.[25]

Summa summarum: Bei der Entstehung von Extremismus wirkt eine Vielzahl von Einflusskanälen zusammen und gegeneinander. Diese Kanäle liegen auf der Mikro-, Meso- und der (exoterischen wie esoterischen) Makroebene. Jedwede Ergründung von „Ursachen" des Extremismus kann nur und muss mithin die Gestalt einer Mehr-Ebenen-Erklärung annehmen.

3 Psychologisch-biographische Faktoren

3.1 Persönlichkeitsmerkmale

Die Frage nach persönlichkeitsbedingten Extremismusursachen ruft das Problem hervor, wie ein möglichst scharfes Persönlichkeitsprofil extremistischer Akteure überhaupt *ideologieübergreifend* aussieht. Das schon etwas eingestaubte Autoritarismuskonzept Theodor W. Ador-

---

22 Vgl. Travis Hirschi, Causes of Delinquency, Berkeley 1969; Michael R. Gottfredson/Travis Hirschi, A General Theory of Crime, Stanford 1990.
23 Vgl. überblicksartig Andreas Beelmann/Michael Saur/Diana Schulze, Präventionserfordernisse bei ideologiemotivierter Devianz, in: Rudolf Egg (Hrsg.), Extremistische Kriminalität. Kriminologie und Prävention, Wiesbaden 2006, S. 165–193, hier S. 166–173.
24 Vgl. Miroslav Mareš/Astrid Bötticher, Extremismus. Theorien – Konzepte – Formen, München 2012, S. 117.
25 Vgl. Uwe Kemmesies, Zukunftsaussagen wagen – Zwischen Verstehen und Erklären. Methodologische und theoretische Notizen zur Prognoseforschung im Phänomenbereich Extremismus/Terrorismus, in: ders. (Hrsg.), Terrorismus und Extremismus – der Zukunft auf der Spur, München 2006, S. 1–40, hier S. 4 f. und 24.

nos[26] bezieht sich nur auf den Rechtsextremismus und macht eine ausgeprägte Kontrollerwartung, Repressionshaltung, ein übertriebenes Reinlichkeitsverhalten, Sexismus und politische Apathie (im Sinne des Gegenteils politischer Partizipation) als Charakteristika aus.[27] Als empirische Indikatoren gelten die Faktoren „Konventionalismus, autoritäre Unterwürfigkeit, autoritäre Aggression, Anti-Intrazeption (Abwehr des Subjektiven, Phantasievollen, Sensiblen), Aberglaube und Stereotypie, Machtdenken und ‚Kraftmeierei'"[28].

Im Falle des Rechtsextremismus hat Adorno zwar ein relativ klar umrissenes Faktorenbündel erarbeitet. Das gezeichnete Persönlichkeitsprofil vernachlässigt aber narzisstische Persönlichkeitsmerkmale.[29] Hinzu kommen eine dürftige Generalisierbarkeit (Datenerhebung in der US-Mittelschicht), die Buntscheckigkeit der Dimensionen und die soziale Erwünschtheit vieler Items. Für eine ideologieübergreifende Betrachtungsweise eignet sich der Ansatz ohnehin nicht. Im Anschluss an die Ausführungen zur Typik extremistischer Einstellungen (Kapitel 2.2) ist vielmehr das Konzept des Dogmatismus von Milton Rokeach und Hans-Jürgen Eysenck[30] geeignet, das Adornos Ansatz zwar keineswegs verwirft, es jedoch stark modifiziert und unter „rigidem Denken"[31] subsumiert.

„Rigides Denken" ist gekennzeichnet durch Freund-Feind-Konstruktionen, die radikale Vereinfachung politischer Konzepte und die Abwehr neuer Informationen, welche die gewonnene Sicherheit in Frage stellen könnten. Etwas Ähnliches meint „Ambiguitätsintoleranz"[32], d. h. die Unfähigkeit, Widersprüche, mehrdeutige sowie schwer verständliche Informationen zu verarbeiten und konstruktiv damit umzugehen.

In Anlehnung an Miroslav Mareš und Astrid Bötticher zeichnet sich folgendes Persönlichkeitsprofil ab: „Extremisten haben eine extrem subjektive Wahrnehmung, jede Art von Ereignis kann als zu bekämpfende Ungerechtigkeit verstanden werden."[33] Diese Wahrnehmung ist gepaart mit der Bildung einer „optimistischen Illusion", einer selektiven Informationsaufnahme und illusorischen Korrelationen – eine Kombination, die in rechten, linken wie islamistischen Einstellungsausprägungen zu beobachten ist.

Die *optimistische Illusion* kann dem „falschen Konsensus-Effekt" oder dem „falschen Einmaligkeitseffekt" zugrunde liegen. Der *falsche Einmaligkeitseffekt* bezeichnet die Illusion einer Person über sich selbst. Der *falsche Konsensus* bezieht sich „auf den zur Überschätzung neigenden Glauben über das Ausmaß an Übereinstimmung"[34] der eigenen Meinung mit anderen

---

26 Vgl. Theodor W. Adorno u. a., The Auhoritarian Personality, New York u. a. 1950; ders., Studien zum autoritären Charakter, Frankurt a. M. 1950.
27 Vgl. Stöss (Anm. 2), S. 30 f.
28 Armin Pfahl-Traughber, Rechtsextremismus in der Bundesrepublik, 3. Aufl., München 2006, S. 98 – in Anlehnung an Theodor W. Adorno, Studien zum autoritären Charakter, Frankurt a. M. 1950, S. 46–61.
29 Vgl. das Fallbeispiel in Eberhard Nölke, Marginalisierung und Rechtsextremismus. Exemplarische Rekonstruktion der Biographie- und Bildungsverläufe von Jugendlichen aus dem Umfeld der rechten Szene, in: Hans-Dieter König (Hrsg.), Sozialpsychologie des Rechtsextremismus, Frankfurt a. M. 1998, S. 257–278, hier S. 259–268.
30 Vgl. Anm. 12.
31 Vgl. Erwin K. Scheuch/Hans-Dieter Klingemann, Theorie des Rechtsradikalismus in westlichen Industriegesellschaften, in: Hamburger Jahrbuch für Wirtschafts- und Gesellschaftspolitik 12 (1967), S. 11–29.
32 Vgl. Jack Reis, Ambiguitätstoleranz. Beiträge zur Entwicklung eines Persönlichkeitskonstruktes, Heidelberg 1997.
33 Mareš/Bötticher (Anm. 24), S. 166.
34 Ebd.

Menschen bezüglich einer Sache. Gegebenenfalls verbindet sich die optimistische Illusion mit einer pathologischen narzisstischen Persönlichkeitsstörung (so im Falle Anders Behring Breiviks). *Illusorische Korrelationen* schließlich sind Erwartungen, die aufgrund der Bildung von Stereotypen entstehen und aus denen eine übertriebene Beziehung zwischen Objekten folgt.

Wird in diesem Lichte versucht, das relativ klar umrissene Faktorenbündel von Adorno, das sich auf den Rechtsextremismus bezieht, auf den Islamismus und Linksextremismus zu übertragen, so bleiben allenfalls die Faktoren Kontrollerwartung, Repressionshaltung, autoritäre Aggression, Anti-Intrazeption, Stereotypie und Machtdenken von Interesse. Allerdings bestehen keine theoretischen und empirischen Arbeiten, die sich der Frage einer solchen Übertragbarkeit in zureichender Weise annehmen.

3.2 Rolle der familiären Sozialisation

Persönlichkeitsmerkmale sagen noch nichts über die Ursachen aus, die ihnen zugrunde liegen. Werden diese auf biographische Faktoren zurückgeführt, so liegt es nahe, die familiäre Sozialisation in den Blick zu nehmen. Rokeach und Adorno hatten in ihren Überlegungen vor allem *autoritäre* Familienstrukturen betont, wobei Rokeach seine Überlegungen stärker auf Erkenntnisse der kognitiven Psychologie und weniger der Psychoanalyse gründete.

Die Annahme, autoritäre Familiensozialisationen seien zentrale Entstehungsfaktoren, gilt jedoch inzwischen nicht nur als methodisch wie theoretisch umstritten[35], sondern weithin auch als veraltet.[36] Denn: Obwohl solche Sozialisationsmuster – zumindest im westlichen Kontext – zunehmend verblassen, haben sich extremistische Verhaltensmuster nicht erledigt. Und dass die besagten Sozialisationsmuster zumindest nicht mehr in gleicher Weise von Relevanz sind wie vor beispielsweise fünfzig, siebzig oder hundert Jahren, veranschaulichen psychohistorische Ansätze, die historische Phasen der psychogenetischen Entwicklung von „Kindheit" und Phasen von Erziehungspraktiken in bestimmten Gesellschaften ins Blickfeld rücken.[37] Aus diesem Blickwinkel verlieren alle auf Autoritarismus fixierten Ansätze für die Erklärung *heutiger* Phänomene an Relevanz, weil die Beziehung zwischen Eltern und Kindern im Vergleich zur Mitte des 20. Jahrhunderts nicht mehr in der gleichen Weise von Aggression, (extremer) Gewalt, (extremen) Missbrauch und Vernachlässigung geprägt ist[38] – sei diese Entwicklung nun aufgrund einer allgemeinen psycho-emotionalen Evolution eingetreten[39] oder aufgrund einer allmählichen Abkehr von spezifisch *neuzeitlichen* Entwicklungen.[40]

---

35 Vgl. mit weiterführenden Literaturhinweisen Uwe Backes/Eckhard Jesse, Politischer Extremismus in der Bundesrepublik Deutschland, Band I: Literatur, Köln 1980, S. 30.
36 Vgl. Manfred Clemenz, Aspekte einer Theorie des aktuellen Rechtsradikalismus in Deutschland. Eine sozialpsychologische Kritik, in: König (Anm. 29), S. 126–176, hier S. 155 f.
37 Vgl. Lloyd Demause, Evolution der Kindheit, in: ders. (Hrsg.), Hört ihr die Kinder weinen. Eine psychogenetische Geschichte der Kindheit, 6. Aufl., Frankfurt a. M. 1989, S. 12–111.
38 Vgl. ders., War as Righteous Rape and Purification, in: Journal of Psychohistory 27 (2000), S. 356–445, hier S. 404–438.
39 Vgl. ders., S. 14 f.
40 Vgl. Philippe Ariès, Geschichte der Kindheit, 17. Aufl., München 2011.

Was das Konzept des Autoritarismus, aber auch des Dogmatismus, betrifft, müssen *gegenwärtig* vor allem zwei andere Aspekte betont werden: zum einen die *Zerrüttung* von Familienkonstellationen[41] und modernisierungsbedingte Störungen bzw. Veränderungen der Kindheitsentwicklung (vgl. die folgenden Ausführungen), zum anderen eine spezifisch modernisierungsbedingte *soziale* Kontextabhängigkeit von Autoritarismus und Dogmatismus (vgl. Kapitel 4).

Was die Kindheitsentwicklung betrifft, hat sich in tiefenpsychologischer Hinsicht – auf der Grundlage zahlreicher Untersuchungen und Expertisen in diesem Bereich[42] – die Erkenntnis herausgeschält, dass „extreme Emotionen" im Kindesalter zum Grundmerkmal von Jugendlichen und Erwachsenen gehören, die sich zumindest *rechts*extremen Organisationen anschließen. Gemeint ist damit die Häufung von Ängsten, Ohnmachtsgefühlen, Wut oder Trauer, teilweise verbunden mit motorischer Unruhe und früher Aggressivität sowie mit Gefühlen allgemeiner Misanthropie im Jugendalter, d. h. einer extremen Skepsis im Umgang mit unvertrauten Menschen (unabhängig davon, ob diese ethnisch fremd sind oder nicht).[43] Allerdings handelt es sich hierbei um „Ausgangsemotionen", die als potentiell „prädelinquente" Faktoren nicht zu extremistischem Verhalten im späteren Lebensalter führen *müssen*. Erst eine Wechselwirkung zwischen „Anlage" und „Umwelt" begünstigt Entwicklungspfade hin zu delinquentem, u. a. extremistischem Verhalten.

Insofern haben die Reaktionen im Elternhaus, im Kindergarten und in der Schule großen Einfluss auf die Wahrscheinlichkeit extremistischer Verhaltensweisen. Sie können die Aggressivität von Kindern unbeabsichtigt verstärken. Unabhängig davon macht ein Zusammentreffen brüchiger Familienverhältnisse mit derart disponierten Kindern späteres delinquentes Verhalten wahrscheinlicher, solange Kindergarten oder Schule es nicht schaffen, ausreichend gegenzusteuern.[44]

Eine wichtige empirische Arbeit außerhalb der Psychologie, die Aufschluss gab, ist die von Saskia Lützinger. Bei „Die Sicht der Anderen" handelt es sich um einen der seltenen Versuche, mithilfe von Interviews biographische Verläufe in unterschiedlichen extremistischen Milieus zu vergleichen.[45] Im Ergebnis wird politischer Extremismus ideologieübergreifend als Folge einer defizitären Bewältigung spezifischer jugendlicher Probleme und damit als ein Phänomen beschrieben, das typisch sei für Jugenddelinquenz.[46] Maßgebliche Bedingungsfaktoren seien zerrüttete Familienverhältnisse, fehlende soziale Stützsysteme sowie enorme Konflikte und auffällige Entwicklungen in den primären wie sekundären Sozialisationsinstanzen (Familie, Schule).[47] Insgesamt seien die gleichen typischen Familienkonstellationen gegeben wie bei anderen delinquenten, nicht-extremistischen Jugendlichen. Damit bestätigt die Studie eine Vielzahl von

---

41 Vgl. zuletzt auch Baier/Manzoni/Bergmann (Anm. 3), S. 191.
42 Vgl. Klaus Wahl u. a. (Hrsg.), Fremdenfeindlichkeit. Auf den Spuren extremer Emotion, Opladen 2001; ders. (Hrsg.), Fremdenfeindlichkeit, Antisemitismus, Rechtsextremismus. Drei Studien zu Tatverdächtigen und Tätern, Berlin 2001; ders. (Hrsg.), Skinheads, Neonazis, Mitläufer. Täterstudien und Prävention, Opladen 2003.
43 Vgl. ders. (Anm. 6), S. 159.
44 Vgl. ebd., S. 164.
45 Vgl. Saskia Lützinger, Die Sicht der Anderen. Eine qualitative Studie zu Biographien von Extremisten und Terroristen, Köln 2010, S. 10.
46 Vgl. ebd., S. 68.
47 Vgl. ebd., S. 28, 67 und 73 f.

Arbeiten, die der familiären Sozialisation bei der Erklärung zumindest von *Rechts*extremismus eine wichtige Rolle zubilligen.[48]

Doch ein Blick auf historische Führungsfiguren der rechtsextremen Szene bestätigt diesen Eindruck nur teilweise.[49] Vor allem ist eine *diachrone* Zunahme von devianten Familienkonstellationen zu erkennen: Der politische wie nicht-politische Bildungsstand (inkl. der Elternhäuser) von Rechtsextremen war in den 1970er und 1980er Jahren deutlich niedriger als noch in den 1920er und 1930er Jahren, die Arbeitslosigkeit entsprechend höher.[50]

Daneben ist unlängst eine Reihe von Arbeiten erschienen, welche die These der gebrochenen Familiensozialisationen bei islamistischen Terroristen näher überprüfen. Die Ergebnisse indes sind widersprüchlich. Konnte Martin Schäuble die These gebrochener Familiensozialisationen in seiner biographischen Studie zu einem Mitglied der Sauerlandgruppe und einem palästinensischen Selbstmordattentäter erhärten[51], wurde andernorts die These vertreten, viele Islamisten könnten auf einen privilegierten familiären Hintergrund zurückblicken.[52] Gegen Lützingers Arbeit wurden vor diesem Hintergrund v. a. *methodische* Einwände laut.[53] Sie selbst räumt ein, dass es bemerkenswerterweise den interviewten Islamisten – trotz schulischer Probleme als Folge zerrütteter Familienverhältnisse[54] – im Gegensatz zu den Rechts- und Linksorientierten deutlich häufiger gelang, den schulischen und beruflichen Aufstieg zu meistern.

Auch der Linksextremismus rüttelt an der These der zerrütteten Familienverhältnisse als wichtiger Ausgangsfaktor von Radikalisierungsprozessen – zumindest in historischer Perspektive.[55] Was etwa das einschlägige Spektrum in Westdeutschland nach 1945 betrifft, ist zwar – nebst

---

48 Den Anfang im deutschsprachigen Raum machte Christel Hopf, Rechtsextremismus und Beziehungserfahrungen, in: Zeitschrift für Soziologie 22 (1993), S. 449–463. Vgl. ferner Jan Buschbom, Anlass oder Legitimation? Zum Verhältnis zwischen rechter Gewalt und Ideologie, in: Totalitarismus und Demokratie, 10 (2013), S. 301–323, hier S. 314. Kritisch allerdings Backes u. a. (Anm. 8), S. 98, 251 und 283.
49 Vgl. Susanne Karstedt, Frühe NSDAP-Mitglieder 1923 bis 1933 – Junge Rechte 1980 bis 1994: Eine biographische Analyse zweier Generationen deutscher Rechtsextremisten, in: Soziale Welt 48 (1997), S. 231–252, hier S. 245; Elisabeth Noelle-Neumann/Erp Ring, Das Extremismus-Potential unter jungen Leuten in der Bundesrepublik Deutschland, Allensbach 1984, S. 119 f.
50 Vgl. Karstedt (Anm. 49), S. 240.
51 Vgl. Martin Schäuble, Dschihadisten – Feldforschung in den Milieus, Tübingen 2012.
52 Vgl. vor allem die Lebenslaufanalysen von 172 verurteilten Djihadisten von Sageman (Anm. 15). Vgl. ferner Daniela Pisoiu, Islamist Radicalization in Europe. An Occupational Change Process, London/New York 2012; dies., Coming to Believe „Truths" about Islamist Radicalization in Europe, in: Terrorism and Political Violence 25 (2013), S. 246–263; Jonathan Githens-Mazer/Robert Lambert, Why Conventional Wisdom on Radicalization Fails: The Persistence of a Failed Discourse, in: International Affairs 86 (2010), S. 889–901, hier S. 900 f.; Guido Steinberg, Im Visier von al-Qaida. Deutschland braucht eine Anti-Terror-Strategie, Hamburg 2003, S. 32; Hans-Thomas Spohrer, Zur Persönlichkeit islamistischer Selbstmordattentäter, in: Martin H. W. Möllers/Robert Chr. van Ooyen (Hrsg.), Politischer Extremismus 1. Formen und aktuelle Entwicklungen, Frankfurt a. M. 2007, S. 398–406, hier S. 403; Samuel P. Huntington, The Clash of Civilizations and the Remaking of World Order, New York 1996, S. 112; Said Amir Arjomand, Unity and Diversity in Islamic Fundamentalism, in: Martin E. Marty/R. Scott Appleby (Hrsg.), Fundamentalism Comprehended, Chicago/London 1995, S. 179–198, hier S. 187 f.; Hamed Abdel-Samad, Radikalisierung in der Fremde? Muslime in Deutschland, in: Peter Waldmann (Hrsg.), Determinanten des Terrorismus, Weilerswist 2004, S. 189–240, hier S. 204–206; Baier/Manzoni/Bergmann (Anm. 3), S. 192.
53 Vgl. Maruta Herding, Forschungslandschaft und zentrale Befunde zu radikalem Islam und Jugendalter, in: dies. (Hrsg.), Radikaler Islam im Jugendalter. Erscheinungsformen, Ursachen und Kontexte, Halle (Saale) 2013, S. 21–39, hier S. 25.
54 Vgl. Lützinger (Anm. 45), S. 67.
55 Vgl. Gerhard Schmidtchen, Terroristische Karrieren. Soziologische Analyse anhand von Fahndungsunterlagen und Prozessakten, in: ders./Herbert Jäger/Lieselotte Süllwold (Hrsg.), Lebenslaufanalysen. Analysen zum Terro-

linksextremer Familienerbschaften (Kurt Bachmann, Herbert Mies, Jakob Moneta, Birgit Hogefeld) – eine gewisse Häufung von Besonderheiten zweifelsohne vorhanden (schulische Probleme bei Michael Baumann, Dieter Kunzelmann und Andreas Baader, gestörte Familiensozialisation bei Bernward Vesper, Gewalterfahrungen bei Till Meyer). Vor allem eine Reihe vaterloser Sozialisationen fällt auf (Ulrike Meinhof, Rudi Dutschke, Andreas Baader, Bernd Rabehl, Horst Mahler, Günter Maschke, Jan-Carl Raspe).[56] Allerdings lassen sich „aufgrund der Uneinheitlichkeit der Ergebnisse keine für die Beurteilung des Gesamtbildes relevanten Muster erkennen"[57]. Zudem waren vaterlose Familien „in der deutschen Zusammenbruchgesellschaft, wo fast zwei Drittel der Bevölkerung Frauen waren, nichts Ungewöhnliches"[58]. Überdies finden sich in narrativen Selbstdarstellungen und biographischen Darstellungen im Bereich des Linksterrorismus auch „Hinweise auf im Großen und Ganzen unauffällige oder behütete familiäre Bedingungen" (Gudrun Ensslin, Gabriele Rollnik, Till Meyer, Fritz Teufel und Wolfgang Grams).[59] Und schließlich kommt ein überdurchschnittliches Niveau formaler Bildung in den entsprechenden Biographien hinzu, wenngleich bei niedrigem Grad beruflicher Integration.[60]

Und auch rechtsradikale Jugendliche mit höherem Bildungsgrad mögen seit den 1970er Jahren an Bedeutung verlieren, sind aber dennoch nicht verschwunden (Michael Kühnen, Günter Deckert). Wo die Familienkonstellationen in den 1970er Jahren unter rechtsradikalen Studenten eingehender und vergleichend untersucht wurden,[61] fielen nicht zerrüttete, aber doch tiefenpsychologisch gestörte Familienverhältnisse auf. Rechtsradikale Studenten verhielten sich geradezu spiegelverkehrt zu linkradikalen Studenten. Die psychosozialen Dispositionen in diesem Zusammenhang waren bei den rechtsextremen Studenten geprägt von

– einer Idealisierung der Mutter (bei Linksradikalen indes durch Hass bei gleichzeitig empfundener Abhängigkeit)

---

rismus – Band 2, Opladen 1981, S. 13–77, hier S. 29 und 34 f.; Uwe Backes, Bundesrepublik Deutschland. „Wir wollten alles und gleichzeitig nichts", in: Peter Waldmann (Hrsg.), Beruf: Terrorist. Lebensläufe im Untergrund. München 1993, S. 143–179; Lazaros Miliopoulos, Biografische Verläufe im Extremismus. Ein kritischer Blick auf ihre Bedeutung für die Radikalisierungsforschung und die Extremismusprävention, in: Ralf Altenhof/Sarah Bunk/Melanie Piepenschneider (Hrsg.), Politischer Extremismus im Vergleich. Beiträge zur politischen Bildung, Berlin 2017, S. 105–136, hier S. 110–113.

56 Vgl. Manuel Seitenbecher, Mahler, Maschke & Co. Rechtes Denken in der 68er-Bewegung? Paderborn 2013. Vgl. literaturgeschichtlich auch: Lothar von Balluseck, Gedanken zur Verursachung und zur sozialen Therapie antigesellschaftlichen Protests, in: Manfred Funke (Hrsg.), Extremismus im demokratischen Rechtsstaat, Bonn 1978, S. 480–526, hier S. 491 f.
57 Schmidtchen (Anm. 55), S. 42 f.
58 Dorothea Hauser, Baader und Herold. Beschreibung eines Kampfes, Frankfurt a. M. 2007, S. 48. Vgl. ferner Gerd Koenen, Vesper, Ensslin, Baader. Urszenen des deutschen Terrorismus, Hamburg 2003, S. 106.
59 Schmidtchen (Anm. 55), S. 29. Vgl. ferner Gabriele Rollnik/Daniel Dubbe, Keine Angst vor niemand. Über die Siebziger, die Bewegung 2. Juni und die RAF, Hamburg 2004; Till Meyer, Staatsfeind. Erinnerungen, München 1998; Marco Carini, Fritz Teufel: Wenn's der Wahrheitsfindung dient, Hamburg 2008; Andres Veiel, Black Box BRD. Alfred Herrhausen, die Deutsche Bank, die RAF und Wolfgang Grams, Stuttgart/München 2003; Robert Mathis/Nils Schumacher, Expertise „Bedingungsfaktoren des und biografische Verläufe im Terrorismus und gewaltinteraktionistischen undogmatischen Linksradikalismus der 1970er und 1980er Jahre in der Bundesrepublik Deutschland" (erstellt im Auftrag des Projektmoduls „Neue Herausforderungen der pädagogischen Extremismusprävention bei jungen Menschen" am Deutschen Jugendinstitut e. V.), Halle (Saale) 2014, S. 37.
60 Schmidtchen (Anm. 55), S. 24.
61 Vgl. Ronald Grossarth-Maticek, Familiendynamische, sozialpsychologische und sozialökonomische Faktoren des linken und rechten Radikalismus. Ergebnisse einer empirischen Untersuchung, in: Schwind (Anm. 11), S. 99–121.

– tendenziell einer Abneigung gegenüber dem (autoritären) Vater, der trotz Bejahung des nach außen hin vorgelebten Autoritätsmusters als verweichlicht und verlogen bzw. einer Autoritätsperson nicht würdig wahrgenommen wurde (bei Linksradikalen indes durch eine stärkere Vaterfixierung).

Ein verwandter Forschungsstrang versuchte Ende der 1970er Jahre, das Verhalten der Linksterroristen mit einer modernisierungsbedingten „Kernneurose" zu erklären, die sich in den ersten fünf Lebensjahren des Menschen auspräge und zu erhöhter Aggressivität und verminderter Realitätskontrolle führe.[62] Diese Dispositionen wiederum begünstigten unter Einfluss dann weiterer, z. T. exogener Faktoren, terroristische Laufbahnen.

Bleiben die Fragen, 1) ob gestörte Familienverhältnisse und „Kernneurosen" als Entstehungsfaktoren heute ebenfalls noch zutreffen und 2) wie es im islamistischen Spektrum aussieht. Leider fehlt es an ergiebigen Forschungen zum Thema. Zumindest was den Linksextremismus betrifft, scheint allerdings eine Überlegung im Anschluss an das Konzept der „Kernneurose" aus den 1970ern heute immer noch plausibel zu sein. Sie betont die psychologische Funktion linksextremer Gewaltideologie. Diese eignet sich demnach in besonderer Weise als Ventil für Personen, die infolge ihrer frühkindlichen Sozialisation für Frustration, Sozialneid und Missmut anfällig sind, die aber zugleich aufgrund eines gewissen Bildungs- und Intelligenzgrades nicht nur auf affektive Reize reagieren, sondern auch kognitive Fähigkeiten an den Tag legen. In der Folge wollen sie sich nicht nur emotional, sondern auch moralisch bestätigt wissen. Darum sind sie auch *geistig* – nicht nur emotional – beeinflussbar.[63] Dieser Ansatz ergänzt sehr gut die Theorie des „Anspruchsniveaukonflikts", der im Falle des Linksextremismus ebenfalls Ende der 1970er Jahre aufkam. Damit ist eine (teilweise selbsterkannte) Diskrepanz von Leistungsanspruch und -vermögen gemeint, was zu Frustration und Aggression führe.[64]

Eine im Kern komplementäre Erklärung bietet die „Frustrations-Aggressions-Hypothese", der zufolge das Erleben von Frustrationen häufig zu aggressivem Verhalten führt.[65] Allerdings lässt sich diese Form des „Anspruchsniveaukonflikts" im Falle des westdeutschen Linksterrorismus der 1970er Jahre nicht bei vielen Fällen beobachten. Vor allem Ulrike Meinhof gilt als wichtige Ausnahme.

Spätestens an dieser Stelle ist ein weiterer wichtiger Entstehungsfaktor angeschnitten, der unter dem Begriff *Unzufriedenheit* oder *grievances* firmiert. Er verweist auf die *soziale* Kontextabhängigkeit von Autoritarismus und Dogmatismus. Beides sei entweder als Reaktion auf gesellschaftlich-modernisierungsbedingte Krisen-, Bedrohungs- und Benachteiligungssyndrome[66] oder als eine Art Internalisierung marktwirtschaftlichen Konkurrenzdenkens, das mit einer

---

62 Vgl. Christa Meves, Psychologische Voraussetzungen des Terrorismus, in: Schwind (Anm. 11), S. 69–78.
63 Vgl. ebd., S. 75.
64 Lieselotte Süllwold, Stationen in der Entwicklung von Terroristen. Psychologische Aspekte biographischer Daten, in: dies./Jäger/Schmidtchen (Anm. 55), S. 79–116, hier S. 90 f.
65 Vgl. John Dollard u. a., Frustration and Aggression, New Haven 1939.
66 Vgl. Bodo Altemeyer, Right-wing Authoritarianism, Winnipeg 1981; Detlef Oesterreich, Flucht in die Sicherheit. Zur Theorie der autoritären Reaktion, Opladen 1996; Susanne Rippl u. a., Europa auf dem Weg nach rechts? Die EU-Osterweiterung und ihre Folgen für politische Einstellungen in Deutschland, Polen und der Tschechischen Republik, Wiesbaden 2007, S. 131–150.

kulturell aufgeladenen „Dominanzideologie" verknüpft wird, zu verstehen.[67] Beide Zugänge begreifen Extremismus als Folge ernstzunehmender Gefühle von Benachteiligung und Marginalisierung. Diese Perzeptionen seien zusätzlich zu biographischen Kontexten auf einer Makroebene zu operationalisieren und theoretisch mit psychologischen Ansätzen zu verknüpfen. Im letztgenannten Kontext hat sich der Ansatz der „relativen Deprivation" durchgesetzt.

4 Sozialpsychologische Ansätze

4.1 Relative Deprivation

Unter „relativer Deprivation" versteht man einen Zustand der Unzufriedenheit, dessen Grund im Auseinanderklaffen von eigenem Anspruch und – im Unterschied zur „absoluten Deprivation" – *wahrgenommener* Wirklichkeit liegt.[68] Ein Konzept, das „Anspruchsniveaukonflikt" und „relative Deprivation" miteinander verbindet, war lange Zeit das der „Statusinkonsistenz": Die gesellschaftliche Position ist geringer als die subjektiv erwartete.[69] Allerdings hat sich der Ansatz der „relativen Deprivation" als umfassender, strukturierter und verallgemeinerbarer herausgestellt und darum durchgesetzt. Vor allem die mit dem Ansatz einhergehende Unterscheidung zwischen

– „Abnahmedeprivation" (sinkender Status bei gleichbleibenden Erwartungen),
– „Bestrebungsdeprivation" (gleichbleibender Status bei steigenden Erwartungen) und
– „progressiver Deprivation" (fallender Status bei steigenden Erwartungen)

ist von Bedeutung.[70] Überdies wird eine materielle von einer immateriellen Deprivationsdimension unterschieden. Ergibt sich erstgenannte über den sozioökonomischen Status einer Person, umfasst die zweite den gefühlten Ausschluss von sozialer Teilhabe im Sinne sozialer Exklusion.[71]

Der Ansatz der „relativen Deprivation" erklärt am besten die *politische* Dimension delinquenten Verhaltens. Der Zusammenhang zwischen relativer Deprivation und politischer Delinquenz ist inzwischen – zumindest für den Rechtsextremismus – durch mehrere empirische Studien be-

---

67 Vgl. Andreas Hadjar, Ellenbogenmentalität und Fremdenfeindlichkeit bei Jugendlichen. Die Rolle des Hierarchischen Selbstinteresses, Wiesbaden 2004; auf empirischer Grundlage kritisch allerdings Rippl (Anm. 66), S. 166 f.
68 Vgl. Robert Gurr, Rebellion. Eine Motivationsanalyse von Aufruhr, Konspiration und innerem Krieg, Düsseldorf/Wien 1972; Baier/Manzoni/Bergmann (Anm. 3), S. 190 und 192; vgl. zur Anwendung in der Extremismusforschung Marcus Nereuter, Rechtsextremismus im vereinten Deutschland. Eine Untersuchung sozialwissenschaftlicher Deutungsmuster und Erklärungsansätze, Marburg 1998, S. 153 f.; ferner Richard Hofstadter, The Pseudo-Conservative Revolt, in: Daniel Bell (Hrsg.), The Radical Right, Garden City 1964, S. 75–95; Seymour Martin Lipset, The Sources of the Radical Right, in: Daniel Bell (Hrsg.), The Radical Right, Garden City 1964, S. 259–312.
69 Vgl. mit weiterführenden Literaturhinweisen Backes/Jesse (Anm. 35), S. 199.
70 Vgl. Jens Taken, Radikalisierung und Deradikalisierung im transnationalen terroristischen Islamismus, Münster 2012, S. 53 ff.
71 Vgl. Tim Spier, Modernisierungsverlierer? Die Wählerschaft rechtspopulistischer Parteien in Westeuropa, Wiesbaden 2010, S. 270.

legt.[72] „Relative Deprivation" schlägt nach Max Kaase allerdings nur dann in „politische Deprivation" um, wenn geringes Vertrauen in die politische Führung, eine hohe Einschätzung der eigenen politischen Einflusschancen und eine kollektive Ausprägung der relativen Deprivation hinzukommen.[73] Vor allem letztgenannter Faktor gilt inzwischen als „bester Prognosefaktor von Radikalisierung"[74].

Insbesondere „fraternale relative Deprivation" – die wahrgenommene Benachteiligung der eigenen Gruppe gegenüber anderen Gruppen – korreliert stark mit extremen Einstellungen;[75] wobei sich die Frage stellt, ob die Artikulation des Gefühls einer „fraternalen relativen Deprivation" nicht eher Folge als Ursache extremer Einstellungen ist.[76] In der modernen Mediengesellschaft entstehen solche Eindrücke inzwischen „auch ohne unmittelbare soziale Kontakte"[77].

Was den Linksextremismus und den Islamismus betrifft, stellt sich die Frage, wie ein häufig *privilegierter* Status mit dem Ansatz der „Deprivation" einhergehen soll. Lässt sich dies im Falle des Linksextremismus – zumindest biographiehistorisch – mit den erwähnten sozial- und tiefenpsychologischen Ansätzen des „Anspruchsniveaukonflikts", der „Kernneurose" und einem mit diesen beiden Elementen einhergehenden, ideologisch qua linksextremer Ideologie funktionalisierten Sozialneid erklären, so gibt der Islamismus im sozialpsychologischer Hinsicht Rätsel auf.

Zunächst muss sowohl im Falle des globalen als auch des „hausgemachten" Islamismus zwischen zwei sozialökonomischen Grundtypen unterschieden werden: dem „privilegierten" und dem Unterschichtentypus. Im Falle des globalen Islamismus waren v. a. Al-Qaida-Terroristen und Kriegsheimkehrer (besonders aus arabischen Ländern) Personen, die „über ein staatliches Diplom einer wirtschaftswissenschaftlichen, technischen, medizinischen oder naturwissenschaftlichen Studienrichtung"[78] verfügten. Dieser akademische Typus gliederte sich in „privile-

---

72 Vgl. Susanne Rippl/Dirk Baier, Das Deprivationskonzept in der Rechtsextremismusforschung. Eine vergleichende Analyse, in: Kölner Zeitschrift für Soziologie und Sozialpsychologie 57 (2005), S. 644–666; Bernd Sommer, Prekarisierung und Ressentiments. Soziale Unischerheit und rechtsextreme Einstellungen in Deutschland, Wiesbaden 2010, S. 228; Carina Wolf/Elmar Schlüter/Peter Schmidt, Relative Deprivation. Riskante Vergleiche treffen schwache Gruppen, in: Wilhelm Heitmeyer (Hrsg.), Deutsche Zustände. Folge 4, Frankfurt a. M. 2006, S. 67–85 hier S. 74 f.; Jürgen R. Winkler, Normen und Determinanten fremdenfeindlicher Einstellungen in der Bundesrepublik Deutschland, in: Jan van Deth/Hans Rattinger/Edeltraut Roller (Hrsg.), Die Republik auf dem Weg zur Normalität? Wahlverhalten und politische Einstellungen nach acht Jahren Einheit, Opladen 2000, S. 359–382, hier S. 370; Klaus Alheim/Bardo Heger, Der unbequeme Fremde. Fremdenfeindlichkeit in Deutschland – empirische Befunde. Schwalbach/Ts. 1999, S. 76; Bundesministerium für Bildung und Forschung (Hrsg.), Das anti-demokratische und rechtsextreme Potenzial unter Jugendlichen und jungen Erwachsenen in Deutschland. Expertise für das Bundesministerium für Bildung und Forschung (BMBF), Bonn 2001, S. 50.
73 Vgl. Max Kaase, Bedingungen unkonventionellen politischen Verhaltens in der Bundesrepublik Deutschland, in: Politische Vierteljahresschrift 17 (1976), Sonderheft 7, S. 179–216.
74 Roland Eckert, Radikalisierung. Eine soziologische Perspektive, in: Aus Politik und Zeitgeschichte B 29–31/2013, S. 11–25, hier S. 14.
75 Vgl. Walter C. Runciman, Relative Deprivation and Social Justice. A Study of Attitudes to Social Inequality in Twentieth Century England, London 1966; Wolf/Schlüter/Schmidt (Anm. 72), S. 67–85, hier S. 68 f.; Maren Oepke, Rechtsextremismus unter ost- und westdeutschen Jugendlichen. Einflüsse von gesellschaftlichem Wandel, Familie, Freunden und Schule, Opladen 2006; Taken (Anm. 70), S. 106 f.
76 Vgl. Sommer (Anm. 72), S. 230 f.
77 Eckert (Anm. 74), S. 14; vgl. dazu Marc Sageman, Leaderless Jihad. Terror Networks in the in Twenty-First Century, Philadelphia 2008.
78 Vgl. Angelika Hartmann, „Fundamentalismus" und Säkularismus in den muslimischen Kulturen, in: Jahrbuch für Religionswissenschaft und Theologie der Religionen 5 (1997), S. 7–34, hier S. 28 f.

gierte" und relativ „unterprivilegierte" Typen auf, d. h. in einen sozial privilegierten hochgebildeten intellektuellen (Re-)Konvertiten einerseits und in einen „unterprivilegierten", weil akademisch proletarisierten Landflüchtigen der zweiten Generation (sowohl in den arabischen Ländern als auch Exilanten in Westeuropa) andererseits. Im Falle des „hausgemachten" Islamismus muss wiederum zwischen „privilegierten" Mittelschichten und Bildungsaufsteigern hier, marginalisierten Jugendlichen aus den Vorstadtghettos dort unterschieden werden.[79]

Neuere Untersuchungen zum „hausgemachten" Islamismus[80] haben den Deprivationsansatz um ein Spezifikum erweitert: Aufgrund der historisch neuartigen Situation einer Sozialisation in einem fremden Land (zuweilen in ethnisch-kulturell und religiös segregierten Milieus)[81], ist Radikalisierung nicht nur auf gesellschaftliche Marginalisierung und persönliche Ausgrenzung[82] zurückzuführen (ein isolierter Kausalzusammenhang ist ohnehin nicht zu belegen[83]), sondern auch auf kulturelle Entfremdung.[84] Besonders der „Bildungsaufsteiger" ist davon betroffen: Zu seinen durch habituelle Differenzerfahrungen provozierten Gefühlen der Entfremdung, die zu jedem sozialen Aufstieg dazugehören,[85] kommen kulturelle Entfremdungserfahrungen, die er mit allen anderen Migranten, auch den „unterprivilegierten", teilt. Diese kulturellen Entfremdungserfahrungen wiederum lassen sich unterteilen in

---

79 Vgl. Farhad Khosrokhavar, Radikalisierung, Bonn 2016, S. 13–23.
80 Einen Überblick geben Wolfgang Frindte u. a., Motivationen und Karrieren salafistischer Dschihadistinnen und Dschihadisten, in: Janusz Biene u. a. (Hrsg.), Salafismus und Dschihadismus in Deutschland. Ursachen, Dynamiken und Handlungsempfehlungen, Frankfurt a. M./New York 2016, S. 117–158.
81 Vgl. mit unterschiedlichen Gewichtungen: Niedersächsisches Ministerium für Inneres und Sport (Hrsg.), Radikalisierungsprozesse im Bereich des islamistischen Extremismus und Terrorismus. Hannover 2012, S. 21; Ahmad Mansour, Generation Allah. Warum wir im Kampf gegen religiösen Extremismus umdenken müssen, Frankfurt a. M. 2015; vgl. kritisch zu den Thesen Mansours wiederum Logvinov (Anm. 11), S. 40 f.
82 Vgl. Neumann (Anm. 21), S. 113; Tânia Puschnerat, Zur Bedeutung ideologischer und sozialer Faktoren in islamistischen Radikalisierungsprozessen, in: Uwe E. Kemmesies (Hrsg.), Terrorismus und Extremismus – der Zukunft auf der Spur. Beiträge zur Entwicklungsdynamik von Terrorismus und Extremismus – Möglichkeiten und Grenzen einer prognostischen Empirie, München 2006, S. 217–236, hier S. 233 f.; Niedersächsisches Ministerium für Inneres und Sport (Anm. 81), S. 19; Viola Neu, Jugendliche und Islamismus in Deutschland, St. Augustin 2011, S. 41 f.; Matenia Sirseloudi, Radikalisierungsprozesse in der Diaspora, in: Aus Politik und Zeitgeschichte, B 44/2010, S. 39–42, hier S. 41f.; Alexander Schahbasi, Muslime in Europa. Radikalisierung und Rekrutierung, in: SIAK-Journal 6 (2009), S. 24–34, hier S. 27–30; Yassin Musharbash, Die neue Al-Qaida. Innenansichten eines lernenden Terrornetzwerks, Köln 2006; Katrin Brettfeld/Peter Wetzels, Muslime in Deutschland. Integrationsbarrieren, Religion sowie Einstellungen zu Demokratie, Rechtsstaat und politisch-rligiös motiverter Gewalt, Hamburg 2007, S. 19; Claudia Dantschke, Attraktivität, Anziehungskraft und Akteure des politischen und militanten Salafismus in Deutschland, in: Ahmet Toprak/Gerrit Weitzel (Hrsg.), Salafismus in Deutschland. Jugendkulturelle Aspekte, pädagogische Perspektiven, Wiesbaden 2017, S. 61–76, hier S. 66; Lamya Kaddor, Vom Klassenzimmer in den Heiligen Krieg – Warum Jugendliche islamistische Fundamentalisten werden, in: Ahmet Toprak/Gerrit Weitzel (Hrsg.), Salafismus in Deutschland. Jugendkulturelle Aspekte, pädagogische Perspektiven, Wiesbaden 2017, S. 91–102, hier S. 96; Armin Pfahl-Traughber, Islamismus in der Bundesrepublik Deutschland. Ursachen, Organisationen, Gefahrenpotenzial, in: Aus Politik und Zeitgeschichte B 51/2001, S. 43–53, hier S. 51.
83 Herding (Anm. 53), S. 32.
84 Vgl. Peter Waldmann, Radikalisierung in der Diaspora. Wie Islamisten im Westen zu Terroristen werden. Hamburg 2009.
85 Vgl. Aladin El-Mafaalani, Provokation und Plausibilität – Eigenlogik und soziale Rahmung des jugendkulturellen Salafismus, in: Toprak/Weitzel (Anm. 82), S. 77–90, hier S. 88.

- eine globalisierungs- und migrationsbedingte „Dekulturation"[86] (wobei die damit einhergehenden Identitätskrisen nicht nur Muslime betreffen[87]);
- ein Gefühl der Demütigung[88], das durch globale Ereignisse auf alle Muslime bezogen und durch die Politik wie die Kommunikation des Westens noch verschärft wird[89];
- eine gelebte Religiosität einschließlich Selbst- und Gruppenisolation.[90]

Was die „Dekulturation" betrifft, so ist die kulturelle Kluft zwischen Zuwanderern und Aufnahmegesellschaft von erheblicher Bedeutung. Fachleuten zufolge ist es für Migranten ab der zweiten Generation „umso schwerer, die Normen und Werte beider Kulturen miteinander zu versöhnen, je größer die jeweilige kulturelle Distanz zwischen beiden ist. Entsprechend höher ist dann auch die Wahrscheinlichkeit, dass Migranten Diskriminierungserfahrungen machen und Vorurteile erleben. Beide Aspekte tragen zur Radikalisierung bei."[91]

Daraus entwickelte Hans-Thomas Spohrer die Hypothese einer „kulturellen Kompensationshandlung": Zumal die privilegierte Stellung einer Reihe islamistischer Selbstmordattentäter weise auf unterbewusste Schuldgefühle gegenüber der Abstammungskultur hin.[92] Diese resultieren angeblich aus „Scham und Abscheu" gegenüber der eigenen Anziehung an die westliche Kultur, welche von den eigenen Kulturangehörigen (im Kontrast zu deren eigener Macht- und Handlungslosigkeit) ja als minderwertig gedeutet wird. Im Westen spiegle dann das eigene „böse Selbst" wider. Diese Gemengelage zulasten der eigenen Selbstachtung – einerseits gepaart mit einem kulturellen Minderwertigkeitskomplex, andererseits mit einem rigiden Männlichkeitsverständnis und Narzissmus[93] – würde sodann durch eine „besondere Verpflichtung zum Kampf" kompensiert[94]: eine Art „Flucht nach vorne". Es entsteht der Typus des „Gefühle abwehrenden soldatischen Mannes", für den „Reinheit" zum absoluten Ideal wird. So kommt das bekannte „Doppelgespann aus Reinheit und Terror" zum Zuge, wie es sich historisch an

---

86 Vgl. Sophia Rost, Ein demokratischer Weg aus dem Terrorismus im Westen. Islamistischer Terrorismus, Neofundamentalismus, politische Öffentlichkeiten und die globale Zivilgesellschaft, Berlin 2009, S. 139.
87 Vgl. vor allem Olivier Roy, Der islamische Weg nach Westen. Globalisierung, Entwurzelung und Radikalisierung, München 2006.
88 Vgl. vor allem die diesbezüglich bemerkenswerten Ergebnisse in Neu (Anm. 82), S. 41 ff. Demnach sind unter muslimischen Jugendlichen in Deutschland insgesamt „individuelle Diskriminierungserfahrungen gegenüber dem Gefühl einer kollektiven Betroffenheit, als Muslime negativ bewertet zu werden, geringer ausgeprägt" (ebd., S. 42). Vgl. ferner Dantschke (Anm. 82), S. 67.
89 Vgl. Jürgen Habermas, Fundamentalismus und Terror. Ein Gespräch mit Jürgen Habermas, in: ders./Jacques Derrida (Hrsg.), Philosophie in Zeiten des Terrors. Zwei Gespräche, Berlin/Wien 2004. Die öffentlichkeitswirksame Funktionalisierung dieses Aspekts zugunsten eines radikalen Islamverständnisses erfolgt vor allem durch salafistische Gruppierungen. Vgl. Götz Nordbruch/Jochen Müller/Deniz Ünlü, Salafismus als Ausweg? Zur Attraktivität des Salafismus unter Jugendlichen, in: Thorsten Gerald Schneiders (Hrsg.), Salafismus in Deutschland. Ursprünge und Gefahren einer islamisch-fundamentalistischen Bewegung, Bielefeld 2014, S. 363–372, hier S. 368; Dantschke (Anm. 82), S. 67 f.; El-Mafaalani (Anm. 85), S. 84 f.
90 Vgl. Abdel-Samad (Anm. 52), S. 200 f.
91 Peter K. Waldmann, Entfremdet und gewaltbereit. Wie sich Muslime in der Diaspora radikalisieren, in: Thorsten Gerald Schneiders (Hrsg.), Salafismus in Deutschland. Ursprünge und Gefahren einer islamisch-fundamentalistischen Bewegung, Bielefeld 2014, S. 333–354, hier S. 343.
92 Vgl. auch die empirischen Hinweise bei Neu (Anm. 82), S. 44.
93 Vgl. Hans-Dieter König, Arbeitslosigkeit, Adoleszenzkrise und Rechtsextremismus. Eine Kritik der Heitmeyerschen Sozialisationstheorie aufgrund einer tiefenhermeneutischen Sekundäranalyse, in: ders. (Anm. 29), S. 279–319, hier S. 284; Wolfgang Schmidbauer, Psychologie des Terrors. Warum junge Männer zu Attentätern werden, Gütersloh 2009.
94 Vgl. Dan Diner, Versiegelte Zeit. Über den Stillstand der islamischen Welt, Berlin 2005; Kersten Knipp, Nervöser Orient. Die arabische Welt und die Moderne, Darmstadt 2016.

Robespierre oder Hitler exemplifizieren ließe.[95] Islamistischer Extremismus ist demnach immer auch „narzisstischer Kredit", eine Radikalisierung des eigenen Verliererstatus im Sinne eines puren Vergeltungsdrangs.[96] Der *radikale* Verlierer unterscheidet sich vom „normalen" Verlierer dadurch, dass er im Falle seiner aggressiven und im Kern neiderfüllten „Flucht nach vorne" mit dem Prinzip der Selbsterhaltung bricht. Er will andere *und* sich selbst richten, lässt sich somit durch keine Drohung abschrecken.

„Dekulturation" – in Verbindung mit religiös-kultureller Selbst- und Gruppenisolation sowie der „Wahrnehmung einer stellvertretenden [kulturell-kollektiven] Viktimisierung"[97] – hat sogar dazu geführt, dass der Ehepartner, die Familie und die Vereinsmitgliedschaft als bislang protektive Faktoren gegen Delinquenz im Falle des Islamismus inzwischen verblassen oder gar gegenteilige Effekte zeitigen[98], da das Familien- und Vereinsleben in einem ethnokulturell segregierten Milieu angesiedelt ist. So wäre auch zu erklären, dass nach jüngsten Erhebungen des BKA 40 Prozent der djihadistischen Syrien-Ausreisenden verheiratet sind und 27 Prozent von ihnen Kinder haben.[99] Dies hebt die Beobachtung aus Zeiten des Al-Qaida-Terrorismus auf, in ethnisch segregierten Milieus schütze die Familie vor Radikalisierung, weshalb v. a. Einzelmigranten, z. B. Studenten und Intellektuelle aus arabischen Staaten, anfällig für die Verlockungen des Terrorismus seien.[100]

4.2 Gruppensoziologische Faktoren

Extremismen – ob auf Grundlage gestörter Familienkonstellationen, Formen der „relativen Deprivation" oder unabhängig von beidem – entstehen nicht im luftleeren Raum, sie werden stets im Wechselspiel mit „Peers" – Cliquen und virtuelle Netzwerke – erneuert und erzeugt.

Vor Eintritt in bestimmte Cliquen können entsprechende „Anschauungsmodelle" (charismatische Personen, Vorbilder) im direkten sozialen Umfeld (Schule, Familie, Freizeit) die Radikalisierung des Einzelnen begünstigen.[101] Vor allem die „Peers" haben einen großen Einfluss.[102] Im Falle des Islamismus sind diese nicht nur im Freundeskreis anzutreffen, sondern auch in

---

95 Vgl. Spohrer (Anm. 52), S. 403 f.
96 Vgl. im Unterschied zum Kommunismus Peter Sloterdijk, Zorn und Zeit, Frankfurt a. M. 2006; bezogen auf den einzelnen Attentäter Hans Magnus Enzensberger, Schreckens Männer. Versuch über den radikalen Verlierer, Frankfurt a. M. 2006.
97 Neu (Anm. 82), S. 42.
98 Vgl. Baier/Manzoni/Bergmann (Anm. 3), S. 184, 186 und 191; Khosrokhavar (Anm. 79), S. 107 ff.
99 O. V., Analyse der den deutschen Sicherheitsbehörden vorliegenden Informationen über die Radikalisierungsgründe und -verläufe der Personen, die aus islamistischer Motivation aus Deutschland in Richtung Syrien ausgereist sind, unter: http://www.zdf.de/ZDF/zdfportal/blob/35235632/1/data.pdf (6. September 2016).
100 Vgl. Waldmann (Anm. 91), S. 343.
101 Vgl. Lützinger (Anm. 45), S. 69. Ferner Niedersächsisches Ministerium für Inneres und Sport (Anm. 81), S. 18.
102 Vgl. Sageman (Anm. 15), S. 122; Peter R. Neumann/Brooke Rogers, Recruitment and Mobilisation for the Islamist Militant Movement in Europe, London 2007, S. 70 f.; Johannes Bottländer, Der Sechs-Monate-Einstieg des jugendlichen Rechtsextremisten Jörg Fischer. Zur orientierungsmusterbezogenen Sichtweise biographischer Verlaufsformen, in: BIOS – Zeitschrift für Biographieforschung, Oral History und Lebensverlaufsanalysen 26 (2013), H. 1, S. 53–76. Hessisches Ministerium für Inneres und Sport (Hrsg.), Radikalisierungshintergründe und -verläufe von 23 Syrien-Ausreisenden aus dem Rhein-Main-Gebiet. Ergebnisse einer polizeilichen Aktenauswertung des Hessischen Informations- und Kompetenzzentrums gegen Extremismus (HKE), Wiesbaden 2014.

Gestalt von religiösen Autoritäten, Koranschulen, Mittlern in Gefängnissen[103] und Flüchtlingsunterkünften.[104] Im Falle der (deutschen) Koranschulen sind stellvertretende, kulturell-kollektive, gleichsam „fraternale" Viktimisierungen der Muslime und eine damit einhergehende, vermeintliche „Verteidigungsaggressivität" eines im Kern neototalitären djihadistischen Islamismus[105] erkennbar.[106]

Im deutschen Rechtsextremismus wiederum führten mystifizierende geschichtliche Darstellungen sogenannter „Wahlgroßväter" (als diese noch in großer Zahl lebten[107]) zuweilen zu Erweckungserlebnissen im Sinne eines „Wiedererkennens": Als Gruppenmitglied erkannten viele Aktivisten plötzlich eine Kontinuität der eigenen Identität als nationaler Deutscher, Nationalist, Rassist etc., die ihnen bisher verborgen geblieben sei.[108] Cliquen kompensieren sodann – eventuell zusätzlich – familiäre Probleme. Der Einstieg erfolgt oftmals „emotions- und erlebnisorientiert" und weniger aus politisch-ideologischen Motiven heraus.[109] Es dominieren mithin zunächst soziale Verlockungen (Zusammenhalt, soziale Anbindung, emotionaler Rückhalt etc.).

Cliquen sind in radikalen subkulturellen Milieus[110] verankert und bieten Geborgenheit, Orientierung, Ordnung und Struktur, im Falle rechtsextremer Szenen Zugehörigkeit und Anerkennung. Gegebenenfalls ermöglichen sie es, emotionale, von Aggressivität geprägte Neigungen auszuleben, die von der Umwelt lange behindert wurden. „Gewaltmythologische" Resonanzräume, die mit affektiv und emotional aufgeladenen Lebens- und Modestilen aufgefüllt sind, bieten hierfür eine optimale Grundlage.[111] Vor allem der Austausch und das Erleben von Musik und Videoclips (nicht nur, aber insbesondere in Gruppen) spielen eine wichtige Rolle für die Attraktion des Extremismus. Auf das dominanzgesteuerte Gruppenaggressionsverhalten ist rechtsextreme Musik ausgerichtet und größtenteils auch reduziert. Eine zentrale Rolle für die

---

103 Vgl. Stefan Malthaner/Peter Waldmann, Radikale Milieus: Das soziale Umfeld terroristischer Gruppen, in: dies. (Hrsg.), Radikale Milieus: Das soziale Umfeld terroristischer Gruppen, Frankfurt a. M. 2012, S. 11–42, hier S. 18; Khosrokhavar (Anm. 79), S. 183–195; Dorothee Dienstbühl/Marwan Abou-Taam, Rekrutierung in deutschen Gefängnissen durch djihadistische Insassen, in: Forum Strafvollzug 61 (2012), S. 41–45.
104 Vgl. Quintan Wiktorowics, Radical Islam Rising. Muslim Extremism in the West, Lanham/Maryland 2005, S. 127.
105 Vgl. Ernst Nolte, Die dritte radikale Widerstandsbewegung: der Islamismus, Berlin 2009, S. 255; Mathias Schütz, Ideologien der Vernichtung. Nationalsozialismus und radikaler Islam, Bonn 2011.
106 Vgl. Bundesministerium des Inneren (Hrsg.), Muslime in Deutschland. Integration, Integrationsbarrieren, Religion und Einstellungen zu Demokratie, Rechtsstaat und politisch motivierter Gewalt, Hamburg 2007, S. 20.
107 Vgl. Lena Inowlocki, Sich in die Geschichte hineinreden. Biographische Fallanalysen rechtsextremer Gruppenzugehörigkeit. Frankfurt a. M. 2008; Eike Hennig, Neonazistische Militanz und Rechtsextremismus unter Jugendlichen, Stuttgart u. a. 1982, S. 34 f.; Noelle-Neumann/Ring (Anm. 4), S. 158; Christel Hopf/Wulf Hopf, Familie, Persönlichkeit, Politik, Weinheim 1997, S. 144.
108 Vgl. Inowlocki (Anm. 107).
109 Lützinger (Anm. 45), S. 70 f. und 73; ähnlich Sageman (Anm. 15), S. 228 f.
110 Vgl. Malthaner/Waldmann (Anm. 103), S. 19 f. Milieus sind demnach soziale Umfelder und zugleich *konkrete* Beziehungszusammenhänge, die unter sich interagierenden Personen. Diese Zusammenhänge sind zudem gekennzeichnet durch gemeinsame Netzwerke, Erfahrungen, Orientierungsmuster und Lebenswelten sowie durch Ausprägung einer gemeinsamen kollektiven Identität. „Radikal" bezeichnet hier „Einstellungs-, Orientierungs- und Handlungsmuster, die einen Konflikt gewissermaßen verabsolutieren" verbunden mit Opferbereitschaft und Gewaltbejahung.
111 Vgl. Wahl (Anm. 6), S. 164; Backes u. a. (Anm. 8), S. 258.

Entstehung und Festigung von Extremismus spielt im Kontext von Punk- und Metal-Konzerten auch das – von der Sozialforschung allerdings unterschätzte[112] – *Moshen*.[113]

Begünstigt durch gruppendynamische Prozesse und emotional-affektiv aufgeladene Resonanzräume, nehmen die „Novizen" rasch eine neue, nach außen hin hermetisch abgeriegelte „Szeneidentität"[114] oder zumindest eine „sekundäre Devianz" an, die einer primären, „einzelbiographischen" Devianz vor Eintritt in die Cliquenstruktur folgt.

Unklar ist indes, unter welchen Umständen politisch radikale Subkulturen zu gewaltförmigem Extremismus beitragen und unter welchen Bedingungen sie – zumindest vorläufig – *mäßigend* wirken, indem sie etwa alternativen Lebensentwürfen Entfaltungsmöglichkeiten unterhalb der etablierten Kultur bieten, Gewalt somit in gewisser Weise eindämmen.[115] Dessen ungeachtet: Erwiesenermaßen braucht es Cliquen, damit individuelle Radikalisierungs- und Mobilisierungsprozesse in Gang kommen, weil diese „nicht selten eine Eigendynamik erfahren"[116], die sich wiederum weiter radikalisierend auf einzelne Gruppenmitglieder auswirken können.

Allerdings radikalisieren sich im Internetzeitalter mehr und mehr Einzelpersonen – und zwar durch ihre häufig isolierte Anbindung an ein virtuell operierendes, im Falle des Islamismus weitgehend zentral gesteuertes, im Falle des Links- und Rechtsextremismus loses und ungesteuertes Netzwerk. Vor allem im Islamismus und Rechtsextremismus hat dieses Phänomen inzwischen bedrohliche Züge angenommen, da hieraus schwer kontrollierbare und verlustreiche Attentate eines sogenannten Einsamen-Wolf-Terrorismus resultieren (Beispiele sind die Fälle Uka in Frankfurt, Bouhlel in Nizza, Mateen in Orlando, Farook/Malik in San Benardino/USA, Tsarnaev in Boston, Breivik auf der Insel Utøya in Norwegen).[117]

Ob auf dem „klassischen" Weg der Clique oder nach Art des „lone wolf" – hier wie da gehen Radikalisierungsprozesse bei allen Spielarten des Extremismus Hand in Hand mit biographischen Neuschematisierungen. Ausnahmen bilden lediglich Extremisten, die ihre Gesinnung bzw. affine Einstellung von ihren Eltern „erben" (Indizien sprechen z. B. im Fall Mateen im Kontext des Einsamen-Wolf-Attentats in Orlando im Juni 2016 dafür).

---

112 Vgl. Backes u. a. (Anm. 8), S. 288 ff.; König (Anm. 93), S. 292; Hans-Joachim Asmus, Politischer Extremismus und islamischer Terrorismus, in: Bernhard Frevel u. a. (Hrsg.), Politikwissenschaft. Studienbuch für die Polizei, 2. Aufl., Hilden 2009, S. 187 f.
113 Vgl. Jan Buschbom, Ordnung und Rebellion. Rechtsextreme Gefühls- und Lebenswelten, in: Gudrun Brockhaus (Hrsg.), Attraktion der NS-Bewegung, Essen 2014, S. 279–292, hier S. 289 f.: „Es ist […] nicht […] die extreme Musik selbst, die jeden der mit ihr in Berührung kommt, gewissermaßen kontaminiert […]. Es ist das Erleben der *Meute*, das rechtsextreme Musik […] zu einer mächtigen Instanz des Radikalisierungsprozesses werden lässt." (ebd., S. 292, Hervorhebung im Original).
114 Vgl. Lützinger (Anm. 45), S. 73.
115 Vgl. Susanne Karstedt-Henke, Soziale Bewegung und Terrorismus. Alltagstheorien und sozialwissenschaftliche Ansätze zur Erklärung des Terrorismus, in: Erhard Blankenburg (Hrsg.), Politik der inneren Sicherheit, Frankfurt a. M. 1980, S. 220–227; Peter Dudek/Hans-Gerd Jaschke, Entstehung und Entwicklung des Rechtsextremismus in der Bundesrepublik Deutschland. Zur Tradition einer besonderen politischen Kultur, 2 Bde., Opladen 1984, S. 25–30; Friedhelm Neidhardt, Erscheinungsformen und Handlungspotentiale des Terrorismus – Empirische Ansätze zu einem Vergleich linker terroristischer Gruppierungen, Köln 1981. S. 79.
116 Neureiter (Anm. 68), S. 277.
117 Vgl. Florian Hartleb, Die Analyse des Falls „Breivik". Einsamer Wolf-Terrorismus als wichtiges, aber vernachlässigtes Phänomen sui generis innerhalb des Terrorismus, in: Martin H. W. Möllers/Robert Chr. van Ooyen (Hrsg.), Jahrbuch für öffentliche Sicherheit 2012/2013, Frankfurt a. M. 2012, S. 71–92.

Im Falle des Islamismus finden Neuschematisierungen im Kontrast zur eigenen kleinkriminellen, permissiven Lebensweise oder der angeblich viel zu „säkularen" Elterngeneration statt.[118] Bemerkenswerterweise hat diese Entwicklung inzwischen auch im Rechtsextremismus an Bedeutung gewonnen.[119] Wird der Elterngeneration von jungen Islamisten ein Zuviel an „Säkularismus" vorgeworfen, so setzen sich junge Rechtsextreme mittlerweile von einem Zuviel an „Liberalismus" ab.[120] Entsprechend tragen Mitglieder der rechtsextremen Szene seit den 1970er Jahren harte Konflikte mit Lehrern und der Polizei aus.

Mit Sicht auf den Linksextremismus haben politische Verschiebungen indes zur Folge, dass die Zwangsläufigkeit biographischer Neuschematisierungen im Radikalisierungsprozess in Frage gestellt werden muss (vgl. Kapitel 5).

Für die Beteiligung an organisiertem Gewalthandeln und terroristischen Anschlägen sind sodann gruppenorganisatorische, angebotsseitige Voraussetzungen (Mobilisierungsressourcen[121] und organisatorisch-strategische Faktoren[122]) und gruppendynamische Prozesse (z. B. eine Art Wettbewerbskultur innerhalb der Gruppe, ausgeprägter Rollenzwang oder ein lang währender, von Gruppenführern gezielt angeleiteter Sozialisationsprozess) ausschlaggebend. Die Cliquen lassen sich in diesem Zusammenhang als „Komplizen-Gesellschaften"[123] bezeichnen.

Gruppenprozesse, die zu einer weiteren Radikalisierung beitragen, ergeben sich für einzelne Akteure sodann aus zufälligen Gegebenheiten in der Gruppe (ungeplante Erlangung von Sprengstoff, Konfrontation mit Kriegsgeschädigten aus dem Ausland, szeneinterne Ereignisse, plötzliche Isolation von der Außenwelt durch Tod von Hinterbliebenen)[124] oder außerhalb von ihr (*tipping points*, z. B. Reaktionen auf einschneidende politische Ereignisse, vor allem Gewalt[125], sonstige Schlüsselerlebnisse oder persönliche Traumata).[126]

---

118 Vgl. Hessisches Ministerium für Inneres und Sport (Anm. 102), S. 3; Puschnerat (Anm. 82), S. 224; Roy (Anm. 87), S. 167; Niedersächsisches Ministerium für Inneres und Sport (Anm. 81), S. 17.
119 Vgl. Christel Hopf u. a. (Hrsg.), Familie und Rechtsextremismus. Familiale Sozialisation und rechtsextreme Orientierungen junger Männer. Weinheim 1995, S. 181.
120 Vgl. exemplarisch Hans-Gerd Jaschke, Biographisches Porträt: Michael Kühnen, in: Uwe Backes/Eckhard Jesse (Hrsg.), Jahrbuch Extremismus & Demokratie, Bd. 4, Baden-Baden 1992, S. 168–180.
121 Der „Ressourcenmobilisierungsansatz" geht davon aus, dass Gewalt erst dann entsteht, wenn eine von gefühlter Benachteiligung betroffene Gruppe nicht über die erforderlichen Ressourcen verfügt, ihre Ziele friedlich, aber sehr wohl gewaltsam zu erzielen. Vgl. Charles Tilly, From Mobilization to Revolution, New York 1978; ferner Gerhard Schmidtchen, Jugend und Staat, in: Ulrich Matz/Gerhard Schmidtchen (Hrsg.), Gewalt und Legitimität, S. 105–264, hier S. 254.
122 Vgl. Ruud Koopmans/Dieter Rucht, Rechtsextremismus als soziale Bewegung?, in: Jürgen W. Falter/Hans-Gerd Jaschke/Jürgen R. Winkler (Hrsg.), Rechtsextremismus. Ergebnisse und Perspektiven der Forschung, S. 265–287; Donatella della Porta, Gewalt und die Neue Linke, in: Wilhelm Heitmeyer/John Hagan (Hrsg.), Internationales Handbuch der Gewaltforschung, Wiesbaden 2002, S. 479–500; Mayer N. Zald/John McCarthy, Social Movements in an Organizational Society, New Brunswick/Oxford 1987.
123 Vgl. Louise Richardson: Was Terroristen wollen – Die Ursachen der Gewalt und wie wir sie bekämpfen können, Bonn 2007, S. 105.
124 Vgl. McCauly/Moskalenko (Anm. 6), S. 220 f.; Lützinger (Anm. 45), S. 67–74. Ferner Fathali M. Moghaddam/Anthony J. Marsella (Hrsg.), Understanding Terrorism. Psychological Roots, Consequences, and Interventions, Washington D.C. 2013; Arie W. Kruglanski/Shira Fishman, Psychological Factors in Terrorism and Counterterrorism. Individual, Group, and Organizational Levels of Analysis, in: Social Issues and Policy Review 3 (2009), H. 1, S. 1–44, hier S. 17.
125 Vgl. Roland Eckert, Die Dynamik der Radikalisierung. Über Konfliktregulierung, Demokratie und die Logik der Gewalt, Weinheim/Basel 2012, S. 269–271.
126 Schmidtchen (Anm. 55), S. 43. Vgl. ferner Elisabeth Müller-Luckmann, Terrorismus: Psychologische Deskription, Motivation, Prophylaxe aus psychologischer Sicht, in: Hans-Dieter Schwind (Hrsg.), Ursachen des Terro-

Tipping points wiederum können sogar zu individuellen Eintritten in extremistische Milieus oder zur Radikalisierung ganzer Gesellschaften beitragen. Lenin radikalisierte sich etwa unmittelbar nach der Erschießung seines Bruders durch russische Polizeiorgane. Beispiele für „gesellschaftliche" *tipping points* in Deutschland wiederum waren der verlorene Erste Weltkrieg oder die Erschießung Benno Ohnesorgs in den 1960er Jahren.

Wie eine Reihe von Lebenslaufstudien zeigt, spielen – neben biographischen, sozialpsychologischen und angebotsseitigen (Peers, Gruppen, Ideologieträger) Faktoren – „objektive" soziale und sozialökonomische Bedingungen eine große Rolle bei Radikalisierungsprozessen. Das „Fass zum Überlaufen" bringen meist ökonomische und gesellschaftliche Krisensituationen.[127] Dazu gehören die Erosion des gesellschaftlichen Zusammenhalts, Ungleichzeitigkeiten der ökonomischen und Bildungsentwicklungen, rapider kultureller Wandel, Solidaritäts- und Normverluste.[128] Entstehen infolgedessen extremistische soziale Bewegungen, folgt daraus unter Umständen eine ideologische Polarisierung und infolgedessen eine weitere „Radikalisierung der Gesellschaft" im Sinne einer Spiralbewegung.[129]

4.3 Sozioökonomische Faktoren

4.3.1 Arbeitslosigkeit und Bildungsgrad

Unter den sozialstrukturellen Entstehungsfaktoren stechen bei einem Blick in die Forschungsliteratur Bildungsmangel und ökonomisch-soziale Perspektivlosigkeit hervor.[130] Vor allem der heutige Rechtsextremismus gilt als Unterschichtenphänomen. Dies freilich ist „kein transhistorisches Gesetz".[131] Obwohl ohne die grassierende Arbeitslosigkeit der Weimarer Republik der Nationalsozialismus ein Rätsel bleibt, war eine „aufwärts mobile Gruppe" ein wichtiger Bestandteil der nationalsozialistischen Bewegung der 1920er und 1930er Jahre.[132] Und: Wiewohl Arbeitslosigkeit auch heute noch extremes Wahlverhalten fördern mag,[133] zeigt sich bei isolier-

---

rismus in der Bundesrepublik Deutschland, Berlin/New York, S. 60–68, hier S. 68; Mathis/Schumacher (Anm. 59), S. 53–57.
127 Vgl. Koopmans/Rucht (Anm. 122).
128 Vgl. della Porta (Anm. 122).
129 Andreas Zick/Nils Böckler, Radikalisierung als Inszenierung. Vorschlag für eine Sicht auf den Prozess der extremistischen Radikalisierung und die Prävention, in: Forum Kriminalprävention 3 (2015), S. 6–16, hier S. 6.
130 Vgl. Stöss (Anm. 2), S. 31.
131 Vgl. Wahl (Anm. 6), S. 153.
132 Vgl. Karstedt (Anm. 49); Ferner Theodore Abel, Why Hitler Came into Power. An answer based on the original life stories of 600 of his followers. New York 1938; Hans-Thomas Spohrer, Die ‚autoritäre Persönlichkeit' als Erklärungsansatz für Fremdenfeindlichkeit und Rechtsextremismus. Ein aktuelles Konzept?, in: Martin H. W. Möllers/Robert Chr. van Ooyen (Hrsg.), Politischer Extremismus 1. Formen und aktuelle Entwicklungen, S. 297–309, hier S. 306; Miliopoulos (Anm. 55), S. 116.
133 Vgl. Jürgen W. Falter, Politische Konsequenzen von Massenarbeitslosigkeit. Neue Daten zu kontroversen Thesen über die Radikalisierung der Wählerschaft am Ende der Weimarer Republik, in: Politische Vierteljahresschrift 25 (1984), S. 275–295, hier S. 291 f.; Ralph Rotte/Martin Steininger, Sozioökonomische Determinanten extremistischer Wahlerfolge in Deutschland, Bonn 2000, S. 41; Johann Bacher, Arbeitslosigkeit und Rechtsextremismus. Forschungsergebnisse auf Basis des ALLBUS 1996 und der Nürnberger Berufsschülerbefragung 1999, unter: http://www.soziologie.wiso.uni-erlangen.de/publikationen/a-u-d-papiere/a_99–06.pdf (30. April 2017).

ter Betrachtung nur ein schwacher[134], im Rahmen multivariater Analyse sogar überhaupt kein signifikanter Zusammenhang.[135]

Wirtschaftszentrierte Ansätze also überzeichnen den Einfluss der ökonomischen Situation auf die politische Sozialisation. Die lange Zeit von Ronald Inglehart vertretene These, materielle Knappheit begünstige Materialismus und dieser wiederum rechtsextreme Neigungen,[136] hat sich in diesem Lichte als unzureichend herausgestellt.[137] Auch ein daran anknüpfender Ansatz von Herbert Kitschelt, wonach der Rechtsextremismus aus einer autoritär-marktliberalen Reaktion auf Erfolge der linkslibertären Sozialstaatsbefürworter[138] resultiere, hat sich inzwischen – angesichts der stärker protektionistischen Positionen der politischen Rechten seit den 1990er Jahren – als fragwürdig erwiesen.[139]

Ein anderer Teil der Forschung betont wiederum, entscheidend sei nicht Arbeitslosigkeit, sondern der formale Bildungsgrad – zumindest im Falle des Rechtsextremismus. Neben Faktoren wie „allgemeine Angst vor sozialem Abstieg"[140] und „strukturschwache Räume"[141] weise er zu rechtsextremen Einstellungen[142] wie zu subjektiv wahrgenommenen Bedrohungsszenarien[143] signifikante Zusammenhänge auf. Beim Linksextremismus indes gehen die Befunde auseinander[144], beim Islamismus kann kein Zusammenhang nachgewiesen werden.[145]

Ein Blick auf den (teilweise extremistischen) Rechtspopulismus, aber auch historische Erkenntnisse legen nahe, über „objektive" Daten wie Bildungsgrad (oder auch Arbeitslosigkeit) hinauszugehen. Zudem sind „Zukunftsängste" stärker in Rechnung zu stellen. Zum einen fallen die vielen Höhergebildeten und die sozial etablierten Schichten in der Wählerschaft rechtspopulistischer Parteien auf.[146] Zum anderen lehrt ein Blick in die Geschichte, dass viele der Par-

---

134 Winkler (Anm. 72), S. 371; Alheim/Heger (Anm. 72), S. 66.
135 Vgl. Winkler (Anm. 72), S. 373; Richard Alba/Michelle Johnson, Zur Messung aktueller Einstellungsmuster gegenüber Ausländern in Deutschland, in: Richard Alba (Hrsg.), Deutsche und Ausländer. Freunde, Fremde oder Feinde? Empirische Befunde und theoretische Erklärungen, Wiesbaden 2000, S. 229–253, hier S. 232; Sommer (Anm. 72), S. 225.
136 Vgl. Ronald Inglehart, Kultureller Umbruch. Wertewandel in der westlichen Welt, Frankfurt a. M. 1989; Ronald Inglehart, The Silent Revolution. Changing Values and Political Styles among Western Publics, Princeton 1997.
137 Vgl. Jürgen R. Winkler, Rechtsextremismus – Gegenstand – Erklärungsansätze – Grundprobleme, in: Wilfried Schubarth/Richard Stöss (Hrsg.), Rechtsextremismus in der Bundesrepublik Deutschland, Opladen 2001, S. 38–68, hier S. 53.
138 Vgl. Herbert Kitschelt, The Radical Right in Western Europe. A Comparative Analysis. Ann Arbor 1995, S. 275.
139 Vgl. Michael Minkenberg, The Renewal of the Radical Right. Between Modernity and Anti-Modernity, in: Government and Opposition 35 (2000), S. 170–188; Cas Mudde, Populist Radical Right Parties in Europe. Cambridge u. a. 2007.
140 Vgl. Sommer (Anm. 72), S. 226.
141 Vgl. Andreas Grau/Wilhelm Heitmeyer (Hrsg.), Menschenfeindlichkeit in Städten und Gemeinden. Weinheim/Basel 2013.
142 Vgl. Wahl (Anm. 5), S. 153; Winkler (Anm. 72), S. 365 f.; Alheim/Heger (Anm. 71), S. 89 f.; Michael Terwey, Ethnozentrismus in Deutschland. Seine weltanschaulichen Konnotationen im sozialen Kontext, in: Alba (Anm. 135), S. 295–331, hier S. 304 f.; Rotte/Steininger (Anm. 133), S. 40.
143 Vgl. Rippl u. a. (Anm. 67), S. 119.
144 Monika Deutz-Schröder/Klaus Schroeder, Linksextreme Einstellungen und Feindbilder. Befragungen, Statistiken und Analysen, Frankfurt a. M. 2016; Katrin Hillebrand u. a., Politisches Engagement und Selbstverständnis linksaffiner Jugendlicher, Wiesbaden 2015.
145 Vgl. Baier/Manzoni/Bergmann (Anm. 3), S. 192.
146 Vgl. Spier (Anm. 71), S. 271 f.

teimitglieder aus soliden Mittelschicht-Familien ohne nennenswerte Bindung an radikale Milieus anfällig für Radikalisierungsprozesse sind, sobald eine *Angst vor der Deklassierung der Mittelschicht* in einer Gesellschaft um sich greift.[147]

Wie der Ansatz der „relativen Deprivation" aufzeigt, darf keineswegs der soziale Status einer Person, sondern muss dessen subjektive Wahrnehmung einschließlich der subjektiven Angemessenheit betrachtet werden. Was empirische Studien oft vernachlässigen: Dies gilt weniger für den *gegenwärtigen* Status, sondern vielmehr *prospektiv*. Es geht also um *Zukunftserwartungen* und darum, ob diese als dem eigenen, *zukünftig verdienten* Status angemessen gelten.

„Statusinkonsistenzen" können unter diesem Blickwinkel auch und gerade soziale Aufsteiger wahrnehmen (Stichwort „Bestrebungsdeprivation"). Hierunter fallen nicht nur Rechte, sondern auch Linke und Islamisten, im ersten Fall z. B. Studenten, die vielleicht einen übermäßigen, teils unbewussten, teils prospektiven Sozialneid auf Höher- bzw. „Bestandsprivilegierte" entwickeln[148], im zweiten Fall Muslime, die sich aufgrund ihrer Herkunft trotz eines gewissen Aufstiegs im Vergleich zur Elterngeneration prospektiv sozial benachteiligt und diskriminiert fühlen.

4.3.2 Sozialer Wandel und Modernisierung

Mit „Zukunftsängsten" ist ein weiterer makrosozialer Faktor verknüpft, der oft zur Erklärung von Extremismus herangezogen wird: der soziale Wandel einer Gesellschaft. Die wichtigsten makrosozialen Ansätze zur Erklärung verschiedener Extremismusvarianten sind die Modernisierungstheorie und der damit zusammenhängende Wandel politischer Konfliktlinien.

Deren Ausgangspunkt bildet die Annahme, tradierte gesellschaftliche Werte- und Orientierungssysteme passen sich dem raschen Wandel moderner Gesellschaften infolge von Ungleichzeitigen in der ökonomischen Entwicklung nicht schnell genug an, woraus eine beständige Umwertung von Werten auf der Mikro-Ebene, Entfremdungsprozesse und sogar normative Brüche folgen. Erwin K. Scheuch und Hans-Dieter Klingemann haben den daraus resultierenden „rigiden Denkstil" (vgl. Kapitel 3.2), der ihnen zufolge die beschriebenen Ambiguitäten in modernen Industriegesellschaften individuell auflöst, konsequenterweise als „normale Pathologie" dieser Gesellschaften bezeichnet.[149]

Im politischen System hat der Wandel von der nationalen Industrie- hin zur globalen Dienstleistungsgesellschaft in den vergangenen 50 Jahren wiederum zu einer Verschiebung politischer Konfliktlinien geführt, so Herbert Kitschelt: Die tradierte Hauptkonfliktachse zwischen sozialstaatlicher Umverteilung und marktliberaler Deregulierung wird nunmehr gekreuzt von dem soziokulturellen Gegensatz mit den Polen „autoritär" und „linkslibertär".[150]

---

147 Vgl. Karstedt (Anm. 49), S. 240.
148 Vgl. Rotte/Steininger (Anm. 133), S. 38.
149 Vgl. Scheuch/Klingemann (Anm. 31), S. 12 f. Vgl. zur Anschlussfähigkeit an aktuelle empirische Ansätze: Kai Arzheimer/Jürgen W. Falter, Die Pathologie des Normalen. Eine Anwendung des Scheuch-Klingemann-Modells zur Erklärung rechtsextremen Denkens und Verhaltens, in: Dieter Fuchs/Edeltraud Roller/Bernhard Weßels (Hrsg.), Bürger und Demokratie in Ost und West. Studien zur politischen Kultur und zum politischen Prozess, Wiesbaden 2002, S. 85–107.
150 Vgl. Herbert Kitschelt, Politische Konfliktlinien in westlichen Demokratien. Ethnisch-kulturelle und wirtschaftliche Verteilungskonflikte, in: Wilhelm Heitmeyer/Dietmar Loch (Hrsg.), Schattenseiten der Globalisie-

Diese neue – (post-)materielle – Konfliktdimension erfasse inzwischen nicht mehr nur die politische Linke, sondern auch die Rechte.[151] Zumal der Rechtsextremismus agiere also nicht nur, sondern reagiere – wie die gesamte Rechte – mit traditionalen, autoritären und nationalorientierten Werten auf Modernisierung, sozialen Wandel sowie die linkslibertäre, grün-alternative Wertekultur. Politisch antwortet die Rechte auf einen mit diesen Modernisierungsprozessen einhergehenden linkliberalen „Marsch durch die Institutionen", so der Gedankengang.

Dies macht Rechtsextremismus anschlussfähig für sogenannte „Modernisierungsverlierer", die wiederum nicht, wie anfänglich in Weiterführung von Scheuch/Klingemann und in Anlehnung an Wilhelm Heitmeyer[152] oft konstatiert, rein ökonomisch, sondern auch in spezifisch *politischer* und *kultureller* Weise zu definieren sind. Es handelt sich folglich nicht nur um ökonomisch verelendete Schichten, sondern auch um Personengruppen in ökonomisch (noch) komfortablen Positionen, die sich aber politisch ohnmächtig und kulturell entfremdet oder trotz Erwerbsarbeit aufgrund der allgemeinen sozial- und wirtschaftspolitischen Konkurrenzsituation bedroht fühlen. Rechtsextremer Hooliganismus steht für die demonstrative Abwehr von Modernisierungszumutungen durch sich machtlos und abgehängt fühlende weiße Männer, meist Arbeiter, im genannten Sinne.[153]

Die Modernisierungsverliererthese begreift „Modernisierung" mithin als gesamtgesellschaftliche Entwicklung, geprägt durch Globalisierung, Digitalisierung, Massenmigration, Beschleunigung bzw. „Destruktion sozialer Zeit", demographischen und sozialen Wandel.[154] Dies führt nicht nur zu sozioökonomischer Marginalisierung und Deprivation (sich nicht erfüllende Erwartungen), sondern auch kulturellen Verlustgefühlen und Anomie-Erfahrungen (normative Strukturlosigkeit)[155], zumal gewissheitsstiftende Geschichtsbilder und damit ein „intaktes" historisches Bewusstsein in der Gesellschaft mehr und mehr schwinden.[156]

Vor diesem Hintergrund wirkt zumal der Rechtsextremismus für junge „autochthone" Modernisierungsverlierer orientierungsrelevant und entlastend. Er degradiert einzelne Gesellschaftsmitglieder – Minderheiten und Randgruppen (Menschen nicht-deutschen Ursprungs, Nicht-Weiße, Obdachlose, Behinderte etc.) vor allem – zu Hassobjekten, um sich im sozialen Selbst-

---

rung. Rechtsradikalismus, Rechtspopulismus und separatistischer Regionalismus in westlichen Demokratien, Frankfurt a. M., S. 418–442.

151 Vgl. Piero Ignazi, The Silent Counter-Revolution. Hypotheses on the Emergence of Extreme Right-Wing Parties in Europe, in: European Journal of Political Research 22 (1992), S. 3–34.
152 Vgl. Wilhelm Heitmeyer, Rechtsextremistische Orientierungen bei Jugendlichen. Empirische Ergebnisse und Erklärungsmuster einer Untersuchung zur politischen Situation, Weinheim 1989; vgl. kritisch Wolfgang Frindte, Rechtsextreme Gewalt – sozialpsychologische Erklärung und Befunde, in: Hans W. Bierhoff/Ulrich Wagner (Hrsg.), Aggression und Gewalt. Phänomene, Ursachen und Interventionen, Stuttgart 1998, S. 165–205, hier S. 180.
153 Ralf Bohnsack u. a., Die Suche nach Gemeinsamkeit und Gewalt in der Gruppe, Opladen 1995.
154 Vgl. Ulrich Beck, Risikogesellschaft – auf dem Weg in eine andere Moderne. Frankfurt a. M. 1986.
155 Vgl. Eike Hennig, Politische Unzufriedenheit – ein Resonanzboden für Rechtsextremismus?, in: Wolfgang Kowalsky/Wolfgang Schroeder (Hrsg.), Rechtsextremismus. Einführung und Forschungsbilanz, Opladen 1994, S. 339–380, hier S. 364–367. Das Konstrukt der Anomie basiert auf Emile Durkheim, Der Selbstmord, 4. Aufl., Frankfurt a. M. 1993 [1897]. Einen Zusammenhang zwischen gesellschaftlicher Modernisierung, Anomiegedanken und Rechtsextremismus haben ursprünglich vor allem Talcott Parsons – Democracy and Social Structure in Pre-Nazi Germany, in: Journal of Legal and Political Sociology 1 (1942), S. 96–114 – und Scheuch/Klingemann (Anm. 31) hergestellt.
156 Vgl. Wilhelm Heitmeyer, Die Bielefelder Rechtsextremismus-Studie. Eine Langzeituntersuchung zur politischen Sozialisation männlicher Jugendlicher. Weinheim u. a. 1992, S. 592.

verständnis selbst zu erhöhen und zugleich mit „Ambivalenz-Konflikten und Widerspruchskonstellationen" im Zuge allgegenwärtiger Individualisierungsprozesse fertig zu werden.[157] In Anlehnung an Heitmeyers Arbeiten spricht man von der „Instrumentalisierungsthese" bzw. These vom „materiellen Nationalismus".[158] Dies ergänzt einige psychologische Annahmen, denen zufolge Formen des „induzierten Fanatismus" *mehrheitlich* ebenfalls eine Kompensationsfunktion erfüllen, auch wenn sie nach außen hin einen anderen Eindruck – denjenigen von Energie, Macht- und Selbstbewusstsein – ausstrahlen.[159]

Empirisch sind die Befunde allerdings lückenhaft und widersprüchlich.[160] Zuweilen wird die Modernisierungsverliererthese grundsätzlich in Frage gestellt und betont, rechtsextreme Täter verträten von Grund auf (sehr) positive Selbstkonzepte[161] und bezögen ihren positiven Selbstbezug aus der Vorstellung, Vollstrecker einer rechten „Dominanzkultur" zu sein.[162] Die Mehrheit der Studien belegt jedoch zumindest Zusammenhänge zwischen den Faktoren „Orientierungslosigkeit", „Ohnmachtsgefühl" und Rechtsextremismus.[163] In der Summe scheint also eine Melange aus Unzufriedenheit, Zukunftsangst, politischer Entfremdung, Rigorismus und radikalen Erwartungen ursächlich für rechtsextremes Verhalten zu sein.[164] Diese brisante Stimmungslage ergibt „einen antidemokratischen Cocktail, der die Motive des ‚Protests' […] aufschließt"[165], gegenwärtig vor allem für die politische Rechte und den Islamismus. Im Falle des Rechtsextremismus gehen radikale Unzufriedenheitssymptome zusätzlich mit einer Angst vor Deklassierung, sozialem Abstieg und Privilegienverlust einher, was bei höheren Schichten in einen rechtsextremen „Wohlstandchauvinismus" münden kann, nicht muss.[166] Auf gesamtgesellschaftlicher Ebene führen diese Prozesse zu einem hohen Grad an ideologischer Polarisierung.

Unter dem Dach des Begriffs „Modernisierungsverlierer" lassen sich zudem die psychisch-dispositiven Einstellungsfaktoren, die „soziale Lage" und Folgen des sozialen Wandels sinnvoll integrieren.[167] So wird dann auch nicht der Fehler begangen, wie dies Heitmeyer kritisch vorgehalten wird[168], die mikrosozialen Entstehungsfaktoren, vor allem Fragen der familiären Sozialisation, zu vernachlässigen.

---

157 Vgl. Stöss (Anm. 2), S. 32.
158 Vgl. Heitmeyer (Anm. 156), S. 592.
159 Vgl. Günter Hole, Fanatismus. Der Drang zum Extrem und seine psychischen Wurzeln, Gießen 2004, S. 26; Ernst-Dieter Lantermann, Die radikalisierte Gesellschaft. Von der Logik des Fanatismus, München 2016.
160 Vgl. Neureiter (Anm. 68), S. 184–212; Backes u. a. (Anm. 8), S. 27.
161 Vgl. Joachim Müller, Täterprofile. Hintergründe rechtsextremistisch motivierter Gewalt. Wiesbaden 1997, S. 61; Klaus Schroeder, Rechtsextremismus und Jugendgewalt in Deutschland: Ein Ost-West-Vergleich, München 2004, S. 102; Frindte (Anm. 152), S. 180.
162 Vgl. Birgit Rommelspacher, Dominanzkultur. Texte zu Fremdheit und Macht, Berlin 1995.
163 Vgl. Sommer (Anm. 72), S. 228.
164 Vgl. Hennig (Anm. 155), S. 364; Richard Stöss, Der Nährboden für rechte Netzwerke. Rechtsextreme Einstellungen und ihre Ursachen, in: Stephan Braun/Daniel Hörsch (Hrsg.), Rechte Netzwerke – eine Gefahr, Wiesbaden 2004, S. 67–76, hier S. 74.
165 Hennig (Anm. 155), S. 364.
166 Vgl. Stöss (Anm. 164), S. 75.
167 Vgl. Spier (Anm. 71).
168 Vgl. aus psychoanalytischer Sicht König (Anm. 93); Clemenz (Anm. 36), S. 135.

5 Politische Faktoren

5.1 Legitimationskrise des Staates

Als weitere Entstehungsfaktoren für Extremismus auf der makrosozialen Ebene gelten die Autorität und die Effektivität etablierter politischer Funktionseliten einerseits sowie die „Verfügbarkeit" politischer Ideologeme in der nationalen (oder religiösen) politischen Kultur, die sich zur Entfaltung von „rigiden Denkstilen" auf der Mikro-Ebene eignen, andererseits.[169]

Die Abnabelung politischer Funktionseliten von Lebensgefühlen und politischen Bewusstseinszuständen in der Bevölkerung ist vor allem im Zuge der beschriebenen Modernisierungsprozesse brisant. Treten in solchen Phasen sozialmoralische Entpflichtung, abgehobene Kommunikation und ethische Indifferenz seitens der Etablierten auf, so katalysiert dies die Radikalisierung der Gesellschaft und damit den Extremismus. Wenn beispielsweise „Wahrheits-, Geltungs- und Selbstdarstellungsansprüche auch nichteuropäischer Kulturen im öffentlichen Raum immer nachdrücklicher wahrnehmbar sind und immer aufdringlicher auf Probleme kultureller Koexistenz aufmerksam" machen, Funktionseliten sich in ihren kommunikativen Reaktionen jedoch zu sehr von politischer Korrektheit leiten lassen, so zieht das Legitimationsverluste nach sich, die Extremismus nähren.[170] Viele Wähler suchen sich dann Kanäle für kulturhegemoniale Schutzansprüche und finden sie bei nicht-etablierten, bisweilen extremistischen Parteien.[171]

Zugleich kann politischer Extremismus nur dann in erfolgversprechender (das heißt umstürzlerischer) Form mobilisieren, wenn einerseits die politische Kultur seine Symbole oder Fragmente legitimiert (dies kann rechts-, aber auch linksextreme Wertekulturen beinhalten)[172], extremistische Gruppen andererseits Gelegenheitsstrukturen effektiv ausnutzen, straff organisiert sind und strategisch klug agieren. Unter solchen Umständen provoziert Extremismus bisweilen scharfe Reaktionen – etwa im ländlichen Raum (Ostdeutschlands), wo starke gewalttätige rechtsextreme Szenen die Gewaltakzeptanz bestimmter Teile der „Antifa" steigern.[173]

Zögerliche Antworten des Staates auf extremistische Gewalt spitzen zusätzlich das Legitimationsproblem etablierter Funktionseliten zu. Zeigt sich der Staat strafrechtlich inkonsequent, untergräbt er damit eine Mindestvoraussetzung des Antiextremismus: die „bedingungslose Gewaltablehnung"[174]. Gewalttätige Extremisten, die in einem solchen Fall den Eindruck bekom-

---

169 Vgl. Scheuch/Klingemann (Anm. 31), S. 20.
170 Vgl. Wilfried Gerhard, Extremismusstudien, Strausberg 1999, S. 15 f. und 28.
171 In Weiterführung von Spohrer (Anm. 132), S. 309.
172 Vgl. Gabriel A. Almond/Sidney Verba, The Civic Culture. Political Attitudes and Democracy in Five Nations, Princeton 1963; Martin Fishbein/Icek Ajzen, Belief, Attitude, Intention and Behavior, Reading 1975.
173 Vgl. Nils Schumacher, Sich wehren, etwas machen – Antifa-Gruppen und -Szenen als Einstiegs- und Lernfeld im Prozess der Politisierung, in: René Schultens/Michaela Glaser (Hrsg.), „Linke" Militanz im Jugendalter. Befunde zu einem umstrittenen Phänomen, Halle 2013, S. 47–70.
174 Walter Schmitt Glaeser, Über Ursachen politisch motivierter Privatgewalt und ihre Bekämpfung, in: Zeitschrift für Rechtspolitik 28 (1995), S. 57–63, hier S. 59. Zu den gesellschaftspolitischen Ursachen vgl. ebd, S. 59 f.: „Das Links-Rechts-Schema ist hier völlig deplaziert und verstellt den Blick auf das Wesentliche. Das Problem ist allein die Gewalt, sie ist weder links noch rechts […] und muss entsprechend behandelt werden". Vgl. ferner Jürgen Schwabe, Im rechtsfreien Raum, in: Frankfurter Allgemeine Zeitung vom 24. Juli 2014, S. 6.

men müssen, ihr Verhalten führe zum Ziel,[175] gewinnen an Motivation und dadurch an Attraktivität für ideologisch affine Teile der Bevölkerung. Andere – sicherheitsorientierte – Bevölkerungsschichten treten überdies womöglich radikaler in Erscheinung, da sie sich unzureichend geschützt fühlen. Dies trifft zumal dann zu, wenn sich extremistische Gewalt gegen einen relevanten Teil der Gesellschaft – prononcierte „linke" oder „rechte" Formen politisch-ziviler Selbstorganisation – richtet.

Umstritten ist, ob die staatliche Gewaltdesensibilisierung, wie gegenwärtig gegenüber dem Linksextremismus[176], programmatischen wie strategischen Erwägungen der Herrschenden und extremistischen Gruppen entspringt und insofern rasch revidierbar und politisch kontextabhängig ist (z. B. „Erosion der Abgrenzung", „Kampf gegen rechts" hier, theoretische Legitimationsanstrengungen, „reflektierte", z. B. „antifaschistische" Gewaltakzeptanz dort). Weniger kontingent wäre das Verhalten, wäre es Teil einer längerfristigen historischen Entwicklung des Werteverlustes und „öffentlicher Erziehungsvergessenheit".[177]

5.2 Interaktionen zwischen Staat, öffentlicher Meinung und Extremismus

Mit Begriffen wie Gewaltsensibilität, Gewaltdesensibilisierung oder ganz allgemein „Reaktion" des Staates ist ein weiterer, spezifisch *soziokultureller* Entstehungsfaktor von Extremismus auf der makrosozialen Ebene angesprochen (vgl. Kap. 6): die Interaktion zwischen Staat und Radikalen.

Ansätze zum Interaktionismus zwischen Staat und Radikalen im Sinne eines Aktions-Reaktions-Musters[178] bedienen sich häufig der Frage, ob der Staat unmittelbar repressiv, d. h. physisch, reagiert oder nicht. Vernachlässigt werden demgegenüber Fragen der indirekten Restriktion. Das meint Handlungen und Formen der symbolischen Politik durch Spitzenpolitiker, Gerichte und die Polizei, aber auch mittelbare Interaktionsmuster zwischen Staat, intermediären Institutionen und Extremismus sowie zwischen den radikalisierten Polen einer Gesellschaft infolge staatlicher und/oder medialer Interventionen.[179]

So versetzen keineswegs nur „unangemessene" oder asymmetrische, physisch unmittelbar erfahrbare Repressionsmaßnahmen gegen Extremisten der Radikalisierung zusätzlichen Schub, sondern auch harsche Kritik an gefährdeten, d. h. besonders anfälligen Bevölkerungsgruppen und Extremisten durch politische Akteure wie die öffentliche Meinung.[180] Zu nennen wären

---

175 Vgl. Ulrich Matz, Gesellschaftliche und politische Bedingungen des deutschen Terrorismus, in: Matz/Schmidtchen (Anm. 121), S. 15–103.
176 Hier kann inzwischen von einer „Katalysatorfunktion des ‚Kampfes gegen rechts' für Militanz" gesprochen werden. Vgl. Rudolf van Hüllen, Linksextreme/linksextremismusaffine Einstellungsmuster unter Jugendlichen – eine qualitative Studie, in: René Schultens/Michaela Glaser (Hrsg.), „Linke" Militanz im Jugendalter. Befunde zu einem umstrittenen Phänomen. Halle 2013, S. 96–114, hier S. 106 und 109–111.
177 Vgl. Hermann Lübbe, Endstation Terror: Rückblick auf lange Märsche, Stuttgart 1978; Johannes Schwarte, Rückfall in die Barbarei. Die Folgen öffentlicher Erziehungsvergessenheit, Opladen 1996.
178 Vgl. Logvinov (Anm. 11), S. 108 f.
179 Ausgenommen Donatella Della Porta, Die Spirale der Gewalt und Gegengewalt. Lebensberichte von Links- und Rechtsradikalen in Italien, in: Forschungsjournal Neue Soziale Bewegungen 4 (1991), H. 2, S. 53–62.
180 Vgl. McCauly/Moskalenko (Anm. 6), S. 221 f.

etwa muslimische Jugendliche, weiße Arbeiter, Kleinbürger in ländlichen Räumen oder weiße rechtsorientierte Jugendliche. So wäre zu fragen, ob eindimensionale Darstellungen von Muslimen durch die Medien dazu führen, dass gefährdete Jugendliche diese Etikettierungen „in das eigene Selbstverständnis zu übernehmen" suchen.[181]

Vor allem Asymmetrien führen – mittelbar – zur Eskalation der Extreme. Dabei spielen Gewaltinteraktionen eine wichtige Rolle. Linksextreme reagieren etwa selbstradikalisierend auf eine gegen den vermeintlichen „Linksstaat" radikalisierte Rechte, Rechtsextreme infolgedessen selbstradikalisierend auf eine radikalisierte Linke. Zusätzlich schaukeln sich im Zuge neuer migrationspolitischer und terroristischer Ereignisse Islamisten wie Rechtsextreme einander hoch. Abhängig von der Verbreitung gesellschaftlicher Phobien, steigen dann im Rahmen solcher Interaktionsmuster die Chancen, dass Extremisten in der Mitte der Gesellschaft Anschluss finden.

Weiterführend wäre es, *alle* Aktions-Reaktions-Muster theoretisch zu integrieren und sie mit der ideologischen Polarisierung einer Gesellschaft zu verknüpfen. Was die Interaktionen zwischen Staat und Extremismus betrifft, müssen zudem nicht nur, wie gemeinhin üblich, die Rückwirkungen repressiver staatlicher Maßnahmen beachtet werden, sondern auch die ganze Bandbreite an staatlich geförderten wie durchgeführten Präventionsmaßnahmen.[182]

Bezogen auf den Islamismus ist schließlich auch die Interaktion zwischen Staat und Einwanderern im Rahmen der Integrations-, Zuwanderungs- und Ausländerpolitik zu berücksichtigen. Dass sich das Verhältnis von Muslimen und Aufnahmeland auf die Radikalisierungswahrscheinlichkeit auswirkt, ist unumstritten,[183] allerdings gehen die Positionen zu den genauen Interaktionsmechanismen auseinander. Daraus resultiert ein Widerstreit zwischen Befürworten einer „harten" und einer „weichen", stärker inklusiven Linie der Integrationspolitik. Die Relevanz der Frage jedenfalls betrifft nicht nur den islamistischen Extremismus, sondern auch den türkisch-nationalistischen Rechtsextremismus, der in der zweiten, dritten und vierten Zuwanderergeneration fortbesteht.[184]

---

181 Vgl. Julia Gerlach, Pop-Islam revisited. Wohin entwickelt sich die transnationale Jugendbewegung der „neuen Prediger" in Europa und in der Arabischen Welt?, in: Christine Hunner-Kreisel/Sabine Andresen (Hrsg.), Kindheit und Jugend in muslimischen Lebenswelten. Aufwachsen und Bildung in deutscher und internationaler Perspektive, Wiesbaden 2010, S. 109–124, hier S. 114–116.
182 Vgl. z. B. bezogen auf den Islamismus den entsprechenden Ansatz von Michael Kiefer, Radikalisierungsprävention in Deutschland – ein Problemaufriss, in: Ahmet Toprak/Gerrit Weitzel (Hrsg.), Salafismus in Deutschland. Jugendkulturelle Aspekte, pädagogische Perspektiven, Wiesbaden 2017, S. 121–134, hier S. 128. Vgl. ferner Lazaros Miliopoulos, Moralische Probleme beim Umgang mit Extremismus in Deutschland, in: Eckhard Jesse (Hrsg.), Wie gefährlich ist Extremismus? Gefahren durch Extremismus, Gefahren im Umgang mit Extremismus, Baden-Baden 2015, S. 197–220.
183 Vgl. Herding (Anm. 53), S. 30; Waldmann (Anm. 84), S. 191–195.
184 Vgl. Claudia Dantschke, „Graue Wölfe" in Deutschland. Türkischer Nationalismus und Ultranationalismus, in: Frank Greuel/Michaela Glaser (Hrsg.), Ethnozentrismus und Antisemitismus bei Jugendlichen mit Migrationshintergrund. Erscheinungsformen und pädagogische Praxis in der Einwanderergesellschaft, Halle 2012, S. 66–89; Kemal Bozay, „... ich bin stolz, Türke zu sein!" Ethnisierung gesellschaftlicher Konflikte im Zeichen der Globalisierung, Schwalbach/Ts. 2005.

6 Ideologische Faktoren

Ideologiedominierte Ansätze basieren auf der Vorstellung, extremistische Gruppen werden von einer Ideologie nicht nur zusammengehalten, sondern überhaupt erst ermöglicht und erzeugt.[185] Eine allein auf biographische und soziale Faktoren beschränkte und damit individualisierende Forschungsperspektive gerate „in Gefahr, weithin entkontextualisierte Bilder politischer Konfliktlagen […] zu zeichnen"[186]. Zumal Studien zum Wahlverhalten zugunsten rechter und linker Flügelparteien unterstützen diese Sichtweise, weil die ideologische Nähe zur jeweiligen Partei als wenigstens ebenso wichtig gilt wie das Protestmotiv.[187]

Allerdings haben die Ideologien einen Wandel durchlaufen. Sie werden heute – im Zuge der Individualisierung, ideologischen Perforierung sowie ethnisch-kulturellen Pluralisierung und Hybridisierung – stärker popkulturell eingerahmt und „weitgehend auf wenige Basisbotschaften oder Grundpositionen reduziert, die damit umso leichter, d. h. ohne größere Sprachkompetenz oder ideengeschichtliches Hintergrundwissen angenommen werden können"[188]. In dieser „didaktisierten Form" präsentieren sich heute der Rechts- wie Linksextremismus und der Djihadismus. Sie entfalten so eine größere „konsumentenorientierte" Attraktivität für junge, teils bildungsferne Jugendliche.

Im Falle des Linksextremismus gehen damit bereits seit etwa 50 Jahren spezifische jugendkulturelle Einrahmungen einher. In den 1960er Jahren gehörten etwa Langhaarfrisuren, Punk, Marihuana, sexuelle Libertinage etc. zum Erscheinungsbild der gesamten (auch extremistischen) Linken.[189] Diese kulturellen Muster waren anfänglich noch stark mit einem klaren ideologischen Rahmen verknüpft (Marxismus-Leninismus) und im Vergleich zu heutigen jugendkulturellen Ausformungen („Antifa") stärker an komplexe Fragen und Debatten angebunden (z. B. nationalsozialistische Vergangenheit der Elterngeneration, Vietnam- und Kubafrage[190]). Die ideologischen Führer waren zudem „beitragsfähiger" als heute, auch wenn der Marxismus-Leninismus schon damals „weitgehend auf simplifizierter Schwundstufe rezipiert"[191] wurde.

Auch der Rechtsextremismus hat – später als der Linksextremismus – den Weg einer subkulturellen Stilisierung beschritten. Hier bot diese Veränderung die Chance, aus dem Schatten des historisch diskreditierten Nationalsozialismus zu treten. Bis heute gilt es, den rassenideologischen Kern in ein Set von subkulturellen Codes einzubetten, in einfache nationalistische Parolen zu kleiden und nach außen hin möglichst zu camouflieren. Die alten soldatischen Gesten

---

185 Vgl. Schumacher (Anm. 173); Silber/Bhatt (Anm. 21), S. 16–18; Roel Meijer, Introduction, in: ders. (Hrsg.), Global Salafism. Islam's New Religious Movement, New York 2009, S. 1–32, hier S. 13 f.; Juan Zarate u. a.Fighting the Ideological Battle. The Missing Link in U.S. Strategy to Counter Violent Extremism, Washington 2010.
186 Vgl. Mathis/Schumacher (Anm. 59), S. 92.
187 Vgl. Siegfried Schumann, Unzufriedenheit und Bindungslosigkeit als Ursache für die Neigung zur Wahl extremer Parteien und zur Stimmenthaltung, in: Max Kaase/Hans-Dieter Klingemann (Hrsg.), Wahlen und Wähler. Analysen aus Anlass der Bundestagswahl 1994, Wiesbaden 1998, S. 571–598.
188 Puschnerat (Anm. 82), S. 323.
189 Vgl. Schmidtchen (Anm. 55), S. 46–52.
190 Vgl. ebd., S. 43–46 und 53 f.
191 Puschnerat (Anm. 82), S. 323.

und Symbole vermischen sich darum mit neuen jugendtypischen Elementen einer Skin- und Hooliganszene. Ihre Gewalt ist hingegen hochideologisch, dennoch „spontaner, stärker situativ bedingt" und „expressiv-hedonistisch" ausgeprägt, zudem nicht nur „antilinks", sondern unmittelbar fremdenfeindlich.[192]

Auch der Islamismus – in Konstruktion und Aufbau bereits in seinen Grundlagen „einfach(er) gestrickt" – gewann zusehends eine populärkulturelle Einrahmung, vor allem nachdem sich eine Generation des „Pop-Djihadismus" herausgebildet hatte.[193] Parallel dazu ist eine gemäßigte „popmuslimische" Kultur entstanden. Die Besonderheiten beider Szenen (der pop-djihadistischen wie der popmuslimischen) ist „eine paradoxe Bricolage aus westlich-popkultureller Ästhetik und orthodox-islamischem Konservatismus"[194], der Djihadismus stilisiert zudem das „Endzeitdenken und Vorstellungen von der eigenen Rolle im Kampf von Gut gegen Böse"[195] popkulturell.

Insgesamt haben Ideologien in historischer Perspektive an Bedeutung für Radikalisierungsprozesse verloren. Auf die Relevanz von Lebens-, Mode- und Musikstil ist bereits an anderer Stelle hingewiesen worden (Kapitel 4.2). Gleichwohl bleiben Ideologien im extremistischen Spektrum unabdingbar. Die mit ihnen verknüpften „Interpretationsregimes"[196] bleiben ein ganz entscheidender Ansatzpunkt für jede adäquate Erfassung eines Radikalisierungsprozesses. Lebensläufe sind demnach nicht nur sozial, sondern auch politisch kontextualisiert.[197] Strittig ist, ob der Einfluss der Überzeugungen, die unter der Bezeichnung „strukturelle Disposition" zusammengefasst werden kann (im Falle des Rechtsextremismus z. B. autoritär, stolz auf die eigene Nation, rechts), auf die Ausprägung des Extremismus stärker als der Faktor „Ungleichgewichtszustand" einwirkt.[198]

Die Ideengeschichte wie die (Kriminal-)Soziologie machen deutlich, worin die wesentliche Funktion einer extremen Ideologie liegt: Sie bietet nicht nur nachträgliche Legitimation „zur Gewissensberuhigung" von Gewalttätern, sondern auch *Anlässe* „zum Ausleben der rohesten Instinkte"[199]. Die Ideologie ermöglicht die erforderliche „Dehumanisierung" der Opfer, d. h. deren Wahrnehmung unter Feindbildbeschreibungen. Das erlaubt es dem Täter, letzte Hem-

---

192 Vgl. Karstedt (Anm. 49), S. 245; Backes u. a. (Anm. 8), S. 287 f.
193 Vgl. Dantschke (Anm. 82), S. 70–76.
194 Hans-Jürgen von Wensierski/Claudia Lübcke, Jugend, Jugendkultur und radikaler Islam – Gewaltbereite und islamistische Erscheinungsformen unter jungen Musliminnen und Muslimen in Deutschland, in: Maruta Herding (Hrsg.), Radikaler Islam im Jugendalter. Erscheinungsformen, Ursachen und Kontexte, Halle (Saale) 2013, S. 57–78, hier S. 67. Vgl. ferner Maruta Herding, Inventing the Muslim Cool. Islamic Youth Culture in Western Europe, Cambridge 2012; Julia Gerlach, Zwischen Pop und Dschihad. Muslimische Jugendliche in Deutschland, Berlin 2006.
195 Maruta Herding/Joachim Langner/Michaela Glaser (Hrsg.), Junge Menschen und gewaltorientierter Islamismus. Forschungsbefunde zu Hinwendungs- und Radikalisierungsfaktoren, in: Landeszentrale für Politische Bildung Baden-Württemberg u. a. (Hrsg.), Jugendliche im Fokus salafistischer Propaganda. Was kann schulische Prävention leisten? – Teilband 1, Paderborn 2016, S. 72–75, hier S. 75.
196 Vgl. Ferdinand Sutterlüty, Gewaltkarrieren. Jugendliche im Kreislauf von Gewalt und Missachtung, Frankfurt a. M. 2003, S. 278 f.
197 Vgl. Lorenz Böllinger, Die Entwicklung zu terroristischem Handeln als psychosozialer Prozess, in: Uwe E. Kemmesies (Hrsg.). Terrorismus und Extremismus. Der Zukunft auf der Spur. Beiträge zur Entwicklungsdynamik von Terrorismus und Extremismus – Möglichkeiten und Grenzen einer prognostischen Empirie, München 2006, S. 59–70; Mathis/Schumacher (Anm. 59), S. 91f.
198 So bezogen auf Fremdenfeindlichkeit Winkler (Anm. 72), S. 377.
199 Vgl. Buschbom (Anm. 48), S. 305.

mungen fallen zu lassen und ein real empfundenes Motiv mythisch „herbeizuzaubern", sodass jegliche Belastung triebgesteuerter Affekte durch das Gewissen oder moralisch anerzogener oder angeborener Gewalthemmungen beseitigt wird.[200]

7 Kulturelle und religiöse Faktoren

Gilt die Ideologie als primärer Entstehungsfaktor des Extremismus, so stellt sich automatisch die Frage nach ihren Ursachen. Hier spielen kulturelle Erklärungsmuster eine wichtige Rolle. Im Falle des Rechtsextremismus ist z. B. bezüglich Deutschland immer wieder auf vorherrschende „autoritäre Traditionen" rekurriert worden und für die Zeit nach 1945 auf eine „ununterbrochene Existenz eines subkulturellen Netzwerks rechtsextremistischer Organisationen verschiedenster Art", das an diese Traditionen – wenn auch minderheitlich – weiter anknüpft.[201]

Einen Ansatz zur Erklärung extremer Ideologien unter Einschluss des Linksextremismus und aller Formen eines sozialmetaphysischen Kollektivismus[202] bietet die sozialreligiöse bzw. säkularisierungstheoretische Annahme vom Bedürfnis moderner Gesellschaften nach einem „Religionsersatz": Weltimmanente „politische Religionen" ersetzen traditionale welttranszendente Geistreligionen. Im Falle des Islamismus gewinnt dieser Ansatz[203] an Brisanz dadurch, dass die von Extremisten in Anspruch genommene Religiosität eine traditionale Geistreligion ist, so dass beim Islamismus häufig von einem „religiösen Fundamentalismus" die Rede ist.

Ob in diesem Kontext die islamische Religiosität zu einer langfristigen Radikalisierung beiträgt, ist jedoch umstritten. Die gegenteilige Position verweist darauf, dass die meisten Djihadisten Konvertiten sind, die vor ihrer Radikalisierung *nicht* langjährig einem traditionellen oder salafistischen Islam verhaftet waren. Sie entstammen häufig sogar weit davon entfernten Milieus,[204] bevor sie eine rasche und tiefgreifende (Re-)Konversion durchlaufen.[205] Zuweilen heißt es sogar, die Beweggründe seien weder im Islam noch in einem wörtlich zu nehmenden „Islamismus" zu suchen, sondern seien als eine Art (linker) Anti-Imperialismus zu verstehen, der bloß im religiösen Gewand auftrete. Olivier Roy spricht von einer „Islamisierung der Radikalität".[206]

---

200 Vgl. ebd., S. 314 f.
201 Vgl. vor allem Dudek/Jaschke (Anm. 115).
202 Vgl. zur Bedeutung und Attraktivität des „Kollektivismus" im 20. Jahrhundert: Hans Jörg Hennecke, Totalitarismus und Extremismus als wirtschaftlicher Kollektivismus, in: Uwe Backes/Eckhard Jesse (Hrsg), Jahrbuch Extremismus & Demokratie, Bd. 18, Baden-Baden 2006, S. 81–109, hier S. 90 f.
203 Vgl. Lazaros Miliopoulos, The Revolutionary Global Islamism – Politicized or Political Religion? Applying Eric Voegelin's Theory to the Dynamics of Political Islam, in: Religion Compass 7 (2013), H. 4, S. 126–136.
204 Zur Unterscheidung von Salafismus und Djihadismus vgl. Logvinov (Anm. 11), S. 120 f.; Farhad Khosrokhavar, Inside Jihadism. Understanding Jihadi Movements Worldwide, Bolder 2009.
205 Vgl. Daniela Ioana Pisoiu, Von neuer Religiosität zu politischer Gewalt. Religiöse Ursachen für islamische Radikalisierung in Westeuropa, in: Thomas Kolnberger/Clemens Six (Hrsg.), Fundamentalismus und Terrorismus. Zu Geschichte und Gegenwart radikalisierter Religion, Essen 2007, S. 168–191; Abdel-Samad (Anm. 52), S. 218–222; Khosrokhavar (Anm. 79), S. 112 f.; Dantschke (Anm. 82), S. 64.
206 Vgl. Roy (Anm. 87), S. 318.

Zugleich wird betont, die Djihadisten finden im Islam bedeutsame Anschlussstellen[207] für eine „rationalisierende Ideologie" oder gewaltsam aufladbare „Makronarration"[208] vor. Einer Studie des Kriminologischen Forschungsinstituts von 2010 zufolge besteht etwa ein gewisser Zusammenhang zwischen steigender islamischer Religiosität und Gewaltbereitschaft. Der Befund fällt in Bezug auf die Religionszugehörigkeit nicht eindeutig aus, wohl aber im Hinblick auf zwei die Gewalt fördernde Faktoren: „Je stärker sich islamische Migranten an ihren Glauben gebunden fühlen, umso mehr stimmen sie den gewaltlegitimierenden Männlichkeitsnormen zu und umso häufiger bevorzugen sie gewalthaltige Medien."[209] Diese beiden Aspekte sind zwei von vier direkten Radikalisierungsfaktoren unter männlichen muslimischen Jugendlichen (neben den Faktoren „Anzahl delinquenter Freunde" und „innerfamiliäre Gewalt").[210]

Weshalb die genannten Korrelationen zwischen islamischer Religiosität und Gewaltbereitschaft (die keine Kausalzusammenhänge sind) existieren, kann nur gemutmaßt werden. Im Übrigen: Diese Korrelationen sind nicht unumstritten.[211] Sollten sie auf einen Zusammenhang in der Grundgesamtheit hindeuten, könnte dies auch auf ein männlichkeitsdominiertes Verhalten einer großen Mehrheit der Imame in Deutschland zurückzuführen sein. Es mögen aber durchaus auch theologische Gründe ausschlaggebend sein.

Der Faktor „gewaltlegitimierende Männlichkeitsnormen" indes weist eher auf eine kulturelle, aber nicht religiöse Komponente hin. Genauer gesagt, ist besagte kulturelle Komponente im Falle von Zuwandererextremismus *ethnisch* tradiert. Insofern scheint eine „kulturanthropologische Sicht auf die lange nicht wahrgenommenen kulturell-lebensweltlichen Probleme"[212] bestimmter muslimischer Einwandererfamilien nötig zu sein. Die Forschung sollte daher ethnisch tradierte Werte und Normen – wie etwa verbindliche Verhaltensmuster von Ehre, Schande und

---

207 Vgl. Martin Rhonheimer, Töten im Namen Allahs, in: Jan-Heiner Tück (Hrsg.), Sterben für Gott – Töten für Gott? Religion, Märtyrertum und Gewalt, Freiburg 2015, S. 18–41; Logvinov (Anm. 11), S. 55–59 und 118–120; Hans G. Kippenberg, Gewalt als Gottesdienst: Religionskriege im Zeitalter der Globalisierung, München 2008; Rüdiger Lohlker, Theologie der Gewalt. Das Beispiel IS, Wien 2016; Gilles Kepel, Die Spirale des Terrors: Der Weg des Islamismus vom 11. September bis in unsere Vorstädte, München 2006; ders., Terror in Frankreich. Der neue Dschihad in Europa, München 2016; Hans-Thomas Tillschneider, Die Entstehung des Salafismus aus dem Geist des sunnitischen Islams, in: Thorsten Gerald Schneiders (Hrsg.), Salafismus in Deutschland. Ursprünge und Gefahren einer islamisch-fundamentalistischen Bewegung, Bielefeld 2014, S. 125–136; Hans-Jörg Albrecht, Muslime, Radikalisierung und terroristische Gewalt, in: Recht der Jugend und des Bildungswesens 58 (2010), S. 70–79, hier S. 71 und 75; Brettfeld/Wetzels (Anm. 82), S. 21 f. und 23; Pew Research Center, Muslims in Europe. Economic Worries Top Concerns About Religious and Cultural Identity, Washington 2006, S. 3 f. Direkt in den religiösen Texten und der Sunna sowie den historisch-zivilisatorischen Grundlagen der arabischen Kultur in der Moderne verorten die Gewalt (mit entsprechenden Abstufungen): Tilman Nagel, Angst vor Allah? Auseinandersetzungen mit dem Islam, Berlin 2014; Bernhard Lewis, Die Wut der arabischen Welt. Warum der jahrhundertelange Konflikt zwischen dem Islam und dem Westen weiter eskaliert, Frankfurt a. M. 2003; Samuel P. Huntington, Kampf der Kulturen. Die Neugestaltung der Weltpolitik, München 1998; Necla Kelek, Chaos der Kulturen. Die Debatte um Islam und Integration, Köln 2012.
208 Vgl. Martha Censhaw, The Subjective Reality of the Terrorist. Ideological and Psychological Factors in Terrorism, in: Robert O. Slater/Michael Stohl (Hrsg.), Current Perspectives on International Terrorism. London 1988, S. 12–46; Taken (Anm. 70).
209 Vgl. Dirk Baier u. a. (Hrsg.), Kinder und Jugendliche in Deutschland: Gewalterfahrungen, Integration, Medienkonsum. Zweiter Bericht zum gemeinsamen Forschungsprojekt des Bundesministeriums des Innern und des KAnm, Hannover 2010, S. 127 f. Mit Blick auf Gewaltbereitschaft gelte, dass nur eine hohe christliche Religiosität sie positiv beeinflusse. Ein solch positiver Einfluss der christlichen Religiosität ließe sich bei Jugendlichen mit und ohne Migrationshintergrund feststellen.
210 Vgl. ebd., S. 129.
211 Vgl. Brettfeld/Wetzels (Anm. 82).
212 Vgl. Puschnerat (Anm. 82), S. 234.

Rache, die Ungleichstellung von Mann und Frau, die Akzeptanz eines extensiven elterlichen Züchtigungsrechts sowie von gewaltsamer Unterbindung religiöser Mischehen und die Diskriminierung Andersgläubiger – als motivierende Elemente des islamistischen Radikalisierungsprozesses berücksichtigen.[213] Vor allem ist eine Erhellung der Rolle derjenigen Institutionen und Personen vonnöten, die in Westeuropa für die Praxis des Islams verantwortlich sind.

8 Stärken und Schwächen der Forschung

Die vergleichende Erforschung von Extremismusursachen kann nur in einer Kombination mehrerer Untersuchungsebenen münden. Dies ist nicht ohne eine langwierige Grundlagenforschung und komplexe integrative Forschungsansätze möglich. In diesem Kontext täte die in Einzelgebieten durchaus fortgeschrittene Forschung gut daran, sich besser zu vernetzen. Integrative Ansätze zur Ursachenforschung müssten dabei an folgenden Punkten ansetzen:

Erstens: Biographische, psychologische und soziologische Erkenntnisse dürfen nicht isoliert betrachtet werden. Dies ist auf dem Feld der wissenschaftlichen Ursachenanalyse inzwischen immer weniger der Fall. Allerdings gehen die integrativen Ansätze, wo vorhanden, nicht weit genug. Vor allem fehlt es an der Integration legitimations- und systemtheoretischer, kulturanthropologischer, historischer, humangenetischer, sozialreligiöser und ideologietheoretischer Befunde. Interviewbasierte oder quantitativ angelegte Lebenslaufansätze sollten in ihren widersprüchlichen Ergebnissen im Lichte der genannten Disziplinen neu beleuchtet und erörtert werden. Integrative Ansätze, welche die genannten Lücken zu schließen beabsichtigten, sind nicht ohne eine strukturierte Zusammenarbeit verschiedener Disziplinen möglich.

Zweitens: Das komparative Moment gehört auch hinsichtlich der verschiedenen ideologischen Ausprägungen und politischen Systeme gestärkt. Die meisten Arbeiten zur Ursachenanalyse beschränken sich auf eine ideologische Ausprägung des Extremismus (vor allem auf den Rechtsextremismus, an zweiter Stelle auf den Islamismus)[214] bzw. auf Erscheinungsformen innerhalb eines bestimmten politischen Systems. Was den Vergleich betrifft, gibt es auf dem Feld der Einstellungsanalyse inzwischen Arbeiten, die einen lohnenswerten ideologieübergreifenden Zugang wählen.[215]

Drittens: Viele Arbeiten unterschlagen die Frage nach *ideologischen* Ursachen, „sei es, weil der Bildungsstand und die soziobiographischen Faktoren der Klientel als allzu defizitär wahrgenommen werden, sei es, weil ihr grundsätzlich die Bedeutung abgesprochen wird".[216] Gerade im Falle von Gewalthandlungen lässt dies jedoch die hoch wirksamen „Interpretationsre-

---

213 Vgl. Wilhelm Heitmeyer u. a., Verlockender Fundamentalismus. Türkische Jugendliche in Deutschland. Frankfurt a. M. 1997; Baier u. a. (Anm. 209).
214 Arbeiten zum Linksextremismus waren lange Zeit rar gesät oder, so vorhanden, veraltet. Inzwischen gibt es aber erste wichtige Publikationen zum Thema (vgl. Anm. 144). Vergleichend arbeitet Lützinger (Anm. 45).
215 Vgl. vor allem Viola Neu, Rechts- und linksextreme Einstellungsmuster in Deutschland, in: Uwe Backes/Eckhard Jesse (Hrsg.), Gefährdungen der Freiheit. Extremistische Ideologien im Vergleich, Göttingen 2006, S. 223–252.
216 Vgl. Buschbom (Anm. 48), S. 305 f.

gimes" und die entsprechenden Sinnproduktionen und Resonanzräume in gewaltmythologisch aufgeladenen Gruppen und Cliquen fälschlicherweise außer Acht.[217]

Viertens: Die Vermutung, Ideologien spielten keine grundsätzliche Rolle, ist zuweilen dem Mangel an fallkontrastiven Samples bei interviewbasierten und lebenslaufquantitativen Ansätze geschuldet. In interviewbasierten Ansätzen werden Befragte mit unterschiedlichen Graden extremistischer Ausrichtung allzu häufig auf nur einer Ebene betrachtet. Die Schlussfolgerungen müssen entsprechend pauschalisierend ausfallen – ob dies nun die Bedeutung der Ideologie oder andere Aspekte betrifft. Extremisten müssten in biographischen Analysen also viel stärker *typologisiert* werden. Einige Ansätze dazu sind bereits vorhanden.[218] Welche Typologien die richtigen sind, müssten weiterführende empirische Studien erhärten.

Fünftens: Interaktionsmechanismen zwischen Staat, Gesellschaft und Extremismus werden als Entstehungsfaktoren häufig vernachlässigt. Dort, wo sie – zumeist bloß theoretisch – thematisiert werden, beschränken sich die Fragen und Hypothesen überdies auf Interaktionen zwischen staatlich-exekutiven Organen und einzelnen extremistischen Ausprägungen. Zudem lassen sie das Feld der Integrations- und Zuwanderungspolitik außen vor. Es wäre viel gewonnen, wenn Akte symbolischer, präventiver wie integrativer Politik, aber auch die veröffentlichte Meinung, stärker einbezogen würden. Es fehlt an integrativen theoretischen Grundlagen zur Erforschung der (zugegebenermaßen komplexen) Zusammenhänge und Wechselwirkungen zwischen den Faktoren staatlich-administrativen sowie öffentlich-medialen Verhaltens auf der einen Seite mit Schaukel- und Spiralbewegungen sowie Konfrontationsverhältnissen *zwischen* den Extremen sowie zwischen Extremisten und Gesamtbevölkerung auf der anderen Seite.

Sechstens: Die Operationalisierung des Ansatzes der „relativen Deprivation" müsste in prospektiver Hinsicht dynamisiert werden. Die entsprechenden Items müssten stärker um Aspekte der „Bestrebungsdeprivation" erweitert werden, damit gesellschaftliche Zukunftsängste (im Falle des Rechtsextremismus) und enttäuschte bzw. enttäuschende Zukunftserwartungen (im Falle des Islamismus und des Linksextremismus) als mögliche makrosoziale Entstehungsfaktoren besser überprüft werden können.

Siebtens: Kulturell, religiös oder ethnisch tradierte Werte und Normen als mögliche Entstehungsfaktoren sollten nicht vernachlässigt werden. Vor allem eine stärkere Erforschung der für die Praxis des Islams in Deutschland verantwortlichen Institutionen und Personen ist vonnöten.

9 Kommentierte Auswahlbibliographie

Adorno, Theodor W./Else Frenkel-Brunswik/Daniel J. Levinson/R. Nevitt Sanford: The Auhoritarian Personality, New York u. a. 1950 – Dieser „Klassiker" zur Erforschung mikrosozialer Bedingungen des Rechtsextremismus basiert auf einem Projekt an der Universität von Berkeley, das zwischen 1943 und 1950 durchgeführt wurde. Auf Grundlage der Konstruktion autorit-

---

217 Vgl. Backes u. a. (Anm. 8), S. 174 und 287.
218 Vgl. die in Anm. 21 genannten Titel.

rer Persönlichkeitsmuster (Konventionalismus, Unterwürfigkeit, Destruktion und Zynismus) wurde eine entsprechende Struktur in neun Dimensionen skalenweise erfasst. Im ersten Schritt wurden mehr als 2000 Personen mithilfe standardisierter Fragebögen befragt, für die weitergehende Analyse sodann vierzig davon mit sehr ausgeprägten Vorurteilen und solche mit nur geringen Vorurteilen ausführlich interviewt, wobei eine ähnliche Verteilung hinsichtlich Alter, Geschlecht etc. angestrebt wurde. Im Ergebnis bestätigte sich der erwartete Zusammenhang zwischen „impliziten antidemokratischen Tendenzen", Ethnozentrismus und einem „politisch-ökonomischem Konservativismus" sowie die Annahme, dass autoritäre Feindkonstruktionen auf dem Weg der Projektion eigener Unzufriedenheit gegen Andere entstehen. Kritik richtete sich gegen die Fokussierung auf die Mikro-Ebene, die fehlende Trennschärfe zwischen Konservativismus und Autoritarismus, die politische Einseitigkeit und die fehlende Repräsentativität der Studie.

Backes, Uwe: Politischer Extremismus in demokratischen Verfassungsstaaten. Elemente einer normativen Rahmentheorie, Opladen 1989 – Die Bedeutung des Beitrags von Uwe Backes für die Frage der Ursachen von Extremismus besteht in der erstmals systematisch vorgenommenen Definition des Extremismus *ex positivo*, die es ermöglicht, extremistische Einstellungen strukturvergleichend zu bestimmen und zu messen. Als Grundelemente des extremistischer Doktrin bestimmt der Dresdener Politikwissenschaftler Absolutheitsanspruch und Dogmatismus, Fanatismus und Aktivismus, Utopismus und „kategorischen Utopieverzicht", Freund-Feind-Stereotype sowie Verschwörungstheorien. Er leitet diese Elemente aus den Strukturelementen des Totalitarismus ab, die er den Studien des 20. Jahrhunderts (u. a. Carl Joachim Friedrich) entnimmt. Die destillierten Merkmale dienten präzisierenden Anschlussstudien und empirischen Einstellungsmessungen der jüngeren Vergangenheit als Ausgangspunkt.

Backes, Uwe/Anna-Maria Hase/Michail Logvinov/Matthias Mletzko/Jan Stoye: Rechts motivierte Mehrfach- und Intensivtäter in Sachsen, Göttingen 2014 – Auf breiter Quellengrundlage (Polizeidaten, Untersuchungsakten, Szenemedien, Interviews) wurde erstmals nach Ursachen der Gewaltdynamik bei Mehrfach- und Intensivtätern mit fremdenfeindlichem und rechtsextremistischem Hintergrund gefragt. Dabei beschränkte sich die Erhebung auf Sachsen. Gleichwohl gibt es keine größeren Einwände gegen die Generalisierbarkeit der Befunde. Im Ergebnis wird die sehr wichtige Bedeutung der Cliquen- und Gruppenstrukturen herausgearbeitet. Die Gruppendynamik und eine damit einhergehende Mobilisierung im Mikrobereich ermöglichen es, dass emotionale, von Aggressivität geprägte Neigungen, die von der Umwelt lange behindert werden, einen spontanen Ausdruck erhalten.

Baier, Dirk/Patrick Manzoni/Marie Christine Bergmann: Einflussfaktoren des politischen Extremismus im Jugendalter. Rechtsextremismus, Linksextremismus und islamischer Extremismus im Vergleich, in: Monatsschrift für Kriminologie und Strafrechtsreform 99 (2016), H. 3, S. 171–198 – Untersucht wurden aus der Desintegrations-, Bindungs- und Selbstkontrolltheorie abgeleitete Einflussfaktoren von drei Formen des politischen Extremismus. Die Prüfung erfolgte anhand einer umfangreichen Befragung von 11.003 Jugendlichen der neunten Jahrgangsstufe im Jahr 2013 in Niedersachsen. Übergreifend erweisen sich „institutionelle Desintegration" in Form einer als negativ wahrgenommenen Behandlung durch die Polizei, „belief" in Form der eigenen Gesetzestreue und „Risikosuche" als eine Dimension der niedrigen Selbstkontrolle als wichtige Einflussfaktoren. Mit Blick auf den islamischen Extremismus, der aufgrund der Datenlage als Deutschenfeindlichkeit operationalisiert wird, geraten zusätzlich spezifische Einflussfaktoren (strukturelle Desintegration, Vereinszugehörigkeit und schulische Erfahrungen) in den Blick.

Baier, Dirk/Christian Pfeiffer/Susann Rabold/Julia Simonson/Cathleen Kappes (Hrsg.): Kinder und Jugendliche in Deutschland: Gewalterfahrungen, Integration, Medienkonsum. Zweiter Bericht zum gemeinsamen Forschungsprojekt des Bundesministeriums des Innern und des KFN, Hannover 2010 – Der Bericht präsentiert Ergebnisse einer deutschlandweiten Dunkelfeldbefragung zum Thema „Jugendkriminalität", die 2007 und 2008 bei Schülerinnen und Schülern der vierten und neunten Jahrgangsstufe durchgeführt wurde. Unter anderem wurdeni die Integration von Migranten, Religion und Gewaltprävention betrachtet. Indirekt gelangt damit die Frage der Korrelation von islamischer Religion und gewalttätigem politisch-extremistischem Verhalten ins Blickfeld. Die Studie kommt zu dem Ergebnis, unter männlichen muslimischen Jugendlichen sei eine besonders hohe Gewaltbereitschaft zu beobachten. Der Befund fällt in Bezug auf die Religionszugehörigkeit nicht signifikant aus, wohl aber im Hinblick auf zwei die Gewalt fördernde Faktoren: „Je stärker sich islamische Migranten an ihren Glauben gebunden fühlen, umso mehr stimmen sie den gewaltlegitimierenden Männlichkeitsnormen zu und umso häufiger bevorzugen sie gewalthaltige Medien." Diese beiden Aspekte sind zwei von vier direkten Radikalisierungsfaktoren unter männlichen muslimischen Jugendlichen (neben den Faktoren „Anzahl delinquenter Freunde" und „innerfamiliäre Gewalt").

Della Porta, Donatella, Politische Gewalt und Terrorismus: Eine vergleichende und soziologische Perspektive, in: Klaus Weinhauer/Jörg Requate/Heinz-Gerhard Haupt (Hrsg.): Terrorismus in der Bundesrepublik. Medien, Staat und Subkulturen in den 1970er Jahren, Frankfurt a. M. 2006. S. 33-58 – Die italienische Politikwissenschaftlerin vom Europäischen Hochschulinstitut Florenz unterzieht Erklärungsansätze zur politischen Gewalt, die nur eine der drei analytischen Ebenen von Makro-, Meso- und Mikro-Bedingungen heranziehen, einer grundlegenden Kritik. Zwar sei keine dieser analytischen Blickwinkel falsch, jedoch führe die ausschließliche Beschränkung zu defizitären Ergebnissen. Della Porta schlägt daher „ein Modell vor, in dem systemische, organisatorische und individuelle Perspektiven […] in Betracht gezogen werden", da aus ihrer Sicht Interdependenzen zwischen allen drei Ebenen bestehen.

Gurr, Ted Robert: Why Men Rebel, Princeton 1970 – Die Studie schuf die Grundlage für den Ansatz der „relativen Deprivation". Subjektiv empfundene relative Benachteiligung gilt demnach seither als wichtigster Entstehungsfaktor für Aufruhr, Verschwörung und „innerem Krieg". Dabei geht es auch um Fragen der Reichweite und Intensität sowie soziale Ursachen relativer Benachteiligung und um ihre Determinanten. Gurr unterscheidet zwischen dekrementeller (konstante Erwartungen, abnehmende Fähigkeiten), aspirativer (zunehmende Erwartungen, konstante Fähigkeiten), fortschreitender (weniger steigende Fähigkeiten als Erwartungen) und fortbestehender (konstante Erwartungen, abnehmende Fähigkeiten) Benachteiligung. Die Hauptkritik richtete sich gegen die Vorstellung, dass es sich bei der „relativen Deprivation" um eine notwendige Bedingung gewaltsamen Verhaltens handele. Vor allem die Ressourcenmobilisierung und Gruppendynamiken wurden in dem Ansatz anfänglich noch vernachlässigt.

Heitmeyer, Wilhelm: Die Bielefelder Rechtsextremismus-Studie. Eine Langzeituntersuchung zur politischen Sozialisation männlicher Jugendlicher, Weinheim u. a. 1992 – Im Mittelpunkt dieser Längsschnittstudie standen regelmäßige ausführliche Interviews mit Jugendlichen, die von 1985 bis 1990 begleitet worden waren. Untersucht wurden u. a. die Erfahrung von drohender oder tatsächlicher Arbeitslosigkeit, das Erleben des familiären Milieus, die Stellung in Gruppen von Gleichaltrigen und Erfahrungen mit der Politik. In detaillierten Einzelverläufen wurden Bedingungen für Distanz, Ambivalenz, Akzeptanz und Veränderung politischer Orientierungen analysiert. Die Studie begründete die sogenannte „Modernisierungsverliererthese", wonach individuelle Desintegrations- und Anomie-Erfahrungen in den Bereichen „institutionelle Teilhabe" und „soziale" sowie „emotionale Anerkennung" rechtsextreme Radikalisierung deutlich begünstigen. Im Rahmen von Distinktions- und Ausgrenzungsprozessen in stark ökonomisierten Gesellschaften werde der Rechtsextremismus auch instrumentell zum Zwecke einer sozialen Höherstellung genutzt („materieller Nationalismus"). Wilhelm Heitmeyers Ansatz hat viel Theoriekritik erfahren (u.a. Birgit Rommelspacher, Roland Eckert, Marcus Neureiter, Uwe Backes) bietet allerdings eine Grundlage für integrative Ansätze (siehe vor allem Tim Spier).

Lützinger, Saskia: Die Sicht der Anderen. Eine qualitative Studie zu Biographien von Extremisten und Terroristen, Köln 2010 – Die Grundfrage der interviewbasierten, auf qualitativer Methodik beruhenden Studie, die explizit keinen Anspruch auf Repräsentativität und Verallgemeinerbarkeit erhebt, lautete, ob es biographische Faktoren gibt, die Extremismus sowie die Begehung politisch motivierter Straftaten begünstigen und ob dabei Gemeinsamkeiten zwischen Linksextremen, Rechtsextremen und Islamisten bestehen. Datengrundlage bildeten 39 narrative Interviews mit Männern, die dem extremistischen Umfeld zugeordnet wurden (24 rechts, 9 links, 6 islamistisch). Die zentrale Erkenntnis lautet, die untersuchten extremistischen bzw. terroristischen Personen wiesen unabhängig von ihrer ideologischen Ausrichtung „gleiche psychosoziale Grundmuster in de[n] biographischen Entwicklungen" auf. Weder bei der Auswahl des extremistischen Milieus noch bei der Ausübung von Straftaten sei die Ideologie der primäre Handlungsmotivator, sondern im Kern eine besondere Form der Jugenddelinquenz. Werde von der jeweiligen Ideologie abstrahiert, träten strukturelle Ähnlichkeiten hervor. Die familiären Rahmenbedingungen seien zumeist prekär und deuten auf enorme innerfamiläre Konflikte hin.

Neu, Viola: Rechts- und Linksextremismus in Deutschland. Wahlverhalten und Einstellungen, St. Augustin/Berlin 2009 – Die Studie versammelt die Ergebnisse repräsentativer Umfragen zwischen 1997 und 2007, die in Deutschland durchgeführt wurden, um das Ausmaß ideologieübergreifend extremistischer Einstellungen ebendort zu bestimmen. Im Ergebnis lag der Anteil extremistisch eingestellter Bürger in Deutschland im Jahr 2007 zwischen 4,1 und 7,1 Prozent. Für die Frage der Ursachen ist die Studie aber in anderer Hinsicht relevant: Sie erarbeitet ein Design zur ideologieübergreifend und strukturvergleichend orientierten Messung extremistischer Einstellungen und entwickelt dabei wichtige Items, die veranschaulichen, welche Strukturmerkmale Extremisten auf der Einstellungsebene eigentlich miteinander teilen, die auch messbar sind. Erst über diese Art strukturvergleichender Bestimmung von „Extremismus" können bestimmte Verhaltensweisen überhaupt auf einen politischen Extremismus zurückgeführt werden. Neu orientiert sich dabei stark an die Vorarbeiten von Uwe Backes.

Rokeach, Milton: The Open and the Closed Mind, New York 1960 – Rokeach entwirft und begründet hier das Konzept des „Dogmatismus". Im Kern handelt es sich um eine kognitive Strukturtheorie, die Ideologien jedweder Art einschließt. Ziel ist es, das Ausmaß einer Dogmatismus-Neigung eines jeden „kognitiven Systems" zu bestimmen. Zu diesem Zweck werden „Überzeugungen" als in drei Dimensionen ausgeprägte Indikatoren aufgefasst. Neben eine belief-disbelief-Dimension treten eine zentral-periphere Dimension (sie ermöglicht die Unterscheidung von Inhalten nach Relevanz und Bedeutsamkeit) und eine zeitliche Dimension (sie differenziert nach Vergangenheit, Gegenwart und Zukunft). Generell lasse sich jedes kognitive System danach unterscheiden, ob es als „offen" (open mind) oder „geschlossen" (closed mind) bezeichnet werden kann, wobei diese Unterscheidung gradueller Natur ist. Ein System gilt u. a. als umso geschlossener, je isolierter die einzelnen beliefs voneinander sind, je größer die Diskrepanz im Ausmaß der Differenzierung zwischen belief-und disbelief-Systemen ist und je geringer die Differenzierung innerhalb des disbelief-Systems ausfällt. Das Werk gilt als Klassiker der vergleichenden Extremismusforschung, wenngleich die Aussagekraft der entwickelten Dogmatismus-Skalen nicht unumstritten ist.

Scheuch, Erwin K./Hans-Dieter Klingemann: Theorie des Rechtsradikalismus in westlichen Industriegesellschaften, in: Hamburger Jahrbuch für Wirtschafts- und Sozialpolitik, 12 (1967), S. 11–29 – Der Beitrag ist eines der frühesten Mehr-Ebenen-Modelle zur Erklärung der Genese von Extremismus. In modernen Gesellschaften treten im Zuge rasanter technischer, ökonomischer und gesellschaftlicher Veränderungen, ggf. verbunden mit Abwertungen bestimmter beruflicher Qualifikationen, naturgemäß Konflikte zwischen konkurrierenden Wert- und Normsystemen auf. Dies schlägt sich in einem gefühlten Konflikt zwischen Werten und Verhaltensweisen einerseits und den funktionalen Erfordernissen der Institutionen andererseits nieder. Werden die Beziehungen zwischen Bürgern und politischen Führern auf dieser Basis „prekär" und artikulieren die Medien die so auftretenden gesellschaftlichen Konflikte nicht in angemessener Weise, erfolgt teilweise eine „pathologische" Form der Anpassung an diese normativen Unsicherheiten (Entwicklung eines rigiden Denkstiles). Sind dann in der nationalen politischen Kultur bestimmte „politische Philosophien" verfügbar, münden die besagten Anpassungsformen in politisch extreme Einstellungen. Kommen Angebote, Gelegenheitsstrukturen und günstige Systembedingungen hinzu, führt dies auch zu extremen Verhaltensweisen.

Waldmann, Peter: Radikalisierung in der Diaspora. Wie Islamisten im Westen zu Terroristen werden, Hamburg 2009 – Der Ansatz von Waldmann geht von einem starken doppelten Anpassungsdruck der Muslime in Westeuropa aus: Einerseits sollen und möchten sie sich erfolgreich anpassen, andererseits fühlen sie sich verpflichtet, ihrem kulturell-religiösen Erbe, dem Islam, treu zu bleiben. Für jeden Einzelnen geht es darum, ob sich die beiden Identitäten miteinander versöhnen lassen. Die Option des radikalen Islamismus wird in diesem Lichte zu einer Lösung unter vielen für die im Westen lebenden Muslime, um mit diesem Identitätsdilemma fertig zu werden. Waldmann nimmt wichtige Unterscheidungen von Radikalisierungsformen vor, bietet keine monokausalen Erklärungen und betont den Stellenwert von Religiosität im untersuchten Entwicklungsprozess. Als wichtige Bedingungsfaktoren stechen hervor: die fehlende Integration in die Diasporagesellschaft und deren islamistische Deutung, die persönliche Krise und soziale Neuorientierung, die Migrationspolitik der Aufnahmeländer und die dortigen Entfaltungsmöglichkeiten für den Islam und die Muslime.

KAPITEL VII
ERFOLGS- UND MISSERFOLGSBEDINGUNGEN EXTREMISTISCHER PARTEIEN

Tom Mannewitz

1 Erforschung extremistischer Wahlerfolge – Ursprünge, Chancen und Grenzen

Spätestens ihre Erfolge im von politischen, wirtschaftlichen und sozialen Krisen geschüttelten Europa der Zwischenkriegszeit (1918–1939) bescherten extremistischen Parteien die Aufmerksamkeit von politischen Beobachtern, Journalisten, aber auch Sozialwissenschaftlern: Wie konnte das passieren? Wie schaffte es eine Bewegung gleich der Nationalsozialistischen Deutschen Arbeiterpartei (NSDAP) – ihrem Gebaren nach brutal und aggressiv, ihren Zielen nach offen antidemokratisch, ihrer Strategie nach jedoch legalistisch – die Wahlurne für ihren Siegeszug zu missbrauchen? Sicher: Exzessiver politischer Gewalt kam in diesem düsteren Drama eine Hauptrolle zu, doch an die Spitze der Exekutive geriet Hitler auf legalem Wege – und zwar keineswegs aus strategischer Verlegenheit heraus, sondern geplant, wie Joseph Goebbels' vielzitierter, schamlos offenherziger Beitrag im „Angriff" von 1928 zeigt: „Wir gehen in den Reichstag hinein, um uns im Waffenarsenal der Demokratie mit deren eigenen Waffen zu versorgen. Wir werden Reichstagsabgeordnete, um die Weimarer Gesinnung mit ihrer eigenen Unterstützung lahmzulegen. Wenn die Demokratie so dumm ist, uns für diesen Bärendienst Freifahrkarten und Diäten zu geben, so ist das ihre eigene Sache. Uns ist jedes gesetzliche Mittel recht, den Zustand von heute zu revolutionieren."[1] Die Entstehung des Dritten Reiches mag sich nicht den Wahlen verdanken, sondern der Schwäche der Weimarer Republik, die in Gestalt Paul von Hindenburgs am 30. Januar 1933 Hitler willfährig das Ruder überließ, doch ohne die Popularität der NSDAP, die bei den beiden Reichstagswahlen des Jahres 1932 ihren Höhepunkt erreicht hatte, wäre es wohl nicht zu diesem Schritt gekommen.

War die Partei damit ein Paradebeispiel des (rechts)extremen Spektrums? Keineswegs, spielten Wahlen und Gewalt für den Aufstieg anderer Parteien im Ausland doch genau umgekehrte Rollen – etwa für die Faschisten unter Mussolini, deren Partei (Partito Nazionale Fascista) erst aus der Taufe gehoben wurde, als die Bewegung bereits ein Massenphänomen war, oder für die spanischen Faschisten, die der Bürgerkrieg an die politische Spitze spülte. Der Ustascha in Kroatien sowie den Pfeilkreuzlern in Ungarn verhalfen wiederum die militärische und politische Unterstützung der Nationalsozialisten zur Macht. Auch im Links-Rechts-Vergleich stellt sich die NSDAP als Ausnahme dar: Die Bolschewisten in Russland waren im Zuge der Oktoberrevolution an die entscheidenden Hebel geraten, bevor sie 1922 erst die UDSSR gründeten,

---
1 Joseph Goebbels, Was wollen wir im Reichstag?, in: Der Angriff vom 28. April 1928.

sich anschließend weite Teile Osteuropas (etwa das Baltikum) unter den Nagel rissen und schließlich im Zuge des Zweiten Weltkriegs eine Reihe von Satellitenstaaten installierten.

Die traurige Geburtsstunde der wissenschaftlichen Befassung mit den Ursachen für die Erfolge extremistischer Parteien war demnach der elektorale Siegeszug einer politischen Ausnahmeerscheinung: der NSDAP – in ihrem Antidemokratismus, ihrem Antikonstitutionalismus, ihrem Antihumanismus ihrerseits gleichwohl ein Sinnbild für die politischen Entwicklungen im „Zeitalter der Extreme"[2]. Die von den Nationalsozialisten bedienten Einstellungen und Ressentiments in der Gesellschaft galten noch einige Jahre nach dem Zusammenbruch des Nationalsozialismus der Sozialwissenschaft als psychischer Defekt, als – hoffentlich – heilbare Pathologie, von der die Deutschen ebenso befallen waren wie von einer eigentümlichen Hörigkeit gegenüber ihren Herrschenden. Während jedoch diesem, als „Germans-are-different"-These bekanntgewordenen Irrtum spätestens das Milgram-Experiment ein jähes Ende bereitete,[3] hielt sich die generelle Pathologie-Erklärung noch lange, nicht zuletzt deshalb, weil zeitgenössische Wissenschaftler es lange Zeit bei einer mit – mal mehr, mal weniger plausiblen – Annahmen unterfütterten Beschreibung der NSDAP-Wählerschaft beließen: Ein Teil von ihnen vertrat dabei die Mittelstandsthese, der andere die „Volkspartei-des-Protests-Position"[4].

Erst nach und nach fächerte sich die sozialwissenschaftliche Forschung in Erklärungsansätze mit nicht nur deskriptivem, sondern auch explanativem Anspruch auf: Klassentheoretische Argumentationen, darunter die Seymour M. Lipsets, sahen im selbstständigen, protestantischen Mittelständler aus dem ländlichen Raum den typischen NSDAP-Wähler.[5] Die stärkste Konkurrenz widerfuhr diesen Erklärungsansätzen durch „massentheoretische" Positionen, so Jürgen W. Falter.[6] Ursächlich für den Zustrom zur NSDAP sei demnach die gesellschaftliche Desintegration infolge der politisch-gesellschaftlichen Krisen der 1920er Jahre gewesen: Niederlage im Weltkrieg, Zusammenbruch des Kaiserreichs, Revolution und Wirtschaftskrise hätten ehemalige Konservative und Nichtwähler in die Arme der Nationalsozialisten getrieben. Heute wissen wir: Die NSDAP war eine „Volkspartei mit Mittelstandsbauch"[7]. Die Krisenhypothese, der zufolge vor allem Arbeitslose ins rechtsextreme Lager wechselten, stimmt indes so nicht. Vielmehr war die KPD am linken Rand Hauptprofiteur der grassierenden Erwerbslosigkeit. Gleichwohl untergrub die mangelnde Handlungsfähigkeit der Politik angesichts wirtschaftlicher und sozialer Notlagen das generelle gesellschaftliche Vertrauen in die systemtragenden Parteien wie in die ohnehin verhasste Weimarer Republik. Von dieser Entwicklung profitierten all jene Parteien, die aus der oppositionellen Komfortzone heraus den Hass auf das System nicht weniger stark katalysierten wie sie ihn kanalisierten – darunter die NSDAP.

Blieb die Erforschung rechtsextremer Wahlerfolge noch einige Jahre nach dem Ende des nationalsozialistischen Regimes auf die Rekonstruktion historischer Entwicklungen in der Weimarer Republik beschränkt, so änderte sich dies mit den Achtungserfolgen der NPD – nicht zuletzt

---

2 Eric J. Hobsbawm, Das Zeitalter der Extreme. Weltgeschichte des 20. Jahrhunderts, München 1998.
3 Siehe Stanley Milgram, Das Milgram-Experiment. Zur Gehorsamsbereitschaft gegenüber Autorität, Reinbek bei Hamburg 2012 [1974].
4 Jürgen W. Falter, Hitlers Wähler, München 1991, S. 45.
5 Vgl. Seymour M. Lipset, Political Man. The Social Bases of Politics, London 1963, S. 131–178.
6 Vgl. Falter (Anm. 4), S. 48.
7 Ebd., S. 372.

bei der Bundestagswahl 1969 (4,3 Prozent). Einen weiteren Bedeutungsschub erfuhr die Forschung mit den beunruhigenden Ergebnissen der Postkommunisten im Nachgang der Wiedervereinigung während der frühen 1990er Jahre. Dass überdies währenddessen NPD, DVU und Republikaner in den „alten Ländern" zum Teil beachtliche Stimmenanteile auf sich vereinigen konnten – Rechtsaußenparteien schnitten bei den Bundestagswahlen 1990 und 1994 im Westen besser ab als im Osten, das langjährige Mittel der Landtagswahlen führt nach wie vor Baden-Württemberg an –, provozierte angesichts der als sicher geglaubten Einsicht, eine demokratische politische Kultur habe sich vor Jahrzehnten – zumindest in der Bundesrepublik – konsolidiert,[8] eine gewisse Irritation.

Die Wahlergebnisse extremistischer Parteien trieben jedoch nicht nur Sozialwissenschaftler in Deutschland um, sondern auch im europäischen Ausland: Rechtsaußenparteien feierten einen in den frühen 1990er Jahren einsetzenden Siegeszug, der sich von Skandinavien über den postkommunistischen Raum, aber auch über die Niederlande und Frankreich, bis nach Südeuropa, dort vor allem Italien, erstreckte – und bis heute anhält. Einige von ihnen sind offenkundig rechtsextrem und schließen an nationalistische und faschistische Vorläufer an, einige pflegen „lediglich" autoritäre und fremdenfeindliche Ressentiments, ohne einer Großideologie anzuhängen. Viele geben sich als Wölfe im Schafspelz und haben im Populismus ein Mittel zur Stimmengewinnung erkannt. In ihren jeweiligen Parteiensystemen nehmen sie alle eine relative Randposition ein.

Innerhalb der Politikwissenschaft hat sich vor allem die Wahlforschung um die Ergründung der unterschiedlichen Attraktivität der respektiven Parteien verdient gemacht,[9] wenngleich sie kein gleichwie geartetes Forschungsmonopol innehat: Extremismusforscher, auf den politischen Teilbereich ihrer Disziplin spezialisierte Soziologen und Psychologen sowie Pädagogen bestellen dieses Feld ebenso. So etwas wie eine einheitliche Forschungstradition gibt es daher nicht. Das trägt einerseits zur viel geforderten Multi- und Interdisziplinarität bei. Jede der (Sub-)Disziplinen beleuchtet den blinden Fleck einer anderen und trägt so – aufs Ganze gesehen – zu einem kaleidoskopischen Eindruck bei. Andererseits erschwert dieser Umstand die Kommunikation über die Fachgrenzen hinweg: Es existiert nicht nur keine einheitliche Theorie zur Erforschung extremistischen Wählens, sondern es kommen auch höchst unterschiedliche Begriffsinventare und Meta-Theorien, Paradigmen und wissenschaftstheoretische Grundannahmen zum Einsatz, die eine gemeinsame Diskussion, die über das bloße Informieren hinausgehen soll, hemmen: „Eine vollständige und allgemein anerkannte Theorie der Wahl extremistischer Parteien existiert deshalb bislang nicht, allenfalls lassen sich ‚Bausteine' […] einer solchen Theorie ausmachen."[10] Und so bestehen politikwissenschaftliche, psychologische, soziologische und pädagogische Forschungsstränge nach wie vor weithin unverbunden nebeneinander her.

---

8 Vgl. David P. Conradt, Changing German Political Culture, in: Gabriel A. Almond/Sidney Verba (Hrsg.), The Civic Culture Revisited, Boston/Toronto 1980, S. 212–272.
9 Siehe etwa Kai Arzheimer, Die Wahl extremistischer Parteien, in: Jürgen W. Falter/Harald Schoen (Hrsg.), Handbuch Wahlforschung, Wiesbaden 2014, S. 523–561.
10 Ebd., S. 525.

Extremistische, radikale, populistische, Linksaußen- bzw. Rechtsaußenparteien: Wo zwei Wissenschaftler aufeinandertreffen, gehen die Meinungen über die Angemessenheit von Begriffen, über „richtige" und „falsche" Definitionen mit hoher Wahrscheinlichkeit auseinander. Jede hebt ein inhaltliches Merkmal (oder eine Gruppe von Merkmalen) nach vorn und vernachlässigt dadurch eines oder mehrere andere. Zur Sprachverwirrung trägt überdies der Umstand bei, dass ein und dieselbe Partei häufig mehreren Definitionen genügt, dass eine zweifelsfreie Einordnung aufgrund verschiedener parteiinterner Strömungen selten möglich ist, und dass die Parteiprogramme deutlich wandlungsfreudiger sind als etwa bei Volksparteien. Die beträchtliche normative Aufladung der Labels – es handelt sich fast durchgängig um Fremdbezeichnungen, die von den so Titulierten entschieden zurückgewiesen werden –, vertieft die Gräben um ein Weiteres.

In der Empirie wird dieser Kampf um Begriffe[11] gleichwohl nicht mit letzter Konsequenz ausgetragen, denn mit Blick auf die betreffenden Parteien besteht über weite Strecken Konsens: „We know who they are, even though we do not know exactly what they are."[12] Deshalb sind meist die „üblichen Verdächtigen" Gegenstand größerer vergleichender Studien. Bei den Bezeichnungen ist man sich einig, dass man sich nicht einig ist. Insofern lässt sich zumindest *eine praktischen Zwecken genügende* Lösung dafür erzielen, welche Parteien zu analysieren sind. Gleichwohl: Unterschiedliche Labels machen es nicht einfacher, den Forschungsstand zu den Erfolgs- und Misserfolgsbedingungen der Parteien systematisch aufzuarbeiten, weil damit variierende Programmatiken und Erfolgslogiken verbunden sind: Feine Unterschiede bestehen etwa zwischen der Wählerschaft, den Gelegenheitsstrukturen und den förderlichen progammatischen Angeboten extremistischer wie populistischer Parteien.[13]

Wer die Ursachen für Wahlerfolge und -misserfolge extremistischer Parteien beleuchten will, steht vor einer weiteren Herausforderung, denn: Es ist eine Sache zu ergründen, wer wen warum wählt bzw. welche Partei von wem Stimmen erhält – und eine andere, kausale Bedingungen von elektoralen Erfolgen und Misserfolgen zu eruieren. Die Wahlforschung – ihrerseits von beträchtlicher theoretischer Heterogenität gekennzeichnet – blickt auf einen ansehnlichen Forschungsstand, der um Meinungen, Einstellungen, Werte, Persönlichkeitseigenschaften uvm. kreist. Diejenigen „Schrauben" im Wahlprozess, die nicht bei oder an dem Wähler liegen, genießen demgegenüber jedoch nur nachgeordnete Aufmerksamkeit.[14] Dabei handelt es sich um Parteieigenschaften, besonders aber um die politisch-gesellschaftlichen Rahmenbedingungen und Gelegenheitsstrukturen. Wer nach den Ursachen für Wahlergebnisse fragt, darf diese Faktoren nicht außer Acht lassen, bliebe das Bild doch ansonsten unvollständig. Zugleich ist nicht jede Theorie zur Erklärung extremistischen Wählens geeignet, die variierenden Wahlergebnisse der Parteien ausreichend zu klären. Dafür müsste gezeigt (oder zumindest plausibel gemacht)

---

11 Siehe Cas Mudde, The War of Words Defining the Extreme Right Party Family, in: West European Politics 19 (1996), S. 225–248.
12 Ders., The Paradox of the Anti-Party Party. Insights from the Extreme Right, in: Party Politics 2 (1996), S. 265–276, hier S. 233.
13 Vgl. etwa Matt Golder, Explaining Variation in the Success Of Extreme Right Parties in Western Europe, in: Comparative Political Studies 36 (2003), S. 432–466.
14 Vgl. John W. P. Veugelers, A Challenge for Political Sociology. The Rise of Far-Right Parties in Contemporary Western Europe, in: Current Sociology 47 (1999), H. 4, S. 78–100.

werden, dass die identifizierten Faktoren in unterschiedlichen gesellschaftlichen Kontexten unterschiedlich stark ausgeprägt sind und mit den Wahlergebnissen kovariieren. Erfährt eine Partei 100 Prozent Zuspruch aus einer gesellschaftlich marginalisierten Gruppe, beeinflusst dies kaum den Wahlausgang.

Hinzu kommen methodische Unwägbarkeiten. Nähmen sich zwei Politikwissenschaftler vor, die Erfolge und Misserfolge rechts- oder linksextremer Parteien bei allen nationalen Wahlen in der Europäischen Union zu identifizieren, müssen sie noch lange nicht zu denselben Ergebnissen kommen: Einesteils könnten ihre Definitionen (Was ist eine extremistische Partei?) mit Blick auf Intension und Extension auseinandergehen. Variierende Fallzusammensetzungen wiederum produzieren unterschiedliche Befunde. Cas Muddes Diktum – obwohl wir nicht sagen könnten, was die Parteien auszeichnet, wissen wir, wen wir dazuzählen müssen – gilt nämlich nur eingeschränkt. Anderenteils gehen die Befunde unterschiedlicher Analyseverfahren häufig auseinander: Regressionsverfahren sind in der Lage, den Netto-Effekt einzelner Faktoren zu bemessen, tun sich aber – anders als konfigurationelle Verfahren wie QCA – schwer damit,

– äquifinale (verschiedene Faktoren führen zum selben Ergebnis),
– multikausale (manche Faktoren führen erst in Kombination zu einem bestimmten Ergebnis) und
– asymmetrische (ein Faktor, der ein Ereignis erklärt, muss noch lange nicht geeignet sein, auch das Gegenereignis zu erklären) Kausalzusammenhänge zu identifizieren.

Dass zwischen zwei Variablen keine signifikante Korrelation auftritt, heißt darum keineswegs, es könnte keine kausale Beziehung notwendiger oder hinreichender Art zwischen ihnen bestehen.[15] Zudem: Quantitative Verfahren sind darauf ausgelegt, Je-desto-Aussagen zu generieren; sie ergründen daher genau genommen nicht Erfolg oder Misserfolg, zwischen denen eine konzeptionelle Grenze existieren muss, sondern die Varianz von Wahlergebnissen. Konfigurationelle Verfahren setzen wiederum eine klare Vorstellung davon voraus, ab wann eine Partei (schon) als erfolgreich bzw. bis wann sie (noch) als erfolglos gilt, da sie Ereignisse bzw. Gegenereignisse erklären.

Überdies: Wissenschaft strebt nach empirisch wahren, logisch stimmigen Aussagen über die Realität. Während quantitative Auswertungsverfahren in aller Regel probabilistische und stochastische Aussagen generieren, sind deterministische Aussagen das tägliche Brot konfigurationeller Methoden. Diese differenzieren außerdem nach Notwendigkeits- bzw. Hinlänglichkeitsbeziehungen. Die Vielfalt der sozialwissenschaftlichen Zugänge hört damit nicht auf: Von einzelnen, als maßgeblich identifizierten Variablen und skizzenhaften Hypothesen über die Anordnung bestimmter Variablenausprägungen bis hin zu – teils schematischen – angebots- wie nachfrageseitigen Erklärungsansätzen und elaborierten, ganzheitlichen Theorien erstreckt sich die Tiefe des Erklärungsportfolios.

Welche Faktoren das Wahlergebnis einer rechts- oder linksextremen Partei in diese oder jene Richtung beeinflussen, hängt schließlich maßgeblich von der Frage ab, welche Parteien wann, wo und auf welcher politisch-administrativen Ebene untersucht wurden. Was dem französi-

---

15 Vgl. Carsten Q. Schneider/Claudius Wagemann, Set-Theoretic Methods for the Social Sciences. A Guide to Qualitative Comparative Analysis, Cambridge 2012, S. 86–90.

schen Front National in den frühen 1990er Jahren bei den Kommunalwahlen genützt hat, mag der ungarischen Partei Jobbik bei den Europawahlen im neuen Jahrtausend schaden. Hinzu kommt ein „Strongest-Party-Bias": Viele Forscher legen ihren Analysen lediglich die in einem Land stärkste(n) Partei(en) eines politischen Spektrums zugrunde (etwa aus Gründen der Datenverfügbarkeit); damit verzerren sie jedoch die Erklärungen, weil sie nur erklären, warum der stärkste Vertreter eines der Ränder (nicht) reüssiert; nicht aber, warum in ein und demselben Land diese Partei trotz intensiver Bemühungen nicht aus der Senke herauskommt, während die andere einen Sieg nach dem anderen feiert. Kurzum: Auf dem Forschungsfeld konkurrieren recht unterschiedliche Aussagentypen mit auseinandergehenden Gegenstandsbereichen miteinander. Dieser Wust erschwert die Unterscheidung bewährter (im Popper'schen Sinn) Aussagen, denen zu vertrauen wir unabhängig von den Analyseverfahren, dem Ort, der konkreten Partei und dem Analysezeitraum allen Grund haben dürfen, von methodischen Artefakten und Einzelfallaussagen.

Ziel des Kapitels ist es, den Leser mit den wichtigsten Faktoren vertraut zu machen, die in den jüngsten Jahrzehnten die Wahlergebnisse links- und rechtsextremer Parteien beeinflusst haben, mithin mit den „Bausteinen" einer Mid-Range-Theorie zur Erklärung links- und rechtsextremer Wahlerfolge. Welchen Umständen verdanken die beiden Parteienfamilien ihren Erfolgskurs in den letzten Jahrzehnten? Und: Warum gelingt einigen – zum Teil wiederholt – ein Kantersieg nach dem anderen, während die Mehrheit der Parteien dem Tal der Bedeutungslosigkeit nicht zu entrinnen vermag? Variablen, hinter denen die Forschung eine förderliche oder hinderliche Wirkung vermutete, die sich jedoch in empirischen Studien nicht als relevant erwiesen, dürfen dabei nicht ausgespart werden: Einsichten vermitteln nicht nur Positiv-, sondern auch Negativbefunde. Allein aus Einzelfallbetrachtungen herrührende Erklärungen bleiben in diesem Kapitel unberücksichtigt.

Der Auswahl der entsprechenden Forschung liegt eine großzügige Definition von Rechts- und Linksextremismus zugrunde: Studien, die sich dem Titel nach rechts- und linksradikalen, rechts- und linkspopulistischen, Rechts- und Linksaußenparteien annehmen, fließen ein, sofern Grund zur Annahme besteht, die einbezogenen Parteien hadern zumindest mit einzelnen Elementen konstitutioneller Demokratie und hängen zugleich einer Ideologie menschlicher Ungleichwertigkeit (Rechtsextremismus) bzw. der Radikalegalität (Linksextremismus) oder sogar beidem an – wie in einigen Ländern Osteuropas.[16]

Das Kapitel beleuchtet die Ursachen für die Wahlerfolge rechts- und linksextremer Parteien. Die beiden Forschungsstände fallen höchst ungleich aus: Die Forschung zu rechtsextremen Wahlerfolgen hat eine eigene kleine „Industrie" hervorgebracht, während das linke Pendant nach wie vor meist unter der Überschrift ‚(Post-)Kommunismusforschung" läuft. Doch nicht jede linksextreme Partei ist im genealogischen, ideologischen oder organisatorischen Sinn postkommunistisch und nicht jede postkommunistische Partei stellt ihre politischen Forderungen über die Maximen konstitutioneller Demokratie. Eine eigenständige Forschung zu Linksaußenparteien ist gerade dabei, sich zu entfalten. Vieles ist darum noch im Fluss und die meisten Be-

---

16 Vgl. etwa Tom Thieme, Hammer, Sichel, Hakenkreuz. Parteipolitischer Extremismus in Osteuropa: Entstehungsbedingungen und Erscheinungsformen, Baden-Baden 2007.

funde ruhen auf einem im Vergleich zur Rechtsextremismusforschung schmalen empirischen Fundament. Angesichts des Forschungsstandes gibt es kaum bewährte, sondern mehrheitlich nur vorläufig bestätigte Aussagen.

Diese Studien gehen jedoch über Einzelfallbefunde weit hinaus und verdienen insofern Berücksichtigung – anders als solche zu anders gearteten extremistischen Parteien. Diese sind selbst häufig Einzelfälle, die mit anderen Parteien zu vergleichen aufgrund ihrer inhaltlichen, organisatorischen und strategischen Merkmale wenig Sinn ergeben würde – etwa die 1994 in Israel verbotene Kach-Partei, die sich bis heute, um ihre jüdischen Fundamentalismus und aggressiven Zionismus vereinende Ideologie durchzusetzen, terroristischer Maßnahmen bedient. Was religiös-fundamentalistische Parteien im Allgemeinen angeht, so liegen die *generellen* Einflüsse für ihr Abschneiden an der Wahlurne nach wie vor im Dunkeln.[17] Bislang dominieren Einzelfall- und Small-N-Studien. Ein Forschungsüberblick geriete in diesem Stadium zu einer Aneinanderreihung von Einzelfallbefunden und ist insofern nicht sinnvoll. Er ist daher nicht Gegenstand dieses Kapitels.

Im Übrigen orientiert sich die Darstellung an der in der Parteienforschung üblichen Unterscheidung nach wahlbeeinflussenden Faktoren in Angebots-, Nachfrage- und politische Gelegenheitsstrukturen.[18] Unter das Angebot fallen jene weltanschaulichen Profile, organisatorischen Strukturen und strategischen Entscheidungen, mit denen die Parteien auf dem politischen Markt um die Gunst der Wähler werben. Die inhaltliche Radikalität (bzw. Mäßigung) der Parteien und die Mitwirkungsrechte ihrer Mitglieder zählen ebenso hierzu wie die Professionalität, das Kompetenzprofil und das Charisma des Führungspersonals. Auf der anderen Seite des Marktes entwickelt sich die politische Nachfrage, zumeist gemessen in Wählerpotentialen, aus einem Zusammenspiel von kurzfristigen politischen Meinungen, affektiven, kognitiven sowie behavioralen Einstellungen, tiefer liegenden Wertorientierungen, aus Bedürfnissen und Persönlichkeitseigenschaften. Sie bilden das ab, was seit Lipset und Rokkan Cleavage oder gesellschaftliche Konfliktstruktur heißt.[19] Dass nicht jeder Extremist eine extremistische Partei wählt und nicht jeder Wähler einer extremistischen Partei extremistische Ziele verfolgt, ist eine (oft vergessene) Banalität. Die Parteien profitieren von einer recht heterogenen Wählerschaft, die zu mobilisieren sich abhängig von den Gelegenheitsstrukturen als einfacher oder schwieriger erweisen kann. Sie agieren in einem politischen, sozialen und medialen Institutionengeflecht (Wahlsystem, Parteienwettbewerb, gesellschaftliche Strukturen, Medienlandschaft etc.). Ihr Handeln unterliegt überdies einer Reihe kurzfristiger Entwicklungen, welche die langfristigen Mühen der Ebene zunichtemachen, aber auch unerwartete Gelegenheitsfenster öffnen können. Zu den Chancen, von denen die Parteien profitieren, zählen besonders politische und

---

17 Siehe aber zwei der wenigen Ausnahmen zu islamistischen Parteien: Michael D. H. Robbins, What Accounts for the Success of Islamist Parties in the Arab World?, Cambridge 2010; Deepa M. Ollapally, The Politics of Extremism in South Asia, Cambridge/New York 2008.
18 Siehe exemplarisch Pippa Norris, Radical Right. Voters and Parties in the Electoral Market, New York 2005; Tim Spier, Modernisierungsverlierer? Die Wählerschaft rechtspopulistischer Parteien in Westeuropa, Wiesbaden 2010, S. 68–71; Henrik Steglich, Rechtsaußenparteien in Deutschland. Bedingungen ihres Erfolgs und Scheiterns, Göttingen 2010, S. 23–50.
19 Vgl. Seymour M. Lipset/Stein Rokkan, Cleavage Structures, Party Systems and Voter Alignments. An Introduction, in: dies. (Hrsg.), Party Systems and Voter Alignments. Cross-National Perspectives, New York 1967, S. 1–64.

wirtschaftliche Krisen, die sich zu sozialen Problemlagen ausweiten und dergestalt für den eigenen Wahlkampf instrumentalisieren lassen.

Eine am „Dreiklang" (Angebot – Nachfrage – Gelegenheitsstrukturen) orientierte Gliederung hat es freilich schwer, Interaktionen angemessen abzubilden: Nicht jedes inhaltliche Angebot setzt sich in jedem Kontext durch, nicht jede Nachfrage nach einer entsprechenden Partei führt sogleich zum Erfolg. Darum verdienen Kausalmechanismen, bei denen Faktoren der Angebots- und/oder der Nachfrage- und/oder der Rahmenseite – wie Zahnräder in einem Uhrwerk – ineinandergreifen, gesonderte Aufmerksamkeit. Eine Bilanz der Forschung sowie eine kommentierte Auswahlbibliografie schließen den Beitrag ab.

2 Rechtsextreme Parteien

2.1 Nachfrage

2.1.1 Persönlichkeitsmerkmale und Wertorientierungen

Zu den ältesten Ansätzen zur Erklärung von „Rechtsextremismus" – es wurde seinerzeit noch wenig zwischen psychischen Orientierungen (etwa Meinungen und Werten) sowie Handlungen (etwa die Wahl extremistischer Parteien) unterschieden – stammt von der „Berkeley-Gruppe", ein um den aus Frankfurt am Main stammenden Philosophen Theodor W. Adorno versammeltes Forscherteam.[20] Die aus einem großangelegten Projekt zur Erforschung von Antisemitismus hervorgegangene, empirische Studie „The Authoritarian Personality" stand unter dem noch frischen Eindruck des Nationalsozialismus in Deutschland und trug maßgeblich zu Adornos Einfluss als Sozialwissenschaftler bei. Ziel war es, charakterliche Prädispositionen von potentiellen Anhängern einer neuen rechtsextremen Partei nach 1945 zu identifizieren. Die Gruppe, zu der auch Else Frenkel-Brunswik, Daniel J. Levinson und R. Nevitt Sanford gehörten, löste eine Reihe von Persönlichkeitseigenschaften heraus, die hinter Antisemitismus und Ethnozentrismus stünde und Menschen für rechten Antidemokratismus anfällig mache, nämlich:[21]

- Konventionalismus – die starre Bindung an Hergebrachtem;
- Autoritäre Unterwürfigkeit – unkritische devote Haltung gegenüber Autoritäten;
- Autoritäre Aggression – Wunsch nach Ahndung von Verstößen gegen Konventionen;
- Anti-Intrazeption – Ablehnung des Subjektiven, Schöngeistigen, Phantasievollen;
- Aberglaube und Stereotypie – Klischees, Glaube an Vorbestimmtheit, rigides Denken;
- Machtdenken – Denken in Machtdimensionen (Herrschaft – Unterwerfung);
- Destruktivität und Zynismus – Herabsetzung und Feindseligkeit gegenüber anderen;
- Projektivität – Glaube an das Böse in der Welt und Projektion von Trieben in die Umwelt;
- Sexualität – übertriebene Bedenken gegenüber allem Sexuellen.

---

20 Theodor W. Adorno, Studien zum autoritären Charakter, Frankfurt a. M. 1973 [1950].
21 Vgl. ebd., S. 45.

Jenes induktiv gewonnene neundimensionale Syndrom wurde mithilfe der 38 Items umfassenden, sogenannten F-Skala (Form 78) erhoben – ein in Gestalt von Likert-Skalen konstruierter Fragebogen, der die AS-Skala (Antisemitismus), die E-Skala (Ethnozentrismus) sowie die PEC-Skala (politisch-ökonomischer Konservatismus) ergänzte und Aussagen enthielt wie „Mögen auch viele Leute spotten, es kann sich immer noch zeigen, dass die Astrologie vieles zu erklären vermag", „Wer unsere Ehre kränkt, sollte nicht ungestraft bleiben" oder „Was dieses Land braucht, sind weniger Gesetze und Ämter, als mehr mutige, unermüdliche, selbstlose Führer, denen das Volk vertrauen kann." Es handelt sich bei der F-Skala um den theoretischen Nukleus der Studie. Deren Autoren, von Freuds Psychoanalyse inspiriert, suchten vor allem nach Prädiktoren des autoritären Syndroms und fanden sie in der Kindheit der Befragten, genauer: in deren autoritärer Erziehung. Dabei verleihe der Autoritarismus einem schwachen Ich, einem veräußerlichten Über-Ich und unbewältigten Trieben Ausdruck.

So innovativ die Studie war – sie vertrat einen breiten Methodenmix, der repräsentative Umfragen mit Tiefeninterviews verband –, so kritikwürdig war sie:[22] Sind die in der urbanen US-amerikanischen Mittelschicht gewonnenen Erkenntnisse verallgemeinerbar? Gibt es nicht auch einen linken Autoritarismus?[23] Sind die neun Dimensionen nicht auf ganz unterschiedlichen Analysedimensionen angesiedelt? Präjudizieren viele Items nicht bestimmte Antworten? Vor allem: Wie beeinflusst der autoritäre Charakter das individuelle Handeln – auch und gerade bei Wahlen?[24] Den Link zwischen Wahlentscheidungen und dem, was bei Adorno unter „Autoritarismus", bei Autoren wie Milton Rokeach unter „Dogmatismus"[25] und bei Hans Jürgen Eysenck unter „tough-mindedness"[26] firmiert, stellten spätere Studien her – zunächst bei den US-amerikanischen Präsidentschaftswahlen, wobei die F-Skalenwerte positiv mit der Präferenz als autoritär oder rechts geltender Kandidaten schwach korrelierten, später auch bei Parlamentswahlen in Europa, wobei autoritäre Personen sich tendenziell rechten (nicht nur rechtsextremen!) Parteien hingezogen fühlen.[27]

Zu den verheißungsvollsten Arbeiten, die den Einfluss von Persönlichkeitseigenschaften auf die Wahlerfolge rechtsextremer Parteien in Deutschland beleuchten, gehören die von Siegfried Schumann.[28] Zwar fungiert als abhängige Variable hier vielfach nicht die Wahl einer entsprechenden Partei, sondern die Sympathie ihr gegenüber, aber die Ergebnisse sind dennoch auf-

---

22 Für eine Übersicht der Weiterentwicklungen der F-Skala siehe John J. Ray, Alternatives to the F Scale in Measurement of Authoritarianism. A Catalogue, in: Journal of Social Psychology 122 (1984), H. 1, S. 105–119; Richard Christie, Authoritarianism and Related Constructs, in: John P. Robinson/Phillip R. Shaver/Lawrence S. Wrightsmann, (Hrsg.), Measures of Personality and Social Psychological Attitudes, San Diego 1991, S. 501–571. Für eine Übersicht der Einwände und Entwicklungen siehe Detlef Oesterreich, Fragen der Gesellschaft: Flucht in die Sicherheit. Zur Theorie des Autoritarismus und der autoritären Reaktion, Opladen 1996.
23 Vgl. exemplarisch Edward A. Shils, Authoritarianism: „Right" and „Left", in: Richard Christie/Marie Jahoda (Hrsg.), Studies in the Scope and Method of „The Authoritarian Personality", Glencoe 1954, S. 24–49; Milton Rokeach, The Open and the Closed Mind, New York 1960.
24 Vgl. hierzu gleichlautend Kai Arzheimer, Die Wähler der extremen Rechten 1980–2002, Wiesbaden 2008, S. 72 und 80.
25 Vgl. Rokeach (Anm. 23).
26 Vgl. Hans Jürgen Eysenck, The Psychology of Politics, London 1968.
27 Vgl. zusammenfassend Siegfried Schumann, Persönlichkeitsbedingte Einstellungen zu Parteien. Der Einfluss von Persönlichkeitseigenschaften auf Einstellungen zu politischen Parteien, München 2001, S. 106 f. und ders., Wahlverhalten und Persönlichkeit, Wiesbaden 1990, S. 12–18.
28 Siehe etwa Schumann 2001 (Anm. 27).

schlussreich. Demnach korrelieren die Offenheit für neue Erfahrungen sowie die Verträglichkeit einer Person – beide Bestandteil der die zentralen Persönlichkeitsmerkmale umfassenden „Big Five" – negativ mit der Präferenz für rechtsextreme Parteien, allerdings – im Falle der Offenheit – auch mit der Sympathie gegenüber rechtsdemokratischen Parteien wie der CDU/CSU.[29] Was die „Affinität zu einem stabilen kognitiven Orientierungssystem" angeht, in der Schumann das Wesensmerkmal des Autoritarismus und des Dogmatismus sieht, ließen sich Nachweise zur Präferenz rechter Parteien nachweisen – allerdings einmal mehr demokratischer wie extremistischer Provenienz, wobei der Zusammenhang zu Letztgenannten stets schwach blieb. In der Summe deutet nicht allzu viel darauf hin, die extreme Rechte profitiere mehr als die übrigen Parteien von autoritären Charakteren in der Wählerschaft. Die Zusammenhänge sind aufgrund des damit verbundenen Erhebungsaufwandes und der bisher eher geringen empirischen Evidenz in den letzten Jahren aus dem Fokus der Forschung zu rechtsextremen Wahlerfolgen gerückt, allenfalls einzelne Items gingen in einige empirische Untersuchungen ein.

Zudem: Selbst *falls* jeder autoritäre Charakter ausschließlich mit der extremen Rechten sympathisierte, heißt das noch nicht, die betreffenden Parteien verdankten ihren Siegeszug der letzten Jahrzehnte *ausschließlich* diesem Syndrom. Dafür müsste es gesellschaftlich relevant werden, etwa indem nachgewiesen würde, eine bestimmte Schicht sei – mehr als alle anderen – von autoritären Zügen betroffen und im Wachstum begriffen. Talcott Parsons war ein früher Vertreter dieser These. Es seien besonders die Arbeiter- sowie die untere Mittelschicht, die „Kleinbürger" einer Gesellschaft, die autoritären Ideen huldigten, nahm er an.[30] Wie sich jedoch abzeichnete, jene Vermutung sei nicht allzu weit von den Tatsachen entfernt, wurde ebenso klar, dass dies allein noch kein Erfolgsgarant für die Parteien ist.[31]

Größeres Aufsehen als die empirischen Studien zum (vermeintlich) autoritären Charakter der Wähler rechtsextremer Parteien erregten die Arbeiten des italienischen Politikwissenschaftlers Piero Ignazi, wobei auch er die Persönlichkeitsmerkmale der Menschen in den Mittelpunkt stellte. Allerdings waren bei ihm die Grenzen zu internalisierten Wertorientierungen keinesfalls klar gezogen.[32] Ignazi wertet das Aufkommen rechter Flügelparteien in den 1980er Jahren als Aufbegehren vieler Wähler gegen grüne und linklibertäre Parteien, die wiederum im Zuge der „stillen Revolution"[33] der 1970er Jahre wie Pilze aus dem Boden geschossen waren und vorrangig post-materialistische Ziele – Partizipation, Selbstentfaltung und Umweltschutz – vertraten.[34] Indes: Der Autor bleibt den Nachweis, dass das Eine aus dem Anderen hervorgehe, schuldig und verliert sich im Ungefähren. Woher die „stille Konterrevolution" ihren Antrieb bezieht, wie sie sich auf die variierenden Wahlergebnisse der Parteien und die Verbreitung

---

29 Vgl. ebd., S. 465 f.
30 Vgl. Talcott Parsons, Some Sociological Aspects of the Fascist Movements, in: Social Forces 21 (1942), H. 2, S. 138–147.
31 Siehe weiter unten.
32 Für die Notwendigkeit der Trennung vgl. Julia Iser/Peter Schmidt, Werte und Big Five: Trennbarkeit von Konzepten und Erklärungskraft für politische Orientierungen, in: Siegfried Schumann (Hrsg.), Persönlichkeit. Eine vergessene Größe der empirischen Sozialforschung, Wiesbaden 2005, S. 301–320.
33 Ronald Inglehart, The Silent Revolution. Changing Values and Political Styles Among Western Publics, Princeton, NJ 1977.
34 Siehe Piero Ignazi, The Silent Counter-Revolution. Hypotheses on the Emergence of Extreme Right-Wing Parties in Europe, in: European Journal of Political Research 22 (1992), H. 1, S. 3–34; ders., Comparative Politics: Extreme Right Parties in Western Europe, Oxford/New York 2003, besonders Kapitel 12.

rechtsautoritärer Werte auswirkt, bei denen es sich eher um Gefühle und Bedürfnisse zu handeln scheint – darüber schweigt sich Ignazi aus. Selbst der Nachweis einer Stärkung konservativer oder materialistischer Werte bleibt aus – vor allem weil Ignazi die Grenzen empirischer Wissenschaft überschreitet, wenn er behauptet, die von ihm diagnostizierte Wende lasse sich mit den gängigen Instrumenten der Sozialforschung kaum abbilden.[35] Der Autor schließt vielmehr von den Elitendiskursen auf die im Volk verankerten Werte. Das ist nicht ganz unplausibel, beruht aber auf einer Reihe von ungeprüften Hilfsannahmen.

Kurzum: Es fehlt an Belegen dafür, dass der Erfolg der extremen Rechte die Ausgeburt einer gleichwie gearteten „stillen Konterrevolution" in den 1980ern sei.[36] Systematischer im Vorgehen, konkreter in den Begriffen und darum wirkmächtiger in der Forschung war Herbert Kitschelts Ansatz, der einen Präferenzwandel bei der Wählerschaft des späten 20. Jahrhunderts ausmacht, jedoch ein entsprechendes Angebot seitens der Parteien als Voraussetzung für ihren Erfolg ansieht und deshalb unter den integrativen Ansätzen erörtert wird.[37]

2.1.2 Desintegration

Die Mehrheit der angebotsseitigen Ansätze zur Erklärung rechtsextremer Wahlerfolge reserviert weniger der Verbreitung bestimmter, meist: autoritärer Persönlichkeitsmerkmale eine Vorrangposition, sondern vielmehr sozialen Verwerfungen: Desintegrations- und Deprivationserfahrungen im Gefolge gesellschaftlicher Modernisierungsprozesse seien es vor allem, die der extremen Rechten Wähler in die Arme treiben. Der Desintegrationsansatz führt die Erfolge des Nationalsozialismus und des Faschismus auf anomische Potentiale in der Bevölkerung zurück, ihrerseits eine Folge der gesellschaftlichen Umwälzungen des letzten Jahrhunderts:[38] Unzureichend in die Gesellschaft eingebundenen Menschen fehle demnach die Sensibilität für soziale Normen, was bei ihnen Gefühle der Angst und Unsicherheit, in zweiter Instanz Passivität oder übertrieben rigorose Handlungen auslöse. In ihrer Verunsicherung wendeten sich solche Menschen Angeboten zu, die Ordnung, Klarheit und Führung versprechen. Dass die Wahlergebnisse rechtsextremer Parteien jedoch mit den gesellschaftlichen Anomiepotentialen kovariierten, dafür fehlt der Beleg:[39] „Weder unterscheiden sich prima facie beispielsweise Österreich und Frankreich von den anderen Gesellschaften Westeuropas durch ein substantiell höheres Maß an Anomie, noch sind – zumindest im deutschen Kontext – jene Menschen, die tatsächlich im eigentlichen Sinne deviantes Verhalten zeigen, nämlich jugendliche rechtsextreme Gewalttäter, in ihrer Mehrheit sozial destintegriert."[40]

---

35 Vgl. Ignazi 1992 (Anm. 34), S. 22.
36 Zur generellen Problematik, diesen Zusammenhang überhaupt aufzudecken, vgl. Arzheimer (Anm. 24), S. 82–84.
37 Siehe Herbert Kitschelt, The Radical Right in Western Europe. A Comparative Analysis, Ann Arbor 1995.
38 Siehe Parsons (Anm. 30).
39 Vgl. Jürgen R. Winkler, Bausteine einer allgemeinen Theorie des Rechtsextremismus, in: Jürgen W. Falter/Hans-Gerd Jaschke/Jürgen R. Winkler (Hrsg.), Rechtsextremismus. Ergebnisse und Perspektiven der Forschung, Opladen 1996, S. 25–48, hier S. 40.
40 Arzheimer (Anm. 24), S. 87.

2.1.3 Deprivation und Gruppenkonflikte

Zu den einflussreichsten Theorien im „Deprivationsbereich" zählt jene Erwin K. Scheuchs und Hans-Dieter Klingemanns.[41] Skizzenhaft – der Aufsatz zählt keine 20 Seiten – trugen die beiden Autoren vor einem halben Jahrhundert ihre Auffassung vor, bei Rechtsextremismus handle es sich um eine „normale Pathologie" westlicher Industriegesellschaften. Diese stellten eine noch recht junge, von zahlreichen gesellschaftlichen Spannungen geprägte Entwicklungsstufe dar:

– Spannungen zwischen dem althergebrachten Wertesystem individueller Primärgruppen (Freunde, Familie) und dem der Industriegesellschaft,
– Spannungen zwischen traditionellen und modernen, jedoch miteinander verwobenen Lebensentwürfen und Produktionsverhältnissen,
– Spannungen zwischen dem Volk, das neue Partizipationsformen austestet, und politischer Elite, deren Einfluss auf die individuelle Lebensgestaltung zunimmt,
– Spannungen zwischen dem Unmut der Bevölkerung und dessen mangelhafter medialer Abbildung, die zu Fruststau führen.

Verschärfend zu diesem mehrdimensionalen Werte- und Kulturkonflikt trete die Beschleunigung gesellschaftlicher, wirtschaftlicher, technologischer und politischer Prozesse hinzu, die eine individuelle Anpassung verunmögliche und in der Summe zu Gefühlen der Verunsicherung führe, auf die ein *Teil* der Gesellschaft mit der Herausbildung rigider Orientierungssysteme reagiere. Damit knüpfen die Autoren an die Autoritarismusdebatte früherer Jahre an, sie sehen allerdings in rigiden Denkstilen keine Persönlichkeitseigenschaft, sondern gewissermaßen eine Strategie zur Bewältigung der als unerträglich empfundenen, Angst und Unsicherheit produzierenden, multiplen Wertekonflikte. Jetzt braucht es noch entsprechende politisch-philosophische Angebote im Sinne „wenig systematisierte[r] und durchweg unartikulierte[r] Vorstellungen"[42] über die Politik als solche, mithin extremistische Doktrinen, und der Boden für den Erfolg rechtsextremer Parteien ist bereitet. Dass Ideen in den meisten westlichen Industriegesellschaften existieren, die an das rigide Orientierungssystem anschließen können, erklärt das Bild einer „normalen Pathologie": Es wird in solchen Ländern stets einen Bodensatz an Extremisten geben, die sich zu einer entsprechenden Partei hingezogen fühlen. Scheuch und Klingemann verknüpften damit aufs Eleganteste die politische Makro- und Mikroebene mithilfe wechselseitiger Interdependenzen.

Den Autoren zufolge verharrt die extreme Rechte – schafft sie es nicht, auch Wähler mit widersprüchlichen Erfahrungen, mit weniger stark beeinträchtigter Ambiguitätstoleranz[43] durch politische Symbolik an sich zu binden – im Stadium einer politischen Sekte. Anderenfalls – bei-

---

41 Siehe Erwin K. Scheuch/Hans-Dieter Klingemann, Theorie des Rechtsradikalismus in westlichen Industriegesellschaften, in: Hamburger Jahrbuch für Wirtschafts- und Gesellschaftspolitik 12 (1967), S. 11–29.
42 Ebd., S. 21.
43 Zu diesem Konzept, das die Unfähigkeit beschreibt, unklare, uneindeutige, widersprüchliche Situationen auszuhalten, vgl. Else Frenkel Brunswik, Intolerance of Ambiguity as an Emotional and Perceptual Personality Variable, in: Journal of Personality 18 (1949), H. 1, S. 108–143; Jack Reis, Ambiguitätstoleranz. Beiträge zur Entwicklung eines Persönlichkeitskonstruktes, Heidelberg 1997.

spielsweise in der späten Weimarer Republik – steigt sie zu einer elektoral und politisch bedeutsamen Formation auf.

Dass Scheuch und Klingemann der Steuerungsfähigkeit der Parteien als Determinante ebenso Raum boten wie dem politischen System und der Gesellschaft, verhalf ihrer Theorie zum Ruf eines integrativen Ansatzes, der als Ausgangspunkt einer Theorie des Rechtsextremismus dienen könne – zu Recht.[44] Dass aus einer autoritären Minderheit eine extremistische Minderheit werde, folge keinem Automatismus, sondern setze vielmehr das Vorhandensein entsprechender Potentiale innerhalb der politischen Kultur voraus. Die Autoren ziehen sich hier jedoch geschickt aus der Affäre, weil sie die Relevanz solcher Ideologeme bzw. politischer Meme unterstreichen, sie aber aus der eigenen Untersuchung ausklammern. Dasselbe gilt für die politischen Rahmenbedingungen und das politische Angebot: Der parteiförmige Rechtsextremismus könne die Stimmen jener Wähler mit rigiden Orientierungssystemen nur aufsaugen, wenn er entsprechend autoritäre Vorschläge unterbreite und damit zugleich eine Repräsentationslücke in den nationalen Parteiensystemen fülle; gesellschaftliche Breitenwirkung entfalte er wiederum nur dann, wenn es ihm gelinge, schlüssige und anknüpfungsfähige Symbole in den politischen Diskurs zu tragen. An diesen Stellen äußern sich die beiden Autoren nur vage.

Abbildung VII.1: Das Scheuch-Klingemann-Modell zur Wahl rechtsextremer Parteien

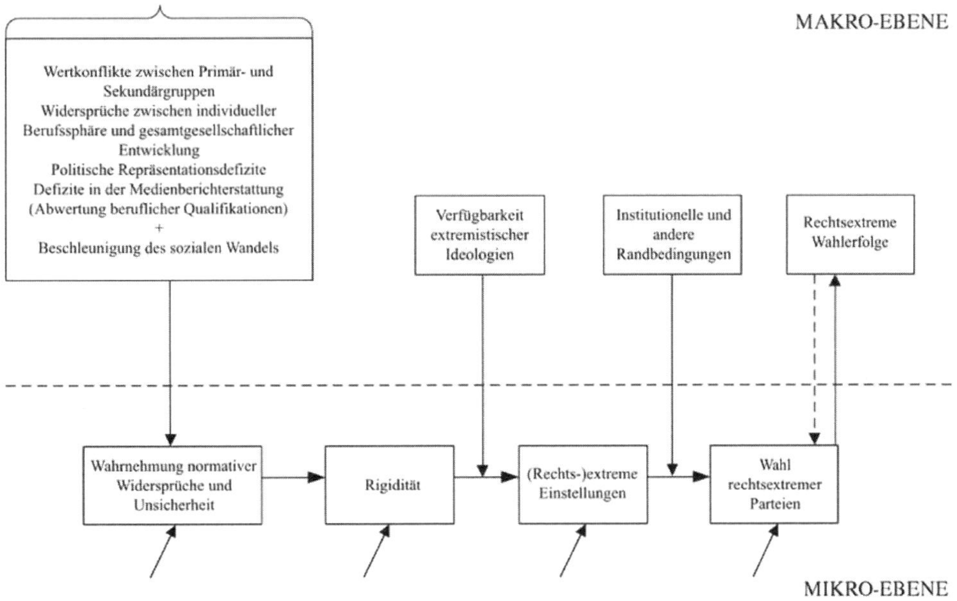

Quelle: Arzheimer (Anm. 9), S. 544.

---

44 Vgl. Kai Arzheimer/Jürgen W. Falter, Die Pathologie des Normalen. Eine Anwendung des Scheuch-Klingemann-Modells zur Erklärung rechtsextremen Denkens und Verhaltens, in: Dieter Fuchs/Edeltraud Roller/Bernhard Weßels (Hrsg.), Bürger und Demokratie in Ost und West. Studien zur politischen Kultur und zum politischen Prozess. Festschrift für Hans-Dieter Klingemann, Wiesbaden 2002, S. 85–107.

All diese offenen Punkte, die in ein Modell integriert werden können, liefern willkommene Schnittstellen für Forscher anderer Provenienz mit variierenden Schwerpunkten. Indes: Bei den meisten der Variablen – wenn auch nicht bei allen – handelt es sich um notwendige triviale Bedingungen, liefern doch die meisten politischen Kulturen für den parteiförmigen Rechtsextremismus anschlussfähige ideologische Fragmente, gelang es doch den Parteien in den meisten Fällen, die „autoritäre Lücke" im Parteiensystem zu füllen. Über viele andere angerissene Punkte schweigen sich Scheuch und Klingemann aus. Deshalb gehört ihre Theorie ins nachfrageorientierte Lager der Erklärungsansätze. Daran ändert auch der Umstand nichts, dass die Autoren einen Verstärkereffekt ins Kalkül ziehen: Parteien, die einmal eine bestimmte Stimmenzahl auf sich vereinigt haben, signalisieren, dass es im Rahmen der gesellschaftlichen Norm liegt, sie zu wählen – eine Abwandlung des Matthäus-Effekts.[45] Es könne jedoch auch umgekehrt sein: Vom Erfolg einer solchen Partei könne eine Alarmfunktion ausgehen. Wahlerfolge führen bei Wählern, die einen Rechtsruck fürchten, zur Wahl der dominierenden Mitte-Rechts-Partei (wie in Frankreich 2002). Überhaupt verschiebt sich durch einen Wahlsieg das Gefüge aus Angebot (Finanzierung, Professionalität) und Rahmenstruktur (mediale und öffentliche Aufmerksamkeit, Zugang zur Macht, politische Spielregeln zu verändern).

Die Vernachlässigung all jener Faktoren rechtfertigt die Einordnung des Scheuch-Klingemann-Modells in die eher nachfrageorientierten Erklärungsansätze, ohne die beeindruckende Leistung seiner Entwickler zu mindern. Ihnen gelang auf wenigen Seiten die Skizze eines abstrakten und sparsamen, eines interkulturell anwendbaren Mehrebenenansatzes zur Erklärung rechtsextremer Wahlergebnisse. Zugleich machen sie sich keine Illusionen über die Erklärungskraft – deterministische Thesen fehlen. Wann warum welche Partei aufsteigt, darüber klären die Autoren nicht auf. Sie liefern nicht mehr als einen ersten Anstoß für die Forschungsagenda. Die Blindheit für die Wahlergebnisse linksextremer Parteien ist überdies kein Spezifikum dieses Ansatzes, der nicht sagen kann, warum die extreme Rechte in der jüngeren Vergangenheit in den westlichen Industriegesellschaften so viel erfolgreicher war als die Linke, obwohl es rigiden Denkstilen hier wahrlich nicht an Anknüpfungsmöglichkeiten fehlt. Gleichwohl: Über wenige Rechtsextremismusstudien ist in den letzten Jahrzehnten so intensiv (wenn auch häufig verkürzt) diskutiert worden wie die von Scheuch und Klingemann. Ihr wissenschaftlicher Impuls war beträchtlich – was kann man von einem 20-seitigen Aufsatz mehr erhoffen?[46]

Hinter den von Adorno u. a. angestoßenen Autoritarismusstudien und dem Scheuch-Klingemann-Modell bleiben die weiteren nachfrageorientierten Erklärungsansätze, zum Teil weit, zurück – mit Blick auf theoretische Konsistenz und empirische Evidenz, auf Abstraktion und Originalität. Am wenigsten mag dies noch auf die Vielzahl deprivationstheoretischer Ansätze zutreffen, die den Gefährdungsperzeptionen großer sozialer Schichten eine gewisse Relevanz einräumen. Vor allem berufen derartige Ansätze sich auf Gruppenkonflikte als Auslöser für die Wahl rechtsextremer Parteien. Unterschiede bestehen bei der Gewichtung subjektiver Einschätzungen und objektiver Entwicklungen, rationaler und affektiver Momente. Aus diesem Grund

---

45 Vgl. Scheuch/Klingemann (Anm. 41), S. 21 f.; siehe auch Roger Eatwell, Ten Theories of the Extreme Right, in: Leonhard Weinberg/Peter H. Merkl (Hrsg.), Right-Wing Extremism in the Twenty-First Century, London/Portland 2003, S. 47–73.
46 Für eine ausführliche Diskussion vgl. Arzheimer (Anm. 24), S. 117–127; Arzheimer/Falter (Anm. 44).

stellen deprivationstheoretische Ansätze das heterogenste Bündel an Erklärungsversuchen dar. Kai Arzheimer macht vier Schwerpunkte aus:[47]

1) die Theorie realistischer Gruppenkonflikte (RCGT);
2) Theorien der Statuspolitik und des symbolischen Rassismus;
3) Identitätstheorien;
4) Sündenbocktheorien.

Ad 1) Die Theorie realistischer Gruppenkonflikte, maßgeblich geprägt durch Carolyn und Muzafer Sherif,[48] David Levine und Donald Campbell,[49] besagt, dass eine soziale Gruppe, die *in der eigenen Wahrnehmung* mit einer anderen sozialen Gruppe um ein begrenztes Gut (z. B. Arbeitsplätze, Wohnraum, politische Aufmerksamkeit, Gesundheitsversorgung) konkurriert, feindselige Einstellungen gegenüber der rivalisierenden Gruppe entwickelt. Die Autoren sprechen dabei von altruistischen Motiven, denn ihre Kleingruppenexperimente, auf denen die Befunde maßgeblich beruhen, haben gezeigt, dass Gruppenmitglieder zur negativen Attribution der „Anderen" auch dann neigen, wenn sie persönlich keinen Mangel an einem betreffenden Gut leiden. Vielmehr versuchen sie, der eigenen Gruppe zu dienen. Die Meinungen gehen jedoch darüber auseinander, welche Funktionen die Feindseligkeiten ausüben: Bauen Sie lediglich Frust ab (expressive Funktion) oder sollen sie die andere Gruppe schwächen (instrumentelle Funktion)?[50] Während die theoretische Argumentation in erster Linie auf experimentellen Studien mit intimen Gruppen basiert, sind in den letzten Jahren einige Analysen erschienen, die den Zusammenhang zwischen – perzipierten wie tatsächlichen – Gruppenkonflikten einerseits und den Wahlergebnissen von Rechtsaußenparteien andererseits bestätigen.[51] Hervorgehoben wird dabei besonders die Interaktion von Arbeitslosen-, Asylbewerber- und Migrationszahlen: Gruppenkonflikte, die den rechtsextremen Parteien nützen, scheinen dann aufzutauchen, wenn grassierende Erwerbslosigkeit und starke Einwanderungsströme aufeinanderprallen.

Ad 2) Während die Theorie realistischer Gruppenkonflikte den Wählern rechtsextremer Parteien eine gewisse – wenn auch beschränkte – Rationalität zubilligt, weil diese für Parteien stimmen, die den sozialen Konflikt zugunsten der eigenen, autochthonen Gruppe zu lösen versprechen, zielen statuspolitische, rassismus- und identitätsfokussierte Ansätze stärker auf affektive Orientierungen und die Rolle der eigenen Kultur: Seymour Martin Lipset und Richard Hofstadter, die nach einer Erklärung für die Erfolge der radikalen Rechten in den USA (etwa die American Party) suchten, fanden heraus, derartige Bewegungen erhielten vor allem dann Auf-

---

47 Vgl. ebd., S. 87.
48 Siehe Muzafer Sherif u. a., The Robbers Cave Experiment. Intergroup Conflict and Cooperation, Middletown, Conn 1988; ders./Carolyn W. Sherif, Groups in Harmony and Tension. An Integration of Studies on Intergroup Relations, New York 1953.
49 Siehe Donald T. Campbell, Ethnocentric and other Altruistic Motives, in: David Levine (Hrsg.), Nebraska Symposium on Motivation, Lincoln 1965, S. 283–311; David Levine/Donald T. Campbell, Ethnocentrism. Theories of Conflict, Ethnic Attitudes, and Group Behavior, New York 1972.
50 Siehe Victoria M. Esses/Lynne M. Jackson/Tamara L. Armstrong, Intergroup Competition and Attitudes Toward Immigrants and Immigration. An Instrumental Model of Group Conflict, in: Journal of Social Issues 54 (1998), S. 699–724.
51 Siehe Golder (Anm. 13); Pia Knigge, Public Opinion on Immigration in Western Europe, Lexington 1997; Marcel Lubbers, Exclusionistic Electorates. Extreme Right-Wing Voting in Western Europe, Nijmegen 2001; Han Werts, Euro-Scepticism and Extreme Right-Wing Voting Behaviour in Europe, 2002–2008. Social Cleavages, Socio-Political and Contextual Characteristics Determining Voting for the Far Right, Nijmegen 2010.

trieb, wenn es einer Gesellschaft materiell recht gut gehe, einzelne Bevölkerungsteile aber ihren sozialen Status bedroht sehen – etwa aufgrund steigender Einwanderungszahlen oder der Expansion des Wohlfahrtsstaates.[52] Was sie zu verlieren fürchten, wenn die soziale Hierarchie erodiert, sind weniger materielle Besitztümer als vielmehr das soziale Prestige der eigenen Gruppe, die Vorbildwirkung und Verbindlichkeit ihrer Werte, ihres Habitus und ihrer Verhaltensweisen für andere. Die extreme Rechte baue ihre Erfolge somit auf „status" bzw. „cultural politics" auf,[53] da sie die kulturellen Praktiken und Werte der eigenen Gruppe zu verteidigen verspricht. Indes: Den empirischen Nachweis eines Einflusses auf die schwankenden Wahlergebnisse rechtsextremer Parteien bleibt dieser Ansatz weitgehend schuldig – vor allem deshalb, weil er sich auf US-amerikanische Phänomene beschränkt und eine empirische Messung sich schwierig gestaltet. Überdies tauchen Zweifel auf, ob dieser Ansatz, der auf sozialen Werten basiert, die massiven internationalen Differenzen wie auch die Volatilität der Wahlergebnisse innerhalb eines Landes erklären kann.

Dasselbe gilt für Theorien eines „subtilen", „modernen" oder auch „symbolischen Rassismus" – jedoch aus anderen Gründen:[54] Sie diagnostizieren eine Stärkung der „weißen" Identität in Verbindung mit einer Ablehnung farbiger Menschen aufgrund ihrer kulturellen Normen und Werte (nicht mehr vorrangig aufgrund ihrer ethnischen Zugehörigkeit). Ungeachtet konzeptioneller Schwächen,[55] beleuchten die – höchst umstrittenen – Ansätze kaum den konkreten Zusammenhang zwischen „symbolischem" Rassismus und den variierenden Wahlergebnissen rechtsextremer Parteien. Ein Hauptgrund dafür dürfte die Vagheit der zentralen Variablen sein, die einer intersubjektiven, quantitativen Messung häufig schwer zugänglich sind.

Ad 3) Eine fruchtbare Ergänzung der Gruppenkonflikt- und Statusansätze bieten hingegen „social identity theories" (SIT) und „self-categorization theories" (SCT).[56] Sie beleuchten, 1) unter welchen Bedingungen die persönliche Identität eines Menschen hinter der einer Gruppe zurücktritt, der er zugehört, 2) ob eine bestimmte Außengruppe als Referenzobjekt eines Vergleichs taugt und 3) welche Relevanz dem tertium comparationis für den Vergleich zukommt. Diese Faktoren entscheiden darüber, ob die Außengruppe – meist Migranten, Asylbewerber oder als fremd Wahrgenommene – diskriminiert werden. Hier liegen Stärke und Schwäche der Ansätze zugleich: Sie nehmen die psychischen Dynamiken in den Blick, unter denen bestimmte Einstellungen entstehen, nicht aber deren Einfluss auf die Wahlergebnisse von Rechtsaußenparteien.

---

52 Siehe Richard Hofstadter, Pseudo-Conservatism Revisited. A Postscript, in: Daniel Bell (Hrsg.), The Radical Right. With a New Introduction by David Plotke, New Brunswick, NJ 2002 [1955], S. 97–103; ders., The Pseudo-Conservative Revolt, in: Daniel Bell (Hrsg.), The Radical Right. With a New Introduction by David Plotke, New Brunswick, NJ 2002 [1955], S. 75–95; Seymour M. Lipset, The Sources of the Radical Right, in: Daniel Bell (Hrsg.), The Radical Right. With a New Introduction by David Plotke, New Brunswick, NJ 2002 [1955], S. 307–371.
53 Hofstadter (Anm. 52), S. 99.
54 Siehe Donald R. Kinder/David O. Sears, Prejudice and Politics. Symbolic Racism versus Racial Threats to the Good Life, in: Journal of Personality and Social Psychology 40 (1981), S. 414–431.
55 Vgl. Exemplarisch Paul M. Sniderman/Philip E. Tetlock, Symbolic Racism. Problems of Motive Attribution in Political Analysis, in: Journal of Social Issues 42 (1986), H. 2, S. 129–150.
56 Siehe etwa Henri Tajfel (Hrsg.), Social Identity and Intergroup Relations, Cambridge 2010; ders./John C. Turner, The Social Identity Theory of Intergroup Behaviour, in: William G. Austin/Stephen Worchel (Hrsg.), Psychology of Intergroup Relations, Chicago 1986, S. 7–24.

Ad 4) Der letzte der zu den Deprivationstheorien gehörigen Ansätze sieht in rechtsextremen Argumentationen wiederum vor allem „scapegoating" – eine Möglichkeit also, Frust, Ängste und Hass durch Aggression ab- und Selbstwertgefühl wieder aufzubauen.[57] Dabei werten die Mitglieder einer benachteiligten Schicht Mitglieder einer schwächeren Minderheit ab, um sich so selbst aufzuwerten. Gleichwohl: Die affektiven Aspekte dieser Theorie werden von der auf kognitive Einstellungen fokussierenden Identitätstheorie kaum elaboriert. Eine Integration beider Vorgehensweisen verspricht das überwölbende Konzept der relativen Deprivation.[58] Es beschreibt die Perzeption der Menschen, dass der sozialen Gruppe, der sie sich zugehörig fühlen, etwas verwehrt wird, was ihr rechtmäßig zustehe – im Gegensatz zu anderen sozialen Gruppen.

Die Mehrheit der deprivationstheoretischen Ansätze zieht wahrgenommene gesellschaftliche Konfliktsituationen zwischen wenigstens zwei Gruppen als Erklärung für das Aufkommen rechtsextremer Einstellungen heran. Der Konflikt kann sich an materiellen wie immateriellen Gütern entzünden. Die Übertragbarkeit der meist in kleinen, überschaubaren Experimentalgruppen gewonnenen Einsichten auf den Wählermarkt ist jedoch vielfach nicht gesichert. Es fehlt schlicht an empirischen Untersuchungen – auch und vor allem deshalb, weil entsprechende Items, die effizient in Exit Polls oder Wahlumfragen einzusetzen wären, nicht existieren. Überdies sind insgesamt Zweifel angebracht, inwiefern sich die teils hoch volatilen Wahlergebnisse von Rechtsaußenparteien auf eher träge sozialpsychologische Merkmale, wie Gruppenzugehörigkeit und sozialer Status, zurückführen lassen. Die Deprivationstheorien mögen daher taugliche Hintergrundvariablen sein, die das generelle Erstarken der Rechten in den letzten Jahrzehnten teilweise zu erklären vermögen; bei internationalen Vergleichen bleiben sie hinter dem Erklärungsanspruch jedoch zurück.

2.1.4 Modernisierungsverlierer

Eine Integration (und zugleich eine Verkürzung) der genannten Deprivationstheorien und des Scheuch-Klingemann-Modells stellt der Modernisierungsverlierer-Ansatz dar. Er spielt in einer Reihe empirischer Studien eine zentrale Rolle und verdient es darum, gesondert betrachtet zu werden. Scheuch und Klingemann argumentierten, die gesellschaftliche, politische und wirtschaftliche Modernisierung führe zu gesellschaftlichen Widersprüchen, der einige Teile der Gesellschaft mit Rigidität bzw. autoritären Denkmustern begegneten. Dabei handele es sich vorrangig um Modernisierungsverlierer, die ihren beruflichen und sozialen Status durch die neuen Entwicklungen bedroht sehen und sich deswegen gegen ethnische, soziale und politische Minoritäten wenden, „sei es, um die Position dieser Fremdgruppe in der (wahrgenommenen) Konkurrenz um knappe Ressourcen zu schwächen, die angeschlagene kollektive Identität der Bezugsgruppe zu stabilisieren oder einfach deshalb, weil diese Gruppe im Sinne des ‚scapegoating' als geeignete Zielscheibe für die negativen Gefühle, die aus der Erfahrung des Statusverlus-

---

57 Siehe John Dollard u. a., Frustration and Aggression, New Haven 1939.
58 Siehe Thomas F. Pettigrew, Summing Up. Relative Deprivation as a Key Social Psychological Concept, in: Iain Walker/Heather J. Smith (Hrsg.), Relative Deprivation. Specification, Development, and Integration, Cambridge 2002, S. 351–373; dies., Fifty Years of Relative Deprivation Research, in: dies. (Hrsg.), Relative Deprivation. Specification, Development, and Integration, Cambridge 2002, S. 1–9.

tes resultieren, dienen kann"[59]. Um der These nachzugehen, werden forschungspraktisch meist Modernisierungsverlierer-Indikatoren (geringe Bildung, niedriges Einkommen, Arbeitslosigkeit, pessimistische Wahrnehmung der eigenen wirtschaftlichen Lage etc.) mit Indikatoren von Rechtsextremismus korreliert. Allerdings ist vielfach nicht klar, ob tatsächlich die Zugehörigkeit zur Gruppe der (subjektiven) Modernisierungsverlierer oder nicht doch einer der Indikatoren selbst mit den betreffenden Einstellungen zusammenhängt. Das Problem ist nämlich: Es sind stets die „üblichen Verdächtigen", die „rechts" wählen: einfache Arbeiter, Arbeitslose, Menschen mit niedrigem sozioökonomischen Status und schlechter Bildung, die sich durch Migration und Globalisierung in ihrem Status bedroht fühlen.[60] Insofern scheint der Ansatz nicht mehr als ein Label für ein soziales Syndrom zu sein, dessen Bestandteile alternative – einander nicht widersprechende – Erklärungen zulassen.

2.1.5 Soziodemografie

Unter den unzähligen soziodemografischen Variablen, die fast ausnahmslos Gegenstand wahlsoziologischer Untersuchungen zum Rechtsextremismus sind, dürfte kaum eine einen eigenständigen Beitrag zur Erklärung variierender Wahlergebnisse leisten – einerseits, weil viele der erörterten Theorien und Ansätze sie bereits berücksichtigen, andererseits, weil es keine nennenswerte Variation auf Makroebene gibt: Die Geschlechterverhältnisse in den europäischen Staaten unterscheiden sich beispielsweise nicht so stark, dass sie variierende rechtsextreme Wahlerfolge erklären könnten: So liegt – abgesehen von den Extremfällen Lettland (0,85) und Zypern (1,04) – das Männer-Frauen-Verhältnis in den EU-Staaten zwischen 0,9 und 1,0.[61] Nationale Schwankungen rechtsextremer Wahlergebnisse lassen sich derart kaum erklären – was nicht heißt, das Geschlecht habe keine Auswirkungen auf die Wahrscheinlichkeit, eine rechtsextreme Partei zu wählen. Das hat es: Frauen können sich deutlich seltener als Männer für eine derartige politische Alternative erwärmen (Gender Gap)[62] – sei es aufgrund disparater Wertorientierungen,[63] Sozialnormen[64] oder Neigungen zu Konformismus[65], sei es aufgrund der oftmals sehr konservativen Geschlechts- und Frauenrollen, die von den betreffenden Parteien propagiert werden und sie unattraktiv für das weibliche Geschlecht machen.

Was die Altersstruktur angeht, so ziehen die Rechtsaußenparteien vermehrt Erst- und Jungwähler, teilweise auch die Älteren an, weniger aber Menschen mittleren Alters. Gründe für dieses Muster dürften die geringere soziale Integration junger und alter Menschen sowie deren stärkere Abhängigkeit von Sozialleistungen sein, die ethnisch motivierte Konkurrenzgedanken

---

59 Arzheimer (Anm. 24), S. 124.
60 Siehe etwa Spier (Anm. 18).
61 Vgl. CIA World Factbook 2016, unter: https://www.cia.gov/library/publications/the-world-factbook/geos/cy.html (26. Oktober 2016).
62 Vgl. Terri E. Givens, The Radical Right Gender Gap, in: Comparative Political Studies 37 (2004), H. 1, S. 30–54; Norris (Anm. 18), S. 144–146.
63 Vgl. Ronald Inglehart/Pippa Norris, Rising Tide. Gender Equality and Cultural Change Around the World, Cambridge 2003, S. 73–100.
64 Vgl. etwa Andrej Kokkonen u. a., Group Gender Composition and Tolerance of Immigrants' Rights, in: European Sociological Review 31 (2015), H. 1, S. 65–76.
65 Vgl. Jürgen W. Falter, Wer wählt rechts? Die Wähler und Anhänger rechtsextremistischer Parteien im vereinigten Deutschland, München 1994, S. 28.

stärkt.⁶⁶ Allerdings weisen einige Studien einen solchen Effekt zurück.⁶⁷ Ob disparate Befunde nun auf die Fallauswahl, die Klassierungen der Altersgruppen, die Studiendesigns oder tatsächlich volatile Effekte zurückgehen, ist allerdings offen.

So oder so bestehen erhebliche Zweifel daran, dass soziodemografische Unterschiede den zwischen Nationalstaaten variierenden Erfolg rechtsextremer Parteien erklären können: „[D]ifferences between countries in support for the extreme right cannot be attributed to differences between countries in their social structural composition", so das Fazit der Autoren einer Studie, die sich auf mehrere Eurobarometer-, ISSP- und Wahlbefragungen der 1990er Jahre in 16 westeuropäischen Ländern stützen.⁶⁸ Sie gehen ebenfalls auf die formale Bildung und die Berufsgruppen ein, die zwar individuelle, aber keine internationalen Unterschiede zu erklären vermögen. Ein höherer Bildungsabschluss mindert die Wahl einer rechtsextremen Partei, weil er seinen Inhaber potentiell von der Konkurrenz mit häufig gering qualifizierten Immigranten enthebt (RGCT), die Vermittlung liberaler und toleranter Werte einschließt und meist mit der Festigung der eigenen, individuellen Identität einhergeht.⁶⁹ Und unter den Berufsgruppen sind es vor allem die Arbeiterschaft und das Kleinbürgertum (Unternehmer kleiner Handwerksbetriebe, Bauern), die Rechtsaußenparteien besonders zugeneigt sind.⁷⁰ Indes: Dies sind just jene Berufsgruppen, die in den meisten westlichen Ländern im Schrumpfen begriffen sind. Ihre Bedeutung für die extreme Rechte hat darum mittlerweile erheblich nachgelassen.

Anders verhält es sich mit der konfessionellen und der gewerkschaftlichen Zugehörigkeit. Die Mitgliedschaft in beiden Organisationen mindert die Chancen, eine rechtsextreme Partei zu wählen – sei es, weil sie die Bindung an eine der Volksparteien begünstigen, sei es, weil die von ihnen vermittelten Werte mit denen rechtsextremer Parteien schwerlich kompatibel sind.⁷¹ Die regionalen und die internationalen Unterschiede der Konfession/Religiosität und dem gewerkschaftlichen Organisationsgrad machen beide Variablen zu dienlichen Erklärfaktoren – weniger im diachronen als im internationalen Vergleich.

2.1.6 Protestwahl

Die Vorstellung einer „reinen" Protestwahl, die Idee also, die extreme Rechte werde unabhängig von ihrem inhaltlichen Angebot, sondern allein aufgrund ihrer Außenseiterposition gewählt, die es den Wählern erlaube, die politische Klasse zu schockieren,⁷² ist ebenso populär wie unhaltbar: Einesteils besteht keinerlei Konsens darüber, wovon sich ein Protestmotiv ableiten lässt: *Unzufriedenheit* mit den politischen Eliten? Den Parteien? Den Institutionen? Der Regierung? Der Demokratie? Der Europäischen Union? *Mangelndes Vertrauen* in die Eliten,

---

66 Vgl. Arzheimer (Anm. 24), S. 112 f.
67 Vgl. etwa Norris (Anm. 18), S. 146 f.
68 Marcel Lubbers/Merove Gijsberts/Peer Scheepers, Extreme Right-Wing Voting in Western Europe, in: European Journal of Political Research 41 (2002), S. 345–378, hier S. 364.
69 Vgl. Marcel Coenders/Peer Scheepers, The Effect of Education on Nationalism and Ethnic Exclusionism. An International Comparison, in: Political Psychology 24 (2003), S. 313–343.
70 Vgl. Norris (Anm. 18), S. 139–141.
71 Vgl. Falter (Anm. 65), S. 82–93; Kai Arzheimer/Elizabeth Carter, Christian Religiosity and Voting for the West European Radical Right, in: West European Politics 32 (2009), S. 985–1011.
72 Vgl. Cees van der Eijk/Mark Franklin/Michael Marsh, What Voters Teach us about Europe-Wide Elections. What Europe-Wide Elections Teach us about Voters, in: Electoral Studies 15 (1996), S. 149–166.

die Parteien, die Institutionen, die Regierung, die Demokratie, die EU? Politik- oder Parteienverdrossenheit? Die kursierenden Konzeptionen sind diffus, die Operationalisierungen mannigfaltig.

Anderenteils sind die empirischen Belege für eine von politischen Inhalten und Angeboten völlig entkoppelte – eher rationale oder affektive – Protestwahl rechtsextremer Parteien dürftig.[73] Zumal: Würde die These stimmen, müssten andere nicht-etablierte Parteien ohne rechtsextremes Profil von Protestsentiments in ähnlichem Maße profitieren wie der rechte Rand (etwa trotzkistische, fundamental-christliche, Tierrechts- oder Rentnerparteien). Die Wahlstatistiken deuten darauf nicht hin.

Es spricht darum mehr für ein „Interaktionsmodell"[74]: Von einer gleichwie gearteten politischen Proteststimmung profitiert die extreme Rechte dann und nur dann, wenn sie auf „rechte" Einstellungen in der Bevölkerung bauen kann.[75] Vor allem eine migrationsfeindliche Stimmung nützt dem parteiförmigen Extremismus – sie zählt zu den stärksten eigenständigen Faktoren.[76] Speist sich die Proteststimmung überdies wiederum aus der Unzufriedenheit mit der Performanz der politischen Eliten auf dem Gebiet der Immigrations- und Asylpolitik (bzw. aus zugrundeliegenden rassistischen, chauvinistischen oder ausländerfeindlichen Ressentiments), entzieht das dem Protestaspekt einen Teil seiner Plausibilität. In diesem Fall spielen die Einstellungen eine gewichtigere Rolle. So oder so: Die Verbreitung einer gesellschaftlichen Proteststimmung reicht *per se* noch nicht für rechtsextreme Wahlerfolge aus. Es scheint sich bei der Verankerung „rechter" – vor allem ausländer- und migrationsfeindlicher – Einstellungen um eine INUS-Bedingung der Protestwahl zu handeln,[77] um einen nicht-hinreichenden, aber notwendigen Teil einer nicht-notwendigen, aber hinreichenden Bedingung für die Wahl rechtsextremer Parteien. Das bedeutet, derlei Einstellungen führen – für sich genommen – nicht zur Rechtswahl, sie bilden jedoch die Voraussetzung für die Entladung von Unzufriedenheit in einer Protestwahl. Diese Interaktion ist eine der verlässlichsten Erklärungen für internationale Unterschiede: „The stronger the popularity of anti-immigrant attitudes and the stronger the dissatisfaction with democracy, the larger the support for the extreme right in a country."[78]

---

73 Vgl. Wouter van der Brug/Meindert Fennema/Jean Tillie, Anti-Immigrant Parties in Europe: Ideological or Protest Vote?, in: European Journal of Political Research 37 (2000), H. 1, S. 77–102; Wouter van der Brug/Meindert Fennema, What Causes People to Vote for a Radical-Right Party? A Review of Recent Work, in: International Journal of Public Opinion Research 19 (2007), S. 474–487, hier S. 478–480; Norris (Anm. 18), S. 157.
74 Vgl. Kai Arzheimer/Harald Schoen/Jürgen W. Falter, Rechtsextreme Orientierungen und Wahlverhalten, in: Wilfried Schubarth/Richard Stöss (Hrsg.), Rechtsextremismus in der Bundesrepublik Deutschland. Eine Bilanz, Opladen 2001, S. 220–245, hier S. 238.
75 Vgl. Falter (Anm. 65), S. 136–147. Die Einstellungen wurden über „Nationalstolz und Kollektivdenken", „Diktatur und Nationalsozialismus" und „Antisemitismus und Ausländerfeindlichkeit" gemessen.
76 Vgl. Kai Arzheimer, Electoral Sociology – Who Votes for The Extreme Right and Why – and When?, in: Uwe Backes/Patrick Moreau (Hrsg.), The Extreme Right in Europe. Current Trends and Perspectives, Göttingen 2012, S. 35–50, hier S. 47; Lubbers/Gijsberts/Scheepers (Anm. 68), S. 365.
77 Siehe John L. Mackie, Causes and Conditions, in: American Philosophical Quarterly 2 (1965), S. 245–264.
78 Lubbers/Gijsberts/Scheepers (Anm. 68), S. 371.

2.2 Angebot

Zu den angebotsseitigen Faktoren, die Wissenschaftler dann und wann heranziehen, um das Abschneiden der extremen Rechten zu ergründen, zählen vor allem organisatorische und inhaltliche Merkmale der betreffenden Parteien. Gleichwohl spielten diese Faktoren – verglichen mit der Nachfragestruktur – in der Forschung der letzten Jahrzehnte eine allenfalls nachgeordnete Rolle, nicht zuletzt deshalb, weil vielfach die Wählerschaften der Parteien porträtiert, weniger die Bedingungen für Erfolg und Scheitern ergründet wurden. Beides schließt sich nicht aus, aber die Frage nach kausalen Faktoren greift weiter als die nach einer Charakterisierung des Elektorates. Wer bloß nach den Wählern schaut, scheitert, wenn er die variierenden Erfolge der extremen Rechten (und Linken) entschlüsseln will.[79]

Dass Studien zu den Effekten bestimmter Parteieigenschaften auf eine deutlich kürzere Tradition zurückblicken als wahlsoziologische Ansätze, erweist sich im Nachhinein nicht zuletzt deshalb als misslich, weil die Befunde deutlich klarer sind: In ideologischer Hinsicht verbessern – jedenfalls in Europa – eine autoritär-xenophobe (Demokratieskepsis + kultureller Rassismus),[80] eine neoliberal-xenophobe (rigoroser Liberalismus + kultureller Rassismus)[81] und eine neoliberal-populistische (rigoroser Liberalismus + Anti-Elitismus)[82] Ausrichtung die Aussichten der Parteien.[83] Derartige Angebote garantieren zwar noch keinen Erfolg, begünstigen ihn aber.

Einfacher ausgedrückt: Lediglich neonationalsozialistische (z. B. NPD, British National Party) und in gewissem Maße auch neofaschistische (z. B. Alleanza Nazionale, Movimento Sociale – Fiamma Tricolore, Falange Española Auténtica) Anleihen sind ein Omen für andauernde Bedeutungslosigkeit. Abgesehen davon gibt es keine festen ideologischen Erfolgs- oder Misserfolgsformeln. Die ungarische Partei Jobbik scheint eine – prominente – Ausnahme zu sein. Dass eine solche Formation im Ausland, zumal im westeuropäischen, reüssiert, ist allerdings unwahrscheinlich.

---

79 Vgl. Veugelers (Anm. 14).
80 Dazu zählen etwa die Freiheitliche Partei Österreichs, der Vlaams Belang und der Front National.
81 Vertreter sind z. B. die Dansk Folkeparti, die italienische Lega Nord (seit Mitte der 1990er Jahre) und die Sverigedemokraterna.
82 Repräsentiert wird diese kleine Strömung u. a. von der griechischen Ethniko Komma, der Lega Nord bis zur Mitte der 1990er Jahre und der schweizerischen Lega dei Ticinesi.
83 Vgl. Elizabeth Carter, The Extreme Right in Western Europe. Success or Failure?, Manchester/New York 2005, S. 54–62; Steffen Kailitz, Das ideologische Profil rechter (und linker) Flügelparteien in den westeuropäischen Demokratien. Eine Auseinandersetzung mit den Thesen Herbert Kitschelts, in: Uwe Backes/Eckhard Jesse (Hrsg.), Gefährdungen der Freiheit. Extremistische Ideologien im Vergleich, Göttingen 2006, S. 283–320, hier S. 320.

Abbildung VII.2: Wahlerfolge und ideologische Profile in Westeuropa 1979-2003

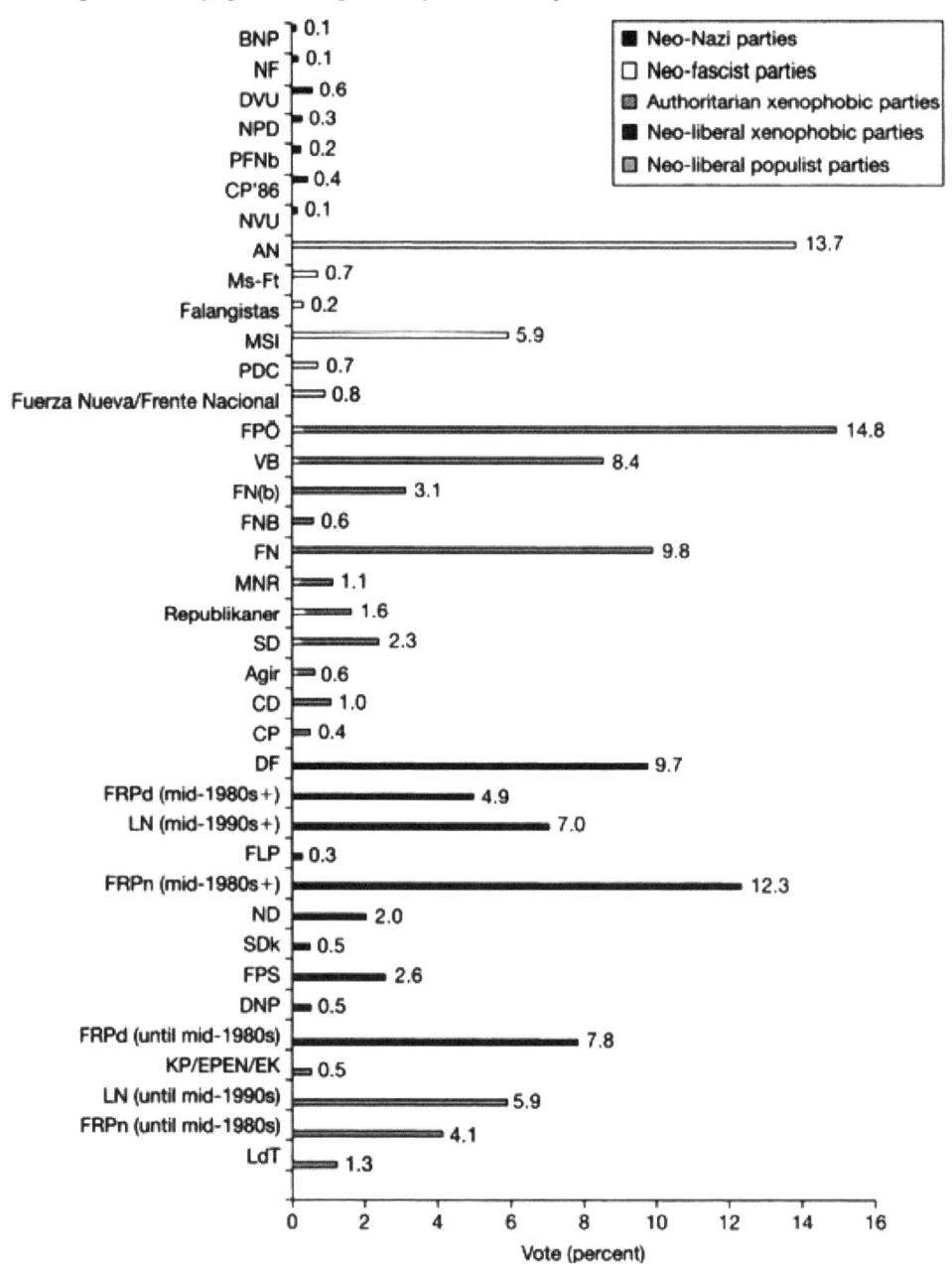

Partei	Vote (percent)	Typ
BNP	0.1	Neo-Nazi
NF	0.1	Neo-Nazi
DVU	0.6	Neo-Nazi
NPD	0.3	Neo-Nazi
PFNb	0.2	Neo-Nazi
CP'86	0.4	Neo-Nazi
NVU	0.1	Neo-Nazi
AN	13.7	Neo-fascist
Ms-Ft	0.7	Neo-fascist
Falangistas	0.2	Neo-fascist
MSI	5.9	Neo-fascist
PDC	0.7	Neo-fascist
Fuerza Nueva/Frente Nacional	0.8	Neo-fascist
FPÖ	14.8	Authoritarian xenophobic
VB	8.4	Authoritarian xenophobic
FN(b)	3.1	Authoritarian xenophobic
FNB	0.6	Authoritarian xenophobic
FN	9.8	Authoritarian xenophobic
MNR	1.1	Authoritarian xenophobic
Republikaner	1.6	Authoritarian xenophobic
SD	2.3	Authoritarian xenophobic
Agir	0.6	Authoritarian xenophobic
CD	1.0	Authoritarian xenophobic
CP	0.4	Authoritarian xenophobic
DF	9.7	Neo-liberal xenophobic
FRPd (mid-1980s+)	4.9	Neo-liberal xenophobic
LN (mid-1990s+)	7.0	Neo-liberal xenophobic
FLP	0.3	Neo-liberal xenophobic
FRPn (mid-1980s+)	12.3	Neo-liberal xenophobic
ND	2.0	Neo-liberal xenophobic
SDk	0.5	Neo-liberal xenophobic
FPS	2.6	Neo-liberal xenophobic
DNP	0.5	Neo-liberal xenophobic
FRPd (until mid-1980s)	7.8	Neo-liberal populist
KP/EPEN/EK	0.5	Neo-liberal populist
LN (until mid-1990s)	5.9	Neo-liberal populist
FRPn (until mid-1980s)	4.1	Neo-liberal populist
LdT	1.3	Neo-liberal populist

Quelle: Carter (Anm. 83), S. 55.

Ähnlich klar konturiert die Forschung das organisatorische Profil der siegreichen und der bedeutungslosen Formationen. Lubbers, Gijsberts und Scheepers, die aufgrund der häufigen Koinzidenz des organisatorischen Professionalisierungsgrades, des Charismas der Parteiführung und des Beteiligungsgrades der Mitglieder alle drei Faktoren unter „organisatorischer Stärke" subsumierten, fanden – wenig überraschend – einen starken positiven Zusammenhang zu den Wahlergebnissen der extremen Rechten.[84] Parteien wie die FPÖ, der Vlaams Belang (zur damaligen Zeit noch Vlaams Blok), der Front National, die Lega Nord und die norwegische Fortschrittspartei wiesen all jene Merkmale auf und seien deshalb so bedeutsam in ihren Parteiensystemen. Die organisatorische Stärke sei sogar wichtiger als die politischen Rahmenbedingungen, unter denen die extreme Rechte operiert.

Zu einem ähnlichen Schluss kommt Elizabeth Carter.[85] Eine Auswertung des Organisationsgrades (schwach – stark), der Führungsqualitäten der Parteispitze (gering – groß) und des Parteigeistes (Zerstrittenheit – Einheit) einer Reihe westeuropäischer Parteien der extremen Rechten disqualifiziert die interne Einigkeit als bedeutsamen Faktor. Wichtig seien einzig der Organisationsgrad und die Professionalität der Führungsriege. Die gut organisierten und geführten Parteien wie die FPÖ, der Vlaams Blok, die dänische Volkspartei, der Front National und die Lega Nord seien darum stärker in ihren Parteiensystemen verankert als etwa die DVU, die Republikaner, die Schweizer Demokraten oder etwa die British National Party mit ihren dünnen Parteistrukturen und ihrem wenig glücklich agierenden Führungspersonal. Eine starke, charismatische Parteispitze und ein zentralisierter Aufbau sind es demnach, die programmatische Kohärenz suggerieren, Glaubwürdigkeit und Attraktivität auf dem Wählermarkt steigern.

Indes: Wiewohl bereits die Intuition einer professionellen, charismatischen Führungsriege und einer zentralisierten Organisation eine erfolgsbegünstigende Rolle einräumen mag,[86] stellt sich die Frage, wann ein Parteiführer als charismatisch zu bewerten ist (und wann nicht). Die zitierten Studien beriefen sich auf – letztlich subjektive – Expertenurteile. Ob jemand charismatisch ist, sagt überdies wenig darüber aus, wie bekannt er und sein Charisma der breiten Masse sind. Hinzu kommt ein zweiter Einwand: Begünstigt eine straffe Parteiorganisation Wahlerfolge (weil sie einen effektiven Wahlkampf ermöglicht und die Glaubwürdigkeit gegenüber dem Wähler steigert) oder erlauben erst Wahlerfolge eine gewisse organisatorische Professionalisierung (weil sie mit einer besseren finanziellen Ausstattung einhergehen)?

---

84 Vgl. Lubbers/Gijsberts/Scheepers (Anm. 68), S. 365.
85 Vgl. Carter (Anm. 83), S. 91–100.
86 Vgl. Hans-Georg Betz, Introduction, in: Stefan Immerfall/Hans-Georg Betz (Hrsg.), The New Politics of the Right. Neo-Populist Parties and Movements in Established Democracies, Basingstoke 1998, S. 1–10, hier S. 9.

Abbildung VII.3: Wahlerfolge und Organisationstypen in Westeuropa 1979-2003

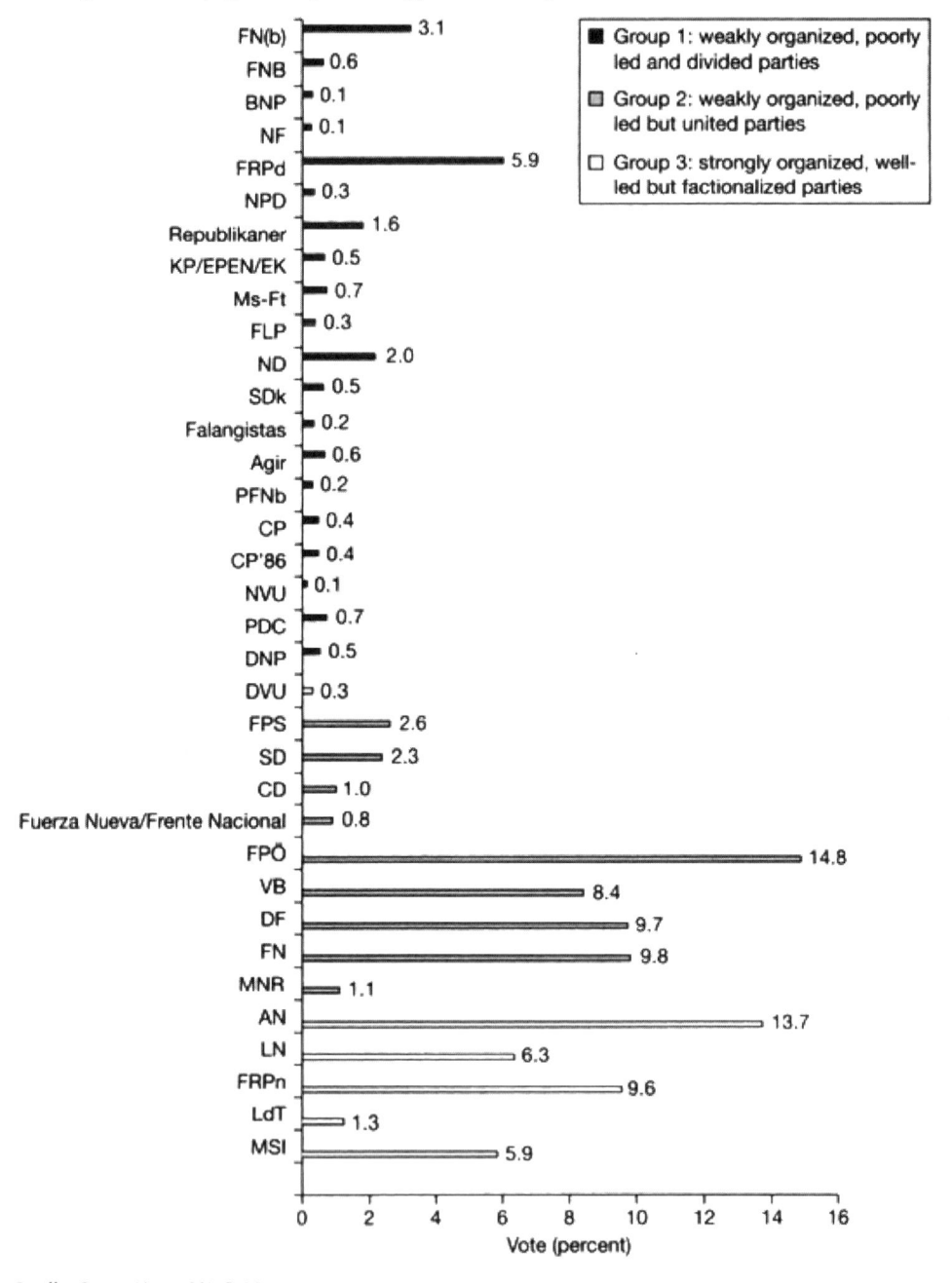

Partei	Vote (percent)
FN(b)	3.1
FNB	0.6
BNP	0.1
NF	0.1
FRPd	5.9
NPD	0.3
Republikaner	1.6
KP/EPEN/EK	0.5
Ms-Ft	0.7
FLP	0.3
ND	2.0
SDk	0.5
Falangistas	0.2
Agir	0.6
PFNb	0.2
CP	0.4
CP'86	0.4
NVU	0.1
PDC	0.7
DNP	0.5
DVU	0.3
FPS	2.6
SD	2.3
CD	1.0
Fuerza Nueva/Frente Nacional	0.8
FPÖ	14.8
VB	8.4
DF	9.7
FN	9.8
MNR	1.1
AN	13.7
LN	6.3
FRPn	9.6
LdT	1.3
MSI	5.9

- Group 1: weakly organized, poorly led and divided parties
- Group 2: weakly organized, poorly led but united parties
- Group 3: strongly organized, well-led but factionalized parties

Quelle: Carter (Anm. 83), S. 92.

Last not least: Es sind fast immer dieselben Parteien, die auf eine (Miss-)Erfolgsformel gestoßen zu sein scheinen: FPÖ, Vlaams Belang, Front National, Alleanza Nazionale, Lega Nord, Dansk Folkeparti. Ihr Erfolgszug ist überdeterminiert: Sie verfüg(t)en über eine starke Führungsfigur, eine zugkräftige Parteistruktur und haben es (bis auf die AN) tunlichst vermieden, sich an historischen Vorbildern – Nationalsozialismus und Faschismus – zu orientieren. Und die sieglosen Pendants – DVU, NPD, BNP, der belgische FN sowie die Falangistas in Spanien etwa – sind zugleich die „Ewiggestrigen" und die Schlechtorganisierten. Welcher dieser Faktoren entscheidend ist, lässt sich aufgrund begrenzter empirischer Vielfalt kaum sagen.

So oder so verdient die Beschäftigung mit den organisatorischen und ideologischen Charakteristika der extremen Rechten Anerkennung, war die Forschung zuvor doch über weite Strecken lediglich auf die Wählerprofilierung konzentriert. Wer allerdings die Volatilität der Wahlergebnisse und Differenzen zwischen den Ländern ergründen will, kommt um das Parteienprofil nicht umhin.

2.3 Rahmenbedingungen und Gelegenheitsfenster

2.3.1 Politische Faktoren

Als sich der wissenschaftliche Fokus von der Wählersoziologie der extremen Rechten löste, verschob er sich einesteils zu den angebotsseitigen Faktoren, anderenteils zu den politischen, wirtschaftlichen und sozialen Rahmenbedingungen des Wahlkampfes. Warum? „Political Sociology has come up with a clear image of the ‚typical' voter of the Extreme Right: male, young(ish), of moderate educational achievement and concerned about immigrants and immigration. [...] As the size of this group is largely stable and roughly similar across countries, the interest in contextual factors that may trigger the conversion of potential into manifest support has grown during the last decade."[87]

Die relevanten politischen Faktoren lassen sich in politisch-institutionelle und parteipolitische Rahmenbedingungen unterteilen, wobei die letztgenannten der extremen Rechten eher Gelegenheitsfenster, die erstgenannten wiederum eher die strukturell-rechtlichen Grenzen des Handelns bieten. Gerade die Proportionalität des Wahlsystems und die Höhe der effektiven Sperrklauseln sollte einen Einfluss auf die Erfolgsaussichten der – traditionell eher zu den nicht-etablierten Parteien zählenden – extremen Rechten haben, so die Annahme. Doch überraschenderweise hat die Ausgestaltung der rechtlichen und institutionellen Rahmenbedingungen keinen oder nur einen marginalen Effekt. Weder die Wahlsysteme selbst (Wahlkreisgröße, Höhe der Sperrklauseln, Entscheidungsregel: Mehrheits- oder Verhältniswahl) noch ihre Disproportionalität (Gallagher-Index) haben einen nachweisbaren, eindeutigen Effekt auf die extreme

---

[87] Arzheimer (Anm. 76), S. 49.

Rechte.[88] Lediglich auf die Sitzverteilung haben das Wahlsystem und die Höhe der Sperrklausel eine eindeutige – negative – Wirkung.[89]

Ließe sich noch argumentieren, die – vor allem psychologischen – Effekte des Wahlsystems auf die Aussichten rechtsextremer Parteien seien zumindest nicht klar widerlegt, so haben doch zumindest die rechtlichen Voraussetzungen zur Wahlteilnahme, die Regelungen zur staatlichen Subventionierung (etwa im Wege der Erstattung von Wahlkampfkosten) wie auch die Rechte auf mediale Präsenz keinen erkennbaren Einfluss auf das Geschick der Parteien – zumindest dann nicht, wenn für eine Reihe weiterer Variablen kontrolliert wird.[90] Ein kursorischer Blick auf drei Länder zeigt: Parteien wie der Front National behaupten sich seit jeher in einer höchst widrigen institutionellen Umgebung; in Deutschland und Portugal wiederum hat es der rechte Rand nie so recht vermocht, nennenswerte Bevölkerungsanteile von sich zu überzeugen – und das, obwohl die Hürden für die Wahlteilnahme niedrig, die Möglichkeiten für mediale Wahlwerbung vielfältig und Parteiensubventionen großzügig bemessen sind. In ähnlicher Weise erwies sich der Föderalismus als untaugliche Variable: Regionale Wahlen fungieren weder als „Eintrittskarten" in das nationale Parteiensystem noch als „Sicherheitsventil" der Demokratie, das politischen Protest von den Nationalwahlen fernhält.[91] Sie haben schlicht keinen messbaren Effekt auf „rechtsextremes" Wahlverhalten. Daher spielen sie auf Aggregatebene gleichfalls keine Rolle.

Zu den kurzfristigen Einflüssen, von denen rechtsextreme Parteien profitieren, zählt auf politischer Seite vor allem die inhaltlich-programmatische Topografie des Parteiensystems: Als günstig erwies es sich aus Sicht der Randparteien, wenn die beiden Volksparteien – Sozialdemokraten und Konservative – *generell* inhaltlich-programmatisch näher aneinanderrückten.[92] Dies überrascht keineswegs, können die Akteure dann doch die „Anti-Establishment-Karte" spielen und sich als Alternative zum politischen „Einheitsbrei" aufspielen. „Große Koalitionen", mögen sie aus koalitionsstrategischer Sicht häufig das „kleinere Übel" (gegenüber Dreierkoalitionen) sein, gefährden aus dieser Perspektive langfristig die Demokratie, weil sie den Eindruck in der Gesellschaft verfestigen, es spiele keine Rolle, für welche etablierte Partei der Bürger votiert, weil ohnehin alle für Dasselbe stünden.[93]

---

88 Vgl. Carter (Anm. 83), S. 147–162; dies., Proportional Representation and the Fortunes of Right-Wing Extremist Parties, in: West European Politics 25 (2002), H. 3, S. 125–146; Kai Arzheimer, Contextual Factors and the Extreme Right Vote in Western Europe 1980–2002, in: American Journal of Political Science 52 (2009), S. 259–275; Elizabeth Carter/ders., Political Opportunity Structures and Right-Wing Extremist Party Success, in: European Journal of Political Research 45 (2006), S. 419–443; Carter und Arzheimer stellen gar einen signifikant (p < 0.01) positiven Effekt zwischen der Disproportionalität und den Wahlergebnissen extrem rechter Parteien fest. Allerdings ist die empirische Basis für diesen Befund angesichts der hohen Fallzahl (N = 50.276) und der schwachen Effektstärke (0,073) recht dünn. Zu einem anderen Ergebnis kommen Robert W. Jackman/Karin Volpert, Conditions Favouring Parties of the Extreme Right in Western Europe, in: British Journal of Political Science 26 (1996), S. 501–521. Rechtsextreme Parteien profitieren ihnen zufolge von Mehrparteiensystemen, leiden aber unter rigorosen Sperrklauseln.
89 Vgl. Norris (Anm. 18), S. 105–126.
90 Vgl. Carter (Anm. 83), S. 162–197 sowie 211.
91 Vgl. Carter/Arzheimer (Anm. 88).
92 Vgl. Carter (Anm. 83), S. 102–145 sowie 205–211. Gemessen wurde die generelle inhaltliche Nähe über das Links-Rechts-Spektrum.
93 Vgl. Carter/Arzheimer (Anm. 88), S. 434.

Unabhängig von der *allgemeinen* inhaltlichen Nähe der zwei wichtigsten etablierten Parteien beeinflusst ihr Umgang mit Themen wie Migration, nationale Identität sowie „Law & Order" die Aussichten der extremen Rechten. Hier konkurrierten lange Zeit zwei gegenläufige Hypothesen: Dem räumlichen Modell des Parteienwettbewerbs zufolge sollten rechte Randparteien darunter leiden, wenn die Etablierten politisch nach rechts rücken und so ein „Schweigekomplott" errichten.[94] Allerdings könnte von einer politischen Drift auch ein Enttabuisierungssignal ausgehen: Bewegen sich die Etablierten nach rechts, könnte das auf die Legitimität rechtsextremer Positionen hindeuten und Wähler dazu motivieren, statt dem „Duplikat" lieber dem „Original" ihre Stimme zu geben.[95]

Es ist wohl so: Die inhaltliche Positionierung der Mainstreamparteien – seien sie links, seien sie rechts der „Mitte" beheimatet – bei den Themen Immigration, nationale Identität, Multikulturalismus etc. ist für die Erfolgsaussichten der extremen Rechten weithin unwichtig.[96] Selbiges gilt für die inhaltliche Differenz der etablierten Parteien auf diesen Themenfeldern: Ob sie sich einig sind oder zerstritten, macht für die extreme Rechte keinen nennenswerten Unterschied.[97] Wichtig ist vielmehr, ob die Etablierten die erwähnten „klassischen" Fragen des Rechtsextremismus überhaupt bespielen – ob sie sich also zu „nationalen Themen" äußern. Die Folgen für die gesellschaftliche (De-)Politisierung und politische Apathie ausklammernd, fahren die Volksparteien mithin wohl am besten damit, die Streitpunkte des rechten Randes unter den Teppich zu kehren, denn Thematisierung führt in diesem Fall zu Legitimierung.[98]

2.3.2 Sozioökonomische Krisen

Zu den populärsten Erklärungen für rechtsextreme Wahlerfolge gehören jene, die auf wirtschaftliche Krisen rekurrieren. Der Zusammenhang zwischen der Wahl einer solchen Partei und ökonomischen Parametern – allen voran Arbeitslosigkeit – ist in der Wahlforschung intensiv erörtert worden. Auf Individualebene hat die Forschung dabei unterschieden zwischen der Wirkung der eigenen Arbeitslosigkeit und der Wirkung der generellen Arbeitslosenquote. Die Intuition würde wohl einen Zusammenhang zwischen der eigenen wirtschaftlichen Lage und der Wahl der extremen Rechten nahelegen, doch so ist es nicht. Zwischen der *eigenen* Erwerbslosigkeit und der Wahrscheinlichkeit, eine rechtsextreme Formation zu wählen, gibt es keinen Zusammenhang.[99]

Was die Erwerbslosenquote im Umfeld einer Einzelperson angeht, sind die Befunde wiederum uneindeutig: Einen positiven Zusammenhang entdeckte beispielsweise – und zwar wiederholt –

---

94 Siehe Tim Bale, Cinderella and her Ugly Sisters. The Mainstream and Extreme Right in Europe's Bipolarising Party Systems, in: West European Politics 26 (2003), H. 3, S. 67–90.
95 Siehe Dietrich Thränhardt, The Political Uses of Xenophobia in England, France and Germany, in: Party Politics 1 (1995), S. 323–345.
96 Vgl. u. a. Arzheimer (Anm. 88), S. 269; Carter/Arzheimer (Anm. 88), S. 434; Lubbers/Gijsberts/Scheepers (Anm. 68), S. 364 f.
97 Vgl. Arzheimer (Anm. 88), S. 269 f.; Carter/Arzheimer (Anm. 88), S. 434. Der Befund muss in keinem Widerspruch zur These stehen, eine große *generelle* inhaltliche Nähe der größten Parteien begünstige die extreme Rechte, ist diese doch weniger themenspezifisch.
98 Vgl. Arzheimer (Anm. 88), S. 269.
99 Vgl. ebd., S. 268 f.

Kai Arzheimer.[100] Auf keinen bzw. sogar einen negativen Einfluss stießen etwa Lubbers, Gijsberts und Scheepers[101], aber auch Arzheimer und Carter[102]. Auf Aggregatebene ergab sich ein Zusammenhang bei Jackman und Volpert,[103] wohingegen er bei Norris ausblieb.[104] Bei Golder bestätigte er sich nur für die populistischen unter den rechtsextremen Parteien – und zwar nur bei einem erhöhten Ausländeranteil.[105]

Alles in allem sind die Effekte der Arbeitslosenquote – auf Individual- wie Aggregatebene – keineswegs klar. Wo ein Zusammenhang besteht, geht er, weil die individuelle Betroffenheit von Erwerbslosigkeit nicht den Ausschlag gibt, auf eine generelle sozioökonomische Verunsicherung zurück,[106] die Gefühlen der Bedrohung und der ethnischen Konkurrenz den Boden bereitet (Deprivation). Ein ähnliches Muster entfalten Migrationsströme, hohe Asylbewerberzahlen bzw. generell ethnische Heterogenität. Aufgrund der inhaltlichen Ausrichtung des parteiförmigen Rechtsextremismus verwundert es nicht, dass dieser besonders von einem Andrang an Asylbewerbern bzw. generell von hohen Ausländerzahlen profitiert.[107] Überraschenderweise geht von der *Veränderung* der Arbeitslosen- bzw. Asylbewerberquote – also vom kurzfristigen Anstieg/Rückgang – keinerlei signifikante Wirkung aus.[108]

Insgesamt unterstreichen die meisten Studien zu den beiden „Gelegenheitsfenstern" Arbeitslosigkeit und Immigration zwar die Relevanz der Deprivationstheorien, im Falle der Immigration werden sie aber nicht von allen Studien gestützt.[109] Das muss nicht auf unterschiedliche Fallauswahlen zurückzuführen sein. Vielmehr operationalisieren Politikwissenschaftler Immigration auf höchst unterschiedliche Weise: über den generellen Ausländeranteil, über den Anteil von Nicht-EU-Bürgern in der Bevölkerung, über die Asylbewerberquote. Bestrebungen, objektive Maßzahlen für ethnische Heterogenität durch gesellschaftliche Perzeptionen zu ersetzen (etwa operationalisiert durch Gefühle der Überfremdung), laufen zwar der interkulturellen Vergleichbarkeit zuwider (was hier auf Widerspruch stößt, kann dort Akzeptanz hervorrufen), tragen aber der subjektiven Färbung objektiver Umstände Rechnung: Erstens sind es vermutlich nicht Ausländer *per se*, die auf Ablehnung und Ressentiments stoßen, sondern Ausländer bzw. Flüchtlinge aus bestimmten Kulturkreisen. Zweitens zieht der parteiförmige Rechtsextremismus nicht *per se* aus ethnischer Heterogenität seinen Vorteil, sondern aus Gefühlen der Deprivation. Sie haben ihre Ursache u. a. in hohen Asylbewerberzahlen, unterliegen aber damit – und wegen des mildernden Effekts wohlfahrtsstaatlicher Maßnahmen – politischer Steuerung.

---

100 Vgl. Arzheimer (Anm. 24), S. 335; ders. (Anm. 88). Bei hohen Immigrationszahlen schwand jedoch der Effekt der Arbeitslosenquote. Der Umfang der Arbeitslosenhilfe vermag überdies den Einfluss der Arbeitslosenquote auf die Wahlergebnisse der extremen Rechten zu mindern.
101 Vgl. Lubbers/Gijsberts/Scheepers (Anm. 68).
102 Vgl. Carter/Arzheimer (Anm. 88), S. 434 f.
103 Vgl. Jackman/Volpert (Anm. 88), S. 517.
104 Vgl. Norris (Anm. 18), S. 174 f.
105 Vgl. Golder (Anm. 13), S. 451.
106 Siehe Bernd Sommer, Prekarisierung und Ressentiments. Soziale Unsicherheit und rechtsextreme Einstellungen in Deutschland, Wiesbaden 2010.
107 Vgl. Arzheimer (Anm. 88), S. 269. Der Effekt reduziert sich jedoch in Ländern mit engmaschigen sozialen Auffangnetzen im Fall von Arbeitslosigkeit. Lubbers/Gijsberts/Scheepers (Anm. 68), S. 364; Golder (Anm. 13), S. 452–455. Hier bestätigte sich der Effekt nur für die rechtspopulistischen Vertreter der extremen Rechten.
108 Vgl. Carter/Arzheimer (Anm. 88), S. 433.
109 Vgl. Norris (Anm. 18), S. 171–173.

Insofern bieten subjektive Indikatoren eine Reihe von Vorteilen gegenüber objektiven Indikatoren.

2.4 Kausalmechanismen

Die wohl wichtigste Theorie, die das Ineinandergreifen angebots- und nachfrageseitiger Faktoren betont, ist die von Herbert Kitschelt, der in Anlehnung an Scott Flanagan und Ronald Inglehart[110] von einem neuen politischen Grundkonflikt zwischen links-libertären und rechts-autoritären Positionen spricht.[111] Kitschelt kommt das Verdienst zu, nicht nur die Wähler der prosperierenden Parteien charakterisiert, sondern auch die elektoralen Erfolge erklärt zu haben.[112] Ihm zufolge habe der Wandel der Lebensbedingungen in vielen westlichen – vor allem europäischen – Ländern zu einer langen Phase ohne Krieg und Vertreibung sowie zur Herausbildung postindustrieller, prosperierender Gesellschaften geführt. Die dadurch ausgelöste „stille Revolution" vollzieht sich bei Inglehart als Verbreitung postmaterialistischer, bei Kitschelt als Verbreitung libertärer Werte. Darüber hinaus habe das Arbeitsleben der vergangenen Jahrzehnte in den meisten westlichen Gesellschaften einem massiven Wandel unterlegen: Der Anteil derer, die in Unternehmen unter hohem internationalen Konkurrenzdruck arbeiten, sei aufgrund der ökonomischen und politischen Globalisierung rasant angewachsen.

Ausgehend von der politischen Wirkmächtigkeit dieser beiden grundlegenden Verschiebungen in den westlichen Gesellschaften, erkennt Kitschelt zwei neue politische Cleavages an: das eine wirtschafts-, das andere gesellschaftspolitischer Art. Beide würden die von Lipset und Rokkan identifizierten Konfliktlinien ablösen. Wo jemand auf dem wirtschaftspolitischen Kontinuum steht, darüber gibt dessen Einstellung zur Verteilung materieller Güter in der Gesellschaft Auskunft. Die beiden Extrempunkte markieren Kapitalismus/Marktradikalismus einerseits sowie Sozialismus/Redistribution andererseits. Kitschelt spricht hier synonym von einer Links-Rechts-Achse. Maßgeblich für die politische Position eines Menschen seien seine Erfahrungen im Arbeitsleben: Menschen, die im öffentlichen Sektor oder in Unternehmen tätig sind, die keinem ökonomischen Wettbewerbsdruck aus dem Ausland unterliegen, würden an einer eher redistributiven Politik hängen; alle anderen neigten, um keinen internationalen Standortnachteil zu riskieren, marktradikalen Politikvorschlägen zu. Die politische Dimension wiederum gliedere sich in drei Indikatoren auf:

1) Welchem Personenkreis kommen politische und sonstige Rechte zu – sind Migranten und ethnische Minderheiten davon ausgeschlossen?
2) Welches Maß an kultureller und sozialer Vielfalt ist wünschbar?
3) Wie sollen politische Entscheidungen gefällt werden – hierarchisch oder partizipativ?

Antworten auf die drei Indikatorfragen klären über die Position einer Person auf dem Universalismus-Partikularismus-Spektrum auf. Der Antagonismus ließe sich ebenso als einer zwi-

---

110 Siehe Ronald Inglehart/Scott C. Flanagan, Value Change in Industrial Societies, in: The American Political Science Review 81 (1987), S. 1289–1319.
111 Siehe im Folgenden Kitschelt (Anm. 37).
112 Vgl. ebd.

schen Autoritarismus und Libertarismus begreifen. Kitschelt macht für die konkreten Positionen eines Menschen auf dieser Dimensionen gleichfalls dessen Arbeitsleben verantwortlich: Zu autoritären Lösungen würden demnach jene Gesellschaftsmitglieder neigen, die in stark hierarchisch und standardisiert organisierte Arbeitsprozesse integriert sind. Der Vergleich zu Marx' Konzept der entfremdeten Arbeit drängt sich geradezu auf. Wo wiederum größere Gestaltungsmöglichkeiten, Kreativität und kommunikative Fähigkeiten am Arbeitsplatz gefragt sind, fassen libertäre Positionen besser Fuß. Ob aus dem Zusammenhang zwischen Arbeitswelt und politischer Haltung rationales Kalkül oder eine bestimmte Werteprägung spricht, darüber verliert Kitschelt kaum ein Wort.

Die beiden Konfliktdimensionen – politisch und wirtschaftlich – wiederum überlagern einander und führen zu jener Hauptachse des politischen Wettbewerbs, deren Endpunkte als „linkslibertär" und „rechtsautoritär" zu bezeichnen sind.

Abbildung VII.4: Kitschelts politischer Raum

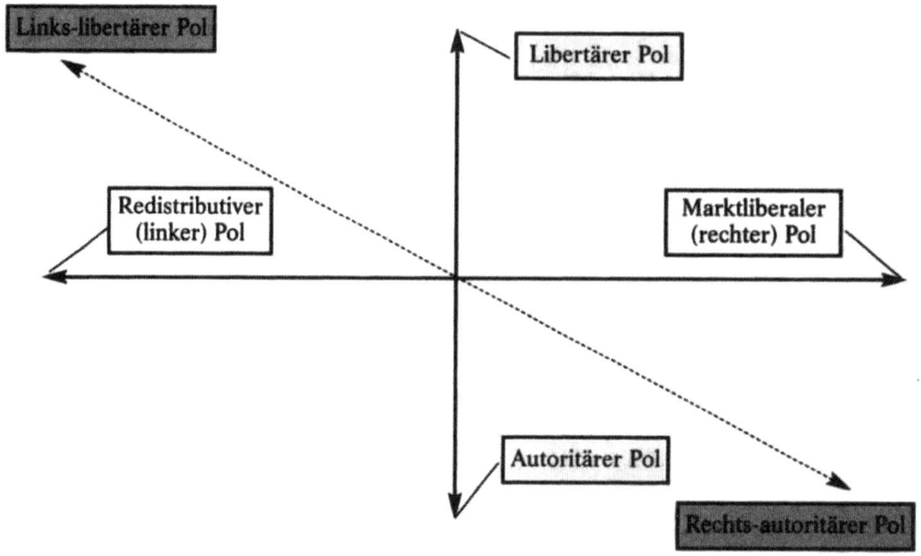

Quelle: Kailitz (Anm. 83), S. 290.

Die Erfolge von Rechtsaußenparteien erklären sich aus dieser Perspektive durch ein Zusammenspiel aus Nachfrage und Angebot: Aufgrund der wirtschaftlichen, politischen und sozialen Globalisierung sei in den westlichen Industriegesellschaften das generelle Bedürfnis nach Politikentwürfen gestiegen, die Autoritarismus (sozialen Partikularismus) mit marktradikalen Forderungen in Einklang bringen. Bisherige Parteien hätten diese Nachfrage nicht befriedigt – anders als jener neue Parteitypus, den Kitschelt als „New Radical Right" einführt. Der Idealtyp hierfür sei der französische Front National. Doch auch der belgische Vlaams Belang, die dänische sowie die norwegische Fortschrittspartei sind Teil dieser Gruppe, die auf eine Erfolgsformel gestoßen sei.

Zu den Voraussetzungen dafür, dass die Nachfrage nach rechtsautoritären Politikangeboten ansteigt, gehört laut Kitschelt – neben der Globalisierung – einerseits ein ausgebauter Wohlfahrtsstaat, andererseits die politische Annäherung zwischen der größten gemäßigt-linken und der größten gemäßigt-rechten Partei in einem Land. Dies habe ein politisches Vakuum am rechten Rand entstehen lassen, das Fabrikarbeiter, zum Teil Arbeitslose, vor allem aber kleinere Selbstständige, allerdings kaum Angestellte und Akademiker repräsentiere. Damit ist auch das Wählerprofil der neuen radikalen Rechten charakterisiert.

Nicht jede Partei am rechten Rand profitiere von diesem Trend auf der Nachfrageseite: Kitschelt stellt der neuen radikalen Rechten vor allem rechtspopulistische und wohlfahrtschauvinistische Parteien gegenüber, die zwar auch zum rechten Rand gehörten, aber ein differenzierteres Erfolgsprofil aufwiesen als ihr „neues" Pendant. Die Rechtspopulisten (z. B. FPÖ, Lega Nord, SVP) seien – ähnlich wie die neue radikale Rechte – marktliberal ausgerichtet, weisen aber deutlich weniger autoritäre Züge auf. Zu den erfolglosen Parteien am rechten Rand zählt Kitschelt u. a. die DVU, die REP und die NPD aus Deutschland sowie den MSI aus Italien. Mit ihrer Mixtur aus Wohlfahrtschauvinismus und rigorosem Autoritarismus tragen sie das Erbe des Nationalsozialismus und des Faschismus in sich; deshalb seien sie von Erfolglosigkeit gezeichnet.

Herbert Kitschelts Theorie gehört – neben dem Scheuch-Klingemann-Modell – zu den elaboriertesten Erklärungsansätzen der elektoralen Rechtsextremismusforschung. Es geht weniger der Wählersoziologie als den generellen Erfolgs- und Misserfolgsursachen der Parteien nach, erweist sich somit als integrativer, interkulturell verwendbarer und holistischer Erklärungsrahmen. Es dient der heutigen Forschung nach wie vor als Referenz. Zugleich weckt eine Reihe seiner Elemente grundsätzliche Skepsis.

Zu den offenen Fragen, die allerdings weder auf eine theoretische Inkonsistenz noch empirische Unwahrheit hinweisen, gehören jene nach der konkreten Bestimmung der Wählerpräferenzen (Sozialisation oder Kalkül?) und nach der relativen Bedeutung des Arbeitslebens: Warum weist ihm Kitschelt den größten Stellenwert zu, rückt die soziale Herkunft oder die Kindheits- und Jugendsozialisation in den Hintergrund? Die größten Schwächen weist dem Modell die Empirie nach. Es krankt jedoch auch an logischen Inkonsistenzen. Steffen Kailitz unterzog den Ansatz anhand von sechs Fragen einer grundlegenden, systematischen Überprüfung:[113]

1) *Dominieren bei den extrem rechten Parteien marktliberale Positionen?* Wer die Programme der Parteien sichtet, die Kitschelt der neuen radikalen Rechten zuordnet, erkennt schwerlich prononciert marktoptimistische Forderungen. Vielmehr weisen die meisten Repräsentanten dieses Spektrums gleichermaßen liberale wie redistributive Elemente auf.[114] Im Umkehrschluss ist der Kontrast zu den – vermeintlich – wohlfahrtschauvinistischen Formationen nicht so groß, wie Kitschelt behauptet. Zum Beispiel unterscheidet sich die wirtschaftspolitische Haltung der REP kaum von der des FN. Die Aussage, es handle sich beim Marktradikalismus um einen Teil der Erfolgsformel der extremen Rechten, kann zudem nicht

---

113 Vgl. im Folgenden Kailitz (Anm. 83).
114 Vgl. Elisabeth Ivarsflaten, The Populist Centre-Authoritarian Challenge. A Revisited Account of the Radical Right's Success in Western Europe, Oxford 2002 (Nuffield College Working Papers in Politics 25).

stimmen: Der erfolglose belgische FN und die nicht weniger unglückliche schwedische Partei Neue Demokratie unterscheiden sich wirtschaftspolitisch kaum von Vertretern der neuen radikalen Rechten. Der italienische MSI wiederum – eine durch und durch wohlfahrtsstaatliche Partei – reihte in den 1990ern Erfolg an Erfolg. Kurzum: Die extreme Rechte mag vereinzelt für marktliberale Forderungen stehen, im Kern kämpft sie jedoch für eine protektionistische, interventionistische (z. B. Finanzmärkte) und EU-kritische Politik, die einem ökonomischen Nationalismus huldigt. So oder so scheint die wirtschaftspolitische Ausrichtung jedoch sekundär für das Abschneiden der Parteien zu sein.

2) *Ist die Wählerschaft extrem rechter Parteien marktliberal?* Einerseits stimmt es: Fabrikarbeiter, Selbstständige mit kleineren Unternehmen und Arbeitslose sind – zum Teil aber nur leicht – überrepräsentiert unter den Wählern der neuen radikalen Rechten, Angestellte sowie Akademiker sind unterrepräsentiert. Andererseits dürfte der Grund hierfür wohl kaum die – zum Teil – vermeintlich marktliberale Haltung der Parteien sein. Kailitz bringt das auf die Frage: „Warum soll ein Arbeiter […] nur deswegen eine marktliberale Partei wählen, weil er in einem exportorientierten Wirtschaftszweig arbeitet? […] Es ist […] nicht sonderlich rational, wenn er sich gegen eine gewisse Umverteilung zugunsten der weniger gut Verdienenden einsetzt."[115] Zugleich sind die Wähler der neuen radikalen Rechten keineswegs signifikant marktliberaler eingestellt als die restliche Wählerschaft.[116]

3) *Ist die neue radikale Rechte wirklich neu?* Dass die von Kitschelt angeführten Parteien der neuen radikalen Rechten eben kein dezidiert marktliberales Programm vertreten, ist mehrfach nachgewiesen. Damit haben sie auch keine so große Distanzierung von historischen Vorbildern, wie der NSDAP, vorgenommen. Die Partei Hitlers stand für ein national-sozialistisches und somit dezidiert wohlfahrtsstaatliches Programm.[117] Die wirtschaftspolitische Haltung der extremen Rechten ist darum weder neu noch für diese Parteienfamilie charakteristisch.

4) *Sind die extrem rechten Parteien durchweg rechtsextremistisch?* Kurzum: nein. Gleichwohl lässt sich aus der Haltung zum Thema Zuwanderung recht gut ablesen, wie es die Parteien mit den Grundsätzen des demokratischen Verfassungsstaates halten. Die rechtsextremen Formationen (z. B. DVU, REP, NPD, Front National) setzen sich für einen kompletten Zuwanderungsstopp, zum Teil sogar für eine Rückführung von Menschen mit Migrationshintergrund in ihre Ursprungsländer ein. Sie argumentieren vor allem mit der Bedrohung der heimischen Kultur, Tradition und Identität. Die (semi-)demokratischen Vertreter hingegen sprechen sich unter Verwendung wohlfahrtschauvinistischer Argumente „nur" für eine Einschränkung der Immigration aus (z. B. FPÖ, SVP, Fortschrittsparteien).

5) *Ist die Anti-Zuwanderungshaltung der Kern einer „Erfolgsformel" extrem rechter Parteien?* Nein. Wäre das so, müssten die Wahlergebnisse der Parteien bei großen Zuwanderungsströmen nach oben schnellen. In Deutschland, Großbritannien und Schweden – be-

---

115 Kailitz (Anm. 83), S. 300.
116 Vgl. auch Elisabeth Ivarsflaten, The Vulnerable Populist Right Parties. No Economic Realignment Fuelling their Electoral Success, in: European Journal of Political Research 44 (2005), S. 465–492; Astrid Depickere, Testing Theories of Extreme-Right Wing Voting in France and Flanders, Oxford 2003 (Revue de la Maison Francaise d'Oxford 1/2003).
117 Siehe Götz Aly, Hitlers Volksstaat. Raub, Rassenkrieg und nationaler Sozialismus, Frankfurt a. M. 2011.

liebte Ziele für Einwanderer aus anderen Teilen der Welt – blieben rechtsextreme Formationen zudem lange Zeit außerhalb der Parlamente. Das änderte sich erst ab den 2010er Jahren – wohl im Zuge der Eurokrise. Italien hingegen – eine unter Zuwanderern relativ unpopuläre Destination – kennt mit dem MSI bzw. der AN eine starke Rechtsaußenpartei. Eine Anti-Zuwanderungshaltung mag mithin zum Erfolg führen, ist dafür aber kein Garant.

6) *Gibt es an den politischen Flügeln nur links-libertäre und rechts-autoritäre Positionen im gegenwärtigen Parteienwettbewerb?* Das ist die implizite Prämisse Kitschelts: Autoritarismus ist per se rechts, Libertarismus per se links. Eine Anpassung seiner These an die Realität – die neue radikale Rechte ist von Autoritarismus wie Wohlfahrtschauvinismus gekennzeichnet –, verliehe den von ihm untersuchten Parteien das paradoxe Label „linksautoritär". Das Problem ist: Der Gegensatz aus Libertarismus und Autoritarismus entzündet sich nicht allein an der Frage, welche Rechte Einwanderern zustehen, sondern greift viel tiefer. Zugleich spricht der eigentliche Gegenpol zum Marktradikalismus – nämlich der Kommunismus – keineswegs für eine libertäre Haltung. Linken Autoritarismus, d. h. die Kombination aus Kollektivismus und Universalismus vernachlässigt Kitschelts Modell. Das heißt nicht, es ließen sich keine Schlüsse für linke Randparteien ziehen: Die Kombination aus Sozialismus und Kollektivismus zündet nicht (mehr).

Herbert Kitschelts Theorie zählt zu den Referenzwerken der Rechtsextremismusforschung – wohl vor allem, weil es als eines der wenigen verschiedene Erklärungsansätze zu vereinigen spricht. Zugleich attestiert ihr Urheber irrtümlicherweise den jüngeren erfolgreichen Parteien des rechten Randes eine marktradikale Haltung. Vielmehr spielen die wirtschaftspolitischen Forderungen für dieses Parteienspektrum eine allenfalls untergeordnete Rolle, wie Wähleranalysen bestätigen. Wichtiger – auch für den Erfolg der genannten Formationen – ist die Intensität ihres autoritären Gebarens: Die erfolgreichen Vertreter sind gemäßigter, präsentieren – anders als ihre faschistischen und nationalsozialistischen Brüder – keine autokratischen Alternativmodelle. Zugleich ist Kitschelts Reduktionismus wohl ein Grund für die recht bescheidene Erklärungskraft: Wer die komplexen politischen Antagonismen in globalisierten Gesellschaften auf nur einen Konflikt herunterbrechen will, macht sich der Simplifizierung schuldig. Er kann überdies relevante Unterscheidungen nicht vornehmen. Es interagieren mindestens drei Konflikte, von denen Kitschelt die letzten beiden in einen Topf warf: Sozialismus – Marktradikalismus; Universalismus – Partikularismus; Individualismus – Kollektivismus.

Es gibt – so könnte eine Schlussfolgerung nach einer Auseinandersetzung mit Kitschelts Thesen lauten – demnach keine eindeutige Erfolgsformel für die Parteien des rechten Randes, wohl aber eine Misserfolgsformel: je kollektivistischer die Parteien, desto geringer ihre Erfolgsaussichten. Das macht sich bei der extremen Rechten durch direkte historische Anleihen bei Nationalsozialismus und Faschismus bemerkbar. Faktoren, die von Scheuch und Klingemann Aufmerksamkeit erfuhren – etwa die Stigmatisierung durch die Etablierten und die Wahrnehmung durch die Wählerschaft als extremistisch/demokratisch –, dürften sich als fruchtbare Ergänzung zu Kitschelts Modell erweisen.

3 Linksextreme Parteien

3.1 Nachfrage

3.1.1 Persönlichkeitsmerkmale und Wertorientierungen

Es ist ein Wesensmerkmal der Forschung zum parteipolitischen Linksextremismus, dass eine Reihe jener Thesen, die bereits zur Klärung der Wahlergebnisse rechtsextremer Parteien beitrugen, sich auch hier als hilfreich erweisen könnten, aber nach wie vor einer systematischen empirischen Überprüfung harren oder im Laufe der Zeit in Vergessenheit geraten sind. Dafür mag die geringe politische Bedeutung der respektiven Parteien nach dem Zusammenbruch des Kommunismus in Osteuropa verantwortlich sein, ebenso die Wahrnehmung: Rechtsextremismus gilt nach wie vor in vielen Gesellschaften als größere Gefahr für die Demokratie als Linksextremismus, selbst wenn diese These in den Wahlergebnissen keine Bestätigung finden mag. So boomte beispielsweise im Zuge der europäischen Wirtschaftskrise die Forschung zum rechten, jedoch nicht zum linken Rand, obwohl beide Parteienfamilien Auftrieb erhielten.

Aus dem Bereich der Nachfragestrukturen trifft das Bild brachliegender, allerdings vielversprechender Felder beispielsweise auf die Erforschung des Zusammenhangs von Persönlichkeitseigenschaften und der Wahl linksextremer Parteien zu. Hier erwiesen sich vor allem die Forscher um Adorno als blind auf dem linken Auge: „Kritisiert wurde neben der Heterogenität der untersuchten Merkmale hauptsächlich die politische Einseitigkeit des Konzepts und der zugehörigen Skalen."[118] Dies hat sich im Laufe der nachfolgenden Jahrzehnte ein wenig geändert – nicht zuletzt wegen einer Reihe von Studien durch Edward Shils,[119] Hans Jürgen Eysenck,[120] Milton Rokeach[121] sowie jüngst von Siegfried Schumann, die einen linken Autoritarismus/ Dogmatismus ausmachten. Infolge einer Vergleichsstudie von Links- und Rechtsextremen kommen McClosky und Chong gar zum Ergebnis: „The degree of their alienation is intensified by the zealous and unyielding manner in which they hold their beliefs. Both camps possess an inflexible psychological and political style characterized by the tendency to view social and political affairs in crude, unambiguous and stereotypical terms. They see political life as a conflict between ‚us' and ‚them', a struggle between good and evil played out on a battleground where compromise amounts to capitulation and the goal is total victory."[122]

Allerdings fallen bisherige Ergebnisse keineswegs eindeutig aus. Konnte Siegfried Schumann in den 1980er Jahren noch nachweisen, dass Menschen mit links- und rechtsextremen Einstellungen sich ihrer Umwelt grundsätzlich unsicher und ängstlich näherten,[123] dies am linken Rand jedoch intellektuell, am rechten Rand durch Vermeidung und Angstabwehr verarbeitet würde,

---

118 Arzheimer (Anm. 24), S. 80; vgl. auch Robert Altemeyer, The Authoritarian Specter, Cambridge, Mass/London 1996, S. 216–234.
119 Siehe Shils (Anm. 23).
120 Siehe Eysenck (Anm. 26).
121 Siehe Rokeach (Anm. 23).
122 Herbert McClosky/Dennis Chong, Similarities and Differences Between Left-Wing and Right-Wing Radicals, in: British Journal of Political Science 15 (1985), S. 329–363, hier S. 329.
123 Vgl. Siegfried Schumann, Politische Einstellungen und Persönlichkeit. Ein Bericht über empirische Forschungsergebnisse, Frankfurt a. M. 1986; ders. (Anm. 27).

warteten Studien aus den 1990er/2000er Jahren mit überraschenden Korrelationen auf: Wer die PDS präferiert(e), wies zugleich eine geringe (!) Affinität zu einem stabilen kognitiven Orientierungsrahmen auf, stellte sich als nicht (!) sonderlich gewissenhafter Mensch heraus (beides jedoch nur im Westen) und wies eine hohe (!) Ambiguitätstoleranz gegenüber Rollenstereotypien (in Ost und West) auf; zugleich war bei den Parteianhängern die Offenheit für neue Erfahrungen recht ausgeprägt.[124]

Studien zu den Persönlichkeitseigenschaften von Wählern linksextremer Parteien sind insgesamt dünn gesät und in den jüngsten Jahrzehnten nahezu eingeschlafen. Ähnlich wie am rechten Rand spielen diese Faktoren bei der Erklärung von Wahlerfolgen der Parteien heute kaum eine Rolle – einerseits weil angesichts der mittlerweile recht umfangreichen Skalen damit ein beträchtlicher Erhebungsaufwand einhergeht; andererseits weil der Nachweis, dass derartige Eigenschaften sich auf Aggregatebene sprunghaft verändern (und so regional wie temporal unterschiedliche Wahlresultate erklären können), nach wie vor ausbleibt.

3.1.2 Gruppeninteressen

Die jüngere Forschung zu Linksaußenparteien misst mehrheitlich Gruppeninteressen den größten Erklärungswert für die Sympathie für eine Partei zu. Individuen neigen demnach solchen Parteien und Ideologien zu, die am ehesten versprechen, die Interessen der sozialen Gruppen zu vertreten, denen sich Individuen zugehörig fühlen. Vor diesem Hintergrund überrascht es nicht, dass die betreffenden Parteien, die ein Mehr an sozialer Gerechtigkeit fordern, während sie fortwährend den Kapitalismus geißeln,[125] vor allem von den benachteiligten sozialen Schichten – Arbeitslosen und unteren Einkommensschichten – Unterstützung erhalten; just jene Bevölkerungssegmente, die ein großes Interesse an einer Reduzierung von Einkommensunterschieden haben.[126] Genau genommen, erhalten Linksaußenparteien im westeuropäischen Vergleich die größte Unterstützung von Mitgliedern der Arbeiterklasse, von Gewerkschaftsmitgliedern, von Menschen, die sich politisch links einstufen, und von Atheisten.[127] Sympathie schlägt ihnen überdies von Arbeitslosen entgegen.[128] Angesichts der gerechtigkeitsorientierten, kapitalismuskritischen und betont unkonfessionellen Wahlkämpfe nahezu aller linksextremen Parteien verwundert dies kaum. In anderen Weltregionen – vor allem Lateinamerika – bietet sich ein etwas anderes Bild: Die Wählerschaft der Linksaußenparteien, die dort um die Jahrtausendwende an die Macht kamen, bildet den gesellschaftlichen Querschnitt ab.[129]

---

124 Vgl. ders. 2001 (Anm. 27), S. 202 und 303.
125 Siehe Richard Dunphy, Contesting Capitalism? Left Parties and European Integration, Manchester 2004.
126 Vgl. Paul Nieuwbeerta, The Democratic Class Struggle in Twenty Countries 1945–1990, Amsterdam 1995; Mark Visser u. a., Support for Radical Left Ideologies in Europe, in: European Journal of Political Research 53 (2014), S. 541–558. Siehe auch Benjamin T. Bowyer/Mark I. Vail, Economic Insecurity, the Social Market Economy, and Support for the German Left, in: West European Politics 34 (2011), S. 683–705; Jeroen Oojevaar/Gerbert Kraaykamp, Links in beeld: Een explorerend onderzoek naar de sociale kenmerken van extreem links in Nederland, in: Mens & Maatschappij 80 (2005), S. 239–256.
127 Vgl. Luis Ramiro, Support for Radical Left Parties in Western Europe: Social Background, Ideology and Political Orientations, in: European Political Science Review 8 (2016), H. 1, S. 1–23, hier S. 12–14; Raul Gomez/Laura Morales/Luis Ramiro, Varieties of Radicalism: Examining the Diversity of Radical Left Parties and Voters in Western Europe, in: West European Politics 39 (2016), S. 351–379.
128 Vgl. Visser u. a. (Anm. 126), S. 552.
129 Vgl. María del Rosario Queirolo, The Success of the Left in Latin America. Untainted Parties, Market Reforms, and Voting Behavior, Notre Dame, Indiana 2013, S. 146.

Mit ihrer Konzentration auf Gruppeninteressen baut die jüngere Forschung auf einer Tradition auf, die in der Arbeiterklasse den wichtigsten Pfeiler kommunistischer Wahlerfolge in den westlichen Demokratien sah und in der Erosion eben dieser Schicht Ende des 20. Jahrhunderts den Anfang vom Ende linker Randparteien heraufbeschwor.[130] Nach wie vor müssen diese also auf eine starke gesellschaftliche Unterschicht bauen, als deren Fürsprecher sie sich im Wahlkampf positionieren können.

Gleichwohl hat es in den vergangenen rund 25 Jahren Verschiebungen im Elektorat gegeben, die bereits ein rascher Blick auf die Parteien und deren Kundgebungen verdeutlicht.[131] Die extreme Linke profitiert demnach von zwei Wählertypen: „[Radical left parties] have been able to combine two very different constituencies: the low-skilled individuals – traditionally attached to these parties – and highly skilled voters – for which they compete with the left-libertarian/Green parties"[132]. Weil diese Ausdifferenzierung des Elektorates mit einer Ausdifferenzierung des parteipolitischen Angebots einherging, findet sie unter den Kausalmechanismen Berücksichtigung.

Unabhängig von den beiden Elektoraten, die nunmehr den Kern der linken Wählerschaft ausmachen: Hier wie da korreliert der Ruf nach sozialer Gerechtigkeit stark mit der Präferenz radikal-linker Lösungsvorschläge. Zugleich wirken subjektiv wahrgenommene ethnische Bedrohungen dem entgegen: Menschen, die in Ausländern (nicht im Kapitalismus) die größte Gefahr für das eigene Wohlergehen sehen, neigen eher dem rechten statt dem linken Rand zu.[133] Dass die Unzufriedenheit mit der Regierung die Wahlchancen zugunsten einer Linksaußenpartei steigert,[134] entspricht der Theorie von (rationalen) Gruppeninteressen und ist nahezu banal: Welchen Anreiz sollte jemand haben, eine Randpartei zu wählen, wenn er/sie mit der Regierungsarbeit zufrieden ist?

3.1.3 Soziodemografie

Der Zusammenhang zwischen der Wahl linksextremer Parteien und mehreren soziodemografischen Merkmalen ist mehrfach untersucht – jedoch seltener als beim rechten Rand und mit uneindeutigen Ergebnissen.[135] So hat das Geschlecht über Ländergrenzen hinweg keinen klar belegbaren Einfluss auf die Wahl linksextremer Parteien. Das liegt u. a. daran, dass in einigen Ländern Westeuropas Frauen eher zum linken Rand neigen, in anderen Ländern sind es Männer, in einer dritten Gruppe schließlich spielt das Geschlecht wiederum keine Rolle. Hingegen neigen Städter und Bewohner großstädtischer Außenbezirke eher linken Randparteien zu als Menschen aus ländlichen Regionen. Im Grunde spiegelt dies jedoch nur die Gruppeninteres-

---

130 Siehe etwa Martin J. Bull/Paul M. Heywood (Hrsg.), West European Communist Parties after the Revolutions of 1989, London 1994; David S. Bell (Hrsg.), Western European Communists and the Collapse of Communism, Oxford 1993; Michael Waller (Hrsg.), Communist Parties in Western Europe. Decline or Adaptation?, Oxford 1991.
131 Siehe etwa Juan Jésus González, Las bases sociales de la política española, in: Revista Española de Sociología 4 (2004), S. 119–142.
132 Ramiro (Anm. 127), S. 18.
133 Vgl. Visser u. a. (Anm. 126), S. 552.
134 Siehe Laurie Beaudonnet/Raul Gomez, Red Europe versus No Europe? The Impact of Attitudes towards the EU and the Economic Crisis on Radical-Left Voting, in: West European Politics (2016), H. 1, S. 1–20.
135 Siehe generell Ramiro (Anm. 127).

sentheorie wider. Die Klientele linksextremer Parteien wohnen schlicht eher in urbanen Gegenden.

Was die Altersstruktur angeht, unterscheiden sich die Wähler extrem linker Parteien kaum vom Rest der Gesellschaft – wohl nicht zuletzt, weil es einem beträchtlichen Anteil der Formationen aus diesem Spektrum gelungen ist, das Image traditionell-kommunistischer Parteien abzulegen und sich inhaltlich neu zu justieren. Die Aufnahme neuer Themen wie die Gründung neuer Parteien, die mit demokratischem Zentralismus, Kommunismus und Proletariatsrhetorik wenig am Hut haben, erschloss diesem Parteiensegment neue Wählergruppen. Es blutete – wie Anfang der 1990er Jahre noch vielfach, gerade mit Blick auf die post- und reformkommunistischen Organisationen, angenommen – keineswegs aus, sondern schlug neue Wege ein. So überrascht es kaum, dass zu den gelegentlichen Wählern junge, idealistische Menschen – zumeist mit höheren Bildungsabschlüssen – zählen. Sie sind es, der die „neue Linke" ihre Stimme verleiht. Unabhängig davon: Die soziodemografischen Merkmale unterliegen in den meisten – vor allem europäischen – Ländern ähnlichen Verteilungen; wo es Unterschiede gibt, hängt der Vorteil, den die Parteienfamilie daraus schlagen kann, vom inhaltlichen Profil ab. Junge Gesellschaften haben vermutlich ein offeneres Ohr für die „neue Linke" als „vergreisende". Zugleich dürften diese wiederum die Chancen der „traditionellen Linken" steigern.

3.1.4 Protestwahl

Die Protestwahlhypothese ist für Forscher, die sich mit dem linken politischen Rand auseinandersetzen, nicht weniger attraktiv als für ihre Kollegen, die dem rechten Rand nachspüren. Doch vermutlich aufgrund des verzögerten Auftakts der Forschung zu Linksaußenparteien hat die These einer „reinen" Protestwahl hier nie so recht Wurzeln geschlagen – weder in ihrer rationalen noch in ihrer affektiven Variante. Zu Recht: Spielte das Angebot der Parteien keine Rolle, würden andere, nicht-etablierte Parteien von einer verbreiteten Proteststimmung gleichfalls profitieren. Zudem wäre dann die individuelle Wahlentscheidung zugunsten einer Links- bzw. Rechtsaußenpartei gänzlich dem Zufall überlassen.

Vielmehr entlieh der Forschungszweig der Rechtsextremismusforschung jene Protestwahlthesen, die bereits mehrfach kritischen Prüfungen standgehalten hatten und insofern Hoffnungen auf eine nicht minder große Erklärungskraft beim eigenen Gegenstand nährten. Und in der Tat bestätigte sich mehrfach die Vermutung einer ideologisch motivierten Protestwahl am linken Rand: In Verbindung mit einer extrem linken politischen Selbsteinschätzung (10er-Skala) steigert die Unzufriedenheit mit der heimischen Demokratie, aber auch die Gegnerschaft zur EU-Mitgliedschaft des eigenen Landes die Wahrscheinlichkeit, eine linksextreme Partei zu wählen.[136] Freilich stellt sich hier – wie bei der Rechtsextremismusforschung – die Frage nach der prinzipiellen Trennbarkeit extrem(istisch)er Einstellungen einerseits und politischen Protests andererseits – gerade mit Blick auf die Indikatoren. Steht Demokratieunzufriedenheit für Protest, ist es unmöglich, diesen von extremen Einstellungen zu trennen, denn per definitionem treten extremistische Parteien für die Abschaffung (von Teilen) der konstitutionellen Demokratie oder doch zumindest für vehemente Demokratiekritik ein. Dasselbe gilt für Euroskeptizis-

---

136 Vgl. Beaudonnet/Gomez (Anm. 134), S. 17 f.

mus, der dann und wann als Indikator für Protest herhalten muss und – freilich nur in Europa – eine starke Vorhersagekraft für den Parlamentseinzug linksextremer Parteien besitzt.[137] Wie aber lässt sich ein solcher „Protest" von einer ideologischen Motivation trennen, wenn die EU-Kritik für die extreme Linke (und Rechte) wesentlich ist? Außerdem: Ist schon die Unzufriedenheit mit der Arbeit der laufenden Regierung Ausdruck von Protest?

Die Fragen decken ein grundlegendes Problem vieler Studien zu Protestwahlthesen auf: deren Bindung an Indikatoren, die eine Abneigung der Bevölkerung gegen etwas Bestehendes zum Ausdruck bringen sollen – die hiesige Demokratie, die EU, die Immigranten, den Kapitalismus. Sinnvoll wäre es, die ideologische Nähe zu den betreffenden Parteien über Items abzufragen, die den Zuspruch zu (im analytischen Sinn) positiven Zielen der Formationen freilegen.[138] Denn: Protest – definiert als Unzufriedenheit mit den gegenwärtigen politischen Umständen im weiteren Sinn – ist bereits ein affektiver Ausdruck dessen, wofür Links- *und* Rechtsaußenparteien stehen. So lässt sich aber nicht erklären, warum jemand einer linksextremen vor einer rechtsextremen Partei den Vorzug gibt (oder umgekehrt). Beide sind sich häufig einig in dem, was sie nicht wollen; nicht aber in dem, was sie wollen.

Zugleich: Die Mehrheit der Indikatoren für Protest/Unzufriedenheit kann folgende Frage nicht klären: „Sind die Wähler dieser Parteien [...] weniger ideologisch motivierte als politisch frustrierte Protestierer, die leicht wieder von den anderen Parteien zurückgewonnen werden können? Oder sind es in der Wolle gefärbte ‚echte' Weltanschauungswähler mit festgefügtem [extremistischem] Weltbild, um die sich die Parteien der Mitte umsonst bemühen?"[139] Warum scheitern viele Indikatoren für Protest/Unzufriedenheit daran, diese Frage zu beantworten? Vor allem deshalb, weil sie nicht darüber aufklären, wie weit das Protestsentiment eines Wählers/ eines Befragten erstarrt: Ist jemand unzufrieden mit der Demokratie, weil er sie generell ablehnt? Oder lehnt er sie (mittlerweile) rundweg ab, weil er zu häufig von ihr enttäuscht wurde? Um die Nachhaltigkeit von Demokratiekritik in den flüchtigen Situationen einer (Nach-wahl-)Befragung festzuhalten, brauchte es zusätzliche Indikatoren – etwa das Item, das die Akzeptanz der Demokratie-Idee (Demokratielegitimität) erfasst; oder eine Frage nach der Entscheidung bei der letzten Wahl. Beide würden einen Eindruck von der Verfestigung der Protesthaltung vermitteln: Wird a) die Demokratie als solche akzeptiert, ist b) die Demokratieunzufriedenheit hoch und c) befürwortet der Wähler überdies eines der Ziele einer linksextremen Partei, liegt eine ideologisch motivierte Protestwahl vor. Werden a) und b) gleichermaßen mit „nein" beantwortet, kann von flüchtigem Protest keine Rede mehr sein; lautet die Antwort auf beide Fragen „ja", ist Protestwahl nicht der richtige Erklärungsansatz. Identifiziert sich der Wähler nicht wenigstens mit einem Teil der Ziele der betreffenden Partei, kann keine ideologische Motivation vorliegen.

Ähnlich zweckdienlich – und überdies unter forschungsökonomischen Gesichtspunkten brauchbarer – wäre die „Erinnerungsfrage": Wer schon letztes Mal für eine extremistische Par-

---

137 Vgl. Luke March, Radical Left Parties in Europe, London/New York 2011, S. 193; ders./Charlotte Rommerskirchen, Out of left field? Explaining the Variable Electoral Success of European Radical Left Parties, in: Party Politics 21 (2015), H. 1, S. 40–53, hier S. 47.
138 Ein gutes Beispiel hierfür liefert Falter (Anm. 65).
139 Ebd., S. 136.

tei gestimmt hat, ist nur mit geringer Wahrscheinlichkeit noch als Protestwähler zu bezeichnen. Auszuschließen ist dies freilich nicht. Deswegen wären Fragen nach weiter zurückliegenden Wahlen sinnvoll. Je häufiger jemand einer extremistischen Partei seine Stimme gegeben hat, umso unwahrscheinlicher ist es, „noch" von einer Protestwahl zu sprechen und umso vergeblicher bemühen sich die Parteien der Mitte um ihn. Besonders bei neuen Parteien, die noch nicht auf eine längere Wahltradition zurückblicken können, stößt ein derartiges Verfahren freilich an seine Grenzen.

3.2 Angebot

Das parteiförmige Angebot des linken politischen Randes wurde als Erklärung für variierende Wahlergebnisse bislang nur selten isoliert von anderen Faktoren betrachtet. Und es spricht auch wenig dafür, dass eine bestimmte Ideologie oder Programmatik, ein bestimmter organisatorischer Aufbau oder eine einzige Strategie zeit- und länderübergreifend – unabhängig von den institutionellen und gesellschaftlichen Rahmenbedingungen – dieselbe Wirkung entfaltet. Eine der wenigen Hypothesen lautet: „Es handelt sich [bei der klassisch kommunistischen Kombination aus Sozialismus und Autoritarismus] derzeit um ein ‚Misserfolgsformel'. [...] Je stärker die Orientierung am ideologischen Erbe des Kommunismus, desto kleiner der Kreis der Wählerschaft."[140] Steffen Kailitz bezog sich seinerzeit lediglich auf die extreme Linke im Westen Europas, und er scheint – cum grano salis – Recht zu behalten: Die erfolgreicheren Parteien am linken Rand sind die „neuen Linken", die dem demokratischen Zentralismus, der Avantgarde- und Klassenkampfrhetorik abgeschworen und neue linke Themen für sich entdeckt haben.

Die Ursachen für die unterschiedlichen Erfolgsbilanzen sind vielfältig.[141] Die wichtigste ist die variierende Attraktivität für Wähler. Wer mit demokratischem Zentralismus, ideologischem Rigorismus und Klassenkampfrhetorik („Diktatur des Proletariats", „Stamokap", „Avantgarde der Arbeiterklasse") wirbt, handelt sich rasch den Ruf des Unverbesserlichen ein und schreckt besonders junge Wähler ab; Basisdemokratie, neue Themen (Feminismus, Ökologie) und Regierungswille passen besser zur postkommunistischen Ära. Die Rückstellung marxistischer „Theorieungeheuer" zugunsten eines Anti-Wahlkampfs gegen Neoliberalismus, Ungerechtigkeit und Rassismus erwies sich als zündende Idee. Überdies übt die ideologische Grundausrichtung strategische wie organisatorische Zwänge aus: Wer der „reinen Lehre" folgt, muss Kompromisse ablehnen. An den entscheidenden Stellen befinden sich nicht selten hermetische Führungszirkel, Politbüros nicht unähnlich. Für die Mehrheit der orthodox-kommunistischen Parteien folgt aus ihrem Starrsinn eine massiv ideologiegeleitete, unpragmatische, geradezu introvertierte „Policy-Seeking"-Strategie, die sich an die eigene Klientel, nicht die Massen richtet (und meist auch nicht richten will). Machtstrategisch grenzen sich derartige Parteien selbst aus.

---

140 Kailitz (Anm. 83), S. 319 f.
141 Vgl. Tom Mannewitz, Linksextremistische Parteien in Europa nach 1990. Ursachen für Wahlerfolge und -misserfolge, Baden-Baden 2012, S. 159–167; March (Anm. 137), S. 196–200; Eckhard Jesse/Tom Thieme, Extremismus in den EU-Staaten im Vergleich, in: dies. (Hrsg.), Extremismus in den EU-Staaten, Wiesbaden 2011, S. 431–482, hier S. 461–466.

Ihre politische Stabilität bezahlen sie mit mangelndem Einfluss. Die Reformorientierten erwiesen sich hingegen meist als stärker machtorientiert (office seeking) und kompromissbereit. Präelektorale Allianzen, die eine breitere Wählerschaft ansprechen, gehören ebenso dazu wie die Identität als Sammlungspartei. Die Ausrichtung auf charismatische Führungspersonen wird dem medialen Bedürfnis nach Vereinfachung und Personalisierung von Politik gerecht. Der Preis für den programmatischen und strategischen Pragmatismus sind freilich nicht selten Grabenkämpfe zwischen den heterogenen Lagern der Partei. Die Fähigkeit der Führung, diese Konflikte auszutarieren, entscheidet langfristig über Wohl und Wehe an den Wahlurnen.

Gleichwohl: Auf den Osten Europas, wo etwa die orthodox-kommunistische KSČM (Tschechien) und die nicht minder apodiktischen Parteien KPRF (Russland) und KPU (Ukraine) regelmäßig die besten gesamteuropäischen Wahlergebnisse der Parteienfamilie einfahren, trifft die These zweier ungleich erfolgreicher Parteitypen so nicht zu. Zugleich gab es immer wieder auch im Westen Europas aussichtsreiche Parteien innerhalb der „alten Linken" – sogar nach dem Ende des Ostblocks 1989/90. Erwähnt seien die Wahlergebnisse des französischen PCF in den 1990er Jahren, die des portugiesischen PCP, der seit 1987 in Allianz mit der portugiesischen grünen Partei regelmäßig eine Reihe von Parlamentsmandaten erringt, ebenso die griechische KKE. Insofern ist die Besetzung „alt-linker" Themen bzw. die fehlende Reformierung weder hinreichend noch notwendig für Wahlerfolge der extremen Linken.

Abgesehen von der inhaltlichen Ausrichtung der Parteien erwies sich in den letzten Jahren ihre Organisation, genauer: ihre organisatorische Kohäsion als Erfolgsvoraussetzung. Die Parteien im Westen Europas (nicht im Osten) müssen zumindest formelle Abspaltungen zu verhindern wissen. Diese „schwächen eine Partei, indem sie dem Wähler deren mangelnde Schlagkraft suggerieren, weil jene sich mit sich selbst beschäftigt. Außerdem begründen Abspaltungen Zweifel an der Strategie der Partei, an ihrer personellen Aufstellung und an ihren Zielen. […] Ein rationaler Wähler weiß zudem um die Aufspaltung des Stimmpotentials einer Organisation auf zwei Parteien und darum um die Möglichkeit einer verschenkten Stimme"[142]. Dennoch: Das Ausbleiben formaler Erosionsprozesse ist notwendig für Wahlerfolge, nicht hinreichend.

In strategischer Hinsicht lohnte es sich in der Vergangenheit – zumindest für die europäischen Parteien –, Machtversuchungen zu widerstehen.[143] Zwar spült der Verzicht auf Regierungsbeteiligung – wo sich die Chance dazu überhaupt ergibt – dem linken Rand nicht zwangsläufig mehr Stimmen zu; er ist aber im postkommunistischen Raum wie in Westeuropa eine Voraussetzung für Stimmgewinne: Jeder Wahlsieg beginnt in der Opposition. Da jedoch ohnehin die Mehrheit der Parteien aus koalitionstheoretischer Sicht selten die „Qual der Wahl" hat, sich an einer Regierung zu beteiligen (oder nicht), handelt es sich um eine triviale notwendige Bedingung. Am Desillusionierungseffekt, der von Koalitionsbeteiligungen ausgeht, ändert dies nichts.

Der Befund von March und Rommerskirchen, es gebe keinen Zusammenhang zwischen der Regierungsbeteiligung und dem Zweitstimmenergebnis, der hierzu in gewissem Widerspruch

---

142 Mannewitz (Anm. 141), S. 380.
143 Vgl. ebd., S. 373–377.

zu stehen scheint,[144] weist auf die durch unterschiedliche Verfahren gewonnenen Befunde hin: Konfigurationelle Verfahren weisen eine Notwendigkeitsbeziehung nach; statistische Verfahren stellen das Fehlen einer linearen Beziehung fest. Beides widerspricht sich nicht.

Sollten starke Linksaußenparteien darum in Koalitionsgespräche einbezogen werden? Dafür spricht, dass anderenfalls der Boden für weitere Wahlerfolge bereitet würde. Von der Regierungsbeteiligung ging bislang stets ein Entzauberungseffekt aus. Zugleich vermag ein Agreement unter den Etablierten, den linken Rand systematisch von Machtoptionen auszuschließen, langfristig den Unmut in der Bevölkerung anstacheln, wie das tschechische Beispiel zeigt: Dort wurde die KSČM über Jahre geschnitten – mit der Konsequenz konstant hoher Wahlergebnisse. Die Partei konnte sich als „Outlaw" gerieren, ihre Sympathisanten igelten sich ein. Die Demokratiezufriedenheit leidet überdies unter derartigen Elitenbarrieren, weil sie den legitimen Eintritt bestimmter politischer Forderungen, Wünsche und Vorstellungen systematisch hemmen. Besonders dann, wenn die Alternative zu einer Koalition mit einer linksextremen Partei eine Minderheitenregierung mit Duldung durch die betreffende Linkaußenpartei ist, sind Integrationsbemühungen sinnvoll. Anderenfalls kommt Antisystemparteien nämlich erhebliches Vetopotential zu, ohne dass sie die „Kröte" vertraglich abgestimmter Verantwortung schlucken müssen: Sie können – von Fall zu Fall – Vorhaben aushebeln, die der Wählerschaft schaden (und damit hausieren gehen), denjenigen zustimmen, die der eigenen Linie entsprechen, und eigene legislative Ambitionen durchsetzen (durch die Vetomacht) – und all dies, ohne sich an einen verbindlichen Vertrag fesseln und im Nachgang die Verantwortung schultern zu müssen.

Dem stehen Bedenken mit Blick auf die institutionelle Gefährdung der Demokratie gegenüber, die sich nur ausräumen lassen, nehmen die Linksaußenparteien die Rolle eines schwachen Juniorpartners ein: Die koalitionsstrategische Integration zumindest in Teilen systemfeindlicher Parteien gleicht einem Spiel mit dem Feuer, wenn diese stark werden. So könnten politische Forderungen eine Chance erhalten, die der nicht-streitbare Sektor des demokratischen Verfassungsstaates eigentlich ausschließt. Zudem geht von der Integration derartiger Parteien eine Signalwirkung aus, wie Erfahrungen mit dem rechten Rand lehren. Die Etablierten suggerieren damit, (teilweise) systemaversive politische Forderungen seien akzeptabel, die Randparteien tolerabel. Diese gemischte Bilanz lässt den Schluss zu, die Integration extremistischer Parteien in Regierungsbündnisse sei aus demokratietheoretischer Sicht allenfalls dann akzeptabel, wenn 1) ihnen bloß die Rolle eines kleinen Juniorpartners zukäme, wenn 2) ansonsten der Unmut in der Bevölkerung das System zu destabilisieren droht (etwa infolge einer langen Reihe koalitionsstrategischer Ausschlüsse der Randparteien durch die Etablierten), 3) wenn die Alternative „Duldung einer Minderheitenregierung durch eine linksextreme Partei" lautet und wenn 4) ohnehin kein Cordon sanitaire gegenüber dem jeweiligen politischen Rand mehr existiert, dessen Durchbrechung extremistischen Parteien eine Aufwertung zuteilwerden ließe.

---

144 Vgl. March/Rommerskirchen (Anm. 137), S. 47.

3.3 Rahmenbedingungen und Gelegenheitsfenster

3.3.1 Politische Faktoren

Die politischen Rahmenbedingungen, die einen maßgeblichen Einfluss auf die Wahlergebnisse linksextremer Parteien haben, lassen sich – wie bei rechtsextremen Parteien – recht anschaulich in politisch-institutionelle und parteipolitische Faktoren unterteilen. Hinzu kommen historisch-politische Rahmenbedingungen, die am rechten Rand eine geringere Rolle spielen.

In erster Linie hängen die Wahlergebnisse linker Randparteien von den parteiförmigen Wettbewerbsbedingungen ab. Das gilt insbesondere für die eigene Wahlkampfposition: Formationen, die aus einem Status als Parlamentspartei heraus die Regierungsarbeit attackieren können, schneiden deutlich besser ab als solche, die vor der Wahl außerparlamentarisch operieren müssen. Bei Luke March und Charlotte Rommerskirchen steht diese Variable in ihrer Bedeutung für das Abschneiden der Parteien unangefochten auf Platz 1.[145] Dies mag nach einer Bestätigung des Matthäus-Effekts klingen. Die Parteien sind erfolgreich, weil sie die gleiche Erfolgsformel verwenden wie bei der Wahl zuvor (was die Frage aufwirft: Wie lautet diese Formel?).

Das ist die eine Erklärung. Die andere: Die Parteien gewinnen mit dem erstmaligen Parlamentseinzug Glaubwürdigkeit, von der sie nachfolgend profitieren. Zupass kommen ihnen gleichfalls die gesteigerte mediale Aufmerksamkeit, Zugang zu den mit einem Fraktionsstatus einhergehenden finanziellen Mitteln einschließlich Wahlkampfkostenerstattung und eine – zumindest dadurch möglich werdende – organisatorische Professionalisierung. Alle drei Faktoren gehören zu den maßgeblichen Ressourcen, die Wähler mobilisieren können.

Zugleich unterliegt der linke Rand einer massiven Konkurrenzsituation durch eine Vielzahl unterschiedlicher Parteitypen: Mit den linken Parteien (Sozialdemokraten/andere [teils] linksextreme Formationen) konkurriert er um die Arbeiterschaft, mit rechtsextremen Parteien um das Prekariat, mit grünen Parteien um die Postmaterialisten. Die aus der Konstitution der jeweiligen Vertreter in den nationalen Parteiensystemen resultierende Konstellation hat maßgeblich Einfluss auf die Aussichten der Linksextremen: Wo sie gegen grüne bzw. rechtsextreme *Parlaments*parteien antreten, kostet sie das Stimmen – und zwar etwa drei bis fünf Prozentpunkte.[146] Allerdings sind die Ergebnisse mit Blick auf die Wirkweise rechtsextremer Parteien europaweit nicht einheitlich: Im postkommunistischen Raum schadet deren Präsenz den linken Pendants. Eine Erklärung dafür, dass Linksaußenparteien im unteren einstelligen Bereich bleiben, ist demnach ein intensiver Wettbewerb mit einer vitalen Rechtsaußenpartei. Dieselbe Wirkung entfaltet im osteuropäischen Raum die Präsenz einer weiteren linken Randpartei: Sie sorgt für Konkurrenz – um Aufmerksamkeit, Mitglieder, Stimmen. Kurzum: Linksextreme Parteien in Osteuropa verharren weithin dann in der Bedeutungslosigkeit, wenn sie sich der Konkurrenz durch andere extremistische Parteien ausgesetzt sehen. Zugleich scheint das gesellschaftliche Mobilisierungspotential in der (Post-)Transformationsphase so groß zu sein, dass es für die Linksextremen genügt, lediglich konkurrenzlos anzutreten, um Achtungsgewinne einzu-

---

145 Vgl. ebd.; March (Anm. 137).
146 Vgl. March/Rommerskirchen (Anm. 137), S. 47; March (Anm. 137), S. 194.

fahren. Die Wettbewerbsposition ist hier folglich einer der stärksten treibenden Kräfte hinter dem Wahlergebnis.[147]

In den westeuropäischen Ländern ist die Lage verzwickter: Zumindest dort, wo die Linksextremen auf eine reichhaltige Tradition antifaschistischen bzw. antinationalsozialistischen Widerstands blicken können – etwa in Frankreich und Italien –, brauchten sie lange Zeit geradezu den rechten Widerpart. Er bildet in diesen Ländern eine notwendige Bedingung für Wahlerfolge, vor allem in den 1980er und 1990er Jahren: Die kommunistischen Formationen konnten einen gegen den ideologischen Gegner gerichteten Wahlkampf führen und „Nazi"-Gegner mobilisieren.[148] In nahezu allen westeuropäischen Parteiensystemen gibt es jedoch mittlerweile starke Rechtsaußenparteien. Insofern mag sich immer noch der eine oder andere Wähler für eine *Gegen*stimme bewegen lassen; diese Voraussetzung ist jedoch – da nunmehr nahezu immer gegeben – weithin trivial/irrelevant. Vielmehr dürfte der Druck von rechts aufgrund der Konkurrenz um ähnliche Wählerschichten und der Adressierung sozialer Themen allerorten angestiegen sein.

Problematisch wird es in jedem Falle, splittet sich das Stimmpotential auf mehrere Parteien am linken Rand auf.[149] In diesem Fall kommt meist keine der Linksaußenformationen aus der Versenkung heraus. Das in Westeuropa ohnehin überschaubare Wählerreservoir der Parteienfamilie beäugt einerseits Glaubwürdigkeit, politischen Einfluss und Parlamentseinzug gefährdende Grabenkämpfe kritisch; andererseits: Die übrig bleibende Wählergruppe, die sich davon nicht abschrecken lässt, verteilt sich.

Die linksextremen Parteien Europas konkurrieren spätestens seit den 2000er Jahren – nicht zuletzt aufgrund der eigenen, gestiegenen programmatischen Heterogenität (alte/neue Linke) – mit anderen linksextremen, mit rechtsextremen und mit grünen Parteien. Je gestärkter diese in den Wahlkampf einsteigen, umso mehr schadet das einer Vertreterin des linken Randes. Damit dürfte die Wettbewerbssituation bei dieser Parteienfamilie – gemessen an der politischen Relevanz – so intensiv wie bei kaum einer anderen ausfallen.

Eine besondere Rolle im Parteienstreit kommt den Sozialdemokraten zu. Während ihre bloße Regierungsbeteiligung auf die Chancen der weiter links stehenden Nachbarn nirgendwo eine Wirkung zu entfalten scheint,[150] profitieren diese – jedenfalls in Osteuropa – davon, wenn die Sozialdemokraten als Regierungspartner Glaubwürdigkeit einbüßen, weil sie die eine oder andere Kröte schlucken – seien dies sozialstaatliche Reformen (z. B. Deutschland 2005 und 2009), notwendige Sparmaßnahmen (z. B. Slowakei 2002 und 2010, Tschechien 2010) oder Bündnisse mit dem politischen Gegner über Koalitionsverträge und Toleranzpakte (z. B. Deutschland 2009, Tschechien 2002).[151] Dies nützt den linken Randparteien aber nur im postkommunistischen Raum. Sie erscheinen dann als die glaubwürdigere linke Option. Dass die Erklärung im Westen Europas nicht so recht greift, mag daran liegen, dass viele Linksaußenparteien aus der Misere sozialdemokratischer Parteien bislang keinen Profit schlagen konnten,

---

147 Vgl. Mannewitz (Anm. 141), S. 396–399 und 422–426.
148 Vgl. ebd., S. 377–379.
149 Vgl. ebd., S. 418–421.
150 Vgl. ebd., S. 194; March (Anm. 137), S. 48.
151 Vgl. Bowyer/Vail (Anm. 126); Mannewitz (Anm. 141), S. 399–402.

weil sie mit ihnen „in einem Boot" saßen, insofern sie selbst an der Regierung beteiligt waren – etwa in Frankreich und Italien. In Spanien wiederum fuhr die IU die größten Wahlgewinne in Zeiten PSOE-dominierter Regierungen ein (1986–1996). Keinen einheitlichen Effekt hat die Beteiligung konservativer Parteien an der Regierung – mal spielt sie keine Rolle, mal scheinen linke Wähler mit einer Stimme für eine Linksaußenpartei ein Protestvotum gegen eine rechte Regierung abzugeben.[152]

Ähnlich verhält es sich mit der Wahlbeteiligung als Indikator für die gesellschaftliche Wahlmobilisierung.[153] Der äußerst schwache Zusammenhang soll die bekannte These stützen, dass die Anhänger linker Parteien in aller Regel deutlich seltener die Wahlurnen aufsuchen als Sympathisanten rechter Parteien.[154] Eine Zunahme der Wahlbeteiligung kommt daher vor allem linken Parteien zugute, heißt es. Allerdings liegt hier kein kausaler Zusammenhang vor – vielmehr sind eine erhöhte Wahlbeteiligung und der Stimmengewinn linksextremer Parteien zwei Seiten derselben Medaille.

Unter den untersuchten politisch-institutionellen Einflussfaktoren stellten sich lediglich die Sperrklauseln als bedeutsam heraus: Eine Eintrittshürde von drei Prozent der abgegebenen Stimmen etwa dämpft das Wahlergebnis um fünf bis acht Prozentpunkte, wobei die psychologischen Effekte angesichts des Minderheitenstatus der betreffenden Parteien und der Berücksichtigung der Stimmen-, nicht der Sitzanteile ausschlaggebend sind.[155] Alle anderen Faktoren – etwa die Fragmentierung des Parteiensystems und die Proportionalität des Wahlsystems, die Monopolstellung der Regierungskoalition und die Existenz föderaler politischer Systeme – erwiesen sich in bisherigen Untersuchungen als irrelevant.

Die historisch-politischen Hintergrundfaktoren linksextremer Wahlteilnahmen belaufen sich im Großen und Ganzen auf die staatssozialistische Vergangenheit (ja/nein): Auf der einen Seite schneiden die Parteien im postkommunistischen Raum deutlich besser ab als in Ländern ohne derartige Vergangenheit – aufgrund der immer noch recht starken Verankerung kommunistischer Ideologeme und Werte (gesellschaftliche Nivellierung, Vertrauen in Dirigismus, Kollektivismus, Sicherheit, Solidarität) in der Gesellschaft, aufgrund dreier Transformationen (von Plan- zu Marktwirtschaft, von Autokratie zu Demokratie, von staatlicher Abhängigkeit zu nationaler Souveränität) sowie aufgrund der finanziellen, organisatorischen und personellen Ressourcen, die viele der früheren Staatsparteien in das neue System herüberretten konnten.[156] Alle drei Faktorenbündel summierten sich keineswegs bloß auf, um sodann einen fruchtbaren Nährboden für die extreme Linke zu bilden. Es ist ein schweres Erbe des „real existierenden

---

152 Vgl. March (Anm. 137); March/Rommerskirchen (Anm. 137), S. 48.
153 Vgl. March (Anm. 137), S. 195.
154 Siehe Alexander C. Pacek/Benjamin Radcliff, Voter Participation and Party-Group Fortunes in European Parliament Elections, 1979–1999: A Cross-National Analysis, in: Political Research Quarterly 56 (2003), H. 1, S. 91–95; Benjamin Radcliff, Turnout and the Democratic Vote, in: American Politics Research 22 (1994), S. 259–276.
155 Vgl. March (Anm. 137); March/Rommerskirchen (Anm. 137), S. 48.
156 Siehe etwa Anna M. Grzymała-Busse, Redeeming the Communist Past. The Regeneration of Communist Parties in East Central Europe, Cambridge 2002; John T. Ishiyama/András Bozóki, Adaptation and Change. Characterizing the Survival Strategies of the Communist Successor Parties, in: Journal of Communist Studies and Transition Politics 17 (2001), H. 3, S. 32–51; Herbert Kitschelt u. a., Post-Communist Party Systems. Competition, Representation, and Inter-party Cooperation, Cambridge/New York 1999.

Sozialismus", dass er, wo er Marktwirtschaft und Demokratie weicht, diese mit Maßstäben konfrontiert, die nicht ihre sind und an denen sie scheitern müssen – einerseits, weil sie mit ihren Prioritäten (Freiheit vor Gleichheit/Eigenverantwortung vor Fürsorge/Liberalismus statt Paternalismus) ohnehin einem anderen Wertesystem folgen; andererseits, weil in der Transformationsphase die volkswirtschaftlichen Defizite der Kommandowirtschaft zutage treten, deren Folgen – allen voran Massenarbeitslosigkeit – die Menschen dem neuen System anlasten. Es ist also die Kombination aus einer spezifisch sozialistisch-paternalistischen Erwartungshaltung und der für Systemumbrüche typischen, politisch-ökonomischen Stresssituation, die für Desillusionierung, Verunsicherung wie Anomie sorgten und vor allem dem linken Rand die Wähler in die Arme trieben. Das Wählerpotential dieser Parteien war – zumindest in den ersten beiden Jahrzehnten nach der Transformation – so groß, dass es für sie bisweilen reichte, ohne einen relevanten Rivalen von den politischen Rändern anzutreten, um größere Stimmenanteile auf sich zu vereinigen.

Auf der anderen Seite sorgt die kommunistische Vergangenheit dafür, dass 1. andere Kausalmechanismen die Wahlerfolge und -misserfolge der Linksextremen determinierten als im Westen,[157] und dass 2. den Parteien andere programmatische Entwicklungspfade offenstanden – allen voran die Aufnahme nationalistischer Ideologeme.[158] Beides greift ineinander. Vor allem hatten die linksextremen Parteien in Osteuropa, die meist – aber nicht immer (Beispiel Samoobrona in Polen) – aus den früheren Staatsparteien hervorgingen oder sich von deren sozialdemokratisierten Nachfolgern abspalteten, keine dezidiert antifaschistische Tradition, an die sie anknüpfen konnten – anders als die großen kommunistischen Parteien im Westen. Zugleich eruptierte in den Staaten des postkommunistischen Raums mit dem Zerfall der Sowjetunion ein starkes, über Jahrzehnte eingefrorenes Nationalgefühl, das politisch zu vereinnahmen und in eine rechtsextreme Richtung zu lenken gerade in den 1990ern ein Leichtes war und Wählerstimmen versprach. „Anti-Rechts-Wahlkämpfe", wie sie etwa für die französischen und italienischen Kommunisten über Jahre charakteristisch waren, erschienen vor diesem Hintergrund inopportun.

3.3.2 Arbeitsmarkt und Ungleichheit

Was liegt näher, als die Erfolge linksextremer Parteien, die in den meisten Parteiensystemen als die Verteidiger der Verlierer gelten, mit der Ausbreitung gesellschaftlicher Missstände zu erklären? Angesichts der Forschung lassen sich die Erklärungsstränge in diesem Bereich auf zwei Erfolgsfaktoren reduzieren: auf grassierende Arbeitslosigkeit und beträchtliche gesellschaftliche Disparitäten. Der generelle Wohlstand – zumeist gemessen am BIP/Kopf – spielte demgegenüber in kaum einer Untersuchung eine Rolle; wohl vermutlich deshalb, weil es eine deutlich geringere politische Sprengkraft besitzt als die Erwerbslosenquote.[159] Dasselbe gilt aller Wahrscheinlichkeit nach – allerdings wurde dieser Zusammenhang lediglich in Lateinamerika geprüft – für die Inflationsrate und das BIP-Wachstum.[160]

---

157 Siehe Mannewitz (Anm. 141), S. 372–432.
158 Siehe Thieme (Anm. 16).
159 Siehe March (Anm. 137).
160 Vgl. Queirolo (Anm. 129), S. 57.

Wiewohl Arbeitslosigkeit (sei es die eigene Betroffenheit, sei es die Situation im Umfeld) die Leute nicht „linker" werden lässt,[161] bietet sie linksextremen Parteien ein gedeihliches Klima. Steigt sie über 10 Prozent, beschert das den Parteien ein Stimmenplus von durchschnittlich 5 bis 7 Prozentpunkten.[162] In Westeuropa zählt eine erhöhte Erwerbslosigkeit (> 10 Prozent) zu den notwendigen Bedingungen dafür, die Fünf-Prozent-Hürde zu überschreiten, während umgekehrt eine Quote diesseits der zweistelligen Marke zwangsläufig zu geringen Wahlergebnissen führt.[163] Im postkommunistischen Raum ist es aus kausallogischer Sicht andersherum: Arbeitsmarktkrisen (> 10 Prozent) führten dort in der Vergangenheit zu einer Reihe von Wahlerfolgen, während einstellige Erwerbslosenquoten eine notwendige Voraussetzung für Misserfolge waren.[164]

Paradoxerweise ist die Forschung zu den Erfolgsursachen linksextremer Parteien im Vergleich zur Forschung über rechtsextreme Wahlerfolge rückständiger und weiter gediehen zugleich: Sie hinkt hinterher mit Blick auf die Fülle empirischer Studien und das theoretische Inventar. Sie ist der Rechtsextremismusforschung jedoch bei der geografischen Abdeckung einen Schritt voraus. Forschung zu rechten Randparteien bedeutet nahezu immer Forschung zu *europäischen* rechten Randparteien, wiewohl in anderen Weltregionen nationalistische und rassistische Parteien ebenfalls gedeihen. Aufgrund der sogenannten „Linkswende" („Pink Tide") vieler lateinamerikanischer Staaten um die Jahrtausendwende zogen die dortigen linken Randparteien vermehrt die wissenschaftliche Aufmerksamkeit auf sich – wenn auch nicht unter dem Aspekt „Extremismus". So stellt María del Rosario Queirolo in ihrer Dissertation der landläufigen These, der Aufstieg linkspopulistischer (und in Teilen demokratiefeindlicher) Parteien in Lateinamerika verdanke sich vor allem den neoliberalen Marktreformen der letzten Jahre, ihre Vermutung gegenüber, es seien vielmehr die politischen, mehr noch die ökonomischen Rahmenparameter, die zur Linkswende eines ganzen Kontinents führten, wenngleich für viele negative sozioökonomische Trends (Armuts- und Erwerbslosigkeitsanstieg, Bedeutungszuwachs des informellen Sektors) ein Teil der Wirtschaftsreformen verantwortlich gewesen sein mag.[165] Ihr Fazit trifft auf die europäischen Wähler linksextremer Parteien nicht weniger zu: „The first thing to notice is that Latin Americans are not voting for left-of-center-parties because they are against neoliberal reforms. [...] Electorates in the region are voting Left because they are looking for new political alternatives that might provide an improvement in people's economic well-being. [...] [Their] opposition is driven less by policy stances than by economic outcomes."[166]

Subjektive Messungen unterstreichen die Relevanz von Economic Voting für die extreme Linke: Die Frage nach der Wahrnehmung der wirtschaftlichen Entwicklung übersetzt die Arbeitsmarktzahlen in gesellschaftliche Lebenswelten. So zeigte die europäische Wirtschaftskrise ab 2008, wie sehr individuelle Perzeptionen den linken Randparteien zugutekommen können, zumal in den am härtesten getroffenen Staaten Südeuropas. Als die zu Beginn noch recht ab-

---

161 Vgl. Visser u. a. (Anm. 126), S. 552 f.
162 Vgl. March (Anm. 137), S. 192 f.; March/Rommerskirchen (Anm. 137), S. 47.
163 Vgl. Mannewitz (Anm. 141), S. 379 f. und 413–418.
164 Vgl. ebd., S. 392–396 und 421 f.
165 Vgl. Queirolo (Anm. 129), S. 47–65.
166 Ebd., S. 144 f.

strakte Bankenkrise sich auf die Einkommens- und Erwerbssituation vieler Millionen Menschen niederzuschlagen begann, gewann die Einschätzung der Wirtschaft als Erklärungsfaktor für die Wahl von Linksaußenparteien rapide an Bedeutung: Die Wahrscheinlichkeit, eine Linksaußenpartei zu wählen, steigt bei einer negativen Beurteilung um rund 13 Prozentpunkte.[167]

Wenn bereits die Erwerbsquote so wichtig für die Aussichten linksextremer Parteien ist, müsste dies für die gesellschaftliche Ungleichheit (gemessen an Einkommens- und Vermögensstrukturen) umso mehr zutreffen, werben die Parteien doch vor allem mit sozialer Gerechtigkeit, weniger mit einer Bekämpfung von Arbeitslosigkeit. Allerdings trifft dies in Europa nur in begrenztem Maße zu. So gibt es – etwa aufgrund der sozialen Mobilität und fehlenden Salienz des Gerechtigkeitsthemas (z. B. wegen fehlender großer, linker Randparteien), die beide intervenierend wirken – keinen nennenswerten Zusammenhang zwischen der Einkommensverteilung in einem Land und der Links-Rechts-Selbsteinstufung,[168] die wiederum ein starker Prädiktor für die Wahl linksextremer Parteien ist. Gänzlich anders sieht es in Lateinamerika aus, wo die gesellschaftlichen Disparitäten als zentraler Erklärungsansatz für die „Pink Tide" angeführt werden.[169] Die sozialen Gegensätze dürften aber weder exorbitant noch zu gering werden: In diesem Fall hätten die Armen keinen Anreiz, die extreme Linke zu wählen, in jenem Fall hätte die politische Elite zu viel zu verlieren, um keine Zugeständnisse zu machen.[170]

3.4 Kausalmechanismen

3.4.1 Zwei Klientele – zwei Parteitypen

Nach dem Untergang der realsozialistischen Systeme hat es in Europa Verschiebungen im Elektorat extrem linker Parteien gegeben.[171] Augenfällig wird der Gegensatz besonders in Frankreich: Die Anhänger des Parti Communiste Français entsprechen mehrheitlich der Arbeiterklasse (um die im Übrigen der rechte Rand gleichfalls wirbt)[172], während die kleineren Rivalen der Kommunisten – etwa der Nouveau Parti Anticapitaliste um Olivier Besancenot oder der Parti de Gauche um Jean-Luc Mélenchon – eher aus dem Bürgerrechts- und Umweltschutzmilieu ihre Mitglieder rekrutieren. „What these results suggest is that [radical left parties] have been able to combine two very different constituencies: the low-skilled individuals – traditionally attached to these parties – and highly skilled voters – for which they compete with the left-libertarian/Green parties"[173]. Ob nun *jedes* Mitglied dieser Parteienfamilie beide Wählergruppen an sich bindet, oder ob lediglich zwei verschiedene Typen linksextremer Parteien („alte" und

---

167 Vgl. Beaudonnet/Gomez (Anm. 134).
168 Vgl. Visser u. a. (Anm. 126), S. 552 f.
169 Siehe etwa Matthew R. Cleary, A „Left Turn" in Latin America? Explaining the Left's Resurgence, in: Journal of Democracy 17 (2006), H. 4, S. 35–49.
170 Vgl. Alexandre Debs/Gretchen Helmke, Inequality under Democracy: Explaining the Left Decade in Latin America, in: Quarterly Journal of Political Science 5 (2010), S. 209–241.
171 Siehe etwa González (Anm. 131).
172 Vgl. etwa Uwe Backes, Länderporträt: Frankreich, in: ders./Eckhard Jesse (Hrsg.), Jahrbuch Extremismus & Demokratie, Bd. 11, Baden-Baden 1999, S. 215–238.
173 Ramiro (Anm. 127), S. 18.

„neue" Linke) existieren, die disjunkte Elektorate haben, ließ sich aufgrund der Designs bisheriger Studien lange Zeit kaum sagen.

Mittlerweile ist der Zusammenhang zwischen unterschiedlichen Elektoraten einerseits und divergierenden politischen Linien andererseits bestätigt.[174] Am linken Rand tummeln sich demnach Vertreter der „neuen Linken" mit prononciert feministischen, pazifistischen, ökologischen und minderheitenrechtlichen Ambitionen sowie Repräsentanten der „traditionellen Linken", eher kommunistische Formationen mithin. Die Anhänger der jungen Parteien – darunter die dänische Socialistisk Folkeparti (seit 1990), Die Linke in Deutschland und die spanische Izquierda Unida (seit 1989) – weisen höhere Bildungsniveaus auf, sie sind zu einem geringeren Anteil religiös, politisch etwas gemäßigter, weniger euroskeptisch und unzufriedener mit der Demokratie als Anhänger der traditionellen Linken – etwa Sympathisanten des französischen PCF, der griechischen KKE, der portugiesischen PCP.

Die Befunde stehen in Einklang mit Ergebnissen von Luke March und Charlotte Rommerskirchen, denen zufolge die erfolgreichen unter den extrem linken Parteien verstärkt mit den grünen Parteien konkurrieren. Der linke Rand erfährt demnach besonders dort Zuspruch, wo die „stille Revolution", mithin die Ausbreitung von Selbstentfaltungs-, Teilhabe- und Gerechtigkeitswerten, weit vorangeschritten ist: „RLP success is indeed positively related to the modernization crisis, […] like the Greens, [radical left parties] now articulate post-materialist issues rather than ,old left' Marxist class sentiments."[175]

3.4.2 Prekarisierung und Rechtsextremismus

Ein weiterer Kausalmechanismus, der einer konfigurativen Analyse linksextremer Wahlerfolge in Westeuropa entspringt, ist eigentlich keiner.[176] Er beruht nämlich nicht auf der kausalen Interaktion mehrerer Faktoren – etwa einem Triggereffekt –, sondern im Grunde auf der Mobilisierung zweier Wählerklientele. So lassen sich die Wahlerfolge der italienischen und französischen Kommunisten in den 1990er Jahren damit erklären, dass beide Länder von hoher Arbeitslosigkeit und vom Aufstieg vitaler Rechtsaußenparteien betroffen waren. Beide Aspekte sprechen je eine „Kernkompetenz" linksextremer Parteien an: das Gerechtigkeitstopos und den Antifaschismus. Aus dieser Perspektive konnte der linke Rand, der auf eine lange Tradition der „résistance" bzw. der „resistenza" zurückblickt, einerseits die Modernisierungsverlierer, andererseits das eigene subkulturelle Milieu aktivieren. Zugleich ist diese Kombination höchst selten: Meist fehlt es entweder an einer erhöhten Arbeitslosenquote (z. B. Skandinavien, Großbritannien) oder an vitalen rechten Konkurrenten (z. B. Griechenland, Portugal, Spanien). Zumal in den zuletzt genannten Ländern scheint eine düstere wirtschaftliche Perspektive den Linksextremen zu genügen, um zu reüssieren.

---

174 Siehe Gomez/Morales/Ramiro (Anm. 127).
175 March (Anm. 137), S. 185.
176 Vgl. Mannewitz (Anm. 141), S. 381–386.

3.4.3 Fürsprecher strukturschwacher Regionen

Im postkommunistischen Raum vollzog sich die wirtschaftliche Transformation nach dem Systembruch 1989/90 in mehreren Geschwindigkeiten. Nicht nur die (neuen) Nationalstaaten stellten unterschiedlich schnell ihre internationale Wettbewerbsfähigkeit her (etwa Polen und Tschechien einerseits, Rumänien und Bulgarien andererseits), sondern auch die Regionen innerhalb dieser Länder profitierten in höchst verschiedenem Maße von der volkswirtschaftlichen Liberalisierung. Einige Landstriche florierten infolge der wirtschaftlichen Neuausrichtung; andere bemerkten, dass die besten Tage hinter ihnen lagen bzw. dass es noch einige Zeit dauern würde, ihren ökonomischen Rückstand zu den Nachbarregionen auszugleichen. Dies traf etwa auf den Osten Deutschlands, in Tschechien auf Nordböhmen/Nordmähren und in der Slowakei auf den östlichen Landesteil zu. Die hiesigen linksextremen Parteien – PDS/Linkspartei.PDS/Die Linke, KSČM, KSS – nutzten die Gunst der Stunde, sich als Fürsprecher dieser Landstriche zu gerieren. Sie kompensierten dergestalt einige Legitimationsdefizite, über die ihre Wähler aus den strukturschwachen Gegenden hinwegzusehen bereit waren, weil sie sich bei den Parteien gut aufgehoben und parlamentarisch vertreten sahen.[177]

3.4.4 Ungleichheit, Demokratisierung, Krisen

Wiewohl die gesellschaftlichen Disparitäten meist angeführt werden, um die „Pink Tide" in Lateinamerika zu ergründen, kann die Schere zwischen Arm und Reich doch nicht erklären, 1. warum die Linkspopulisten in einigen Staaten dieser Region die Macht errangen (z. B. Bolivien, Nicaragua, Venezuela), in anderen aber nicht (z. B. Kolumbien); 2. warum das um die Jahrtausendwende geschah. Vielmehr interagiert ein ganzes Bündel an Faktoren, von denen einige langfristig-struktureller, andere kurzfristig-kontingenter Art sind.[178]

Steven Levitsky und Kenneth Roberts suchen die langfristige Ursache für die Linkswende Lateinamerikas in der für die Region enormen gesellschaftlichen Kluft, die auszunutzen den Parteien möglich wurde, weil sie sich während der ökonomischen Reformen unter den Mitte-Rechts-Regierungen der 1990er Jahre vertiefte.[179] „The left succeeds because most Latin Americans are poor and a small elite is quite wealthy."[180] Zugleich erschloss sich erst mit der Demokratisierung des Kontinents der politische Markt für die linken Randparteien,[181] die lange Zeit massiven Repressionen – bisweilen gestützt von den USA – unterlegen hatten, weil sie als Bedrohung für die Interessen der „Supermacht" galten. Hilfreich für den Bedeutungsschub war überdies die Verabschiedung der Parteien von revolutionärer Rhetorik und gewaltsamen Mitteln. Sie mäßigten sich, sodass es – paradoxerweise mit Ausnahme von Kuba – der Linken ab den 1990er Jahren ohne Weiteres möglich war, sich zu organisieren und um Stimmen zu werben. Der Erfolg wäre aber nicht möglich gewesen, so Matthew R. Cleary, hätten die betreffen-

---

[177] Vgl. ebd., S. 402–406.
[178] Siehe César A. Rodríguez Garavito/Patrick S. Barrett/Daniel Chavez, Utopia Reborn? Introduction to the Study of the New Latin American Left, in: dies. (Hrsg.), New Latin American Left: Utopia Reborn, London 2008, S. 1–41.
[179] Siehe Steven Levitsky/Kenneth M. Roberts, Introduction: Latin America's „Left Turn": A Framework for Analysis, in: dies. (Hrsg.), The Resurgence of the Latin American Left, Baltimore 2011, S. 1–30.
[180] Cleary (Anm. 169), S. 37.
[181] Siehe Jorge G. Castañeda, Latin America's Left Turn, in: Foreign Affairs 85 (2006), H. 3, S. 28–43.

den Parteien nicht auf eine lange Tradition politischer Massenmobilisierung, etwa in Form affiliierter sozialer Bewegungen und Gewerkschaften, zurückgreifen können.[182]

Gesellschaftliche Klüfte, Demokratisierung und organisatorische Ressourcen waren Voraussetzungen der „Pink Tide". Doch erst im Zuge der Marktreformen der 1980er/1990er Jahre, mehr noch der Wirtschaftskrise um die Jahrtausendwende habe die Linke es vermocht, aus dieser wachsenden Kluft Kapital zu schlagen. Dabei kam ihr der Umstand zupass, dass die für Reformpolitik wie Krise Verantwortlichen in erster Linie konservative Kabinette waren, der Zeitpunkt für „ungefilterte" Regierungswechsel folglich ohnehin günstig schien (Anti-Incumbency-Effekt). Die Armuts- und Arbeitslosenquoten schnellten zudem in die Höhe, sodass sich unter den politisch unverbrauchten Alternativen jene, die statt neoliberaler Reformen einen stärkeren Schutz der unteren Schichten forderten, besonders große Chancen ausrechnen durften. All dies mag wiederum eine kurze Blütezeit der linken Populisten erklären, nicht aber deren anhaltenden Erfolg.

Dass der linke Rand, nachdem er die Regierungsgeschäfte in vielen Ländern übernommen hatte, seinen Erfolgszug verstetigen konnte, lag nach Levitsky und Roberts am Exportboom nach 2002, für den die Parteien einerseits die Lorbeeren ernteten und der ihnen andererseits ausreichend Handlungsspielraum für eigene Anliegen – v. a. Investitionen in Sozialhilfeprogramme – verschaffte, ohne dass Eigentumsrechte grundlegend verletzt oder heikle Umverteilungen in großem Stil vorgenommen werden mussten. Ein wesentlicher Faktor für die „Pink Tide" dürfte überdies regionale Diffusion gewesen sein: Die ersten linken Regierungen unter Chávez, Lula da Silva und Kirchner führten vor Augen, dass von ihnen kein wirtschaftlicher Schiffbruch oder eine Umkehr zu einer totalitären Diktatur zu erwarten war. Das hat Skeptiker besänftigt und womöglich politische Verwandte in anderen Ländern ermuntert, es ihren Vorbildern gleichzutun. Zugleich: Die Demokratiebilanz der bisherigen Regierungen fällt durchwachsen aus. In einigen Ländern ging mit der Machtübernahme durch die linken Parteien ein weiterer Demokratisierungsschub einher (z. B. Brasilien, Chile, Uruguay); in anderen (z. B. Bolivien, Ecuador, El Salvador, Venezuela) hielten illiberale Facetten Einzug.[183]

4 Vergleich und Perspektiven

Es gibt gute Gründe, die variierenden Wahlergebnisse extremistischer Parteien sowie die dafür verantwortlichen Ursachen langfristig und weltweit in den Blick zu nehmen. Die Extremismusforschung ist ein Kind der Demokratiewissenschaft, und als solche bemüht sie sich (auch) darum, die Bestandsbedingungen der Demokratie bzw. die Entstehungspfade unfreier Regime auszuwittern. Von autokratischen Regimen geht nicht nur eine massive Einschränkung politischer Freiheiten aus, sondern auch häufig Massengewalt als Mittel zur Systemstabilisierung

---

182 Vgl. Cleary (Anm. 169), S. 37–39.
183 Siehe Barry Cannon/Mo Hume, Central America, Civil Society and the „Pink Tide". Democratization or De-Democratization?, in: Democratization 19 (2012), S. 1039–1064; Steven Levitsky/Kenneth M. Roberts, Democracy, Development, and the Left, in: dies. (Anm. 179), S. 399–427, hier S. 416–418; Steven Levitsky/James Loxton, Populism and Competitive Authoritarianism in the Andes, in: Democratization 20 (2013), S. 107–136.

und als ideologisches Herrschaftsinstrument.[184] Doch nicht erst mit der Machtübernahme durch Extremisten, von der zumindest die zeitgenössischen europäischen Demokratien nicht akut bedroht scheinen, kommen die Probleme: Extreme Parteien sind häufig ein Hindernis für Regierungsbildungsprozesse, politische Reformen und hohe Regierungsstabilität, weil sie von anderen Parteien ausgeschlossen bleiben, aber Vetopotential haben.[185] Zugleich trugen Extremisten in der Vergangenheit nicht selten zur Ideologisierung der innenpolitischen Debatte und – über die Polarisierung politischer Konflikte – zu politischen Unruhen bei.[186]

Vor diesem Hintergrund ist die intensive Beschäftigung der Politikwissenschaft mit der Wählersoziologie und den (Miss-)Erfolgsbedingungen rechtsextremer Formationen in Europa erfreulich; weniger erfreulich sind demgegenüber die Forschungslücken bei antidemokratischen Parteien anderer Provenienz, wobei die Forschung zu linksextremen Parteien gerade im Begriff ist, in großen Schritten aufzuholen.[187] Welche Faktoren vermögen nun die variierenden Wahlergebnisse rechts- und linksextremer Parteien zu erklären? Tabelle 1 und 2 fassen die Forschung zusammen.

---

184 Siehe Rudolph J. Rummel/Yehuda Bauer, „Demozid" – der befohlene Tod. Massenmorde im 20. Jahrhundert, Münster 2006; Manus I. Midlarsky, Origins of Political Extremism. Mass Violence in the Twentieth Century and Beyond, Cambridge 2011.
185 Siehe G. Bingham Powell, Contemporary Democracies. Participation, Stability, and Violence, Cambridge 1982, S. 92–94 und 111–174.
186 Siehe Douglas A. Hibbs, Mass Political Violence. A Cross-National Causal Analysis, New York 1973; Giovanni Sartori, Parties and Party Systems. A Framework for Analysis, Cambridge/New York 1976.
187 Siehe Luke March/Fabien Escalona/Mathieu Vieira (Hrsg.), Palgrave Handbook of the Radical Left, Basingstoke 2017; Luke March/Daniel Keith (Hrsg.), Europe's Radical Left. From Marginality to the Mainstream?, London/New York 2016; Paolo Chiocchetti, The Radical Left Party Family in Western Europe, 1989–2015, Milton Park/New York 2017.

Tabelle VII.1: (Miss-)Erfolgsfaktoren der extremen Rechten

	Zusammenhang bestätigt	Uneindeutige Ergebnisse	Zusammenhang widerlegt oder nicht überprüft
Nachfrage	– Gruppenkonflikte (Erwerbslosigkeit + Einwanderung) – Modernisierungsverlierer – konfessionelle Struktur der Gesellschaft – gewerkschaftlicher Organisationsgrad – Protest (Interaktionsmodell: Unzufriedenheit + einwanderungsfeindliche Einstellungen)	– Statuspolitik (Bestätigung für USA)	– Persönlichkeitseigenschaften – „stille Gegenrevolution" – Desintegration – symbolischer Rassismus – Identitätstheorien – Scapegoating – gesellschaftliche Alters-, Bildungs-, Berufs- und Geschlechtsstruktur
Angebot	– nationalsozialistische/faschistische Anleihen als Misserfolgs-bedingung – organisatorische Professionalität (Organisationsgrad + Charisma der Parteiführung)	– innere Zerstrittenheit der Parteien	–
Rahmenbedingungen	– programmatische Konvergenz der beiden größten mittigen Parteien – Artikulation „nationaler Themen" durch andere Parteien	– Erwerbslosenquote – generelle ethnische Heterogenität/Immigration	– Wahlkreisgröße, Höhe der Sperrklauseln, Entscheidungsregel (Mehrheits-/Verhältniswahl), elektorale Disproportionalität – rechtliche Hürden der Wahlteilnahme – staatliche Subventionierung – Recht auf mediale Präsenz – Föderalismus – inhaltliche Positionierung/Differenz der anderen großen Parteien im Bereich Immigration, nationale Identität etc. – Veränderung der Arbeitslosen- bzw. Asylbewerberquote
Kausalmechanismen	–	– Kitschelts räumliches Modell des Parteienwettbewerbs (Füllung einer neu entstandenen rechtsautoritären Repräsentationslücke durch Parteien der Neuen Radikalen Rechten)	–

Quelle: eigene Darstellung.

Tabelle VII.2: (Miss-)Erfolgsfaktoren der extremen Linken

	Zusammenhang bestätigt	Uneindeutige Ergebnisse	Zusammenhang widerlegt oder nicht überprüft
Nachfrage	– Stärke der gesellschaftlichen Unterschicht (Arbeitslosigkeit, niedriges Einkommen) sowie Gewerkschaftsmitgliedschaft und Atheismus (Bestätigung auf Individualebene in Europa) – Unzufriedenheit mit Regierung – Protest (Interaktionsmodell: Unzufriedenheit/EU-Gegnerschaft + linke Positionierung)	– gesellschaftliche Geschlechtsstruktur	– Persönlichkeitseigenschaften – gesellschaftliche Alters-, Bildungs- und Berufsstruktur
Angebot	– organisatorische Kohäsion	– orthodoxe Orientierung am historischen Kommunismus – Verzicht auf Regierungsbeteiligung	–
Rahmenbedingungen	– Wahlkampf aus Fraktionsstatus heraus – Konkurrenz mit starken grünen und/oder rechtsextremen und/oder anderen linksextremen Parteien – Glaubwürdigkeitsverlust der größten sozialdemokratischen Partei (etwa durch Sparmaßnahmen als Regierungspartei) – Höhe der elektoralen Sperrklausel – Staatssozialistische Vergangenheit – Arbeitslosigkeit – Wahrnehmung der wirtschaftlichen Entwicklung	– Konservative Regierung – Höhe der Wahlbeteiligung – sozioökonomische Ungleichheit (div. Rollen in Europa/Lateinamerika)	– bloße Regierungsbeteiligung einer sozialdemokratischen Partei – Fragmentierung des Parteiensystems – Proportionalität des Wahlsystems – Monopolstellung der Regierungskoalition – Föderalismus – Wohlstand (BIP/Kopf) – Inflationsrate – BIP-Wachstum – neoliberale Marktreformen (Lateinamerika)
Kausalmechanismen	– alte/neue Linke mit zwei disparaten Elektoraten – Prekarisierung und starker Rechtsextremismus – Fürsprache für rückständige Regionen in Osteuropa – wachsende Ungleichheit i. V. m. Demokratisierung und ökonomischen Krisen (Lateinamerika)	–	–

Quelle: eigene Darstellung.

Optimismus lässt der Blick auf die Forschung zu anderen ideologischen Varianten, etwa islamistische Parteien, kaum zu, wobei gerade diesen innerhalb des Islamismus ohnehin eine allenfalls nachgeordnete Rolle zukommt, zumal in demokratischen Regimen. Der Islamismus ist außerhalb der muslimisch geprägten Länder nur selten parteiförmig. Dies mag die geringere wissenschaftliche Aufmerksamkeit gegenüber der elektoralen Performanz rechtfertigen.

Schwerer als die inhaltlichen wiegen die geografischen Lücken der Forschung zu extremistischen Parteien. Abgesehen von der Auseinandersetzung mit europäischen Extremismen und der lateinamerikanischen Linken (allerdings nicht mit Blick auf ihre Haltung zu Demokratie und Verfassungsstaatlichkeit) liegt das Feld nahezu brach. Von einer interkontinental vergleichenden Forschung kann keine Rede sein. Dabei offerieren extremistische Parteien in einer Vielzahl von Ländern politische Alternativen, etwa in Indien, wo die Naxaliten zu den bedrohlichsten innenpolitischen Gefahren zählen.[188] Das mangelnde Interesse gerade diesem Fall gegenüber frappiert angesichts der destabilisierenden Wirkung auf die weltweit größte Demokratie: Eine wachsende sozioökonomische Kluft zwischen Oben und Unten sowie ein daraus resultierender Rückfall ins autokratische Lager könnten dazu führen, dass künftig wieder mehr Menschen unter unfreien als in freien Regimen leben. Unabhängig davon: Linksaußenparteien waren/sind Teil von Regierungskoalitionen etwa in Bangladesch, in Chile, in Nepal, Südafrika und Uruguay; von Rechtsaußenparteien, deren Akzeptanz durch andere Parteien in vielen Ländern zur politischen Normalität gehört, ganz zu schweigen.

Angesichts der immensen politischen Relevanz extremistischer Parteien für die Zukunft der Demokratie braucht es eine stärker vergleichende Analyse der nützlichen und schadenden Faktoren für Wahlerfolge: Interregionale Vergleiche könnten zu einer generellen Theorie zur Erklärung der Wahlergebnisse bestimmter extremistischer Parteitypen beitragen; interideologische Vergleiche mögen in einer generellen Theorie münden und theoretisch-konzeptionelle Axiome empirisch unterfüttern. Dass sich beispielsweise die Extreme berühren, behauptet nicht nur die normative Extremismusforschung, sondern belegen auch empirische Auswertungen politischer Positionen der Randparteien, ihrer Mitglieder und Wähler.[189] Das schließt Divergenzen keineswegs aus, sondern unterfüttert die – eigentlich – banale Einsicht, dass Extremismen unterschiedlicher ideologischer Herkunft Gemeinsamkeiten wie Unterschiede teilen. Dass es bis zu einer – freilich auf einer sehr abstrakten Ebene argumentierenden – generellen Theorie zur Erklärung extremistischer Wahlergebnisse noch ein weiter Weg ist, sollte nicht entmutigen.

So fehlt zwar noch eine Reihe von Mosaiksteinen, um die Wahlergebnisse in befriedigender Weise zu erklären – etwa der Einfluss der Medien beim Framing politischer Ereignisse (z. B. Welche Rolle spielt die Darstellung von Krisen oder gesellschaftlichen Akteuren wie Politikern, Immigranten und Wirtschaftseliten?), so driften die Begriffsverwendungen stark auseinander

---

188 Siehe V. R. Raghavan (Hrsg.), The Naxal Threat. Causes, State Responses, and Consequences, New Delhi 2011.
189 Siehe Erika J. van Elsas/Armen Hakhverdian/Wouter van der Brug, United Against a Common Foe? The Nature and Origins of Euroscepticism among Left-Wing and Right-Wing Citizens, in: West European Politics 39 (2016), S. 1181–1204; Daphne Halikiopoulou/Kyriaki Nanou/Sofia Vasilopoulou, The Paradox of Nationalism. The Common Denominator of Radical Right and Radical Left Euroscepticism, in: European Journal of Political Research 51 (2012), S. 504–539.

(z. B. „radikale Linke" versus „extreme Rechte"); so verschwimmen die Grenzen zwischen den Parteifamilien. Doch unüberwindbare Hürden sind dies nicht.

Ansätze für eine integrative Theorie sind unübersehbar: Unabhängig von den für die konstitutionelle Demokratie ähnlichen Folgen, scheinen etwa linksextreme Parteien stärker *gegen* subjektive wirtschaftliche Missstände anzukämpfen, rechtsextreme *gegen* subjektive politische Missstände. Das spiegelt sich in ihren Erfolgsbedingungen wider: Die Linke profitiert – cum grano salis – stärker von sozioökonomischen, die Rechte eher von soziopolitischen Krisenerscheinungen. Der gemeinsame Nenner scheinen subjektive Deprivations- und Prekarisierungserfahrungen und damit verbundene Gefühle der Angst und Zurückstellung zu sein. Sie und ihre spezifischen Wirkmechanismen, aber auch Möglichkeiten, diesen Empfindungen präventiv wie intervenierend entgegenzuwirken, stärker zu ergründen, muss eine Hauptaufgabe der Politikwissenschaft sein.

5 Kommentierte Auswahlbibliographie

Arzheimer, Kai: Die Wahl extremistischer Parteien, in: Jürgen W. Falter/Harald Schoen (Hrsg.), Handbuch Wahlforschung, Wiesbaden 2005, S. 389-421 – Obwohl „nur" Teil eines Sammelbandes, liefert Arzheimers Beitrag doch einen hervorragenden, konzisen Einblick in die zentralen theoretischen Ansätze zur Erklärung der Wahl rechts- wie linksextremer Parteien. Vorgestellt werden vor allem Kitschelts Modell und der Scheuch-Klingemann-Ansatz – die Mehrheit der Theorien und Ansätze bleibt somit unbeleuchtet. Insofern eignet sich der Beitrag für eine erste Orientierung. Ein informativer Überblick über die Wahlergebnisse und Wähler rechts- (NPD, DVU, REP) wie linksextremer (PDS/Linke) Parteien in Deutschland rundet ihn ab. Der Schwerpunkt auf „rechts" ist sehr ausgeprägt – angesichts der aktuellen Forschungslage aber nicht überraschend.

Arzheimer, Kai: Die Wähler der extremen Rechten 1980–2002, Wiesbaden 2008 – Der Mainzer Politikwissenschaftler Kai Arzheimer leuchtet in seiner Habilitationsschrift die Wählersoziologie der extremen Rechten aus – in umfassender, methodisch bestechender Weise. Abgesehen vom kenntnisreichen empirischen Teil der Arbeit lohnt ein Blick in die sehr detaillierte Aufarbeitung der Theorien zur Erklärung von Rechtsextremismus im Allgemeinen, rechtsextremem Wahlverhalten im Besonderen. Im Grunde findet sich hier eine Gesamtschau der Forschung. Der Band versucht im empirischen Teil nicht, die Wahlerfolge bzw. -misserfolge zu erklären, sondern die Wählerschaft zu charakterisieren. Zwei Schwächen stechen ins Auge. Erstens: Die starke Methodenlastigkeit der Arbeit macht es teilweise schwer, den Wald vor lauter Bäumen nicht zu übersehen. Zweitens: Die Parteien („extreme Rechte") werden relativ zu den anderen bestimmt. Es handelt sich mithin um die in einem Parteiensystem am weitesten „rechts" stehenden Formationen – das können hier neofaschistische, dort nationalkonservative, aber demokratische Parteien sein.

Carter, Elizabeth: The Extreme Right in Western Europe. Success or Failure?, Manchester/New York 2005 – Die im britischen Keele lehrende Politikwissenschaftlerin Carter fragt in ihrer Dissertation, warum die extreme Rechte in Westeuropa seit den 1970er Jahren so höchst unterschiedliche Wahlergebnisse einfährt. Wie viele Qualifikationsarbeiten im angloamerikanischen Raum lässt ihre Kürze keineswegs auf theoretische oder empirische Dürftigkeit schließen. Carter nimmt die Ideologien und Organisationsmerkmale der Parteien, ihre Beziehungen zu anderen Parteien sowie die Wirkung des Wahlsystems zuerst getrennt (und in bestechender Systematik), anschließend gemeinsam in den Blick. Sie stützt die These von der neonationalsozialistischen/-faschistischen „Misserfolgsformel", betont die Rolle charismatischer Führungsfiguren und organisatorischer Geschlossenheit. Abgesehen davon profitieren die Parteien von Repräsentationslücken: Passt kein Blatt Papier zwischen die größte Mitte-Links-/ Mitte-Rechts-Partei, steigen die Chancen der extremen Rechten. Sie sind abhängig von einem politischen Vakuum rechts der Mitte, das sie besetzen können müssen, um zu reüssieren. Den rechtlichen und institutionellen Wahlbedingungen räumt Carter hingegen keine große Bedeutung für den Wahlausgang rechtsextremer Parteien ein.

Falter, Jürgen W.: Hitlers Wähler, München 1991 – Es handelt sich um eine auch in Medien und Gesellschaft vielbeachtete Studie zu den Wählern der Nationalsozialistischen Deutschen Arbeiterpartei, die mit Halbwahrheiten, Vermutungen und Vorurteilen über das Elektorat dieser extremistischen Formation aufräumt. In langjähriger Sisyphusarbeit entstanden, präsentiert der Band zahlreiche Statistiken und Tabellen, die sowohl die schlichte Protestantismus- als auch die Mittelstands-, die Massenintegrations- und die Arbeitslosenthese als unterkomplex entlarven. Weder haben die Nationalsozialisten über die Maßen vom Heer der Erwerbslosen profitiert, die vielmehr bei der KPD ihr Kreuz machten, noch waren sie für die Jugend überdurchschnittlich attraktiv. Die mit der historischen Wahlforschung verbundenen Unwägbarkeiten – Umfragedaten und Exit Polls, die einer Individualanalyse hätten zugrunde liegen können, gab es nicht – kompensiert Falter vor allem durch Aggregatdaten. Der wichtigste Befund dieses „Klassikers" der Wahlforschung: Die NSDAP war in sozialstruktureller Perspektive keine Klientelpartei, sondern eine Volkspartei mit „Mittelstandsbauch" (Handwerker, Geschäftsleute, Bauern machten rund 60 Prozent der Wählerschaft aus), so der zum geflügelten Wort gewordene Terminus. Sie und ihren Protest vermochte die Hitler-Partei zu kanalisieren und für die eigenen Ambitionen zu missbrauchen.

Falter, Jürgen W.: Wer wählt rechts? Die Wähler und Anhänger rechtsextremistischer Parteien im vereinigten Deutschland, München 1994 – Unter Rückgriff auf eine Reihe empirischer Umfrage- und Wahlstatistiken untersucht der Mainzer Politologe Falter die Frage, wer die Wähler rechtsextremer Parteien sind; genauer: woher sie kommen (geografisch und mit Blick auf die zuvor gewählte Partei), welche sozialen Merkmale (Schicht, Demografie) sie aufweisen, was sie denken, wie viele sie sind. Die Studie entwirft zwei – nach Ost und West getrennte – Wählerprofile: Im Westen seien die Wähler von DVU, REP und NPD mehrheitlich verheiratete Männer mittleren Alters aus kleineren Städten, die kirchlich, aber nicht sonderlich religiös seien, keiner Gewerkschaft angehören, einen niedrigen bis mittleren Bildungsabschluss aufweisen und in einfachen Berufen arbeiten. Der typische ostdeutsche Wähler unterschiede sich davon u. a. durch sein jüngeres Alter. Er sei zudem eher ledig und konfessionslos, stamme aus kleineren Kommunen, arbeite meist als qualifizierter Facharbeiter, sehe aber seinen Arbeitsplatz bedroht. Wichtigste Leistung der Studie ist jedoch die Falsifikation der These vom „reinen" Protestwähler. Falter konnte zeigen, dass Protest und rechtsextreme Einstellungen zusammenkommen müssen, um zur Rechtswahl zu führen.

Kitschelt, Herbert: The Radical Right in Western Europe. A Comparative Analysis, Ann Arbor 1995 – Die zum Standardwerk avancierte Studie des aus Deutschland stammenden, aber seit mehreren Jahrzehnten in den USA lehrenden Politikwissenschaftlers bildet den Dreh- und Angelpunkt unzähliger empirischer Studien zur den Wahlerfolgen rechtsextremer Parteien. Das Mammutwerk, unter Mitarbeit von Anthony McGann entstanden, hat dasselbe Ziel wie die Studie Carters, wählt aber eine andere Herangehensweise. Kitschelt und McGann zufolge sei es in den Staaten Westeuropas in der zweiten Hälfte des 20. Jahrhunderts zu einer massiven Transformation der Sozialstruktur (Ausbreitung libertärer Werte) und zu einer Internationalisierung vieler Wirtschaftszweige gekommen. Dies habe zu einer Veränderung der politischen Wettbewerbsachsen geführt. Nunmehr konkurrieren die Parteien, so die Autoren, auf einer wirtschafts- (Sozialismus – Marktradikalismus) und einer gesellschaftspolitischen (Partikularismus – Universalismus) Dimension; zusammengefügt bilden diese den Hauptkonflikt zwischen Linkslibertären und Rechtsautoritären ab. Die „neue radikale Rechte" mit ihrer Melange aus Autoritarismus (z. B. Ethnozentrismus und Rassismus) und dem, was heutzutage landläufig mit „Neoliberalismus" bezeichnet wird, sei so erfolgreich, weil sie in dem Parteiensystem ein Vakuum gefüllt habe. Ungeachtet einiger theoretischer und empirischer Ungereimtheiten handelt es sich um einen der elaboriertesten Ansätze zur Erklärung rechtsextremer Wahlergebnisse.

Mannewitz, Tom: Linksextremistische Parteien in Europa nach 1990. Ursachen für Wahlerfolge und -misserfolge, Baden-Baden 2012 – Die Studie ist im deutschsprachigen Raum die erste, die systematisch die Erfolgs- und Misserfolgsursachen europäischer linksextremistischer Parteien aufarbeitet. Als Grundlage dienen die Wahlergebnisse auf nationaler Ebene zwischen 1990 und 2010 in Belgien, Dänemark, Deutschland, Frankreich, Italien, Österreich, Polen, der Schweiz, der Slowakei und Tschechien. Als eine der wenigen untersucht sie nicht nur die stärksten Vertreter der Parteienfamilie, sondern alle zur Wahl angetretenen. Die konfigurative Auswertung kommt zum Ergebnis: Allerorten sind die Parteien vor allem auf günstige Umgebungs- und Gelegenheitsstrukturen angewiesen. Im postkommunistischen Raum profitieren die Parteien vor allem von den Nachwirkungen der – vor allem ökonomischen – Transformationsprobleme, im Westen in erster Linie von Arbeitsmarktkrisen und virulenten Rechtsaußenparteien, gegen die ein „Anti-Wahlkampf" geführt werden kann.

March, Luke: Radical Left Parties in Europe, London/New York 2011 – Im englischsprachigen Raum handelt es sich um eine der ersten breiteren Darstellungen der Parteienszene, die eigens nicht auf dem (Post-)Kommunismusbegriff aufbaut. March, der als einer der wenigen (neben etwa Cas Mudde) Politikwissenschaftler schon früh international vergleichend die radikale Linke in Augenschein nahm, legt hier ein Gesamtporträt vor, das Genealogie, Charakterisierung und Erfolgsanalyse verbindet. Dass er das Spezifische der Parteien in ihrer Gegnerschaft zum Kapitalismus sieht, tut der Studie keinen Abbruch, nicht zuletzt, weil das problematische Verhältnis etwa zu Eigentumsrechten zur Sprache kommt und eine inhaltliche, keine relative Bestimmung vorgenommen wird. Zentraler – etwas enttäuschender, weil banaler – Befund: Die Parteien reüssieren in erster Linie dort, wo sie schon vorher erfolgreich waren. Die sonstigen

Erklärfaktoren stimmen mit jenen aus anderen empirischen Studien überein, etwa mit Blick auf die starke Vorhersagekraft der Arbeitslosenquote.

Scheuch, Erwin K./Hans-Dieter Klingemann: Theorie des Rechtsradikalismus in westlichen Industriegesellschaften, in: Hamburger Jahrbuch für Wirtschafts- und Gesellschaftspolitik 12 (1967), S. 11-29 – Der auch als „Scheuch-Klingemann-Modell" bezeichnete Ansatz zählt zu den bemerkenswertesten, die von der Rechtsextremismusforschung, ja von den Sozialwissenschaften überhaupt hervorgebracht wurden: Die Länge (18 Seiten) und die strategische Positionierung (kein hochrangiges Journal mit internationalem Renommee oder Peer-Review-Verfahren) des Aufsatzes verhält sich umgekehrt proportional zum theoretischen Argumentationsniveau und zum langfristigen Einfluss im Fach. Die beiden Autoren führen den Aufstieg von Rechtsaußenparteien in der zweiten Hälfte des 20. Jahrhunderts auf einen grundlegenden, unzählige soziale Brüche verursachenden Wandel der westlichen Industriegesellschaft zurück, der zu massenhaften Deprivationserfahrungen geführt habe. Für jenen Teil der Bevölkerung, bei dem dieser Trend Verunsicherung und rigide Orientierungen heraufbeschworen habe, seien die Angebote rechtsradikaler Parteien, die immer auch Komplexitätsreduktion und radikale Lösungsvorschläge einschließen, besonders attraktiv. Auf dieser Basis erklären die Autoren Rechtsextremismus zu einer „normalen Pathologie" westlicher Industriegesellschaften.

Steglich, Henrik: Rechtsaußenparteien in Deutschland. Bedingungen ihres Erfolges und Scheiterns, Göttingen 2010 – Die am Hannah-Arendt-Institut für Totalitarismusforschung entstandene Dissertationsschrift nimmt als eine der ersten überhaupt die Erfolgs- und Misserfolgsbedingungen rechter Randparteien auf subnationaler Ebene in Deutschland vergleichend unter die Lupe. Steglich arbeitet als einer der wenigen in diesem Bereich nicht vorwiegend mit statistischen, sondern mit einem konfigurativen Verfahren, das der Äquifinalität und Multikausalität bestimmter Wahlergebnisse Rechnung trägt. Zum Erfolg der Parteien in den Ländern, zumal Anfang der 1990er Jahre, habe ihre Konzentration auf das Asyl- und Ausländerthema beigetragen – zugleich blieben sie diesen Feldern verhaftet, als sie für die Bevölkerung an Bedeutung verloren, weshalb etwa die Republikaner und die Schill-Partei weitgehend von der Bildfläche verschwunden seien. Während die DVU von ihrem Anti-Establishment-Wahlkampf profitiert habe, verdanke die NPD ihre Renaissance ihrer Anti-Hartz-IV-Haltung im Osten. Zugleich brauche es eine angespannte wirtschaftliche Situation, fehlende demokratische Einstellungen und das Ausbleiben lagerinterner Konkurrenz. Wo die übrigen Parteien schwach verankert seien, schlagen stabile Organisationsstrukturen bei den Rechten umso mehr zu Buche. Steglichs Analyse widerspricht Kitschelts These von der neonazistischen/-faschistischen „Misserfolgsformel".

KAPITEL VIII
RECHTSEXTREMISMUS IN DER BUNDESREPUBLIK DEUTSCHLAND

*Armin Pfahl-Traughber**

1 Ideologische Großfamilien und Strömungen

„Rechtsextremismus" steht hier als Sammelbezeichnung für alle politischen Bestrebungen[1], die sich im Namen der Überbewertung ethnischer Zugehörigkeit gegen die Minimalbedingungen eines demokratischen Verfassungsstaates richten. Da hierzu die Auffassung von der Gleichwertigkeit der Menschen gehört, zählen Antisemitismus oder Fremdenfeindlichkeit zu den Grundprinzipien. Sie finden in Nationalismus oder Rassismus ihren ideologischen Ausdruck. Die Formulierung „Sammelbezeichnung" meint, dass damit alle politischen Bestrebungen mit diesem ideologischen Einschlag erfasst werden sollen, wenngleich sie sich in Details unterscheiden können.

Da den politischen Bestrebungen im Rechtsextremismus kein so hohes Interesse an der Geschlossenheit und Systematik ihres jeweiligen Denkens eigen ist, lassen sich ihre ideologischen Erscheinungsformen nicht mit der gleichen Eindeutigkeit wie etwa im Linksextremismus voneinander unterscheiden.[2] Für eine gewisse Abneigung gegenüber der Theoriefähigkeit gibt es Gründe im politischen Selbstverständnis: Man beansprucht im Namen der Erfahrung und der Natur, nicht der Rationalität und des Verstandes zu sprechen. Demnach schreiben Rechtsextremisten der abstrakten Begründung der eigenen Ideologie keine so große Bedeutung zu, sehen sie sich doch von der Biologie und der Geschichte ausreichend legitimiert. Insofern lassen sich in der Ideologie von Rechtsextremisten häufig innere Defizite und Lücken, Ungereimtheiten und Widersprüche ausmachen. Im eigenen Lager fallen sie kaum auf, erfolgt doch die Rechtfertigung des ideologischen Selbstverständnisses auf einer anderen Ebene.

In der Rückschau auf die Geschichte des Rechtsextremismus haben Historiker und Politikwissenschaftler einige Ansätze zur ideologischen Typologisierung vorgetragen[3]: Richard Stöss

---

* Die ursprüngliche Fassung des Textes wurde 2014 abgeschlossen und später aktualisiert. Daher konnten neuere Entwicklungen etwa zu AfD, Identitären, Pegida etc. nicht mehr ausführlicher aufgenommen werden.
1 Der Autor unterscheidet einen politischen und sozialen Rechtsextremismus. Vgl. Armin Pfahl-Traughber, Rechtsextremismus. Eine kritische Bestandsaufnahme nach der Wiedervereinigung, Bonn 1993, S. 23–26, 165–195; ders., Soziale Potentiale des politischen Rechtsextremismus, in: Vorgänge 51 (2012), H. 1, S. 4–20. Die letztgenannte Formulierung meint das Einstellungspotential in der Bevölkerung, wobei dieses sich nicht in politischen Handlungen artikulieren muss.
2 Vgl. Uwe Backes (Hrsg.), Rechtsextreme Ideologien in Geschichte und Gegenwart, Köln 2003; Helmut Reinalter/Franko Petri/Rüdiger Kaufmann (Hrsg.), Das Weltbild des Rechtsextremismus. Die Strukturen der Entsolidarisierung, Innsbruck 1998; H. Joachim Schwagerl, Rechtsextremes Denken. Merkmale und Methoden, Frankfurt a. M. 1993.
3 Meist beschränkten sich die jeweiligen Autoren auf die Auflistung einzelner ideologischer Merkmale, die an den Auffassungen der Nationalsozialisten orientiert waren. Sie ließen andere Ideologievarianten des Rechtsextremismus unberücksichtigt. Vgl. u. a. Wolfgang Benz, Organisierter Rechtsradikalismus in der Bundesrepublik Deutschland. Ein Überblick 1945–1984, in: Geschichte in Wissenschaft und Unterricht 38 (1987), S. 90–104, hier

sprach etwa vom „Alten" und „Neuen Nationalismus": Erstgenannter identifiziere sich zwar weitestgehend mit den Vorstellungen der Deutschnationalen oder der Nationalsozialisten, ziele aber in der Regel nicht auf eine Restauration des historischen Nationalsozialismus. Als Erscheinungsformen des „Alten Nationalismus" benannte er den „autoritären Konservatismus" und den „(Neo-)Faschismus", die beide durch etatistisches und militaristisches Denken geprägt seien. Der „Neue Nationalismus" setze sich vom „Alten Nationalismus" ab, den er als „faschistisch" bzw. „reaktionär" kritisiere und für historisch überlebt halte. Er propagiere die nationale Revolution und die Selbstverwirklichung des Volkes, außerdem einen „dritten Weg" zwischen Kapitalismus und Kommunismus, Ost und West.[4]

Uwe Backes und Eckhard Jesse kritisierten die mangelnde Angemessenheit dieser Differenzierung für eine trennscharfe Typologisierung, denn die Abgrenzung sowohl von den Ideologien und Systemen des Liberalismus als auch des Sozialismus waren in der Tat allen Formen des Rechtsextremismus eigen. Daher plädierten sie für eine dreidimensionale Unterscheidung, die an die Tendenzen des Rechtsextremismus der Weimarer Republik anknüpft: zwischen einem insbesondere auf die „Deutsch-Konservative Partei" des Kaiserreichs zurückgehenden „Alten Nationalismus", den Völkischen als Erben der Antisemitenparteien des Wilhelminischen Kaiserreichs und dem „Neuen Nationalismus", der aus dem Fronterlebnis mit den „Ideen von 1914" und den politischen Umbrüchen von 1918/19 entstamme.[5] So lassen sich die Ideologieformen des Rechtsextremismus tatsächlich genauer erfassen. Indessen bedarf es einer stärkeren Ausdifferenzierung, um einzelne Richtungen in einem idealtypischen Sinne beleuchten zu können:

Mit den „Deutschnationalen" gemeint sind die politischen Repräsentanten eines deutschen Nationalismus, der aus dem autoritären Konservativismus mit seiner Orientierung am „starken Staat" hervorging. Während diese Bestrebung nach dem Ende des Ersten Weltkriegs mit der Forderung nach einer Renaissance der Monarchie verbunden war, erfolgte später eine Orientierung einer starken Exekutive durch einen Präsidenten. Im soziökonomischen Bereich stand diese Richtung für eine politische Interessenvertretung von Großgrundbesitz und Schwerindustrie, womit die Negierung sozialer Forderungen zugunsten von Arbeitern und Kleinbauern verbunden war. Darüber hinaus beruhte das ideologische Selbstverständnis mehr auf dem Nationalismus, weniger auf dem Rassismus. Dieser Gesichtspunkt in Kombination mit ausgeprägter Bürgerlichkeit und manifestem Traditionalismus bilden die Unterschiede zu den Nationalsozialisten.

Diese auch als „Konservative Revolution"[6] bezeichnete Strömung der „Jungkonservativen" trat für die Negierung der Normen und Regeln der Weimarer Republik zugunsten der Etablie-

---

S. 91; Hans-Gerd Jaschke, Rechtsextremismus, in: Iring Fetscher/Herfried Münkler (Hrsg.), Pipers Handbuch der politischen Ideen, Bd. 5: Neuzeit: Vom Zeitalter des Imperialismus bis zu den neuen sozialen Bewegungen, München 1987, S. 487–495, hier S. 488.

4 Vgl. Richard Stöss, Die extreme Rechte in der Bundesrepublik. Entwicklung, Ursachen, Gegenmaßnahmen, Opladen 1989, S. 27 f.

5 Vgl. Uwe Backes/Eckhard Jesse, Politischer Extremismus in der Bundesrepublik Deutschland, Bd. 2, Berlin 1989, S. 69.

6 Entgegen eines zu breiten Verständnisses wie bei Armin Mohler, der fünf verschiedene Formen von „Konservativer Revolution" unterschied, hält der Autor eine Eingrenzung des Begriffs auf die „Jungkonservativen" für ange-

rung einer anderen politischen Ordnung in Form eines neuen „Reiches" ein. Deren Protagonisten sahen in einer Gesellschaft, die auf Individualität und Pluralismus basierte, einen Ausdruck von Dekadenz und Zerfall. Indessen strebten die Jungkonservativen nicht die Etablierung eines früher bestehenden Staatssystems wie etwa der Monarchie an. Stattdessen ging es ihnen um die Errichtung einer neuen Ordnung im Sinne einer cäsaristischen Diktatur. Darin sollte eine ausgewählte Elite im angeblichen Interesse der Nation herrschen, während der Masse des Volkes keine größere Bedeutung zukommen würde. Eine weitere Differenz zu den anderen Strömungen: die geringere Ausrichtung an der Biologie und die stärkere Betonung des Staates.

Für die „Nationalrevolutionäre" fand gelegentlich die Rede von den „Linken Leuten von Rechts"[7] Verwendung. Einerseits spricht die Beschwörung des Nationalismus als herausragendes Merkmal des politischen Selbstverständnisses für eine Einordnung im „rechten" politischen Lager. Andererseits ging die Orientierung mit Positionen und Themen einher, welche im entgegengesetzten politischen Lager kursieren. Dazu gehörten die Ausrichtung gegen den „Imperialismus" und gegen den „Kapitalismus". Mit der erstgenannten Position stellten die „Nationalrevolutionäre" sich auf die Seite der von „Großmächten" unterdrückten „Völker". Im Kapitalismus sahen sie eine sozial ungerechte Wirtschaftsordnung. Nicht die Berufung auf die „Rasse" oder den „Staat", sondern auf die „Nation" und das „Volk" stand darüber hinaus für ein identitätsstiftendes Merkmal.

Die dominierende Form der „Nationalsozialisten" im Sinne Adolf Hitlers ging davon aus, alles Elend des menschlichen Miteinanders sei eine Folge der „Rassenmischung". Demgemäß habe die Politik den Auftrag, derartige Entwicklungen zu unterbinden. In dieser Perspektive bilde der Staat nur ein Mittel zu diesem Zweck. Dabei sollte es zu einer Aufwertung der als „Kulturschöpfer" geltenden „Arier" und zu einer Ausscheidung der als „Kulturzerstörer" geltenden „Juden" kommen. Demokratie, Liberalismus und Pluralismus firmierten in dieser Sicht als „jüdisch" und sollten zugunsten eines auf dem Prinzip „Rasse" gründenden „totalen Staates" überwunden werden. Bezogen auf die gesellschaftliche Ebene forderte der Nationalsozialismus die Abschaffung des als „jüdisch" geltenden „raffenden Kapitals" unter Beibehaltung des als „arisch" geltenden „schaffenden Kapitals". Demgemäß lehnten die Nationalsozialisten einen Bereich des Kapitalismus ab, aber nicht das kapitalistische Wirtschaftssystem in Gänze.[8]

Die „Völkischen" können den Nationalsozialisten zugerechnet werden, bestehen doch in puncto Antisemitismus, Rassismus und Sozialdarwinismus grundlegende Gemeinsamkeiten. Differenzen lassen sich allenfalls im sozial- und wirtschaftspolitischen Bereich ausmachen. Die Nationalsozialisten plädierten für eine Marktwirtschaft, die ihre Grenzen durch Vorgaben des Staates im angeblichen Interesse der „arischen Deutschen" finden sollte. Darüber hinaus spielte die soziale Herkunft der Menschen keine besondere Rolle mehr, sofern sie sich ethnisch und

---

messen; vgl. zur Begründung: Armin Pfahl-Traughber, Konservative Revolution und Neue Rechte. Rechtsextremistische Intellektuelle gegen den demokratischen Verfassungsstaat, Opladen 1998, S. 50–53.
7   So lautet der Titel folgender Arbeit: Otto-Ernst Schüddekopf, Linke Leute von Rechts. Die nationalrevolutionären Minderheiten und der Kommunismus in der Weimarer Republik, Stuttgart 1960.
8   Dies galt indessen nur für die Ideologie während der Bewegungsphase, nicht für die Praxis während der Systemphase.

politisch im angestrebten Sinne verhielten. Demgegenüber dominierten unter den Völkischen stärker elitäre und standesbezogene Positionen. Die von den Nationalsozialisten propagierten, aber nicht umgesetzten sozialrevolutionären Forderungen fanden sich dort kaum. Die Unterschiede zwischen beiden Ideologieformen bestehen daher nicht primär im strategischen Sinne.[9]

Die Differenzierung der vorgenannten Ideologieformen des Rechtsextremismus versteht sich als idealtypisch, denn es lassen sich nicht alle einschlägigen Bestrebungen nur einer der genannten Richtungen zuordnen. Meist gibt es in den rechtsextremistischen Organisationen der Gegenwart entweder Anhänger unterschiedlicher Strömungen oder eine Mischung verschiedener Ideologiefragmente. Gleichwohl ist die Aufteilung in die genannten Richtungen sinnvoll; so werden die ideengeschichtlichen Grundlagen in diesem politischen Lager verständlicher. Darüber hinaus zeigt sich: Der Nationalsozialismus ist nur eine Ideologieform des Rechtsextremismus. Angesichts der Fixierung auf diese Richtung, die aus historisch-politischen Gründen nachvollziehbar ist, geraten mitunter andere Varianten des Rechtsextremismus aus dem Blick. Jeder Nationalsozialist ist ein Rechtsextremist, aber nicht jeder Rechtsextremist ein Nationalsozialist. Die Übersicht zu den ideologischen Formen macht die ideologische Vielfalt deutlich.

Als Kern des Rechtsextremismus lassen sich demgemäß folgende Merkmale benennen: Erstens gehört dazu die Überbewertung ethnischer Identität, eine Auffassung, die der Zugehörigkeit zu einer „Nation" oder „Rasse" einen höheren Stellenwert als den Grund- und Menschenrechten zuschreibt. Zweitens hängt damit eng zusammen die Abwertung von Angehörigen anderer ethnischer, religiöser oder sozialer Gruppen in Gestalt von Ungleichwertigkeit. Drittens kann als Grundmerkmal rechtsextremistischer Ideologie die Auffassung von der Einheitlichkeit der Gesellschaft gelten, welche sich in der Forderung nach einer ethnischen und politischen Homogenität in Gestalt einer „Volksgemeinschaft" artikuliert. Und viertens zählt dazu das Eintreten für einen politischen Autoritarismus, für eine Form des Staates, der auf einer Einheit von Regierenden und Regierten gründet und sich dabei die Gesellschaft unterwirft.

2 Historische Entwicklung

Betrachtet man die Geschichte des Rechtsextremismus in der Bundesrepublik Deutschland[10], so sind einige historisch-politische Vorläufer erkennbar. Am Beginn standen die antisemiti-

---

9 Die Aufnahme von „Nationalsozialisten" und „Völkischen" in die vorstehende Typologie der Ideologieformen erklärt sich aufgrund der erwähnten Gemeinsamkeiten durch zwei Gesichtspunkte: Angesichts der Bedeutung des historischen Nationalsozialismus auch für den gegenwärtigen Rechtsextremismus bedarf es einer gesonderten Hervorhebung dieser Richtung. Bei allen Gemeinsamkeiten von „Nationalsozialisten" und „Völkischen" gab und gibt es gleichwohl Rechtsextremisten, die keine Nationalsozialisten, aber Völkische sind.
10 Vgl. als Gesamtdarstellungen zum Thema: Backes/Jesse (Anm. 5), S. 54–124; Uwe Backes/Patrick Moreau, Die extreme Rechte in Deutschland, 2. Aufl., München 1994; Gideon Botsch, Die extreme Rechte in der Bundesrepublik Deutschland 1949 bis heute, Darmstadt 2012; Peter Dudek/Hans-Gerd Jaschke, Entstehung und Entwicklung des Rechtsextremismus in der Bundesrepublik. Bd. 1. Zur Tradition einer besonderen politischen Kultur, Opladen 1984; Armin Pfahl-Traughber, Rechtsextremismus in der Bundesrepublik, 4. Aufl., München 2006; Stöss (Anm. 4).

sche[11] und völkische Bewegung[12] während des Wilhelminischen Kaiserreichs: Dabei handelte es sich nicht um homogene Phänomene, gehörten ihnen doch unterschiedliche Organisationen an. Hierzu zählten Interessenorganisationen, Parteien, Verbände, Vereine oder Zeitschriften. Darüber hinaus bestanden ideologische, persönliche, soziale und strategische Differenzen, wodurch sich eine mangelnde Bündelung der politischen Kräfte erklärt. Insofern konnten die einschlägigen Parteien nur regional und zeitweise Erfolge bei Wahlen erzielen. Daraus lässt sich aber nicht die Bedeutungslosigkeit beider Bewegungen ableiten, denn das antisemitische und völkische Gedankengut fand über einflussreiche Organisationen wie den „Alldeutschen Verband" in der gesellschaftlichen Elite oder den „Deutschnationalen Handlungsgehilfenverband" in sozialen Milieus starke Verbreitung.

Durch die Gründung der Weimarer Republik entstand für dieses ideologische Lager eine ganz neue politische Situation: Es fand sich fortan nicht mehr im Einklang mit, sondern in Konfrontation zu der Staatsordnung.[13] So kam es zur Gründung einer Fülle von Gruppen, Parteien, Publikationsorganen, Vereinen und Zirkeln, die mit nationalistischer oder rassistischer Ausrichtung für die Abschaffung der parlamentarischen Demokratie und die Errichtung einer Diktatur eintraten. Diese Gemeinsamkeiten im politischen Wollen rechtfertigen bei allen Unterschieden in Ideologie, Organisation und Strategie die Rede von einem rechtsextremistischen Lager: Aktivisten der *Organisation Consul* führten Anschläge auf demokratische Politiker durch, die *Deutschnationale Volkspartei* (DNVP) warb im Namen eines „deutschen Volkstums" um Wählerstimmen, der Deutschvölkische Schutz- und Trutzbund hetzte gegen die „Judenrepublik", jungkonservative Intellektuelle forderten die Ablösung einer „Herrschaft der Minderwertigen".

Als ein zunächst allenfalls regional bedeutsamer Akteur in diesem politischen Lager entstand 1919 die *Deutsche Arbeiterpartei*, die sich 1920 in *Nationalsozialistische Deutsche Arbeiterpartei* (NSDAP)[14] umbenannte. In ihrem 25-Punkte-Programm finden sich rassistische Bekenntnisse wie soziale Forderungen. Die Kombination dieser beiden Gesichtspunkte erklärt den späteren Erfolg der NSDAP als Wahlpartei. Zunächst ging sie einen anderen politischen Weg: Der als „Marsch auf die Feldherrnhalle" geplante Putschversuch scheiterte 1923 indessen kläglich, woraufhin die NSDAP nach einer kurzen Verbotszeit einen „Legalitätskurs" einschlug. Erfolge bei Wahlen sollten ihr fortan den Weg an die Macht ebnen. Ein Großteil der Aktivisten der antisemitischen und völkischen Bewegung trat ab 1927 der NSDAP bei. Ab 1929 entwickelte sie sich angesichts steigender Mitglieder- und Wählerzahlen zu einer bedeutsamen Massenpartei.

Mit der Machtübertragung an Hitler 1933 kam eine totalitäre Diktatur mit den bekannten Folgen auf. Die Entwicklung des Rechtsextremismus in der Bundesrepublik Deutschland stand

---

11 Vgl. u. a. Paul Massing, Vorgeschichte des politischen Antisemitismus, Frankfurt a. M. 1959; Peter G. Pulzer, Die Entstehung des politischen Antisemitismus in Deutschland und Österreich 1867–1914, Gütersloh 1966.
12 Vgl. u. a. Stefan Breuer, Die Völkischen in Deutschland. Kaiserreich und Weimarer Republik Darmstadt 2008; Uwe Puschner/Walter Schmitz/Justus H. Ulbricht (Hrsg.), Handbuch zur „Völkischen Bewegung" 1871–1918, München 1999.
13 Vgl. den Beitrag von Jürgen W. Falter in diesem Band.
14 Vgl. u. a. Martin Broszat, Die Machtergreifung. Der Aufstieg der NSDAP und die Zerstörung der Weimarer Republik, München 1984; Werner Maser, Der Sturm auf die Republik. Frühgeschichte der NSDAP, Berlin 1981.

und steht in diesem historischen Kontext. Dabei sollten aber nicht nur Besonderheiten nach, sondern auch vor 1933 Beachtung finden: Zwischen 1930 und 1932 verlor der „linke" Flügel der Partei an politischer Bedeutung.[15] Die Gebrüder Gregor und Otto Strasser hatten für eine stärker kapitalismuskritische und sozialrevolutionäre Ausrichtung plädiert, waren aber damit angesichts der bündnispolitischen Optionen Hitlers gescheitert. Dieser setzte auf eine Kooperation mit der bürgerlichen DNVP[16], die sich von 1931 an im Rahmen der „Harzburger Front" auf die Seite der Nationalsozialisten in ihrem Kampf für die Auflösung der Republik und Errichtung einer Diktatur geschlagen hatte.

Nach dem Ende des Zweiten Weltkriegs lösten die Siegermächte alle nationalsozialistischen Organisationen auf. Damit wurde auch die Neugründung derart ausgerichteter Parteien untersagt. Stattdessen entstanden zunächst nur Organisationen in der Tradition des „Deutschnationalismus" im Sinne eines nicht-nationalsozialistischen Rechtsextremismus. Hierzu gehörten etwa die *Wirtschaftliche Aufbau-Vereinigung* (WAV) in Bayern oder die *Nationaldemokratische Partei* (NDP) in Hessen[17], die beide regional begrenzt agierten und nach nur kurzer Zeit als eigenständige Organisationen zerbrachen. Eine Ausnahme bildete die 1946 gegründete *Deutsche Konservative Partei – Deutsche Rechtspartei* (DKP-DRP)[18], die 1949 bei den ersten Bundestagswahlen zwar nur 1,8 Prozent, aber in Niedersachsen 8,1 Prozent der Stimmen erhalten hatte. Aufgrund besonderer Wahlrechtsbestimmungen konnte sie damit fünf Abgeordnete ins Parlament entsenden.

Nach diesem relativen Erfolg eskalierten die internen Konflikte in der Partei, fanden sich in ihr doch Anhänger deutsch-nationaler, konservativ-revolutionärer und monarchistischer, aber auch nationalsozialistischer Auffassungen. Die Letztgenannten konnten sich in einem internen Machtkampf nicht durchsetzen und wurden von der Parteileitung ausgeschlossen. Aus deren Reihen entstand 1949 die *Sozialistische Reichspartei* (SRP)[19], die ideologisch und personell stärker am Nationalsozialismus orientiert war. Während die DKP-DRP fortan an Bedeutung verlor, gelang der SRP ein Aufstieg als regionale Wählerpartei: 1951 erhielt sie bei den Bürgerschaftswahlen in Bremen 7,7 Prozent und bei den Landtagswahlen in Niedersachsen 11,0 Prozent der Stimmen. Ende des Jahres beantragte die Bundesregierung die Eröffnung eines Verbotsverfahrens gegen die Partei, das 1952 durch die Auflösung der SRP umgesetzt wurde. Das Bundesverfassungsgericht hatte in seinem Urteil auf deren Wesensverwandtschaft mit dem Nationalsozialismus verwiesen.

---

15 Vgl. u. a. Udo Kissenkoetter, Gregor Strasser und die NSDAP, Stuttgart 1978; Patrick Moreau, Nationalsozialismus von links: Die „Kampfgemeinschaft Revolutionärer Nationalsozialisten" und die „Schwarze Front" Otto Strassers, Stuttgart 1985.

16 Vgl. u. a. Thomas Mergel, Das Scheitern des deutschen Tory-Konservatismus. Die Umformung der DNVP zu einer rechtsradikalen Partei 1928–1932, in: Historische Zeitschrift 276 (2003), S. 323–368; Jan Sriesow, Die Deutschnationale Volkspartei und die Völkisch-Radikalen 1918–1922, Frankfurt a. M. 1981.

17 Vgl. Hans Woller, Die Wirtschaftliche Aufbau-Vereinigung, in: Richard Stöss (Hrsg.), Parteien-Handbuch. Die Parteien der Bundesrepublik Deutschland 1945–1980, Opladen 1984, S. 2458–2481; Horst W. Schmollinger, Die Nationaldemokratische Partei, in: Ebd., S. 1892–1921.

18 Vgl. Horst W. Schmollinger, Die Deutsche Konservative Partei – Deutsche Rechtspartei, in: Ebd., S. 982–1024.

19 Vgl. Otto Büsch/Peter Furth, Rechtsradikalismus im Nachkriegsdeutschland. Studien über die „Sozialistische Reichspartei" (SRP), Köln/Opladen 1957; Henning Hansen, Die Sozialistische Reichspartei. Aufstieg und Scheitern einer rechtsextremen Partei, Düsseldorf 2007; Horst W. Schmollinger, Die Sozialistische Reichspartei, in: Stöss (Anm. 17), S. 2274–2336.

Nach dem Verbot bemühten sich ehemalige SRP-Funktionäre zunächst erfolglos um die Gründung von Nachfolgeorganisationen. Danach setzten sie auf Einflussgewinn in anderen rechtsextremistischen Organisationen wie der *Deutschen Gemeinschaft* und der *Deutschen Reichspartei* (DRP)[20]. Die letztgenannte Partei war 1950 als Fusion des niedersächsischen Landesverbandes der DKP-DRP und der hessischen NDP entstanden. Als eine eher traditionell autoritär-konservative Kraft erhielt sie durch die Zugänge ehemaliger SRP-Aktivisten einen nationalsozialistisch orientierten Flügel. Indessen konnte die DRP nicht an frühere Erfolge der SRP anknüpfen: Bei den Bundestagswahlen von 1953 erhielt sie lediglich 1,1 Prozent der Stimmen, 1957 1,0 Prozent und 1961 0,8 Prozent. Demnach bestanden in jener Phase nicht einmal ansatzweise Chancen für Wahlerfolge einer rechtsextremistischen Partei. Offenbar hatte die Politik der Adenauer-Regierung integrierend gewirkt.

In den 1950er Jahren gab es auch intellektuelle und kulturelle Einrichtungen des Rechtsextremismus: Buchdienste, Lesekreise, Medien, Vereine, Verlage, Zeitschriften und Zeitungen. Dazu gehörte etwa das Strategie- und Theorieorgan „Nation Europa", das für ein nationalistisch geprägtes „Europa der Völker" eintrat und mit ausländischen Faschismus-Anhängern wie Julius Evola oder Oswald Mosley kooperierte. Im Grabert-Verlag, 1953 als „Verlag der deutschen Hochschullehrer-Zeitung" ins Leben gerufen, erschien eine Fülle von Büchern mit positiven oder verharmlosenden Inhalten über die Zeit des Nationalsozialismus. Kulturorganisationen wie das 1950 entstandene „Deutsche Kulturwerk Europäischen Geistes" oder die 1960 gegründete „Gesellschaft für freie Publizistik" führten Kongresse und Seminare für das „nationale Lager" durch. Alle genannten Organisationen sahen sich als Teil einer Art nationalistischen Gegen-Gesellschaft.[21]

Ein Einbruch in die Mehrheitsgesellschaft gelang dem Rechtsextremismus erst in der zweiten Hälfte der 1960er Jahre. Seinerzeit handelte es sich um die Ära mit den bedeutendsten Erfolgen bei Wahlen für eine Partei aus dem „nationalen Lager". Als Folge bündnispolitischer und organisatorischer Entwicklungen kam es 1964 zur Gründung der *Nationaldemokratischen Partei Deutschlands* (NPD).[22] Durch die Bündelung der Kräfte in dem auch ideologisch zersplitterten Spektrum sah sie die Chance auf politische Erfolge. Dabei bekannte sich die NPD formal zu „Demokratie" und „Rechtsstaatlichkeit", sie wollte öffentlich als konservative und seriöse Partei wahrgenommen werden. Indessen belegten Beiträge der Parteipresse, Formulierungen in Programmen und Reden von Funktionären eine rechtsextremistische Orientierung mehr in der

---

20 Vgl. Dudek/Jaschke (Anm. 10), S. 181–279; Horst W. Schmollinger, Die Deutsche Reichspartei, in: Stöss (Anm. 17), S. 1112–1191.
21 Vgl. Dudek/Jaschke (Anm. 10), S. 41–54; Armin Pfahl-Traughber, Der organisierte Rechtsextremismus in Deutschland nach 1945. Zur Entwicklung auf den Handlungsfeldern „Aktion" – „Gewalt" – „Kultur" – Politik", in: Wilfried Schubarth/Richard Stöss (Hrsg.), Rechtsextremismus in der Bundesrepublik Deutschland. Eine Bilanz, Bonn 2000, S. 71–100, hier S. 75 f.
22 Vgl. Eckhard Fascher, Modernisierter Rechtsextremismus? Ein Vergleich der Parteigründungsprozesse der NPD und der Republikaner in den sechziger und achtziger Jahren, Berlin 1994; Uwe Hoffmann, Die NPD, Entwicklung, Ideologie und Struktur, Frankfurt a. M. 1999; Reinhard Kühnl/Rainer Rilling/Christine Sager, Die NPD. Struktur, Ideologie und Funktion einer neofaschistischen Partei, Frankfurt a. M. 1969; Lutz Niethammer, Angepasster Faschismus. Politische Praxis der NPD, Frankfurt a. M. 1969; Hans Maier, Die NPD. Struktur und Ideologie einer „nationalen Rechtspartei", München 1967; Horst W. Schmollinger, Die Nationaldemokratische Partei Deutschlands, in: Stöss (Anm. 17), S. 1922–1994.

besitzbürgerlichen und national-konservativen Prägung in der Tradition des Deutsch-Nationalismus.[23]

Binnen kurzer Zeit nach der Gründung gelangen der NPD externe und interne Erfolge. Die Zahl der Mitglieder wuchs 1965 auf 13.700, verdoppelte sich 1966 fast auf 25.000 und stieg 1969 auf 28.000 an. Danach setzte parallel zum Rückgang bei der Wahlzustimmung eine rapide Austrittswelle ein: 1970 waren es 21.000, 1971 18.300 und 1972 nur 14.500 Mitglieder. Bei den Bundestagswahlen 1965 und den Wahlen zur Hamburger Bürgerschaft 1966 gelangen der NPD mit 2,0 Prozent und 3,9 Prozent der Stimmen zunächst Achtungserfolge. Danach übersprang die Partei bei mehreren Landtagswahlen die Fünf-Prozent-Hürde: 1966 erhielt sie in Bayern 7,4 und in Hessen 7,9 Prozent, 1967 in Rheinland-Pfalz 6,9 Prozent, in Schleswig-Holstein 5,8 Prozent, in Niedersachsen 7,0 Prozent und in Bremen 8,8 Prozent der Stimmen. Und 1968 konnte die Partei in Baden-Württemberg mit 9,8 Prozent ihren größten Erfolg bei Landtagswahlen erzielen.

Bei den Bundestagswahlen 1969 scheiterte die von Adolf von Thadden geführte NPD knapp mit 4,3 Prozent der Stimmen, dies leitete den elektoralen wie organisatorischen Niedergang der Partei ein. Für Aufstieg und Fall gibt es unterschiedliche Gründe: Zu den internen Erfolgsfaktoren gehören die Konzentration der rechtsextremistischen Kräfte innerhalb der NPD, die formale Mäßigung der politischen Positionen um eines seriösen Erscheinungsbildes willen, das Vorhandensein respektabler Führungskräfte und Parteivorsitzender, die relativ große personelle Stärke der Partei, die breite strukturelle Verankerung in den Bundesländern und die thematische Ansprache der Kriegsgeneration und Vertriebenen. Zu den internen Niedergangsfaktoren zählen die ständigen internen Machtkämpfe, die Inkompetenz auf den in Wahlkämpfen immer wichtiger werdenden Themenfeldern der Finanz- und Wirtschaftspolitik und die gewalttätigen Auseinandersetzungen bei öffentlichen Veranstaltungen der Partei.

Die externen Erfolgsbedingungen beinhalten das für Kleinparteien günstige Verhältniswahlrecht, das Bestehen einer Großen Koalition ohne starke parlamentarische Opposition, die im „Wirtschaftswunderland" erstmals einsetzende Wirtschaftskrise, die besondere Betroffenheit des alten Mittelstandes als traditioneller Wählerklientel von Rechtsextremisten, die Ablehnung des rabiaten Auftretens der 68er-Bewegung und das Vorhandensein eines relevanten rechtsextremistischen Einstellungspotentials in der Bevölkerung. Zu den externen Niedergangsbedingungen zählen die Verbesserung der wirtschaftlichen Lage, das damit verbundene Absinken des Unmuts über die etablierte Politik, das stärkere Aufgreifen konservativer und nationaler Themen durch die Union während ihrer Oppositionszeit, die negative Berichterstattung über die NPD in den Medien, die fortwährenden öffentlichen Proteste gegen die Partei und die Stigmatisierung der NPD als neue NSDAP.

Bis Ende der 1980er Jahre, also gut 20 Jahre lang, sollten rechtsextremistische Parteien mit regionalen Ausnahmen keine Wahlerfolge mehr verbuchen können. Nach dem Niedergang der NPD kamen indessen neuere Entwicklungen mit kürzerer und längerfristiger Wirkung im Rechtsextremismus auf. Für den erstgenannten Bereich steht eine nationalrevolutionäre Intel-

---

23 So die Einschätzung von Dudek/Jaschke (Anm. 10), S. 349–351. Daher konnte die damalige NPD im Unterschied zur heutigen NPD nicht den nationalsozialistischen bzw. völkischen Ideologieformen zugeordnet werden.

lektuellengruppe²⁴, die in Publikationsorganen wie „Fragmente" oder „Junges Forum" mit dem Anspruch auf ideologische und strategische Erneuerung agierte. Erstgenanntes artikulierte sich in Auffassungen zugunsten eines „Befreiungsnationalismus", „Ethnopluralismus" und „Sozialismus", wobei die Rechtsintellektuellen Begrifflichkeiten aus dem Diskurs der Linken übernahmen. Strategisch lernten die Nationalrevolutionäre ebenfalls von ihrem politischen Pendant – sie organisierten sich in Theoriezirkeln. Im Laufe der 1970er Jahre lösten sich nach Abspaltungen und Umbrüchen Gruppen wie die „Nationalrevolutionäre Aufbauorganisation" oder die „Solidarische Volksbewegung" auf.

Für die längerfristig bedeutendste Folge nach dem Niedergang der NPD bei den Wahlen stehen die Neonationalsozialisten.²⁵ Es handelt sich um jene Rechtsextremisten, die sich dezidiert auf den historischen Nationalsozialismus der NSDAP in Ideologie, Organisation, Strategie und Symbolik bezogen. Dabei bekennt sich die Mehrheit zur dominierenden Hitlerschen Linie, während eine Minderheit im „linken" Flügel der Gebrüder Strasser ein Vorbild sieht. Interne Konflikte erklären sich meist weniger durch ideologische, sondern mehr durch persönliche Motive. Gemeinsam ist allen der Bezug auf die ideologischen Grundprinzipien des Nationalsozialismus. Demnach streben sie die Bildung einer rassistisch geprägten „Volksgemeinschaft" und die Errichtung eines „Vierten Reiches" an.

Erste eigenständige neonationalsozialistische Gruppen bildeten sich unter der Anleitung von Alt-Nationalsozialisten heraus, die 1971 entstandene „Bürger- und Bauerninitiative" des ehemaligen SS-Mannes Thies Christophersen und die ebenfalls 1971 gegründete „Deutsche Bürgerinitiative" des ehemaligen NS-Eliteschülers Manfred Roeder. Beide machten zunächst nur durch die Erstellung und Verbreitung von Schriften, die den Nationalsozialismus und Rassismus verherrlichen, auf sich aufmerksam. Ebenfalls 1971 entstand mit der „Partei der Arbeit" eine weitere neonationalsozialistische Organisation, die sich 1975 in „Volkssozialistische Bewegung Deutschlands/Partei der Arbeit" (VSBD/PdA) umbenannte. Deren Begründer Friedhelm Busse gehörte zuvor der NPD an, hatte dort für eine „härtere Linie" plädiert und war von ihr aufgrund von Gesetzesübertretungen ausgeschlossen worden. Mit seiner am Nationalsozialismus der Gebrüder Strasser orientierten VSBD/PdA wollte Busse einen ideologisch schärferen Kurs mit sozialrevolutionärer Orientierung fahren.

Der eigentliche Beginn der Entwicklung der Neo-NS-Szene war 1977. Dies hing mit den Aktivitäten des Protagonisten Michael Kühnen zusammen. Er rief im norddeutschen Raum einige Gruppen ins Leben – wie zunächst den *Freizeitverein Hansa* und den *SA-Sturm 8. Mai*, später

---

24 Vgl. Günter Bartsch, Revolution von rechts? Ideologie und Organisation der Neuen Rechten, Freiburg 1975; Karl Heinz Pröhuber, Die Nationalrevolutionäre Bewegung in Westdeutschland, Hamburg 1980; Benedikt Sepp, Linke Leute von rechts? Die nationalrevolutionäre Bewegung in der Bundesrepublik, Marburg 2014. Aufgrund der politischen Nähe von Bartsch und Pröhuber zum Gegenstand ihrer Werke sollten diese bei allem Informationsreichtum mit Skepsis rezipiert werden.

25 Vgl. Peter Dudek, Jugendliche Rechtsextremisten. Zwischen Hakenkreuz und Odalsrune 1945 bis heute, Köln 1985; Hans-Gerd Jaschke/Birgit Rätsch/Yury Winterberg, Nach Hitler. Radikale Rechte rüsten auf, München 2001; Alwin Meyer/Karl-Klaus Rabe, Unsere Stunde, die wird kommen. Rechtsextremismus unter Jugendlichen, Bornheim 1979; Karl-Klaus Rabe, Rechtsextreme Jugendliche. Gespräche mit Verführern und Verführten, Bornheim 1980; Armin Pfahl-Traughber, Hitlers selbsternannte Erben: Die Neonazi-Szene. Zur Entwicklung einer rechtsextremistischen Subkultur, in: Der Bundesminister des Innern (Hrsg.), Texte zur Inneren Sicherheit. Bd. I, Bonn 1997, S. 81–106; Stöss (Anm. 4), S. 159–176.

die *Aktionsfront Nationaler Sozialisten* (ANS). Dieser Gruppe gelang es mit wenigen Aktivisten, durch öffentlichkeitswirksame Auftritte eine relativ große mediale Resonanz auszulösen. So organisierte der ANS etwa im Mai 1978 einen Aufmarsch von wenigen Personen, die Eselsmasken mit dem Schild „Ich Esel glaube noch, dass in deutschen KZs Juden ‚vergast' wurden" trugen. Als Reaktion auf die breite Medienberichterstattung bildeten sich in einer Reihe von Bundesländern weitere „ANS-Gaue" als Landesorganisationen oder Sektionen. Auch sie machten durch spektakuläre Auftritte in der Öffentlichkeit wie Aufmärsche in schwarzer Uniform oder Schmieraktionen mit Hakenkreuzen auf sich aufmerksam.

Das Anhängerpotential der Neonationalsozialisten stieg zwischen 1975 und 1982 von 400 auf 1.050 Personen an. Wie stark die Aktivitäten der ANS an die Person von Kühnen gebunden waren, zeigte sich im Rückgang der Agitation und Aufmärsche während dessen Inhaftierung. Aufstachelung zum Rassenhass und Verherrlichung von Gewalt hatten immer wieder zu Verurteilungen zu Freiheitsstrafen geführt. In der Haft erarbeitete Kühnen programmatische Erklärungen wie etwa „Die Zweite Revolution. Glaube und Kampf" (1979). Hier trat er für den „linken Nationalsozialismus" im Sinne des SA-Chefs Ernst Röhm ein. 1983 schloss Kühnen die ANS mit anderen Gruppen zur *Aktionsfront Nationaler Sozialisten/Nationale Aktivisten* (ANS/NA) zusammen. Die 270 Mitglieder starke Gruppe wurde im gleichen Jahr verboten. Daraufhin organisierte Kühnen seine Anhänger recht schnell in der bedeutungslosen *Freiheitlichen Deutschen Arbeiterpartei* (FAP)[26], die fortan als Auffangbecken für Aktivisten verbotener Organisationen diente.

Dadurch stieg die Anzahl der Mitglieder zunächst an: 1985 betrug sie über 200, 1987 etwa 500 und nach internen Konflikten 1988 noch 450. Diese verdienen hier besondere Aufmerksamkeit, da sie szeneinterne Besonderheiten veranschaulichen. Offizieller Anlass für die Auseinandersetzung war die Frage, inwieweit Homosexualität gestattet sei. Während ein Flügel dies lediglich als Thema privater Moral verstand, lehnte ein anderer Flügel Homosexualität als Ausdruck einer lebensfeindlichen Abnormalität ab. Darüber kam es zu heftigen Konflikten mit einer Spaltung der FAP. Die Ursache dafür dürfte indessen nicht primär in der Kontroverse um das genannte Thema, sondern weitaus stärker in szeneinternen machtpolitischen Rivalitäten begründet gewesen sein. Danach verlor Kühnen, der sich zu seiner Homosexualität öffentlich bekannt hatte, gegenüber seinen Konkurrenten an Einfluss. Die Auseinandersetzungen führten zeitweilig zu einer Aufsplitterung und Selbstblockade des 1989 1.500 Personen umfassenden Neo-NS-Lagers.

Die eher geringen Anhängerzahlen und Resonanzen dürfen nicht darüber hinwegtäuschen, dass diesem Bereich des Rechtsextremismus ein hohes Maß an Gewaltbereitschaft eigen ist. Bereits in den 1970er Jahren entstanden „Wehrsportgruppen", die militärische Übungen mit scharfen Waffen durchführten. Als bekannteste paramilitärische Kampftruppe gilt die „Wehr-

---

26 Vgl. Georg Christians, „Die Reihen fest geschlossen". Die FAP – Zu Anatomie und Umfeld einer militant-neofaschistischen Partei in den 80er Jahren; Marburg 1990; Anne-Katrin Henkel, Die neonazistische Unterwanderung der FAP, in: Vorgänge 26 (1987), H. 6, S. 20–27.

sportgruppe Hoffmann", der zwischen 1974 und 1980 bis zu 400 Personen angehörten.[27] Gleichzeitig legten Aktivisten an mehreren Orten in der Bundesrepublik Deutschland verschiedene Sprengstoff- und Waffenlager an. Betrachtet man die Entwicklung des deutschen Rechtsterrorismus[28], so lassen sich bei den meisten Aktivisten politische Vorläufe in den genannten Organisationen ausmachen. Es gibt bei den Gewalttätern kaum eine nicht in der „Deutschen Bürgerinitiative", der NPD, dem VSBD/PdA oder einer Wehrsportgruppe politisch sozialisierte Person. Diese Organisationen stellten demnach „Durchlaufstationen" für rechtsterroristische Karrieren dar.

3 Parteiförmiger Rechtsextremismus

Am Beginn der 1990er Jahre schien sich eine Renaissance rechtsextremistischer Erfolge bei Wahlen anzukündigen. Dafür sprachen die ersten Erfolge von zwei neuen Akteuren im parteiförmigen Bereich: die *Deutsche Volksunion* (DVU)[29] und *Die Republikaner* (REP). Eine Organisation mit der erstgenannten Bezeichnung existierte als Verein bereits von 1971 an. Seinerzeit hatte der Verleger Gerhard Frey, der Herausgeber des auflagenstärksten rechtsextremistischen Publikationsorgans „Deutsche National-Zeitung", die DVU als Sammelbecken für die Anhänger der zerfallenden extremistischen Rechten gegründet. Ideologisch schwankte die DVU zwischen diffusen deutsch-nationalen und national-konservativen Auffassungen, ergänzt um geschichtsrevisionistische und militaristische Positionen. Bedeutendere Aktivitäten entfaltete die Mitglieder nicht, obwohl die Organisation zum größten rechtsextremistischen Personenzusammenschluss anwuchs: 1976 gehörten ihr 5.000, 1980 10.000 1985 12.000 und 1990 22.000 Mitglieder an.

Als sich für Frey die Chance auf Erfolge von Kandidaturen bei Wahlen abzeichnete, wandelte er 1987 den Verein in eine Partei um. Die Partei gab sich mit einem eng bedruckten DIN-A4-Papier ein Programm mit diffusen Forderungen wie „Deutschland soll deutsch bleiben", „Deutschland zuerst" oder „Gleichberechtigung für Deutschland". 1987 kandidierte die DVU erstmals. Sie erhielt bei den Wahlen in Bremen 3,4 Prozent der Stimmen. Aufgrund der für Bremen und Bremerhaven gesondert geltenden Fünf-Prozent-Hürde konnte die Partei damit immerhin einen Abgeordneten in das Parlament entsenden. Fortan entwickelte sich Norddeutschland zur Hochburg für die DVU: 1991 bekam sie in Bremen 6,2 Prozent, 1992 in Schleswig-Holstein 6,3 Prozent und 1997 in Hamburg 4,9 Prozent der Stimmen. Später gelangen auch

---

27 Vgl. Rainer Fromm, Die „Wehrsportgruppe Hoffmann". Darstellung, Analyse und Einordnung. Ein Beitrag zur Geschichte des deutschen und europäischen Rechtsextremismus, Frankfurt a. M. 1998; Andrea Röpke/Andreas Speit (Hrsg.), Blut und Ehre. Geschichte und Gegenwart rechter Gewalt in Deutschland, Berlin 2013, S. 49–51.
28 Vgl. den Beitrag von Alexander Straßner in diesem Band.
29 Vgl. Bundesamt für Verfassungsschutz (Hrsg.), „Deutsche Volksunion" (DVU). Strukturanalyse einer rechtsextremistischen Partei, Köln 1998; Everhard Holtmann, Die angepassten Provokateure. Aufstieg und Niedergang der rechtsextremen DVU als Protestpartei im polarisierten Parteiensystem Sachsen-Anhalts, Opladen 2003; Annette Linke, Der Multimillionär Frey und die DVU. Daten, Fakten, Hintergründe, Essen 1994; Britta Obszerninks/Matthias Schmidt, DVU im Aufwärtstrend – Gefahr für die Demokratie?, Münster 1998; Armin Pfahl-Traughber, Deutsche Volksunion (DVU), in: Frank Decker/Viola Neu (Hrsg.), Handbuch der deutschen Parteien, 3. Aufl., Wiesbaden 2018, S. 292–298.

Erfolge in den ostdeutschen Ländern: 1998 erhielt sie in Sachsen-Anhalt 12,9 Prozent, 1999 in Brandenburg 5,3 Prozent und 2004 erneut in Brandenburg 6,1 Prozent der Stimmen.

All diese Erfolge erzielte die DVU nahezu ohne funktionierenden organisatorischen Unterbau im jeweiligen Land, es existierten meist nicht einmal Geschäftsstellen. Plakatierungen führten häufig nicht Parteiaktivisten, sondern Werbefirmen durch. Außerdem gab es kaum öffentliche Wahlkampfveranstaltungen. Dafür konnte die Partei aufgrund der Möglichkeiten von Frey hohe Geldsummen in den Wahlkampf stecken und Briefe an viele Wähler verschicken. All dies erklärt sich dadurch, dass die DVU eine Partei ohne Struktur war: Es mangelte an einem inneren Engagement der Mitglieder, die lediglich ihre Beiträge zahlten und Entscheidungen kritiklos zustimmten. Frey selbst dominierte als Geldgeber und Vorsitzender die DVU. Demgemäß setzten sich die Mandatsträger in den Parlamenten meist aus Personen mit geringer Sachkenntnis zusammen. Da sie sich mitunter doch den Anweisungen der Parteispitze widersetzten, kam es (mit Ausnahme von Brandenburg) regelmäßig zu Konflikten und dem Zerfall der Fraktionen.

Die REP[30] stellen gegenüber den bislang genannten Parteien eine Besonderheit dar. Gegründet wurden sie 1983 als eine Art „Rechtsabspaltung" der CSU, gehörten ihr doch zunächst primär Angehörige des rechten Flügels dieser Partei an. Nach internen Konflikten setzte sich 1985 dann Franz Schönhuber, ein früher bekannter Fernsehjournalist mit einer Waffen-SS-Vergangenheit, als Bundesvorsitzender durch. Er brachte die REP auf einen neuen politischen Kurs, wonach die Partei sich fortan nicht mehr als konservative Alternative zur CSU, sondern als eine Art deutscher „Front National" verstand. Nach außen bemühten sich die REP um die Aufrechterhaltung des Bildes von einer demokratischen, konservativen, modernen und seriösen Kraft. Auch grenzte die Partei sich von anderen rechtsextremistischen Parteien wie der DVU und NPD ab. Der Blick in Erklärungen der Funktionsträger und das Programm von 1987 machten indessen antipluralistische, fremdenfeindliche und nationalistische Positionen deutlich.

Nach einem Achtungserfolg bei den Landtagswahlen in Bayern 1986 mit immerhin 3,0 Prozent der Stimmen zog die Partei zunächst keine größere Aufmerksamkeit auf sich. Dies änderte sich schlagartig 1989, wobei ein Werbespot im Kontext der Wahlen zum Berliner Abgeordnetenhaus eine Rolle spielte. Darin zeigte die Partei Bilder von Drogentoten und Migranten zur Melodie von „Spiel mir das Lied vom Tod". Durch die öffentliche Empörung wurde die Partei stärker bekannt. So erklärt sich, warum ihr 7,5 Prozent der Wähler die Stimme gaben. Bei den Europa-Wahlen im gleichen Jahr konnten die REP mit 7,1 Prozent gar einen bundesweiten Erfolg verbuchen. Seinerzeit entstand der Eindruck, die Etablierung einer rechtsextremistischen Kraft als Wahlpartei wie in anderen europäischen Ländern stehe unmittelbar bevor. Indessen gelangen den REP fortan nur bei den Landtagswahlen in Baden Württemberg 1992 mit 10,9 Prozent und 1996 mit 9,1 Prozent der Stimmen beachtenswerte Erfolge.

---

30 Vgl. Hajo Funke, „Republikaner". Rassismus, Judenfeindschaft, nationaler Größenwahn, Berlin 1989; Hans-Gerd Jaschke, Die „Republikaner". Profile einer Rechtsaußen-Partei, Bonn 1990; Steffen Kailitz, Die Republikaner, in: Decker/Neu (Anm. 29), S. 375–381; Claus Leggewie, Die Republikaner. Ein Phantom nimmt Gestalt an, Berlin 1990; Pfahl-Traughber (Anm. 1), S. 30–56; Richard Stöss, Die „Republikaner". Woher sie kommen? Was sie wollen? Wer sie wählt? Was zu tun ist?, Köln 1990.

Für das Scheitern der Partei dürfte eine Kombination von externen und internen Gründen eine Rolle spielen: Zunächst lenkten die deutschlandpolitischen Entwicklungen in den Jahren 1989 und 1990 die allgemeine politische Aufmerksamkeit auf andere Themenfelder und die großen Volksparteien. Die anfängliche Hoffnung der REP, in den Ländern der früheren DDR eigene Strukturen aufzubauen und große Wählerzustimmung zu finden, erfüllte sich nicht. Auch in den Ländern der alten Bundesrepublik gelang weder bei der Mitgliederentwicklung noch bei den Wahlkandidaturen ein Aufschwung, dies wiederum löste interne Konflikten auf der Führungsebene aus. Schönhuber suchte die Nähe zu Frey, um eine Kooperation von DVU und REP einzuleiten. Da dies gegen den Abgrenzungsbeschluss verstieß, nutzte sein „Kronprinz", der Stellvertreter Rolf Schlierer, die Situation. Nach heftigen internen Konflikten verzichtete Schönhuber auf eine erneute Kandidatur um den Bundesvorsitz, Schlierer 1995 das Amt überlassend.

Dieser setzte den Kurs der Abgrenzung zu den anderen rechtsextremistischen Bestrebungen fort und bemühte sich um ein gemäßigtes Bild der REP als einer konservativen und seriösen Partei. Indessen hatte sich kaum etwas an der politischen Ausrichtung geändert, lediglich die Schärfe der Positionierung ging zurück. Darüber hinaus blieb es beim Niedergangsprozess: Nach einem Anstieg 1990 auf 23.000 gehörten 1994 noch 20.000 Personen der Partei an. Danach kam es erneut zu Rückgängen: 1996 auf 15.000 und 1999 auf 14.000. 2001 konnten die REP bei den Wahlen in Baden Württemberg nur 4,4 Prozent der Stimmen erlangen. Bei den folgenden Bundestagswahlen blieb die Partei weit unter zwei Prozent der Stimmen. Demnach hatte sich der Anpassungs- und Mäßigungskurs von Schlierer nicht ausgezahlt. Dies führte zu einem stärkeren Bedeutungsverlust der REP nicht nur in der breiteren Gesellschaft, sondern auch im rechtsextremistischen Lager.

Dafür erlebte die NPD[31] eine Renaissance, was angesichts ihrer Entwicklung bis in die Mitte der 1990er Jahre hinein zunächst verwundert: Kandidaturen bei Wahlen brachten mit Ausnahme weniger regionaler „Hochburgen" lediglich Zustimmungswerte von unter 0,5 Prozent der Stimmen ein. Die Mitgliederzahlen waren in den 1970er und 1980er Jahren kontinuierlich zurückgegangen. 1989 stabilisierte sich die NPD auf niedriger Ebene mit einem leichten Anstieg von 6.400 auf 7.000 Personen. Indessen brachen heftige interne Konflikte angesichts der kontinuierlichen politischen Bedeutungslosigkeit auf. Der Parteivorsitzende Martin Mußgnug und sein Stellvertreter Jürgen Schützinger traten daraufhin aus der NPD aus und gründeten mit früheren DVU- und REP-Mitgliedern 1991 die *Deutsche Liga für Volk und Heimat* (DLVH), die sich als neues Sammelbecken auf der parteiförmigen Ebene zur Bündelung der Kräfte des „na-

---

31 Vgl. Robert Ackermann, Warum die NPD keinen Erfolg haben kann. Organisation, Programm und Kommunikation einer rechtsextremen Partei, Opladen 2012; Uwe Backes/Henrik Steglich (Hrsg.), Die NPD. Erfolgsbedingungen einer rechtsextremistischen Partei, Baden-Baden 2007; Katharina Beier u. a., Die NPD in den kommunalen Parlamenten Mecklenburg-Vorpommerns, Greifswald 2006; Marc Brandstetter, Die NPD unter Udo Voigt. Organisation, Strategie, Baden-Baden 2012; Eckhard Jesse, Die Vier-Säulen-Strategie der NPD. Eine Analyse zu Anspruch und Wirklichkeit ihrer Umsetzung, in: Armin Pfahl-Traughber (Hrsg.), Jahrbuch für Extremismus- und Terrorismusforschung 2008, Brühl 2008, S. 178–193; Armin Pfahl-Traughber, Der „zweite Frühling" der NPD. Entwicklung, Ideologie, Organisation und Strategie einer rechtsextremistischen Partei, Sankt Augustin–Berlin 2008; Robert Philippsberg, Die Strategie der NPD. Regionale Umsetzung in Ost- und Westdeutschland, Baden-Baden 2009; Henrik Steglich, Die NPD in Sachsen. Organisatorische Voraussetzungen ihres Wahlerfolgs 2004, Göttingen 2005; Fabian Virchow/Christian Dornbusch (Hrsg.), 88 Fragen und Antworten zur NPD, Schwalbach/Ts. 2008.

tionalen Lagers" verstand. Indessen scheiterte auch dieses Projekt, woraufhin die DLVH 1996 den Parteistatus selbst aufgab und als Verein fortwirkte.

Währenddessen hatte die NPD weiter an Mitgliedern verloren. Im rechtsextremistischen Lager standen ihr darüber hinaus mit der DVU und den REP zwei elektoral erfolgreichere Konkurrenten gegenüber. Der Parteivorsitzende Günter Deckert erhielt aufgrund seiner öffentlichen Holocaust-Leugnung eine Gefängnisstrafe. 1996 wählte die Partei den bayerischen Landesvorsitzenden Udo Voigt mit knapper Mehrheit zum neuen Bundesvorsitzenden. Ihm gelang es fortan, die mittlerweile verstärkt einsetzende Austrittswelle zu stoppen und die Partei bei einer Mitgliedschaft von um die 3.500 zu stabilisieren. Darüber hinaus begann unter Voigt eine ideologische und inhaltliche Neuorientierung, die mit der Ausrichtung an nationalrevolutionar-nationalsozialistischen Fragmenten sowie sozial und wirtschaftspolitischen Themen verbunden war. Dabei bediente die Partei sich einer aggressiven kapitalismusfeindlichen Demagogie, um über Ängste vor Arbeitslosigkeit und sozialen Krisen vor allem Jugendliche aus den unteren sozialen Schichten anzusprechen.

Auf der bündnispolitischen Ebene zeigte sich die erwähnte Neuausrichtung in einer Öffnung der Partei gegenüber der Neo-NS-Szene. Nach dem Beginn einer Welle von Verbotsmaßnahmen gegen deren Organisationen strömten zahlreiche ehemalige Aktivisten aus diesem Lager des Rechtsextremismus zur NPD. Damit erklärt sich auch, warum sie von 1996 an von den rechtsextremistischen Parteien am stärksten Mitglieder gewinnen konnte. Bis 1999 stieg deren Zahl von 3.500 auf 6.000 an. Hierbei handelte es sich häufig um junge Männer aus den ostdeutschen Ländern, wo nicht zufällig Sachsen mit rund 1.200 Mitgliedern den stärksten Landesverband stellte. In diesem Bundesland verfügte die Partei über Aktivisten und Mitglieder, die mitunter in bestimmten Regionen im Alltagsleben von kleineren Städten oder ländlichen Regionen sozial verankert waren. Dadurch konnte die NPD längerfristige Arbeit vor Ort entfalten, wodurch sich auch ihr späterer Erfolg bei den Wahlen in diesem Bundesland erklärt.

Zunächst plädierte Voigt für eine „Drei-Säulen-Strategie" mit dem Plädoyer für einen „Kampf um die Köpfe", einem „Kampf um die Parlamente" und einem „Kampf um die Straße". Am Beginn sollte der letztgenannte Gesichtspunkt stehen, die öffentliche Präsenz in Form von Aufmärschen und Demonstrationen. Fortan kam es regelmäßig zu einschlägigen Aktionen in Kooperation mit Anhängern der Neo-NS-Szene. Dabei standen nicht mehr nur die klassischen Themen dieses politischen Lagers wie etwa die Erinnerung an die Ära des Nationalsozialismus im Zentrum, sollte es doch fortan um eine „Nationalisierung der sozialen Frage" im Sinne einer rechtsextremistischen Deutung gesellschaftlicher und ökonomischer Probleme gehen. Die gleichzeitige Diffamierung der Politik und Hetze gegen Migranten standen dafür.

Bei den Wahlen in Sachsen gelang der NPD mit 9,2 Prozent der Stimmen ein herausragender Erfolg, zog sie doch erstmals seit 1968 wieder in ein Landesparlament ein. Bereits zuvor hatte sich die NPD mit der DVU darauf verständigt, eine Konkurrenzkandidatur bei Wahlen möglichst zu vermeiden. Fortan legten die Parteien über einen als „Deutsche Volksfront" betitelten Beschluss fest, welche Partei bei welchen Wahlen mit Unterstützung der anderen Partei kandidieren sollte. Darüber hinaus entstand 2004 als „vierte Säule" der Strategie der „Kampf um den organisierten Willen", also die Bündelung des „nationalen Lagers" unter NPD-Dominanz.

Von 2004 an stiegen die Mitgliederzahlen wieder an, von zunächst 5.300 auf 6.000 2005 und 7.200 2007. Darüber hinaus gelang der Partei bei den Landtagswahlen in Mecklenburg-Vorpommern 2006 mit 7,3 Prozent der Stimmen ein erneuter Erfolg. Zwar konnte die NPD 2009 mit 5,6 Prozent erneut in Sachsen und 2011 mit 6,0 Prozent in Mecklenburg-Vorpommern abermals eine Fraktion stellen, aber bei allen anderen Kandidaturen scheiterte die Partei, wobei sie im Osten im Durchschnitt auf drei Prozent und im Westen auf ein Prozent der Stimmen kam. Da die DVU ab Mitte der 2000er Jahre noch weniger Stimmen bei Wahlen erhielt, brach die NPD die Vereinbarung zu den Wahlkandidaturen. Bei den Landtagswahlen 2009 erreichte sie in Brandenburg 2,5 Prozent, die DVU 1,1 Prozent. Fortan dominierte die NPD zwar als Wahlpartei im rechtsextremistischen Lager. Sie konnte aber nicht mehr in die Parlamente einziehen, auch nicht in ihrer Hochburg Sachsen (2014: 4,9 Prozent).

Angesichts der mangelnden Erfolge brachen interne Konflikte, u. a. durch persönliche und strategische Differenzen bedingt, immer stärker aus. Zugleich ging die Zahl der Mitglieder zurück: von 7.000 2008 auf 5.200 2016. Berücksichtigt man hierbei, dass die DVU und die NPD 2010 zur Partei „NPD – Volksunion" fusionierten und frühere DVU-Mitglieder der NPD beitraten, so ist der Niedergangsprozess eklatant. 2011 erfolgte die Ablösung Udo Voigts durch Holger Apfel als Bundesvorsitzenden. Dieser setzte auf einen „seriösen Radikalismus", wobei er für die Beibehaltung der bisherigen politischen Positionen in gemäßigter Form plädierte. Indessen ging mit der Neuausrichtung kein politischer Erfolg einher. Bereits 2013 trat Apfel von seinem Amt zurück und aus der Partei aus. Hintergrund dafür waren parteiinterne Vorwürfe, er habe sich zwei männlichen Parteihelfern sexuell genähert. Ihm folgte im Januar 2014 der Landesvorsitzende von Mecklenburg-Vorpommern Udo Pastörs für kurze Zeit und dann im Dezember des gleichen Jahres der bisherige Pressesprecher Frank Franz.

Zweimal gab es Bemühungen, die NPD zu verbieten.[32] Eine solche Möglichkeit besteht laut dem Grundgesetz, Artikel 21 (2) gegenüber „Parteien, die nach ihren Zielen oder nach dem Verhalten ihrer Anhänger darauf ausgehen, die freiheitliche demokratische Grundordnung zu beeinträchtigen oder zu beseitigen". Davon kann angesichts der Auffassungen hochrangiger Funktionsträger und Erklärungen in programmatischen Bekundungen der Partei ausgegangen werden. Ähnliches gilt für andere Kleinparteien, die indessen nicht verboten sind. Derartige Maßnahmen hängen von einem politischen Willen ab. Ein diesbezüglicher Antrag ist beim Bundesverfassungsgericht vom Bundesrat oder von der Bundesregierung oder vom Bundestag zu stellen. Der Anlass dafür sollte konkretes Handeln der Partei sein. Davon kann aber beim Anstoß zu beiden Verbotsmaßnahmen nicht gesprochen werden: Mit einem einschlägigen Antrag gegen die NPD wollte die Politik ein politisches Zeichen setzen, und insofern passten diese Absicht und das gewählte Vorgehen nicht zusammen.

---

32 Vgl. Marc Brandstetter, Der Streit um das NPD-Verbot. Gute Argumente für Verbotsbefürworter und Verbotsgegner, in: Gerhard Hirscher/Eckhard Jesse (Hrsg.), Extremismus in Deutschland. Schwerpunkte, Vergleiche, Perspektiven, Baden-Baden 2013, S. 97–112; Lars Flemming, Das NPD-Verbotsverfahren. Vom „Aufstand der Anständigen" zum „Aufstand der Unfähigen", Baden-Baden 2005; Eckhard Jesse, Die Diskussion um ein neuerliches NPD-Verbotsverfahren – Verbot: kein Gebot, Gebot: kein Verbot, in: Zeitschrift für Politik 59 (2012), S. 296–313; Claus Leggewie/Horst Meier (Hrsg.), Verbot der NPD oder Mit Rechtsradikalen leben?, Frankfurt a. M. 2002; Armin Pfahl-Traughber, Soll man die NPD verbieten? Thesen zu den Vor- und Nachteilen eines solchen Schrittes, in: Kommune (2000), H. 11, S. 28 f.

Im Sommer 2000 kam es zu mehreren fremdenfeindlich motivierten Gewalttaten, welche zu staatlichen Maßnahmen führen sollten. In der damit einhergehenden Debatte erging auch die Forderung nach einem NPD-Verbot, obwohl die Partei für die Vorfälle nicht nachweisbar verantwortlich gemacht werden konnte. Gleichwohl stellten Bundesrat, Bundesregierung und Bundestag 2001 einen entsprechenden Verbotsantrag. Dieser belegte zwar die ideologische Verfassungsfeindlichkeit der Partei, aber nicht eine Verantwortlichkeit für die Gewalttaten. Das dann angelaufene Verbotsverfahren scheiterte indessen an anderen Gründen. Die Verfassungsschutzbehörden hatten mit V-Leuten in der Partei zusammengearbeitet – und zwar noch während des laufenden Verfahrens. Dies führte 2003 zu einer Einstellung des Verfahrens, wobei das Bundesverfassungsgericht nicht in der Sache entschied. Demnach kam es zu keiner Einschätzung hinsichtlich der Frage, ob die NPD aus der Sicht des Gerichts verfassungsfeindlich ist oder nicht.

Ein weiteres Verbotsverfahren wurde 2013 gestartet. Den Anlass dazu lieferte die Aufdeckung des rechtsterroristischen „Nationalsozialistischen Untergrundes", dem zehn Morde zugeschrieben wurden. Bei einem ihrer Helfer handelte es sich mit Ralf Wohlleben um den ehemaligen stellvertretenden NPD-Landesvorsitzenden von Thüringen. Auch in diesem Fall bestand indess für die Gewalthandlungen keine Verantwortlichkeit der Partei. Gleichwohl meinten politische Akteure, in dieser Situation ein besonderes Zeichen setzen zu müssen. Der Antrag für ein NPD-Verbot wurde diesmal nur vom Bundesrat gestellt. Die Begründung wies stärker auf die Wesensverwandtschaft mit dem Nationalsozialismus hin. Sie war angesichts der ideologischen Orientierung der Partei nachvollziehbar. Gleichwohl blieb auch 2017 ein Verbot aus. Das Gericht hielt die Partei zwar für verfassungsfeindlich, aber für politisch bedeutungslos.[33]

Während die NPD den Schwerpunkt ihrer Aktivitäten in der zweiten Hälfte der 1990er Jahre von den alten in die neuen Bundesländer verlagerte, entstand mit den „Pro-Parteien"[34] ein neues Phänomen im parteiförmigen Rechtsextremismus im Westen. Es handelt sich dabei um Parteistrukturen und Wahllisten auf kommunaler, landes- und bundespolitischer Ebene mit Bezeichnungen wie „Pro Köln", „Pro NRW" oder „Pro Deutschland". In der öffentlichen Selbstdarstellung erschienen sie als „Bürgerbewegung", also als Personenzusammenschlüsse von aktiven und besorgten Bürgern. Tatsächlich handelt es sich um Gründungen von langjährig aktiven Rechtsextremisten. Dies ist an dem biographisch-politischen Hintergrund der beiden wichtigsten Personen in der „Pro Bewegung" gut ablesbar. Der Rechtsanwalt Markus Beisicht und der Verleger Manfred Rouhs – erster als Vorsitzender von „Pro Köln" und „Pro NRW", letzter als Vorsitzender von „Pro Deutschland" – gehörten zuvor als Funktionäre und Mandatsträger der DLVH und den REP an.

---

33 Vgl. Urteil vom 17. Januar 2017, Az. BvB 1/13. Siehe zur Einschätzung Eckhard Jesse, Der liberale Rechtsstaat hat gesiegt. Kein Verbot der rechtsextremistischen NPD, in: Politikum 3 (2017), H. 1, S. 72–75; Winfried Kluth, Die erzwungene Verfassungsänderung: Das NPD-Urteil des Bundesverfassungsgerichts vom 17. Januar 2017 und die Reaktion der verfassungsändernden Gesetzgeber, in: Zeitschrift für Parlamentsfragen 48 (2017), S. 676–690.

34 Vgl. Alexander Häusler, Rechtspopulismus in Gestalt einer „Bürgerbewegung". Struktur und politische Methodik von PRO NRW und PRO DEUTSCHLAND, Düsseldorf 2007; Alexander Häusler (Hrsg.), Rechtspopulismus als „Bürgerbewegung". Kampagnen gegen Islam und Moscheebau und kommunale Gegenstrategien, Wiesbaden 2008; Florian Hartleb, Pro Deutschland. Auf dem Ticket eines Schmähvideos zur islamfeindlichen Bürgerbewegung?, Berlin 2012.

Nachdem sich das Scheitern einer Etablierung als Wahlpartei angesichts nur geringer Wählerzustimmung abgezeichnet hatte, setzten beide auf eine andere Organisationsform und Strategie: 1996 entstand in Köln die „Bürgerbewegung Pro Köln", die keine Bürgerinitiative im eigentlichen Sinne, sondern der Zusammenschluss von Personen unter der Leitung der beiden Rechtsextremisten war. Mit der Bezeichnung „Bürgerbewegung" wollten sie sich ein demokratisches und seriöses Image geben. Dazu nutzte die Partei gern Themen, die für manche Bürger bedeutsam waren, aber von anderen Parteien nicht intensiv angesprochen wurden. „Pro Köln" versuchte fortan, sich mit eben diesen Problemen als einzige politische Kraft mit Lösungskompetenz öffentlich in Verbindung zu bringen. So wollte die Partei aus der politischen Isolation heraus und in die Mehrheitsgesellschaft hineinwirken. Hierzu widmete sich „Pro Köln" auch Themen, die mit rechtsextremistischen Inhalten nichts zu tun hatten, wie etwa Aktionen gegen den „Straßenstrich" in einem Stadtteil.

Die größte Aufmerksamkeit lösten bislang die Proteste gegen den Bau einer Moschee aus. Mit Demonstrationen, Kongressen, Plakataktionen und Unterschriftensammlungen konnte die Partei in Köln offenbar genügend Bürger ansprechen, welche „Pro Köln" bei den Kommunalwahlen 2004 4,7 Prozent sowie 2009 5,4 Prozent der Stimmen gaben. Aufgrund dieses Achtungserfolges gingen Beisicht und Rouhs dazu über, auch außerhalb von Köln Parteistrukturen und Wahllisten aufzubauen. 2005 entstand „Pro Deutschland" und 2007 „Pro NRW". Die gesamte Mitgliederzahl scheint sich unter 1.000 zu bewegen. An weiteren elektoralen Erfolgen mangelt es. Eine Zustimmung lediglich von 1,2 Prozent der Stimmen bei den Wahlen zum Berliner Abgeordnetenhaus 2011 kann angesichts der hohen Erwartungen noch nicht einmal als Achtungserfolg gelten. Gleichwohl hofft die „Pro Bewegung", mit Kampagnen gegen eine „Islamisierung" oder gegen den Moscheebau in einzelnen Städten insbesondere bei Kommunalwahlen Stimmen für sich zu mobilisieren.

In Deutschland ist bislang keine Etablierung einer rechtsextremistischen Partei als Wahlpartei erfolgt – im Gegensatz zu vielen europäischen Ländern. Darüber hinaus fällt im internationalen Vergleich auf, dass sich im dortigen rechtsextremistischen Lager die eher gemäßigten Formationen durchgesetzt haben. Eigentlich müsste es einer solchen Partei gelingen, ein auch in Deutschland bestehendes rechtsextremistisches Einstellungspotential in der Bevölkerung bei Wahlen zur Stimmabgabe zu mobilisieren. Dies war aber ab 2000 nur in drei ostdeutschen Ländern (Brandenburg für die DVU, Mecklenburg-Vorpommern und Sachsen für die NPD) der Fall.

Hierfür dürfte es bezogen auf das rechtsextremistische Lager externe und interne Faktoren geben. Zu den letztgenannten Gesichtspunkten gehören das Fehlen einer charismatischen Führungsfigur und der Mangel an einer seriös erscheinenden Funktionärsebene, ebenso die Kooperation mit aktionistischen Neonationalsozialisten und die ideologische Verankerung im traditionellen Rechtsextremismus. Maßstab für die Etablierung einer rechtsextremistischen Partei in der Geschichte der Bundesrepublik Deutschland ist die NPD in der zweiten Hälfte der 1960er Jahren. Seinerzeit hatte sie 28.000 Mitglieder – sie konnte in sieben Landtage einziehen, während die NPD der Gegenwart 5.000 Mitglieder hat und in keinem Landtag mehr sitzt. Gerade durch die Annäherung an nationalsozialistische Ideologie verschreckt die Partei häufig Personen mit einer latent rechtsextremistischen Einstellung. Darüber hinaus besteht in Medien und Politik ein breiter Konsens gegen derartige politische Strömungen.

4 Aktionsorientierter Rechtsextremismus

Dem aktionsorientierten Rechtsextremismus lassen sich als Organisationen die Neonationalsozialisten und als Subkultur die Skinheads zuordnen. Die Erstgenannten[35] befanden sich aufgrund der internen Konflikte am Ende der 1980er Jahre in einer Krise: 1989 war die Zahl der aktiven Personen in diesem Bereich von 2.100 im Jahr 1987 auf 1.500 gesunken. Kühnen hatte aufgrund der internen Konflikte um seine Homosexualität an Aktions- und Integrationskraft verloren. Die Szene schien in der Gesamtschau konzeptionslos und zersplittert zu sein. Die sich nun abzeichnenden deutschlandpolitischen Entwicklungen boten ihr aber ab 1989 nicht nur ein neues geographisches Wirkungsfeld, sondern auch eine neue soziale Basis. Bereits zu DDR-Zeiten hatte es entgegen des „Antifaschismus" der SED-Diktatur dort sehr wohl neonationalsozialistische Aktivitäten und Organisationen gegeben. Für diese meist informellen Kleingruppen stellten Personen wie Kühnen, der durch Fernsehberichte auch in Ostdeutschland bekannt war, neue Leitfiguren und Vorbilder dar.

Es entstanden eigenständige Organisationen wie etwa 1990 die *Nationale Alternative* (NA), die sich aus bereits seit Jahren im rechtsextremistischen Sinne aktiven Skinheads zusammensetzt. Ihre Mitglieder nutzten ungewöhnliche Aktionsformen wie etwa die Besetzung von Häusern oder die Gründung von Sanierungsinitiativen in Ost-Berlin. Die genutzten Gebäude wurden zu Aktions- und Organisationszentren ausgebaut, Aufmärsche und Demonstrationen gingen von dort aus. Kühnen selbst gründete noch 1989 in Bremen die *Deutsche Alternative* (DA), die als Partei ab 1990 auch in der damals noch existierenden DDR aktiv wurde. Ihr gehörten bis zum Verbot 1992 immerhin 350 Personen an. Von derartigen Vorgehensweisen des Staates sahen sich weitere neonationalsozialistische Organisationen betroffen. So kam es etwa ab 1992 zu einer Welle von Verboten nicht nur gegen die DA und NA, sondern auch gegen die FAP, die *Nationalistische Front* oder die *Wiking Jugend*.

Die staatlichen Maßnahmen lösten ganz unterschiedliche Reaktionen aus: Allgemein wurde die Neo-NS-Szene zunächst verunsichert, hatte sie doch nicht mit einem so massiven Vorgehen in Form von Demonstrations- und Organisationsverboten gerechnet. Einige Aktivisten zogen sich aus der politischen Arbeit zurück, andere Angehörige traten in noch bestehende Gruppen ein. Ab Mitte der 1990er Jahre gingen Neonationalsozialisten zur NPD, wo einzelne Personen aus diesem Lager des Rechtsextremismus fortan mitunter höchste Funktionen einnehmen sollten.

---

35 Vgl. Werner Bergmann/Rainer Erb (Hrsg.), Neonazismus und rechte Subkultur, Berlin 1994; Chris Gödecke, Die Bedeutung des Kameradschaftsmodells für den quantitativen Anstieg der Neonazi-Szene. Ein Vergleich des vorherrschenden Organisationstyps mit den traditionellen Organisationsstrukturen, in: Armin Pfahl-Traughber (Hrsg.), Jahrbuch für Extremismus- und Terrorismusforschung 2014 (I), Brühl 2014, S. 173–206; Armin Pfahl-Traughber, Die Neonationalsozialisten-Szene nach den Verbotsmaßnahmen, in: Uwe Backes/Eckhard Jesse (Hrsg.), Jahrbuch Extremismus & Demokratie. Bd. 9, Baden-Baden 1997, S. 156–174; Andrea Röpke/Andreas Speit (Hrsg.), Braune Kameradschaften. Die neuen Netzwerke der militanten Neonazis, Berlin 2004; Martin Thein, Wettlauf mit dem Zeitgeist. Der Neonazismus im Wandel. Eine Feldstudie, Göttingen 2009.

Als Reaktion auf die Entwicklungen sah sich die Szene dazu motiviert, die bisherige Abgrenzung in konkurrierende Gruppen zugunsten einer Orientierung an einer stärkeren Zusammenarbeit aufzugeben. Dabei strebte sie aber keine einheitliche Organisation an. Stattdessen sollten gemeinsame Aktionsorientierungen, eigenständige Kleingruppenbildungen und kommunikative Vernetzungen neue Handlungsmöglichkeiten für eine Szene im organisatorischen Wandel eröffnen.

Als Konsequenz aus den staatlichen Verbotsmaßnahmen entstanden „Nationale Kameradschaften", lockere Personenzusammenschlüsse von meist fünf bis 30 Neonationalsozialisten mit besonderem regionalem Schwerpunkt. Die Bindung der Aktivisten erfolgte nun über persönliche Kontakte mit sozialer Integration, nicht mehr über feste Organisationsprinzipien mit formalen Mitgliedschaften. Obwohl das neonationalsozialistische Personenpotential gegen Ende der 1990er Jahre stagnierte bzw. leicht zurückging, nahm im gleichen Zeitraum die Zahl der „Kameradschaften" zu – von 1998 mit 80 auf 150 im Jahre 1999. Diese Entwicklung zeigt, dass es sich um das Modell der Zukunft handeln würde. Die neuen Organisationsformen führten aber nicht zu einer Steigerung der überregionalen Aktionsfähigkeit. Dies hing zum einen mit den Fernwirkungen der Zerschlagung der bisherigen Vereinsstrukturen zusammen, zum anderen mit der Zerstrittenheit der Szene und organisatorischer Unfähigkeit.

Ab dem Beginn der 2000er Jahre hatten die Neonationalsozialisten diese Anfangsschwierigkeiten nach der Umstrukturierung überwunden, stiegen doch die Anhängerzahlen etwa von 2.200 im Jahr 2000 auf 3.800 Personen im Jahr 2004. Dieser Trend hielt auch in den folgenden Jahren an, wie der kontinuierliche Anstieg des Personenpotentials auch und gerade in der vergleichenden Betrachtung zur sinkenden oder stagnierenden Entwicklung in den anderen Bereichen des Rechtsextremismus – deutlich zeigt: 2006 gehörten zu der Neo-NS-Szene 4.200, 2008 4.800, 2010 5.600 und 2012 6.000 Personen. Demnach ist die Absicht, mittels Verboten gegen dieses Lager des Rechtsextremismus in einem eindämmenden Sinne vorzugehen, gescheitert. Der Aufschwung der Neo-NS-Szene und das Bündel der Verbotsmaßnahmen vollzog sich zeitlich parallel. Dem Aufschwung ging sogar die Verbotspraxis voraus.

Das Organisationsmodell „Kameradschaft" erwies sich für potentielle Anhänger als weitaus attraktiver als das Organisationsmodell „Verein". Die Bereitschaft zum Engagement einzelner Personen dürfte durch die interne Dynamik und die persönliche Komponente, ebenso durch die gewisse Unverbindlichkeit und die regionale Verankerung erhöht worden sein. Dem stehen als Nachteile des Modells aus Sicht der neonationalsozialistischen Aktivisten die Gefahr einer Diskontinuität des Engagements und einer Fluktuation des Personenpotentials gegenüber. Indessen sind die zuvor benannten Vorteile von größerer Bedeutung, zumal gegen fehlende Organisationsstrukturen keine staatlichen Verbotsmaßnahmen verhängt werden können. Die Neonationalsozialisten zogen organisatorische und strategische Lehren aus der Entwicklung im Linksextremismus. Dort besteht mit den Autonomen ein subkulturell geprägter Akteur, der auf der Grundlage von kleinen und unstrukturierten Gruppen bereits von Beginn der 1980er Jahre an aktionsorientiert politisch aktiv ist.

Für die Erklärung des Aufschwungs der Neo-NS-Szene lassen sich neben der Attraktivität des Organisationsmodells „Kameradschaft" zwei andere Faktoren im Bereich der Aktionsformen und Aktionsthemen nennen: Was den letztgenannten Aspekt betrifft, dominierten lange Inhalte, die sich auf die Ära des historischen Nationalsozialismus bezogen. Beispielhaft dafür standen etwa Gedenkmärsche für den NS-Politiker Rudolf Heß oder die Waffen-SS. Mitunter greift die Neo-NS-Szene viel stärker Themen des allgemeinen politischen Interesses auf, welche das Alltagsleben der Menschen berühren. Exemplarisch hierfür sind Demonstrationen gegen „Asylmissbrauch" oder gegen „Hartz IV"-Reformen. Meist gelingt es den Neonationalsozialisten dabei nicht, Personen ohne Nähe zum rechtsextremistischen Lager zu mobilisieren. Ausnahmen bilden gelegentlich Proteste von Anwohnern gegen die Errichtung von Asylbewerberunterkünften.

Auch bei den Aktionsformen sind in der Neo-NS-Szene Neuerungen erkennbar. Die Kopie oder Übernahme von Handlungsformen der eher als politisch links geltenden Protestbewegungen ist feststellbar. Bei Demonstrationen formieren sich Aktivisten etwa häufiger als „schwarzer Block", bilden also eine geschlossene Gruppe von einschlägig gekleideten Personen. Eine andere Aktionsform unter der Bezeichnung „Die Unsterblichen" zeigt sich in nächtlichen Fackelmärschen mit weißen Gesichtsmasken. Die Innovationen in Form und Inhalt stehen indessen nicht für eine Abkehr von einer nationalsozialistischen Einstellung. So beschwört die Szene etwa mit rassistischer Einstellung die Gefahr eines durch Migranten bevorstehenden „Volkstodes". Auch bei der Gewaltbereitschaft lassen sich keine Änderungen konstatieren: Kontinuierliche Angriffe gegen „Fremde" und „Linke" oder Funde von Sprengstoff- und Waffenlagern sind auffallend.

Als weitere Besonderheit in der neueren Entwicklung des Neonationalsozialismus sind die *Autonomen Nationalisten* (AN)[36] zu erwähnen. Dabei handelt es sich in Aktionismus, Habitus, Kleidung und Parolen um eine Kopie der linksextremistischen Autonomen. So lassen sich die Angehörigen beider Szenen nur nach einem genauen Blick auf die Parolen der Protagonisten optisch unterscheiden. Ihre eigentliche Differenz besteht in der ideologischen Ausrichtung mit unterschiedlichen Zielen. Ohnehin hatten Rechtsextremisten aus der Neo-NS-Szene bereits zuvor immer wieder Aktions- und Organisationsformen von Autonomen aus dem Linksextremismus kopiert: So nahm die „Anti-Antifa"-Arbeit, das Sammeln von Daten über Kritiker des Rechtsextremismus, in diesem politischen Lager von Beginn der 1990er Jahre an verstärkt zu. Ähnlich agierten zuvor bereits Linksextremisten gegenüber Rechtsextremisten. Auch das Organisationsmodell „Kameradschaft" wurde mit leichten Änderungen von den linksextremistischen Autonomen übernommen.

Insofern konnte die Entstehung einer rechtsextremistischen Form dieser Subkultur nicht überraschen: Ab 2002 kamen einschlägige Gruppen meist in Ballungsräumen und Großstädten auf. Auch hier bildete Berlin den Ausgangspunkt für erste Aktivitäten der AN. Binnen kurzer Zeit formierten sich bei rechtsextremistischen Demonstrationen auch Protagonisten dieser Form des Neonationalsozialismus zu „Schwarzen Blöcken", also zu geschlossenen Personenkonstel-

---

36 Vgl. Christian Menhorn, „Autonome Nationalisten". Generations- und Paradigmenwechsel im neonationalsozialistischen Lager?, in: Uwe Backes/Eckhard Jesse (Hrsg.), Jahrbuch Extremismus & Demokratie. Bd. 19, Baden-Baden 2007, S. 213–225; Jürgen Peters/Christoph Schultze (Hrsg.), „Autonome Nationalisten". Die Modernisierung neofaschistischer Jugendkultur, Münster 2009; Jan Schedler/Alexander Häusler (Hrsg.), Autonome Nationalisten. Neonazismus in Bewegung, Wiesbaden 2011.

lationen, wie dies von den linksextremistischen Autonomen als typische Handlungsform bekannt ist. Nach einer kurzen Anlaufphase fanden die AN in ihrem politischen Lager immer mehr Akzeptanz, sie wurden zu einem innovativen Element rechtsextremistischer Aktionsorientierung. Ihre Besonderheit kann nicht in einer Abweichung vom Nationalsozialismus – etwa unter Berufung auf dessen „linken" Flügel um die Gebrüder Strasser – ausgemacht werden. Für die AN bilden Aktionsformen und Habitus, nicht Ideologie und Organisationsformen die Differenzen zur traditionellen Neo-NS-Szene.

Womit erklärt sich die Attraktivität des Autonomen-Modells für den Rechtsextremismus? Dafür dürften unterschiedliche Gründe auf verschiedenen Ebenen von Belang sein: Die Aktionsorientierung und der Lebensstil wirken nicht nur für Links-, sondern auch für Rechtsextremisten anziehend – dies lässt sich durch einschlägige Prägungen gerade von jüngeren Menschen begründen. Mit der Akzeptanz von ansonsten eigentlich nicht als „national" geltenden Musikformen oder Parolen können Neonationalsozialisten stärker an Gewohnheiten oder Prägungen der Jugend von Mainstream bis Subkultur Anschluss finden. Zwar bestehen bei den Grundpositionen und Feindbildern gravierende Differenzen von Links- und Rechtsautonomen, aber nicht bei der Aktionsorientierung und Gewaltgeneigtheit. Im Hass auf den Staat – wenn auch aus unterschiedlichen Gründen – sind ebenfalls Gemeinsamkeiten erkennbar. Und schließlich stellt das öffentliche Agieren der AN Linksautonome wie Sicherheitsbehörden vor Zuordnungsprobleme.[37]

Ausdruck eines besonderen Phänomens bzw. einer spezifischen Strategie von Neonationalsozialisten ist die Gründung von Parteien. Bereits in der Vergangenheit gab es Unterwanderungen von Kleinparteien durch Aktivisten der Szene, wobei die Existenz einer legalen Organisationsform zur Absicherung des Engagements der Mitglieder verbotener Vereine motivierend wirkte. Die erwähnten Beitritte zur FAP und die dortige neonationalsozialistische Vorherrschaft sind dafür Beispiele. 2012 entstand mit der Partei „Die Rechte" eine Organisation, dominiert zunächst von ehemaligen DVU-Mitgliedern. Dem schlossen sich dann unter dem maßgeblichen Einfluss des führenden Neonationalsozialisten Christian Worch auch Aktivisten von zuvor verbotenen Kleinorganisationen dieses Lagers des Rechtsextremismus an. Da „Die Rechte" noch nicht einmal über 500 Mitglieder hat, gelingt ihr nur selten die Wahlkandidatur. Indessen sichert der Organisationsstatus angesichts der Schwierigkeit eines Parteiverbots ihr die legale Existenz.

Bei dem anderen Bereich des aktionsorientierten Rechtsextremismus handelt es sich um die Skinheads[38], wobei es einer Einschränkung dieser Aussage bedarf. Nur ein bestimmter Teil dieser jugendlichen Subkultur ist diesem politischen Lager zuzuordnen. „Skinhead" bedeutet

---

37 Vgl. Udo Baron, Gemeinsamer Hass auf den Staat bei unterschiedlicher Ideologie. Links- und Rechtsautonome im Vergleich, in: Armin Pfahl-Traughber (Hrsg.), Jahrbuch für Extremismus- und Terrorismusforschung 2011/2012 (I), Brühl 2012, S. 97–114; Marc Brandstetter, Feinde im Alltag, Brüder im Geiste – Autonome Nationalisten im Vergleich zu den linksextremen Autonomen, in: Uwe Backes/Eckhard Jesse (Hrsg.), Jahrbuch Extremismus & Demokratie. Bd. 20, Baden-Baden 2008, S. 185–203; Rudolf van Hüllen, „Autonome Nationalisten" zwischen politischer Produktpiraterie und „Nähe zum Gegner". Eine Analyse zu Sprachcodes, Widerstandsverständnis und Gewaltritualen als Brücken zu den linksextremistischen Autonomen, in: Armin Pfahl-Traughber (Hrsg.), Jahrbuch für Extremismus- und Terrorismusforschung 2009/2010, Brühl 2010, S. 191–210.
38 Vgl. Holger Bredel, Skinheads – Gefahr von rechts?, Berlin 2002; Susanne El-Nawab, Skinheads. Ästhetik und Gewalt, Frankfurt a. M. 2001; Klaus Farin (Hrsg.), Skinhead. A Way of Life, Hamburg 1996; Klaus Farin

sinngemäß übersetzt „Kurzgeschorene" bzw. wortwörtlich übersetzt „Hautkopf". Die Formulierung spielt auf die Glatze bzw. Kurzhaar-Frisur der Personen an. Zu Besonderheiten zählen weitere Merkmale vor dem Hintergrund der Entstehung der Subkultur. Sie kam Ende der 1960er Jahre in Arbeitervierteln größerer Städte in Großbritannien auf, wo Jugendliche mit Alkoholkonsum und Gewaltneigung in Bomberjacken und Springstiefeln auf sich aufmerksam machten. Seinerzeit stellten sie eine Art „Gegen-Subkultur" zu den „Hippies" dar.

Demnach spielten politische Aspekte zunächst keine Rolle, richteten sich doch etwa körperliche Angriffe nicht gegen jugendliche Migranten, sondern gegen andere Jugendliche. Kräftemessen und Rangeleien waren Bestandteile eines Männlichkeitskultes. Für die Frühgeschichte der Skinhead-Subkultur fiel sogar eine positive Einstellung gegenüber Einwanderern auf. Diese gehörten meist zur gleichen unteren sozialen Schicht. Darüber hinaus fand die Musik der Migranten unter Skinheads viele Anhänger. Eine Ausdifferenzierung und Politisierung erfolgte erst im Laufe der 1970er Jahre; verschiedene Faktoren waren dafür von Bedeutung: Angesichts von sozialen Umbrüchen nahmen jugendliche Skinheads mitunter jugendliche Migranten als Konkurrenten um Arbeitsplätze und Wohnungen wahr. In der etablierten Politik beschworen einzelne Akteure die dramatischen Folgen der Zuwanderung. Britische Rechtsextremisten strebten die Mobilisierung und Politisierung der Skinhead-Szene in ihrem Sinne an.

Diese Entwicklung führte zu einer Aufspaltung in einen antirassistischen, einen unpolitischen und einen pro-rechtsextremistischen Teil. Für die folgende Erörterung spielt nur der letztgenannte Bereich eine Rolle. Dabei bot eine aufkommende fremdenfeindliche Stimmung in Teilen der britischen Gesellschaft den Anknüpfungspunkt. Bestärkt wurde diese Entwicklung aus dem organisierten Rechtsextremismus, wo gerade über das Agitationsmittel „Musik" eine Ansprache dieser Jugendlichen erfolgte. Als besonders bedeutsam gilt hier die Band „Skrewdriver" des Sängers Ian Stuart Donaldson, der zu Hardrock-Rhythmen rassistische Texte sang und binnen kurzer Zeit zu einer Kultfigur für die rechtsextremistische Skinhead-Szene wurde. Damit hatten sich Rechtsextremisten erstmals erfolgreich einer modernen Form der Jugendkultur bedient, um so ihre ideologischen Auffassungen in eingängigen Aussagen und in musikalischer Form in der angestrebten Zielgruppe zu verbreiten.

Mit einer gewissen zeitlichen Verzögerung erfolgten ähnliche Entwicklungen in der Bundesrepublik Deutschland. Seit Beginn der 1980er Jahre ist von der Entstehung einer Skinhead-Subkultur zu sprechen. Auch hierbei handelte es sich zunächst um ein eher unpolitisches Phänomen. Es kam erst im Laufe der Zeit über Fremdenfeindlichkeit zu einer rechtsextremistischen Orientierung von großen Teilen der Szene. Bereits früh hatten auch Neonationalsozialisten in den Skinheads ein mögliches Mobilisierungs- und Rekrutierungspotential für sich entdeckt. Da in den rechtsextremistischen Bereichen der Subkultur nationalsozialistische und rassistische Auffassungen mittlerweile größere Akzeptanz gefunden hatten, bestanden bedeutende Schnittmengen im ideologischen und mentalen Sinne. Aufgrund ihrer starken subkulturellen Prägung

---

(Hrsg.), Die Skins. Mythos und Realität, Berlin 1997; Klaus Farin/Eberhard Seidel-Pielen, Skinheads, München 1993; George Marshall, Spirit of '69. Eine Skinhead Bibel, ST Publishing 1993; Christian Menhorn, Skinheads: Portrait einer Subkultur, Baden-Baden 2001.

ließen sich die Skinheads nur schwer in die seinerzeit noch festen Organisationsstrukturen der Neonationalsozialismus integrieren.

Mit Beginn der 1990er Jahre setzte ein Aufschwung der rechtsextremistischen Skinhead-Szene ein. Hierbei war insbesondere die Entwicklung in den neuen Bundesländern von Bedeutung: Bereits zu DDR-Zeiten hatte es dort einschlägige Jugendgruppen mit derartiger politischer Ausrichtung gegeben. Von der SED-Diktatur war dies indes geleugnet worden.[39] Spätestens der Überfall auf die Ostberliner Zionskirche im Oktober 1987, bei dem Skinheads unter Skandierung von Parolen wie „Sieg Heil" oder „Juden raus aus deutschen Kirchen" die dort anwesenden Jugendlichen zusammenschlugen, machte die Existenz solcher Szenen deutlich. Nach dem Ende der SED-Diktatur traten sie mit gewalttätigen Aktionen und in Kooperation mit Neonationalsozialisten offen auf. Insbesondere Menschen mit Migrationshintergrund wurden Opfer von Gewaltakten, die bis zur Tötung führten.

Die Texte der zahlreichen Rock-Gruppen waren von Gewaltfantasien und Hass geprägt. Sie fanden unter bestimmten Jugendlichen ein begeistertes Publikum. Die Bedeutung der Musik[40] für die Szene ist beträchtlich: Angesichts der fehlenden Organisationsstrukturen und der subkulturellen Prägung diente sie erstens der Bindung und Integration der Szene. Zweitens kam einschlägigen Konzerten und Tonträgern eine mobilisierende Wirkung zu. Diese sprachen diffus politisierte Jugendliche an. Drittens konnten über die Songtexte Feindbilder aufgebaut werden. Viertens ist der finanzielle Aspekt erwähnenswert.

Über die Hälfte des Personenpotentials der rechtsextremistischen Skinheads fand sich in den östlichen Bundesländern bei einem dortigen Gesamtbevölkerungsanteil von einem Fünftel. Überregional aktive Szenen bildeten sich in Südbrandenburg, Süd- und Ostthüringen und Westsachsen. Dieser Schwerpunkt in Ostdeutschland zeigt sich auch am Beispiel von Berlin, wo Skinhead-Gruppen insbesondere in den östlichen Stadtteilen aktiv waren. In den westlichen Länder bestanden größere Szenen insbesondere in einzelnen Regionen von Baden-Württemberg, Bayern und Niedersachsen. Im Laufe der 1990er Jahre wuchs das Potential der Szene kontinuierlich an und zwar von 4.200 1991 auf 5.600 1993, von 6.200 1995 auf 7.600 1997. 1999 zählten 9.000 und 2001 10.400 Personen dazu. Demnach handelte es sich um jenen Bereich des Rechtsextremismus, der kontinuierlich am stärksten anstieg.

Zwar belegten Fremdenfeindlichkeit und Rassismus eine rechtsextremistische Ausrichtung. Diese Ideologiefragmente mündeten allerdings nicht in einer kohärenten Weltanschauung. Die

---

[39] Vgl. Waltraud Arenz, Skinheads in der DDR, in: Dieter Voigt/Lothar Mertens (Hrsg.), Minderheiten in und Übersiedler aus der DDR, Berlin 1992, S. 141–171; Wolfgang Brück, Skinheads vor und nach der Wende in der DDR, in: Wolfgang Gessenharter/Helmut Fröchling (Hrsg.), Minderheiten. Störpotential oder Chance für eine friedliche Gesellschaft, Baden-Baden 1991, S. 163–173; Frank Schumann, Glatzen am Alex. Rechtsextremismus in der DDR, Berlin 1990; Bernd Siegler, Auferstanden aus Ruinen... Rechtsextremismus in der DDR, Berlin 1991, S. 74–88; Konrad Weiß, Die neue alte Gefahr. Junge Faschisten in der DDR, in: Kontext (1989), H. 3, S. 3–12.

[40] Vgl. Max Annas/Ralph Christoph (Hrsg.), Neue Soundtracks für den Volksempfänger. Nazirock, Jugendkultur und rechter Mainstream, Berlin 1993; Archiv der Jugendkulturen (Hrsg.), Reaktionäre Rebellen. Rechtsextreme Musik in Deutschland, Berlin 2001; Christian Dornbusch/Jan Raabe (Hrsg.), RechtsRock. Bestandsaufnahme und Gegenstrategien, Hamburg–Münster 2002; Christoph Mengert, „Unsere Texte sind deutsch". Skinhead-Bands in der Bundesrepublik Deutschland, Brühl 1994; Searchlight u. a. (Hrsg.), White Noise. Rechts-Rock, Skinhead-Musik, Blood & Honour. Einblicke in die internationale Neonazi-Musik-Szene, Hamburg/Münster 2000.

subkulturelle Prägung beschränkte den Grad der Politisierung der Skinheads, die mehr durch aggressive Bekundungen denn ideologische Erklärungen auf sich aufmerksam machten. Auch der eher geringe Organisationsgrad kann darauf zurückgeführt werden. Es handelte sich meist um lose Gruppen von regional aktiven Personen. Indessen gab es Ausnahmen: Hierzu gehörte das international agierende „Blood & Honour"-Netzwerk mit seiner im Jahr 2000 verbotenen deutschen „Division", die einschlägige Konzerte durchführte und Propagandamaterialien vertrieb. Ebenfalls international aktiv und gut organisiert sind die „Hammerskins" mit ähnlichen Aktivitäten; eine deutsche Besonderheit waren die „Skinheads Sächsische Schweiz" (SSS), eine 1997 verbotene gewaltgeneigte Gruppe von über 100 Personen.

Angesichts des hohen staatlichen Drucks auf die rechtsextremistische Skinhead-Szene, die etwa in regelmäßigen Beschlagnahmungen einschlägiger Tonträger zum Ausdruck kam, geriet sie im Laufe der zweiten Hälfte der 2000er Jahre in eine Krise. Die auch in der breiteren Öffentlichkeit dominierende Auffassung von dumpfen und gewaltbereiten „Glatzenträgern" verlor immer mehr an Attraktivität. Hinzu kamen interne Umbrüche, die sich aus der Perspektivlosigkeit und Stagnation der Szene erklärten. In allen für Subkulturen typischen Bereichen, von Habitus über Kleidung, Musik und Selbstverständnis bis zur Strukturierung setzte ein Wandel ein.[41] Demgemäß ging die Zahl der Anhänger der rechtsextremistischen Skinheads zurück: 2006 gehörten ihr 10.400 Personen an, 2008 waren es 9.500, 2010 8.300, 2012 7.500.

Die stärker ideologisierten und politisierten Angehörigen dieses Lagers des Rechtsextremismus fanden zu geringeren Teilen in der NPD ein neues Wirkungsfeld, die größeren Teile wandten sich der Neo-NS-Szene zu. In den ostdeutschen Ländern wiesen beide Szenen ohnehin größere Schnittmengen auf. Bestärkt wurden diese dadurch, dass das Modell „Kameradschaft" der Neonationalsozialisten der subkulturellen Prägung der Skinheads mehr entsprach. In diesem aktionsorientierten, nicht im parteiförmigen Bereich des Rechtsextremismus lässt sich denn auch ein quantitativer Anstieg ausmachen. Hierbei geht es um besonders ausgeprägte Formen des Rechtsextremismus, die nicht nur in Gestalt einer offenen Ablehnung von Demokratie und Menschenrechten, sondern auch in hetzerischen Agitationen gegen Fremde und Minderheiten zum Ausdruck kommt. Darüber hinaus besteht im Spektrum des aktionsorientierten Rechtsextremismus in latenter wie manifester Form eine ausgeprägte Gewaltbereitschaft.

5 Intellektueller Rechtsextremismus

Nach dem Niedergang der nationalrevolutionären Gruppen und Publikationsorgane der 1970er Jahre ließen sich im deutschen Rechtsextremismus zunächst keine intellektuellen Innovationen mehr erkennen. Zwar entstand mit „Wir selbst" 1979 eine Zeitschrift, die als Publikationsorgan mit einer solchen Ausrichtung auch „patriotische Linke" ansprechen wollte. Indessen war ihr weder bündnispolitischer noch publizistischer Erfolg beschieden. Darüber hinaus verstörte ihr gewisses Faible für den libyschen Staatschef Muammar al-Gaddafi selbst an-

---

41 Vgl. Christian Menhorn, Die Erosion der Skinhead-Bewegung als eigenständiger Subkultur. Eine Analyse des Wandels elementarer Stilmerkmale, in: Pfahl-Traughber 2010 (Anm. 37), S. 125–150.

dere nationalrevolutionär Eingestellte.[42] Eine weit größere Bedeutung hatte seinerzeit im intellektuellen Rechtsextremismus die Monatszeitschrift „Nation Europa", 1951 als Forum für Publizisten aus unterschiedlichen Lagern dieses Spektrums gegründet. Entsprechend des Titels setzte sie auf ein nationalistisches Europaverständnis – sie kooperierte auch mit Gesinnungsfreunden in anderen Ländern. Von ihnen glaubte sie auch ideologisch und strategisch lernen zu können.

So kann denn ein intellektueller Schub vom französischen Rechtsextremismus nicht verwundern. Im Nachbarland entstand Ende der 1960er Jahre eine Gruppe von Publizisten, die sich selbst als „Neue Rechte" bezeichnete.[43] Ideologisch orientierte sie sich an den Denkern der „Konservativen Revolution" der Weimarer Republik und Sympathisanten des italienischen Faschismus, zielte sie auf die Erlangung einer „kulturellen Hegemonie" durch einen „Kampf um die Köpfe". Damit sollten intellektuelle Diskurse im Sinne von Theoriearbeit das primäre Feld der Aktivitäten bilden, galt doch die geistige Dominanz als Voraussetzung für die Erlangung der politischen Dominanz. In Frankreich hatte die Intellektuellengruppe um den Philosophen und Publizisten Alain de Benoist starke öffentliche Aufmerksamkeit auf sich gezogen. In Deutschland förderte der habilitierte Politologe und Publizist Armin Mohler, ein Kopf der konservativen Zeitschrift „Criticón", deren Wahrnehmung.

Dabei ließ sich eine Erosion der Abgrenzung von demokratisch-konservativen und extremistisch-rechten Intellektuellen ausmachen[44]: Benoists deutschsprachige Übersetzungen erschienen in Verlagen aus beiden politischen Spektren, Handbücher und Sammelbände beinhalteten ebenfalls Beiträge von Autoren der genannten Bereiche, und gleiches gilt für einige Zeitschriften und Zeitungen. Zu den letztgenannten Publikationsorganen gehörten „Criticón" und „Junge Freiheit", die sich im Sinne eines demokratietheoretisch nicht eindeutig positionierten Konservatismus verstanden. Darin fanden sich Beiträge, die am Denken der Jungkonservativen der „Konservativen Revolution" der Weimarer Republik orientiert waren. Indessen gehörten zu den Autoren auch anders ausgerichtete Publizisten. Dies macht eine Einschätzung als publizistisches Gesamtprodukt aus extremismustheoretischer Sicht schwer. Darüber hinaus schwächte mancher Ideologe politische Positionen aus strategischer Perspektive verbal ab.

Als Beispiel dafür ist der Historiker Karlheinz Weißmann zu nennen, dem nach dem Tod von Mohler wichtigsten Publizisten der „Neuen Rechten". Er hält sich in seinen Schriften mit eindeutigen rechtsextremistischen Aussagen zurück, bedient aber einschlägige Diskurse mit seinen Kommentierungen. Durch Weißmanns Bekenntnis, er sehe sich in der Tradition der Jungkon-

---

42 Vgl. Eckhard Jesse, Zeitschriftenporträt: Wir selbst, in: Uwe Backes/Eckhard Jesse (Hrsg.), Jahrbuch Extremismus & Demokratie, Bd. 11, Baden-Baden 1999, S. 239–255; Pfahl-Traughber (Anm. 1), S. 137 f.
43 Vgl. Marie-Luise Christadler, Die „Nouvelle Droite" in Frankreich, in: Iring Fetscher (Hrsg.), Neokonservative und „Neue Rechte". Der Angriff gegen Sozialstaat und liberale Demokratie in den Vereinigten Staaten, Westeuropa und der Bundesrepublik, München 1983; Hans-Gerd Jaschke, Frankreich, in: Franz Greß/Hans-Gerd Jaschke/Klaus Schönekäs, Neue Rechte und Rechtsextremismus in Europa. Bundesrepublik, Frankreich, Großbritannien, Opladen 1990, S. 17–103; Pfahl-Traughber (Anm. 6), S. 129–152.
44 Vgl. Armin Pfahl-Traughber, Brücken zwischen Rechtsextremismus und Konservativismus, in: Wolfgang Kowalsky (Hrsg.), Rechtsextremismus. Einführung und Forschungsbilanz, Opladen 1994, S. 160–182. Eine anderslautende Auffassung vertritt: Eckhard Jesse, Fließende Grenzen zum Rechtsextremismus? Zur Debatte über Brückenspektren, Grauzonen, Vernetzungen und Scharniere am rechten Rand – Mythos und Realität, in: Jürgen W. Falter/Hans-Gerd Jaschke/Jürgen R. Winkler (Hrsg.), Rechtsextremismus. Ergebnisse und Perspektiven der Forschung, Opladen 1996, S. 514–529.

servativen der „Konservativen Revolution", gibt er sich als heutiger Anhänger des „antidemokratischen Denkens der Weimarer Republik" zu erkennen.[45] Diese gilt auch für das „Institut für Staatspolitik", im Jahr 2000 als „Denkfabrik" eines neuen Nationalkonservativismus entstanden. Indes nehmen die Repräsentanten einer „Neuen Rechten" eine klare Ablehnung vom historischen und gegenwärtigen Nationalsozialismus vor.

Darüber hinaus besteht eine formale Distanz zur NPD. In der Partei wie ihrem Umfeld finden sich Repräsentanten eines intellektuellen Rechtsextremismus. Im Unterschied zur vorgenannten Strömung der „Neuen Rechten" geht es um Publizisten, die sich zwar ebenfalls auf die Jungkonservativen und Nationalrevolutionäre berufen, dies aber mit einer offen rechtsextremistischen Orientierung verbinden. Sie zielen gar nicht darauf, durch die Mäßigung ihrer Positionen im bürgerlich geprägten Konservativismus politische Akzeptanz zu finden. Somit bietet sich an, die geistigen Strömungen einer auf die Jungkonservativen bezogenen „Neuen Rechten" in eine „Fundamentalismus"- und eine „Mimikry"-Variante zu unterteilen.[46]

Für die erstgenannte Form dient der Historiker Jürgen Gansel, ehemaliger NPD-Landtagsabgeordneter in Sachsen, als Beispiel. In der Parteizeitung „Deutsche Stimme" publizierte er regelmäßig Beiträge, die an Protagonisten der Strömung um Arthur Moeller van den Bruck oder Oswald Spengler erinnern. Darüber hinaus kann in Beiträgen zum Demokratieverständnis der Einfluss von Denkern wie Carl Schmitt erkannt werden. Mit solchen Ausführungen hat Gansel das intellektuelle Format der NPD erhöht, wobei er ebendort mit anderen Publizisten in der Minderheit ist. Der von der Partei geforderte „Kampf um die Köpfe" im Sinne einerseits der Entwicklung einer eigenen politischen Theorie und andererseits der ideologischen Schulung der Anhänger- und Mitgliedschaft ist allenfalls in Ansätzen ein Intellektualisierungsprozess mit geringer Ausstrahlung auf die Mehrheit der Mitglieder.

Eher ist anhand der Entwicklung von Organisationen und Publikationsorganen eine Krise und ein Niedergangsprozess des intellektuellen Rechtsextremismus erkennbar: Das bereits 1980 als Ableger der französischen Neuen Rechten gegründete „Thule-Seminar" gab zwei Sammelbände und die Zeitschrift „Elemente" heraus, konnte ein solches publizistisches Engagement jedoch nur für kurze Zeit aufrecht erhalten. 1994 entstand das am Reichsgedanken orientierte „Deutsche Kolleg", das mit elitär gehaltenen Erklärungen und Schulungsangeboten bei vielen Rechtsextremisten eher Verwunderung auslöste. Die im Jahr 2000 gegründete „Deutsche Akademie", eine sich selbst als nationalrevolutionär verstehende „Ideenschmiede", führte zahlreiche Seminare und Vortragsveranstaltungen mit allerdings sinkender Bedeutung durch. Und aus der 2004 als „Denkschule" entstandenen „Dresdener Schule", eine Art Gegenentwurf zur lin-

---

45 Vgl. Karlheinz Weißmann, Unsere Zeit kommt (Gespräch mit Götz Kubitschek), Schnellroda 2006, S. 34. Diese Einschätzung der geistigen Strömung nutzt hier den Buchtitel folgender Studie: Kurt Sontheimer, Antidemokratisches Denken in der Weimarer Republik. Die politischen Ideen des deutschen Nationalismus zwischen 1918 und 1933, München 1983.
46 Vgl. Armin Pfahl-Traughber, „Kulturrevolution von rechts". Der intellektuelle Rechtsextremismus von der „Konservativen Revolution" zur „Neuen Rechten", in: Holger Spöhr/Sarah Kolls (Hrsg.), Rechtsextremismus in Deutschland und Europa. Aktuelle Entwicklungstendenzen im Vergleich, Frankfurt a. M. 2010, S. 52–55.

ken „Frankfurter Schule", gingen nach der Präsentation eines Grundsatzpapiers keine weiteren Aktivitäten hervor.[47]

Darüber hinaus wurden bedeutende Strategie- und Theorieorgane in den letzten Jahren eingestellt. Hierzu gehörte etwa die 1990 ins Leben gerufene Monatszeitschrift „Staatsbriefe", die sich ideologisch an der Reichsidee der Staufer orientierte und zahlreichen rechtsextremistischen Publizisten als Stammautoren bis zur Einstellung 2001 ein Forum bot. Als gravierender darf die Entwicklung der Monatszeitschrift „Nation Europa" gelten, war sie doch vom Jahr 1951 an jahrzehntelang das bedeutendste Publikationsorgan mit ideologischem Anspruch und strategischen Positionierungen. Möglicherweise ist dessen Einstellung 2009 symptomatisch für die Krise des intellektuellen Rechtsextremismus – „Nation Europa" ging in der als Nachrichtenmagazin konzipierten Zeitschrift „Zuerst!" auf. Dabei blieb von dem Selbstverständnis des Blattes nichts übrig, womit das Ideologieorgan des Rechtsextremismus ersatzlos verschwand.

Ähnliche Entwicklungen wie in der „Fundamentalismus"- gibt es in der „Mimikry"-Variante. Publikationsorgane (z. B. „Wir selbst" oder „Zeitenwende") lösten sich auf. Gleiches gilt für Zeitschriften wie „Criticón", die demokratischen wie extremistischen Konservativen ein Forum geboten und als gedruckte Ausgabe 2007 ihr Erscheinen eingestellt hatte.[48] Anders verhält es sich mit der inzwischen in einer Auflage von über 25.000 erscheinenden Wochenzeitung „Junge Freiheit", die 1986 als Monatszeitung entstanden war und eine politische Nähe zu den REP aufwies. Darüber hinaus bezogen wichtige Autoren sich immer wieder auf die Weimarer Jungkonservativen. Im Laufe der 2000er Jahre gingen derartige Bekundungen ebenso wie sonstige offen rechtsextremistische Positionierungen immer mehr zurück. Dabei stellt sich die Frage: Ist diese Entwicklung als demokratischer Lernprozess oder als taktische Zurückhaltung zu interpretieren?[49]

In der Gesamtschau lässt sich für die Intellektualisierung ein geringeres Maß – im Vergleich zum Linksextremismus – an Interesse, Niveau und Potential konstatieren. Dies hängt mit ganz unterschiedlichen Gründen zusammen: Erstens beanspruchen Rechtsextremisten häufig im Namen der Geschichte oder der Natur zu sprechen, womit sich die Notwendigkeit der rationalen und theoretischen Legitimation des eigenen Politikverständnisses erübrigt. Zweitens gehören dem organisierten Rechtsextremismus nicht nur, aber überdurchschnittlich stark formal eher geringer gebildete Aktivisten an. Drittens gilt der Rechtsextremismus gesellschaftlich als diskreditiert, was die stärker intellektuell ausgerichteten Protagonisten eher zu öffentlicher Zurückhaltung motiviert. Und viertens sehen die bedeutenden Akteure im Rechtsextremismus ak-

---

47 Vgl. Torsten Kriskofski, Intellektualisierungsbemühungen im Rechtsextremismus. Eine Analyse zur Entwicklung am Beispiel der NPD und ihrer Umfeldorganisationen, in: Pfahl-Traughber 2010 (Anm. 36), S. 211–248.
48 Vgl. Sebastian Dittrich, Zeitschriftenporträt Criticon, in: Backes/Jesse (Anm. 35), S. 263–289; Pfahl-Traughber (Anm. 6), S. 202–206.
49 Vgl. Stephan Braun/Ute Voigt (Hrsg.), Die Wochenzeitung „Junge Freiheit". Kritische Analysen zu Pogrammatik, Inhalten, Autoren und Kunden, Wiesbaden 2007; Helmut Kellershohn (Hrsg.), Das Plagiat. Der völkische Nationalismus der „Jungen Freiheit", Duisburg 1994; Helmut Kellershohn (Hrsg.), Die „Deutsche Stimme" der „Jungen Freiheit". Lesarten des völkischen Nationalismus in zentralen Publikationen der extremen Rechten, Münster 2013; Pfahl-Traughber (Anm. 6), S. 188–200; Matthias Weber, Zeitschriftenporträt: Junge Freiheit, in: Uwe Backes/Eckhard Jesse (Hrsg.), Jahrbuch Extremismus & Demokratie, Bd. 14, Baden-Baden 2002, S. 203–227.

tuell in der Gewährung einer „Erlebniswelt" und Gegenkultur oder der Orientierung an Parteipolitik und Wahlen das jeweils entscheidendere Handlungsfeld.

6 Biographische Porträts

Holger Apfel (geb. 1970) begann 1991 eine Lehre als Verlagskaufmann, die ihn später in diesem Berufsfeld in der NPD aktiv werden ließ. Ab 1996 war er Verlagsleiter des „Deutsche Stimme Verlags" der Partei. Bereits als Schüler trat Apfel 1988 der Jugendorganisation „Junge Nationaldemokraten" bei. Dort machte er schnell Karriere, wurde 1992 der Stellvertretende und ab 1994 der Bundesvorsitzende. In der NPD selbst nahm Apfel hohe Funktionen ein, zunächst zwischen 1992 und 1997 als Mitglied des Landesvorstandes Niedersachsen, seit 2000 als Stellvertretender Bundesvorsitzender und schließlich ab 2011 als Bundesvorsitzender. Ab 2004 führte er die NPD-Landtagsfraktion in Sachsen und provozierte in seinen Reden. Nach der Belästigung von jungen Männern (Apfel bestreitet dies), trat er Ende 2013 von allen Ämtern zurück und aus der Partei aus. Seit 2014 betreibt er auf Mallorca ein Restaurant.[50]

Gerhard Frey (1933-2013) schloss sein Studium der Rechts- und Staatswissenschaften mit einer Promotion in Wirtschaftsrecht ab. Bereits von 1951 an war er für die „Deutsche Soldaten-Zeitung" tätig. Der aus vermögendem Elternhaus stammende Frey erwarb das Publikationsorgan. Fortan sollte es für lange Jahre das auflagenstärkste Blatt im Rechtsextremismus werden. Frey gab die „National-Zeitung" im eigens gegründeten „Druckschriften- und Zeitungsverlag" heraus. Außerdem gehörten ihm Anteile einer Kaufhauskette und Immobilien in Großstädten. Mehrmals bemühte Frey sich um eine Karriere in der NPD, wobei ihm nie Erfolg beschieden war. Dies erklärt sich durch seinen Ruf als skrupelloser Geschäftsmann. Frey kam als Geldgeber und weniger als Politiker reale Bedeutung zu. Er war bis kurz zu seinem Tod Vorsitzender der DVU.[51]

Michael Kühnen (1955–1991) engagierte sich bereits Ende der 1960 Jahre als Schüler für die NPD. Nach deren Niedergang wandte er sich neonationalsozialistischen Kleinorganisationen zu. Dies führte 1977 zu seiner unehrenhaften Entlassung als Leutnant aus der Bundeswehr. Danach gründete Kühnen eine Fülle von rechtsextremistischen Organisationen, um nach einem Verbot eine Ersatz-Organisation zur Verfügung zu haben. Zugleich musste er mehrfach Haftstrafen verbüßen, welche Konkurrenten im eigenen politischen Lager zum Machtgewinn nutzten. Kühnens Bekenntnis zur Homosexualität führte Ende der 1980er Jahre zu seiner partiellen Isolation in der Szene. Bis dahin war Kühnen als Ideologe, Organisator und Stratege für die Neo-NS-Szene von herausragender Bedeutung, wenngleich auch er diese nicht organisatorisch

---

50 Vgl. Artikel „Holger Apfel", in: Thomas Grumke/Bernd Wagner (Hrsg.), Handbuch Rechtsradikalismus. Personen – Organisationen – Netzwerke vom Neonazismus bis in die Mitte der Gesellschaft, Opladen 2002, S. 233–235; Frank Jansen, NPD in der Krise. Apfel in Erklärungsnot, in: www.tagesspiegel.de (23. Dezember 2013).
51 Vgl. Backes/Jesse (Anm. 5), S. 295–297; Artikel „Dr. rer. pol. Gerhard Michael Frey", in: Grumke/Wagner (Anm. 50), S. 255–258.

einen konnte. Ab 1990 erlebte Kühnen in den neuen Ländern ein politisches Comeback. Er starb an den Folgen einer AIDS-Infektion.[52]

Armin Mohler (1920–2003) desertierte 1942 vor der Einberufung in die Armee und strebte im NS-Deutschland den Eintritt in die Waffen-SS an. 1949 mit einer Arbeit über die „Konservative Revolution" promoviert, wurde er bis 1953 Privatsekretär des Schriftstellers Ernst Jünger. Anschließend begann Mohler eine journalistische Karriere. Er schrieb in den 1950er und 1960er Jahren für auflagenstarke Zeitungen wie „Die Welt" oder „Die Zeit". 1964 wurde er Geschäftsführer der Carl Friedrich von Siemens Stiftung in München. In seinen Artikeln und Büchern hatte Mohler eine politisch weit rechts stehende Auffassung deutlich gemacht. Diese verschärfte sich mit Beginn der 1970er Jahre in seinen Kommentaren in der Zeitschrift „Criticón". In ihnen machte Mohler die Ideen der „Konservativen Revolution" populär. 1994 bekannte er in einem Interview, ein Faschist im Sinne des spanischen Faschismus zu sein. Mohler gilt als Vordenker der „Neuen Rechten".[53]

Udo Pastörs (geb. 1952) betätigte sich nach eine Uhrmacherlehre zeitweise als Kaufmann im Goldhandel und eröffnete danach einen Schmuck- und Uhrenladen. 2000 trat er der NPD bei, ohne zunächst bedeutende Funktionen zu übernehmen. Gleichwohl bemühte sich Pastörs bereits in dieser Zeit um eine engere Kooperation mit der Neonationalsozialisten-Szene. 2005 wurde er zum Stellvertretenden Landesvorsitzenden der NPD Mecklenburg-Vorpommern gewählt. Als Spitzenkandidat zog Pastörs 2006 in den dortigen Landtag als Fraktionsvorsitzender ein. Er äußerte sich öfter in hetzerischer Art und Weise, etwa 2009 mit der Bezeichnung der Bundesrepublik Deutschland als „Judenrepublik", türkische Männer galten als „Samenkanonen". Diese Aussagen lösten Strafverfahren und mitunter Verurteilungen aus. Nachdem Apfel von seinem Parteivorsitz zurücktrat, wurde Pastörs 2014 kurzfristig zum Bundesvorsitzenden gewählt. Beim nächsten Parteitag trat er für das Amt nicht mehr an.[54]

Franz Schönhuber (1923-2005), ein ehemaliger Waffen-SS-Soldat, machte nach dem Krieg als Journalist Karriere, wobei er es bis zum stellvertretenden Chefredakteur des Bayerischen Rundfunks (Fernsehen) brachte. Politisch gehörte Schönhuber seinerzeit ohne Mitgliedschaft zum Umfeld der CSU. Die Veröffentlichung einer Autobiographie mit einer Idealisierung seiner Zeit bei der Waffen-SS führte 1981 zu seiner Entlassung. 1983 zählte Schönhuber zu den Mitbegründern der REP und 1985 wurde er nach internen Konflikten deren Bundesvorsitzender. Unter der Führung des charismatischen Redners gelangen 1989 in Berlin und bei den Europawahlen im selben Jahr jeweils Erfolge von über sieben Prozent der Stimmen. Nach dem Niedergang der REP bei Wahlen trat er den Parteivorsitz 1994 an Rolf Schlierer ab. Dem Partei-

---

52 Vgl. Hans-Gerd Jaschke, Biographisches Porträt: Michael Kühnen, in: Uwe Backes/Eckhard Jesse (Hrsg.), Jahrbuch Extremismus & Demokratie, Bd. 4, Bonn 1992, S. 167–180; Giovanni Di Lorenzo, Wer bitte ist Michael Kühnen? Beschreibung eines Phänomens, in: Wolfgang Benz (Hrsg.), Rechtsextremismus in der Bundesrepublik. Voraussetzungen, Zusammenhänge, Wirkungen, Frankfurt a. M. 1989, S. 232–247.
53 Vgl. Pfahl-Traughber (Anm. 6), S. 164–170; Ralf Walkenhaus, Armin Mohlers Denkstil, in: Uwe Backes/Eckhard Jesse (Hrsg.), Jahrbuch Extremismus & Demokratie, Bd. 9, Baden-Baden 1997, S. 97–116.
54 Vgl. Abgeordneteninformation zu Udo Pastörs auf der Seite des Landtags Mecklenburg-Vorpommern www.landtag-mv.de; Ohne Autor, Pastörs ist neuer NPD-Vorsitzender, unter: www.faz.net (10. Januar 2014).

austritt 1995 folgten Kandidaturen 1998 für die DVU und 2005 für die NPD bei den Bundestagswahlen.[55]

Adolf von Thadden (1921-1996), Abkömmling eines bekannten pommerschen Adelsgeschlechts, engagierte sich nach dem Zweiten Weltkrieg im nicht-nationalsozialistischen parteiförmigen Rechtsextremismus, so etwa seit 1947 in der DKP-DRP und ab 1950 in der DRP. Mit erstgenannter Partei zog von Thadden 1949 als jüngster Abgeordneter in den Bundestag ein. Nach einer längeren Phase parteipolitischer Misserfolge trieb er die Gründung der NPD als Sammelpartei des „nationalen Lagers" als deren Vorsitzender voran. Da er als beeindruckende Persönlichkeit und charismatischer Redner galt, spielte dies für den Aufschwung der Partei eine bedeutende Rolle. 1971 trat von Thadden vom Amt des Parteivorsitzenden zurück und 1975 ganz aus der Partei aus. Fortan beschränkte er sich auf die Publikation von Artikeln und Büchern, die NS-Zeit beschönigend.[56]

Udo Voigt (geb. 1952) arbeitete von 1972 bis 1984 als Zeitsoldat und schloss sein Studium der Politikwissenschaft von 1982 bis 1987 mit einem Diplom ab. Bereits ab 1968 gehörte Voigt der NPD an. Er hatte dort zunächst auf kommunaler Ebene Funktionen inne. Aufgrund dieses Engagements blieb ihm in der Bundeswehr eine Existenz als Berufssoldat verwehrt. Voigt arbeitete danach als Kleinunternehmer in verschiedenen Wirtschaftsbereichen. Parallel dazu machte er im politischen Bereich Karriere. 1992 avancierte er zum Landesvorsitzenden in Bayern. 1996 setzte Voigt sich in einer Kampfabstimmung gegen den Bundesvorsitzenden Günter Deckert durch. Fortan gelang dem wenig charismatisch wirkenden, aber taktisch geschickt agierenden Voigt zunächst die organisatorische Konsolidierung der NPD und dann mittels strategischer Neuerungen ein Aufschwung der Partei. Deren Stagnation führte 2011 nach einer Kampfabstimmung zu seiner Ablösung im Parteivorsitz durch Holger Apfel.[57] Seit 2014 sitzt er im Europäischen Parlament.

Christian Worch (geb. 1956) gehörte zu den Aktivisten der ersten Generation der Neo-NS-Szene und zu den engen Mitstreitern von Michael Kühnen. Von 1977 an kooperierten beide bei der organisatorischen Entwicklung dieser Szene: So gründeten Kühnen und Worch eine Fülle von Kleinorganisationen, um den Folgen der staatlichen Verbotspolitik durch die Existenz von Ersatzorganisationen entgegen zu wirken. Nach Kühnens Ansehensverlust und Tod gelang es dem redegewandten Worch nicht, dessen führende Rolle einzunehmen: zum einen bedingt durch seine mangelnde Bescheidenheit, die ihn bei vielen Aktivisten unbeliebt machte, zum anderen durch die zunehmende Dezentralisierung, die mit dem von ihm und seinem langjährigen Mitstreiter Thomas Wulff entwickelten „Kameradschafts"-Modell verbunden war. Gegenüber

---

55 Vgl. Uwe Backes, Biographisches Porträt: Franz Schönhuber, in: Uwe Backes/Eckhard Jesse (Hrsg.), Jahrbuch Extremismus & Demokratie, Bd. 12, Baden-Baden 2000, S. 268–282; Michael Stiller, Die Republikaner. Franz Schönhuber und seine rechtsradikale Partei, München 1989.
56 Vgl. Eckhard Jesse, Biographisches Porträt: Adolf von Thadden, in: Uwe Backes/Eckhard Jesse (Hrsg.), Jahrbuch Extremismus & Demokratie, Bd. 2, Bonn 1990, S. 228–238; Werner Treß, Adolf von Thadden, in: Wolfgang Benz (Hrsg.), Handbuch des Antisemitismus. Bd. 2.2 (Personen), Berlin 2009, S. 822–824.
57 Vgl. Brandstetter (Anm. 31), S. 90–102; Eckhard Jesse, Biographisches Porträt: Udo Voigt, in: Uwe Backes/Eckhard Jesse (Hrsg.), Jahrbuch Extremismus & Demokratie, Bd. 18, Baden-Baden 2006, S. 207–219.

der NPD ging Worch um der Autonomie willen häufig auf Konfrontationskurs, so auch durch die Gründung der Partei „Die Rechte".[58]

7 Publikationen aus dem Spektrum

Altermedia war ein Internet-Portal, keine Zeitung. Es konnte aufgrund seiner Bedeutung als Informationsbasis für Nachrichten wie für Stellungnahmen dem publizistischen Rechtsextremismus zugeordnet werden. In dem erstmals seit 2003 aktiven deutschen Ableger eines international agierenden Portals fanden sich ebenso Hinweise auf aktuelle Veranstaltungen wie Kommentare zum gegenwärtigen Zeitgeschehen, wobei die Nutzer einen anonymen und schnellen Zugang zu einschlägigen Informationen hatten. Auch im Rechtsextremismus spielen neue Medien ähnlich wie in der Gesamtgesellschaft eine herausragende Rolle. Angeblich gab es jährlich um die fünf Millionen Aufrufe, welche sich nicht selten auf neonationalsozialistische und volksverhetzende Inhalte beziehen. Damit wollten die Betreiber eine Art „Gegenöffentlichkeit" zur Berichterstattung der etablierten Medien und eine virtuelle geistige „Heimat" schaffen. 2016 wurde „Altermedia" verboten.[59]

Die *Deutsche Nationalzeitung* ist die mit Abstand auflagenstärkste rechtsextremistische Zeitung. Sie entstand 1951 unter der Bezeichnung „Deutsche Soldaten-Zeitung" und nutzte erst ab 1963 ihren späteren Titel. Sie gab sich vor allem als Anwalt der „Kriegsgeneration" aus, beispielsweise bei der Glorifizierung der behaupteten militärischen Leistungen oder bei der Verharmlosung von Kriegsverbrechen im Zweiten Weltkrieg. In den politischen Kommentaren zur Tagespolitik nahm die „Deutsche Nationalzeitung" eine nationalistische Position ein, aber nicht im nationalsozialistischen Sinne. Die Auffassungen wurden meist auf einem niedrigen intellektuellen Niveau präsentiert, jeweils betitelt mit suggestiven Fragen in dramatischem Tonfall. Die Kombination dieser Merkmale fand ihre Leserschaft, konnte das Blatt doch bis in die 1990er Jahre hinein eine Auflage von 40.000 Exemplaren verbuchen. In den 2000er Jahren ging diese auf 8.000 zurück.[60]

Die *Deutsche Stimme* ist seit 1976 das offizielle Organ der NPD und enthielt bis Mitte der 1990er Jahre meist kaum mehr als kurze Kommentare und Mitteilungen. Durch das Aufleben der Partei und das Engagement von jungen Akademikern als Redakteure stiegen Niveau und Umfang des Blattes. Darin fanden sich grundsätzliche Beiträge zur Debatte über Bündnispolitik, zur Einschätzung aktueller Themen, zur Entwicklung strategischer Optionen oder zur Erinnerung an historische Vorbilder. So plädierten darin Autoren für eine „Nationalisierung der sozialen Frage", also die politische Deutung realer gesellschaftlicher Probleme im rechtsextre-

---

58 Vgl. Rainer Erb, Protestorganisation und Eventmanagement: Der Typus des rechtsextremen Bewegungsunternehmers, in: Andreas Klärner/Michael Kohlstruck (Hrsg.), Moderner Rechtsextremismus in Deutschland, Hamburg 2006, S. 142–176; Martin Thein, Biographisches Porträt: Christian Worch, in: Uwe Backes/Eckhard Jesse (Hrsg.), Jahrbuch Extremismus & Demokratie, Bd. 20, Baden-Baden 2008, S. 204–214.
59 Vgl. Bundesministerium des Innern (Hrsg.), Verfassungsschutzbericht 2012, Berlin 2013, S. 118–120; Christoph Busch (Hrsg.), Rechtsradikalismus im Internet, Siegen 2010.
60 Vgl. Peter Dudek/Hans-Gerd Jaschke, Die Deutsche National-Zeitung: Inhalte, Geschichte, Aktionen, Bornheim 1981; Jana Reissen, Die Sprache der Rechten: Analysen am Beispiel der Deutschen National-Zeitung, Saarbrücken 2010.

mistischen Sinne. Zugleich sollte damit der Erinnerung an die Ära des Nationalsozialismus eine geringere Relevanz für die Außendarstellung zugemessen werden, ohne sich von einer positiveren Deutung dieser Zeit zu distanzieren. Insofern spiegelt das zeitweise in einer Druckauflage von 25.000 erscheinende Blatt die ideologische und strategische Debatte in der NPD wider.[61]

Deutschland in Geschichte und Gegenwart entstand bereits 1953 unter der Bezeichnung „Mitteilungsblatt für den 131er-Hochschullehrer" im Auftrag der nichtamtierenden (amtsverdrängten) Hochschullehrer und der Forschungshilfe e. V." als Forum zur Interessenvertretung ehemaliger NS-Hochschullehrer. Erst 1972 erhielt das Publikationsorgan seinen heutigen Namen, wobei es in der formalen Gestaltung den Charakter einer wissenschaftlichen Zeitschrift vermitteln will. In dem Periodikum mit einer Auflage von 8.000 finden sich zuweilen Beiträge, welche die Geschichte des Nationalsozialismus in ein positiveres Licht zu rücken suchen. Hierzu gehören etwa Inhalte zur Leugnung der Hauptkriegsschuld von NS-Deutschland am Ausbruch des Zweiten Weltkriegs oder zur Relativierung oder Verharmlosung der Massenmorde an den Juden während dieser Zeit. Es finden sich ferner regelmäßig Beiträge zu tagespolitischen Themen, kommentiert im nationalistischen Sinne.[62]

Nation Europa wurde 1951 von dem ehemaligen Waffen-SS-Angehörigen Arthur Ehrhardt, gegründet, der bereits während der NS-Zeit für ein Europa der Völker auf nationalistischer Grundlage statt für ein Großgermanisches Reich unter deutscher Vorherrschaft plädiert hatte. Entlang dieser politischen Linie sah sich das Publikationsorgan fortan als Forum einer „Euro-Rechten", worunter es intellektuelle wie parteipolitische Gesinnungsfreunde in den jeweiligen Ländern verstand. Von den 1950er Jahren an war das Blatt das führende rechtsextremistische Strategie- und Theorieorgan mit einer Auflage von etwa 15.000. In ihm schrieben die Repräsentanten der unterschiedlichsten Teilbereiche des nicht-neonationalsozialistischen Rechtsextremismus. Neben Grundsatzbeiträgen zu politisch aktuellen Fragen gab es darüber hinaus Informationen zur Entwicklung von „Multi-Kulti". 2009 ging das Publikationsorgan, wie erwähnt, in der Zeitschrift „Zuerst!" auf.[63]

Zuerst! erscheint seit 2009 im Verlagskomplex des rechtsextremistischen Verlegers Dietmar Munier als „Deutsches Nachrichtenmagazin". Wie der Untertitel bereits deutlich macht, beabsichtigt es eine Art „Focus" oder „Spiegel" mit nationalistischem Einschlag zu sein. „Zuerst!" findet sich an größeren Kiosken. Allerdings kam es nicht zur erhofften weiten Verbreitung. Auch Anzeigenkunden ließen sich kaum gewinnen. Mit dem früheren „Welt"-Redakteur Günther Deschner hatte „Zuerst!" einen bekannten Journalisten als Chefredakteur gewonnen – die Zeitschrift gab sich in Form und Inhalt gemäßigt konservativ. 2011 löste ihn Manuel Ochsenreiter, ein ehemaliger Redakteur der „Jungen Freiheit", in dieser Funktion ab. Fortan positio-

---

61 Vgl. Florian Hartleb, Zeitschriftenporträt: Deutsche Stimme, in: Uwe Backes/Eckhard Jesse (Hrsg.), Jahrbuch Extremismus & Demokratie. Bd. 17, Baden-Baden 2005, S. 218–235; Friedemann Kahl, Die „Deutsche Stimme". Eine Zeitungsanalyse. Struktur, Inhalt, Sprache, Saarbrücken 2009.
62 Vgl. Martin Finkenberger/Horst Junginger (Hrsg.), Im Dienste der Lügen. Herbert Grabert (1901–1978) und seine Verlage, Aschaffenburg 2004; Pfahl-Traughber (Anm. 1), S. 114–117.
63 Vgl. Armin Pfahl-Traughber, Zeitschriftenporträt: Nation Europa, in: Uwe Backes/Eckhard Jesse (Hrsg.) Jahrbuch Extremismus & Demokratie. Bd. 12, Baden-Baden 2000, S. 305–324; Thomas Pfeiffer, Für Volk und Vaterland. Das Mediennetz der Rechten. Presse, Musik, Internet, Berlin 2002, S. 145–176.

nierte sich das Magazin stärker, wobei rechtsextremistische Positionen mehr indirekt durch Andeutungen und Insinuationen in den kommentierenden Teilen der Texte auffallen.[64]

8 Kommentierte Auswahlbibliographie

Backes, Uwe (Hrsg.): Rechtsextreme Ideologien in Geschichte und Gegenwart, Göttingen 2003 – Der Sammelband enthält eine Fülle von Fallstudien zu Ideologiebestandteilen und Ideologierepräsentanten des Rechtsextremismus, sei es zum „Neuen Nationalismus", sei es zum „faschistischen Minimum", sei es zu „Geschichtsbildern und „Verschwörungsideologien". Diese bewegen sich auf hohem Niveau und vermitteln viele Erkenntnisse. Gleichwohl wirkt der Band in der Gesamtschau fragmentarisch, da eine Einteilung von Ideologieelementen und Ideologiefamilien in systematischer Weise fehlt.

Backes, Uwe/Henrik Steglich (Hrsg.): Die NPD. Erfolgsbedingungen einer rechtsextremistischen Partei, Baden-Baden 2007 – Der Sammelband enthält eine Fülle von Aufsätzen, die unterschiedliche Aspekte der Ideologie, Organisation und Strategie der Partei berücksichtigen. Dabei geraten auch Rahmenbedingungen, bezogen auf den Wahlkampf und die Wählerbasis, das Umfeld zu den Neonationalsozialisten und zu der Parteizeitung in den Blick. Alle Beträge stammen von Kennern der Materie. Insgesamt ergeben sie wie bei den meisten Sammelbänden nur ein fragmentarisches Bild.

Botsch, Gideon: Die extreme Rechte in der Bundesrepublik Deutschland 1949 bis heute, Darmstadt 2012 – Die historisch-chronologisch ausgerichtete Darstellung liefert auf engem Raum einen Überblick zum Thema. Sie setzt schon im Kaiserreich ein und behandelt auch den Nationalsozialismus – beides ideologische und thematische Bezugspunkte des späteren Rechtsextremismus. Etwas irritierend ist die Begründung für die Rede von der „extremen Rechten" (statt „Rechtsextremismus"), geht doch das Extremismuskonzept sehr wohl von einem kollektiven politischen Akteur aus.

Brandstetter, Marc: Die NPD unter Udo Voigt. Organisation, Ideologie, Strategie, Baden-Baden 2013 – Der Band behandelt ausführlich und detailliert die Entwicklung der „neuen" NPD seit 1996, wobei Ideologie, Organisation und Strategie im Vordergrund stehen. Der Autor berücksichtigt auch Abspaltungen und Machtkämpfe und nimmt einen Vergleich von „alter" und „neuer NPD" vor. Bei aller Anerkennung für den hohen Informationsgewinn und die akribische Recherche vermisst der Leser eine erkenntnisleitende Fragestellung. Beachtenswerte Ansätze dazu liefert der Vergleich.

Braun, Stephan/Alexander Geisler/Martin Gerster (Hrsg.): Strategien der extremen Rechten. Hintergründe – Analysen – Antworten, 2. Aufl., Wiesbaden 2016 – Der voluminöse Sammelband enthält Aufsätze zu den unterschiedlichsten Aspekten des Rechtsextremismus. Es geht dabei um den Parteien- wie den Kulturbereich, um Gegenstrategien wie um Rechtsfragen. Die

---

64 Vgl. Botsch (Anm. 10), S. 134; Elmar Vieregge, Zeitschriftenporträt: Zuerst!, in: Uwe Backes/Alexander Gallus/Eckhard Jesse (Hrsg.), Jahrbuch Extremismus & Demokratie. Bd. 26, Baden-Baden 2014, S. 211–228.

Neonationalsozialisten-Szene findet nur geringe Aufmerksamkeit. Angesichts der Vielfalt der Autoren besteht keine Einheitlichkeit in der Begriffsnutzung und der Methode.

Dornbusch, Christian/Jan Raabe (Hrsg.): RechtsRock. Bestandsaufnahme und Gegenstrategien, Münster 2002 – Der umfangreiche Sammelband präsentiert in zahlreichen Aufsätzen eine Fülle von Darstellungen und Analysen zu rechtsextremistischer Musik, wobei neben dem Skinhead-Rock die Dark Wave- und Black-Metal-Szene angesprochen wird. Beiträge zu rechtsextremistischen Liedermachern fehlen. Ärgerlich sind manche Fehleinschätzungen und Zerrbilder, etwa die zur Extremismustheorie, bei der „Gleichsetzungen von Links und Rechts" (S. 266) unterstellt werden.

Dudek, Peter/Hans-Gerd Jaschke: Entstehung und Entwicklung des Rechtsextremismus in der Bundesrepublik. Zur Tradition einer besonderen politischen Kultur, 2 Bände, Opladen 1984 – Die ältere Darstellung liefert im ersten Band detaillierte Porträts rechtsextremistischer Organisationen von 1945 bis 1980. Dabei fällt die akribische Aufarbeitung und differenzierte Beurteilung auf, ordnen die Autoren doch nicht alles in den Kontext der Nachfolge des Nationalsozialismus ein. Etwas unklar bleibt der methodische Ansatz, der nicht wie einleitend beschrieben umgesetzt wurde. Der zweite Band enthält Dokumente aus dem organisierten Rechtsextremismus.

Grumke, Thomas/Bernd Wagner (Hrsg.): Handbuch Rechtsradikalismus. Personen – Organisationen – Netzwerke vom Neonazismus bis in die Mitte der Gesellschaft, Opladen 2002 – Das Handbuch besteht einerseits aus Fachartikeln zu unterschiedlichen Aspekten des Rechtsextremismus und andererseits aus einem lexikalischen Teil zu Aktivisten und zur Infrastruktur in diesem politischen Lager. Wie bereits der Titel vermuten lässt, prägt den Band kein einheitliches theoretisches Konzept, dies erklärt auch die unterschiedliche Begriffsverwendung von „rechtsextrem", „rechtsextremistisch" und „rechtsradikal" erklärt. Als Nachschlagewerk kommt dem mittlerweile veralteten Band ein hoher Gebrauchswert zu.

Häusler, Alexander (Hrsg.): Rechtspopulismus als „Bürgerbewegung". Kampagnen gegen Islam und Moscheebau und kommunale Gegenstrategien, Wiesbaden 2008 – Der Sammelband enthält eine Fülle von Beiträgen zu unterschiedlichen Aspekten der Pro-Parteien. Dabei geht es einerseits um die Aktivitäten in bestimmten Regionen, andererseits um die Kontroversen zu Moscheebauten. Die meisten Autoren deuten den „Rechtspopulismus als Stilmittel zur Modernisierung der extremen Rechten" (S. 37), wobei die Frage nach dem rechtsextremistischen Charakter ausgeklammert bleibt.

Menhorn, Christian: Skinheads: Portrait einer Subkultur, Baden-Baden 2001 – Die Arbeit zeichnet akribisch die Entstehung und Entwicklung der Skinhead-Subkultur nach. Dabei finden sich ebenfalls ausführliche Beschreibungen zur Situation in anderen Ländern wie in Großbritannien und den USA. Auch der Bedeutung der Musik und der Print-Medien kommt ein hoher Stellenwert zu. Allerdings wäre hier und da mehr Analyse etwa zum Politisierungsprozess erwünscht gewesen.

Pfahl-Traughber, Armin: Konservative Revolution und Neue Rechte. Rechtsextremistische Intellektuelle gegen den demokratischen Verfassungsstaat, Opladen 1998 – Der Band beschäftigt sich mit den beiden genannten Intellektuellenströmungen in der Weimarer Republik und in der

Bundesrepublik Deutschland. Dabei finden die ideologischen Grundpositionen in ihrem Spannungsverhältnis zu Demokratie und Rechtsstaat besondere Aufmerksamkeit. Gegen Ende erfolgt eine vergleichende Betrachtung zur der gesellschaftlichen Relevanz dieser Intellektuellen.

Pfahl-Traughber, Armin: Rechtsextremismus in der Bundesrepublik, 4. Aufl., München 2006 – Der Band liefert auf engem Raum eine Gesamtdarstellung zur Entwicklung zu einschlägigen Bestrebungen und zu Ursachenanalysen. Entwickelt wurde ein Ansatz, der die Erscheinungsformen des Rechtsextremismus anhand von Handlungsfeldern unterscheidet („Politik", „Kultur", „Aktion", „Militanz", „Einstellung", „Wahlverhalten"). Aufgrund der Konzeption der Reihe fehlen nähere Ausführungen zum Forschungsstand und zu Kontroversen.

Röpke, Andrea/Andreas Speit (Hrsg.): Braune Kameradschaften. Die neuen Netzwerke der militanten Neonazis, Berlin 2004 – Der Sammelband der beiden Journalisten liefert Reportagen zur Entwicklung „Szene", die auf die Bedeutung der seinerzeit neuen „Kameradschafts"-Strukturen ebenso wie auf die Rolle von Frauen auf Anschlagspläne von Rechtsterroristen ebenso wie auf die Rolle des „Rechtsrock fürs Vaterland" aufmerksam machen. Meist handelt es sich um gut recherchierte Beiträge, die mitunter zu nicht immer nachvollziehbaren Verallgemeinerungen neigen. Aus der Beschreibung von Fallbeispielen muss kein allgemeiner Trend folgen.

Salzborn, Samuel: Rechtsextremismus, 3. Aufl., Baden-Baden 2018 – Die als Einführungsband für Studierende konzipierte Darstellung geht auf Begriffsbestimmungen und Ideologieelemente ein, beschreibt die Erscheinungsformen von den Parteien über die Neonationalsozialisten bis zur „intellektuellen Rechten" und kommentiert Erklärungsansätze aus der Forschung. Nicht ganz stimmig ist, dass sich der Extremismusbegriff „an eine real existierende Formation von Demokratie als Norm anlehnt".

Schedler, Jan/Alexander Häusler (Hrsg.): Autonome Nationalisten. Neonazismus in Bewegung, Wiesbaden 2011 – Die Nachahmung linksextremistischer Autonomer durch rechtsextremistische Autonome wird in dem Sammelband in unterschiedlichen Beiträgen verdeutlicht. Dabei handelt es sich zum Teil um analytisch gelungene Abhandlungen etwa über Selbstbilder der „Autonomen Nationalisten", mal nur um eine Aneinanderreihung einzelner Fakten. Ein Vergleich mit den linksextremistischen Autonomen findet nicht statt, werden diese doch mit Fehldeutungen der Extremismustheorie tabuisiert.

Steglich, Henrik: Rechtsaußenparteien in Deutschland. Bedingungen ihres Erfolges und Scheiterns, Göttingen 2010 – Die methodisch aufwendige Arbeit analysiert die Bedingungsfaktoren für Aufstieg und Fall rechtsextremistischer Parteien in Deutschland mit dem Ansatz der „Qualitative Comparative Analysis". Dabei werden untersucht: „Agenda", „Wirtschaft", „Etabliert", „Konkurrenz", „Organisation", „Ressourcen" und "Ideologie". Der Autor nimmt eine Fallanalyse von DVU, NPD und REP vor. Damit präsentiert er für die Forschung ein interessantes, wenn auch nicht unproblematisches Verfahren.

Stöss, Richard: Die extreme Rechte in der Bundesrepublik. Entwicklung – Ursachen – Gegenmaßnahmen, Opladen 1989 – Die ältere Buchpublikation bietet eine Gesamtdarstellung zur Entwicklung des Rechtsextremismus von 1949 bis 1989, wobei der politischen Kultur als Rahmenbedingung ein großer Stellenwert eingeräumt wird. Für die Ursachenanalyse nimmt der Autor wichtige Differenzierungen zu den Erklärungsfaktoren vor. Weniger überzeugend ist indessen der Ansatz, das rechtsextremistische Lager über die Ideologiekategorien „Alter Nationalismus" und „Neue Rechte" aufzuteilen.

Stöss, Richard: Rechtsextremismus im Wandel, Berlin 2005 – Die Arbeit präsentiert eine Gesamtdarstellung zum Rechtsextremismus, wobei es sich um eine Fortschreibung der vorgenannten Publikation handelt. Der Autor geht ausführlicher auf die verschiedenen Erklärungsfaktoren für Rechtsextremismus ein. Beim Kapitel „Rechtsextremismus als politikwissenschaftlicher Begriff" kommen die Besonderheiten des extremismustheoretischen Ansatzes zu kurz.

Thein, Martin: Wettlauf mit dem Zeitgeist – Der Neonazismus im Wandel. Eine Feldstudie, Göttingen 2009 – Die Arbeit basiert auf Tiefeninterviews mit Angehörigen der Szene, wodurch sie einen Einblick in das Selbstverständnis ermöglicht. Der Autor konzentriert sich auf die Ideologie und das Politikverständnis, die Aktionsformen und Strategien sowie die organisatorischen Veränderungsprozesse. Eine Typologie eines „modernen" und „traditionellen Neonazis" wird entwickelt. Die Arbeit deutet das Interview-Material mitunter unkritisch.

KAPITEL IX

LINKSEXTREMISMUS IN DER BUNDESREPUBLIK DEUTSCHLAND

Jürgen P. Lang

1 Ideologische Großfamilien und Strömungen

1.1 Linksextremistisches Minimum

So differenziert das Spektrum auch sein mag, Linksextremismus ist keine bloße Sammelbezeichnung. Es lässt sich vielmehr ein linksextremistisches Minimum erkennen, das die Abgrenzung zum Rechtsextremismus und zugleich den kardinalen Unterschied zu linksdemokratischen Politikentwürfen markiert. Wie alle Extremismen konstruieren linksextremistische Ideologien ein klares Feindbild. Der für ein freiheitliches Gemeinwesen entscheidende Gegensatz zwischen Demokratie und Diktatur spielt keine Rolle. Mit dem Rechtsextremismus verbindet Linksextremismus Antiparlamentarismus, Antipluralismus, somit ein identitäres Demokratieverständnis und die Negierung individueller Freiheit. Beide Extremismen reklamieren für sich einen Wahrheitsanspruch. Sie glauben, einen einheitlichen Gesellschaftswillen erkannt zu haben und wollen diesen notfalls mit diktatorischen Mitteln gegen sogenannte „Abweichler", „Klassenfeinde" oder – im Falle des Nationalsozialismus – „Volksschädlinge" durchsetzen. Während allerdings Rechtsextremismus im Kern auf einer Ideologie der Ungleichheit fußt, die eigene „Nation", „Ethnie" oder „Rasse" als überlegen ansieht und in der Konsequenz die Allgemeingültigkeit der Menschenrechte bestreitet, steht Linksextremismus mehr oder weniger in der Tradition der Aufklärung. Linksextremisten wähnen sich auf der moralisch richtigen Seite und verweisen darauf, eine menschliche Gesellschaft der Freien und Gleichen anzustreben. Doch die Geschichte hat gezeigt: Die Verwirklichung ihrer Utopien führt in die Sackgasse der Diktatur.

Der Kern linksextremistischen Denkens liegt in dem strikten und allumfassenden Gegensatz zwischen Sozialismus und Kapitalismus. Während linke Demokraten mit „Kapitalismus" ein *Wirtschaftssystem* anprangern, das nach sozialen Maßstäben reformiert werden müsse, sehen linke Extremisten darin ein *Herrschaftssystem*, das es zu beseitigen gelte. Deren Ideologieentwürfe zeichnen ein wahres Horrorszenario, das im „Kapitalismus" die ausschließliche Ursache aller sozialen, ökologischen und politischen Probleme sieht. So heißt es im Programm der DKP von 2006: „Ein würdiges Leben für alle Menschen wäre möglich. Zugleich könnte die Erde für künftige Generationen als lebensfähiges Ökosystem erhalten werden" – wenn nur der Kapitalismus nicht wäre. Und im Programm der Partei *Die Linke* von 2011 ist die Rede davon, dass es unter kapitalistischen Bedingungen keinen Raum für Demokratie gebe, dass „Unfreiheit" herrsche, Menschen „entrechtet" seien, „ausgebeutet" und „entmündigt".

Diese kategorische Sichtweise erfüllt einen ideologischen Zweck, und zwar auf dreierlei Weise: Erstens propagieren Linksextremisten eine Totalität des Kapitalismus, um einen Systemgegensatz konstruieren zu können: Die als „kapitalistisch" gebrandmarkte Demokratie soll möglichst im Weltmaßstab abgelöst werden durch eine „sozialistische" Gesellschaft. Zwischen beiden Systemen gibt es aus dieser Sicht keine Überschneidungen, sie schließen einander aus. Zweitens generieren Linksextremisten ein Alleinstellungsmerkmal: Nur sie selbst seien wahrhaft „antikapitalistisch". Alle anderen – auch linke – politischen Kräfte werden somit unterschiedslos als Gegner abqualifiziert. Diese Konstruktion eines kruden Feindbildes ist der dritte ideologische Zweck: Wer nicht für uns ist, ist gegen uns.

Die quasi-religiöse Einteilung der Welt in „gut" und „böse" ist für Linksextremisten konstitutiv. Linksextremisten wähnen sich in der Rolle einer geistigen Avantgarde. Sie glauben, die wahren Einsichten in gesellschaftliche Zusammenhänge und die daraus zu ziehenden Konsequenzen gewonnen zu haben. Dieser Glaube führt sie zu der Vorstellung, auch alle anderen Menschen seien prinzipiell zu diesen Einsichten fähig und würden nur durch das perfide, von „Kapitalisten" inszenierte Spiel namens „Demokratie" daran gehindert. Deshalb meinen Linksextremisten, einen – noch unterdrückten – Willen einer gesellschaftlichen Mehrheit zu vertreten.

Linksextremistische Forderungen nach Frieden, mehr Demokratie, Pluralismus oder Freiheit entlarven sich meist als strategisches Mittel, um Reputation zu gewinnen. Sozialistische Systeme als propagierter Gegenentwurf zum „Kapitalismus" sind bislang den Beweis schuldig geblieben, die Probleme der Menschen und der Menschheit zu lösen. Vor dem Herbst 1989 führten alle – meist ängstlich wieder abgebrochenen – Versuche, die verknöcherten staatssozialistischen Systeme leistungsfähiger und offener zu machen, unweigerlich zu mehr „Kapitalismus". Und wäre nicht auch der „Prager Frühling" 1968 in Demokratie und sozialer Marktwirtschaft gemündet, wenn nicht sowjetische Panzer den Willen einer Mehrheit der Tschechoslowaken im Keim erstickt hätten? Demokratische Systeme sind keineswegs perfekt. Aber man kann sie verbessern. Demokratie lebt von politischem und gesellschaftlichem Streit, der zu Entscheidungen führt. Die Alternative wäre eine Diktatur, in der Irrwege nicht als solche benannt werden dürfen, weil eine abweichende Meinung als Häresie gilt.

Der Sturz kommunistischer Systeme 1989/90 war für Linksextremisten eine Zäsur. Er hat zu ideologischen Modifikationen und zu einer teilweisen Abkehr vom traditionellen Marxismus-Leninismus geführt. Linksextremismus ist nicht mehr so sehr mit dem ideologischen Großentwurf des Kommunismus verknüpft. An dieser Stelle werden deshalb auch reformsozialistische Ansätze einbezogen, wie sie heutzutage die Partei *Die Linke* verficht. Sie propagieren einen „demokratischen Sozialismus", doch ihr Demokratie- und Freiheitsverständnis zeigt, dass sie weitaus näher an kommunistischen Positionen liegen als an den Werten und Prinzipien einer freiheitlichen Demokratie. Der von Reformsozialisten gepriesene „dritte Weg" zwischen „Kapitalismus" und „Stalinismus" erweist sich als Scheinalternative.

1.2 Marxismus-Leninismus

Der Marxismus-Leninismus (ML) war von Mitte der 1920er Jahre an die grundlegende politische Ideologie der totalitären Sowjetunion, nach dem Zweiten Weltkrieg auch aller kommunistischen Satellitenstaaten in der Moskauer Einflusssphäre, unter anderem der DDR: „Der ML ist die theoretische Grundlage für die praktische Tätigkeit der kommunistischen und Arbeiterparteien, er begründet die Strategie und Taktik des proletarischen Klassenkampfes und des sozialistischen und kommunistischen Aufbaus und dient so als Mittel zur praktischen revolutionären Veränderung der Welt."[1] Die offizielle Dogmatik bezeichnet den ML als konsequente Fortsetzung des Marxismus durch Lenin. Das „politische Kernstück der leninistischen Weiterentwicklung der Marxschen Theorie ist die Lehre von der Machteroberung des Proletariats und der Führungsrolle seiner revolutionären Partei, die sich von der wissenschaftlichen Weltanschauung leiten lässt. Sie findet ihren konzentrierten Ausdruck in der Lehre von der Partei neuen Typus."[2]

In seiner strategischen Schrift *Was tun?* gelangte Lenin 1902 zu der Einsicht, das Proletariat allein sei zum Umsturz und zur Schaffung einer sozialistischen Gesellschaft nicht in der Lage. Lenin trieb die bereits bei Marx angelegte Idee einer kommunistischen Avantgardepartei voran, verwarf aber dessen Vorstellung einer spontan entstehenden sozialistischen Massenbewegung – ein Punkt, den unter anderem Rosa Luxemburg kritisierte. Das politische Klassenbewusstsein könne dem Arbeiter „nur von außen" gebracht werden, schrieb der Revolutionär. Die Geschichte habe gezeigt, „dass die Arbeiterklasse ausschließlich aus eigener Kraft nur ein [gewerkschaftliches] Bewusstsein hervorzubringen vermag".[3] Damit war die Rolle der kommunistischen Partei als Indoktrinator und Kulminationspunkt sozialistischer Herrschaft festgelegt. Nach innen galt das Prinzip des „demokratischen Zentralismus", das strikte Parteidisziplin verlangte. Die Linie der Führung war sakrosankt; wer sich nicht daran hielt, wurde mit zum Teil drastischen Maßnahmen sanktioniert. Die Partei habe „die Freiheit", schrieb Lenin bereits 1905 in aller Deutlichkeit, „solche Mitglieder davonzujagen, die das Schild der Partei benutzen, um parteiwidrige Auffassungen zu predigen."[4]

Nach außen fungierte die Partei als Instrument der ideologischen Erziehung des Proletariats und Gleichschaltung der gesamten Gesellschaft. Somit hatte bereits Lenin den Grundstein gelegt zur Repression im Namen des Sozialismus. Die Mechanismen der Unterdrückung, Ausgrenzung und Vernichtung Andersdenkender, die Straflager und die Geheimpolizei waren keineswegs erst Produkt eines „unsozialistischen" Stalinismus, wie es Trotzkisten (sie verstehen sich als wahre Leninisten) und manche Reformkommunisten weismachen wollen. Dennoch blieb es Stalin vorbehalten, den Begriff des Marxismus-Leninismus zu prägen, wobei er ihn weniger mit Inhalten füllte, sondern – ganz in der Tradition Lenins – vor allem gegen ideologische Abweichler ins Feld führte. Zwar waren die drastischen und willkürlichen Parteisäube-

---

1 Alfred Kosing, Wörterbuch der marxistisch-leninistischen Philosophie, Berlin [Ost] 1987, 3. Aufl., S. 326.
2 Frank Fiedler u. a. (Hrsg.): Dialektischer und historischer Materialismus. Lehrbuch für das marxistisch-leninistische Grundlagenstudium, Berlin [Ost] 1987, S. 28.
3 Wladimir I. Lenin, Was tun? Brennende Fragen unserer Bewegung, 9. Aufl., Berlin [Ost] 1970, S. 62.
4 Zit. nach Wolfgang Leonhard, Die Dreispaltung des Marxismus. Ursprung und Entwicklung des Sowjetmarxismus, Maoismus und Reformkommunismus, Düsseldorf/Wien 1970, S. 84.

rungen keineswegs eine Erfindung Stalins. Doch Kritiker unter den Linksextremisten hatten es später leicht, den ML mit dem sogenannten „Stalinismus" gleichzusetzen – nicht ganz zu Unrecht.

In der offiziellen Lehre bestand der ML aus drei Elementen, die in dieser Form nicht in jedem Fall bereits bei Marx und Engels zu finden waren. (1) Der historische und dialektische Materialismus schuf eine in sich geschlossene Weltanschauung. Man könne daraus, sagte Lenin, „nicht einen einzigen wesentlichen Teil wegnehmen, ohne sich von der objektiven Wahrheit zu entfernen, ohne der bürgerlich-reaktionären Lüge in die Fänge zu geraten."[5] Die dialektische und der historische Materialismus teilten die Entwicklung der Natur und der Gesellschaft in verschiedene Entwicklungsstufen ein: Jede Phase – die Urgesellschaft, der Feudalismus, der Kapitalismus – gehe an ihren inneren Widersprüchen zugrunde und bringe die nächst höhere Stufe hervor – bis zum Kommunismus. Die Übergänge seien dabei nicht evolutionär, sondern gewaltsam und revolutionär.

Eng mit dieser kanonisierten Weltsicht verbunden ist (2) der „wissenschaftliche Sozialismus". Für die DDR-Dogmatik lagen die „spezifischen Aufgaben" der Wissenschaft in der „Grundlage der Führung und Leitung der sozialistischen Gesellschaft, in der Lehre und der weltanschaulichen Erziehung und Propaganda"[6]. Dieser ideologische und politische Determinismus verhinderte in kommunistischen Staaten jede freie Wissenschaft. Die Gesellschaftswissenschaften kaprizierten sich in der Tat auf den Kampf gegen das „bürgerliche" Denken und der Affirmation eigener Anschauungen. Schließlich proklamiert der Marxismus-Leninismus (3) eine eigenständige sozialistische Wirtschaftsform, zu deren wesentlichen Bestandteilen zentrale Planung und „sozialistische Vergesellschaftung des Produktionsprozesses"[7] gehören. Zwar knüpft diese Lehre an Marx' ökonomisches Hauptwerk *Das Kapital* an, entfernt sich aber zugleich von dem großen Epigonen: Marx hatte lediglich eine Kritik der „politischen Ökonomie" des Kapitalismus formuliert, jedoch keinen „sozialistischen" Gegenentwurf präsentiert.

1.3 Trotzkismus (versus Stalinismus)

Die PDS sei ein „Kind eines gescheiterten Systems",[8] dem der „Stallgeruch des Stalinismus"[9] anhafte – Worte neueren Datums, aber wie aus einer anderen Zeit. Sie verdeutlichen die tiefe Feindschaft der Trotzkisten gegenüber allem, was sie als „stalinistisch" ausmachen. Anfangs weniger ideologisch motiviert, versammelten Trotzkisten zunächst die Anhängerschaft des von seinem Widersacher Stalin wegen – angeblicher – Abweichung vom ML verfolgten, vertriebenen und schließlich im mexikanischen Exil ermordeten Volkskommissars Sowjetrusslands und

---

5 Zit. nach Kosing (Anm. 1), S. 129.
6 Günther Großer/Rolf Reißig/Gerhard Wolter (Hrsg.), Wissenschaftlicher Sozialismus. Lehrbuch für das marxistisch-leninistische Grundlagenstudium, Berlin [Ost] 1988, S. 8.
7 Horst Richter u. a. (Hrsg.), Politische Ökonomie des Kapitalismus und des Sozialismus. Lehrbuch für das marxistisch-leninistische Grundlagenstudium, Berlin [Ost] 1989, S. 549.
8 Claus Ludwig, Zwischen Staatspartei, roten Socken und Regierungsbeteiligung, Manuskript, 7. Dezember 2005.
9 Sascha Stanicic, Perspektiven für die WASG und die Neuformierung der Linken, Manuskript, 1. April 2006.

Gründers der *Roten Armee*.¹⁰ Wie andere sozialistische Leitfiguren genoss Leo Trotzki postum den „Vorteil", nicht für Verbrechen im Namen des Kommunismus verantwortlich gemacht zu werden. Doch er hatte mehrmals bewiesen, vor Gewalt zur Durchsetzung politischer Ziele keineswegs zurückzuschrecken. Es ist ein Trugschluss zu glauben, Trotzki wäre, hätte er seinen intellektuellen Autismus überwunden und im Machtkampf mit dem verschlagenen Stalin obsiegt, ein milderer Herrscher gewesen. Gewiss, Stalin verstand es auf perfide Art, ein ganzes Land und seine zahlreichen Völker in einen Dauerzustand der Angst zu versetzen. Doch vieles spricht dafür, dass die bereits unter Lenin angelegten Mechanismen „stalinistischer" Unterdrückung, die unter anderem Jörg Baberowski so eindrucksvoll analysiert hat,¹¹ unter einem Diktator Trotzki grundsätzlich kaum anders gewesen wären.¹²

Als „basisdemokratische" Alternative sowohl zum Parlamentarismus als auch zu einem „autoritären" Kommunismus sehen Trotzkisten das System der Räte. Es gilt ihnen als innerkommunistischer Gegenentwurf zum Zentralismus Stalins. Räte waren – vor allem unmittelbar nach dem Ersten Weltkrieg – ein kurzlebiges Phänomen in revolutionären Zeiten. So bildeten sich in Deutschland 1918/19 Arbeiter- und Soldatenräte, die aber dann zum größten Teil aus eigenem Willen der parlamentarischen Demokratie der Weimarer Republik Platz machten. Oft werden die Räte mit den Runden Tischen in Polen und der DDR verglichen, an denen während der demokratischen Revolutionen Ende 1989 die Bürgerbewegungen mit den alten kommunistischen Machthabern verhandelten.¹³ Auch dort waren diese Gremien ein Phänomen des Übergangs, das mit der Einführung des demokratischen Verfassungsstaates seinen Zweck erfüllt hatte. Nach der kommunistischen Oktoberrevolution 1917 in Russland sollte der neue Staat auf einem Rätesystem gründen. Doch bereits unter Lenin wurde der Einfluss der Räte *(sowjety)* eingeschränkt. Sie standen der strikt hierarchischen Herrschaft des „demokratischen Zentralismus" im Weg. Unter Stalin existierten die Räte nur noch als Fassade, bevor sie 1936 ganz verschwanden.

Im trotzkistischen Ideal wählen kleine, homogene Gruppen – etwa in Wohneinheiten oder im Betrieb – einen Rat. Diese Räte der untersten Ebene bestimmen wiederum einen übergeordneten Rat. An der Spitze steht schließlich der oberste Rat, der, ausgestattet mit einem imperativen Mandat, die Geschicke der Gesellschaft im Sinne der „Basis" verwaltet. Doch dieses Modell ist nur scheinbar demokratisch. Da die Räte Legislative, Judikative und Exekutive in einem sind, entfällt die wechselseitige Kontrolle der Gewalten. Minderheiten sind dem „Mehrheitswillen" schutzlos ausgeliefert. Funktionieren kann das nur, wenn man einen einheitlichen Volkswillen unterstellt. Wer Räte fordert, will mit diesen Gremien eine Art Massenmobilisierung der Gesellschaft erreichen, deren natürlicher Interessen-Pluralismus ignoriert wird. Andersdenkende hätten keine Chance auf politische Mitwirkung. Wenn Trotzkisten von Räten sprechen, meinen sie ein Instrument zur Sicherung der Herrschaft. Räteherrschaft ist das exakte Gegenteil eines freiheitlichen Systems.

---

10 Vgl. Bertrand M. Patenaude, Trotzki. Der verratene Revolutionär, Berlin 2010.
11 Vgl. Jörg Baberowski, Verbrannte Erde. Stalins Herrschaft der Gewalt, München 2012.
12 Vgl. Robert Service, Trotzki. Eine Biographie, Berlin 2012.
13 Vgl. Francesca Weil, Räte im Deutschen Reich 1918/19 – Runde Tische in der DDR 1989/90. Ein Vergleich, in: Deutschland Archiv 44 (2011), S. 261–268.

Trotzkisten rücken in einem anderen Punkt noch deutlicher von den Maximen Stalins ab. Zwar erwies sich der Namensgeber dieser Strömung als Apologet des ML, indem er unter anderem die Diktatur des Proletariats, die führende Rolle der Partei und das Prinzip des „demokratischen Zentralismus" vorbehaltlos bejahte. Kernelement der ideologischen Vorstellungen Trotzkis ist jedoch die „permanente Revolution", die erst nach dem Sieg des Sozialismus im Weltmaßstab zu Ende sei. Stalins „Theorie des Sozialismus in einem Lande, die auf der Hefe der Reaktion gegen den Oktober [1917] hochgegangen ist, ist [dagegen] die einzige Theorie, die folgerichtig und restlos im Gegensatz steht zu der Theorie der permanenten Revolution."[14] Diese Frontstellung sollte die innerkommunistischen Auseinandersetzungen noch für Jahrzehnte prägen. „Trotzkismus" war Bekenntnis für die einen, den anderen bedeutete er Renegatentum. Demgegenüber firmiert „Stalinismus" heute nicht mehr nur als Kampfbegriff, vielmehr erfüllt er eine apologetische Funktion: Wer von Stalinismus als „unsozialistischer" Entartung spricht, hat die moralische Rettung des Kommunismus im Sinn.

1.4 Maoismus

Ein anderer Verfechter des „Sozialismus in einem Land" war Mao Tse-tung, der gleichwohl die Sowjetunion als Feindbild kultivierte und sich mit Stalin einen „Zweikampf der Tyrannen"[15] lieferte. In der Gewalttätigkeit seiner Herrschaft in China dürfte er seinen Rivalen übertroffen haben. Obwohl er die dortigen Entwicklungen bis zu Stalins Tod grundsätzlich gut hieß, sah Mao die Sowjetunion als imperialistische Bedrohung. Die chinesische Revolution hatte nicht nur eine sozialistische, sondern wesentlich auch eine nationalistische Stoßrichtung. In einer ersten Phase, die die Maoisten „Neue Demokratie"[16] nannten, sollte sich die Revolution keineswegs allein auf die (wenigen) chinesischen Kommunisten stützen, sondern klassenübergreifend andere Kräfte einbeziehen. Das Motiv war die nationale Befreiung vom Kolonialismus – Vorbild für andere linksextremistische Bewegungen auf der ganzen Welt und für die deutsche radikale Linke in den 1960er und 70er Jahren. Marx und Engels ließ der Maoismus dabei insofern hinter sich, als er die Möglichkeit einer friedlichen Variante der Revolution verneinte: „Es ist der Vorsitzende Mao, der uns gelehrt hat, dass die politische Macht aus den Gewehrläufen kommt und dass die alte, vom Imperialismus und den Reaktionären beherrschte Welt umgestaltet werden kann."[17] Dass die Partei in Maos Vorstellungen vor allem als eine Art Oberkommando einer Armee fungierte, liegt in dieser kriegerischen Logik.

Der Maoismus behauptet, eine eigenständige kommunistische Ideologie entwickelt zu haben. Auch wenn dieser hochtrabende Anspruch nicht haltbar ist, fallen doch gravierende Unterschiede zum Marxismus(-Leninismus) ins Auge. Die Besonderheiten Chinas geboten es, dessen Auffassungen zum historischen Materialismus und zum revolutionären Subjekt zu revidieren. In dem extrem rückständigen Land musste zunächst der Feudalismus beseitigt werden. Die Re-

---

14 Leo Trotzki, Die permanente Revolution. Ergebnisse und Perspektiven, Essen 1993, S. 186.
15 Jung Chang/Jon Halliday, Mao. Das Leben eines Mannes, das Schicksal eines Volkes, München 2005, S. 451.
16 Vgl. Mao Tse-tung, Ausgewählte Schriften, Frankfurt a. M. 1963, S. 155–163.
17 Zit. nach Leonhard (Anm. 4), S. 278.

volution konnte sich zudem nicht auf ein „Proletariat" stützen. Es war die Schicht der Bauern, aus der Mao eine revolutionäre Bewegung formte. 1938 verkündete er die Sinisierung des Kommunismus: „Behandeln die Kommunisten, die ein Teil des großen chinesischen Volkes, die Fleisch vom Fleische dieses Volkes sind, den Marxismus losgelöst von den Besonderheiten Chinas, so wird das ein abstrakter, impotenter Marxismus sein."[18] Im Gegensatz zum ML, dessen Ideologie dies nicht zuließ, erkannte Mao Widersprüche auch in der sozialistischen Gesellschaft an. 1957 verkündete er sogar die Zulässigkeit einer freien Diskussion selbst in der Partei. Doch im Effekt führten diese Einsichten nicht zu mehr Liberalität. Im Gegenteil: China wurde zum Prototyp der uniformierten, gleichgeschalteten, totalitären Gesellschaft, die *Kommunistische Partei Chinas* (KPCh) gab ein Paradebeispiel militärischer Disziplin. Auch dies war eine Attraktion für die europäischen Linksradikalen; wie sonst hätte es die Mao-Kluft, der blaue Drillich, in deren Garderobe geschafft?

Obwohl Maos Sonderweg zum Sozialismus so viel Wert auf die Traditionen seines Landes gelegt hatte, räumten die chinesischen Kommunisten ab 1966 gnadenlos mit ebendiesen Traditionen auf. Ihre „Kulturrevolution" zielte darauf, „die alte Ideologie, die alte Kultur, die alten Sitten und Gebräuche, die von allen Ausbeuterklassen in den letzten Jahrtausenden geschaffen wurden und das Volk vergiften, mit Stumpf und Stiel auszurotten und unter den Volksmassen eine völlig neue Ideologie und Kultur, völlig neue Sitten und Gebräuche des Proletariats hervorzubringen und zu formen."[19] Im Zuge der Kulturrevolution gingen die KP und ihre „Roten Garden", zumeist junge Leute, massiv gegen Dissidenten und Andersdenkende vor. Es gab willkürliche Verhaftungen, Folter, Beschlagnahmungen, Entführungen und öffentliche Demütigungen. Millionen Menschen fielen den blutigen Exzessen zum Opfer. Es traf Intellektuelle und Geistliche, „Kapitalisten" und „Schwarze" ebenso wie schlichtweg alle, die „auffielen" und sich nicht „anpassen" wollten. Der „Rote Terror" machte vor den Stützen des Systems nicht halt: „Die Säuberung im Ministerium für Staatssicherheit führte zu 1.200 Hinrichtungen […], 60 Prozent der Mitglieder des Zentralkomitees [der KP] und drei Viertel der Provinzparteisekretäre wurden abgesetzt und in der Regel ins Gefängnis geworfen."[20] Im ganzen Land vernichteten die Kommunisten massenhaft Kulturgüter von unschätzbarem Wert und zerstörten religiöse Einrichtungen.

1.5 Reformkommunismus

Der Begriff Reformkommunismus sollte nicht zu der Auffassung verleiten, es gebe eine demokratische Variante des Kommunismus. Die Demokratiefeindschaft ist vielmehr der Wesenskern dieser Großideologie. Gleichwohl existierten in der Geschichte des Kommunismus mehrfach Bestrebungen, aus der offiziellen „Moskauer" Linie auszuscheren. Unter Reformkommunismus sind diejenigen Strömungen zu verstehen, die den Marxismus-Leninismus oder dessen

---

18 Mao Tse-tung, Der Platz der KPCh im nationalen Krieg, in: ders. (Anm. 16), S. 76.
19 Die große sozialistische Kulturrevolution in China, Bd. 5, Peking 1966, S. 45.
20 Jean-Louis Margolin, China: Ein langer Marsch an die Macht, in: Stéphane Courtois u. a. (Hrsg.), Das Schwarzbuch des Kommunismus. Unterdrückung, Verbrechen und Terror, München/Zürich 1997, S. 583.

Herrschaftsform revidieren wollen. Im Fokus der Kritik steht dabei zumeist das Streben nach ideologischer Einheit kommunistischer Parteien, deren Rolle als Avantgarde, der bürokratische Sozialismus[21] bzw. die Diktatur der „neuen Klasse" kommunistischer Funktionäre.[22] Versuche, dem „Stalinismus" die Gefolgschaft zu verweigern, gab es praktisch in allen Satellitenstaaten der Sowjetunion. 1956 in Ungarn und 1968 in der Tschechoslowakei wurden sie blutig beendet. Erfolgreich verlief dagegen die Dissidenz der jugoslawischen KP unter Josip Broz Tito.

Die Kommunisten Jugoslawiens standen unter dem Eindruck des Partisanenkampfes gegen Hitler-Deutschland, an dem sie sich aktiv beteiligt hatten. Der Akt nationaler Befreiung sollte nicht durch die hegemonialen Ansprüche der Sowjetunion zunichte gemacht werden. Die KPJ wehrte sich gegen die Auffassung Moskaus, das führende Zentrum der kommunistischen Weltbewegung zu sein, und stellte ihr – unter Berufung auf Lenin – die Ideologie (national) unterschiedlicher Wege zum Sozialismus entgegen, die einen friedlichen Übergang in eine neue Gesellschaft implizierte. Die jugoslawischen Kommunisten nahmen Bezug auf Rosa Luxemburg, wenn sie von einer Deformation des Sozialismus unter der Ägide des Marxismus-Leninismus sprachen: „Man soll niemals vergessen, dass kein vollkommener bürokratischer Apparat, mag an dessen Spitze eine noch so geniale Leitung stehen, den Sozialismus aufbauen kann. Der Sozialismus kann nur aus der Initiative der Millionenmassen erwachsen".[23] In der politischen Praxis verkehrte die KPJ Moskauer Maximen ins Gegenteil: Sie setzte auf Dezentralisation, verfügte die Trennung von Staat und Partei, schuf Arbeiterräte in den Betrieben, modifizierte Planwirtschaft und Kollektivierung und revidierte schließlich das Leninsche Credo von der führenden Rolle der Partei. Alles in allem führte der Titoismus zu einer „Enttotalisierung" der Gesellschaft, nicht aber zu einer Reform in Richtung eines demokratischen Verfassungsstaates. Von Pluralismus, Gewaltenteilung und freien Wahlen konnte in Jugoslawien nicht oder allenfalls in Ansätzen die Rede sein.

Reformistische Ansätze gab es auch außerhalb der Hemisphäre des sogenannten Ostblocks. In Westeuropa unterschied die Wissenschaft vor 1989 „eurokommunistische" Parteien von „moskautreuen" – und solchen, die zwischen beiden Entwürfen lavierten.[24] In die erste Kategorie fielen diejenigen Organisationen, die sich von der Klassen- zur Massenorganisation gewandelt, ideologisch von den Vorstellungen des Marxismus-Leninismus gelöst und strategisch gesehen Wahlerfolge und Koalitionen innerhalb der Demokratien angestrebt hatten. Mitte der 1980er Jahre zog Klaus Kellmann noch eine Sozialdemokratisierung dieser Parteien in Zweifel. Zu einer grundlegenden Akzeptanz des demokratischen Verfassungsstaates habe der eurokommunistische Weg jedoch nicht ohne weiteres geführt. Dazu sei das Pluralismusverständnis zu sehr einer Klassenkampfstrategie unterworfen, die ideologischen Einflüsse des italienischen Kommunisten Antonio Gramsci, aber auch Lenins zu stark, schließlich die Anerkennung demokratischer Instanzen nicht erkennbar gewesen.[25] Allerdings hätten am Ende des Jahrzehnts drei

---

21 Vgl. Egbert Jahn, Bürokratischer Sozialismus: Chancen der Demokratisierung? Einführung in die politischen Systeme kommunistischer Länder, Frankfurt a. M. 1982.
22 Vgl. Milovan Djilas, Die neue Klasse. Eine Analyse des kommunistischen Systems, München 1959.
23 Edverd Kardelj, Über die Volksdemokratie in Jugoslawien, Belgrad 1950, S. 55.
24 Vgl. Leopold Grünwald, Eurokommunismus, München 1981.
25 Vgl. Klaus Kellmann, Pluralistischer Kommunismus? Wandlungstendenzen eurokommunistischer Parteien in Westeuropa und ihre Reaktion auf die Erneuerung in Polen, Stuttgart 1984.

dieser Parteien kurz davor gestanden, den Kommunismus in Richtung Sozialdemokratie zu verlassen, während sieben nicht von ihrer orthodoxen Orientierung lassen konnten – allen voran der französische PCF, der portugiesische PCP und die deutsche DKP.[26] Diese renitenten Parteien waren zum Scheitern verurteilt.[27] Demgegenüber ist der *Partito Comunista Italiano* (PCI) rückblickend betrachtet das deutlichste Beispiel für einen irreversiblen Wandel hin zur Sozialdemokratie, ein Wandel, der vor dem Zusammenbruch des Kommunismus begann und danach vollendet wurde.

Viel entschiedener als der Reformkommunismus Titos, aber bei weitem nicht so konsequent wie der PCI, gingen die sogenannten Reformer zu Werke, die lange Zeit die deutsche PDS ideologisch dominierten. Der Kreis um Dieter Klein und Michael Brie hatte bereits Ende der 1980er Jahre aus der SED heraus einen Umbau des Sozialismus in der DDR entworfen, der allerdings damals keinen demokratischen Ansprüchen genügte.[28] Nach der „Wende" setzten sie sich weiter vom Marxismus-Leninismus ab. Statt Kommunismus streben sie einen „demokratischem Sozialismus" an, statt von Kapitalismus sprechen sie von „kapitaldominierter" Gesellschaft; den Gedanken der Revolution ersetzten sie durch das Konzept der „Transformation": Rosa Luxemburgs Vorstellung „radikaler Realpolitik" stand unverkennbar Pate – Reformen innerhalb des demokratischen Systems sollten nicht dazu beitragen, dieses zu verbessern, sondern am Ende eine neue, sozialistische Gesellschaft hervorbringen.[29] Als Mittel zu diesem Zweck fungierte nicht mehr der orthodox-marxistische Klassenkampf, sondern – analog zu Antonio Gramsci – die Erlangung „kultureller Hegemonie".[30] Zwar bejahen die PDS-Reformer Werte und Prinzipien eines freiheitlichen Systems, sehen echte Demokratie aber erst unter Bedingungen des Sozialismus als verwirklicht an. Aus eher strategischen Gründen predigen sie Pluralismus, während identitäre Vorstellungen in ihren Theorien nachwirken.[31]

1.6 Anarchismus

Das Grundprinzip des Anarchismus ist die Vorstellung, ein „freies" und/oder „solidarisches" Zusammenleben der Menschen sei nur möglich, wenn jede Art von Hierarchie zugunsten einer gleichberechtigten Selbstorganisation aller beseitigt ist: „Ziel des Anarchismus ist die Abschaffung der Herrschaft von Menschen über Menschen; im Zentrum seiner politischen Aktivität steht ein sozial geprägter Freiheitsgedanke. Hieraus leitet er die Notwendigkeit ab, den Staat ab-

---

26 Vgl. ders., Die kommunistischen Parteien in Westeuropa, Entwicklung zur Sozialdemokratie oder Sekte?, Stuttgart 1988, S. 232.
27 Vgl. Patrick Moreau/Marc Lazar/Gerhard Hirscher (Hrsg.), Der Kommunismus in Westeuropa. Niedergang oder Mutation?, Landsberg am Lech 1998; Martin J. Bull/Paul Heywood (Hrsg.), West European Communist Parties after the Revolutions of 1989, New York 1994; David Scott Bell (Hrsg.), Western European Communists and the Collapse of Communism, Oxford 1993.
28 Vgl. Eckhard Jesse/Jürgen P. Lang, Die Linke – eine gescheiterte Partei?, München 2012, S. 33–41.
29 Vgl. Michael Brie (Hrsg.), Radikale Realpolitik. Plädoyer für eine andere Politik, Berlin 2009.
30 André Brie/Michael Brie, Die Demokratisierung der Demokratie wagen!, in: Crossover (Hrsg.), Zur Politik zurück. Für einen ökologisch-solidarischen New Deal, Münster 1997, S. 123; Antonio Gramsci, Intellektuelle. Traditionelle Intellektuelle, in: ders., Zu Politik, Geschichte und Kultur. Ausgewählte Schriften, Frankfurt a. M. 1986.
31 Vgl. Jesse/Lang (Anm. 28), S. 286–296.

zuschaffen. Es geht [...] darum, den Staat an sich zu bekämpfen und zugleich Alternativen zur Staatlichkeit zu entwickeln."[32] Allerdings blieben positive Formulierungen solcher Alternativen in der fast ausschließlich negativen Ideologie des Anarchismus stets nebulös.

Ihre radikal anti-etatistische Attitüde stellt Anarchisten auf den ersten Blick in diametralen Gegensatz zu totalitären Systemen, etwa zu kommunistischen Diktaturen. Nicht zuletzt deshalb fällt es den Apologeten leicht zu verkünden, sie seien weder links noch rechts. Doch offenkundig stellt der Anarchismus eine Spielart des Linksextremismus dar: Auf der Agenda praktisch aller anarchistischer Richtungen steht der Kampf gegen den Kapitalismus als Wirtschaftssystem, gegen Ausbeutung und Unterdrückung sowie die Beseitigung der Klassengesellschaft. Diese Ideologieelemente docken nahtlos an kommunistische Vorstellungen an. Zudem wohnt dem Anarchismus eine militante Komponente der Zerstörung inne: Der Weg von der Verweigerung zur gewalttätigen Sabotage der bestehenden Ordnung ist nicht weit. Zu Recht steht der aktionsorientierte westdeutsche Linksradikalismus in enger Verbindung mit anarchistischen Maximen.

Die Epigonen des Anarchismus hegten eine jeweils eigene Vorstellung von einer alternativen Gesellschaft. Als Vordenker gilt der Franzose Pierre-Joseph Proudhon, dessen Mantra „Eigentum ist Diebstahl" die Phantasien mehrerer kommunistischer Theoretiker, unter ihnen Karl Marx, beflügelte. Proudhon erblickte im nicht durch eigene Arbeitskraft oder Tausch gewonnenen Eigentum das Ergebnis von Ausbeutung und Mittel der Unterdrückung. Er glaubte zudem, freie Vereinbarungen könnten das Zusammenleben autonomer Individuen untereinander und gegenüber der Gesellschaft regeln. Anarchie war für Proudhon in klassischer Bedeutung „Abwesenheit jedes Herrschers, jedes Souveräns". Er gab dem Begriff zusätzlich einen progressiven Impuls: Anarchie sei „die Regierungsform, der wir uns täglich mehr nähern [...] wie der Mensch die Gerechtigkeit in der Gleichheit sucht, so sucht die Gesellschaft die Ordnung in der Anarchie."[33] Vom sozialen Anarchismus Proudhons unterschied sich der radikal-individualistische Anarchismus des Bayreuthers Max Stirner deutlich. Im Zentrum seines Denkens steht der „Egoist" oder „Einzige", der über sich nichts Höheres duldet.[34] Die Konfrontation mit Staat und Gesellschaft war gewissermaßen programmiert. Stirner hegte von vornherein keine Vorstellung eines Kollektivismus und blieb die Antwort auf die Frage schuldig, wie eine Assoziation „egoistischer" Individuen das Abgleiten ins Faustrecht des Stärkeren verhindern kann.[35]

Einen revolutionären Anarchismus verkörperte der Russe Michail Bakunin. Sein Konflikt mit Marx führte zu einer Abspaltung des Anarchismus von der sozialistischen Bewegung während der I. Internationale. Marx' Idee der Diktatur des Proletariats führe nicht zum Sozialismus, kritisierte Bakunin, weil sie den „vollständigen Triumph der ökonomischen und sozialen Gleichheit [...] durch die Staatsmacht, durch die Diktatur [...], das heißt durch die Negation der Freiheit"[36] erreichen wolle. Umgekehrt waren „Bakunins antiautoritäre Vorstellungen von

---

32 Horst Stowasser, Freiheit pur. Die Idee der Anarchie, Geschichte und Zukunft, Frankfurt a. M. 1995, S. 22.
33 Pierre-Joseph Proudhon, Was ist das Eigentum? Erste Denkschrift. Untersuchungen über den Ursprung und die Grundlagen des Rechts und der Herrschaft, Graz 1971, S. 224.
34 Vgl. Max Stirner, Der Einzige und sein Eigentum, Stuttgart 1972.
35 Vgl. Stowasser (Anm. 32), S. 188.
36 Michail Bakunin, An Ludovico Nabruzzi und die anderen Internationalisten in der Romagna, in: ders., Staatlichkeit und Anarchie und andere Schriften, Frankfurt a. M. u. a. 1972, S. 770.

der ‚spontanen' Organisation der ‚freien Gesellschaft'"[37] für Marx reine Phantasterei. Das galt auch für Bakunins Auffassung von Revolution, die auf die „absolute Zerstörung jedes Staates, jeder Kirche, aller religiösen, politischen, bürokratischen, gerichtlichen, finanziellen polizeilichen, ökonomischen universitären und fiskalischen Einrichtungen"[38] zielte. Bakunin traf schnell der Vorwurf, ein reiner „Kaputtschlag-Revolutionär" zu sein.[39]

In Deutschland war und ist der Anarchismus von begrenzter Relevanz, sieht man einmal von der Münchner Räterepublik im Jahr 1919 ab, an deren Zustandekommen Anarchisten wie Gustav Landauer und Erich Mühsam mitwirkten. Den größten Einfluss entfalteten die Anarchosyndikalisten der *Freien Arbeiter-Union Deutschlands* (FAUD) in der Gewerkschaftsbewegung während der Weimarer Republik. Bei der Niederschlagung des Kapp-Putsches spielte die FAUD eine entscheidende Rolle. Heute will die 1977 gegründete FAU-IAA[40] an diese Tradition anknüpfen. Neben den klassisch anarchistischen Forderungen nach Ablösung des Staates, des Parlamentarismus und des Kapitalismus durch eine herrschaftsfreie Gesellschaft steht das Postulat einer „Selbstverwaltung" der Wirtschaft durch die Arbeiter im Mittelpunkt ihres Programms.[41] Die Interessenidentität des Anarchosyndikalismus mit trotzkistisch-rätekommunistischen Gruppierungen ist offensichtlich. Von einer anarchistischen oder „libertären" Bewegung in Westdeutschland zu sprechen, wäre indes verfehlt – obwohl sich von Teilen der 68er über „Haschrebellen" und Terroristen bis zu Grünen und „Freizeitrevolutionären" in einer „Graswurzel"-Initiative so mancher gerne als Anarchist sieht. Neueren Datums ist ein Phänomen, auf das später einzugehen ist – die sogenannten Autonomen. Deren Entwicklung „zeigt einen deutlichen Trend weg von den Basisbewegungen, hin zu einer geschlossenen Elite kämpfender Kader."[42] Ein neuer Kult der Militanz ist entstanden.

1.7 Antiimperialisten und Antideutsche

Zwei einander bekämpfende Strömungen kennzeichnen den modernen deutschen Linksextremismus, die Antiimperialisten und die Antideutschen. Auch wenn der Antiimperialismus im Werk von Marx und Engels wurzelt, war es doch Lenins 1916 publizierte Schrift *Der Imperialismus als höchstes Stadium des Kapitalismus*,[43] die ihn fest in der ML-Dogmatik einband. Seit dem Ersten Weltkrieg gab es kaum eine linksextremistische Organisation, die den antiimperialistischen Kampf nicht als Teil des antikapitalistischen ansah – die Ausbeutung fand schließlich im Weltmaßstab statt. Bis in die 1980er Jahre war bei der deutschen extremen Linken die

---

37 Horst Stuke, Einleitung, in: Ebd., S. XIII.
38 Michail Bakunin, Programm und Reglement der Geheimorganisation der internationalen Bruderschaft und der internationalen Allianz der Sozialistischen Demokratie, in: Ebd., S. 72 f.
39 Vgl. Stowasser (Anm. 32), S. 208.
40 Der 1922 gegründete anarchosyndikalistische Dachverband *Internationale ArbeiterInnen-Assoziation* (IAA) ist heute in zahlreichen Ländern Amerikas und Europas aktiv.
41 Vgl. Prinzipienerklärung der Freien Arbeiterinnen- und Arbeiter-Union FAU-IAA, Bonn 2003.
42 Stowasser (Anm. 32), S. 358.
43 Wladimir I. Lenin, Der Imperialismus als höchstes Stadium des Kapitalismus. Gemeinverständlicher Abriss, Berlin 1988.

Theorie des staatsmonopolitischen Kapitalismus (Stamokap)⁴⁴ *en vogue*, der die – angeblichen – Expansionsgelüste transnationaler Trusts mit den imperialistischen Interessen kapitalistischer Staaten identifizierte. Die Agitation gegen die „Monopole" stand nunmehr auf der kommunistischen Agenda. Sie implizierte die Solidarität mit (linken) Befreiungsbewegungen und deren Kampf gegen den „US-Imperialismus". Antiimperialismus ging nach 1948 einher mit der Delegitimierung des Staates Israel, den man als imperialistische Dependance im Nahen Osten verurteilte. Dieser linke Antizionismus ist – blickt man auf die jüngsten Auseinandersetzungen in der Partei *Die Linke* – durchaus keine Seltenheit und kann in manifesten Antisemitismus umschlagen.⁴⁵ Er geht einher mit offener Sympathie nicht nur für die Palästinenser, sondern auch für israel- und judenfeindliche, islamistische Organisationen wie die *Hamas* oder die *Hisbollah*. Das ist der Grund, warum der Holocaust in weiten Teilen der extremen Linken eine Leerstelle geblieben ist – trotz der „antifaschistischen" Propaganda. Um einen Widerspruch zu umgehen, verstrickt sie sich in einen anderen.

Dem stehen diametral Auffassungen der sogenannten Antideutschen gegenüber. Wer die Zeitschriften *Bahamas*, *Konkret* oder *Jungle World* liest, stößt auf sie. Diese skurrile, weder einflusslose noch einheitliche Tendenz im deutschen Linksextremismus war im Zuge der Revolution in der DDR entstanden, als Reste der K-Gruppe *Kommunistischer Bund* (KB), Teile der *Grünen*, der Autonomen und anderen Linksradikalen eine Kampagne gegen die Wiedervereinigung starteten. Als Wortführer trat damals *konkret*-Autor Jürgen Elsässer auf.⁴⁶ Für die Antideutschen ist Deutschland nach 1990 noch faschistischer, nationalistischer und imperialistischer geworden – vom „Vierten Reich" ist die Rede. Auf Transparenten steht etwa „Nieder mit Deutschland". Unter anderem rechtfertigen die Antideutschen die Bombardierung Dresdens gegen Ende des Zweiten Weltkriegs.

Dies mündet – durchaus konsequent – in eine unbedingte Parteinahme gegen Palästina und für Israel, für die USA als dessen Schutzmacht und für einen ebenso strikten Antiislamismus. So unterstützten Vertreter dieser Richtung zum Beispiel den zweiten Irak-Krieg. Nach den Terroranschlägen des 11. September 2001 schrieben sie denjenigen, die vor Gegenschlägen der USA gewarnt hatten, ins Stammbuch: „Die üblichen Orientalisten diverser deutscher Hochschulen im Verbund mit den einschlägigen Vorzeigepalästinensern – Terrorismusexperten im doppelten Sinne des Wortes – traten zur Vorwärtsverteidigung an, die hierzulande Besonnenheit heißt: Von vorschneller Verurteilung der ach so friedliebenden ‚islamischen Welt' war da die Rede."⁴⁷

Den vor allem instrumentellen linksextremistischen Antifaschismus griffen die Antideutschen direkt an. Insbesondere in der Frage, wogegen sich der Antifaschismus zu richten habe und wofür er eintreten soll, wichen sie von der üblichen kommunistischen Lesart ab. Die Antideutschen bezogen ihren durchaus authentisch und gesinnungsethisch wirkenden Antifaschismus

---

44 Vgl. Gerold Ambrosius, Zur Geschichte des Begriffs und der Theorie des Staatskapitalismus und des staatsmonopolistischen Kapitalismus, Mohr 1981.
45 Vgl. Armin Pfahl-Traughber, Israelfeindschaft zwischen Antiimperialismus und Antisemitismus – eine Analyse zu Erscheinungsformen und Motiven im deutschen Linksextremismus, in: Ulrich Dovermann (Hrsg.), Linksextremismus in der Bundesrepublik Deutschland, Bonn 2011, S. 143–161.
46 Vgl. Carsten Koschmieder, Die Entstehung der „Antideutschen" und die Spaltung der linksradikalen Szene, in: Ebd., S. 187.
47 Erklärung der Redaktion, in: Bahamas (2001), H. 36, S. 31.

auf den historischen, spezifisch deutschen Nationalsozialismus, den Rassismus und den Holocaust. Die daraus abgeleitete moralische Rechtfertigung der israelischen Politik wirkt in der „Szene" wie ein Sakrileg, zumal die Antideutschen nicht vor deutlichen Worten zurückschrecken. So bezeichneten sie die traditionell pro-palästinensische Friedensbewegung als „antisemitisches Unternehmen der Täter von Auschwitz".[48] Trotz ihres ideologischen Wahngebildes haben die Antideutschen immerhin eines zu Wege gebracht: Sie haben den klassischen linksextremen Antifaschismus als ideologisches Kampfinstrument mit anti-westlicher Stoßrichtung enttarnt. Gleichwohl ist der ausufernde Antifaschismus der Antideutschen ebenfalls ein solches Instrument, stellt er doch in der Konsequenz alle Deutschen pauschal unter Faschismusverdacht.

2 Historische Entwicklung

Über die Jahrhunderte hinweg fassten nur wenige den Traum der Menschheit von einer Gesellschaft der Gleichen in konkrete Entwürfe. Wies Thomas Morus' fiktionaler Staat *Utopia* (1516) demokratische Grundzüge auf, lieferte der *Sonnenstaat* Tommaso Campanellas aus dem Jahr 1602 die autoritäre Antwort. In den antidemokratischen Vorstellungen des italienischen Mönches bedeutete die „Gattung" alles, das Individuum nichts. Im Sonnenstaat lag die Macht nicht beim Volk, sondern in Händen einer absolutistischen Priesterkaste – der Prototyp einer Diktatur. Als Pate linksextremistischen Denkens fungiert gleichwohl der französische Sozialphilosoph Jean-Jacques Rousseau (1712–1778). Er betrachtete jede Art von Pluralismus und Individualismus als Sündenfall und Ursprung von Willkürherrschaft. Rousseau verwarf Gewaltenteilung und Parlamentarismus als despotisch. Stattdessen verfocht er die utopische Vorstellung, dass jeder Einzelne vollkommen in einer sozialen Gemeinschaft aufgeht, indem er sich einem unabänderlichen Gemeinwillen (*volonté générale*) unterordnet. Die Interessen der Regierten und des Volkes haben demnach dieselben zu sein. „Rousseau glaubte einen neuen Menschen herbeizwingen zu können".[49] Doch wer definiert den Gemeinwillen – wer kontrolliert und garantiert seine Einhaltung? Darauf gab Rousseau keine genaue Antwort. Hätte er es versucht, wäre er wohl darauf gekommen, dass nur eine Diktatur imstande ist, dies zu leisten.

Trotz seiner Vorläufer beginnt die Geschichte des Linksextremismus, verstanden als Ablehnung der Werte und Prinzipien des freiheitlichen Verfassungsstaates durch radikal-egalitäre Ideologien, erst mit der Entstehung der Demokratie, anfangs als Idee und politische Strömung, dann – zuerst in den USA (1776) und Frankreich (1789) – als staatliches Prinzip. Zusammen mit einer Gesellschaft der Freien, der Etablierung der Marktwirtschaft und dem Aufstieg des Bürgertums zur neuen, mächtigen Klasse bildet Linksextremismus ein spannungsgeladenes Viereck. Die Geschichte des Linksextremismus war von Anfang an nicht nur eine Geistesgeschichte, sondern wesentlich auch eine Geschichte autoritärer Herrschaft. Schon bald nach der Französi-

---

48 Zit. nach Bundesamt für Verfassungsschutz, Massiver ideologischer Streit zum Nahost-Konflikt unter Linksextremisten, in: Bundesministerium des Innern (Hrsg.): Extremismus in Deutschland. Erscheinungsformen und aktuelle Bestandsaufnahme, Berlin 2004, S. 206.
49 Heinrich August Winkler, Geschichte des Westens. Von den Anfängen in der Antike bis zum 20. Jahrhundert, München 2009, S. 221.

schen Revolution endeten die Ideale der ultralinken Jakobiner im antidemokratischen Schreckensregime Robespierres. Die sozialrevolutionären Vorstellungen des 18. und 19. Jahrhunderts waren indes vielfältig, seien es die harmonischen, von den menschlichen Verwerfungen des Kapitalismus befreiten Gesellschaften eines Saint-Simon oder Fourier, seien es die gewalttätigen, umstürzlerischen Konzepte eines Babeuf oder Blanqui. Weniger theoretisch abgehoben gerierte sich die proletarische Chartistenbewegung in England, die in Wort und Tat gegen das „räuberische System" (James Leach) der Fabrikbesitzer agitierte.

Vor allem Karl Marx und Friedrich Engels stellten die sozialistischen Theorien im Wesentlichen auf die Basis einer ökonomischen Erklärung gesellschaftlicher Missverhältnisse. Das Privateigentum galt ihnen als Grund allen Übels („Verelendung", „Entfremdung"). Marx und Engels entliehen dem Werk des Philosophen Georg Wilhelm Friedrich Hegel die Vorstellung einer stufenweisen gesellschaftlichen Fortentwicklung, wobei jede Form (Feudalismus, Kapitalismus) an ihren Widersprüchen zugrunde gehen und eine neue Form hervorbringen werde (Dialektik). Im Kapitalismus zum Beispiel gerieten die Produktivkräfte (Basis) in Widerspruch mit den realen gesellschaftlichen, politischen und ideologischen Verhältnissen (Überbau), was unweigerlich zur Revolution führen und, nach dem Sozialismus als Übergangsstadium, am Ende den Kommunismus hervorbringen werde. Kommunismus – das bedeutete vor allem die Auflösung des Gegensatzes zwischen Individuum und Gesellschaft. Die Tradition Rousseaus ist unverkennbar. Die Geschichte des Kommunismus führt indes eindrucksvoll vor Augen, dass seine Verwirklichung unweigerlich in ein System der Unterdrückung mündet.[50] Marx und Engels sollten dies nicht mehr erleben.

Wie Kommunisten und Anarchisten nach ihnen hielten die beiden Revolutionäre beständig Ausschau nach Anzeichen eines Umsturzes. Bis heute kommt praktisch kein Programm einer kommunistischen Partei ohne die hoffnungsvolle Behauptung aus, der Zusammenbruch des Kapitalismus stehe unmittelbar bevor. Schon Marx' und Engels' Bewegung hatte es sich auf die Fahnen geschrieben, bei Bedarf nachzuhelfen – notfalls mit Waffengewalt. „Die Philosophen haben die Welt nur verschieden interpretiert; es kömmt darauf an, sie zu verändern",[51] schrieb Marx in seinen *Thesen über Feuerbach* – er manifestierte damit eine Ideologie nicht nur der Worte, sondern auch der Aktion. Angesprochen war das Proletariat, das in Engels' *Deutscher Ideologie* zum „Klassenkampf" und der Übernahme der „Klassenherrschaft" aufgerufen wurde. Das dazu nötige „Klassenbewusstsein" einzuschärfen war fürderhin Hauptaufgabe einer kommunistischen Partei. Marx und Engels erweiterten jedoch den Horizont des Kommunismus über das Schicksal der arbeitenden Klasse hinaus. Im Weltmaßstab sahen sie im Imperialismus den Ursprung der Ausbeutung nach einem Eroberungskrieg unterdrückter Völker. Im 20. Jahrhundert sollten ihre Anschauungen „dramatische Folgen haben, als ‚Freiheitskämpfer' von Mao Tse-tung über Ho Chi Minh bis zu Fidel Castro den Marxismus als wesentlichen Teil der Befreiung vom Kolonialismus auffassten."[52]

---

50 Vgl. David Priestland, Weltgeschichte des Kommunismus. Von der Französischen Revolution bis heute, München 2009.
51 Karl Marx, Thesen über Feuerbach, in: Marx-Engels-Werke, Bd. 3, Berlin [Ost] 1969, S. 334.
52 Tristram Hunt, Friedrich Engels. Der Mann, der den Marxismus erfand, Berlin 2012, S. 229.

Wie ist zu erklären, dass „der" Marxismus – auf den sich praktisch die gesamte extremistische Linke beruft – eine solche Attraktion auf einen Großteil derjenigen entfalten konnte, die sich auf Seiten der „Unterdrückten" wähnen? Es lag vor allem an Friedrich Engels, der die Widersprüche in den Schriften seines Freundes Marx einebnete und dessen Ideen zu einer in sich logischen Lehre kanonisierte, die den Anspruch einer wissenschaftlichen Welterklärung erhob. Dies erleichterte es kommunistischen Machthabern später, ein scheinbar unangreifbares Konstrukt zur Rechtfertigung ihrer Herrschaft zu entwickeln. Vielleicht hätte die Geschichte des Linksextremismus einen anderen Verlauf genommen, wäre es Ferdinand Lassalle gelungen, seine sozialistischen Ideen weiterzuentwickeln, die anders als Marx und Engels nicht auf die Zerstörung des „bürgerlichen" Staates setzten. Lassalle nahm das Schisma der Arbeiterbewegung in eine demokratisch und eine antidemokratische Strömung vorweg. Evident wurde dies, als Lassalles ADAV mit der SDAP im Jahre 1875 zur SPD fusionierte, der lange Zeit größten sozialistischen Partei der Welt.

Die Theoretiker Eduard Bernstein und Rosa Luxemburg standen in der SPD der Kaiserzeit für diese Zweiteilung, die als „Revisionismusstreit" in die Geschichte einging. Bernstein, für den im Gegensatz zu Luxemburg Demokratie und Parlamentarismus ein Wert an sich waren, erwies sich als besserer Visionär als Karl Marx, indem er dessen Prognosen revidierte: Der Kapitalismus, der keineswegs zur „Verelendung" der Lohnabhängigen führe, werde nicht an seinen inneren Widersprüchen zu Grunde gehen – für Marx war dies die Voraussetzung einer Revolution. Umbrüche, die sich auf das Endziel des kommunistischen Paradieses richteten, verwarf Bernstein als unerreichbare Utopien. Ohnehin würden Revolutionen, wie Marx sie sich vorstellte, nicht stattfinden. Nicht einmal das Proletariat, geschweige denn breite Volksmassen stünden mehrheitlich hinter ihnen. Deshalb könne es nur den ständigen Kampf um Reformen im Rahmen einer demokratischen Republik geben.[53] Deren gewaltsame Beseitigung predigte dagegen Luxemburg, die nach Ende des Ersten Weltkriegs mit ihren ebenfalls von der SPD enttäuschten Mitstreitern – unter ihnen Karl Liebknecht – *die Kommunistische Partei Deutschlands* (KPD) gründete.

Dass Luxemburg Lenins Bolschewiki wegen der Auflösung der russischen verfassungsgebenden Versammlung, des Zentralismus und der Cliquenwirtschaft schalt, hatte nichts mit einer Akzeptanz des Parlamentarismus zu tun. Die „bürgerlichen" Volksvertretungen waren für sie nicht mehr als eine „Arena des Klassenkampfes".[54] Einzig der „Hammerschlag der Revolution"[55] werde einer sozialistischen Gesellschaft den Weg bahnen. Luxemburg schreckte auch vor Bürgerkrieg nicht zurück, der nur ein anderer Name des Klassenkampfes sei. „Freiheit ist immer Freiheit der Andersdenkenden"[56] – Luxemburgs zum geflügelten Wort mutierte Randbemerkung im Manuskript ihrer Schrift *Zur russischen Revolution* kann jeder Demokrat unterschreiben. Doch die Freiheit, die Luxemburg meinte, galt nur unter den Bedingungen einer

---

53 Vgl. Eduard Bernstein, Die Voraussetzungen des Sozialismus und die Aufgaben der Sozialdemokratie, Berlin/Bonn 1984.
54 Rosa Luxemburg, Was wollen wir?, in: dies., Gesammelte Werke, Bd. 2, Berlin 1972, S. 89.
55 Dies., Sozialreform oder Revolution?, in: Ebd., Bd. 1/1, Berlin 1970, S. 400.
56 Dies., Zur russischen Revolution, in: Ebd., Bd. 4, Berlin 1974, S. 346.

Klassendiktatur. Die – tatsächlich andersdenkenden – „Bürgerlichen", die Lenin zu Tausenden liquidieren ließ, waren Luxemburg nicht der Rede wert.

Wir wissen nicht, wie Luxemburg auf die Stalinisierung ihrer Partei in den 1920er Jahren reagiert hätte. Ihr gewaltsamer Tod konnte nicht zuletzt deshalb der Mythenbildung den Weg ebnen. Nach Luxemburgs Ermordung baute Paul Levi die Partei gemäß leninistischem Vorbild in eine hierarchisch gegliederte Kaderorganisation um, die zunächst nicht über 90.000 Mitglieder hinauskam und bei Wahlen eine Marginalie blieb. Erst Ende 1920 reüssierte die KPD als Massenpartei, nachdem zehntausende Linke aus der SPD-Absplittung USPD übergetreten waren. Richtungskämpfe und Fraktionierungen setzten der KPD nun zu, wobei sich schließlich die Anhänger der Bolschewiki durchsetzten. In dem 1923 zum Vorsitzenden gewählten Ernst Thälmann fand Lenins Nachfolger Stalin schließlich einen willigen Vollstrecker. Thälmann steuerte die Partei strikt auf Sowjetkurs und übernahm die von Moskau vorgegebene Sozialfaschismusthese. Stalins Diktum, die Sozialdemokratie sei „objektiv der gemäßigte Flügel des Faschismus",[57] galt nun als Handlungsmaxime.

Damit rückte die KPD den Kampf gegen die demokratische Republik in den Vordergrund, als deren Verteidiger die SPD nicht zu Unrecht galt. Sie relativierte die Gefährlichkeit der eigentlichen ideologischen Gegner, der DNVP und der NSDAP. „Den Höhepunkt erreichte diese Politik im August 1931, als sich die KPD auf Betreiben Moskaus am Volksbegehren der ‚Nationalen Opposition' zur Auflösung des preußischen Landtags beteiligte, durch die das stärkste noch verbliebene Bollwerk der Demokratie geschleift werden sollte."[58] Die KPD ließ keine Gelegenheit aus, die Demokratiefeindschaft als Gemeinsamkeit mit den rechtsextremistischen Kräften herauszustreichen. Selbst wenn dies nur strategischen Prämissen geschuldet sein mochte: Die zuletzt auf 280.000 Mitglieder und fast 17 Prozent Wähleranteil angewachsene KPD hatte ihren Anteil daran, dass die Nationalsozialisten die Weimarer Republik zu Grabe trugen. Diese dankten es den Kommunisten nicht. Ihre Organisation war die erste, die das Hitler-Regime nach der „Machtergreifung" zerschlug.

Nach dem Krieg war die KPD wiederum die erste Partei, die dank ihres „Antifaschismus"-Bonus von den Besatzungsmächten zugelassen wurde, in der sowjetisch besetzten Zone (SBZ) zunächst aber aus taktischen Gründen moderater auftrat als die SPD. Die Sowjetische Militäradministration (SMAD), der verlängerte Arm Moskaus und eigentlicher Machthaber in der SBZ, befürchtete eine Dominanz der SPD und trieb die Verschmelzung mit der KPD zur *Sozialistischen Einheitspartei Deutschlands* (SED) voran. Wo dies nicht freiwillig geschah, wandte die SMAD Zwang an. Hoffnungen, die SED würde sich auf breiten Zuspruch in der Bevölkerung stützen können, zerschlugen sich angesichts der Wahlergebnisse im Jahr 1946. Von da an wandelte die SMAD die SED nach Vorbild der KPdSU in eine „Partei neuen Typs" um, die in der 1949 gegründeten DDR als Diktaturpartei fungieren sollte.

Die DDR war der exakte Gegenentwurf zu einem demokratischen Verfassungsstaat. Gewaltenteilung existierte nicht, stattdessen eine unter Lenins Begriff „demokratischer Zentralismus" firmierende Ordnung, die staatliche Strukturen, gesellschaftliche Organisationen und die

---

57 Josef Stalin, Zur internationalen Lage, in: ders., Werke, Bd. 6, Berlin [Ost] 1953, S. 253.
58 Ursula Büttner, Weimar. Die überforderte Republik 1918–1933, Stuttgart 2008, S. 82.

Rechtsprechung dem Apparat, dem Diktat und der Willkür der SED unterwarf. Weder stand die DDR auf dem Boden eines Konstitutionalismus, noch konnten die Bürger in freien Wahlen entscheiden. Die Partei musste ihre von der sowjetischen Siegermacht nach dem Zweiten Weltkrieg installierte Herrschaft pseudolegitimieren, durch einen instrumentalisierten „Antifaschismus" und durch den Marxismus-Leninismus als Rechtfertigungsideologie. Aus diesem Dogmengebäude leitete die SED sowohl ihre „führende Rolle" in Staat und Gesellschaft als auch ein Wahrheitsmonopol ab. Ihre Interpretationen politischer und gesellschaftlicher Ereignisse waren ebenso sakrosankt wie ihre Entscheidungen. Alle Macht ging vom Politbüro aus; jegliche interne Kontrolle fehlte.

Freiheit und Menschenrechte unterwarf die SED der marxistisch-leninistischen Ideologie – ein Freibrief, diese Grundwerte in der politischen Praxis zu ignorieren. Der Bau der „Mauer" 1961, das Ministerium für Staatssicherheit und die politische Justiz wurden zu Symbolen der Unfreiheit und der Missachtung fundamentaler Rechte. Von vornherein war in der Dogmatik der SED die „persönliche F[reiheit] des Menschen [...] immer an gesellschaftliche Voraussetzungen gebunden. Sie bestimmen den konkreten Rahmen und den Inhalt der F[reiheit] des Individuums."[59] In einer Diktatur kann dies nur heißen: Der Potentat bestimmt, was Freiheit zu bedeuten hat; sie fungierte nicht als unpolitischer Wert an sich. Die SED verkehrte die Menschenrechte – an deren erster Stelle bezeichnenderweise das „Recht auf Arbeit" stand – zu Pflichten in der sozialistischen Gesellschaft. Menschenrechte seien nicht individuell, sondern könnten „nur als Klassenrechte existieren und verwirklicht werden."[60]

Was die SED als „Demokratie" ausgab, hatte mit einer freiheitlichen politischen Ordnung nichts zu tun. Die Exegeten des Marxismus-Leninismus wandten sich gegen die „bürgerliche Ideologie", die Diktatur und Demokratie als Antipoden gegenüberstellt. Solange die „klassenlose Gesellschaft" des Kommunismus nicht erreicht sei, handle es sich vielmehr um „voneinander nicht zu trennende Seiten der staatlichen Organisation".[61] Die Methoden der Diktatur waren aus dieser Sicht in der noch nicht „klassenlosen" DDR legitim. Theoretisch konnten tatsächliche und vermeintliche Renegaten als „Klassenfeinde" gebrandmarkt und nach Belieben schikaniert werden, was in der Praxis auch geschah. Entsprechend war die „sozialistische D[emokratie] darauf gerichtet, das ganze Volk in die Leitung und Planung des staatlichen, wirtschaftlichen und kulturellen Lebens einzubeziehen und damit die echte Volksherrschaft zu verwirklichen."[62] Die SED propagierte eine identitäre Demokratie, in der der Volkswille mit dem Parteiwillen zusammenfallen sollte. Ein solcher Interessenmonismus widerspricht dem Interessenpluralismus einer freiheitlichen Gesellschaft diametral.

In den westlichen Besatzungszonen ging die KPD einen anderen Weg. Mit der Gründung der beiden deutschen Teilstaaten 1949 gab sie sich separate Strukturen, ohne jedoch die Einflusssphäre der SED zu verlassen. Bei den ersten Bundestagswahlen im August 1949 blieb sie mit 5,7 Prozent unter den damaligen Erwartungen und kam von da an in der Bundesrepublik über den Status einer Splitterpartei nicht hinaus. Das Bestreben Stalins, die sozialistischen Parteien

---

59 Kosing (Anm. 1), S. 184.
60 Ebd., S. 341.
61 Ebd., S. 105.
62 Ebd.

des Ostblocks auf Moskauer Linie zu bringen – was im Fall von Titos unbotmäßigem Jugoslawien nicht gelang –, führte die West-KPD in die Zerreißprobe. Eine Ende 1949 verabschiedete Resolution verfügte „die Verstärkung der ideologischen Erziehung der Partei und [den] Kampf gegen die feindliche Tätigkeit und die feindlichen Einflüsse in der Partei."[63] In der Folge kam es zu erzwungenen Rücktritten und Parteiausschlüssen der als „Titoisten" gebrandmarkten Funktionäre. Zwei von ihnen – die stellvertretenden Vorsitzenden Kurt Müller und Fritz Sperling – wurden in der DDR verhaftet und für Jahre ins Zuchthaus gesteckt. Die KPD war zum Vasallen der SED geworden. Ihre ostentativ revolutionäre Programmatik trug entscheidend zum Verbot der Partei 1956 durch das Bundesverfassungsgericht bei, das der KPD eine „aktiv kämpferische, aggressive Haltung"[64] gegenüber der Demokratie bescheinigte. Bei der Bundestagswahl 1953 war die Partei auf 2,2 Prozent abgerutscht, hatte zum Zeitpunkt des Verbots nach eigenen Angaben aber immerhin rund 85.000 Mitglieder. Daran konnte die zwölf Jahre später im Windschatten der 1968er-Protestbewegung gegründete *Deutsche Kommunistische Partei* (DKP) anknüpfen.

Die Rebellion der „antiautoritären" 68er zeitigte einige Paradoxien. Sie entfachte einen Sturm, der maßgeblich zu einer Liberalisierung der Gesellschaft beitrug. Der Aufstand der ersten Nachkriegsgeneration gegen „die Alten" führte aber auch einen Frontalangriff gegen deren fest verwurzelten – und durchaus nicht immer demokratisch motivierten – Anti-Kommunismus. Dass dies die Wahrnehmung des Linksextremismus grundlegend verschob, ist eine zweifelhafte Leistung der 68er. Die Frage der Gegnerschaft zur freiheitlichen Gesellschaft stellte sich mehr und mehr fast ausschließlich mit Blick auf den Rechtsextremismus.[65] Linksextremistische Phänomene galten dagegen eher als eine Art harmloses Skurrilitätenkabinett. Hinzu kommt: Den Kultur-Rebellen galt von vornherein nicht die „spießige" DDR als Projektionsfläche eigener Politikentwürfe. Vorbild waren vielmehr die linksextremen Befreiungsbewegungen, die sich in Staaten der „Dritten Welt" gegen den sogenannten „US-Imperialismus" auflehnten. Der Anti-Amerikanismus der „68er" kappte die auf politischer Ebene stets festgezurrte Westbindung und reaktivierte damit in der bundesrepublikanischen Gesellschaft das Feindbild der westlichen Demokratien, die einst nationalistischen Kreisen als „undeutsch" galten.[66] Dies führte zu einer schleichenden Umkehr dessen, was als „gut" oder „böse" angesehen wurde. Politische Repression identifizierte die (liberale) westdeutsche Gesellschaft der 1970er und 1980er Jahre wesentlich mit den (ebenfalls liberalen) USA, kaum noch mit den (illiberalen) kommunistischen Diktaturen. Wer es dennoch tat, galt schnell als „Nazi".

Dies vernebelte die Tatsache, dass ein Gutteil der 68er-Protagonisten – in Wahrheit nie ganz frei von autoritären und militanten Attitüden[67] – später dem orthodoxen Kommunismus der K-Gruppen oder dem Terrorismus verfielen. Mehr noch: Der deutsche Linksterrorismus ist oh-

---

63 Resolution der 14. PV-Tagung der KPD, in: Günter Judick/Josef Schleifstein/Kurt Steinhaus (Hrsg.), KPD 1945–1968. Dokumente, Bd. 1, Neuss 1989, S. 298.
64 Gerd Pfeiffer/Hans-Georg Strickert (Hrsg.), KPD-Prozess. Dokumentarwerk, Bd. 3, Karlsruhe 1956, S. 612.
65 Vgl. Jürgen P. Lang, Linksextremismus in Deutschland – seine Wahrnehmung in Gesellschaft, Politik und Wissenschaft, in: Alexander Gallus/Tom Thieme/Thomas Schubert (Hrsg.): Deutsche Kontroversen. Festschrift für Eckhard Jesse, Baden-Baden 2013, S. 409–420.
66 Vgl. Ernst Fraenkel, Deutschland und die westlichen Demokratien, in: ders., Gesammelte Schriften, Bd. 5: Demokratie und Pluralismus, Baden-Baden 2007, S. 83.
67 Vgl. Gerd Koenen, Das rote Jahrzehnt. Unsere kleine deutsche Kulturrevolution 1967–1977, Köln 2001.

ne die 68er-Bewegung und ihr organisatorisches Zentrum, den *Sozialistischen Deutschen Studentenbund* (SDS) um Rudi Dutschke, nicht zu denken. Dessen „omnipräsente Agitation" leistete nicht nur „der Dämonisierung der bundesdeutschen Wirklichkeit Vorschub [...]. Wichtiger noch ist die Enttabuisierung von Gewalt auch gegen Personen, die Dutschke stets nur aus strategischen, nicht prinzipiellen Erwägungen heraus verworfen wissen wollte."[68] Zusammen mit dem zum Ultralinken mutierten Verleger Giangiacomo Feltrinelli avancierte Dutschke zum Pionier eines transnationalen Netzwerks. Die Kontakte der beiden Leitfiguren halfen westdeutschen Linksextremisten, die Schwelle zu militanten Aktionen zu überschreiten.

Angesichts dieser politischen Dispositionen konnte sich der deutsche Linksterrorismus[69] sozusagen ins gemachte Bett legen. Die Anschläge der ersten Generation der *Roten Armee Fraktion* (RAF) um Andreas Baader, Gudrun Ensslin und Ulrike Meinhof waren vor allem darauf aus, den demokratischen Staat herauszufordern, zu „repressiven" Gegenmaßnahmen zu verleiten und auf diese Weise seinen – angeblich – faschistischen Kern bloßzulegen. Stammheim: Den Namen des Gefängnisses, in dem sie einsaßen, verwandelten die RAF-Führer in ein Fanal ihrer Propaganda, die – teils aus Ohnmacht, teils aus Größenwahn – vor allem das Ausland zu erreichen suchte. In der Tat schafften sie es vor allem dort, die bundesrepublikanische Wirklichkeit in ein Horrorbild zu verwandeln. Stammheim wurde „im In- und besonders im Ausland zum Synonym einer typisch deutschen, perfekten Vernichtungsmaschinerie."[70] Ihren Selbstmord im Oktober 1977 inszenierten die Häftlinge als eine getarnte Hinrichtung. Der Terror der zweiten RAF-Generation gipfelte in der Entführung und Ermordung Hanns Martin Schleyers. Die Terroristen um Christian Klar hatten sich ganz auf die Freipressung der ersten Generation fokussiert[71] und politische Botschaften allenfalls als Fassade aufrechterhalten. Dies förderte die Isolation der RAF innerhalb der (extremen) Linken in Deutschland. Gesamtgesellschaftlich gesehen schwächten die Taten die zweifelhafte Reputation, die der Linksextremismus gewonnen hatte. Seit den 1990er Jahren kann von Linksterrorismus in Deutschland keine Rede mehr sein. Das heißt nicht, dass ein gewaltorientierter Linksextremismus seitdem nicht existiert, im Gegenteil. Für die sogenannten Autonomen und linksradikale Zellen wie die *Militante Gruppe* (MG) gehört(e) er zum Selbstverständnis.[72]

Ein weiteres Zerfallsprodukt der 68er-Bewegung sind die sogenannten K-Gruppen, wohl deutlichster Beleg für die fortschreitende Marginalisierung des westdeutschen Linksextremismus vom Ende der 1970er Jahre bis zur demokratischen Revolution in der DDR – dies, obwohl die einschlägigen Organisationen (die moskautreue DKP eingeschlossen) Anfang der 1970er Jahre 80 bis 100.000 Mitglieder umfasst haben dürften.[73] Doch Zersplitterung und Abgrenzung kennzeichneten das Spektrum entgegen aller „marxistischen" Ansprüche einer schlagkräftigen Arbeiterbewegung. Der verbissene ideologische Kampf um Meinungsführerschaft und Wahrheitsmonopole trieb die einzelnen Gruppierungen in die Isolation – auch zueinander. Den spär-

---

68 Petra Terhoeven, Deutscher Herbst in Europa. Der Linksterrorismus der siebziger Jahre als transnationales Phänomen. München 2014, S. 80.
69 Vgl. dazu den Beitrag von Alexander Straßner in diesem Band.
70 Terhoeven (Anm. 68), S. 252.
71 Vgl. Tobias Wunschik, Baader-Meinhofs Kinder. Die Zweite Generation der RAF, Opladen 1997.
72 Vgl. den Abschnitt zum aktionsorientierten Linksextremismus.
73 Vgl. Koenen (Anm. 67), S. 17 f.

lichen Fusionen war kein Erfolg beschieden. Wer die K-Gruppen politische Sekten nennt, trifft den Punkt. Die meisten von ihnen verteufelten die ideologische Linie der DKP und die poststalinistische Ära der Sowjetunion als „revisionistisch". Als Vorbilder galten Maos China und Enver Hodschas Albanien. Die im kommunistischen China zur Staatsdoktrin erhobene „Drei-Welten-Theorie" – sie wandte sich gegen die „imperialistische" Vorherrschaft der USA und der Sowjetunion gleichermaßen – bildete für viele K-Gruppen das ideologische Grundgerüst.

Der DKP – neben trotzkistischen Gruppierungen Hauptfeind der K-Gruppen – gelang es nicht, von deren Misserfolg zu profitieren. Trotz massiver Subventionen aus der DDR konnte die Quasi-Neugründung der 1956 verbotenen KPD nicht reüssieren. Bei Wahlen verfehlte sie die Fünfprozenthürde weit, obwohl sie (anders als die K-Gruppen) versuchte, sich gegenüber dem Parteiensystem der Bundesrepublik zu öffnen und von Mitte der 1970er bis Mitte der 1980er Jahre mittels Kampagnen einen Fuß in die Tür zur Gesellschaft zu bekommen. Unter anderem konnte sich die nach wie vor dem Marxismus-Leninismus Moskauer Lesart verpflichtete DKP „aufgrund ihrer organisatorischen und finanziellen Möglichkeiten mit der Zeit für die Friedensbewegung zu einem unentbehrlichen Faktor"[74] entwickeln. Mit der Perestroika in der Sowjetunion und dem Zusammenbruch der DDR ereilte die DKP das Schicksal der K-Gruppen: Niedergang und Fraktionierung. Der größtenteils in ideologischen Dogmen gefangene westdeutsche Linksextremismus schaffte es vor der „Wende" zu keinem Zeitpunkt, eine gesellschaftlich einflussreiche oder politisch erfolgreiche Organisation herauszukristallisieren. Dies gelang nach 1989 ausgerechnet einer Partei, die als SED 40 Jahre lang eine Diktatur aufrechterhalten hatte – der PDS, heute *Die Linke*.

3 Parteiförmiger Linksextremismus

3.1 DKP und DFU

„Die DKP war weniger eine Partei der Bundesrepublik denn in erster Linie ein Interventionsapparat der SED."[75] Auf diesen Satz lässt sich die Geschichte der Partei bis 1989 verdichten. Die Zeit danach war eine Zeit ideologischer Borniertheit, der Spaltungen und der Bedeutungslosigkeit. Die DKP fällt unter diejenigen Parteien, die einen strikten Marxismus-Leninismus verfolgten und jegliche „eurokommunistische" Abweichung im Keim erstickten. Zwar trieb ihre Ost-Berlin- und Moskauhörigkeit die DKP bei Unstimmigkeiten zwischen SED und KPdSU in Loyalitätskonflikte, doch an ihrer kommunistischen Orthodoxie konnte es keinen Zweifel geben. In der Gesellschaft der alten Bundesrepublik konnte deren größte linksextremistische Partei seit ihrer Gründung 1968 – sie zählte zeitweise 40.000 Mitglieder – nicht zuletzt aus diesem Grund nie Fuß fassen. Bei Wahlen blieb die DKP selbst hinter den mageren Ergebnissen ihrer Vorgängerin KPD zurück. An den Abstimmungen zum Deutschen Bundestag nahm die

---

74 Udo Baron, Die Bündnis- und Kampagnenpolitik der DKP, in: Gerhard Hirscher/Armin Pfahl-Traughber (Hrsg.), Was wurde aus der DKP? Beiträge zu Geschichte und Gegenwart der extremen Linken in Deutschland, Brühl 2008, S. 59.
75 Rudolf van Hüllen, Was war die DKP? Eine analytische Skizze, in: Ebd., S. 40.

DKP vor der „Wende" nur bis 1983 teil – die 0,2 bis 0,3 Prozent dürften sie nicht zufrieden gestellt haben, zumal die SED einen umfangreichen Kader an hauptamtlichen Funktionären finanzierte, der in der Relation mit den Apparaten der Volksparteien konkurrieren konnte. Die DDR sponserte sogar eine militärische Ausbildung von DKP-Mitgliedern. Programmatisch gab sich die Partei einen gemäßigten Anstrich, ohne jedoch die Maximen des ML aufzugeben. Die SED nutzte die DKP anfangs hauptsächlich als Instrument prosowjetischer Propaganda im „Kalten Krieg". Allerdings scheiterten die West-Kommunisten mit der Umsetzung der Vorgabe aus Ost-Berlin, in den Betrieben kommunistische Bastionen aufzubauen. Eine Arbeiterpartei ist aus der DKP, auch mit Blick auf die Mitgliedschaft, nie geworden. Lediglich im universitären Bereich erlangte ihr Ableger *Marxistischer Studentenbund Spartakus* (MSB) einen gewissen Einfluss. Vor allem junge Akademiker prägten die DKP.

Ab Mitte der 1970er Jahre verlegte sich die DKP unter ihrem langjährigen Vorsitzenden Herbert Mies, einem Vasallen des SED-Generalsekretärs Erich Honecker, darauf, ihre Bündnispolitik zu forcieren. So umgab sich die Partei mit einem Kordon nur formal unabhängiger Vorfeldorganisationen, deren Funktion es war, die Tür zur Gesellschaft zu öffnen.[76] Der MSB sollte Studenten an die Partei binden, die SDAJ die Jugend. Unter maßgeblichem Einfluss der DKP stand die *Vereinigung der Verfolgten des Naziregimes – Bund der Antifaschisten* (VVN-BdA). Gleichwohl gelang es der Organisation mit Hilfe des moralisch hoch aufgeladenen Antifaschismusbegriffs,[77] zahlreiche Demokraten an sich zu binden. Gleiches galt für die *Deutsche Friedensgesellschaft – Vereinigte Kriegsgegner* (DFG-VK) und die bereits 1960 gegründete *Deutsche Friedensunion* (DFU). Letztgenannte firmierte lange Zeit als Partei und wurde bis 1989 wie die DKP von der SED gefördert. Die DFU setzte sich für Abrüstung, Abschaffung der Atomwaffen und die Neutralität Gesamtdeutschlands im Ost-West-Konflikt ein. Doch dies waren lediglich vordergründige Anliegen, in Wahrheit ging es ihr um die Durchsetzung sowjetischer Interessen. Mitte der 1960er Jahre scheiterte das Vorhaben der DFU, in Westdeutschland ein breites Linksbündnis zu schmieden.

Das Friedensthema bot DKP und DFU eine treffliche Gelegenheit, gesellschaftliche Reputation zu gewinnen. In mehreren Kampagnen versuchten die Kommunisten, die Friedensbewegung in ihrem Sinne zu beeinflussen, wenn nicht zu steuern. 1974 schufen sie das *Komitee für Frieden, Abrüstung und Zusammenarbeit* (KOFAZ), eine klassische Tarnorganisation, die nach außen hin als überparteiliches Personenbündnis auftrat. Das KOFAZ übernahm die Koordination der Protestbewegung und kooperierte über die DDR mit dem sowjetischen „Weltfriedensrat". Die Erfolge des Komitees blieben anfangs bescheiden. Gleichwohl stieß die Ende 1980 ins Leben gerufene *Krefelder Initiative* (KI) gegen den sogenannten NATO-Doppelbeschluss auf breitere Resonanz. Die KI „belegt, dass sich die DKP aufgrund ihrer organisatorischen und finanziellen Möglichkeiten mit der Zeit zu einem für die Friedensbewegung unentbehrlichen Faktor entwickelt hatte."[78] Durchsetzen konnte die DKP ihre Vorstellungen jedoch nicht.

---

76 Vgl. Udo Baron, Kalter Krieg und heißer Frieden. Der Einfluss der SED und ihrer westdeutschen Verbündeten auf die Partei „Die Grünen", Berlin u. a. 2003.
77 Vgl. Bettina Blank, „Deutschland, einig Antifa"? „Antifaschismus" als Agitationsfeld von Linksextremisten, Baden-Baden 2014.
78 Vgl. Udo Baron, Die Bündnis- und Kampagnenpolitik der DKP, in: Hirscher/Pfahl-Traughber (Anm. 74), S. 59.

Schon vor der demokratischen Revolution in der DDR geriet die DKP in schwierige Fahrwasser. Während die Mehrheit der Partei(-führung) eisern an dem ideologischen Autismus der SED festhielt, scherte der sogenannte „Erneuerer"-Flügel aus und sympathisierte offen mit der von Michail Gorbatschow in der Sowjetunion initiierten Perestroika. Die „Erneuerer" unterlagen in dem internen Machtkampf und spalteten sich noch vor der „Wende" von der DKP ab. Einige von ihnen, unter anderem der ehemalige Hamburger DKP-Vorsitzende Wolfgang Gehrcke, fanden in der PDS eine neue Heimat und bekleiden zum Teil noch heute wichtige Funktionen in der *Linken*. Während die SED-PDS 1990 Erich Honecker aus der Partei warf, verabschiedete die DKP Herbert Mies unter großem Applaus. Ideologisch blieb die Partei – ihre Mitgliederzahl schrumpfte zwischen 1990 und 2014 von 19.000 auf 3.000 – unbeeindruckt auf ML-Kurs. In ihrem 2006 verabschiedeten Programm heißt es: „Die weltanschauliche Grundlage für die sozialistische Zielsetzung der DKP ist ein wissenschaftlicher Sozialismus, die Theorie von Marx, Engels und Lenin."[79] Offene DDR-Apologie verband sich mit ostentativer Konfrontation gegenüber dem demokratischen Verfassungsstaat.

3.2 K-Gruppen

Ein Gegner der DKP waren die K-Gruppen, jene Kleinorganisationen, die den Kommunismus Moskauer Façon als revisionistisch, imperialistisch und sich dem Kapitalismus anbiedernd verteufelten. Statt eines Marxismus-Leninismus frönten sie des Maoismus, pflegten dessen „kulturrevolutionäres" Vokabular und den entsprechenden Habitus. „Die Generation, die angetreten war ‚Auschwitz' zu verarbeiten, gebar eine Generationskohorte, die Konzentrationslager in der Sowjetunion Stalins, im China Maos und im Kambodscha Pol Pots ausdrücklich rechtfertigte."[80] Nach innen herrschte ein rigider „demokratischer Zentralismus", der zu einem System von Befehl und Gehorsam entartete. „Unter dem Deckmantel des ‚Demokratischen Sozialismus' wurden die Mitglieder mitunter 20 Stunden am Tag vereinnahmt, was ihnen ein Leben außerhalb der Partei unmöglich machte."[81] Diese streng auf Hierarchie und ideologische Disziplin getrimmte Binnenkultur förderte von außen kaum nachvollziehbare, wechselseitige Abgrenzungen, rief aber auch vielfältige Abspaltungen und Umgruppierungen hervor. Das Sektierertum der K-Gruppen verhinderte, dass ihre proletarische Fixierung bei Arbeitern auf Zuspruch stieß. Gegen Ende 1970er Jahre hatten die K-Gruppen – sie zählten Mitte jenes Jahrzehnts zusammengenommen rund 15.000 Mitglieder – ihren bescheidenen Höhepunkt bereits überschritten.

Zu den rigidesten K-Gruppen zählt die 1968 gegründete KPD/ML. Ihre führenden Köpfe Ernst Aust und Willi Dickhut kamen aus der 1956 verbotenen KPD, waren aber nach dem XX. Parteitag der KPdSU vom Moskauer Kurs enttäuscht. Fürderhin verschrieben sie sich dem Kampf

---

79 Programm der Deutschen Kommunistischen Partei. Beschluss der 2. Tagung des 17. Parteitags der DKP, 8. April 2006, S. 21.
80 Andreas Kühn, Stalins Enkel, Maos Söhne. Die Lebenswelt der K-Gruppen in der Bundesrepublik der 70er Jahre, Frankfurt a. M./New York 2005, S. 15.
81 Ebd., S. 42. Vgl. auch: Wir warn die stärkste der Partein … Erfahrungsberichte aus der Welt der K-Gruppen, Berlin 1978; Frank D. Karl, Die K-Gruppen. Entwicklung – Ideologie – Programme, Bonn 1976, S. 97.

gegen den „Opportunismus" innerhalb der kommunistischen Konkurrenz. Die KPD/ML schwamm auf der Scheitelwelle des Maoismus in Deutschland und vereinte schließlich einige der nur lokal präsenten einschlägigen Gruppen zu einem größeren Verbund. Die KPD/AO wies dagegen keine Verbindung zur alten KPD auf. Ihre zentrale Figur, Christian Semler, war eines der führenden Mitglieder des SDS. Zusammen mit Jürgen Horlemann gründete Semler aus verschiedenen linksradikalen Fragmenten der Westberliner *Außerparlamentarischen Opposition* (APO) Ende 1969 die KPD/AO, die schnell als Paradebeispiel einer aggressiven Kaderpartei mit „bombastischer Propaganda"[82] galt. Fraktionierungen kennzeichneten die weitere Geschichte. 1986 verschmolz die Partei, die sich von 1971 an nur noch KPD nannte, mit dem einstigen ideologischen Erbfeind, der seinerzeit größten trotzkistischen Organisation in Deutschland, der *Gruppe Internationaler Marxisten* (GIM). Dem Produkt namens *Vereinigte Sozialistische Partei* (VSP) war allerdings nicht der erhoffte Erfolg beschieden.

Der *Kommunistische Bund Westdeutschlands* (KBW) war eher eine Spätgeburt. Sie entstand erst 1973 als Zusammenschluss unterschiedlicher kommunistischer Gruppierungen. Das Ziel des Chefideologen Joscha Schmierer, die Zersplitterung der ML-Gruppen zu überwinden, ging mit einem gemäßigteren Auftreten einher. Der KBW erhob im Gegensatz zu den KPD-Gruppen keinen ideologischen Alleinvertretungsanspruch. Die Abspaltung *Bund Westdeutscher Kommunisten* (BWK) firmierte von der Gründung 1980 bis 1995 als Partei. Anschließend ging der BWK in der PDS als „Arbeitsgemeinschaft" auf, die sich zwei Jahre später auflöste. Fraktionierungen verschonten auch den heute noch existenten und in Bayern aktiven *Arbeiterbund für den Wiederaufbau der KPD* (AB) nicht. Dessen „KAZ-Fraktion" näherte sich sogar der DKP an. Ideologisch agitierten die einstigen Maoisten zuletzt gegen das – vermeintliche – Erstarken des deutschen Imperialismus.

Ähnlich gestrickt wie der AB war der in Norddeutschland präsente *Kommunistische Bund* (KB),[83] der als „liberalste" der K-Gruppen galt. „Niemals stieg der KB auf [maoistische] Supermachts- und Dreiweltentheorien ein, Hauptfeind blieb der einheimische Imperialismus. Dem deutschen Staat wurde eine laufende Faschisierung unterstellt."[84] Damit war die Affinität einiger Mitglieder zu den später entstehenden Antideutschen vorgezeichnet. Unmittelbar nach der „Wende" spaltete sich der KB in eine „Mehrheit" und eine „Minderheit" *(Gruppe K)*. Während jene die „soziale Frage" entdeckte und auf PDS-Linie einschwenkte, bezog diese dezidiert „antideutsche" Positionen und erblickte im wiedervereinigten Deutschland ein „Viertes Reich". 1990 standen die K-Gruppen vor der Frage, ihre Wahl- und Bündnisstrategien in Konkurrenz zur PDS fortzusetzen oder aber sich als Partner der SED-Nachfolger anzudienen. Für die letzte Option entschieden sich an den für die Klärung solcher Fragen ins Leben gerufenen „Roten Tische" neben der KB-Mehrheit auch die VSP und der BWK, während die MLPD ihre strikte Abgrenzung beibehielt. Die strukturelle Schwäche der West-PDS machte es linken „Sektierern" leicht, gewisse Machtpositionen zu erobern.

---

82 Anton Stengl, Zur Geschichte der K-Gruppen. Marxisten-Leninisten in der BRD der siebziger Jahre, Frankfurt a. M. 2001, S. 37.
83 Vgl. dazu die einzige Gesamtdarstellung einer K-Gruppe: Michael Steffen, Geschichten vom Trüffelschwein. Politik und Organisation des Kommunistischen Bundes 1971 bis 1991, Berlin u. a. 2002.
84 Ebd., S. 71.

3.3 MLPD

Die heute noch existente *Marxistisch-Leninistische Partei Deutschlands* (MLPD) entstand 1972 als *Kommunistischer Arbeiterbund Deutschlands* (KABD) aus der Fusion der KPD/ML-Abspaltung *Revolutionärer Weg* mit dem *Kommunistischen Arbeiterbund* (KAB). Die MLPD unter ihrem langjährigen Vorsitzenden Stefan Engel (1982–2017) ließ an ihrer maoistisch-stalinistischen Ausrichtung niemals auch nur den geringsten Zweifel aufkommen. Beharrlich kämpfte sie gegen „revisionistische" Abweichungen, die sie in praktisch allen anderen kommunistischen Organisationen ausmachte. In ihrem reichbebilderten ideologischen Lehrbuch heißt es beispielsweise: „Nach der Machtergreifung einer entarteten Bürokratie auf dem XX. Parteitag der KPdSU im Februar 1956 und der offenen Propagierung des modernen Revisionismus wurde in der Sowjetunion schrittweise der Kapitalismus restauriert […]. Auf der Grundlage dieses staatsmonopolitischen Kapitalismus neuen Typs bildete sich der sowjetische Sozialimperialismus heraus."[85] Für die MLPD ist es die Arbeiterklasse, die den Sturz der „Diktatur der Monopolkapitalisten" herbeiführen müsse. In der Tat versuchte die MLPD mühevoll, in Betrieben „Gewerkschaftsarbeit" zu leisten und das „Proletariat" für die eigene Sache zu gewinnen. Sie konnte Mandate in Betriebsräten vornehmlich in großen Konzernen der Metall- und Elektroindustrie erringen[86] und agitiert(e) gegen Arbeitsmarktreformen oder „Hartz IV".[87]

Die MLPD brüstet sich außerdem mit ihrer „proletarischen" Mitgliedschaft, von der eine übergroße Mehrheit der Arbeiterklasse angehören soll. Gleichwohl blieb die Mitgliederzahl stets überschaubar und dürfte aktuell unter 2.000 liegen; die 3.000er-Marke übersprang die Partei nie. Im Gegensatz zu anderen K-Gruppen schaffte es die MLPD, von Abspaltungen verschont zu bleiben. Der Grund dafür ist wohl, dass die Mitglieder zusätzlich zur „szenetypischen" Disziplin und Subordination von Debatten in anderen linksextremistischen Organisationen abgeschottet werden. Mehr noch: Die Bindung an die Partei ist außerordentlich hoch. Sie verlangt ihren Mitgliedern ein enormes Maß an Engagement ab. Für viele ist die MLPD eine Ersatzfamilie; Sozialkontakte außerhalb der Organisation dürften, so sie denn stattfinden, argwöhnisch beäugt werden. In einem Parteitagsbeschluss von 2005 heißt es: „Die Kontrolle der Denkweise insbesondere der leitenden Kader der Partei" sei notwendig, um „einer revisionistischen Entartung"[88] vorzubeugen.

Das wohl auffallendste Merkmal der MLPD ist ihre ausgezeichnete finanzielle Situation. Im Jahr 2003 verfügte sie – angeblich – über 5,5 Millionen Euro, hinzu kam ein geschätzt 11,5 Millionen Euro schwerer Immobilienbesitz – vornehmlich in Gelsenkirchen, der Stadt ihrer Zentrale. Bei Sonneberg unterhält die MLPD ein Ferien- und Freizeitzentrum; ihre Publikationen werden mit großem finanziellem Aufwand subventioniert. Das Parteivermögen soll größtenteils aus den Taschen einzelner Mitglieder stammen. Daneben profitiert die MLPD regelmä-

---

85 Zentralkomitee der Marxistisch-Leninistischen Partei Deutschlands – MLPD (Hrsg.), Für ein sozialistisches Deutschland. Eine Einführung in das Programm der Marxistisch-Leninistischen Partei Deutschlands – MLPD, 2. Aufl., Essen 1992, S. 79.
86 Vgl. Helmut Müller-Enbergs, Eine stalinistische Sekte wird 40 Jahre alt – seit 25 Jahren heißt sie MLPD, in: Uwe Backes/Eckhard Jesse (Hrsg.), Jahrbuch Extremismus & Demokratie, Bd. 20, Baden-Baden 2008, S. 169.
87 Vgl. Kampfprogramm der MLPD. Beschlossen vom I. Parteitag der MLPD, Stuttgart 1982.
88 Zit. nach Müller-Enbergs (Anm. 86), S. 172.

ßig von Großspenden. Trotz finanzieller Potenz und höchster Mobilisierbarkeit der Mitglieder ist der Einfluss der MLPD äußerst begrenzt. Bei Wahlen kam sie nicht über die desolaten Ergebnisse anderer K-Gruppen hinaus und blieb stets im Nullkomma-Bereich. Lediglich bei Kommunalwahlen erzielte sie kleine Erfolge, allerdings nicht unter eigenem Namen, sondern mit dem als „überparteilich" bezeichneten Wahlbündnis *Alternativ Unabhängig Fortschrittlich* (AUF).

3.4 Trotzkistische Gruppen

Es fällt nicht leicht, das Dickicht trotzkistischer Splittergruppen zu durchblicken. 1996 gab es 13 staatenübergreifende Dachverbände,[89] die allesamt die Tradition der 1938 in Paris als Opposition zur stalinistischen III. Internationale *(Komintern)* gegründeten IV. Internationale beanspruchen. In diesen Verbänden sammelt sich eine Vielzahl trotzkistischer Organisationen, die einander heftig befehden und nicht zuletzt aus diesem Grund meist keine gesellschaftliche Relevanz entfalten. Ausnahmen bilden unter anderem die Organisationen *Ligue Communiste Révolutionnaire* und *Lutte Ouvrière* in Frankreich. In Deutschland kam selbst die GIM zu ihren Hochzeiten in den 1960er Jahren nicht über 600 Mitglieder hinaus. Die zweitgrößte trotzkistische Gruppe hierzulande, der *Bund Sozialistischer Arbeiter* (BSA)[90] umfasste meist nicht einmal ein Drittel davon. Bereits in den 1970er Jahren traten klassisch trotzkistische Gruppierungen seltener in Erscheinung und wurden in ihrer Bedeutung von lokal operierenden „Spontaneisten" abgelöst, die den Rätekommunismus mit dem anarchistischen Gedanken der Arbeiterautonomie kombinierten.[91]

Zuletzt machten trotzkistische Gruppierungen wie der *Linksruck* (LR) oder die *Sozialistische Alternative – Voran* (SAV) im Zuge der Fusion der PDS mit der Protestpartei *Arbeit & soziale Gerechtigkeit – Die Wahlalternative* (WASG) 2007 von sich reden. Zur Essenz trotzkistischer Strategie gehört von jeher die Unterwanderung anderer (linker) Organisationen, die nicht unbedingt extremistisch sein müssen. Die gim zum Beispiel hatte dies im Falle der SPD mehr oder weniger erfolglos versucht. Noch ungefestigte Organisationen wie die WASG waren umso anfälliger. LR und SAV verrieten in diesem Fall die unterschiedlichen Taktiken dieses Entrismus. Der LR war erst 1993 entstanden. Damals wollte sich der trotzkistische Dachverband *International Socialist Tendency* (IST) seiner deutschen Filiale *Sozialistische Arbeitergruppe* (SAG) entledigen. Er schickte junge Aktivisten an, die *Jungsozialisten* zu unterwandern. Dem *Linksruck*-Kommando gelang dies zwar nicht, wohl aber, die SAG-Führung zu entmachten.

Neun Jahre später erkannte die einschlägig erfahrene „Task Force" die Gunst der Stunde und beteiligte sich früh aktiv am Aufbau der WASG. „Noch bevor Neueintritte den Zugang zu wichtigen Schaltstellen der WASG blockieren konnten, setzte die Organisation auf Entrismus,

---

89 Vgl. Patrick Moreau/Jürgen P. Lang, Linksextremismus. Eine unterschätzte Gefahr, Bonn 1996, S. 277–280.
90 Vgl. Bund Sozialistischer Arbeiter, Das Ende der DDR. Eine politische Autopsie, Essen 1992.
91 Vgl. Hubert Kleinert, Geschichte des linken Radikalismus in der Bundesrepublik Deutschland 1945–1990, in: Dovermann (Anm. 45), S. 71.

zunächst durch Positionierung eigener Funktionäre an wichtigen Stellen."[92] Janine Wissler rückte in den Landesvorstand der hessischen WASG, Nicole Gohlke machte im bayerischen Landesverband eine ähnliche Karriere. Christine Buchholz brachte es am weitesten und bestimmte bald die Geschicke der WASG im Bundesvorstand mit. Alle drei Politikerinnen würden Jahre danach in der aus der Fusion hervorgegangenen Partei *Die Linke* wichtige Funktionen und Mandate erringen. Zu dem geschmeidigen Aufstieg seiner Aktivisten beigetragen hatte, dass der LR seine leninistische Ideologie hintanstellte und sich verbal im Fahrwasser der nicht-extremistischen WASG-Programmatik bewegte.

Dagegen war die SAV, die als deutsche Sektion der trotzkistischen Dachorganisation *Committee for a Workers' International* (CWI) mit Sitz in London auftrat, auf Konfrontation gebürstet – und erntete dadurch am Ende weniger Früchte. Mit ihren Spitzenleuten Lucy Redler und Sascha Stanicic eroberte sie den Berliner Landesverband der WASG. Aus ihrem strikten Antikapitalismus und Kaderdenken machte die SAV keinen Hehl – sie stieß nicht zuletzt deshalb auf entschiedenen Widerspruch derer, die die WASG als pluralistische Organisation sahen – den LR eingeschlossen. Im Grundsatzprogramm von 1999 verpflichtete sich die SAV zum „Aufbau einer revolutionären sozialistischen Massenpartei".[93] Sie grenzte sich von dem „Stalinismus" (der SED) wie „dem reformistischen Sozialismus" (der PDS) ab. Ihre avantgardistische Rolle in der WASG definierte sie wie folgt: „Der Aufbau der WASG als breiter Partei und der Aufbau der SAV als sozialistischer Organisation und Strömung innerhalb der WASG sind kein Widerspruch. Deshalb rufen wir dazu auf, in die WASG einzutreten, um eine breite Arbeiterpartei aufzubauen, und in die SAV einzutreten, um eine marxistische Organisation aufzubauen, die sozialistische Ideen und Praxis in der Arbeiterklasse verankern kann."[94]

Auch in anderen Landesverbänden der WASG gaben sich linke Fundamentalisten ein Stelldichein. Im Falle Berlins sollte dies die Fusion mit der PDS später auf eine schwere Probe stellen. Heute verfügen Trotzkisten mit dem Netzwerk *Marx 21*, das sich als Nachfolgerin des LR in der Plattform *Sozialistische Linke* (SL) konstituiert hat, über eine starke Bastion in der *Linken*. Die Gruppe verpflichtete sich weiterhin einem von der Arbeiterklasse getragenen „Sozialismus von unten". Die von ihr veranstalteten Kongresse „Marx is' Muss" waren Versuche, die „orthodoxen" Kräfte in der *Linken* zu bündeln. Im Mitarbeiterstab der Bundestagsfraktion zeigten die Trotzkisten starke Präsenz, was sich unter anderem in zahlreichen außenpolitischen Papieren bemerkbar machte. Auch der Hochschulverband der *Linken* ist fest im Griff des ehemaligen LR.

3.5 PDS/Die Linke

Im Sommer 2010 bestätigte das Bundesverwaltungsgericht indirekt die extremistische Grundausrichtung der *Linken*. Geklagt hatte der damalige stellvertretende Vorsitzende ihrer Bundes-

---

92 Andreas Vollmer, Arbeit & soziale Gerechtigkeit – Die Wahlalternative (WASG), Entstehung, Geschichte und Bilanz, Baden-Baden 2013, S. 63.
93 Grundsatzprogramm der SAV, Manuskript, 31. August 2002.
94 Resolution der SAV-Bundeskonferenz, Manuskript, 27. März 2005.

tagsfraktion, Bodo Ramelow, der sich gegen die Sammlung öffentlich zugänglichen Materials zu seiner Person durch den Verfassungsschutz wehrte. Indizien für die Verfassungsfeindlichkeit der Partei sah das Gericht vor allem in den orthodox-kommunistischen Zusammenschlüssen in der *Linken* und der Tatsache, dass Angehörige dieser Gruppierungen in der Partei wichtige Funktionen einnehmen. Dass der damalige Parteichef Klaus Ernst prompt erklärte, es gebe keinen Grund, etwa die *Kommunistische Plattform* auszuschließen, spricht Bände. Fakten gäbe es in der Tat genug, um Zweifel an der demokratischen Orientierung der *Linken* zu schüren. Wer diese Fakten ins Feld führt, kann nicht auf eine gesellschaftliche Deutungshoheit bauen. Obwohl die personellen und ideologischen Kontinuitäten mit der SED immer noch deutlich sind, erblicken viele in der *Linken* eine Art „wahre" Sozialdemokratie. Politologen, die sich einer parteiensoziologischen Einordnung befleißigen, hielten schon die PDS für ideologisch kongruent mit der „Nach-Godesberg-SPD", habe sie sich doch auf „dieselben Grundwerte"[95] berufen. Eine solche Perspektive blendet freilich die ideologischen Komponenten aus und rückt die Interessenpartei für diejenigen in den Vordergrund, die sich von der SPD links liegen gelassen fühlen.

Ist erst derjenige ein Extremist, der offensiv eine Diktatur propagiert? Muss man offen zur Revolution aufrufen oder einer der Großideologien wie dem Kommunismus oder dem Nationalsozialismus anhängen, um als Extremist zu gelten? Der Verstand sagt Nein. Neben den „harten" Varianten des politischen Extremismus wie sie einst etwa KPdSU oder NSDAP verkörperten, gibt es weiche, die sich – vordergründig – an demokratische Prinzipien halten, durch die Hintertür aber ein Verständnis etwa von Freiheit, Pluralismus und Demokratie ins Feld führen, das mit dem des demokratischen Verfassungsstaates nichts zu tun hat.[96] Ein weicher Extremismus – er ist deshalb nicht „weniger extremistisch" und nicht weniger gefährlich – wäre auf dessen Schwächung aus und könnte sich durch eine distanzierende oder instrumentalisierende Haltung zu einer freiheitlichen Demokratie auszeichnen sowie durch eine Umdeutung ihrer zentralen Begriffe.

Die Antwort auf die Frage, ob die PDS/*Die Linke* eine antidemokratische Partei ist oder nicht, entscheidet über die momentane Stärke oder Schwäche des Linksextremismus in Deutschland. Wie geschildert, hat sich eine Vielzahl extremistischer Organisationen und Personen an die Partei gebunden, die gleichsam in diesem Spektrum – wenn auch nicht im gesamten – als Magnet zu wirken scheint. Dies spricht für ein Erstarken des deutschen Linksextremismus nach der „Wende" und gegen die demokratische Qualität der PDS/*Die Linke*. Entlastend schlägt allerdings zu Buche, dass die heute (Ende 2016) knapp 59.000 Mitglieder starke Partei in den Landtagen bzw. an den Regierungen im Osten Deutschlands und in Berlin nicht mit ideologischer, sondern pragmatischer Politik auffiel. Dies überdeckte die tiefe Fraktionierung der *Linken*, wobei im Gegensatz zur alten PDS die Reformkräfte ins Hintertreffen geraten sind. Die

---

95 Matthias Micus, Stärkung des Zentrums. Perspektiven, Risiken und Chancen des Fusionsprozesses von PDS und WASG, in: Tim Spier/Felix Butzlaff/ders./Franz Walter (Hrsg.), Die Linkspartei. Zeitgemäße Idee oder Bündnis ohne Zukunft?, Göttingen 2007, S. 199.
96 Vgl. Eckhard Jesse, Die NPD und die Linke. Ein Vergleich zwischen einer harten und einer weichen Form des Extremismus, in: Uwe Backes/Alexander Gallus/ders. (Hrsg.), Jahrbuch Extremismus & Demokratie, Bd. 21, Baden-Baden 2009, S. 13–31.

Fusion mit der WASG hat paradoxerweise nicht zu einer Mäßigung der Positionen beigetragen.

In der *Linken* scheint es seit dem Zusammenschluss zum guten Ton zu gehören, die „Systemfrage" zu stellen. In ihrem Erfurter Programm ist an mehreren Stellen von einem „Systemwechsel" und von einem gegen „den Kapitalismus" gerichteten anderen Wirtschafts- und Gesellschaftssystem die Rede. Da der Kapitalismus offenkundig als Herrschaftssystem firmiert, machen die propagierten Veränderungen vor den Strukturen einer Demokratie nicht halt. So forderte der Cottbusser Parteitag 2008 „die Frage nach den Regeln des [gesellschaftlichen] Systems zu stellen und über das bestehende System hinauszugehen."[97] Der Kritik der *Linken* an der DDR folgt kein bedingungsloses Plädoyer für einen demokratischen Verfassungsstaat.

Zwar erkannte die Partei Gewaltenteilung, Pluralismus und Rechtsstaatlichkeit als Errungenschaften „moderner" Gesellschaften an, stellte sie aber zur Disposition einer sozialistischen Strategie. Schließlich böten diese Prinzipien „trotz ihrer Dienlichkeit als Herrschaftsmechanismus eine Chance für Gegenmächte".[98] Es gehe darum, „Breschen zu schlagen", um „Wege über die bürgerliche Gesellschaft hinaus zu eröffnen."[99] Die „Demokratisierung" der Staatsordnung, die *Die Linke* heute wie einst Lenin für die bürgerliche Demokratie fordert, soll genau dies bewerkstelligen. Wenn Oskar Lafontaine behauptet, das repräsentative System habe versagt, weil „es die Interessen der Mehrheit" nicht mehr berücksichtige, trifft er den Kern des Demokratieverständnisses der *Linken*. Die Partei maßt sich an, über eine Art Wahrheitsmonopol zu verfügen, und sie wähnt sich in der exklusiven Lage, die Existenz dieser Mehrheitsinteressen zu erkennen, die von den demokratischen Institutionen an ihrer politischen Entfaltung gehindert würden. Zudem: Wer die Interessen der Mehrheit verabsolutiert, vernachlässigt die (legitimen) Interessen der Minderheit.

Ohne Frage hat sich *Die Linke* von der Großideologie des Marxismus-Leninismus verabschiedet – 1989 war dies das zentrale Motiv des „Erneuerer"-Flügels der SED/PDS. Heute scheut sich in der Partei, von den Protagonisten kommunistischer Orthodoxie abgesehen, niemand mehr, die DDR als Diktatur zu bezeichnen,[100] wenngleich die Entstehung des „Arbeiter- und Bauernstaates" – historisch nicht ganz korrekt – als Werk aufrechter Sozialisten gilt. Dies wird schon deshalb erleichtert, weil die kommunistische Ideologie die „Diktatur des Proletariats" propagierte. Die Kritik der *Linken* am – antidemokratischen – „Stalinismus" hat allerdings apologetische Funktion: Denn es geht der Partei darum, den Kommunismus als „demokratisch" zu verteidigen.[101] Dies gelingt freilich nur durch eine Umwertung: Demokratie identifiziert die Partei, die sich das Demokratieverständnis Rosa Luxemburgs zu eigen macht, nicht mit dem Normengefüge des als Instrument „kapitalistischer" Herrschaft denunzierten Verfassungsstaates. Anti-Kommunismus lässt die Partei folgerichtig nicht gelten. Sie sieht darin das

---

97 Eine starke Linke für eine andere, bessere Politik. Beschluss des 1. Parteitages der Partei DIE LINKE am 24. und 25. Mai 2008 in Cottbus, Manuskript.
98 Programmkommission der PDS, Thesen zur programmatischen Debatte, in: PDS-Pressedienst vom 26. November 1999.
99 Astrid Hellmann/Bernd Ihme, Im Blickpunkt: Das neue Parteiprogramm. Zur Arbeit der Programm Kommission seit Januar 2002, in: PDS-Pressedienst vom 10. Mai 2002.
100 Für den Begriff „Unrechtsstaat" gilt das allerdings nicht.
101 Vgl. Jan Korte, Instrument Antikommunismus. Der Sonderfall Bundesrepublik, Berlin 2009.

„Instrument" einer gegnerischen Ideologie, nicht eine Einstellung, die jeden Demokraten ebenso auszeichnet wie Anti-Rechtsextremismus.

Anknüpfend an den Revisionismusstreit des ausgehenden 19. Jahrhunderts hat sich *Die Linke* gegen Eduard Bernstein und für Rosa Luxemburg entschieden. Zwar ruft heute in der Partei niemand mehr wie einst die Kommunistin zum Umsturz auf. Doch das revolutionäre Moment in der Strategie der Partei ist unverkennbar. Selbst die Reformer ließen keinen Zweifel daran, dass ihre Transformation der Gesellschaft zwar innerhalb des demokratischen Verfassungsstaates ansetzt, aber auch über ihn hinausweist. Sie erachteten lediglich das orthodox-kommunistische Warten auf den revolutionären Umschlag für unrealistisch.

Anders als die PDS war *Die Linke*, obwohl auch sie ein Mitte-Links-Bündnis anstrebte, eher auf Abgrenzung zu den beiden demokratischen Parteien bedacht. Demgegenüber vereinnahmte sie extremistische Kräfte für ihre Strategie. Führende Linken-Politiker wie die keineswegs unter Kommunismusverdacht stehenden Dietmar Bartsch und Bodo Ramelow nannten einen Unvereinbarkeitsbeschluss gegenüber der DKP absurd. Von dem Jahr 1990 abgesehen traten PDS und *Die Linke* zu den Bundestagswahlen (und größtenteils zu den Landtagswahlen im Osten) mit sogenannten „offenen Listen" an – bewusst ein Gegenkonzept zu den üblichen linksextremistischen Wahlbündnissen. Um ein direktes oder indirektes Parteienbündnis zu vermeiden, hatte die PDS im Wahlkampf 1994 Ambitionen des DKP-Sprechers Heinz Stehr auf eine Kandidatur zurückgewiesen. Anderen DKP-Vertretern und sonstigen Linksextremisten standen die Listen jedoch stets offen. Auch *Die Linke* hatte sich im Vorfeld der Landtagswahlen DKP-Mitgliedern gegenüber geöffnet. Nach der Affäre um Christel Wegner in Niedersachsen beschloss *Die Linke* zwar, neben eigenen Mitgliedern nur Parteilose auf ihren Listen antreten zu lassen. Den Anlass gab nicht die DKP-Mitgliedschaft Wegners, sondern der Sturm der Entrüstung, den sie mit ihren Äußerungen insbesondere zur Staatssicherheit der DDR und zum Mauerbau entfacht hatte. Und: Der Änderung des Wahlgesetzes konnte Rechnung getragen werden. Bei den Wahlen zu den Kommunalparlamenten kamen weiterhin DKP-Mitglieder auf die Listen.

In organisatorischer Hinsicht ist *Die Linke* auf den ersten Blick eine normale Partei. Der in der Satzung verankerte Pluralismus kann als Ausweis innerparteilicher Demokratie gelten. Allerdings umfasst diese Vielfalt keineswegs allein Demokraten. Kommunistische bzw. radikallinke Gruppierungen wie die *Antikapitalistische Linke* (AKL), die SL oder die *Kommunistische Plattform* (KPF) werden nicht bloß geduldet, sondern genießen sogar Privilegien. Die an der Arbeiterklasse orientierte SL bietet – wie erwähnt – revolutionären Trotzkisten ein Forum. Sie dringt auf eine Überwindung „des Kapitalismus" und hält an der Utopie einer anderen Gesellschaft fest.[102] Entschiedener hatte sich stets die KPF der Systemüberwindung verschrieben. Nach wie vor sieht sie die DDR prinzipiell als Vorbild einer künftigen Gesellschaft. Protagonisten der KPF sind wichtige Kräfte im Netzwerk der AKL. Diese Strömung steht für „eine an die Wurzeln gehende Kapitalismuskritik" und eine „gesellschaftliche Alternative" unter kommunistischen Vorzeichen.[103] Die Machtverhältnisse in den Führungsgremien der *Linken* haben sich gegenüber der PDS stark verändert. KPF-Mitglieder in herausgehobenen Positionen gab es

---

102 Vgl. Sozialistische Linke, Realistisch und radikal, Manuskript, August 2006.
103 Vgl. Für eine antikapitalistische Linke, Manuskript, März 2006.

damals aufgrund der strukturellen Überlegenheit der „Reformer" nicht. Während die „Orthodoxen" als Außenseiter die Parteibasis mobilisieren mussten, um ihren Einfluss geltend zu machen, bestimmen heute Linksextremisten den Kurs der Partei von oben mit. Strikter Antikapitalismus und Fundamentalopposition machten sie zu Verbündeten der ehemaligen WASG-Politiker. Diese Phalanx dominierte das Lager der „Reformer" und Pragmatiker in den Bundesvorständen und Bundestagsfraktionen deutlich.

Das Fazit fällt ernüchternd aus. Gemessen an den Kriterien vertritt *Die Linke* einen weichen Extremismus. Sie lehnt Werte und Prinzipien des demokratischen Verfassungsstaates nicht *in toto* ab, unterwirft einzelne seiner Elemente freilich einer sozialistischen Strategie. Ihre Bekenntnisse zu Gewaltenteilung, Pluralismus und Rechtsstaatlichkeit werden konterkariert durch ein für alle Extremismen typisches identitäres Demokratieverständnis. *Die Linke* lässt Distanz zu dem als „stalinistisch" kritisierten System der DDR erkennen, hält aber am Kommunismus als Ideal fest. Anders als die Großideologie des Marxismus-Leninismus hat *Die Linke* Abstand von der Vorstellung eines revolutionären Umsturzes genommen. Der Reformismus Eduard Bernsteins findet in ihren Augen allerdings keine Gnade. Die Partei betont den Systemgegensatz und verhehlt nicht, eine Gesellschaft anzustreben, die die freiheitliche Demokratie überwindet. Prinzipiell vereinnahmt sie extremistische Kräfte und grenzt sich von demokratischen Parteien ab. Auch intern mangelt es klar an Distanz zu Extremisten. Zwar haben die radikalen Kräfte – trotz der Vorherrschaft im Westen in der Minderheit – die Entscheidungszentren nicht gänzlich erobert, sie besetzen jedoch Schlüsselpositionen und sind Teil einer Phalanx, die gemäßigtere Strömungen ideologisch und personell in die Knie zwingt.

Notorisch beschwört *Die Linke* eine „solidarische Gesellschaft", die es ihrer Auffassung nach in einer als kapitalistisch gebrandmarkten freiheitlichen Demokratie nicht geben kann. Man muss über die Gesellschaft, wie *Die Linke* sie anstrebt, spekulieren. Es wird – vorsichtig formuliert – keine sein, die gut mit abweichenden Meinungen umgeht. Nur ein demokratisch verfasster Staat, nur eine offene Gesellschaft erlauben es, wie *Die Linke* Missstände anzuprangern und Reformen anzugehen. Das ist oft ein mühsamer Weg. Utopien von einer in ihren Interessen gleichgeschalteten Mehrheit verhindern genau das, wofür sie sich einzusetzen vorgeben: die Freiheit des Menschen.

4 Bewegungs- und aktionsorientierter Linksextremismus

Es bedurfte erst des Zusammenbruchs kommunistischer Systeme, um in Deutschland mit der PDS/*Die Linke* eine in Teilen linksextremistische Partei von Relevanz entstehen zu lassen. Dabei war der ohnehin schwache parteiförmige Linksextremismus hierzulande bereits von Ende der 1970er Jahre an – also weit vor der „Wende" – im Rückzug begriffen. Vieles war in einzelne, zumeist lokale bzw. regionale Initiativen oder einige der sogenannten Neuen Sozialen Bewegungen diffundiert, die freilich keinesfalls in toto als extremistisch gelten konnten. Das trifft insbesondere für zwei Phänomene jüngeren Datums zu: die Altermondialisten („Globalisierungsgegner") des transnationalen Netzwerks ATTAC und die *Occupy*-Bewegung. ATTAC blieb relativ resistent gegenüber kommunistischen Ansätzen. Andere Altermondialisten konnten dagegen die Parole „Eine andere Welt ist möglich" problemloser mit marxistischen Theorien verbinden.[104] ATTAC hatte dennoch auch ein Abgrenzungsproblem und war nicht frei von trotzkistischem Entrismus und Extremisten im Führungspersonal. Zum Beispiel saß AKL-Mitglied Sabine Lösing, bis 2015 Landesvorsitzende der *Linken* in Niedersachsen, im ATTAC-Rat. Weitaus mehr bietet die kapitalismuskritische, programmatisch aber äußerst diffuse und in den Grundzügen keineswegs extremistische *Occupy*-Bewegung Antidemokraten eine wohlfeile Plattform. „Auffällig ist, dass selbsterklärte Anarchisten, Sozialisten, Radikale verschiedener Richtungen und Mitglieder verschiedener ultra-linker Gruppen viel Beachtung finden."[105] Die Attraktion der Altermondialisten auf militante Linksextremisten ist keine neue Erscheinung, wie nicht nur der überaus gewalttätige Protest gegen den G8-Gipfel in Genua 2001 mit einem Toten und hunderten Verletzten beweist. Viele radikal linke Gruppen und Strömungen, allen voran die Autonomen, haben einen regelrechten Krawalltourismus entwickelt.

Der bewegungs- und aktionsorientierte Linksextremismus ist ohne „68" und den agitatorischen Nukleus SDS nicht zu denken. Die Auflehnung einer Generation gegen die „Alten", die Rebellion gegen „überkommene" Werte und die Sympathie mit antiimperialistisch gesinnten „Freiheitskämpfern" in Ländern der sogenannten Dritten Welt brachte vielfältige Protest- und Lebensformen hervor. Die *Kommune I*, die „Spontis" um Fritz Teufel, Rainer Langhans und Dieter Kunzelmann, stellte den radikalen Bruch mit den Normvorstellungen der als autoritär geltenden Bundesrepublik der 1950er und 60er Jahre zur Schau. Als geistige Väter der 68er-Bewegung gelten die Denker der marxistisch orientierten Kritischen Theorie bzw. Frankfurter Schule wie Theodor Adorno, Herbert Marcuse, Max Horkheimer und der frühe Jürgen Habermas. Relativ schnell rückte die Gewaltfrage ins Zentrum der Diskussionen – sie löste ein Zerwürfnis aus: „Es ist ein interessantes Paradoxon, dass die Studentenbewegung in einen erbitterten Streit mit den Mitgliedern der Frankfurter Schule geraten war, weil diese [...] vor einem Umschlag in den Terrorismus warnten"[106] – eine Entwicklung, die wohl nicht mehr aufzuhalten war. Die 68er trugen wesentlich zur Enttabuisierung der Gewalt gegen den Staat und gegen Menschen bei; sie ebneten einem Jahrzehnt linksextremistischen Terrors den Weg.

Die Anknüpfungspunkte sind vielfältig. Aus der „Sponti"-Szene gingen die *Revolutionären Zellen* (und ihr radikal-feministischer Ableger *Rote Zora*) hervor, die in den 70er und 80er Jahren mit Anschlägen unter anderem gegen die Konzerne ITT und MAN und das Bundesverfassungsgericht von sich reden machten. Später verlegten sie sich auf die perfiden „Knieschuss-Attentate". Die Ermordung des hessischen Wirtschaftsministers Heinz-Herbert Karry soll auf das Konto der *Revolutionären Zellen* gehen. Vorbild für die *Bewegung 2. Juni* um Michael „Bommi" Baumann waren dagegen die Operaisten, die in den Betrieben Norditaliens mit Streiks und Sabotageakten einen gewalttätigen Aufstand provozierten und kurzzeitig ein Bündnis zwischen Arbeitern und Studenten herstellen konnten. Der „volksnahen" Strategie der *Be-*

---

104 Vgl. Patrick Moreau/Eva Steinborn, Die Bewegung der Altermondialisten – Eine Gefahr für die Demokratie?, in: Uwe Backes/Eckhard Jesse (Hrsg.), Gefährdungen der Freiheit. Extremistische Ideologien im Vergleich, Göttingen 2006, S. 147–177.
105 Florian Hartleb, Die Occupy-Bewegung. Globalisierungskritik in neuer Maskarade, Sankt Augustin/Berlin 2012, S. 50.
106 Susanne Kailitz, Von den Worten zu den Waffen? Frankfurter Schule, Studentenbewegung, RAF und die Gewaltfrage, Wiesbaden 2007, S. 12.

wegung 2. Juni, der mit der Entführung des CDU-Politikers Peter Lorenz 1975 die einzige „erfolgreiche" Gefangenenfreipressung in der Geschichte des deutschen Linksterrorismus gelang, stand das avantgardistische Selbstverständnis der *Roten Armee Fraktion* gegenüber. Die RAF verfocht wie die *Bewegung 2. Juni* das Konzept der „Stadtguerilla", das die Taktiken südamerikanischer Guerillakämpfer wie Ernesto „Che" Guevara modifizierte. Die Schreckenstaten der RAF hieß selbst im linksextremistischen Spektrum der Bundesrepublik nur eine Minderheit gut, ein radikales Umdenken in der Gewaltfrage kam allerdings nicht zustande.

Die Anwendung von Gewalt ist der gemeinsame Nenner – man könnte fast sagen: der Daseinsgrund – der Autonomen-Bewegung, die sich in der Tradition der italienischen *Autonomia Operaia* (Arbeiterautonomie) sieht. Mit Sabotageankten in Fabriken und gewaltsamen Auseinandersetzungen mit der Polizei hatte sie in den späten 1960er Jahren auf sich aufmerksam gemacht. Kennzeichen der Operaisten war eine strikte Abgrenzung vom Kommunismus orthodoxer Façon – sowohl ideologisch als auch organisatorisch. Diese Unabhängigkeit als Ablehnung von Staatlichkeit, hierarchischen Strukturen und festgefügten Politikentwürfen rückt die heutigen Autonomen in die Nähe des Anarchismus, und sie ist in der Tat das Bindeglied zu den Operaisten. Deren Motiv der Befreiung einer (eingebildeten) Arbeiterklasse gaben die Autonomen freilich auf. Stattdessen rückte die „Schaffung von Räumen für die Realisierung alternativer Lebensentwürfe"[107] ins Zentrum autonomen Denkens und Handelns. Es gelte, „dem System überall punktuell Gegenmacht entgegenzusetzen".[108] Mit „System" ist in typisch linksextremistischer Lesart der demokratische Verfassungsstaat gemeint. An der kategorischen Gegnerschaft ihm gegenüber lassen Autonome keinen Zweifel: „Wir wollen das System nicht reformieren oder verbessern. Wir führen keinen Dialog mit den Herrschenden, denn das ist der erste Schritt zur Integration. Wir lehnen die Propagierung reformistischer Ziele ab."[109]

In Deutschland traten die mehrheitlich antiimperialistisch gepolten Autonomen erstmals Ende der 1970er, Anfang der 1980er Jahre in Erscheinung – als militanter Flügel der Anti-Atomkraft-Bewegung und der Hausbesetzerszene in mehreren Großstädten. 1980 setzten die Autonomen ein Zeichen ihrer Militanz, als Proteste gegen eine öffentliche Rekrutenvereidigung in Bremen in Krawallen und Straßenschlachten mit der Polizei eskalierten. Die regelmäßige Teilnahme an linken Demonstrationen als sogenannter Schwarzer Block ist seitdem öffentlicher Ausdruck sowohl dieser Militanz als auch der Weigerung, ein eigenständiges Agendasetting zu betreiben. Waren es in den 1980er Jahren die gewalttätigen Proteste gegen das Kernkraftwerk Brokdorf, die Startbahn West am Frankfurter Flughafen oder die geplante Wiederaufbereitungsanlage in Wackersdorf, sind es heute die Demonstrationen gegen die „Globalisierung" oder am 1. Mai für mehr „soziale Gerechtigkeit": Den Autonomen bieten sie eine treffliche Plattform der Zurschaustellung ihres Credos: Seht her, es geht nur mit militanten Aktionen! „Dies spricht für eine rigorose ‚Anti-Haltung' unabhängig von konkreten Anlässen und Pro-

---

107 Klaus Farin, Die Autonomen, Berlin 2015, S. 13.
108 AK Wantok, Einleitung, in: ders. (Hrsg.), Perspektiven autonomer Politik, Münster 2010, S. 11.
109 Ebd., S. 10.

blemen, scheinen sie doch [...] der gerade gegenwärtige und zufällige Bezugspunkt [...] der Militanz zu sein."[110] Die Bezeichnung „Krawalltourismus" kommt nicht von ungefähr.

Gewalt wirkt in der „Szene" identitätsstiftend und fördert den Zusammenhalt. Klaus Farin befragte 14 (ehemalige) Autonome zu ihrem Verhältnis zur gewalt und bekam – bis auf eine Ausnahme – durchwegs „positive" Bescheide. Die Antworten lassen im Wesentlichen drei Motive erkennen: Das emotional-gruppendynamische, das zweckorientierte und das ideologische – bei fließenden Grenzen. In die erste Kategorie fallen Aussagen wie diese: „Es war ein Erlebnis, Autos in Flammen aufgehen zu sehen und Supermärkte zu plündern, das erzeugte so eine Art Zusammenhalt unter uns".[111] Oder: „Als ich jung und neu in der Szene war, hatte das [...] einen gewissen Reiz und eine gewisse Faszination, dieses Gewaltsame und Zerstörerische. Man will ja auch mal seine Wut loswerden."[112] Folgendes Bekenntnis weist darauf hin, dass die autonome „Szene" eine Attraktion auf junge Leute ausübt, die von vornherein zur Gewalt neigen, und diese nun ausleben können: Ich war „grundsätzlich dafür. Um Ziele zu erreichen, war mir jedes Mittel recht, meine Schwelle war sehr niedrig."[113]

Die häufigste Antwort lautete lapidar, Gewalt gehöre einfach dazu. Doch es ist den Autonomen wichtig, sie als notwendiges Mittel der politischen Auseinandersetzung zu vermitteln „In fast allen politischen Bewegungen, die in irgendeiner Form relevant wurden, spielt Gewalt eine Rolle."[114] – „Ich denke, [Gewalt] gehört dazu und man wird anders nicht mehr wahrgenommen. [...] Das merkst du spätestens, wenn du über Jahre auf Demos gehst ohne extremere Aktionen und es änderst sich gar nichts!"[115] – „Natürlich gehört Gewalt dazu, ohne ein bisschen Gewalt kann man heute nichts Großes mehr bewegen."[116] – „Wenn eine vernünftige, reflektierte Gewaltanwendung helfen kann, gewalttätige Verhältnisse zu überwinden, dann befürworte ich ganz klar diese Gewaltanwendung."[117] – „Der Zweck heiligt die Mittel."[118] Neben dieser zweckrationalen Legitimation tritt die ideologische: Gewalt „gehört automatisch zur Szene, weil sie staatlicherseits mit sehr viel Gewalt und Repression belegt wird."[119]

Die Vorstellung, dass man sich von den Herrschenden die Gewaltfrage nicht vorschreiben lassen dürfe, ist das leitende Motiv: „Keinen Dialog mit der Macht! Wir stellen nur Forderungen, auf die die Macht entweder eingehen kann oder auch nicht."[120] Gewalt wird als „Gegengewalt" gegen die strukturelle Gewalt des Staates gerechtfertigt und als ein Akt der Selbstbefreiung dargestellt. Sie sei die Keimzelle einer neuen Ordnung. So schreibt der autonome Theoretiker „Geronimo", die Geschichte zeige, „dass Gewalt noch immer Geburtshelferin neuer Formen von Gesellschaftlichkeit in politischen Kämpfen und Revolutionen war." Gewaltverzicht

---

110 Armin Pfahl-Traughber, Linksextremismus in Deutschland. Eine kritische Bestandsaufnahme, Wiesbaden 2014, S. 145.
111 Farin (Anm. 107), S. 39.
112 Ebd., S. 176.
113 Ebd., S. 234.
114 Ebd., S. 63.
115 Ebd., S. 137.
116 Ebd., S. 130.
117 Ebd., S. 167.
118 Ebd., S. 83.
119 Ebd., S. 75.
120 Zitiert nach Moreau/Lang (Anm. 89), S. 376.

komme nicht in Frage, denn „der bürgerliche Staat sorge seit 200 Jahren mit Gewalt für Gewaltlosigkeit und hat damit nicht mehr geschaffen als ein Meer von Gewalt."[121] Entsprechend äußerte sich die militante *Autonome Antifa (M)* aus Göttingen: „Gewaltfrei ist ein ideologischer Begriff, der im totalen Gegensatz zu autonomer Politik steht." Sich darauf einzulassen, „käme einem politischen Selbstmord gleich."[122] Das ostentative Bestreiten des staatlichen Gewaltmonopols und die ideologische Unterfütterung autonomer Militanz führt zu einer Feindbildkonstruktion (Vertreter der Staatsgewalt, „Nazis"). Diese trägt wesentlich dazu bei, die Hemmschwelle bei Angriffen auf Menschen zu senken: „Für mich ist [Gewalt] ein legitimes Mittel, definitiv, um sich zu wehren bei Polizei- und/oder Naziübergriffen."[123] – Mir ist es „egal, was [den Polizisten] passiert, und ich heiße Gewalt gegen die Riot-Cops generell gut." Sie sind „bereit, für Staat und Kapital ihren Kopf hinzuhalten."[124] Keine bloßen Worte, wie die Brutalität beweist, mit der Autonome in den letzten Jahren Gewalt gegen Polizisten ausübten und deren Leben vorsätzlich gefährdeten.

Gezielt suchen Autonome die direkte Konfrontation mit Rechtsextremisten. Für sie ist der Faschismus neben dem Imperialismus die deutlichste Ausprägung des sogenannten *Triple-Oppression*-Ansatzes, der die dreifache Unterdrückung der Menschen durch das Kapital, Rassismus und das Patriarchat unterstellt. Entsprechend ihrer anarchistischen Grundüberzeugung sehen Autonome in der bürgerlichen Gesellschaft und im kapitalistischen Wirtschaftssystem die wahren Ursachen nationalistischer und rassistischer Tendenzen. Als Pate dieses Antifaschismus-Verständnisses steht dabei – wie bei fast allen Linksextremisten – die von der *Komintern* in den 1930er Jahren festgeschriebene, sogenannte Dimitroff-Formel, die den „Faschismus" als Auswuchs eines ums Überleben kämpfenden „Kapitalismus" darstellt: Während wirtschaftlicher Krisen wie in der Weimarer Republik lasse die bürgerliche Demokratie ihre pseudodemokratische Maske fallen und verwandle sich in ein „faschistisches" Regime, das mit aller Härte gegen die Arbeiterbewegung vorgehe. Der Faschismus sei die „offene terroristische Diktatur der reaktionärsten, am meisten chauvinistischen und imperialistischen Elemente des Monopolkapitals". Damit wird nicht nur der tatsächliche Rechtsextremismus unter „Faschismus" rubriziert, sondern alles, was als „reaktionär", „bürgerlich" oder „kapitalistisch" gilt. Unter Parolen wie „Nazis morden, der Staat schiebt ab. Das ist das gleiche Rassistenpack!" greifen Autonome heute zur antifaschistischen „Selbsthilfe" – sie gehen gezielt gegen Personen und Institutionen vor, die sie zuvor unter Faschismusverdacht gestellt haben.

Es gehört zum Selbstverständnis der Autonomen, eher lose Strukturen zu etablieren. Geschlossene Gruppen wie die terroristischen *Revolutionären Zellen* blieben ebenso die Ausnahme wie Versuche einer stringenteren Organisation. „Ständige, nicht enden wollende Diskussionen zur […] Aktualisierung der bestehenden Organisationsformen und der allgemeinen politischen Ziele [stellen] ein identitätsstiftendes Merkmal der Szene dar."[125] Organisationsdebatten florierten vor allem zu Zeiten abflauender Mobilisierung. Alles in allem kamen die Anläufe strin-

---

121 Geronimo, Feuer und Flamme. Zur Geschichte und Gegenwart der Autonomen, Amsterdam 1990, S. 207 f.
122 Dokumentation „Demonstration in Adellebsen/Göttingen", Manuskript, 20. März 1993.
123 Farin (Anm. 107), S. 152.
124 Ebd., S. 149.
125 Farin (Anm. 107).

genterer Organisierung nicht über das Knüpfen von Netzwerken hinaus – die für Autonome kardinale „Politik der ersten Person" verhinderte festere Strukturen. „Im Ergebnis blieben die Organisationsdebatten entweder folgenlos, oder sie führten zu Ausgründungen, die allerdings nur im Antifa-Bereich eine relevante Mobilisierungsfähigkeit entfalten konnten."[126]

Jedoch bildeten sich in den Zentren der Autonomen subkulturelle Gruppen wie die Westberliner *Klasse gegen Klasse* – eine der militantesten autonomen Zusammenschlüsse. 1992 entstand mit der *Antifaschistischen Aktion/Bundesweite Organisation* (AA/BO) sogar der erste autonome „Dachverband". Die bis 2001 existierende AA/BO wurde von der *Autonomen Antifa (M)* aus Göttingen initiiert mit dem Anspruch, die einzelnen „Szenen" bundesweit zu vernetzen und zu koordinieren. Am Ende blieb die „Organisation ohne Programm" ohne gesellschaftliche Wirkung: „Die Versuche der AA/BO, mit Themen außerhalb der klassischen Anti-Nazi-Politik an die Öffentlichkeit zu gehen, waren von wenig Erfolg gekrönt."[127] Das erste autonome Netzwerk entstand 1989 unter dem Namen *Avanti – Projekt undogmatische Linke*. Aufsehen erregte *Avanti* durch Blockadeaktionen während des G8-Gipfels in Heiligendamm. Eines der wenigen Beispiele eines linksextremistischen Zusammenschlusses über den Horizont der Autonomen-Bewegung hinaus ist das Netzwerk *Für eine linke Strömung* (FelS), das 2005 de facto und 2015 auch formal in der *Interventionistischen Linken* (IL) aufging. Unter dem Motto „Make Capitalism History" organisierte die IL einen Schwarzen Block auf der Großdemonstration gegen den G8-Gipfel 2007 in Rostock. Auch Aktionen wie das Unterminieren von Bahngleisen bei Atommüll-Transporten gehen auf das Konto der IL. Einen Sonderfall des aktionsorientierten Linksextremismus stellte die *Militante Gruppe* (MG) dar, die zwischen 2001 und 2007 zahlreiche Brandanschläge unter anderem auf Fahrzeuge von Polizei und Bundeswehr verübte. Die MG erhob den Anspruch, die radikale Linke Deutschlands über eine „Militanzdebatte" zusammenzuführen. In der Öffentlichkeit fanden die wahrscheinlich als Anschauungsbeispiel gedachten Taten allerdings mehr Resonanz als in der linksextremistischen „Szene" selbst.[128]

Ein anderer Sonderfall ist die *Rote Hilfe* (RH), die als Hilfsorganisation für linksextremistische Straftäter auftritt, jedoch auch als Rekrutierungsbasis für gewaltbereite Aktivisten fungiert. Historisch knüpft sie an die 1921 von der KPD aus der Taufe gehobenen *Rote Hilfe Deutschlands* mit ihrer langjährigen Vorsitzenden Clara Zetkin an. Im Zuge der 68er-Protestbewegung entstanden in mehreren westdeutschen Metropolen kurzlebige, autonom agierende (Selbst-)Hilfegruppen für Inhaftierte. Die heutige, 1975 gegründete RH verlegte sich zunächst auf Unterstützung für Terroristen der RAF und der *Bewegung 2. Juni*. Ihre ostentative Solidarität mit den Aktionen der Täter erregte schnell die Aufmerksamkeit der Sicherheitsbehörden. Von den unterstützten Straftätern verlangt die RH unter anderem, sich nicht von den Taten zu distanzieren.[129] Die linksextremistische Ausrichtung der RH ist unverkennbar – ihre ideologischen Konstrukte ähneln denen der Autonomen. So ist die Organisation darauf aus, „das ge-

---

126 Ebd., S. 14.
127 AK Wontok, Die Autonome Antifa (M) und die Antifaschistische Aktion/Bundesweite Organisation (AA/BO), in: ders. (Anm. 108), S. 196.
128 Vgl. Ingo Arzt, militante gruppe, unter: www.bpb.de (30. November 2009).
129 Vgl. Justus Bender, Dasselbe in grün, in: Frankfurter Allgemeine Zeitung vom 13. April 2013.

genwärtige politische System Deutschlands zu delegitimieren, indem sie bei militanten Brandstiftern und Terroristen von ‚politischen Gefangenen' spricht und rechtsstaatliche Urteile gegen jene als ‚Repression' bezeichnet".[130] Dies gilt ebenso für das gleichnamige Organ.

5 Intellektueller Linksextremismus

Von intellektuellem Linksextremismus zu sprechen scheint ebenso überflüssig und analytisch fruchtlos zu sein wie dem Papst das Adjektiv „katholisch" zu verpassen. Intellektualität und Theorielastigkeit zeichnen – die Autonomen mögen da eine Ausnahme bilden – praktisch jede linksextremistische Richtung aus. Das unterscheidet das Spektrum deutlich vom Rechtsextremismus, dessen intellektuelle Variante einen Sonderfall verkörpert – meist mit dem Etikett „Neue Rechte" versehen. Bekommt dieser, obschon schwammige, Begriff immerhin eine historisch, ideologisch und personell relativ gut abgrenzbare, parteiunabhängige Elite zu fassen, entgleitet einem das Pendant vollends: In den Topf „Neue Linke" wurden beizeiten wahllos alle Phänomene geworfen, die irgendwie vom Kommunismus Moskauer Prägung zu unterscheiden waren.[131] Trotz dieser methodischen Einwände scheint es angebracht, auf diejenigen extrem linken Denker einzugehen, die sich einer solchen Neuen Linken zurechnen ließen und/ oder die trotz Partei- oder gar Regierungsengagements ein eigenständiges theoretisches Œuvre entfalteten.

Die totalitäre Erfahrung prägte Intellektuelle wie Wolfgang Abendroth oder Exponenten der Frankfurter Schule in den 1950er Jahren. Die Sowjetunion galt ihnen als „Faschismus" mit anderen Vorzeichen. Eine fundamentale Abwendung vom Kommunismus und Hinwendung zum demokratischen Verfassungsstaat hatte dies gleichwohl nicht zur Folge. Die marxistisch geprägten Theorien interpretierten die liberale Demokratie ebenfalls als Form undemokratischer Herrschaft. So schrieb Jürgen Habermas, die plebiszitär-demokratische Identität des Willens der jeweiligen Parteimehrheit [...] mit dem Willen des Volkes [...] hängt wesentlich auch davon ab, wer über die Zwangs- und Erziehungsmittel verfügt, den Willen des Volkes manipulativ oder demonstrativ zu bilden."[132] Auch für Theodor Adorno, Max Horkheimer und Herbert Marcuse war die liberale Demokratie im Kern repressiv. Letztgenannter zog daraus die Konsequenz des legitimen, auch gewaltsamen Widerstands gegen die Demokratie – und lieferte damit allen militanten Linksextremisten, von der Studentenbewegung über den Terrorismus bis hin zu den Autonomen, die zentrale Rechtfertigung ihres Handelns.[133]

Der „dritte Weg" eines zwischen „Kapitalismus" und „Stalinismus" bzw. der Sozialdemokratie und dem Parteikommunismus verlaufenden „demokratischen Sozialismus" erwies sich in anti-

---

130 Gereon Flümann, Streitbare Demokratie in Deutschland und den Vereinigten Staaten. Der staatliche Umgang mit nichtgewalttätigem politischem Extremismus im Vergleich, in Wiesbaden 2015, S. 83.
131 Vgl. Gerd Langguth, Protestbewegung. Entwicklung, Niedergang, Renaissance. Die Neue Linke seit 1968, Köln 1983.
132 Jürgen Habermas, Theorie und Praxis. Sozialphilosophische Studien, Frankfurt a. M. 1993, S. 31.
133 Vgl. Susanne Kailitz, Auseinandersetzungen mit der Gewalt – Frankfurter Schule, Studentenbewegung und RAF, in: Uwe Backes/Eckhard Jesse (Hrsg.), Jahrbuch Extremismus & Demokratie, Bd. 16, Baden-Baden 2004, S. 89.

extremistischer Sicht als Chimäre und verstellte den Blick auf die freie Gesellschaft. Die – angebliche – „Entfremdung" des Menschen im Kapitalismus sollte aufgehoben werden in der identitären Gesellschaft eines künftigen Sozialismus. Zugleich negierte die Neue Linke Werte des demokratischen Verfassungsstaates, die nichts mehr seien als Herrschaftsinstrumente des Kapitalismus. Den Pluralismus des demokratischen Verfassungsstaates sah Abendroth, ganz in rousseauscher Tradition stehend,[134] als das Gemeinwohl gefährdenden Antagonismus an, der nur in der klassenlosen Gesellschaft aufgehoben werden könne. Zwar stellte er, besonders auch Leo Kofler,[135] das – „entfremdete" – Individuum in den Mittelpunkt ihrer Marxismus-Interpretation. Er nahm dadurch eine ideologische Frontstellung zum hyper-kollektivistischen Sowjet-Kommunismus ein.[136] Allerdings führte dies keineswegs zur Bejahung individueller Freiheit, die in Abendroths Utopie einer Demokratie als organisierte, gesteuerte und nach sozialistischen Kriterien ausgerichtete „Selbstverwaltung der Gesellschaft, an der sich alle […] sozialen Kräfte […] beteiligt fühlen."[137] Die „bloß formale Demokratie" eines freiheitlichen Systems sei „nicht mehr möglich", schrieb Abendroth – er forderte, „die durch den Liberalismus entwickelten kulturellen Werte" müssten „verschwinden".[138]

Wie Abendroth und Kofler blieben andere Eminenzen der Neuen Linken in den ersten drei Jahrzehnten der Bundesrepublik fixiert auf die Arbeiterklasse als Subjekt der Veränderung und Befreiung. Zu nennen wären in diesem Zusammenhang Viktor Agartz, der es sich zu Aufgabe gemacht hatte, „die radikale Linke um die Gewerkschaften herum zu organisieren und zu mobilisieren",[139] und Peter von Oertzen: „Die sozialistische Arbeiterbewegung muss […] nicht nur willens und fähig sein, die alte kapitalistische Gesellschaftsordnung zu stürzen, [sondern auch], die neue sozialistische Gesellschaftsordnung zu errichten."[140] Von Oertzen, der seine Rolle als sozialdemokratischer Funktionär und Landesminister mit dem Bekenntnis verband, nur „aus wohlerwogenen, langfristigen strategischen Gründen Mitglied der SPD"[141] zu sein, machte keinen Hehl aus seiner Sympathie für die Ideen des Trotzkisten Ernest Mandel. Von Oertzen kombinierte Syndikalismus mit radikalen Aktionsformen; als – oben zitierte – „neue sozialistische Gesellschaftsordnung" schwebte ihm ein Rätesystem vor.

Spätestens die beginnenden 1980er Jahre besiegelten das Ende der einflussreichen ersten Generation linksextremistischer Intellektueller. Zu einem Teil kappte die Neue Linke ihre traditionsmarxistischen Wurzeln und damit die Verbindung zum (imaginierten) Proletariat. Die zahlreichen losen Enden verband man mit den vielfältigen Anliegen der aufkommenden Neuen Sozialen Bewegungen. Zum anderen Teil machte sich ein Rückfall in den Kommunismus Moskauer

---

134 Vgl. Gregor Kritidis, Zu den Charakteristika des „Linkssozialismus" in der Ära Adenauer, in: Klaus Kinner (Hrsg.), DIE LINKE – Erbe und Tradition. Tel 2: Wurzeln des Linkssozialismus, Berlin 2010, S. 106 f.
135 Vgl. Christoph Jünke, Theorie in praktischer Absicht: Leo Koflers Linkssozialismus, in: Ebd., S. 223–240.
136 Vgl. Wolfgang Abendroth, „Ethischer" Sozialismus, Marxismus und Demokratie, in: ders., Gesammelte Schriften, Bd. 2: 1949–1955, Hannover 2008, S. 581.
137 Ders., Die Verwirklichung des Mitbestimmungsrechts als Voraussetzung einer demokratischen Staatsordnung, in: Ebd., S. 360.
138 Ders., Die deutschen Gewerkschaften und die Wahl zum Bundestag, in: Ebd., S. 315.
139 Christoph Jünke, Von linken Sozialdemokraten zum heimatlosen Linkssozialisten: Viktor Agartz, in: Kinner (Anm. 134), S. 203.
140 Peter von Oertzen, Demokratie und Sozialismus zwischen Politik und Wissenschaft, Hannover 2004, S. 331.
141 Zitiert nach Michael Buckmiller, Peter von Oertzen – Marxist und demokratischer Rätesozialist, in: Kinner (Anm. 134).

Prägung bemerkbar, für den der Paradigmenwechsel von Abendroths Marburger Schule der Politikwissenschaft beispielhaft stehen mag. Einige Epigonen – Frank Deppe, Georg Fülberth, Reinhard Kühnl – dockten in den 1970ern bei der DKP an und fungierten bald als so etwas wie universitäre Parteitheoretiker. Von einem wirkungsmächtigen, eigenständigen, also von den klassischen Strömungen unabhängigen intellektuellen Linksextremismus konnte bis zum Zusammenbruch der kommunistischen Systeme 1989/90 nicht mehr die Rede sein. Die danach einsetzende Sinnsuche – sie rief das Scheitern des Realsozialismus aus, nicht aber das Ende der zugehörigen Idee – hauchte zwar den Vorstellungen von einem „Dritten Weg" neues Leben ein. Doch von einer wirklichen Alternative konnte weiterhin keine Rede sein.

Dies gilt zumal für die bereits erwähnten Reformkommunisten im Umfeld der Partei *Die Linke*/PDS, deren Konzepte zwar die orthodoxen kommunistischen Strategien revidierten, jedoch am Ziel einer identitären sozialistischen Gesellschaft festhielten. Den Kern der Überlegungen bildete der Abschied vom Proletariat. Überlegungen des österreichisch-französischen Sozialphilosophen André Gorz,[142] die quasi nur noch zu indoktrinierende Arbeiterklasse habe in einer modernen, ausdifferenzierten Gesellschaft als revolutionäres Subjekt ausgedient, stellten die Reformkommunisten vor eine strategische Herausforderung: Wie kann in eine Vielzahl partikularer Interessen fragmentierter gesellschaftlicher Protest zu einer Phalanx des Widerstands gebündelt und zur „Transformation" des demokratischen Verfassungsstaates nutzbar gemacht werden? Zwar gaben sich diese Intellektuellen als Luxemburg-Apologeten zu erkennen, deren Konzept der Revolution durch kleine Reformschritte sie anhingen. Doch setzten sie sich in anderer Hinsicht diametral von der Kommunistin ab. Luxemburgs ohnehin romantische Vorstellung einer sich „von unten" formierenden sozialistischen Massenbewegung verwarfen die Reform-Ideologen als wirklichkeitsfern. Vielmehr wollen sie eine gesellschaftliche Gegenmacht wesentlich „von oben", also ausgehend von den Institutionen des demokratischen Verfassungsstaates schmieden. In diesem Lichte sollten die Regierungsbeteiligungen der *Linken* wie deren Verhältnis zu den Prinzipen eines freiheitlichen Systems betrachtet werden, die man aus hauptsächlich strategischen Erwägungen gut heißt.

Eine weitaus radikalere Interpretation der kapitalistischen Gesellschaft vertrat der marxistische Theoretiker Robert Kurz. Er verlangt viel: Von seinen Lesern das Einvernehmen mit dem hohen Abstraktionsgrad seiner Überlegungen, von der Linken ein völliges Umdenken. Auch er verneint die Existenz eines einheitlichen revolutionären Subjekts: „Es gibt keine soziale Gruppe im Kapitalismus, die eine transzendente ontologische Vorbestimmung hätte. Alle sozialen Gruppen sind durch ihren Wert präformiert und deshalb kapitalistisch konstruiert."[143] Kurz argumentiert, ein Umsturz sei nicht durch „kapitalistisch immanente Kämpfe" zu erreichen, sondern nur dann, wenn es den sozialen Gruppen gelänge, über ihre Funktion im Kapitalismus hinaus zu denken: „Deshalb ist es wesentlich sympathischer und übrigens auch realistischer, dass französische Belegschaften mit der Sprengung ihrer Fabriken gedroht haben, um eine anständige Entlassungsprämie zu erzwingen. Solche neuen Kampfformen sind nicht defensiv und affirmativ".[144] Den Kapitalismus sieht Kurz dem Untergang geweiht, weil er „seine eigene

---

142 Vgl. André Gorz, Und jetzt wohin? Zur Zukunft der Linken, Berlin 1991.
143 Robert Kurz, Der Tod des Kapitalismus. Marxsche Theorie, Krise und Kapitalismus, Hamburg 2013, S. 26.
144 Ebd., S. 27.

Substanz der Arbeit weitgehend ausgehöhlt" habe und in der Folge das Geld seinen Wert verliere.[145] Es drohe unweigerlich der Rückfall in eine archaische Gesellschaft, sollte es nicht zuvor gelingen, den Kapitalismus zugunsten einer sozialistischen Gesellschaft zu stürzen.

6 Biographische Porträts

Kurt Bachmann (1909–1997) war der erste Vorsitzende der 1968 gegründeten DKP. Nachdem er autodidaktisch ein Studium des Marxismus-Leninismus absolviert hatte, schloss er sich 1932 der KPD an. Infolge des Machtantritts der Nationalsozialisten ging er in den Untergrund, 1938 emigrierte Bachmann nach Süd-Frankreich, wo er 1939 interniert wurde. Der Gestapo 1942 in die Hände gefallen, überlebte er eine KZ-Haft. Nach dem Krieg engagierte sich der marxistische Theoretiker in der westdeutschen KPD, unter anderem als Herausgeber der Parteizeitung. Nach dem Parteiverbot stieß er maßgeblich die DKP-Gründung an, deren Vorsitzender er auf dem 1. Parteitag 1969 wurde. Der 2. Parteitag 1971 bestätigte Bachmann im Amt. Mehrfach konferierte er mit der SED-Spitze in Ostberlin. Auf dem 3. Parteitag 1973 in Hamburg trat er vom Vorsitz der Partei zurück. Nachfolger wurde sein bisheriger Stellvertreter Herbert Mies. Als Mitglied des Parteivorstandes blieb Bachmann der Partei bis 1989 verbunden. Daneben engagierte er sich weiter im VVN-BdA und im *Generalrat der Internationalen Föderation der Widerstandskämpfer* (FIR).

Diether Dehm (geb. 1950) ist Bundestagsabgeordneter der *Linken* und steht für die Radikalisierung der Partei. Bekannt ist Dehm auch als Liedertexter und Komponist. In Frankfurt aufgewachsen, engagierte er sich schon früh in der dortigen SPD, wobei sich der Apologet der Stamokap-Theorie mit Hang zu spektakulären Protestaktionen linksaußen positionierte. Mit „Stasi"-Vorwürfen und Parteiausschlussverfahren konfrontiert, wechselte er 1998 in die PDS, deren stellvertretender Vorsitzender Dehm kurz darauf wurde. Sein wenig kompromissbereites Auftreten in der Konfrontation mit dem Reformer-Flügel führte 2003 zu seiner Entmachtung. Dehm fand in dem streng nach links gebürsteten niedersächsischen Landesverband der PDS/Die Linke eine neue Heimat – lange fungierte er dort als Vorsitzender. In *Der Linken* reihte sich Dehm in die gegen Reformer und Pragmatiker gerichtete Phalanx ein, bestehend aus Kommunisten und Ex-WASG-Leuten. Im Bundestag bezog er vor allem in der Außen- und Europapolitik radikale Positionen, die nicht alle in der Partei teilten.

Willi Dickhut (1904–1992) trat in der Weimarer Republik als 22-Jähriger der KPD bei und hielt sich zeitweise in der Sowjetunion auf. Das nationalsozialistische Regime überlebte er trotz zeitweiliger „Schutzhaft" und mehrerer Zuchthausstrafen. Nach dem Krieg trat er erneut in die KPD ein, eckte allerdings bald wegen seiner kritischen Haltung gegenüber der Sowjetunion an, was schließlich zum Parteiausschluss führte. Seine Positionen legte er in dem erstmals 1971 veröffentlichten Werk *Die Restauration des Kapitalismus in der Sowjetunion*[146] dar, als er Nikita Chruschtschow Verrat am Sozialismus vorwarf – Dickhuts Weg in die K-Gruppen war

---
[145] Vgl. ders., Geld ohne Wert. Grundrisse zu einer Transformation der Kritik der politischen Ökonomie, Berlin 2012.
[146] Willi Dickhut, Die Restauration des Kapitalismus in der Sowjetunion, Essen 1998.

vorgezeichnet. Stationen waren die KPD/ML und der KABD, die Vorläuferorganisation der MLPD. In dieser wird Dickhut heute wie ein Heiliger verehrt. Seine Veröffentlichungen – viele editiert der parteieigene *Verlag Neuer Weg* noch immer – gelten als ideologische Richtschnur.

Rudi Dutschke (1940–1979) war als versierter Agitator die zentrale Figur der 68er-Bewegung. Er trug entscheidend dazu bei, dass deren Überbleibsel die Schwelle zur Gewalt überschritten, obgleich er offenen Terror stets ablehnte. In der Mark Brandenburg geboren, kehrte der West-Pendler nach dem Bau der Mauer nicht mehr in die DDR zurück. Dutschke verband sein Studium, währenddessen er sich zunächst in den Existentialismus und dann den Marxismus vertiefte, bald mit politischem Engagement. 1963 schloss er sich der *Subversiven Aktion* an, die die Zeitschrift *Anschläge* herausgab und 1964 im SDS aufging. Die von ihm propagierte *Außerparlamentarische Opposition* wandte sich vor allem gegen den Vietnamkrieg und den US-Imperialismus. Geschult an Mao, Marcuse, Adorno und Georg Lukács prägte Dutschke den Begriff vom „langen Weg durch die Institutionen". Als Theoretiker der APO und begnadeter Rhetoriker rief er 1968 beim großen Vietnamkongress in Berlin vor über 10.000 Teilnehmern zur Zerschlagung der NATO auf. Am 11. April jenes Jahres wurde Dutschke auf offener Straße in Berlin von dem 23-jährigen Arbeiter Josef Erwin Bachmann niedergeschossen und lebensgefährlich verletzt. An den Folgen des Anschlags starb der Charismatiker, der die *Grünen* mitbegründen wollte.

Jürgen Elsässer (geb. 1957) hat einen erstaunlichen Wandel hinter sich – vom „antideutschen" Publizisten zum Nationalisten. Nach der Wiedervereinigung identifizierte sich das KB-Mitglied mit der Parole „Nie wieder Deutschland!" und trug maßgeblich zur Spaltung dieser K-Gruppe und zur „antideutschen" Umorientierung der Zeitschrift *konkret* bei. Zum Zerwürfnis kam es 2002, als der Stammautor schrieb: „Bei Bush wie bei Hitler [war] der Krieg nicht nur ein Ablenkungsmanöver von den wirtschaftlichen Schwierigkeiten, sondern die einzige Lösungsmöglichkeit einer säkularen Krise".[147] Dieser Satz, der selbst den beißenden Zynismus von *konkret* blass aussehen ließ, führte nicht nur zum Rauswurf aus der Redaktion, sondern trug Elsässer auch den Vorwurf ein, als „fünfte Kolonne" des Rechtsextremismus zu fungieren. Dass NPD-Funktionär Jürgen Gansel Elsässer „Brücken zur NPD"[148] schlagen sah, war nicht aus der Luft gegriffen. Elsässer, der sich nach wie vor als Antikapitalist – die ideologische Klammer seiner „Querfront" zwischen beiden Extremismen[149] – versteht, hieß unter anderem die islamfeindliche, zum Teil rechtsextremistische *Pegida*-Bewegung gut. Die heute von ihm herausgegebene Zeitschrift *Compact* schlägt neurechte Töne an. In der (extremen) Linken steht Elsässer mittlerweile im Ruch des Antisemitismus, Nationalismus und der Homophobie.

Stefan Engel (geb. 1954) ist eine Art Fossil des stalinistisch-maoistischen Steinzeit-Kommunismus der K-Gruppenzeit. Im KABD sozialisiert, wurde der gelernte Schlosser 1982 Vorsitzender der Nachfolgeorganisation MLPD. Die Partei wacht mit Argusaugen über Engels' Nimbus. Behauptungen, es gebe in der MLPD einen an Stalin gemahnenden Personenkult, ließ sie gericht-

---

147 Jürgen Elsässer, Deficit bombing, in: konkret (2002), H. 11, S. 13.
148 Jürgen W. Gansel, Querfront-Populismus droht die Linkspartei zu zerreißen. Lafontaines Ideengeber Jürgen Elsässer fordert Verbot der Grünen und schlägt Brücken zur NPD, Manuskript o. D.
149 Thomas Sebastian Vitzthum, Linker Publizist von der NPD für „Volksfront" gelobt, in: Die Welt vom 16. Januar 2009.

lich untersagen. Originalton MLPD: „Im Gegenteil ist Stefan Engel weit über die MLPD hinaus für seine ebenso zielklaren wie demokratischen Führungsmethoden für eine Positionierung mit klarer Kante wie für große Sensibilität gegenüber Genossen und Kollegen bekannt."[150] Dass Engel bis 2017 einer Organisation vorstand, die – dies zu verbieten, gelang nicht – einer Sekte ähnelt, wird freilich verschwiegen. Engel ist auch ein umtriebiger Publizist. In seinem neuesten Buch entdeckt er die Ökologie. Bereits der Klappentext spricht Bände: „Weil ihre Hauptursachen in der kapitalistischen Profitwirtschaft liegen, erfordert die Umweltfrage heute einen gesellschaftsverändernden Kampf. Dazu brauchen wir eine neue Umweltbewegung, die einen klaren Trennungsstrich gegen den imperialistischen Ökologismus zieht [...] und weltumspannend gegen die mutwillige Zerstörung der natürlichen Lebensgrundlagen durch die Herrschenden Front macht."[151]

Dieter Kunzelmann (geb. 1939) war der Prototyp des linksradikalen Politaktivisten. Besondere Bekanntheit erlangte er als Protagonist der 68er-Bewegung. Er war die treibende Kraft bei der Gründung der *Kommune I* in Berlin. Der Besuch in einem palästinensischen Ausbildungslager ließ in Kunzelmann den Entschluss reifen, eine Stadtguerilla aufzubauen. 1969/70 fungierte er als Kopf der terroristischen Gruppierung *Tupamaros West-Berlin*, die eine Reihe von Anschlägen in Berlin verübte, unter anderem auf das Jüdische Gemeindehaus am 9. November 1969. Ein Zusammenschluss mit der RAF kam nicht zustande. Später startete Kunzelmann eine politische Karriere in der Berliner Landespolitik, zunächst 1975 als aussichtsloser Kandidat der K-Gruppe KPD/AO und 1983 als Abgeordneter der *Alternativen Liste* im Abgeordnetenhaus von Berlin.

Herbert Mies (1929–2017) war langjähriger Vorsitzender der DKP. Von 1946 an engagierte sich der Journalist hauptamtlich in der KPD. 1953 bis 1956 war er Leiter der illegalen westdeutschen *Freien Deutschen Jugend* (FDJ). Aus dieser Zeit datiert sein erster Kontakt zu Erich Honecker, der damals die FDJ der DDR führte. 1954 in den Vorstand der KPD gewählt, ging Mies nach deren Verbot zum Studium nach Moskau. Mit der Gründung der DKP fungierte er als stellvertretender Parteichef, 1973 übernahm er den Vorsitz. Auf dem Bundesparteitag im Januar 1989 wurde Mies mit nurmehr 71,8 Prozent wiedergewählt – ein Debakel. Mies trotzte allen Erneuerungsbestrebungen in der Partei und hielt stur an seiner Loyalität gegenüber Honecker und dem untergehenden SED-Regime fest. Nach der „Wende", 1990, löste ihn ein vierköpfiger Sprecherrat im DKP-Vorsitz ab. Mies blieb seiner Partei treu und begründete 1992 den orthodox-kommunistischen *Mannheimer Gesprächskreis Geschichte und Politik*, der 1996 sein apologetisches Buch *Fremdbestimmt?*[152] herausgab.

Jakob Moneta (1914–2012), einer der wenigen prominenten Trotzkisten in Deutschland, schloss sich 1933 der *Sozialistischen Arbeiterpartei* an. Infolge der nationalsozialistischen „Machtergreifung" emigrierte er nach Palästina in einen Kibbuz. Nach seiner Freilassung aus britischer Internierung trat er 1948 dem trotzkistischen Dachverband *Internationale Kommunisten Deutschlands* (IKD) bei, wurde aber – dem Konzept des Entrismus folgend – auch Mit-

---

150 Voller Punktsieg der MLPD kontra Hetze gegen Stefan Engel, in: Rote Fahne 42 (2014), S. 2.
151 Stefan Engel: Katastrophenalarm!: Was tun gegen die mutwillige Zerstörung der Einheit von Mensch und Natur?, Essen 2014.
152 Herbert Mies, Fremdbestimmt? Abhängigkeit und Unabhängigkeit der DKP, Großsachsen 1995.

glied der SPD. Ende 1953 ging er als Sozialreferent an die bundesdeutsche Botschaft nach Paris. Vor seinen Arbeitgebern verheimlichte er das Engagement für die algerische Befreiungsfront FLN. 1962 nach Deutschland zurückgekehrt, erwarb er Verdienste als erfolgreicher Chefredakteur der beiden einflussreichen Zeitungen der Gewerkschaft *IG Metall*. 1969 trat er der trotzkistischen GIM bei. Die SPD schloss Moneta 1990 aus, woraufhin der Geschasste in die PDS eintrat und bis 1995 als Mitglied des Parteivorstandes fungierte. Moneta schrieb von 1987 an als Kolumnist für die trotzkistisch ausgerichtete Zeitung *SoZ*.

Max Reimann (1898–1977) war der erste Vorsitzende der westdeutschen KPD. Er schloss sich 1913 der *Sozialistischen Arbeiterjugend* an. 1916 trat er dem *Spartakusbund* Rosa Luxemburgs und Karl Liebknechts bei und beteiligte sich drei Jahre später an der Gründung der KPD. Mehrfach wurde Reimann in der Weimarer Republik wegen revolutionärer Tätigkeit verhaftet. Nach der „Machtergreifung" der NSDAP emigrierte er und war ab 1936 Mitglied des Auslandsbüros des ZK der KPD. Im April 1939 verhaftete ihn die Gestapo. Die Zeit bis Kriegsende verbrachte Reimann im Zuchthaus und im KZ Sachsenhausen. Danach beteiligte er sich am Aufbau der KPD und rückte 1948 zum Vorsitzenden für alle drei westlichen Besatzungszonen auf. Er war Mitglied des 1. Deutschen Bundestags. Der Verhaftung nach dem Verschwinden des Vizevorsitzenden Müller entzog er sich durch Flucht in die DDR. Wenige Monate später sicherte ihm der Bundesgerichtshof in Karlsruhe freies Geleit zu, damit er an dem Verbotsverfahren gegen die KPD teilnehmen konnte. Auf dem Hamburger Parteitag wurde er Ende des Jahres 1954 erneut zum „ersten Sekretär" gewählt. Nach 1956 kämpfte er für die Wiederzulassung der KPD. Die scharfen Töne gegen die Bundesrepublik wichen einer „bürgerlichen" Attitüde.

Sahra Wagenknecht (geb. 1969) steht für den Aufstieg der Kommunisten in der *Linken*. 1991 trat sie der *Kommunistischen Plattform* der PDS bei und sparte nicht mit deutlichen Worten: „Nicht der ‚Stalinismus' – der Opportunismus erweist sich als tödlich für die [...] sozialistische Gesellschaftsordnung; nicht die marxistisch-leninistische Traditionslinie scheiterte, sondern [...] die der reformistischen Sozialdemokratie."[153] Von Anbeginn an saß Wagenknecht im Bundesvorstand der PDS, bevor sie 1995 auf massiven Druck Gregor Gysis hin abgewählt wurde. Im Jahr 2000 rückte sie erneut in das Führungsgremium. Sie verblieb dort bis 2007. Die Fusion zur Partei *Die Linke* kam einem Karrieresprung gleich. 2009 schaffte Wagenknecht den Einzug in den Bundestag. Seit 2015 steht sie an der Seite von Dietmar Bartsch, mit dem sie im Bundestagswahlkampf 2017 die Spitzenkandidatur der Partei *Die Linke* innehatte, der Fraktion vor. Längst versteht es die Vorzeigekommunistin, sich in Szene zu setzen. Als häufiger Gast in Fernseh-Talks erwies sie sich als wortgewandte, zuspitzende Diskutantin, die mit ökonomischem Wissen beeindruckt und sich entschieden auf die Seite der „kleinen Leute" schlägt. Sie ist sichtlich um Mäßigung bemüht. Daraus eine Hinwendung zur freiheitlichen Demokratie abzuleiten wäre allerdings verfehlt.

Janine Wissler (geb. 1981) ist die typische Vertreterin des radikalen Funktionärs-Nachwuchses in der *Linken*. Als Mitglied des trotzkistischen *Linksruck* führte der Weg der Aktivistin in die

---

153 Sahra Wagenknecht, Marxismus und Opportunismus – Kämpfe in der Sozialistischen Bewegung gestern und heute, in: Weißenseer Blätter (1992), H. 4, S. 23.

WASG, die dieser Unterwanderung nichts entgegensetzen wollte. Nach der Fusion mit der PDS machte Wissler in der *Linken* eine steile Karriere, die sie zunächst in den Hessischen Landtag und schließlich als stellvertretende Parteivorsitzende (fast) nach ganz oben führte. Ihren ideologischen Wurzeln blieb sie allerdings treu – sie ist innerhalb der *Linken* in dem trotzkistischen Netzwerk *Marx21* engagiert. Die Gruppe verpflichtet sich einem von der Arbeiterklasse getragenen „Sozialismus von unten". Die von ihr veranstalteten Kongresse „Marx is' Muss" waren Versuche, die „orthodoxen" Kräfte in der *Linken* zu bündeln. Im Mitarbeiterstab der Bundestagsfraktion zeigten die Trotzkisten starke Präsenz, was sich unter anderem in radikalen außenpolitischen Papieren bemerkbar machte.

7 Publikationen aus dem Spektrum

ak – analyse & kritik entstand 1992 aus der Zeitung *Arbeiterkampf* der K-Gruppe *Kommunistischer Bund*. Nach dessen Spaltung führe sie die „Mehrheitsströmung" weiter, während die „Minderheit" die Zeitschrift *Bahamas* aus der Taufe hob. Herausgeber ist heute der *Verein für politische Bildung, Analyse und Kritik*. Die Auflage der Monatszeitschrift erreicht rund 4.000 Exemplare. Aktuell versteht sich die *ak* als Teil der Interventionstischen Linken; die Orientierung auf die Neuen Sozialen Bewegungen ist unverkennbar. An der Anfangszeit bezog *analyse & kritik* PDS-nahe Positionen, und sie begleitet die Debatten in der *Linken* noch heute wohlwollend-kritisch. Die Stärke der *ak* sind aber Berichte und Analysen linksextremer Strömungen und Organisationen im Ausland. Hier erweist sich die Zeitschrift als eines der bestinformierten linksextremen Organe. Das auch im Internet zugängliche Archiv ist eine wahre Fundgrube für Extremismusforscher, die über den deutschen Tellerrand hinausblicken.

Arranca wurde 1993 von der Gruppe *Für eine linke Strömung* (FelS) gegründet, die der Autonomenszene Berlins verbunden ist und von ihr entsprechend fundiert berichtet. *Arranca* will der Organisationsdiskussion der radikalen Linken eine Plattform bieten, mit dem nie erreichten Ziel, eine neue kommunistische Partei aufzubauen. Gleichwohl fungiert die Zeitschrift als Organ der *Interventionistischen Linken*. Ihre theorielastigen, anspruchsvollen Texte sind eher szeneuntypisch und verraten das Bestreben, das Niveau autonomer Diskussionskultur zu heben, mit dem Ziel, ein praktikables Konzept für eine „grundlegende Transformation" der „kapitalistischen" Gesellschaft zu finden und „anderen (post-)autonomen Gruppen die dringende Notwendigkeit der Überwindung der strukturlosen Einpunktpolitik der Achtziger zu predigen."[154] *Arranca* erscheint mit einem durchdachten Redaktionskonzept und anspruchsvoller Aufmachung, aber unregelmäßig und in großen Abständen. So erschien zwischen November 2013 und August 2015 keine Ausgabe.

Bahamas ist so etwas wie das Zentralorgan der „Antideutschen", 1992 gegründet von der *Gruppe K*, der „Minderheit" des *Kommunistischen Bundes*. Vehement agitierte *Bahamas* gegen die Wiedervereinigung. Ihr prominentestes Mitglied war damals der Journalist Jürgen Elsässer, auf den die Bezeichnung „antideutsch" zurückgehen soll. Zunächst diskussionsoffen,

---

[154] FelS, Zu Organisierungsfragen der radikalen Linken, Manuskript, 13. August 2014.

distanzierte sich *Bahamas* mehr und mehr von zentralen Positionen der Linken. So erklärte Heiner Möller, einer der wichtigsten Autoren, es sei nicht sinnvoll, „die Ansprechpartner linksradikaler Politik anhand ihrer klassenmäßigen Position zu definieren, da man dabei allzu oft auf Rassisten und Nationalisten treffe."[155] Derartige Äußerungen, so richtig sie tendenziell sein mochten, trieben *Bahamas* innerhalb der extremen Linken in die Isolation. Im Laufe der Zeit rückten mehr und mehr das Thema Antisemitismus und die Agitation gegen Islamisten in den Fokus. Zur Auflagenhöhe der zwei bis dreimal im Jahr erscheinenden Zeitschrift gibt es keine gesicherten Angaben.

Clash war der vergebliche Versuch der sogenannten „Infoläden", eine internationale Zeitschrift der Autonomen zu schaffen. Zwischen 1989 und 1994 erschien sie zunächst mit rund 2.000 Exemplaren und in billiger Aufmachung in deutscher und englischer Sprache. Die ostentative Nähe zur RAF zog Ermittlungsverfahren gegen *Clash* nach sich. De facto blieb die Zeitschrift auf Deutschland beschränkt. Sie scheiterte mit dem Anspruch der Vernetzung autonomer „Szenen" Westeuropas. *Clash* beließ es weitgehend dabei, Texte unterschiedlicher linksextremistischer, meist militanter Gruppen, etwa der RAF, der *Revolutionären Zellen* oder der IRA abzudrucken. Die Zeitschrift hatte insofern eine Qualität als Informationspostille, doch inhaltliche Stringenz oder ein redaktionelles Profil ließ sie missen. Oder, wie (selbst-)kritisch bemerkt wurde: „Vieles in der *Clash* hat beschreibenden Charakter, wenige Artikel gehen wirklich in die Tiefe."[156]

Disput hat mit dem Vorgängerorgan *Was und wie*, das im Auftrag der ZK-Abteilung „Agitation" SED-Funktionäre mit Anleitungen und Informationen für den in der DDR offenbar noch nicht ganz beendeten Klassenkampf fütterte, mittlerweile nicht mehr viel gemein. Des Untertitels „Was + wie" entledigte sich *die* heutige Mitgliederzeitschrift der *Linken* 1993, der Titel wurde Programm: Die Dokumentation parteioffizieller Texte und weniger offizieller Streitpapiere prägten die Zeit unmittelbar nach der „Wende" und begleiteten die Sinnsuche der jungen PDS. Strategie- und Programmdebatten wurden auch in den Jahren danach wesentlich im *Disput* ausgetragen, wobei die „Reform"-Kräfte – schließlich fungierte der von ihnen dominierte Vorstand als Herausgeber – das letzte Wort behielten.[157] Die Erscheinungsweise wechselte von halbmonatlich auf monatlich, die Text- und Theorielastigkeit machte im Laufe der Zeit einer „peppigeren" Aufmachung und eher reportagehaften Artikeln Platz. Heute ist *Disput* ein reichhaltig illustriertes Blatt, das das Parteileben in den Fokus rückt – der Weg vom „Theorieorgan" zum „Vereinsmagazin" war lang.

Gegenstandpunkt ist eine marxistische Theoriezeitschrift, die seit 1992 regelmäßig erscheint. Sie steht in der Nachfolge verschiedener Publikationen der hauptsächlich in München tätigen, geheimbündlerischen *Marxistischen Gruppe* (MG) um den 2010 verstorbenen Karl Held. *Gegenstandpunkt* hält an deren ideologischer Linie einer radikalen Kapitalismuskritik fest. Aufgemacht wie eine sozialwissenschaftliche Fachzeitschrift, führt sie auch den für die MG typi-

---

155 Sebastian Dittrich, Zeitschriftenporträt: Bahamas, in: Backes/Jesse (Anm. 133), S. 225.
156 Offener Brief der Clash-AG des BRD-Infoladen-Treffens, unter: http://www.infoladen.de/selbst/s9.htm (16. April 2015).
157 Vgl. Jürgen P. Lang, Zeitschriftenporträt: Disput, in: Uwe Backes/Alexander Gallus/Eckhard Jesse (Hrsg.), Jahrbuch Extremismus & Demokratie, Bd. 27, Baden-Baden 2015, S. 228–244.

schen, sprachgewaltigen, Sarkasmus marxistischer „Nerds" fort – eine Kostprobe: „Der banale Witz des Profitmachens durch Preispolitik kommt beim Gerede über Inflation nicht mehr vor; dieser marktwirtschaftliche Geschäftsgeist, ohne den eine Geldmenge nie und nimmer eine Wirkung auf die Warenpreise zustande bekäme, wird ausgeklammert; stattdessen konstruiert der wirtschaftliche Sachverstand sich eine anonyme Seuche namens Geldentwertung zurecht".[158] Die intellektuelle Kritik an der Ökonomie des Kapitalismus ist Standardthema im *Gegenstandpunkt*. Die genaue Höhe der Auflage ist unbekannt – geschätzt wird sie auf rund 7.000 Exemplare.

Graswurzelrevolution ist eine anarchistische Zeitschrift, die sich dem „gewaltfreien" Widerstand verschrieben hat. Sie wurde erstmals 1972 von der *Gewaltfreien Aktion Augsburg* herausgegeben, einem kleinen Kreis „libertärer" Pazifisten um Wolfgang Hertle. Heute wird die Monatsschrift von den sogenannten *Gewaltfreien Aktionsgruppen* editiert, die sich dem passiven Widerstand, Bauplatzbesetzungen und Sitzblockaden verschrieben haben. Mit ihrem Themenspektrum (Anti-Atomkraft, Frieden, Altermondialismus) dockt die *Graswurzelrevolution* problemlos an soziale Protestbewegungen an. Dennoch sind linksextremistische Motive unverkennbar. In einer Selbstdarstellung heißt es: „Wir kämpfen für eine Welt, in der die Menschen nicht länger wegen ihres Geschlechtes oder ihrer geschlechtlichen Orientierung, ihrer Sprache, Herkunft, Überzeugung, wegen einer Behinderung, aufgrund rassistischer oder antisemitischer Vorurteile diskriminiert oder benachteiligt werden. Wir streben an, dass Hierarchie und Kapitalismus durch eine selbstorganisierte, sozialistische Wirtschaftsordnung und der Staat durch eine föderalistische, basisdemokratische Gesellschaft ersetzt werden."[159] 4.000 Exemplare erscheinen heute pro Ausgabe.

Interim gilt als wichtigste Zeitschrift der Autonomen und pflegt diesen Anspruch mit einem anarchistischen Redaktionskonzept: Prinzipiell steht es jedem frei, in der 1988 in Berlin gegründeten *Interim* zu publizieren. Dies hat zur Folge, dass die Zeitschrift vor allem als Verlautbarungsorgan fungiert: Unterschiedliche Gruppen veröffentlichen dort ihre Positionspapiere, Bekennerschreiben und Aufrufe zu Demonstrationen – für die häufig wechselnden und meist anonymen Blattmacher ist dies eine Marktlücke: „So sehen wir vor allem in zwei Bereichen keinen Ersatz für ein Organ wie die *Interim*: Im Bereich der aufeinander bezogenen szeneinternen Debatte. Und bei der Dokumentation von Anschlagserklärungen und der offenen, nicht zensierten Debatte um Sinn und Unsinn militanter Interventionen, für die es sonst keinen Ort gibt."[160] Die Grenzen der Gewaltanwendung sind ein häufiges Debattenthema. 1992 distanzierte sich die Redaktion von einem Beitrag, der in derselben Ausgabe den gewaltsamen Tod des Rechtsextremisten Gerhard Kaindl als „tragbares Risiko" bezeichnet hatte.[161] Andererseits zogen Anleitungen zum Bombenbau strafrechtliche Schritte nach sich. Die Auflage des in unregelmäßigen Abständen erscheinenden Periodikums beläuft sich auf rund 1.500 Exemplare.

---

158 Anmerkungen zur Krise '08, in: Gegenstandpunkt (2008), H. 3, S. 105.
159 Was bedeutet Graswurzelrevolution?, unter: http://www.graswurzel.net/ueberuns/gwr-kurz.shtml (16. April 2015).
160 Interim, Most wanted. Ein offener Brief zur Zukunft der Interim, in: Interim vom 24. Juli 2003, S. 5.
161 Vgl. Interim vom 16. April 1992.

Die *junge Welt* steht in der Nachfolge des gleichnamigen FDJ-Organs, der einstmals größten Tageszeitung in der DDR. Heutzutage kommt die jW täglich mit knapp 15.000 Exemplaren heraus. Das von Redaktionsquerelen und Finanzproblemen gebeutelte Blatt bietet seit der „reformerischen" Wende des *Neuen Deutschland* in den 1990er Jahren den orthodoxen Kommunisten in der Partei *Die Linke* ein wichtiges Forum. Die Zeitung vereint unter den Redakteuren eine auffallend hohe Zahl ehemaliger „Stasi"-Spitzel. Und anderem verfasste der heutige Chefredakteur Arnold Schölzel als IM Berichte für das MfS. So nimmt es kaum Wunder, dass die *junge Welt* den apologetischen Veröffentlichungen ehemaliger MfS-Offiziere ein Forum bietet, und ihnen damit eine Öffentlichkeitswirksamkeit verschafft, die sie sonst nicht erreicht hätten. Stammautoren – allen voran Ulla Jelpke und Sahra Wagenknecht – machen sich für eine strikt „antikapitalistische" Ausrichtung der *Linken* stark. Außenpolitisch prägt das Blatt eine offene Parteinahme für sozialistische Staaten wie Kuba, Venezuela oder Nordkorea. Am Antisemitismus und am Nahostkonflikt schieden sich 1997 die Geister. Der „antideutsch" gesinnte Teil der Redaktion gründete die Wochenzeitung *Jungle World*.

konkret ist eines der – an jedem Kiosk erhältlichen – Traditionsblätter unter den linksextremistischen Periodika. 1957 gegründet, war sie zunächst eine Zeitschrift der Studentenbewegung. Bis 1964 wurde *konkret* von der DDR finanziell unterstützt. Herausgeber Klaus Rainer Röhl und seine Frau Ulrike Meinhof hatten sich persönlich darum bemüht. Nach dem Konkurs erfolgte 1974 der Relaunch unter dem exzentrischen Hermann L. Gremliza. Volatile Positionierungen, und die Tendenz, sich mit allen anzulegen, machten nach 1990 einem eindeutig antideutschen Profil Platz und verkehrten die ursprünglich eher nationale Haltung ins Gegenteil. Gremlizas Artikel *Scheiß Deutschland*[162] markierte die Wende, die dem zynischen Grundton keinen Abbruch tat. „Die Bundesrepublik in die Tradition des Nationalsozialismus zu stellen oder sogar mit diesem gleichzusetzen, darin liegt das wichtigste Argumentationsmuster von *konkret* und zugleich das zentrale Kontinuitätselement der Zeitschrift von der Gründung bis zur Gegenwart."[163] Die Auflage ist mit rund 40.000 Exemplaren beachtlich.

Neues Deutschland, das einstige Zentralorgan der SED (mit Millionenauflage aber kaum wirklicher Leserschaft), ist nach der demokratischen Revolution in der DDR eine dem Konzept nach moderne Tageszeitung geworden, Sport- und Reiseteil inbegriffen. Der Übergang vom Verlautbarungsblatt der SED/PDS zum (Tendenz-)Journalismus war 1990 noch fließend. In den ersten Jahren dominierte die orthodoxe *Kommunistische Plattform* den Debattenteil des ND. Erst 1999, mit dem Rücktritt Rainer Oschmanns als Chefredakteur, entschieden sich die Richtungsstreitigkeiten zugunsten der PDS-„Reformer". Unter der langjährigen Ägide des früheren Grünen-Politikers Jürgen Reents und des Chefredakteurs Tom Strohschneider entwickelte das Blatt eine Kontur, die mit Kommunisten und „Lafontainisten" der *Linken* nicht unbedingt zimperlich umging. Das *Neue Deutschland* ist über Parteiinterna stets gut informiert und berichtet breit darüber. Die Auflage halbierte sich von rund 65.000 im Jahr 1998 auf etwas über 30.000 2014. Die weit überwiegende Zahl der Leser sind Abonnenten. Der Werbespruch

---

162 Hermann L. Gremliza, Scheiß Deutschland, in: ders., Ein Volk gibt Gas. 28 Berichte zur Lage der deutschen Nation, Hamburg 1992, S. 34–38.
163 Alexander Gallus, Zeitschriftenporträt: konkret, in: Uwe Backes/Eckhard Jesse (Hrsg.), Jahrbuch Extremismus & Demokratie, Bd. 13, Baden-Baden 2001, S. 246.

„Die größte Überregionale im Osten" ist bei näherer Betrachtung keine Auszeichnung. Die Nähe zur Partei zeigt sich nicht nur inhaltlich. Zwar entließ die Partei 2007 das ND – an dem sie über eine GmbH beteiligt war – in die Selbstständigkeit. Doch die heutigen Gesellschafter sind – etwa durch den früheren PDS-Schatzmeister Uwe Hobler – eng mit der *Linken* verbunden. Dietmar Bartsch fungierte bis 2006 als Geschäftsführer des ND.

radikal wurde 1976 in Berlin als Hauspostille der extremen Linken unterschiedlicher Färbung gegründet und war zunächst in der dortigen Hausbesetzerszene verwurzelt. Deren militanter Flügel fand in *radikal* ein Sprachrohr. Ein weiterer Schwerpunkt in den 1980er und 1990er Jahren waren zum Teil kontrovers geführte Diskussionen um die Strategie der RAF. Die Redaktion propagierte offen die Anwendung von Gewalt. Anleitungen für militante Aktionen gehörten zum redaktionellen Standardrepertoire. Die Attraktion auf die Autonomen-Bewegung war immens; sie fand in *radikal* eine treffliche Plattform zur Publikation eigener Texte, etwa zur Militanzdebatte. Mehrfach war die Zeitung Ziel von Anzeigen, Razzien und Verboten. Die Redaktion arbeitete weitgehend in der Illegalität – zeitweise mit einer Postadresse in den Niederlanden. Zwischen 1999 und 2004 erschien kein einziges Exemplar. In den Jahren 2009 und 2010 fungierte eine *Revolutionäre Linke* (RL) – der Name war Programm – als Herausgeber, zu deren Selbstverständnis die scharfe Abgrenzung zur – angeblich – „reformerischen" *Interventionistischen Linken* gehörte.[164] Doch das damals verfochtene Konzept der „klandestinen Zeitung"[165] fruchtete offenbar nicht: Seitdem ist es still geworden um *radikal*.

SoZ – Sozialistische Zeitung ist eine politische Monatszeitung aus Köln. Sie fungierte ursprünglich als zweiwöchentliches Parteiblatt der 1986 gegründeten *Vereinigten Sozialistischen Partei* (VSP) und war Produkt der Fusion des KPD/ML-Blattes *Roter Morgen* mit *Was tun*, dem Organ der trotzkistischen GIM. Noch heute verrät die *SoZ* ihre trotzkistischen Wurzeln, vor allem bei der Behandlung von Auslandsthemen. Theoretische Debatten machten im Laufe der Zeit aktuelleren Berichten Platz. Die eher undogmatische Ausrichtung der *SoZ* lässt eine Nähe zu Positionen der Gewerkschaften und zur PDS/*Die Linke* erkennen. Die wechselseitige Sympathie ist unverkennbar. Im Jahr 2011 kamen pro Ausgabe 1.000 Exemplare heraus, von denen die meisten (900) an Abonnenten verschickt wurden.[166]

UZ – Unsere Zeit ist die Parteizeitung der DKP. Auf dem Essener Parteitag 1969 als Wochenzeitung aus der Taufe gehoben, konnte sie dank der massiven finanziellen Unterstützung von Seiten der SED von 1973 an als Tageszeitung erscheinen mit einer Auflage von schätzungsweise 60.000 Exemplaren. In den 1980ern schrumpfte sie auf 20.000, heute beträgt sie nach eigenen Angaben nur noch 6.000 Exemplare.[167] Nach dem Wegfall der Ost-Subventionen erschien die *UZ* zunächst zweiwöchentlich, heute wöchentlich mit 16 Seiten Umfang. Inhaltlich prägten stets lange theoretische Artikel, DKP-Verlautbarungen, aber auch ideologische Einlassungen zu aktuellen Themen das Blatt. Debatten waren nie Sache der *UZ*. Trotz dieses außerhalb des or-

---

164 Vgl. Revolutionäre Linke, Grundsatzpapier zur Organisierung als Revolutionäre Linke, Manuskript, 2. Juni 2010.
165 radikal-Redaktion, Das „Konzept klandestine Zeitung" – Zur Neugestaltung der radikal, Manuskript, 2. Juni 2010.
166 Vgl. Christoph Meueler, Bulette mit Schokolade. Das Kapital ist das Problem: Die Sozialistische Zeitung (SoZ) feierte in Köln ihren 25. Geburtstag, in: junge Welt vom 12. Oktober 2011.
167 Vgl. http://www.dkp-online.de/uz/anz/ (16. April 2015).

thodoxen Kommunismus wenig attraktiven Angebots setzte die Partei die Zeitung auf linken Veranstaltungen als Propagandamittel ein.

Z. – Zeitschrift Marxistische Erneuerung ist eine theoretisch-politische Vierteljahres-Zeitschrift, die 1990 aus der „Erneuerer"-Strömung der DKP und dem einst zur DKP gehörenden *Institut für Marxistische Studien und Forschungen* (IMSF) in Frankfurt am Main hervorgegangen ist. Z. erscheint mit Themenschwerpunkten und ist ideologisch mit den PDS-Reformern kompatibel. In den 1990er und 2000er Jahren begleitete sie die Programmdebatten der PDS. Den Kern der Autorenschaft bilden ehemalige DKP-Dissidenten und marxistische Theoretiker aus dem Umfeld der *Linken*. Die personellen und thematischen Überschneidungen mit der Hamburger Zeitschrift *Sozialismus*, in der linke Gewerkschafter den Ton angeben, sind auffällig. Inhaltlich hat sich die Z. einem undogmatischen Marxismus verschrieben. Aktuelle Diskussionen der extremen Linken stehen im Mittelpunkt.

8 Kommentierte Auswahlbibliographie

Backes, Uwe/Stéphane Courtois (Hrsg.): „Ein Gespenst geht um in Europa". Das Erbe kommunistischer Ideologien, Köln u. a. 2002 – Die Aufsätze tragen – allerdings auf sehr unterschiedlichem Niveau – zur Entmythologisierung kommunistischer Ideologien und ihrer Protagonisten bei. Herausragend ist der Beitrag von Lothar Fritze, der die Unfähigkeit, sich „die Lösung der Probleme […] als regulative Idee, die einem schrittweise vorgehenden politischen Handeln Sinn und Richtung gibt" (S. 140 f) vorzustellen, als einen der Irrtümer des revolutionären Kommunismus ausmacht.

Blank, Bettina: „Deutschland, einig Antifa"? „Antifaschismus" als Agitationsfeld von Linksextremisten, Baden-Baden 2014 – Die umfassende Studie analysiert Geschichte, Mittel, Träger und Wirkung des instrumentellen Antifaschismus in linksextremistischen Ideologien. Das Ergebnis ist eindeutig: Ziel sei die „allmähliche Umwandlung des politischen Klimas und der politischen Kultur in Deutschland mit dem Ziel der Systemüberwindung" (S. 391). Vor allem *Die Linke* trage mit ihrem Ruf nach einer „antifaschistischen" Klausel in den Verfassungen zur Erosion des die Demokratie stabilisierenden, antiextremistischen Grundkonsenses bei.

Dovermann, Ulrich (Hrsg.): Linksextremismus in der Bundesrepublik Deutschland, Bonn 2011 – Der Sammelband löst das Versprechen nicht ein, einen Forschungsstand zu liefern. Dazu hätte es einer einleitenden Diskussion zentraler Begriffe bedurft. So aber operiert jeder Autor mit seinen eigenen Termini – mancher vermeidet den Extremismusbegriff ohne Erklärung völlig. Gero Neugebauer stellt die nebensächliche Frage, ob *Die Linke* zwischen Demokratie und Extremismus „oszilliert" (S. 95). Eine Antwort auf die kardinale Frage nach dem antidemokratischen Charakter der Partei insgesamt verpufft in Unverbindlichkeit.

Farin, Klaus (Hrsg.): Die Autonomen, Berlin 2015 – Es handelt sich um einen Interview-Band, der anhand standardisierter Fragen Einstellungen von 14 gegenwärtigen oder ehemaligen „Szene"-Angehörigen (die enorme Altersspanne reicht von 18 bis 60 Jahren) dokumentiert. Damit hebt sich das Buch positiv von anderen Veröffentlichungen ab, denen es entweder nicht gelingt, in das Phänomen vorzudringen oder deren Innensicht zu apologetischen Verzerrungen führt. Leider mangelt es dem Band trotz der Fülle an Material an analytischer Kraft. Sehr instruktiv ist immerhin die „Mediananalyse" der Zeitschrift *radikal*. Auf über 60 Seiten analysiert Farin die Irrungen und Wirrungen des Zentralorgans der Autonomen.

Jesse, Eckhard/Jürgen P. Lang: Die Linke – eine gescheiterte Partei?, München 2012 – Die Gesamtdarstellung reicht von der Entstehung der PDS aus der SED heraus bis zum turbulenten Göttinger Parteitag der *Linken* 2012. Die innere Zerrissenheit der PDS und der Aufschwung der Linksextremisten in der *Linken* werden plastisch. Die Autoren sehen in der Partei eine Form des weichen Extremismus – im Gegensatz zum harten Extremismus etwa der NPD. Daneben erkundet das Buch den Platz der *Linken* im Parteiensystem, erklärt Erfolge und Misserfolge bei Wahlen. Die fragwürdige Einschätzung der Partei in Verfassungsschutzberichten und biographische Porträts ihrer führenden Köpfe runden den Band ab.

Kühn, Andreas: Stalins Enkel, Maos Söhne. Die Lebenswelt der K-Gruppen in der Bundesrepublik der 70er Jahre, Frankfurt a. M./New York 2005 – Die umfassende, akribische Studie – sie behandelt KPD/AO, KPD/ML und KBW, spart KB und MLPD aus – verwertet eine Fülle an Material. Im Zentrum steht das Innenleben der Parteien, die vom beinharten Kitt des „demokratischen Zentralismus" zusammengehalten wurden. Kühn zeichnet den erniedrigenden Aufnahmeprozess, die Entmündigung der Mitglieder und die Eingriffe der hierarchisch durchstrukturierten Gruppen selbst in die intimsten Lebensbereiche nach. Weitere Abschnitte widmen sich unter anderem der Ideologie, der Frage der Gewalt und der (Nicht-)Beziehung zu anderen linksextremistischen Organisationen.

Pfahl-Traughber, Armin: Linksextremismus in Deutschland. Eine kritische Bestandsaufnahme, Wiesbaden 2014 – Das Kompendium beansprucht, zugleich „Einführung und Gesamtdarstellung zum Thema ‚Linksextremismus'" (S. 2) zu sein. Dies gelingt, wenn auch das zweite Konzept zugunsten des auf Knappheit und Strukturiertheit bedachten ersten ins Hintertreffen gerät. Der Ritt durch Geschichte, Ideologien, Organisationen, Subkulturen, Terrorzirkel und Handlungsfelder des deutschen Linksextremismus ist überaus instruktiv. Einsteigern liefert das Buch eine Fülle an Informationen, nicht nur über die Materie selbst, sondern auch über den Stand der Forschung. Die theoretische Unterfütterung macht den Band auch für Wissenschaftler reizvoll und fordert den Diskurs heraus.

Schroeder, Klaus/Monika Deutz-Schroeder: Gegen Staat und Kapital – für die Revolution! Linksextremismus in Deutschland – eine empirische Studie, Frankfurt a. M. 2015 – Das Buch enthält die Ergebnisse eines mehrjährigen Forschungsprojektes zu „demokratiegefährdenden Potentialen des Linksextremismus". Linksextreme Einstellungen hätten Eingang in den politischen Mainstream gefunden. Nachdenklich macht unter anderem, dass 16 Prozent der Befragten dem Satz zustimmten, Kapitalismus führe letztlich zu Faschismus. Auf der Basis von Selbstdarstellungen linksextremistischer Gruppierungen entwickeln die Autoren eine wissenschaftlich wertvolle Skala einschlägiger Einstellungsmuster.

Stowasser, Horst: Freiheit pur. Die Idee der Anarchie, Geschichte und Zukunft, Frankfurt a. M. 1995 – Trotz seiner apologetischen Grundausrichtung besticht das Buch durch eine stupende Kenntnis der Ideologien und der Geschichte des Anarchismus – der laut Stowasser beansprucht „die einzige Gesellschaftsstruktur zu sein, die der Tatsache Rechnung trägt, dass Menschen eben sehr unterschiedlich sind" (S. 11). Seine Distanz zu ideologisch überfrachteten, historisch gescheiterten Anarchismen mündet in die Idee, die Demokratie durch eine „Akratie" abzulösen, die den „Fetisch der Mehrheit" (S. 381) in großen politischen Gebilden wie den Nationalstaaten zugunsten einer kollektiven Entscheidungsfindung in kleineren Einheiten ablöst.

Vollmer, Andreas M.: Arbeit & soziale Gerechtigkeit – Die Wahlalternative (WASG). Entstehung, Geschichte und Bilanz, Baden-Baden 2013 – Der Politikwissenschaftler verfolgt minutiös die kurze, aber spannende Geschichte dieser Partei, die sich ursprünglich als „wahre" Sozialdemokratie verstand, im Zuge der Bundestagswahl 2005 mit der PDS paktierte und diese schließlich nach der regelrechten Fusion radikalisierte. Es ist paradox: „Die WASG und die Linkspartei.PDS waren vor dem Zusammenschluss gemäßigter" (S. 421). Ausgerechnet die Ex-WASGler des späteren *Linken*-Chefs Klaus Ernst fanden mit den orthodoxen Kommunisten der PDS zusammen und stellten deren „Reformer" ins Abseits. Den Einfluss der WASG-Leute der ersten Stunde sieht Vollmer jedoch schwinden.

KAPITEL X

ISLAMISMUS IN DER BUNDESREPUBLIK DEUTSCHLAND

Thorsten Hasche

1 Historische Entwicklung

Zwei größere Trends bescheren dem Islamismus als dritter und (neben linkem und rechtem Extremismus) einziger religiösen Spielart des Extremismus derzeit – zum wiederholten Male – große Aufmerksamkeit: einerseits der personelle Zulauf, den der Salafismus in der Bundesrepublik Deutschland erhält, andererseits die anhaltende Ausreise von Personen aus Deutschland, um sich djihadistischen Kampfgruppen im Irak und in Syrien anzuschließen. Beide Phänomene sind eng miteinander verflochten. Der Salafismus ist dabei zur prägendsten Erscheinung des Islamismus in Deutschland geworden und kann – wie vielfach nachgewiesen – zur Radikalisierung von Muslimen beitragen. So heißt es im Bundesverfassungsschutzbericht von 2015: „Der Salafismus präsentiert sich einerseits als Gegenmodell zur hiesigen, westlichen Gesellschaft, ist aber andererseits auch deren Produkt. Mit dem Salafismus ist damit erstmals ein ‚einheimischer Islamismus' entstanden."[1] Seinen aus deutscher Perspektive tragischen Höhepunkt erreichte diese Entwicklung im Dezember 2016, als der Tunesier Anis Amri auf dem Berliner Breitscheidplatz mit einem gestohlenen LKW einen verheerenden Terroranschlag verübte.[2]

Die zwei Beispiele machen die interne Vielfalt des Islamismus deutlich, die dieser Handbuchartikel jenseits der Dynamik tagespolitischer Geschehnisse systematisch erörtern und analysieren will. Dabei stehen zwei Herausforderungen der deutschen Politik im Mittelpunkt: Zunächst konterkarieren salafistische Individuen und Gruppierungen, da sie sich in ihrer Identität oftmals scharf von der deutschen Mehrheitsgesellschaft abgrenzen und ihre Gruppenidentität stark über diese Abgrenzung herstellen, die Integrationsbemühungen des Bundes, der Länder und der Kommunen. Zugleich birgt das salafistische Milieu ein hohes Radikalisierungspotential, auf das die internationalisierten Rekrutierungs- und Propagandanetzwerke des modernen Djihadismus, vor allem dessen Speerspitze – der selbst ernannte „Islamische Staat" (IS) –, durch ihren hohen Medienoutput zielen. Die Politik und die Sicherheitsbehörden, aber auch die Zivilgesellschaft in Deutschland sehen sich deshalb vor die Herausforderung gestellt, die Integrationsbemühungen gegenüber dem steigenden Anteil an Muslimen zu verstärken und die

---

1 Bundesministerium des Innern (Hrsg.), Verfassungsschutzbericht 2015, Berlin 2016, S. 153. Vgl. auch die gemeinsame Studie des Bundeskriminalamtes, des Bundesamts für Verfassungsschutz und des Hessischen Informations- und Kompetenzzentrum gegen Extremismus, Analyse der Radikalisierungshintergründe und -verläufe der Personen, die aus islamistischer Motivation aus Deutschland in Richtung Syrien oder Irak ausgereist sind. Fortschreibung 2016, veröffentlicht am 4. Oktober 2016.
2 Vgl. ein Interview mit dem Präsidenten des Bundesamts für Verfassungsschutz, Hans-Georg Maaßen, zu dem Anschlag und seinen sicherheitspolitischen Konsequenzen, „Es braucht eine bessere Koordination", in: Berner Zeitung vom 23. Januar 2017.

Instrumente der Sicherheitspolitik in Anbetracht zahlreicher staatsgefährdender Straftaten zu verbessern. Beide Politikbereiche stehen in einem Spannungsverhältnis zueinander: Während die Integration von Muslimen Freiheit wie Toleranz benötigt und von gegenseitigem Respekt lebt, missbrauchen djihadistische Gruppierungen diese Toleranz durch ihre Taten; sie finden in der Form steigender Islamophobie im rechtsextremen Spektrum überdies ihren Widerpart.[3] Eine verstärkte Sicherheitspolitik vermag diese kulturellen Problematiken einer ethnisch und religiös vielfältigen Bundesrepublik nur bedingt zu entschärfen.

Die jüngsten Informationen des Bundesamtes für Verfassungsschutz (BfV) beziffern die Zahl der aus Deutschland in das Krisengebiet Syrien/Irak gereisten Personen auf 920, der Anteil von Frauen liegt bei 20 Prozent. Zu etwa 145 Personen gibt es Anhaltspunkte dafür, sie seien bei Kampfhandlungen getötet worden.[4] Die Sicherheitsbehörden betonen darüber hinaus die zentrale Rolle des Internets für die islamistische Propaganda und erörtern die Strategien der salafistischen Szene zur Einflusssteigerung in Deutschland.[5] Insgesamt schätzt das BfV das hiesige Islamismuspotential auf bis zu 45.120 Personen in zahlreichen und unterschiedlich verfassten Organisationen.[6] Wie wichtig der Islamismus für die moderne Integrations- und Sicherheitspolitik europäischer Staaten geworden ist, zeigt exemplarisch die britische Regierung, die aufgrund der Verwundbarkeit moderner, offener und global vernetzter Gesellschaften im Rahmen ihrer nationalen Sicherheitsstrategie der Bekämpfung des internationalen Terrorismus Priorität eingeräumt hat.[7] Eine Ursache hierfür sei die militärische Präsenz in Afghanistan, wo auch die Bundesrepublik – trotz der deutlichen Reduktion der NATO-Truppen – nach wie vor engagiert ist.

Während die djihadistischen Terrorakte des „Islamischen Staates" von 2015 und 2016 vor allem Frankreich erschütterten, geriet Deutschland im Jahr 2016 in das Visier des IS. Waren es nach den Anschlägen des 11. September 2001 vor allem Al-Qaida-Gruppierungen und -Sympathisanten gewesen, die terroristische Gewalttaten in Europa verübt hatten, so geht der IS nun dazu über, die massive Fluchtbewegung aus Nordafrika und Westasien für sich nutzen, um einerseits eigene Anhänger unter die in Europa Schutzsuchenden zu mischen und andererseits in Deutschland unter Flüchtlingen für die „eigene Sache" zu werben.[8] Dies hat zu einer verschärften öffentlichen Auseinandersetzung um neue Strategien zur Verbesserung der öffentlichen Sicherheit geführt, sodass inzwischen von höchster politischer Ebene der verfassungspoli-

---

3 Vgl. Wolfgang Benz, Die Feinde aus dem Morgenland. Wie die Angst vor Muslimen unsere Demokratie gefährdet, München 2012, S. 39–48.
4 Bundesamt für Verfassungsschutz, Reisebewegungen von Jihadisten Syrien/Irak, unter: https://www.verfassungsschutz.de/de/arbeitsfelder/af-islamismus-und-islamistischer-terrorismus/zahlen-und-fakten-islamismus/zuf-is-reisebewegungen-in-richtung-syrien-irak (27. März 2017).
5 Vgl. Bundesministerium des Innern (Anm. 1), S. 162 f. und S. 172–175.
6 Vgl. ebd., S. 155.
7 Vgl. HM Government, A Strong Britain in an Age of Uncertainty: The National Security Strategy, London 2010, S. 3–27.
8 Vgl. Bundesministerium des Innern (Anm. 1), S. 164 und Bundesamt für Verfassungsschutz, BfV-Newsletter Nr. 3/2016 – Thema 5, unter: https://www.verfassungsschutz.de/de/aktuelles/zur-sache/zs-2016-002-maassen-dpa-2016-08 (27. März 2017).

tisch schwierige Einsatz der Bundeswehr im Inneren gefordert und teilweise in Kooperation mit der Polizei geübt wird.[9]

Der nachfolgenden Kennzeichnung der intellektuellen Strömungen und Bewegungen des sunnitischen Islamismus in Deutschland – mit jeweils kurzen Exkursen zur schiitischen Spielart des Islamismus – wird ein kondensiertes historisch ausgerichtetes Narrativ vorangestellt, das die Genese des Islamismus im Allgemeinen, seine Wege nach Europa und damit Deutschland im Besonderen darlegt. Die Ausführungen basieren auf einer analytischen Trennung der Religion des Islam von der politischen Ideologie des Islamismus.[10] Zwar kommt diese Untersuchung ohne Bezüge zu verschiedenen Aspekten der Religion des Islam, die vor allem für den Salafismus eine große Rolle spielen, keineswegs aus. Es geht jedoch nicht vorrangig um islamische Glaubensinhalte und -praktiken, sondern um die politischen Erscheinungsformen des Islamismus in Deutschland. In diesem Sinne ist Islamismus als eine stark religiös geprägte, jedoch vor allem politisch ausgerichtete Ideologie zu begreifen, die durch willkürliche und in der Regel theologisch nicht akzeptierte Rückgriffe auf Elemente des Islam zustande kommt und funktioniert.

Im Mittelpunkt stehen daher die intellektuellen und organisatorischen Entwicklungen des Islamismus und dessen Konsequenzen für die Innen- und Sicherheitspolitik der Bundesrepublik. Den Ausgangspunkt der historischen Darstellung bildet die Genese der Muslimbruderschaft, die erste und eine bis heute nicht nur in Europa und Deutschland sehr bedeutsame islamistische Bewegung. Dem schließen sich eine Entwicklungsskizze der *Milli Görüs* (Nationale Sicht), eine Vertreterin des türkischen Islamismus, sowie eine Illustration des modernen, militanten Djihadismus an. Dieser entstand im Zuge des afghanischen Widerstandskampfs gegen die sowjetische Invasion in den 1980er Jahren – als Folge des Wiedererstarkens islamischer Wertvorstellungen auf der Arabischen Halbinsel ab den 1970er Jahren (Islamisches Erwachen/*al-Sahwa al-Islamiyya*). Zuletzt stehen der schiitische Islamismus und seine Dynamik seit der Iranischen Revolution 1979 im Fokus. Diese Ursprungsmomente des modernen Islamismus erlauben es, den Weg islamistischer Bewegungen nach Deutschland aufzuzeigen. Parallel dazu sind die globalen Ausmaße des djihadistischen Terrorismus und ihres für lange Zeit wirkmächtigsten Vertreters, al-Qaida, zu verdeutlichen. Nach der Tötung Osama bin Ladens im Mai 2011 ist al-Qaida zwar nicht verschwunden, sie hat ihre Führungsposition im globalen Djihadismus jedoch größtenteils an den „Islamischen Staat" verloren, der sich den syrischen Bürgerkrieg und die sunnitischen Aufstände im destabilisierten Irak zunutze machen konnte.

Die 1928 in Ägypten gegründete Muslimbruderschaft gilt als Ausgangspunkt des modern organisierten Islamismus, ihre Entstehung als kulturelle Abwehrreaktion auf das Vordringen der europäischen Gesellschaftsvorstellungen und politischen Ordnungsstrukturen nach Nordafrika und Westasien im Zuge des Kolonialismus und auf die damit einhergehende Auflösung des Osmanischen Reiches.[11] In ihrer Frühphase verband die Muslimbruderschaft, die sich rapide in

---

9 Vgl. den kurzen Bericht der Tagesschau: „Soldaten Seite an Seite mit der Polizei", unter: http://www.tagesschau.de/inland/anti-terror-uebung-101.html (27. März 2017).
10 Vgl. die grundlegenden Analysen von Bassam Tibi, Islamism and Islam, New Haven/London 2012, speziell Kapitel 1, und Shiraz Maher, Salafi-Jihadism. The History of an Idea, Oxford 2016.
11 Vgl. dazu die Studie von Bassam Tibi, Die Krise des modernen Islam. Eine vorindustrielle Kultur im wissenschaftlich-technischen Zeitalter, Frankfurt a. M. 1991.

ganz Ägypten ausbreitete, eine islamisch basierte Erziehungs- und Bildungskultur mit dem bewaffneten Kampf gegen den ägyptischen Staat und die Reste der britischen Kolonialverwaltung.[12] Die Internationalisierung ihrer Organisationsstruktur und die damit einhergehende Gründung regionaler Ableger im Ausland waren von Beginn an Bestandteil ihrer organisatorischen Ziele. Zu den bedeutendsten Ausgründungen in der arabischsprachigen Welt gehören die palästinensische Hamas, die Muslimbrüder in Syrien, Parteiableger in Marokko, Jordanien und Kuwait sowie in Libyen.[13] Zu diesem Kreis zählt ebenfalls die mit der Muslimbruderschaft eng verwandte *al-Nahda* (Wiedergeburt), eine seit dem Sturz Zine el Abidine Ben Alis Anfang 2011 einflussreiche Partei in Tunesien. Dennoch war dieses vielschichtige, internationale Netzwerk nie so straff organisiert und zentral gesteuert wie die ägyptische Mutterorganisation selbst, die als Geheimbund agierte.[14]

Das Verhältnis der ägyptischen Muslimbruderschaft zur Politik war stets gespalten: Ihr Gründer Hasan al-Banna (1906–1949) lehnte in seinen Schriften zwar die Teilnahme am Parlamentarismus aus religiös-ideologischen Gründen ab, nahm jedoch mehrfach als Kandidat an Wahlen teil und versuchte in der ägyptischen Politik Fuß zu fassen. Ab den 1950er Jahren und dem Putsch der sogenannten „Freien Offiziere" um Gamal Abdel Nasser und Mohammed Nagib avancierte das ägyptische Militär zum größten innenpolitischen Widersacher der Muslimbrüder. Bis heute wohnt der Geschichte der Muslimbruderschaft eine gewisse Tragik inne: Phasen geduldeter Opposition und Emanzipation wechselten sich stets mit Phasen der politischen Unterdrückung und Marginalisierung ab. Das letzte Kapitel dieser Geschichte öffnete sich nach dem Sturz des ägyptischen Präsidenten Hosni Mubarak durch Massenproteste im Januar und Februar 2011. Die Muslimbruderschaft nutzte die Gunst der politischen Öffnung und konnte die Parlamentswahlen, die Präsidentschaftswahlen sowie das Verfassungsreferendum für sich entscheiden.[15] Den Machtkampf mit dem ägyptischen Militär verlor sie dennoch. Es setzte den aus der Muslimbruderschaft stammenden Präsidenten Mohammed Mursi im Sommer 2013 nach wiederholten Massenprotesten und gewaltsamen Straßenschlachten ab. Mittlerweile gilt die Muslimbruderschaft in Ägypten als Terrorgruppe, ihr Parteiableger, die Freiheits- und Gerechtigkeitspartei, ist verboten.

Die Bewegung *Milli Görüs* entwickelte sich in den 1960er Jahren in der Türkei und zielte von Beginn an auf die Revitalisierung sowohl des sunnitischen Islam als auch des Türkentums. Die Strömung ist somit islamistisch und nationalistisch, daher weniger universell ausgerichtet als die Muslimbruderschaft, die neben einer nationalen Agenda eine graduelle, weltweite Islamisierung „von unten" verfolgt. Aus dem Umfeld der *Milli Görüs* gingen unter der jahrzehntelangen Führung Necmettin Erbakans mehrere Parteien hervor, die wiederholt durch das türkische Militär und Verfassungsgericht verboten wurden. Anfang der 2000er Jahre kam es zum ersten großen Bruch im islamistischen Lager der Türkei. Nach dem Verbot der Tugendpartei

---

12 Vgl. Brynjar Lia, The Society of the Muslim Brothers in Egypt. The Rise of an Islamic Mass Movement 1928–1942, Reading 1998; Richard P. Mitchell, The Society of the Muslim Brothers, London 1969.
13 Vgl. Alison Pargeter, The Muslim Brotherhood. From Opposition to Power, London 2013, Kapitel 3.
14 Vgl. die Analyse der Mitgliedschaftsregeln der Muslimbruderschaft von Eric Trager, The Unbreakable Muslim Brotherhood. Grim Propects for a Liberal Egypt, in: Foreign Affairs 90 (2011), H. 5, S. 114–126.
15 Vgl. Pargeter (Anm. 13), Kapitel 6; Carrie Rosefsky Wickham, The Muslim Brotherhood. Evolution of an Islamist Movement, Princeton/Oxford 2013, Kapitel 7 und 9.

im Jahr 2001 gründete Erbakan die Partei der Glückseligkeit, während Recep Tayyip Erdoğan und Abdullah Gül ihre ebenfalls 2001 ins Leben gerufene Partei für Gerechtigkeit und Aufschwung (AKP) bei den Parlamentswahlen 2002 zum Sieg führen konnten. Die AKP-Führung betont als inzwischen langjährige Regierungspartei stetig ihre Unabhängigkeit von *Milli Görüs* und beschreibt sich als islamisch-konservative Regierungspartei. Dessen ungeachtet liefern ihre innen- und außenpolitische Regierungspraxis Gründe, sie als islamistisch zu bezeichnen.[16] Die übrigen Teile des Islamismus in der Türkei spielten politisch eine deutlich geringere Rolle.[17] Der zweite große Bruch im islamistischen Milieu, nämlich zwischen der AKP und der Bewegung des Predigers Fetullah Gülen, zeichnete sich bereits in den letzten Jahren ab, spitzt sich aber seit dem gescheiterten Militärputsch in der Türkei im Juli 2016 unermüdlich zu.[18]

Die politischen Formierungskontexte der Muslimbruderschaft und der *Milli Görüs* machen deutlich, warum ab den 1960er Jahren ägyptische und türkische Islamisten nach Europa und Deutschland emigrierten: Neben der sogenannten Arbeitsmigration waren es vor allem politische Verfolgung, die viele Islamisten auswandern ließ. Einer der prominentesten Exilanten war Hasan al-Bannas Schwiegersohn, Said Ramadan, der ab dem Ende der 1950er Jahre mit engen Kontakten zur ägyptischen Muslimbruderschaft in München und Mainz beim Aufbau von Moscheegemeinden beteiligt war. Die syrische Muslimbruderschaft begann ab 1964 in Aachen mit der Gründung von Moscheevereinen; 1982 ging die Islamische Gemeinschaft Deutschland e. V. (IGD) aus der Fusion der Ableger der syrischen und ägyptischen Muslimbruderschaft hervor. Sie bildet bis heute den Dachverband der Muslimbruderschaft in Deutschland. *Milli Görüs* ist seit den 1970er Jahren in Deutschland aktiv. Ihr Gründungssitz ist Köln. Früher firmierte die Organisation unter der Bezeichnung Islamische Union Europa, seit 1995 trägt sie den Namen Islamische Gemeinschaft Milli Görüs (IGMG). Sie gilt als größter Gegenspieler der staatlichen Religionsaufsichtsbehörde der Türkei, der DITIB.[19]

Der moderne Djihadismus wiederum geht, anders als die Muslimbruderschaft und *Milli Görüs*, auf eine militärische Aggression von außen zurück, genauer: auf den afghanischen Widerstandskampf gegen die sowjetische Invasion der 1980er Jahre. Hatten sich zunächst Widerstandsgruppen entlang der ethnischen Hauptgruppen Afghanistans formiert, entwickelte sich nach einigen Jahren ein internationales Spenden-, Rekrutierungs- und Unterstützungsnetzwerk, das vor allem von den Golfstaaten unter Saudi-Arabiens Führung getragen und religiös legitimiert war. Der Kampf gegen die „ungläubige" Sowjetunion übte eine große Anziehungskraft

---

16 Vgl. Thorsten Hasche, Quo vadis, politischer Islam? AKP, al-Qaida und Muslimbruderschaft in systemtheoretischer Perspektive, Bielefeld 2015, S. 271–280.
17 Vgl. Evangelia Axiarlis, Political Islam and the Secular State in Turkey. Democracy, Reform and the Justice and Development Party, London und New York 2014; Mustafa Sen, Transformations of Turkish Islamism and the Rise of the Justice and Development Party, in: Turkish Studies 11 (2010), H. 1, S. 59–84 sowie die zeitgeschichtlich informative Studie von Werner Schiffauer, Die Gottesmänner. Türkische Islamisten in Deutschland, Frankfurt a. M. 2000, S. 41–54 und 142–151.
18 Vgl. dazu die Ausführungen von Michael Martens, Der gescheiterte Putsch und seine Folgen, in: Aus Politik und Zeitgeschichte B 9–10/2017, S. 4–7; Günter Seufert, unter: https://www.swp-berlin.org/publikationen/kurz-gesagt/nach-dem-putschversuch-in-der-tuerkei.html (27. März 2017).
19 Vgl. Ian Johnson, A Mosque in Munich. Nazis, the CIA, and the Rise of the Muslim Brotherhood in the West, Boston/New York 2010; Jonathan Laurence, The Emancipation of Europe's Muslims. The State's Role in Minority Integration, Princeton/Oxford 2012, Kapitel 3; Pargeter (Anm. 13), Kapitel 4 und die Übersichtsgrafik von Werner Schiffauer, Nach dem Islamismus. Eine Ethnographie der Islamischen Gemeinschaft Milli Görüs, Frankfurt a. M. 2010, S. 64 f.

aus: Schätzungsweise bis zu 100.000 Personen hatten Kontakt zu den djihadistischen Widerstandsnetzwerken, die nach und nach ebenfalls Unterstützung durch den pakistanischen und US-amerikanischen Geheimdienst erhielten.[20] Inmitten dieses Guerillakrieges hoben Osama bin Laden und Ayman al-Zawahiri 1988 *al-Qaida* (Die Basis) als feste Anlaufstelle für die steigende Anzahl arabischstämmiger Kämpfer aus der Taufe. Während Afghanistan nach dem Abzug der sowjetischen Truppen in einem Bürgerkrieg versank, zog es *al-Qaida* erst nach Saudi-Arabien und den Jemen, später in den Sudan. Währenddessen skizzierte bin Laden in seinen Schriften den weltweiten Kampf gegen die USA, den Westen, den Staat Israel und die als unislamisch bezeichneten arabischen Staatsführungen. Nachdem bin Laden auf Druck Ägyptens und der USA aus dem Sudan ausgereist und unter dem Schutz der Taliban nach Afghanistan zurückgekehrt war, konnte *al-Qaida* dort umfangreiche Ausbildungslager aus- und ihre logistische Zentrale aufbauen. Ihre Anschläge auf die USA vom 11. September 2001 provozierten massive, weltweite militärische und sicherheitspolitische Reaktionen der führenden westlichen und nicht-westlichen Staaten.[21] Diese zerstörten in den zehn Jahren bis zur Tötung Osama bin Ladens im Mai 2011 im pakistanischen Abbottabat große Teile der Strukturen des Terrornetzwerkes.

Dennoch haben sich die von *al-Qaida* ausgehenden djihadistischen Netzwerke bis heute als äußerst wandlungs- und widerstandsfähig erwiesen und – allen militärischen Operationen zum Trotz – weiter international ausgebreitet. Schon während der US- und NATO-geführten Operation Enduring Freedom in Afghanistan konnten Anschläge in Europa verübt werden. Mittlerweile sind die sozialen Medien zu dem neuen Träger djihadistischer Propaganda und Rekrutierung par excellence geworden. Überdies gewannen viele regionale Ableger von *al-Qaida* und lose mit ihr affiliierte Gruppierungen in Nordafrika, dem Mittleren Osten und der Golfregion an ideologischer und operativer Eigenständigkeit; sie beteiligten sich erfolgreich an zahlreichen Auseinandersetzungen, von denen der Syrien-Konflikt derzeit das größte Anziehungs- und Rekrutierungspotential besitzt.[22] Hier fand die ursprünglich unter der Leitung des Jordaniers Abu Musab al-Zarqawi stehende *al-Qaida* im Irak nach dessen Tötung 2006 so lange Unterschlupf, bis sich die syrischen und irakischen Ableger des „Islamischen Staates" schließlich 2014 zusammenschlossen und zeitweise eine Fläche der Größe Großbritanniens zu kontrollieren vermochten.[23] Dieser selbst ernannte „Islamische Staat" grenzt sich selbstbewusst von *al-Qaida* wie ihren Anhängern ab und gründet ebenfalls vielfach regionale Ableger, sogenannte *Wilayats* (Provinzen).[24] Seit der Ausrufung des Kalifats im Juni 2014 und der entsprechenden maxima-

---

20 Vgl. Seth G. Jones, In the Graveyard of Empires. America's War in Afghanistan, New York/London 2010; Ahmed Rashid, Taliban. Afghanistans Gotteskämpfer und der neue Krieg am Hindukusch, Bonn 2010.
21 Vgl. Rohan Gunaratna, Inside al Qaeda. Global Network of Terror, London 2002; Guido Steinberg. Der nahe und der ferne Feind. Die Netzwerke des islamistischen Terrorismus, München 2005; Bassam Tibi, The Challenge of Fundamentalism. Political Islam and the New World Disorder, Berkeley 2002.
22 Vgl. Anouar Boukhars. Al-Qaeda's Resurgence in North Africa? FRIDE Working Paper No. 120, August 2013, unter: http://www.fride.org/download/WP_120_AlQaeda_resurgence_in_North_Africa.pdf (3. April 2017); Seth G. Jones, Syria's Growing Jihad, in: Survival 55 (2013), H. 4, S. 53–72.
23 Vgl. Wilfried Buchta, Terror vor Europas Toren. Der islamische Staat, Iraks Zerfall und Amerikas Ohnmacht, Bonn 2016.
24 Vgl. die Analyse der International Crisis Group, Exploiting Disorder: al-Qaeda and the Islamic State, Brüssel 2016, unter: https://d2071andvip0wj.cloudfront.net/exploiting-disorder-al-qaeda-and-the-islamic-state.pdf (27. März 2017).

len Gebietsausdehnung des IS mitsamt protostaatlichen Strukturen[25] wird dieser durch zahlreiche Länder und Militärbündnisse bekämpft. Er musste bereits große Gebietsverluste verzeichnen. Dies hat jedoch noch nicht zu einem signifikanten Rückgang der terroristischen Bedrohungslage bzw. einer spürbaren Verringerung des Outputs djihadistischer Propaganda in den sozialen Medien geführt.[26]

Der schiitische Islamismus – neben der Muslimbruderschaft, *Milli Görüs* und djihadistischen Terrornetzwerken der vierte größere Organisationsstrang des modernen Islamismus – nahm seinen Ausgang in der iranischen Revolution von 1979. Auch wenn im Selbstverständnis von Ruhollah Musawi Chomeini (1902–1989) die Revolution im Iran – ganz im Sinne des universellen Anspruches des sunnitischen Islamismus – der Beginn einer Weltrevolution nach iranischem Vorbild werden sollte, spielt die schiitisch-libanesische *Hizb Allah* (Partei Gottes) mit geschätzten 950 Mitgliedern in Deutschland nur eine untergeordnete Rolle.[27] Folglich kann der Einfluss der politisch-religiösen Ideologien im schiitischen Spektrum nur mittelbar über die iranisch-saudische Auseinandersetzung um die regionale Vorherrschaft auf der Arabischen Halbinsel erfasst werden. Erstens befeuert dieser geopolitische und religiös-ideologische Konflikt zweier finanzkräftiger und ressourcenstarker Staaten die Konfliktlagen im Irak, im Jemen und in Syrien. Dies wiederum wirkt sich eklatant auf die dortige Sicherheitslage und Migrationsbewegungen nach Europa aus. Zweitens spielt gerade für den sunnitischen Djihadismus die apokalyptische Auseinandersetzung mit dem innerreligiösen Erzfeind, der Schia, eine zentrale Rolle. Sie birgt ein enormes Gewalt- und Radikalisierungspotential.[28]

Die historische Entwicklung und die strategisch-ideologische Interdependenz der vier Stränge des modernen Islamismus zeichnen für drei Herausforderungen durch den modernen Islamismus in Deutschland verantwortlich:

– *Transnationale Vernetzung:* Der moderne Islamismus hatte seinen Ursprung in Ägypten, war jedoch aufgrund seiner universellen Ausrichtung im Sinne der globalen Reichweite der islamischen Gemeinschaft (*Umma*) schon früh über die Ländergrenzen Ägyptens hinweg aktiv. Der Islamismus in Deutschland ist darum einerseits intellektuell und organisatorisch stark in die transnationalen Migrationsströme zwischen Deutschland und zahlreichen islamischen Ländern eingebunden. Andererseits üben die transnationalen Propaganda- und Rekrutierungsnetzwerke des Djihadismus einen großen Einfluss auf das islamistische Milieu in Deutschland aus.[29]

---

25 Vgl. Christoph Günther/Tom Kaden, Mehr als bloßer Terrorismus: Die Autorität des „Islamischen Staates" als soziale Bewegung und als Parastaat, in: Zeitschrift für Politik 63 (2016), S. 93–118.
26 Vgl. die zahlreichen und informativen Beiträge zum „Islamischen Staat" in den zwei Sonderausgaben des Fachjournals Perspectives on Terrorism 9 (2015), H. 4 und 10 (2016), H. 4, unter: http://www.terrorismanalysts.com/pt/index.php/pot/index (27. März 2017).
27 Vgl. Bundesministerium des Innern (Anm. 1), S. 192 f.
28 Vgl. Hayder al-Khoei, Syria, Iraq and the Struggle for Power: Intertwined Futures, The Royal Institute of International Affairs, London November 2016 sowie die hervorragende Informationsseite des US-amerikanischen Council on Foreign Relations, The Sunni-Shia Divide, unter: http://www.cfr.org/peace-conflict-and-human-rights/sunni-shia-divide/p33176#!/?cid=otr-marketing_url-sunni_shia_infoguide (19. April 2017).
29 Vgl. Emmanuel Karagiannis, Transnational Islamist Networks: Western Fighters in Afghanistan, Somalia and Syria, in: The International Spectator 48 (2013), H. 4, S. 119–134; Guido Steinberg, German Jihad. On the Internationalization of Islamist Terrorism, New York 2013.

- *Institutionalisierung:* Der Großteil der islamistischen Szene in Deutschland ist bereit, die rechtlichen und politischen Partizipationsmöglichkeiten des politischen Systems zu nutzen. Doch um das Identitätsproblem sowohl der muslimischen Einwanderer (erster, zweiter und dritter Generation) als auch der deutschen Aufnahmegesellschaft zu lösen und somit dem inhärenten Radikalisierungspotential des Islamismus[30] entgegenzuwirken, braucht es eine effektive Integrationspolitik. Die relevantesten Bereiche der deutschen Integrationspolitik sind die staatliche Koordination und Kontrolle von Moscheevereinen im Rahmen der Deutschen Islam-Konferenz[31] sowie die Ausbildung muslimischer Geistlicher für islamischen Religionsunterricht.[32]
- *Militanter Djihadismus:* Der gewaltbereite Islamismus stellt aufgrund der prekären Sicherheitslage in Syrien, dem Irak, der arabischen Halbinsel und einigen Teilen Nordafrikas eine anhaltende Gefahr dar. Die nach dem Beginn des „Arabischen Frühlings" einsetzende Euphorie anlässlich einer – angeblich – umfassenden Demokratisierung der MENA-Region (Mittlerer Osten und Nordafrika) sowie eines Endes von *al-Qaida* nach der Tötung bin Ladens ist verflogen und einer neuen Ernüchterung nach den Anschlägen in Frankreich sowie jüngst in Deutschland gewichen. Insofern haben eine detaillierte und aktuelle sicherheitspolitische Analyse sowie eine valide Einschätzung des Gefährdungspotentials durch den militanten Djihadismus nichts von ihrer Relevanz eingebüßt.[33]

2 Ideologische Großfamilien und Strömungen

Dem wissenschaftlichen Begriff des islamischen Fundamentalismus kommt die Funktion zu, die disparaten Forschungsbereiche über den modernen Islamismus aus einer einheitlichen terminologischen Sichtweise heraus zu verbinden. International besonders wirkmächtig war das umfassende Fundamentalismus-Projekt der American Academy of Arts and Sciences in den 1990er Jahren. Es war forschungsstrategisch so ausgestaltet, den religiösen Fundamentalismus aus einer vergleichenden Perspektive, mithin als ein Phänomen aller großen Weltreligionen, zu verstehen.[34] Dennoch sah sich der Fundamentalismus-Begriff von Beginn an vehementen Angriffen ausgesetzt – er galt lange Zeit als abwertende oder orientalistische Kennzeichnung religiöser Phänomene. Die damit einhergehende Kontroverse um die begriffliche Erfassung von Individuen, Ideen und Bewegungen, die sich in selektiver Weise auf verschiedene Elemente der islamischen Religion zu oftmals politischen Zwecken beziehen, belastet auch heute noch den

---

30 Vgl. die Studie von Ahmad Mansour, Generation Allah. Warum wir im Kampf gegen religiösen Extremismus umdenken müssen, Bonn 2016.
31 Vgl. Laurence (Anm. 19), S. 14–21.
32 Vgl. Rauf Ceylan, Die Prediger des Islam. Imame – wer sie sind und was sie wirklich wollen, Bonn 2010 und Kinan Darwisch, Islamischer Religionsunterricht in Deutschland. Darstellung und Analyse der islamischen Unterrichtsprojekte, Marburg 2013.
33 Vgl. Thorsten Hasche, Der „Arabische Frühling" und die europäische Außenpolitik. Ein Plädoyer für einen reflektierten außenpolitischen Realismus, in: WeltTrends 24 (2016), H. 7, S. 54–58.
34 Vgl. Hasche (Anm. 16), S. 15–22.

Terminus des Islamismus, wenngleich er sich inzwischen im öffentlichen und wissenschaftlichen Raum zur Kennzeichnung schiitischer wie sunnitischer Spielarten durchgesetzt hat.[35]

Was den schiitischen Islamismus angeht, so spielt er – wie bereits angeführt – für den gegenwärtigen Islamismus in Deutschland keine signifikante Rolle, da die *Hizb Allah*, der zentrale nicht-staatliche Vertreter des schiitischen Islamismus, in der Bundesrepublik über keine nennenswerte Anhängerschaft verfügt. Folglich haben radikale schiitische Ideologien derzeit auch keinen messbaren Einfluss auf später zu erörternde Radikalisierungsverläufe von Personen im islamistischen Spektrum Deutschlands. Als iranischer „Export" 1982 im Libanon während des dortigen Bürgerkrieges gegründet, nimmt die *Hizb Allah* im Konflikt im Libanon, in Syrien und Israel jedoch eine wichtige Position ein; sie war und ist aufs Engste mit dem Iran und seiner regionalen Geopolitik verbunden.[36]

Der sunnitische Islamismus wiederum zerfällt in drei Geistesströmungen: 1) den sunnitischen politischen Islam, 2) den saudischen Wahhabismus und 3) einen stärker puritanischen Salafismus. Bis heute entstammen die „Köpfe" und Bewegungen des Islamismus diesen drei Strömungen.[37] Der Oberbegriff „Islamismus" sollte diese Vielfalt an Bewegungen, damit verbundenen Ideen und Personen keineswegs kaschieren.

1) Der sunnitische politische Islam: Die Forschung der vergangenen zwei Jahrzehnte hat trotz ernstzunehmender Begriffskritik überzeugende Gründe dafür vorgebracht, ein relativ klar bestimmbares Phänomen des politischen Islam anzunehmen, das über eine komplexe Begriffsbestimmung erfasst werden kann. In diesem Sinne ist es angebracht, das Spektrum der modernen Bewegungen des Islamismus entlang der bereits verwendeten Extrempole aufzuspannen: auf der einen Seite militante Bewegungen des Djihadismus, die ihre politisch-religiösen Ziele gewaltsam durchzusetzen und dies wiederum mit einem selektiven Rückgriff auf die islamische Djihad-Tradition als legitimen Widerstandskampf zu inszenieren suchen. Das djihadistische Netzwerk *al-Qaida* wurde bereits erörtert. Es gilt als das mittlerweile „klassische" Beispiel dieser Form des politischen Islam. Auch Bewegungen wie die der Taliban in Afghanistan und Pakistan, die sehr viel stärker lokal agieren, wie der derzeit höchst aktive „Islamische Staat", fallen unter diese Ausprägung.

Auf der anderen Seite – und gleichsam im strategischen Gegensatz zum Djihadismus – befinden sich institutionell agierende islamistische Bewegungen, die ihre Programme über die politische Partizipation innerhalb der Institutionen ihres Landes umzusetzen versuchen. Das transnationale Netzwerk der Muslimbruderschaft wurde ebenso angesprochen wie die in Tunesien ansässige Partei *al-Nahda*. Die aktuelle Forschung ist besonders darauf bedacht, diejenigen Faktoren und Umstände zu analysieren, die eine Transformation von djihadistischen zu institutionell agierenden Bewegungen bedingen, den Wettbewerb zwischen den Strömungen erklären und etwaige Mischformen (besonders die palästinensische *Hamas* und die libanesisch-schiitische *His-*

---

35 Sehr lehrreiche Kritiken des Islamismus-Begriffs finden sich in diesem Sammelband: Richard C. Martin/Abbas Barzegar (Hrsg.), Islamism. Contested Perspectives on Political Islam, Stanford 2010.
36 Vgl. Joshua L. Gleis/Benedetta Berti, Hezbollah and Hamas. A Comparative Study, Baltimore 2012; Augustus R. Norton, Hezbollah. A Short History, Princeton 2007.
37 Vgl. Tilman Seidensticker, Islamismus. Geschichte, Vordenker, Organisationen, Bonn 2015, S. 9–38.

bollah) identifizieren können.³⁸ Insgesamt ist der politische Islam sowohl in seinen militanten als auch seinen institutionell agierenden Ausprägungen eine etablierte Kraft in vielen Ländern der MENA-Region; sein gesellschaftspolitischer Einfluss steigt nicht zuletzt aufgrund eines signifikanten muslimischen Bevölkerungsanteils ebenfalls innerhalb vieler europäischer Länder.

2) Der saudische Wahhabismus: Der Wahhabismus, der sunnitischen Rechtsschule des Hanbalismus zugehörig, ist Staatsreligion in Saudi-Arabien und erhält von dort beträchtliche institutionelle wie finanzielle Förderung. Er geht auf die Gedanken des Rechtsgelehrten Mohammed Ibn Abd al-Wahhab (1702/03–1792) zurück, der sowohl den strikten islamischen Monotheismus (*Tauhid* – die Einheit Gottes) als auch die durch den Koran und die *Sunna* (überlieferte Aussprüche und Taten des Propheten Mohammed) zugängliche Lebensweise der ersten Generationen der Muslime (*al-Salaf al-Salih* – die frommen Vorväter) in den Mittelpunkt seiner Religionsauffassung stellte. Überdies betonte er die besondere Bedeutung der individuellen und kollektiven Anstrengung für den Islam (*Djihad*) für die Glaubenspraxis der Muslime. Seine Theologie war durch eine extrem anti-schiitische Haltung geprägt. Mohammed Ibn Abd al-Wahhab ging eine politische Allianz mit Mohammed bin Saud (1710–1765) ein, dem Stammvater der saudischen Herrschaftsfamilie.³⁹ Die politischen Konsequenzen der wahhabitischen Lehre auf der arabischen Halbinsel des 18. Jahrhunderts zeichneten sich darum rasch ab: „Logische Folge der strengen Unterscheidung in wahhabitische Muslime und nicht-wahhabitische Ungläubige war die religiöse Rechtfertigung des Heiligen Krieges gegen die Nachbarn des von der Familie Sa'ud beherrschten Territoriums, obwohl es sich ebenfalls um Muslime handelte."⁴⁰

So war die saudische Dynastie stets darum bemüht, sich vom Osmanischen Reich unabhängig zu machen und die Kontrolle über die heiligen Stätten Mekka und Medina zu erlangen. Nach der Auflösung des Osmanischen Reiches 1924 und dem Sieg über die konkurrierende Dynastie der Haschimiten nahm der saudische Staat 1932 seine heutige Gestalt an.⁴¹ Aufgrund seiner enormen Rohstoffvorkommen, die seine Finanzkraft und den „Import" zahlreicher Arbeitskräfte aus umliegenden arabischen Ländern (vor allem Ägypten) in den 1970er Jahren bedingten, entwickelte er sich zu einer Triebkraft des „islamischen Erwachens", d. h. der Ausbreitung und Förderung islamischer Identitäten, Praktiken und Rituale, in der gesamten MENA-Region.⁴² In der Gegenwart zielt die religiöse Exportpolitik des saudischen Staates auf die Stärkung internationaler Organisationen (z. B. Islamische Weltliga), auf die Unterstützung islamistischer

---

38 Die aktuellen Informationen in diesem Bereich bieten: Jocelyn Cesari, The Awakening of Muslim Democracy. Religion, Modernity, and the State, New York 2014, Kapitel 10 und 11; Hasche (Anm. 16), Kapitel 8; Wickham (Anm. 15), Kapitel 1 und 8. Die skeptischste Einschätzung des demokratischen Transformationspotentials islamistischer Bewegungen äußert Shadi Hamid, Temptations of Power. Islamists and Illiberal Democracy in a New Middle East, Oxford 2014.
39 Vgl. Natana J. DeLong-Bas, Wahhabi Islam. From Revival and Reform to Global Jihad, London 2007, Kapitel 6; Guido Steinberg, Saudi-Arabien: Der Salafismus in seinem Mutterland, in: Behnam T. Said/Hazim Fouad (Hrsg.), Salafismus. Auf der Suche nach dem wahren Islam, Bonn 2014, S. 265–296, hier S. 266 f.
40 Steinberg (Anm. 39), S. 270.
41 Vgl. ebd., S. 270–274.
42 Vgl. Shireen T. Hunter (Hrsg.), The Politics of Islamic Revivalism, Bloomington u. a. 1988.

Gruppierungen im syrischen Bürgerkrieg und auf die Unterdrückung schiitisch geführter Aufstände in Bahrain und im Jemen.[43]

3) Der Salafismus: Die dritte große Strömung des modernen Islamismus, der Salafismus, ist eng mit der wahhabitischen Lehre und der staatlichen Religionspolitik Saudi-Arabiens verknüpft. Oftmals werden beide Strömungen als identisch betrachtet, die jeweiligen Bezeichnungen synonym verwendet. Die Gemeinsamkeiten beider Doktrinen liegen in der Bezugnahme auf die islamischen Rechtsgelehrten Ibn Taimiya (1263–1328) und Ibn Abd al-Wahhab. Eine wichtige Rolle spielt – ebenfalls für beide – die Konstruktion des „goldenen Zeitalters" eines unverfälschten Islam, das in ihrem Verständnis etwa bis zum Tode des Begründers der hanbalitischen Rechtsschule Ahmad Ibn Hanbal (780–855) Bestand hatte.[44] Guido Steinberg etwa sieht enge Verzahnungen: „Saudi-Arabien ist das Heimatland der *Wahhabiyya* und damit derjenigen islamischen Reformbewegung, die zur wichtigsten Wurzel des Salafismus wurde. Dementsprechend führen viele Spuren aus der weltweiten salafistischen Szene nach Saudi-Arabien. Salafisten jeglicher Couleur orientieren sich an religiösen Vordenkern im Königreich der Familie Saud."[45]

Es fehlt jedoch nicht an Differenzen zwischen dem Wahhabismus und dem Salafismus. Vor allem tritt Letztgenannter als nicht-staatlicher Akteur in Erscheinung – ganz im Gegenteil zu den vom saudischen Staat begünstigten wahhabitischen Institutionen. Zugleich berufen sich salafistische Strömungen auf andere, eher zeitgenössische Denker wie Nasir ad-Din al-Albani (1914–1999) und Abu Mohammed al-Maqdisi (*1959). Letztlich kann der Salafismus nicht vollständig der hanbalitischen Rechtsschule zugeordnet werden. Er zeichnet sich vielmehr durch eine recht eigenständige Glaubensauffassung aus. Zugleich sind salafistische Gruppierungen im Gegensatz zu den zahlreichen Bewegungen des politischen Islam weniger an einer politischen Umsetzung ihrer Vorstellungen interessiert. Vielmehr berufen sie sich auf eine rigide und umfassende islamische Lebensführung entlang des Modells der frommen Vorväter. Dies wird über eine strenge Glaubenslehre (*Aquida*), eine rigorose Rechtsfindungsmethode (*Usul al-Fiqh*) sowie schließlich eine peinlich genaue Glaubenspraxis (*Manhaq*) vollzogen, die nicht-salafistischen Formen des Islam, gerade schiitischen Sekten, ablehnend gegenübersteht.[46]

Wer die drei Strömungen des zeitgenössischen Islamismus vergleicht, erkennt zahlreiche Schattierungen und Übergänge. Mit Blick auf die politische Ideologie zeigen sich die bedeutsamsten Überschneidungen im Bereich des sogenannten Jihadi-Salafismus[47], d. h. der religiös fundierten und motivierten Gewaltanwendung. In organisatorischer Hinsicht bleiben politischer Islam, Wahhabismus und Salafismus aufgrund ihrer eigenständigen Institutionalisierungsformen am stärksten voneinander getrennt, wobei die kurzzeitige Kooperation der Muslimbruderschaft mit der salafistischen *al-Nour*-Partei (Partei des Lichts) in Ägypten von 2011 bis 2013 das

---

43 Vgl. Guido Steinberg, Anführer der Gegenrevolution. Saudi-Arabien und der arabische Frühling. SWP Studie, Berlin 2014.
44 Vgl. Rauf Ceylan/Michael Kiefer, Salafismus. Fundamentalistische Strömungen und Radikalisierungsprävention, Wiesbaden 2013, S. 20–52.
45 Steinberg (Anm. 39), S. 265.
46 Vgl. Behnam T. Said/Hazim Fouad, Einleitung, in: dies. (Anm. 39), S. 23–51 und Justyna Nedzna, „Salafismus" – Überlegungen zur Schärfung einer Analysekategorie, in: Ebd., S. 80–105.
47 Vgl. Dirk Baehr, Kontinuität und Wandel in der Ideologie des Jihadi-Salafismus, Bonn 2009; Maher (Anm. 10).

Spektrum nachhaltig beeinflusste – obwohl die Intervention des Militärs nach nur kurzer Zeit dieser Zusammenarbeit ein Ende bereitete. Die Ursache für die gegenwärtige Stärke des djihadistischen Islamismus, der mit der territorialen Expansion und den finanziellen Gewinnen des IS an Wucht gewonnen hat, liegt zunächst darin, dass einzelnen Ideologemen des sunnitischen Islam ein politisierbarer und instrumentalisierbarer Absolutheitsanspruch inhärent ist,[48] der im Falle Saudi-Arabiens der Staatslegitimation dient. Zusätzlich hat die Globalisierung ab der zweiten Hälfte des 20. Jahrhunderts die Glaubensauffassungen aller großen Religionen aus ihren angestammten lokalen Kulturen herausgelöst, was eine Politisierung weiter erleichterte, so der französische Islam-Experte Olivier Roy.[49] Entsprechend rigide Sichtweisen (beispielsweise innerhalb des Salafismus) über Nicht-Muslime und sogar nicht-sunnitische Muslime entfachen daher religiöse Konflikte bzw. erschweren deren Lösung.[50] Die typische djihadistische Legitimation und Motivation zur Ausübung von Gewalt sowie die jeweiligen, oftmals transnationalen Rekrutierungs- und Verbreitungsnetzwerke bleiben damit ein zentraler Bestandteil des globalen Terrorismus.[51]

Die islamistische Szene in der Bundesrepublik Deutschland steht demnach am Scheideweg. Auf der einen Seite prägen die historischen Entwicklungsbedingungen aufgrund transnationaler Migrationsbewegungen islamistischer Akteure bis heute den Islamismus in Deutschland. Die Akteure dieses institutionellen Islamismus bergen durchaus moderate Kräfte, die auf eine stärkere Anerkennung durch Staat und Mehrheitsgesellschaft setzen. Auf der anderen Seite, das zeigt das eingangs angeführte Zitat aus dem Verfassungsschutzbericht von 2015, entwickelte sich mit dem zeitgenössischen Salafismus zum ersten Mal eine deutsche islamistische Szene, die identitätsbezogen und ideologisch geradezu von einer maximalen Abgrenzung zur deutschen Gesellschaft lebt. Welcher Einfluss sich mittel- oder gar langfristig durchsetzen wird, ist offen.

3 Islamistische Parteien

Eine zentrale Rolle für die islamistischen Bewegungen und Parteien in Deutschland spielen das salafistische Milieu, die türkisch-stämmige Islamische Gemeinschaft Milli Görüs (IGMG) und die Islamische Gemeinschaft Deutschland e. V. (IGD), der Ableger der Muslimbruderschaft. An Parteien im eigentlichen Sinne fehlt es indes. Islamistische Organisationen in Deutschland bewegen sich in einem komplexen Spannungsfeld: Sie entstammen in genealogischer Perspektive alle dem Expansionsstreben islamistischer Gruppierungen aus Nordafrika, der Golfregion, der arabischen Halbinsel sowie der Türkei und bleiben bis heute auf Spenden und Unterstützung aus diesen Regionen angewiesen. Zugleich sind sie darum bemüht, sich sowohl europaweit zu vernetzen als auch die Bedürfnisse ihrer Mitglieder in Deutschland zu befriedigen, um im güns-

---

48 Vgl. Bassam Tibi, Ist der Islam eine politische Religion?, in: Religion, Staat, Gesellschaft 5 (2004), H. 1, S. 77–112.
49 Vgl. Olivier Roy, Heilige Einfalt. Über die politischen Gefahren entwurzelter Religionen, Bonn 2011, S. 26 f. und S. 47–52.
50 Vgl. Mark Juergensmeyer, Die Globalisierung religiöser Gewalt. Von christlichen Milizen bis al-Qaida, Bonn 2009, S. 386–412.
51 Vgl. Bruce Hoffmann, Terrorismus – der unerklärte Krieg, Bonn 2007, Kapitel 4.

tigsten Fall durch den deutschen Staat als Vertreter muslimischer Interessen anerkannt zu werden. Sie werden allerdings intensiv von den deutschen Sicherheitsbehörden beobachtet, sind regelmäßigen Untersuchungen und Polizeieinsätzen ausgesetzt und kämpfen daher stark um ihre Akzeptanz – bei ihrer Mitgliedschaft, die sich eingeschüchtert fühlt, wie bei der deutschen Mehrheitsgesellschaft.

Die wissenschaftliche Forschung, die sich besonders der IGMG angenommen hat, macht im gesamten Spektrum einen Wandel der internen Strukturen, des Aktivitätsspektrums sowie der politischen Ziele aus. Im Mittelpunkt stehen dabei oftmals die Integrationsbemühungen der Organisationen sowie ihr Verhältnis zur freiheitlich-demokratischen Grundordnung. Am kritischsten äußern sich in dieser Hinsicht regelmäßig die deutschen Sicherheitsbehörden, gegen deren Einstufung als extremistisch bzw. verfassungsfeindlich sich die IGMG sogar mit einer Eigenpublikation zur Wehr setzte.[52] Darin wird bemängelt, der baden-württembergische Verfassungsschutz unterstelle in einer Publikation aus dem Jahr 2006 vor allem bildlich eine enge Verbindung von Terror und Islam, der Islamismus-Begriff sei so allgemein definiert, dass er nicht klar von religiösen Praktiken im Islam getrennt werden könne, und es werde nur ungenügend zwischen den politischen, missionarischen und gewaltförmigen Strömungen des Islamismus differenziert. Die Sicherheitsbehörden berücksichtigen diese Punkte inzwischen deutlich stärker in der terminologischen Erfassung des Phänomens Islamismus und nehmen sie auch nachrichtendienstlich zur Kenntnis: Die Bemühungen der IGMG, stärker von der Mehrheitsgesellschaft akzeptiert zu werden, hebt der Verfassungsschutz mittlerweile hervor.

Zudem verschoben sich nach den Terroranschlägen vom 11. September 2001 die institutionelle Landschaft des organisierten Islam in Deutschland wie die Beziehungen des deutschen Staates zu den zahlreichen islamischen Moscheevereinen und Dachverbänden in beträchtlicher Weise. Ausschlaggebend dafür waren die von der Deutschen Islamkonferenz ausgehenden Dialogbemühungen.[53] Ein Blick auf deren jüngste Publikationen offenbart, dass das islamische Gemeindeleben in Deutschland wissenschaftlich recht gut erfasst[54], muslimische Belange in den Bereichen des Moscheebaus, des Begräbnisses, des Religions- und Schulunterrichts immer stärker politisch berücksichtigt sowie schließlich wechselseitige Feindbilder aktiv bekämpft werden.[55] Der Blick auf den organisierten Islamismus in Deutschland sollte aufgrund dieser komplexen Beziehungen daher nicht auf rein sicherheitspolitische Aspekte verengt werden, sondern die Bedeutung integrationspolitischer Maßnahmen für die Zurückdrängung extremer Formen des Islam berücksichtigen.

Eine der einflussreichsten Organisation in Deutschland, die in enger Verbindung zur ägyptischen und syrischen Muslimbruderschaft entstandene IGD, verfügt nach Schätzungen des Ver-

---

52 Vgl. IGMG, Den Verfassungsfeind konstruieren. Stellungnahme zur Broschüre „Islamistischer Extremismus und Terrorismus" des Innenministeriums Baden-Württemberg, Köln 2007.
53 Vgl. Gabriele Hermani, Die deutsche Islamkonferenz 2006–2009. Der Dialogprozess mit den Muslimen in Deutschland im öffentlichen Diskurs, Berlin 2010.
54 Vgl. Dirk Halms u. a., Islamisches Gemeindeleben in Deutschland im Auftrag der Deutschen Islamkonferenz, Essen 2012.
55 Vgl. die Broschüre vom Bundesministerium des Innern im Auftrag der Deutschen Islamkonferenz, Auswahl von Empfehlungen und Schlussfolgerungen zu praxisrelevanten Themen (2006–2013), Berlin o. J.

fassungsschutzes derzeit über 1.040 Mitglieder.[56] Ihre zentralisierte Organisation untergliedert sich in Deutschland in Vorstand, *Schura* (Beratungsgremium), Schiedsgericht und Ältestenrat. Ihren Sitz hat sie in Köln, auch wenn München ihr jahrzehntelanges Zentrum als Ursprungsort des organisierten Islamismus in Deutschland gilt. Die Regionalverbände (nach Schätzungen acht bis zwölf), Ortsvereine und Referatsleiter für verschiedene Aufgabenbereiche sind über eine Delegiertenversammlung und Jahrestreffen sowie Konferenzen mit der zentralen Organisation verbunden. Lange waren die IGD und ihre Vorläuferorganisationen auf Geldspenden aus sowie Verbindungen mit der Golfregion und Nordafrika angewiesen. In den letzten Jahren legte die Organisation jedoch einen Schwerpunkt auf europäische Vernetzung und die Stärkung ihrer deutschen Regionalstruktur; dies rief unter anderem interne Widerstände hervor:[57] „Problematisch für das Netzwerk der IGD sind die Bestrebungen der einzelnen islamischen Zentren, sich zu verselbstständigen und von der Mutterorganisation abzugrenzen. Das mag dem Verlust der Gemeinnützigkeit der IGD geschuldet sein, aber wohl auch der Tatsache, dass die IGD unter dem Verdacht steht, islamistisch zu sein und sich die jeweiligen Zentren distanzieren wollen."[58]

Das Aktivitätsspektrum der IGD erstreckt sich neben der Mission für den Islam (*Dawa*) auf den Einsatz für den Bau von islamischen Friedhöfen, Moscheen und Kindergärten sowie die Austragung islamischer Feste. Die Organisation versuchte sich in diesem Bereich als Ansprechpartner für den deutschen Staat zu platzieren und die muslimische Identität ihrer Mitglieder und deren Religionsausübung zu stärken. Dabei hinkt die IGD jedoch mittlerweile der gewachsenen Professionalisierung anderer islamischer Verbände in Deutschland und dem gewandelten Interesse der Öffentlichkeit hinterher. Das zwiespältige Verhältnis zu ihrer Mutterorganisation, der ägyptischen Muslimbruderschaft, und deren politischem Ziel einer Errichtung eines auf der Scharia basierenden Staates führte zur Beobachtung durch den Verfassungsschutz und wirkt sich negativ auf ihre Außenwirkung sowie die Entwicklung ihrer Organisationsziele aus.[59]

Die IGMG – die bei weitem größte islamistische Organisation in Deutschland – hat nach eigener Auskunft weltweit 127.000 Mitglieder, davon laut Verfassungsschutz ca. 31.000 in Deutschland. Von ihren insgesamt 518 Moscheegemeinden befinden sich 323 in der Bundesrepublik. Seit Mai 2011 ist ihr Vorsitzender Kemal Ergün, im Mai 2016 für weitere fünf Jahre in seinem Amt bestätigt. Für die Verwaltung ihrer Immobilien verfügt die IGMG über die Europäische Moscheebau- und Unterstützungsgemeinschaft e. V. (EMUG). Die Organisationsstruktur der IGMG besteht aus der europäischen Ebene, die in 35 Regionalverbände unterteilt ist. Darunter siedeln sich die 15 deutschen Regionalverbände sowie die lokalen Moscheegemeinden an.[60] Die deutsche Zentrale hat ihre Sitze in Köln und in Kerpen. Sie verfügt über einen Präsidenten, Vize-Präsidenten und einen Generalsekretär. Dieser Vorstand wird alle fünf Jahre durch eine Versammlung gewählt und ist mit den jeweiligen Vorständen und Beratungsgremien

---

56 Vgl. Bundesministerium des Innern (Anm. 1), S. 155.
57 Vgl. Nina Nowar, Ramadans Erben. Die islamische Gemeinschaft in Deutschland e. V. (IGD), Hamburg 2012, S. 76–84.
58 Ebd., S. 83.
59 Vgl. ebd., S. 241–245.
60 Vgl. die Homepage der IGMG, unter: https://www.igmg.org/selbstdarstellung/2/ (27. März 2017); Bundesministerium des Innern (Anm. 1), S. 155.

(Schura-Rat) der Regionalverbände verbunden. Auf lokaler Ebene gibt es größtenteils nur das Hauptamt des Imams. Alle anderen Arbeiten und Aufgaben übernehmen meist Ehrenamtliche. Insofern gilt die IGMG als transnational ausgerichtete, europaweit agierende Organisation mit starkem Tätigkeitsschwerpunkt in Deutschland. Sie vertritt die gesellschaftspolitischen Ziele, den Islam zu einer anerkannten Religion in Deutschland zu machen, und sieht sich dabei als eine Gruppierung, die diesen Anspruch mit Blick auf die weltweite Gemeinschaft der Muslime (*Umma*) und die wachsende Islam-Diaspora in Europa zu verwirklichen sucht. Ihr Augenmerk liegt auf der Mission für den Islam gegenüber Nicht-Muslimen, auf der Stärkung der muslimischen Identität und der Ausübung religiöser Praktiken sowie der Einhaltung islamischer Kleidungs- und Verhaltensvorschriften.[61] Die große öffentliche sowie sicherheitspolitische Erwartungsunsicherheit gegenüber der IGMG beruht in ihrer historischen Genese im türkischen Islamismus unter der Führung Necmettin Erbakans. In der Ideologie der *Milli Görüs* stand die islamische Identität für die Ausbildung des Nationalbewusstseins an erster Stelle, so dass bis heute regelmäßig Zweifel an der Integrations*willigkeit* der IGMG und der Integrations*fähigkeit* ihrer Mitglieder laut werden. Sie ist von der Deutschen Islamkonferenz ausgeschlossen und galt lange als kooperationsunwilliger Partner. Inzwischen sieht jedoch der Verfassungsschutz eine steigende Kooperationswilligkeit der IGMG-Spitze gegenüber der deutschen Politik.[62]

Das jüngste Kapitel in der innenpolitischen Auseinandersetzung mit dem türkischen Islamismus sowie den türkischen Islamverbänden folgte auf den gescheiterten Putschversuch von Teilen des türkischen Militärs im Juli 2016, der gegen die AKP-Regierung sowie den türkischen Staatspräsidenten Erdoğan gerichtet gewesen war. Galt die Türkisch Islamische Union der Anstalt für Religion e. V., kurz DITIB, bisher als politisch beliebter und anerkannter Ansprechpartner, um türkische bzw. türkischstämmige Muslime im Sinne der institutionellen Arrangements im Anschluss an die Deutsche Islamkonferenz zu integrieren, wurden nun Zweifel an der Unabhängigkeit der DITIB vom türkischen Staat laut. Zwar hält die Bundesregierung bis auf Weiteres am Dialog fest, ein Bericht des Bundesinnenministeriums bezeichnete die Türkei im August 2016 aufgrund der Unterstützung sunnitisch-islamistischer Gruppierungen in Ägypten, den palästinensischen Autonomiegebieten sowie in Syrien sogar als „Aktionsplattform" für Islamisten. Folglich liegen derzeit zahlreiche Bestrebungen einzelner Bundesländer, Staatsverträge mit Islamverbänden abzuschließen, auf Eis.[63]

Für die Bundesrepublik hängt mithin im Anschluss an das Verfassungsreferendum, das die Machtposition von Staatspräsident Erdoğan und der AKP zementiert hat, viel von der ideologischen Ausrichtung der AKP ab. Ihren Einfluss auf die türkischen Staatsbürgerinnen und Staatsbürger in Deutschland sowie die türkischstämmigen Deutschen hat die AKP-Regierung

---

61 Vgl. Kerstin Rosenow-Williams, Organizing Muslims and Integrating Islam, Leiden/Boston 2012, S. 249–303.
62 Vgl. Bundesministerium des Innern (Anm. 1), S. 203–205; Laurence (Anm. 19), S. 101–103.
63 Vgl. Matthias Dobrinski, Ditib als „verlängerter Arm" der AKP in der Kritik, Süddeutsche Zeitung Online vom 1. August 2016, unter: http://www.sueddeutsche.de/politik/islamverband-verraeter-unerwuenscht-1.3101676 (27. März 2017); Arnd Henze, Türkei „Aktionsplattform für Islamisten", ARD-Hauptstadtstudio vom 16. August 2016, unter: https://www.tagesschau.de/inland/tuerkei-619.html (27. März 2017); Tilman Steffen, Bundesländer rücken von Islamverband Ditib ab, ZEIT Online vom 10. August 2016, unter: http://www.zeit.de/politik/deutschland/2016-08/tuerkei-bundeslaender-dtib-zusammenarbeit-pruefung (27. März 2017).

schon häufiger geltend gemacht und gerade in Wahlkampfzeiten auch zu mobilisieren gewusst. Erdoğans polarisierender Wahlkampf spaltete dennoch die türkische Gemeinde in Deutschland auf besorgniserregende Weise. Da jedoch DITIB im Kampf gegen Salafismus und militanten Djihadismus benötigt wird und gleichermaßen moderate Islamisierungstendenzen in der Türkei unter der Ägide der AKP sichtbar werden,[64] ist unklar, ob auch innerhalb der türkischen Community, die aufgrund der jahrzehntelangen säkularen Ausrichtung der modernen Türkei eher weniger strikt religiös war, der Einfluss islamistischen Gedankenguts ansteigen wird.

4 Intellektueller Islamismus

Seinen Ursprung hat der moderne, intellektuelle Islamismus im arabisch-islamischen Raum: in Nordafrika, Westasien, der arabischen Halbinsel und der Golfregion. Bis heute haben sich seine legalistischen (politisch-institutionell ausgerichteten) wie seine militanten Strömungen als gleichermaßen wandlungsfähig und stabil erwiesen. Ohne auf die tradierten Methoden der islamischen Rechtsfindung sowie deren Einfluss auf das islamistische Denken einzugehen, lässt sich die Ideologie als selektiver Rückgriff auf verschiedene Elemente der komplexen Ideen-[65] und Zivilisationsgeschichte[66] des Islam charakterisieren. Ihre Entstehungsgründe liegen in der intellektuellen Verarbeitung des Zusammenbruchs der letzten traditionell islamisch-politischen Ordnung der Welt, dem Osmanischen Reich, sowie in der Fragmentierung der religiösen Autorität im (vor allem sunnitischen) Islam. Es bildete sich im sunnitischen Islam nämlich keineswegs – wie in den christlichen Kirchen – eine hierarchische Organisation heraus, welche die religiöse Orthodoxie und Orthopraxis zu monopolisieren vermochte.

Was den schiitischen Islam angeht, so verfügt dieser über klerikale Strukturen – oder präziser formuliert: über eine deutlichere Hierarchie unter den Religionsgelehrten, den *Ulema* – als der sunnitische Islam. Historisch betrachtet, fand die Hierarchisierung des schiitischen Klerus im Iran unter der Regentschaft der Safaviden von 1501 bis 1722 statt.[67] Dies macht der Islamwissenschaftler Heinz Halm sehr deutlich: „Die Politik der Safaviden zur Schiitisierung des Islam hat zugleich das Fundament zur Klerikalisierung der schiitischen *Ulema* geführt."[68] Im Lichte dieser deutlichen Differenz des schiitischen Rechts- und Religionsverständnisses gegenüber den Sunniten lässt sich sehr gut verstehen, warum das iranische Revolutionsmodell von Ruhollah Musawi Chomeini[69] – ähnlich wie das politisch-religiöse Denken des schiitischen Islamgelehrten Ali Shariati (1933–1977) – so reibungslos auf die Synthese von moderner Staatsgewalt und theokratischer Expertise und politisch zentraler Stellung der *Ulema* zurückgreifen konnte. Das revolutionäre Denken im schiitischen Islamismus des 20. Jahrhunderts verließ die quietistische,

---

64 Vgl. Markus Dreßler, Erdoğan und die „Fromme Generation". Religion und Politik in der Türkei, in: Aus Politik und Zeitgeschichte B 9–10/2017, S. 23–29.
65 Vgl. Bassam Tibi, Der wahre Imam. München 2001.
66 Vgl. Marshall G. S. Hodgson, The Venture of Islam. Conscience and History in a World Civilization, 3 Bde., Chicago 1974.
67 Vgl. Heinz Halm, Die Schiiten. München 2005, S. 42–46 und S. 71–74.
68 Ebd., S. 73.
69 Vgl. die theologische Perspektive bei Moojan Momen, An Introduction to Shi'i Islam. The History and Doctrines of Twelver Shi'ism, New Haven/London 1985, S. 184–207.

unpolitische Position der traditionellen Schia als stets bedrohte und von den Sunniten unterdrückte Religion und überbetonte die *Ulema* als zentrale Entscheidungs- und Legitimationsinstanz eines theokratischen Staatsmodells. Dieses politisch-religiöse Verständnis der *Wilayat al-Faqih* (Regierung der Experten) wurde von Chomeini in seiner 1970 veröffentlichten Schrift „Die islamische Regierung" entwickelt.[70] Dessen schiitischer Islamismus ist zugespitzt formuliert nicht als Revolutionsideologie gegen den Staat, wie im sunnitischen Islamismus, sondern als ein dezidiert theokratisches Moment einer Herrschaft der Rechtsgelehrten an der Spitze eines modernen Staatsapparates gedacht.

Angesichts der anhaltenden staatlichen und gesellschaftlichen Krisen in der arabisch-islamischen Welt fand die intellektuelle Krisenverarbeitung im sunnitischen Islam auf selektiv-religiöser Basis bis heute kein Ende – nach wie vor liegt enormes gesellschaftliches Konfliktpotential vor, das islamistische Bewegungen und Vordenker beständig aufzugreifen vermögen. Deren Diskurs kreist um den Islam als politische Ordnung (*Nizam Islami*), um den islamistischen Antisemitismus, um islamistische Konzeptionen von Demokratie, um den terroristischen Djihadismus, um die Neuerfindung der *Scharia*, um Authentizität und Reinheit.[71] Aus rechtsstaatlicher Perspektive sind vor allem die *Scharia*/Schariatisierung, der *Djihad*/Djihadismus sowie Islamismus und Demokratie relevant.

Scharia ist ein schillernder, vielfach missverstandener Terminus des Islam – seinerseits eine monotheistische, auf das Recht fokussierte Religion, die der Auslegung des tradierten Quellenkanons durch islamische Gelehrte innerhalb etablierter Rechtsschulen wie der korrekten Anwendung der Rechtsmethoden eine große Bedeutung beimisst. Im Koran kommt „Scharia" wörtlich nur einmal vor, nämlich in Sure 45, Vers 18, im Sinne des „rechten Weges" oder „Pfades". Dieser umfasst moralische wie rechtliche Anweisungen und Regeln. Sie berühren die Kultausübung (*Ibadat*), das Verhältnis von Personen untereinander (*Muamalat*) und die Anwendung körperlicher Strafen (*Hudud*).

Das islamische Recht, für das die Scharia mehr und mehr zu einem (jedoch verkürzten) Synonym geworden ist, hat sich seit der Religionsstiftung im 7. Jahrhundert über verschiedene Etappen weiterentwickelt.[72] Gegenwärtig lassen sich zwei weltweite Trends identifizieren. Scharia-rechtliche Inhalte finden einerseits vermehrt Einzug in die politisch-rechtlichen Systeme vieler islamischer Länder und drehen damit den von europäischer Seite im 19. Jahrhundert angestoßenen rechtlichen Säkularisierungsprozess zurück.[73] Andererseits spitzen viele islamistische Bewegungen diese Re-Aktualisierung islamischer Rechtsvorstellungen so weit zu, dass sie von der Scharia als einer politisch-religiösen Ordnung sprechen, welche die klassischen Rechtsbereiche bei weitem übersteigt. Die Scharia gerät so semantisch zu einer – stetig verfeinerten – verfassungsartigen Grundstruktur islamischer Staaten. Staat und Recht werden allmählich „schariatisiert". Wirkmächtigster Proponent dieses ideologisch-programmatischen Trends war die mittlerweile verbotene ägyptische Freiheits- und Gerechtigkeitspartei, ein Ableger der Muslimbruderschaft, die zusammen mit der salafistischen *al-Nour*-Partei nicht nur für zwei Jahre

---

70 Vgl. Halm (Anm. 67), S. 94–106.
71 Vgl. die Auflistung von Tibi (Anm. 10), S. 6.
72 Vgl. Joseph Schacht, An Introduction to Islamic Law, Oxford 1964 sowie Hasche (Anm. 16), S. 204–208.
73 Vgl. Abbat Amanat/Frank Griffel (Hrsg.), Shari'a. Islamic Law in the Contemporary Context, Stanford 2007.

den Transformationsprozess des Landes nach dem Sturz Hosni Mubaraks im Februar 2011 dominierte, sondern auch kurzfristig eine neue ägyptische Verfassung mit starken Scharia-Bezügen durchsetzen konnte.[74]

Das zweite große Thema des Islamismus – neben der *Scharia* – ist der *Djihad*. Dieser lässt eine Fülle von Konnotationen zu, die dem Wortlaut nach auf verschiedene Arten der Anstrengung für die Sache oder Mission des Islam hinauslaufen. Dies kann innere, friedliche Handlungen sowie äußere, bisweilen gewaltförmige Aktionen einschließen. Im Frühislam verzeichneten die ersten Muslime unter Leitung des Propheten Mohammed, später der vier rechtgeleiteten Kalifen, umfangreiche territoriale Gewinne (die sogenannten *Futuhat*-Expansionen; was Öffnung bedeutet). Diese frühe Expansion ging in das Selbstverständnis der muslimischen Zivilisation ein. Es formierte sich zunächst im Zuge der Rechtsschulenbildung das klassische *Djihad*-Verständnis als detailliertes Regelwerk der Kriegführung.[75] Die gegenwärtige Form des internationalen Djihadismus rekurriert – in äußerster selektiver, gar verzerrter Weise – auf beide Dimensionen des *Djihad*: auf die Glorifizierung des kriegerischen Einsatzes für die Ausbreitung des Islam und auf das Recht, sich gegen „Feinde" des Islam gewaltsam zur Wehr zu setzen.

Doch das war nicht immer so: Der Djihadismus der 1980er Jahre hatte sich noch auf den Widerstand gegen die sowjetische Invasion Afghanistans im Sinnes eines „defensiven *Djihad*" beschränkt. Erst die Schriften Osama bin Ladens in den 1990er Jahren machten aus dem Djihadismus eine globale Ideologie.[76] Die djihadistischen Mobilisierungs- und Rekrutierungsnetzwerke haben sich trotz der Schwächung der al-Qaida-Zentrale als anpassungsfähig erwiesen; sie stellen im syrischen Bürgerkrieg und im umkämpften Nordirak ihre Fähigkeit zur Schau, Gewaltkonflikte in Regionen mit hohem islamischen Bevölkerungsanteil zu dominieren und sich trotz diverser lokaler Kontexte als Kämpfer für die Sache des „wahren Islam" und Verteidiger der Sunniten zu gerieren.

Mit Blick auf die Verbindung von Islamismus und Demokratie ist zu betonen, dass aller anfänglichen Euphorie zum Trotz, die in der arabischen Welt wie in den westlichen Staaten aufgrund des „Arabischen Frühlings" herrschte, sich nur in Tunesien – fragile – demokratische Verhältnisse etablierten. Die bis heute recht pragmatisch handelnde tunesische *al-Nahda* – unter jahrzehntelanger programmatischer wie personeller Führung von Rachid al-Ghannoushi[77] – vermochte es in Verbindung mit den stabilen Resten der französisch induzierten Laizität und der weiterhin starken Gewerkschaft UGTT eine erfolgreiche demokratische Transition zu initiieren. Gleichwohl bilden aus Tunesien stammende Personen die größte Gruppe ausländischer Kämpfer in den vom IS dominierten djihadistischen Kampfgruppen Syriens.[78] Die Muslimbruderschaft, die gerade in transatlantischen akademischen Kreisen als Favoritin auf eine islamis-

---

74 Vgl. den Abdruck der nur kurz gültigen ägyptischen Verfassung, die maßgeblich durch die Muslimbruderschaft und die salafistischen Bewegungen Ägyptens geprägt worden war, bei Cesari (Anm. 38), S. 335–384.
75 Vgl. Bassam Tibi, Kreuzzug und Djihad. Der Islam und die christliche Welt, München 2001, Kapitel 1 sowie Hasche (Anm. 16), S. 208–212.
76 Vgl. Steinberg (Anm. 21).
77 Vgl. Menno Preuschaft, Tunesien als islamische Demokratie? Rasid al-Gannusi und die Zeit nach der Revolution, Münster 2011.
78 Vgl. Guy Taylor, Arab Spring star Tunisia emerges as Islamic State's No. 1 source for foreign fighters, in: Washington Times vom 14. September 2016.

tische oder islamisch geprägte demokratische Staatsordnung im nach-revolutionären Ägypten der Jahre 2011–2013 gesehen wurde, konnte weder jene Hoffnungen auf Demokratisierung erfüllen, noch sich im Kampf gegen des ägyptische Militär, den traditionellen *deep state* Ägyptens, durchsetzen.[79] Islamistische Bewegungen haben mithin dem bewaffneten Kampf abgeschworen, sich stärker parteiförmig organisiert und programmatische Veränderungen in Richtung einer islamischen Demokratie aufgezeigt, aber – außer in Tunesien – keine mittel- oder langfristig positiven Effekte auf eine demokratische Transition vorweisen können. Ein wirklicher Lackmustest einer islamischen Demokratie bleibt somit noch aus bzw. scheint – wie im Falle der AKP nach dem zugleich knappen und umstrittenen Verfassungsreferendum vom 17. April 2017 in der Türkei – nicht bestanden zu werden.

Der Salafismus als die gegenwärtig theologisch strikteste unter den drei islamistischen Hauptströmungen (nebst sunnitischem politischem sowie wahhabitischem Islamismus) wird wiederum in drei Gruppen unterteilt, die trotz einiger Unterschiede im Grunde derselben Ideologie folgen[80]:

– *Puristen oder Quietisten*: Sie vertreten einen strikten religiösen Reinheitsanspruch und verhalten sich daher apolitisch. Sie lehnen den Einsatz von Gewalt ebenso ab wie – aufgrund der Suspendierung der Souveränität Gottes – die parlamentarische Demokratie.

– *Politische Salafisten*: Sie engagieren sich im Rahmen der Mission für den Islam und die Durchsetzung von Scharia-Regeln für Alltag, Politik und Recht. Diese wegen ihrer weiten Verbreitung und öffentlichen Sichtbarkeit teilweise auch als Mainstream-Salafismus bezeichnete Strömung besitzt ein ambivalentes Verhältnis zur Gewalt, gilt aber als deutlich pragmatischer im Vergleich zu den Puristen: „Weil sie [die politischen Salafisten] aber, wie in der Politik üblich, hier und da Kompromisse eingehen, um ihre Ziele im Wettstreit mit den anderen Ideologien zu erreichen, sind sie in ihren Auffassungen mitunter weniger prinzipientreu als die Anhänger puristischer Strömungen. Sie sind pragmatischer und bereit, bestimmte Vorstellungen zurückzustellen, bis der richtige Zeitpunkt gekommen ist, um sie umzusetzen."[81]

– *Djihadisten*: Sie lehnen westliche Ordnungen von Politik und Staat strengstens ab und befürworten deren Bekämpfung.

Jüngere Studien zum Salafismus heben zwar die Unterschiede zwischen den Gruppen nunmehr deutlich hervor, stellen aber zu keinem Zeitpunkt die Typologie selbst in Frage: „Die Entscheidung über eine stärkere oder geringere Ausdifferenzierung der Strömungen betrifft hauptsächlich Fragen des politischen Aktivismus, der Befürwortung von Gewalt sowie der Exkommunikation (*Takfir*)."[82]

---

79 Vgl. Thorsten Hasche, Liberalismus im Islam. Was bleibt vom „Arabischen Frühling"?, in: INDES 6 (2016), H. 2, S. 84–90.
80 Vgl. die bis heute forschungsprägende Analyse von Quintan Wiktorowicz, Anatomy of the Salafi Movement, in: Studies in Conflict & Terrorism 29 (2006), S. 207–239 sowie Aladdin Sarhan/Ekkehard Rudolph, Salafismus in Deutschland: Ideologie, Aktionsfelder, Gefahrenpotenzial in Zeiten des „Islamischen Staates", in: Uwe Backes/Alexander Gallus/Eckhard Jesse (Hrsg.), Jahrbuch Extremismus & Demokratie, Bd. 27, Baden-Baden 2015, S. 172–185, hier S. 176 f.
81 Thorsten Gerald Schneiders, Einleitung, in: ders. (Hrsg.), Salafismus in Deutschland. Ursprünge und Gefahren einer islamisch-fundamentalistischen Bewegung, Bielefeld 2014, S. 9–24, hier S. 15.
82 Olaf Farschid, Salafismus als politische Ideologie, in: Said/Fouad (Anm. 39), S. 160–192, hier S. 163.

Integrativ auf die drei Strömungen des Salafismus wirkt zumal die Glaubenslehre, die sich in der Kontinuität des Wahhabismus auf eine umfassend verstandene Einheit Gottes (*Tauhid*) stützt. Den Anhängern des Salafismus zufolge war diese Lehre in ihrer Idealform nur innerhalb der ersten drei Generationen von Muslimen (*al-Salaf al-Salih*) verwirklicht. Der heutige Islam sei darum von allen unnötigen Beimengungen zu reinigen. Diese Auffassung übt einen weitreichenden normativen Zwang aus: Ihre Anhänger müssen nicht nur ihre Glaubensausübung, sondern auch weite Bereiche ihrer individuellen Lebensführung an strikten Vorschriften ausrichten.

Galten bisher die Doktrinen des Salafismus als recht homogen, werden nun vermehrt theologische Streitpunkte sichtbar. So ist umstritten, wann der spezifische Glaube eines Muslims gültig ist bzw. (im Umkehrschluss) wann und ob einem Muslim der Glaube abgesprochen werden darf.[83] Seine politische Sprengkraft gewinnt der Salafismus durch die Politisierung religiöser Begriffe, denn: „Die auf diese Weise politisierten Begriffe spielen bei der Produktion und Verbreitung salafistischer Ideologie eine zentrale Rolle. Vor allem dienen sie der Tarnung vorwiegend politischer Äußerungen unter dem Deckmantel religiöser Rhetorik und legitimer Religionsausübung."[84] Die politisch-religiöse Ideologie des Salafismus macht besonders von den Begriffen *Shirk* (Vielgötterei), *Bida* (unerlaubte Neuerung), *Taghat* (Götzen), *Kufr* (Unglaube), *Takfir* (Exkommunikation) sowie *Ridda* (Abfall vom Glauben) Gebrauch, um gegen westliche Politikvorstellungen zu argumentieren, darüber hinaus von „Juden", „Christen", um von ihnen nicht anerkannte Muslime zu diskriminieren.

Extreme Ausformungen dieser Politisierung bedeutsamer religiöser Grundbegriffe verwässern schließlich die Grenze zwischen politischen Salafisten und gewaltbereiten Salafi-Djihadisten.[85] Dies wird am stärksten in den Internetaktivitäten des deutschen Salafismus deutlich. Hier besitzen die Puristen ob der zunehmenden Radikalisierung der salafistischen Ideologie keine Deutungshoheit über theologische Dispute mehr, und es fällt ihnen zunehmend schwerer, die Gewaltverherrlichung im djihadistischen Salafismus einzudämmen und dieser theologisch entgegenzuwirken. Dies konstatiert eine Studie folgendermaßen: „Um die aus ihrer Sicht gewalttätigen Aktivisten zu erreichen, müssen Puristen kommunikativ und semiotisch immer wieder an sie herantreten, dass die Grenzen zwischen Einfangen und Angleichen bisweilen verschwimmen."[86]

5 Aktionsorientierter Islamismus

Das salafistische Milieu hat vermehrt in den 1980er und 1990er Jahren in Europa Einzug gehalten, als salafistische Oppositionelle nach Frankreich, Großbritannien und in die Niederlan-

---

83 Vgl. Mohammad Gharaibeh, Zur Glaubenslehre des Salafismus, in: Ebd., S. 106–131.
84 Farschid (Anm. 82), S. 167.
85 Vgl. ebd., S. 167–190 und die grundlegende Studie von Maher (Anm. 10).
86 Philipp Holtmann, Salafismus.de – Internetaktivitäten deutscher Salafisten, in: Schneiders (Anm. 81), S. 251–276, hier S. 274–275.

de ausgewandert sind.[87] Sein europäisches Zentrum ist bis heute London.[88] In Deutschland zählen laut Verfassungsschutz rund 9.700 Personen[89] zur Szene, die – zunächst noch in starker Abhängigkeit vom internationalen Salafismus – allmählich in Deutschland Fuß gefasst hat. Zwei ihrer Gründungsfiguren sind Hassan Dabagh und Mohammed Behsain, die es Anfang der 2000er Jahre schafften, hierzulande eigene Strukturen aufzubauen. Zu den lokalen Zentren dieser ersten Generation deutscher Salafisten gehörten Bonn, Ulm und Neu-Ulm, Leipzig sowie Hamburg.[90] Diese Personen „verhalfen dem Salafismus zum Durchbruch. Aus kleinen lokal agierenden und von der Außenwelt weitgehend isolierten Gruppen entstand eine zwar nicht homogene, sich aber doch als Einheit begreifende bundesweite Bewegung"[91].

Zum Netzwerk des deutschen Salafismus gehören zwar keine Parteien im eigentlichen Sinne, wohl aber mittlerweile zahlreiche Moscheen, Vereine, Islamzentren und Verlagshäuser. Das Aktivitätsspektrum besteht vor allem in der Missionsarbeit, die durch umfangreiche mediale (Flugblätter, Internetauftritte, öffentliche Reden, Koranverteilungsaktionen, Werbe-DVDs) und persönliche Werbung wahrgenommen wird. Insgesamt ist die heterogene Szene durch zahlreiche Meinungsverschiedenheiten gekennzeichnet. Eine ihrer prominentesten Führungspersonen ist der Prediger Pierre Vogel, der wie Hassan Dabagh dem politischen Salafismus angehört. Neben einer kleineren Strömung von Anhängern eines saudi-arabischen Gelehrten gibt es mit der inzwischen verbotenen Gruppe „Die Wahre Religion" um Ibrahim Abou-Nagie einen radikalen Flügel. Das Spektrum reicht bis zu den sogenannten Djihadi-Salafisten, die bereit sind, Gewalt zur Durchsetzung ihrer Ziele einzusetzen.[92] Diese jüngste Generation des deutschen Salafismus erhielt ihre religiöse Bildung größtenteils nicht mehr durch Denker aus dem arabischen Raum und prägt den Diskurs des deutschen Salafismus nun zunehmend eigenständig.[93]

Die mediale und politische Kritik an der salafistischen Szene formiert sich an ihrer integrationsfeindlichen Haltung sowie an ihrem Verhältnis zur Gewalt gegenüber öffentlichen Institutionen der Bundesrepublik. Denn während die djihadistisch-orientierten Salafisten, die lange in der inzwischen durch den Verfassungsschutz verbotenen Gruppierung *Millatu Ibrahim* (Die Religion Abrahams) organisiert waren, Gewaltanwendung gegenüber Nicht-Muslimen propagieren, vertreten die in der Aufmerksamkeit der Medien und Öffentlichkeit stark im Fokus stehenden politischen Salafisten keine einheitliche Position. Der Gewalt wird nicht grundsätzlich und durchgängig, sondern eher aus strategischen Gründen abgeschworen, und es bleibt unsicher, ob nicht im Bereich der privaten Lebensführung, etwa in Fällen des Übertretens der strengen Regeln der salafistischen Lebensart, gewaltartiger Zwang herrscht.[94]

---

87 Vgl. Ulrich Kraetzer, Salafisten. Bedrohung für Deutschland?, Gütersloh 2014, S. 108.
88 Vgl. Samir Amghar, Quietisten, Politiker und Revolutionäre: Die Entstehung und Entwicklung des salafistischen Universums in Europa, in: Said/Fouad (Anm. 39), S. 381–410.
89 Vgl. den Kurzbericht: http://www.sueddeutsche.de/news/panorama/kriminalitaet-zahl-der-salafisten-in-deutschland-stark-gestiegen-dpa.urn-newsml-dpa-com-20090101-161222-99-637304 (19. April 2017).
90 Vgl. Kraetzer (Anm. 87), S. 108–124.
91 Ebd., S. 131–132.
92 Vgl. Nina Wiedl, Geschichte des Salafismus in Deutschland, in: Said/Fouad (Anm. 39), S. 411–441.
93 Vgl. Kraetzer (Anm. 87), S. 132.
94 Vgl. Behnam T. Said, Salafismus und politische Gewalt unter deutscher Perspektive, in: ders./Fouad (Anm. 39), S. 193–226.

Diese salafistisch-djihadistische Ausprägung des Islamismus in Deutschland ist weiterhin sehr stark durch den Einfluss internationaler djihadistischer Netzwerke geprägt. Die Vorbereitung der Anschläge des 11. Septembers 2001 durch in Hamburg lebende Terroristen von al-Qaida hat diesen Umstand erhellt. Hinzu treten die Terroranschläge im Sommer 2016 in Ansbach und in einem Regionalzug bei Würzburg, zu denen sich der „Islamische Staat" bekannte, sowie das eingangs erwähnte Attentat im Dezember 2016 am Berliner Breitscheidplatz. Die sogenannte „Sauerland-Gruppe" konnte im Jahr 2007 nur mit enormem geheimdienstlichem Aufwand von einem massiven Sprengstoffanschlag in Deutschland abgehalten werden.[95] So ist die Bundesrepublik keineswegs lediglich aufgrund der Teilnahme der Bundeswehr am NATO-Einsatz in Afghanistan oder durch Einsätze in Mali, sondern auch aufgrund der kontinuierlichen Rekrutierung djihadistischer Kämpfer innerhalb des Landes durch den militanten Djihadismus bedroht. Eine Auflistung des Bundesamtes für Verfassungsschutz von islamistischen Terroranschlägen weltweit – seit dem ersten Anschlag auf das World Trade Center im Jahr 1993 – enthält mehr als 60 signifikante Einträge, die von starken Terrorwellen nach den Anschlägen von „9/11" und der Invasion des Iraks 2003 sowie im Anschluss an den Aufstieg des „islamischen Staates" im Sommer 2014 geprägt sind.

Einer breiten Öffentlichkeit wurde der politische Salafismus in Deutschland vor allem durch seine Missionierungsarbeit, wie dem Verteilen von kostenlosen Koran-Exemplaren und zahlreichen Internetauftritten, sowie durch seine Gewaltbereitschaft bei verschiedenen Demonstrationen bekannt. Der aktionsorientierte Salafismus repräsentiert damit den wohl radikalsten Bereich des Islamismus in Deutschland. Nach einer Darstellung seiner typischen Aktionsformen werden jene Rekrutierungswege und Radikalisierungsverläufe erörtert, die es Hunderten aus Deutschland stammenden Personen ermöglichten, im syrischen Bürgerkrieg für die vielen djihadistischen Bewegungen zu kämpfen und so zu einem Sicherheitsrisiko für die Bundesrepublik zu werden. Die Übergänge zwischen politischem Salafismus und Salafi-Djihadismus sind dabei fließend.

Größere mediale Aufmerksamkeit und öffentliche Erregung erzeugte die salafistische Szene erstmals mit der von Abou-Nagie in Köln initiierten Kampagne „Lies!". Dieser hatte es sich zum Ziel gesetzt, bis zu 25 Millionen Koran-Exemplare durch Werbestände in den großen deutschen Städten zu verteilen und damit offensiv für den Islam zu werben. Diese Kampagne stieß schnell auf scharfe Kritik durch deutsche Innenpolitiker und stand unter dem Verdacht, Sympathisanten für den Syrien-Konflikt zu gewinnen.[96] Allen politischen Interventionen zum Trotz hielt die Kampagne lange an. Erst am 14. November 2016 sind der Verein Abou-Nagies „Die Wahre Religion", die Kampagne „Lies!" und ihre entsprechenden Webpräsenzen durch den deutschen Bundesinnenminister Thomas de Maizière verboten worden.[97] Diese sicherheitspolitischen Maßnahmen betrafen nicht nur weitere salafistische Vereine – wie im März 2017

---

95 Vgl. Steinberg (Anm. 29), S. 35–76.
96 Vgl. Wiedl (Anm. 92), S. 431–433.
97 Sasan Abdi-Herrle, Saskia Nothofer und Benjamin Breitegger, „Die wahre Religion". Fanatiker in Deutschlands Fußgängerzonen, in: ZEIT Online vom 15. November 2016.

den Islamkreis Hildesheim[98] –, sondern müssen auch als Reaktion auf die weiterhin angespannte Sicherheitslage verstanden werden.

Den Eindruck eines medienaffinen, selbstbewussten Einsatzes für den „wahren Islam" erhärten die mit großer Aufmerksamkeit wahrgenommenen Vorfälle in Wuppertal im September 2014, bei denen eine selbsternannte „Scharia-Polizei", erkennbar an eigens erstellten Warnwesten, auf nächtlichen „Kontrollgängen" den Besuch von Spielkasinos, den Genuss von Alkohol sowie Prostitution unterbinden wollte. Unterstützung erhielt die Aktion vom Mönchengladbacher Salafisten Sven Lau, der sie geschickt lancierte. Sein Vorhaben wurde sogleich durch den einflussreichen salafistischen Prediger Pierre Vogel aufgenommen, der ihre Nachahmung forderte, jedoch unter einem vorsichtiger gewählten Namen. Gleichwohl dürfte die hohe Publizität dieses Ereignisses dem salafistischen Spektrum Zulauf verschafft haben, da die Abgrenzung von der deutschen Mehrheitsgesellschaft zentral für dessen Identität und Rekrutierungsaktivitäten ist und ähnliche Aktionen unter dem Begriff der „Street Da'wa" selbst Anklang in Großbritannien gefunden haben.[99] Sven Lau ist derzeit auf Antrag der Bundesanwaltschaft inhaftiert und befindet sich in einem Prozess vor dem Oberlandesgericht Düsseldorf, wo ihm die Unterstützung einer terroristischen Vereinigung im syrischen Kriegsgebiet vorgeworfen wird.[100]

Im Mai 2012 kam es in Bonn und in Solingen zu gewalttätigen Demonstrationen durch die kurz darauf verbotene Gruppierung *Millatu Ibrahim*.[101] Die Gruppe Pro-NRW hatte im Vorfeld durch die Zurschaustellung von Mohammed-Karikaturen den Ärger der salafistischen Szene geschürt. Die selbsternannten „Löwen von Deutschland" unter ihrem Anführer Mohamad Mahmoud verletzten daraufhin einige Polizisten schwer und planten einen Mordanschlag auf einen Aktivisten von Pro-NRW. Die Demonstrationen und Gewaltaktionen wurden durch die salafistische Gruppierung filmisch aufbereitet und ikonenartig in Szene gesetzt.[102]

Diese Ereignisse werfen ein ambivalentes Licht auf die führenden Köpfe in der deutschen salafistischen Szene. Die dynamische Entwicklung ihrer Anhängerzahlen hat zu zahlreichen internen Querelen um Führungspositionen einerseits und die ideologische Ausrichtung andererseits geführt. Brach zunächst Pierre Vogel mit seinem Mentor Abou-Nagie, da dieser sich ihm nicht klar genug von der Gewaltanwendung distanzierte, kam es später auch zu einem Bruch zwischen Pierre Vogel und dem Braunschweiger Salafisten Muhamed Ciftci. Dieser zog sich größtenteils aus der Öffentlichkeit zurück und arbeitet nur noch als Prediger im kleineren Kreis ohne mediale Aufmerksamkeit. Selbst um die Person Pierre Vogel ist es inzwischen etwas ruhiger geworden, nachdem dieser von 2011 bis 2013 zu Islamstudien nach Ägypten gereist war.[103] Während diese Entwicklungen von den Brüchen und Dissonanzen im deutschen Salafismus

---

98 Vgl. die Meldung des NDR vom 19. April 2017 unter: https://www.ndr.de/nachrichten/niedersachsen/hannover_weser-leinegebiet/Islamkreis-Hildesheim-endgueltig-verboten,islamkreis104.html (19. April 2017).
99 Vgl. Sarhan/Rudolph (Anm. 80), S. 178 f.
100 Vgl. Lena Kampf/Andreas Spinrath, Salafist Sven Lau vor Gericht, unter: http://www.tagesschau.de/inland/sven-lau-prozess-101.html (7. September 2016).
101 Auch die Ersatzorganisation „Tauhid Germany" wurde im Februar 2015 verboten. Vgl. Bundesministerium des Innern (Anm. 1), S. 181 f.
102 Vgl. Said (Anm. 94), S. 212–217.
103 Vgl. Kraetzer (Anm. 87), S. 133–162.

Zeugnis ablegen, ist die Sicherheitslage in der Bundesrepublik durch die Gewaltanwendung im salafistischen Milieu deutlich kritischer geworden. Nach dem Aufstieg des „Islamischen Staates" und mit dem Erstarken des Trends von Ausreisen in das Kriegsgebiet Syrien und Irak sind Bedrohungslagen entstanden, die deutlich über die Gefährdungen der damaligen Gruppe *Millatu Ibrahim* hinausgehen – auch wenn die ersten Ausreisebewegungen im Umkreis dieser Gruppe stattfanden.[104]

Somit erwächst die große Gefahr für die öffentliche Sicherheit Deutschlands vor allem aus der ideologischen Nähe des Salafismus zum Djihadismus, denn dadurch wird die Anwendung von Gewalt im Namen der „Sache des Islam" zu einer veritablen Handlungsoption auch für den politischen Salafismus. Zudem ähneln sich im salafistischen Spektrum die Themen, anhand derer die Abgrenzung zum Westen und zu Nicht-Muslimen vorgenommen wird: „Es ist demnach ein Gemisch aus politischen (Krieg), religiösen (Prophetenbeleidigung) und gesellschaftlichen (Diskriminierungserfahrungen, Verteidigung der Ehre) Argumenten und Begründungen, mit welchem die Jihadisten versuchen, an Jugendliche in Deutschland heranzutreten."[105] In diesem explosiven ideologischen Gemisch operieren die öffentlich sichtbaren Personen des politischen Salafismus in der Art und Weise, dass sie sich weder klar zur Gewaltanwendung gegenüber Nicht-Muslimen aussprechen, noch eine solche Gewaltanwendung untersagen und somit den Nährboden für eine weitere Radikalisierung bieten.[106]

Qualitativen biographischen Radikalisierungsstudien zufolge instrumentalisieren fundamentalistische Gruppierungen und Ideologien in Deutschland besonders Identitätskrisen und prekäre Lebensverhältnisse bei jungen Menschen, indem sie den Suchenden feste Regeln und klare Gruppenidentitäten anbieten. Eine zusätzliche Radikalisierungsdynamik gewinnt dieser Prozess dadurch, dass Konvertiten sowie ehemals religionsferne Muslime zu einer autoritätshörigen Einhaltung der meist schon an sich rigiden Regeln der Glaubensausübung und Lebensführung neigen.[107] In seinen Studien zu al-Qaida in Europa charakterisiert Peter R. Neumann die djihadistische Rekrutierung als eine Brücke, die individuelle Radikalisierungsverläufe über Organisationen und Medien in die aktive Gewaltanwendung überführt.[108] Er unterscheidet in diesen Untersuchungen zwischen Rekrutierungsorten (hauptsächlich Moscheen, Moscheevereine sowie Gefängnisse), Rekrutierungsagenten (radikale Prediger, Gateway-Organisationen und Aktivisten) und schließlich den Formen der ideologischen Kommunikation (kognitiv, Rechtfertigung von Gewalt und Bereitstellung von thematischen Rahmungen).[109] Bei der jüngsten Terrorwelle seit der Ausrufung des Kalifats durch den „Islamischen Staat" betont Neumann neuerdings, die möglichst präzise Analyse der Herkunft und Motivation von Ausreisenden in die Kampfgebiete sowie ihrer Unterstützer sei von Bedeutung für die Entwicklung effektiver Si-

---

104 Vgl. ebd., S. 163–211.
105 Said (Anm. 94), S. 205.
106 Vgl. das Fazit von Sarhan/Rudolph (Anm. 80), S. 185.
107 Vgl. die biographischen Feldstudien von Erdem Özbek, Vom Laien zum Fundamentalisten. Radikalisierung als Identitätsfindung von Migranten, Marburg 2011, S. 271–286; Martin Schäuble, Dschihadisten. Feldforschung in den Milieus. Die Analyse zu Black Box Dschihad, Berlin/Tübingen 2011, S. 292–297.
108 Vgl. Peter R. Neumann, Joining al-Qaeda. Jihadist Recruitment in Europe, London 2008, S. 6 f. und ders., Die neuen Dschihadisten. IS, Europa und die nächste Welle des Terrorismus, Berlin 2015.
109 Vgl. ders., Joining al-Qaeda (Anm. 108), S. 21–51.

cherheitsstrategien.[110] Diese Sicherheitsstrategie müsse eine tragfähige und stets anpassungsfähige Mischung aus nationalen sowie internationalen polizeilichen und nachrichtendienstlichen Strategien sowie Präventionsmaßnahmen beinhalten.[111]

Mit Blick auf solche Präventionsmaßnahmen weist Ahmad Mansour zunächst jegliche reduktionistischen Thesen zurück, die etwa von einem „Pop-Djihadismus" als vorübergehendem Modephänomen sprechen und Diskriminierung von Muslimen als einzige Ursache für religiösen Extremismus anführten. Für ihn ermöglicht das Zusammenspiel aus individuell-psychologischen Faktoren, der familiären Situation, den Werthaltungen und den von djihadistischen Medien suggerierten Weltbildern eine Radikalisierung.[112] „Die Religion wird in Phasen der Verunsicherung zu einer Größe, die Sicherheit verheißt und Orientierung schenkt. Je pluralistischer Gesellschaften werden, desto mehr steigt das Bedürfnis nach einfachen Antworten auf komplexe Fragen. [...] Heutigen Jugendlichen offeriert Religion eine zunehmend attraktive Möglichkeit zur Identifikation."[113] Aufgrund dieser tiefgreifenden Persönlichkeitsveränderung von Jugendlichen als Folge einer islamistischen Radikalisierung, die idealtypisch über vier Stufen charakterisiert verläuft[114]:

– Präradikalisierung,
– Identifikation: Identitätssuche und -findung,
– Indoktrination und Verfestigung des Weltbildes sowie letztlich
– Dschihadismus: Pflicht und Legitimation des Gewalteinsatzes,

geht Ahmad Mansour scharf mit der derzeitigen Präventions- und De-Radikalisierungspraxis in der Bundesrepublik ins Gericht. Seiner Meinung nach ist sich die deutsche Politik der Tragweite des Phänomens nicht bewusst, sind die Daten über Radikalisierung und entsprechende Maßnahmen der Gegensteuerung zu sehr auf die verschiedenen Ebenen der deutschen Politik verteilt und fehlt es an ausreichenden Finanzmitteln, um pädagogische und psychologische Hilfestellungen leisten zu können.[115]

Welche ideologisch-thematischen Merkmale zeichnen den aktionsorientierten Djihadismus in Deutschland aus? Mit welchen Themen befasst sich der enorme Output an djihadistischer Propaganda, an dessen Speerspitze derzeit der „Islamische Staat" steht?[116] Mit Blick auf die Kommunikation hat sich eine starke, zumeist Internet-basierte (vor allem Webauftritte, soziale Medien, Youtube-Videos) djihadistische Szene ausgebildet, die inzwischen ein breites Themenspektrum (Ausrichtung und Rechtfertigung des Djihad, Märtyrertum, Heilslehre) abdeckt.[117] Sie beruht zunächst darauf, etwaige Aggressionen zu externalisieren und „den Anderen" die Schuld an gesellschaftlichen Problemen, Unrecht sowie der Unterdrückung von Muslimen zu-

---

110 Vgl. ders., Die neuen Dschihadisten (Anm. 108), S. 107–165.
111 Vgl. ebd., S. 189–206.
112 Vgl. Mansour (Anm. 30), S. 93–142.
113 Ebd., S. 96 f.
114 Vgl. Hanna Grande/Kai Hirschmann/Sina Schmitz, Dschihadismus: Prozesse der Radikalisierung in Deutschland, Berlin 2016, S, 71–104.
115 Vgl. Mansour (Anm. 30), S. 189–249.
116 Vgl. Charlie Winter, Media Jihad: The Islamic State's Doctrine for Information Warfare, ICSR London 2017.
117 Weitere Informationen dazu in Unterkapitel 7.

zuweisen, um so (Re-)Aktionen, Missionierung und Gewalthandlungen zu rechtfertigen.[118] Auch wenn die salafistisch-djihadistische Legitimation von Gewaltanwendung gegen Nicht-Muslime und Schiiten von den führenden islamischen Staaten und den sunnitischen Lehranstalten abgelehnt wird und selbst innerhalb des Djihadismus nicht unumstritten ist, hat gerade der „Islamische Staat" einige Energie in die Entwicklung theologisch inspirierter Legitimationsnarrative investiert.

Dies ist deshalb für eine Analyse des Islamismus in Deutschland so wichtig, weil „die Konstruktion der Gewalttheologie à la IS mittels genau und gezielt selektierter Elemente islamischer Traditionen erfolgt. Es ist ebenso zutreffend, dass dieses Denken aus dem Zerfall der arabischen, kaukasischen und anderen Peripherien der Weltgesellschaft erwächst und sich zusammenschließt mit den Problemen der inneren Peripherien europäischer und anderer Gesellschaften."[119] Wenn also der „Islamische Staat" mit seinem gewaltigen Medien-Output grundsätzlich neue und weltweit motivierende Narrative für die Errichtung eines islamischen Kalifats, eine allumfassende und in seiner Sicht gerechtfertigte Gewaltausübung, die Legitimation von Sklaverei in den Kriegsgebieten Westasiens sowie eine vollständige Unterordnung der Frau unter den Mann entwickelt und verbreitet,[120] bietet dies den Nährboden für individuelle Radikalisierungsverläufe in Gebieten mit einem signifikanten sunnitisch-muslimischen Bevölkerungsanteil.

Somit ist der syrische Bürgerkrieg zum wichtigsten Aktivitäts- und Zielort von aus Deutschland stammenden Djihadisten geworden. Einerseits hat dieser kriegerische Konflikt zur Stärkung verschiedener djihadistischer Gruppierungen und ihrer strukturellen Mobilisierungsfähigkeit beigetragen. Andererseits übt er nicht nur eine enorme ideologische Anziehungskraft im Sinne des gewaltsamen Einsatzes für „die Sache des Islam" aus, sondern es ist aufgrund fehlender staatlicher Strukturen häufig auch einfacher, in dieses Gebiet auszureisen und dort Gewalt auszuüben als in Deutschland.[121] 79 Prozent der 784 bislang von bundesdeutschen Sicherheitsbehörden analysierten Personen sind männlich.[122] Im Schnitt ist ein Ausreisender in die Krisengebiete 25,8 Jahre alt, 89 Prozent der Personen stammen aus städtischen Gebieten und 61 Prozent sind deutsche Staatsbürger mit einer weiteren, doppelten Staatsbürgerschaft. Besonders frappant: 96 Prozent dieser Personengruppe werden dem Salafismus zugerechnet; knapp 80 Personen reisten bereits innerhalb der ersten sechs Monate nach Radikalisierungsbeginn aus.

---

118 Vgl. Asiem El-Difraoui, jihad.de. Jihadistische Online-Propaganda: Empfehlungen für Gegenmaßnahmen in Deutschland, SWP-Studie Februar 2012, unter: http://www.swp-berlin.org/fileadmin/contents/products/studien/2012_S05_dfr.pdf (7. September 2016); Diana Rieger/Lena Frischling/Gary Beute, Propaganda 2.0. Psychological Effects of Right-Wing and Islamic Extremist Internet Videos, Köln 2013.
119 Rüdiger Lohlker, Theologie der Gewalt. Das Beispiel IS, Wien 2016, S. 9 f.
120 Vgl. exemplarisch ebd., S. 65–76, S. 95–114 und S. 125–142.
121 Vgl. Said (Anm. 94), S. 206.
122 Vgl. die nachfolgend zusammengefassten Informationen aus dem Bericht des Bundeskriminalamtes, des Bundesamtes für Verfassungsschutz und des Hessischen Informations- und Kompetenzzentrums gegen Extremismus, Analyse der Radikalisierungshintergründe und -verläufe der Personen, die aus islamistischer Motivation aus Deutschland in Richtung Syrien oder Irak ausgereist sind. Fortschreibung 2016 (4. Oktober 2016).

Abbildung X.1: Radikalisierungszeiträume

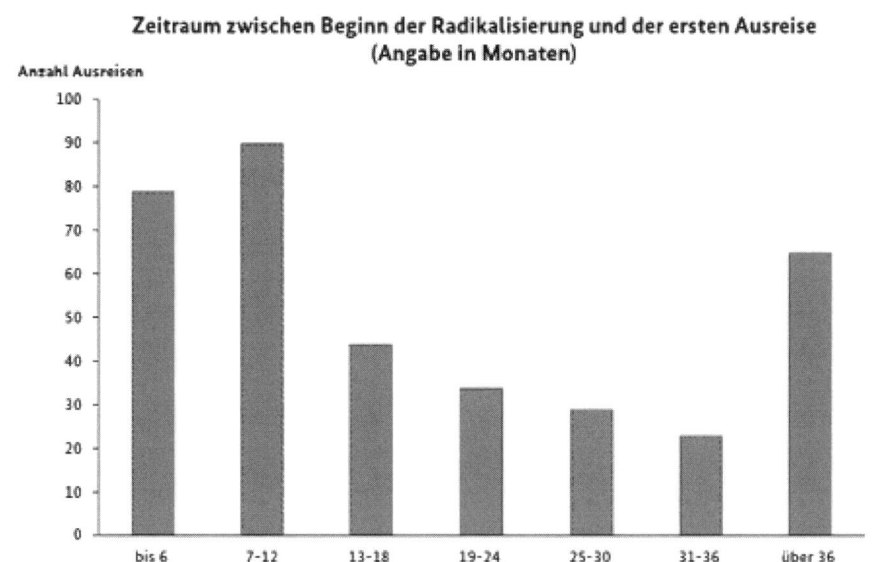

Zeitraum zwischen Beginn der Radikalisierung und der ersten Ausreise (Angabe in Monaten)

Anzahl Ausreisen

bis 6	7-12	13-18	19-24	25-30	31-36	über 36
~78	~90	~44	~34	~29	~23	~65

Quelle: Bundeskriminalamt/Bundesamt für Verfassungsschutz/Hessischen Informations- und Kompetenzzentrum gegen Extremismus 2016 (Anm. 122).

6 Biographische Porträts[123]

Hasan al-Banna (1906–1949)[124] wurde im ägyptischen Ismailiyya geboren. Sein Vater war örtlicher Imam und ein anerkannter Islamgelehrter. Nach dem Besuch der Koranschule sowie einer stärker am westlichen Lehrcurriculum ausgerichteten weiterführenden Schule wurde al-Banna zum Grundschullehrer ausgebildet, bevor er nach Ismailiyya zurückkehrte. Bereits als Jugendlicher engagierte er sich religiös und politisch. Enorm unzufrieden mit dem starken gesellschaftlichen Einfluss der britischen Suez-Kanal-Gesellschaft und in Anbetracht der Auflösung der tradierten islamischen Wertvorstellungen zu seiner Zeit, gründete er 1928 die Muslimbruderschaft mit dem Ziel einer umfassenden Islamisierung der ägyptischen Gesellschaft. Er war sein Leben lang durch seine organisatorischen Leistungen, sein Engagement und seine Schriften der Garant für den Erfolg der Muslimbruderschaft, die unter seiner Ägide zu einer Massenbewegung mit hunderttausenden Mitgliedern anwuchs. Nach einer Phase der Militarisierung der Muslimbruderschaft und im Clinch mit britischer Verwaltung, ägyptischem Parla-

---

[123] Der moderne Islamismus in Deutschland ist nicht bloß massiv in transnationale Terrorismusnetzwerke eingebettet, sondern von ihnen intellektuell und personell-organisatorisch abhängig. Er ist damit kein genuin deutsches Phänomen, sondern das Ergebnis vielfältiger Migrationsprozesse, das erst in den letzten Jahren größere ideologische und personelle Unabhängigkeit entwickelte, so dass sich eine relativ eigenständige „deutsche" Szene herausgebildet hat. Aus diesem Grund erhalten die bedeutendsten islamistischen Vordenker, die in der Islam-Diaspora in Europa relevanten Figuren sowie die wichtigsten Personen aus dem deutschen Salafismus Aufmerksamkeit.

[124] Vgl. Gudrun Krämer, Hasan al-Banna, Oxford 2010.

ment und Königshaus wurde er 1949 – wahrscheinlich durch die ägyptische Geheimpolizei – erschossen. Hasan al-Banna ist bis in die Gegenwart hinein in vielerlei Hinsicht die übermächtige und paradigmatische Gründungsfigur der Muslimbruderschaft.

Yusuf al-Qaradawi[125] wurde 1926 in Ägypten nahe Tanta geboren und entstammt einer armen Familie. Die Hochbegabung des Jungen wurde in der Koranschule entdeckt. An der al-Azhar-Universität erhielt er eine Ausbildung zu einem Rechtsgelehrten. Mit 14 Jahren Mitglied der Muslimbruderschaft und in den 1950er Jahren deshalb mehrfach inhaftiert, emigrierte er 1961 nach Katar, wo er – bis heute von der Herrschaftsfamilie protegiert – eine herausragende gesellschaftliche Stellung genießt. Er durfte zu Beginn seiner Zeit in Katar das Schul- und Ausbildungswesen maßgeblich mitgestalten. Heute ist al-Qaradawi ein weltweit gefragter Theologe und Rechtsexperte, der als Medienprofi gilt und seit langem eine TV-Show namens „Scharia und Leben" im arabischsprachigen al-Jazeera-Netzwerk besitzt. Er ist nicht nur einflussreiches Mitglied der ägyptischen Muslimbruderschaft, deren Angebote, oberster Führer (Murshid) ihrer Organisation zu werden, er mehrfach ablehnte, sondern auch stark im Rahmen ihrer europäischen Ableger engagiert. Der Rechtsexperte in dem von ihm 1997 mitbegründeten Europäischen Rat für Fatwa und Forschung hat beträchtlichen Einfluss auf die Islam-Diaspora in Europa und ist Verfechter eines klar identifizierbaren islamischen Lebensweges.

Abu Musab al-Zarqawi[126], 1966 in Jordanien geboren, ist für die territoriale Ausdehnung und die Brutalität des „Islamischen Staates" stark verantwortlich. Er kam als jugendlicher Kleinkrimineller in den Kontakt des salafistischen Djihadismus von Abu Mohammed al-Maqdisi. Nach einem Interludium in einem jordanischen Gefängnis, aufgrund der Gründung einer terroristischen Vereinigung und freigekommen durch eine Generalamnestie des jordanischen Königs, brach er 1999 nach Afghanistan auf. Der Islamist erarbeitete sich schnell einen Spitzenplatz in der al-Qaida-Hierarchie. Auf Befehl von Bin Laden baute Zarqawi bereits ab Ende 2002 den Widerstand gegen den erwarteten Einmarsch der US-Truppen im Nordirak auf. 2004 leisteten er und seine Kampfgruppe den Treueeid auf Bin Laden, und es kam zur Gründung von al-Qaida im Irak. Die Reden und die terroristischen Praktiken dieser Gruppe unter der Führung von Zarqawi zeichnen sich seit je her durch äußerste Brutalität und eine enorme antischiitische Haltung aus, deren strategisches Ziel die Erreichung eines konfessionellen Bürgerkrieges im Land und die spätere Einrichtung eines Kalifats war. Gerade die damalige Nummer 2 der al-Qaida, Ayman al-Zawahiri, war ein scharfer Kritiker dieser Vorgehensweise. Im Juni 2006 wurde Zarqawi durch einen US-amerikanischen Luftangriff getötet, sein ideologisches und organisatorisches Erbe eines auf die Spitze getriebenen djihadistischen Militarismus lebt in der Form des „Islamischen Staates" und seines selbst ernannten Kalifats bis heute jedoch fort.

Osama bin Laden (1957/58–2011),[127] Sohn eines jemenitischen millionenschweren Bauunternehmers, wurde nicht eigens religiös ausgebildet. Der in Riad (Saudi-Arabien) Beheimatete wuchs in einem konservativen, religiös geprägten Umfeld auf; in seinem Elternhaus verkehrten

---

125 Vgl. Bettina Gräf/Jakob Skorgaard-Petersen (Hrsg.), Global Mufti. The Phenomenon of Yūsuf al Qaraḍāwī, London 2009.
126 Vgl. Jean-Charles Brisard, Zarqawi. The New Face of Al-Qaeda, New York 2005; Hasche (Anm. 16), S. 296–297; Neumann (Anm. 108), S. 76–79.
127 Vgl. Michael Scheuer, Osama bin Laden, Oxford 2011.

sowohl Geistliche als auch Islamisten. Ohne abgeschlossene Hochschulausbildung wurde bin Laden in den 1980er Jahre sukzessive zu einem wichtigen und weltweit bekannten Mitglied der arabischen Kampfgruppen im afghanischen Djihad gegen die sowjetische Besetzung. Lange im Schatten des palästinensischen Djihadisten Abdullah Yusuf Azzam (1941–1989) stehend, gründete bin Laden 1988 al-Qaida (die Basis); gemeinsam mit dem Ägypter Ayman al-Zawahiri (geboren 1951/derzeitiger al-Qaida-Chef) wuchs er zur Führungsfigur des transnationalen Djihadismus heran. Er entwickelte in seinen kurzen Schriften die Grundlage eines globalen Djihad, der gegen den Westen, Israel/die Zionisten sowie die als unislamisch empfundenen arabischen Staaten gerichtet war. Nachdem al-Qaida ab Mitte der 1990er ihre Ausbildungslager in Afghanistan unter dem Schutz der Taliban („Schüler") massiv hatte ausbauen können, verübte sie verschiedene Anschläge, die im Terrorakt des 11. September 2001 ihren Höhepunkt fanden. Nach der US-geführten Invasion Afghanistans versteckte sich bin Laden mehrere Jahre im afghanisch-pakistanischen Grenzgebiet, bis ihn im Mai 2011 US-amerikanische Eliteeinheiten im pakistanischen Abbottabat töteten. Lange besaß bin Laden in vielen islamischen Gebieten Heldenstatus im Kampf gegen die USA.

Eric Breininger[128], 1987 geboren und aus Neunkirchen (Saar) stammend, radikalisierte sich ab 2006 im Umfeld der Gruppierung *Islamische Djihad Union* und hatte Kontakt zu den 2007 festgenommenen Tätern der „Sauerland-Gruppe", die u. a. einen Sprengstoffanschlag auf den Regionalverkehr der Bahn planten. Nach einem kurzen Aufenthalt in Kairo zog es Breininger über den Iran in das afghanisch-pakistanische Grenzgebiet. Dort gründete er mit fünf anderen deutschen Kämpfern die Gruppe *Deutsche Taliban Mudjaheddin*. Nach mehrjähriger Teilnahme an Kampfhandlungen starb er im Mai 2010 bei Kämpfen mit pakistanischen Soldaten in der Nähe der pakistanischen Stadt Mir Ali. In den Jahren im afghanisch-pakistanischen Grenzgebiet war Breininger den deutschen Sicherheitsbehörden bekannt und mit seinen Propagandavideos gelangte er zu einiger Berühmtheit in den salafistisch-djihadistischen Kreisen. Ihm wird die posthum veröffentlichte, djihadistische Bekenntnisschrift „Mein Weg nach Jannah" zugeschrieben, in der er für dieses Spektrum auf paradigmatische Weise seinen biographischen Werdegang in den Djihad für den Sieg des Islam einbettet.

Hassan Dabbagh (geboren 1972)[129] gilt als – bis heute einflussreicher – Pionier des deutschen Salafismus. Der Deutsch-Syrer ist Imam der Leipziger al-Rahman-Moschee und begann in den 1990er Jahren mit dem Aufbau salafistischer Strukturen in Deutschland. Bereits damals nutze Dabbagh das ambivalente Interesse der deutschen Medienlandschaft am zunächst sehr unbekannten Phänomen des Salafismus – er war umstrittener, aber auch regelmäßig nachgefragter Talkshow-Gast. Mit Blick auf seine Ideologie predigt Dabbagh einen puristischen Salafismus, der eine strikte, religiös-dominierte und von der deutschen Gesellschaft distanzierte Lebensweise vorschreibt. Er lehnt jedoch den Terror gegen Zivilisten ab und spricht sich häufiger gegen

---

128 Vgl. Dirk Baehr, Der deutsche Salafismus. Vom puristisch-salafistischen Denken eines Hasan Dabbaghs bis zum jihadistischen Salafismus von Eric Breininger, München 2011; ders., Salafistische Propaganda im Internet. Von der reinen Mission bis zum bedingungslosen Jihad – Die wesentlichen ideentheoretischen Unterschiede unter den salafistischen Strömungen in Deutschland, in: Magdeburger Journal zur Sicherheitsforschung 2 (2012), H. 4, S. 236–269; Wiedl (Anm. 92); Judith Faessler, Biographisches Porträt: Eric Breininger, in: Backes/Gallus/Jesse (Anm. 80), S. 186–203.
129 Vgl. Wiedl (Anm. 92) und Kraetzer (Anm. 87), S. 124–132.

einen djihadistischen Gewalteinsatz aus. Dabbagh ist weiterhin gut vernetzt und als Prediger bundesweit tätig, größerer medialer Einfluss fehlt ihm derzeit jedoch.

Sven Lau[130], 1980 in Mönchengladbach geboren, ein ehemaliger Feuerwehrmann, muss sich seit Oktober 2016 vor dem Düsseldorfer Oberlandesgericht gegen den Vorwurf der Unterstützung der syrischen Kampfgruppe JAMWA (Jaish al-Mudjaheddin wa al-Ansar/Die Armee der Mudjaheddin und ihre Helfer) verteidigen, der er über Mittelsmänner eigens beschaffte Nachtsichtgeräte geliefert haben soll. Lau, der nach seiner Konversion zum Islam im Bereich der salafistischen Missionierung und im Rahmen von Moscheeauftritten lange eng mit Pierre Vogel zusammenarbeitete, gehörte aufgrund seines kumpelhaft-jugendlichen Auftretens zu den medialen Stars der deutschen Salafisten-Szene. Neben der Mitarbeit im mittlerweile aufgelösten und von ihm sowie Vogel gegründeten Verein „Einladung zum Paradies" wurde Lau vor allem durch seine Federführung bei den medial wirksamen Auftritten der selbst ernannten Scharia-Polizei im September 2014 in Wuppertal bundesweit bekannt.

Ibrahim Abou-Nagie (geboren 1964)[131] stammt aus den palästinensischen Gebieten und zählt zum extremen Flügel des Salafismus in Deutschland, da er sowohl im Sinne des *Takfir*-Denkens nicht-salafistischen Muslimen den Status als Muslimen abspricht als auch ein sehr ambivalentes Verhältnis gegenüber djihadistischer Gewaltwendung besitzt. Nach seiner Einbürgerung als Deutscher 1994 zunächst wohlhabender Unternehmer, bekannte er sich Ende der 1990er zum Salafismus. 2005 gründete er den Verein *Die Wahre Religion*, verfügt zwar über keine formaltheologische Ausbildung, ist jedoch höchst umtriebig in der salafistischen Missionierungsarbeit (federführend bei der Durchführung der Koranverteilungsaktion „Lies!"). Wegen inhaltlicher Streitigkeiten (Abou-Nagie wird die Nähe zu djihadistischem Gedankengut nachgesagt) distanzierte sich einer seiner engsten Mitstreiter, Pierre Vogel, im Februar 2008 von ihm. Abou-Nagie wurde im Februar 2016 wegen Sozialbetrugs zu einer Geldstrafe von 54.000 Euro verurteilt. Während der Verein *Die Wahre Religion* und die Koran-Verteil-Aktion „Lies!" inzwischen verboten sind, soll er sich in Malaysia aufhalten, um die Internationalisierung seiner Missionsarbeit voranzutreiben.

Abu Mohammed al-Maqdisi[132], um 1959 in Barqa, einem Dorf bei Nablus in der Westbank, geboren, ist einer der führenden Vordenker des militanten Salafismus. In den 1970er und 1980er Jahren im Irak, Kuwait und Saudi-Arabien islamisch ausgebildet, verschrieb er sich dem Wahhabismus. Sein zentrales Werk ist das 1984 fertiggestellte *Millatu Ibrahim* (Die Religion Abrahams), in welchem er das wirkmächtige salafistische Konzept des *Wala wa al-Bara* (Loyalität und Verleugnung) entwickelte, das eine unbedingte Loyalität gegenüber dem einzigen Souverän Allah und seinen Gesetzen sowie eine strikte Trennung von allen anderen Einflüssen vorschreibt. Von diesen Überlegungen aus entwickelte er scharfe Ablehnungen jeglicher nicht-islamischer, also zumeist westlicher politischer Herrschaftskonzepte. Er leitet daraus

---

130 Vgl. Sarhan/Rudolph (Anm. 80), S. 178 f.; Grande/Hirschmann/Schmitz (Anm. 114), S. 25 f.
131 Siehe Wiedl (Anm. 92) und Kraetzer (Anm. 87), S. 133–162.
132 Vgl. Joas Wagemakers, Abu Muhammad al-Maqdisi. A Counter-Terrorism Asset?, unter: https://www.ctc.usma.edu/posts/abu-muhammad-al-maqdisi-a-counter-terrorism-asset (20. April 2017) sowie ders., The Transformation of a Radical Concept: al-wala wa-l-bara in the Ideology of Muhammad Abu al-Maqdisi, in: Roel Meijer (Hrsg.), Global Salafism. Islam's New Religious Movement, London 2009, S. 81–106.

den unbedingten Kampf gegen die vom ursprünglichen Glauben abgefallenen arabisch-islamischen Regime, den nahen Feind, ab. Er lehnt den Kampf gegen den fernen Feind, vor allem der Westen und Israel, nicht ab, hält aber den Sieg über die Herrschaftssysteme der arabischen Welt für den ersten und entscheidenden Schritt im Kampf für den Islam und die Einrichtung einer wahren islamischen Ordnung.

Sayyid Qutb (1906–1966)[133], im ägyptischen Dorf Musha in eine wohlhabende Familie geboren, ähnelte mit seinem Lebenslauf zunächst demjenigen Hassan al-Bannas. Auch Qutb wurde nach Koran- und weiterführender Schule zum Grundschullehrer ausgebildet. Er war jedoch parallel dazu als Schriftsteller und Essayist tätig und artikulierte erst Ende der 1940er Jahre vermehrt islamische Themen. Nach einem durch die ägyptische Schulbehörde finanzierten Aufenthalt in den USA von 1948 bis 1950 verschrieb sich Qutb dem Islam als Gegenstand seiner theologisch-gesellschaftlichen Schriften. 1953 zum Chef der Propagandaabteilung der Muslimbruderschaft avanciert, wurde Qutb nach dem Bruch der Bruderschaft mit dem charismatischen ägyptischen Präsidenten Nasser zu mehreren langjährigen Haftstrafen verurteilt; seine Schriften radikalisierten sich zunehmend. Dies führte so weit, dass er die gesamte nicht-islamische sowie große Bereiche der islamischen Welt als *Djahiliyya* (Epoche der vorislamischen Ignoranz) ablehnte und das Konzept der unumstößlichen Herrschaft Gottes (*Hakimiyyat Allah*) entwickelte. 1966 wurde Qutb durch die ägyptische Führung zum Tode verurteilt. Das verlieh ihm und seinen Schriften einen bis heute anhaltenden, ikonischen Status.

Tariq Ramadan[134] ist für die Entstehung des europäischen und deutschen Islamismus von zentraler Bedeutung. Er war der Schwiegersohn Hasan al-Bannas, Said Ramadan (1926–1995). So ist es wenig verwunderlich, dass dessen Sohn, Tariq Ramadan (1962 geboren in Genf), eine ebenso prominente Stellung im europäischen Islamismus einnahm. Er hat gegenwärtig verschiedene, internationale Positionen in der Wissenschaft inne, u. a. eine vom Emirat Katar finanzierte Professur für Islamische Gegenwartsstudien an der Oxford University. In öffentlichen Aussagen hat er stets betont, er und sein intellektuelles Wirken seien in enger Verbindung mit der Familientradition eines sendungsbewussten Auftretens für den Islam zu sehen. Ramadan begründete in den 1990er Jahren eine muslimische Vereinigung in der Schweiz und war gefragter Redner für die Union Islamischer Organisationen in Frankreich, die enge Verbindungen zum europäischen Netzwerk der Muslimbruderschaft besitzt. Nach langer Tätigkeit in Frankreich und einigen medienwirksamen Kontroversen mit französischen Intellektuellen und Politikern (etwa mit dem damaligen Innenminister Nicolas Sarkozy) kehrte er in die Schweiz zurück. Er steht in der Kritik, persönliche und finanzielle Beziehungen zu djihadistischen Personen und Organisationen zu besitzen, die djihadistischen Aspekte des Schreibens und Wirkens seines Großvaters Hasan al-Bannas zu ignorieren und sich nur vage zur Integration des Islam in Europa zu artikulieren. Was er als Reform-Islam tituliert, bezeichnen seine Kritiker als schleichende Islamisierung. Neben öffentlichen Auftritten, politischen Beratungstätigkeiten und seiner Lehre in Oxford zeichnet ihn seine publizistische Tätigkeit aus.

---

133 Vgl. John Calvert, Sayyid Qutb and the Origins of Radical Islamism, London 2010.
134 Vgl. Caroline Fourest, Brother Tariq. The Double-Speak of Tariq Ramadan, New York 2008; Bassam Tibi, Euro-Islam: An Alternative to Islamization and Ethnicity of Fear, in: Zeyno Baran (Hrsg.), The Other Muslims. Moderate and Secular, New York 2010, S. 157–174; http://tariqramadan.com/english (20. April 2017).

Pierre Vogel[135], 1976 im nordrhein-westfälischen Frechen geboren und im Jahr 2006 Jugendimam in Abou-Nagies Missionsgruppe „Die wahre Religion" geworden, gründete nach der Abkehr von seinem Mentor – im Jahr 2009 – mit Sven Lau den eingetragenen Verein „Einladung zum Paradies". Vogel durchlief von 2001 bis 2005 ein Studium an der Universität Mekka in Saudi-Arabien. Die derzeit aktivste Person und das öffentlich prominenteste Gesicht der salafistischen Szene nutzt regelmäßig größere öffentliche Kundgebungen für die Darstellung seiner religiösen Überzeugungen. Ideologisch übernahm er vor allem die theologischen Überlegungen des salafistischen Vordenkers Nasir ad-Din al-Albani (1914–1999). In seinen Auftritten inszeniert er sich als jugendnaher und mit den typischen Lebensproblemen junger Menschen vertrauter Prediger, der die Alternative eines klaren und moralisch überlegenen islamischen Lebensweges darbietet: „Hiermit vermitteln Salafisten wie Vogel eine klar vorgegebene Lebensform, die für manche Jugendliche hilfreich zu sein scheint, um nicht wieder ins kleinkriminelle Milieu abzurutschen."[136] Des Weiteren fordert Vogel Konvertiten den Bruch mit der falschen Religiosität der Herkunftsfamilie und dem persönlichen Umfeld ab. Er arbeitet oftmals mit Themen der Diskriminierung und Verfolgung von Muslimen. Aufgrund der zahlreichen persönlichen Brüche im deutschen Salafismus, dem Verbot vieler Vereine und der Aktionsplattform „Lies!" sowie der Inhaftierung von Sven Lau versucht Vogel als Hintermann der neuen Kampagne *We love Mohammed*, die bereits in mehreren Bundesländern aktiv war, massiv zu missionieren.

7 Publikationen aus dem Spektrum[137]

Marwan Abou-Taam/Ruth Bigalke (Hrsg.): Die Reden des Osama bin Laden. Kreuzlingen/ München 2006 – Diese Zusammenstellung wichtiger Veröffentlichungen Osama bin Ladens gibt einen Einblick in das Denken und in die Weltsicht des langjährigen Chefideologen und -strategen des global ausgerichteten Djihadismus. Dabei arbeiten die Herausgeber überzeugend den spezifischen Charakter seiner Texte heraus. Im Vergleich zu den übrigen Vordenkern des Islamismus, wie al-Banna, Qutb und al-Qaradawi, zeichnet sich die fehlende formaltheologische Ausbildung bin Ladens ab. Zwar kleidet er seine Argumentationen, Drohungen und Forderungen in eine theologische Sprache, ahmt den Stil der Rechtsgelehrten aber lediglich nach und referiert Koran-Zitate, Aussprüche des Propheten und selektive Momente der islamischen

---

135 Vgl. Marwan Abou-Taam, Vogel – Prediger gegen Integration und Demokratie: Die Inszenierung Pierre Vogels als salafistisches Medium, in: Deutsche Polizei 61 (2011) H. 8, S. 28–35; Kraetzer (Anm. 87), S. 133–162; Annika Lindow, Salafismus in Deutschland – sein deutscher Prediger Pierre Vogel, Nordhausen 2014.
136 Baehr (Anm. 128), S. 21.
137 Islamistische Ideen verbreiten sich vornehmlich über das Internet, besonders in den sozialen Medien, ebenso bei Auftritten führender Prediger und Unterstützungsvereine sowie über Werbe-DVDs, Infobroschüren und Flyer. Besondere Relevanz kommt der transnational adressierten, djihadistischen Propaganda in den sozialen Medien zu, die etwa die Gewalttaten des IS verherrlicht. Prominente Prediger wie Pierre Vogel setzen überdies auf die Wirkung öffentlicher Reden, Auftritte und Koran-Verteilaktionen, um neue Anhänger zu gewinnen. Diese relativ fluide Literatur des „Islamismus" in Deutschland ist kaum systematisch – weder durch die Wissenschaft noch durch die Sicherheitsbehörden – erfasst oder gar aufgearbeitet worden. Daher umfasst die Publikationsliste einige Monografien der Gründungsfiguren des modernen Islamismus, Textsammlungen, die einen hilfreichen Einstieg in die Ideologie des Islamismus bieten, und zentrale deutsch- wie englischsprachige Onlinemagazine aus dem salafistischen und djiahdistischen Milieu.

Geschichte. Dies gelingt ihm allenfalls in rudimentärer Weise, so dass seine Texte vor allem die Züge einer Kampfschrift oder eines Pamphlets tragen. Seine inhaltlichen Forderungen sind maximalistisch, sprechen vom allumfassenden Sieg des Islam über den Westen, von den arabisch-islamischen Regimen sowie Israel. Dabei betont er – zur Rechtfertigung der Tötung Unschuldiger – stets die vorausgegangene Aggression der nicht-islamischen Welt.

Yusuf al-Qaradawi: Erlaubtes und Verbotenes im Islam, München 1989 – Das Buch richtet sich an Muslime in westlichen Ländern und soll ihnen als detaillierter Wegweiser für die korrekte islamische Lebensführung dienen. Al-Qaradawi stellt dabei zwei Kategorien des islamischen Rechts – Halal (Erlaubtes) und Haram (Verbotenes) – in den Mittelpunkt seiner Ausführungen. Beide sieht er als zentrale Bestandteile der Scharia an, die als umfassendes islamisches Rechtssystem fungiert. Das Buch hat nicht den Charakter einer Programmatik für eine Massenbewegung wie bei al-Banna. Es drückt auch nicht das kosmologische Ringen eines verzweifelten Islamgelehrten mit den Wirrungen der modernen Welt wie bei Qutb aus. Vielmehr artikuliert sich in „Erlaubtes und Verbotenes" der Islamismus einer neuen, stärker mit der modernen Welt verbundenen Generation. Der Islam ist in den 1970er und 1980er Jahren in den westlichen Einwanderungsgesellschaften angekommen. Al-Qaradawi sieht es als religiös geboten an, diesen Muslimen eine klare, mit den Methoden der klassischen Fiqh-Orthodoxie entwickelte Regellehre für einen islamischen Lebensstil darzulegen. Dies erstrecke sich auf das Privatleben, Ehe, Familie und tägliche Belange.

Roxanne L. Euben/Muhammad Qasim Zaman (Hrsg.): Princeton Readings in Islamist Thought. Texts and Contexts from al-Banna to Bin Laden, Princeton/Oxford 2009 – Die Stärke dieser Sammlung von ins Englische übersetzen Originalbeiträgen führender Islamisten des 20. Jahrhunderts liegt in ihrer umfangreichen ideengeschichtlichen Einführung in die Entstehung und Genese des islamistischen Denkens. Denn es bleibt bis heute eine wichtige wissenschaftliche Aufgabe, den Islamismus in die vielschichtigen Geistestraditionen der islamischen Zivilisation einzuordnen. Weiterhin werden 19 Schriftsteller und einige ihrer Texte exemplarisch aufgeführt, biographisch und werktechnisch eingeleitet und schließlich interpretiert. Diese Darstellungen reichen von al-Banna bis in die Gegenwart und sind in fünf große Themengebiete unterteilt: den Beginn des Islamismus, islamistische Politik- und Staatsvorstellungen, Islamismus und Geschlecht, Gewalt, Aktivismus und Djihad sowie globaler Djihad. Aufgrund dieses systematischen Zugangs ist der Band hervorragend für einen Einstieg in das komplexe islamistische Denken geeignet.

Sayyid Qutb: Zeichen auf dem Weg, Köln 2005 – Sayyid Qutbs zuerst 1965 auf Arabisch veröffentlichte Schrift schließt an den von al-Banna eröffneten Weg des intellektuellen Islamismus an. Qutb, der das Verhältnis zwischen dem von ihm gekennzeichneten islamischen Weg und der ihn umgebenden nicht-islamischen bzw. unislamischen Welt zuspitzt, verfällt einem ultimativen Rigorismus. Den wahren Islam habe es nur in den ersten, von ihm als koranisch bezeichneten Generationen von Muslimen gegeben. Bereits unmittelbar darauf sei es zu einer Verunreinigung des islamischen Glaubens gekommen. Dieser Prozess münde gegenwärtig in das Zeitalter der sogenannten *Djahiliyya* (die vorislamische Zeit/das Zeitalter der vorislamischen Ignoranz), in der nicht nur die nicht-islamische, sondern auch die islamische Welt selbst ignorant gegenüber der eigentlichen Botschaft des Islam geworden sei. Um diesen Missstand zu beheben, müsse die islamische Scharia angewendet werden, die Qutb zu einem kosmologisch verankerten, allumfassenden – und kämpferischen – Lebensweg stilisiert, der allein die wahre Stärke der Zivilisation des Islam wiederherzustellen vermöge.

Charles Wendell (Hrsg.): Five Tracts of Ḥasan Al-Bannā (1906–1949). A Selection from the Majmūʻat Rasāʼil al-Imām al-Shāhid Ḥasan Al-Bannā, Berkeley u. a. 1978 – Diese mit einer detaillierten Einführung in Denken und Leben al-Bannas versehene Textsammlung gibt einen hervorragenden Einblick in seine fünf wichtigsten Aufsätze. Hasan al-Banna veröffentlichte Zeit seines Lebens vor allem kleinere, essayistische Schriften, die sich – in pointiertem Stil – an die wachsende Zahl an Mitgliedern und Sympathisanten der Muslimbruderschaft richteten und über die Organe der Bewegung veröffentlicht wurden. Der Essay „Unsere Mission" verkündet die progammatische Neuausrichtung des islamistischen Denkens zu Beginn des 20. Jahrhunderts. Der Islam gerät hier zu einem allumfassenden Konzept für alle Belange des Lebens, zu einer ganzheitlichen Sichtweise. Die darin zum Ausdruck kommende Auffassung legte den Grundstein für den heutigen Islamismus als politisch-religiöse Ideologie. In „Über den Djihad" kennzeichnet al-Banna den Djihad als individuelle Pflicht jedes Muslim. Dabei setzt er sich mit den traditionellen Bedeutungen des Begriffs auseinander, bereitet jedoch ideologisch den Weg für die Entwicklung des modernen Djihadismus – durch die übermäßige Betonung des gewaltsamen Einsatzes für die Mission des Islam.

DiewahreReligion.de[138] – Bis zum Verbot des durch Abou-Nagie geführten Vereins „Die wahre Religion" und ihrer Koran-Verteilungsaktion „Lies!" erschloss sich auf dieser dem äußeren Anschein nach neutralen Informationsplattform über die Religion des Islam der strikt missionarische Charakter der deutschsprachigen Präsenz des Salafismus erst nach genauerem Hinsehen. Es ging dieser Homepage weniger um eine Informationsdarstellung als um die Konversion deutscher Nicht-Muslime zum Islam. Dafür war sie sowohl wirkmächtig als auch typisch für eine internetbasierte Anlaufstelle des deutschen Salafismus, ergänzt um ein eigens eingerichtetes „Konversionstelefon". Darüber hinaus verlinkte dieses Eingangsportal zum eigenen Youtube-Kanal sowie zum Facebook-Profil der Salafisten rund um Hassan Dabbagh. Es verfügte eigens über Islam-Informationen für Frauen und Kinder. Der Onlineauftritt war als zentrales Einstiegsportal zu verstehen, da Nutzer über diese Seite einerseits zu einem salafistischen Online-Shop für Bücher und Zeitschriften gelangten, andererseits über die verlinkten Angebote auf Youtube und Facebook weitere salafistische Medienplattformen erreichen konnten. Zentrales Verbotsargument für den Bundesinnenminister war der Umstand, dass 140 Personen in das Kampfgebiet Syrien/Irak ausgereist sind, nachdem sie an Aktionen der „Lies!"-Kampagne teilgenommen hatten.

Dabiq, Rumiyah und Inspire[139] – Der selbst ernannte „Islamische Staat" hat nach dem Juli 2014 15 Ausgaben seines im Stile eines Hochglanzmagazins gestalteten Online-Magazins Dabiq veröffentlicht. Der Begriff *Dabiq* steht – ganz im Sinne des apokalyptischen Religionsver-

---

138 Ehemals erreichbar unter http://diewahrereligion.de/jwplayer/index.htm (nach Vereinsverbot kein Zugriff mehr möglich); vgl. http://www.bmi.bund.de/SharedDocs/Pressemitteilungen/DE/2016/11/vereinsverbot-dwr.html (20. April 2017).
139 Englischsprachige Fassungen der Magazine sind kommentiert und interpretiert erhältlich unter: www.jihadology.net sowie http://www.clarionproject.org/news/islamic-state-isis-isil-propaganda-magazine-dabiq.

ständnisses der Terrororganisation – für einen Ort in Nordsyrien, an dem die finale Schlacht zwischen Muslimen und Nicht-Muslimen erwartet wird. Seit dem September 2016 bringt der „Islamische Staat" ein weiteres PDF-Magazin heraus: *Rumiyah* (Rom), das mit seinem Namen auf den eigens verstandenen Wettstreit mit dem gehassten Christentum und dem westlichen Abendland zielt und mittlerweile in sieben Ausgaben erschienen ist. Diese djihadistischen Publikationen spiegeln alle Facetten des Selbstverständnisses des „IS" und seiner Propaganda als Einsatz für die Sache des „wahren Islam" wider; nicht zuletzt deshalb kommentiert und glorifiziert sie wiederkehrend die eigenen Terroranschläge der vergangenen Jahre. Sie legt Wert auf die Übermittlung der theologisch-militanten Ideologie des „Islamischen Staates". Das in einem ganz ähnlichen Hochglanz-Stil verfasste Magazin *Inspire*, herausgegeben von al-Qaida auf der Arabischen Halbinsel, ist bisher in 15 Ausgaben erschienen. Als Propaganda-Instrument im Rahmen der Kriege, in denen al-Qaida-Gruppierungen involviert sind, glorifiziert dieses Onlineblatt Märtyrer von al-Qaida, sammelt Tipps für das Vollstrecken von Terroranschlägen verschiedener Größenordnung und huldigt in verschiedenen Formaten dem Gründungsvater Osama bin Laden. Alle drei zentralen Publikationen des transnationalen Djihadismus erscheinen in der Regel auf Arabisch, Englisch und sogar teilweise auf Deutsch, Englisch, Französisch, Russisch und Türkisch, um möglichst viele ausländische Sympathisanten zu erreichen.

8 Kommentierte Auswahlbibliographie

„Current Trends in Islamist Ideology"[140] – Das in Washington D.C. ansässige Hudson Institute bietet mit seinem Teilprojekt „Current Trends in Islamist Ideology" in regelmäßigen Abständen umfangreiche Analysen zu aktuellen Debattensträngen im transnationalen Islamismus bzw. detaillierte Einblicke in aktuelle wissenschaftliche Forschungsstränge über den Islamismus. Die Beiträge, stets von Experten zur MENA-Region (Middle East and North Africa) und zum politischen Islam verfasst, ermöglichen eine hervorragende Recherchemöglichkeit zu gegenwärtigen Trends in diesem Spektrum. Bis heute sind 21 Ausgaben des frei erhältlichen Online-Magazins veröffentlicht.

Khosrokhavar, Farhad: Radikalisierung, Hamburg 2016 – Frankreich ist in Europa dasjenige Land, aus dem die meisten Djihadisten in das Kriegsgebiet Syiren/Irak ausreisen und das mit den Anschlägen in Paris im November 2015 und in Nizza im Juli 2016 von Gewaltakten größerer Ordnung in seinen Grundfesten erschüttert wurde. Umso wichtiger ist es, dass der iranisch-französische Soziologe Khosrokhavar in seiner Studie detailliert die Radikalisierungswege französischer Muslime analysiert. Er setzt begrifflich wie historisch die Radikalisierung von Muslimen mit anderen Phasen von Radikalisierung – wie der linksextremen Gewalt der 1970er und 1980er – in Verbindung und trägt so zur besseren Einordnung und Analyse bei. Zugleich identifiziert er anhand seiner Forschungen als Soziologe typische Radikalisierungspfade, befasst er sich stark mit dem Salafismus sowie der Radikalisierung in Gefängnissen und

---

140 Vgl. http://www.hudson.org/policycenters/6-current-trends-in-islamist-ideology.

beleuchtet die Präventionsproblematik wie die wenig erforschte Rolle von Frauen im Djihadismus.

Lohlker, Rüdiger: Dschihadismus. Materialien, Wien 2009 – Der Wiener Islamwissenschaftler Lohlker präsentiert auf anschauliche und präzise Art die historische und theologische Bedeutung ausgewählter djihadistischer Primärmaterialien – von Texten und Audiobotschaften Osama bin Ladens über heroisierende Kampflieder (*Naschids*) bis hin zu Internetforen über den gewaltsamen Widerstand gegen die britische und US-amerikanische Invasion des Iraks 2003. Was ihm dabei gelingt, ist ein angenehm gelehrsamer und durchaus unterhaltsamer Stil. Im Sinne eines Lehr- und Unterrichtsbuches verzichtet Lohlker, ohne je unwissenschaftlich zu werden, auf komplexe Methodiken und Theorien. Er schafft es, erhellende Schlaglichter auf die Terminologie und Systematik des modernen Djihadismus – gerade von al Qaida – zu werfen. So entsteht ein tiefergehendes Verständnis dieses weltpolitisch relevanten Phänomens.

Lohlker, Rüdiger: Theologie der Gewalt. Das Beispiel IS, Wien 2016 – Seinen unprätentiös-präzisen Stil und sein Gespür für die theologischen Dimensionen der zeitgenössischen djihadistischen Ideologie vermag Lohlker ansatzlos in seiner Erörterung der Publikationen, Videos und Social Media Präsenzen des IS fortzusetzen. Mit einem vehementen und immanent wichtigen Plädoyer für eine umfassende theologisch-islamwissenschaftliche Analyse des Djihadismus gibt Lohlker seiner Studie den Titel einer „Theologie der Gewalt". Ungeachtet der Wichtigkeit politologischer oder soziologischer Analysen des IS, macht er auf herausragende Art und Weise deutlich, der Sinn- und Wirkungsgehalt der Propaganda des IS könne nur als eine primär theologisch gerahmte und konnotierte Botschaft adäquat verstanden werden. Aus dieser Perspektive heraus schildert er sukzessive und anhand eindrücklicher Dokumente, Videos und Texte die zentralen Themen des IS: Gewaltlegitimation, politische Ordnung (Kalifat), Verwaltung und Organisation des Kampfes und Terrors, die Rolle der Frau – einschließlich Sklaverei und Maskulinität im Sinne der vollständigen Beherrschung der Frau – geraten so in scharfe Abgrenzung zum verhassten liberalen Westen.

Maher, Shiraz: Salafi-Jihadism. The History of an Idea, New York 2016 – Ausgehend von der theologisch präzisen und in salafistischen Kreisen weltweit äußerst wirkmächtig inszenierten Ausrufung des Kalifats durch den bis dahin an der Spitze des IS stehenden und selbst ernannten Kalifen, den Iraker und ehemaligen Offizier der Armee Saddam Husseins, Abu Bakr al-Baghdadi, entwickelt Maher eine ideengeschichtliche Analyse der Ideologie des salafistischen Djihadismus. Gruppiert entlang von fünf Hauptbegriffen des militanten Salafismus (*Djihad*, *Takfir*, *al-Wala wa al-Bara*/Loyalität und Verleugnung, *Tauhid* und *Hakimiyya*/Herrschaft), zeigt Maher die engen Verbindungen von Salafismus und wahhabitischer Lehre sowie die internationale Verflechtung zentraler salafi-djihadistischer Vordenker und Kampfgruppen auf.

Mansour, Ahmad: Generation Allah. Warum wir im Kampf gegen religiösen Extremismus umdenken müssen, Bonn 2016 – Der in Berlin lebende Diplom-Psychologe Ahmad Mansour, ein arabischer Israeli, verbindet in seiner große Resonanz hervorrufenden Publikation eigene Anekdoten und zahlreiche Erfahrungen mit radikalisierten muslimischen Personen mit einem engagierten Plädoyer für ein Umdenken in der deutschen Präventionsarbeit. Mit großer Kenntnis und enormem Einfühlungsvermögen in die Lebenswelten von Jugendlichen und jungen Erwachsenen, die sich im salafistischen Milieu Deutschlands radikalisierten, verdeutlicht Mansour anhand ausgewählter Fallschilderungen, welche individuell-psychologischen und familiären Umstände in den Extremismus führen können. Vor allem weist er mit seinen Kenntnissen aus der Praxis der De-Radikalisierungsarbeit nach, wie die Authentizität salafistischer Prediger die Radikalisierung junger Menschen beschleunigt, und wie weit die derzeitige Aufklärungsarbeit von der Lebenswelt gefährdeter Jugendlicher entfernt ist. Deshalb fordert Mansour eine praxisnähere, psychologisch-pädagogisch fundiertere sowie mit mehr finanziellen Mitteln ausgestattete Präventionsarbeit, um den Verlockungen des religiösen Extremismus entgegenwirken zu können.

Neumann, Peter R.: Die neuen Dschihadisten. IS, Europa und die nächste Welle des Terrorismus, Berlin 2015 – Der in London tätige Politikwissenschaftler Neumann bettet in seiner Untersuchung den islamistischen Terrorismus des „Islamischen Staates" in die moderne Zeitgeschichte des Terrorismus ein. Die religiös motivierte „vierte Welle" des Terrorismus – nach dem Anarchismus, dem Antikolonialismus und dem Linksterrorismus – hat lange Zeit al-Qaida dominiert, die nun jedoch teilweise durch den „Islamischen Staat" abgelöst wird. Als Alleinstellungsmerkmale des Djihadismus eines IS arbeitet Neumann die große Zahl von Auslandskämpfern, den komplexen Unterstützungskreis jenseits direkter Kampfbeteiligung und den brutalen innerdjihadistischen Kampf zwischen al-Qaida, al-Nusra und IS heraus. Diese gefährliche Dynamik der „neuen Dschihadisten" lasse sich nur durch die Verzahnung von Außenpolitik der westlichen Staaten, ihrer innerstaatlichen Terrorismusbekämpfung und Polizeiarbeit sowie der Verbesserung nationaler Präventionsangebote abschwächen.

Rohe, Mathias: Der Islam in Deutschland. Eine Bestandsaufnahme, München 2016 – Der an der Universität Erlangen-Nürnberg lehrende Jurist und Islamwissenschaftler Mathias Rohe stellt mit Blick auf den deutschen Buchmarkt und den Islam in Deutschland nahezu sämtliche Facetten muslimischen Lebens in der Bundesrepublik dar. Eingeleitet anhand von historischen Überlegungen über die Beziehungen des Islam zu Europa und später dem Islam und Deutschland, gelingt dem Band, was der Untertitel verspricht: eine umfangreiche und thematisch sortierte Bestandsaufnahme. Ausgehend von der muslimischen Migrationsgeschichte nach Deutschland seit der Nachkriegszeit porträtiert Rohe die zahlreichen Gemeinschaften, Moscheevereine und Organisationen des muslimischen Lebens in Deutschland. Nach einer umfassenden Darstellung der Verbindungen von muslimischem Alltag und Religionspraxis sowie dem deutschen Recht, in dem er vor allem den seiner Meinung nach unbegründeten Sorgen vor einer Islamisierung Deutschlands entgegenwirken will, widmet er sich im Schlusskapitel Themen der öffentlichen Auseinandersetzung: Geschlechterrollen im Islam, Islam und Demokratie sowie dem islamischen Antisemitismus. Rohe bietet damit zweierlei: ein umfassendes Kompendium über den Islam in Deutschland mit historischem Tiefgang und ein nüchtern-rechtliches Plädoyer für ein angstfreies und vorurteilsloses Bild vom Islam.

Schulze, Reinhard: Geschichte der islamischen Welt. Von 1900 bis zur Gegenwart, München 2016 – In der umfangreich überarbeiteten und signifikant erweiterten Neuauflage seines 1994 erstmalig veröffentlichten Werkes schafft es der in Bern lehrende Islamwissenschaftler auf beispielhafte Weise, die historischen Entwicklungen der muslimischen Staaten und Gesellschaften im Anschluss an das „lange 19. Jahrhundert" darzustellen. Auch wenn er aus europäisch-westlicher Perspektive kein strittiges Thema auslässt und nach den Staatenbildungsprozessen der arabischen, indischen, persischen und türkischen Gebiete im Anschluss an den Zerfall des osmanischen Reiches Themen der Rivalität zwischen Iran und Saudi-Arabien, die Entstehung des militanten Islamismus und den Niedergang des arabischen Nationalismus als Leitideologie erörtert, macht er von Anfang bis Ende seines monumentalen Werkes deutlich, dass ein besseres Verständnis und ein neuer Respekt für die Eigendynamik der islamischen Welt das Ziel seiner Darstellung ist. Daher schafft er es auch, weder eine Orientalismus-Kritik und in diesem Sinne vor allem eine europaskeptische Sicht, noch eine islamophile Sichtweise einzunehmen, die apologetisch oder gar kulturrelativistisch alle gesellschaftlichen Entwicklungen in der islamischen Welt umstandslos gutheißt. Im Gegenteil: Durch das Ende seiner historischen Studie, in der er die Konsequenzen und den Verlauf des „Arabischen Frühlings" sowie den anschließenden Aufstieg des „Islamischen Staates" in den Mittelpunkt stellt, zeigt er die Brüche und Verbindungslinien zwischen Europa – als alter Kolonialmacht – und der islamischen Welt auf.

Tibi, Bassam: Islamism and Islam, New Haven/London, 2012 – Am Ende seiner akademischen Karriere befasst sich der aus Damaskus stammende und lange in Göttingen lehrende Islamologe Bassam Tibi mit der analytischen wie sozialen Differenz von Islam und Islamismus. Ausgehend von der Feststellung, eine tragfähige Kritik an der politischen Ideologie des Islamismus lasse sich nur dann sinnvoll formulieren, wenn man diese und ihre Bewegungen von der Religion und Zivilisation des Islam trenne, erörtert Tibi Dimensionen, in denen er diesen Differenzen nachspürt: politische Ordnung, Antisemitismus, Demokratie, Gewalt, Scharia/islamisches Recht, Authentizität und Reinheit sowie abschließend Totalitarismus. In der Summe zeigt Tibi auf, durch welche historischen, sozialen und theologischen Aspekte Islam und Islamismus sich voneinander trennen lassen. Er ermöglicht so den Blick auf einen zivilen Islam, der durch Ethik und religiöse Toleranz mit den semantischen wie strukturellen Bedingungen einer globalisierten Moderne in Einklang gebracht werden kann.

KAPITEL XI
LINKS- UND RECHTSTERRORISMUS IN DER BUNDESREPUBLIK DEUTSCHLAND

Alexander Straßner

1 Historische Entwicklung

Im Gegensatz zu anderen europäischen Staaten war die junge Bundesrepublik erst relativ spät mit terroristischen Herausforderungen konfrontiert. Eine eng am Staat ausgerichtete politische Philosophie, inspiriert von Friedrich Wilhelm Hegel, hatte die politische Kultur des Landes etwa im Gegensatz zu Frankreich gegenüber revolutionären Aufstandsszenarien imprägniert. Als sie dann Einzug hielten, brachen sie sich teilweise umso eruptiver Bahn und hatten allesamt mittelbar mit dem Nationalsozialismus zu tun: Rechtsterroristische Gruppen bezogen sich auf eine mehr oder minder am Führerkult um Adolf Hitler und seiner Rassenideologie ausgerichteten Logik, linksterroristische Organisationen betrachteten sich als nachholende Widerstandskämpfer, bezogen ihre Selbstlegitimation aus dem Antifaschismus und seinen benachbarten Ideologien der linksextremen Szene. Die wichtigsten Gruppierungen stammten dabei aus dem linksextremen Milieu: „Rote Armee Fraktion" (RAF), „Bewegung 2. Juni" und „Revolutionäre Zellen" (RZ) waren zwar allesamt im weitesten Sinne marxistisch inspiriert, offenbarten in ihrem Aktionismus aber entweder einen rigiden avantgardistischen Leninismus oder eine eklektizistisch-revolutionäre Beliebigkeit, die den meisten ideologischen Interpretationen faktisch abschwor.[1] Rechtsterroristisch-rassistisch motivierte Organisationen wie die Hepp-Kexel-Gruppe nahmen erst spät in den siebziger Jahren Einfluss auf die Szene politisch motivierter Gewalt[2] oder wurden zu spät erkannt, als sich mit dem „Nationalsozialistischen Untergrund" (NSU)[3] eine neue Dimension rechtsterroristischer Exzesse herauskristallisierte. Im Gegensatz zu den sozialrevolutionären Bewegungen versuchten sie höchstens partiell, die Öffentlichkeit über Selbstbezichtigungsschreiben und Strategiepapiere an ihrer Motivation teilhaben zu lassen, wie es teilweise inflationär die RAF tat. Auch der internationale Terrorismus hinterließ in diesem Zeitraum seine Spuren. Der Überfall eines palästinensischen Kommandos auf das Olympische Dorf 1972 hatte es sich zum Anliegen gemacht, das israelische Gebaren im Nahen

---

[1] Die Motivationen lassen sich anhand der hervorragend dokumentierten Selbstbekenntnisse der jeweiligen Organisation nachvollziehen. Am Beispiel der RAF siehe dazu ID-Archiv (Hrsg.), Rote Armee Fraktion, Amsterdam 1996. Zu den RZ siehe Edition ID-Archiv (Hrsg.), Die Früchte des Zorns, 2 Bände, Amsterdam 1994. Zur Bewegung 2. Juni siehe Der Blues, Stuttgart 1992. Besonders am letzten Beispiel wird schon angesichts der faszikelartigen Zusammensetzung deutlich, dass eine straffe Führung der Organisation niemals beabsichtigt war.
[2] Siehe dazu Bernhard Rabert, Links- und Rechtsterrorismus in der Bundesrepublik Deutschland, Stuttgart 1995, S. 288–297.
[3] Siehe dazu Jutta Jüttner, Der Nationalsozialistische Untergrund, in: Andrea Röpke (Hrsg.), Blut und Ehre. Geschichte und Gegenwart rechter Gewalt in Deutschland, Bonn 2013, S. 61–93.

Osten und die ethnische wie sozioökonomische Unterdrückung der Palästinenser im Nachhall des Zweiten Weltkriegs auf die mediale Weltbühne zu heben.[4]

Dabei war die mediale Berichterstattung ebenso wie die wissenschaftliche Aufarbeitung von einem doch erkennbaren Ungleichgewicht geprägt. Der Löwenanteil der publizistischen Auseinandersetzung entfiel auf den Linksterrorismus, und darin nahm die RAF einen derart breiten Raum ein, dass die Bewegung 2. Juni und die RZ zu Nachtschattengewächsen degenerierten. Während die RAF sich dauerhafter Aufmerksamkeit erfreuen konnte und auch zum dreißigsten Jahrestag des „Deutschen Herbstes" 1977 noch einmal voluminös in nationalen wie internationalen Bezügen durchleuchtet wurde[5], kamen die Bewegung 2. Juni und die RZ nur am Rande in monographischen[6] oder Sammelbandpublikationen[7] zur Sprache. Die öffliche Diskussion bis heute dominieren die sozialrevolutionären Organisationen, besonders die Auseinandersetzung mit der RAF. Erst durch den NSU hat sich dieses Verhältnis etwas verschoben, über die Tragweite der ersten dauerhaft tätigen rechtsterroristischen Struktur kann noch nicht befunden werden.[8] Die terroristischen Exzesse sozialrevolutionärer Natur wogen umso schwerer, als sie aus unerwarteter Richtung kamen oder aber zur Unzeit das Land heimsuchten. In Gestalt der Roten Armee Fraktion fiel besonders ins Gewicht, dass sie soziostrukturell aus dem Mittelstand hervorging (die meisten RAF-Mitglieder stammten aus der gehobenen Mittelschicht und hatten einen akademischen Hintergrund), was angesichts der politischen Kultur des Landes eine erhebliche Friktion darstellte.

Die Konfrontation mit dem palästinensischen Kommando während der Olympischen Spiele 1972, die Geiselnahme im Olympischen Dorf und ihre katastrophale Lösung in Fürstenfeldbruck mit dem Tod aller israelischen Geiseln fiel dagegen in eine Zeit, als sich die Bundesrepublik nur 27 Jahre nach Ende der nationalsozialistischen Gewaltdiktatur als Hort des Friedens stilisieren wollte und entsprechend niedrige Sicherheitsmaßnahmen ergriffen hatte. Blieb das Trauma 1972 ein bis heute weitgehend singulärer Beleg für den internationalen Terrorismus in Deutschland, manifestierte sich in der RAF ein Gegner des Staates, der das politische Geschehen in offensiven Phasen (vor allem 1977, aber auch 1985/86) mitbestimmen, mitunter auch dominieren sollte, ehe sich die Organisation nach 28 Jahren ihrer Existenz auflöste. Andere sozialrevolutionäre Organisationen (Bewegung 2. Juni, Revolutionäre Zellen) blieben sowohl hinsichtlich ihres Gewaltniveaus als auch in der Breitenwirkung ihr gegenüber weit im Hintertreffen.

---

4 Siehe dazu Matthias Dahlke, Der Anschlag auf Olympia `72. Die politischen Reaktionen auf den internationalen Terrorismus in Deutschland, Frankfurt a. M. 2006.
5 Siehe dazu den Literaturbericht von Eckhard Jesse, Dreißig Jahre nach dem sogenannten „deutschen Herbst", in: Uwe Backes/Eckhard Jesse (Hrsg.), Jahrbuch Extremismus & Demokratie Bd. 20, Baden-Baden 2008, S. 253–273. Ferner: Wolfgang Kraushaar (Hrsg.), Die RAF und der linke Terrorismus, 2 Bände, Hamburg 2006.
6 Rabert (Anm. 2).
7 Siehe dazu Lutz Korndörfer, Terroristische Alternative in der BRD? Die Bewegung 2. Juni, in: Alexander Straßner (Hrsg.), Sozialrevolutionärer Terrorismus. Theorie, Ideologie, Fallbeispiele, Zukunftsszenarien, Wiesbaden 2008, S. 237–256 und Johannes Wörle, Erdung durch Netzwerkstruktur? Die Revolutionären Zellen, in: Ebd., S. 257–273.
8 Siehe dazu Christian Fuchs/John Goetz, Die Zelle. Rechter Terror in Deutschland, Hamburg 2012.

2 „Rote Armee Fraktion"

Die RAF war die bedeutendste terroristische Organisation in der Bundesrepublik Deutschland. Diese Feststellung betrifft nicht nur Attentate und Opfer der Gruppe, sondern auch ihre politisch-kulturellen Nachwirkungen. Ihr bewaffneter Widerstand ging aus dem Bürgertum hervor, ein in der spezifisch deutschen, politisch-kulturellen Tradition ungekannter Aspekt. Daneben ist von Bedeutung, dass zahlreiche Verbrechen der RAF bis heute ungeklärt sind.[9] Demgegenüber erhalten mannigfaltige und allesamt widerlegte Legenden, die sich um die Todesumstände verschiedener Inhaftierter ranken, überdimensionale Aufmerksamkeit. Vor allem bei den Morden und Attentaten der achtziger Jahre herrscht bis heute Unklarheit, und diese Tatsache hat zweifelhafte, gut vermarktbare Literatur hervorgebracht, die aber keineswegs RAF-typisch ist.[10] Darüber hinaus zeitigte der RAF-Terrorismus vor allem im Verlauf seiner aktivistischen Hochphase 1977 erhebliche psychologische Auswirkungen auf die gesamte Gesellschaft. Nicht nur spielte dabei die sechswöchige Entführung des Arbeitgeberpräsidenten Hanns Martin Schleyer eine dominante Rolle, auch die Reaktion der staatlichen Behörden, die nicht selten den Eindruck erweckten, es gebe eine fundamentale Bedrohung für die staatliche Kohäsion, leistete einen entscheidenden Beitrag zur Eskalation der Ereignisse.

Die einzelnen Stationen von der insgesamt friedlichen Studentenbewegung hin zum Terrorismus können übergreifend als Motivationsgrundlage für die weiteren Beispiele linksterroristischer Organisationen gelten. Ab 1964 kam es zu relativ schwach organisierten und spontanen Protestkundgebungen. Vor allem in Berlin erhitzten sich die studentischen Gemüter zunächst an der Tatsache, dass die juristische Fakultät der Freien Universität angesichts der hoffnungslosen Überfüllung der Hörsäle mit der Einführung einer Studienhöchstdauer und Zwangsexmatrikulationen begonnen hatte. Der Besuch des kongolesischen Ministerpräsidenten Tschombé, der für die Hinrichtung Patrice Lumumbas (dem deutschen Studentenführer Rudi Dutschke

---

9 Das zwischen den linksterroristischen Organisationen diagnostizierte Ungleichgewicht in der Außendarstellung und der wissenschaftlichen Beachtung besteht auch innerhalb der RAF selbst. Das Gros der Literatur wie filmischen Aufarbeitung setzt sich mit den ersten beiden RAF-Generationen auseinander, während die Organisationsgeschichte ab 1982 oftmals unterbelichtet bleibt. Diese Entwicklung macht vor aktuellen Darstellungen in den wichtigsten Zeitschriften zum Thema nicht Halt. Siehe dazu etwa die unterkomplexe und auf schmaler Literaturbasis getätigte Abhandlung von Assaf Moghadam, Failure and Disengagement in the Red Army Faction, in: Studies in Conflict and Terrorism 35 (2012), S. 156–181.

10 Terrorismus und Verschwörungstheorien sind dabei zwei Seiten einer Medaille. Die Tatsache, dass terroristische Organisationen schon aufgrund quantitativer Aspekte auf Medienwirksamkeit angewiesen sind, hat im Falle terroristischer Niederlagen dazu geführt, eigene Todesopfer zu Märtyrern umzufunktionieren, ermordet von staatlichen und damit faschistischen „Killkommandos". Am Beispiel der RAF siehe dazu Gerhard Wisnewski/Wolfgang Landgraeber/Ekkehard Sieker, Das RAF-Phantom. Wozu Politik und Wirtschaft Terroristen brauchen, München 1997; ferner: Regine Igel, Terrorismus-Lügen: Wie die Stasi im Untergrund agierte, München 2012. Am Beispiel der Roten Brigaden und der Entführung und Ermordung des ehemaligen italienischen Ministerpräsidenten Aldo Moro siehe dazu Klaus Kellmann, Der Staat lässt morden. Politik und Terrorismus – heimliche Verbündete, Berlin 1999. Die einzig wissenschaftlich basierte Auseinandersetzung mit der Thematik erfolgt bei Daniele Ganser, NATO`s secret armies. Operation Gladio and terrorism in Western Europe, Abingdon 2005. Unglückseligerweise ist selbst prinzipiell beachtenswerte Literatur aus Vermarktungszwecken bewusst belletristisch gehalten. Die ertragreichen Ansätze geraten damit durch bewusst reißerische Titel unfreiwillig in die Nähe zur Verschwörungsliteratur. Siehe zu diesem Beispiel etwa Loretta Napoleoni, Die Ökonomie des Terrors. Auf den Spuren des Dollars hinter dem Terrorismus, München 2003. Zur Problematik allgemein siehe Alexander Straßner, Terrorismus zwischen Einebnung und Generalisierung, in: Uwe Backes/Eckhard Jesse (Hrsg.), Jahrbuch Extremismus & Demokratie 2006, Bd. 18, Baden-Baden 2008, S. 284–293.

zufolge der „bedeutendste afrikanische Revolutionär") verantwortlich gemacht wurde, bot eine erste Gelegenheit, den Protest in politische Bahnen zu lenken und angesichts der Illegalität der Demonstration den „Beginn der Kulturrevolution" (Dutschke) in der Bundesrepublik einzuläuten.[11] Teile der Studentenbewegung hatten ohnehin durch eine romantisierende Fraternisierung mit dem Vietcong die Provokation zur staatlichen Ordnungsmacht gesucht. Das dynamisierende Element, das die Studentenbewegung zur Massenbewegung anschwellen ließ, war die Bildung einer Großen Koalition auf Bundesebene unter Bundeskanzler Kurt Georg Kiesinger (1966–1969). Die Tatsache, dass eine echte parlamentarische Opposition angesichts der strukturellen und quantitativen Schwäche der FDP im Bundestag nicht mehr gewährleistet werden konnte, ließ die Aktivität auf den Straßen weiter zunehmen. Zum Gegenstand der Protestbewegung wurden auch einzelne gesetzliche Maßnahmen der Regierung Kiesinger wie die „Notstandsgesetze", die eine schrittweise Entmachtung des Parlamentes in Krisenzeiten beinhalteten. Dazu gesellte sich der Umstand, dass angesichts des ersten wirtschaftlichen Einbruchs seit Gründung der Bundesrepublik "neoliberale" Wirtschaftskonzeptionen unter den Studenten zunehmend in Misskredit gerieten. Außerdem wurde die Auseinandersetzung mehr und mehr in den Medien ausgetragen und von diesen nicht unwesentlich beeinflusst bzw. angefacht. In den Augen der Studenten war die öffentliche Meinung in der Bundesrepublik mehr und mehr durch die konservative Springer-Presse dominiert.[12]

Ab 1967 kam es zu Massendemonstrationen, deren Beweggründe sich nun auszudifferenzieren begannen. Neben den Protesten gegen die in den Augen der Demonstranten verkrustete Struktur an deutschen Universitäten („Unter den Talaren der Muff von tausend Jahren") beinhaltete die Revolte das Selbstbewusstsein, in leninistisch-avantgardistischer Lesart die treibende gesellschaftliche Kraft zu sein. Die terroristische Subkultur in der Bundesrepublik war das Ergebnis der letzten Phase der Erhebung ab 1968/1969, in welcher die Studentenbewegung sich in mehrere Faktionen gespalten hatte, darunter einen Teil, der den von Dutschke geforderten „langen Marsch durch die Institutionen" antreten und das politische System von innen reformieren wollte[13], und einen Teil, der aus radikalisierten Individuen bestand, welchen die prognostizierte evolutionäre Überlegenheit des eigenen Gesellschaftsmodells zu langfristig konzipiert war. Aus diesen Splittergruppen entwickelten sich nach und nach die auf unterschiedliche Theorie- und Ideologiefragmente zurückgreifenden terroristischen Gruppierungen der beginnenden siebziger Jahre. Die bedeutendste dieser Splittergruppen war der anarchistisch motivierte „Zentral-

---

11 Siehe dazu Günter Bartsch, Anarchismus in Deutschland, Band II/III 1965–1973, Hannover 1973, S. 22.
12 Vgl. dazu Susanne Kailitz, Von den Worten zu den Waffen? Frankfurter Schule, Studentenbewegung, RAF und die Gewaltfrage, Wiesbaden 2007. Siehe dazu in Aufsatzform: Dies., Auseinandersetzungen mit der Gewalt. Frankfurter Schule, Studentenbewegungen und RAF, in: Uwe Backes/Eckhard Jesse (Hrsg.), Jahrbuch Extremismus & Demokratie, Bd. 16, Baden-Baden 2004, S. 83. Siehe zum grundlegenden Zusammenhang zwischen Frankfurter Schule und Terrorismus Wolfgang Kraushaar (Hrsg.), Frankfurter Schule und Studentenbewegung. Von der Flaschenpost zum Molotowcocktail 1946–1995, Hamburg 1998.
13 Prägekraft entwickelte dieser Teil der Studentenbewegung vor allem auch hinsichtlich der SPD. Durch die Linkswende der Hochschulgruppen und der Jungsozialisten trat die SPD in eine Phase gesteigerter innerparteilicher programmatischer Grundsatzentscheidungen ein. Siehe dazu Annekatrin Gebauer, Der Richtungsstreit in der SPD. Seeheimer Kreis und Neue Linke im innerparteilichen Machtkampf. Mit einem Geleitwort von Helmut Schmidt, Wiesbaden 2005, S. 110–113. Zur Bilanz der Strategie siehe Richard Faber, Die Phantasie an der Macht? 1968. Versuch einer Bilanz, Hamburg 2002.

rat der umherschweifenden Haschrebellen", der „Freiräume für ungestörten Rauschgiftgenuß"[14] erobern wollte.

Angetrieben von den Splittergruppen änderte sich die Qualität der Proteste. So erlebte die studentische Protestbewegung erste symbolische und manifeste Gewalteskalationen. Während die bisherigen Aktionen weitgehend gewaltfrei und teilweise subtil ironisch verlaufen waren, wurde der Besuch des amerikanischen Vizepräsidenten Hubert Horatio Humphrey zu einem Höhepunkt der Gewalt mit schweren Sachbeschädigungen.[15] Einer der dynamisierenden Höhepunkte der Studentenproteste forderte mit Benno Ohnesorg, der durch die Polizei im Rahmen einer Demonstration gegen das persische Schah-Regime erschossen wurde, ein erstes Todesopfer.[16] Das Datum des tödlichen Schusses, der 2. Juni 1967, diente der „Bewegung 2. Juni" zur Namensgebung und Legitimation. Auch organisatorisch begann die Studentenbewegung damit aus dem Ruder zu laufen. Für den SDS bedeutete der Tod Ohnesorgs einen Zustrom an Mitgliedern und Aktivität, den er nicht mehr zu fassen vermochte. Die terroristische Initialzündung erlebte die linksmilitante Szene mit der Frankfurter Kaufhausbrandstiftung, im Verlauf derer die Kerngruppe der späteren ersten Generation der RAF zusammengeführt wurde. Die beteiligten Personen lesen sich wie ein „Who is Who" der späteren ersten RAF-Führungsebene: Andreas Baader, Gudrun Ensslin, Horst Söhnlein und Thorwald Proll legten einen Brandsatz in einem Frankfurter Kaufhaus. Auch wenn trotz immensen Sachschadens niemand verletzt worden war, bedeutete die sich anschließende Distanzierung des SDS von der Tat doch einen Vorgeschmack auf die Verselbständigung der Militanz und den Weg, den der Protest sich nun zu bahnen andeutete. Den Prozess gegen die unmittelbar danach Verhafteten versuchten sie in ein Tribunal gegen das moralisch wie politisch diskreditiert empfundene System der Bundesrepublik umzufunktionieren, in dem sich bereits die später deutlich zutage tretenden Züge terroristischer Selbstmandatierung abzeichneten: „Wir taten es aus Protest gegen die Gleichgültigkeit, mit der die Menschen dem Völkermord in Vietnam zusehen."[17]

Das Geburtsdatum der RAF ist auf den 14. Mai 1970 anzusetzen. An diesem Tag wurde Andreas Baader, wenige Monate zuvor im Rahmen einer Verkehrskontrolle verhaftet, unter dem Vorwand, Zeitschriften einzusehen, aus dem Institut für Soziale Fragen in Berlin befreit. An der Aktion, bei der ein Institutsangestellter schwer verletzt wurde, waren die führenden Mitglieder der ersten Generation, Gudrun Ensslin und Horst Mahler, ebenso Ulrike Meinhof beteiligt. Nach Baader und Meinhof sowie ihren Helfern wurde zunächst unter der Rubrik „Baader-Meinhof-Gruppe" gefahndet.[18] Drei Wochen nach Baaders Befreiung meldete sich die RAF in einem ersten Text zu Wort. Nicht einmal ein Jahr später publizierte sie ihre erste Programmschrift unter dem Titel „Das Konzept Stadtguerilla", welches als ideologische Blaupause und Legitimation dienen, gleichermaßen aber das Rekrutierungsreservoir der RAF verbreitern sollte. In der Zwischenzeit begaben sich die ersten „Frontkämpfer" (u. a. Meinhof, Baader, Ensslin, Brigitte Asdonk, Manfred Grashof, Wolfgang Thomas, Petra Schelm, Heinrich Jansen,

---

14 Zit. nach Hans-Josef Horchem, Extremisten in einer selbstbewussten Demokratie. Rote Armee Fraktion, Rechtsextremismus, der lange Marsch durch die Institutionen, Freiburg/Brsg. 1975.
15 Stefan Aust, Der Baader-Meinhof-Komplex, Hamburg 1997, S. 47–50.
16 Vgl. dazu Butz Peters, Tödlicher Irrtum. Die Geschichte der RAF, Berlin 2004, S. 91.
17 Zit. nach Aust (Anm. 15), S. 69.
18 Siehe dazu Peters (Anm. 16), S. 177–183.

Hans-Jürgen Bäcker) in ein Ausbildungslager nach Jordanien. Dort erlernten sie unter zum Teil erheblichen disziplinarischen Problemen die Grundtechniken des Guerillakrieges – sie begannen die Ausarbeitung ihrer taktischen Offensive in der Bundesrepublik.[19]

Nach ihrer Rückkehr im August 1970 verschaffte sich die RAF in drei Banküberfällen, die nahezu zeitgleich erfolgten („Dreierschlag"), ihre finanzielle Basis, während mit Holger Meins und Jan-Carl Raspe auch personeller Nachwuchs zu den Gründungsvätern und -müttern hinzu stieß, der die Entwicklung der Organisation nachhaltig prägen sollte. Außerdem wurde deutlich, dass das „Sozialistische Patientenkollektiv" (SPK), ein von Wolfgang Huber als Heilverfahren konzipiertes Gruppentherapie-Projekt, als Rekrutierungsreservoir seine Aufgabe erfüllte und der RAF den entscheidenden personellen Nachwuchs bescherte, flankiert durch die logistische Unterstützung der „Roten Hilfe" wie der „Schwarzen Hilfe", unter anderem in München.[20] Obwohl Horst Mahler zusammen mit mehreren Frauen der ersten Generation schon im Oktober 1970 verhaftet werden konnte, startete die RAF 1972 ihre erste terroristische Offensive, die Zeugnis ablegte von der Gewaltbereitschaft der in der Organisation aufgegangenen Individuen wie der Schlagkraft der Organisation insgesamt. Bei mehreren Bombenanschlägen („Mai-Offensive") auf das V. Armeekorps der US-Streitkräfte in Frankfurt am Main, das Augsburger Polizeipräsidium, das bayerische Landeskriminalamt, den Wagen des Bundesrichters Wolfgang Buddenberg, ein Gebäude des Springer-Verlages und letztlich das Hauptquartier der amerikanischen Streitkräfte in Heidelberg, wurde ein Mensch getötet und gab es über 20 Verletzte. Die im „Konzept Stadtguerilla" festgelegte Stoßrichtung der ersten Generation war damit umgesetzt: Antiimperialismus, Anti-Vietnamkrieg und Antikapitalismus verbanden sich zu einem explosiven Gemisch.

Doch schon einen Monat später wurde innerhalb von nur acht Tagen die gesamte Führungsriege der ersten Generation verhaftet. Mit der Festnahme von Baader, Ensslin, Meinhof und Raspe verschob sich der Konflikt auf eine andere Ebene – die Hoffnung, dass terroristische Aktionen damit ihr Ende gefunden hätten, erwies sich als trügerisch. Auch wenn die RAF unmittelbar nach 1972 auf eine Kernmitgliederzahl reduziert worden war, war es nun neben diversen Solidaritätskomitees vor allem das SPK, das seine Rekrutierungsfunktion abermals wahrnahm. Auch wenn ein erster Reorganisationsversuch mit der „Gruppe 4.2." um Margrit Schiller durch eine rasche Verhaftungsaktion scheiterte, strömten doch zahlreiche Sympathisanten in die Führungsebene der RAF, und sie definierten den Aufgabenkatalog der Organisation neu. Im Zentrum der eigenen Aktionen stand nicht mehr die Agitation und Aktion gegen Imperialismus und Kapitalismus, sondern zunächst die Befreiung der inhaftierten Genossen aus den Gefängnissen. Die zweite Generation der RAF degenerierte hinsichtlich ihres gesamten Aktionismus zur „Befreit-die-Guerilla-Guerilla".[21]

Ein erster Versuch, die Inhaftierten freizupressen, scheiterte 1975, als ein RAF-Kommando die deutsche Botschaft in Stockholm besetzte. Die Aktion ging fehl, die Sprengsätze detonierten

---

19 Siehe dazu Aust (Anm. 15), S. 121–127.
20 Siehe dazu Rabert (Anm. 2), S. 123.
21 Siehe dazu Tobias Wunschik, Baader-Meinhofs Kinder. Die zweite Generation der RAF, Opladen 1997, S. 246–319. In komprimierter und aktualisierter Form siehe ders., Aufstieg und Zerfall. Die zweite Generation der RAF, in: Kraushaar (Anm. 5), S. 472–488.

aus technischem Dilettantismus frühzeitig.[22] Die gescheiterte Botschaftsbesetzung, in deren Verlauf zwei Botschaftsangehörige ermordet wurden, war nur der Aufgalopp zum aktivistischen Höhepunkt der RAF im Jahr 1977. Angeführt von Brigitte Mohnhaupt, die Baader aus dem Gefängnis heraus zur Lordsiegelbewahrerin der RAF-Tradition auserkoren hatte, begannen die Vorbereitungen zur Aktion „Big Raushole". Zunächst wurde im April Generalbundesanwalt Siegfried Buback von unbekannten Tätern in seinem Wagen von einem Motorrad aus erschossen. Im Juli erschütterte die Nachricht von der Ermordung Jürgen Pontos, Vorstandssprecher der Dresdner Bank, die Republik.[23] Die Entführung eines hochrangigen Repräsentanten[24] gelang der RAF dann in der „Aktion Spindy". Im September 1977 kidnappte ein „Kommando Siegfried Hausner"[25] den Vorsitzenden des Bundesverbandes der Deutschen Industrie, gleichzeitig auch Präsident des Bundesverbands der Arbeitgeberverbände. Schleyer war für die RAF nicht nur Repräsentant des kapitalistischen Systems, sondern avancierte darüber hinaus auch zur Symbolfigur der „faschistischen Kontinuität" der Bundesrepublik, war er doch in der NS-Studentenschaft aktiv, wie später im nationalsozialistischen Zentralverband der Industrie für Böhmen und Mähren.[26]

Die Entführung Schleyers dauerte insgesamt sechs Wochen, in welchen durch Medien und Politik der Eindruck erweckt wurde, die Republik befände sich in Gefahr. Verschärft wurde die Situation nach einem wochenlangen Ränkespiel zwischen RAF und Regierung, das über die Medien ausgetragen wurde, durch die Entführung der Lufthansa-Maschine „Landshut" palästinensischer Gesinnungsgenossen der PFLP („Kommando Martyr Halimeh"). Als die deutsche Regierung unter Kanzler Schmidt nicht zu einem Einlenken bereit war, sondern auf eine gewaltsame Erstürmung der Maschine setzte, begann sich die terroristische Logik zu verselbständigen. Nach der Befreiung der „Landshut" ohne Verluste auf Seiten der Geiseln begingen die Stammheimer Inhaftierten Baader, Raspe und Ensslin Selbstmord, nachdem sich Ulrike Meinhof aufgrund gruppeninterner Divergenzen bereits 1976 das Leben genommen hatte. Schleyer wurde von seinen Entführern exekutiert und sein Leichnam im Kofferraum eines Wagens den deutschen Behörden überstellt. Das Jahr 1977 erwies sich insofern als fundamentale Niederlage für die RAF. Die Gruppe in Freiheit verlor sich in der Folge in aller Herren Länder, ein Teil zog sich ins „bürgerliche Leben" zurück, ein Teil ging in den Nahen Osten oder nach Jugoslawien[27], wieder ein Teil fand eine Heimstatt im sozialistischen Refugium DDR.[28] Als nach eini-

---

22 Siehe dazu Peters (Anm. 16), S. 361–370.
23 Ponto sollte eigentlich entführt werden. Zugang verschaffte sich die RAF leicht durch die langjährige Bekanntschaft der Aktivistin Susanne Albrecht mit Ponto. Albrechts Vater und Ponto waren Studienkollegen gewesen. Als Ponto sich weigerte, den in sein Haus eingedrungenen RAF-Aktivisten Folge zu leisten, wurde er erschossen. Siehe dazu Wunschik (Anm. 21), S. 211–215.
24 Die Annahme, dass die Entführung einer Person der wirtschaftlichen oder politischen Elite die Chancen auf Freilassung der Inhaftierten erhöhen würde, war durch die Lorenz-Entführung der „Bewegung 2. Juni" angestoßen worden. Siehe dazu Korndörfer (Anm. 7).
25 Hausner war bei der frühzeitigen Detonation in Stockholm mit schweren Verbrennungen nach Deutschland ausgeflogen worden, wo er kurze Zeit später verstarb.
26 Siehe dazu die biographische Darstellung von Lutz Hachmeister, Schleyer. Eine deutsche Geschichte, München 2004, S. 105–113 und 187–189.
27 Auch aktionistisch war nach dem logistischen Aufwand des Jahres 1977 die RAF vor dem Aus. Der nach Jugoslawien gegangene Teil der Gruppe war eine Zeit lang nur damit beschäftigt, den Morphinismus eines Mitglieds zu finanzieren. Siehe dazu Wunschik (Anm. 21), S. 293.
28 Siehe dazu vor allem Michael Müller/Andreas Kanonenberg, Die RAF-Stasi-Connection, Berlin 1992.

gen wenigen Attentaten auf NATO- und US-Militärs 1980 Peter-Jürgen Boock und drei Jahre später die Rädelsführer der zweiten Generation Brigitte Mohnhaupt, Christian Klar und Adelheid Schulz verhaftet werden konnten, hoffte die Bundesrepublik – verfrüht – auf ein „Ende der Gewalt".[29]

Stattdessen formierte sich die RAF neu, nun die „dritte Generation"[30]. Zu Hilfe kam ihr dabei eine programmatische Neuausrichtung, die noch von Aktivisten der zweiten Generation verfasst wurde und eine kompromisslose Offensive ankündigte: das „Mai-Papier". Ab 1985 begannen die bis heute nur schemenhaft bekannten Aktivisten der dritten Auflage terroristischen Handelns, die programmatischen Vorgaben mit Leben zu erfüllen. Während die Fundamentalopposition sich bereits in Anschlägen manifestierte, versammelten sich das Umfeld und Sympathisanten der RAF wie anderer europäischer Organisationen in Frankfurt am Main zu einem „Antiimperialistischen und antikapitalistischen Kongreß" im Gebäude der dortigen Fachhochschule. Obwohl zeitweise bis zu 1.000 Aktivisten und Unterstützer daran teilnahmen, wurde dort bereits ein frühes Hemmnis deutlich: die unterschiedlichen Konzeptionen verschiedener Gruppierungen. Die fehlende Bereitschaft von inländischen Gruppen wie der *Revolutionären Zellen* oder der sogenannten *Autonomen*, den Avantgardeanspruch der RAF anzuerkennen und zugleich das Unvermögen der dritten Generation, von diesem abzusehen, standen der effektiven Errichtung der Front seit ihrer Propagierung im Wege. Ungeachtet der fundamentalen Differenzen im linksterroristischen Milieu begann die dritte Generation der RAF mit ihren Aktionen gegen führende Vertreter aus Wirtschaft und Militär im Rahmen ihrer „Offensive '85/ '86".

Nach einem missglückten Anschlag auf eine NATO-Schule in Oberammergau forderte das „Kommando Patrick O'Hara" das erste Todesopfer der dritten Generation: der MTU-Manager Ernst Zimmermann wurde in Gauting bei München als ein Vertreter des „multinationalen Kapitals" erschossen. Die vollständige Pervertierung des eigenen Anspruchs, für eine „bessere Welt" zu kämpfen, folgte mit dem Anschlag auf die Rhein-Main-Airbase 1985 in Frankfurt und ihrer Vorbereitung. Um einen Wagen mit Sprengstoff auf dem militärischen Gelände lozieren zu können, bedurften die Aktivisten des Ausweises eines Soldaten. Zu diesem Zweck wurde der Marine-Soldat Edward Pimental von einem weiblichen Mitglied der Kommandoebene in einen Hinterhalt gelockt und mit einem Genickschuss getötet. In der Aktion zeigte sich: Nicht nur war jeglicher theoretische Bezug zur „revolutionären Ideologie" verloren gegangen, auch auf die politische Vermittelbarkeit der Anschläge gegenüber dem eigenen Umfeld wurde kein Wert mehr gelegt. Die Inhaftierten aus der ersten RAF-Generation waren über das Vorgehen der eigenen „Enkel" befremdet und vermuteten hinter dem Bekennerschreiben des „Kommandos George Jackson" zunächst eine Fälschung: „Wir haben uns im Lübecker Knast aus

---

29 So Thomas Meyer, Am Ende der Gewalt? Der deutsche Terrorismus. Protokoll eines Jahrzehnts, Frankfurt a. M. u. a. 1980.
30 Siehe dazu synoptisch Alexander Straßner, Die dritte Generation der RAF. Entstehung, Struktur, Funktionslogik und Zerfall einer terroristischen Organisation, Wiesbaden 2005.

dem Fenster zugerufen: ‚Das ist eine Counter-Aktion.' Und als sich dann herausstellte, daß es keine Geheimdienstaktion war, konnten wir das erst gar nicht fassen."[31]

Bei dem nachfolgenden Anschlag auf den Luftwaffen-Stützpunkt kamen zwei Menschen ums Leben. Zwar schob die RAF nach einer rechtfertigenden Erklärung sehr wohl ein Bekenntnis über einen „begangenen Fehler" nach; ungeachtet der sich entspinnenden Kritik aus dem eigenen Umfeld setzte sie jedoch ihre „Offensive" fort. Das Jahr 1986 erinnerte in Intensität und Logistik an das Jahr 1977: Mit einem Bombenanschlag wurde der Siemens-Manager Karl-Heinz Beckurts getötet, nur wenige Monate später der Diplomat Gerold von Braunmühl auf offener Straße mit jener Waffe erschossen, mit welcher bereits Hanns Martin Schleyers „klägliche und korrupte Existenz"[32] beendet worden war. Mit dem Mord an von Braunmühl hatte die RAF darüber hinaus ihre auf den „militärisch-industriellen Komplex" beschränkte Zielauswahl auf Personen aus der Politik ausgeweitet. Ein behördlicher Schutz wurde damit unmöglich, ließ sich doch für die Unzahl der gefährdeten Personen nicht mehr ausreichend Personal abstellen. Zwar wurden exponierte Vertreter aus Wirtschaft, Politik und Militär nunmehr einem besonderen Schutzprogramm des Verfassungsschutzes unterzogen. Wie man am Beispiel des Vorstandes der Deutschen Bank, Alfred Herrhausen, leidvoll in Erfahrung bringen musste, hielt dies die dritte Generation nicht davon ab, ihren Charakter einer „Mörderbande"[33] vollends zu bestätigen. 1989 wurde gerade jener Spitzenvertreter der deutschen Wirtschaft, der sich besonders für eine Entschuldung der Länder der Dritten Welt eingesetzt hatte, mittels einer raffiniert gezündeten Sprengladung von denen hingerichtet, welche in hemmungslosem Realitätsverlust für diese Länder zu kämpfen vorgaben. Die RAF-Erklärung zu diesem Anschlag bot ein Paradebeispiel ideologischer Immunisierung: „Herrhausens Pläne gegen die Länder im Trikont, die selbst in ‚linksintellektuellen Kreisen' als humanitäre Fortschrittskonzepte gepriesen werden, sind nichts anderes als der Versuch, die bestehenden Herrschafts- und Ausplünderungsverhältnisse längerfristig zu sichern; sie verlängern und verschärfen noch weiter die Leiden der Völker."[34]

Das letzte Todesopfer der dritten Generation war der Vorsitzende der Deutschen Treuhandanstalt, Detlev Karsten Rohwedder. Zwei Jahre nach Herrhausen wurde er in seinem Haus in Düsseldorf durch zwei präzise Schüsse in den Rücken getötet, da er „einer jener Schreibtischtäter" gewesen sei, „die im Interesse von Macht und Profit Elend und Not von Millionen Menschen planen."[35] Dem Attentat auf Rohwedder war das traumatische Ereignis für die gesamte Linke in der Bundesrepublik vorausgegangen: der Zusammenbruch des real existierenden Sozialismus in Osteuropa. Für die RAF beinhaltete diese geostrategische Wende eine doppelte Niederlage. Nicht nur wurde das eigene Weltbild zerstört, es wurden in der ehemaligen DDR

---

31 So die 1994 entlassene, am längsten inhaftierte Frau in der Geschichte der Bundesrepublik, Irmgard Möller in Oliver Tolmein, „RAF – Das war für uns Befreiung". Ein Gespräch mit Irmgard Möller über bewaffneten Kampf, Knast und die Linke, 2. Aufl., Hamburg 1999, S. 179.
32 So die RAF der zweiten Generation in ihrer Erklärung zur „Entführung von Hanns Martin Schleyer. Erklärung vom 19.10.1977", in: ID-Archiv (Anm. 1), S. 273.
33 So Manfred Klink, Hat die RAF die Republik verändert? 30 Jahre Terrorismus und Terrorismusbekämpfung in der Bundesrepublik Deutschland, in: BKA (Hrsg.), Festschrift für Horst Herold zum 75. Geburtstag, Wiesbaden 1998, S. 65–102, hier S. 73.
34 „Anschlag auf Alfred Herrhausen. Erklärung vom 2. Dezember 1989", in: ID-Archiv (Anm. 1), S. 392.
35 „Anschlag auf Detlev Karsten Rohwedder. Erklärung vom 4. April 1991", in: Ebd., S. 405.

auch zehn ehemalige Mitglieder der Kommandoebene der zweiten RAF-Generation festgenommen, die eine erhebliche Aussagebereitschaft gegenüber den Behörden an den Tag legten. So räumten die in die DDR Geflüchteten unter anderem mit dem „Stammheim-Mythos" auf, demzufolge die Mitglieder der ersten Generation durch den Staat „hingerichtet" worden seien. Sie erklärten, es habe in der RAF der zweiten Generation einen Plan mit Namen „Suicide Action" gegeben.

Den kämpferischen Parolen folgten jedoch andere Erklärungen, die von Resignation und Larmoyanz geprägt waren. Vom kämpferischen Frontkonzept der achtziger Jahre war nichts mehr geblieben, vielmehr versuchten die Aktivisten die eigene Isolation mittels der Anrufung einer „sozialen Gegenmacht von unten" aufzuheben. Dieses Sammelbecken für politisch Unzufriedene wie linke und fortschrittliche Kräfte in der Bundesrepublik sollte die neue Grundlage für die Umwälzung der Verhältnisse schaffen. In diesem Sinne wurde mit dem Zugeständnis der Erfolglosigkeit des eigenen Avantgardekonzeptes die Bewegung gegen den Golfkrieg ebenso wie die Frauenbewegung angesprochen und zu nutzen versucht. Die letzte Aktion der Kommandoebene gegen eine Institution des „Systems" stand exemplarisch für die Anbiederung an Konzeptionen, die man einstmals arrogant von sich gewiesen hatte. Der Anschlag auf den Gefängnisneubau in Weiterstadt 1993 hatte einen derart antipersonalen Charakter – das „Kommando Katharina Hammerschmidt" warnte vor der Sprengung alle sich in dem noch nicht betriebsbereiten Gefängnis befindlichen Personen –, dass er mit der sich auf Objekte konzentrierenden Strategie der RZ konform ging.

Den drohenden Verfall vermochten die Aktivisten mit diesen Volten jedoch nicht aufzuhalten. Ihre Drohung am Ende der Gewaltverzichtserklärung vom April 1992, in welcher sie ihr zukünftiges Verhalten von der Abkehr des Staates vom „Ausmerzverhältnis" gegenüber der RAF, insbesondere gegenüber den Inhaftierten, abhängig gemacht hatten, konnten oder wollten sie nicht erfüllen. Die Formulierungen des Gewaltverzichts ließen vielmehr darauf schließen, dass die Organisation aus eigener Schwäche heraus den Schritt der Deeskalation eingeleitet hatte, nicht aus geänderten geopolitischen Rahmenbedingungen. Insofern war die Gewaltverzichtserklärung der Versuch, der eigenen Isolation Rechnung zu tragen, ohne tatsächlich bereit oder in der Lage zu sein, im Falle staatlicher Verfolgungsmaßnahmen den bewaffneten Kampf wieder aufzunehmen. Denn auch nachdem im Juni 1993 in Bad Kleinen Birgit Hogefeld durch ein Kommando der GSG 9 festgenommen worden war und sich ihr Lebensgefährte Wolfgang Grams nach einem kurzen Feuergefecht mit den Beamten selbst getötet hatte, nahm sie entgegen ihrer Bekundung den bewaffneten Kampf nicht wieder auf.[36] Stattdessen lieferten sich die inhaftierten „Hardliner" um Eva Haule, Brigitte Mohnhaupt, Rolf Heissler, Christian Klar und Helmut Pohl eine öffentlich ausgetragene verbale Schlammschlacht mit den in Celle inhaf-

---

36 Im Nachgang der Ereignisse von Bad Kleinen wurde mehrfach die Tötungshypothese vorgebracht, derzufolge Grams von der GSG 9 aus Rache liquidiert worden sei. Von diesen Vorwürfen ist nichts geblieben außer einem Medienskandal und einer Rückschau auf einen reflexartig problematischen Diskurs. Siehe dazu Butz Peters, Der letzte Mythos der RAF: Wer erschoss Wolfgang Grams? Das Desaster von Bad Kleinen, Berlin 2006.

tierten „Freunden der Vernunft" um Karl-Heinz Dellwo[37], Knut Folkerts und Lutz Taufer, der in Frankfurt-Preungesheim inhaftierten Birgit Hogefeld und der Kommandoebene.[38]

Grund für die Auseinandersetzung war der Vorwurf der Hardliner an die Celle-„Fraktion", sie erkauften sich in einem „Deal mit dem Staat" ihre Freiheit, während die auf der militärischen Option beharrende „Beton-Fraktion" auf unbestimmte Zeit in den Haftanstalten verbleiben müsse. Die in Celle Inhaftierten hatten eine „Gesamtlösung" für den RAF-Widerstand angestrebt und somit über den Rechtsanwalt Hans-Christian Ströbele Kontakt zu Mittelspersonen aus Wirtschaft und Politik (Ignaz Bubis und Edzard Reuter) aufgenommen, um über diese mit der Bundesregierung zu verhandeln. Als sich im Laufe des Jahres der damalige Bundesjustizminister Klaus Kinkel mit einer Versöhnungsinitiative nach vorne wagte und die Freilassung von ehemaligen Terroristen in Aussicht stellte, um den Aktivisten eine wesentliche Begründung für ihren gewaltsamen Protest zu nehmen, eskalierte der Streit unter den Inhaftierten. Die Hardliner widersetzten sich der Verknüpfung von Gewaltverzicht und Gefangenenfrage und warfen den „Freunden der Vernunft" in Celle vor, dem Staat die Initiative zu überlassen sowie Verrat an der revolutionären Sache zu üben. Im Laufe der Auseinandersetzung sprachen sich die Parteien wechselseitig die „revolutionäre Identität" ab – sie bezichtigten sich des „Reformismus" ebenso wie der „Entpolitisierung". So etwas pflegte im linksextremistischen Spektrum für gewöhnlich große Animositäten hervorzurufen. Die Spaltung auf der Ebene der Inhaftierten setzte sich bis in das Umfeld fort und konnte trotz des Versuches von Birgit Hogefeld, zu einer Klärung zu kommen, nicht mehr überbrückt werden. Der Streit zwischen den Inhaftierten untereinander und den Kommandos in Freiheit legte Zeugnis ab von der Orientierungslosigkeit der Linken nach 1990 und der bitteren Erkenntnis eines Teils der RAF, wie sinnentleert und realitätsfern der eigene „Kampf für eine bessere Welt" gewesen sein musste. Von einer einheitlichen RAF war spätestens zu diesem Zeitpunkt nicht mehr auszugehen. Sie stellte ihre Aktionen ein. In den folgenden Jahren veröffentlichte sie lediglich einige wenige langatmige Erklärungen. Am 20. April 1998 löste sich die RAF offiziell auf.[39]

Die Geschichte der RAF war damit noch nicht zu Ende. Neben den Diskussionen um den Umgang mit den Inhaftierten stellte sich vor allem die Frage um die Personen, die noch nicht gefasst werden konnten. Als sich 2001 ein Raubüberfall auf einen Geldtransporter ereignete, begangen durch Burkhard Garweg, Daniela Klette und Ernst-Volker Staub, kursierten Ängste vor einer vierten RAF-Generation, da alle drei zu den gesuchten und mutmaßlichen Mitgliedern der dritten RAF-Generation gezählt wurden. Über Jahre hinweg verlor sich die Spur, und erst 2015 wurde mit Überfällen auf Geldtransporter und Supermärkte deutlich, dass sich die ver-

---

37 Dellwo ist einer der Aktivisten, die sich in den letzten Jahren an pseudobiographischen Aufarbeitungen und einer retrospektiven Beurteilung der RAF-Geschichte beteiligt haben. Siehe dazu Karl-Heinz Dellwo, Das Projektil sind wir. Der Aufbruch einer Generation, die RAF und die Kritik der Waffen: Gespräche mit Tina Petersen und Christoph Twickel, Hamburg 2007.
38 Dokumentiert ist die Selbstzerfleischung der (ehemaligen) Aktivisten in Edition ID-Archiv (Hrsg.), „wir haben mehr fragen als antworten...". RAF-Diskussionen 1992–1994, Berlin/Amsterdam 1995.
39 Zum Prozess der Degeneration und zur Analyse des Auflösungsschreibens siehe auch Alexander Straßner, Das Ende der RAF, in: Martin H. W. Möllers/Robert Chr. van Ooyen (Hrsg.), Jahrbuch Öffentliche Sicherheit 2006/2007, Frankfurt a. M. 2007, S. 37–59. Die Auflösungserklärung öffnete den Raum für abschließende Gesamtdarstellungen. Siehe dazu aus journalistischer Perspektive Willi Winkler, Die Geschichte der RAF, Berlin 2007 und in geraffter Form Klaus Pflieger, Die Rote Armee Fraktion, 2. Aufl., Baden-Baden 2011.

sprengten Reste der RAF noch immer zeitweise in der Bundesrepublik aufhielten. Ihre Aktionen dienten jedoch nur noch der Aufrechterhaltung eines kostspieligen Lebens im Untergrund, nicht mehr dem Aufbau einer terroristischen Logistik.

3 Bewegung 2. Juni

Wie die RZ war die Bewegung 2. Juni ein Nachtschattengewächs des übermächtigen RAF-Terrorismus, mit einer monographischen Ausnahme[40] führen die einschlägigen Studien die Bewegung 2. Juni nur als ergänzendes Beispiel in übergeordneten Darstellungen auf.[41] Dabei spielt heute eine Rolle, dass die Strategiepapiere und Bekennerschreiben, sofern sie denn als solche bezeichnet werden können, nicht annähernd so gut und so kritisch dokumentiert sind wie bei den anderen beiden terroristischen Schwestern. Im Gegenteil ist die Sammlung an bunten, schwärmerischen, nur selten zielgerichtet intellektuellen Absichtserklärungen eher Ausdruck der Heterogenität innerhalb der Organisation und ihrer Ablehnung jeglichen leninistischen Führungsanspruches, wie die RAF ihn exzessiv vertrat.[42] Insofern ist bei der Beurteilung der Organisation besonderer Wert auf die biographischen Bekenntnisse zu legen, die im Gegensatz zu RAF und RZ hier recht zahlreich und breit zu finden sind[43], die legitimatorische Aufarbeitung ist einmal mehr nur im Zusammenhang mit der RAF[44] möglich. Jenseits von Primärquellen ist die monographische Abhandlung der Organisation bis heute nicht geleistet, was umso mehr erstaunt, als die Organisation bereits 1980, also als erste der drei sozialrevolutionären Gruppierungen, ihre Existenz beendete und in der RAF aufging. Die frühe synoptische Darstellung der Gruppengeschichte ist aufgrund der ideologischen Nähe bzw. Personenidentität zwischen Autor und Kämpfer für wissenschaftliche Zwecke kaum geeignet.[45] Insofern sind wissenschaftliche Kurzskizzen augenblicklich die einzigen verlässlichen Darstellungen.[46]

Ähnlich zu den RZ betrachtete sich die Bewegung 2. Juni als organisatorisches Gegenkonzept zur RAF. Dem rigiden Leninismus und daraus erwachsenden Führungsanspruch der RAF-Kader innerhalb der gesamten linken Szene setzte die Bewegung 2. Juni erstens die Programmatik entgegen, selbst in legalen Zusammenhängen und autonom handelnden Einzelgruppen aktiv zu bleiben, und zweitens eine Beziehung zwischen der Organisation und der vertretenen Klientel aufzubauen. Auf diese Weise sollte eine klare Abgrenzung zur RAF erfolgen und zugleich das radikale Milieu eng an sich gebunden werden.[47] Alarmismus, Pathos, Berechenbarkeit und or-

---

40 Marius Schiffer, Die Bewegung 2. Juni. Eine historische Untersuchung zum „Bewaffneten Kampf" in der Bundesrepublik Deutschland, Bochum 2001.
41 Siehe dazu Wilhelm Dietl, Terrorismus gestern und heute, in: Politische Studien 53 (2002), H. 1, S. 23–41.
42 Vgl. Der Blues (Anm. 1).
43 Siehe dazu besonders Till Meyer, Staatsfeind. Erinnerungen, Hamburg 1996; Inge Viett, Nie war ich furchtloser, Autobiographie, Hamburg 1996.
44 Siehe dazu Psychosozial-Verlag (Hrsg.), Nach dem bewaffneten Kampf. Ehemalige Mitglieder der RAF und Bewegung 2. Juni sprechen mit Therapeuten über ihre Vergangenheit, Gießen 2007.
45 Ralf Reinders/Ronald Fritzsch, Die Bewegung 2. Juni. Gespräche über Haschrebellen, Lorenzentführung, Knast, Berlin 1995.
46 Korndörfer (Anm. 7) und Wunschik (Anm. 21).
47 Siehe dazu Gisela Diewald-Kerkmann, Die RAF und die Bewegung 2. Juni: die Beziehung von Gewaltgruppen und radikalem Milieu im Vergleich, in: Stefan Malthaner/Peter Waldmann (Hrsg.), Radikale Milieus. Das soziale Umfeld terroristischer Gruppen, Frankfurt a. M. 2012, S. 121–142.

ganisatorische Perfektionierung der RAF war der Bewegung 2. Juni fremd – sie versuchte deren Auswüchse zu vermeiden, indem sie in Struktur und Aktionismus eine regelrechte Unberechenbarkeit an den Tag legte. Entsprechend heterogen, ja eklektizistisch war ihr Weltbild. Zwar nutzte auch die Bewegung 2. Juni die zeitgenössischen Generalthemen (Vietnamkrieg, nicht bewältigter Faschismus, Kampf für die Dritte Welt), verband dies jedoch mit lokalen Themen (West-Berlin[48]), die den Menschen eine ideologische Anknüpfungsmöglichkeit bieten sollten.[49]

Ebenso wie die RZ, aber im Gegensatz zur RAF lässt sich bei der Bewegung 2. Juni kein exaktes Gründungsdatum ausmachen, doch gilt der Tod Georg von Rauchs – durch einen Schusswechsel mit der Polizei – als Zäsur einer längerfristig angelegten Entwicklung. Etwa zeitgleich zur Studentenbewegung entstand vor allem in Berlin und Frankfurt die so genannte Gammlerbewegung, der in erster Linie Jugendliche auch aus bildungsfernen Schichten angehörten.[50] Die Wurzeln der terroristischen Gruppierung sind in der Berliner Subkultur zu finden, allen voran eine nach der gleichnamigen Straße als „Wielandkommune" bezeichnete Wohngemeinschaft wurde zur Keimzelle des „Zentralrats der umherschweifenden Haschrebellen", aus dem der radikale Flügel hervorging, der sich in Anlehnung an die Erschießung Benno Ohnesorgs durch den Polizisten Heinz Kurras als „Bewegung 2. Juni" bezeichnete. Für den weiteren Verlauf des Linksterrorismus in der Bundesrepublik Deutschland war das Datum eine entscheidende Zäsur gewesen.

Als dynamisierendes Ereignis löste die Erschießung „Panik, Entsetzen und Wut"[51] in der Studentenbewegung aus – sie führte dazu, dass der Widerstand „mit Sicherheit militanter"[52] wurde. Innerhalb der Bewegung 2. Juni wurde diese Entwicklung, welche die Politisierung einer bis dahin weitgehend spielerischen Protestbewegung zur Folge hatte, retrospektiv nachvollzogen: „Die eigentliche Politisierung kam [...] erst mit der Erschießung Benno Ohnesorgs am 2. Juni 1967. Nach all den Prügeln und Schlägen hatten wir das Gefühl, daß die Bullen auf uns alle geschossen haben."[53]

Die Proteststimmung Mitte der 60er Jahre erfasste nicht nur den akademischen Nachwuchs, sondern auch einen Teil der Heranwachsenden aus bildungsfernen Schichten[54] – für den ideologischen Gehalt und Tiefgang der Gruppe hatte dies erhebliche Auswirkungen. Im Gegensatz zur RAF wurden keine exzessiv-theoretischen Grundlagenschriften verfasst, die lokale Ausrich-

---

48 Siehe dazu Tobias Wunschik, Der West-Berliner Terrorismus in den siebziger Jahren: die Bewegung 2. Juni und die Justiz, in: Recht und Politik 45 (2009), S. 157–164.
49 Siehe dazu Eckhart Dietrich, Angriffe auf den Rechtsstaat. Die Baader/Meinhof-Bande, die Bewegung 2. Juni, die Revolutionären Zellen und die Stasi im Operationsgebiet Westberlin (aus Originalurteilen mit Erklärungen und Anmerkungen,), Norderstedt 2009.
50 Vgl. Detlef Sigfried, Ästhetik des Andersseins: Subkulturen zwischen Hedonismus und Militanz, 1965–1970, in: Klaus Weinhauer/Jörg Requate/Heinz-Gerhard Haupt (Hrsg.), Terrorismus in der Bundesrepublik. Medien Staat und Subkulturen in den 1970er Jahren, Frankfurt a. M. 2006, S. 79 f.
51 Ingrid Gilcher-Holtey, Die 68er Bewegung. Deutschland, Westeuropa, USA, München 2005, S. 66.
52 Friedhelm Neidhardt, Soziale Bedingungen terroristischen Handelns. Das Beispiel der „Baader-Meinhof-Gruppe" (RAF), in: Bundesministerium des Innern (Hrsg.), Gruppenprozesse, Analysen zum Terrorismus, Band 3, Opladen 1983, S. 336.
53 Reinders/Fritzsch (Anm. 45), S. 18.
54 Siehe Dieter Claessens/Karin de Ahna, Das Milieu der Westberliner „scene" und die „Bewegung 2. Juni", in: Bundesministerium des Innern (Anm. 52), S. 103.

tung auf die soziale Basis in West-Berlin führte dazu, dass auch der Aktivismus der Gruppe nicht als Konkurrenz zur RAF interpretiert werden kann, sondern dem stets etwas „Spielerisch-Pittoreskes"[55] anhaftete und so trotz aller grundlegenden Differenzen nicht als politischer Terrorismus losgelöst von der Lebensrealität der beteiligten Individuen sein sollte.[56] Innerhalb der „Bewegung 2. Juni" stammten neben anderen Ralf Reinders und Baumann aus der „Gammlerszene", welche die „Monotonie im Arbeitsbereich" und die „Ablehnung der Umwelt für Andersartigkeit" als Motive anführte.[57] Wie in der RAF und bei den RZ waren früh Frauen federführend am Aufbau der Organisation beteiligt.[58] Dynamisierende Ereignisse begünstigten die Gruppengründung. Im September 1965 fanden schwere Ausschreitungen zwischen Polizei und Konzertbesuchern statt. Ralf Reinders nahm diese Einschätzung vor: „Es waren etwa 200 bis 250 Leute, die dann losmarschierten. Unter ihnen waren die späteren Aktivisten des 2. Juni stark vertreten. […] Jeder kannte jeden, und es gab ein Stück Gemeinsamkeit, ein gemeinsames Gefühl."[59] Die Beteiligung an weiteren Protestkundgebungen gegen den Vietnamkrieg führte zu einer stärkeren Politisierung innerhalb der Gammlerbewegung und zur Identitätsstiftung innerhalb der späteren Bewegung 2. Juni.

Wie bei der RAF, aber aus ganz anderen Gründen, standen Banküberfälle am Anfang der Organisationsgeschichte. Was die RAF zum Aufbau einer funktionsfähigen Logistik benötigte, diente der Bewegung 2. Juni bis dahin allein zum Lebensunterhalt. Der Weg zur Verrohung und damit zur Isolation in der breit angelegten Sympathisantenszene war bereits mit den ersten tödlichen Aktionen beschritten. Bei einem Sprengstoffanschlag 1972 auf einen Berliner Yachtklub kam ein Mensch ums Leben, ein im selben Jahr verübter Anschlag auf das Landeskriminalamt in Berlin und besonders die Ermordung des als Verräter denunzierten Ulrich Schmücker 1974, der mit den Strafverfolgungsbehörden kooperiert haben sollte, sorgten für einen massiven Sympathieverlust in der gesamten linken Szene. Die dadurch losgetretenen Diskussionen nahmen an Schärfe zu, als die Bewegung 2. Juni mit einer versuchten Entführung des Berliner Kammergerichtspräsidenten Günther von Drenkmann scheiterte und der Jurist im Verlauf der Auseinandersetzung erschossen wurde. Die schwere Vermittelbarkeit solch drastischer Aktionen im Umfeld antizipierend, versuchten die Mitglieder der Bewegung 2. Juni, die misslungene Entführung in eine Strafaktion für den Hungertod von Holger Meins umzufunktionieren und ihn als Solidaritätsadresse an die RAF zu kaschieren. Dies war schon deshalb wenig glaubhaft, da sich die Gruppe als „menschlichere Alternative"[60] zur RAF zu präsentieren versuchte. Als Lösung dieses gordischen Knotens entführte sie 1975 den Spitzenkandidaten der Berliner CDU bei der kurz bevorstehenden Senatswahl, Peter Lorenz. Die Verschleppung des Politikers zur Unterstützung politischer Forderungen kann als Fanal für die Terrorismusgeschichte in der Bundesrepublik Deutschland nicht hoch genug eingeschätzt werden. Sie bildete die Blaupause für die Entführung Schleyers durch die RAF und offenbarte die Konsequenzen für staatliches

---

55 Siehe dazu Rabert (Anm. 2), S. 188.
56 Siehe dazu beispielhaft die Darstellungen von Michael „Bommi" Baumann, Wie alles anfing, München 1975.
57 Zit. nach Claessens/de Ahna (Anm. 54), S. 104.
58 Siehe dazu Gisela Diewald-Kerkmann, Bewaffnete Frauen im Untergrund. Zum Anteil von Frauen in der RAF und der Bewegung 2. Juni, in: Kraushaar (Anm. 5), S. 657–675.
59 Baumann (Anm. 56), S. 14.
60 So Rabert (Anm. 2), S. 189.

Einlenken gegenüber terroristischen Forderungen: Die angestrebte Freilassung von inhaftierten Mitgliedern der Gruppe (Gabriele Kröcher-Tiedemann, Ingrid Siepmann) als auch Aktivisten der RAF (Verena Becker, Rolf Heissler, Rolf Pohle) wurde gegenüber der Bundesregierung durchgesetzt, und ein Großteil der Freigepressten erschien nur wenig später wieder auf der Bühne des internationalen Terrorismus, allein Horst Mahler widersetzte sich der Freilassung. Eine gravierende Schwächung der Gruppe konnte trotzdem nicht vermieden werden. Vor allem Fahndungserfolge der Strafverfolgungsbehörden trugen das Ihre dazu bei: Im September 1975 gelang es, Inge Viett, Ralf Reinders, den Anführer der Gruppierung, sowie Juliane Plambeck und Fritz Teufel festzunehmen. Trotz der Dezimierung war das organisatorische Potential der Gruppe noch immer nicht ausgeschöpft, gelang ihr doch 1977 die Entführung des Unterwäschefabrikanten Michael Palmers, wodurch die Erpressung von vier Millionen D-Mark gelang. Eine entscheidende Rolle bei der Abwicklung der Bewegung 2. Juni spielte Inge Viett. Sie fungierte als eines der wichtigsten „trojanischen Pferde"[61] der DDR-Staatssicherheit und baute als überzeugte Kommunistin Kontakte zum Geheimdienst der DDR auf, um Mitglieder der Bewegung wie der RAF im deutschen Nachbarstaat unterzubringen.[62] Durch weitere Verhaftungen geschwächt, erklärte die Gruppe ihre Auflösung, und die tradierten Animositäten zwischen Bewegung 2. Juni und RAF wogen offenkundig nicht so schwer, da die verbliebenen Millionen aus der Palmers-Entführung der RAF zugeführt wurden. Fritz Teufel und Andreas Vogel erklärten ihre Bereitschaft zur Weiterführung des bewaffneten Kampfes in der RAF, während andere Aktivisten den langen Marsch durch die Institutionen des demokratischen Systems antreten wollten.

4 Revolutionäre Zellen

Die Revolutionären Zellen stellten einen systematischen, ideologischen und strategischen Gegenentwurf zur RAF dar. Insofern ist die Organisationsgründung[63] nicht mit einem singulären Datum verbunden wie unmittelbar die RAF und mittelbar die Bewegung 2. Juni, sondern resultierte aus einer Auseinandersetzung innerhalb der linksextremen Szene über die Praktikabilität der RAF-Strategie. Obwohl die RZ früh dokumentierten, dass sie den von der terroristischen Schwesterorganisation eingeschlagenen Weg des bewaffneten Kampfes anerkannten und unterstützten, betonten sie dennoch, es sei die Größe der von der RAF angestrebten Ziele und Feindbilder, die man gerade nicht teilen wollte. Hatte die RAF in konsequenter Selbstüberschätzung den Imperialismus per se zum Hauptfeind auserkoren, wollten die RZ als bewusste Antwort darauf die Lebensrealität der Menschen, die als eigene Klientel ausgemacht wurden, nicht aus den Augen verlieren. Durch die ersten tödlichen Anschläge der RAF seien eben nicht nur Repräsentanten des Systems, sondern auch Angehörige des Arbeitermilieus betroffen. Insofern war es logisch, dass die RZ die Gefährdung von Menschenleben ablehnten, da sie das negative Vorbild RAF und deren Isolation in der linken Szene nicht nachexerzieren wollten. Die

---

61 So ebd., S. 190.
62 Siehe dazu Viett (Anm. 43).
63 Siehe zu den Entstehungsursachen besonders ausführlich Wolfgang Kraushaar, Im Schatten der RAF. Zur Entstehungsgeschichte der Revolutionären Zellen, in: Ders. (Anm. 5), S. 583–601.

Erdung der Organisation und die Rückbindung an die Lebensrealität der sozialrevolutionären Klientel, wohl auch in deutlichem Bezug auf das Vorbild der italienischen Brigate Rosse (BR), wurden zum Gründungsmythos.[64] Dem Konzept lagen zwei organisatorische Maximen zu Grunde: das Aufrechterhalten einer bürgerlichen Existenz als Tarnung und eine Netzwerkstruktur, die als egalitärer Gegenentwurf zum leninistisch-avantgardistisch geprägten Gefüge der RAF konzipiert war.[65] Nicht zu Unrecht wird in der Literatur betont, dass damit zwei Fliegen mit einer Klappe geschlagen werden sollten. Einerseits sollte die Legitimität der Organisation aus dem Stand höher sein als die der RAF, andererseits bedeutete der durch die Aktivisten nur teilweise und in Ausnahmefällen beschrittene Weg in den Untergrund eine erhebliche Verringerung des logistischen Aufwands.[66] Nicht von ungefähr war es den Behörden bis in die achtziger Jahre hinein nur in Ausnahmefällen möglich, das organisatorische Dickicht, das die RZ geschaffen hatten, zu durchdringen und Anschläge aufzuklären, auch wenn sich nach der „Wende" herausstellte, dass die Unterstützung der Organisation durch die Staatssicherheit der DDR bemerkenswerte Ausmaße angenommen hatte.[67] Ansonsten beriefen sich die RZ auf die klassischen sozialrevolutionären Aktionsfelder: den Kampf gegen den globalen Imperialismus der USA, gegen den Faschismus und seinen repressiven Charakter gegenüber Minderheiten, der sich aus dem Nationalsozialismus nur mühsam kaschiert in die Bundesrepublik hinübergerettet habe und die Situation der Gefangenen aus allen sozialrevolutionären Zusammenhängen.

Nachdem die Debatte in der linken Szene 1972 mehr und mehr von der Frage nach der Befreiung der ersten Generation der RAF geprägt war und weniger von politischen Inhalten, begann Wilfried Böse die konzeptionelle Planung und Umsetzung einer neuen terroristischen Gruppierung. Nach der Aufbauphase fanden die ersten Anschläge, zu denen sich eine „Revolutionäre Zelle" bekannte, in den Jahren 1973/1974 statt. Am 16. und 17. November des Jahres explodierten Sprengsätze bei den Niederlassungen des ITT- und SEL-Konzerns in Berlin und Nürnberg.[68] Die propagierte strategische Abgrenzung von der RAF erlitt jedoch frühe Einschränkungen. Parallel zu den eher symbolischen Anschlägen der ersten Jahre nahmen sich die RZ die Roten Brigaden abermals zum Vorbild. Sie versuchten, aus Schüssen in die Knie ihrer Opfer symbolische, antikapitalistische Erziehungs- und Strafaktionen zu generieren. Als 1981 der hessische Wirtschaftsminister Heinz Herbert Karry versehentlich im Rahmen einer Knieschussaktion ums Leben kam, hatten die RZ nur am Rande Mitleid übrig und distanzierten sich allenfalls oberflächlich von der Tat.

„Daß Karry durch diesen Zufall die Reise in die ewigen Jagdgründe antreten mußte, bekümmerte uns ausschließlich insofern, als dies nicht geplant war, wir damit das Aktionsziel verfehlten."[69] Den gezielten Aktionen gegen einzelne „Exponenten eines faschistischen, imperialistischen und rassistischen Systems" war damit der Boden bereitet, und sowohl der Leiter der Ber-

---

64 Siehe dazu Johannes Wörle, Erdung durch Netzwerkstruktur? Die Revolutionären Zellen in Deutschland, in: Straßner (Anm. 7), S. 257–274, hier S. 259.
65 Rabert (Anm. 2), S. 197.
66 Siehe dazu ebd., S. 199.
67 Siehe dazu besonders Müller/Kanonenberg (Anm. 28).
68 Siehe Revolutionärer Zorn Nr. 1, in: Die Früchte des Zorns (Anm. 1), S. 116.
69 Siehe dazu Anonymus, Erklärung zur Ermordung des hessischen Wirtschaftsministers Karry (11. Mai 1981), in: Edition ID Archiv (Anm. 1), Bd. 1, S. 450–454.

liner Ausländerbehörde 1986 als auch ein Richter des Bundesverwaltungsgericht gerieten zu Zielscheiben der RZ, die ihre Rolle im politischen System mit lebensgefährlichen Verletzungen durch Knieschüsse bezahlen mussten. Trotz der deklarierten Distanz zur Politik der RAF wurde in den Selbstbezichtigungsschreiben regelmäßig Bezug auf RAF-Aktionen genommen.

In den nicht-tödlichen Aktionen wurden daraufhin internationale Zusammenhänge deutlich, vor allem der Protest gegen den Putsch des chilenischen Militärs gegen den gewählten Sozialisten Salvador Allende wurde zur Rechtfertigung herangezogen. So dienten Angriffe auf südamerikanische Konsulate als terroristische Begleitmusik zu den Anschlägen auf amerikanische Unternehmen. Ein anderes internationales Themenfeld war die Republik Südafrika, deren Apartheidregime sich den Anfeindungen der gesamten linksextremen Szene ausgesetzt sah. Insofern galt der Aktivismus zwischen 1983 und 1987 vor allem Unternehmen, die nach Südafrika exportierten. Aus Protest gegen das Abtreibungsverbot in Paragraph 218 des Strafgesetzbuches nahmen RZ-Aktivisten im Jahr darauf die Bundesärztekammer, das Bundesverfassungsgericht sowie den Bamberger Dom ins Visier. Bereits hier zeigte sich früh die dominante Stellung von Frauen in der Organisation, die eigenständig Themenfelder eroberten und auch organisatorisch innerhalb der RZ als „Rote Zora" eigenständig wurden.[70] Vor allem Mitte der achtziger Jahre galt der bewaffnete Kampf der Bio- und Gentechnologie, deren Fortschritte als Mechanismus zur Kontrolle der Bevölkerungspolitik interpretiert wurden. Darüber hinaus richtete sich der Aktionismus der Frauenorganisation in den RZ immer auch an der Solidarität mit den Frauen in der 3. Welt aus, die „verkrampfte"[71] Korrelation zwischen weltweiter imperialistischer Vernichtungsmaschinerie und globalen Unterdrückungsszenarien inbegriffen, die in diesem Zeitraum typisch für das gesamte linksextreme Spektrum war.[72] Daneben wurden konkrete Aktionen vor Ort geplant und durchgeführt. Die Zerstörung von Fahrkartenautomaten der Deutschen Bahn, die Anbindung an die Anti-AKW-Bewegung und den Widerstand gegen den Bau der Startbahn auf dem militärischen Teil des Frankfurter Flughafens (beides Ende der siebziger, Anfang der achtziger Jahre) und das Engagement auf regionaler Ebene gegen unbotmäßige Mieterhöhungen legten Zeugnis darüber ab, dass der strategische Gegenentwurf zur RAF zunächst nicht nur Makulatur war. Ende der achtziger Jahre wandte sich der Aktivismus analog zu anderen sozialrevolutionären Zusammenhängen dem Thema Ausländerpolitik und Asyl zu. Mit einer Unzahl an kleineren und größeren Anschlägen wandten sich die RZ gegen die Abschiebungspraxis der Bundesregierung und die Behandlung der Thematik durch die Politik insgesamt, wohl nicht zuletzt, um im linksextremen Spektrum einen mehrheitsfähigen Aktionsplan an den Tag zu legen. Anschläge gegen die Berliner Sozialhilfestelle 1986 und die Berliner Ausländerpolizei im Jahr darauf galten als ein Fanal des Antifaschismus, zumal durch die Wiedervereinigung in der linken Szene die Reetablierung einer neuen Großmachtpolitik Deutschlands vermutet wurde.

Während die ideologisch, programmatisch und strategisch straff geführte RAF in ihren Internationalisierungstendenzen in den Kinderschuhen verblieb, gelang es ausgerechnet den RZ, ef-

---

70 Siehe dazu besonders Irene Bandauer-Schöffmann/Dirk van Laak, Der Linksterrorismus der 1970er Jahre und die Ordnung der Geschlechter, Trier 2013.
71 So Rabert (Anm. 2), S. 205.
72 Zur Rolle des Imperialismusvorwurfs siehe besonders ebd., S. 101–104.

fiziente und vor allem medial nachhaltige Kontakte zur internationalen Szene aufzubauen. Schon früh in der Organisationsgeschichte kristallisierte sich mit der „internationalen Sektion" eine Splittergruppe heraus, die so nur das Ergebnis der ungezwungenen Struktur der RZ sein konnte und trotzdem eine besondere Stellung in der Gruppe einnahm. Die führenden Mitglieder der internationalen Sektion waren Magdalena Kopp[73], Joachim Klein, Gabriele Kröcher-Tiedemann, Wilfried Böse und Brigitte Kuhlmann sowie Johannes Weinrich, dessen Beteiligung an einem Anschlag auf den Flughafen von Paris 1975 heute als gesichert gilt. Die Internationalisierungstendenzen umfassten Kontakte zur nordirischen IRA ebenso wie zu verschiedenen palästinensischen Befreiungsorganisationen und zur Staatssicherheit der DDR und waren keinesfalls von den RZ jederzeit kontrollierbar. Im Gegenteil zeigte sich 1987, dass besonders exponierte Mitglieder der RZ wie Gerd Albartus von „befreundeten" Organisationen liquidiert werden konnten, auch die private wie organisatorische Liaison mit dem international gesuchten Topterroristen Ilich Ramírez Sánchez („Carlos") war in keiner Weise ideologisch einhegbar. Von diesen Verselbständigungstendenzen abgesehen waren es vor allem zwei Aktionen, die bis heute im kollektiven Gedächtnis verblieben sind: der Anschlag auf die OPEC-Konferenz in Wien 1975 und die Entführung eines israelischen Verkehrsflugzeugs 1976 ins ugandische Entebbe. Bei beiden waren Mitglieder der RZ beteiligt, in Wien Klein und Kröcher-Tiedemann sowie Carlos selbst, in Entebbe Böse und Kuhlmann, die bei der Befreiung der Geiseln ums Leben kamen. Während Klein bei dem Anschlag in Wien schwer verletzt wurde, sich nach Frankreich absetzte und erst spät reuig zeigte, hatten Böse und Kuhlmann kurz vor der Erstürmung des Flugzeugs durch israelische Spezialeinheiten die Passagiere nach Juden und Nicht-Juden separiert, eine Aktion, die auch mit weniger politischem Gespür durchaus als Reminiszenz an die Selektionsrampe in Auschwitz gedeutet werden konnte, in der linken Szene für Turbulenzen sorgte und den Antisemitismusvorwurf tief in die sozialrevolutionären Organisationen einbrachte.[74]

Wie für die gesamte linke Szene und besonders die sozialrevolutionäre RAF bedeutete die Wiedervereinigung auch für die RZ einen tödlichen Stoß, von dem sie sich nicht mehr erholen sollten. Der systemischen Alternative entledigt, frustriert durch die Überlegenheit des Kapitalismus und der westlichen Demokratie beendeten zahlreiche Revolutionäre Zellen ihre Aktionen. Im Gegensatz zur RAF oder zur Bewegung 2. Juni lässt sich das Ende der Aktionen allerdings nicht mit einem Auflösungsschreiben dokumentieren. Zumindest binnenstrukturell wurde die Organisationslogik bis zum Ende gnadenlos angewendet, eine einheitliche Führung, welche das Ende der RZ hätte verkünden können, existierte schlichtweg nicht.

---

[73] Kopp hat spät ihre Lebensgeschichte publiziert und sich darin mehr oder minder kritisch mit ihrer Lebensgeschichte und derjenigen der RZ auseinandergesetzt. Siehe dazu Magdalena Kopp, Die Terrorjahre. Mein Leben an der Seite von Carlos, München 2007.
[74] Eine detaillierte Aufarbeitung des in der linksextremen Szene verankerten Antizionismus findet sich bei Wolfgang Kraushaar, Antizionismus als Trojanisches Pferd. Zur antisemitischen Dimension in den Kooperationen von Tupamaros West-Berlin, RAF und RZ mit den Palästinensern, in: Ders. (Anm. 5), S. 676–695. Siehe dazu auch Martin Jander, German leftist terrorism and Israel. Ethno-nationalist, religious-fundamentalist or social-revolutionary?, in: Studies in Conflict & Terrorism 38 (2015), S. 456–477.

5 Sozialrevolutionärer Terrorismus nach der RAF?

Bereits beim Niedergang der RAF wurde deutlich: Die sektiererische Kultur innerhalb der linksextremen Szene würde zu immer neuen linksterroristischen Blüten führen. Als die RAF 1992 ihren Gewaltverzicht erklärte, entstand mit den „Antiimperialistischen Zellen" eine Abspaltung, die deutlich machte, dass der bewaffnete Kampf auch weiterhin die Beeinträchtigung von Systemgegnern und damit die gezielte Tötung von Personen bedingte.[75] Der Kollaps des real existierenden Sozialismus 1989/1990 hatte dabei für die linksextreme Szene retrospektiv letale Konsequenzen. Nicht nur die Auflösung einiger weniger Revolutionärer Zellen zu Beginn der neunziger Jahre, auch das Scheitern der RAF ließ die Frage aufkommen, ob künftig linker Terrorismus überhaupt noch zielführend sein könne. Im Fokus der Behörden standen dabei über einen langen Zeitraum hinweg die „Autonomen", deren rudimentäre Organisation und spontaner Aktionismus auf niedrigem Gewaltniveau noch am ehesten als Gefahr galt.[76]

Erst ab 2001 schälte sich innerhalb der Szene wieder eine handlungsfähige Struktur heraus, die sich den Namen „militante gruppe" (mg) gab und aus der Legalität heraus bis ins Jahr 2009 Anschläge verübte. Mehr als zwei Dutzend Brandanschläge auf Fahrzeuge der Polizeien und der Bundeswehr sowie auf Finanz- und Sozialämter richteten zumindest erheblichen Sachschaden an.[77] Als sich die mg 2009 in der Szenezeitschrift „Interim" öffentlichkeitswirksam auflöste, entstand zeitgleich mit den „Revolutionären Aktionszellen" (RAZ) eine neuerliche Aktionsplattform, die exakt das gleiche Aktionsniveau wie die mg an den Tag legte. Ziel der nicht personenbezogenen Anschläge waren das Bundesverwaltungsamt, die Senatsverwaltung für Stadtentwicklung oder das Haus der Wirtschaft. Wie die mg an den Bundesbeauftragten für die Entschädigung von Zwangsarbeitern während des Nationalsozialismus Otto Graf Lambsdorff, so verschickten auch die RAZ 2011 per Post scharfe Patronen an den Bundesinnenminister Friedrich und den stellvertretenden Generalbundesanwalt Griesbaum, mit der Warnung, die nächste Zustellung würde „per Express" erfolgen. Mit Uwe Backes und Eckhard Jesse gerieten sogar Extremismusforscher ins Visier der RAZ. Ideologisch bedienten sie das klassisch sozialrevolutionäre Feld des Antiimperialismus – in ihren Bekennerschreiben betonten sie, dass sie dem „Klassenkampf von oben" und der tagtäglichen staatlichen Repression eine gesellschaftliche Kraft entgegenstellen werden. Laut Informationen des Verfassungsschutzes existieren vier unterschiedliche Zellen, die sich jeweils nach ehemaligen Mitgliedern deutscher („Zelle Gudrun Ensslin", „Zelle Juliane Plambeck") und ausländischer terroristischer Organisationen („Zelle Mara Cagol") benannt haben. Während diese drei Zellen sich in Berlin befinden sollen, ist die geographische Verortung der „Zelle Georg von Rauch" unklar. Aufgrund der zur Schau getra-

---

75 Die AIZ waren sowohl im Aktivismus als auch personell zu vernachlässigen. Im Grunde bestanden sie nur aus zwei Personen, von denen besonders Bernhard Falk selbstverräterisch allein die Gegnerschaft zum westlich-kapitalistischen System zum Ausdruck bringen wollte, losgelöst von einer ideologischen Fundierung. Nicht von ungefähr gehört er heute zur islamistischen Szene. Siehe zu den AIZ Straßner (Anm. 30), S. 250.
76 Siehe dazu Bundesministerium des Innern (Hrsg.), Verfassungsschutzbericht des Bundes 2005, Berlin 2006, S. 101. Zu den Autonomen als Quelle eines neuen Linksterrorismus siehe besonders Udo Baron, Linksautonome auf dem Weg zum Linksterrorismus? Das Gefahrenpotenzial einer neuen Form sozialrevolutionärer Gewalt, in: Armin Pfahl-Traughber (Hrsg.), Jahrbuch für Extremismus- und Terrorismusforschung 2013, Brühl 2013, S. 137–160.
77 Siehe dazu Armin Pfahl-Traughber, Linksextremismus in Deutschland. Eine kritische Bestandsaufnahme, Wiesbaden 2014, S. 227.

genen Militanz unternahm die Staatsanwaltschaft 2013 Razzien in Berlin, Stuttgart und Magdeburg, in deren Verlauf deutlich wurde, dass nicht nur ideologische und strategische Übereinkunft zwischen der ehemaligen „mg" und den RAZ besteht, sondern auch teilweise Personenidentität. Im Rahmen der staatlichen Gegenmaßnahmen wurden bereits zum Kern der „mg" gezählte Personen verhaftet.[78]

Die Tatsache, dass sowohl RAZ als auch die „mg" sowie nachrangige Organisationen wie „Klasse gegen Klasse" (KgK) zwar einen einschlägigen Aktionismus an den Tag legten und im Gegensatz zum europäischen Ausland (Italien, Griechenland) trotz erheblicher kapitalistischer Exzesse und Verwerfungen während der Eurokrise eben keine personenbezogene Anschläge mehr unternommen wurden, legte davon Zeugnis ab, dass innerhalb der linksextremen Szene eine seit Mitte der neunziger Jahre geführte „Militanzdebatte" um tödliche Anschläge und generell Attentate auf Personen zwar 2006 offiziell beendet wurde, aber inhaltlich noch nicht ausgestanden war.[79] Vor diesem Hintergrund zeigt sich die linksextreme Szene auf niedrigem Gewaltniveau handlungsfähig, eine Bedrohung für die Bundesrepublik geht jedoch augenblicklich von ihr nicht aus.

6 Rechtsterrorismus

6.1 Erste Gehversuche

Der Rechtsterrorismus führte bis zur Mordserie des Nationalsozialistischen Untergrunds (NSU) seinerseits ein Schattendasein gegenüber dem Linksterrorismus.[80] In vielerlei Hinsicht ist dies der Quantität der terroristischen Akte geschuldet, ebenso der verminderten intellektuellen Dringtiefe gegenüber sozialrevolutionären Organisationen, zumal der Linksterrorismus es sich auf die Fahnen geschrieben hatte, das politische System zu beseitigen, während rechtsterroristische Akte vor allem in ihren Anfängen klandestin und ohne größere revolutionäre Programmatik auskamen, also den Bruch mit dem System mit wenigen bizarren Ausnahmen nicht offen betrieben und damit auch das Gefährdungspotential linksterroristischer Gruppen nicht erreichten.[81]

In den ersten beiden Jahrzehnten nach dem Zweiten Weltkrieg wurde deutlich, dass der Schoß der politischen Kultur noch immer fruchtbar war für (neo-)nationalsozialistische Parteien und Bewegungen. Bereits 1952 formulierte das Bundesverfassungsgericht in seiner Urteilsverkündung im Rahmen des Parteienverbots gegen die Sozialistische Reichspartei, die nicht organisa-

---

78 Siehe dazu Verfassungsschutzbericht des Bundes 2013, Berlin 2014, S. 172.
79 Siehe dazu Alexander Straßner, Zwischen Totgeburt und Kopfgeburt. Die Zukunft des sozialrevolutionären Terrorismus in Deutschland, in: Armin Pfahl-Traughber (Hrsg.), Jahrbuch für Extremismus- und Terrorismusforschung 2009/2010, Brühl 2010, S. 565.
80 So findet sich auch in der Standardmonographie von Uwe Backes/Eckhard Jesse, Politischer Extremismus in der Bundesrepublik Deutschland, 4. Aufl., Bonn 1996, S. 233–241 nur ein kurzer Abriss zur Geschichte des Rechtsterrorismus.
81 Siehe dazu weiterführend Armin Pfahl-Traughber, Gibt es eine ‚Braune Armee Fraktion'? – Die Entwicklung des Rechtsterrorismus in der Bundesrepublik Deutschland, in: Martin H. W. Möllers/Robert Chr. van Ooyen, (Hrsg.), Politischer Extremismus 2. Terrorismus und wehrhafte Demokratie, Frankfurt a. M. 2007, S. 88–112.

torisch, aber doch programmatisch wenig mehr als einen Aufguss der NSDAP darstellte, die freiheitlich-demokratische Grundordnung als den Minimalkonsens offener Gesellschaften und erfüllte das Prinzip der wehrhaften Demokratie mit Leben. Eine breit angelegte rechtsextreme Szene mit zwei divergierenden Lagern blieb freilich bestehen. Neben den klassisch führerzentrierten Organisationen, die sich zum Teil dem Hitlerismus verschrieben, existierte eine parallele Splittergruppe, deren Existenz sich mehr auf den „sozialistischen Teil" des Nationalsozialismus fokussierte, wie er von den Brüdern Gregor und Otto Strasser favorisiert wurde. In den sechziger Jahren reüssierte die Nationaldemokratische Partei Deutschlands bei mehreren Landtagswahlen. Sie bildete den „Wurzelgrund"[82] der nun folgenden rechtsextremen Organisationen, die mit Manfred Roeder, Friedhelm Busse, Thies Christophersen und dem die deutschen Gruppen versorgenden US-Amerikaner Gary Lauck einschlägig bekannte Namen an die Oberfläche beförderten. Erstgenannter hatte mit den „Deutschen Aktionsgruppen" (DA) eine Plattform geschaffen, die auch vor der bewaffneten Konfrontation mit staatlichen Sicherheitsbehörden propagandistisch nicht Halt machte. Seine von Paranoia und Größenwahn geprägten Äußerungen über den Verrat deutscher Interessen am Zionismus und die bevorstehende Rache an den deutschen politischen Eliten durch einen Bürgerkrieg blieben nicht nur Verbalrabulistik[83], auf ihr Konto gingen immerhin sieben Brand- und Sprengstoffanschläge.[84] Lauck fungierte als Propagandist und Vorsitzender der Auslands- und Aufbauorganisation der NSDAP und wurde 1995 wegen Volksverhetzung verurteilt. Auch Agitatoren wie Michael Kühnen, der 1977 einer „Aktionsfront Nationaler Sozialisten" vorstand, konnten nicht darüber hinwegtäuschen, dass bis weit in die siebziger Jahre hinein alle neonationalsozialistischen Gruppen eine Legalitätstaktik bevorzugten. An der Tagesordnung waren Aktionen mit symbolischem Gehalt und auf niedrigem Militanzniveau wie die Schändung jüdischer Friedhöfe und rabulistische Sprechchöre bei Demonstrationen. Erste Versuche rechtsterroristischer Organisationen, sich zu schlagkräftigen Gruppen zusammenzufinden, sind daher in der Öffentlichkeit weitgehend unbekannt wie die „Wehrsportgruppe Hengst" (1968–1971) oder die „Aktion Widerstand" (1970–1971). Militante Gehversuche von größerer Bedeutung zeigten sich erst ab Mitte der siebziger Jahre mit der Gründung der „Wehrsportgruppe Hoffmann".[85] Die über 500 Mitglieder umfassende, in Ansätzen revolutionär-rechtsterroristische[86] Organisation des Nürnberger Grafikers Karl-Heinz Hoffmann simulierte ab 1973 mit ausgemusterten Waffen der Bundeswehr militärische Übungen für einen bevorstehenden Guerillakampf, dessen programmatisches Ziel allerdings im Dunkeln blieb. Publicity erhielt die Wehrsportgruppe durch das bizarre öffentliche und dandyhafte Auftreten Hoffmanns, der durch die finanzielle Unterstützung des

---

82 So Steffen Kailitz, Politischer Extremismus in der Bundesrepublik Deutschland. Eine Einführung, Wiesbaden 2004, S. 95.
83 Siehe zur Biographie ausführlich Rabert (Anm. 2), S. 273–275.
84 Siehe dazu Backes/Jesse (Anm. 80), S. 235.
85 Siehe dazu Rainer Fromm, Die „Wehrsportgruppe Hoffmann". Darstellung, Analyse und Einordnung: ein Beitrag zur Geschichte des deutschen und europäischen Rechtsextremismus, Frankfurt a. M. 1998.
86 Michail Logvinov zeichnet ein farbiges Bild unterschiedlicher rechtsterroristischer Spielarten. So diagnostiziert er auch sozialrevolutionäre Spielarten, die identitätstheoretisch-konstruktiv vorgehen und Feinden des homogenen Volkskollektivs den Kampf ansagen. Siehe dazu Michail Logvinov, Terrorismusrelevante Indikatoren und Gefahrenfaktoren im Rechtsextremismus, in: Totalitarismus und Demokratie 10 (2013), S. 265–300, hier S. 275.

Publizisten Gerhard Frey, der Staatssicherheit der DDR[87] sowie durch günstige Erbschaften entsprechende finanzielle Rückendeckung bekam. Die „Deutschen Aktionsgruppen" versuchten die Zellenstruktur des *leaderless-resistance*-Prinzips in die Tat umzusetzen und verübten, bestehend aus drei Personen, tödliche Anschläge. Ihre ideologisch-strategisch propagierte Trennung von der rechtsextremen Szene gelang ihr jedoch nicht vollständig.[88]

6.2 Formation und Professionalisierung : Die Hepp-Kexel-Gruppe (HKG)

Einen Quantensprung gegenüber den bis dahin bescheiden ausgefallenen rechtsterroristischen Gehversuchen stellte die Hepp-Kexel-Gruppe dar. Auf der einen Seite waren ihre Programmschriften bereits anspruchsvoller als die bisherigen Traktate aus dem rechtsextremen Milieu, auf der anderen Seite entfaltete die Gruppe dadurch eine Strahlkraft, die es ihr ermöglichte, eine Fortführung der bisherigen Modernisierungsversuche rechtsextremer Ideale in Angriff zu nehmen. Neben der vergleichsweise eigenständigen Programmatik bedeutete dies ein gesteigertes Maß an operativer Tätigkeit aus der Konspiration. Bis zum NSU sollte dieses Niveau aus dem rechtsextremistischen Milieu heraus nicht mehr Realität werden.[89]

Die von Odfried Hepp[90] und Walter Kexel ins Leben gerufene Organisation ging dabei aus der Wehrsportgruppe Hoffmann hervor und hatte wie mehrere rechtsterroristische Gruppen der Zeit intensive Verbindungen zur Staatssicherheit der DDR – dies machte die Strafverfolgung teilweise unmöglich.[91] Zuvor hatten beide versucht, mit der „Volkssozialistischen Bewegung Deutschlands" einen ersten illegalen Zusammenschluss ins Leben zu rufen – sie wurden rasch durch aggressives Vorgehen auffällig. In der Folge entwickelte sich diese Bewegung zu einer Rekrutierungsbasis für die spätere Hepp-Kexel-Gruppe. Sie war in ihrer Funktion für die Organisation durchaus mit dem „Sozialistischen Patientenkollektiv" für die RAF vergleichbar.

Das Zusammentreffen von Hepp und Kexel nach der Entlassung Hepps aus der Haft, die er unter anderem wegen Leugnung des Holocausts antreten musste, war der organisatorische Schlusspunkt einer längeren Entwicklung im deutschen Rechtsterrorismus. Der Bruch mit der bürgerlichen Existenz war für Hepp der Anlass, gemeinsam mit Mitgliedern der Wehrsportgruppe Hoffmann in den Libanon zu reisen, um im Nahkampf sowie in Guerillakriegsführung ausgebildet zu werden. Dort eskalierte die Situation – sie zeigte tiefe Brüche in der rechtsterroristischen Szene: Der sadistisch veranlagte Hoffmann, der im Libanon ein harsches Regiment über seine Gruppe etabliert hatte, und Hepp gerieten aneinander; letztgenannter vermochte

---

87 So Rabert (Anm. 2), S. 276.
88 Siehe dazu Armin Pfahl-Traughber, Der NSU und das Konzept „führerloser Widerstand", http://bnr.de/artikel/ hintergrund/der-nsu-und-das-konzept-fueherloser -widerstand (3. August 2016).
89 Armin Pfahl-Traughber, Der organisierte Rechtsextremismus in Deutschland nach 1945, Zur Entwicklung auf den Handlungsfeldern „Aktion" – „Gewalt" – „Kultur" – „Politik", in: Wilfried Schubarth/Richard Stöss (Hrsg.), Rechtsextremismus in der Bundesrepublik Deutschland. Eine Bilanz, Opladen 2001, S. 85.
90 Siehe dazu biographisch Yury Winterberg/Jan Peter, Der Rebell. Odfried Hepp: Neonazi, Terrorist, Aussteiger, Köln 2004.
91 Siehe dazu Rabert (Anm. 2), S. 288. Zur Entwicklung der Kontakte Hepps zur Staatssicherheit der DDR siehe besonders „Du bist jetzt einer von uns". Die Stasi-Karriere des westdeutschen Neonazis Odfried Hepp, in: Der Spiegel vom 18. November 1991, S. 137–144.

nach erheblichen Misshandlungen 1981 wieder nach Deutschland zu fliehen, wo er postwendend festgenommen wurde. Seine abermalige Haft war nur von kurzer Dauer, die er sich durch einen Deal mit den deutschen Strafverfolgungsbehörden erwirkt hatte. „Leidtragender" dieses Bündnisses war Hoffmann, der aufgrund der von Hepp getätigten Informationen verurteilt werden konnte. Hepp blieb stramm rechtsextrem, ergänzte aber sein fundamentalistisches Repertoire um Versatzstücke, die eigentlich dem Linksextremismus entstammten. Er legte sich einen rigiden Antiamerikanismus zu und verband ihn mit dem typischen Theorem des Imperialismusvorwurfs, den er taktisch wenig erfolgreich zu instrumentalisieren versuchte, um auch im linksextremen Milieu Gesinnungsgenossen zu finden. Faktisch bedeutete diese Marschroute eine Kopie der RAF-Taktik, während von den RZ die Organisationsform als Vorbild übernommen werden sollte. Programmatische Grundlage dieser Vorgehensweise war die von ihm und Kexel 1982 verfasste Erklärung „Abschied vom Hitlerismus", in welcher er deutlich machte, dass er weniger am straffen Führerprinzip als vielmehr an dem „sozialistischen" NS-Flügel der Gebrüder Strasser orientiert war und eine Überwindung des politischen Gegensatzes zwischen links und rechts forderte.[92]

Wie bei den meisten anderen terroristischen Vereinigungen stand zu Beginn der Hepp-Kexel-Gruppe die Frage der Finanzierung. Sie stellte sich erst mittelfristig, brachte doch Kexel eine nicht unbescheidene Summe als Gründungskapital ein, das nach Verbrauch rasch durch Banküberfälle aufgebessert werden musste. Weder die finanzielle Grundlage noch eine personelle Aufstockung des eigenen Potentials aus Mitgliedern des rechtsextremen Umfeldes konnte über die mangelnde Professionalität in der Gruppe hinwegtäuschen. Das Gros des erbeuteten Geldes wurde ideologiefremd in Sportwagen und Urlaube investiert – die Summen, die der Gruppe durch Überfälle zur Verfügung standen, gestalteten sich immer größer. Nach gewaltsamen Aktionen in Erlangen, Forchheim und Büddingen an der Nidda hatte die Organisation über eine halbe Million D-Mark zur Verfügung, die Hepp nun für den Aufbau einer legalen Organisation in Berlin nutzen wollte. Dem gegenüber präferierte Kexel den bewaffneten Kampf im Stile der linksterroristischen Organisationen – er beging Ende 1982 bereits mehrere kleine Sprengstoffanschläge, deren öffentliches Echo Hepp davon überzeugte, ebenfalls diesen Weg einzuschlagen und den Aufbau einer legalen Basis hintanzustellen. Im Zentrum der Überlegungen stand dabei das Vorgehen gegen die US-amerikanischen Streitkräfte, die durch Bombenanschläge zum Abzug aus Deutschland veranlasst werden sollten. Ziel der ersten drei Brandanschläge waren daher Fahrzeuge US-amerikanischer Soldaten; dabei wurden zwei Soldaten zum Teil schwer verletzt. Zwar sollte die Vorgehensweise der RAF simuliert werden, jedoch diente nicht der Imperialismus per se als Angriffspunkt, sondern das einfache Mitglied der US-Armee. Das gewaltsame Potential der Gruppe ließ sich durch Fahndungserfolge rasch zerschlagen. Während bereits zu Beginn des Jahres 1983 drei Mitglieder (Hans-Peter Fraas, Helge Blasche, Dieter Sporleder) in einer konspirativen Wohnung dingfest gemacht wurden, erfolgte durch internationale Kooperation der Polizeibehörden die Festnahme Kexels und Ulrich Tillmanns in England, Kexel erhängte sich wenige Tage nach seiner Festnahme in seiner Zelle. Allein Hepp gelang mit Hilfe der Staatssicherheit der DDR die Flucht in den Nahen Osten, wo er Mitglied

---

92 Siehe dazu Rabert (Anm. 2), S. 291 und 297.

der „Palestine Liberation Front" wurde. Als er in deren Auftrag nach Paris reiste, verhaftete ihn 1985 die französische Polizei. Obwohl er bei Vernehmungen betonte, für die PLF stets nur politische Aufgaben übernommen zu haben und PLF-Führer Abul Abbas aus der Ferne permanent versuchte, seine Freilassung zu erwirken, wurde er in Frankreich zur Mindesthaftzeit verurteilt und danach – 1987 – an die Bundesrepublik ausgeliefert. Hepp erhielt trotz eines voll umfänglichen Geständnisses und einer demonstrativ inszenierten Abkehr vom Rechtsextremismus, die er durch eine teilweise Einlassung als Kronzeuge zu untermauern suchte, eine Haftstrafe von zehn Jahren wegen der Beteiligung an Raubüberfällen und versuchten Mordes. Nach seiner Entlassung aus der Haft 1993 studierte Hepp in Mainz Arabisch und Französisch, im Jahr 2000 beendete er erfolgreich sein Studium. Seither arbeitet er als Übersetzer.

6.3 Nationalsozialistischer Untergrund

Die Gruppe um Hepp gerierte sich als Vorbild für andere rechtsextreme Aktionsformen und hatte damit auch Erfolg. Ab den siebziger Jahren verzeichneten Neo-NS-Vereinigungen und Skinheadorganisationen einen regen Zulauf – neben den üblichen Schmierereien oder paramilitärischen Geländeübungen kam es zur Anwendung massiver Gewaltakte.[93] Für lange Jahre blieben rechtsmilitante Aktionen Bestandteil der Strategie von Einzeltätern wie Michael Kühnen, während ein organisatorischer Überbau oder gar ein Netzwerk fehlte. Das berühmteste Beispiel hierfür ist bis heute der Anschlag auf das Oktoberfest 1980 durch den Geologiestudenten Gundolf Köhler in München, bei dem 13 Menschen getötet wurden. Diese Vorgehensweise machte es für die Behörden einerseits schwierig, effiziente Fahndungsmaßnahmen zu unternehmen, andererseits entstand daraus das Problem, dass Rechtsterrorismus in der öffentlichen Wahrnehmung auch dann keine besondere Rolle spielte, als sein linkes Pendant zu Beginn der neunziger Jahre im Abklingen war. Dies war umso befremdlicher, als nach der Wiedervereinigung vor allem in den neuen Bundesländern Brandanschläge gegen Asylbewerberheime für Aufsehen sorgten und „autonome Nationalisten" den Brückenschlag zwischen Links- und Rechtsextremismus versuchten, indem sie rechtsextremes Gedankengut mit linksextremen Codes versahen, um sich selbst szeneübergreifend integrations- und hoffähig zu machen.[94] Bizarre Kleingruppierungen wie die in der Neo-NS-Szene verankerte Blood & Honour-Bewegung zählten ca. 200 Mitglieder und taten sich eher selbstgenügsam in der Vermarktung rechtsextremer Musik hervor als dass sie, von spontanen Gewalteruptionen vor allem im Konfliktaustrag mit Antifagruppen abgesehen, terroristisch aktiv geworden wären.[95] Mit eine Ursache hierfür war die Orientierung am Konzept der *leaderless resistance*, zellenartige, autonom handelnde Einzelgruppierungen aufzubauen, ohne die Schwächen einer hierarchischen Organisation ausgleichen zu müssen. Vor diesem Hintergrund war die Existenz einer rechtsextremen terroristi-

---

93 Siehe dazu etwa Backes/Jesse (Anm. 80), S. 234.
94 Vgl. Jan Schedler, „Autonome Nationalisten", in: Aus Politik und Zeitgeschichte B 44/2010, S. 20–26. Weiterführend und für die sprachliche Codierung aufschlussreich: Rudolf van Hüllen, „Autonome Nationalisten" zwischen politischer Produktpiraterie und „Nähe zum Gegner". Eine Analyse zu Sprachcodes, Widerstandsverständnis und Gewaltrituale als Brücken zu den linksextremistischen Autonomen, in: Pfahl-Traughber (Anm. 77), S. 191–210.
95 Siehe dazu Kailitz (Anm. 82), S. 109.

schen Gruppierung nicht nur schwer vorstellbar[96], den mit der Thematik betrauten Journalisten und Meinungsbildnern fehlte schlichtweg auch der Referenzpunkt, den sie als Analyseraster hätten heranziehen können. Während der Rechtsterrorismus so gesamtgesellschaftlich und in der öffentlichen Wahrnehmung keine Rolle mehr spielte, listete die Amadeu-Antonio-Stiftung auf, im Laufe der Jahre seien aus fremdenfeindlichen Motiven heraus weitaus mehr Menschen ums Leben gekommen als bisher bekannt.[97]

Die Taten des NSU zeichneten sich durch ihre langwierige Planung aus. Sie wurden als rechtsextreme Vorgehensweise lange Jahre nicht wahrgenommen, weshalb das Problem politisch motivierter Gewalt von rechts eine konsequente Dethematisierung erfuhr. Erst mit der Aufdeckung mehrerer Morde an Ausländern nach der Jahrtausendwende als rechtsterroristische Aktionsserie geriet das Thema wieder in die Öffentlichkeit.[98] Wie im November 2011 bekannt wurde, standen nämlich mehrere Sprengstoffanschläge aus dem Jahr 1999 und eine Mordserie in den Jahren 2000–2006 nicht nur in einem Zusammenhang, sondern wurden darüber hinaus von einer dauerhaft handlungsfähigen rechtsterroristischen Gruppierung begangen. Die Tatsache, dass die Behörden über lange Jahre hinweg von Ausländerkriminalität und damit von organisierter (Wirtschafts-)Kriminalität ausgingen und die Organisation unentdeckt blieb, rief rasch die klassischen Reflexe auf den Plan, wonach die Strafverfolgungsbehörden „auf dem rechten Auge blind" seien[99], da sich in ihnen ein „institutioneller Rassismus" gebildet habe. Auch Angehörige der Opfer zogen das Vorgehen des Rechtsstaates in Zweifel und brachten zumindest ihren Vertrauensverlust zum Ausdruck.[100] Wie differenziertere Analysen jedoch betonten, fehlte die revolutionäre und damit umstürzlerische Komponente beim NSU, auch die für terroristische Gruppen typische Symbiose mit den Medien war darauf fokussiert, eine Reihe tödlicher Anschläge zu verüben, ohne ideologische Vermarktung in der Öffentlichkeit.[101] Verlässliche, systematische und vor allem solide recherchierte Gesamtdarstellungen aus der Wissenschaft waren gegenüber den zu erwartenden journalistischen Schnellschüssen erst spät verfügbar, dafür aber umso lesenswerter.[102]

---

96 Siehe dazu Stefan Heerdegen, Nicht vom Himmel gefallen. Die Thüringer Neonaziszene und der NSU, in: Wolfgang Frindte/Daniel Geschke/Nicole Haußecker/Franziska Schmidtke (Hrsg.), Rechtsextremismus und „Nationalsozialistischer Untergrund". Interdisziplinäre Debatten, Befunde und Bilanzen, Wiesbaden 2016, S. 195.
97 Der plakativ und zugespitzt gehaltene Text ist nur bedingt für wissenschaftliche Zwecke tauglich, soll aus Gründen der Plastizität hier jedoch Eingang finden. Siehe dazu Marion Kraske, Das Kartell der Verharmloser. Wie deutsche Behörden systematisch rechtsextremen Alltagsterror bagatellisieren, unter: https://www.amadeu-antonio-stiftung.de/w/files/pdfs/kartell-internet.pdf (10. Juni 2016).
98 Siehe dazu Patrick Gensing, Terror von rechts. Die Nazi-Morde und das Versagen der Politik, Berlin 2012.
99 Siehe dazu vor allem Wolf Wetzel, Der NSU-VS-Komplex. Wo beginnt der Nationalsozialistische Untergrund – wo hört der Staat auf?, Münster 2013. Zumindest zur partiellen Rechtfertigung der strafverfolgenden Behörden sei angemerkt, dass selbst in der linksextremen Szene von handlungsfähigen „rechtsterroristischen" Gruppe keine Rede war. Siehe dazu Armin Pfahl-Traughber, Der Rechtsterrorismus im Verborgenen: Darstellung und Einschätzung der Besonderheiten des „Nationalsozialistischen Untergrundes", in: Jahrbuch Terrorismus 2011/2012, Opladen 2012, S. 93.
100 So Barbara John/Vera Gaserow/Taha Kahye (Hrsg.), Unsere Wunden kann die Zeit nicht heilen. Was der NSU-Terror für die Opfer und Angehörigen bedeutet, Bonn 2014.
101 Siehe dazu etwa Christoph Busch, Die NSU-Morde – ein neuer Typus rechtsextremer Gewalt, in: Totalitarismus und Demokratie 10 (2013), S. 211–236.
102 So vor allem Frindte u. a. (Anm. 96).

Seinen Ursprung hatte der NSU in der Neo-NS-Szene Thüringens, die im Gegensatz zu den Taten des NSU ihre Demokratiefeindlichkeit bereits in den neunziger Jahren öffentlich zum Ausdruck brachte und mit einer aggressiven Rhetorik unterlegte. In rassistischer Terminologie propagierte der aus der „Anti-Antifa-Ostthüringen" hervor gegangene „Thüringer Heimatschutz" die Ablehnung des demokratisch-rechtsstaatlichen Systems und seiner Werte, favorisierte Gewalt und Unterdrückung gegenüber Minderheiten wie Migranten, Behinderten oder Homosexuellen. Die ideologische Nähe führte letztlich dazu, dass viele Kader spätere NPD-Funktionäre wurden.[103]

Der „Thüringer Heimatschutz" bestand nach Erkenntnissen der strafverfolgenden Behörden zwischenzeitlich aus ca. 120 Personen, der Kern der Gruppe, die sich „Nationalsozialistischer Untergrund"[104] nennen sollte, aus Beate Zschäpe, Uwe Mundlos und Uwe Böhnhardt.[105] Alle drei entstammten einem Netzwerk aus autonomen Nationalisten, der Blood & Honour-Bewegung und einem lokalen Ableger des Ku-Klux-Klans, deren gemeinsames Anliegen es war, in den ostdeutschen Bundesländern „national befreite Zonen" zu errichten.[106]. Sie hatten eine ideologische Verbindung zur NPD aufzuweisen, deren stellvertretender Thüringer Vorsitzender Tino Brandt V-Mann des Verfassungsschutzes war und die rechtsextremen Strukturen beim Aufbau unterstützte.[107]

Kristallisationspunkt der terroristischen Sozialisation von Zschäpe, Mundlos und Böhnhardt war der „Winzerclub", ein Szenetreff für rechtsextreme Jugendliche, in welchem sich die drei späteren NSU-Mitglieder kennen lernten und nacheinander miteinander ein Verhältnis eingingen. Mit den beiden sowie drei anderen Personen, darunter Ralf Wohlleben, gründete Zschäpe die „Kameradschaft Jena" – hier fand auch ihre aktionistische Radikalisierung statt. Sie beteiligten sich an bundesweiten Aufmärschen von Neonationalsozialisten. Alle drei Mitglieder waren von Beginn an in die Struktur des NSU eingebunden gewesen, wie die 1998 getätigten Rohrbombenfunde in ihrer Garage unmittelbar nach dem Untertauchen des Trios beweisen.[108] Zwar waren einige der Rohrbomben zündunfähig, die Menge an Sprengstoff ließ aber auf ein ausgeprägtes Gewaltniveau schließen.

Den drei Protagonisten schlossen sich mit Ralf Wohlleben, André Kapke und Holger Gerlach früh Mitglieder der Kameradschaft Jena an, einer Unterabteilung des Thüringer Heimatschutzes. Bis Ende der neunziger Jahre blieb es bei kleineren Delikten (Fahren ohne Fahrerlaubnis, Herstellung und Verbreitung von Emblemen verfassungswidriger Organisationen, Hitlergruß bei öffentlichen Aufmärschen etc.). Die Summe der Delikte allerdings führte im Rahmen einer

---

103 Siehe dazu Heerdegen (Anm. 96), S. 202.
104 Als eine der ersten Gesamtdarstellungen siehe Fuchs/Goetz (Anm. 8).
105 Siehe zu deren Radikalisierungsprozessen besonders Armin Pfahl-Traughber, Gewaltbereitschaft und Ideologisierung im Radikalisierungsprozess des NSU, in: ders. (Hrsg.) Jahrbuch für Extremismus- und Terrorismusforschung 2014 (II), Brühl 2014, S. 211 f.
106 Siehe zu den Netzwerkstrukturen und den Entstehungsumständen des NSU besonders Andrea Röpke, Der Nationalsozialistische Untergrund und sein Netzwerk, in: dies. (Hrsg.), Blut und Ehre. Geschichte und Gegenwart rechter Gewalt in Deutschland, Bonn 2013, S. 122–148.
107 Bis heute dauern die Ungereimtheiten bei der Aufklärung der NSU-Morde an und erschweren die Aufarbeitung im Prozess gegen Beate Zschäpe durch die Verstrickung des Verfassungsschutzes in die Kernstruktur der Thüringer rechtsextremen Szene. Siehe dazu zusammenfassend Imke Schmincke/Moritz Asall (Hrsg.), NSU-Terror. Ermittlungen am rechten Abgrund. Ereignis, Kontexte, Diskurse, Bielefeld 2013.
108 Siehe dazu die Darstellung von Fuchs/Goetz (Anm. 8), S. 113–200.

Anzeige wegen Volksverhetzung dazu, dass Mundlos 1997 zu einer zweijährigen Haftstrafe verurteilt wurde. Noch vor Antritt der Haft tauchte Mundlos unter. In den Folgejahren kam es zur waffentechnischen Professionalisierung, und auch die offenkundige Bereitschaft zur Tötung von Menschen war nun ausgereift. Bei einer Kontrolle von durch Mundlos, Böhnhardt und Zschäpe angemieteten Garagen fand die Polizei mehrere funktionsfähige Rohrbomben, während das Trio untertauchen konnte. Die Handlungsfähigkeit der Gruppe wurde dadurch jedoch nicht beeinträchtigt, in Saarbrücken, Nürnberg und Köln kam es zu Anschlägen, die ein niedriges logistisches Niveau auswiesen und neben Sachschaden nur leichte Verletzungen bei den ausländischen Opfern herbeiführten. Doch bildeten diese Aktionen den Aufgalopp für die NSU-Mordserie. In deren Verlauf wurden innerhalb von sieben Jahren zehn Kleinunternehmer mit Migrationshintergrund durch den NSU getötet[109], wobei zunächst Bandenkriminalität („Döner-Morde") als Mordmotiv galt. Die Morde wurden von Mundlos und Böhnhardt begangen, stets mit der gleichen Waffe tschechischen Fabrikats, stets mit der identischen Zielgruppe, Menschen mit Migrationshintergrund an ihrem Arbeitsplatz schnell und brutal zu exekutieren. Bekennerschreiben gab es im Gegensatz zum Linksterrorismus keine; die nach dem Zugriff auf die beiden männlichen Mitglieder sichergestellte, selbstgefertigte DVD („Paulchen Panther"), in welchem sich das Trio seiner Taten brüstete, hatte keinen öffentlichkeitswirksamen Zweck. Erst als sich Mundlos und Böhnhardt das Leben nahmen, um dem Zugriff durch die Polizei zu entgehen, und Zschäpe nach ihrer Selbstgestellung 2011 verhaftet werden konnte, traten das wahre Ausmaß und die politisch-ideologische Motivation ans Tageslicht, so dass die Bundesanwaltschaft die Ermittlungen wegen Gründung einer terroristischen Organisation aufnahm. In der Folge stellte sich heraus, dass sowohl ein Nagelbombenanschlag mit 22 Verletzten in der Kölner Keupstraße, in der sich zahlreiche mittelständische Betriebe von Menschen mit Migrationshintergrund befinden, ebenso auf das Konto des NSU ging wie der Mord an einer Polizistin in Heilbronn. Dazu kamen Raubüberfälle auf mehrere Post- und Sparkassenfilialen in Sachsen, Thüringen und Mecklenburg-Vorpommern. Der öffentliche Schock über das quantitative Ausmaß des NSU-Aktivismus ließ vorschnell Befürchtungen aufkommen, es handle sich um eine dauerhaft handlungsfähige Organisationsstruktur[110] analog zu den sozialrevolutionären Gruppierungen der siebziger und achtziger Jahre des 20. Jahrhunderts. Jenseits von behördlichen Problemen, einer undurchschaubaren Verquickung von Geheimdiensten und rechtsextremer Szene und einer hohen Zahl an Opfern aber zeigt sich bis heute keine rechtsterroristische Struktur.[111]

Im Verlauf des Prozesses gegen Zschäpe wurde einmal mehr die Verwicklung vor allem des Verfassungsschutzes in die gesamte rechtsextreme Szene deutlich. Der Versuch, das terroristische Umfeld zu unterwandern, führte zu intransparenten Vorgehensweisen, die der Beweisführung vor Gericht freilich nicht dienlich waren. Erschwerend hinzu traten häufige Anträge auf Verteidigerwechsel der Angeklagten ebenso wie ihr langes Schweigen. Erst spät in der Ver-

---

109 Siehe dazu Andreas Förster/Frank Brunner (Hrsg.), Geheimsache NSU. Zehn Morde, von Aufklärung keine Spur, Tübingen 2014.
110 Siehe dazu die Darstellung von Stefan Aust/Dirk Laabs, Heimatschutz. Der Staat und die Mordserie des NSU, München 2014.
111 Eckhard Jesse, Rechtsterroristische Strukturen in Deutschland. Vergangenheit und Gegenwart, in: Politische Studien 63 (2012), H. 3, S. 24–35.

handlung und zu diesem Zeitpunkt überraschend verlas Zschäpe im September 2016 eine Erklärung, in der sie eingestand, mit nationalsozialistischen Standpunkten sympathisiert zu haben, die sie aber heute nicht mehr teile.[112]

7 Rolle des Staates

In der Bundesrepublik entstanden terroristische Herausforderungen im Vergleich zu anderen europäischen Staaten erst relativ spät und auf einem niedrigeren Gewaltniveau als in Großbritannien oder Spanien. Nicht zuletzt aus diesem Grund konnte die junge Demokratie auf keine „strategische Kultur"[113], ein Set an gesamtgesellschaftlich akzeptierten Maßnahmen in der Terrorismusbekämpfung zurückblicken – sie musste ihre Rolle in der Bewältigung gewaltsamer Herausforderungen erst finden. Wie in anderen europäischen Staaten war die staatliche Kohäsion und Integrität durch die terroristische Gewalt zu keiner Zeit wirklich in Gefahr. Auch Demokratien unterliegen dem Impetus, terroristische Bedrohungen aufzublähen und überzogen zu reagieren, so dass die freiheitlichen Fundamente des Gemeinwesens paradoxerweise durch eine rigide Terrorismusbekämpfung eher in Misskredit geraten als durch den Terrorismus selbst. So widmet sich ein Großteil der Literatur dem Spannungsverhältnis von Sicherheit und Freiheit, in welchem sich jedes freiheitlich verfasste Gemeinwesen beim Umgang mit militanten Herausforderungen befindet.[114] Während konservative Schriften einer effizienten Terrorismusbekämpfung das Wort reden und die temporäre Beschneidung freiheitlicher Grundrechte als Option favorisieren, warnen eher liberale Abhandlungen vor einer dauerhaften Zäsur und einer nachhaltigen Schädigung der normativen Basis eines Gemeinwesens.[115] Die sicherheitspolitische Herausforderung bestand bis in die 90er Jahre hinein in der Bekämpfung des RAF-Terrorismus, danach verlor sich das Thema angesichts der geopolitischen Umbrüche und gewann erst 2001 wieder an Brisanz.[116] In den Jahren seit 2001 dominiert in der Literatur zu staatlichen Maßnahmen in der Sicherheitspolitik und Terrorismusbekämpfung die Auseinandersetzung mit dem islamistischen Fundamentalismus.[117] Wie so häufig in der Terrorismusforschung besteht die Gefahr, das Rad neu zu erfinden. Zahlreiche der Probleme in der Auseinandersetzung mit al-Qaida und dem „Islamischen Staat" sind nachgerade deckungsgleich mit den Zielkonflikten, die sich im Umgang mit dem Links- und Rechtsterrorismus in der Bundesrepu-

---

112 Siehe dazu „Taktischer Fehler", in: Der Spiegel vom 1. Oktober 2016, S. 56.
113 Vgl. dazu Rees Wyn/Richard J. Alrich, Contending Cultures of Counterterrorism – Transatlantic Divergence or Convergence?, in: International Affairs 81 (2005), S. 905–923.
114 Siehe dazu Günther Krings, Terrorismusbekämpfung im Spannungsfeld zwischen Sicherheit und Freiheit, in: Zeitschrift für Rechtspolitik 48 (2015), S. 167–170.
115 Siehe dazu zusammenfassend Alf Lüdtke/Michael Wildt (Hrsg.), Staats-Gewalt: Ausnahmezustand und Sicherheitsregimes. Historische perspektiven, Göttingen 2008; Stefan Huster/Karsten Rudolph (Hrsg.), Vom Rechtsstaat zum Präventionsstaat, Frankfurt a. M. 2008; Wolfgang Hetzer, Rechtsstaat oder Ausnahmezustand? Souveränität und Terror, Berlin 2008.
116 So Wilhelm Knelangen, Terrorismusbekämpfung in Deutschland, in: Jahrbuch Terrorismus 2006, Opladen 2007, S. 183.
117 Siehe beispielhaft Johannes Urban, Die Bekämpfung des internationalen islamistischen Terrorismus, Wiesbaden 2006.

blik auftaten.[118] Denn das grundsätzliche Problem in der Terrorismusbekämpfung besteht nicht im Ausreizen eines theoretischen Gegensatzes zwischen Gleichheit und Freiheit, sondern im indirekten Befördern einer terroristischen Bedrohung durch eine zu liberale oder zu konservative Aufstandsbekämpfung.[119]

Die Geschichte der bundesdeutschen Antiterrorismusgesetzgebung und anderer Maßnahmen ist beispielhaft für die Probleme junger Demokratien mit der Herausforderung Terrorismus, zumal sie besonders an der Auseinandersetzung mit der RAF allein geschildert werden kann. Die Umgestaltung der Sicherheitsbehörden und die damit verbundene Veränderung des Rechtssystems in den 1970er Jahren war in der jungen Demokratie nicht zuletzt das Ergebnis einer gewachsenen Bereitschaft in der Bevölkerung, in der Auseinandersetzung mit dem Terrorismus eine härtere Gangart einzulegen.[120] Vor allem die RAF mit ihren zielgerichteten Anschlägen als auch der politisch-kulturelle Schock durch die Geiselnahme bei den Olympischen Spielen 1972 in München führten zu Ergänzungen im Polizei- und Strafrecht, besonders eine Zuständigkeitserweiterung des Bundeskriminalamts durch das „Sofortprogramm zur Verbrechensbekämpfung" (1970), das BKA-Gesetz (1973) und der Aufbau einer „Abteilung T" waren Zentralisierungsmaßnahmen, welche die Bundesbehörde zur zentralen Anlaufstelle für die Terrorismusbekämpfung machten. Dabei wurde Terrorismus immer noch als Form der Kriminalität betrachtet und die politische Dimension nicht genügend berücksichtigt. Vor allem der Leiter des BKA Horst Herold (1971–1981), nicht nur ein Visionär in Fragen der Datenspeicherung und -nutzung, sondern auch in Fragen der Empathie gegenüber der sozialrevolutionären Herausforderung, gestaltete die Sicherheitsarchitektur innerhalb des BKA nachhaltig um.[121] Auf ihn gehen die kriminologischen und polizeilichen Möglichkeiten der Rasterfahndung ebenso zurück wie das Informationssystem INPOL, die schon zu Beginn der siebziger Jahre die polizeilichen Optionen der Überwachung optimierten und die liberalen Ängste vor entsprechenden Dystopien hervorriefen.[122] Daneben wurden die gemeindienstlichen Institutionen gestrafft und in ihren Kompetenzen neu ausgestattet. In der operativen Tätigkeit wurde vor allem der Bundesgrenzschutz mit polizeilichen Aufgaben betraut – nicht zuletzt das traumatische Scheitern der Befreiung der israelischen Geiseln 1972 auf dem Flughafen Fürstenfeldbruck regte die Gründung einer Spezialeinheit auf Bundesebene an (GSG 9), die fortan für Geiselbefreiungsaktionen zuständig sein sollte und 1977 in Mogadischu ihre Existenzberechtigung unter Beweis stellte. Auf Länderebene entstanden mit den Sondereinsatzkommandos zur Bekämpfung schwerster Gewaltkriminalität entsprechende Pendants.

---

118 Siehe dazu Wilhelm Knelangen, Die deutsche Politik zur Bekämpfung des Terrorismus, in: Thomas Jäger/Alexander Höse/Kai Oppermann (Hrsg.), Deutsche Außenpolitik. Sicherheit, Wohlfahrt, Institutionen und Normen, 2. Aufl., Wiesbaden 2011, S. 198–223.
119 Vgl. zusammenfassend Martin Sebaldt/Alexander Straßner (Hrsg.), Counterinsurgency als normative Herausforderung, Wiesbaden 2011.
120 So Michael Sturm, Geschichte der Terrorismusbekämpfung in Deutschland, in: Hans-Jürgen Lange (Hrsg.), Wörterbuch zur inneren Sicherheit in Deutschland, Wiesbaden 2006, S. 101.
121 Vgl. Dieter Schenk, Der Chef. Horst Herold und das BKA, Hamburg 2000.
122 Vgl. Michael Sturm, „Dazwischen gibt es nichts". „Bewaffneter Kampf" und Terrorismusbekämpfung in der Bundesrepublik am Beginn der 1970er Jahre, in: Sozialwissenschaftliche Informationen 32 (2003), H. 2, S. 47–59.

Neben den institutionellen Umgestaltungen wurde das Strafrecht, vor allem die Strafprozessordnung, in der Auseinandersetzung mit der RAF novelliert. Die Maßnahmen sollten die erste RAF-Generation in Stammheim treffen, die das eigens dort anberaumte Gerichtsverfahren torpedierte und zur öffentlichen Farce werden ließ. Das Verbot der Mehrfachverteidigung, die Möglichkeit, auch ohne anwesende Angeklagte die Verhandlung fortzuführen sowie das in der Öffentlichkeit vermutete Sonderstatut für politisch motivierte Straftäter ließen rasch den Vorwurf aufkommen, es handle sich in seiner Gesamtheit um eine „Lex RAF", die allein auf den konkreten Fall zugeschnitten sei und daher Gesinnungsstrafrecht sei, das zudem unter dem Makel litt, Grundrechte von Beschuldigten, ebenso von prinzipiell unverdächtigen Personen zu beschneiden.[123] Das während der Schleyer-Entführung im Schnelldurchgang verabschiedete „Kontaktsperregesetz" verschärfte diese Wahrnehmung, mittels dessen die Stammheimer Inhaftierten an der Kommunikation untereinander gehindert werden konnten. In einem übergeordneten Rahmen wurde versucht, die breite Unterstützerszene für die RAF zu kriminalisieren, indem der 1976 in Kraft getretene Paragraph 129(a) nicht nur die Bildung, sondern auch die Unterstützung einer terroristischen Organisation und die Werbung für sie unter Strafe stellte. Schwer wogen ebenso symbolische[124] Maßnahmen. Die Einberufung einer „kleinen und großen Lage" (die Regierungsparteien, erweitert um die Oppositionsparteien) im Rahmen der Schleyer-Entführung und die verhängte Nachrichtensperre erweckten den Eindruck, es bestünde eine umstürzlerische Bedrohung für den Staat. Einzelne Maßnahmen waren vor diesem Hintergrund ausgesprochen fragwürdig. Der Einsatz der GSG 9 auf ausländischem Territorium (Somalia) und die Betrauung des Sonderbeauftragten Hans-Jürgen Wischnewski mit umfassenden Vollmachten waren demokratisch nicht nur nicht legitimiert, sondern zeugten auch von einem Handlungsimpetus, der lediglich der mangelhaften Erfahrung im Umgang mit terroristischer Bedrohung geschuldet sein konnte.[125] Darunter fällt die Unterbringung von Verdächtigen in Sondergefängnissen, ihre räumliche Trennung aus Angst, sie könnten aus den Zellen heraus Aktionen der Organisationen noch immer steuern und strenge Haftstatuten trugen den Behörden den Vorwurf der „Isolationsfolter" ein, der etwa bei Ulrike Meinhof anfangs eine gewisse Berechtigung hatte, bei anderen Aktivisten aber gezielt instrumentalisiert wurde.[126] Angesichts des staatlichen Verhaltens war es nicht verwunderlich, dass der kollektive Selbstmord der ers-

---

123 Vgl. ebd., S. 103.
124 Wie die moderne Terrorismusforschung zurecht deutlich gemacht hat, geht es hier nicht so sehr um effiziente Terrorismusbekämpfung, sondern eher um die Präsenz des Staates und die Sichtbarkeit seiner Handlungen. In der Auseinandersetzung besonders mit der RAF wurde diese Symbolik unfreiwillig jedoch in ihrer Bedeutung umgekehrt. Siehe dazu besonders Hendrik Hegemann/Regina Heller/Martin Kahl, Terrorismusbekämpfung jenseits funktionaler Problemlösung: Was beeinflusst politisches Handeln im Kampf gegen den Terrorismus, in: Alexander Spencer/Alexander Kocks/Kai Harbrich (Hrsg.), Terrorismusforschung in Deutschland. Sonderheft 1 der Zeitschrift für Außen- und Sicherheitspolitik, Wiesbaden 2011, S. 281–304.
125 Zu den sozialen Implikationen insgesamt siehe besonders Klaus Weinhauer, Terrorismus in der Bundesrepublik der Siebzigerjahre. Aspekte einer Sozial- und Kulturgeschichte der Inneren Sicherheit, in: Archiv für Sozialgeschichte 44 (2004), S. 219–244. Dass einzelne Maßnahmen im europäischen Vergleich überzogen waren, kann jedoch nicht nur auf die historische Erfahrung abgewälzt werden; auch die junge spanische Demokratie, gleichwohl systemisch mit dem ETA-Terrorismus vertraut, schlug im Angesicht eines nach der Demokratisierung gesteigerten baskischen Aktivismus in der Terrorismusbekämpfung mit der Gründung paramilitärischer Einheiten deutlicher über die Stränge als die Bundesrepublik. Siehe dazu zusammenfassend Johannes Hürtler (Hrsg.), Terrorismusbekämpfung in Westeuropa. Demokratie und Sicherheit in den 1970er und 1980er Jahren, Berlin 2015.
126 So am Beispiel Wolfgang Grams' nachzuvollziehen, der medizinische Untersuchungen verweigerte und deshalb mit anderen Inhaftierten nicht in Kontakt treten durfte und daraus den Vorwurf der Isolationshaft strickte.

ten RAF-Generation in Stuttgart-Stammheim nach dem Scheitern der Lufthansa-Entführung in dem Vorwurf gipfelte, ein staatliches Rollkommando sei in die Zellen eingedrungen und habe die Gefangenen exekutiert. Vorhersehbar und billig instrumentalisiert wurde diese Variante später noch vorgebracht.[127]

In jedem Falle konnte die terroristische Bedrohung auf diese Weise nicht gemeistert werden, es entstanden nicht nur neue RAF-Generationen, auch andere sozialrevolutionäre Gruppen betraten die politische Arena, von den rechtsterroristischen Herausforderungen ganz zu schweigen. Obwohl die Mehrheit der Bevölkerung die Maßnahmen des Staates akzeptierte und unterstützte[128], brachten einzelne daraus erwachsende Effekte wie der vorschnelle Einsatz von Schusswaffen und die daraus resultierende Tötung von Verdächtigen im Verlauf eines Zugriffs die staatliche Vorgehensweise generell in Misskredit. Dass parallel dazu ab Mitte der achtziger Jahre die Fahndungserfolge ausblieben, erhöhte den Druck auf die Behörden. 1987 erfolgte eine Verschärfung des Paragraphen 129(a), ehe ab 1989 und angesichts bis heute unaufgeklärter Morde der dritten RAF-Generation die Bandbreite der Terrorismusbekämpfung sukzessive erweitert wurde. Den Anfang machte die 1989 eingeführte Kronzeugenregelung, die es potentiellen Aussteigern aus terroristischen Organisationen ermöglichen sollte, unter staatlichem Schutz Aussagen über Binnenstruktur und Aktionismus terroristischer Gruppen zu tätigen und dadurch im Hinblick auf eigene Straftaten mit juristischer Milde zu rechnen. Die Praxis scheiterte bei sozialrevolutionären Gruppen am abgeriegelten Weltbild der meisten beteiligten Akteure ebenso wie an ungünstigen Präzedenzfällen.[129]

Historisch günstige Rahmenbedingungen kamen der staatlichen Sicherheitsarchitektur zu Hilfe. Der Kollaps des real existierenden Sozialismus spülte nicht nur die in der DDR untergetauchten sozialrevolutionären Terroristen mit einer ausgeprägten Aussagebereitschaft aus ihrem sozialistischen Refugium, innerhalb der linken Szene war der Schock über die realpolitischen Entwicklungen so groß, dass erstmals in der Geschichte der Gruppierung innerhalb der RAF ein Diskussionsprozess über die weitere Vorgehensweise angestoßen wurde. Dies bildete Ansatzpunkte für subtilere Formen der Terrorismusbekämpfung wie die „Kinkel-Initiative". Ohne die Knüpfung an Aussagen oder Selbstgeständnisse formulierte der ehemalige Bundesminister der Justiz beim traditionellen Dreikönigstreffen seiner Partei den Gedanken, dass der Staat gegenüber bewaffneten Gruppe nicht immer nur den Weg der rigiden Verfolgung gehen könne, sondern auch zu einer Aussöhnung bereit sein müsse, um seine moralische Überlegen-

---

Siehe dazu Alexander Straßner, Biographisches Porträt Wolfgang Werner Grams, in: Uwe Backes/ Eckhard Jesse (Hrsg.), Jahrbuch Extremismus & Demokratie, Bd. 17, Baden-Baden 2005, S. 184–194.

127 Bis heute etwa propagiert Irmgard Möller die „Stammheimer Mordnacht"-These ebenso wie Birgit Hogefeld die Variante, dass Wolfgang Grams 1993 in Bad Kleinen von der GSG 9 liquidiert wurde. Siehe dazu Straßner (Anm. 30), S. 114.

128 In jeder Ära einer spezifischen terroristischen Bedrohung fraternisiert sich die Bevölkerung – im Gegensatz zur Perzeption der terroristischen Organisationen – zunächst einmal mit den Maßnahmen der Regierung. Siehe dazu Carsten Pietsch/Rüdiger Fiebig, „Keine besondere Bedrohungslage". Die Einstellungen der deutschen Bevölkerung zu Maßnahmen der Terrorabwehr, in: Thomas Jäger (Hrsg.), Die Welt nach 9/11. Auswirkungen des Terrorismus auf Staatenwelt und Gesellschaft. Sonderheft 2 der Zeitschrift für Außen- und Sicherheitspolitik, Wiesbaden 2011, S. 261–284.

129 Dass Werner Lotze, Mitglied der RAF, trotz Nutzung der Kronzeugenregelung zu einer höheren Haftstrafe verurteilt wurde, als er sie durch mangelhaften Kenntnisstand der Behörden ohne seine Aussagen zu verbüßen gehabt hätte, war einer nachhaltigen Nutzung des Instruments nicht förderlich. Siehe dazu Straßner (Anm. 30), S. 190–195.

heit auf diese Weise zu manifestieren. Über den Umgang mit diesem Angebot kam es innerhalb der RAF zu Zerwürfnissen, die den Zerfall der Organisation nun katalysatorisch begleiteten. Der Gewaltverzicht der RAF (1992), die Spaltung des „Gefangenenkollektivs" (1993), die Auflösung einzelner Revolutionärer Zellen (1992) und letztlich die Selbstauflösung der RAF (1998) können als mittelfristige Konsequenzen der subtileren Mittel der Terrorismusbekämpfung in Verbindung mit den historischen Brüchen der beginnenden neunziger Jahre interpretiert werden.

8 Vergleich

Als Bestandteil der Extremismusforschung ist auch die Terrorismusforschung dringend auf die Komparatistik zwischen den ideologisch unterschiedlich motivierten Gruppen angewiesen, um daraus heuristische Erkenntnisse zu ziehen. So umstritten die definitorischen Grundlagen des entsprechenden Teilbereichs sind[130], so hochgradig diffizil sind daraus erwachsende Folgeprobleme. So wenig der Terrorismusbegriff bis heute zufriedenstellend definiert ist, so anspruchsvoll und umstritten fallen alle weiterführenden wissenschaftlichen Herausforderungen des Forschungsfeldes aus. Entsprechend hat sich eine Kontroverse um die generelle Vergleichbarkeit politischer Extremismen und daraus abgeleitet auch der Terrorismen heraus kristallisiert.[131]

Freilich bedeutet Terrorismus jenseits von Definitionsproblemen immer die Androhung oder Anwendung systematischer Gewalt aus politischen Motiven, um Veränderungen zu provozieren, politische Eliten zu treffen oder unter Druck zu setzen und zugleich den öffentlichen Raum zu destabilisieren. Auch die Ausrichtung auf eine oder mehrere Führungsfiguren, mithin also die straffe, hierarchisch Organisation, war links- wie rechtsterroristischen Gruppierungen gemein (von den RZ abgesehen), was angesichts der propagierten egalitären Binnenkonstruktion und der Ziele linksterroristischer Gruppen durchaus bemerkenswert ist. Die Lernerfahrungen aus den Nachteilen hierarchischer Organisation waren links- wie rechtsterroristischen Gruppen gemein. Sie strukturierten sich nach dem Zellenprinzip. An eine Ideologie gebunden war die organisatorische Neustrukturierung dabei nicht, der US-amerikanische Rassist Louis Beam publizierte 1992 in der von ihm herausgegebenen Zeitschrift „The Seditionist" einen Artikel, in welchem er die Vorzüge einer Zellstruktur gegenüber einer hierarchischen Organisationsform hervorhob.[132]

Unabhängig dieser terrorismustheoretischen Grundkonstanten fielen die enormen ideologischen Unterschiede beträchtlich aus. Hinsichtlich der internalisierten oder nur zur Schau getragenen Ideologie waren die linksterroristischen Organisationen weitaus tiefgründiger, rekurrierten auf eine zumindest in Ansätzen geschlossene Ideologie und stellten ihre Aktionen stets in

---

130 Siehe dazu besonders Uwe Backes, Auf der Suche nach einer international konsensfähigen Terrorismusdefinition, in: Martin H.W. Möllers/Robert Ch. van Ooyen (Hrsg.), Jahrbuch Öffentliche Sicherheit 2002/2003, Frankfurt a. M. 2003, S. 153–165.
131 Zusammenfassend siehe besonders Armin Pfahl-Traughber, Kritik der Kritik der Extremismus- und Totalitarismustheorie. Eine Auseinandersetzung mit den Einwänden von Christoph Butterwegge, in: ders. (Anm. 79), S. 61–86.
132 Siehe dazu etwa Heerdegen (Anm. 96), S. 199.

einen größeren, übergeordneten Zusammenhang. So waren entsprechende Gruppen stets bereit, ihre Anschläge kommunikativ zu unterfüttern, um in bester marxistischer Lesart eine Umerziehung der Individuen und damit der ganzen Gesellschaft herbeizuführen. Linksterrorismus war vor diesem Hintergrund immer auch ein Erklärungsterrorismus, der den tieferen Sinn der „revolutionären" Aktion in einen gesamtgesellschaftlichen Konnex stellen sollte. Die stereotyp linksextreme Stoßrichtung, gewaltsame Aktionen mit dem Kampf für Freiheit, Gleichheit und soziale Gerechtigkeit zu stellen, versetzte den Linksterrorismus in die Lage, eine breite Unterstützerszene zu generieren und in der intellektuellen Öffentlichkeit als der „bessere" Terrorismus zu erscheinen. Nicht von ungefähr mag das grundsätzlich positive Menschenbild eine relevante Rolle spielen, geht es doch von der Vernunftbegabung des Menschen und seiner Perfektionalität durch Bildung aus.[133]

Rechtsterrorismus ist vor diesem Hintergrund ideologisch bereits weitaus weniger fundiert. Zwar verweisen Rechtsterroristen mitunter auf quasi-ideologische Versatzstücke (etwa die Rassenlehre des beginnenden 20. Jahrhunderts von Gobineau[134] bzw. Chamberlain[135]) oder auf eine gemeinsame Handlungsgrundlage wie die Turner Diaries, die eine globale Revolution zugunsten der überlegenen weißen Oberschicht propagierten.[136] Für eine positiv konnotierte, intensive Propaganda zur Akquirierung eines breiten Umfeldes taugte dieses Schrifttum freilich nicht. Die Absicht, derartige Eklektizismen öffentlich zu kommunizieren, war gering ausgeprägt, nur selten finden sich rechtsterroristische Organisationen bereit und in der Lage, ihre Anschläge argumentativ durch Bekennerschreiben zu unterfüttern. Das bedeutet für rechtsterroristische Gruppen einen strategischen Nachteil, können sie doch das terrorismustypische Wechselspiel zwischen Terrorismus und Medien nicht dergestalt betreiben, wie dies linksterroristische Organisationen vermochten.[137] Nicht zuletzt daraus lässt sich die größere Breitenwirkung ableiten, die Gruppen wie die RAF für sich beanspruchen konnten, machten sie ihren Aktionismus doch einem größeren Publikum zugänglich. Sie fanden in den Medien dankbare Abnehmer. Daraus entwickelte sich ein entsprechender Handlungsdruck auf die politischen Eliten, deren Aktionen suggerierten, es bestünde eine tatsächliche und manifeste Gefahr, ein Umstand, den rechtsterroristische Organisationen nicht auf diese Weise für sich nutzen konnten und so eher in der Berichterstattung ein Schattendasein fristeten.

Die breite Unterstützerszene im Linksterrorismus bedeutete für die Organisationen sowohl logistische Unterstützung bei Tatvor- und nachbereitungen als auch bei der propagandistischen Begleitmusik. Darüber hinaus konnten Gruppen wie die RAF in Phasen der Schwäche oder personellen Dezimierung ihr personelles Reservoir rasch wieder auffüllen. Rechtsterroristische

---

133 Siehe dazu besonders Backes/Jesse (Anm. 80), S. 53–60.
134 Joseph Arthur de Gobineau, Versuch über die Ungleichheit der Menschenrassen, 4 Bde., Paris 1853–1855.
135 Houston Stewart Chamberlain, Grundzüge des neunzehnten Jahrhunderts, München 1899 und ders., Arische Weltanschauung, München 1905.
136 Der Roman entstammt der Feder von William L. Pierce, er verfasste ihn jedoch unter einem Pseudonym. Siehe Andrew Macdonald, The Turner Diaries. A Novel, New York 1996. Vor allem für die einschlägige Subkultur in den USA, ebenso für Rechtsextremisten auf der ganzen Welt wurde die Schrift zur Grundlagenliteratur und inspirierte moderne Terroristen. Dazu Thoma Grumke, Die „Turner Diaries" und das „Oklahoma-City-Bombing". Rechtsextremismus in den USA, in: Neue Gesellschaft/Frankfurter Hefte 7 (1998), S. 583–587.
137 Siehe dazu exemplarisch Andreas Elter, Propaganda der Tat. Die RAF und die Medien, Frankfurt a. M. 2008 und generell Sonja Glaab (Hrsg.), Medien und Terrorismus. Auf den Spuren einer symbiotischen Beziehung, Berlin 2007.

Gruppen waren demgegenüber stets relativ isoliert, und personelle Rückschläge bedeuteten in der Regel meist das Ende der Organisation. Die Unterstützerszene war entweder parteipolitisch gebunden (meist in der NPD), erst in der Ära des NSU konnte zuerst mit der „Anti-Antifa-Ostthüringen" ein entsprechendes Netzwerk aufgebaut werden, aus dem dann die terroristische Organisation hervorging. Im Gegensatz zu linksterroristischen Organisationen war das defensiver ausgerichtet. Strebten linksterroristische Organisationen expressis verbis die Umwälzung der Verhältnisse an und versuchten, sie durch gezielte Attacken auf Repräsentanten des „militärisch-industriellen Komplexes" eine Revolution anzustacheln, blieben rechtsterroristische Organisationen – von exzentrischen Einzelpersonen abgesehen – meist im Verborgenen aktiv, auch im Bewusstsein um die eigene Isolation. Besonders der NSU mag hier als Beispiel gelten, die jahrelang fehlerhafte Ermittlungsrichtung der Behörden war u. a. durch die vigilantistische Stoßrichtung des NSU bedingt, die eben nicht die offensive Beseitigung des Systems zum Ziel hatte, sondern die reine Gewaltausübung gegen eine als feindlich definierte Bevölkerungsgruppe oder aber die langsame Wiederherstellung früherer Zustände.[138]

Unabhängig vom jeweiligen ideologischen Zuschnitt hat der Terrorismus in Deutschland keine Erfolgsgeschichte vorzuweisen, im Gegenteil. Wie in allen anderen Beispielen, in welchen westliche Demokratien durch terroristische Gruppen herausgefordert wurden, gilt für die Bundesrepublik, dass in keinem der genannten Beispiele jemals eine echte, umstürzlerische Bedrohung existierte und eine terroristische Organisation noch nie ein politisches System beseitigen konnte. Wo es erfolgreiche Aufstandsbewegungen gab, waren es entweder katastrophale Rahmenbedingungen (Staatszerfall etc.), oder die Insurgenten hatten generell ex origo eine andere Qualität, konnten eine Verankerung in der Bevölkerung für sich beanspruchen und/oder ein Territorium, in das sich die Bewegung zurückziehen konnte und so potent genug war, die Streitkräfte des Gegners anzugreifen.[139]

Terroristen haben diese begünstigenden Voraussetzungen nicht, und obwohl sie sich wie die deutschen linksterroristischen Gruppen als (Stadt-)„Guerilla" bezeichneten, um eine Größe vorzutäuschen, derer sie nie habhaft waren, verblieben sie doch von Beginn an in einem Stadium der Schwäche, selbst wenn sie über kurz oder lang das politische System auf oberster Ebene anzugreifen in der Lage waren. Bei aller begründeten Zuversicht und von Aktivisten wie Hogefeld getätigten Einsicht, dass Terrorismus als politische Strategie nicht sinnvoll ist, bleibt eine differenzierte Definition der Variable „terroristischer Erfolg" nötig. Denn die symbiotische Kommunikation zwischen Terrorismus und Medien sorgt zumindest in demokratischen Gemeinwesen dafür, dass in der Bevölkerung ein Unsicherheitsgefühl entsteht, das sich angesichts einer permanent geargwöhnten „Bedrohung" – und befeuert durch „breaking news" von Nachrichtensendern – zu einer kollektiven Psychose auswachsen kann.[140] Doch muss

---

138 Siehe dazu Matthias Quent, Selbstjustiz im Namen des Volkes? Vigilantistischer Terrorismus, in: Aus Politik und Zeitgeschichte B 24–25/2016, S. 20–26.
139 Siehe dazu Armin Pfahl-Traughber, Terrorismus – Merkmale, Formen und Abgrenzungsprobleme, in: Aus Politik und Zeitgeschichte B 24–25/2016, S. 10–19; Alexander Straßner, Formen des Aufstands. Die typologische und empirische Vielfalt von Insurgency im historischen Längsschnitt, in: Sebaldt/Straßner (Anm. 119), S. 27–57.
140 Am Beispiel des Nachgangs zum 11. September 2011 siehe Marco Fey, Trauma 9/11 und die normative Ordnung der amerikanischen Außenpolitik, in: Jäger (Anm. 128), S. 32–52.

nicht die vermeintliche terrorismustheoretische Zeitenwende von 9/11 bemüht werden, um auf ein Ungleichgewicht von medialer Berichterstattung, staatlicher Reaktion auf und faktischer Bedeutung von terroristischen Bedrohungen zu stoßen. Stimmen, die einer moderaten Einordnung des Themas Terrorismus das Wort reden und ihn als normale und zu erwartende Begleiterscheinung ungerechter nationaler oder globaler Verteilungsprozesse betrachten, sind selten.[141] Dabei wäre in der soziologischen Grundlagenliteratur des späten 20. Jahrhunderts das Verständnis von Terrorismus als Bestandteil einer „Risikogesellschaft" angebracht, in welcher die Komplexität der Lebensformen in einem modernen, sich stets mehr industrialisierenden Gemeinwesen, stets zusätzliche Gefahren heraufbeschwört.[142]

Die angemessene Bekämpfung terroristischer Organisationen ist für Demokratien ein Problem, unangemessene Reaktionen rufen Kritik liberaler Eliten hervor und sind kontraproduktiv. Eine zu liberale, verhandelnde Haltung im Angesicht der autodestruktiven Prozesse im Terrorismus macht demokratische Eliten angreif- und nicht selten abwählbar.[143] Dass die junge Bundesrepublik bei den Olympischen Spielen 1972 wie im Rahmen der Schleyer-Entführung 1977 in beiden Richtungen nicht nur symbolisch über die Stränge schlug, mag mit dem zarten Alter der politischen Ordnung und der traumatischen Erfahrung hinsichtlich politisch motivierter Gewalt erklärbar sein. Hinweisgebend scheint der folgende Umstand: Der Zusammenbruch der RAF wurde durch die liberale Kinkel-Initiative mehr befeuert als durch Jahre der rigiden und restriktiven Terrorismusbekämpfung. Für terroristische Bedrohungen von links, rechts, aus dem fundamentalistischen Spektrum oder aus einer völlig neuen Stoßrichtung mag dies eine anschauliche Lernerfahrung sein. Denn auch und besonders angesichts erheblichen öffentlichen Drucks und gesteigerten Gewaltpotentials aus allen Richtungen des politischen Spektrums[144] muss eine gefestigte Demokratie wie die Bundesrepublik bei aktuellen wie künftigen terroristischen Herausforderungen Mäßigung im sicherheitspolitischen Repertoire haben, um nicht mehrere Male identisches Fehlverhalten an den Tag zu legen.

9 Biographische Porträts

Andreas Baader gilt bis heute als Exponent der ersten RAF-Generation und steht für die Geschichte der Organisation insgesamt. Während eher konservative Wissenschaftler seine antisoziale, kriminelle Karriere betonen, sind es eher liberalere Autoren, die Ansätze zur Erklärung seines Charismas und seiner Integrationskraft suchen. Geboren am 6. Mai 1943 in München, verbrachte er die ersten fünf Lebensjahre bei seiner Großmutter. Er kannte keine männlichen Bezugspersonen, die Erziehungsversuche des hochbegabten Kindes scheiterten an seinem Jähzorn und seinen Subordinationsproblemen. Ohne berufliche Orientierung verdingte sich der

---

141 Die Wahrscheinlichkeit, bei einem terroristischen Anschlag ums Leben zu kommen, ist aus Sicht der Risikoforschung signifikant geringer als bei einem Autounfall oder durch schlechte Angewohnheiten (Rauchen, Alkohol). So der englische Risikoforscher David Spiegelhalter im Interview „Eins zu einer Million", in: Der Spiegel vom 28. Mai 2016, S. 70–76.
142 Siehe dazu Ulrich Beck, Risikogesellschaft. Auf dem Weg in eine andere Moderne, Frankfurt a. M. 2015.
143 Siehe dazu Anna Mühlhausen, No talks? Über Verhandlungen mit terroristischen Gruppen, in: Aus Politik und Zeitgeschichte B 24–25/2016, S. 46–52.
144 Siehe dazu Bundesministerium des Innern (Hrsg.), Verfassungsschutzbericht des Bundes 2015, Berlin 2016.

junge Baader im Münchner Stadtteil Schwabing, wo sich zahlreiche Männer wie Frauen seiner erotischen Anziehungskraft nicht entziehen konnten. Die „Schwabinger Krawalle" 1962 erwiesen sich als Damaskuserlebnis für den ohnehin in zahlreiche Schlägereien Verwickelten. Seine Politisierung erfuhr Baader jedoch auch dadurch nicht, sein Hang zu schnellen Autos, Verbalrabulistik und Phlegma bestimmte sein Leben weiterhin in Berlin. Nach mehreren Jugendstrafen lernte er 1967 Gudrun Ensslin kennen. Im Anschluss an seine Festnahme 1970 folgte der Gründungsakt der RAF, seine Befreiung aus dem Institut für soziale Fragen. Nach seiner Absetzung nach Jordanien und der Rückkehr nach Berlin betrieb er den logistischen Aufbau der RAF. Bereits 1972 wurde Baader verhaftet. Als Baader über einen als UKW-Gerät fungierenden, umgebauten Plattenspieler die Nachricht der Befreiung der Geiseln in Mogadischu vernahm, tötete er sich selbst mit einer in die Zelle geschmuggelte Pistole.

Uwe Böhnhardt, am 1. Oktober 1977 in Jena geboren, entstammte stabilen sozialen Verhältnissen. Materiell prekäre Verhältnisse, wie sie oftmals in rechtsterroristischen Biographien auftauchen, waren ihm unbekannt. Trotzdem wurde er bereits als Jugendlicher verhaltensauffällig. Mehrere Straftaten sind belegt, darunter Körperverletzungen und Diebstähle. Die siebte Klasse musste Böhnhardt wiederholen, der Lernförderschule wurde er wegen Computerdiebstahls verwiesen. Nach der Wiedervereinigung bewegte er sich im Dunstkreis der neonationalsozialistischen Szene. Eine viermonatige Haftstrafe ohne Bewährung im Alter von 15 Jahren zeigte keine erfolgreiche Resozialisierung. Noch im selben Jahr kam es zu zwei weiteren Verurteilungen aufgrund ähnlicher Vergehen. Die dritte Haftstrafe umfasste bereits zwei Jahre wegen Erpressung. Nach seiner Freilassung verkehrte er im „Winzerclub" – er zeigte identische Radikalisierungsprozesse wie Beate Zschäpe, wobei er eher als Mitläufer und Handlanger von Mundlos galt. Die Behörden verfolgten weitere Aktionen Böhnhardts (Volksverhetzung etc.) wegen Geringfügigkeit nicht. Erst die Häufung ähnlicher Vergehen führte zu neuerlichen Verurteilungen. Am 4. November 2011 überfiel Böhnhardt gemeinsam mit Mundlos eine Bank und wurde von der Polizei im angemieteten Wohnmobil gestellt. Uwe Mundlos hatte ihn erschossen, bevor dieser Suizid beging.

Gudrun Ensslin, am 15. Mai 1940 in Bartholomä (Baden-Württemberg) geboren, war die Tochter eines protestantischen Pfarrers, das geistige Klima in der Familie war geprägt von moralischem Rigorismus. 1960 bestand sie das Abitur und studierte Anglistik, Philosophie und Germanistik an der Universität Tübingen – dort lernte sie Bernward Vesper kennen, den Sohn des im Nationalsozialismus geschätzten Dichters Will Vesper. Im Jahr 1963 wechselte Ensslin an die Pädagogische Hochschule in Schwäbisch Gmünd, nach ihrer Verlobung mit Vesper zogen beide nach West-Berlin, wo sich Ensslin, nun Stipendiatin der Studienstiftung des deutschen Volkes, an der Freien Universität für Germanistik und Anglistik immatrikulierte. Nach ihrem Bruch mit der SPD wandte sie sich dem SDS zu, im Zuge ihrer Radikalisierung lernte sie Andreas Baader kennen – sie trennte sich danach von Vesper. Nach der Frankfurter Kaufhausbrandstiftung 1969 vorzeitig aus der Haft entlassen, setzte sie sich 1970 ins Ausland ab, nach einem Aufenthalt in Jordanien und ihrer Rückkehr im gleichen Jahr begann der terroristische Aktionismus der RAF. Im Anschluss an ihre Verhaftung 1972 und ihre Unterbringung im Hochsicherheitstrakt Stuttgart-Stammheim versuchte sie, die Vorgehensweise der RAF aus dem

Gefängnis heraus zu beeinflussen. Im Zuge der Ereignisse in Mogadischu beging Ensslin am 18. Oktober 1977 in ihrer Zelle Selbstmord.

Odfried Hepp wurde am 18. April 1958 in Nordbaden geboren. Seine frühe Radikalisierung endete in der völligen Identifikation mit dem Nationalsozialismus. Im Jahr 1977 bestand Hepp das Abitur – er begann mit der Grundausbildung bei der Bundeswehr, wo er weiter rechtsextreme Kontakte und eine „Wehrsportgruppe" aufbaute. 1978 fing er das Studium des Bauingenieurwesens an und inszenierte öffentlich provokante Auftritte, für die er 1979 verhaftet, aber 1980 bereits wieder entlassen wurde. Hepp setzte sich ins Ausland ab und versuchte gemeinsam mit Mitgliedern der „Wehrsportgruppe Hoffmann" im Libanon eine nationalsozialistisch geprägte Auslandsorganisation aufzubauen. Aufgrund mangelnden Erfolgs wollte er heimlich nach Deutschland zurückkehren, wurde jedoch von Mitgliedern festgehalten und schwer misshandelt. Nach geglückter Flucht 1981 wurde er in Frankfurt festgenommen, kam im selben Jahr aber wieder auf freien Fuß. An der Universität Mainz begann er ein Studium der russischen und arabischen Sprache und betrieb gemeinsam mit Walter Kexel, einem ehemaligen Mitglied der „Volkssozialistischen Bewegung Deutschlands/Partei der Arbeit", den Aufbau einer Kaderorganisation, die einen „undogmatischen Befreiungskampf" in Deutschland propagierte. Nach mehreren Anschlägen gegen amerikanische Armeeangehörige entkam Hepp 1983 einer Festnahmeaktion der Polizei und tauchte mithilfe der Staatssicherheit der DDR unter. Als Verbindungsmann der palästinensischen Befreiungsbewegung reiste er 1984 nach Frankreich und wurde dort 1985 festgenommen. Nach seiner Auslieferung 1987 zu zehn Jahren Haft verurteilt, studierte Hepp ab 1993 Arabisch und Französisch in Mainz. Er ist inzwischen als Übersetzer tätig.

Birgit Hogefeld, am 23. Juli 1956 in Wiesbaden geboren, zählt zu den drei Aktivisten, die gesichert zur dritten RAF-Generation gehörten. Im Sog der Studentenrevolte fand sie Zugang zu linksextremen Milieus. Die begabte Orgelspielerin studierte von 1975 bis 1977 in Frankfurt am Main Jura. Nach dem Abbruch ihres Studiums verdingte sie sich als Orgellehrerin und engagierte sich in der „Roten Hilfe". Sie geriet durch die öffentlichkeitswirksame Kritik an der ‚Isolationsfolter' in den Sog des terroristischen Umfelds aus der RAF. Nach Erkenntnissen der Behörden tauchte Hogefeld 1984 unter, um sich der RAF anzuschließen – eine Tatsache, die sie lange Jahre bestritt und auf einen späteren, aber nicht näher spezifizierten Zeitpunkt verschob. Aufgrund ihrer Liaison mit Wolfgang Grams ist es zumindest plausibel, dass sie sich noch vor der „Offensive ´85/´86" der Organisation anschloss. Der in die Führungsebene der RAF eingeschleuste V-Mann Klaus Steinmetz ermöglichte die Festnahme Hogefelds in Bad Kleinen, in deren Verlauf sich Grams das Leben nahm. Nach ihrer Verhaftung setzte sich Hogefeld kritisch mit der eigenen Vita, aber auch mit der Entwicklungsgeschichte der RAF auseinander. 1996 wurde sie wegen mehrfachen Mordes, zweifachen versuchten Mordes und Mitgliedschaft in einer terroristischen Vereinigung zu einer lebenslangen Haftstrafe mit besonderer Schuldschwere verurteilt. Ihre kritische Auseinandersetzung mit der RAF-Historie wurde strafmildernd bewertet, 2011 wurde sie auf Bewährung aus der Haft entlassen.

Christian Klar wurde am 20. Mai 1952 in Freiburg geboren. Nach seinem Abitur 1972 in Ettlingen immatrikulierte er sich für Geschichte und Philosophie, beendete sein Studium jedoch rasch und ohne Abschluss. Nach der Wehrdienstverweigerung engagierte er sich gemeinsam mit Adelheid Schulz und anderen späteren RAF-Mitgliedern in Protestaktionen gegen RAF-Inhaftierte, 1976 schloss er sich der Organisation an und wurde mit seiner Rigorosität gemeinsam mit Brigitte Mohnhaupt eine der Schlüsselfiguren der zweiten Generation. Klar war an den meisten Aktionen der RAF von 1977–1982 beteiligt und erhielt in der DDR eine paramilitärische Ausbildung. Im Jahr 1982 gelang seine Festnahme. Als neue belastende Beweise auftauchten, wurde 1992 zusätzlich eine besondere Schwere der Schuld festgestellt, die eine Entlassung nach 15 Jahren unmöglich machte. Nach mehrjähriger Haft in Stuttgart und Bruchsal stellte Klar 2003 ein Gnadengesuch an den Bundespräsidenten, das ab 2007 heftig diskutiert wurde, da sich Klar weiterhin uneinsichtig zeigte. Klar wurde 2008 entlassen und arbeitete ab 2011 als Kraftfahrer in Berlin; seit 2016 ist er als freier Mitarbeiter eines Abgeordneten der Bundestagsfraktion Die Linke beschäftigt.

Horst Mahler wurde am 23. Januar 1936 in Haynau (Schlesien) geboren. In den Wirren der Nachkriegszeit gelangte er nach Berlin, wo der Stipendiat der Studienstiftung des deutschen Volkes nach dem Abitur an der Freien Universität Jura studierte. 1956 trat er in die SPD ein, danach schloss er sich dem SDS an. 1967 gründete er mit Anderen den „Republikanischen Club", eines der ideologischen Zentren der APO, sein beruflicher Schwerpunkt wurden politische Verfahren, zu deren Bearbeitung er ein „sozialistisches Anwaltskollektiv" ins Leben rief. Die Identifikation mit den Motiven seiner Mandanten gewann nun die Oberhand. Nach der Befreiung Baaders tauchte er gemeinsam mit den übrigen Mitgliedern der RAF in Jordanien unter, wo Baader ihm die Führung der Organisation streitig machte und ihn entmachtete. Trotzdem behielt er die ideologische Federführung, die wichtigsten Texte der frühen RAF stammten von ihm („Die neue Straßenverkehrsordnung"). Nach ideologischen Differenzen wurde er 1974 aus der Gruppe ausgeschlossen. 1973 war er bereits zu 14 Jahren Haft verurteilt worden, nach seiner Freilassung erhielt Mahler 1987 die Wiederzulassung als Rechtsanwalt. Ab Ende der neunziger Jahre wandte sich Mahler rechtsextremen Kreisen zu und vertrat die NPD vor dem Bundesverfassungsgericht. Nach mehrfacher Verurteilung wegen Volksverhetzung und Leugnung des Holocausts wurde ihm 2004 abermals die Approbation entzogen. Im Jahr 2009 zu einer mehrjährigen Haftstrafe verurteilt, sitzt er in Brandenburg an der Havel im Gefängnis. 2015 gewährte die Staatsanwaltschaft ihm wegen seines schlechten Gesundheitszustandes Haftverschonung, die 2016 widerrufen wurde.

Ulrike Marie Meinhof kam am 14. Mai 1934 in Oldenburg zur Welt. Nach dem frühen Tod der Mutter übernahm die Freundin Renate Riemeck die Erziehung, die bis nach dem Abitur 1955 ein prägendes Vorbild blieb. Die Stipendiatin der Studienstiftung des deutschen Volkes immatrikulierte sich in Marburg und Münster für Pädagogik, Psychologie, Soziologie und Germanistik – das Studium wurde nicht abgeschlossen – und trat 1958 dem SDS bei. 1961 heiratete sie ihren Kollegen Klaus-Rainer Röhl, der sie als Kolumnistin der Zeitschrift „konkret" einer breiteren Öffentlichkeit bekannt gemacht hatte. Eine Tumorerkrankung und die Geburt ihrer Zwillinge machten eine publizistische Pause nötig. Im Jahr 1968 wurde die Ehe geschieden, Meinhof geriet in die inneren Zirkel der Protestbewegung. Nach ihrer Beteiligung an der Baader-Befreiung ging sie in den Untergrund. Für den bewaffneten Kampf wenig geeignet nahm sie eine Schlüsselrolle der theoretischen Fundierung der RAF ein („Das Konzept Stadtguerilla"). Nach ihrer Verhaftung 1972 kam es zu hasserfüllten Auseinandersetzungen und letztlich zum Zerwürfnis zwischen ihr und Baader/Ensslin. Meinhof erhängte sich am 9. Mai 1976 in ihrer Zelle.

Brigitte Mohnhaupt gehörte zu den führenden Mitgliedern der „zweiten RAF-Generation" und kam am 24. Juni 1949 am Niederrhein zur Welt. Sie legte ihr Abitur in Bruchsal ab und immatrikulierte sich an der Universität München, 1971 ging sie in den Untergrund. Bereits ein Jahr später trugen die verschärften Fahndungsbemühungen der Behörden nach der RAF-Offensive 1972 Früchte, und Mohnhaupt konnte verhaftet werden. Nach ihrer Verurteilung zu vier Jahren Haft wegen unerlaubtem Waffenbesitz, Urkundenfälschung und Mitgliedschaft in einer kriminellen Vereinigung war sie maßgeblich beteiligt am Aufbau des „info"-Systems, mittels dessen die RAF-Inhaftierten untereinander sowie mit der linksextremen Szene in Freiheit kommunizierten. Nach ihrer Freilassung schloss sich Mohnhaupt 1977 dem harten Kern der zweiten Generation an. Sie übernahm rasch eine Führungsrolle und setzte sich gemeinsam mit anderen Mitgliedern nach Jugoslawien ab. Von den dortigen Behörden bereits 1978 verhaftet und ins jemenitische Aden ausgeflogen, konnte Mohnhaupt ein Jahr später beim Versuch, die logistische Basis der RAF zu betreiben, festgenommen werden. Nach ihrer Verurteilung zu lebenslanger Haft mit besonderer Schuldschwere zeigte sie sich uneinsichtig und lehnte sowohl eine kritische Selbsteinschätzung als auch diverse Dialogangebote ab. Im Jahr 2007 wurde Mohnhaupt aus der Haft entlassen. Wie viele ehemalige RAF-Mitglieder lebt sie heute unter anderem Namen in Deutschland von Hartz IV.

Uwe Mundlos, am 11. August 1973 geboren, war wie Böhnhardt in ein stabiles soziales Umfeld eingebettet. Der naturwissenschaftlich begabte Mundlos verließ die Schule nach der zehnten Klasse, um eine Ausbildung als Datenverarbeitungskaufmann bei Carl Zeiss in Jena zu beginnen. Ein späterer Versuch, die Hochschulreife auf dem Zweiten Bildungsweg zu erlangen, wurde abgebrochen. Ab 1988 gehörte Mundlos der neonationalsozialistischen Szene in der DDR an. Nach 1991 radikalisierte sich Mundlos weiter und baute Verbindungen zu Netzwerken wie „Blood&Honour" auf. Im Rahmen seines Wehrdienstes setzte Mundlos seine propagandistischen Aktivitäten fort. Er wurde unter Arrest gestellt, das Truppendienstgericht aber lehnte diese Maßnahme wegen Geringfügigkeit ab. Aufgrund der Herstellung und Aufbewahrung von Kennzeichen verfassungswidriger Organisationen wurde Mundlos 1994 zu einer Geldstrafe verurteilt, ein Jahr danach besuchte er mit Böhnhardt eine KZ-Gedenkstätte, beide traten dabei in SA-ähnlicher Kleidung auf und skandierten öffentlich NS-Parolen. Nach dem Überfall auf die Sparkasse in Eisenach tauchte Mundlos gemeinsam mit Böhnhardt in einem angemieteten Wohnmobil unter. Als der Zugriff unmittelbar bevorstand, tötete Mundlos Böhnhardt, ehe er Selbstmord beging.

Inge Viett wurde am 12. Januar 1944 in Stemwarde geboren, verbrachte ihre ersten Lebensjahre in einem Kinderheim, später in einer Pflegefamilie. Nach mehreren Wohnortwechseln nahm sie 1963 ein Sport- und Gymnastikstudium an der Universität Kiel auf, das sie kurz vor dem Examen abbrach. Nach ihrem Umzug nach Hamburg geriet sie in den Sog der Studentenbewegung und sie beteiligte sich an militanten Aktionen. Anfang der siebziger Jahre wurde sie Mitglied der „Bewegung 2. Juni". Nach der Lorenz-Entführung reiste Viett in den Jemen und den Libanon, wo sie eine paramilitärische Ausbildung durchlief. Nach zwei Verhaftungen 1972 und 1975 konnte sie fliehen und tauchte in Bagdad unter. Nach der Palmers-Entführung setzte

sie sich nach Italien ab. Beim Versuch, wieder in die Bundesrepublik einzureisen, nahm die
DDR-Staatssicherheit Kontakt zu ihr auf, sie organisierte fortan das Untertauchen bewaffneter
Aktivisten aus dem Westen in der DDR. 1980 schloss sie sich der RAF an, ein Jahr später verletzte sie bei einer Verfolgungsjagd einen französischen Polizisten schwer. 1982 nahm sie in der
DDR den Namen Eva-Maria Sommer an, später Eva Schnell. Nach der Wiedervereinigung
wurde sie enttarnt und verhaftet und zu dreizehn Jahren Haft verurteilt. Nach ihrer Entlassung
1987 betätigte sie sich als Autorin, 2011 wurde sie wegen Billigung von Straftaten noch einmal
zu einer Geldstrafe verurteilt.

Beate Zschäpe, am 2. Januar 1975 als Beate Apel geboren, verbrachte ihre Kindheit wegen des
unsteten Lebenswandels der Mutter, einer in Bukarest ausgebildeten Zahnmedizinerin, bei der
Großmutter. In ihrer Jugendzeit fiel sie durch Diebstähle und Schwarzfahren auf. Sie wechselte
insgesamt sechs Mal den Wohnort. Nach der zehnten Klasse verließ sie die staatliche Regelschule in Jena und, begann eine Aushilfstätigkeit in einem Malerbetrieb. Im Anschluss daran
absolvierte sie eine Ausbildung zur Gärtnerin. Bereits aus dieser Zeit sind zahlreiche Teilnahmen an rechtsextremen Demonstrationen belegt, die Erpressung vietnamesischer Zigarettenhändler ebenso wie militante Auseinandersetzungen mit linken Szenemitgliedern, in deren Verlauf sie sich häufig der Körperverletzung strafbar machte. Sie war dabei von Beginn an in die
Struktur des NSU eingebunden, wovon die 1998 getätigten Rohrbombenfunde in ihrer Garage
unmittelbar nach dem Untertauchen des Trios – Zschäpe nahm ab diesem Zeitpunkt mehrere
Aliasnamen an – beredtes Zeugnis ablegen. Als sich 2011 im Vorlauf des Zugriffs Mundlos
und Böhnhardt das Leben nahmen, kam es in Zwickau zu einer Explosion in einem Wohnhaus
durch Zschäpe, wohl deshalb, um Beweismittel zum NSU zu vernichten. Seit November 2011
in Haft wird Beate Zschäpe vor dem Oberlandesgericht München der Prozess wegen Gründung und Mitgliedschaft in einer terroristischen Vereinigung gemacht.

10 Publikationen aus dem Spektrum

*Antiquariat „Schwarzer Stern" (Hrsg.): Der Blues. Gesammelte Texte der Bewegung 2. Juni, 2
Bände, Dortmund 2001* – Im Gegensatz zu kritisch edierten Schriften der RZ und der RAF
sind die verschiedenen Bekennerschreiben, Bekundungen und „Programmschriften" nur zusammengefügt und mit einem Inhaltsverzeichnis versehen worden. Die programmatische
Grundlage zu Beginn umfasst lediglich wenige Seiten und lässt die voluntaristische Konzeption
der Organisation bereits erahnen. In der Folge ist die Quellensammlung eine willkürliche,
kaum chronologisch geordnete Aneinanderreihung von hand- und maschinenschriftlichen Dokumenten und Meinungsbekundungen auf unterster Organisationsebene. Sie enthält ferner wie
Presseartikel über die Vorgehensweise der Organisation. Für das Verständnis der Gruppe und
ihr Funktionieren bringt die Quellensammlung kaum Brauchbares, der rote Faden erschließt
sich nur mit einer bereits fundierten Kenntnis der Bewegung.

Edition ID-Archiv (Hrsg.): Birgit Hogefeld. Ein ganz normales Verfahren… Prozeßerklärungen, Briefe und Texte zur Geschichte der RAF, Berlin 1996 – Die ihren Prozess begleitenden
Statements sind die wenigen begleitenden Schriftzeugnisse zur dritten RAF-Generation jenseits

der edierten Bekennerschreiben. In den Einlassungen Hogefelds zu ihrer Verhaftungssituation und dem Verrat des V-Manns Steinmetz, zu ihrer „Isolationshaft" und die zu führende Diskussion über Werte entwirft sie das ganze Potpourri an Auseinandersetzung mit terroristischer Vergangenheit: auf der einen Seite die Aufrechterhaltung des eigenen Weltbilds und der tradierten sozialen Bindungen, auf der anderen Seite die kritische Reflexion zu systemischen Defiziten in der letzten der RAF-Generation. Die Sammlung der Schriftstücke entwirft ein plastisches Bild und macht eine kritische Würdigung überhaupt erst möglich.

Edition ID-Archiv (Hrsg.): Die Früchte des Zorns. Texte und Materialien zur Geschichte der Revolutionären Zellen und der Roten Zora, 2 Bände, 2. Aufl., Berlin/Amsterdam 1993 – Die Schiften der RZ sind unumgänglich, um angesichts der wenig straffen Organisationsgeschichte einen Überblick über Diskussionsprozesse und Rechtfertigungen zu gewinnen. Den einzelnen Kapiteln sind Anmerkungen des Verlags und der Herausgeber vorangestellt, um die Einordnung in die historischen Rahmenbedingungen zu erleichtern. Der erste Band beginnt mit den Auflösungserklärungen und den nachträglichen Rechtfertigungen für die Politik der RZ, die einzelnen Bekennerschreiben, Programmschriften und Reaktionen auf die Aktionen anderer sozialrevolutionärer Organisationen folgen im Anschluss daran. Sie zeichnen die Auseinandersetzungen in den RZ nach und erhellen die Zerwürfnisse zwischen dem nationalen und dem internationalen Flügel. Den Bänden ist die mangelhafte organisatorische Dichte der Gruppe anzumerken. Es handelt sich in der Mehrzahl um einander widersprechendes, von autonomen Zellen verfasstes Schrifttum; dies erschwert eine lineare Darstellung auf der Basis von Quellen.

Holderberg, Angelika (Hrsg.): Nach dem bewaffneten Kampf. Ehemalige Mitglieder der RAF und Bewegung 2. Juni sprechen mit Therapeuten über ihre Vergangenheit, Gießen 2007 – Der Band erweckt den Eindruck, in Interviewform eine kollektive Reflexion der terroristischen Vergangenheit einschlägiger Mitglieder zu liefern. Doch obwohl ehemalige „Schwergewichte" der jeweiligen Gruppen zu Wort kommen (Dellwo, Folkerts, Rollnik etc.), enthält der Band keine dialogische oder Gruppenaufarbeitung. Stattdessen handelt es sich um eine Ansammlung von Einzelstatements, die aufgrund ihres Lavierens zwischen Immunisierung und kritischer Reflexion eine gute Quelle ist. Besonders die Öffnung einzelner Mitglieder, die über ihre Teilnahme an den Gruppensitzungen räsonieren, enthält dabei wichtiges biographisches Material ebenso wie eine präzise inhaltliche Begründung der jeweiligen Motivation.

ID-Archiv (Hrsg.): RAF. Texte und Materialien zur Geschichte der „Roten Armee Fraktion", Berlin/Amsterdam, 1997 – Das ehemals in Berlin angesiedelte, dann nach Amsterdam gewechselte „Archiv für kritische Zeitgeschichte" hat 1997 die lange Jahre verbotenen Schriften der RAF neu herausgegeben und mit mehr oder weniger kritischen Kommentaren versehen. Es finden sich darin die wegweisenden programmatischen Schriften der Gründungsjahre wie der Neuorientierung Anfang der achtziger Jahre als auch die relevanten Bekennerschreiben zu den jeweiligen Aktionen. Daran lässt sich nachvollziehen, wie über die Jahre hinweg die ideologisch-theoretische Komponente in der Organisation immer weniger Gewicht beigemessen wurde und stattdessen frühestens ab 1972, spätestens ab 1982 die Aktion im Vordergrund der Organisation stand. Daher ändert sich auch die Lesbarkeit der Texte. Die von Meinhof und Mahler formulierten Schriften haben einen starken Ideologiebezug, sind meist im Duktus und Inhalt schwer nachzuvollziehen, während dies für das Gros des Schrifttums am Ende der siebziger Jahre nicht gilt. Die Auflösungserklärung von 1998 fehlt.

ID-Archiv (Hrsg.): Bad Kleinen und die Erschießung von Wolfgang Grams, Berlin 1994 – Die Darstellung der „wirklichen" Geschichte um die Verhaftungssituation in Bad Kleinen ist ein Stereotyp linksterroristischer Immunisierung. Auf Basis alternativer Gutachten und völkerrechtlicher Einschätzungen wird die Selbstmord-Hypothese um Wolfgang Grams kategorisch verworfen wie akribisch nach behördlichen Fehlern und Vertuschungsversuchen gesucht. So berechtigt dieser Versuch angesichts des Kompetenzwirrwarrs vor Ort und des Missmanagements im Nachgang auch ist, so scheinen die Rabulistik der Beiträge und ihre Zielorientierung offenkundig und befremdlich. Dringlichkeit erhält die Darstellung durch eine Beschwerdebegründung der Eltern von Grams und ein biographisches Porträt von Grams durch seine Lebensgefährtin Birgit Hogefeld.

ID-Archiv (Hrsg.): „wir haben mehr fragen als antworten …". RAF-diskussionen 1992–1994, Berlin/Amsterdam 1995 – Innerhalb der Quellensammlungen zur RAF-Geschichte ist dies eine der aufschlussreichsten Editionen, lässt sich doch an ihr der Zerfall des „Gefangenen"-Kollektivs ebenso nachzeichnen wie die Schärfe der Auseinandersetzung zwischen selbsternannten Gralshütern der Organisation und zur Kritik Fähigen, die sowohl die eigene Vita als auch die Zukunftsfähigkeit der Gruppe selbst in Zweifel ziehen. Der offenkundig mangelhafte Erfolg der RAF und verschiedene staatliche Aussteigerangebote hatten einen internen Diskussionsprozess zur Folge, der sich einerseits zwischen den Inhaftierten entwickelte, andererseits zwischen „Gefangenen"-Kollektiv und Kadern in der Freiheit. Entlarvend ist vor allem der darin zum Ausdruck kommende Kampf um die Deutungshoheit der eigenen Geschichte, in deren Verlauf sich die unterschiedlichen „Fraktionen" jeweils die revolutionäre Identität absprechen.

IG Rote Fabrik (Hrsg.): ZwischenBerichte: Zur Diskussion über die Politik der bewaffneten und militanten Linken in der BRD, Italien und der Schweiz. incl. Auflösungserklärung der RAF, Berlin 1998 – Der Quellenband gewinnt seine Authentizität durch die retrospektive Beurteilung von Mitgliedern der RAF, Bewegung 2. Juni und RZ, die ihren Weg in den Untergrund reflektieren. Besonders in der internationalen Diskussion mit Mitgliedern anderer Organisationen werden dabei Gemeinsamkeiten und Unterschiede lokaler Agenden offensichtlich. Es finden sich dabei sowohl nachträglich rechtfertigende Gründe als auch kritische Reflexionen, neben der szenetypischen Kritik an der Rolle der Justiz. Leider wenig Raum nimmt die Zukunft des bewaffneten Kampfes ein, der in der linken Szene in einschlägigen Zeitschriften wie INTERIM breit erörtert wurde.

Kopp, Magdalena: Die Terrorjahre. Mein Leben an der Seite von Carlos, Stuttgart 2012 – Kopp schildert ihr „zufälliges" Hinübergleiten in den Terrorismus als Ergebnis von privaten Verstrickungen, wodurch sie nicht mehr in der Lage gewesen sei, diese zu kappen. Besonders die private Liaison mit dem international gesuchten Topterroristen und Söldner Ilich Ramírez Sánchez („Carlos") steht dabei im Vordergrund – sie soll als Rechtfertigung dafür dienen, den eigenen Lebensweg als nur marginal durch den Terrorismus geprägt darzustellen. Die Auseinandersetzung mit der eigenen Vita gerät dadurch recht oberflächlich. Durch die starke privatpersönliche Färbung der Biographie, die zudem viele wichtige Punkte unbeachtet lässt, ist ihr Quellenwert nicht allzu hoch für das Verständnis der RZ.

Tolmein, Oliver: „RAF – Das war für uns Befreiung". Ein Gespräch mit Irmgard Möller über bewaffneten Kampf, Knast und die Linke, 2. Aufl., Hamburg 1997 – Neben den selbstkritischen Zeugnissen Hogefelds ragt das in Interviewform dargelegte Gedankengebäude nicht über die nachträgliche Rechtfertigung des eigenen Handelns hinaus. Für Irmgard Möller ist die Weltsicht noch immer geprägt von unüberwindlichen Gegensätzen und einer staatlichen Verschwörung, welche die Toten der RAF, sowohl in Freiheit als auch in den Gefängnissen, zu verantworten habe. Dies bezieht sich auf die Interpretation des eigenen Werdegangs in der RAF wie auf die Zeit im Gefängnis, wo sie innerhalb des Kollektivs eine besonders rigide Position einnahm und jedweder kritischer Auseinandersetzung eine harsche Absage erteilte.

11 Kommentierte Auswahlbibliographie

Aust, Stefan: Der Baader-Meinhof-Komplex, Hamburg 1997 – Der ehemalige „Spiegel"-Herausgeber hat eine über lange Jahre hinweg dominante RAF-Darstellung vorgelegt, die für zahllose Interessierte, aber auch Wissenschaftler die Einstiegsstudie in eine Beschäftigung mit der terroristischen Organisation gewesen ist. Freilich handelt es sich dabei selbst um keine wissenschaftliche Untersuchung: Der Stil ist reißerisch, die ideologische Basis wird kaum reflektiert, eher geht es um die Schilderung der spannenden Ereignisgeschichte, die den Leser in ihren Bann zieht. Der Detailreichtum und die profunde Kenntnis der genaueren Umstände hält so die eine oder andere Überraschung parat. Der Band gewinnt durch die dialogische Darstellung an Plastizität. Wie viele andere Studien zur RAF vor 1998 krankt Austs Text an der Fokussierung auf die Zeit bis 1977. Er spart die weitere Entwicklung aus.

Fuchs, Christian/John Goetz: Die Zelle. Rechter Terror in Deutschland, Hamburg 2012 – Die Arbeit, eine der ersten Darstellungen zur Entstehung und Entwicklung des NSU, ist wie viele Abhandlungen zum Thema keine wissenschaftliche Untersuchung, sondern akribische journalistische Nacherzählung des Wegs verirrter junger Erwachsener in die Gründung einer schlagkräftigen klandestinen Organisation. Der flüssige Schreibstil und die inhaltliche Verdichtung lassen eine beklemmende Atmosphäre entstehen, die den Leser ratlos zurücklässt angesichts des Versagens der Behörden, die jahrelang in eine völlig falsche Richtung ermittelten. Besonders der biographische Zugang und die Schilderung des langsamen, aber systematisch-zielgerichteten Abdriftens der Protagonisten in eine militant-rechtsextreme Szene, die sie selbst entscheidend katalysierten und neugründeten, ist ein Beleg für zahlreiche Radikalisierungstheorien und eine Milieustudie zugleich.

Frindte, Wolfgang/Daniel Geschke/Nicole Haußecker/Franziska Schmidtke (Hrsg.): Rechtsextremismus und „Nationalsozialistischer Untergrund". Interdisziplinäre Debatten, Befunde und Bilanzen, Wiesbaden 2016 – Die literarischen und journalistischen Schnellschüsse auf die Herausforderung NSU haben reißerische und spektakuläre Abhandlungen hervorgebracht. Wissenschaftliche Untersuchungen sind demgegenüber erst oft Jahre später zu verzeichnen, weisen dann aber eine systematische Auseinandersetzung auf, die theoretische sowie interdisziplinäre

Bezüge entfalten kann. Exemplarisch hierfür ist diese hervorragende Abhandlung, die sowohl methodisch als auch empirisches Neuland betritt, den Zwängen rascher Vermarktbarkeit jedoch widerstanden hat. Besonders die Systematisierung der Forschung zum Rechtsterrorismus erweist sich als dringend notwendig angesichts des Füllhorns an Studien zum linksterroristischen Pendant.

Kraushaar, Wolfgang (Hrsg.): Die RAF und der linke Terrorismus, 2 Bde., Hamburg 2008 – Die voluminösen Sammelbände sind auf Jahre hinaus Standardwerke für jedwede Auseinandersetzung nicht nur mit der RAF, sondern auch mit der Bewegung 2. Juni und den Revolutionären Zellen. Es gelingt, aufgrund einer durchdachten Konzeption, beinahe jede theoretische Perspektive, auch aus den Nachbarwissenschaften, zufriedenstellend abzuhandeln. So ist die ideologische Bandbreite der deutschen, europäischen und international tätigen Organisationen ebenso Gegenstand intensiver Untersuchungen wie die internationalen Vernetzungen, die Mythentradierung am Beispiel mehrerer Organisationen und die Beziehungen zur Staatssicherheit der DDR. Das Kompendium ist ein Vademecum, das in keiner Bibliothek fehlen darf.

Peters, Butz: RAF. Terrorismus in Deutschland, Berlin 2006 – Der Journalist Butz Peters hat ähnlich wie Willi Winkler die Gunst der Stunde und die Auflösungserklärung der RAF genutzt, um ein Gesamtkompendium zur RAF-Geschichte vorzulegen. War die erste Auflage 1993 publiziert, konnte also eine abschließende Beurteilung nicht liefern, fiel die neuere Auflage deutlich voluminöser, detailreicher und vor allen Dingen quellenbasierter aus. Freilich handelt es sich nicht um eine wissenschaftliche Darstellung, der Fokus liegt auf der Schilderung einer empirisch gesättigten Organisationsgeschichte, die mit zahlreichen Anekdoten geschmückt ist, das Ergebnis langer, intensiver und erfolgreicher Recherchearbeit. So avanciert die Darstellung von Peters zu einem gelungenen Nachschlagewerk für einzelne Episoden der RAF-Geschichte, das aufgrund ihrer guten Lesbarkeit aus einem Guss heraus zu lesen ist.

Rabert, Bernhard: Links- und Rechtsterrorismus in der Bundesrepublik Deutschland von 1970 bis heute, Bonn 1995 – Die erste systematische Gegenüberstellung von links- und rechtsterroristischen Strukturen von Gründung der Bundesrepublik Deutschland bis Anfang der neunziger Jahre ist bis heute die Referenzuntersuchung für alle Publikationen zum Thema. Von den theoretischen und begrifflichen Vorarbeiten abgesehen überzeugt Rabert durch seine detailreiche und vor allem quellenbasierte Darstellung. So gelingt es ihm, auch bei problematischen, weil undurchdringlichen terroristischen Strukturen ein luzides Bild der jeweiligen Organisation zu entwerfen. Überzeugend vermag er so die Organisationsgeschichte von der jeweiligen ideologischen Grundlage zu trennen und beides systematisch zueinander zu führen, wobei er das jeweilige Umfeld nicht ausspart. Dabei Links- und Rechtsterrorismus gleichermaßen erschöpfend behandelt zu haben, ist das Verdienst des Autors.

Straßner, Alexander: Die dritte Generation der „Roten Armee Fraktion". Entstehung, Struktur, Funktionslogik und Zerfall einer terroristischen Organisation, Wiesbaden 2005 – Die bis heute einzige wissenschaftliche Gesamtdarstellung zur weitgehend unbekannten RAF-Generation von 1982–1998 ist auf der Basis der RAF-Literatur erstellt und bedient sich zusätzlich mehrerer mit Vertretern der Strafverfolgungsbehörden geführter Interviews. Auf diese Weise gelingt eine Studie, die durch den eingeflochtenen Originalton aus Bekennerschreiben und Strategiepapieren Authentizität gewinnt. Der theoretische Aufriss berücksichtigt dabei die generelle Überlebensfähigkeit terroristischer Organisationen. So kommt zumindest in Ansätzen etwas Licht ins Dunkel der großen Unbekannten unter den RAF-Mitgliedern, gerade bei der Personenanalyse wird der defizitäre Kenntnisstand der Behörden zu einem Problem. Die Studie leidet zwar an der Verschlossenheit der wenig bekannten Inhaftierten aus der dritten Generation, vermag durch den Quellenreichtum dieses Defizit aber auszugleichen.

Straßner, Alexander (Hrsg.): Sozialrevolutionärer Terrorismus. Theorie, Ideologie, Fallbeispiele, Zukunftsszenarien, Wiesbaden 2008 – Der Sammelband, eine systematische Herangehensweise in Theorie und Fallbeispielen, ist eine der wenigen Quellen mit wissenschaftlichen Darstellungen zu RAF, Bewegung 2. Juni und Revolutionären Zellen. Besonders die breit differenzierte linksideologische Landschaft wird aufgearbeitet durch die Analyse der von den terroristischen Organisationen genutzten Versatzstücke auf der Basis der einschlägigen Quellen. Die einzelnen Organisationen werden nicht nur mit Blick auf ihre Gruppengeschichte untersucht, sondern auch mit Blick auf die politisch-kulturellen Auswirkungen der jeweiligen Auseinandersetzung mit dem Staat.

Winkler, Willi: Die Geschichte der RAF, Berlin 2007 – Der Journalist Willi Winkler hat durch seine jahrelange Beschäftigung mit der RAF in den großen deutschen Tageszeitungen entsprechende Vorarbeiten geleistet, um eine Gesamtgeschichte der Organisation zu verfassen. Wie Peters blendet er die ideologischen Grundlagen weitgehend aus, der Autor flicht sie allerdings beiläufig ein. Die Studie enthält sich einer theoretischen Einordnung, um sich der Ereignisgeschichte und ihrer unterhaltsamen Darstellung zu widmen. Die gelingt ihm ohne Detailverliebtheit und in guter Lesbarkeit. Der Mehrwert im Verhältnis zu der Arbeit von Peters hält sich allerdings in Grenzen.

Wunschik, Tobias: Baader-Meinhofs Kinder. Die zweite Generation der RAF, Opladen 1997 – Die akribisch recherchierte Studie Wunschiks, eine an der TU Chemnitz angefertigte politikwissenschaftliche Dissertation, ist die wichtigste Abhandlung zur RAF-Geschichte und -struktur für die Zeit zwischen 1972 und 1979. Vor allem seine theoretischen Reflexionen zur Gruppenideologie und ihrer generellen Bedeutung wie der biographische Zugang erlauben ihm eine intime Darstellung der Baader-Meinhof-Nachfolger. Detailliert und verlässlich wertet er 15 Einzelbiographien systematisch aus – er verzahnt sie mit den theoretischen gruppendynamischen Voraussetzungen. So nimmt die Ereignisgeschichte kaum deskriptiven Raum ein, sondern wird intelligent mit der analytischen Ebene verflochten. Zusätzliche Tiefe erhält die Studie durch die Dimension der Ausstiegsprozesse, die Wunschik ambitioniert durchleuchtet. Auf diese Weise entsteht ein plastisches Bild der zweiten RAF-Generation, das bis heute wissenschaftlicher Standard ist.

KAPITEL XII

EXTREMISMUS IN WEST- UND OSTEUROPÄISCHEN DEMOKRATIEN

Tom Thieme

1 Am Ausgang des „kurzen 20. Jahrhunderts"

Mehr als ein Vierteljahrhundert nach dem Ende des von den totalitären Großbränden des Nationalsozialismus und Kommunismus gebrannten „kurzen Jahrhunderts"[1] hat sich die Demokratie in Europa durchgesetzt – von wenigen autokratischen (Russland, Weißrussland) und semidemokratischen (Ukraine, Westbalkan) Ausnahmen abgesehen. Nie zuvor in der Geschichte des „alten" Kontinents lebten so viele seiner Bewohner (absolut wie relativ) in Freiheit und Sicherheit. Aus selbst- und fremdbestimmten Diktaturen erwuchsen gefestigte Demokratien, aus historischer Feindschaft entstanden freundschaftliche Partnerschaft und partnerschaftliche Freundschaft, an die Stelle von Ein-Parteien-Regimes trat gesellschaftlicher Pluralismus, Rechtsstaatlichkeit ersetzte willkürliche Repression.

Doch die Befriedung und Demokratisierung im „alten" westlichen wie im „neuen" östlichen Europa führten nicht überall zur Akzeptanz von Demokratie und Pluralismus: Zahl wie Vielfalt der Feinde der Demokratie scheinen eher zu- als abgenommen zu haben. Neben „klassischen" Rechts- und Linksextremismen existieren religiös-fundamentalistische (hier vor allem radikalislamistische Strömungen) und ethno-regionalistische bzw. separatistische Kräfte; dazu treten Mischformen: einerseits zwischen den antidemokratischen Spielarten, andererseits in der Grauzone zwischen Demokratie und Extremismus. Daraus ergibt sich folgender ambivalenter Befund: Obwohl eine Renaissance autokratischer Regimes in Europa mit wachsender zeitlicher Distanz zu den realexistierenden rechten wie linken Diktaturen in scheinbar unabsehbare Ferne gerückt ist, gefährdet der politische Extremismus die Demokratien nach wie vor vielfältig; sei es durch autokratische Ordnungsvorstellungen, gleichsam als Antidot zu den – vermeintlichen und tatsächlichen – (post-)demokratischen Funktionsstörungen, sei es durch die Wahlerfolge antidemokratischer Parteien und ihrer auf Verweigerung und Blockade gründenden Strategie, sei es durch die Ablehnung und Bekämpfung demokratischer Werte und europäischer Ideen, sei es durch die Polarisierung der Gesellschaften und die Verrohung des politischen Klimas, sei es durch die Akzeptanz und Anwendung von Militanz und Gewalt.

Vor allem von den Folgen des sozialen Wandels im Zuge der technologischen Modernisierung und der ökonomisch-kulturellen Globalisierung nach dem Ende des Kalten Krieges profitieren extremistische Kräfte. Dazu schrieb Richard Stöss, bezogen auf den Rechtsextremismus, vor mehr als zehn Jahren: "Globalisierung bedeutet vor allem Liberalisierung der Wirtschaft, Deregulierung der industriellen Beziehungen, Absenkung des Lohnniveaus und Abbau sozialer

---

1 So Eric J. Hobsbawm, Das Zeitalter der Extreme: Weltgeschichte des 20. Jahrhunderts, München 2009, S. 11.

Standards, Standortkonkurrenz und Verdrängungswettbewerb auf dem Arbeitsmarkt und nicht zuletzt wachsende Migrationsbewegungen. Daraus resultieren sozialstrukturelle und sozialpsychologische Verwerfungen: Mit zunehmender sozialer Ungleichheit bzw. sozialer Fragmentierung und mit der Prekarisierung von Beschäftigungsverhältnissen beschleunigen sich Desintegrationsvorgänge, wachsen Unsicherheit, Unzufriedenheit und Ängste."[2] Wer auf die seit 2007 anhaltende (und längst nicht überwundene) internationale Finanz-, Wirtschafts-, Banken- und Staatsschuldenkrise sowie auf die immens gewachsenen Flucht- bzw. Migrationsbewegungen in Richtung Europa, auf den Streit und die Orientierungslosigkeit der (EU-)Staaten im Umgang mit den Herausforderungen blickt, wird nicht umhinkommen, vielmehr eine Verschärfung als eine Abschwächung von Stöss' Befund zu konstatieren. Davon profitieren Antisystemkräfte jeder Couleur. Ein Vergleich der Formen, Ausprägungen und Bedrohungspotentiale extremistischer Bestrebungen in den Demokratien Europas[3] seit 1990 ist Gegenstand dieses Beitrags.

2 Rahmenbedingungen

2.1 Historisch-kulturelle Rahmenbedingungen

Die vergleichende Analyse des politischen Extremismus in West- und Osteuropa muss einerseits dessen Entstehungsursachen, andererseits die Faktoren zu seiner Beschränkung und Verhinderung berücksichtigen. Es ließe sich auch von Erfolgs- und Ungunstbedingungen sprechen. Diese lassen sich vereinfacht in historisch-kulturelle (Demokratie- und Diktaturerfahrungen, Werte und Einstellungen zur Demokratie) und politisch-institutionelle (Abwehrmechanismen, Wahlsysteme/Wahlrecht) Faktoren unterscheiden.

In Europa – dem Zentrum der weltpolitischen Verwerfungen des 20. Jahrhunderts – blieb kaum ein Staat von der nationalistischen und der kommunistischen Großideologie unberührt. Dennoch verliefen die Wege in Richtung Demokratie zeitlich und räumlich höchst unterschiedlich. In manchen Ländern hatten zunächst „politische Monster"[4] nach der Macht gegriffen, deren Despotie und Vernichtungswahn Millionen Menschen zum Opfer gefallen waren. Andere Staaten blieben zwar von den Auswirkungen der Weltkriege und des Kalten Krieges nicht unverschont, hatten aber zuvor demokratische Regierungsformen ausgebildet – von Kriegsbe-

---

2 Vgl. Richard Stöss, Rechtsextreme Parteien in Westeuropa, in: Oskar Niedermayer/ders./Melanie Haas (Hrsg.), Die Parteiensysteme Westeuropas, Wiesbaden 2006, S. 521–563, hier S. 521 f.
3 Da die EU-Mitgliedschaft an bestimmte Voraussetzungen (Kopenhagener Kriterien) gebunden ist, stellt sie das zentrale Auswahlkriterium der Staaten als demokratisch (oder nicht) dar. Zu den politischen Kriterien der EU-Mitgliedschaft zählen institutionelle Stabilität, demokratische und rechtsstaatliche Ordnung, Wahrung der Menschenrechte sowie Achtung und Schutz von Minderheiten. Dazu kommen die aus überwiegend ökonomischen Erwägungen nicht an einer EU-Mitgliedschaft interessierten Staaten Norwegen und Schweiz. Unberücksichtigt bleiben Kleinstaaten mit weniger als einer Million Einwohnern. Externe Faktoren spielen für die nationale Politik dieser Länder eine zentrale Rolle. Sie können somit nicht vorbehaltlos für den internationalen Vergleich herangezogen werden. Zur Bedeutung der Bevölkerungsgröße als Kriterium für die Auswahl der Untersuchungsländer in der vergleichenden Politikwissenschaft siehe Robert L. Perry/John D. Robertson, Comparative Analysis of Nations: Quantitative Approaches, Boulder 2002, S. 14–18.
4 So Hans Peter Schwarz, Das Gesicht des Jahrhunderts. Monster, Retter, Mediokritäten, Berlin 1998.

satzungen abgesehen. Mit dem amerikanischen Politikwissenschaftler Samuel Huntington und in Abwandlung seiner Phaseneinteilung lassen sich drei Zyklen der Demokratisierung – aber auch autokratische Gegenzyklen – ausmachen[5], die jeweils eng mit den Zäsuren des 20. Jahrhunderts zusammenhängen. Der ersten Demokratisierungswelle nach dem Ende des Ersten Weltkriegs folgten die zweite Welle nach dem Ende des Zweiten Weltkrieges sowie die dritte nach Ende des Kalten Krieges und dem Annus mirabilis 1989/90.

Tabelle XII.1: Demokratisierung in Europa (ohne Unterbrechung)

Seit Ende des Ersten Weltkrieges	Seit Ende des Zweiten Weltkrieges	Ab 1989/90
Belgien	Deutschland/West	Bulgarien
Dänemark	Griechenland	Deutschland/Ost
Frankreich	Italien	Estland
Finnland	Malta	Lettland
Großbritannien	Österreich	Litauen
Irland	Portugal	Polen
Luxemburg	Spanien	Rumänien
Niederlande	Zypern	Slowakei
Norwegen		Slowenien
Schweden		Tschechien
Schweiz		Ungarn

Quelle: eigene Darstellung.

Die traumatischen Erfahrungen mit den Großideologien des 20. Jahrhunderts sowie das historische Erbe des Totalitarismus prägen im heutigen Europa auf unterschiedliche Weise die politischen Kulturen im Allgemeinen und die Wahrnehmung des und den Umgang mit dem politischen Extremismus im Besonderen. Das bereits in den 1950er Jahren entwickelte Konzept der politischen Kultur[6] – vereinfacht formuliert die Gesamtheit aller individuellen Orientierungen einer Gesellschaft zum politischen System – erfuhr durch die Transformationsprozesse in Osteuropa ein Comeback. Der Begriff „politische Kultur" ist grundsätzlich wertneutral und somit in demokratischen wie autokratischen Systemen und unabhängig vom Grad der Zustimmung zu dem jeweiligen Systemtypus anzutreffen. Für die Analyse politischen Extremismus' sind spezielle Aspekte, beispielsweise das Verhältnis der Bevölkerung zu ihrem politischen System bzw. zum demokratischen Verfassungsstaat sowie die (In-)Akzeptanz antidemokratischer Politik, von besonderer Relevanz.

Einen zentralen Stellenwert in der politischen Kulturforschung besitzt die Frage nach der Legitimität eines politischen Systems – als Determinante des Verhältnisses zwischen Bürger und

---

5 Vgl. Samuel P. Huntington, The Third Wave. Democratization in the Late Twentieth Century, London 1991. Dazu auch Eckhard Jesse, Staatsformen und politische Systeme im Vergleich, in: Alexander Gallus/ders. (Hrsg.), Staatsformen von der Antike bis zur Gegenwart, Köln u. a. 2007, S. 329–369, hier S. 335–343.
6 Siehe u. a. das Grundlagenwerk von Gabriel A. Almond/Sidney Verba, The Civic Culture. Political Attitudes and Democracy in Five Nations, Princeton 1963.

staatlicher Ordnung: „Die Anerkennung des politischen Regimes als legitime, gegenüber möglichen Alternativen zu bevorzugende Herrschaftsordnung gehört zu den unverzichtbaren Merkmalen der demokratischen politischen Kultur."[7] Gleichwohl hängen die Etablierungschancen extremistischer Phänomene nicht nur mit der generellen Systemakzeptanz, sondern auch der Zufriedenheit mit dem Funktionieren und den Leistungen der politischen Systeme zusammen. David Easton[8] unterscheidet – wenig trennscharf[9] – eine eher langfristige, auf Legitimität und Vertrauen basierende Zustimmung zum politischen System (diffuse support) von einer auf der tagespolitischen Bewertung der Leistungsfähigkeit der politischen Herrschaftsträger gründenden Unterstützung (specific support). Aus dieser Unterscheidung lassen sich drei allgemeine Befunde ableiten: 1) Die grundlegende Befürwortung der Demokratie als Ordnungsmodell erreicht überall in Europa „nahezu konsensuale Zustimmung"[10]; 2) die spezifische Unterstützung der Demokratie ist in den postkommunistischen Staaten geringer als in Westeuropa und deutlich schwächer ausgeprägt als die diffuse; 3) besonders in den vergangenen zehn Jahren haben – vermeintliche und tatsächliche – Demokratiedefizite das Vertrauen in die Problemlösungskompetenz der politischen Klassen sinken lassen. Nutznießer sind Extremisten, die sich als Heilsbringer und wahre Stimme des von den politischen Repräsentanten verratenen Volkes gerieren.

Die *Demokratie als Ordnungsmodell* findet in ganz Europa ungebrochen hohen Zuspruch, wenngleich mit regionalen Nuancen. Die Befürwortung der Demokratie als Regierungsform ist in Skandinavien am höchsten, aber auch in Mittel-, Süd- und Westeuropa liegt sie konstant bei über 80 Prozent, wenngleich mit abnehmenden Werten im letzten Jahrzehnt. Stabil ist die Akzeptanz der Demokratie ebenfalls in Osteuropa, allerdings auf niedrigerem Niveau. Mit durchschnittlich über 70 Prozent findet das demokratische System einen ähnlich breiten Rückhalt in der Bevölkerung, doch vor allem bei den objektiven wie subjektiven Verlierern der politisch-wirtschaftlichen Transformation der 1990er Jahre erfreuen sich antidemokratische Alternativen einer gewissen Beliebtheit. Die Diktatur als Systemalternative wird zwar in allen EU-Staaten vom Großteil ihrer Bewohner wie von nahezu allen gesellschaftlichen relevanten Gruppen abgelehnt, doch gelten autokratische Ordnungsvorstellungen in manchen Ländern für bis zu 20 Prozent starke Minderheiten als eine erstrebenswerte Alternative.[11]

Anders sieht es bei der Zufriedenheit mit der *Funktionsweise der Demokratie* aus. Sie fällt deutlich niedriger aus als die Akzeptanz der demokratischen Staatsform, wenngleich sie seit Mitte der 2000er Jahre wieder leicht ansteigt. Unzufrieden mit den Leistungen der politischen Systeme zeigt sich ein Großteil der Bevölkerung vor allem in den postkommunistischen Ländern und in den ab 2008 von der Wirtschafts- und Finanzkrise gebeutelten Staaten Südeuropas. Bei einer Befragung des von der Europäischen Kommission herausgegebenen Eurobaro-

---

7 Oscar W. Gabriel, Politische Einstellungen und politische Kultur, in: ders./Sabine Kropp (Hrsg.), Die EU-Staaten im Vergleich. Strukturen, Prozesse, Politikinhalte, Wiesbaden 2008, S. 181–214, hier S. 184.
8 David Easton, A Framework for Political Analysis, Englewood Cliffs 1965.
9 Vgl. zur Kritik am Ansatz Eastons ausführlich Tom Mannewitz, Politische Kultur und demokratischer Verfassungsstaat. Ein subnationaler Vergleich zwei Jahrzehnte nach der deutschen Wiedervereinigung, Baden-Baden 2015, S. 124–135.
10 Vgl. Gabriel (Anm. 7), S. 188.
11 Vgl. Europäische Kommission (Hrsg.), Eurobarometer 1990–2015. Verschiedene Ausgaben, unter: http://ec.europa.eu/public_opinion/index_en.htm (31. Dezember 2017).

meters im Frühjahr 2015 zur Zufriedenheit mit den nationalen demokratischen Systemen hielten sich die beiden Ländergruppen mit überwiegend positiver (Dänemark, Schweden, Finnland, Niederlande, Luxemburg, Belgien, Malta, Deutschland, Österreich, Irland, Großbritannien, Polen, Frankreich, Tschechien und Lettland) und überwiegend negativer (Zypern, Slowenien, Portugal, Kroatien, Rumänien, Bulgarien, Slowakei, Griechenland, Italien, Litauen, Spanien und Ungarn) Wahrnehmung die Waage.[12]

Die Herausforderungen der repräsentativen Demokratien, die ein Absinken der Demokratiezufriedenheit nach sich ziehen und zumal Transformationsstaaten berühren, haben teils langfristige, teils spontan-affektive Gründe: Sich wandelnde Werteinstellungen und soziostrukturelle Verschiebungen sind nicht automatisch die Folge ineffektiver politischer Systeme. Sie verstärken allerdings den Problemdruck auf die Politik, weswegen sich alte Konflikte verschärfen (wirtschaftlicher Strukturwandel, Demografie) und neue hinzutreten können (Globalisierung, Massenmigration). Das gilt auch und vor allem mit Blick auf die Europäische Union und ihre Institutionen, deren Problemlösungskompetenz vor dem Hintergrund der Rekultivierung nationaler Interessenpolitik (Stichworte: Russlandpolitik, Griechenlandrettung und Flüchtlingskontingente) zunehmend in Zweifel steht.

Die Einstellungen zur Demokratie bzw. den nationalen politischen Systemen haben unmittelbare Auswirkungen auf die Chancen extremistischer Kräfte. Der Zusammenhang ist zwangsläufig: Je stärker die Ideen und Institutionen der Demokratie in den Gesellschaften anerkannt werden, umso schwächer dürfte das Mobilisierungspotential extremistischer Akteure ausgeprägt sein. Zugleich beeinflusst eine ausgeprägte demokratische politische Kultur den Charakter und den Intensitätsgrad politischer Extremismen. Wo radikale Systemalternativen weitgehend diskreditiert sind, gerieren sich Akteure eines weichen (parteipolitischen) Extremismus nicht allzu offensichtlich als systemfeindlich, sondern eher als systemkonform. Vor allem in den postautokratischen Staaten ergibt sich daraus die paradoxe Situation, dass die diktatorischen Vergangenheiten das Potential des Extremismus zugleich hemmen und fördern: fördern, weil den als ungenügend empfundenen demokratischen Leistungen ein einst „realexistierendes" Vorbild gegenübersteht; hemmen, weil aufgrund der praktischen Erfahrungen solche Systeme in weiten Teilen der Gesellschaften Europas diskreditiert sind.

Die Diskrepanz zwischen der – vermeintlich – generellen Anerkennung der Demokratie und ihrer als negativ empfundenen Leistungsbilanz hat eine weitere Ursache: Es gibt offenbar in Europa nicht nur ein liberal-pluralistisches Demokratieverständnis, sondern auch vom westlichen Modell abweichende Vorstellungen, die eine Interessenkonvergenz von Regierenden und Regierten postulieren. Hier knüpfen rechte wie linke Extremisten an. Sie instrumentalisieren den Demokratiebegriff, stellen das (teilweise zu Recht kritisierte) politische System bzw. das Repräsentativmodell als vom „kleinen Mann" entkoppeltes Kartell der politischen Klasse dar, während sie selbst ein identitätstheoretisch inspiriertes Demokratiebild zeichnen – Staat, Führung und Bevölkerung als Schicksalsgemeinschaft zur Verteidigung der in ihren Augen durch

---

12 In Estland war das Verhältnis von Zufrieden- und Unzufriedenheit ausgeglichen. Vgl. Europäische Kommission (Hrsg.), Standard-Eurobarometer 83 (Frühjahr 2015), unter: http://ec.europa.eu/public_opinion/archives/eb/eb83/eb83_publ_de.pdf (31. Dezember 2017).

politische Eliten, EU, „Kapitalismus" und Medien bedrohten „wahren" Demokratie. Als Volkswille gilt der vermeintliche Mehrheitswille – Minderheitenschutz und Interessenvielfalt stünden einem feststehenden Gemeinwohl und „höheren (demokratischen)" Zielen entgegen.[13]

Von der Akzeptanz der Demokratie lässt sich schwerlich direkt auf das Verhältnis von Mehrheitskultur zu politischem Extremismus schließen. Die Frage, ob ein antiextremistischer Konsens der Mehrheitsgesellschaft existiert, hängt nicht nur von empirisch messbaren Einstellungen zur Demokratie ab, sondern auch von subjektiven Faktoren: Werden extremistische Phänomene überhaupt als extremistisch wahrgenommen? Sind sie isoliert oder gesellschaftlich verankert? Während es in den EU-Staaten Konsens darüber gibt, dass gewaltbereite extremistische Formationen aller Richtungen undemokratisch und damit zu bekämpfen sind, unterscheiden sich die europäischen Gesellschaften im Umgang mit legalistisch agierenden Organisationen, in erster Linie Parteien, zum Teil deutlich. Stark vereinfacht lässt sich sagen: Je mehr ein Volk einst den Verheerungen durch den „Extremismus an der Macht"[14] erst erlag und dann unter ihnen litt, desto vehementer wehrt die Mehrheit nunmehr antidemokratische Minderheitspositionen ab. Wo wiederum die Demokratie (wiederholt) extremistischen Aufwallungen weithin unbeschadet standhielt, nehmen Werte wie Meinungs- und Vereinigungsfreiheit heute einen höheren Rang ein, nimmt sich der Cordon sanitaire höchst porös aus. Solche Gesellschaften lassen wiederum eine größere Toleranz gegenüber extremistischen Meinungen zu. Allerdings ist die Erfahrung mit dem Totalitarismus nur ein Faktor unter vielen. Wesentlich ist zugleich der Umgang mit dem Erbe der Autokratien. So unterscheidet beispielsweise Stefan Troebst für das östliche Europa vier Typen von postdiktatorischen Erinnerungskulturen: 1. einen gesamtgesellschaftlichen antikommunistischen Konsens (Baltikum, Slowakei); 2. heftige innergesellschaftliche Kontroversen (Polen, Tschechien, Ungarn); 3. national(istisch)e Rückbesinnung (Rumänien, Bulgarien) und 4. unkritische Sowjetnostalgie (Russland, Weißrussland).[15] Auch mit Blick auf die nationalsozialistische Vergangenheit gibt es massive Unterschiede in der Wahrnehmung als Täter (Deutschland) oder Opfer (Österreich, Italien) des Totalitarismus.

Entsprechend bildete sich ein antiextremistischer Konsens in Form einer gesellschaftlich wie politisch lagerübergreifenden Isolation extremistischer Ideologien und Organisationen nur in wenigen europäischen Staaten heraus, beispielsweise in Deutschland und Tschechien, wenngleich in beiden Ländern die Abgrenzung gegenüber dem linken Rand erodiert. In seit Langem demokratischen Ländern wie Finnland, Irland und Großbritannien besteht demgegenüber traditionell wenig Notwendigkeit, den demokratischen Zusammenhalt herauszustellen, sind die Bindungen der Bevölkerungen an die demokratischen Eliten doch geradezu selbstverständlich und Extrempositionen marginalisiert, selbst wenn der Populismus – seinerseits kein „Extremismus light", aber mit ähnlich polarisierender Wirkung – auch in diesen Gegenden Europas an Boden gewinnt. Unterschiede betreffen vor allem das Verhältnis von Rechts- und Linksextremismus. In Westeuropa sind – geprägt von Nationalsozialismus und Faschismus – rechtsextre-

---

13 Vgl. Steffen Kailitz, Politischer Extremismus in der Bundesrepublik Deutschland. Eine Einführung, Wiesbaden 2004, S. 21.
14 Siehe dazu die Beiträge von Stéphane Courtois und Bernd Jürgen Wendt in diesem Band.
15 Vgl. Stefan Troebst, Postdiktatorische Geschichtskulturen im östlichen und südlichen Europa. Eine vergleichende Einführung, in: ders. (Hrsg.), Postdiktatorische Geschichtskulturen im Süden und Osten Europas. Bestandsaufnahme und Forschungsperspektiven, Göttingen 2010, S. 11–51, hier S. 37.

mistische Kräfte gesellschaftlich vielerorts stigmatisiert und politisch isoliert. Kooperationen mit ihnen lehnen die Mehrheitskulturen ab. Das gilt für Staaten mit erfolgreichen extremistischen Parteien (z. B. Belgien und Frankreich) ebenso wie für die mit erfolglosen (z. B. Deutschland, Portugal, Spanien). Berührungspunkte zwischen einem Teil der Mehrheitskultur und dem Rechtsextremismus existieren in Dänemark, Italien und Österreich, während auf der anderen Seite der Linksextremismus kaum als antidemokratisch gilt.

Die Gesellschaften im östlichen Europa scheinen dem Linksextremismus wegen der Erfahrungen mit den kommunistischen Unrechtsregimes kritischer gegenüberzustehen als dem Rechtsextremismus, wie im Baltikum, in Rumänien, der Slowakei und Ungarn. So stehen einem weit verbreiteten Antikommunismus die Erfolge rechtsextremistischer Parteien gegenüber. Diese weisen einen starken Zusammenhang mit verbreiteten rechtsextremen Einstellungen auf, die weder die Bevölkerungsmehrheit noch die (demokratische) politische Konkurrenz als inakzeptabel ansieht.

Europaweit verfügt der Linksextremismus über ein höheres Maß an gesellschaftlicher Akzeptanz als der Rechtsextremismus. Während die Bevölkerungen nationalistische Ideologien vor dem Hintergrund der Verbrechen von Nationalsozialisten wie Faschisten in allen EU-Staaten klar ablehnen, heißt es mit Blick auf den Linksextremismus vielerorts, der Kommunismus sei eine gute, nur schlecht ausgeführte Idee.[16] Zudem zehren vor allem in Westeuropa die traditionell kommunistischen Parteien noch immer von ihrem Widerstand gegen den Nationalsozialismus und von ihrer Legitimation als Teil des demokratischen (Neu-)Gründungskonsens nach dem Ende des Zweiten Weltkrieges. In Osteuropa, wo kommunistische Diktaturen an die Stelle der nationalsozialistischen (Fremd-)Herrschaft traten, ist diese Anerkennung spürbar schwächer ausgeprägt.

2.2 Politisch-institutionelle Rahmenbedingungen

Historische Erfahrungen und politische Kulturen bestimmen nicht nur die Verankerung extremistischen Denkens und das Abgrenzungsbestreben in den europäischen Gesellschaften, sondern auch die institutionellen Schutzvorkehrungen gegenüber verschiedenen antidemokratischen Strömungen einschließlich deren Gebrauch. Deutschland stellt mit dem Modell der streitbaren Demokratie[17] und seinen wesentlichen Elementen der Wertgebundenheit, Abwehrbereitschaft und Vorverlagerung des Demokratieschutzes einen Sonderfall dar – freilich mehr in der Theorie als in der Praxis. Beinahe nirgendwo sonst kann der Staat auf ein derartiges Instrumentarium zur Verhinderung extremistischer Bestrebungen zurückgreifen – eine Konsequenz aus dem Untergang der wehrlosen Weimarer Republik. Die Wertgebundenheit bezieht sich gemäß Grundgesetz Art. 79, Abs. 3 auf die Ewigkeitsgarantie der Menschenwürde und der

---

16 Vgl. Detlef Pollack, Nationalismus und euroskeptische Einstellungen in den postkommunistischen Staaten Mittel- und Osteuropas, in: Gert Pickel u. a. (Hrsg.), Osteuropas Bevölkerung auf dem Weg in die Demokratie. Repräsentative Untersuchungen in Ostdeutschland und zehn osteuropäischen Transformationsstaaten, Wiesbaden 2006, S. 123–136.
17 Vgl. u. a. Eckhard Jesse, Demokratieschutz, in: ders./Roland Sturm (Hrsg.), Demokratien des 21. Jahrhunderts im Vergleich. Historische Zugänge, Gegenwartsprobleme, Reformperspektiven, Opladen 2003, S. 451–476.

Staatsstrukturprinzipien. Ein solcher unveränderlicher Kernbestand der Verfassung ist neben der Bundesrepublik in den Konstitutionen Griechenlands, Litauens und Tschechiens implementiert. Abwehrbereitschaft ist das Pendant zur Wertgebundenheit. Wer diese Werte in Zweifel zieht und sie abzuschaffen versucht, kann aus dem politischen Willensbildungsprozess ausgeschlossen werden.

In der Frage des Demokratieschutzes nimmt Deutschland dennoch – je nach Sichtweise – weder eine Vorreiter- noch eine Außenseiterrolle ein, ist die rechtliche Verankerung des Demokratieschutzes kein „deutsches Phänomen" geblieben – trotz der besonders prägenden Diktaturerfahrungen. In den Rechtsgrundlagen der Europäischen Union spielt die normative Verankerung der Abwehr antidemokratischer Bestrebungen ebenso eine zentrale Rolle wie in vielen ost- und westeuropäischen Staaten.[18]

Wer – wie Martin Klamt – die Länder des Kontinents hinsichtlich ihrer Streitbarkeit entlang der Kernkriterien von Wehrhaftigkeit sowie Wertgebundenheit vergleicht, gelangt zu folgendem Bild: In Belgien, Irland und Luxemburg spielt die Idee der streitbaren Demokratie so gut wie keine Rolle – es handelt sich folglich um nichtstreitbare Verfassungen. Eine zweite Gruppe (Dänemark, Finnland, Frankreich, Italien, Lettland, Malta, Norwegen, Schweden, Slowenien, Ungarn und Zypern) kennt zumindest punktuelle Vorkehrungen zum Schutz der Demokratie, wie Parteienverbote oder die Möglichkeit zur Überwachung extremistischer Umtriebe. Eine relativ starke Streitbarkeit lässt sich in Großbritannien, Litauen, Österreich, der Schweiz, der Slowakei und Spanien feststellen. Und zu den streitbaren Demokratien mit einer klaren, umfassenden und systematischen Streitbarkeit zählen neben Deutschland die Staaten Bulgarien, Estland, Griechenland, Polen, Portugal, Rumänien und Tschechien.

Alle europäischen Staaten sehen die Möglichkeit vor, die Tätigkeit *nichtparteiförmiger* Organisationen auf zivil- und strafrechtlicher Grundlage einzuschränken bzw. zu verbieten. Dagegen unterscheiden sich die Abwehrmaßnahmen gegenüber *Parteien* mitunter stark. Zur Ländergruppe mit verfassungs- und/oder parteigesetzlichen Regelungen zum Demokratieschutz, auf deren Grundlage nicht nur extremistische Mittel, sondern auch derlei Ziele ein Verbot gestatten, gehören Deutschland, die baltischen Staaten, Bulgarien, Polen, Slowakei, Slowenien, Spanien und Tschechien. Die Möglichkeiten eines Verbots richten sich gegen jede Form system- und verfassungsfeindlicher Parteien. Im spanischen Fall war die gesetzliche Regelung eigens auf das Verbot der separatistischen baskischen Batasuna-Partei 2003 zugeschnitten.[19]

In anderen Staaten richtet sich die Abwehrbereitschaft nicht gegen sämtliche Formen antidemokratischer Parteien, sondern ausschließlich gegen rechtsextremistische und/oder religiöse Bestrebungen. Das trifft auf Portugal (als Konsequenz aus der Überwindung der rechtsautoritären Salazar-Diktatur), Schweden und Großbritannien zu, wo Antidiskriminierungsgesetze rechtsextremistische Straftaten (auch von Parteien) behandeln. Internationale Standards bzw. eine transnational abgestimmte Vorgehensweise bei der Abwehr (rechts-)extremistischer Partei-

---

18 Siehe umfassend Martin Klamt, Die Europäische Union als Streitbare Demokratie. Rechtsvergleichende und eurorechtliche Dimension einer Idee, München 2012.
19 Vgl. Marianne Kneuer, Extremismus in Spanien, in: Eckhard Jesse/Tom Thieme (Hrsg.), Extremismus in den EU-Staaten, Wiesbaden 2011, S. 377–395; dies., Länderporträt: Spanien, in: Uwe Backes/Alexander Gallus/ Eckhard Jesse (Hrsg.), Jahrbuch Extremismus & Demokratie, Bd. 21, Baden-Baden 2010, S. 215–238.

en gibt es nicht. Wo Parteienverbote möglich sind, entscheiden zumeist die obersten nationalen Gerichte über Verfassungsmäßig- oder Verfassungsfeindlichkeit.

Die europäischen Staaten variieren nicht nur in der Intensität (Grad der Streitbarkeit) und in der Ausrichtung ihrer Abwehrmechanismen (rechts, links, religiös, separatistisch), sondern auch in der Diskrepanz zwischen Verfassungstheorie und -praxis. Einerseits kam das Parteienverbot über die Ländergrenzen hinweg bislang kaum zum Einsatz, andererseits hat die Abwehrbereitschaft vieler Staaten gegenüber terroristischen Bestrebungen (infolge der Gefährdung durch den fundamentalistischen Islamismus) zugenommen. Zudem wurden zahlreiche militante rechtsextreme Vereinigungen auf Grundlage von Antidiskriminierungsgesetzen, einige linksextreme hingegen wegen ihrer Militanz – nicht wegen ihrer Systemablehnung – verboten. Zu den wenigen Parteiverboten wegen Verfassungsfeindlichkeit zählen – vom Ausschluss alter „Systemparteien" im Zuge der demokratischen Transformationen abgesehen (in Österreich und Italien nach 1945, in Litauen nach 1990) – Beispiele aus Bulgarien, Deutschland, Portugal, der Slowakei, Spanien und Tschechien. Richteten sich die spanischen und bulgarischen Beschlüsse gegen separatistische Kräfte, ging es in den anderen Fällen um rechtsextreme Parteien. Das einzige (und letzte) Verbot einer linksextremen Partei nach 1990 betraf 1991 die Litauische Kommunistische Partei (LKP).

Im Gegensatz zu den direkten Schutzvorkehrungen der Demokratien dienen die unterschiedlichen Wahlsysteme allenfalls nachgeordnet der Verhinderung extremistischer Umtriebe. Gleichwohl: Die europäischen Wahlsysteme sind höchst unterschiedlich, kein Modus gleicht dem anderen.[20] So differieren die Wahlrechtsbestimmungen (z. B. das aktive und passive Wahlalter sowie die Verankerung von Wahlrechtsmodalitäten in den Verfassungen), wenngleich die europäische Integration bedeutsame Angleichungen hervorrief. Das aktive Wahlalter liegt mittlerweile in allen Ländern bei 18 Jahren, mit Ausnahme von Österreich (16 Jahre). Die Variationsbreite der Wahlsysteme ist dagegen beträchtlich. Zwei Länder weisen Mehrheitswahlsysteme auf: Frankreich folgt den Bedingungen der absoluten, Großbritannien denen der relativen Mehrheitswahl. Die Stimmberechtigten der meisten anderen EU-Staaten wählen (zumindest bei Wahlen zu den ersten Kammern) nach Proporzregel – dem Verhältniswahlsystem. Nur in den Niederlanden existiert ein System der reinen Verhältniswahl ohne natürliche (Wahlkreise) und künstliche Hürden (Sperrklausel). Weiterhin finden Proporzsysteme Anwendung in Belgien, Deutschland, Bulgarien, Dänemark, Estland, Finnland, Kroatien, Lettland, Österreich, Polen, Norwegen, Schweden, in der Schweiz und in der Slowakei, Slowenien und Tschechien. Um einer zu starken Parteienzersplitterung entgegenzuwirken, streben allerdings auch diese Systeme keine vollständige Proportionalität an, sondern sehen Sperrhürden von vier oder fünf Prozent vor. Für Parteienbündnisse und Wahlallianzen gelten häufig gestaffelte Regelungen. Die Wahlsysteme Griechenlands, Irlands, Italiens, Litauens, Portugals, Rumäniens, Spaniens und Ungarns gelten als Mischwahlsysteme, da die Mehrpersonenwahlkreise kleinere Parteien benachteiligen. In der Literatur firmieren sie hingegen meist – wenn auch ungenau – wegen des Verteilungsprinzips im Wahlkreis als Verhältniswahlsysteme. Tatsächlich sind die Grenzen zwi-

---

20 Vgl. hier und im Folgenden Eckhard Jesse, Wahlsysteme und Wahlrecht, in: Gabriel/Kropp (Anm. 7), S. 299–348.

schen Verhältniswahlsystemen und den als „Mischwahlsystemen" apostrophierten Wahlverfahren fließend. Nur das litauische „Grabenwahlsystem" ist ein Musterbeispiel für ein exakt zwischen Verhältnis- und Mehrheitswahl angesiedeltes Wahlsystem.

Die verschiedenen Wahlsystemtypen haben wesentliche Auswirkungen auf Parteien (die Art des Parteiensystems wie des -wettbewerbs), Regierungen (deren Stabilität wie die Möglichkeit von Regierungswechseln) und damit schließlich die Bedeutung extremistischer Parteien. Tendenziell fördern nach Maurice Duvergers Gesetz Mehrheitswahlsysteme Zweiparteiensysteme (und damit große Parteien). Misch- und Verhältniswahlsysteme führen – je nach Variante – zu mehr oder weniger stark fragmentierten Vielparteiensystemen und erhöhen die Chancen extremistischer Parteien, weil diese meist klein sind (zumindest in ihrer Etablierungsphase). Den theoretischen Zusammenhang von Wahlsystem und Extremismus bestätigt die Empirie jedoch nur teilweise. So waren und sind in Großbritannien zwar extremistische Parteien bei Unterhauswahlen chancenlos, in Frankreich jedoch, wo Kommunisten traditionell auf den Listen der Sozialisten kandidieren, einigermaßen erfolgreich. Umgekehrt nützt das „reinste" Verhältniswahlsystem der Niederlande kaum antidemokratischen Parteien, während in Italien unter ähnlichen Bedingungen (der lange Zeit fehlenden Sperrklausel) oftmals mehrere rechts- und linksextremistische Parteien in das nationale Parlament einzogen. Manfred G. Schmidts allgemeiner Lehrsatz zur Funktionalität demokratischer Systeme gilt auch für das Verhältnis von politischen Institutionen und Extremismen: „Sie [die Institutionen] beeinflussen Willensbildungs- und Entscheidungsprozesse oftmals nachhaltig, doch determinieren sie weder diese Prozesse noch deren Produkte und Ergebnisse. Vielmehr bleibt selbst bei starren institutionellen Rahmenbedingungen ein beträchtlicher Wirkungsgrad für andere Bestimmungsfaktoren, auch für das Tun und Lassen wichtiger Akteure."[21]

3 Wahlentwicklung seit 1990

3.1 Abgrenzungsproblematik

Die vergleichende Analyse extremistischer Parteien[22] ist mit einer Reihe von Herausforderungen verbunden – die wichtigste ist wohl die Frage nach der Abgrenzung demokratischer und extremistischer Phänomene. Das gilt besonders (aber nicht nur) für Parteien. Um eine breitere Anhängerschaft, die über den harten Kern ihrer Klientel hinausgeht, für sich zu gewinnen und bei Wahlen erfolgreich zu sein, um sich staatlichen Sanktionen zu entziehen, aber auch aus ideologischer Überzeugung, mildern viele Parteien ihr extremistisches Potential ab und wenden eine Legalitätstaktik an. Zudem sind extremistische Parteien häufig heterogene Zusammen-

---

21 Vgl. Manfred G. Schmidt, Demokratietheorien. Eine Einführung, 5. Aufl., Wiesbaden 2011, S. 318.
22 Die Parteienanalyse bezieht sich ausschließlich auf rechts- und linksextremistische Parteien. Die wenigen islamistischen Parteien in Westeuropa (z. B. in Großbritannien, Belgien und in den Niederlanden) spielen bei Wahlen keinerlei Rolle, auch nicht in Regionen mit einem hohen muslimischen Bevölkerungsanteil. In Osteuropa gibt es keine islamistisch fundamentalistischen Parteien, dafür aber die Tendenz einiger – zum Teil erfolgreicher – rechtsextremistischer Parteien zum christlichen Fundamentalismus (z. B. die polnische LPR, Rumäniens PRM und PNG).

schlüsse. Nicht die gesamte Organisation muss antidemokratisch ausgerichtet sein – sie kann sowohl demokratische als auch extremistische Flügel beheimaten. Das trifft speziell auf Wahlteilnahmen zu. Die Parteien können allein agieren, in Listenverbindungen (mit demokratischen wie mit extremistischen Partnern) antreten oder durch Vereinigungen und Abspaltungen in anderen Parteien bzw. Bündnissen aufgehen. Ferner sind Wandlungsprozesse zu berücksichtigen. Nicht jede Organisation ist im Zeitraum von knapp drei Jahrzehnten durchweg als demokratisch oder extremistisch zu klassifizieren.

Ähnliches gilt für den Grad der Systemablehnung: Nicht in jedem Fall geht es um die Errichtung einer autokratischen Ordnung, sondern zumeist um die Transformation hin zu (illiberalen, delegativen oder exklusiven) „Demokratien mit Adjektiven"[23]. Gerade bei internationalen Vergleichen erschweren aus nationalen politischen Kulturen erwachsende unterschiedliche Interpretationen die Zuordnung einer Organisation als extremistisch oder nicht: Eine Partei, die hier als extremistisch eingestuft wird, gälte anderswo noch als demokratisch. Wo Meinungsfreiheit über allem steht, zählt noch zum demokratischen Common Sense, was andernorts – geprägt von den leidvollen Erfahrungen des 20. Jahrhunderts – als extremistisch wahrgenommen wird.

Solchen Abgrenzungsproblemen begegnen Politik, Wissenschaft und Öffentlichkeit meist durch die Einführung der Kategorien „populistisch", „radikal" oder „semiextremistisch" (quasi als Extremismus-light-Varianten).[24] Diese Abgrenzung überzeugt in mehrerlei Hinsicht nicht. Das Problem der Grenzziehung zwischen „noch" demokratisch und „schon" extremistisch löst sich nicht auf, sondern verschiebt sich nur in Richtung demokratischer Flügelparteien. Es bleibt allerdings noch immer ungeklärt, wo die Trennlinie zwischen beispielsweise demokratischen und extremistischen „radikalen Rechten" Kräften (zum Bespiel AfD und NPD) zu ziehen ist. Der politischen Instrumentalisierung stehen Tür und Tor offen – so werden infolgedessen missliebige Positionen pauschal als populistisch und radikal diskreditiert.

Bei der Frage nach der Verfassungsmäßigkeit politischer Phänomene handelt es sich jedoch nicht um eine akademische Spielerei, sondern um den Kern der politischen Systemlehre seit der Antike. Die Unterscheidung zwischen Demokraten und Extremisten ist für den Umgang einer Demokratie mit Herausforderungen von den Rändern des politischen Spektrums zentral. Es gilt: Demokratische Positionen sollten bei allen (ideologischen) Unterschieden grundsätzlich anerkannt und toleriert werden; für extremistische verbietet sich dies.

3.2 Rechtsextremismus

Wiewohl alle 27 untersuchten europäischen Staaten rechtsextremistische Parteien kennen, unterscheiden sich deren Wahlergebnisse stark. Es gibt – erstens – Staaten mit dauerhaft erfolgrei-

---

23 Vgl. Wolfgang Merkel u. a., Defekte Demokratie. Bd. 1: Theorie, Opladen 2003; ders. u. a., Defekte Demokratie. Bd. 2: Regionalanalysen, Wiesbaden 2006.
24 Vgl. für das rechte Spektrum Ralf Melzer, Politische Sprache: Was ist rechtsextrem, was ist rechtspopulistisch?, in: Spiegel-Online vom 30. Juni 2016, unter: http://www.spiegel.de/politik/deutschland/ rechts-extrem-populistisch-radikal-im-dschungel-der-begriffe-a-1096904.html (1. Dezember 2017).

chen Parteien, die fest in den Parteiensystemen verankert und seit 1990 durchgängig auf nationaler und/oder europäischer Ebene parlamentarisch vertreten sind (Belgien, Dänemark, Frankreich, Italien, Norwegen, Österreich, Slowakei); zweitens Staaten, in denen rechtsextremistische Parteien allenfalls vereinzelt Wahlerfolge bzw. Parlamentseinzüge erzielten (Bulgarien, Estland, Lettland, Griechenland, Kroatien, Polen, Schweden, Slowenien, Tschechien, Ungarn); und drittens jene Demokratien, in denen rechtsextremistische Parteien keinerlei Mandate auf nationaler Ebene gewinnen konnten (Deutschland, Finnland, Großbritannien, Irland, Litauen, Niederlande, Portugal, Schweiz, Spanien). Die Bilanz fällt wie folgt aus:

1) Bei Wahlen ist der Rechtsextremismus in Westeuropa erfolgreicher als in den postkommunistischen Staaten. Trotz der hier weiterreichenden Stigmatisierung solcher Bestrebungen stammen sechs der seit 1990 sieben konstant erfolgreichen rechtsextremen Parteien aus dem „alten" Europa: die Vlaams Blok/Belang (VB) in Belgien, die Dänische Volkspartei (Dansk Folkeparti, DF), der französische Front National (FN), die italienische Lega Nord (LN), die norwegische Fortschrittspartei (Fremskrittspartiet, FRP) und die Freiheitliche Partei Österreichs (FPÖ). Im östlichen Europa konnte nur die Slowakische Nationalpartei (SNS) bei (fast) allen Wahlen seit der staatlichen Unabhängigkeit des Landes am 1. Januar 1993 reüssieren. Die Gründe für die Ost-West-Unterschiede sind vielfältig, variieren teilweise von Land zu Land und können deswegen an dieser Stelle nur stark abstrahiert erläutert werden:

Die gesamtgesellschaftliche Ächtung des Rechtsextremismus ist in Westeuropa größer, dennoch sind solche Parteien hier erfolgreicher – ein Paradox, das sich mit Blick auf die unterschiedlichen politischen Kulturen auflöst. Der Osten „tickt" rechter, wohingegen im Westen manche Positionen als rechtsextremistisch gelten, die im Osten dem (demokratischen) Mainstream zugerechnet werden; zu denken ist nur an die zuwanderungsfeindlichen Regierungen der Visegrád-Staaten. Durch die Verschiebung politischer Lager binden demokratische Parteien potentielle Protest- und Rechtsaußenwähler an sich, weswegen sich die rechtsextremen Parteien in Osteuropa weiter rechts positionieren bzw. weniger gemäßigt auftreten als im Westen. Doch Radikalismus führt selten zu Wahlerfolgen – zwischen Militanz (der Parteigänger) und Akzeptanz (der Bevölkerungen) existiert ein Spannungsverhältnis.[25] Die Ausnahme der hart-rechtsextremen Partei Jobbik (Bewegung für ein besseres Ungarn) mit zweistelligen Wahlergebnissen seit 2009 – trotz der Dominanz durch die nationalkonservative Regierungspartei FIDESZ – bestätigt weniger die Regel, sondern stellt vielmehr einen nationalen Sonderfall dar.

Trotz innerparteilicher Zerwürfnisse auch bei den rechtsextremen Parteien im Westen Europas ist deren Professionalisierungsgrad deutlich höher als jener der osteuropäischen Pendants. Hier sind etliche Parteien – die tschechischen Republikaner (SPR-RSČ), die Polnische Familienliga (LPR), die Slowenische Nationalpartei (SNS), die Großrumänische Partei (PRM) usw. – trotz günstiger Gelegenheitsstrukturen wegen interner Richtungskämpfe, Korruptionsskandalen, persönlicher Animositäten und folgenden Abspaltungen sowie Neugründungen vermehrt am eigenen Unvermögen gescheitert.

---

25 Vgl. Tom Thieme, Extremistisches Gefahrenpotenzial – Untersuchungsgegenstand, Messung und Fallbeispiele, in: Eckhard Jesse (Hrsg.): Wie gefährlich ist Extremismus? Gefahren durch Extremismus, Gefahren im Umgang mit Extremismus, Baden-Baden 2015, S. 37–59.

Zwar gelten Osteuropas Parteiensysteme wegen ihrer hohen Volatilität und niedrigen Parteienidentifikation als instabil, was auch den Aufstieg rechtsextremer Parteien quasi aus dem Nichts begünstigte. Doch verhinderte das Fehlen fester Parteibindungen ebenso die Etablierung dauerhafter Wählermilieus rechtsextremer Parteien. Diese verschwinden darum nicht selten so schnell, wie sie kamen – verstärkt durch die selbstverschuldeten Defizite auf der Angebotsseite.

2) Das Fehlen fester Stammwählerschaften erklärt einen weiteren markanten Unterschied zwischen der ost- und westeuropäischen extremen Rechten: Von wenigen Ausnahmen wie den seit 2010 parlamentarisch erfolgreichen Schwedendemokraten (SD) und der griechischen Partei Goldene Morgenröte (Chrysi Avyi, ChA) abgesehen, handelt es sich in Westeuropa entweder um Staaten mit auf nationaler Ebene etablierten (siehe oben) oder konstant erfolglosen rechtsextremen Parteien, wie die NPD in Deutschland, die British National Party (BNP) oder die in Kontinuität zu den rechtsautoritären Diktaturen stehenden Parteien in Portugal und Spanien. In Osteuropa dominieren hingegen „politische Eintagsfliegen", die vereinzelt Wahlerfolge feierten, aber sich weder organisatorisch noch programmatisch noch wahlstrategisch konsolidieren konnten und mittlerweile vielerorts von der politischen Landkarte verschwunden sind. Obwohl sich die west- und osteuropäischen Parteienlandschaften hinsichtlich ihrer Systemeigenschaften immer weiter annähern, ist die Durchlässigkeit (nach oben und unten) im postsozialistischen Europa immer noch größer.[26]

3) Regierungsbeteiligungen rechtsextremer Parteien sind nach wie vor Ausnahmen – in Ost- wie Westeuropa. Nirgendwo stellte eine rechtsextremistische Partei bisher die größte Parlamentsfraktion oder den Regierungschef. Rechtsaußenparteien gelangten nach 1989 in sechs Staaten in die Regierungsverantwortung, davon in dreien mehrfach: Italien (Kabinett Berlusconi I: 1994–1995; Berlusconi II: 2001–2005; Berlusconi III: 2005–2006; Berlusconi IV: 2008–2011), Österreich (Kabinett Schüssel I: 2000–2003; Schüssel II: 2003–2007; Kurz: seit 2017), Slowakei (Kabinett Mečiar II: 1992–1994; Mečiar III: 1994–1998; Fico I: 2006–2010; Fico III: seit 2016).[27] In Norwegen, Polen und Rumänien blieb die Einbindung rechtsextremer Parteien von 1990 an jeweils eine einmalige Angelegenheit. Während das norwegische Kabinett unter Einschluss der Fortschrittspartei seit 2013 (Kabinett Solberg) weitgehend geräuschlos regiert, überdauerten die anderen beiden Regierungsbündnisse nicht die vollen Legislaturperioden. Polens (Kabinett Kaczyński: 2006–2007) und Rumäniens (Kabinett Iliescu II: 1992–1995) unheilige Allianzen zerbrachen nach etwa der Hälfte ihrer Legislaturperioden an der Regierungsunfähigkeit der rechtsextremistischen Juniorpartner. In Dänemark (Kabinett Fogh Rasmussen I: 2001–2005; Fogh Rasmussen II: 2005–2007; Fogh Rasmussen III: 2007–2009; Løkke Rasmussen I: 2009–2011; Thorning-Schmidt I: 2011–2014; Thorning-Schmidt II: 2014–2015; Løkke Rasmussen II: seit 2015) und Bulgarien (Kabinett Borissow I: 2009–2013) unterstütz(t)en rechtsextreme Parteien Minderheitsregierungen. Die meisten Bündnisse mit rechten Flügelparteien erwiesen sich dagegen als instabil. Alle Koalitionen mit Rechtsaußenparteien

---

26 Vgl. hierzu ausführlich die Beiträge in Ellen Bos/Dieter Segert (Hrsg.), Osteuropäische Demokratien als Trendsetter? Parteien und Parteiensysteme nach dem Ende des Übergangsjahrzehnts, Opladen/Farmington Hills 2008.
27 Siehe hier und im Folgenden die Länderporträts dieses Bandes sowie die Beiträge in Wolfgang Ismayr (Hrsg.), Die politischen Systeme Westeuropas, Wiesbaden 2009; ders. (Hrsg.), Die politischen Systeme Osteuropas, Wiesbaden 2010; Dieter Nohlen/Philipp Stöver (Hrsg.), Elections in Europe. A Data Handbook, Baden-Baden 2010.

zerbrachen vor dem Ende der offiziellen Legislaturperioden, oder es gab umfangreiche Kabinettsumbildungen.

4) Rechtsextremisten profitieren von den derzeitig günstigen Gelegenheitsstrukturen (Finanz- und Wirtschaftskrise, Flüchtlingssituation, EU-Krise), jedoch weniger stark als vielfach befürchtet. So konnten die Parteien mit ihren dezidiert antiislamischen Positionen Stimmen in vielen europäischen Staaten sammeln, verstärkt durch die Kritik an der – angeblich – dafür verantwortlichen und von Deutschland dominierten Europäischen Union. Jedoch sind diese Erfolge mehr Protestvoten gegenüber den als abgehoben und eigennützig geltenden Etablierten denn Signale sich stabilisierender rechtsextremer Weltbilder.[28] Außerdem hapert es auf der Angebotsseite: Zwar sind große Bevölkerungsteile der Meinung, es könne mit der Zuwanderung nicht so weiter gehen wie bisher, jedoch schreiben sie den Antisystemparteien (egal welcher Couleur) keine Lösungskompetenz bei den zentralen Zukunftsfragen zu.

---

28 So gilt die AfD für Deutschland für Hans Vorländer u. a. als „parlamentarischer Arm" der „Empörungsbewegung" Pegida. Dies., PEGIDA. Entwicklung, Zusammensetzung und Deutung einer Empörungsbewegung, Wiesbaden 2016.

Tabelle XII.2: Wahlergebnisse rechtsextremistischer Parteien in Europa (1990–2017)

Land	Partei	1990	1991	1992	1993	1994	1995	1996	1997	1998	1999	2000	2001	2002	2003	2004	2005	2006	2007	2008	2009	2010	2011	2012	2013	2014	2015	2016	2017
BE	VB		6,6				7,8			7,4	9,9		12,0		11,6		8,9		12,0		9,4	7,8				3,7			
BG	ATAKA																13,2		13,9				12,3		7,3	4,5	21,1		9,7*
DK	DF																												
FR	FRP	6,4				6,4				2,4			0,6						4,3		0,3			13,6					
	FN				12,4				14,9					11,3										7,0/6,9			6,3/7,0		13,2
GR	ChA																								4,1				
IT	LN			8,7		8,4		10,1					3,9					4,6		8,3					2,0				
	MSI/AN					13,5		15,7					12,0					12,3											
HR	HSP			7,1			5,0		15,3			5,3	14,6		6,4				3,4				3,0						
NO	FRP				6,3												22,1				22,9				16,3		15,2		
AU	FPÖ	16,6				22,5	21,9				26,9			10,0				11,0		17,5					20,5				
	BZÖ																	4,1		10,7					3,5				26,0
PL	KPN		7,5		5,8																								
	ROP				2,7				5,6																				
	ZChN		8,7		6,4																								
	LPR																1,1		1,3										
	K																										8,8		
RO	PUNR	2,1		7,7				4,4				1,4																	
	PRM			3,9				4,5				19,5				13,0	8,0												
SE	ND		6,7			1,2																							
	SD		0,1			0,3				0,4				1,4				2,9				5,7		4,6		12,9			
SK	SNS	13,9		7,9		5,4				9,1				3,3				11,7				5,1						8,6	
	Ľ SNS																											8,0	
SL	SNS	1,0		10,0				3,2		3,9		4,4		1,0		6,3				5,4									
CZ	SPR-RSČ			6,0				8,0															1,8						
HU	MIEP					1,6				5,5				4,4				2,2				0,1							
	JOBBIK																					16,7				20,2			

Legende: VB = Vlaams Belang (Flämische Interessen); DF = Dansk Folkeparti (Dänische Volkspartei); FRP (DK) = Fremskridtspartiet (Fortschrittspartei); FN = Front National (Nationale Front); ChA = Chrysí Avyí (Goldene Morgenröte); LN = Lega Nord (Liga Nord für die Unabhängigkeit Padaniens); MSI/AN = Movimento Sociale Italiano (Italienische Sozialbewegung); HSP = Hrvatska stranka prava (Kroatische Partei des Rechts); FRP (NO) = Fremskrittspartiet (Fortschrittspartei); BZÖ= Bündnis Zukunft für Österreich; FPÖ = Freiheitliche Partei Österreichs; KPN = Konfederacja Polski Niepodległej (Konföderation des unabhängigen Polens); ROP = Ruch Odbudowy Polski (Bewegung für den Wiederaufbau Polens); ZChN = Zjednoczenie Chrześcijańsko-Narodowe (Christlich-Nationale Vereinigung); LPR = Liga Polskich Rodzin (Liga Polnischer Familien); K = Kukiz'15 (Kukiz-Bewegung); PUNR = Partidul Unității Naționale a Românilor (Partei der Nationalen Einheit Rumäniens); PRM = Partidul România Mare (Großrumänische Partei); ND = Nationaldemokraterna (Nationaldemokraten); SD = Sverigedemokraterna (Die Schwedendemokraten); SNS (SK) = Slovenská Národná Strana (Slowakische Nationalpartei); Ľ'SNS = Kotleba – Ľudová strana Naše Slovensko (Kotleba – Volkspartei Unsere Slowakei); SNS (SL) = Slovenska Nacionalna Stranka (Slowenische Nationalpartei); SPR-RSČ = Sdružení pro republiku – Republikánská strana Československa (Vereinigung für die Republik – Republikanische Partei der Tschechoslowakei); MIEP = Magyar Igazság és Élet Pártja (Ungarische Wahrheits- und Lebenspartei); JOBBIK = Jobbik Magyarországért Mozgalom (Bewegung für ein besseres Ungarn).

* Ergebnis im Wahlbündnis „Vereinigte Patrioten" gemeinsam mit Bulgarische Nationale Bewegung (IMRO) und Nationale Front für die Rettung Bulgariens (NFSB)

Quelle: http://www.electionguide.org/ (Stand: 1. Januar 2018), eigene Darstellung.

5) Wahlerfolge feiern vor allem „weiche", nicht offen antidemokratische Rechtsaußenparteien, während radikale Systemalternativen kaum auf nennenswerte Akzeptanz stoßen. Von den derzeit bei nationalen Wahlen zehn erfolgreichsten rechtsextremen Parteien gelten neun – je nach Perspektive und Konzeption – als „weich"[29] rechtsextremistisch, semi-extremistisch bzw. semi-demokratisch[30] oder rechtspopulistisch[31]: ATAKA in Bulgarien, der belgische Vlaams Belang, die Dänische Volkspartei, der Front National in Frankreich; die Lega Nord in Italien, die Freiheitliche Partei Österreichs, die sogenannten Schwedendemokraten sowie die Nationalparteien in Slowenien und der Slowakei.

3.3 Linksextremismus

Die Wahlergebnisse der linksextremistischen Parteien in Europa zeigen eine ähnlich gemischte Bilanz wie die des parteiförmigen Rechtsextremismus. In 14 der 27 untersuchten Staaten erlangten linksextreme Parteien nach 1990 parlamentarische Repräsentanz auf nationaler Ebene, davon in acht Ländern dauerhaft (Deutschland, Frankreich, Griechenland, Italien, Norwegen, Portugal, Spanien, Tschechien) und in sechs vereinzelt (Dänemark, Irland, Polen, Rumänien, Schweden, Slowakei). In 13 Ländern blieb hingegen der parteiförmige Linksextremismus nach dem Ende der realsozialistischen Regime bedeutungslos: Belgien, Bulgarien, Estland, Finnland, Großbritannien, Kroatien, Lettland, Litauen, Niederlande, Österreich, Schweiz, Slowenien und Ungarn. Folgende thesenartige Schlüsse lassen die Wahlergebnisse zu:

1) Wie beim Rechtsextremismus sind die meisten dauerhaft etablierten linksextremistischen Parteien Bestandteil westeuropäischer Parteiensysteme. Das gilt für die heterogenen und damit nicht eindeutig im demokratischen oder linksextremen Spektrum verortbaren Linksbündnisse (unter Einschluss der früheren kommunistischen Parteien) in Skandinavien und auf der iberischen Halbinsel, die Kommunistische Partei Frankreichs (Parti Communiste Français, PCF), die Kommunistische Partei Griechenlands (Kommounistikó Kómma Elládas, KKE) sowie die mehrfach abgespaltene und umbenannte Kommunistische Partei Italiens (Partito Rifondazione Communista, PRC). Die Kommunistische Partei Böhmens und Mährens (KSČM) und die lange Zeit nur in Ostdeutschland erfolgreiche PDS (seit 2007 Die Linke) stellen dahingehend Ausnahmen im postkommunistischen Raum dar. Die Gründe für den Erfolg bzw. Misserfolg linksextremistischer Parteien sind denen beim Rechtsextremismus ähnlich. Auch am linken Rand werden potentielle Anhänger extremistischer Parteien von den demokratischen (Flügel-)Parteien gebunden, wegen der größtenteils diskreditierten kommunistischen Vergangenheit teilweise sogar von den extremistischen Antipoden. Im Osten sind unabhängig von der Rechts-Links-Dimension protektionistisch autoritäre Einstellungen weiter verbreitet als im Westen, wovon

---

29 So Eckhard Jesse, Die NPD und die Linke. Ein Vergleich zwischen einer harten und einer weichen Form des Extremismus, in: Uwe Backes/Alexander Gallus/ders. (Hrsg.), Jahrbuch Extremismus & Demokratie, Bd. 21, Baden-Baden 2010, S. 13–31.
30 So Steffen Kailitz, Die Deutsche Volksunion und die Republikaner. Vergleichende Betrachtungen zur Entwicklung und zum ideologischen Profil, in: Stephan Braun u. a. (Hrsg.), Strategien der extremen Rechten. Hintergründe – Analysen – Antworten, Wiesbaden 2009, S. 109–129.
31 Statt vieler die Beiträge in Frank Decker u. a. (Hrsg.), Rechtspopulismus und Rechtsextremismus in Europa. Herausforderung der Zivilgesellschaft durch alte Ideologien und neue Medien, Baden-Baden 2015.

Antisystemkräfte jedoch kaum profitieren, da der (demokratische) Mainstream derartige Positionen bereits kanalisiert.[32] Auch hinsichtlich des schwachen Professionalisierungsgrades zeigen sich bei den linksextremistischen Parteien Osteuropas Parallelen zum Rechtsextremismus, wie die Selbstdestruktion der polnischen Partei/Gewerkschaft Samoobrona (Selbstverteidigung) sowie die rumänischen, slowakischen und ungarischen orthodox-kommunistischen Abspaltungen von den sozialdemokratisierten postkommunistischen Parteien vor Augen führen. Die weithin fehlende Parteienidentifikation in dieser Region Europas beschleunigte das durch die internen Verfehlungen bedingte Verschwinden zahlreicher linksextremer Parteien nach vereinzelten Achtungserfolgen in den 1990er Jahren.

2) Auch beim Linksextremismus liegt das Etablierungsniveau der osteuropäischen Parteien deutlich unter dem der westeuropäischen. In den früheren Ostblockstaaten sind kommunistische Parteien heute größtenteils diskreditiert, während sie im Westen wegen ihres Beitrages zum Widerstand gegen Faschismus wie Nationalsozialismus (Frankreich, Italien) sowie gegen weitere rechtsautoritäre Diktaturen (Griechenland, Portugal, Spanien) nicht nur ein hohes Maß an politischer Legitimität gewonnen hatten, sondern in den Gesellschaften daher überwiegend auch gar nicht als linksextrem gelten. Davon profitieren sie bis heute, wiewohl durch den Zusammenbruch des Realsozialismus die meisten kommunistischen Parteien in eine tiefe Identitätskrise gerieten und nicht annähernd an ihre Wahlerfolge von vor 1990 anknüpfen konnten.[33] Die Parteien reagierten auf den Niedergang der kommunistischen Regime unterschiedlich: Einige wandelten sich zu demokratisch linken Parteien (Schweden, Polen, Ungarn), einige beendeten ihre unabhängige Existenz und gingen in neuen Allianzen auf, die sowohl demokratische als auch extremistische Bündnispartner unter einem Dach vereinen. Nur wenige linksextremistische Parteien wie die DKP und die KKE stehen in ungebrochener Kontinuität zum Kommunismus.[34]

3) Regierungsbeteiligungen linksextremer Parteien sind wie die Koalitionen unter Einschluss rechtsextremer Kräfte in Europa eher Ausnahme als Regel. Dies gelang sechs Parteien, je drei in Ost- und Westeuropa.[35] In Westeuropa konnten nach 1990 die kommunistischen Parteien in Frankreich und in Italien sowie die Sozialistische Linkspartei (VS) in Norwegen Regierungsverantwortung erlangen. Bei den Nachfolgeorganisationen der italienischen PCI geschah dies mehrmals durch die Beteiligung an breiten Bündnissen der politischen Linken zur Verhinderung konservativer Regierungen (1996–2001 und 2006–2008). Die französischen Kommunisten kandidieren wegen des Mehrheitswahlsystems traditionell in Allianz mit der Sozialistischen Partei (PS) und gelangen so in Regierungsämter. In Norwegen unterstützte die VS als Junior-

---

32 Vgl. umfassend Tom Mannewitz, Linksextremistische Parteien in Europa nach 1990. Ursachen für Wahlerfolge und -misserfolge, Baden-Baden 2012.
33 Siehe zur Entwicklung der kommunistischen Parteien nach 1945 Jerzy Holzer, Der Kommunismus in Europa. Politische Bewegung und Herrschaftssystem, Frankfurt a. M. 1998.
34 In Anlehnung an Cas Mudde, Radikale Parteien in Europa, in: Aus Politik und Zeitgeschichte B 47/2008, S. 12–18, hier S. 14.
35 Zudem regierte im hier nicht untersuchten Zypern von 2008 bis 2013 die sich selbst als kommunistisch bezeichnende Fortschrittspartei des Werktätigen Volkes (AKEL), ohne jedoch in dieser Zeit das demokratische System des Landes zu negieren. Vgl. zur AKEL ausführlich Andreas Stergiou, The Communist Party of Cyprus – AKEL, in: Uwe Backes/Patrick Moreau (Hrsg.), Communist and Post-Communist Parties in Europe, Göttingen 2008, S. 259–281.

partner die sozialdemokratisch geführte Regierung unter Ministerpräsident Jens Stoltenberg von 2005 bis 2013. In Osteuropa blieben die fragilen Koalitionen unter Einschluss linksextremer Parteien demgegenüber einmalige Bündnisse. In Polen (2006–2007) und Rumänien (1992–1994) zerbrachen die Regierungen vor dem Ende der Legislaturperioden an der Regierungsunfähigkeit ihrer Partner.[36] Die slowakische Arbeiterpartei (ZRS) wiederum verschwand nach vier Jahren in der semidemokratischen Regierung Vladimir Mečiars (1994–1998) nahezu spurlos aus dem Parteiensystem. Alle drei früheren Regierungsparteien sind heute politisch bedeutungslos und gänzlich verschwunden. Ferner kam es in Schweden und Spanien zur Bildung von sozialdemokratisch bzw. sozialistisch geführten Minderheitsregierungen unter Duldung linksextremer Kräfte.[37]

4) Ähnlich wie dem Rechtsextremismus bescherten den linksextremistischen Parteien die aktuellen Herausforderungen der Demokratie eine gewisse Zustimmung – speziell wegen der sich verschärfenden sozialen Ungleichheit und der milliardenschweren Subventionen maroder Banken und Finanzunternehmen im Zuge der europäischen Wirtschaftskrise. Zugleich wird der extremen Linken – vor allem wenn sie in kommunistischer Tradition steht – nur eine geringe Lösungskompetenz zugetraut, wie deren schwache Wahlergebnisse belegen. Vielmehr sind es neue linke Parteien wie Podemos in Spanien und Syriza in Griechenland, die stärker mit den neuen sozialen Protestbewegungen verbunden sind und als Heilsbringer der krisengeschüttelten südeuropäischen Ökonomien gelten. In deren Fahrwasser gelangen jedoch auch mehr oder weniger offen antidemokratische Bestrebungen wieder stärker auf die Bühne der Öffentlichkeit, wie die internen Querelen bei Syriza sowie der Schulterschluss von Podemos mit kommunistischen und anarchistischen Kräften belegen.

5) Auch die Parteien am linken Rand neigen zur Abschwächung ihres extremistischen Charakters; analog zum Rechtsextremismus sind von den bei Wahlen erfolgreichen Parteien mit Ausnahme der griechischen Kommunisten alle als „weich" extremistisch einzustufen. Wie der Rechtsextremismus mit dem Konzept des Ethnopluralismus heutzutage weniger rassisch-biologistisch, sondern vielmehr kulturell argumentiert (einfach ausgedrückt: jede Nation und jedes Volk hat seine Existenzberechtigung, allerdings wegen der Unverträglichkeit der Kulturen in ihrem traditionellen Raum und ohne Vermischung der Zivilisationskreise), so schwächt auch der Linksextremismus seine politischen Visionen, zu denen einst die klassenlose Gesellschaft gehörte, (zumindest verbal) ab. Nicht der (diskreditierte) Kommunismus gilt heute als weltanschauliches Ziel der meisten erfolgreichen Linksaußenkräfte, sondern die Chiffre „Demokratischer Sozialismus" – wenngleich selbst die Anhänger einer solchen Idee einräumen müssen, kein einziges Beispiel nennen zu können, in dem die Verbindung von demokratischer Staats- und sozialistischer Wirtschaftsform gelang und dass alle Erneuerungsversuche wie vom „Sozialismus des 21. Jahrhunderts" (Hugo Chavez) bereits in der Anlage kläglich scheiterten.

---

36 Vgl. Tom Thieme, Wandel in den Parteiensystemen Ostmitteleuropas: Stabilität und Effektivität durch Konzentrationseffekte?, in: Zeitschrift für Parlamentsfragen 39 (2008), S. 795–809, hier S. 805–808.
37 Vgl. Jonathan Olsen u. a., Left Parties in National Governments, New York 2010.

Tabelle XII.3: Wahlergebnisse linksextremistischer Parteien in Europa (1990–2017)

Land	Partei	1990	1991	1992	1993	1994	1995	1996	1997	1998	1999	2000	2001	2002	2003	2004	2005	2006	2007	2008	2009	2010	2011	2012	2013	2014	2015	2016	2017
DK	EL	1,7				3,1				2,7			2,4				3,4		2,2				6,7		8,6		7,8		9,2
DE	PDS/Die Linke	2,4				4,4				5,1				4,0			8,7				11,9								
FR	PCF				9,2				9,9										4,3					6,9					2,7
GRC	KKE				4,5			5,6				5,5		4,8		5,9			8,2		7,5			8,5/4,5			5,5/5,6		
IE	SF			1,6					2,6					6,5					6,9				9,9					13,8	
IT	AAA-PBP RC			5,6		6,0		8,6					5,0 12,5					5,8										3,9	
NO	SV				7,9				6,0		2,4			2,8			8,8				6,2				4,1				
PT	BE CDU		8,8				8,6				9,0			7,0			6,4 7,6				9,8 7,9		5,2 7,9				10,2 8,3		6,0
PL	SRP				2,8				0,1				10,2				11,4		1,5				0,1						
RU	PSM/PAS			3,0				2,2								0,4													
SK	ZRS KSS			0,8		7,4 2,7				1,3 2,8				0,6 6,3				0,3 3,9											
SE	V		4,5			6,2				12,0				8,4				5,9								5,7			
ES	IU											5,5				5,0						0,8		0,7			3,7		
CZ	KSČM	13,2		14,0				10,5		11,0				18,5				12,8		3,8		11,3			14,9				7,8

Legende: EL = Enhedslisten (Einheitliste – Die Rot-Grünen); PDS = Partei des Demokratischen Sozialismus; VAS = Vasemmistoliitto (Linksbündnis); PCF = Parti Communiste Français (Kommunistische Partei Frankreichs); KKE = Kommounistikó Kómma Elládas (Kommunistische Partei Griechenlands); SF = Sinn Féin (Wir selbst); AAA-PBP = Anti-Austerity Alliance-People Before Profit; RC = Partito Rifondazione Communista (Partei der kommunistischen Wiedergründung); PdCI = Partito dei Comunisti Italiani (Partei der italienischen Kommunisten); SV = Sosialistisk Venstreparti (Sozialistische Linkspartei); BE = Bloco de Esquerda (Linksblock); CDU = Coligação Democrática Unitária (Demokratische Einheitskoalition); SRP = Samoobrona Rzeczpospolitej (Selbstverteidigung der Republik Polen); PSM = Partidul Muncitoresc Român (Sozialistische Arbeiterpartei) ZRS = Združenie robotníkov Slovenska (Arbeitervereinigung der Slowakei); KSS = Komunistická strana Slovenska (Kommunistische Partei der Slowakei); V = Vänsterpartiet (Linkspartei); IU = Izquierda Unida (Vereinigte Linke); KSČM = Komunistická Strana Čech a Moravy (Kommunistische Partei Böhmens und Mährens).

Quelle: http://www.electionguide.org/ (Stand: 1. Januar 2018), eigene Darstellung.

4 Extremistische Parteien

Das Abrücken vieler rechts- und linksextremistischer Parteien von einzelnen antidemokratischen Zielen – sei es aus Opportunismus, sei es aus Überzeugung – steht in engem Zusammenhang mit der generellen Aufweichung ihrer ideologischen Grundlagen. Gerade die bei Wahlen erfolgreichen Parteien orientieren sich selten an den ideologischen Leitbildern des Faschismus bzw. Nationalsozialismus und des Kommunismus; auch die einstige Frontstellung gegen die Demokratie ist heute einer immanenten Position gewichen: Nicht die Abschaffung der Demokratie und die Errichtung einer autoritären bzw. totalitären Diktatur nach historischem Vorbild wird offiziell angestrebt, sondern die Wiederherstellung „echter" Volkssouveränität anstelle des vom Volkswillen entkoppelten Elitenkartells aus Politik, Wirtschaft und Medien. Rechts- wie Linksaußen sind Vorstellungen einer „exklusiven" bzw. „illiberalen" Form der Demokratie en vogue. Einerseits versuchen rechtsextremistische Parteien, die Gemeinschaftsbildung durch die Abgrenzung gegenüber Minderheiten und Ausländern zu fördern. Im Zentrum steht die Überzeugung, Angehörige der eigenen (ethnischen) Volksgruppe seien zu bevorzugen – ihr Rassismus wendet sich somit gegen die fundamentalen Gleichheitsrechte und missachtet so das demokratische Prinzip. Andererseits stellt der linke Rand (indirekt) den Individualismus in Frage, wenn die Grundrechte von Eigentum und Privatbesitz mit der Begründung eines übergeordneten Gemeinschaftsinteresses zur Verhandlungsmasse werden. Unabhängig von der Ausrichtung und der Intensität der extremistischen Ideologie gilt: Extremisten jedweder Couleur ist ein identitäres Demokratiebild zu Eigen, basierend auf der Grundlage übereinstimmender Interessen von Regierten und Regierenden. Der Volkswille resultiert demnach nicht aus einem politischen Wettbewerb konkurrierender Vorstellungen, sondern steht im Voraus fest – man sei „das Volk" und dessen Auffassungen von der ethnischen oder sozialen Konstellation einer Gesellschaft so und nicht anders umzusetzen.[38]

Die erfolgreichen rechtsextremistischen Parteien lehnen nicht die Demokratie als Regierungsform an sich ab, sondern ihre liberale Variante. Ferner geht es ihnen weniger um Großmachtstreben und Expansionismus, sondern um die Bewahrung der eigenen nationalen und kulturellen Gesellschaftsvorstellungen. Angesichts der Massenzuwanderung nach Europa und den Negativfolgen der Globalisierung orientieren sich die wichtigsten unter ihnen Parteien heute am Konzept des so genannten Ethnopluralismus. Betont wird nicht die Überlegenheit einer Rasse bzw. Ethnie, sondern die Verschiedenheit der Völker, deren kulturelle und traditionelle Besonderheiten vor äußeren Einflüssen zu schützen seien. Da es sich bei den meisten Ländern Europas aber eben nicht (mehr) um ethnisch homogene Nationalstaaten handelt, bedeutet ein solches „Grundrecht auf Verschiedenheit" nichts anderes als die Diskriminierung ethnischer Minderheiten. Richard Stöss argumentiert: „Wer die Bewahrung der Vielfalt der ‚Rassen' fordert, zielt freilich auf weltweite Rassentrennung."[39]

Den parteiförmigen Rechtsextremismus jeglicher Ausprägung einen Fremdenfeindlichkeit, ein übersteigertes Nationalbewusstsein sowie die Ablehnung der europäischen und transatlanti-

---

38 Vgl. zum Unterschied identitärer und pluralistischer Demokratietheorien Kailitz (Anm. 13), S. 20 f.
39 Stöss (Anm. 2), S. 525.

schen Gemeinschaftspolitik. Während sich gemäßigte Rechtsaußenparteien eher für eine privilegierte Stellung der Mehrheitsbevölkerung im Nationalstaat und gegen eine weitere europäische Integration positionieren, fordern klar demokratiefeindliche Parteien die Ausweisung bzw. Abschiebung von „Nicht-Angehörigen" der Volksgemeinschaft sowie die Abschaffung der EU.

Auch am linken Ende des politischen Spektrums hielt nach 1989/90 eine ideologische Neuausrichtung Einzug. Linksextreme Parteien, die unbeirrt am revolutionären Sozialismus festhalten und eine „Diktatur des Proletariats" anstreben, sind nach den Enthüllungen der kommunistischen Unrechtsregime in Osteuropa[40] heutzutage weitgehend diskreditiert. Vor allem die parlamentarisch vertretenen Linksaußenparteien versuchen sich daher, und zwar unabhängig von ihrer Etikettierung – sowohl dem Namen nach kommunistische als auch umbenannte Parteien können demokratisch oder extremistisch sein –, von dogmatisch klassenkämpferischen Positionen zu lösen. In der politischen Praxis treten sie pragmatisch kompromissbereit auf und zeigen kaum systemfeindliches Verhalten. Analog zum Konzept des Ethnopluralismus der extremen Rechten heißt die Zauberformel der linksextremen Parteien „Demokratischer Sozialismus". Demnach sei die sozialistische (Welt-)Gesellschaft nicht länger mit revolutionären und diktatorischen Mitteln zu erreichen, sondern auf demokratischer Grundlage und durch die Förderung der sozialen Emanzipation der Bevölkerung. Auch hier stellt sich die Frage nach der Umsetzung eines solchen Systems. Wenn Richard Stöss für den Rechtsextremismus zu Recht hinterfragt, wie ein solches „Grundrecht auf Verschiedenheit" mit den demokratischen multiethnischen Gesellschaften der Gegenwart zusammen passen soll, gilt gleiches im Linksextremismus für die Vereinigung von „Demokratischem Sozialismus" und Individualismus.

Was Rechts- und Linksextremismus besonders unterscheidet, ist ihr unterschiedliches Verhältnis zu ihren ideologischen Ursprüngen. Linksextreme Parteien neigen stärker als rechtsextreme dazu, ihre traditionelle Herkunft aus dem kommunistischen, trotzkistischem oder maoistischem Milieu nach außen zu kehren, während Rechtsaußenkräfte, vor allem dann, wenn sie der nationalsozialistischen Szene entstammen, eher auf Distanz zu ihren Wurzeln gehen. Zahlreiche Linksparteien stellen nach wie vor – unter Verwendung entsprechender Symbolik – nachdrückliche inhaltliche Bezüge zu ihren Vorläuferorganisationen her, wohl zur Bindung ihrer traditionellen Anhängerschaft (Syriza, Vänsterpartiet). Dagegen unterstreichen rechtsextreme Parteien häufig, sich von ihren einstigen Weggefährten losgesagt und ideologisch, organisatorisch sowie personell neu positioniert zu haben (Front National, Vlaams Belang, Schwedendemokraten). Sie erteilen der Zusammenarbeit mit militanten Szenen eine Absage. Im Gegensatz dazu stoßen orthodoxe Hardliner und militante außerparlamentarische Organisationen im parteiförmigen Linksextremismus kaum auf Berührungsängste. Als linke heterogene Sammlungsparteien hüten diese ihren Anspruch, vielfältige Strömungen zu binden. So beheimaten sie – mehr oder weniger gewollt – auch radikal antidemokratische Kräfte. Werden diese gegenüber der Öffentlichkeit als Randerscheinungen abgetan, sollen sie indes intern Anhänger

---

[40] Stéphane Courtois u. a., Das Schwarzbuch des Kommunismus. Unterdrückung, Verbrechen und Terror, München 1998; ders. u. a. (Hrsg.), Das Schwarzbuch des Kommunismus 2. Das schwere Erbe der Ideologie, München/Zürich 2004; ders. (Hrsg.), Das Handbuch des Kommunismus. Geschichte, Ideen, Köpfe, München 2010; Stefan Creuzberger/Ingo Mannteufel/Jutta Unser, Unterdrückung, Gewalt und Terror im Sowjetsystem. Diskussionsbeiträge zum „Schwarzbuch des Kommunismus", in: Osteuropa 50 (2000), S. 581–720.

und Sympathisanten binden, denen die Mäßigung bzw. pragmatische Ausrichtung der offiziellen Parteilinie zu weit geht.

Nicht alle extremistischen Parteien haben den Weg der Entideologisierung eingeschlagen; sie sind stattdessen Hardliner geblieben – meistenteils zum Preis politischer Irrelevanz. Zu den wichtigsten offen systemfeindlichen rechtsextremen Parteien zählen die ungarische Bewegung Jobbik, die Nationaldemokratische Partei Deutschlands (NPD), die italienische Fiamma Tricolore (MS-FT) sowie die neue slowakische „Volkspartei" (L'SNS). Sie orientieren sich mehr oder weniger ideologisch am Nationalsozialismus bzw. Faschismus und sind eindeutig system-, fremden- und judenfeindlich. Bei Parteien des harten Linksextremismus, die traditionell am Marxismus-Leninismus festhalten, handelt es sich mit Ausnahme der griechischen KKE um Klein- bzw. Zwergparteien – ohne jede politische Bedeutung.

Die ideologische Erneuerung vieler extremistischer Parteien geht mit ihrer organisatorischen Transformation einher. Zwischen innerparteilicher Geschlossenheit und Attraktivität besteht ein Spannungsverhältnis. Klassische Kaderparteien binden zwar mitunter schlagkräftige militante Sympathisantengruppen, für Massenanhängerschaften sind sie jedoch zu sehr historisch belastet und programmatisch unattraktiv. Einige der straff hierarchisch aufgebauten Kaderparteien wandelten sich so zu relativ offenen Bewegungen mit dem Ziel der Vereinnahmung breiter Wählerschichten, wenngleich eine zu große innerparteiliche Heterogenität zulasten der Geschlossenheit geht. Dies belegen immer wieder prominente Abspaltungen und Austritte, wie die zeitweise gespaltenen Freiheitlichen in Österreich und die Slowakische Nationalpartei.

Obwohl kommunistische bzw. linksextremistische Parteien nach ihrem Selbstverständnis vielfach revolutionäre Kampforganisationen der Arbeiterklasse darstellen, entsprechen auch sie heutzutage, bis auf wenige Ausnahmen, kaum mehr dem Typus professioneller Kaderparteien. Einige von ihnen (die deutsche PDS/Die Linke, Frankreichs PCF sowie die in Wahlallianzen agierenden Kommunisten in Portugal und Spanien) haben sich programmatisch und organisatorisch geöffnet. Um ihren Bedeutungsverlust zu kompensieren, verwandelten sie sich quasi in „semidemokratische" linke Sammlungsparteien. Dagegen zeigten sich bisher die orthodox-kommunistischen Parteien nicht bereit, von ihrem zentralistischen Machtgefüge abzurücken und andere soziale Milieus hineinzulassen. Wegen ihrer Schwäche im Allgemeinen und wegen der Überalterung ihrer Mitglieder im Besonderen fehlen solchen Parteien größtenteils die personellen und materiellen Ressourcen für die Rekrutierung einer durchsetzungsfähigen Parteielite.

Markante Unterschiede zwischen den extremistischen Parteien tun sich nicht nur beim Organisationsgrad, beim Bezug zu den ideologischen Wurzeln und der Intensität auf, sondern auch beim länderübergreifenden Vergleich zwischen Ost- und Westeuropa. Beim Rechtsextremismus gehen vor allem die Feindbilder auseinander: In Westeuropa hat sich der Fokus durch die Zuwanderung aus dem islamisch geprägtem Raum und die damit verbundenen Integrationsschwierigkeiten ab den 1950er Jahren vom Antisemitismus hin zum Antiislamismus verschoben; idealtypisch zu beobachten ist dieser Wandel beim Generationenwechsel an der Spitze des Front National von Jean-Marie Le Pen zu seiner Tochter Marine. Aber auch FPÖ und Vlaams Belang gerieren sich heute in Ablehnung der muslimischen Zuwanderung als Verteidiger Israels bzw. der Juden. In Osteuropa dagegen – nach wie vor nur selten das Ziel muslimischer Zuwanderer – dominieren nach wie vor Antisemitismus, Antiziganismus und die Ablehnung ehemaliger Gastarbeiter (vor allem aus Vietnam). Einig sind sich linke und rechte Extremisten in Ost- wie Westeuropa in ihrer Gegnerschaft zur Europäischen Union und zum liberalen Modell der Demokratie: Diese seien verantwortlich für Neoliberalismus und soziale Ungleichheit, bei Rechtsextremen gelten sie zudem als Keim der Fremdbestimmung nationaler Politik und damit der Preisgabe nationaler Souveränität.[41]

Eine weitere Ost-West-Differenz weist das Verhältnis der beiden extremistischen Antipoden zueinander auf: Eint Rechts- und Linksextremisten in Westeuropa ihre gegenseitige Feindschaft, fehlen im postkommunistischen Raum häufig Berührungsängste. Da sie gleichermaßen Modernisierungsverlierer ansprechen, neigen beide Seiten zur Übernahme inhaltlicher Positionen der Gegenseite. Auf die gesellschaftlichen Veränderungen im Zuge der beschleunigten Modernisierungs- und Globalisierungsprozesse reagieren sie mit nationalem Protektionismus. Vor allem linksextremistische Parteien im postkommunistischen Osteuropa, wie die tschechische KSČM, die slowakische KSS, Ungarns Arbeiterpartei und die aus den ehemaligen Einheitsparteien hervorgegangenen Parteien der russisch-nationalen Minderheiten im Baltikum, verknüpfen auf geschickte Weise Antikapitalismus mit – angeblichen – Bedrohungsszenarien der sozialistisch-nationalen Interessen. Um den alten Idealen treu bleiben zu können, ohne der breiten antikommunistischen Haltung in den meisten Ländern zum Opfer zu fallen, bedienen sie sich nationalistischer und fremdenfeindlicher Argumentationen. Das führt zu der paradoxen Situation, dass manche kommunistische Partei in der Wissenschaft als rechtsextrem gilt.[42]

Doch auch im westlichen Europa steigt bei extremistischen Parteien die Bereitschaft, populistische Themen der Gegenseite zu instrumentalisieren. Im Linksextremismus genießt vielfach nicht mehr der Internationalismus, sondern die Protektion eigener, nationalstaatlicher Interessen Priorität, was mit einer dezidierten Ablehnung der EU einhergeht.[43] Die Zuwendung zu Nationalismus bzw. die Verbindung rechter und linker Ideologeme soll einerseits die angekratzte Legitimation wiederherstellen, andererseits nicht nur im Lager der traditionellen Sozialisten, sondern auch unter den Modernisierungsverlierern für Stimmenzuwächse sorgen. In gleicher Weise wechselten die meisten Rechtsaußenparteien in den vergangenen 20 Jahren aufgrund der Proletarisierung ihrer Anhängerschaft von einem neoliberalen Kurs hin zu einer sozialprotektionistischen Linie, was nach Frank Decker ideologisch kein großes Problem darstellte, „da sich das neue Konzept mit den identitätspolitischen Kernforderungen der Rechtsaußenparteien bestens vereinbaren ließ"[44].

---

41 Siehe ausführlich Anton Pelinka, Die unheilige Allianz. Die rechten und die linken Extremisten gegen Europa, Köln u. a. 2015.
42 Vgl. Andreas Umland, Neue ideologische Fusionen im russischen Antidemokratismus – Westliche Konzepte, antiwestliche Doktrinen und das postsowjetische politische Spektrum, in: Uwe Backes/Eckhard Jesse (Hrsg.), Gefährdungen der Freiheit. Extremistische Ideologien im Vergleich, Göttingen 2006, S. 371–406.
43 Vgl. Pelinka (Anm. 41); Aleks Szczerbiak/Paul Taggart (Hrsg.), Opposing Europe? The Comparative Party Politics of Euroscepticism, 2 Bde., New York 2008.
44 Frank Decker, Die populistische Herausforderung. Theoretische und ländervergleichende Perspektiven, in: ders. (Hrsg.), Populismus in Europa, Bonn 2006, S. 9–32, hier S. 24.

5 Nichtparteiförmiger Extremismus

5.1 Breites Spektrum

Viel stärker noch als bei den Parteien zeigt sich die Zunahme der Intensitätsunterschiede im nichtparteiförmigen Extremismus. Das Spektrum reicht von intellektueller Delegitimierung des demokratischen Verfassungsstaates über Massenmilitanz bis zu terroristischen Aktionen. Einerseits suchen extremistische Bestrebungen verstärkt Anschluss an nicht per se antidemokratische (Protest-)Bewegungen wie Pegida und die Identitäre Bewegung am rechten, Occupy und Anti-Rechtsextremismus-Initiativen am linken Rand. Andererseits lässt sich eine massive Zunahme an Gewaltbereitschaft und -intensität feststellen, die sich vor allem in Form terroristischer Anschläge durch islamistische Attentäter, ebenso durch rechts- und linksterroristische Aktionen zeigt.[45] Entsprechend diffus, und dennoch nicht unzutreffend, schätzte der deutsche Innenminister Thomas de Maizière als größte Bedrohung für die Demokratie durch politischen Extremismus einmal den Rechtsextremismus (wegen der Demonstrationen und Infiltrationsversuche am rechten Rand der Mehrheitsgesellschaft), einmal den subkulturellen Linksextremismus (wegen der Gewaltbereitschaft) und einmal den religiösen Fundamentalismus (wegen der Terrorismusgefahr) ein.[46]

5.2 Rechtsextremismus

Im Rechtsextremismus existieren neben kaum strukturierten Verbindungen (intellektuelle Theoriezirkel, rechtsextreme Verlage und Online-Aktivisten) subkulturelle Vereinigungen und Phänomene am Rande gesellschaftlicher Massenorganisationen, z. B. der Kirche (vor allem in Polen), Kulturvereinen (zur vermeintlichen Bewahrung nationaler Souveränität), sowie im Zuge von EU-Referenden wie in Großbritannien (Brexit) und Irland (Abtreibungsfrage) als Teil breiter Anti-EU-Bündnisse. Die mittlerweile überall in Europa verbreitete Ablehnung der europäischen Integration wird mit Verlustängsten der staatlichen Souveränität, den kulturellen Eigenarten der Länder und einer aggressiven Ablehnung der Migration begründet.

Besonders der letztgenannte Aspekt hat in zahlreichen (vor allem westeuropäischen) Ländern zu einem Aufschwung zuwanderungsfeindlicher Protestbewegungen geführt. Mag die demokratische Kritik an der als zu lasch empfundenen Zuwanderungspolitik legitim sein, Rechtsextremisten nutzen die latenten und teilweise nachvollziehbaren Ängste in der Bevölkerung, um an die Mehrheitsgesellschaft anzudocken und ihre Propaganda (verstärkt in den Sozialen Netzwerken) zu verbreiten. Nicht immer lassen sich demokratische und rechtsextreme Zuwanderungskritik genau trennen, zumal viele Vorwürfe verklausuliert und relativiert („man wird doch wohl sagen dürfen") werden, um mehrheitsfähig zu werden bzw. bleiben. Pauschale Ver-

---

45 Vgl. Europol (Hrsg.), European Union Terrorism Situation and Trend Report 2017, unter: https://www.europol.europa.eu/sites/default/files/documents/tesat2017.pdf (31. Dezember 2017).
46 Vgl. Thomas de Maizière, Vorwort, in: Bundesministerium des Innern (Hrsg.), Verfassungsschutzbericht 2013, Berlin 2014, S. 3–5.

unglimpfungen – etwa: kollektiv kriminelle Ausländer, soziale und kulturelle Rückständigkeit sowie der angebliche Verlust nationaler Identität durch Fremdeinflüsse – bedienen sich dagegen „klassisch" rechtsextremer Agitation.

Daneben existieren in vielen europäischen Staaten subkulturelle rechtsextreme Szenen[47], die durch ihr Gewaltpotential die innere Sicherheit massiv gefährden, politisch jedoch – mit Ausnahme Ungarns – irrelevant sind, da sie nicht über eine breite Masse, sondern meist nur über wenige hundert und selten über mehr als tausend Anhänger verfügen. In Ländern mit starken rechtsextremen Parteien (z. B. in Frankreich und Italien) erklärt die Integrationskraft des parteiförmigen Extremismus die Schwäche außerparlamentarischer Gruppierungen. Organisatorisch bilden allenfalls einige der nichtparteiförmigen Vereinigungen geschlossene Einheiten. Lose Cliquen und Zellen ohne feste Strukturen im lokalen Bereich lassen sich von Gruppierungen mit relativ hohem Organisationsgrad (und interlokalen Beziehungen) sowie international agierenden Netzwerken (z. B. Blood & Honour und Hammerskins) unterscheiden. Dabei steht die organisatorische Reichweite in Zusammenhang mit den ideologischen Einstellungen. Die meisten Gruppen auf lokaler Ebene, zu denen vor allem Angehörige der Skinhead-Subkultur zu zählen sind, formieren sich spontan und besitzen weder nach innen noch nach außen feste Strukturen. Dies geht vielfach auf die eher „unpolitischen" Orientierungen zurück, sagt allerdings nichts über das Ausmaß der Gewaltbereitschaft aus.[48] Vor allem neonationalsozialistische Vereinigungen mit einem kaderähnlichen Aufbau weisen einen hohen Organisationsgrad auf, was mit einem verstärkten Interesse an politischen Themen korrespondiert. Obwohl Mitglieder lose organisierter Gruppen regelmäßig an Veranstaltungen straff durchorganisierter Vereinigungen teilnehmen, erfolgt meist keine tiefergehende Integration in rigide Kaderstrukturen – aufgrund mangelnden Interesses, fehlender Disziplin und geringer Unterordnungsbereitschaft. Transnational agierende Netzwerke koordinieren die Aktivitäten der einzelnen Szenen und sorgen für die internationale Verbreitung rechtsextremer Ideologien.[49]

Wie die meisten Parteien variieren viele der nichtparteiförmigen Organisationen am rechten Rand ideologisch zwischen völkischem Nationalismus und Neonationalsozialismus, wobei die inhaltlichen und personellen Übergänge zwischen den Lagern fließend sind. Ob beide Hauptrichtungen ineinandergreifen oder starke Differenzen das Verhältnis zueinander bestimmen, hängt maßgeblich von der Bewertung des historischen Nationalsozialismus im eigenen Geschichtsbild ab. Wo historische Allianzen zwischen eigenen nationalsozialistischen bzw. faschistischen Massenbewegungen und dem Dritten Reich „positive" Anknüpfungspunkte für die Gegenwart schufen, sind die Unterschiede zwischen den verschiedenen Gruppierungen des subkulturellen Rechtsextremismus gering. NS-Anhänger glorifizieren meist die Drahtzieher des Dritten Reiches und vertreten einen biologischen Rassismus. Daneben versuchen nationalrevolutionäre Kräfte und autonome Nationalisten – teils durch eine gewisse Distanzierung zum Dritten Reich, teils durch die Übernahme linker Versatzstücke (Autonome Nationalisten) –

---

47 Vgl. Cas Mudde, Central and Eastern Europe, in: ders. (Hrsg.), Racist Extremism in Central and Eastern Europe, New York 2005, S. 267–285.
48 Vgl. Uwe Backes/Eckhard Jesse, Autonome und Skinheads, in: dies. (Hrsg.), Vergleichende Extremismusforschung, Baden-Baden 2005, S. 307–327, hier S. 320.
49 Vgl. u. a. Martin Langenbach/Martin Speit, Europas radikale Rechte. Bewegungen und Parteien auf Straßen und in Parlamenten, Zürich 2013.

sich vom klassischen Nationalsozialismus abzuheben. Mit Sozialdarwinismus, Antisemitismus und Fremdenfeindlichkeit als Kernpositionen orientieren sie sich dennoch weithin an der Rassenlehre der Nationalsozialisten, wonach die überlegen arischen Völker von so genannten „Untermenschen" reinzuhalten seien. Neonationalsozialistische bzw. faschistische Organisationen wie die Neue Rechte (ND) in Rumänien, Forza Nuova in Italien, die Ungarische Garde und die Bulgarische Nationalunion (BNU) dominieren die rechtsextremen Szenen ihrer Länder.

Selbst in Staaten, deren nationales Selbstverständnis in der traditionell tiefen Gegnerschaft zum Nationalsozialismus fußt, existieren paradoxerweise vitale neonationalsozialistische Organisationen. Das trifft in Westeuropa z. B. für Großbritannien, Frankreich und die Niederlande zu, in Osteuropa für Polen und Tschechien, wo völkisch-nationale und neonationalsozialistische Gruppierungen miteinander konkurrieren. Widersprüche mit der eigenen Nationalgeschichte versuchen solche Gruppen mit Verschwörungstheorien und verwegenen Ideologiekonstruktionen zu überspielen. Es gelte, die historische Feindschaft der europäischen Nationen zu überwinden, um alte (das Judentum) und neue Bedrohungen (Muslime, Afrikaner und Asiaten) abzuwehren. In Skandinavien berufen sich einige Gruppen des militant-rechtsextremen Spektrums wie die Nordiska Förbundet (Nordische Vereinigung) und die Svenska Motståndsrörelsen (Schwedische Widerstandsbewegung)[50] auf einen germanischen Nationalismus mit Ursprüngen in der nordischen Mythologie. Ideologische Differenzen zu den völkisch orientierten Gruppierungen fallen häufig geringer aus als (sub-)kulturelle und regionale Unterschiede, z. B. welche Fußballvereine, Rechtsrockgruppen und Szenelabels unterstützt werden. Im Gegensatz zu den erfolgreichen rechtsextremen Parteien kennzeichnet die meisten Organisationen des nichtparteiförmigen Rechtsextremismus – egal welcher Strömung – die offene Ablehnung des demokratischen Verfassungsstaats sowie eine tiefe Verachtung von Liberalismus und Pluralismus.

Was für die ideologische und organisatorische Ebene gilt, trifft auf die Aktionsformen dieser Gruppierungen gleichfalls zu: Ihre Intensität weist eine erhebliche Bandbreite auf. Die Palette der meist illegalen Aktivitäten reicht von der Publikation ideologischer Pamphlete über spontane Gewalttaten am Rande von Sportveranstaltungen und Volksfesten, die Ausrichtung von Musikkonzerten und politischen Veranstaltungen bis hin zur Organisation paramilitärischer Ausbildungslager sowie die Durchführung terroristischer Aktionen. Was die Gewaltdimension angeht, so sind internationale Vergleichsstudien, v. a. zu rassistischer Gewalt, mit großer Vorsicht zu interpretieren, denn die jeweils national festgelegten Kriterien, was als extremistisch gilt, variieren stark. Obwohl rassistisch motivierte Gewalttaten meist von kleinen Gruppierungen der Skinheadsubkultur verübt werden und es sich nicht um ein Zeichen von Massenmilitanz handelt, erschüttern in Deutschland – speziell im Ostteil des Landes – immer wieder Übergriffe auf Fremde bzw. als fremd Wahrgenommene die Gesellschaft. In den nordeuropäischen Ländern wurden von den 1990er Jahren an zahlreiche schwere Gewaltverbrechen mit politischem und rassistischem Hintergrund von Mitgliedern neonationalsozialistischer Vereinigun-

---

50 Vgl. Stieg Larsson/Mikael Ekman, Sverigedemokraterna. Den nationella rörelsen, Stockholm 2001.

gen begangen, in Schweden allein sieben Morde im Jahr 1995.[51] Weiterhin kommt es in vielen Ländern Osteuropas regelmäßig zu gewalttätigen Auseinandersetzungen mit Roma-Jugendlichen. In Großbritannien eskalieren die Auseinandersetzungen zwischen Mitgliedern der Skinheadszenen und Gruppen der ethnischen Minderheiten häufig in Massenschlägereien mit zahlreichen Verletzten. In den südeuropäischen Staaten sind es vor allem Auseinandersetzungen mit Migranten aus dem arabischen Raum, wobei die dortige Gewalt nicht zuletzt wegen der ungelösten Probleme mit der illegalen Einwanderung in Teilen der Mehrheitsgesellschaften Zustimmung findet.

5.3 Linksextremismus

Linksextremistische Organisationen sind ähnlich heterogen wie rechtsextremistische. Es lassen sich Szene-Gruppierungen von extremistischen Kreisen innerhalb breiter (teilweise demokratischer) Bündnisse unterscheiden. Zu den letztgenannten gehören linke politische Richtungsgewerkschaften wie die italienische Confederazione Generale Italiana del Lavoro (CGIL) und Polens Samoobrona (Selbstverteidigung). Bedingt durch den Strukturwandel in den meisten europäischen Staaten hat der Einfluss solcher Organisationen in den vergangenen 25 Jahren jedoch nachgelassen; Polens Landarbeitergewerkschaft versank darüber hinaus nach dem Selbstmord ihres schillernden Vorsitzenden und Aushängeschildes Andrzej Lepper im Jahr 2011 in der Bedeutungslosigkeit.[52] Anders sieht es bei den globalisierungs- und kapitalismuskritischen Netzwerken wie ATTAC und Occupy aus. Vor allem die in Südeuropa aus der Banken- und Finanzkrise resultierende Schulden- und Sozialkrise führte zu breiten Protestbewegungen unter Einschluss der heterogenen linksextremen Szenen.

Der Organisationsgrad linksextremistischer Gruppierungen im subkulturellen Milieu bewegt sich zwischen losen Zusammenschlüssen (z. B. Punks und Hausbesetzer), fest strukturierten Gruppierungen (z. B. Autonome und kommunistische Jugendorganisationen) und international agierenden Netzwerken (Antifaschistische Aktion; AFA). Oftmals ist eine personelle Überschneidung über die einzelnen Milieus hinweg zu verzeichnen, nicht zuletzt deshalb, weil der Antifaschismus eine Brücke für weite Teile des linksextremen Spektrums bildet. Auch der Linksterrorismus spielt nach wie vor eine Rolle, wie Sprengstoffattentate und Angriffe mit Handfeuerwaffen auf Polizisten in Griechenland und Italien zeigen.[53]

Trotz organisatorischer (straff geführte versus hierarchielosen Phänomene) und ideologischer (Maoismus, Trotzkismus, Anarchismus, Sowjetkommunismus sowie Antinationalismus und Antiimperialismus) Divergenzen sind sich die Vereinigungen des europäischen Linksextremis-

---

51 Vgl. Anders Widfeldt, The Diversified Approach. Swedish Responses to the Extreme Right, in: Roger Eatwell/Cas Mudde (Hrsg.), Western Democracies and the new Extreme Right Challenge, London/New York 2004, S. 150–171, hier S. 162 f.
52 Vgl. statt vieler Klaus Ziemer, Das politische System Polens. Eine Einführung, Wiesbaden 2013, S. 215–217.
53 Vgl. Armin Pfahl-Traugber, Linksextremismus in Deutschland. Eine kritische Bestandsaufnahme, Wiesbaden 2014, S. 209–221.

mus seit dem Zusammenbruch des Kommunismus näher gekommen. Antifaschismus[54] und Antikapitalismus bilden das einigende Band. Bei der Frage nach den Alternativen zum marktwirtschaftlichen Modell unterscheiden sich die verschiedenen Strömungen jedoch grundsätzlich. Während die vom Sowjetkommunismus inspirierten Formationen sozialistische Staaten und eine Diktatur des Proletariats auf nationaler Ebene anstreben, trachten Trotzkisten nach einer weltweiten und permanenten Revolution. Anarchisten wie Autonome, die eine Vielzahl ideologischer Berührungspunkte und personelle Schnittmengen aufweisen, lehnen dagegen zur Verwirklichung der klassenlosen Utopie jede Staatlichkeit ab. Vor allem Anarchisten berufen sich auf den vermeintlichen Volkswillen („99 Prozent"), fordern Basisdemokratie und die Abschaffung der Staatsgewalten zugunsten einer – wie auch immer gearteten – „antikapitalistischen Alternative"[55], während die Ziele der Autonomen vielfach diffus bleiben und sich vor allem durch ihre unversöhnliche Einstellung gegenüber der Gesellschaftsordnung beschreiben lassen.

Die Kräfteverhältnisse von kommunistischen und anarchistischen Gruppierungen widersprechen den Größenordnungen auf der parteipolitischen Ebene – mit Ausnahme der trotzkistischen Strömungen, die weder inner- noch außerhalb von Parteien relevant sind und nur in Frankreich eine gewisse Bedeutung haben. Sowjetkommunistisch orientierte Kräfte spielen im subkulturellen Milieu keine große Rolle – zu stark sind die Differenzen zwischen den autoritären Systemvorstellungen kommunistischer Hardliner und dem antiautoritären Habitus der linken Szene. Zwar versuchen kommunistische Parteien durchaus, mit autonomen und anarchistischen Gruppierungen zu kooperieren (vor allem bei antifaschistischen Demonstrationen), doch nach dem Prinzip des „demokratischen Zentralismus" repräsentieren sie allein den Willen der arbeitenden Klasse. Nach diesem Selbstverständnis kann eine alternative Szene im Grunde nicht existieren. Zwischen kommunistischen Parteigängern und Angehörigen der linken Szene besteht überdies ein gravierender Generations- bzw. Wertekonflikt, wie sich bei den Jugendorganisationen reformkommunistischer Parteien oder separierter Flügelbewegungen im direkten Umfeld linksextremistischer Parteien zeigt.

Anders als kommunistische Gruppierungen verzeichnen nichtparteiförmige anarchistische Strömungen in manchen Ländern verstärkt Zulauf, da sie wegen ihrer Abwehrhaltung gegenüber den staatlichen Strukturen in der Regel nicht am Parteienwettbewerb partizipieren und somit die einzige organisatorische Alternative für antikonstitutionell ausgerichtete Linksextremisten darstellen. Anarchisten glauben an die Repressivität und Destruktivität des Kapitalismus, der nur unter Einsatz revolutionärer Mittel überwunden werden könne. Obwohl Anhänger der autonomen Szene in der Öffentlichkeit wenig Hehl aus ihrer Systemablehnung machen, genießen sie in Teilen der demokratischen Linken durchaus Sympathien. Das hängt mit einer Reihe von inhaltlichen Schnittmengen zusammen: Antifaschismus, Antikapitalismus und Glo-

---

54 Siehe speziell zur deutschen Situation ausführlich Bettina Blank, „Deutschland, einig Antifa"? „Antifaschismus" als Agitationsfeld von Linksextremisten, Baden-Baden 2014; Nils Schuhmacher, „Nichts zu machen"? Selbstdarstellungen autonomen Handelns in der Autonomen Antifa, Duisburg 2014.
55 Vgl. statt vieler die aufschlussreiche Selbstdarstellung des Occupy-Aktivisten David Graeber, Inside Occupy, Frankfurt a. M. 2012.

balisierungskritik sind die zentralen Themen der demokratischen wie antidemokratischen Linken.

Innerhalb der breiten internationalen und überwiegend demokratischen Antiglobalisierungsbewegung tummeln sich auch gewalttätige Autonome, die teilweise dem so genannten Schwarzen Block zuzurechnen sind. Im Unterschied zum gesellschaftlich stigmatisierten gewaltbereiten Rechtsextremismus verläuft die Grenze zwischen militantem Linksextremismus und demokratischem Lager hier offenkundig weit weniger trennscharf,[56] wenngleich der Rückhalt für gewalttätige Aktionen in den Bevölkerungen gering ausfällt. Allerdings gibt es auch innerhalb des subkulturellen Linksextremismus Debatten darüber, ob Gewalt gegen Personen und die Institutionen des Staates ein akzeptables Mittel ist. Davon unbenommen ist das Militanzprinzip, in dem sich die rigorose Ablehnungshaltung gegenüber der politischen, wirtschaftlichen und gesellschaftlichen Ordnung ausdrückt.

Zu den räumlichen Unterschieden: Die – je nach Ideologie – eher antifaschistisch oder anarchistisch ausgerichteten Milieus sind in Westeuropa deutlich weiter verbreitet als im postkommunistischen Europa, wo im subkulturellen Bereich der Rechtsextremismus anziehender wirkt. Der subkulturelle Linksextremismus ist in Metropolen wie Berlin, Hamburg, Kopenhagen, Amsterdam, London, Barcelona und Athen fester Bestandteil breiter linksalternativer Milieus bestimmter Stadtviertel, was nicht annähernd für Millionenstädte wie Warschau, Prag und Budapest zutrifft. International vernetzte Organisationen wie die Antifaschistische Aktion und eher lose Zusammenschlüsse wie die Anti-G8/G20-Bewegung verstehen sich als transnationale für die Kommunikation und Koordination gemeinsamer Aktionen verantwortliche Netzwerke. Im Vergleich dazu verfügt der Rechtsextremismus vor allem im ländlichen Raum zum Teil über gewachsene Strukturen.

Trotz verfeindeter Ideologien ähneln sich die rechte und die linke Szene in ihren netzwerkartigen Gruppenbildungen, ihrer sich aggressiv gegenüber der Öffentlichkeit absetzenden Symbolik und ihrer Neigung zu gewaltsamem Vorgehen. Die Aktionen linksextremistischer Gruppierungen gleichen denen der „rechten Szene" mehr und mehr. Das Spektrum reicht von spontanen Sachbeschädigungen, Protesten und Krawallen, über eigenständig koordinierte Demonstrationen bis hin zu Aktivitäten mit hoher Planungsintensität, z. B. so genannte Antifacamps und Terroranschläge. Beide Lager unterscheiden sich auf dieser Ebene weniger in ihren Handlungen, sondern vielmehr in ihrer Umsetzung. Den weitaus höheren organisatorischen Professionalisierungs- und damit demokratischen Gefährdungsgrad in einigen Ländern (z. B. in Deutschland, Griechenland, Großbritannien und Frankreich) und in der internationalen Zusammenarbeit haben die Linksaußengruppierungen erreicht. Ihnen ermöglichen Informationsseiten im Inter- und Darknet sowie in den Sozialen Netzwerken, aber auch Rundmails, Ketten-SMS, Flyeraktionen und „Szene"-Blätter die schnelle und grenzübergreifende Mobilisierung ihrer Klientel. Das Ausmaß an rechtsextremer Massenmilitanz bleibt weit hinter dem der autonomen Szene zurück.

---

56 Vgl. Patrick Moreau/Eva Steinborn, Die Bewegung der Altermondialisten – Eine Gefahr für die Demokratie?, in: Backes/Jesse (Anm. 42), S. 147–177.

Auch die Mobilisierungsfähigkeit des nichtparteiförmigen Linksextremismus scheint – zumindest in den Ländern mit einer ausgeprägten alternativen Szene – deutlich das Anziehungspotential von Rechtsaußen zu übertreffen. Bei internationalen Gipfeln – wie den Spitzentreffen in Genua (2001), Heiligendamm (2007) und Hamburg (2017) – traten neben mehrheitlich friedlichen Demonstranten tausende gewaltorientierte Linksextremisten aus ganz Europa zusammen und sorgten bei regelrechten Straßenschlachten für zahlreiche Verletzte auf der eigenen Seite wie auf jener der Sicherheitskräfte. Hinzu kommt: Während die antiegalitäre Idee des Nationalismus eine internationale Kooperation der Gruppen gleichsam naturbedingt behindert und angeblich schlagkräftige Allianzen vielmals nicht mehr als inhaltlich verschwommene Zweckbündnisse bilden, verbindet die linksextremen Kräfte – trotz der ideologischen und organisatorischen Vielgestaltigkeit – eine egalitär internationalistische Weltanschauung mit klar konturierten Feindbildern. Einfach formuliert: Linksextremisten in Europa vereint mehr, als sie trennt – Rechtsextremisten trennt mehr, als sie vereint. Doch rücken rechtsextreme Gruppierungen zunehmend näher zusammen: Die Frontstellung gegenüber dem gemeinsamen Feind – muslimische Immigranten – lässt nationale Vorbehalte (auch zwischen historischen „Erbfeinden" wie Deutschland und Polen oder Frankreich und Großbritannien) zusammenschmelzen und bringt ein breites Verteidigungsbündnis des „europäisch-abendländischen Kulturkreises" zum Vorschein.

Obwohl einige europäische Staaten besonders durch die Gewaltbereitschaft linksextremistischer Organisationen gefährdet sind, resultiert deren Stärke paradoxerweise aus einem gewissen gesellschaftlichen Verankerungsgrad. Denn auch in der Entfernung zur gesellschaftlichen Mitte unterscheiden sich subkulturell linke und rechte Zirkel. Zwar treten beide Lager aggressiv gegenüber der Mehrheitskultur auf, doch finden Teile der extremen Linken für ihren Antifaschismus in demokratisch linken Milieus Legitimation, was lange Zeit nicht in gleichem Maße für Rechtsextremisten und ihren Antikommunismus galt. Neuen Zulauf erhalten diese vielerorts und neuerdings mit ihrer zunehmenden Anti-Islam-Agitation, die auf Zustimmung innerhalb der Mehrheitsgesellschaft stößt. Umgekehrt genießt der militante Linksextremismus vor allem bei der demokratischen Linken in Westeuropa gewisse Sympathien, gerade wegen seines aggressiven Antifaschismus. Für die schwach entwickelten Strukturen der außerparlamentarischen extremen Linken in Osteuropa trifft dies nicht in gleichem Maße zu, wohl aus der diskreditierenden Erfahrung mit den militarisierten linksautoritären Regimes heraus.

5.4 Separatismus

Wer die Bedrohung durch den politischen Extremismus allein an der Zahl seiner Todesopfer bemisst, kommt zu dem Ergebnis, dass die separatistischen Terrororganisationen in Spanien und Nordirland die größten Gefahren der europäischen Demokratien darstell(t)en. Trotz unterschiedlicher separatistischer Ausprägungen gehen beide auf die (vermeintliche) Unterdrückung der ethnischen Minderheiten zurück: Die baskische Terrororganisation Euskadi Ta Askatasuna (Baskenland für Freiheit; ETA) strebt die *Separierung* des Baskenlandes von Spanien und Frankreich sowie die Gründung eines ethnisch homogenen Staates auf diesem Territorium an, ebenso wie die allerdings gewaltfrei agierenden katalanischen Separatisten. Die Irish Republican Army (IRA) zielte auf die *Segregation* Nordirlands von Großbritannien und die Vereinigung mit Irland. Als dritte Form des Separatismus gilt der *Sezessionismus*, also die Bildung eines neuen Staates in einem Teilgebiet eines bestehenden Staates, wie ihn die Front de Libération Nationale de la Corse (Nationale Korsische Befreiungsfront) fordert.[57]

Die ETA entstand unter dem Franco-Regime, als die Politik der Madrider Zentrale über die Autonomiebestrebungen der Basken systematisch hinwegging und eine rücksichtslose Hispanisierungspolitik betrieb. Der Terror der IRA hat seine Wurzeln ebenfalls in einer historischen Unterdrückungserfahrung, weswegen sich die IRA (wie die ETA) jahrzehntelang der Loyalität großer Bevölkerungsteile sicher sein konnte. Durch die Dauer der Konflikte und die Brutalität von ETA wie IRA sank jedoch in den 1980er Jahren die gesellschaftliche Unterstützung für terroristische Aktionen. Seit Ende der 1990er Jahre sind beide Gruppierungen deutlich geschwächt, allerdings aus unterschiedlichen Gründen. Während das Karfreitagsabkommen zwischen Großbritannien, Irland und den nordirischen Konfliktparteien vom 10. April 1998 für eine Deeskalation des Kriegszustandes und zur allmählichen Entwaffnung der IRA führte, schwächten spektakuläre Fahndungserfolge der international operierenden Polizei in den letzten Jahren die ETA-Führung. Seit Beginn des Nordirlandkonfliktes Ende der 1960er Jahre gehen etwa 1800 Todesopfer auf das IRA-Konto[58], in Spanien wird die ETA für 850 Morde seit 1968 verantwortlich gemacht.[59]

5.5 Islamismus

Durch den 11. September 2001, die Terroranschläge von Madrid (2004) und London (2005) sowie die immer häufigeren Attentate auf Sicherheitsbehörden und Zivilbevölkerung gilt die terroristische Form des politisch-religiösen Fundamentalismus in seiner islamistischen Ausprägung nach Einschätzung der Behörden seit einigen Jahren als die größte Bedrohung der inneren Sicherheit. Das trifft vor allem auf jene Staaten zu, in denen Anschläge gegen die Zivilgesellschaft der Sensibilität und der Angst vor weiteren Attentaten eine fruchtbaren Boden bereiteten, vor allem – durch die Anschläge 2015 und 2016 – Frankreich und Belgien. Es gibt verschiedene Formen des religiösen Fundamentalismus, denen allen die rigorose Ablehnung der Moderne zu Eigen ist und die einen theokratischen Staat ausrufen wollen. Islamistische Terroristen, interessiert an einer ultraorthodoxen/wörtlichen Auslegung des Koran, werten die islamische Rechtsordnung (Scharia) höher als die weltliche und predigen den Heiligen Krieg.[60] Gleichwohl: Nicht jeder, der sich für den Dschihad ausspricht, ist ein Terrorist.

---

57 Vgl. Astrid Bötticher/Miroslav Mareš, Extremismus. Theorien – Konzepte – Formen, München 2012, S. 337–350.
58 Vgl. Roland Sturm, Länderporträt: Nordirland, in: Uwe Backes/Alexander Gallus/Eckhard Jesse (Hrsg.), Jahrbuch Extremismus & Demokratie, Bd. 21, Baden-Baden 2010, S. 53–72.
59 Vgl. Dieter Nohlen/Andreas Hildenbrand, Spanien, Wiesbaden 2005, S. 34.
60 Siehe statt vieler ausführlich die Analysen in Uwe Backes/Alexander Gallus/Eckhard Jesse (Hrsg.), Jahrbuch Extremismus & Demokratie, 29 Bde., Bonn 1989–1994/Baden-Baden 1995–2017; Armin Pfahl-Traugbher (Hrsg.), Jahrbuch für Extremismus- und Terrorismusforschung, 11 Bde., Brühl 2008–2016.

Tabelle XII.4: Islamistische Terroranschläge in Europa mit zivilen Todesopfern (2004 – Juni 2017)

Datum	Ort (Land)	Ziel und Mittel	Verantwortliche	Tote (Verletzte)
11. März 2004	Madrid (Spanien)	Bombenanschlag auf vier Pendlerzüge	Islamisten	191 (2051)
2. November 2004	Amsterdam (Niederlande)	Mordanschlag mit Feuerwaffe auf Theo van Gogh	Islamistischer Einzeltäter	1
7. Juli 2005	London (Großbritannien)	Vier simultane Bombenanschläge auf U-Bahnen und Busse	Islamisten	56 (700)
2. März 2011	Frankfurt a. M. (Deutschland)	Anschlag mit Feuerwaffen auf amerikanische Soldaten	Arid Uka (Islamist)	2 (2)
11. März 2012	Toulouse (Frankreich)	Anschlag mit Feuerwaffe auf einen Soldaten	Islamistischer Einzeltäter	1
15. März 2012	Montauban (Frankreich)	Anschlag mit Feuerwaffen auf Soldaten	Islamistischer Einzeltäter	2 (1)
19. März 2012	Toulouse (Frankreich)	Anschlag mit Feuerwaffen auf eine jüdische Schule	Islamistischer Einzeltäter	4 (1)
18. Juli 2012	Burgas (Bulgarien)	Bombenanschlag auf israelischen Reisebus	Islamisten	7 (30)
22. Mai 2013	London (Großbritannien)	Messeranschlag auf einen Soldaten	Islamisten	1
24. Mai 2014	Brüssel (Belgien)	Anschlag mit Feuerwaffen auf das Jüdische Museum	Islamisten	4
7. Januar 2015	Paris (Frankreich)	Anschlag mit Feuerwaffen auf die Redaktion des Satiremagazin „Charlie Hebdo"	Al-Quaida auf der arabischen Halbinsel	12
13. November 2015	Paris (Frankreich)	Mehrere simultane Anschläge mit Sprengstoff und Schusswaffen in Paris	Islamischer Staat	130 (352)
22. März 2016	Brüssel (Belgien)	Selbstmord- und Bombenattentate an Brüsseler Flughafen und Innenstadt	Islamischer Staat	35 (340)
13. Juni 2016	Magnanville (Frankreich)	Messerattentat auf zwei Polizisten	Islamischer Staat	2
14. Juli 2016	Nizza (Frankreich)	Anschlag mit einem LKW und Schusswaffen auf Zivilisten	Islamistischer Einzeltäter (Bekenntnis des IS)	85 + Attentäter (300)
18. Juli 2016	Würzburg (Deutschland)	Angriff auf Passanten in einer Regionalbahn mit einem Beil	Islamistischer Einzeltäter	1 Attentäter (5)
24. Juli 2016	Ansbach (Deutschland)	Sprengstoffanschlag auf ein Festival in Ansbach	Mohammed Daleel (Islamischer Staat)	1 Attentäter (15)

Datum	Ort (Land)	Ziel und Mittel	Verantwortliche	Tote (Verletzte)
26. Juli 2016	Saint-Étienne-du-Rouvray (Frankreich)	Anschlag mit Stichwaffen auf Kirchenmitarbeiter	Islamischer Staat	1 + 2 Attentäter (1)
6. August 2016	Charleroi (Belgien)	Angriff auf Polizisten mit einer Machete	Islamistischer Einzeltäter	1 Attentäter (2)
20. November 2016	Amsterdam (Niederlande)	Angriff mit einem Messer auf einen Muezzin	Islamistischer Einzeltäter (Salafist)	(1)
19. Dezember 2016	Berlin (Deutschland)	Anschlag auf einen Berliner Weihnachtsmarkt an der Gedächtniskirche mit einem LKW und einer Schusswaffe	Anis Amri (Islamischer Staat)	12 (55)
18. März 2017	Orly (Frankreich)	Versuchter Anschlag auf den Flughafen Paris-Orly und Polizisten	Islamistischer Einzeltäter	1 Attentäter (1)
22. März 2017	London (UK)	Anschlag auf Zivilisten und Polizisten mit einem PKW und Stichwaffen	Khalid Masood (Islamischer Staat)	4 + Attentäter (41)
7. April 2017	Stockholm (Schweden)	Anschlag auf eine Fußgängerpassage mit einem LKW	Rakhmat Akilow (Islamischer Staat)	5 (14)
20. April 2017	Paris (Frankreich)	Angriff auf Polizisten auf dem Champs-Élysées mit einer Schusswaffe	Islamistischer Einzeltäter	1 + Attentäter (3)
19. Mai 2017	Mailand (Italien)	Messerattacke auf Sicherheitskräfte am Hauptbahnhof von Mailand	Islamistischer Einzeltäter	(3)
22. Mai 2017	Manchester (UK)	Selbstmordattentat mit einer Bombe bei einem Konzert in Manchester	Salman Abedi (Islamischer Staat)	23 + Attentäter (116)
3. Juni 2017	London (UK)	Anschlag auf Zivilisten mit einem Kleinbus und Stichwaffen	Islamischer Staat	8 + 3 Attentäter (48)
6. Juni 2017	Paris (Frankreich)	Hammer-Attacke auf Polizisten	Islamischer Staat	(2)
19. Juni 2017	Paris (Frankreich)	Versuchter Anschlag auf Polizisten mit einem PKW, Sprengstoff und Schusswaffen	Islamistischer Einzeltäter	1 Attentäter

Quelle: Eigene Darstellung aus verschiedenen Quellen.

Die wichtigsten ideologischen Ausrichtungen des islamistischen Fundamentalismus lassen sich im Wesentlichen entlang der Hauptströmungen des Islam verfolgen. Als bekannteste und gefährlichste Organisation des sunnitischen Dschihadismus galt lange Zeit das international agierende Terrornetzwerk Al-Qaida. Nunmehr gehen die meisten Terroranschläge und Selbstmordattentate auf das Konto des Islamischen Staates (IS). Unter den schiitischen terroristischen Bestrebungen übt die syrisch-libanesische Hisbollah den größten Einfluss aus. Unabhängig vom religiösen Einschlag und der Organisation (Einzeltäter versus Netzwerk): Islamisten stehen nicht nur den Un- und Andersgläubigen in der westlichen Welt offen feindselig gegenüber, obwohl der Westen, speziell der „große Satan" USA, Israel und ihre Verbündeten für alle fundamentalistischen Kräfte des Islams als zentrale Feindbilder firmieren. Sunnitische und schiitische Spielarten des Islamismus bekämpfen sich auch untereinander. Dabei geht es um die Dominanz der Glaubensauslegung und -praxis. Die besondere Gefahr durch den islamistischen Terrorismus erwächst aus vier Charakteristika:

Die starke Verinnerlichung des orthodoxen Islams und dessen Weltbildes steigert den Fanatismus und die Skrupellosigkeit der Terroristen. Sie identifizieren sich mit den Konflikten im Nahen Osten, verstehen sich als Teil der islamischen Weltgemeinschaft und betrachten die Toten ihres Terrors als gerechte Vergeltungsakte für die Opfer in Afghanistan, Irak und Syrien, aber auch für die allgemein als Zurückstellung empfundene Politik vieler Westmächte in der Kolonialzeit. Der Islamismus blickt damit nicht auf ein Legitimationsdefizit. Zudem stellen sich – trotz in jüngster Zeit zunehmender Rekrutierungsprobleme des IS – die Abnutzungserscheinungen des ideokratischen Weltbildes langsamer ein als beim Ausbleiben der utopischen Versprechen in „säkularen Religionen"[61] wie dem Rechts- und Linksextremismus, da die angeblichen Verheißungen für islamistische Terroristen im Jenseits warten. Das erklärt die nicht nachlassende Bereitschaft zu Selbstmordattentaten ebenso wie die Anziehungskraft des Islamismus auf nichtgewalttätige fundamentalistische Bestrebungen wie Salafisten und Muslimbrüder.

Durch die zellenartigen Verbindungen agieren Terroristen meist ohne feste Kommunikations- und Kommandostrukturen, was deren nachrichtendienstliche Überwachung erschwert (lone-wolf terrorism).[62] Zudem wird der islamistische Terrorismus zunehmend von radikalisierten Konvertiten sowie solchen Einwanderern (bzw. deren Kindern) verübt, die in Europa geboren sind oder bereits seit Langem hier leben (home-grown terrorism).

Dazu kommen die intensiven Wanderungsbewegungen zwischen Europa und dem Nahen Osten. Überwiegend jugendliche und in den arabischen Kriegs- und Krisengebieten radikalisierte Terroristen reisen unter dem Schutzmantel hilfsbedürftiger Flüchtlinge nach Europa ein (und wieder aus), werden in paramilitärischen Lagern des IS terroristisch geschult, ideologisch indoktriniert und so auf den Heiligen Krieg vorbereitet.

Besonders bedrohlich macht den islamistischen Terrorismus die Bereitschaft seiner Anhänger, die Opferzahlen – ungeachtet ihrer politischen, sozialen, gesellschaftlichen und religiösen Herkunft – so weit wie möglich nach oben zu treiben. Die Anschläge in Nizza und in einem deutschen Zug nach Würzburg indizieren insofern eine neue Terrorform: Waren es lange Zeit vor allem Bombenattentate und Angriffe mit Handfeuerwaffen, die für Angst und Schrecken sorgten, geraten nun vermehrt frei verfügbare Alltagswaffen (z. B. Fahrzeuge, Äxte, Chemikalien

---

61 Dazu statt vieler Evelyn Völkel, Der totalitäre Staat – Das Produkt einer säkularen Religion? Die frühen Schriften von Frederick A. Voigt, Eric Voegelin und Raymond Aaron, Baden-Baden 2009.
62 Vgl. Albrecht Metzger, Forum: Bedeutung und Bedrohungspotenzial des islamischen Extremismus, in: Uwe Backes/Eckhard Jesse (Hrsg.), Jahrbuch Extremismus & Demokratie, Bd. 19, Baden-Baden 2008, S. 115–138, hier S. 116–119.

usw.), die einer noch geringeren Planungsintensität bedürfen und so von den Sicherheitsbehörden kaum kontrollier- und überwachbar sind, ins Visier der Täter.

6 Gefährdungspotentiale politischer Extremismen

Das Ergebnis ist so banal wie brisant: Extremismus gefährdet die europäischen Demokratien in vielfacher Art und Weise. Banal, weil die Frage nach dem extremistischen Gefahrenpotential in Politik, Wissenschaft und Öffentlichkeit zwar intensiv (bisweilen hektisch) erörtert wird, indes brisant, da ein grundlegendes Verständnis darüber, was die Demokratie in welcher Größenordnung gefährdet, nicht existiert. Entsprechend unterschiedlich fallen Gefahreneinschätzungen aus. Verweisen manche Beobachter auf die Gewaltbereitschaft, unterstreichen andere die Wahlerfolge extremistischer Bestrebungen, wieder andere betonen die Verankerung antidemokratischer Einstellungen. Wie der Vergleich des politischen Extremismus in Europa zeigt, unterscheiden sich antidemokratische Phänomene nicht nur in ihrer Stärke und in ihren ideologischen Ausrichtungen (Rechts- und Linksextremismus, regionalistischer Separatismus, religiöser Fundamentalismus), sondern auch in ihren Aktions- und Organisationsformen (Parteien, subkulturelle Gruppierungen, terroristische Zellen) sowie in ihrer extremistischen Intensität (harte und weiche Varianten). Legt dies den Schluss nahe, die europäischen Demokratien schwebten in umso größerer Gefahr, je erfolgreicher und massiver extremistische Kräfte agieren?

Nicht zwangsläufig kann diese Frage bejaht werden, denn die Kriterien für den Erfolg und den Intensitätsgrad des Extremismus sind nicht dieselben wie jene, die das Ausmaß der Gefährdung bestimmen.[63] Insofern existiert auch kein grundlegendes Verständnis bei der Einschätzung des Gefahrenpotentials durch den Extremismus. Während aus der Sicht der Sicherheitsbehörden die Bedrohung einer Demokratie aus der Entschlossenheit und Skrupellosigkeit antidemokratischer Kräfte resultiert, das Ausmaß der Bedrohung also mit der extremistischen Intensität gleichgesetzt wird, warnen Geistes- und Sozialwissenschaftler – aus unterschiedlichen Perspektiven – vor der Gefährdung durch die hohe Anziehungskraft und Popularität weniger radikaler als vielmehr „salonfähiger" und „smarter" extremistischer Varianten.[64] Beide Dimensionen schließen sich nicht aus, liegen sie doch auf unterschiedlichen analytischen Ebenen. So stellen bei Wahlen erfolgreiche Bestrebungen eine *politische* Bedrohung (durch die Popularität und den Einfluss des Extremismus), gewaltbereite und terroristische eine *soziale* Gefährdung (wegen der Gefahr für Leib und Leben) für die Demokratie dar.

Wahlergebnisse liefern zwar wesentliche Anhaltspunkte für den Einfluss extremistischer Parteien, doch sind sie nur ein Weg unter anderen, um demokratische Systeme zu unterminieren. Extremistische Parteien erreichten von 1990 an nirgends in Europa mehrheitsfähige Ergebnisse, wohl aber in einigen Staaten (einzeln oder in Addition der extremistischen Antipoden) über 30 Prozent Stimmenanteile und in der Folge teilweise Regierungsverantwortung. Doch gerade der

---

63 Vgl. dazu Thieme (Anm. 25).
64 Aus ganz unterschiedlicher Perspektive Andrea Röpke/Andreas Speit (Hrsg.), Neonazis in Nadelstreifen. Die NPD auf dem Weg in die Mitte der Gesellschaft, Berlin 2008; Eckhard Jesse/Jürgen P. Lang, Die Linke – Der smarte Extremismus einer deutschen Partei, München 2008.

Einflussgewinn extremistischer Parteien führte in den meisten Fällen zu einer Abschwächung bzw. Aufgabe ihrer Systemablehnung. Fast alle extremistischen Parlamentsparteien zählen zu weichen Extremismusformen oder wandelten sich in diese Richtung. Und nicht selten fanden parlamentarische Vertreter extremistischer Parteien Gefallen am Politikerdasein, obwohl sie dadurch den Bruch mit ihren Anhängern riskierten, die ihnen Verrat vorwarfen – besonders bei der Übernahme von Regierungsverantwortung.

Ein Patentrezept im Umgang mit erfolgreichen Extremisten gibt es nicht. Ein Blick auf den Umgang mit zuwanderungsfeindlichen bzw. -kritischen Bewegungen in Europa zeigt zwar, dass ihre Integration eine Mäßigung der Positionen nach sich ziehen kann. Dadurch dringen allerdings die entgegen der offiziellen Verlautbarungen keineswegs nur harmlosen Forderungen mancher Protestierer in die öffentlichen Diskurse ein. Dies verschiebt das Meinungsbild nach rechts(-außen). Hält umgekehrt der gesellschaftliche Abwehrreflex gegenüber Politik-, Medien- und Zuwanderungskritik stand, festigt sich unter den Unzufriedenen das Gefühl des Ausgegrenztseins. Dänemark mit seinem europaweit schärfsten Einwanderungsregeln steht für Variante eins, Frankreich mit den Erfolgen des Front National für Variante zwei.[65]

Anders verhält es sich mit militant-gewaltbereiten Szenen und terroristischen Strukturen. Die Demokratie soll hier nicht auf legalem Weg, quasi von innen heraus ausgehöhlt werden, sondern in offener Feindschaft und mit dem Ziel, Andersdenkenden größtmöglichen Schaden zuzufügen – durch eine hohe Zahl an (Todes-)Opfern unter der Zivilbevölkerung. Daher scheint alles in allem die Differenzierung einer politischen und einer sozialen Bedrohungsdimension aus wissenschaftlicher Sicht heuristisch wertvoll. Steigt die politische Gefährdung der Demokratie mit dem Ausmaß an Akzeptanz des Extremismus, wächst die soziale Gefährdung mit der Zunahme an extremistischer Intensität. Das Verhältnis beider Gefährdungsdimensionen ist ambivalent: So können sich die Gefährdungen hemmen, aber auch verstärken. Generell führt ein hohes Maß extremistischer „Härte" eher zu einem Verlust von Popularität.[66] Umgekehrt kann die gesellschaftliche Reputation „weicher" Extremismen die eigenen Hardliner schwächen. Werden militante Extremisten für ihre Handlungen weithin anerkannt und fühlen sie sich bestätigt, potenziert sich das Bedrohungspotential.

Für die europäischen Staaten wirken sowohl die politische als auch die soziale Bedrohungsdimension unterschiedlich, besitzen jedoch gleichermaßen und einander verstärkend destruktive Folgen für die demokratischen Ordnungen. Politisch erfolgreiche extremistische Parteien sind schon lange keine Randerscheinung mehr, wiewohl trotz aller Dekonsolidierungstendenzen die politische Mitte Europas im Zweifelsfall gefestigt genug zu sein scheint, um extremistische Mehrheiten zu verhindern. Doch zeitigt der Extremismus Nebeneffekte: So verfestigt er bei vielen Menschen antidemokratische Einstellungsmuster und Vorurteile gegenüber demokratischen Werten. Eine solche Polarisierung löst in der politischen Arena zudem feindselige Reaktionen auf Seiten der jeweils anderen Extremismusvarianten aus. Gleichwohl betrifft dies nicht nur das Verhältnis von Rechts- und Linksextremismus. Der Bedeutungsgewinn islamistischer Be-

---

65 Vgl. Tom Thieme, Ran an die Protestierer, in: Berliner Zeitung vom 20. Januar 2015, S. 20.
66 Vgl. kontrovers zur Frage extremistischer Intensität Eckhard Jesse (Anm. 29), S. 13–31; Richard Stöss, Zum „differenzierten Extremismusbegriff" von Eckhard Jesse, in: Alexander Gallus/Thomas Schubert/Tom Thieme (Hrsg.), Deutsche Kontroversen. Festschrift für Eckhard Jesse, Baden-Baden, S. 169–183.

strebungen (egal ob gewaltbereit oder nicht) und deren Verbreitung in Europa bescheren einigen rechtsextremen Phänomenen (Pegida, HoGeSa, Identitäre Bewegung) Zulauf.[67] Dies zieht wiederum ein verstärke Mobilisierung im Linksextremismus nach sich. In Frankreich – dem Mutterland der Menschenrechtsgedanken von Freiheit, Gleichheit und Brüderlichkeit –, das seit Ende 2015 eine nicht abreißende Welle terroristischer Attentate erlebt, die den ohnehin starken rechten und linken extremistischen Parteien weiteren Auftrieb gibt, zeigt sich die Verwundbarkeit demokratischer Werte und Institutionen aufs Deutlichste. Damit Michel Houellebecqs düstere Vision einer „Unterwerfung"[68] nicht irgendwann Realität wird, braucht es mehr als Absichtserklärungen und Sonntagsreden im Kampf gegen den Extremismus.

Darum ist es für eine Antwort auf die Frage nach dem Gefahrenpotential durch extremistische Bestrebungen ebenso wie für die Abwehrbereitschaft der Demokratien unabdingbar zu klären, was überhaupt bedroht bzw. gefährdet wird: der Einzelne oder das politische System oder beides. Denn nur auf dieser Grundlage lassen sich Aussagen darüber treffen, wie den verschiedenen Bedrohungsformen am effektivsten zu begegnen ist: Militanten und gewaltbereiten Phänomenen sind am besten mit den Mitteln des Strafrechts und dem Instrumentarium der Streitbaren Demokratie beizukommen, während die Gefahr durch Akzeptanz und Anerkennung nicht durch Verbote und Restriktionen, sondern vielmehr durch die – viel geforderte, aber häufig vernachlässigte – geistig-politische Auseinandersetzung gemindert wird. Potenziert sich die Gefährdung durch eine doppelte – gesellschaftliche wie politische – Bedrohung und durch das Aufschaukeln rechter, linker und religiös fundamentalistischer Extremismen, gilt es, alle rechtlichen, politischen (Sicherheitsinstitutionen) wie zivilgesellschaftlichen Mittel (politische Bildungsarbeit) zum Schutz der Demokratie zu bündeln. Nur mit Entschlossenheit und mit sämtlichen Instrumentarien des Rechtsstaats kann dem politischen Extremismus begegnet werden. Ein vor fünf Jahren formulierter Befund zur Bedrohungslage Europas[69] sei an dieser Stelle mit Nachdruck wiederholt und erweitert: Es braucht in vielen Staaten nicht nur mehr Wehrhaftigkeit gegenüber dem politischen Extremismus, sondern auch (wieder) mehr Wertgebundenheit gegenüber den Prinzipien der Demokratie und ihrer Verteidigung, wiewohl die Balance zwischen intensivierten Sicherheitsmaßnahmen einerseits und der Wahrung individueller Freiheitsrechte andererseits stets auf Neue auszutarieren ist.

7 Kommentierte Auswahlbibliographie

Backes, Uwe/Patrick Moreau (Hrsg.): The Extreme Right in Europe. Current Trends and Perspectives, Göttingen 2012 – Der Band versammelt Beiträge zu verschiedenen Facetten des europäischen Rechtsextremismus wie Parteien und Wahlen, militanten bzw. subkulturellen Kräften sowie ideologischen Ausprägungen und intellektuellen Bestrebungen. Die Stärke des Bandes liegt einerseits in seiner Ausbalancierung ost- und westeuropäischer Fallbeispiele, ande-

---

67 Vgl. Uwe Backes/Steffen Kailitz, Ergebnisse, in: dies. (Hrsg.), Ideokratien im Vergleich. Legitimation – Kooptation – Repression, Göttingen 2014, S. 383–401, hier S. 400 f.
68 Michel Houellebecq, Unterwerfung, Köln 2015.
69 Vgl. Eckhard Jesse/Tom Thieme, Extremismus in den EU-Staaten im Vergleich, in: dies. (Anm. 19), S. 431–490, hier S. 482.

rerseits in breit angelegten Vergleichen, u. a. zur Wählerschaft rechtsextremer Parteien, zu deren (Miss-)Erfolgen bei Wahlen, zum Neonationalsozialismus sowie zu den transnationalen Kooperationen innerhalb des subkulturellen Rechtsextremismus. Daneben kommen in der Forschung wenig beachtete Phänomene wie der Rechtsextremismus in der Türkei, „Rechtsaußenesoterik" und Antizyganismus in Ostmitteleuropa zur Sprache.

Backes, Uwe/Patrick Moreau (Hrsg.): Communist and Post-Communist Parties in Europe, Göttingen 2008 – Der Sammelband umfasst neben 17 Länderporträts fünf vergleichende Analysen, u. a. zu den transnationalen Kooperationen postkommunistischer Parteien und den früheren und derzeitigen Eliten. Trotz des gelungenen Überblicks, der Informationsfülle der meisten Beiträge und ihrer überwiegend hohen wissenschaftlichen Qualität ist die zentrale Schwäche des Bandes die begriffliche Unschärfe der Bezeichnung (post-)kommunistisch. So werden nicht nur stark unterschiedliche Phänomene wie die sozialdemokratisierten Parteien in Ostmitteleuropa mit den nach wie vor marxistisch-leninistisch Kräften verglichen, sondern vor allem weichen die Herausgeber und Autoren der Gretchenfrage aus, ob es sich im Kern um demokratisch linke oder extremistisch linke Formationen handelt.

Bertelsmann Stiftung (Hrsg.): Strategies for Combating Right-Wing Extremism in Europe, Gütersloh 2009 – Die Bewahrung und der Schutz der Demokratie stehen im Mittelpunkt des Sammelbandes, allerdings nur mit Blick auf die Bedrohung von Rechtsaußen. Ausgehend von diesem Kerngedanken behandelt die gleichermaßen normativ fundierte und empirisch-gesättigte Studie der Bertelsmann Stiftung die nationalen Strategien gegen den Rechtsextremismus in elf europäischen Staaten. Leider konzentrieren sich die Länderporträts auf Westeuropa – der postkommunistische Raum bleibt mit Ausnahme Ungarns und des Sonderfalls Deutschland auf west- und mitteleuropäische Staaten begrenzt. Zudem wird im Sinne einer „best practice" nach der Übertragbarkeit von erfolgreichen Methoden auf andere Länder gefragt. Eingerahmt werden die Analysen durch Überblicksbeiträge zu Strukturen, Akteuren und Bedrohungen des europäischen Rechtsextremismus.

Klamt, Martin: Die Europäische Union als Streitbare Demokratie. Rechtsvergleichende und europarechtliche Dimensionen einer Idee, München 2012 – Der Autor verkauft seine Dissertation unter Wert: Er untersucht nicht, wie der Titel suggeriert, nur die Streitbarkeit in den Rechtsvorschriften der Europäischen Union, sondern bietet im ersten Teil des Buches auf knapp 200 Seiten einen rechtsvergleichenden Überblick zu den Regelungen für die Abwehr antidemokratischer Bestrebungen in den Verfassungsordnungen aller EU-Mitgliedsstaaten, Die Systematik und Unterscheidung von 1) Streitbaren Demokratien; 2) Verfassungsordnungen mit hoher Streitbarkeit; 3) Verfassungsordnungen mit geringer oder moderater Streitbarkeit und 4) Nicht-streitbare Demokratien überzeugt, obwohl manche Einordnung wie die Großbritanniens als streitbare Demokratie (festgemacht an den Maßnahmen im Anti-Terror-Kampf) zweifelhaft erscheint.

Jesse, Eckhard/Tom Thieme (Hrsg.): Extremismus in den EU-Staaten, Wiesbaden 2011 – Der komparativ angelegte Band vereint Länderstudien zum politischen Extremismus in 24 EU-Staaten (ohne die Kleinstaaten Luxemburg, Malta und Zypern). Einheitlich gegliedert werden die historisch-kulturellen und institutionellen Rahmenbedingungen, die Wahlergebnisse, sowie die Ideologien, Strategien und Organisationsformen des parteiförmigen wie des nichtparteiförmigen Extremismus untersucht. Zugleich fragen die Autoren nach den Ursachen, Wirkungen und dem Etablierungsgraden extremistischer Kräfte. Innovativ ist der Bandes einerseits wegen der Systematik und Abdeckung nahezu aller EU-Länder, andererseits wegen der Analysen zum Rechtsextremismus, zum islamischen Fundamentalismus, zum oft weitaus weniger intensiv beachteten Linksextremismus. Ein umfassender vergleichender Beitrag der Herausgeber stellt wesentliche ideologische, räumliche und zeitliche Gemeinsamkeiten und Unterschiede heraus.

Langebach, Martin/Andreas Speit: Europas radikale Rechte. Bewegungen und Parteien auf Straßen und in Parlamenten, Zürich 2013 – Der von den beiden Journalisten investigativ recherchierte Band überzeugt einerseits wegen der zahlreichen Hintergrundinformationen zu den Organisationsformen und Aktionen rechtsextremistischer Phänomene (Parteien, Szenen, Intellektuelle), andererseits durch die Aufdeckung des komplexen Beziehungsgeflechts und zahlreicher transnationaler Kooperationen innerhalb des europäischen Rechten. Allerdings subsummieren die Autoren unter dem Begriff „Radikale Rechte" gewaltbereite Gruppen wie Autonome Nationalisten und Blood & Honour ebenso wie demokratische Parteien, z. B. die United Kingdom Independence Party und die Schweizer Volkspartei. Dies vernachlässigt nicht nur die Frage der Verfassungsmäßigkeit, sondern nimmt die Diffamierung rechter, aber eben nicht zwangsläufig antidemokratischer Bestrebungen bewusst in Kauf.

Mannewitz, Tom: Linksextremistische Parteien in Europa nach 1990. Ursachen für Wahlerfolge und -misserfolge, Baden Baden 2012 – Die Chemnitzer Dissertation zu den Erfolgs- bzw. Misserfolgsbedingungen linksextremistischer Parteien in Europa analysiert die Entwicklung der Wahlergebnisse linksextremistischer Parteien in zehn ausgewählten Staaten mittels Qualitative Comparative Analysis (QCA). Der Autor arbeitet hierfür systematisch Merkmale ab (Arbeitslosigkeit, Transformationsprobleme, Parteienwettbewerb und die Stärke des Rechtsextremismus), bestätigt zum Teil bekannte Erkenntnisse und kommt zu wichtigen neuen Ergebnissen. So besteht insbesondere in Westeuropa eine hinreichende Bedingung für den Erfolg linksextremistischer Parteien darin, sich durch einen namhaften parteipolitischen Gegner auf dem am rechten Ende des politischen Spektrums zu profilieren. Insgesamt hängt der Wahlerfolg für linksextremistische Parteien, so der Autor, eher von den Rahmenbedingungen als von eigenen Akzenten ab.

Mudde, Cas: Populist Radical Right Parties in Europe, Cambridge 2007 – Das kohärente weil paneuropäisch konzipierte Buch untersucht ausschließlich rechtsextremistische Parteien – unter weitgehender Verwendung von Sekundärquellen. Der Gewinn dieser Studie liegt insbesondere in der Neubewertung bekannter Forschungskonzepte in Europa: darunter konzeptionelle Fragen (Was gilt europaweit als rechtsextremistisch?), Themen- und Streifragen (Was bewegt den Rechtsextremismus?) sowie die Frage nach den (Miss-)Erfolgen rechtsextremer Parteien bei Wahlen (Was stärkt den Rechtsextremismus?). Zentral ist zudem die Untersuchung der wechselseitigen Beziehung von Rechtsextremismus und Demokratie. Die wesentliche Schwäche der Studie liegt in der konzeptionellen wie analytischen Vermischung der Kategorien Rechtsextremismus und -populismus.

Pelinka, Anton: Die unheilige Allianz. Die rechten und die linken Extremisten gegen Europa, Wien 2015 – Linke wie rechte Extremisten zernieren Europa; doch reißen sie es auseinander oder ziehen sie – gewollt oder ungewollt – an einem gemeinsamen Strang gegen die europäischen Gedanken von Einheit, Vielfalt und Pluralismus? Der Frage nach der Zweckkollaboration von Links- und Rechtsextremisten geht der österreichische Politikwissenschaftler Anton Pelinka nach. An der Schnittstelle von wissenschaftlicher Analyse und essayistischem Sachbuch verteidigt der Autor die europäische Gemeinschaftspolitik und geht auf verschiedene antieuropäische bzw. extremistische Phänomene ein, obgleich eine einheitliche Definition von Extremismus ausbleibt.

Szczerbiak, Aleks/Paul Taggart (Hrsg.): Opposing Europe? The Comparative Party Politics of Euroscepticism, 2 Bde., New York 2008 – Die beiden Bände stellen die zentrale Referenz der komparativen Euroskeptizismus-Forschung dar. Der erste Teil mit dem Titel „Case Studies and Country Surveys" unterscheidet konzeptionell zwischen harten und weichen Formen des Euroskeptizismus und behandelt anschließend 18 Fallstudien von EU-Staaten, EU-Kandidaten und Nicht-EU-Staaten sowohl West- als auch Osteuropas. Bereits die Fallauswahl und Breite der Untersuchung besitzt das Potential, zahlreiche Forschungslücken zu schließen. Band 2 („Comparative and Theoretical Perspectives") konzeptualisiert die im ersten Band gewonnenen Ergebnisse. So dient die Exploration der Positionen euroskeptischer Parteien der Konzeptualisierung und Messung von Euroskeptizismus an sich, seines Aufstiegs und seiner Wirkung in den nationalen Parlamenten und dem Europaparlament.

KAPITEL XIII

SYSTEMTRANSFORMATION UND EXTREMISMUS

Rolf Frankenberger

1 Einleitung

„What conditions make democracy possible and what conditions make it thrive?"[1] Mit dieser Frage umreißt Dankwart A. Rustow 1970 das Forschungsprogramm einer der wichtigsten Strömungen der modernen politikwissenschaftlichen Transformationsforschung. Extremismus als „Ablehnung des demokratischen Verfassungsstaats"[2] ist demzufolge einer der zentralen Faktoren, die zum Wandel oder Zusammenbruch von Demokratien führen können. Trotz dieser auch in der Transformationsliteratur reflektierten Zusammenhänge haben sich Transformations- und Extremismusforschung in den letzten vierzig Jahren weitgehend getrennt voneinander entwickelt und ausdifferenziert. Während die Transformationsforschung den Schwerpunkt auf Transformationsprozesse, -strukturen sowie -akteure legt und Extremismen wie Extremisten nur als eine mögliche Ursache für die Veränderung politischer Systeme betrachtet, untersucht die Extremismusforschung bestimmte politische Strukturen, deren ideologische Ausgestaltung, Ursachen und Akteure. Dies geschieht häufig mit Blick auf die Bedrohung der Demokratie, ohne dass dabei systematisch die Prozesse der Systemtransformation beleuchtet werden.

Die Potentiale einer stärkeren Vernetzung der beiden Forschungsstränge und die Rolle von Extremismen bei der Transformation von politischen Systemen aufzuzeigen, ist Ziel dieses Beitrags. In einem ersten Schritt werden dazu grundlegende Herangehensweisen beider Forschungsbereiche über den Gegensatz normativer und relationaler Begriffsbildung aufgezeigt. In einem zweiten Schritt stehen Grundbegriffe und Konzepte der Transformationsforschung im Vordergrund, bevor sodann – drittens – zentrale Ansätze und Befunde der klassischen und neueren Forschung zur Systemtransformation einschließlich jeweiliger Anknüpfungspunkte und inhaltlicher Überschneidungen mit der Extremismusforschung Aufmerksamkeit erhalten. Besonderes Potential erzielen Ansätze, die sich mit der Rolle von individuellen und kollektiven Akteuren beschäftigen, weshalb diese gesondert berücksichtigt werden. Darauf folgt ein empirischer Überblick über Transformationen seit 1946 und die Potentiale systematisch vergleichender Forschung für die Analyse des Zusammenhangs von Systemwechseln und Extremismus. Abschließend werden Entwicklungspotentiale kritisch diskutiert und grundlegende Mechanismen der Systemtransformation zusammengefasst.

---
1 Dankwart A. Rustow, Transitions to Democracy. Toward a dynamic model, in: Comparative Politics 2 (1970), H. 3, S. 337.
2 Uwe Backes/Eckhard Jesse, Politischer Extremismus in der Bundesrepublik Deutschland, Bonn 1993, S. 40.

2 Normative versus relationale Begriffs- und Theoriebildung

Wenn verschiedene Forschungsstränge zusammengebracht werden, ist es sinnvoll, zunächst einmal die grundlegenden Herangehensweisen genauer zu betrachten und sich über Einendes wie Trennendes zu verständigen. Denn auch wenn Extremismus- und Transformationsforschung unterschiedliche Referenten und Schwerpunkte in den Blick nehmen, so rekurrieren sie doch auf gemeinsame Literatur, und es gibt für beide Seiten bereichernde Anknüpfungspunkte. Während die Transformationsforschung Extremismen und Extremisten als einen von vielen Faktoren für die Veränderung politischer Systeme betrachtet und ansonsten den Schwerpunkt auf Prozesse, Strukturen und Akteure dieser Prozesse legt, so stehen Extremismen, deren Strukturen und ideologische Ausgestaltung, Ursachen wie Akteure im Fokus der Extremismusforschung. Dass extremistische „Umtriebe" auch zu Systemtransformation führen können, ist dabei ein Aspekt unter vielen.

Was beide Forschungsbereiche jenseits dieser inhaltlichen Überschneidungen eint, sind – neben der Vielfalt an theoretischen und empirischen Zugriffen – die Trennung in zwei grundlegend verschiedene Herangehensweisen. Einerseits finden sich in der Extremismus- wie in der Transformationsforschung dezidiert normativ orientierte Ansätze, bei denen Demokratie als Referenzpunkt für die Definition von Extremismus und Transformationsprozessen dient. Andererseits ist in der Extremismus- wie in der Transformationsforschung ein von System- und Rational-Choice-Theorien gespeistes empirisch-analytisches und relationales Verständnis identifizierbar, das sich kritisch zum ersten Verständnis positioniert. Diese unterschiedlichen Positionen sind keinesfalls unvereinbar, führen jedoch zu unterschiedlichen Begriffen, Forschungsfragen und -perspektiven. Dies wird im Folgenden für den Extremismusbegriff und den „democracy bias" in der Transitionsforschung erläutert.

In der deutschen Extremismusforschung dominiert ein normatives Verständnis von Extremismus, das Demokratie als leitende Norm begreift.[3] Uwe Backes und Eckhard Jesse etwa definieren Extremismus als „Sammelbezeichnung für unterschiedliche Gesinnungen und Bestrebungen […], die sich in der Ablehnung des demokratischen Verfassungsstaats und seiner fundamentalen Werte und Spielregeln einig wissen".[4] Damit ist der Begriff an eine bestimmte Werteordnung gebunden, mithin eng kontextualisiert. Dadurch geraten u. a. alle systemkonformen politischen Eliten in nicht-demokratischen Staaten (wie die Staaten selbst) in die Nähe zu Extremisten: „Als Antithese konstitutioneller Demokratie umfasst der Begriff des politischen Extremismus im weiten Sinne sowohl politische Regime und die sie tragenden Kräfte (autoritäre und totalitäre Diktaturen) als auch politische Gesinnungen und Bestrebungen in demokrati-

---

3 Vgl. Armin Pfahl-Traughber, Politischer Extremismus – was ist das überhaupt?, in: Bundesamt für Verfassungsschutz (Hrsg.), Bundesamt für Verfassungsschutz. 50 Jahre im Dienst der inneren Sicherheit, Köln 2000, S. 186.
4 Backes/Jesse (Anm. 2), S. 40.

schen Verfassungsstaaten".[5] Eckhard Jesse[6] und Steffen Kailitz[7] definieren Extremismus über die Gegnerschaft zur Demokratie. Die Verwendung des Begriffs mache indes nur dort Sinn, wo ein „demokratisches und rechtsstaatliches Ideengut" vorhanden sei. Extremismus ist in diesem Verständnis „antidemokratisch und antikonstitutionell sowie mit [seiner] Berufung auf das Volk und Gesetze pseudodemokratisch und pseudokonstitutionell"[8].

Dem gegenüber steht ein relationales oder *relativistisches Verständnis* von Extremismus, das insbesondere Vertreter der Rational-Choice-Schule und der politischen Ökonomie vertreten.[9] Albert Breton und seine Koautoren definieren Extremismus aufgrund des starken Individualbezugs als Akteur: „A person is more extreme, the further away her views are from the mainstream or center view, the less she is willing to compromise about them, the fewer alternatives to them she is willing to contemplate, the more salient they are to her, and the more willing she is to use violent methods in support of those views"[10]. Gianluigi Galeotti wählt eine dezidiert politökonomische Definition, die auf individuelle Freiheit und deren soziale Grenzen zielt, die dann erreicht seien, wenn Kosten für die Allgemeinheit entstünden: „Extremism is a label covering a variety of behaviors characterized by goals and methods not shared by the majority of the people. Extremism is a matter of freedom in terms of personal choices and it becomes a social issue when it generates externalities"[11]. Das entspricht einer weitgehend nicht-normativen, kontextgebundenen Definition. Ökonomen sind zudem an den negativen und positiven gesellschaftlichen Wirkungen von Extremismus interessiert und fragen nach dem Grenznutzen von Extremismus – verstanden als Kritik an der zentralen Position, die dazu dienen kann, Dysfunktionalitäten und Fehlentwicklungen aufzudecken. Extremismus in diesem Sinne ist eine „policy-choice". Es ist jedoch mit Galeotti zu unterscheiden, ob es sich um extremistische Positionen oder um die Durchsetzung von Positionen unter Verwendung extremistischer Mittel handelt: Erstgenannte können funktional sein, letztgenannte generieren wiederum gesellschaftliche Externalitäten.[12]

Ein ähnlicher Gegensatz zwischen einem stärker normativen und einem stärker systemtheoretisch-kontextgebundenen Verständnis findet sich in der Forschung zur Systemtransformation. Denn der Bezug auf die liberale Demokratie bzw. den demokratischen Verfassungsstaat war

---

5 Ebd., S. 41. Vgl. auch Cas Mudde, Radikale Parteien in Europa, in: Aus Politik und Zeitgeschichte B 47/2008, S. 13. Mudde verweist darauf, dass Extremismus insbesondere die politischen und bürgerlichen Rechte des Einzelnen und damit die Volkssouveränität an sich infrage stelle: „Extremismus weist den Glauben an die Volkssouveränität zurück, die gewöhnlich durch ein Wahlsystem und das Prinzip „eine Person, eine Stimme" gekennzeichnet ist".
6 Vgl. Eckhard Jesse, Politischer Extremismus heute: Islamistischer Fundamentalismus, Rechts- und Linksextremismus, in: Aus Politik und Zeitgeschichte B 46/2001, S. 3–5.
7 Vgl. Steffen Kailitz, Politischer Extremismus, in: Steffen Mau/Nadine M. Schöneck (Hrsg.), Handwörterbuch zur Gesellschaft Deutschlands, Wiesbaden 2013, S. 244–256.
8 Ebd., S. 244.
9 Der relationale Zugriff wird ferner darüber begründet, dass dem wertgebundenen Extremismusbegriff das Problem inhärent sei, er legitimiere Gewalt, wenn Vertreter demokratischer Grundwerte in nicht-demokratischen Kontexten für die Demokratie kämpften: „Thus we are often forced to distinguish between the „decent" extremism of those „fighting for political liberation" and the „indecent political brutality" of domestic extremists". Albert Breton/Gianluigi Galeotti/Pierre Salmon/Ronald Wintrobe, Political Extremism and Rationality, Cambridge 2002, S. xi.
10 Ebd.
11 Gianluigi Galeotti, At the outskirts of the Constitution, in: Breton/ders./Salmon/Wintrobe (Anm. 9), S. 122.
12 Vgl. ebd., S. 122.

für viele Jahre kennzeichnend für die Transformationsforschung, wie etwa Gero Erdmann und Marianne Kneuer konstatieren.[13] Im Wesentlichen stand die Frage nach dem Systemwechsel weg von der Diktatur und hin zur Demokratie im Vordergrund, während Transformationen hin zur Diktatur meist unter den Stichworten „Zusammenbruch" oder „Revolution" behandelt wurden. Demokratie diente als „analytischer Referenzpunkt" der Beschäftigung mit Transformationsprozessen, und zwar unabhängig davon, ob diese den End- oder Ausgangspunkt des Systemwechsels bildete.[14] Der unausgesprochene Konsens – die Überlegenheit der Demokratie gegenüber anderen Systemtypen – ist ebenso wie in der Extremismusforschung normativ und argumentativ wohlbegründet, verengt aber den analytischen Blick beträchtlich, wie die neuere Autoritarismusforschung kritisch feststellt.[15] Holger Albrecht und Rolf Frankenberger pointieren die Problematik: „Obwohl in älteren Arbeiten der modernen Transformationsforschung eine Ergebnisoffenheit bei der Untersuchung von Prozessen durchaus angelegt war, entwickelte sich die Transformationsforschung letztendlich zu einer reinen Demokratisierungsforschung. Das heißt, de facto fand eine analytische Reduktion auf die Analyse eines (von mehreren möglichen) Transformationsprozesses statt"[16]. Erst seit kurzem integriert die Forschung entweder unter Rückgriff auf klassische systemtheoretisch angelegte Arbeiten oder unter Verwendung von Rational-Choice-Ansätzen stärker Transformationsprozesse weg von der Demokratie und von Autokratie zu Autokratie.

3 Grundbegriffe und Konzepte der Transformationsforschung

Die politikwissenschaftliche Transformationsforschung beschäftigt sich mit dem Wandel politischer Gemeinwesen, deren institutioneller Verfasstheit und Ordnung, deren formalen und informellen Praktiken sowie dem Handeln relevanter Akteure. Im Zentrum des Interesses stehen Bedingungen für und Ursachen von Wandel wie Stabilität, von Zusammenbruch und Persistenz politischer Systeme. Als Referenzpunkte dienen drei (Ideal-)Typen politischer Herrschaft: totalitäre, autoritäre und demokratische Regime.[17] Totalitäre Regime sind nach Carl Joachim Friedrich und Zbigniew Brzezinski gekennzeichnet durch ein Herrschaftssystem mit umfassendem Geltungsanspruch, der alle Lebensbereiche durchdringt. Ihn setzt eine nach dem Führerprinzip organisierte Massen- und Einheitspartei durch – und zwar unter Ausnutzung des Medien- und Kampfwaffenmonopols, durch die zentrale Lenkung der Wirtschaft und mithilfe terro-

---

13 Gero Erdmann/Marianne Kneuer, Decline of Democracy: Loss of quality. Hybridisation and breakdown of Democracy, in: dies. (Hrsg.), Regression of Democracy?, in: Zeitschrift für Vergleichende Politikwissenschaft (2011), Sonderheft 1, S. 21–58, hier S. 11.
14 Vgl. Holger Albrecht/Rolf Frankenberger, Autoritarismus Reloaded: Konzeptionelle Anmerkungen zur Vergleichenden Analyse politischer Systeme, in: dies. (Hrsg), Autoritarismus Reloaded. Neuere Ansätze und Erkenntnisse der Autokratieforschung, Baden-Baden 2010, S. 37.
15 Vgl. dazu exemplarisch André Bank, Die neue Autoritarismusforschung: Ansätze, Erkenntnisse und konzeptionelle Fallstricke, in: Albrecht/Frankenberger (Anm. 14), S. 21–36; Kevin Köhler/Jana Warkotsch, Konzeptionalisierungsstrategien, Regimetypologien und das Problem des Kontinuums, in: Albrecht/Frankenberger (Anm. 14), S. 61–78; Thomas Carothers, The End of the Tranistion Paradigm, in: Journal of Democracy 13 (2002), H. 1, S. 5–21.
16 Albrecht/Frankenberger (Anm. 14), S. 45.
17 Vgl. Hans-Joachim Lauth, Regimetypen: Totalitarismus-Autoritarismus-Demokratie, in: ders. (Hrsg.), Vergleichende Regierungslehre, Wiesbaden 2010, S. 95–116.

ristischer Methoden.[18] In Anlehnung daran macht Juan Linz totalitäre Systeme an ihrem monistischen Herrschaftszentrum, ihrer exklusiven Ideologie, an hoher gesellschaftlicher Mobilisierung, am Vorhandensein einer Einheitspartei und sekundären monopolitischen Organisationen fest.[19] Autoritäre Regime seien in Abgrenzung dazu als Regime mit eingeschränktem politischem Pluralismus, limitierten Partizipationschancen sowie einer weitgehend demobilisierten Gesellschaft definiert, die – anders als totalitäre Regime – zur Legitimation nicht auf einer umfassenden Weltanschauung, sondern bestimmten Werten und Mentalitäten (etwa Patriotismus, Nationalismus, Sicherheit, Modernisierung) fußt.[20] Beide Formen autokratischer Herrschaft unterscheiden sich also besonders im Geltungsanspruch ihrer Ideengefüge sowie im gesellschaftlichen Durchdringungsgrad. Eine Demokratie ist nach Joseph Schumpeter demgegenüber als „diejenige Ordnung der Institutionen zur Erreichung politischer Entscheidungen [zu verstehen], bei welcher einzelne die Entscheidungsbefugnis vermittels eines Konkurrenzkampfes um die Stimmen des Volkes erwerben"[21]. Voraussetzungen für diese, sogenannte „demokratische Methode" seien Meinungs-, Informations-, Assoziations- und Koalitionsfreiheit, aktives und passives Wahlrecht, das Recht der politischen Eliten, um Wählerstimmen zu konkurrieren, die Gewährleistung freier und fairer Wahlen als Ort dieses Wettbewerbs sowie Institutionen, welche die Regierungspolitik von den Wählerstimmen und Bürgerpräferenzen abhängig machen.[22]

Überleben wie Stabilität politischer Systeme hängen maßgeblich von Lernprozessen und Anpassungsleistungen an die Umwelt ab, zu der auch politischer Extremismus zählt.[23] Erstens sind alle relevanten gesellschaftlichen Kräfte in das Gemeinwesen zu integrieren, um ihrer Radikalisierung vorzubeugen. Zweitens sollte die Bevölkerung regelmäßig an der politischen Entscheidungsfindung beteiligt werden, um Einzelinteressen nicht politisch zu marginalisieren. Dazu gehört drittens, dass über die Verteilung des Sozialprodukts mithilfe wirtschafts- und sozialpolitischer Maßnahmen eine breite Wohlfahrtsteilhabe gewährleistet ist. Viertens benötigt ein politisches System zur Erfüllung seiner Aufgaben materielle (Steuern und Einnahmen) und immaterielle (Unterstützung des politischen Systems) Ressourcen. Fünftens sind Staaten auf ein friedvolles internationales Miteinander angewiesen, da Kriege ihr Überleben infrage stellen. Aus diesen Herausforderungen ergeben sich zwei zentrale Fragen für die Transformationsforschung: Wie passen sich politische Systeme an sich verändernde Erfordernisse an? Was passiert, wenn sie diese Anpassungsleistungen nicht erbringen können?

Eine fruchtbare Verknüpfung der Perspektiven beider Forschungsstränge kann nur vor dem Hintergrund klarer Konzepte erfolgen, zumal die politikwissenschaftliche Transformationsforschung eine Reihe von Begriffen nicht immer einheitlich verwendet. Vor allem Wolfgang Mer-

---

18 Vgl. Carl Joachim Friedrich/Zbigniew Brzezinski, Totalitarian Dictatorship and Autocracy, Cambridge 1956; dies., Die allgemeinen Merkmale totalitärer Herrschaft, in: Bruno Seidel/Siegfried Jenkner (Hrsg.), Wege der Totalitarismusforschung, Darmstadt 1968, S. 600–617.
19 Vgl. Juan J. Linz, Totalitarian and Authoritarian Regimes, in: Fred Greenstein/Nelson Polsby (Hrsg.), Handbook of Political Science. Volume 3: Macropolitical Theory, Massachusetts 1975, S. 175–411, insbesondere S. 191 f.
20 Vgl. ebd., S. 275 ff.
21 Joseph Schumpeter, Kapitalismus, Sozialismus und Demokratie, Bern 1950, S. 428.
22 Vgl. Robert Dahl, Polyarchy. Participation and Opposition, New Haven 1971.
23 Vgl. Wolfgang Merkel, Systemtransformation, Wiesbaden 2010, S. 55. Vgl. dazu auch Gabriel Almond, Politische Systeme und ihr Wandel, in: Wolfgang Zapf (Hrsg.), Theorien des sozialen Wandels, Königstein 1979, S. 211–227; Eberhard Sandschneider, Stabilität und Transformation politischer Systeme, Opladen 1995.

kel hat für die Systematisierung der deutschsprachigen Transformationsforschung wichtige Grundlagenarbeit geleistet und Kernbegriffe zusammenfassend diskutiert und definiert:[24]

Regierung beschreibt jene Personen, welche die Ämter und Positionen der exekutiven Macht innehaben. Regierungswechsel sind in diesem Sinne politische Führungswechsel.[25] Im Gegensatz dazu bezeichnet der im alltäglichen Sprachgebrauch häufig mit den Herrschaftsträgern gleichgesetzte Begriff Regime „die formelle und informelle Organisation des politischen Herrschaftszentrums einerseits und dessen jeweils besonders ausgeformte Beziehungen zur Gesamtgesellschaft andererseits"[26]. Die Regierung als Herrschaftsträger ist damit nur ein Teil des politischen Regimes. Vom politische Regime zu unterscheiden ist das Konzept des Staats als „politischer Anstaltsbetrieb [...], wenn und insoweit sein Verwaltungsstab erfolgreich das Monopol legitimen physischen Zwangs für die Durchführung der Ordnungen in Anspruch nimmt"[27]. Legitimität bezieht die Gewalt aus ihrer Dienststellung für das Allgemeinwohl. Damit ist das herausragende Merkmal des Staats die erfolgreiche Ausübung des Gewaltmonopols (Staatsgewalt) innerhalb eines fest umrissenen Gebiets (Staatsgebiet) über die dort lebenden Menschen (Staatsvolk).

Um Phänomene in den Blick zu bekommen, die genuin politisch – aber nicht notwendigerweise staatsbezogen – sind, gebraucht die vergleichende Politikwissenschaft den Begriff *politisches System*. Es ist folgendermaßen definiert: „means by which societies consciously formulate and pursue collective goals in their domestic and international environments"[28]. Das Konzept trägt systemtheoretischen Überlegungen Rechnung, moderne Gesellschaften seien in funktionale Subsysteme ausdifferenziert und hätten distinkte Aufgaben zu erfüllen, die das „Überleben" der Gesellschaft sichern.[29] „Politisches System" umfasst daher Regierung, Regime und Staat ebenso wie die politisch relevanten Akteure und Strukturen aus anderen gesellschaftlichen Teilsystemen, wie der Kultur oder der Wirtschaft. Selbst wenn sie aufgrund ihrer Institutionalisierung vergleichsweise stabil erscheinen mögen, so können politische Systeme sich doch an veränderte Umweltbedingungen anpassen. Mit Eberhard Sandschneider ist ihr Überleben am ehesten als „permanente (Wieder-)Herstellung eines Fließgleichgewichts" zu verstehen, aus der die „Notwendigkeit für betroffene Systeme [folgt], sich an veränderte endogene und exogene Problemstellungen anzupassen"[30]. Demnach existieren zwei alternative Formen der Wiederherstellung dieses Gleichgewichts: die evolutionäre Weiterentwicklung und der Systemwechsel.[31]

Den von Sandschneider angesprochenen evolutionären Prozess bezeichnet der Begriff *Regimewandel*, der dann vorliegt, „wenn sich grundlegende Funktionsweisen und Strukturen einer Herrschaftsordnung zu verändern beginnen"[32]. Dabei ist offen, ob der Wandel zu einem ande-

---

24 Vgl. Merkel (Anm. 23), S. 63 ff.
25 Vgl. ebd., S. 63.
26 Ebd., S. 63 f.
27 Max Weber, Wirtschaft und Gesellschaft, Tübingen 1980, S. 29.
28 Gabriel A. Almond/G. Bingham Powell, Comparative Politics. A Developmental Approach, Boston 1966, S. 6.
29 Vgl. dazu Talcott Parsons, The Social System, New York 1951; David Easton, A Framework for Political Analysis, Inglewood Cliffs 1965; ders., A System Analysis of Political Life, New York/Chicago 1967; Almond/Powell (Anm. 28).
30 Sandschneider (Anm. 23), S. 128.
31 Vgl. ebd.
32 Merkel (Anm. 23), S. 65.

ren Regimetypus führt. Er kann zur Wiederherstellung des Fließgleichgewichts durch eine Restabilisierung des alten Regimetyps führen, wenn interne oder externe Störungen eliminiert werden, wie in Ungarn 1956 oder der Tschechoslowakei 1968. Er kann aber auch in einen Regimewechsel münden, wie bei den Demokratisierungsprozessen in Spanien von 1975 bis 1978 sowie in Brasilien von 1978 bis 1985. Venezuela zwischen 1999 und 2013 illustriert den umgekehrten Weg von einem weitgehend demokratischen hin zu einem autoritären Regime.[33]

Von einem *Regimewechsel* kann nur dann gesprochen werden, „wenn sich der Herrschaftszugang, die Herrschaftsstruktur, der Herrschaftsanspruch und die Herrschaftsweise des Regimes grundsätzlich verändert haben"[34], wobei der eigentliche Regimewechsel häufig an bestimmten historischen Daten wie etwa dem Inkrafttreten einer neuen Verfassung und der damit einhergehenden Institutionalisierung veränderter politischer Herrschaft festgemacht wird. So gilt der 25. Dezember 1993 als Datum des Regimewechsels vom kommunistischen Sowjetsystem zur Russischen Föderation.

Weiter gefasst ist der Begriff *Systemwechsel*. Er umschließt nicht nur grundlegende Veränderungen der politischen Herrschaftsstruktur, sondern auch Veränderungen der sozialen und ökonomischen Verhältnisse. Analytisch bewegt er sich auf einer höheren Abstraktionsebene als der Begriff des Regimewechsels. Während dieser sich auf das politische System bezieht, so hat jener meist das gesamte Gesellschaftssystem zum Gegenstand, von dem das politische System lediglich ein Teilsystem darstellt. Die Systemwechsel in Osteuropa ab 1989 stellen Musterbeispiele für die Gleichzeitigkeit politischer und ökonomischer Systemwechsel mit all ihren Schwierigkeiten dar. Gerade solche Gleichzeitigkeiten bringen „ein großes Ausmaß an sozialer Ungerechtigkeit und sozialen Verwerfungen mit sich, die die neuen politischen Systeme häufig vor große Herausforderungen stellen."[35]

Ein Spezialfall des Systemwechsels ist der von Guillermo O'Donnell, Philippe Schmitter und Lawrence Whitehead geprägte Begriff der *Transition*[36], der den „Übergang zur Demokratie"[37] kennzeichnet. Als Oberbegriff für alle „Formen, Sinnstrukturen und Aspekte des Systemwandels und Systemwechsels" gilt häufig der Terminus *Transformation*.[38] Er schließt als „Catchall"-Begriff Regimewandel, Regimewechsel, Systemwandel, Systemwechsel sowie Transitionen ein und hat darum einen nur geringen analytischen Wert.[39]

---

33 Vgl. Rolf Frankenberger/Patricia Graf, Elections, Democratic Regression and Transitions to Autocracy: Lessons from Russia and Venezuela, in: Zeitschrift für Vergleichende Politikwissenschaft (2011) Sonderheft 1, S. 201–220.
34 Merkel (Anm. 23), S. 66.
35 Klaus von Beyme, Systemwechsel in Osteuropa, Frankfurt a. M. 1994.
36 Vgl. Guillermo O'Donnell/Philippe Schmitter/Lawrence Whitehead (Hrsg.), Transitions from Authoritarian Rule: Prospects for Democracy, Bd. 4, Baltimore 1986.
37 Vgl. Merkel (Anm. 23), S. 66; vgl. auch Sandschneider (Anm. 23), S. 36.
38 Vgl. Merkel (Anm 23.), S. 66.
39 Im Unterschied zur Transformationsforschung definiert die Extremismusforschung politischen Wandel umfassender als „strukturelle Veränderung politischer Systeme mit systemkonformer und systemsprengender Wirkung" (Backes/Jesse [Anm. 2], S. 472). Systemkonforme Änderungen sind Reformen, welche die grundlegenden Werte und Normen des politischen Systems nicht verändern, während systemsprengende oder subversive Aktivitäten auf einen „Umsturz" zielen, „d. h. eine die Fundamente des Systems zerstörende, gewaltsame Veränderung" (ebd.). Wird das Erstgenannte in der Transformationsforschung als Systemwandel bezeichnet, wäre Letztgenanntes ein Sonderfall des Systemwechsels: eine Revolution oder ein Coup d'État.

Coup d'État und *Revolution* bezeichnen zwei Formen abrupter Veränderungen in der politischen Herrschaft. Coup d'État bezeichnet eine überraschende, illegale und häufig unter Androhung oder Verwendung von Gewalt erfolgende Übernahme der politischen Macht durch eine politische Koalition, wobei in der Regel Teile der Staatsorgane und des Militärs zentrale Akteure darstellen.[40] Der Begriff Coup ist analytisch stark auf das politische Regime fokussiert. Im Unterschied dazu ist Revolution stärker auf die systemische Ebene ausgerichtet. Man bezeichnet damit die „grundlegende Umgestaltung der politischen Institutionen mit einem Austausch der Eliten"[41]. Eine Revolution bezeichnet im Unterschied zur Transformation eine abrupte Veränderung, die friedlich oder gewaltsam erfolgen kann und während der die Massen mobilisiert sind. Jack Goldstone schlägt eine allgemeinere Definition von Revolution als „an effort to transform the political institutions and the justifications for political authority in a society, accompanied by formal or informal mass mobilization and noninstitutionalized actions that undermine existing authorities"[42] vor, um friedliche und nicht-friedliche Revolutionen gleichermaßen zu erfassen. Zentrale Kennzeichen einer Revolution sind zudem das Streben nach einer Systemalternative, Massenmobilisierung und nicht-institutionalisierte Aktionen wie Streiks, Demonstrationen, Proteste und politische Gewalt zur Erzwingung des Wechsels.[43]

Interessanterweise entwickelten sich die neuere Transformationsforschung und die Revolutionsforschung[44] weitgehend unabhängig voneinander weiter, obwohl sie nicht selten auf dieselbe Literatur rekurrieren und häufig das gleiche Phänomen in den Blick nehmen. Das Begriffspaar Revolution – Reform spiegelt denn auch den Gegensatz von Systemwechsel und Systemwandel wider. Ein Systemwechsel umfasst die grundsätzliche Veränderung der politischen Ordnung; Revolution kann darum als eine Art des Systemwechsels verstanden werden. Wandel als graduelle Veränderung der politischen Ordnung ohne Veränderung der Grundprinzipien erfasst der Reformbegriff.

4 Transformationstheorien und politischer Extremismus

4.1 Ansätze auf der Makroebene

Die neuere Transformationsforschung umfasst inzwischen einen breiten Literaturbestand aus fundierten theoretischen Ansätzen wie zahllosen empirischen Studien. Die Theorien und Ansätze der politikwissenschaftlichen Transformationsforschung systematisieren Oliver Schlum-

---

40 Vgl. Samuel P. Huntington, Political Order in Changing Societies, New Haven 1968, S. 218.
41 Ulrich Weiß, Revolution/Revolutionstheorien, in: Dieter Nohlen/Rainer-Olaf Schultze/Suzanne S. Schüttemeyer (Hrsg.), Lexikon der Politik. Band 7: Politische Begriffe, München 1998, S. 563.
42 Jack A. Goldstone, Toward a fourth generation of revolutionary theory, in: Annual Review of Political Science 4 (2001), H. 1, S. 139–187, hier S. 142.
43 Vgl. Birgit Enzmann, Revolution, in: dies. (Hrsg.), Handbuch Politische Gewalt, Wiesbaden 2013, S. 205–230, hier S. 211.
44 Einen Überblick über die Entwicklung der Revolutionsforschung bieten Enzmann (Anm. 43) sowie Goldstone (Anm. 42). Vgl. auch die Studien von Charles Brinton, The Anatomy of Revolution, New York 1938 sowie Theda Skocpol, States and Social Revolutions, Cambridge 1979.

berger und Roy Karadag entlang der dominierenden Analyseebenen.[45] Makroanalytische Ansätze umfassen Modernisierungs- und Systemtheorien ebenso wie kulturalistische Ansätze. Zentrale Vertreter der ersten Strömung sind etwa Seymour M. Lipset[46] und Dankwart A. Rustow[47], während Samuel P. Huntington[48] oder Robert Putnam[49] die zweite Strömung repräsentieren. Für die Grundidee systemtheoretischer Forschung stehen Talcott Parsons[50] und David Easton[51]. Auf der Mesoebene, bei der sich u. a. Barrington Moore Jr.[52] und Tatu Vanhanen[53] sowie Dietrich Rueschemeyer et al.[54] hervorgetan haben, operieren besonders strukturalistische Ansätze. Auf der Mikroebene der Analyse finden sich schließlich akteurszentrierte Ansätze, für die Adam Przeworski[55], Juan J. Linz und Alfred Stepan[56] stehen. Dieser Systematik folgend werden nun die wichtigsten Ansätze kurz vorgestellt.

Systemtheoretische Ansätze nähern sich dem Zusammenhang zwischen funktionalen Erfordernissen sozio-ökonomischer Systeme und der Herausbildung sozialer und politischer Strukturen. Sie gehen davon aus, Dysfunktionalitäten des jeweils alten Systems seien die Ursachen von Transformationsprozessen. Ebenso wird nach politisch-legitimatorischen Möglichkeitsbedingungen des neuen Systems gefragt.[57] Wichtige Vertreter dieser Systemtheorie sind Talcott Parsons[58], Gabriel Almond[59], David Easton[60] und Seymour M. Lipset. Wandel erklärt dieser Ansatz in erster Linie mit systemischen Dysfunktionalitäten. Erfüllt das System bestimmte Funktionen nicht (mehr), muss es sich verändern, um im Fließgleichgewicht zu bleiben. Dies gilt auf gesellschaftlicher Ebene ebenso wie auf der des politischen Systems. Die dauerhafte Blockade der funktionalen Differenzierung gesellschaftlicher Teilsysteme führt demgegenüber langfristig zu Effizienz- und Legitimationskrisen, welche die Stabilität des Systems untergraben. Differenzierung wiederum – etwa in Form ökonomischer Veränderungen, die eine Veränderung in den anderen Teilsystemen einer Gesellschaft induzieren – stabilisiert das System. Im Kern beabsich-

---

45 Vgl. Oliver Schlumberger/Roy Karadag, Demokratisierung und Transformationsforschung, in: Harald Barrios/Christoph H. Stefes (Hrsg.), Einführung in die Comparative Politics, Opladen 2006, S. 226–249. Vgl. Merkel (Anm. 23), S. 67 ff.
46 Siehe Seymour M. Lipset, Political Man. The Social Bases of Politics, New York 1960.
47 Siehe Rustow (Anm. 1).
48 Siehe Samuel P. Huntington, Kampf der Kulturen, München 1997.
49 Siehe Robert D. Putnam, Making Democracy Work. Civic traditions in modern Italy, Princeton 1993.
50 Siehe Parsons (Anm 29).
51 Siehe Easton (Anm. 29).
52 Siehe Barrington Moore Jr., Social Origins of Dictatorship and Democracy, Boston 1966.
53 Siehe Tatu Vanhanen (Hrsg.), Strategies of democratization, Washington D. C. 1992.
54 Siehe Dietrich Rueschemeyer/Evelyne Huber Stephens/John D. Stephens, Capitalist development and democracy, Cambridge 1992.
55 Siehe Adam Przeworski, Democracy and the Market: Political and Economic Reforms in Eastern Europe and Latin America, Cambridge 1991; ders., The Games of Transition, in: Scott Mainwairing/Guillermo O'Donnell (Hrsg.), Issues in Democratic Consolidation: The New South American Democracies in Comparative Perspective, South Bend 1992, S. 105–152.
56 Siehe Juan J. Linz/Alfred Stepan (Hrsg.), The Breakdown of Democratic Regime, Baltimore 1978.
57 Vgl. zur Kritik an systemtheoretischen Ansätzen vor allem: Sandschneider (Anm. 23) sowie ders., Systemtheoretische Perspektiven politikwissenschaftlicher Transformationsforschung, in: Wolfgang Merkel (Hrsg.), Systemwechsel 1. Theorien, Ansätze, Methoden, Opladen 1994, S. 23–45.
58 Siehe Parsons (Anm. 29); sowie ders., On the Concept of Political Power, in: Proceedings of the American Philosophical Society 107 (1963), S. 232–262.
59 Siehe Gabriel A. Almond, A Functional Approach to Comparative Politics, in: ders./James Coleman (Hrsg.), The Politics of Developing Areas, Princeton 1960, S. 3–64.
60 Siehe Easton (Anm. 29).

tigt dieser Ansatz also, die Dysfunktionalität in gesellschaftlichen und politischen Bereichen zu identifizieren. Diese kann drei Ursachen haben:

Erstens kann die politisch-ökonomische Performanz des politischen Systems eingeschränkt sein – etwa wegen einer eingeschränkten Problemlösekompetenz des politischen Systems oder geringer Effektivität von Gesetzen und Normen. Zweitens können politische Strukturen und Akteure verhindern, dass wichtige gesellschaftliche Interessen in Entscheidungsprozesse einfließen, wodurch das politische System gesellschaftliche Problemlagen und Anforderungen nicht (mehr) wahr- und aufnehmen kann. Auf die Relevanz dieser Input-Funktion genannten Fähigkeit des politischen Systems hat erstmals David Easton hingewiesen – und zwar mit dem Konzept der politischen Unterstützung[61]. Drittens können Partikularinteressen das Policy-Making dominieren. Fritz Scharpf spricht dann von Einschränkungen beim sog. Throughput, also der Verarbeitung von Anforderungen innerhalb des politischen Systems.[62]

All diese Dysfunktionalitäten sind potentielle Ursachen für das Aufkommen von Extremismen verschiedener Provenienz: etwa mangelnde ökonomische Performanz, ineffektive politische Organisation, geringe Legitimation und unzureichende funktionale Differenzierung. Wenn mithin politische Systeme ihre gesellschaftlichen Funktionen nicht oder nur unvollständig erfüllen, so werden gesellschaftliche Interessen nicht oder nur bedingt berücksichtigt, sei es dass bestimmte Positionen keinen Eingang in den politischen Prozess finden, sei es dass die Interessen im Zuge der autoritativen Verteilung von Werten nicht berücksichtigt werden. Zwar stellt dies kurzfristig kein Problem dar, es kann aber, wenn langfristig dieselben Interessen nicht berücksichtigt werden, zu Unzufriedenheit und antisystemischen Einstellungen bzw. Handlungen führen.

Eine Spielart der Systemtheorie stellt der modernisierungstheoretische Ansatz Seymour M. Lipsets dar. Ihm zufolge sind wirtschaftliche Prosperität und die Überwindung von Armut zentrale Erfolgsbedingungen für gelungene Demokratisierung. Die kausale Argumentation für die These, dass „längerfristig die marktwirtschaftliche Modernisierung der Wirtschaft und mit ihr der Gesellschaft die fundamentale Voraussetzung für die Entwicklung der Demokratie ist"[63], lautet verkürzt: Steigender Wohlstand führt zu steigender Bildung, was wiederum zu toleranteren Einstellungen und Werten führt, die wiederum einen rationalen Politikstil begünstigen und bei den Menschen den Wunsch nach Mitbestimmungsrechten aufkommen lässt. Dies führt letztlich zu einer Demokratisierung des politischen Systems.

Für die Frage nach der Rolle von Extremismus bei Systemtransformationen liefert die Systemtheorie vergleichsweise wenige Beiträge. Allerdings vermag sie mit der Konzentration auf Einschränkungen der politischen Leistungsfähigkeit das Aufkommen extremistischer Strömungen zu erklären. Bleibt etwa ein relevanter Bevölkerungsteil von der Meinungsbildung systematisch ausgeschlossen – wie vielfach in selektiven autoritären Regimen –, so kann dies ebenso antisystemische Positionen befördern wie der Eindruck von Korruption und Selbstbereicherung der politischen Klasse. Nicht zuletzt kann ein als defizitär wahrgenommener Output die generelle

---

61 Vgl. David Easton, A Re-assessment of the Concept of Political Support, in: British Journal of Political Science 5 (1975), S. 435–457.
62 Vgl. Fritz W. Scharpf, Governing in Europe, Oxford 1999.
63 Merkel (Anm. 23), S. 74.

Zufriedenheit mit dem politischen System verringern. Fallen also die Verteilungskapazität und/ oder die Integrationskapazität der Politik gering aus, dient dies extremistischen Strömungen als Ansatzpunkt.

Ähnliches gilt für Inkongruenzen zwischen den gesellschaftlichen Teilsphären der Gesellschaft. Sind etwa zentrale Werte und kulturelle Normen durch das politische System nicht oder nicht ausreichend integriert, geschützt oder bedient, dann erhöht sich die Wahrscheinlichkeit politisch-gesellschaftlicher Konflikte – etwa beim Zusammenprall einer stark religiös geprägten Kultur und einem säkularen Staatswesen (wie in der Türkei unter Erdogan).

Das Aufkommen von Extremismus wird zudem durch aufkommende ökonomische Ungleichheit, fehlende materielle Grundsicherung und geringen wirtschaftlichen Handlungsspielraum begünstigt. Die Gleichzeitigkeit der ökonomischen und politischen Systemtransformation in Ost- und Mitteleuropa zeigt diese Problematik besonders deutlich.[64] Als weiteres Beispiel können die Folgen der als Asienkrise bekannt gewordenen Wirtschafts- und Finanzkrise 1997/98 dienen. In deren Folge gerieten zahlreiche politische Systeme unter Legitimitätsdruck. Besonders betroffen war Russland, wo der Verfall von Wertpapieren und Anteilsscheinen sowie die folgende Abwertung des Rubels und die damit einhergehende Entwertung von Spar- und Anlagevermögen einer Massenenteignung und Verarmung der russischen Bevölkerung gleichkam. Erst mit der Amtsübernahme von Vladimir Putin und dessen Reformen fand das politische System wieder zu seiner alten Stabilität.[65]

Als „Klassiker" der modernisierungstheoretischen Transformationsforschung gilt Seymour M. Lipset. Im Unterschied zu vielen anderen systemtheoretischen Ansätzen formuliert dieser Annahmen über den Zusammenhang zwischen Systemtransformation und Extremismus.[66] Demnach sind soziale Grundlagen und Ideologien entscheidend für den Erfolg von Extremismen, denn „[d]ie extremistischen Bewegungen haben vieles gemeinsam. Sie sprechen die Unzufriedenen und die psychologisch Entwurzelten an, die persönlich Erfolglosen und die gesellschaftlich Isolierten, die wirtschaftlich Unsicheren, die Ungebildeten, die Unintelligenten und die Autoritären einer jeden einzelnen gesellschaftlichen Schicht".[67] Für Lipset stellt politischer Extremismus den Gegensatz zur liberalen Demokratie dar. Die besten Mittel zur Prävention seien Wohlstand, soziale Integration und Bildung. Folgerichtig formuliert Lipset als einer der ersten die sozialen und ökonomischen Voraussetzungen für Demokratie. Sie gelten seither als die modernisierungs- und systemtheoretischen Funktionsbedingungen eines solchen Systems. Dazu zählen: ein durchlässiges Klassensystem, ökonomischer Wohlstand und eine kapitalistische Wirtschaftsordnung, ein egalitäres Wertesystem, ein hoher Alphabetisierungsgrad und hohe Partizipationsraten in freiwilligen Zusammenschlüssen.[68] Wohlstand und öffentliche Wohlfahrt gelten als die zentralen Determinanten für eine stabile Demokratie. Die Schlussfolgerung lautet

---

64 Vgl. Jerzy Maćków, Totalitarismus und danach. Einführung in den Kommunismus und die postkommunistische Systemtransformation, Baden-Baden 2005.
65 Vgl. Anders Åslund, Russia's capitalist revolution, Washington D. C. 2007, insbes. S. 169 ff.
66 Vgl. Lipset (Anm. 46); ders./Earl Raab, The Politics of Unreason: Right-wing Extremism in America 1790– 1977, Chicago 1978.
67 Seymour M. Lipset, Die Soziologie der Demokratie, Berlin 1962, S. 187.
68 Vgl. ders. (Anm. 46), S. 74.

demnach, Armut fördere Extremismus.⁶⁹ Zugleich geht Lipset davon aus, dass politische Extremismen nur vor dem Hintergrund ihrer gesellschaftlichen und ideologischen Verankerung zu verstehen seien und dass deren Erfolg von der Verankerung in verschiedenen Gesellschaftsschichten abhinge.⁷⁰ Darüber hinaus betont Lipset die Rolle der Institutionalisierung politischen Wettbewerbs: „A stable democracy requires consensus on the nature of the political struggle, and this includes the assumption that different groups are best served by different parties."⁷¹

Lipset betont trotz seiner systemischen Perspektive die Akteursebene: Eine offene und wettbewerbsorientierte Demokratie könne nur dann funktionieren, wenn sich die Eliten selbst beschränkten und an die Spielregeln hielten: „The politics of democracy are to some extent necessarily the politics of conformity for the elite of the society. As soon as the masses have access to the society's elite, as soon as they must consider mass reaction in determining their own actions, the freedom of the elite [...] is limited"⁷². Letztlich finden sich bei Lipset also zwei Hinweise auf die Erfolgsfaktoren politischer Extremismen: Erstens müssen die sozio-ökonomischen Grundlagen einer Demokratie gegeben sein, wobei Wohlstand als wichtiger Immunisator gegen Extremismen gilt. Zweitens müssen politische Eliten die demokratischen Spielregeln und ihre Rückbindung an die Gesellschaft akzeptieren und nicht-extremistische Positionen vertreten.

Kulturtheoretische Ansätze erforschen einerseits die kulturellen Rahmen- und Möglichkeitsbedingungen für Demokratie und andererseits den Grad der Habitualisierung demokratischer Verhaltensweisen und Werte in einer Gesellschaft. Dabei gerät entweder das dominante gesellschaftliche Kultur- und Wertemuster oder das Sozialkapital in den Analysefokus. Da es sich bei beiden Aspekten um eher langfristige Phänomene handelt – weder sind kulturell verwurzelte Traditionsbestände kurzfristig veränderbar noch können Vertrauen und Demokratie rasch „erlernt" werden –, stehen auch hier demokratische Rahmenbedingungen im Vordergrund. Bei den Wertemustern handelt es sich um demokratische Grundlagen auf Makroebene, beim Sozialkapital um stärker an Akteure gebundene, kulturelle Determinanten auf Mikroebene.⁷³ Das Handeln von Akteuren und deren Rolle in Transformationsprozessen sind vor dem Hintergrund beider Ansätze als „kulturalisiert" anzusetzen und von den internalisierten Werten und Normen sowie dem Niveau generalisierten Vertrauens in der jeweiligen Gesellschaft abhängig.

Samuel P. Huntington gilt als prominentester Vertreter der ersten Forschungsrichtung.⁷⁴ Er argumentiert, fundamentalistisch-religiöse Kulturen behindern die Verbreitung demokratiestützender Normen. Damit werde demokratischen Institutionen die Legitimitätsgrundlage entzogen.⁷⁵ Es gibt nach Huntingtons Auffassung „demokratiefreundlichere" und „demokratiefeindlichere" Kulturen: Der westliche, der lateinamerikanische und der japanische Kulturkreis gelten als eher kompatibel mit Demokratie; der slawisch-orthodoxe, der hinduistische und der

---

69 Vgl. ebd., S. 101 f.
70 Vgl. ebd., S. 175 f.
71 Ebd., S. 408.
72 Ebd., S. 412.
73 Vgl. Merkel (Anm. 23), S. 79 und Schlumberger/Karadag (Anm. 45), S. 231 f.
74 Siehe Huntington (Anm. 48).
75 Vgl. dazu auch Merkel (Anm. 23), S. 80 f.

afrikanische als eher neutral; der konfuzianische und der islamische als demokratieunvereinbar.[76] Damit werden gesamte Kulturen und Wertemuster als demokratiefeindlich und damit als extremistisch oder doch extremismus-affin abgestempelt. Demnach wären Systemtransformationen immer dann wahrscheinlich, wenn in einer Gesellschaft neue Kultur- und Wertemuster in nennenswertem Umfang emergieren und in politische Forderungen übersetzt werden, die sich in Opposition zu den im politischen System verankerten Werten und Normen begeben. Des Weiteren können sich extremistische Positionen aus kulturellen Mustern speisen oder diese als Legitimationsgrundlage nutzen. Religiös fundierte politische Extremismen unterschiedlichster Konfessionen bieten hierfür eindrucksvolle Beispiele.[77] Diese wiederum können dann die politische Ordnung infrage stellen. Gleichwohl: Die neuere empirische Forschung entkräftet weithin Huntingtons Annahme, die identifizierten Muster und Einstellungen gälten für jeweils den gesamten Kulturkreis.[78]

Vertreter der Sozialkapitaltheorie gehen von der Sozialisation demokratischer Werte, Normen und Verhaltensweisen aus. Vertrauen firmiert hier als zentrale Kategorie. Je stärker es in einer Gesellschaft ausgeprägt sei, desto wahrscheinlicher werde Kooperation. Normen der Reziprozität und Netzwerke kooperativen Vertrauens befördern wiederum die Demokratiefähigkeit und historisch akkumuliertes soziales Kapital erhöhe Stabilität, Effizienz und Qualität der Demokratie. Robert Putnam ist einer der exponiertesten Vertreter dieser zweiten Forschungsrichtung.[79] Er geht davon aus, Kooperationsregeln, demokratische Werte und Verhaltensweisen entstünden insbesondere in Vereinen und anderen freiwilligen Zusammenschlüssen.[80] Die so internalisierten Reziprozitätsnormen und das daraus resultierende Vertrauen bilden das soziale Kapital, das für Demokratien unerlässlich sei. Dabei kommt den unterschiedlichen Spielarten unterschiedliche Bedeutung zu: Historisch akkumuliertes Sozialkapital steigere Stabilität, Effizienz, Effektivität und Qualität von Kooperationen zwischen Individuen und/oder Organisationen und erhöht die Wahrscheinlichkeit von Kooperation auch in offenen Settings.[81] Während das so genannte „bonding social capital" insbesondere innerhalb von homogenen Gruppen, Institutionen und Organisationen auftauche, entfaltet im Zusammenhang mit Demokratisierung „bridging social capital" als Vertrauen gegenüber nicht persönlich bekannten Personen des gleichen Gemeinwesens und „linking social capital" als Vertrauen gegenüber Mitgliedern

---

76 Vgl. Schlumberger/Karadag (Anm. 45), S. 232.
77 Auch wenn die deutsche Extremismusforschung islamisch-fundamentalistische Extremismen besonders hervorhebt (vgl. etwa Uwe Backes/Eckhard Jesse, Vergleichende Extremismusforschung, Baden-Baden 2005), so finden sich historisch zahlreiche Beispiele für politische Extremismen, die sich auch aus anderen Kulturen und Religionen speisen.
78 Vgl. dazu exemplarisch: Ronald Inglehart/Pippa Norris, The True Clash of Civilizations, in: Foreign Policy 135 (2003), S. 62–70; Giacomo Chiozza, Is there a Clash of Civilizations? Evidence from Patterns of International Conflict Involvement, 1946–1997, in: Journal of Peace Research 39 (2002), S. 711–734; Irem Uz, Do Cultures Clash?, in: Social Science Information 54 (2015), H. 1, S. 78–90 und Jonathan Fox, Paradigm lost: Huntington's Unfulfilled Clash of Civilizations Prediction into the 21st Century, in: International Politics 42 (2005), S. 428–457.
79 Vgl. Putnam (Anm. 49) sowie ders., Bowling Alone. The Collapse and Revival of American Community, New York 2000.
80 Vgl. Putnam (Anm. 49).
81 Vgl. Putnam (Anm. 49); Eric M. Uslander, Producing and Consuming Trust, in: Political Science Quarterly 115 (2000), S. 569–590; Gabriel Badescu/Eric M. Uslander (Hrsg.), Social Capital and the Transition to Democracy, London 2003.

anderer Gemeinwesen Relevanz.[82] Während Erstgenanntes die Integration heterogener Individuen durch die Erzeugung weiterer Identitäten und Reziprozitätsnormen ermöglicht,[83] integriert Letztgenanntes: „unlike individual in dissimilar situations"[84]. „Bonding social capital" erhöht daher zunächst die Kohäsion homogener Gruppen und kann tendenziell demokratiefeindlich und polarisierend wirken (da Gleichgesinnte „unter sich" bleiben), während „bridging" und „linking social capital" demokratische Reziprozitätsnormen stärkt und zu einer gelingenden Demokratisierung beiträgt: Nur wer anderen vertraut, kann auch abstrakte Normen und Konfliktlösungsregeln akzeptieren. Fehlt dieses Vertrauen, verlieren demokratische Institutionen rasch an Bedeutung. Misstrauen, Polarisierung und Ausgrenzung auf der Basis von exklusivem „bonding social capital" befördern wiederum Radikalisierung und leisten dergestalt unter Umständen extremistischen Positionen Vorschub.[85]

4.2 Ansätze auf der Mesoebene

Strukturtheoretische Ansätze gehen vor allem Fragen gesellschaftlicher Macht- und Ressourcenverteilung sowie deren Rolle bei der Etablierung von Demokratie nach. So sieht Barrington Moore Jr. das Wirtschaftsbürgertum als treibende Demokratisierungskraft. Nur wenn dieses eine unabhängige Stellung innehat, sei Demokratisierung möglich. Vor allem von der Landaristokratie müsse diese Klasse unabhängig sein. Die relevanten „Stellschrauben" im Transformationsprozess sind demnach die Machtverteilung innerhalb der Eliten, die ökonomische Basis der Oberschicht, die Konstellationen von Klassenkoalitionen und die Machtverteilung zwischen den sozialen Klassen sowie der Grad der Abhängigkeit des Staates von den dominanten Klassen.[86] In Erweiterung der Argumentation von Moore haben verschiedene Autoren und insbesondere Dietrich Rueschemeyer, Evelyne Huber Stephens und John Stephens zwei Variablen als zentrale Erfolgsbedingungen einer Demokratisierung herausgearbeitet: Klassenstrukturen und -koalitionen sowie die Machtverhältnisse zwischen Staat und Zivilgesellschaft.[87] Erstens: In diesem Verständnis gelten Großgrundbesitzer als „Demokratiebremser" und die Arbeiterklasse als „Motor" demokratischer Entwicklung. Befördert werde Demokratie von Kapitalismus, Arbeiterschaft und Mittelschicht wüchsen unabhängig von Grundbesitzern. Zweitens sei entscheidend, dass die Staatseliten unabhängig von den wirtschaftlichen Eliten eigene Ressourcen kontrollierten und die Sicherheitsorgane der zivilen Kontrolle unterlägen. Tatu Vanhanen verfeinert die Frage der gesellschaftlichen Machtressourcenverteilung mit seinem Machtdispersionsansatz und kommt zu folgendem Befund: je breiter die Verteilung der Machtressourcen in

---

82 Vgl. Michael Woolcock, The Place of Social Capital in Understanding Social and Economic Outcomes, in: Canadian Journal of Policy Research 2 (2001), H. 1, S. 11–17.
83 Vgl. Putnam (Anm. 49), S. 22 f.
84 John Field, Social Capital, London 2003, S. 42.
85 Vgl. Gabriela Catterberg/Alejandro Moreno, The Individual Base of Political Trust: Trends in New and Established Democracies, in: International Journal of Public Opinion Research 18 (2006), H. 1, S. 32–48; Sonja Zmerli/Kenneth Newton, Social Trust and Attitudes toward Democracy, in: Public Opinion Quarterly 72 (2008), S. 706–724. Einige Studien zur Rolle von Vertrauen in Transformationsprozessen finden sich in Badescu/Uslander (Anm. 81). Siehe auch Daniela Braun, Politisches Vertrauen in neuen Demokratien, Wiesbaden 2012.
86 Vgl. Moore Jr. (Anm. 52); Merkel (Anm. 23), S. 76; Schlumberger/Karadag (Anm. 45), S. 234.
87 Vgl. Rueschemeyer/Stephens/Stephens (Anm. 54); Merkel (Anm. 23), S. 76 ff.

einer Gesellschaft, desto demokratischer ist diese.[88] Oligarchische Machtstrukturen begünstigten demgegenüber die Etablierung autoritärer Regime. Dies lässt sich etwa am Beispiel Russlands nach dem Jahr 2000 illustrieren. Alle entscheidenden ökonomischen und politischen Machtressourcen gerieten sukzessive unter Kontrolle einer vergleichsweise homogenen Herrschaftselite, während Bildungsressourcen vergleichsweise ungleich verteilt blieben.[89]

Ähnlich wie die auf der Makroebene angesiedelte Systemtheorie konzentrieren sich strukturtheoretische Ansätze auf Rahmenbedingungen von Systemtransformationen. Dabei heben sie jedoch die Mesoebene kollektiver Akteure und Interessengruppen hervor. Dadurch geraten Klassenkonstellationen und deren Machtressourcen ins Blickfeld. Besonders das Machtverhältnis zwischen Staat und Zivilgesellschaft erscheint hier zentral. Akkumuliert der Staat politische wie ökonomische Ressourcen, während die ökonomischen Eliten vergleichsweise schwach sind, so begünstigt dies ebenso wie eine stark ideologische Fundierung die Herausbildung autoritärer Regime. Ressourcenstreuung und eine starke Zivilgesellschaft begünstigen wiederum die Ausbildung eines demokratischen Regimes. Zentral ist dabei jedoch die Organisation des Gewaltmonopols. Hier ist die zivile Kontrolle der Sicherheitseliten entscheidend, denn wenn diese, bestehend aus Militärs, Polizei und Geheimdiensten, einen „Staat im Staat" bilden, so können sie – nunmehr die wichtigsten Vetoakteure – Demokratie verhindern. Damit rückt die Verhaltenskonsolidierung der Eliten in den Fokus der Analyse.

4.3 Ansätze auf der Mikroebene

Akteurstheoretische Ansätze zielen zugleich auf die politische Mikro- und die Mesoebene. Sie untersuchen „die Unbestimmtheit politischen Handelns in Hinblick auf Verlauf und Ausgang von Systemwechseln. Die Entscheidung für oder gegen die Demokratie wird [...] letztlich als Ergebnis einer situationsgebundenen, kontinuierlichen Neudefinition wahrgenommener Präferenzen, Strategien und Handlungsmöglichkeiten durch die relevanten Akteure angesehen".[90] Es geht bei Transformationsprozessen mithin weniger um objektive Umstände (wie Systemmerkmale und Machtkonstellationen) als um subjektive Einschätzungen und Handlungen zentraler Akteure. Entscheidend für den Verlauf von Transformationen seien die Gesinnung, die Werte und Normen von Eliten sowie deren Wahrnehmung der eigenen Erfolgschancen im politischen Prozess. Demokratie gilt demnach als kontingentes Ergebnis einer Reihe politischer Konflikte[91], die von den beteiligten Akteuren gelöst werden müssen. Jede Entscheidung bedingt Handlungsspielräume, ermöglicht bestimmte Entscheidungen und versperrt andere. Bestimmte Akteurskonstellationen sind daher der Demokratisierung zuträglicher als andere. Überdies werden „auch bei häufig wechselnden Akteurskonstellationen die Erfolgsmöglichkeiten und Gefährdungen von Demokratisierungsverläufen in ihren wechselnden Etappen jeweils model-

---

88 Vgl. Vanhanen (Anm. 53).
89 Vgl. Åslund (Anm. 65), S. 233 ff.
90 Merkel (Anm. 23), S. 84.
91 Vgl. Adam Przeworski, Democracy as a Contingent Outcome of Conflicts, in: Jon Elster/Rune Slagstad (Hrsg.), Constitutionalism and Democracy, Cambridge 1988, S. 59–80.

liert"[92]. Akteurskonstellationen, Kalküle und Konflikte sind auf diese Weise besonders gut herauszuarbeiten.

Handeln wird dabei in erster Linie als Elitenhandeln verstanden – im Unterschied etwa zu Strukturtheorien, bei denen Klassen im Zentrum des Interesses sind.[93] Sozioökonomische Strukturen, politische Institutionen, internationale Einflüsse und historische Erfahrungen bilden lediglich den Hintergrund des Akteurshandelns. Die Bevölkerung wird hingegen weitgehend ausgeblendet, gilt als nachgeordnet. Sie spielt nur dann eine wichtige Rolle, wenn die Eliten sie für eigene Ziele „einspannt". In diese Leerstelle springen revolutionstheoretische Ansätze, denn Revolutionen sind – da sie soziale, politische sowie ökonomische Umwälzungen einschließen – ohne die Mobilisierung breiter Massen nicht vorstellbar. In dieser Perspektive kehrt sich das Verhältnis von Eliten und Massen um: Eliten werden zwar zur Massenmobilisierung benötigt, können aber ohne diese keine Revolution durchführen. Ein Systemwechsel durch Elitenpakte hingegen ist durchaus möglich.

Neben stärker deskriptiven Ansätzen[94], die Transformationsprozesse über Wenn-dann-Sätze zu beschreiben suchen, betonen stärker dem Rational-Choice-Paradigma verpflichtete Autoren die Abfolge strategischer Situationen, die spieltheoretisch zu lösen sind.[95] Adam Przeworski beschreibt etwa Elitenpakte idealtypisch entlang spieltheoretischer Überlegungen.[96] Dabei identifiziert er zwei Hauptpfade der Elitenspiele zwischen liberalisierenden Eliten und sogenannten Hardlinern vor dem Hintergrund einer sich organisierenden Zivilgesellschaft. Entweder werden Liberalisierer zu Reformern oder sie paktieren mit den Hardlinern und üben Repression gegenüber der Zivilgesellschaft aus. Die Entscheidung für eine der Strategien hängt maßgeblich davon ab, wie die Eliten ihre Erfolgschancen und ihre Position im neuen politischen System einschätzen. Eine solche spieltheoretische Analyse der polnischen Transition führten beispielsweise Josep Colomer und Margot Pascual durch.[97] Sie argumentierten, dass im polnischen Transformationsprozess vor allem falsche Erwartungen der Machthaber hinsichtlich ihrer künftigen Position im neuen politischen System eine Verhandlungslösung zwischen kommunistischer Partei und Solidarnoscz ermöglicht hatten. Die ersten freien Wahlen zeigten dann die tatsächliche Verhandlungsmacht der einzelnen Parteien – dies wiederum führte zu einer Auflösung der vorher verhandelten Arrangements und zog den Fall des kommunistischen Regimes nach sich.

---

92 Merkel (Anm. 23), S. 84.
93 Vgl. ebd.
94 Vgl. exemplarisch O'Donnell/Schmitter/Whitehead (Anm. 36).
95 Vgl. Merkel (Anm. 23), S. 84; Przeworski (Anm. 55); Josep M. Colomer, Game Theory and the Transition to Democracy: The Spanish model, Aldershot 1995.
96 Vgl. Przeworski (Anm. 55).
97 Vgl. Josep M. Colomer/Margot Pascual, The Polish Games of Transition, in: Communist and Postcommunist Studies 27 (1994), S. 275–294.

5 Individuelle und kollektive Akteure in Transformationsprozessen

Im Rahmen von Transformationsprozessen verändern soziale Systeme die Handlungskorridore der politisch-gesellschaftlichen Akteure. Dabei kann es sich um Individuen (Regierungschefs oder Vertreter von politischen, sozialen und ökonomischen Eliten) ebenso handeln wie um Kollektive (Parteien, Eliten oder Klassen). Daneben erörtern verschiedene nicht-transformationstheoretische Ansätze unter dem Stichwort „contentious politics" die Rolle der Bevölkerung als (supra-)kollektiven Akteur in sozialen Bewegungen, Protesten und Revolutionen.[98] Diese Art kollektiver Akteure ist analytisch eher auf der Meso- als der Mikroebene angesiedelt und bildet eine sinnvolle Ergänzung zu den weitgehend auf Klassen fokussierenden Ansätzen der Machtdispersion. Im Folgenden wird daher die Rolle von Massen und Eliten in der Transformationsforschung unter exemplarischem Einbezug der Literatur zu Mobilisierung[99], sozialen Bewegungen[100] und „contentious politics" diskutiert, zumal sich hier einige wichtige Anknüpfungspunkte zur Revolutionsforschung ebenso wie zur Extremismusforschung bieten.

Massen und Eliten spielen in den theoretischen Ansätzen der Transformationsforschung unterschiedliche Rollen. In systemtheoretischen Ansätzen, etwa bei Lipset, sind Eliten lediglich implizit als Motoren der Modernisierung gedacht und bei Barrington Moores Strukturanalyse spielen sie allenfalls als Vertreter sozialer Klassen und deren Machtposition eine Rolle. Im Gegensatz dazu betonen insbesondere akteurstheoretische und zum Teil auch modernisierungstheoretische Ansätze die herausragende Rolle von Eliten, deren Einstellungen und Verhalten im Rahmen von Demokratisierungsprozessen.[101] Eine systematische Integration von strukturellen Bedingungen und Akteurshandeln schlägt beispielsweise Dankwart A. Rustow vor.[102] Er entwickelt ein Phasen-Modell der Transition, als deren strukturelle Voraussetzung er die nationale Einheit des Gemeinwesens sieht. In diesem muss es einen polarisierenden Konflikt um wichtige ökonomische und politische Fragen geben, den politische Führer unter Etablierung demokratischer Spielregeln und der Institutionalisierung der Demokratie zu überwinden suchen. In einem letzten Schritt müssen politische Eliten und Wähler die demokratischen Spielregeln internalisieren.[103]

O'Donnell, Schmitter und Whitehead betonen wiederum Elitendispositionen, -kalküle und -pakte als Determinanten von Systemwechseln.[104] Dabei führen O'Donnell und Schmitter die später auch von Przeworski verwendete Unterscheidung von Soft- und Hardlinern ein.[105] Deren Positionen zueinander und zum Ziel der Transformation erklärt hier die Art des Regime-

---

98 Vgl. Sidney Tarrow, Power in Movement: Social Movements, Collective Action and Politics, Cambridge 1994; Doug McAdam/Sidney Tarrow/Charles Tilly, Dynamics of Contention, Cambridge 2001; Charles Tilly, Revolutions and Collective Violence, in: Greenstein/Polsby (Anm. 19), S. 483–555.
99 Vgl. Karl-Dieter Opp, Mobilisierungsansätze in der Transformationsforschung, in: Raj Kollmorgen/Wolfgang Merkel/Hans-Jürgen Wagener (Hrsg.), Handbuch Transformationsforschung, Wiesbaden 2015, S. 183–194.
100 Vgl. Mayer N. Zald/John Mc Carthy (Hrsg.), Social Movements in an Organizational Society. Collected Essays, New Brunswick 1987.
101 Vgl. Merkel (Anm. 23), S. 89 ff.
102 Vgl. Rustow (Anm. 1), S. 337–363.
103 Ebd., S. 355; Merkel (Anm. 23), S. 90.
104 Vgl. O'Donnell/Schmitter/Whitehead (Anm. 36).
105 Vgl. Guillermo O'Donnell/Philippe Schmitter, Transitions from Authoritarian Rule. Tentative Conclusions about Uncertain Democracies, Baltimore 1986; Przeworski (Anm. 55) 1992.

wechsels: Hardliner glauben an die Möglichkeit und Wünschbarkeit der Fortsetzung eines autoritären Regimes.[106] Softliner kommen demgegenüber im Laufe der Transformation zu folgender Erkenntnis: „the regime they helped to implant, and in which they usually occupy important positions, will have to make use, in the foreseeable future of some degree or some form of electoral legitimation".[107] In dieser Situation wird ein Elitenpakt – „an explicit, but not always publicly explicated or justified, agreement among a select set of actors which seek to define [...] rules governing the exercise of power on the basis of mutual guarantees for the vital interests of those entering to it"[108] – entscheidend für den Weitergang der Transformation. Auch Burton, Gunther und Higley messen dem Elitenverhalten eine Schlüsselrolle bei der Erklärung von Erfolg oder Misserfolg von Demokratisierungsprozessen bei. Nur wenn sich die Eliten auf die grundlegenden Spielregeln demokratischer Verfahren einigen können, ist Demokratiekonsolidierung möglich. Die Herausbildung eines Basiskonsenses hinsichtlich der Werte unterstützt einen solchen Verlauf.[109]

Wolfgang Merkel fragt im Anschluss an Linz und Stepan[110] danach, ob zentrale Akteure wie „Militär, Großgrundbesitzer, Finanzkapital, Unternehmer, radikale Bewegungen und Gruppen"[111] die Spielregeln der Demokratie, ihrer Institutionen, Normen und Regeln sowie die Etablierung einer breiten Interessenvertretung etwa in einem Parteien- und Wahlsystem verinnerlichen oder ob sie ihre Interessen außerhalb dieser vom politischen System vorgegebenen Bahnen verfolgen. Dabei steht das Vertrauen der Eliten und potentieller Vetospieler in das politische System im Zentrum, denn „je weniger Vertrauen die informellen Akteure in die offiziellen politischen Institutionen, Parteien, Verbände und politischen Eliten besitzen, je mehr sie ihre vitalen Interessen von deren Entscheidungen oder Unterlassungen bedroht sehen, umso größer ist die Gefahr demokratiegefährdender Aktionen"[112].

Während die skizzierten Ansätze sich vor allem mit der Rolle von Eliten bei der Demokratisierung auseinandersetzen, analysieren Linz und Stepan die Bedeutung von Eliten beim Zusammenbruch von Demokratien.[113] Linz geht es um die Dynamik politischer Regime, um Erklärungen für Demokratiezusammenbrüche und -krisen, deren zentrale Ursachen er in Institutionen und Individuen sieht. Institutionen und Strukturen geben den Handlungsrahmen kollektiver und individueller Akteure vor, die wiederum politische Systeme stabilisieren oder destabilisieren.[114] Dabei können Demokratien eine Reihe unterschiedlicher Ziele und Interessen integrieren. Erst bei dauerhafter Nichtberücksichtigung bestimmter Interessen komme es zu Verwerfungen: „[O]nce people realize that their goals cannot be achieved through democratic in-

---

106 Vgl. ebd., S. 16.
107 Ebd.
108 Ebd., S. 37.
109 Vgl. Michael G. Burton/Richard Gunther/John Higley, Elite Transformations and Democratic Regimes, in: John Higley/Richard Gunther (Hrsg.), Elites and Democratic Consolidations in Latin America and Southern Europe, Cambridge 1992, S. 1–38; Merkel (Anm. 23), S. 90.
110 Vgl. Juan J. Linz/Alfred Stepan, Problems of Democratic Transition and Consolidation: Southern Europe, South America, and Post-Communist Europe, Baltimore 1996.
111 Merkel (Anm. 23), S. 112.
112 Ebd., S. 123.
113 Vgl. Juan J. Linz, Crisis, Breakdown and Reequilibration, in: ders./Stepan (Anm. 56), S. 3–124.
114 Vgl. ebd., S. 4 und 12.

stitutions, the democratic system will be discarded".[115] Extremistische Politik ist nach Linz letztlich das Ergebnis solch struktureller Spannungen und Ausdruck des Versagens demokratischer Führung.[116]

Er unterscheidet zwei Arten des Zusammenbruchs: erstens Revolutionen, die von Eliten oder Bevölkerungsgruppen ausgehen, für welche die Veränderung sozialer Strukturen einen höheren Wert darstellt als die Stabilität der Demokratie; zweitens langsame und schleichende Veränderungen, durch die Freiheit und Demokratie ausgehöhlt werden und die einer konterrevolutionären autoritären Herrschaft dienen.[117] Dabei betont Linz einmal mehr die Bedeutung des Legitimitätsglaubens der Bevölkerung und insbesondere der Militärs und der Sicherheitskräfte gegenüber der Demokratie: „Belief in that legitimacy on the part of those who have direct control of armed forces is particularly important. However, it seems unlikely that military leaders would turn their arms against the government unless they feel that a significant segment of the society shared their lack of belief and that others were at least indifferent to the conflicting claims for allegiance."[118]

Der Legitimitätsglaube hängt Linz zufolge von „effectiveness" und „efficacy" des politischen Systems ab. Efficacy bezieht sich auf die Kapazität des Regimes, Lösungen für grundlegende gesellschaftliche Probleme bereitzustellen, die von der Bevölkerung als zufriedenstellend wahrgenommen werden (output); Effektivität wiederum bezieht sich auf die Umsetzung der Lösungen und deren Wirkung (outcome).[119] Auslöser für Dysfunktionalitäten des politischen Systems seien vor allem die Polarisierung und die Verantwortungslosigkeit von Eliten. So untergraben antisystemische Parteien die Legitimität des politischen Systems, während ideologische Differenzen und Polarisierungen politischen Extremismus befördern.[120]

Darüber hinaus unterscheidet Linz illoyale, semiloyale und loyale Oppositionen, die unterschiedliche Auswirkungen auf die Legitimität des politischen Regimes haben und so Wandel induzieren können: „Changes in regime occur with the transfer of legitimacy from one set of political institutions to another. They are brought on by the action of one or more disloyal oppositions that question the existence of the regime and aim at changing it."[121] Illoyale Eliten seien demgegenüber weniger problematisch, da sie in der Regel eine politisch mehr oder weniger marginalisierte Minderheit darstellen. Nur in Krisensituationen erlangen sie größere Bedeutung. Im Linz'schen Verständnis sind insbesondere „semiloyale" Oppositionen von Bedeutung, wenn demokratische Regime einen Machtverlust erleiden.[122] Dann tragen sie nämlich zu einer weiteren Polarisierung und Verstärkung von Misstrauen bei. Das politische System gerät dann unter Druck, wenn extremistische Parteien starke Unterstützung erfahren, Einfluss auf mächtige Interessengruppen gewinnen und als reale Gefahr oder Konkurrenz wahrgenommen

---

115 Ebd., S. 11.
116 Vgl. ebd., S. 12.
117 Vgl. ebd., S. 13 und 17.
118 Ebd., S. 17.
119 Vgl. ebd., S. 21 f.
120 Vgl. ebd., S. 26.
121 Ebd., S. 27.
122 Vgl. ebd., S. 28.

werden. Als Lackmustest für die Loyalität gegenüber der demokratischen Herrschaft formuliert Linz sechs zentrale Kriterien:
- Werden die legalen Mittel der Machtübernahme anerkannt?
- Wird Gewalt als Mittel zur Erreichung politischer Ziele abgelehnt?
- Wird in instabilen Situationen militärische Unterstützung gefordert?
- Wird gewählten Parteien Legitimität und das Recht zu regieren abgesprochen?
- Besteht die Bereitschaft, die Bürgerrechte von Politikern und Bürgern einzuschränken, die ihre verfassungsmäßig garantierten Rechte ausüben wollen?
- Gibt es Angriffe auf das politische System, werden politische Gegner diffamiert und parlamentarische Prozesse behindert?[123]

Politische Gewalt spielt nach Linz eine zentrale Rolle bei Demokratiezusammenbrüchen. Denn gerade der Verlust des staatlichen Gewaltmonopols und die mangelnde Durchsetzungsfähigkeit des Staates eröffnen Extremisten die Möglichkeit, die Legitimität des Regimes zu untergraben. Insbesondere das Dulden paramilitärischer Organisationen, die illoyalen Oppositionen nahestehen, gilt als gefährlich, wie die historischen Beispiele Italien, Spanien und Deutschland illustrieren. Dies führt nach Linz zu der paradoxen Situation, dass demokratische Regime möglicherweise eine größere Anzahl von Sicherheitsorganen benötigen als eine stabile Diktatur.[124]

Wenn die systemilloyale Opposition Effizienz- und Effektivitätsverluste des politischen Systems für ihre Zwecke instrumentalisiert, folgen daraus nicht selten Unruhen und eine verstärkte Politisierung der Massen. In solchen Situationen reagieren auch demokratische Regime häufig mit einer Kompetenzstärkung der Exekutive und mit der Beschränkung von parlamentarischen Rechten und Bürgerrechten. Die Reaktion auf die Krise der Demokratie kann so selbst in Entdemokratisierung münden, wenn und falls die Beschränkungen nach einer Restabilisierung nicht wieder zurückgenommen werden. Alternativ können Teile der illoyalen Opposition in eine Koalition kommen. So wird eine partielle Machtübergabe zu einer Machtübernahme, wie Linz an den Beispielen Italiens 1922 und des Deutschen Reiches 1933 illustriert. Oder aber es kommt zu gesellschaftlicher Polarisierung und bürgerkriegsähnlichen Zuständen, was wiederum meist zum Rücktritt der Regierung und Ausnahmezuständen führt. Alle Prozesse bedeuten Linz zufolge das Ende der Demokratie.[125] Vor diesem Hintergrund lohnen sich historisch vergleichende Analysen zur Rolle von Extremisten bei Demokratiezusammenbrüchen, wie sie etwa Giovanni Capoccia für die Zwischenkriegszeit in Europa durchgeführt hat. Er gelangt zum Ergebnis, dass Antisystem-Parteien die größte Herausforderung für eine Demokratie darstellen.[126] Giovanni Capoccia und Daniel Ziblatt präsentierten zudem wichtige Grundlagen für eine historisch vergleichende Demokratisierungsforschung, indem sie die Emergenz politischer Institutionen als Reaktion auf historische Konflikte entlang vielfältiger sozialer und politischer Bruchlinien beschrieben.[127] Damit geraten extremistische Strömungen sowie ethnische und re-

---

123 Vgl. ebd., S. 30.
124 Vgl. ebd., S. 56 ff.
125 Vgl. ebd., S. 75–81.
126 Vgl. Giovanni Capoccia, Defending Democracy. Reactions to Extremism in Interwar Europe, Baltimore 2005.
127 Vgl. Giovanni Capoccia/Daniel Ziblatt, The Historical Turn in Democratization Studies. A new Research Agenda for Europe and Beyond, in: Comparative Political Studies 43 (2010), S. 931–968.

liguöse Akteure in den Analysefokus. Inwieweit dieser Ansatz für eine Analyse von Extremismen und Demokratisierungen außerhalb Europas „trägt", muss sich noch zeigen.

Unter dem Stichwort „contentious politics" firmiert ein breiter Literaturkorpus, der die Rolle sozialer Bewegungen und Massenpartizipation in Systemtransformationen analysiert. Soziale Bewegungen sind weder formal organisiert noch sind sie unorganisierte und kurzlebige Kollektive, sondern koordinierte und nachhaltige Gruppen, die kollektiv widerständig handeln.[128] Dementsprechend definieren Doug McAdam, Sidney Tarrow und Charles Tilly soziale Bewegungen: „a sustained interaction between mighty people and others lacking might: a continuing challenge to existing powerholders in the name of a population whose interlocutors declare it to be unjustly suffering harm or threatened with such harm".[129] Vor allem die Arbeiten von Charles Tilly[130] und Sidney Tarrow[131] bilden einen Gegenpol zu den stark elitenzentrierten Ansätzen. Stattdessen rücken kollektive, nicht formal organisierte und institutionalisierte Akteure wie soziale Bewegungen sowie Ereignisse in das Zentrum der Analyse, denn: „[U]nless we trace the forms of activity people use, how these reflect their demands, and their interaction with opponents and elites, we cannot understand either the magnitude or the dynamics of change in politics and society"[132]. Charles Tilley definiert „contentious gathering" als „an occasion on which a number of people [...] outside the government gathered in a publicly-accessible place and made claims on at least one person outside their own number, claims which if realized would affect the interests of their object"[133]. Diese Definition umfasst alle möglichen Formen kollektiver Handlungen – Unruhen und Krawalle ebenso wie friedliche Zusammenkünfte und Prozessionen. Zur Erklärung von Auftreten, Art und Intensität solcher „contentious collective action" dienen vier Faktoren: 1) Psychologische Erklärungsansätze fokussieren darauf, wie sich Unzufriedenheit durch die relative Deprivation der Akteure in Protest ummünzt. 2) Politische Erklärungsansätze sehen die sich verändernden politischen Möglichkeitsstrukturen und deren Wahrnehmung durch die Akteure als zentralen Faktor für Protest an. 3) Kulturelle Ansätze beleuchten besonders die Art und Weise, wie kollektive Handlungen in eine Erzählung eingebettet (framing) und so die Erfolgschancen beeinflusst werden. 4) Gesellschaftliche Modelle identifizieren schließlich die Verfügbarkeit materieller und organisatorischer Ressourcen als wichtige Determinanten kollektiven Protests.[134] Freilich schließen die vier Erklärungsansätze einander nicht aus, sondern ergänzen sich.

---

128 Vgl. Tarrow (Anm. 98), S. 2. Neben sozialen Bewegungen fallen nach Lichbach soziale Revolutionen, ethnische Konflikte und Protestzyklen unter die Definition von „contentious politics". Vgl. Mark Lichbach, Contending Theories of Contentious Politics and the Structure-Action Problem of Social Order, in: Annual Review of Political Science 1 (1998), S. 401–424, hier S. 406.
129 Doug McAdam/Sidney Tarrow/Charles Tilly, To Map Contentious Politics, in: Mobilization 1 (1996), H. 1, S. 17–34, hier S. 21.
130 Siehe Tilly (Anm. 98); ders., Popular Contention in Great Britain, Cambridge 1995.
131 Siehe Tarrow (Anm. 98); ders., Democracy and Disorder: Protest and Politics in Italy. 1965–1975, Oxford 1989.
132 Ebd., S. 7 f.
133 Tilly (Anm. 130), S. 63.
134 Vgl. dazu Grzegorz Ekiert/Jan Kubik, Contentious Politics in New Democracies: East Germany, Hungary, Poland, and Slovakia. 1989–93, in: World Politics 50 (1998), S. 547–581, hier S. 549; Tarrow (Anm. 98), S. 189.

So argumentieren etwa Ekiert und Kubik in Ihrer Untersuchung von „contentious politics" in Ostdeutschland, Ungarn, Polen und der Slowakei[135], die Transformationsprozesse seien nur vor dem Hintergrund kollektiver Proteste zu verstehen. Ihr Ziel ist die Ergänzung der stark elitenbasierten Transformationsforschung durch einen Blick auf nicht-elitäre Akteure. Aus ihrer Sicht führt die Konzentration auf Eliten, institutionelle Arrangements, das Parteiensystem und die Interdependenz zwischen politischen und ökonomischen Veränderungen zu einer Lücke in der Analyse von Demokratisierungsprozessen: „[W]e know very little about the activities of nonelite actors and how these activities shape the processes of democratization."[136] Die Autoren kommen vor dem Hintergrund ihrer Analysen zum Schluss, dass Protest nicht notwendigerweise eine Bedrohung für Demokratie darstellen müsse, sondern unter bestimmten Voraussetzungen die Konsolidierung einer Demokratie erleichtere. „This happens when protest is employed as a means of bringing forward demands for reforms and not challenging the legitimacy of the regime; its methods are recognized as legitimate by a large sector of the populace; it is channeled through well-known strategies and coordinated by established organizations."[137] Dabei geht es ihnen neben den Handlungen dieser Akteure um die Determinanten des Protestniveaus und der -art sowie um die Frage, inwieweit Massenproteste eine demokratische Konsolidierung verhindern. Während die osteuropäischen Transformationen Beispiele für weitgehend erfolgreiche Demokratisierungen im Kontext von Massenprotesten seien, kann anhand des Arabischen Frühlings – besonders der Massenproteste in Ägypten und Tunesien – aufgezeigt werden, dass Transformationen nicht notwendigerweise weg von autoritären und hin zu demokratischen Regimen führen.[138] So trugen die Massenproteste im Jahr 2011 rund um den Tahrir-Platz in Kairo zwar maßgeblich zum Rücktritt des Präsidenten Hosni Mubarak und dem Sturz des Regimes bei. In der folgenden Phase der Öffnung und des politischen Wettbewerbs bei den Wahlen 2011/12 konnten sich jedoch islamisch-konservative Kräfte um die Muslimbruderschaft eine Mehrheit in Parlament wie in der verfassungsgebenden Versammlung sichern und der damalige Vorsitzende Mohammed Mursi wurde zum Präsidenten gewählt. Erneute Massenproteste liberaler und säkularer Kräfte eskalierten Ende 2012 und mündeten schließlich in einem Militärputsch, durch den die alten Führungseliten und das Militär, die schon unter Mubarak zentrale politische Akteure gewesen waren, wieder an die Macht gelangten. So hatten innerhalb kürzester Zeit eine massenbasierte Revolution, eine Machtübernahme durch konservative Kräfte und ein Militärputsch Ägypten transformiert – mit dem Ergebnis, dass am Ende das ursprünglich durch die Massenproteste entmachtete Regime wieder Fuß fasste. Und auch in Tunesien führten Massenproteste zum Sturz des Regimes um Zine el-Abidine Ben Ali, der selbst im Jahr 1987 durch einen Putsch an die Macht gelangt war. Im Unter-

---

135 Vgl. Ekiert/Kubik (Anm. 134).
136 Ebd., S. 551 f.
137 Ebd., S. 578 f.
138 Vgl. dazu exemplarisch Eberhard Kienle, Egypt without Mubarak. Tunisia after Bin Ali: Theory, History and the Arab Spring, in: Economy and Society 41 (2012), S. 532–557; Jannis Grimm, Eine Schwalbe macht noch keinen Frühling: Die arabischen Umbrüche in der politikwissenschaftlichen Literatur, in: Zeitschrift für Vergleichende Politikwissenschaft 9 (2015), H. 1, S. 97–118; Jason Brownlee/Tarek Masoud/Andrew Reynolds, The Arab Spring. Pathways of Repression and Reform, Oxford 2015. Eine interessante Analyse der Rolle sozialer Medien im Arabischen Frühling in Ägypten und Tunesien findet sich bei Victoria Carty, Arab Spring in Tunisia and Egypt: The Impact of New Media on Contemporary Social Movements and Challenges for Social Movement Theory, in: International Journal of Contemporary Sociology 51 (2014), S. 51–80.

schied zu Ägypten konnten in der Folge jedoch demokratische Strukturen nachhaltiger verankert und in der Verfassung von 2014 kodifiziert werden.

Gerade die Bewegungsforschung bietet geeignete Erklärungsansätze für den Erfolg oder Misserfolg sozialer – also auch extremistischer – Bewegungen, die Opportunitätsfenster und Ressourcen nutzen müssen, um Unzufriedene zu politisieren und ihre Ziele in eine größere Erzählung einzubetten. Zudem bietet die Literatur zu sozialen Bewegungen einen Ansatzpunkt zur Verknüpfung von Transformations- und Revolutionstheorien, indem sie die analytische Lücke zwischen individuellen und kollektiven organisierten Akteuren und unkontrollierten Massenprotesten schließt und aufzeigen kann, wie Mobilisierung stattfindet. „Revolutionary situations resemble extreme cases of social movement cycles: as the split within a polity widens, all rights and identities come to be contested, the possibility of remaining neutral disappears and the state's vulnerability becomes more visible to all parties. Just as successful mobilization of one social movement contender stimulates claim-making among both rivals and allies, revolutionary claimants on state power incite offensive or defensive mobilizations by previously inactive groups."[139] Darüber hinaus ergänzen diese Ansätze eine weitere Analyseperspektive auf der Mesoebene, die ein Auge für konkrete Situationen hat. „Social movement activity is chosen as a situationally-determined alternative to a variety of other forms of behavior, ranging from unstructured collective action to interest group organization to activism within political parties and institutions".[140]

6 Empirische Befunde zu Transformation und Extremismus im 20. Jahrhundert

Die mannigfaltigen transformationstheoretischen Ansätze bieten eine Reihe von Anhaltspunkten zur Untersuchung des Zusammenhangs zwischen Extremismus und Systemtransformation. Diese werden meist in Einzelfallstudien oder vergleichenden Fallstudien behandelt. Eine systematische Operationalisierung, die makro-quantitativen Analysen den Weg bereiten könnte, liegt bisher nicht vor. Dennoch liefern quantitative Studien Erkenntnisse und Ansatzpunkte für weitere Forschung. So stehen neben den einschlägig bekannten Datensätzen von Freedom House[141] und des Center for Systemic Peace[142], die beide eine kontinuierliche Klassifikation politischer Systeme vornehmen, auch Datensätze zur Verfügung, die zwischen verschiedenen

---

139 McAdam/Tarrow/Tilly (Anm. 129), S. 24.
140 Ebd., S. 27.
141 Siehe https://freedomhouse.org/. Freedom House erfasst, eng angelehnt an die Demokratiekriterien Robert Dahls (Robert Dahl, Polyarchy. Participation and Opposition, New Haven 1971, S. 2 f.), den Status politischer wie Freiheitsrechte und nutzt diesen zur Einteilung der Staaten in „frei", „teilweise frei" und „nicht frei", wobei freie Staaten mit Demokratien, nicht freie mit Autokratien gleichgesetzt werden. Vgl. dazu Holger Albrecht/Rolf Frankenberger, Die „dunkle Seite" der Macht: Stabilität und Wandel autoritärer Systeme, in: Der Bürger im Staat 60 (2010), S. 4–13, hier S. 5.
142 Siehe http://www.systemicpeace.org/. Polity IV unterscheidet ein Spektrum von Regierungsformen, das auf einer Skala von -10 („fully institutionalized autocracy") bis +10 („fully institutionalized autocracy") reicht. Die Klassifikation erfolgt über die Wettbewerbsfähigkeit und Regulierung politischer Partizipation, die Offenheit und Wettbewerbsfähigkeit der Rekrutierung der Exekutiven sowie die Grenzen exekutiver Machtausübung. Vgl. dazu Albrecht/Frankenberger (Anm. 141), S. 4 f.

autoritären Regimetypen unterscheiden und so eine deutlich differenziertere Analyse des Zusammenhangs zwischen autoritärem Regimetyp, Systemtransformation und – in einem weiteren Schritt – Extremismus ermöglichen.

Exemplarisch für diese Datensätze steht der Datensatz von Barbara Geddes, Joseph Wright und Erica Frantz über Transitionen zwischen 1946 und 2010.[143] Dieser umfasst Informationen für alle Transformationen in diesem Zeitraum, die Bedeutung von Gewalt bei diesen Transformationen sowie den Typus des Nachfolgeregimes. Die Autoren definieren Regime als das Set an formalen und informellen Regeln, die definieren, welche Interessen durch die Gruppe der Herrschenden repräsentiert werden und ob diese Interessen den Diktator selbst in seiner Herrschaft beschränken können.[144] Informelle Regeln werden deswegen einbezogen, weil Autokratien die tatsächlich geltenden Regeln faktisch häufig hinter demokratisch anmutenden Institutionen verbergen.[145] Damit unterscheidet sich der Datensatz auch von Polity IV: Zum Beispiel wird die Ablösung eines autoritären Regimes durch ein anderes hier als Transition gewertet. Der Bezug auf die Gruppe der Herrschenden ermöglicht zudem eine Differenzierung zwischen militärischen, personalistischen, parteienbasierten und monarchischen Autokratien, die allesamt unterschiedlichen Herrschaftslogiken folgen. Transformationen liegen dann vor, wenn sich grundlegende Regeln hinsichtlich der Identität der Gruppe der Herrschenden ändern. In dieser Logik kann eine Diktatur entweder von einem neuen Diktator weitergeführt, von einem neuen autoritären Regime ersetzt werden oder es kann zur Demokratisierung kommen. Eine solche Differenzierung ermöglicht eine erste Einschätzung der extremistischen Ausrichtung der Akteure. Als Beispiel für das Überleben des Regimes mag die Machtübernahme von Hosni Mubarak in Ägypten nach der Ermordung Anwar al Sadats dienen. Das Regime wurde weiterhin durch die gleiche Personengruppe nach denselben Regeln geführt. Als Beispiel für das Ersetzen eines autoritären Regimes durch ein anderes kann der Sturz des iranischen Shah 1979 gelten. Die Monarchie wurde durch ein klerikales autoritäres Regime unter Führung der Mullahs ersetzt. Ein Beispiel für eine Demokratisierung ist das Ende des Regimes von Ben Ali in Tunesien im Jahr 2010. Hier kooperierten militärische mit zivilen Eliten und transformierten das Land so zu einer Demokratie.

Geddes', Wrights und Frantz' Datensatz registriert im Zeitraum von 1946 bis 2010 insgesamt 331 Transformationen der politischen Herrschaft. Ohne die Transformationen von besetzten Gebieten, Übergangsregierungen und abhängige Staaten sind es noch 274 Transformationen. Davon erfolgten 117 Regimewechsel von einer Form der Autokratie zu einer anderen, 83 von

---

143 Siehe Barbara Geddes/Joseph Wright/Erica Frantz, Autocratic Breakdown and Regime Transition: A New Data Set, in: Perspectives on Politics 12 (2010), S. 313–331. Artikel, Datensatz und Codebook sind abrufbar unter: http://sites.psu.edu/dictators/. Weitere Datensätze sind etwa der Democracy and Dictatorship Datensatz von José Antonio Cheibub, Jennifer Gandhi und James Raymond Vreeland (vgl. dies., Democracy and Dictatorship Revisited, in: Public Choice 143 [2010], H. 1–2, S. 67–101. Die Daten sind verfügbar unter: https://sites.google.com/site/joseantoniocheibub/datasets/democracy-and-dictatorship-revisited). Siehe auch den Datensatz von Steffen Kailitz, Classifying Political Regimes Revisited: Legitimation and Durability, in: Democratization 20 (2013), H. 1, S. 39–60.
144 Vgl. Geddes/Wright/Frantz (Anm. 143), S. 314.
145 Vgl. ebd.

einer Autokratie zur Demokratie und 74 von einer Demokratie zu einer Autokratie[146]. Abbildung 1 zeigt die Häufigkeiten von Regimewechseln für die einzelnen Dekaden seit 1946.[147]

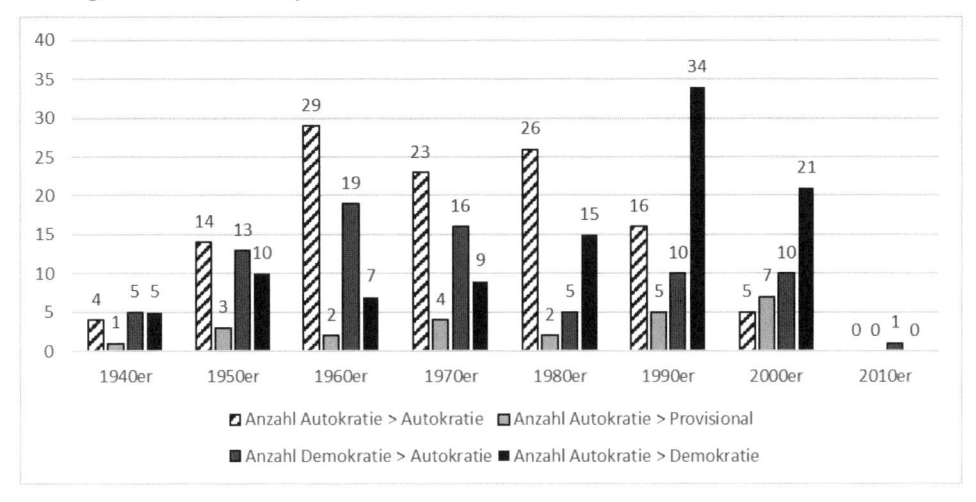

Abbildung XIII.1: Politische Transformationen 1946–2010

Quelle: Eigene Darstellung nach Geddes, Wright und Frantz[148]. Angaben in absoluten Zahlen

Bei einem relativistischen Extremismusverständnis zeigt sich, dass – mit Ausnahme der durch herrschende Eliten induzierten Transformationen – alle erfolgreichen Systemwechsel seit 1946, führen sie nun weg von der Demokratie oder hin zur Demokratie, mehr oder minder stark von extremistischen Akteuren dominiert waren. Unter Zugrundelegung des normativen Extremismusbegriffs zeigt sich indes ein anderes Bild: Recht häufig löst eine Autokratie eine andere Autokratie ab. Extremisten werden mithin in der Regel von Extremisten (117 Transformationen von Autokratie zu Autokratie), weniger von Demokraten gestürzt (83 Transformationen von Autokratie und Demokratie). Deutlich belegen lässt sich auch, dass im Aggregat die Transformationen von Autokratie zu Demokratie (83), bei denen zumindest demokratische Kräfte beteiligt sind und am Ende demokratische Werte und Normen durchgesetzt werden, die Transformationen von Demokratie zu Autokratie (74), bei denen extremistische Akteure die treibenden Kräfte sind, leicht überwiegen. Unter Hinzurechnung der Übergangsregime wird dieses Bild noch deutlicher (101 versus 79).

---

146 Diese Daten unterscheiden sich aufgrund der etwas modifizierten eigenen Codierung der Transformation leicht von Geddes/Wright/Frantz (Anm. 143) oder Cheibub/Gandhi/Vreeland (Anm. 143), ohne jedoch die Verhältnisse substantiell zu verschieben.
147 Dabei durchliefen insgesamt 29 Staaten im Untersuchungszeitraum fünf oder mehr Transformationen durchliefen und erwiesen sich als besonders instabil. Eine erste Gruppe mit Argentinien, Burundi, Ecuador, Ghana, Guinea-Bissau, Haiti, Honduras, Nigeria, Pakistan, Panama, Peru, Sierra Leone, Sudan, Thailand und der Türkei „sprang" dabei mehrfach zwischen Demokratie und Autokratie, während eine andere Gruppe mit Afghanistan, Bangladesch, Benin, Bolivien, der Zentralafrikanischen Republik, Kongo-Brazzaville, der Dominikanischen Republik, Guatemala, Irak, Laos, Liberia, Niger, Syrien und Uganda mehrfach zwischen unterschiedlichen Autokratieformen wechselte.
148 Vgl. Geddes/Wright/Frantz (Anm. 143).

Geddes, Wright und Frantz betonen, dass in den letzten 75 Jahren lediglich 45 Prozent der Führungswechsel in autoritären Regimen auch in einen Wandel der politischen Herrschaftslogik, also einen Systemwechsel mündeten. Mehr als die Hälfte der Regimewechsel führte von einer Form der Autokratie zu einer anderen. Im Ergebnis birgt also weniger als ein Viertel der Veränderungen in der politischen Führung Demokratie. Demnach üben extremistische Kräfte bei Systemwechseln den weitaus größten Einfluss auf die post-transformatorische Herrschaft aus. Autoren zufolge weisen Militärdiktaturen die höchste Demokratisierungswahrscheinlichkeit auf, personalistische Autokratien hingegen die niedrigste.[149] Zudem variiert die Demokratisierungswahrscheinlichkeit durch Wahlen bzw. Regeländerungen sowie durch Invasion, Coups oder Aufstände herbeigeführten Regimezusammenbrüchen. Die 147 erzwungenen Transformationen zeigten eine deutlich höhere Wahrscheinlichkeit einer autoritären Nachfolge als die 76 „freiwilligen" Transformationen.

Auch hinsichtlich der Rolle von Gewalt unterscheiden sich die Transformationen. Friedliche Umbrüche (125) sind deutlich häufiger als gewaltsame (98) zu beobachten und resultieren mit höherer Wahrscheinlichkeit in Demokratien als diese. Dabei könnte eine Rolle spielen, dass extremistische Kräfte eher bereit sind, Gewalt als Mittel zur Erreichung ihrer politischen Ziele einzusetzen. Und je stärker die friedlichen, demokratischen Kräfte, desto eher scheint Demokratisierung zu gelingen. Der Einfluss von Extremisten auf eine Transformation wirkt sich also negativ auf die Demokratisierungswahrscheinlichkeit aus: „More than one third of opposition movements use force to dislodge autocratic incumbents. This fraction is higher for personalist dictatorships, where violent transitions are the norm. Nearly all transitions from personalist dictatorships to another autocracy are forced. But so are about two thirds of transitions from personalist rule to democracy."[150]

Eine Reihe weiterer Studien gestattet Einsichten in die Rolle extremistischer Akteure bei Transformationen. So zeigen Yi Feng und Paul Zak[151] anhand von 75 Entwicklungsländern im Zeitraum von 1962 bis 1992, dass Demokratisierung am ehesten in Staaten mit einem relativ hohen Bruttoinlandsprodukt pro Kopf, niedriger Einkommensungleichheit, höherer Bevölkerungsbildung und demokratischer Vorerfahrung gelingt. So weisen Staaten aus der Asia-Pacific-Region und islamische Staaten eine geringere Demokratisierungswahrscheinlichkeit auf als andere Staaten, wenn andere Faktoren konstant gehalten werden. Vor allem die Bedeutung der Rolle des Islam lässt darauf schließen, dass eine Ideologisierung von Gesellschaft und politischen Akteuren sowie die Polarisierung der Gesellschaft die Demokratisierungswahrscheinlichkeit senken.

Brian Lai und Ruth Melkonian-Hoover untersuchten anhand aller Länder, die zwischen 1950 und 1992 eine politische Transformation durchlaufen hatten, den Einfluss von Parteien auf Transformationen von und hin zu einer Demokratie.[152] Dabei sind die Demokratiechancen

---

149 Vgl. ebd., S. 324.
150 Ebd., S. 326.
151 Vgl. Yi Feng/Paul J. Zak, The Determinants of Democratic Transitions, in: Journal of Conflict Resolution 43 (1999), S. 162–177.
152 Vgl. Brian Lai/Ruth Melkonian-Hoover, Democratic Progress and Regress: The Effect of Parties on the Transitions of States to and away from Democracy, in: Political Research Quarterly 58 (2005), S. 551–564.

umso größer und fallen die Überlebensdauer des autoritären Regimes umso kürzer aus, je intensiver der Parteienwettbewerb aufgebaut ist. Als Beispiele führen sie Chile Ende der 1980er und Uruguay Ende der 1970er Jahre an. In beiden Ländern ließen die Militärregime einen Parteienwettbewerb zu, der zu einer Mobilisierung vor allem demokratischer Kräfte führte. Was Demokratien angeht, so erhöhe Parteienwettbewerb und die Inklusion von Parteien deren Überlebensdauer. Inklusion ermöglicht die Legitimation des politischen Systems und gleichzeitig die Ausbalancierung von Interessen, so die Autoren.

Mark Gasiorowski nutzt den Political Regime Change Datensatz[153], der Daten von Transformationen in demokratischen, semidemokratischen, autoritären und transitionalen Regimen der 97 größten Dritte-Welt-Staaten vom Zeitpunkt der Unabhängigkeit bzw. der Einführung eines modernen Staats bis ins Jahr 1992 enthält. Die meisten Regimewechsel findet er in Lateinamerika, wo die Mehrheit der Länder in den letzten Dekaden sich nicht gerade durch Stabilität auszeichnete. Ähnliches gilt für Subsahara-Afrika, wo von 91 Regimewechseln lediglich 34 auf das Konto von neu gewonnener Unabhängigkeit gehen.

Mit der Coup d'État Events-Liste des Center for Systemic Peace, die Coups in Staaten mit mehr als 500.000 Einwohnern in den Jahren von 1946 bis 2014 erfasst, ist eine Analyse bewaffneter Machtergreifungen durch abtrünnige Zirkel der Herrschaftselite möglich. Diese Machtergreifungen verändern zwar die Zusammensetzung der Exekutive, aber nicht notwendigerweise den Regimetyp.[154] Sie sind deswegen extremistisch, weil sie auf (der Androhung von) Gewalt basieren, sich über demokratische Prozeduren des Regierungswechsels hinwegsetzen und zum Teil zudem den Regimetyp transformieren[155]. Insgesamt sind im Datensatz solche 837 Ereignisse gelistet. Während es in den 1940er (40), den 1950er (60), den 2000er (91) sowie den 2010er Jahren vergleichsweise wenige (versuchte) Coups gab, lagen diese in den 1960er, 1970er und 1980er Jahren jeweils über 150 und in den 1990ern bei 136. Erfolgreich waren in den 1960ern 61, in den 1970ern 45 und in den 80ern 36 Machtübernahmen. Von den 224 erfolgreichen Coups waren 63 so genannte „adverse regime changes", bei denen sich neben der Ablösung der Herrschenden durch einen Coup auch der Regimetyp grundsätzlich veränderte. Hinzu kommen 34 Fälle, in denen sich die Herrschaftslogik unter Führung ein und derselben Elite grundlegend weg von der Demokratie veränderte, in denen sich also die Exekutive im Nachhinein als extremistisch entpuppte.[156] Dazu gehören unter anderem Albanien 1996 unter Präsident Berisha, Aserbaidschan unter Präsident Aliyev, Weißrussland 1995 unter Präsident Lukaschenko, der Niger 2009 unter Präsident Tandja, die Philippinen unter Marcos 1969, Zimbabwe unter Mugabe 1987. Die letzten der erfolgreichen Coups gab es 2014 in

---

153 Vgl. Mark J. Gasiorowski, An Overview of the Political Regime Change Dataset, in: Comparative Political Studies 29 (1996), S. 469–483.
154 Siehe http://www.systemicpeace.org/inscr/CSPCoupsCodebook2014.pdf.
155 Diejenigen Coups, bei denen es zu einer Veränderung des Polity IV Index um sechs oder mehr Punkte kam, werden im Datensatz als „adverse regime changes" geführt.
156 Albanien 1996; Algerien 1992; Armenien 1995; Aserbaidschan 1993, Bolivien 1991; Belarus 1995; Comoros 1976 und 1989; Congo 1963; Dominikanische Republik 1966; Ecuador 1970; Äquatorial Guinea 1969; El Salvador 1977; Frankreich unter Charles de Gaulle 1958; Guyana 1978; Haiti 1999; Jordanien 1951; Kenia 1969; Südkorea 1972; Malaysia 1969; Marokko 1965; Niger 2009; Peru 1992; Philippinen 1969; Senegal 1962; Sierra Leone 1971; Singapur 1965; Swaziland 1973; Uganda 1966; Uruquay 1971; Zambia 1968 und 1996 sowie Zimbabwe 1987.

Thailand unter General Prayut Chan-Ocha, 2013 in Ägypten unter General Abdul-Fattach al-Sisi, sowie 2012 in Mali und Guinea-Bissau. Insgesamt 78 Prozent der Vorfälle führten zu weniger als 100 Toten, 56 Prozent gar ohne. Sehr wenige Coups forderten extrem viele Opfer – wie im Tschad 1990 unter Idriss Déby (5.000 Tote) oder in Burundi 1993 mit 150.000 Toten oder Indonesien 1965 mit 115.000 Toten. Allerdings liegen zu 16,9 Prozent der Coups und Coup-Versuche keine Zahlen vor – wie etwa zur Machtübernahme von General Al-Sisi im Sommer 2013, bei der nachweislich über 1.000 Personen erschossen oder in standrechtlichen Verfahren hingerichtet wurden.

Eine von der Bewegungsforschung ausgehende und an die Arbeiten von Tilly und Tarrow anknüpfende Perspektive auf Transformationen wählte Jay Ulfelder.[157] Er analysierte auf der Basis des Arthur-Banks-Datensatzes[158] anhand von 176 autoritären Regimen in 104 Staaten den Zusammenhang zwischen „contentious politics" und dem Zusammenbruch von Autokratien. Er unterscheidet in Anlehnung Barbara Geddes[159] drei Formen von Autokratien (personalistisch – militärisch – Einparteienregime) und überprüft die Auswirkungen von Aufständen, Generalstreiks und Antiregierungsdemonstrationen auf deren Überlebensdauer. Das Ergebnis: „Contentious politics" hat zwar keinen signifikanten Einfluss auf personalistische Regime, wohl aber auf Militärdiktaturen und Einparteienregime. Antiregierungsdemonstrationen erhöhen hier wie da die Wahrscheinlichkeit eines Regimezusammenbruchs. Das Überleben von Einparteienregimen wird zudem von Generalstreiks, aber kaum von Aufständen bedroht. Für Militärregime erhöht sich die Überlebensdauer sogar im Angesicht von Aufständen.

Es finden sich in keinem der Datensätze systematische Daten zur politischen Ausrichtung der beteiligten Akteure, so dass Rückschlüsse auf die Rolle von Extremismen bei Transformationen allenfalls indirekt möglich sind. Am einfachsten mag dies noch bei Coup d'États sein, denn militärische Kräfte, die Regierungen stürzen, halten sich nicht an demokratische Spielregeln.[160]

Dennoch ist eine Zusammenführung der vergleichenden Forschung zu Regimewechseln unter Einbezug der Akteure, der Rolle von Militärs, Parteien und sozialen Bewegungen sowie die systematische Ausweitung auf alle Typen von Regimewechseln sinnvoll, würde dies doch die Rolle von Extremisten bei Systemtransformation ins Blickfeld rücken. So könnte zum Beispiel der Zusammenhang zwischen der politischen Ausrichtung von Parteien bzw. der Parteienlandschaft einerseits und Transformationen andererseits über eine Erweiterung der Manifesto-Projekt-Daten[161] operationalisiert werden. Analog wären andere Akteure in Transformationen, wie etwa Verbände, Bewegungen, religiöse Gruppen oder auch Militärs entlang ihrer inhaltlichen Positionierungen und Forderungen in extremistisch und nicht-extremistisch (sowie Formen des Extremismus) sowie nach ihrer politischen Rolle nach der Transformation (ggf. Regie-

---

157 Vgl. Jay Ulfelder, Contentious Collective Action and the Breakdown of Authoritarian regimes, in: International Political Science Review 26 (2005), S. 311–334.
158 Siehe Arthur S. Banks/Kenneth A Wilson, Cross-National Time-Series Data Archive, unter: http://www.databanksinternational.com.
159 Vgl. Barbara Geddes, Authoritarian Breakdown: Empirical Test of a Game-Theoretic Argument. Paper Presented at the Annual Meeting of the American Political Sciences Association, Atlanta 1999.
160 Dies gilt etwa auch für die Coups in der Türkei 1981, bei denen sich Militärs als Verteidiger der Demokratie stilisierten und so ihre Intervention in ein demokratisches politisches System begründeten.
161 Siehe https://manifestoproject.wzb.eu/.

rungsbeteiligung) zu unterscheiden. Die dafür notwendigen Informationen liegen teils in Datensätzen, vor allem aber in einer Vielzahl stärker qualitativer Fallstudien vor, wie sie etwa exemplarisch in der annotierten Literatur und bei der Darstellung der theoretischen Ansätze der Transformationsforschung angeführt wurden. Die Daten müssten jedoch systematisch ausgewertet und entlang der theoretisch relevanten Dimensionen quantifiziert werden, um eine umfassendere Analyse zu ermöglichen. So würden beispielsweise die NSDAP und die KPD in der Weimarer Republik als extremistische Partei codiert werden. Beide wirkten auf eine Veränderung des politischen Systems hin, wobei die NSDAP die Transformation Deutschlands in eine totalitäre Diktatur umsetzen konnte. In der polnischen Transformation würde Solidarnosc in einem relativen Extremismusverständnis als extremistisch eingestuft, in einem normativen als demokratisch. Die Bürgerrechtsbewegung war maßgeblich an der Aushandlung der Transformation mit der kommunistischen Führung beteiligt, stellte den ersten nichtkommunistischen Ministerpräsidenten nach 1945, war auch nach der Transformation an Regierungen beteiligt und stellte mit Lech Walesa von 1990 bis 1995 den Staatspräsidenten. In Ägypten würde zunächst einmal das Mubarak-Regime entweder als extremistisch (normativer Begriff) oder eben nicht-extremistisch (relativer Begriff) eingestuft, die Muslimbruderschaft als extremistisch codiert, und auch das Militär um Al-Sisi als extremistisch. Letztlich wäre der relativistische Extremismusbegriff nur dann zu einer Differenzierung geeignet, würde die Form des Extremismus spezifiziert, z. B. in kommunistisch, faschistisch, religiös-fundamentalistisch oder eben demokratisch, um die Motive der Gegnerschaft gegen ein Regime deutlich zu machen. Wer den normativen Begriff verwendet, dem würde auch hier die Spezifizierung helfen, wobei die Kategorie demokratisch ausfiele.

7 Mechanismen und Perspektiven der Systemtransformation

Politischer Extremismus ist nicht nur eine Begleiterscheinung „entwickelter Demokratien", wie Hans-Gerd Jaschke formuliert.[162] Extremismus als Opposition zum „Mainstream" einer Gesellschaft findet sich auch in Autokratien. Er entsteht dort, wo Menschen unzufrieden mit dem politischen System sind, denn: „Extreme Ideen haben einen besonderen Reiz, wenn der Mainstream einem keine Perspektive mehr bietet."[163] Diese Ideen können, wenn sie auf genügend Unterstützung und die entsprechenden sozialen, ökonomischen und kulturellen Bedingungen treffen, Transformationen weg von oder hin zu der Demokratie auslösen. Hilfreich für eine Systematisierung kann dabei die (Re-)Formulierung von Mechanismen der Transformation politischer Systeme durch das Wirken von Extremismen sein, wie sie beispielsweise Jaschke für die Bedrohung von Demokratien zusammenfasst:[164]

Erstens: Soziale und gesellschaftliche Verwerfungen können die bestehende Werteordnung untergraben und zum Legitimationsverlust des alten Regimes führen – wie in der Weimarer Re-

---

[162] Hans-Gerd Jaschke, Politischer Extremismus, Wiesbaden 2006, S. 9.
[163] Russell Brand, Interview, in: Daniel-C. Schmidt, Unsere Demokratie ist die reinste Maskerade. Interview mit Russel Brand, unter: http://www.zeit.de/zeit-magazin/leben/2015-05/russell-brand-interview-buch-revolution-film-emperors-new-clothes (6. Mai 2015).
[164] Vgl. Jaschke (Anm. 162), S. 8 ff.

publik, Ägypten oder Tunesien. So entsteht Extremismus häufig auf der Basis von Modernisierung, Entfremdung und sozialer Desintegration, oder genereller: bei der sozialen und ökonomischen Polarisierung von Gesellschaften.[165] Gerade die dauerhafte „soziale Desintegration von bestimmten einzelnen Gruppen fördert die Ausbreitung des politischen Extremismus".[166] Beispielhaft dafür steht die Radikalisierung der kurdischen Arbeiterpartei PKK und deren Kampf für Unabhängigkeit in der Türkei.

Zweitens: Ungelöste unterschwellige Konflikte ethnischer, kultureller oder religiöser Natur sowie die fehlende soziale Integration in Migrationsgesellschaften fördert die Existenz von Parallelgesellschaften, welche wiederum extremistischen Tendenzen auf beiden Seiten Vorschub leisten können. Dies gilt für die gewaltsame Eskalation ethnischer Spannungen in zahlreichen afrikanischen Staaten ebenso wie für die Zunahme von Fremdenfeindlichkeit und Rechtspopulismus in Europa.

Drittens: Extremistische Positionen finden Zuspruch in größeren Bevölkerungsteilen, weil sie Unzufriedenheit aufgreifen und einfache Lösungen versprechen.[167] Dabei kommt individuellen und kollektiven Akteuren und deren Mobilisierungspotential eine entscheidende Bedeutung zu. So können einerseits Eliten die Träger von Transformationen sein, wenn sie entsprechende Veränderungen aushandeln und umsetzen oder zu verhindern suchen. Dabei ist die Konfiguration von loyalen, semiloyalen und illoyalen Eliten entscheidend für Persistenz und Wandel.[168] Ein besonderer Fall sind Staatsstreiche, bei denen es zur Ablösung des alten Regimes durch Militärs oder Sicherheitskräfte kommt. Andererseits können Transformationen auf soziale Bewegungen und die Mobilisierung von Bevölkerungsmassen zurückgehen.[169] Meist ist es jedoch ein Zusammenspiel von Mobilisierung und Elitenhandeln, das zu Transformationen führt.

Viertens: Zu starke Repression gegen politischen Extremismus bei gleichzeitigem Ausbau der Befugnisse des Sicherheitsapparates kann zur Beschneidung grundrechtlicher und institutioneller Absicherungen der Demokratie führen.[170] Die Abwehr von Extremismus durch polizeiliche und staatsschützende Maßnahmen führt dabei zunächst zu einer temporären Beschränkung von Freiheitsrechten bei gleichzeitiger Ausweitung sicherheitsdienstlicher Kompetenzen. Der amerikanische Patriot Act ist ein solches Beispiel für eine demokratische Regression im Dienste des Demokratieschutzes.[171] Die Ausweitung von Repression gegen Teile der Bevölkerung und der Eliten kann zudem zu einer autoritären Transformation führen, wie in Russland, wo seit dem Jahr 2000 Sicherheitsgesetze verschärft, Oppositionskräfte eingeschüchtert und Ermittlungen eher selektiv durchgeführt werden.[172] Und auch in nicht-demokratischen politischen Systemen kann zu starke Repression zu einer weiteren Polarisierung und Eskalation der Gewalt führen. Umgekehrt eröffnet zu schwache Repression gegenüber politischem Extremismus

---

165 Vgl. Kailitz (Anm. 7), S. 251.
166 Jaschke (Anm. 162), S. 10.
167 Vgl. ebd., S. 11.
168 Vgl. Merkel (Anm. 23), S. 58; Linz/Stepan (Anm. 56).
169 Vgl. Enzmann (Anm. 43), S. 210.
170 Vgl. ebd., S. 11.
171 Vgl. Josef Braml/Hans-Joachim Lauth, The United States of America – a Deficient Democracy, in: Zeitschrift für Vergleichende Politikwissenschaft (2011), Sonderheft 1, S. 103–132.
172 Vgl. Frankenberger/Graf (Anm. 33).

weite Handlungsfelder zur Durchsetzung extremistischer Positionen, wie wiederum das Beispiel der Weimarer Republik exemplarisch zeigt.[173]

Fünftens: Moderne Technologien und Kommunikationsmittel sind in ihrer Wirkung ambivalent. Einerseits erhöhen sie das Mobilisierungspotential sozialer Bewegungen und extremistischer Gruppen in modernen Gesellschaften, wie „9/11" und die „Twitter-Revolutionen" illustrieren. Zugleich bieten sie autoritären Regimen, wie China, aber auch Demokratien, wie die USA (NSA-Skandal), durch die Analyse von Massendaten ein enormes Überwachungs- und Repressionspotential.

Normativ konnotierte Konzepte in der Extremismusforschung sind nur bedingt anschlussfähig an die neuere Transformationsforschung, die sich um eine breitere Perspektive auf Transformationsprozesse bemüht. Dies stellt eine Reaktion auf den lange Zeit inhärenten „democracy bias" dar, der insbesondere die Beschäftigung mit autoritären Regimen als politischen Systemen sui generis erschwerte. Wer sich zumindest für die Analyse von Transformationsprozessen vom normativen Extremismus- und Transformationsbegriff löst, kann die Rolle von Extremismen bei Systemtransformationen empirisch-analytisch weiter fassen und untersuchen. Damit wird weder der demokratische Verfassungsstaat noch die streitbare Demokratie in Frage gestellt, wie etwa Eckhard Jesse meint,[174] sondern lediglich im Sinne einer systemanalytischen Generalisierung ein Schritt nach oben auf der Abstraktionsleiter vollzogen sowie der Versuch unternommen, einige generelle Annahmen zum Zusammenhang von Systemwechsel und Extremismus zu formulieren.[175] Extremismusforschung in demokratischen Verfassungsstaaten ist dann ein Spezialfall empirischer Beschäftigung mit dem Phänomen Extremismus. Damit ist in der Tat analytische Reichweite gewonnen. Denn mit der systematischen Ausweitung der Transformationsforschung hin zu einer Beschäftigung mit allen Formen des Systemwechsels ist die Verknüpfung der Forschungsstränge sinnvoll und umfassend möglich. Und erst mit einer zumindest partiellen Loslösung der Extremismusforschung von ihrer normativen Fixierung auf Demokratien ist diese Verknüpfung gänzlich vollziehbar.

Dann geraten Transformationsphänomene wie Veränderungen der Qualität der Demokratie[176], demokratische Regression, Systemwechsel von Demokratie zu Autokratie und von Autokratie zu Autokratie systematischer in den Blick.[177] So kann der Übergang von einem Militärregime zu einem islamistischen Regime in Ägypten vor dem Hintergrund des Wirkens extremistischer Kräfte erklärt werden. In diese Richtung argumentiert etwa auch Michael Minkenberg, der auf den Paradigmenwechsel in der Transformationsforschung weg von der reinen Demokratisierungswissenschaft verweist: „The completion of regime transformation is not equated any

---

173 Vgl. Jaschke (Anm. 162), S. 11.
174 Vgl. Jesse (Anm. 6), S. 8 f.
175 Vgl. zur Abstraktionsebenenproblematik: Giovanni Sartori, Concept Misformation in Comparative Politics, in: The American Political Science Review 64 (1970), S. 1033–1053.
176 Vgl. dazu Leonardo Morlino, Good and Bad Democracies: How to Conduct Research in the Quality of Democracy, in: Journal of Communist Studies and Transition Politics 20 (2004), H. 1, S. 5–27; David Altman/Aníbal Pérez-Liñán, Assessing the Quality of Democracy: Freedom, Competitiveness and Participation in Eighteen Latin American Countries, in: Democratization 9 (2002), H. 2, S. 85–100.
177 Vgl. zur Diskussion des Konzepts demokratischer Regression Erdmann/Kneuer (Anm. 13).

more with the onset of democracy. [...] As a number of comparative studies show, transformation is not only an open process, but also an uneven one".[178]

8 Kommentierte Auswahlbibliographie

Capoccia, Giovanni: Defending Democracy, Baltimore 2005 – Capoccia untersucht am Beispiel von europäischen Staaten in der Zwischenkriegszeit, wie Demokratien mit Bedrohungen ihrer Stabilität und Existenz umgehen, wenn diese Bedrohungen von politischen Parteien herrühren, die das „demokratische Spiel" spielen. Er gelangt zum Ergebnis, dass solche Antisystem-Parteien die größte Herausforderung für eine Demokratie darstellen. Aus der historischen Betrachtung heraus entwickelt er eine Methodologie zur Analyse zeitgenössischer Demokratien, in denen sich ganz ähnliche Bedingungen finden. Denn in den meisten westlichen Demokratien haben sich inzwischen Parteien etabliert, die mehr oder weniger extremistisch sind.

Colomer, Josep M./Margot Pascual: The Polish Games of Transition, in: Communist and Postcommunist Studies 27 (1994), Heft 3, S. 275–294 – Es handelt sich um eine detaillierte spieltheoretische Analyse der polnischen Transformation, die den Transformationsprozess als Ablauf strategischer Entscheidungen von Eliten begreift und die Ergebnisse des Systemwechsels ex post im Lichte der Verhandlungsmacht der Akteure interpretiert. Dass strategische Entscheidungen von subjektiven Interpretationen einer Situation abhängen und grundlegend falsch sein können, zeigen die Autoren am Beispiel des Elitenpaktes zwischen der kommunistischen Partei Polens und der Bürgerrechtsbewegung Solidarnoscz auf, er basierte auf Fehlwahrnehmungen hinsichtlich der künftigen Position im neuen politischen System und zerbrach daher angesichts der Machtverhältnisse nach den ersten freien Wahlen.

Huntington, Samuel P.: Political Order in Changing Societies, New Haven 1968 – Die Studie ist ein „Klassiker" der vergleichenden Politikwissenschaft und diente zahlreichen Werken zu Revolutionen, Staatsstreichen, Modernisierung, Partizipation und Systemtransformation als Ausgangspunkt. Für Huntington wird der Wandel von politischen Systemen und Institutionen durch Spannungen innerhalb eines politischen und sozialen Systems ausgelöst. Er argumentiert, dass Modernität zwar mit Stabilität einhergehe, aber Modernisierung eine wichtige Ursache von politischer Instabilität sei. Prozesse wie ökonomisches Wachstum, Urbanisierung, soziale Mobilisierung, Bildungsexpansion (und damit einhergehend höhere Ansprüche der Bevölkerung) sowie die Verbreitung von Massenmedien würden politische Ordnungen herausfordern und destabilisieren.

Kollmorgen, Raj/Wolfgang Merkel/Hans-Jürgen Wagener (Hrsg.): Handbuch Transformationsforschung, Wiesbaden 2015 – Die drei Herausgeber haben ein ebenso umfang- wie hilfreiches Nachschlagewerk vorgelegt. In einem ersten Teil werden die zentralen Paradigmen der Transformationsforschung – Systeme, Institutionen und Akteure – erörtert, in einem zweiten Teil wichtige Forschungsansätze konzise vorgestellt. Der dritte Teil dient den verwendeten Metho-

---

178 Michael Minkenberg (Hrsg.), Transforming the Transformation? The East European Radical Right in the Political Process, New York 2015, S. 2.

den. Historische Phasen und Typen von Transformationen werden in Teil 4 präsentiert, gefolgt von Beiträgen zu den Sphären Zivilgesellschaft, Staat und Recht sowie Wirtschaft. Nicht zuletzt kommen transformatorische Grundprobleme von A wie Autokratieförderung bis W wie Wohlfahrtsregime zur Sprache. Ein gesonderter Beitrag zu Extremismus findet sich dabei nicht.

Linz, Juan J./Alfred Stepan (Hrsg.): The Breakdown of Democratic Regimes, Baltimore 1978 – Ebenso wie Huntingtons „Political Order in Changing Societies" ist dieser Sammelband ein Klassiker der Transformationsforschung. Darin findet sich erstens die theoretisch-konzeptionelle Arbeit „Crisis, Breakdown and Reequilibration" von Juan Linz, in dem er Ursachen für den Zusammenbruch von Demokratien identifiziert und unter anderem politischen Extremismus genauer beleuchtet. Zweitens umfasst der Band eine Sammlung von theoriegeleiteten Fallstudien zu Europa und Lateinamerika sowie eine umfassende Analyse der Transformation Chiles von Arturo Valenzuela.

Lipset, Seymour M.: Political Man. The Social Bases of Politics, New York 1960 – Lipset hat ein Grundlagenwerk für die modernisierungstheoretische Transformationsforschung vorgelegt. Es zeigt den Zusammenhang zwischen ökonomischer und politischer Entwicklung auf und geht dabei eingehend auf die Rolle von politischem Extremismus ein. Lipset argumentiert, soziale Grundlagen und Ideologien seien entscheidend für den Erfolg von Extremismen. Wohlstand, öffentliche Wohlfahrt, Bildung und Integration gelten dabei als die zentralen Determinanten für eine stabile Demokratie und erfolgreiche Extremismusprävention. Politische Eliten müssen die demokratischen Spielregeln und ihre Rückbindung an die Gesellschaft akzeptieren und nicht-extremistische Positionen vertreten – so, nicht nur, Lipset.

Máckow, Jerzy: Totalitarismus und danach. Einführung in den Kommunismus und die postkommunistische Systemtransformation, Baden-Baden 2005 – Máckow analysiert die postkommunistischen Systemtransformationen vor dem Hintergrund historisch-politischer Rahmenbedingungen und arbeitet Unterschiede heraus, die für die divergenten Ergebnisse der Transformationen in Osteuropa ursächlich sind. Ausgehend von einer Diskussion der Erklärungskraft des Totalitarismuskonzepts für die postkommunistischen Systemwechsel untersucht er, warum sich die zentral- und nordosteuropäischen Staaten zu parlamentarischen Demokratien und die ost- und südeuropäischen Staaten zu mehr oder weniger ausgeprägten Autoritarismen entwickelt haben.

McAdam, Doug/Sidney Tarrow/Charles Tilly: Dynamics of Contention, Cambridge 2001 – Die Studie gibt einen Überblick über theoretische Strömungen und die stark fragmentierte Forschung zu sozialen Bewegungen und contentious politics. Anhand von 18 Fallstudien analysieren die Autoren Prozesse und kausale Mechanismen solcher contentious actions. Sie schlagen einen Paradigmenwechsel bei der Erforschung von sozialem Wandel hin zur Analyse von contentious politics, also episodischen, öffentlichen und kollektiven Interaktionen zwischen mehreren Akteuren, bei denen die Regierung ein involvierter Akteur ist und bei denen Ansprüche auf Veränderung artikuliert werden, welche die Interessen mindestens eines Akteurs betreffen.

Merkel, Wolfgang: Systemtransformation. Eine Einführung in die Theorie und Empirie der Transformationsforschung, 2., überarbeitete und erweiterte Aufl., Wiesbaden 2010 – Merkels Band bietet eine systematische Einführung in die politikwissenschaftliche Transformationsforschung. Dabei werden neben theoretischen Grundlagen insbesondere die Demokratisierungswellen des 20. Jahrhunderts detail- und kenntnisreich dargestellt. Zusammen mit dem Handbuch von Kollmorgen, Merkel und Wagener ist dies eine der wichtigsten Fallstudien für Theorie und Empirie politischer und gesellschaftlicher Systemwechsel.

O'Donnell, Guillermo/Philippe Schmitter/Lawrence Whitehead (Hrsg.): Transitions from Authoritarian Rule. Prospects for Democracy, Baltimore 1986 – Die Autoren legen eine Sammlung von Studien zur Demokratisierung vor, die historische Fallbeispiele in Südeuropa (Italien, Griechenland, Portugal, Spanien und die Türkei) und Lateinamerika (Argentinien, Bolivien, Brasilien, Chile, Mexiko, Peru, Uruguay und Venezuela) ebenso umfasst wie einen systematischen Vergleich dieser für die Forschung einflussreichen Fälle, bei dem sich zeigt, dass neben Regierungen vor allem innergesellschaftliche und internationale Akteure Einfluss auf die Transition haben.

KAPITEL XIV

POLITISCHER EXTREMISMUS IN DER WEIMARER REPUBLIK

Jürgen W. Falter

1 Ursachen des Zusammenbruchs der Weimarer Republik und politischer Extremismus

Die Weimarer Republik ist nicht an einer einzelnen Ursache zu Grunde gegangen. Heute herrscht Einigkeit darüber, dass der Zusammenbruch als Ergebnis des Zusammenspiels mehrerer Faktoren angesehen werden muss, über deren Stellenwert und Gewichtung allerdings kein Konsens besteht. Als Ursachen werden unter anderem genannt: bestimmte Mängel der Verfassungskonstruktion, außen- und innenpolitische Belastungen, die Entwurzelung der Massen durch eine Abfolge von gesellschaftlichen Großkrisen, der Mangel an überzeugten Demokraten, die ungehemmte Agitation links- und rechtsextremer Gruppierungen und Intellektueller gegen die Weimarer Republik und ihre Repräsentanten sowie bestimmte Mentalitätsfaktoren. Als Verfassungsmängel gelten beispielsweise die spezifische Weimarer Mischung repräsentativer und plebiszitärer Elemente oder das dem Geist der Verfassung widersprechende Zusammenspiel von Art. 48 WRV, das Notverordnungsrecht des Präsidenten, und Art. 25 der WRV, das Reichstagsauflösungsrecht des Präsidenten, sowie das in der Verfassung festgelegte reine Verhältniswahlsystem mit seiner Tendenz zur Parteienzersplitterung. Diese Rahmenbedingungen führten zu einer fortschreitenden Aushöhlung der parlamentarischen Demokratie und einem allmählichen Hinübergleiten des politischen Systems in eine autoritäre Präsidialdemokratie. Zu den außen- und innenpolitischen Belastungen zählen der nicht nur auf der Rechten als Diktat empfundene Versailler Friedensvertrag mit seinen substantiellen Gebietsabtretungen im Westen, Osten und Norden, den recht unbestimmt gehaltenen, auf jeden Fall aber exorbitant hohen Reparationsverpflichtungen sowie die im Vertrag einseitig geregelte Kriegsschuldfrage, die im Zusammenspiel mit der Dolchstoßlegende ein enormes Agitationspotential für die nationalistische Rechte lieferte.

Belastet wurde die Weimarer Republik auch durch eine Abfolge von gesellschaftlichen und politischen Großkrisen, die nach Ansicht vieler Beobachter zu einer fortschreitenden Entwurzelung der Massen führte, was diese zu gleichsam willfährigen Opfern extremistischer Versprechungen gemacht habe. Zu diesen Großkrisen gehören die diversen Putsch- und Aufstandsversuche der extremen Rechten und Linken in den Anfangsjahren der Weimarer Republik, die Ruhrkrise und die dadurch ins Aberwitzige gesteigerte Hyperinflation mit dem Verlust insbesondere mittelständischer Geldvermögen, die über Jahre hinweg schwelende Agrarkrise, die zu tausendfachen Zwangsversteigerungen und Hofzusammenbrüchen führte, schließlich die Weltwirtschaftskrise mit ihrer Massenarbeitslosigkeit, von deren Auswirkungen jeder dritte Haushalt in Deutschland ganz direkt erfasst wurde. Der Aufstieg der Nationalsozialistischen Deutschen Arbeiterpartei (NSDAP) von einer marginalen Splittergruppe zur mit weitem Abstand größten politischen Partei geht Hand in Hand mit der sich verschärfenden Wirtschaftskrise, der Aufstieg der Kommunistischen Partei Deutschlands (KPD) zur drittstärksten Reichstagspartei mit im November 1932 knapp 17 Prozent Stimmenanteil verläuft parallel dazu.

Proletarisierungsfurcht von Angestellten und Beamten, Angst der Angehörigen des alten Mittelstandes vor Verlust der Selbstständigkeit, eines „Standes", der in seinem bäuerlichen Segment durch die Agrarkrise und in seinem in Handel und Gewerbe tätigen Teil durch die allgemeine Wirtschaftskrise objektiv und vor allem auch subjektiv sehr zu leiden hatte, sowie spezifische ideologische Faktoren wie autoritäre und ethnozentrisch-völkische Denktraditionen, Nationalismus sowie die obrigkeitsstaatliche und antirepublikanische Orientierung der gesellschaftlichen Eliten sind weitere Faktoren, die gern für den Zusammenbruch der Weimarer Republik verantwortlich gemacht werden.

Das Zusammenspiel dieser Faktoren hatte nicht nur die geradezu sprichwörtliche politische Instabilität der Weimarer Republik zur Folge, sondern begünstigte vor allem auch den Aufstieg des politischen Extremismus auf beiden Seiten des politischen Spektrums. Dies führte letztlich dazu, dass die Weimarer Republik einem bekannten Diktum zufolge von den politischen Extremen wie zwischen Mühlsteinen zerrieben wurde. Dass die Metapher von den Mühlsteinen nicht ganz unberechtigt ist, belegt ein Blick auf die Wahlentwicklung der Weimarer Republik: Nur bei einer einzigen Wahl erreichte die „Weimarer Koalition" aus Sozialdemokraten, dem katholischen Zentrum und der linksliberalen Deutschen Demokratischen Partei eine Mehrheit der Mandate. Das war noch nicht einmal bei einer Reichstagswahl, sondern lediglich bei der Wahl zur Nationalversammlung 1919. Nur zu diesem Zeitpunkt war es möglich, eine Koalition aus Parteien zu bilden, die alle vorbehaltlos hinter der Weimarer Reichsverfassung und der neu gegründeten Republik standen. Von 1920 bis 1933, bis zum Aus der Weimarer Republik, gab es dann für die drei Parteien der Weimarer Koalition keine Möglichkeit mehr, Regierungsbündnisse mit eigener Mehrheit ohne Einbezug von republikskeptischen bis republikgegnerischen Parteien zu bilden. Ab 1932 waren die erklärten Republikfeinde NSDAP und KPD im Reichstag sogar in der Mehrheit, auch wenn sie nur eine negative Sperrmajorität verkörperten, da sich die extremistischen Parteien bis auf eine kurze Phase Anfang der dreißiger Jahre buchstäblich als Todfeinde betrachteten.

Die Weimarer Republik ist mithin nicht allein durch das Anwachsen der politischen Extreme zu Grunde gegangen. Eine stabilere Verfassungsstruktur, ein stärker der Republik und der Demokratie verbundener zweiter Reichspräsident, eine günstiger verlaufende Wirtschaftskrise, eine glimpflichere Niederlage im Krieg oder auch nur die Existenz mehr und stärker der Republik verbundener gesellschaftlicher Eliten hätten wohl den Niedergang der Weimarer Republik und das Hinübergleiten zunächst in eine autoritäre Präsidialdemokratie und schließlich in die Diktatur des Dritten Reiches verhindern können. Unter den gegebenen Bedingungen waren die immer stärker werdenden extremistischen Kräfte der Linken und der Rechten zumindest mitverantwortlich für die Auflösung der Republik, auch wenn sich die Gefahr von rechts als die weitaus bedrohlichere erwies. Im Gegensatz zur NSDAP war die KPD nach der Etablierung und zeitweiligen Konsolidierung der Weimarer Republik, also nach Beendigung der revolutionären Anfangswirren, zu keinem Zeitpunkt in der Lage, das System nachhaltig zu gefährden, wohl aber es zu destabilisieren. Die ständig zunehmende Gewalttätigkeit der politischen Auseinandersetzung vor allem zwischen den Kampfverbänden der extremen Linken und der extremen Rechten ließen den Glauben an die ordnende Kraft der Republik schwinden. Selbst wenn eine Machtübernahme von links unrealistisch war, spielten Bolschewismusfurcht und die Angst vor einem möglichen kommunistischen Umsturz der NSDAP in die Hände. So gesehen gehörte der politische Extremismus zu den Totengräbern der Weimarer Republik.

Bevor wir uns mit den extremistischen Parteien, Organisationen, intellektuellen Strömungen und der extremistischen Gewalt in der Weimarer Republik beschäftigen, erscheint es notwendig, begrifflich festzulegen, was – bezogen auf die Weimarer Republik – im Folgenden unter politischem Extremismus verstanden werden soll. Denn eine bloße Übernahme der diesem Handbuch zu Grunde liegenden, in den Grundlagenartikeln weiter ausgeführten Definition, wie sie im Kern von Uwe Backes und Eckhard Jesse schon vor Jahrzehnten vorgelegt worden ist, reicht hier nicht aus. Eine Anpassung der Begriffsverwendung an die anderen Zeitumstände erscheint unabdingbar. Das ist auch deswegen notwendig, da es neben einem unumstrittenen extremistischen Kernbereich größere Graubereiche gab, wo im Sinne unserer Definition extremistisches und nicht extremistisches Denken und Handeln nebeneinander innerhalb der gleichen Partei oder Organisation auftraten. So umfasste die nationalkonservative Deutschnationale Volkspartei (DNVP) Republikskeptiker, Republikgegner und den einen oder anderen erklärten Republikfeind, arbeiteten in der nationalliberalen Deutschen Volkspartei (DVP) Monarchisten, Anhänger autoritär ausgerichteter Präsidialkabinette und „Vernunftrepublikaner" miteinander und oft genug auch gegeneinander, fanden in der Bayerischen Volkspartei (BVP) Anhänger der Wiedererrichtung der Wittelsbacher Monarchie, Protagonisten eines christlichen Ständestaates und bayerische Separatisten wie republikbejahende Kräfte zusammen.

Republikgegnerschaft oder eine Ablehnung der Weimarer Spielart der freiheitlich-demokratischen Grundordnung reichen nicht aus, um das Lager der Extremisten zu umgrenzen. Die Maschen des Begriffsnetzes müssen enger geknüpft werden, um mit hinlänglicher Trennschärfe zwischen den extremistischen und nicht-extremistischen Erscheinungsformen des politischen Spektrums unterscheiden zu können. Hinzu kommen müssen folglich weitere Merkmale: auf der Rechten zumindest noch Antiparlamentarismus und die Ungleichheitsideologien des Antisemitismus und völkischen Nationalismus, auf der Linken neben einem radikalen, nach einem neuen Menschentypus verlangenden Egalitarismus Antiparlamentarismus in Form der – zumindest als Zwischenstadium auf dem Wege zur kommunistischen Gesellschaft formulierten – Diktatur des Proletariats. Dass links- und rechtsextreme Parteien, Organisationen und Strömungen angesichts dieser definitorischen Unterschiede trotz aller Gemeinsamkeiten nicht gleichgesetzt werden dürfen, erscheint evident. Die Tatsache aber, dass es sich bei den rechten wie bei den linken extremistischen Kräften um erklärte Feinde der Republik handelte, um antiparlamentarische Bewegungen, die einen bestimmten idealisierten Menschentypus propagierten bzw. ihn erst herstellen wollten, lässt es dennoch als legitim erscheinen, beide Spielarten des politischen Extremismus unter einen gemeinsamen Oberbegriff zu subsumieren.

Unzweifelhaft rechtsextrem im Sinne der hier verwendeten Arbeitsdefinition war die NSDAP. Rechtsextrem war auch die antisemitisch orientierte frühe Abspaltung von der DNVP, die Deutsch-Völkische Freiheitspartei (DVFP) und die daraus hervorgegangene Deutsch-Völkische

Freiheitsbewegung (DVFB). Eine Reihe von rechtsextremen Mitgliedern waren zudem nach der Abspaltung der Völkischen in der DNVP verblieben. Gegen Ende der Weimarer Republik sollten sie in ihr eine zunehmend wichtigere Rolle spielen und zu Steigbügelhaltern Adolf Hitlers werden. Zumindest ab Ende der zwanziger Jahre lässt sich die DNVP daher ebenfalls als rechtsextreme Partei klassifizieren. Daneben gab es eine Reihe von Splitterparteien, darunter die Deutschsoziale Partei (DSP) und der Völkisch-Nationale Block (VNB), die im Kern rechtsextremistisch waren.

Darüber, ob der Krieg wirklich, wie Heraklit vor rund 2.500 Jahren anmerkte, der Vater aller Dinge ist, lässt sich trefflich streiten. Unstrittig aber ist: Der politische Extremismus der Weimarer Republik stellt sowohl bei der Rechten als auch bei der Linken eine im ersten Falle mittelbare, im zweiten Falle sogar unmittelbare Folge des Ersten Weltkriegs dar. Waren es im Falle des Rechtsextremismus noch eher die kriegsbedingten Folgen, die zu seiner Entstehung und zu seinem Massenerfolg führten, so ist der Linksextremismus in Form der Parteien USPD und KPD eine direkte Folge der Auseinandersetzungen innerhalb der deutschen Linken über Kriegsfinanzierung und Kriegsführung.

Die Geschichte der Weimarer Republik ist untrennbar mit Gewalt und Terror verbunden. Richtete sich in den ersten Jahren der Republik die Gewalt vor allem gegen das politische System und seine Träger, so war in den letzten Jahren vor der nationalsozialistischen Machtübernahme und der Etablierung des Dritten Reiches Gewalt gegen Andersdenkende ein nahezu alltäglicher Bestandteil der politischen Auseinandersetzung. Bis Ende 1923 versuchten linke und rechte Extremisten durch bewaffnete Aufstände, Putschversuche militärischer und paramilitärischer Verbände und Aktionen der Straße an die Macht zu kommen.

In den „goldenen Jahren" der Weimarer Republik, zwischen 1924 und 1928, flaute die politisch motivierte Gewalt zunächst ab, politische Morde und Terror gegen Individuen verschwanden weitgehend von der politischen Landkarte, flammten dann aber umso stärker ab 1929 wieder auf.

Auch in der Etablierungsphase des Dritten Reiches blieben Gewaltaktionen vor allem der SA und politischer Mord im Auftrag der NSDAP als Mittel der Einschüchterung, Verfolgung und Eliminierung des politischen Gegners auf der Tagesordnung. Es waren nicht nur die Stimmenverhältnisse im Reichstag, die dadurch bedingte Instabilität der Regierungen oder das Anwachsen der extremistischen Kräfte auf der Linken und Rechten, an denen die Weimarer Republik zu Grunde gegangen ist, sondern auch Gewalt und Terror, die von Anfang an zum politischen Alltag gehörten. Die Gewöhnung an sie führte schnell zu einer bis dahin nicht gekannten Verrohung des Stils der politischen Auseinandersetzung und zur Einschüchterung der weniger militanten Gruppierungen.[1]

---

1 Vgl. Bernd Weisbrod, Gewalt in der Politik. Zur politischen Kultur in Deutschland zwischen den beiden Kriegen, in: Geschichte in Wissenschaft und Unterricht 43 (1992), S. 113–124.

2 NSDAP

2.1 Entwicklung

Die NSDAP ist aus der 1919 noch ohne Mitwirkung Adolf Hitlers gegründeten Deutschen Arbeiterpartei (DAP), einer rechtsextremen Splittergruppe, entstanden. Anfang 1920 wurde die DAP am gleichen Tag in NSDAP, d. h. Nationalsozialistische Deutsche Arbeiterpartei, umbenannt, an dem das bis 1945 formal gültige 25-Punkte-Programm der Partei der Öffentlichkeit vorgestellt wurde. Auch wenn vieles in diesem Programm angesichts der späteren Entwicklung rein deklaratorischen Charakter hat und von Adolf Hitler zwar verkündet, aber wohl nicht selbst formuliert wurde, enthält es doch einige für die späteren Epochen der NSDAP-Geschichte kennzeichnende Programmpunkte; so eine klar antisemitische Stoßrichtung, völkischen Nationalismus und eine autoritäre Staatsvorstellung, die sich etwa in der Forderung nach Pressezensur und einer Einschränkung der Religionsfreiheit zeigt. Antikapitalistische Forderungen sind in diesem Programm ebenso enthalten wie anti-parlamentarisch auszudeutende Passagen und eine Kritik des Parteienstaates.

Die NSDAP blieb in den ersten Jahren eine weitgehend auf Bayern konzentrierte Bewegung, der es zwar gelang, einige 10.000 Mitglieder zu gewinnen, die aber bis zum Ende der zwanziger Jahre politisch keinen Einfluss erlangte. Erstmals an Wahlen beteiligte sie sich auf Landes- und Reichsebene 1924, wenn auch wegen des Verbots nach dem Bürgerbräu-Putsch und dem „Marsch auf die Feldherrnhalle" im November 1923 zumeist in einer Listenverbindung mit anderen völkischen Gruppen. Adolf Hitler wurde nach dem „Marsch auf die Feldherrnhalle" zu fünf Jahren Festungshaft verurteilt, von der er allerdings nur rund ein Dreivierteljahr absitzen musste. Während dieser in Landsberg verbrachten Haftzeit verfasste er große Teile des Manuskripts seiner programmatischen Schrift „Mein Kampf".

Die vor allem in ihr niedergelegte Weltauffassung (eine nationalsozialistische Weltanschauung im engeren Sinne gab es nicht), die zumindest in den Grundzügen auch nach 1933 ihre Gültigkeit behielt, ging von drei Grundprinzipien aus: einem sozialdarwinistisch begründeten Prinzip des ewigen „Ringen(s) des Starken mit dem Schwachen und die hierdurch erfolgende natürliche Auslese", einem „völkischen Prinzip", das von der Überlegenheit der eigenen Rasse und dem Primat der eigenen Nation bzw. besser: des eigenen Volkes ausgeht und einem an Nietzsche angelehnten Prinzip des Übermenschen, dem zufolge „die Geschichte nur von einzelnen herausragenden Persönlichkeiten gestaltet wird, während die Masse dumm und zu differenziertem Denken und Urteilen unfähig sei."[2]

Hinzu kommt die spezifische Lebensraumphilosophie Adolf Hitlers, die in Verbindung mit dem sozialdarwinistischen Prinzip des ewigen Kampfes – nicht nur der einzelnen, sondern auch ganzer Nationen – die Leitlinien seines außenpolitischen Denkens bestimmte. Völker brauchen, um sich ernähren zu können, seiner Ansicht nach ausreichenden Lebensraum. Diesen glaubte Hitler nur im dünnbesiedelten Osten, in den Weiten Russlands zu finden, was ohne Kampf nicht zu erreichen war.

---

[2] Zitate aus Rainer Zitelmann, Adolf Hitler. Eine politische Biographie, Göttingen/Zürich 1989, S. 35.

Aus der Verbindung des völkischen und des sozialdarwinistischen Grundprinzips begründete Hitler seinen geradezu pathologischen Antisemitismus. Nicht nur Nationen ringen miteinander um Oberherrschaft, sondern auch ganze Rassen. Der Todfeind der Arierrasse, zu der die Deutschen zählten, seien die Juden, die Hitler nicht als Volk oder als Religionsgemeinschaft, sondern als blutmäßig, heute würde man sagen: genetisch bestimmte Rasse definiert. Das „internationale Judentum", das sowohl den Finanzkapitalismus als auch den ideologischen Hauptfeind des Nationalsozialismus, den Bolschewismus, für seine Zwecke instrumentalisiere, sei zu einem Vernichtungskampf gegen die Arierrasse und damit gegen das deutsche Volk als deren vornehmsten Vertreter angetreten. Dieser Vernichtungskampf müsse von deutscher Seite rücksichtslos und ohne falsche Humanität geführt werden. Es gehe schließlich um das Überleben des rassisch wertvollen Deutschtums im Kampf mit dem alles zersetzenden, rassisch minderwertigen Judentum.[3] In solchen Überlegungen war der eliminatorische Antisemitismus Hitlers bereits angelegt.[4]

Trotz dieser systematischen Rekonstruktion der ideologischen Grundprinzipien von Hitlers Weltanschauung gilt nach wie vor das Diktum Kurt Sontheimers: „Die nationalsozialistische Ideologie war nie eine einheitliche Doktrin, die man auch nur entfernt mit der Geschlossenheit der marxistischen Ideologie vergleichen könnte. Es handelt sich [...] um ein Konglomerat der verschiedensten Ideen, in dem zwar zunächst die völkischen Ideen bestimmend waren, das aber mehr und mehr zu einem offenen System wurde, das viele Ausdeutungen und Akzentuierungen zuließ, je nach Situation und Publikum [...]. Es war eine Weltanschauung für viele."[5] Ob man überhaupt unter diesen Umständen von Ideologie sprechen kann, sei dahingestellt. Gerade diese Unbestimmtheit der Ideologie oder vielleicht besser: nationalsozialistischen Weltsicht war es, die den Massenzulauf zur NSDAP ermöglichte. Viele konnten sich in einzelnen Facetten darin wiederfinden. Die nationalsozialistischen Propagandakampagnen taten ein Übriges, um zwar nicht allen alles zu versprechen, aber doch vielen vieles: der konservativen Landbevölkerung eine Aufwertung von Boden, Brauchtum und Sitte; dem Mittelstand Schutz vor Großkonzernen und der befürchteten Proletarisierung; den Arbeitern soziale Gleichstellung und Anerkennung in der Volksgemeinschaft; den Arbeitslosen Beschäftigung; den Republikgegnern die Abschaffung des verhassten Weimarer Systems; den Antisemiten eine Lösung (wenn auch noch nicht die „Endlösung") der „Judenfrage"; und allen (nicht-jüdischen) Deutschen die Wiederherstellung nationaler Größe und Selbstachtung.

Nach seiner Entlassung aus der Festungshaft gründete Adolf Hitler die NSDAP neu. Gedanken an eine revolutionäre oder vielleicht genauer: putschistische Machtübernahme gab er auf. Nun

---

3 Vgl. schon Adolf Hitler, Gutachten über den Antisemitismus (1919 erstellt im Auftrag seiner militärischen Vorgesetzten). Zit. nach Werner Maser, Hitlers Briefe und Notizen, Düsseldorf 1973 (Fundstelle unter www.ns-archiv.de/verfolgung/antisemitismus/hitler/gutachten.php).

4 Vgl. auch die beiden nachfolgenden Zitate, das erste aus einem Brief Hitlers an Konstantin Hierl mit Briefkopf der NSDAP vom 3. Juli 1920: „Der Jude aber wird und wurde durch Jahrtausende hindurch in seinem Wirken zur Rassetuberkulose der Völker. Ihn bekämpfen heißt ihn entfernen." (Fundstelle unter www.sgipt.org/politpsy/3reich/volkwis.htm#Dokumente), das zweite aus Hitlers *Mein Kampf*: „Kein Volk entfernt diese Faust [des unerbittlichen Weltjuden] anders von seiner Gurgel als durch das Schwert [...]. Ein solcher Vorgang bleibt aber ein blutiger" (hier Zit. nach: Eberhard Jäckel/Ellen Latzin, Hitler, Adolf: Mein Kampf, 1925/26, unter http://www.historisches-lexikon-bayerns.de/artikel/artikel_44547).

5 Kurt Sontheimer, Antidemokratisches Denken in der Weimarer Republik. Die politischen Ideen des deutschen Nationalismus zwischen 1918 und 1933, München 1978 [1962], S. 134 f.

setzte er auf Wahlen. Bereits 1924, also noch während der Festungshaft Adolf Hitlers, nahm die NSDAP an vier Landtagswahlen teil, darunter in Preußen, sowie, wenn auch als Juniorpartner in Listenverbindungen, an den beiden Reichstagswahlen des Jahres. Bei der „Inflationswahl" vom Mai 1924 ging die NSDAP mit einer 1922 von der DNVP abgespaltenen völkisch-antisemitischen Gruppierung, der Deutsch-Völkischen Freiheitspartei, ein Wahlbündnis unter dem Namen Deutsch-völkische Freiheitsbewegung ein, das immerhin fast zwei Millionen Stimmen auf sich vereinen konnte. Dieses Bündnis war hauptsächlich bei der nord-ostdeutschen Landbevölkerung und bei Großagrariern erfolgreich. Die Schwerpunkte der NSDAP hingegen lagen Mitte der zwanziger Jahre vor allem in Bayern, wo die Deutschvölkische Freiheitspartei es bei der Maiwahl 1924 in Franken auf immerhin 20,7 Prozent der Stimmen brachte. In der Dezemberwahl des gleichen Jahres fiel der Stimmenanteil des völkisch-nationalsozialistischen Bündnisses, das diesmal unter dem Namen Nationalsozialistische Freiheitsbewegung (NSFB) antrat, auf drei Prozent zurück. In ihrer Hochburg Franken betrug der Stimmenrückgang sogar 13,2 Prozentpunkte. Nach seiner Haftentlassung löste Hitler seine Gefolgschaft aus dieser Koalition mit den Völkisch-Konservativen heraus. Bei den nachfolgenden Landtagswahlen trat die NSDAP dann als eigene Partei auf.

Bei der Reichstagswahl 1928 schnitt die NSDAP noch wenig erfolgreich ab. Sie wurde gerade einmal von 810.000 Personen gewählt (2,6 Prozent). Unter den Bedingungen des heute geltenden Bundestagswahlrechts wäre die NSDAP bei der Mandatsverteilung nicht berücksichtigt worden, unter den Bedingungen des Verhältniswahlsystems der Weimarer Republik jedoch zog sie mit zwölf Abgeordneten in den Reichstag ein.[6] Nur 28 Monate später votierten bereits fast sechseinhalb Millionen Wähler für die Hitler-Bewegung, wie sich die NSDAP auf den Stimmzetteln auch nannte. Mit einem Schlag war die NSDAP – nach der SPD – zur zweitstärksten Reichstagsfraktion geworden. Viele Zeitzeugen waren damals fassungslos; für sie kam dieses Ergebnis völlig unerwartet, obwohl sich ein substantieller Aufstieg der NSDAP sowohl organisatorisch als auch bei Landtags- und Kommunalwahlen schon während der Jahre 1929/30 abgezeichnet hatte.[7]

Noch nicht einmal zwei Jahre später, im Juli 1932, gelang es der NSDAP, ihre Stimmenzahl erneut zu verdoppeln; mit über 37 Prozent der Stimmen und 230 Reichstagsmandaten war sie nun mit weitem Abstand stärkste Partei im Reichstag. Auch in einer Reihe von Landtagswahlen gelang es ihr, zur stärksten Partei zu werden. Im Landtag von Mecklenburg-Schwerin verfehlte sie nur ganz knapp eine absolute Mehrheit der Sitze. Zwar musste sie bei den Reichstagswahlen vom November 1932 einen spürbaren Stimmenrückgang hinnehmen. Sie verlor rund zwei Millionen Wähler und fiel auf 33,1 Prozent der Stimmen zurück, im Reichstag aber blieb sie die mit Abstand stärkste Partei. Ende 1932 befand sich die NSDAP im Hinblick auf

---

6 In der Weimarer Republik herrschte ein in der Verfassung verankertes und damit nur sehr schwer reformierbares, quasi-automatisches Verhältniswahlsystem. Mit gewisser Vereinfachung gilt: Auf 60.000 Stimmen entfiel ein Reichstagsmandat, was angesichts stark divergierender Wahlbeteiligungsraten die Zahl der Reichstagssitze zwischen 459 (1920) und 647 (1933) schwanken ließ. Vgl. Jürgen W. Falter/Thomas Lindenberger/Siegfried Schumann, Wahlen und Abstimmungen in der Weimarer Republik, München 1986, S. 23–31 und S. 44.
7 Vgl. für die Wahlen zwischen 1928 und 1930 ebd., S. 89–113 sowie Jürgen W. Falter, Hitlers Wähler, München 1991, S. 33 f.; für die organisatorische Ausbreitung vgl. als zeitgenössische Quelle Carl Mierendorff, Gesicht und Charakter der Nationalsozialistischen Bewegung, in: Die Gesellschaft 7 (1930), S. 489–504.

den Zuspruch bei Wahlen und ihre finanzielle Situation im Abstieg, als überraschend und in einem einsamen Entschluss am 30. Januar 1933 der greise Reichspräsident von Hindenburg Adolf Hitler zum Reichskanzler ernannte. Dieser nutzte die Gelegenheit, indem er durch eine Reihe von präsidialen Notverordnungen die politischen Betätigungsrechte vor allem der Kommunisten und Sozialdemokraten empfindlich einschränkte, um dann bei den letzten halbwegs freien Wahlen am 5. März 1933 den Stimmenanteil seiner Partei auf knapp 44 Prozent steigern zu können. Das gab ihm zwar nicht die angestrebte absolute Mehrheit der Reichstagsmandate; in Zusammenarbeit mit seinem Koalitionspartner, der DNVP, reichte es jedoch für die Bildung einer Regierung und die Etablierung der Macht der NSDAP in den darauf folgenden Monaten. Die Weimarer Republik war damit untergegangen, die totalitäre Diktatur des Dritten Reichs löste sie ab.

2.2 Wähler

Wer waren die Wähler der NSDAP? Über die Wählerschaft der NSDAP ist viel spekuliert worden, regionale Einzelergebnisse wurden lange Zeit generalisiert, sich teilweise widersprechende Erklärungen für den Wahlerfolg der NSDAP wurden auf manchmal empirisch äußerst dünner Basis entwickelt. Resultat war eine Art wahlhistorischer Folklore, der zufolge die NSDAP nahezu ausschließlich oder doch weit überwiegend eine Mittelschichtpartei darstellte, die von Arbeitern so gut wie keine Stimme erhielt, es sei denn, von Arbeitslosen. „Panik im Mittelstand"[8] oder „Extremismus der Mitte"[9] waren gängige Erklärungsmuster; die alternative Erklärungshypothese, es habe sich bei den Wählern der NSDAP vor allem um entwurzelte, gesellschaftlich isolierte, ja atomisierte Individuen gehandelt[10], konnte sich gegen den mächtigen Chor der Mittelschichttheoretiker nicht durchsetzen. Eine weitere, sich gewissermaßen zwischen diesen beiden Erklärungsansätzen bewegende Theorieversion, die sich stärker mit der Nicht-Anfälligkeit bestimmter sozialer Gruppen beschäftigt, ist die Theorie über die immunisierende Funktion des „politischen Konfessionalismus".[11]

Die neuere, auf breiterer Datenbasis und mit fortgeschrittenen statistischen Auswertungsverfahren arbeitende wahlhistorische Forschung hat jedoch gezeigt, dass keiner der drei Erklärungsansätze voll und ganz zutrifft. Die NSDAP war in Gebieten mit einem hohen Prozentsatz an Arbeitern viel zu erfolgreich, als dass man von einer reinen Mittelschichtpartei sprechen kann: Schätzungsweise 40 Prozent der NSDAP-Wähler gehörten der Arbeiterschaft an. Unbestreitbar allerdings ist ein relatives Übergewicht von Mitgliedern der alten Mittelschicht, also der Selbständigen, Gewerbetreibenden, Freien Berufe und der Bauern. Diese aber stellten kei-

---

8 Vgl. Theodor Geiger, Panik im Mittelstand, in: Die Arbeit 7 (1930), S. 637–654.
9 Vgl. Seymour Martin Lipset, Political Man, The Social Bases of Politics, New York 1960, S. 127–148.
10 Vgl. Reinhard Bendix, Social Stratification and Social Power, in: The American Political Science Review 46 (1952), S. 357–375. Für eine Kritik dieser beiden Erklärungsansätze vgl. Jürgen W. Falter, Radikalisierung des Mittelstandes oder Mobilisierung der Unpolitischen? Die Theorien von Seymour Martin Lipset und Reinhard Bendix über die Wählerschaft der NSDAP im Lichte neuerer Forschungsergebnisse, in: Peter Steinbach (Hrsg.), Probleme politischer Partizipation im Modernisierungsprozess, Stuttgart 1982, S. 438–469.
11 Vgl. Walter Dean Burnham, Political Immunization and Political Confessionalism. The United States and Weimar Germany, in: Journal of Interdisciplinary History 3 (1972), H. 1, S. 1–30.

nesfalls den Großteil der NSDAP-Wähler. Entgegen einer lange gehegten Annahme waren auch Arbeitslose nicht über-, sondern klar unterdurchschnittlich anfällig für die Wahlpropaganda der NSDAP. In Gebieten mit hoher Arbeitslosigkeit schnitt die NSDAP im Mittel unterdurchschnittlich gut ab, in Gebieten mit niedriger Arbeitslosigkeit dagegen überdurchschnittlich gut. Arbeitslose Arbeiter wählten nach allem, was wir heute wissen, eher KPD als NSDAP. Einen besonders schweren Stand bei Wahlen hatte die NSDAP in den katholischen Gebieten des Reichs. Für alle Wahlen ab 1930 gilt: Je höher der Katholikenanteil eines Kreises oder einer Gemeinde, desto niedriger fiel im Schnitt der Stimmenanteil der NSDAP aus. Kein sozio-demographisches Merkmal korreliert stärker (negativ) mit dem NSDAP-Stimmenanteil als der Katholikenanteil, und im Gegenzug hängt kein Merkmal statistisch enger mit den NSDAP-Wahlerfolgen zusammen als der Protestantenanteil. Eine weitere soziale Gruppe, von der man lange Zeit annahm, sie habe weit überdurchschnittlich häufig NSDAP gewählt, sind die Angestellten. Aber auch hier deuten die Ergebnisse eher auf eine unterdurchschnittliche Affinität von Wählern mit Angestelltenstatus zur NSDAP hin. Frauen schließlich waren unter den Wählern der NSDAP bis ins Jahr 1932 deutlich unterrepräsentiert. Sie votierten eher für die katholische Zentrumspartei oder die ebenfalls katholische Bayerische Volkspartei, die dem Protestantismus nahestehende Deutschnationale Volkspartei oder den evangelischen Christlich-Sozialen Volksdienst. Radikale Parteien, wie die NSDAP und die KPD, hatten es in allen Epochen der deutschen Wahlgeschichte bei Frauen schwerer als bei Männern.

Ebenfalls umstritten war in der – lange Zeit eher pointillistisch verfahrenden – wahlhistorischen Literatur zum Nationalsozialismus die Frage nach der parteipolitischen Herkunft der NSDAP-Wähler und nach der Rolle der gestiegenen Wahlbeteiligung. Auch hier half die neuere Forschung manch vorgefasste Meinung zu revidieren. Der NSDAP gelang es bei der Reichstagswahl 1930, nicht nur von der gestiegenen Wahlbeteiligung und von Verlusten der liberalen Mittelparteien, sondern auch vom Rückgang der DNVP zu profitieren. Unter den NSDAP-Zuwanderern von 1930 stellten Nichtwähler und DNVP-Wähler vor den Wählern der beiden liberalen Parteien das stärkste Kontingent. In der darauf folgenden Reichstagswahl vom Juli 1932 ist vermutlich jeder zweite Wähler der Splitterparteien, jeder dritte Wähler der Liberalen und der Deutschnationalen, jeder fünfte Nichtwähler sowie jeder siebte SPD-Wähler von 1930 zu den Nationalsozialisten gestoßen. Das würde bedeuten, dass bei dieser Wahl ehemalige Anhänger der Splitterparteien für 35 Prozent der NSDAP-Gewinne verantwortlich gewesen wären. Wechselwähler von den Deutschnationalen und den Liberalen machten schätzungsweise zwischen 10 und 13 Prozent der NSDAP-Zuwanderer dieser Wahl aus, SPD-Abwanderer sogar mehr als 15 Prozent. 1933 schließlich entstammten die meisten NSDAP-Zuwanderer, nämlich rund 60 Prozent, dem bisherigen Nichtwählerlager, obwohl auch die – nun allerdings schon arg dezimierten – anderen Parteien zum Teil nochmals einen kräftigen Aderlass zu Gunsten der Nationalsozialisten zu verzeichnen hatten. Lediglich die Wähler der beiden katholischen Parteien, insbesondere des Zentrums, das den katholischen Bevölkerungsteil außerhalb Bayerns politisch repräsentierte, sowie die KPD-Wähler erwiesen sich als mehr oder minder immun gegenüber Adolf Hitler und seiner Bewegung.[12]

---

12 Vgl. Falter u. a. (Anm. 6), S. 81–123.

Ob wirklich alle Wähler der NSDAP rechtsextrem waren und sich voll mit dem weltanschaulichen Programm Adolf Hitlers identifizierten, darf bezweifelt werden. Aus der stärker gegenwartsbezogenen Wahl- und Mitgliederforschung wissen wir, dass keineswegs alle Wähler einer Partei mit allen Forderungen übereinstimmen, die in deren Wahlprogramm enthalten sind. Anfang der dreißiger Jahre die NSDAP zu wählen bedeutete nicht zwangsläufig, mit ihren rassen- oder außenpolitischen Vorstellungen übereinzustimmen. Zwar war es durchaus möglich, aus Hitlers *Mein Kampf* und seinen vielen öffentlichen Auftritten seine weltanschaulichen Vorstellungen zu kennen; aber so wenig heute alle Äußerungen von Politikern ernst genommen werden, so wenig dürfte das vor 1933 bei Adolf Hitler der Fall gewesen sein. Die 1941 einsetzende massenhafte Vernichtung insbesondere des osteuropäischen Judentums war bei der Wahl der NSDAP zwischen 1930 und 1933 kaum ein leitendes Motiv, wohl aber der Anti-Parlamentarismus, die Gleichschaltung der anderen Parteien und praktisch aller gesellschaftlichen Gruppen mit Ausnahme der Kirchen und die Diskriminierung der deutschen Juden. Selbst ein Vernichtungs- und Eroberungskrieg lag vermutlich außerhalb des Vorstellungshorizonts der nationalsozialistischen Protest- und sogar vieler Überzeugungswähler der Jahre 1930 bis 1933. Belegen lässt sich das mangels zeitgenössischer Umfragen ebenso wenig wie das Gegenteil. Zeugnisse der Zeitgenossen allerdings zeigen, dass selbst überzeugteste Parteigänger Adolf Hitlers keine Vorstellung von dem hatten, was nach 1939 geschehen würde.[13]

Zusammengefasst: Die NSDAP-Wählerschaft war sowohl hinsichtlich der parteipolitischen Herkunft ihrer Wähler als auch in Bezug auf ihre soziale Zusammensetzung sehr viel heterogener, als die gängigen Theorien über die nationalsozialistischen Wahlerfolge voraussetzen. Alles zusammengenommen stellte die NSDAP mit Blick auf ihre Wählerschaft eine totalitäre Massenintegrationspartei dar oder eine Volkspartei des Protests, oder auch, wie der Verfasser früher einmal formuliert hatte, eine Volkspartei mit Mittelstandsbauch[14]. Adolf Hitler ist nicht mithilfe des Wahlzettels an die Macht gekommen, aber seine Wahlerfolge stellten hierfür eine zwar nicht hinreichende, aber notwendige Voraussetzung dar.

2.3 Totalitäre Massenpartei

Nach ihrer Gründung war die NSDAP zunächst auf München und den oberbayerischen Raum beschränkt. Noch bis zu ihrem Verbot Ende 1923 war die NSDAP eine weitgehend auf Süddeutschland begrenzte Partei, obwohl es auch in einer Reihe von nord- und mitteldeutschen Großstädten schon relativ früh erste NSDAP-Ortsgruppen gab, so in Hannover und Chemnitz. Die meisten ihrer Mitglieder kamen in den Anfangsjahren nicht vom Land, sondern aus größe-

---

13 Das können wir beispielsweise aus den Berichten früher Parteigenossen schließen, die der amerikanische Soziologe Theodore Abel Mitte der Dreißigerjahre zusammentrug. Vgl. Theodore Abel, Why Hitler came into power. An answer based on the original life stories of 600 of his followers, New York 1938 und die spätere inhaltsanalytische Auswertung der Abel-Collection durch Peter Merkl, Political Violence under the Swastika. 581 Early Nazis, Princeton 1975.
14 Der Wiener Zeithistoriker Gerhard Botz verwendet dafür den sehr gelungenen Begriff der „asymmetrischen Volkspartei". Vgl. Gerhard Botz, Quantitative Analyse der Sozial- und Altersstruktur der oesterreichischen NSDAP-Mitglieder 1926–1945, in: Austriaca. Cahiers universitaires d'information sur l'Autriche 13 (1988), H. 26, hier S. 69.

ren Städten, vor allem aus München. Erst 1923 gelang es der Partei, allmählich das flache Land zu erobern, auch dies zunächst wieder hauptsächlich in Süddeutschland.[15]

„Ende Juli 1921 existierten in Bayern neun Ortsgruppen, Ende 1922 44 und außerhalb Bayerns, wo die Partei sich seit Frühjahr 1922 verbreitet hatte, 56. Sie alle erkannten die Münchner Ortsgruppe als Parteileitung an. 1923 betrug die Zahl der Ortsgruppen in Bayern 178 […] außerhalb 169 […]. Die weitere Ausdehnung im Reich wurde verhindert, als Preußen die NSDAP am 15. November 1922 mit Hilfe des Republikschutzgesetzes verbot. Bis zum Herbst 1923 folgten alle übrigen Länder außer Bayern. Als Ersatz trat die in Norddeutschland stärkere ‚Deutschvölkische Freiheitspartei' auf, die in Preußen am 23. März 1923 ebenfalls verboten wurde. Thüringen, Sachsen und Baden folgten. Die DAP hatte um die Jahreswende 1919/1920 195 Mitglieder. Im Sommer 1920 hatte ihre Nachfolgerin [die NSDAP] um die 1.700, 1921 um die 3.000. Bis November 1923 stieg die Mitgliederzahl auf rund 55.000. Der sozialen Herkunft nach überwog der städtische untere Mittelstand aus kleinen Angestellten, Kaufleuten, Handwerkern und niederen Beamten. Anfänglich stammte die große Mehrheit aus Städten; nach dem großen Zuwachs 1923 aber dominierte das Land, insbesondere die ländlichen Handwerker. Außerdem sind etwa 10 % Bauern nachweisbar."[16]

Verboten wurde die NSDAP wegen ihres Putschversuchs, der im Münchner Bürgerbräukeller begann und am 9. November 1923 mit dem „Marsch auf die Feldherrnhalle" kläglich endete. Hitler wurde, wie erwähnt, zu Festungshaft verurteilt, die Partei aufgelöst, was sie aber nicht daran hinderte, in Form diverser Ersatzorganisationen und der bereits genannten Listenverbindungen mit völkischen Gruppen politisch aktiv zu bleiben. Nach seiner vorzeitigen Entlassung aus dem Landsberger Gefängnis wechselte Adolf Hitler – wie erwähnt – seinen politischen Kurs und verpflichtete die wieder begründete Partei auf einen Legalitätskurs: Nicht durch Putsch oder Revolution, sondern durch Wahlen wollte Hitler nun an die Macht kommen, was ihm mit Hilfe der DNVP und der Mitwirkung des Reichspräsidenten Paul von Hindenburg gelungen ist.

Die Partei wuchs anfangs nur zögerlich, Ende 1929, knapp fünf Jahre nach ihrer Wiederbegründung, zählte sie weniger als 100.000, im September 1930, vor ihrem ersten großen Wahlerfolg, umfasste sie rund 160.000 Mitglieder. Die Zahl der Mitglieder wuchs nach diesem Wahlerfolg deutlich schneller. Bis zum 30. Januar 1933, dem Tag der „Machtergreifung", die in Wirklichkeit nichts anderes war als eine Machtübertragung durch den Reichspräsidenten, vervielfachte sich die Zahl ihrer Mitglieder auf etwa 900.000. Nach der Ernennung Adolf Hitlers zum Reichskanzler und insbesondere nach dem 5. März 1933 schnellte die Zahl der

---

15 Vgl. Paul Madden, Some Social Characteristics of Early Nazi Party Members, 1919–23, in: Central European History 15 (1982), H. 1, S. 34–56, hier S. 38.
16 Paul Hoser, Nationalsozialistische Deutsche Arbeiterpartei (NSDAP), 1920–1923/1925–1945, in: Historisches Lexikon Bayerns, unter: http://www.historisches-lexikon-bayerns.de/artikel/artikel_44553 – allerdings ohne weitere Belege. Leicht davon abweichende Zahlen bei Hans Volz, Daten der Geschichte der NSDAP, Berlin/Leipzig 1939, S. 5 ff. Volz berichtet für Januar 1920 von 64 Mitgliedern, für Januar 1921 schreibt er von knapp 3000, für Januar 1922 von rund 6000 Mitgliedern; am 8. November 1923, also direkt vor ihrem Verbot, habe die NSDAP 55.787 Mitglieder gehabt. Zur sozialen Zusammensetzung der frühen NSDAP-Mitglieder vgl. auch Michael Kater, Zur Soziographie der frühen NSDAP, in: Vierteljahrshefte für Zeitgeschichte 19 (1971), S. 124–159; zu den frühen Ortsgruppen Donald Morse Douglas, The early Ortsgruppen: The development of National Socialist local groups 1919–1923, Diss., University of Kansas 1968.

NSDAP-Mitglieder auf etwa 2,6 Millionen hoch. Das bedeutet mit anderen Worten, dass von allen zwischen 1925 und 1933 in die Partei Eingetretenen über 60 Prozent erst 1933 Parteimitglieder geworden sind. Die Zeitgenossen bezeichneten etwas spöttisch die mehr als 1,7 Millionen Neumitglieder, die in einer Art Parteischlusspanik nach der Bestätigung der Hitler-Hugenberg-Koalition durch die Märzwahl 1933 in die Partei drängten, in Reminiszenz an die Gefallenen der Revolution von 1848 als „Märzgefallene". Adäquater wäre vielleicht der ebenfalls von den Zeitgenossen verwendete Begriff „Maiveilchen" gewesen, da die Parteiausweise der weitaus meisten neuen Parteimitglieder als Aufnahmedatum den 1. Mai 1933 trugen. Um nicht von Konjunkturrittern und Opportunisten überrannt zu werden, verhängte der Reichsschatzmeister, der für das Mitgliedschaftswesen zuständig war, mit Wirkung vom 19. April 1933 eine allgemeine Aufnahmesperre, die erstmals 1935 für einen eng beschränkten Personenkreis und dann 1937 für fast alle – allerdings auch dieses Mal nur vorübergehend – gelockert wurde. Anfang 1942 wurde die Partei dann wieder – für fast alle – geschlossen. 1944/45 erreichte die Partei mit rund 8,8 Millionen Mitgliedern ihren höchsten Mitgliedsstand.[17] Insgesamt betrug die Zahl aller Personen, die jemals in der Partei waren, rund 10 Millionen. Da aber in den Jahren 1925 bis 1932 knapp 40 Prozent der in die Partei Eingetretenen diese wieder verließen und selbst unter den ab 1933 Eingetretenen Austritte zu verzeichnen waren und da es auch verstorbene und von der Partei ausgeschlossene Parteimitglieder gab, übersteigt die Zahl der Parteieintritte, die sich in der Vergabe der Mitgliedsnummern niederschlägt, die Zahl derer, die gleichzeitig in der Partei waren, bei weitem. Doch damit wagen wir uns schon weit über die Epoche der Weimarer Republik hinaus, die zwar nicht formal oder verfassungsrechtlich, aber faktisch spätestens mit dem Ermächtigungsgesetz vom 23. März 1933 ihr Ende fand.

2.4 Mitglieder

Woher kamen die NSDAP-Mitglieder der Jahre 1925 bis 1933? Welchen Schichten entstammten sie? Waren sie jung oder alt, gab es mehr Frauen oder mehr Männer, Selbstständige oder Arbeiter? Da ein Großteil der NSDAP-Mitgliedskarten den Krieg überlebt hat – für rund 90 Prozent der Mitglieder ist eine Mitgliedskarte erhalten – und für die wissenschaftliche Auswertung im Bundesarchiv Berlin zur Verfügung steht, ist es möglich, ein recht genaues Bild der sozialen und demographischen Zusammensetzung der NSDAP zu rekonstruieren. Zuallererst war die NSDAP bis ins Jahr 1932 eine außergewöhnlich junge Partei. Das Durchschnittsalter der Neumitglieder bei Parteieintritt lag vor der „Machtergreifung" zwischen 25 und 29 Jahren. Nachdem Adolf Hitler zum Reichskanzler ernannt worden war, wurde die Partei mit einem Schlag älter und gesetzter: Das Durchschnittsalter der „Märzgefallenen" lag bei einem Medianwert von 34,3 Jahren. Im Vergleich zur Bevölkerung, insbesondere aber zu den anderen Parteien, war die NSDAP vor 1933 folglich eine ausgesprochen junge Bewegung, was ihre Dynamik und ihre Schlagkraft erklären mag. Zugleich war sie eine von Männern dominierte Par-

---

17 Vgl. Michael Kater, The Nazi Party. A Social Profile of Members and Leaders, 1919–1945, Cambridge, Mass. 1983, S. 263. Neuere Zahlen bei Jürgen W. Falter/Kristine Khachatryan, Wie viele NSDAP-Mitglieder gab es überhaupt und wie viele davon waren überzeugte Nationalsozialisten?, in: Jürgen W. Falter (Hrsg.), Junge Kämpfer, alte Opportunisten. Die Mitglieder der NSDAP 1919–1945, Frankfurt a. M. 2016, S. 177–195.

tei: Nur rund sechs bis acht Prozent der neuen Parteimitglieder zwischen 1925 und 1932 waren Frauen, was allerdings die NSDAP von den anderen Parteien der Weimarer Republik, über die wir entsprechende Daten besitzen, nur graduell unterschied. Auch innerhalb der SPD und der KPD bildeten Frauen eine kleine, wiewohl rund doppelt bis dreifach so starke Minderheit. Unter den rund 1,7 Millionen „Märzgefallenen" waren sogar noch weniger Frauen vertreten als bei den Neueintretenden der Jahre 1925 bis 1932. Der Frauenanteil sank in der Gruppe der „Märzgefallenen" auf 5,4 Prozent.[18] Erst nach Ausbruch des Zweiten Weltkriegs stieg der Frauenanteil unter den NSDAP-Neumitgliedern auf knapp 40 Prozent an; die Männer waren an der Front, die Frauen wuchsen im Rahmen der Kriegswirtschaft in neue Rollen hinein.

Arbeiter (inklusive Hausangestellte, die versicherungsrechtlich als Arbeiter zählten) stellten vor 1933 knapp 40 Prozent aller NSDAP-Neumitglieder, Selbstständige zwischen 30 und 33 Prozent, Angestellte und Beamte rund 21–23 Prozent. Von der beruflichen Zusammensetzung der Neumitglieder gesehen war die NSDAP der „Kampfzeit", gemeint sind die Jahre 1925 bis Anfang 1933, folglich alles andere als eine reine Mittelschichtbewegung. Ähnlich wie unter den Wählern waren unter den Neumitgliedern dafür viel zu viele Arbeiter vertreten. Auch was ihre Mitglieder angeht (die Relationen zwischen den Berufen bleiben in etwa erhalten, wenn man nicht bloß auf die neu Eintretenden, sondern auf den jeweiligen Bestand an NSDAP-Mitgliedern pro Jahr blickt) war die NSDAP folglich eine sozial heterogen zusammengesetzte Partei. Dass Arbeiter innerhalb der NSDAP dennoch tendenziell unter- und Mittelschichtangehörige überrepräsentiert waren, steht dem nicht entgegen. Das gilt für die meisten Parteien nicht nur der Weimarer Republik, sondern auch der Bundesrepublik: Die Bereitschaft, in eine Partei einzutreten und dort als Mitglied aktiv zu werden, ist sozial und bezogen auf den Bildungsgrad höchst ungleich verteilt. Selbst in den klassischen Arbeiterparteien KPD und SPD finden sich schon in der Weimarer Republik erstaunlich viele Mittelschichtangehörige, die nun einmal über ein größeres Zeitbudget, bessere Bildungsressourcen und mehr Geld verfügten als der durchschnittliche Arbeiter jener Zeit, der mit einem im Vergleich zu heute äußerst geringen Einkommen vor allem damit beschäftigt war, sich und seine Familie zu ernähren.

Nach der Märzwahl 1933 und insbesondere nach dem Ermächtigungsgesetz, als absehbar war, dass die NSDAP sich länger an der Macht halten würde, wandelte sich die soziale Zusammensetzung der NSDAP. Unter den rund 1,7 Millionen Neumitgliedern fanden sich nun deutlich mehr Angestellte und Beamte. Waren zwischen 1925 und Januar 1933 nur etwa sechs Prozent der Neumitglieder Beamte, so stieg der Beamtenanteil bei den „Märzgefallenen" auf rund 14 Prozent, was bedeutet, dass Ende 1933 bereits über 20 Prozent aller Beamten Mitglied in der NSDAP waren. Am Kriegsende waren es sogar 60 Prozent. Der Akademikeranteil wuchs von rund fünf auf neun Prozent. Bei den Selbstständigen oder Neumitgliedern ohne Beruf ergeben sich 1933 gegenüber den zurückliegenden Jahren lediglich geringfügige Verschiebungen. Fasst man Angestellte, Beamte und Selbstständige zusammen, so wächst deren Anteil unter den

---

18 Vgl. hierzu Jürgen W. Falter, Die Märzgefallenen von 1933. Neue Forschungsergebnisse zum sozialen Wandel innerhalb der NSDAP-Mitgliedschaft während der Machtergreifungsphase, in: ders., Zur Soziographie des Nationalsozialismus. Studien zu den Wählern und Mitgliedern der NSDAP, HSR Supplement 25 (2013), S. 280–302; revidierte, neu berechnete Fassung des gleichnamigen Aufsatzes aus Geschichte und Gesellschaft 14 (1998), S. 595–616.

NSDAP-Neumitgliedern während der Machtergreifungsphase von etwas über 50 auf rund 60 Prozent. Dies kann als ein Indiz für die von Adolf Hitler prognostizierte und befürchtete „Verbürgerlichung" der Partei angesehen werden.[19] Wie stark Beamte und insbesondere Lehrer in die Partei hineindrängten, belegt der folgende Zahlenvergleich: 7,3 Prozent aller Berufstätigen, aber 20 Prozent aller Beamten und 30 Prozent aller Lehrer waren schon 1933/34 Mitglied der NSDAP. Dass dahinter nicht nur ein weltanschauliches Anliegen, sondern auch ein aus Nützlichkeitserwägungen gespeistes rationales Kalkül stand, erscheint plausibel. Diese Tendenz zur Verbürgerlichung schlägt sich auch in der Verteilung der NSDAP-Neumitglieder auf die drei Wirtschaftsabteilungen nieder. 1933 stieg der Anteil von Neumitgliedern aus dem Dienstleistungssektor mit seinen Verwaltungsberufen deutlich an, während der Prozentsatz der in den beiden anderen Wirtschaftssektoren tätigen Personen zurückging.

Gliedert man schließlich die neuen Mitglieder der NSDAP nach ihrem sozialen Status auf, so zeigt sich, dass nach der „Machtergreifung" der Anteil der aus der Unterschicht stammenden Mitglieder, der zuvor bei über 40 Prozent gelegen hatte, auf rund 33 Prozent zurückgeht, während der Prozentsatz der Mittelschichtangehörigen von 48 auf 56 Prozent wächst und der Prozentsatz der aus der Oberschicht und der oberen Mittelschicht stammenden Neumitglieder von knapp sechs auf etwa neun Prozent ansteigt. Mit der „Machtergreifung" scheint die NSDAP nun auch für die höheren Stände hoffähig geworden zu sein. Ihr als Beamter, Akademiker, Manager oder Unternehmer anzugehören, konnte Vorteile bringen, während vor 1933 mit einer offen kommunizierten NSDAP-Mitgliedschaft manchmal Nachteile verbunden waren.

Weniger gut als bei der sozialen und demographischen Zusammensetzung der NSDAP-Mitgliedschaft sieht die Materiallage aus, wenn man nach den Motiven fragt, die Menschen in der Weimarer Republik bewogen haben, sich der NSDAP anzuschließen. Hier liegen leider keine repräsentativen, sondern nur bedingt verallgemeinerungsfähigen Informationen vor. Am bekanntesten ist die Sammlung von ursprünglich etwa 700 Lebensberichten „Alter Kämpfer", die von dem polnisch-amerikanischen Soziologen Theodore Abel kurz nach der Etablierung des Dritten Reiches gesammelt worden waren.[20] Eine weitere, bisher jedoch unterausgewertete und wohl auch insgesamt weniger aussagekräftige Quelle stellen die lebensgeschichtlichen Berichte früher, bis 1928 in die Partei eingetretener NSDAP-Mitglieder des Gaus Hessen-Nassau über die „Kampfzeit" 1919 bis 1933 dar.[21] Ich werde mich daher vor allem auf die Ergebnisse Theodore Abels und die weiterführende Sekundäranalyse dieser Daten durch Peter Merkl stützen.

Die von Abel gesammelten Lebensberichte von NSDAP-Mitgliedern legen ein frühes Zeugnis für die heterogene Zusammensetzung der NSDAP-Mitgliedschaft und die Tatsache ab, dass es

---

19 Vgl. hierzu auch die Bemerkungen des Reichsorganisationsleiters Robert Ley über die von ihm als Konjunkturritter bezeichneten vielen Beamten und zahlreichen Lehrer, denen es nach der „Machtergreifung" gelungen sei, sich in der Partei einzunisten, in: Partei-Statistik, Stand 1. Januar 1935, hrsg. vom Reichsorganisationsleiter der NSDAP, München o. J., S. 75.
20 Abel (Anm. 13); Sekundäranalyse der Daten bei Merkl (Anm. 13). Unter „Alte Kämpfer" werden bei Abel und Merkl NSDAP-Mitglieder verstanden, die vor dem 30. Januar 1933 in die Partei eintraten.
21 Vgl. eine vom Verfasser selbst als „Pretest" bezeichnete erste Auswertung des Materials durch Christoph Schmidt, Analyse lebensgeschichtlicher Berichte früher NSDAP-Mitglieder über die „Kampfzeit" 1919 bis 1933. Soziologische Diplomarbeit, Frankfurt a. M., o. J. (vermutlich 1979/80 erstellt).

kein einheitliches Motiv für den Eintritt in die Hitler-Bewegung gab. Die von Abel herausgearbeiteten Motive reichten, neben anderen, von verletztem Nationalstolz, der Angst vor sozialem Abstieg und enttäuschten Aufstiegserwartungen über den Hass auf die marxistische Linke, die Angst vor dem Großkapital und die Sehnsucht nach „echter" Volksgemeinschaft bis hin zum bedingungslosen Glauben an den Führer Adolf Hitler.[22] Chauvinistische und nationalistische Motive führte ein gutes Fünftel dieser NSDAP-Mitglieder an, die Idee einer sozialen Volksgemeinschaft sogar ein knappes Drittel, und ein weiteres knappes Fünftel nannte die Person und das Charisma Adolf Hitlers als Eintrittsmotiv. Ideologischer Antisemitismus wurde nur von einer kleinen Minderheit von 8,5 Prozent als Motiv genannt, weitere 5 Prozent bezogen sich auf antisemitische Stereotype.[23] Selbst wenn die Abel-Stichprobe alles andere als repräsentativ für die Gesamtheit der NSDAP-Mitglieder ist, die vor 1933 in die Partei eingetreten sind, erstaunt doch der vergleichsweise geringe Prozentsatz von antisemitischen Beweggründen, die die Einsender als Grund für ihren Parteieintritt nannten. Dass es sich hier nicht um eine Form der Selbstzensur aus Gründen der sozialen Erwünschtheit handelt, ist aus dem folgenden Umstand ersichtlich: Das von Abel veranstaltete Preisausschreiben erfolgte rund ein Jahr nach Etablierung des Dritten Reichs und mit expliziter Unterstützung der Parteiorganisation und führender NSDAP-Größen. Unter solchen Umständen hätte man wohl eher mehr bezeugten Antisemitismus erwartet. Dagegen scheint Anti-Marxismus und die Ablehnung des „Weimarer Systems" eine beträchtliche Rolle für den Parteieintritt gespielt zu haben. Marxisten, Liberale, Kapitalisten, „Reaktionäre" und Katholiken waren noch vor den Juden die wichtigsten innenpolitischen Objekte von Ablehnung und Hass. Dass dennoch Züge von Antisemitismus in unterschiedlicher Ausprägung in zwei Drittel der Lebenserinnerungen zum Ausdruck kamen, sollte darüber nicht vergessen werden. Daneben weisen die Lebenserinnerungen einen starken Zug von Ethnozentrismus auf, etwa was Fremde und Katholiken in Deutschland oder die Gegner Deutschlands im Ersten Weltkrieg angeht.[24] Von besonderer Bedeutung scheinen dabei Okkupationserfahrungen im Osten und vor allen Dingen im Westen der Weimarer Republik gespielt zu haben. Sie führten bei einer Reihe von Mitgliedern des Abel-Samples zur Herausbildung von extremem Nationalismus und Fremdenfeindlichkeit.[25] Ein knappes Drittel der Abel-Respondenten schließlich fühlte sich laut Merkl nach eigenem Bekunden vor allem durch Lektüre und das Kennenlernen der nationalsozialistischen Ideologie von der Partei angezogen, ein weiteres Drittel durch den Besuch von Wahl- und Parteiveranstaltungen.

Insgesamt liefert das Abel-Sample einen eindrucksvollen Beleg für die Heterogenität der Motive und politischen Vorstellungen, der Urteile und Vorurteile, die von den am Preisausschreiben beteiligten Parteigenossen gehegt wurden. Es gab nicht den einen Grund, der NSDAP beizutreten, sondern viele verschiedene Gründe. Eine fest gefügte nationalsozialistische Weltanschauung oder gar eine in sich schlüssige Ideologie scheint dabei eine deutlich geringere Rolle gespielt zu haben als vielfach angenommen. Der Transfer dieser auf die Mitgliedschaft bezogenen Erkenntnisse auf die Motive von Wählern, für die NSDAP zu stimmen, dürfte nicht allzu ge-

---

22 Vgl. Thomas Childers, Foreword, 1986, in: Abel (Anm. 13), S. xix.
23 Merkl (Anm. 13), S. 453.
24 Vgl. ebd., S. 33.
25 Vgl. ebd., S. 189 f.

wagt sein. Extremistische Gruppierungen erzielen ihren Erfolg nicht nur durch Bekehrung, durch die Gewinnung von Proselyten, sondern auch durch den Appell an vielerlei unterschiedliche Gefühle, Frustrationen, Abneigungen, Hoffnungen und Ängste. Adolf Hitler und seine Gefolgsleute zeigten sich dabei als wahre Virtuosen auf der Klaviatur politischer Propaganda, einer Propaganda, die uns heute in Form und Inhalt eher befremdet als anzieht. Für die Zeitgenossen jedoch besaß sie höchste Anziehungskraft.

Wer den politischen Weg verfolgt, den die NSDAP-Mitglieder des Abel-Samples vor Eintritt in die Partei genommen hatten, stellt fest, dass über die Hälfte bereits in völkischen Gruppierungen, quasi-militärischen Organisationen oder bürgerlich-konservativen Oppositionsgruppen organisiert waren, bevor sie zur NSDAP stießen. Sogar 70 Prozent waren in irgendwelchen zumeist völkisch oder nationalistisch und/oder antisemitisch ausgerichteten Jugendgruppen organisiert.[26] Zu den völkischen Gruppierungen zählen die Deutschsoziale Partei, der Deutschvölkische Schutz- und Trutzbund, der Alldeutsche Verband und die Deutschvölkische Freiheitsbewegung. Quasi-militärische Organisationen waren neben anderen der Stahlhelm und der Jung-Stahlhelm, die Freikorps, verschiedene anti-separatistische Gruppierungen und die wegen ihrer Politikermorde berüchtigte Organisation Consul. Zu den bürgerlich-konservativen Oppositionsgruppen schließlich zählten die DNVP und verschiedene regionale und agrarisch orientierte Parteien, die die Weimarer Republik ablehnten.[27]

Bei der Interpretation der Funktion dieser Gruppenmitgliedschaften stellt sich das Henne-Ei-Problem: Schlossen sich die späteren NSDAP-Mitglieder solchen Gruppierungen an, weil sie dort Bestätigung Ihrer Vorurteile und Abneigungen zu finden hofften, oder dienten diese Gruppierungen gewissermaßen als Katalysator für die Entwicklung extrem nationalistischer, völkischer, antisemitischer und anti-parlamentarischer Einstellungen? Beides mag der Fall gewesen sein. Einige der Lebensberichte der „Alten Kämpfer" lassen vermuten, dass solche Gruppen vor allem als Durchlauferhitzer und Beschleuniger bereits vorhandener Vorurteile und Stereotype dienten, andere legen nahe, dass dort erst den späteren Nationalsozialisten die Haltung eingeimpft wurde, die zum NSDAP-Eintritt führte. Was auch immer der Fall sein mag: Bei den genannten und vielen weiteren solcher Gruppierungen handelt es sich um Organisationen, die unter die oben aufgeführte Definition des Rechtsextremismus fallen.

3 KPD

3.1 Anfänge

Die USPD wurde 1917 von Gegnern der von der SPD-Mehrheit mitgetragenen Kriegspolitik des Kaiserreichs gegründet. Bereits im Dezember 1915 stimmten 20 Abgeordnete des linken, pazifistischen Flügels der SPD-Reichstagsfraktion gegen die Bewilligung weiterer Kriegskredite. Dies führte zum Ausschluss der Dissidenten aus der SPD-Fraktion, die als Antwort darauf eine

---

26 Vgl. ebd., S. 675.
27 Vgl. ebd., S. 359–362.

eigene Gruppierung im Reichstag bilden, die Sozialdemokratische Arbeitsgemeinschaft (SAG). Das wiederum löste den Parteiausschluss der beteiligten Abgeordneten aus der SPD aus. Darauf gründeten diese 1917 die Unabhängige Sozialdemokratische Partei Deutschlands (USPD), der sich der kommunistische Spartakus-Bund vorübergehend anschloss.

Die USPD war von Anfang an eine in sich gespaltene Partei. Einig war sie sich nur in der Gegnerschaft zum Krieg, insbesondere zur damals von weiten Teilen der Bevölkerung getragenen Annexionspolitik. In den Auseinandersetzungen über den „Januarstreik" und den Eintritt der SPD in eine Koalition mit dem Zentrum und den Linksliberalen nach der Parlamentarisierung des Kaiserreichs im Jahre 1918 spitzte sich der Gegensatz zur SPD weiter zu. Die Novemberrevolution führte zwar zu einer kurzfristigen Annäherung von USPD und MSPD, wie die SPD nun vielfach genannt wurde. USPD und SPD bildeten dann auch den paritätisch besetzten Rat der Volksbeauftragten. Diese Einigkeit hielt allerdings nicht lange, da die USPD-Vertreter den Rat der Volksbeauftragten bereits Ende Dezember 1918 wegen Auseinandersetzungen über das Vorgehen gegen die aufständische Volksmarinedivision wieder verließen. Der rechte Flügel der USPD war auch in der nachrevolutionären Phase weiter kompromissbereit und offen für eine Zusammenarbeit mit der SPD, der linke Flügel hingegen „sympathisierte mit dem radikalsozialistischen Programm von Luxemburg und Liebknecht, er war gegen die Einberufung einer Nationalversammlung und für ein Rätesystem".[28] Den revolutionären Aktionismus des Spartakus-Bundes lehnte er jedoch ab. Der rechte Flügel der USPD hingegen war für die Einberufung der Nationalversammlung, wiewohl gegen zu frühe Wahlen, „damit in der Zeit des Interregnums die Grundlagen für eine soziale Demokratie gelegt werden konnten"[29]

Das Eintreten für die Wahl zur Nationalversammlung, auch von der großen Mehrheit der USPD-Mitglieder unterstützt, brachte der Partei allerdings zunächst keinen Erfolg. Nur 7,6 Prozent der Stimmen entfielen auf sie, während die Mehrheits-SPD von 37,9 Prozent gewählt wurde. Die Folge: Die USPD war mit nur 22 Abgeordneten in der Nationalversammlung vertreten und blieb politisch weitestgehend einflusslos. Zum Vergleich: Die linksliberale DDP verfügte in der Nationalversammlung über 75 Abgeordnete, das katholische Zentrum sogar über 91. Bei der Reichstagswahl vom Juni 1920 stieg der USPD-Stimmenanteil dann auf 17,9 Prozent. Damit wurde die USPD zur zweitstärksten Partei des Reichstags, knapp hinter der SPD, die 21,7 Prozent der Stimmen erzielen konnte. Die inzwischen gegründete KPD blieb mit 2,1 Prozent in dieser Wahl noch weitgehend bedeutungslos. Nicht nur von ihren Wählern her gesehen, sondern auch von der Zahl ihrer Mitglieder betrachtet war die USPD 1920 eine Massenpartei, die mehr als fünf Millionen Wähler mobilisieren und ihren Mitgliedsbestand im Frühjahr 1920 auf 750.000 ausweiten konnte. Noch zwei Jahre zuvor betrug die Mitgliederzahl der USPD lediglich 120.000.

Eine Analyse der Wählerbewegungen zwischen der letzten Wahl zum kaiserlichen Reichstag im Jahre 1912 und der Wahl zur Nationalversammlung von 1919 belegt, dass die USPD 1919 im Schnitt dort besonders erfolgreich war, wo die SPD 1912 überdurchschnittlich viele Stimmen erzielen konnte. Bei der Reichstagswahl 1920 gelang es der USPD vor allem dort, wo die SPD

---

28 Eberhard Kolb, Die Weimarer Republik, München/Wien 1984, S. 10.
29 Ebd., S. 11.

hohe Stimmenverluste zu verzeichnen hatte, Fuß zu fassen. Die sozialdemographische und sozialstrukturelle Analyse der USPD-Wahlerfolge von 1920 belegt schließlich, dass die Partei vornehmlich in evangelischen Regionen Erfolg hatte. Je mehr Arbeiter in einem Kreis oder einer Gemeinde lebten, desto höher fiel im Schnitt der Wahlerfolg der USPD aus. Das gilt ebenfalls, wenn auch abgeschwächt, für den Anteil der Angestellten. Beachtlich ist der Zusammenhang zwischen dem Anteil der Erwerbstätigen in Industrie und Handwerk und den USPD-Wahlerfolgen von 1920. Dass die USPD vor allem in städtischen Regionen Wahlerfolge erzielen konnte, verwundert dabei ebenso wenig wie die Tatsache, dass sie in Gebieten mit einem hohen Anteil der Bevölkerung in Land- und Forstwirtschaft nur mäßig abschnitt. Wo im primären Sektor der Anteil der Arbeiter hoch war, konnte auch die USPD überdurchschnittlich gut abschneiden. Sie war eindeutig eine Partei zu allererst des städtischen, in zweiter Linie des ländlichen Proletariats.[30]

Ein Konflikt über einen Beitritt der USPD zur Komintern, der von Moskau dirigierten Kommunistischen Internationale, und die damit verbundenen, die Autonomie der Partei erheblich einschränkenden Unterordnungsbedingungen, führte schließlich im Oktober 1920 zur Spaltung der Partei. Zwar waren die Anschlussbefürworter auf einem Parteitag in Halle in der klaren Mehrheit, die Minderheit wollte sich jedoch dem Anschlussbeschluss nicht beugen, was dazu führte, dass im Dezember 1920 die USPD-Linke sich unter Anerkennung der Beitrittsbedingungen der Komintern mit der KPD vereinigte. Nach der Fusion hatte die KPD, wenn auch nur für kurze Zeit, rund 400.000 Mitglieder, was mit einem Mal die KPD von einer radikalsozialistischen, vergleichsweise unbedeutenden Splitterpartei zu einem politischen Machtfaktor werden ließ. Dreiviertel der Reichstagsabgeordneten der USPD und rund 340.000 Parteimitglieder, „die für einen politischen Weg zwischen SPD und KPD und die Unterstützung der parlamentarischen Demokratie plädierten"[31], blieben in der Partei, deren Einfluss jedoch aufgrund finanzieller Probleme und eines zunehmenden Mitgliederschwunds gering war. Im Herbst 1924 fusionierten die verbliebenen USPD-Abgeordneten und -Mitglieder mit der SPD. Zwar existierte die Rest-USPD als Splitterpartei bis 1931 weiter, sie blieb jedoch sowohl politisch als auch bei Wahlen bedeutungslos.

Die USPD war von Anfang an eine zutiefst gespaltene Partei. Sie insgesamt als extremistisch zu bezeichnen, würde ihr Unrecht tun. Es gab jedoch seit 1917 einen starken linken Flügel, der radikal-sozialistischen Vorstellungen anhing, antiparlamentarisch eingestellt war, die Wahl zur Nationalversammlung verhindern wollte und durch die Unterwerfung unter die Bedingungen der Komintern auch die Idee der Diktatur des Proletariats akzeptierte und mittrug. Spätestens zu diesem Zeitpunkt war dieser (Mehrheits-)Flügel der USPD, der sich dann, wie gezeigt, schnell der KPD anschloss, als extremistisch im Sinne der hier verwendeten Definition zu klassifizieren.

Auf der äußersten Linken, links vom linken Flügel der USPD, stand die Spartakusgruppe, die 1918 als Spartakusbund neu gegründet wurde und bis Ende Dezember 1918 organisatorisch mit der USPD verbunden war. Schon Anfang 1915 bildete sich um Karl Liebknecht und Rosa

---

30 Vgl. Falter u. a. (Anm. 6), S. 138 f., S. 154 und S. 164.
31 http://www.dhm.de/lemo/html/weimar/innenpolitik/uspd/ (31. Juli 2014).

Luxemburg eine radikale Oppositionsgruppe („Gruppe Internationale") innerhalb der SPD, die einen sofortigen Waffenstillstand forderte, der notfalls durch einen Generalstreik zu erreichen sei. Falls nötig sei der Friede durch internationalen Klassenkampf zu erzwingen. „In deutlicher Abgrenzung zu den […] Sozialdemokraten und […] der USPD bekannte sich die Spartakusgruppe […] zum russischen Bolschewismus und der Diktatur des Proletariats."[32] Trotz dieser deutlichen Differenzen verblieb die Spartakusgruppe zunächst noch unter dem organisatorischen Dach der USPD, von der sie sich erst Ende 1918 trennte, um zusammen mit anderen radikal-sozialistischen Gruppierungen die KPD zu gründen. „Was Karl Liebknecht, Rosa Luxemburg und ihre Anhänger wollten, war klar: Die Errichtung eines sich mit Sowjetrussland verbündenden Rätedeutschland […]. In diesem Sinne forderte die Spartakusgruppe: Auflösung des Rats der Volksbeauftragten, sofortige Übernahme der politischen Macht durch die Arbeiter- und Soldatenräte, Verzicht auf die Einberufung einer Nationalversammlung, Entwaffnung der Polizei, sämtlicher Offiziere sowie der ‚nicht-proletarischen Soldaten', Schaffung einer Arbeitermiliz, Enteignung von Grund und Boden aller landwirtschaftlichen Groß- und Mittelbetriebe, Enteignung aller Bergwerke, Hütten und Großbetriebe in Industrie und Handel."[33]

In der KPD, die einen an das bolschewistische Revolutionsvorbild angelehnten Kurs vertrat, spielte das Denken von Rosa Luxemburg und Karl Liebknecht, die bereits Anfang 1919 von Angehörigen der Garde-Schützen-Division ermordet wurden, bald keine Rolle mehr. Strebten Luxemburg und Liebknecht noch, wenn auch wohl eher aus taktischen Gründen, eine Teilnahme der KPD an den Wahlen zur Nationalversammlung an, so lehnte die moskautreue KPD-Mehrheit das ab, da man eine revolutionäre Umwälzung der gesellschaftlichen Verhältnisse auf direktem Wege, durch Massenstreiks und bewaffnete Aufstände, erreichen wollte. Der Berliner Spartakusaufstand vom Januar 1919 gehörte ebenso in diese Revolutionsstrategie wie die unter kommunistischer Führung stehenden bewaffneten revolutionären Aktionen vom März 1920 und die mit Moskau abgestimmten Putschversuche in Mitteldeutschland und Hamburg im Jahre 1923. Die KPD wurde danach verboten, allerdings nur bis zum Frühjahr 1924, so dass sie bei den beiden Reichstagswahlen des Jahres 1924 kandidieren konnte.

3.2 Stalinisierung

Die KPD war keineswegs von Anfang an eine stalinistische Kaderpartei. Vielmehr sahen ihre Gründer nicht nur einen föderalistischen Aufbau, sondern auch einen von Moskau unabhängigen Status der Partei vor. Das im Sommer 1920 auf ihrem II. Weltkongress verabschiedete Statut der Komintern (Kommunistische Internationale), der die KPD angehörte, sah jedoch keine selbstständigen nationalen kommunistischen Parteien vor, sondern betrachtete diese als Teil der kommunistischen Internationalen, weswegen sie auch sämtlich den Zusatz „Sektion der kommunistischen Internationale" zu tragen hatten. In ihren Entscheidungen waren die nationalen kommunistischen Parteien, und damit auch die KPD, prinzipiell abhängig von den Richtlinien des Exekutivkomitees der Komintern (EKKI). Wie sich zeigen sollte griff das EKKI häu-

---

32 http://www.dhm.de/lemo/html/weimar/revolution/spartakus/ (31. Juli 2014).
33 Kolb (Anm. 28), S. 9.

fig genug direkt in die Entscheidungsprozesse der KPD ein. Dennoch war die Partei intern zunächst durchaus noch demokratisch strukturiert. Abweichende Meinungen konnten geäußert und publiziert werden; über sie wurde mit Mehrheit abgestimmt.

Das sollte sich allerdings bald ändern. Schon 1924 wurde auf dem V. Weltkongress der Komintern die „Bolschewisierung" und damit, nach Lenins Tod, faktisch die Stalinisierung der nationalen kommunistischen Parteien beschlossen und sehr schnell auch durchgeführt. „Die Stalinisierung bedeutete für die KPD den Wandel von einer Partei mit innerer Demokratie in eine straff disziplinierte Organisation mit strikt zentralisierter Befehlsgewalt. Stalinisierung ist Veränderung des inneren Aufbaus, Entstehung einer monolithischen, hierarchischen Partei. Dadurch war die KPD wie die Komintern am Ende der 1920er Jahre ganz an die Politik und Ideologie der Sowjetunion angeglichen."[34]

Wie weit die Abhängigkeit der KPD spätestens ab Ende der 1920er Jahre ging, belegt ihr Verhalten beim Volksentscheid vom Juli 1931 gegen die aus den Parteien der alten Weimarer Koalition gebildete Regierung Preußens, die damals stärkste Stütze der Notverordnungspolitik Reichskanzler Brünings. DNVP und NSDAP hatten gemeinsam ein Volksbegehren zur Auflösung des preußischen Landtags auf den Weg gebracht, das ursprünglich von der KPD-Führung strikt abgelehnt worden war. Nachdem sich das Volksbegehren als erfolgreich erwies, schwenkte auf Geheiß Moskaus die KPD-Führung um und unterstützte den anschließenden Volksentscheid, der zwar eine Stimmenmehrheit erreichte, aber das nötige Quorum verfehlte. Dass keineswegs alle KPD-Anhänger diesem Schwenk der Parteitaktik folgten, belegen die schwachen Zustimmungsraten zum Volksentscheid in einer Reihe von kommunistischen Hochburgen.

Erklärter Hauptgegner der KPD war nicht etwa die NSDAP, die als eine unter mehreren faschistischen Parteien betrachtet wurde (darunter fielen praktisch alle Parteien rechts der KPD), sondern die SPD, für die der Ausdruck „Sozialfaschisten" geprägt wurde. Schon Anfang der 20er Jahre kam der Sozialfaschismusvorwurf an die Adresse der SPD erstmals auf. Zum verpflichtenden Programm erhoben wurde er auf dem XII. und letzten KPD-Parteitag der Weimarer Republik 1929 – wiederum auf Geheiß der Komintern. „Dieser XII. Parteitag Mitte 1929 und seine Symbolik zeigen die KPD als eine Kopie des Bolschewismus, ihre Stalinisierung war damit vollzogen."[35]

Der Prozess der Stalinisierung hatte bis zu seiner vollständigen Realisierung fast ein halbes Jahrzehnt gedauert und verlief nicht ohne Widerstände. Begleitet wurde er von Parteiausschlussverfahren gegen „rechte" und „ultralinke" Abweichler von der Parteilinie, von Akten der Selbstunterwerfung unter die sich von Mal zu Mal radikal verändernde Generallinie der Partei und von massenhaften Austritten und erfolglosen Abspaltungen einzelner Gruppen von der Partei. Spätestens ab Ende der 20er Jahre war dann die KPD, wie auch die kommunistischen Parteien der meisten anderen europäischen Länder, ein williger Satrap Stalins und der KPdSU. Damit trug die Partei zur Spaltung der Arbeiterbewegung in der Weimarer Republik

---

34 Hermann Weber/Jakov Drabkin/Bernhard H. Bayerlein/Aleksandr Galkin. Zum Verhältnis von Komintern, Sowjetstaat und KPD. Eine historische Einführung, Berlin 2014, S. 10.
35 Ebd., S. 59.

bei. Sie ging sogar so weit, dass sie den grundsätzlichen Unterschied zwischen der Weimarer Republik und dem Faschismus der Hitler-Bewegung leugnete. Dies bedeutet eine geradezu groteske Unterschätzung der durch den Nationalsozialismus drohenden Gefahr für die Republik und die eigene Partei.

Dass die Basis der KPD die programmatischen Schwenks und die taktisch wie strategisch bedingten Anpassungsbemühungen der Parteispitze an die Vorgaben der Komintern nicht bedingungslos mit trug, belegen nicht nur die Abstimmungsergebnisse im Rahmen des Volksentscheids zur Auflösung des preußischen Landtags, sondern auch vielfache Berichte von der „Basis" der Partei, aus den kommunistischen Arbeitermilieus. Klaus-Michael Mallmann[36] arbeitet in seiner Sozialgeschichte der Weimarer KPD in überzeugender Weise heraus, dass die Milieugrenzen zwischen kommunistischen und sozialdemokratischen Arbeitermilieus keineswegs immer geschlossen und von gegenseitiger Abneigung geprägt waren, wie man das aufgrund der Abgrenzungspolitik der jeweiligen Parteiführungen erwarten konnte. Kommunisten vor Ort folgten bei weitem nicht so häufig und so konsequent der vorgegebenen Parteilinie, wie sich aufgrund des Blicks von oben, aus der Perspektive der Parteiführung, vermuten ließe.

Vielmehr bewegten sie sich innerhalb ihrer jeweiligen Milieus häufig im Rahmen der vorgegebenen Regeln, informellen Verfahrensweisen und der lebensweltlich bedingten Normen der traditionellen, im Kaiserreich herausgebildeten Arbeitermilieus. Sie waren in Vereinen und Gewerkschaften tätig, übernahmen Rollen in ihren jeweiligen Gemeinden, die sie nur mit Blick auf die sie vorgegebenen Realitäten und Erwartungen der übrigen Milieuangehörigen wahrnehmen konnten. Mit anderen Worten: Sie handelten pragmatischer, weniger ideologisch und kooperativer, als es der deutschen Parteiführung und den Kominterngewaltigen lieb sein konnte.

Die Stalinisierung und internationale Gleichschaltung der Partei griff folglich oft genug nicht an der Basis, und wenn sie es tat, dann nur um den Preis der Selbstisolation. Die Sozialfaschismusthese fand sichtlich wenig Gegenliebe bei den einfachen Mitgliedern und noch viel weniger bei den nicht in der Partei organisierten Anhängern der KPD. Ganz im Gegenteil erwiesen sich die Wähler wie auch viele Mitglieder der beiden Arbeiterparteien – innerhalb der vorgegebenen Milieugrenzen – als unerwartet flexibel. Wählerwanderungen von der einen zur anderen linken Partei waren an der Tagesordnung. Aus dem Blickwinkel der Angehörigen des Arbeitermilieus, das zwar dabei war, allmählich zu erodieren, aber in der Weimarer Republik in seinen Strukturen noch weitgehend erhalten blieb, war die Einheitsfront von unten keine Utopie, auch wenn sie wegen der Sozialfaschismuskampagne der KPD-Führung als unrealistisch erscheinen musste. Es kann aufgrund dieser Befunde kaum ein Zweifel daran bestehen, dass die Politik der KPD die Machtübernahme der NSDAP nicht nur nicht behindert, sondern den Widerstand dagegen entscheidend erschwert hat.

---

36 Vgl. Klaus-Michael Mallmann, Kommunisten in der Weimarer Republik. Sozialgeschichte einer revolutionären Bewegung, Darmstadt 1996.

3.3 Wähler und Mitglieder

Schon bei der ersten Reichstagswahlen 1920 trat die KPD an, blieb aber mit 2,1 Prozent der Stimmen und lediglich zwei gewählten Reichstagsabgeordneten weitgehend erfolglos.[37] Nach einer Spaltung der Partei im April 1920 über die Frage einer parlamentarisch-revolutionären Doppelstrategie hatte die KPD nur noch rund 45.000 Mitglieder. Die konkurrierende KAPD, die eine konsequentere Fortsetzung der Revolution forderte als die KPD, ohne allerdings alle Vorgaben Moskaus wie den demokratischen Zentralismus zu übernehmen, war kurzfristig sogar stärker als die KPD selbst. Durch die Fusion mit der USPD gewann die KPD dann aber auf einen Schlag fast 400.000 neue Mitglieder. Bei der Reichstagswahl vom Mai 1924, der „Inflationswahl", kam die KPD nun, verstärkt durch die Wählerscharen der USPD, auf 12,6 Prozent, während die USPD selbst nur noch von 0,8 Prozent gewählt wurde. In den darauf folgenden Wahlen vom Dezember 1924 und von 1928 erhielt die zunehmend auf einen strikt moskautreuen Kurs eingeschworene KPD 9,0 bzw. 10,6 Prozent. Im Gefolge der Weltwirtschaftskrise mit ihren sprunghaft ansteigenden Arbeitslosenzahlen steigerte sich die Partei bei der Septemberwahl 1930 auf 13,1 Prozent. Bei der Wahl vom 31. Juli 1932 waren es dann 14,5 und im November 1932 sogar 16,9 Prozent der gültigen Stimmen, die die KPD auf sich vereinigen konnte. Selbst bei der letzten, allerdings nur noch halbfreien Wahl der Weimarer Republik vom 5. März 1933 stimmten nochmals 12,3 Prozent der Wähler für die KPD, obwohl ihre Kandidaten und Funktionäre verfolgt, drangsaliert und verhaftet wurden. Damit war sie nach Wählerstimmen und Reichstagsmandaten, dies übrigens seit der Reichstagswahl 1930, nach NSDAP und SPD die drittstärkste Partei. Die 81 Mandate, welche die KPD im März 1933 gewann, konnte sie jedoch nicht mehr wahrnehmen, da sie auf Basis der Reichstagsbrandverordnung vom 28. Februar 1933 für nichtig erklärt wurden. Im Dritten Reich wurden die Anhänger der bereits 1933 ausgeschalteten KPD verfolgt, in Konzentrationslager gesteckt, gefoltert und scharenweise ermordet, darunter Ernst Thälmann, ihr Vorsitzender seit 1925.

Die Mitgliederzahl der KPD unterlag enormen Schwankungen. War sie im Verlaufe der Fusion mit der USPD auf rund 400.000 gestiegen, so ging sie nach dem „Debakel der ‚Märzaktion'" (Klaus-Michael Mallmann) wieder drastisch zurück. Zwischen 200.000 und 300.000 Mitglieder, die meisten von ihnen anscheinend ehemalige USPD-Mitglieder, hätten die Partei wieder verlassen, wie Klaus-Michael Mallmann in seiner gut recherchierten Untersuchung der KPD „von unten" berichtet. Im August 1921 habe die Partei nur noch knapp 160.000 zahlende Mitglieder aufgewiesen. Ohnehin habe es stets eine erhebliche Diskrepanz von eingetragenen zu zahlenden Mitgliedern gegeben (durchgehend mindestens 20 Prozent). Allerdings sei es der KPD gelungen, im Verlauf der folgenden zwei Jahre so viele neue Mitglieder zu gewinnen, dass sie im Herbst 1923 bereits wieder 300.000 zahlende Mitglieder aufzuweisen gehabt habe. Das Auf und Ab von Mitgliedergewinnen und Mitgliederverlusten setzte sich auch danach fort. So schrumpfte die Mitgliederschaft der KPD nach den misslungenen Oktoberaufständen des Jahres 1923, dem anschließenden Parteiverbot und der Währungsstabilisierung auf nur noch

---

[37] Die „klassischen" Studien über die KPD in der Weimarer Republik sind: Ossip K. Flechtheim, Die KPD in der Weimarer Republik, Hannover 1986 (ursprünglich 1948) und Hermann Weber, Die Wandlung des deutschen Kommunismus. Die Stalinisierung der KPD in der Weimarer Republik, 2 Bde., Frankfurt a. M. 1969.

120.000, eine Wasserstandsmarke, bei der es bis 1930 blieb. Erst im Verlaufe der Weltwirtschaftskrise gelang es der Partei in nennenswertem Maße, neue Mitglieder zu gewinnen. Ende 1932 habe es dann „360.000 eingeschriebene, 252.000 zahlende Mitglieder" gegeben.[38]

Diese wellenförmige Mitgliederbewegung belegt nach Ansicht Mallmanns die enge Verbindung von politischer und wirtschaftlicher Krise auf der einen und der Zu- und Abnahme des Mitgliederbestandes auf der anderen Seite. Das Ausmaß der Fluktuation war so groß, dass zwischen 1929 und 1933 die KPD regelrecht zu einer „Durchgangsstation fluktuierender Mitgliedermassen [wurde], die sie kaum an sich zu binden vermochte; im ganzen ähnelte die Partei darum eher einem Taubenschlag als einer Festung."[39] Neben den nationalen Trends hätten auch „erhebliche regional-spezifische Konjunkturen der Mitgliederbewegung" existiert, „die sich nicht unmittelbar aus der jeweiligen Großwetterlage ableiten lassen".[40] In einzelnen Bezirken erreichten die Fluktuationsraten das Niveau der Schwankungen der NSDAP-Mitgliederschaft, bei der in den ersten fünf Jahren nach der Neubegründung rund 70 Prozent wieder die Partei verließen, die weitaus meisten in den ersten drei Jahren nach Beitritt. Allerdings sei, so Mallmann, die Fluktuation wesentlich auf die neu gewonnenen KPD-Mitglieder beschränkt gewesen.

Denn trotz dieser enormen Fluktuation ist es der KPD gelungen, „einen stabilen Parteikern aus(zu)bilden".[41] Dass sie nicht auseinanderfiel, sondern eine gewisse Integrationskraft aufwies, hat an diesem zwar kleinen, aber stabilen Parteikern gelegen, „auf den [...] alle Merkmale milieumäßiger Vernetzung zutrafen, der gewissermaßen den strukturellen Kontrapunkt der Fluktuation bildete und verhinderte, dass die KPD völlig auseinanderfloss; reduziert auf ihn, besaß die Partei also durchaus wagenburgartige Züge. Dieser Personenkreis, der [...] reichsweit deutlich unter 100.000 zu beziffern sein dürfte, stellte das Gerüst der Ortsgruppen, sicherte an der Basis eine relative Kontinuität, war das Rekrutierungsfeld des unteren Funktionärskörpers, der kommunistischen Betriebsräte und Gemeindevertreter."[42]

Die KPD wird im Allgemeinen, ähnlich wie die NSDAP, als eine von ihren Mitgliedern her gesehen ausgesprochen junge Partei charakterisiert. 1927 war das allerdings, wie Mallmann betont, noch nicht der Fall – da betrug das Durchschnittsalter ihrer Mitglieder rund 36 Jahre, das der NSDAP lag im gleichen Jahr bei 29 Jahren.[43] Für einzelne SPD-Ortsverbände wird ein Durchschnittsalter berichtet, das rund zehn Jahre höher lag als das der KPD. Über ein Viertel der Berliner KPD-Mitglieder von 1927 waren jünger als 30 Jahre; im Reichsdurchschnitt war sogar fast ein Drittel jünger als 30. Allerdings gab es, wie Mallmann berichtet, einzelne Orts- und Bezirksverbände, in der das Durchschnittsalter der KPD-Mitglieder deutlich höher lag. Aus diesem Grunde sei es verfehlt, die KPD des Jahres 1927 selbst im Vergleich zur SPD als

---

38 Mallmann (Anm. 36), S. 87.
39 Ebd., S. 92.
40 Ebd., S. 88.
41 Ebd., S. 91.
42 Ebd., S. 93.
43 Adäquater wäre hier der Median, der bei den neu in die NSDAP eintretenden Mitgliedern 1927 bei nur 25,1 Jahren liegt; für die KPD wie für die anderen Parteien der Weimarer Republik verfügen wir leider nicht über entsprechende Maßzahlen.

„eine besonders jugendliche Organisation"[44] zu charakterisieren. Dessen ungeachtet macht zumindest die Jugendlichkeit der paramilitärischen Organisationen von KPD und NSDAP, Rotfront und SA, über die noch zu berichten sein wird, die politische Dynamik, die Aggressivität und teilweise auch die Gewaltbereitschaft von Vertretern des politischen Extremismus, vor allem ab 1929, in hohem Maße begreiflich.

Dass die KPD eine Partei der Unterschicht war, belegt die Schulbildung ihrer Mitglieder von 1927: Knapp 95 Prozent wiesen Volksschulbildung auf, etwas über drei Prozent eine Mittelschul- oder Hochschulbildung. Doch bedeutet das keineswegs, dass die KPD von ihrer Mitgliederschaft her gesehen deswegen eine Partei des Lumpen- oder Subproletariats gewesen wäre. Rund 40 Prozent der KPD-Mitglieder waren gelernte, rund 28 Prozent ungelernte Industriearbeiter, weitere knappe 10 Prozent kamen aus handwerklichen und gewerblichen Berufskontexten und 2 Prozent waren Landarbeiter. Der Industriearbeiteranteil betrug folglich rund 68 Prozent, der Arbeiteranteil unter allen Mitgliedern insgesamt rund 80 Prozent. Das entsprach, wie Mallmann betont, weitestgehend dem Bild der SPD im Kaiserreich. Auch besaß die KPD „gerade unter einigen vergleichsweise gut verdienenden Gruppen wie den Metall-, Bau- und Bergarbeitern […] erheblichen Rückhalt".[45] Allerdings existierte neben einem „dominant urbanen Facharbeiterkommunismus […] durchaus auch ein ländlicher Elendskommunismus"[46] und ein Arbeiterbauernkommunismus, wie Mallmann hervorhebt.

Zusätzliche Informationen liefert uns die wahlhistorische Analyse. Die KPD war im Schnitt umso erfolgreicher, je höher der Anteil der Arbeiter in einer Gemeinde oder einem Kreis war. Das gilt selbst für den Landarbeiteranteil, verstärkt für den Anteil der Beschäftigten in Industrie und Handwerk. So war die KPD bei den Wahlen von 1932 und 1933 in Gebieten mit einem Arbeiteranteil von mehr als 50 Prozent an der erwachsenen Bevölkerung erfolgreicher als die SPD. Allerdings wurde sie bei diesen Wahlen selbst in den mehr oder minder reinen Arbeitergebieten bereits von der NSDAP übertroffen. Dass es vor allem städtische Gebiete waren, in denen die KPD erfolgreich war, belegt die Auszählung nach Gemeindegrößenklassen. So wurde die KPD bei der Novemberwahl 1932 in Gemeinden mit einer durchschnittlichen Einwohnerzahl von weniger als 2000 von nur 6,8 Prozent der Wahlberechtigten gewählt, in Gemeinden mit mehr als 100.000 Einwohnern hingegen von 18,4 Prozent der Wahlberechtigten. Dagegen spielte der Katholikenanteil im Gegensatz zur NSDAP, aber auch zur SPD, für die Wahlchancen der KPD nur eine geringe Rolle.

Ganz besonders eng ist der statistische Zusammenhang zwischen dem Anteil der Arbeitslosen und der KPD-Stimmen am Ende der Weimarer Republik. Tatsächlich war nicht die NSDAP, wie lange vermutet, sondern die KPD bei Wahlen die Arbeitslosenpartei schlechthin; insbesondere war sie die Partei der arbeitslosen Arbeiter: je höher der Arbeitslosenanteil, desto besser im Schnitt der Wahlerfolg der KPD nach 1928.[47] So dürften bei den beiden Reichstagswahlen von 1932 zwischen 26 und 31 Prozent der Arbeitslosen KPD gewählt haben, dagegen nur rund 16 Prozent die NSDAP. Blickt man allein auf die arbeitslosen Arbeiter, liegt der KPD-An-

---

44 Mallmann (Anm. 36), S. 106.
45 Ebd., S. 96.
46 Ebd., S. 96 f.
47 Vgl. Falter u. a. (Anm. 6), S. 163.

teil 1932 innerhalb dieser Gruppe zwischen 29 und 34 Prozent, der NSDAP-Anteil nur bei 12 bis 13 Prozent. Arbeitslose Angestellte scheinen bei diesen letzten freien Weimarer Wahlen dagegen tatsächlich deutlich häufiger NSDAP als KPD gewählt zu haben.[48] Zwar waren 1927, dem einzigen Jahr, in dem für die KPD reichsweite Daten dazu vorliegen, nur etwas mehr als 20 Prozent aller KPD-Mitglieder arbeitslos. Und am Vorabend der Weltwirtschaftskrise bestand die KPD nach Auffassung Mallmanns sogar nur zu etwa 12 Prozent aus Arbeitslosen. Das änderte sich jedoch rapide mit der Weltwirtschaftskrise. Am Beispiel der Ortsgruppe Witten spricht Mallmann von einer „Umschichtung hin zu einer Massenpartei, deren Mitglieder in der großen Mehrzahl auf der Straße standen".[49]

Leider gibt es über die Mitglieder der KPD kein ähnliches Werk wie das von Theodore Abel über die „Alten Kämpfer" der NSDAP. Aus diesem Grunde können wir über die Wahlmotive bzw. die Beweggründe, Mitglied zu werden, im Falle der KPD nur spekulieren. Soziale Unzufriedenheit, ein Gefühl der Benachteiligung, der Wunsch nach einer gerechteren Gesellschaft, ebenso wirtschaftlicher und sozialer Protest dürften die Hauptmotive dafür gewesen sein, die KPD zu wählen oder in ihr Mitglied zu werden. Ob wirklich alle Mitglieder oder gar Wähler eine Diktatur des Proletariats in ihrer sowjetrussischen Form in Deutschland haben wollten, darf bezweifelt werden. Dass die humanitären Versprechungen des Sozialismus, die Herstellung nicht nur rechtlicher, sondern auch wirtschaftlicher und sozialer Gleichheit für viele Anhänger der KPD und davor der USPD ein Herzensanliegen und nicht nur eine Utopie darstellten, ergibt sich aus den überlieferten brieflichen Zeugnissen und Lebenserinnerungen früher Kommunisten. Aus den Lebensberichten der Abel-Respondenten, also der „Alten Kämpfer" der NSDAP. lässt sich herauslesen, wie das Peter Merkl auf inhaltsanalytischem Wege so eindrucksvoll gelungen ist, dass auch diese mit der Idee der Volksgemeinschaft den Wunsch verbanden, die vielfachen gesellschaftlichen Spaltungen in unten und oben, in links und rechts, in katholisch und evangelisch, in reich und arm zu überwinden. Warum sollte die Gleichheitsideologie des Marxismus weniger erfolgreich gewesen sein als die Volksgemeinschaftsideologie des Nationalsozialismus? Oder, anders ausgedrückt: Es müssen nicht ausschließlich totalitäre Motive gewesen sein, die den extremistischen Parteien der Weimarer Republik die Anhänger in Scharen zugeführt haben.

Zu einer ähnlichen Einschätzung gelangt Mallmann im Hinblick auf die KPD-Mitglieder. Bei der Mehrheit habe es sich um radikalisierte Sozialdemokraten gehandelt. „In ihrer Zusammensetzung ähnelte die KPD der wilhelminischen Sozialdemokratie weit stärker als die Weimarer SPD, bildete sie gewissermaßen deren im Ghetto der Klassenpartei stecken gebliebene Fortsetzung."[50] Der sich bereits am Ende des Kaiserreichs allmählich entwickelnde und am Anfang der Weimarer Republik sich weiter ausprägende „Mittelstandsbauch" der SPD allerdings habe der KPD weitgehend gefehlt. Angestellte, Beamte, Freiberufler, selbständige Gewerbetreibende und Bauern hätten 1927 noch nicht einmal fünf Prozent der KPD-Mitglieder ausgemacht. Auch die Annahme, der KPD sei es gelungen, in nennenswertem Maße Mitglieder aus Künstler- und Intellektuellenkreisen zu gewinnen, sei ein Mythos, der bestenfalls in Berlin oder

---

48 Vgl. ebd., S. 311 f.
49 Mallmann (Anm. 36), S. 103.
50 Ebd., S. 99.

Hamburg eine gewisse Berechtigung besessen habe. Das „Stehkragenproletariat" zählte nicht zur Klientel der Weimarer KPD. „Wer nicht mit schweißtreibender Handarbeit sein Auskommen erwarb [...] war in der KPD bereits ein Fremdkörper."[51]

Und noch eine gewisse Parallele zur NSDAP lässt sich feststellen: Trotz des ganz unterschiedlichen offiziellen Frauenbildes war der Frauenanteil in der KPD mit knapp 10 Prozent im Jahre 1920 und knapp 17 Prozent Anfang 1929 relativ gering. In der SPD betrug er 1919 etwa 20 Prozent, fiel aber Mitte der zwanziger Jahre auf nur noch etwa 10 Prozent, um dann 1932 auf immerhin knapp 23 Prozent zu steigen.[52] Der Frauenanteil unter den NSDAP-Mitgliedern lag bis 1933 mit 5–7 Prozent sogar noch niedriger. Zwischen den programmatischen Vorgaben und dem proletarischen Selbstverständnis der männlichen KPD-Mitglieder bestand sichtlich eine erhebliche Diskrepanz. „Um dem weiblichen Defizit abzuhelfen, beschloss die Parteiführung 1930 sogar eine regelrechte Frauenquote, wonach ein Drittel aller Mandate der Bezirksparteitage weiblichen Mitgliedern vorbehalten sei; 1932 verfügte sie überdies, dass ‚ein Viertel bis ein Drittel' der Bezirksleitungen aus Frauen zu bestehen habe."[53]

Wie die NSDAP hatte die KPD verschiedene Vorfeldorganisationen. Dazu zählte die Revolutionäre Gewerkschaftsopposition (RGO), deren Aufgabe es war, „Gewerkschafter auf den ‚Boden des proletarischen Klassenkampfs' zurückzuführen"[54], die „Internationale Arbeiterhilfe", der "Rote Frauen- und Mädchenbund" (RFMB), der Rote Frontkämpferbund (RFB) oder der kommunistische Jugendverband Deutschlands (KJVD). Besondere Erwähnung finden sollten ferner der „Kampfbund gegen den Faschismus" mit seinen mehr als 100.000 Mitgliedern, die „Rote Hilfe Deutschlands" mit zuletzt mehr als 500.000 Mitgliedern und die „Kampfgemeinschaft für rote Sporteinheit". All diese Organisationen wurden im Dritten Reich verfolgt, aufgelöst und unterdrückt. Als informelle Netzwerke jedoch blieben sie größtenteils bestehen – sie dienten dem kommunistischen Widerstand gegen den Nationalsozialismus als Rekrutierungsfeld und als Basis.

4 Gewalt und Terror

4.1 Bewaffnete Aufstände von links, Putschversuche von rechts

Die Geschichte der bewaffneten Auseinandersetzungen, unter denen die Weimarer Republik bis ins Jahr 1923 zu leiden hatte, beginnt mit den „Weihnachtskämpfen" von 1918. War die Novemberrevolution noch weitgehend friedlich verlaufen, so spitzte sich die politische Lage in Berlin vor den Weihnachtstagen des Jahres 1918 zu, als die Volksmarinedivision auf Beschluss des Rates der Volksbeauftragten in ihrer Stärke reduziert und aus Berlin abgezogen werden sollte. Als ausstehende Soldforderungen der Division nicht erfüllt wurden, besetzte diese die

---

51 Ebd., S. 101.
52 Ebd., S. 132.
53 Ebd., S. 138. Eine Art Frauenquote wurde auch von der NSDAP ab 1942 eingeführt, der zufolge ein bestimmter Prozentsatz der BDM-Abgängerinnen in die Partei aufgenommen werden sollte.
54 http://dhm.de/lemo/html/weimar/innenpolitik/kpd/index.html (31. Juli 2014).

Reichskanzlei, setzte die Regierung fest und nahm den Stadtkommandanten von Berlin, den sozialdemokratischen Politiker Otto Wels, als Geisel, was die Regierung durch Einsatz von regulärem Militärs zu unterdrücken versuchte. In der daraufhin entbrennenden bewaffneten Auseinandersetzung um Schloss und Marstall konnte sich das Militär gegen die Volksmarinedivision, die Unterstützung durch bewaffnete Arbeiter und Hilfspolizisten sowie die „Rote Soldatenwehr" erhielt, nicht durchsetzen. Die Volksmarinedivision blieb zunächst in ihrer Stärke erhalten, bekam den ausstehenden Sold und durfte vorerst in Berlin bleiben. Als Reaktion auf diese Niederlage der Regierung und des regulären Militärs zerbrach die Koalition von SPD und USPD im Rat der Volksbeauftragten. Das Bündnis zwischen Friedrich Ebert und dem Militär verfestigte sich. Der SPD-Politiker Gustav Noske, der in den Rat der Volksbeauftragten aufgenommen worden war, verfügte eine verstärkte Schaffung so genannter Freikorps.

Noch nicht einmal zwei Wochen später kam es zum „Januaraufstand", der als „Spartakusaufstand" in die Geschichtsbücher eingegangen ist, obwohl der Spartakusbund bzw. die daraus hervorgegangene, gerade gegründete KPD zunächst gar nicht an den Auseinandersetzungen beteiligt war, diese aber schnell für ihre Zwecke zu instrumentalisieren versuchte. Die Entlassung des USPD-nahen Berliner Polizeipräsidenten wegen seiner Haltung bei den Weihnachtsunruhen durch den in der Zwischenzeit nur noch von der Mehrheits-SPD gestellten Rat der Volksbeauftragten führte zu Demonstrationen und zur Besetzung der wichtigsten Zeitungshäuser in Berlin, darunter des sozialdemokratischen „Vorwärts". Ein aus revolutionären Obleuten und Politikern der KPD und der USPD gebildeter Revolutionsrat rief den Generalstreik aus, dem nach Berichten von Zeitzeugen rund 500.000 Berliner Folge leisteten. Wichtigstes Streikziel war die Verhinderung der Wahl zur Nationalversammlung und die Errichtung eines Rätesystems in Deutschland. Die durch den Rat der Volksbeauftragten gebildete Reichsregierung und die preußische Regierung antworteten darauf mit dem Einsatz regulären Militärs, verstärkt von Freikorpskämpfern. Dank ihrer überlegenen Bewaffnung eroberten Militär und Freikorpskämpfer in blutigen Auseinandersetzungen die Zeitungshäuser zurück; über 100 Aufständische wurden erschossen. Im Gefolge des Januaraufstands wurden schließlich auch Rosa Luxemburg und Karl Liebknecht verhaftet, verhört, gefoltert und schließlich von Freikorpsoffizieren ermordet.

Die darauf folgenden Unruhen und Aufstände wurden wiederum auf Befehl der Reichsregierung durch reguläres Militär und den Einsatz von Freikorps mit Waffengewalt niedergeschlagen, die links orientierten Räteregierungen in verschiedenen Städten, zuletzt im Mai die Münchner Räteregierung, gewaltsam aufgelöst. Die noch nicht richtig gegründete Weimarer Republik befand sich von Anfang an in einer Art Bürgerkrieg oder zumindest in bürgerkriegsähnlichen Auseinandersetzungen, die rund 5.000 Todesopfer kosteten; begleitet war diese Phase von politischen Morden vornehmlich an linken Politikern. Im Ergebnis führte sie zu einer Stärkung des Einflusses rechtsorientierter, republikfeindlicher militärischer Verbände, ohne deren Unterstützung die provisorische, von der SPD geführte Reichsregierung nach eigener Einschätzung nicht in der Lage gewesen wäre, sich gegen den revolutionären Druck von links zu behaupten.

Bereits im März 1919 gab es in Berlin einen erneuten Aufstandsversuch linksradikaler, mit der KPD verbundener Kräfte, die über den Verlauf der Novemberrevolution enttäuscht waren. Ziel war es, wie schon beim „Spartakusaufstand", ein Rätesystem nach sowjetrussischem Vorbild zu etablieren. Auch dieser militärisch weitgehend auf die Berliner Innenstadt und einzelne östliche Stadtbezirke begrenzte, von Streikbewegungen an der Ruhr und in Mitteldeutschland begleitete Aufstandsversuch wurde mit militärischen Mitteln niedergeschlagen. Berühmt-berüchtigt wurden die Märzkämpfe von 1919 wegen des bedingungslosen Schießbefehls durch den der SPD angehörenden Reichswehrminister Gustav Noske, der anordnete, jeden bewaffneten Aufständischen an Ort und Stelle zu erschießen.[55] Entsprechend hoch war der Blutzoll mit rund 1.200, manche Quellen sprechen sogar von mehr als 2.000 Toten.

Eine weitere Etappe in den blutigen Auseinandersetzungen zwischen der Reichsregierung und linkssozialdemokratischen und kommunistischen Kräften stellt die Großdemonstration vom Januar 1920 vor dem Reichstag dar, die sich gegen das Betriebsrätegesetz wandte. Sie wurde mit Maschinengewehrfeuer auseinander getrieben. Zurück blieben 42 Tote. Nur zwei Monate später kam es einerseits zu einem weiteren links-revolutionären Aufstandsversuch in Sachsen, andererseits zum „rechten" Kapp-Lüttwitz-Putsch in Berlin. Letztgenannter war insofern vorübergehend erfolgreich, als es den Putschisten gelang, mithilfe des von General von Lüttwitz befehligten Freikorps der Marinebrigade Ehrhardt die Regierungsgebäude in Berlin zu besetzen. Die Regierung flüchtete nach Stuttgart. Jedoch scheiterte der Putsch nach vier Tagen am passiven Widerstand der Ministerialbürokratie und am Generalstreik der Gewerkschaften.

Noch während der vier Tage des Kapp-Lüttwitz-Putschs entflammte eine weitere kommunistische Aufruhrbewegung im Ruhrgebiet, die sich auf eine „Rote Ruhrarmee" mit an die 50.000 Bewaffneten stützte, der es gelang, hereinstoßende Freikorps zurückzudrängen. Erst durch den Einmarsch von Reichswehrkräften in das Ruhrgebiet ließ sich nach schweren Kämpfen die Ruhe wieder herzustellen. Rund ein Jahr später kam es zu diesmal von der Komintern initiierten kommunistischen Aufstandsversuchen in Mitteldeutschland und Hamburg, die vorwiegend von bewaffneten Einheiten der Polizei beendet wurden. Der mitteldeutsche Aufstand war schlecht vorbereitet, von außen gesteuert, und er verselbstständigte sich sehr schnell, indem er der KPD aus den Händen glitt und vor allem von linkskommunistischer Seite mithilfe von Brandanschlägen, Banküberfällen, Bombenattentaten, Zugentgleisungen und der Sprengung von Eisenbahnbrücken geführt wurde. Die KPD ging aus diesem Putschversuch, der den Sturz der Reichsregierung und ein Bündnis mit Sowjetrussland zum Ziel hatte, insgesamt geschwächt hervor.[56] Die Serie der kommunistischen Aufruhrversuche endete schließlich mit erneuten Unruhen in Sachsen und in Thüringen zwischen Mitte und Ende Oktober 1923, die durch den Einmarsch der Reichswehr in die größeren Orte Sachsens und Thüringens unterdrückt wurden. Den Schlusspunkt schließlich setzten blutige Straßenkämpfe zwischen Kommunisten und Polizei in Hamburg Ende Oktober des gleichen Jahres.

Angesichts dieser Serie extremistischer Aufstands- und Umsturzversuche relativiert sich das bekannte Diktum des Reichskanzlers Wirth, der Feind der Republik stehe rechts, doch etwas. Die

---

55 Reichswehrminister Noske handelte anscheinend aufgrund von Fehlinformationen über die – angebliche – massenhafte Ermordung von Polizisten.
56 Vgl. Heinrich August Winkler, Von der Revolution zur Stabilisierung. Arbeiter und Arbeiterbewegung in der Weimarer Republik 1918 bis 1924, Berlin u. a. 1984, S. 513 ff.

Feinde der Republik standen eben nicht nur rechts[57], sondern genauso auch links, wie diese Aufzählung kommunistischer Aufstandsversuche zeigt. Dies herauszuarbeiten bedeutet jedoch nicht, auf dem rechten Auge blind zu sein, wie es nicht ganz zu Unrecht Justiz und Bürokratie der Weimarer Republik vorgeworfen wurde. Auf der Rechten bildeten sich die bereits erwähnten Freikorps und andere umstürzlerische Organisationen, auf deren Konto nicht nur die blutige Niederschlagung kommunistischer Aufstandsversuche und Unruhen geht, sondern auch – neben dem erwähnten Kapp-Lüttwitz-Putsch – eine Vielzahl politischer Femmemorde.

Die Freikorpsverbände entstanden aus ehemaligen Frontsoldaten und Offizieren der Reichswehr nach der Novemberrevolution 1918. Sie kamen einerseits im so genannten Volkstumskampf im Baltikum gegen sowjetrussische Truppen und in Oberschlesien gegen polnische Freischärlerverbände zum Einsatz. Andererseits waren sie an den erwähnten innenpolitischen Auseinandersetzungen vor allem mit linksradikalen Insurgenten beteiligt. Ihr Ziel war durchweg antirevolutionär, antidemokratisch und revisionistisch. Viele wollten die Monarchie wiederherstellen, die durch den Versailler Vertrag verloren gegangenen Gebiete zurückerobern und einen autoritären Staat in Deutschland errichten. Ihre numerische Stärke war beträchtlich: Bis zu 400.000 Mann stark waren die verschiedenen Freikorpsverbände vor ihrer durch den Versailler Vertrag erzwungenen Auflösung. Einer der größten Freikorpsverbände mit etwa 40.000 Mann war die an der Ermordung von Rosa Luxemburg und Karl Liebknecht beteiligte Berliner Garde-Schützen-Division. Nur wenige Freikorpsmitglieder wurden von der auf 113.000 Mann begrenzten Reichswehr aufgenommen. Andere stießen zu Einwohnerwehren und paramilitärischen Wehrverbänden wie der SA oder dem Stahlhelm.

Ein Auffangbecken für ehemalige Freikorpskämpfer war die aus der Marinebrigade Ehrhardt hervorgegangene Organisation Consul. Von ihrer Grundeinstellung her handelte sich um eine rechtsextreme, terroristisch aktive, im Geheimen agierende Truppe, auf deren Konto die Ermordung des Zentrumspolitikers und ehemaligen Reichsfinanzministers Matthias Erzberger im Jahre 1921 und des Reichsaußenministers Walther Rathenau im Juni 1922 sowie der (fehlgeschlagene) Mordanschlag auf den ehemaligen Reichsministerpräsidenten Philipp Scheidemann im gleichen Monat gehen. Auch mit der Gründung der SA ist die Organisation Consul zumindest personell verbunden.

Zu den Putschversuchen der Rechten zählt der „Bürgerbräuputsch" Adolf Hitlers vom 8. und 9. November 1923, der mit dem im Maschinengewehrfeuer der Münchner Polizei aufgelösten „Marsch auf die Feldherrnhalle" endete. Es gab insgesamt 20 Tote, 16 Putschisten und vier Polizisten. Hitler wollte nach Vorbild von Benito Mussolinis „Marsch auf Rom" mit einem „Marsch nach Berlin" die Reichsregierung stürzen und sich selbst zum Reichskanzler einsetzen. Nach seiner Verhaftung und Verurteilung zu fünf Jahren Festungshaft gab er dann, zumindest nach außen, den Gedanken auf, mit putschistischen Mitteln an die Macht zu kommen. Das Gewicht der Gewalt war im Rahmen seiner politischen Strategie und der Taktik des Straßenkampfes wenig entfaltet. Als Träger der Gewalt fungierte vor allem die SA. Die SS

---

57 „Da steht der Feind – und darüber ist kein Zweifel: dieser Feind steht rechts!" So Reichskanzler Joseph Wirth anlässlich der Ermordung des Reichaußenministers Walther Rathenau im Reichstag, 236. Sitzung, 25. Juni 1922.

spielte vor 1934, als die SA-Führung in einer außerhalb des Gesetzes durchgeführten Nacht- und Nebelaktion ermordet wurde, nicht die Rolle, die sie später im Dritten Reich einnehmen sollte.

Mit der SA und dem Roten Frontkämpferbund ist die Liste gewaltbereiter oder zumindest sporadisch in gewaltsame Auseinandersetzungen verstrickter politischer Kampforganisationen, bündischer Gruppierungen und paramilitärisch aufgestellter Wehrverbände auf der Linken und vor allem auf der Rechten keineswegs erschöpft. Neben „rechten", aber verfassungstreuen Organisationen wie dem Jungdeutschen Orden waren das republikfeindliche Selbstschutzverbände wie die Organisation Escherisch (Orgesch), nationalistische Wehrverbände wie der Bund deutscher Männer und Frontkrieger „Wehrwolf", aber auch linksrevolutionäre Organisationen wie der kommunistische Jungsturm. Sie alle trugen zum Bild einer militanten, paramilitärisch organisierten und gewaltaffinen politischen Kultur bei, die eine der herausstechenden Charakteristika der Weimarer Republik war.

4.2 SA

Die SA entstand aus einer Saalschutz- und Ordnertruppe der NSDAP, die zunächst den harmlos klingenden Namen Turn- und Sportabteilung trug. Zeitweiliger Führer diese Gruppe war der mehrfach schon erwähnte Kapitän Hermann Ehrhardt, der die operative Führung allerdings an einen seiner im Zusammenhang mit dem Mord an Matthias Erzberger verhafteten Offiziere übertrug. Im Oktober 1921 wurde die Turn- und Sportabteilung in Sturmabteilung (SA) umbenannt. Damals war sie etwa 300 Mann stark und vor allem in München und einigen oberbayerischen Städten organisiert. 1923 übernahm Hermann Göring den militärischen Oberbefehl über die SA. Organisatorisch wurde die SA von der Partei getrennt und in einen Wehrverband umgewandelt. Am Hitler-Putsch beteiligte sich die SA mit etwa 1500 Mann. Sie wurde dann, ebenso wie die NSDAP, im Gefolge des Putschversuchs verboten. Nach der Entlassung Adolf Hitlers aus der Landsberger Haft und der Wiederbegründung der NSDAP Ende Februar 1925 wurde der Zweck der SA neu definiert. Statt eines Wehrverbands sollte sie wieder, ganz im Geiste der Legalitätstaktik Hitlers, eine Art Hilfstruppe der Partei sein. In „Mein Kampf" legte Hitler seine Vorstellung von der Funktion der SA dar: In erster Linie sollte sie Propagandazwecken dienen, vor allem in Form von Straßenaufmärschen; sie sollte durch die Art und Geschlossenheit ihres Auftretens und durch ihre schiere Größe den politischen Gegner einschüchtern. Hierzu diente die ab 1926 flächendeckend eingeführte einheitliche SA-Uniform mit dem bald berühmt-berüchtigt werdenden Braunhemd, den Stiefeln und der militärischen Uniformen nachempfundenen Koppel. Die SA wuchs nun sehr schnell. 1926 bereits wurde sie auf 10–15.000 Mitglieder geschätzt (die Partei selbst wies zu dieser Zeit gerade einmal knapp 50.000 Mitglieder auf). 1930 waren es 60–80.000 Mitglieder, 1932 schon etwa 220.000 Mitglieder, und im Sommer 1934 war die SA auf über vier Millionen eingetragene Mitglieder angewachsen, von denen jedoch bei weitem nicht alle aktiv waren.

Zu einem Instrument der Gewalt und des Straßenkampfes wurde die SA in der Erfüllung ihrer Funktion als Instrument der Partei, das die Macht der Bewegung durch massenhafte Straßenaufmärsche und geschlossenes Auftreten in quasi-militärischer Formation augenscheinlich werden lassen sollte. Die von ihr entwickelte Taktik beinhaltete das blitzschnelle Umschalten vom Marsch in geschlossener Formation zu einem plötzlichen Ausschwärmen und der Attacke auf den politischen Feind. Die Geschichte der Wahlkämpfe nach 1929 wurde dadurch zunehmend zu einer Geschichte gewalttätiger Straßenschlachten mit den entsprechenden Kampfverbänden der gegnerischen Seite, insbesondere dem Roten Frontkämpferverband der KPD und dem der SPD und den anderen Parteien der Weimarer Koalition nahestehenden Reichsbanner Schwarz-Rot-Gold. Vor allem die Straßenkämpfe der SA mit dem kommunistischen „Todfeind" (viele Verletzte und immer wieder auch Tote waren die Folge) führten zu einer Brutalisierung der politischen Auseinandersetzung, der die gemäßigten Kräfte kaum etwas entgegenzusetzen hatten. Die zaghaften staatlichen Verbotsmaßnahmen wurden entweder unterlaufen oder in bestimmten Reichsländern erst gar nicht praktiziert. So führte ein Verbot des Tragens von Braunhemden im Jahre 1929 dazu, dass von einem Tag auf den anderen die SA mit weißen Oberhemden antrat, ansonsten aber in genau der gleichen Montur und gleicher Formation, was wie ein Hohngesang auf das Braunhemdenverbot wirkte.

Berüchtigt ist der „Altonaer Blutsonntag", an dem kurz vor der Juliwahl 1932 die damals noch selbstständige, staatsrechtlich zu Preußen gehörende Stadt Altona, eine traditionelle Arbeiterstadt, in ein Bürgerkriegschaos versank. Die SA war mit klingendem Spiel und rund 7.000 Mann mit behördlicher Genehmigung durch Altona marschiert, was die dort traditionell dominierenden Kommunisten sich nicht bieten lassen wollten. Es kam zu Straßenschlachten, in die auch die Polizei eingriff. Diese, personell wie taktisch überfordert, schoss wild um sich, so dass am Ende 18 Tote und fast 300 Verletzte auf der Strecke blieben, die meisten wohl Opfer von Querschlägern. Die Schuld an den Toten wurde allein kommunistischen Heckenschützen in die Schuhe geschoben, von denen dann auch mehrere im August 1933 zum Tode verurteilt und hingerichtet wurden. Tatsächlich waren die meisten Toten wohl Opfer von Polizeikugeln. Das Klima war im Vorfeld aufgeheizt, da wenige Tage vorher in Eckernförde ein KPD-Funktionär und zwei Landarbeiter von der SA buchstäblich hingerichtet worden waren. Reichskanzler Franz von Papen übrigens nutzte den „Altonaer Blutsonntag", um zum „Preußenschlag" auszuholen, gemeint ist damit die Absetzung der legalen preußischen, von der SPD geführten Regierung Braun und die Einsetzung eines Reichskommissars, eine Funktion, die von Papen selbst übernahm.

Die letzten Jahre der Weimarer Republik sind voll von solchen blutigen Auseinandersetzungen und Bluttaten der SA, die politische Gegner, namentlich Kommunisten, zu Tode trampelte, gegen Juden hetzte und diese zusammenschlug, aber auch vor Angehörigen der Kolpingfamilie oder des Reichsbanners Schwarz-Rot-Gold nicht Halt machte. In die Geschichtsbücher eingegangen ist der Mord von Potempa, bei dem im August 1932 uniformierte SA-Leute einen Gewerkschafter im eigenen Haus vor den Augen seiner Mutter zu Tode prügelten. Diese Vorfälle sind nur die Spitze eines Eisbergs politischer Gewalttaten, die die letzten Jahre der Weimarer Republik in einem Ausmaße prägten, dass die weniger militanten Gegner der NSDAP allmählich zu resignieren begannen, Angst hatten, sich öffentlich zu äußern und gegen die NSDAP Stellung zu beziehen. Damit hatten Hitler und seine Paladine erreicht, was sie als eine der Aufgaben der SA formuliert hatten: die Einschüchterung des politischen Gegners und die Herrschaft über die Straße.

Dass die SA sich zu einer derart schlagkräftigen Kampftruppe entwickelte, hatte sie einerseits ihrer straffen Organisation und dem permanenten Drill und körperlichen Training ihrer Mitglieder zu verdanken, andererseits der Tatsache, dass sie eine ausgesprochen jugendliche Truppe war, deren Durchschnittsalter nochmals deutlich unter dem ohnehin schon sehr jungen Alter der NSDAP-Mitglieder lag. Zwar haben wir keine das Reich flächendeckend umfassende Kartei der SA-Mitglieder wie bei der NSDAP. Aus vielen unterschiedlichen Regionalstudien aber wissen wir, dass das Durchschnittsalter der SA-Mitglieder deutlich unter 25 Jahren lag und dass die SA stärker als die NSDAP von proletarischen Elementen geprägt war: Der Anteil der Arbeiter unter den SA-Mitgliedern dürfte vor Januar 1933 um die 56 Prozent und zwischen Februar 1933 und Juni 1934 bei schätzungsweise 66 Prozent gelegen haben, wobei in einzelnen Ortsgruppen der Arbeiteranteil sogar bis zu 85 Prozent betrug.[58] Viele SA-Angehörige waren in der Weltwirtschaftskrise arbeitslos geworden. Da die SA eine gewisse soziale Versorgung für ihre Mitglieder in Form von Suppenküchen zur Verfügung stellte, gewann sie nach Ausbruch der Weltwirtschaftskrise erheblich an Zuspruch. Bei weitem nicht alle SA-Angehörigen waren zugleich Mitglieder der NSDAP. Von den Motiven, SA-Mann zu werden, verfügen wir dank der schon erwähnten Abel-Collection und ihrer Auswertung durch Peter Merkl über brauchbare, partiell verallgemeinerungsfähige Informationen.[59] Ein einheitliches Motiv, sich der SA anzuschließen, scheint es so wenig gegeben zu haben wie im Falle der „Alten Kämpfer" der NSDAP. Nicht wenige der SA-Mitglieder dürften von ähnlichen Motiven getrieben worden sein wie heutzutage die Hooligans in und vor den Fußballstadien der Welt: von der Lust an der Randale, der Selbstbestätigung im Kampf gegen rivalisierende Gruppen, dem atavistischen Gefühl, andere zu unterwerfen, ihnen weh zu tun, Blut spritzen zu sehen und das eigene Blut für „die Sache" zu geben.

4.3 Roter Frontkämpferbund

Die Literatur ist sich uneinig darüber, ob die Hauptverantwortung für die Brutalisierung der politischen Auseinandersetzung, insbesondere des Straßenkampfes, der SA gebührt oder ob die Attacken auf den politischen Gegner oder besser: den weltanschaulichen Feind von beiden Seiten ausgingen. So ist Dirk Schumann aufgrund seiner Untersuchung der politischen Gewalt in der preußischen Provinz Sachsen der Überzeugung, die KPD und ihr Rotfrontkämpferverband hätten weitestgehend reaktiv gehandelt, d. h. auf Provokationen durch die SA und die NSDAP geantwortet.[60] Andreas Wirsching hingegen kommt in seiner Studie über den politischen Extremismus in Deutschland und Frankreich, in der er Berlin und Paris vergleicht, tendenziell zum entgegengesetzten Ergebnis. „Am Ende der Weimarer Republik wurden Deutschland im

---

58 Vgl. Conan Fischer/Detlef Mühlberger, The Pattern oft the SA's Social Appeal, in: Conan Fischer (Hrsg.), The Rise of National Socialism and the Working Classes in Weimar Germany, Providence, Oxford 1996, S. 99–113.
59 Vgl. Peter Merkl, The Making of a Stormtrooper, Princeton 1980.
60 Vgl. Dirk Schumann, Politische Gewalt in der Weimarer Republik 1918–1933. Kampf um die Straße und Furcht vor dem Bürgerkrieg, Essen 2001.

allgemeinen und Berlin im besonderen von einer nicht mehr zu beherrschenden Spirale der Gewalt heimgesucht. Ihre Ursachen lagen zum großen Teil in einer spezifischen Parallelität des extremistischen Selbstverständnisses auf der Rechten wie auf der Linken sowie ihrer jeweiligen Agitations- und Propagandatechniken."[61]

Aufklärung kann hier zumindest partiell ein näherer Blick auf den Kampfverband der KPD liefern, den Roten Frontkämpferbund (RFB). Dieser „war die bei weitem bedeutendste" der Massenorganisationen der KPD. Im August 1927 gehörten ihm rund 127.000 Mitglieder an womit er, wie Heinrich August Winkler betont, etwas stärker war als die KPD selbst.[62] Die Vorläufer des RFB – der Rote Soldatenbund und die Proletarischen Hundertschaften – waren während der Revolutionswirren im Winter 1918/19 aus dem Heer der rund fünf Millionen ins Reich zurückkehrenden Soldaten entstanden. Da die proletarischen Hundertschaften zusammen mit der KPD 1923 verboten wurden, anders als diese aber auch nach der Wiederzulassung der Partei 1924 verboten blieben, sah die KPD-Führung die Notwendigkeit, einen eigenen paramilitärischen Verband aufzustellen, um etwa dem Stahlhelm mit seinen rund 500.000 Mitgliedern und dem sozialdemokratisch dominierten Reichsbanner Schwarz-Rot-Gold mit rund drei Millionen Mitgliedern einen eigenen Kampfverband entgegensetzen zu können.[63] Der spätere Hauptgegner, die SA, damals noch recht unbedeutend und weitgehend auf Süddeutschland beschränkt, scheint bei diesen Erwägungen keine entscheidende Rolle gespielt zu haben.

Der Auftrag der neuen Schutztruppe war ambivalent: „Kämpferischer Einsatz und demonstrative Präsenz im Dienst der Partei galten als das Aufgabenfeld des RFB – nicht oder nur in zweiter Linie die politische Überzeugungsarbeit."[64] Diese Linie verstärkte sich, nachdem Ernst Thälmann sowohl den KPD- als auch den RFB-Vorsitz im Jahre 1925 übernommen und die Entwicklung des RFB zu einer paramilitärisch organisierten Bürgerkriegsarmee forciert hatte. Der Verband selbst war streng hierarchisch strukturiert, wobei mit der KPD-Führung Personalidentität bestand, obwohl der Verband offiziell auch Nicht-Parteimitgliedern offen stand. Geographisch war er in Gaue organisiert. Schon 1926 wurde ganz im Geiste der Zeit beschlossen, statt von „Leitern" auf den verschiedenen Organisationsebenen von „Führern" zu sprechen. Hinzu trat als Jugendorganisation der Rote Jungsturm, der später den Namen Rote Jungfront erhielt. In ihm waren die 16- bis 21-jährigen organisiert. 1928 wies der Rote Jungsturm rund 27.000 Mitglieder auf.

Als Hauptgegner wurde zunächst das Reichsbanner Schwarz-Rot-Gold angesehen; ihm sollten nach Möglichkeit proletarische Mitglieder abspenstig gemacht werden. Zu diesem Zwecke sollte der RFB die Massen gegen die republikanische Indoktrination von Arbeitern durch das

---

61 Andreas Wirsching, Vom Weltkrieg zum Bürgerkrieg? Politischer Extremismus in Deutschland und Frankreich 1918–1933/39. Berlin und Paris im Vergleich, München 1999, S. 575. Möglicherweise ist der Widerspruch nur ein scheinbarer, da das, was für Berlin gilt, nicht für die Provinz Sachsen gelten muss und umgekehrt. Auch ist der Ansatz beider Werke grundverschieden: Schumann arbeitet gewissermaßen mikrohistorisch, von unten her, während Wirsching stärker die offizielle Partei- und Verbandspolitik und die Parteipublikationen betrachtet.
62 Für Zitat und Mitgliederzahl vgl. Heinrich August Winkler, Der Schein der Normalität. Arbeiter und Arbeiterbewegung in der Weimarer Republik 1924–1928, Berlin/Bonn 1985, S. 455.
63 Von diesen drei Millionen Reichsbanner-Mitgliedern dürfte allerdings bestenfalls eine Viertelmillion „straßenkampftauglich" gewesen sein. Vgl. ders., Der Weg in die Katastrophe. Arbeiter und Arbeiterbewegung in der Weimarer Republik 1930–1933, Berlin/Bonn 1987, S. 675.
64 Ders. (Anm. 62), S. 458.

Reichsbanner organisieren und mobilisieren.[65] Diesem Zwecke diente auch der paramilitärische Anstrich, den sich der RFB gab. „Dazu gehörten die Uniform – eine feldgrüne Russenbluse mit Ledergürtel, ‚Leninmütze' und Breecheshose –, Fahne und Fahneneid […], die zum Gruß geballte linke Faust, Spielmannszüge mit Trommeln und Schalmeien sowie ein eigenes Kommandoreglement."[66] Dass es nicht nur um Überzeugungsarbeit ging, um Agitation und Propaganda, belegt die Straßenkampfgeschichte des RFB: „Schlägereien zwischen Mitgliedern des RFB und des Reichsbanners waren in der Frühzeit beider Verbände nicht selten, wobei die Tätlichkeiten meistens, aber nicht immer von dem kommunistischen Kampfbund ausgingen."[67] Angriffe auf individuelle politische Feinde auf der Straße, häufig nach Veranstaltungen, gehörten zur Tagesordnung.

Offiziell existierte der Rote Frontkämpferbund nur bis zum Mai 1929, dem so genannten Berliner Blutmai mit über 30 Toten, 194 Verletzten und 1.228 Verhaftungen, der zu einem Verbot des Verbandes zunächst durch den preußischen, dann durch andere Länder- und schließlich durch den Reichsinnenminister führte. Ausgangspunkt war ein Demonstrationsverbot für den Tag der Arbeit, den 1. Mai, in Berlin, an das sich die KPD und der RFB nicht hielten. Die Auflösung solcher illegaler 1. Mai-Demonstrationen durch die Polizei führte zu Barrikadenkämpfen, vor allem im Berliner „roten Wedding" und im kaum weniger roten Neukölln; Demonstranten schossen von den Dächern auf die Polizei, Flaschen und Steine flogen, die Polizei antwortete mit Schusswaffen, setzte Panzerwagen und Maschinengewehre ein. Trotz Schusswechseln zwischen der Polizei und einzelnen Demonstranten gab es auf Seiten der Polizei keine Toten, sondern nur einige Verletzte. Von den Zeitgenossen wurde die Reaktion der Polizei nicht zuletzt aus diesem Grunde als unverhältnismäßig und womöglich sogar bewusst überzogen angesehen. Dass auch die KPD Tote und Verletzte in Kauf zu nehmen bereit war, geht aus ihrem Aufruf, dem Demonstrationsverbot keine Folge zu leisten, klar hervor. „Die Überfälle, die am Vorabend des 1. Mai Jung-Spartakisten und Mitglieder des Roten Frontkämpferbundes auf Verkehrspolizisten an vielen Berliner Straßenkreuzungen verübten, deuten in dieselbe Richtung, ebenso kommunistische Flugblätter vom 30. April, in denen behauptet wurde, das Demonstrationsverbot sei aufgehoben."[68]

Das ZK der KPD beschloss, der RFB solle in der Illegalität weiterexistieren. Ihm „soll im Sommer 1931 etwa die Hälfte seiner früheren Mitglieder angehört haben; das wären rund 40.000 gewesen. Dem RFB war es gestattet, sich auch mit Schusswaffen auszurüsten. […] Zuverlässige Angaben über das tatsächliche Ausmaß und die Art der Bewaffnung gibt es nicht."[69] Zudem wurden diverse Nachfolgeorganisationen gegründet wie der „Kampfbund gegen den Faschismus", der 1931 über 100.000 Mitglieder aufwies. Angehörige des RFB schlossen sich zudem bereits existierenden Organisationen wie dem „Arbeiter-Schutzbund" und der „Antifaschistischen Jungen Garde" an. Auf diese Weise konnte die KPD den Kampf gegen den „Sozialfaschismus", im Sommer 1929 auf dem letzten Parteitag der KPD in Vollzug einer Komintern-

---

65 Vgl. Conan Fischer, The German Communists and the Rise of Nazism, Houndsmill/London 1991, S. 151.
66 Winkler (Anm. 62), S. 456.
67 Ebd., S. 457 – unter Berufung auf Karl Rohe, Das Reichsbanner Schwarz-Rot-Gold. Ein Beitrag zur Geschichte und Struktur der politischen Kampfverbände zur Zeit der Weimarer Republik, Düsseldorf 1966, S. 342.
68 Winkler (Anm. 62), S. 674.
69 Ders. (Anm. 63), S. 603.

Empfehlung beschlossen, unvermindert fortführen. Unter „Sozialfaschisten" wurden dabei nicht etwa linksorientierte Gruppierungen in der NSDAP und der SA verstanden, sondern die Sozialdemokraten, die als Handlanger des Kapitals und Verführer des Proletariats firmierten. Sie galt es an vorderster Front zu bekämpfen. Dass dies nicht nur Verbalradikalismus war, belegen vielfach dokumentierte Akte des individuellen Terrors gegen einzelne Sozialdemokraten, ebenso gegen Polizeioffiziere und nunmehr auch verstärkt gegen die SA. „Kommunistische Terrorgruppen waren an vielen der Gewalttaten beteiligt, die im Sommer und Herbst 1931 Schlagzeilen machten." So wurden bei einem von einer lokalen Gruppe des RFB wohl auf eigene Faust verübten Feuerüberfall auf ein Sturmlokal der SA in Neukölln „18 Personen verwundet und der Besitzer des Lokals, ein Mitglied der NSDAP, getötet".[70]

Die von Heinrich August Winkler und Conan Fischer referierten Vorfälle und zitierten Belege weisen darauf hin, dass von kommunistischer Seite kaum weniger gewalttätig gegen den jeweils deklarierten politischen Feind vorgegangen wurde wie von nationalsozialistischer Seite. Das sozialdemokratisch dominierte Reichsbanner Schwarz-Rot-Gold hingegen dürfte sehr viel häufiger Opfer als Täter gewesen sein. Eine Quelle spricht von 47 Toten auf Seiten des Reichsbanners bis zum Februar 1933.[71] Der jugendlichen Dynamik, der skrupellosen Taktik und dem weltanschaulich motivierten Fanatismus von SA und RFB hatte das Reichsbanner trotz seiner auf dem Papier numerischen Überlegenheit nur wenig entgegenzusetzen. Das gilt auch für die vierte große paramilitärische Organisation der Weimarer Republik, den eng mit der DNVP verbundenen Stahlhelm (Bund ehemaliger Frontsoldaten), der 1930 mehr als 500.000 Mitglieder aufwies.[72]

5 Biographische Porträts

Martin Bormann (1900–1945) war ab 1941 Leiter der NSDAP-Parteikanzlei, ab 1943 „Sekretär des Führers", und einer der mächtigsten Männer des Dritten Reiches. Bormann stammte aus kleinbürgerlichen Verhältnissen; er war Schulabbrecher, ergriff einen landwirtschaftlichen Beruf und schloss sich nach dem Ende des Ersten Weltkriegs einem Freikorps an. Im Zusammenhang mit einem Fememord wurde er zu einem Jahr Gefängnis verurteilt. NSDAP-Mitglied wurde er, darüber sind sich die Quellen uneinig, 1924, 1927 oder 1928. Ab 1928 folgte ein schneller Aufstieg innerhalb der Partei vom Gaupressewart in Thüringen über den Posten des Gaugeschäftsführers und des Gründers der SA-Versicherung bis zum Reichsleiter 1933. Ab November 1933 war er auch Reichstagsabgeordneter der NSDAP. Als Stabsleiter des „Stellvertreters des Führers" war er die rechte Hand von Rudolf Heß und verwaltete in dieser Funktion die sogenannte Hilfskasse der NSDAP, einen riesigen Fond mit Industriespenden sowie Hitlers persönliche Finanzen. Bormann, extrem kirchenfeindlich eingestellt, fungierte als ein Verfech-

---

70 Ebd., S. 443. Vgl. für weitere Belege auch Fischer (Anm. 65), S. 149.
71 http://www.dhm.de/lemo/html/weimar/gewalt/reichsbanner/ (6. August 2014).
72 Vgl. zum Stahlhelm generell Volker Berghahn, Der Stahlhelm. Bund der Frontsoldaten 1918–1935, Düsseldorf 1966. Eine akribische Rekonstruktion der politisch motivierten Gewalt in der preußischen Provinz Sachsen liefert Schumann (Anm. 48), insbes. S. 220 ff., 238 ff., 247 f., 254 f.

ter und Initiator besonders radikaler Maßnahmen gegen Juden und Slawen. So betraute er Adolf Eichmann mit der Durchführung der „Endlösung".

Joseph Goebbels (1897–1945) kam aus kleinbürgerlichen, streng katholischen Verhältnissen. Sein Studium der Germanistik und Philosophie schloss er 1922 in Heidelberg mit dem Dr. phil. ab. Zunächst, ab August 1924, Mitglied der Nationalsozialistischen Freiheitsbewegung, wurde er nach Neugründung der NSDAP im Februar 1925 NSDAP-Mitglied. 1926 von Hitler zum Gauleiter der NSDAP von Berlin-Brandenburg ernannt, war er ab 1929 Gauleiter von Groß-Berlin. Im gleichen Jahr folgte die Ernennung zum Reichspropagandaleiter der NSDAP, ab 1933 war er Reichsminister für Volksaufklärung und Propaganda, am Ende des Krieges, nach dem Selbsttod Hitlers, war Goebbels formal für einen Tag Nachfolger Hitlers als Reichskanzler. Der Chefpropagandist des Dritten Reichs, selbst rhetorisch höchst begabt und nach Hitler wohl der erfolgreichste Redner der NSDAP, vollzog 1933 die Gleichschaltung von Presse, Rundfunk, Theater und Film. Dem Holocaust bereitete er durch seine maßlose antisemitische Agitation entscheidend den Boden. Nach Kriegsausbruch war er für die Kriegspropaganda zuständig, ab Juli 1944 ernannte Hitler ihn zum Generalbevollmächtigten für den totalen Krieg.

Hermann Göring (1893–1946) entstammte dem akademischen Bürgertum. Sein Vater war Jurist und Reichskommissar für Deutsch-Südwestafrika. Göring schlug eine militärische Laufbahn ein. Als letzter Chef des Jagdgeschwaders Richthofen (1918) mit insgesamt 22 Abschlüssen war Göring einer der am höchsten dekorierten Jagdflieger des Ersten Weltkriegs. 1922 trat er in die NSDAP ein, 1932 wurde er als Vertreter der stärksten Reichstagsfraktion Präsident des Deutschen Reichstages, 1933 preußischer Innenminister, wenig später auch preußischer Ministerpräsident, 1940 schließlich zum Reichsmarschall des Großdeutschen Reiches ernannt. Bis April 1945 als designierter Nachfolger Adolf Hitlers formal der zweite Mann im Reich, wurde er 1946 im Nürnberger Prozess als Kriegsverbrecher zum Tode verurteilt; der Vollstreckung des Urteils entzog er sich durch Selbstmord. Göring war maßgeblich beteiligt am Aufbau der Gestapo und des Reichssicherheitshauptamtes sowie der Errichtung der ersten Konzentrationslager.

Heinrich Himmler (1900–1945) wuchs in einer bildungsbürgerlichen katholischen Familie in Bayern auf. Nach seiner gymnasialen Zeit absolvierte er ein Studium der Landwirtschaft an der Technischen Universität München, das er als Diplom-Landwirt abschloss. Nach Beendigung des Ersten Weltkriegs engagierte er sich zunächst in der Bayerischen Volkspartei, er trat aber 1923 der NSDAP bei und nahm am Marsch auf die Feldherrnhalle teil. Nach dem Verbot der Partei schloss er sich 1924 der Nationalsozialistischen Freiheitsbewegung, einer Ersatzorganisation der NSDAP, an; 1925, nach der Neugründung der NSDAP, trat er ihr erneut bei. Bereits 1927 stellvertretender Reichsführer der SS, wurde er 1929 offizieller Reichsführer der SS. Er war 1934 an der Ermordung vieler SA-Führer und unliebsamer Politiker im Rahmen des „Röhm-Putsches" beteiligt. Daraufhin von Hitler zum Reichsleiter der NSDAP ernannt, wurde er 1936 in Personalunion Chef der Deutschen Polizei, 1943 schließlich Reichsinnenminister. Da ihm die gesamte SS einschließlich der Waffen-SS sowie die Polizei unterstanden, galt Himmler als zweitmächtigster Mann des Reichs nach Hitler. Er war der Letztverantwortliche für die Judenvernichtung, für die Konzentrationslager und die Verfolgung von Gegnern des Dritten Reichs.

Adolf Hitler (1889–1945) wurde im österreichischen Braunau am Inn als Sohn eines mittleren Beamten geboren. Er besaß weder eine abgeschlossene Schulausbildung noch einen Berufsabschluss. Nach einigen ziellos verbrachten, aber ideologisch prägenden Jahren im Vorkriegswien wechselte Hitler nach München, vermutlich deshalb, um dem österreichischen Militärdienst zu entgehen. Er meldete sich als Kriegsfreiwilliger 1914 und wurde mit dem Eisernen Kreuz ausgezeichnet. 1919 schloss er sich der Deutschen Arbeiterpartei (DAP) an, einer nationalistischen Splittergruppe, die sich 1920 in NSDAP umbenannte. Ab 1921 war er deren Vorsitzender mit bald unumschränkten Vollmachten. Ein Putschversuch im November 1923 scheiterte und führte zum Verbot der Partei, die damals rund 50.000 Mitglieder hatte. Hitler wurde zu fünf Jahren Festungshaft verurteilt, von denen er allerdings weniger als ein Jahr absitzen musste. In dieser Zeit konzipierte und schrieb er seine Bekenntnisschrift „Mein Kampf". Nach der Entlassung aus der Festungshaft gründete er die NSDAP neu und etablierte sich erneut als deren autokratischer Führer. 1933 zum Reichskanzler ernannt, vereinigte er ab 1934, nach dem Tod des Reichspräsidenten Paul von Hindenburg, Kanzler- und Präsidentenamt als „Führer des Deutschen Reichs". Dies blieb er bis zu seinem Selbstmord am 30. April 1945. Hitler gilt mit Stalin als der grausamste Diktator des 20. Jahrhunderts.

Alfred Hugenberg (1865–1951) entstammte einer Familie von Juristen und hohen Staatsbeamten. Nach dem Studium der Rechtswissenschaft und einer Promotion in Volkswirtschaftslehre wurde Hugenberg zunächst Bank- und Industriemanager. Schon vor dem Ersten Weltkrieg begann er mithilfe von Geldgebern aus der Schwerindustrie und dem Bergbau sich in Medienunternehmen einzukaufen, was 1916 in der Übernahme des nationalkonservativen Scherl-Verlags gipfelte. Hugenberg wurde zum wichtigsten Medienunternehmer der Weimarer Republik, dessen Presseorgane einen zunehmend republikfeindlichen Kurs einschlugen. Hugenberg war 1918 Mitbegründer der DNVP und ab 1928 deren Vorsitzender. Unter ihm wandelte sich die Partei vom Republikgegner zum strikten Republikfeind. Durch das Zusammengehen zunächst im Volksbegehren gegen den Young-Plan (1929) und später in der Harzburger Front (1931) trug er dazu bei, die NSDAP und Adolf Hitler für bürgerliche Kreise „hoffähig" zu machen. 1933 führte Hugenberg die DNVP in eine Koalition mit der NSDAP und verschaffte Hitler so die notwendige Reichstagsmehrheit. In dieser Koalition fungierte Hugenberg kurzfristig als Wirtschafts- und Landwirtschaftsminister. Durch seine Bündnispolitik mit der NSDAP gilt Hugenberg als einer der wichtigsten Wegbereiter des Dritten Reiches.

Karl Liebknecht (1871–1919) war von 1900 an Mitglied der SPD. Er gehörte von 1912–1917 dem Deutschen Reichstag an. Liebknecht war Zeit seines Lebens strikt anti-militaristisch eingestellt und stimmte als einziger seiner Fraktion im Dezember 1914 im Reichstag gegen die Vergabe von Kriegskrediten. 1916 verließ er die SPD-Fraktion, da er die von der Reichsregierung ausgerufene und von der SPD mitgetragene Burgfriedenspolitik ablehnte. Den Krieg wollte er mithilfe internationaler Massenstreiks bekämpfen. Liebknecht war ein strikt der Idee des Klassenkampfes verpflichteter Linksaußen der SPD; in seinen theoretischen Schriften jedoch erwies er sich keineswegs als lupenreiner Marxist, da er sich der von Marx propagierten materialistischen Geschichtsauffassung nicht anschließen wollte. Nach einer Festungshaft wegen Hochverrats leitete er mit Rosa Luxemburg den Spartakusbund, den Vorläufer der KPD, an deren Gründung er sich 1918/19 beteiligte. Der Versuch, gegen die Mehrheits-SPD und den

Rat der Volksbeauftragten einen sozialistischen Arbeiterstaat auszurufen, scheiterte. Liebknecht wurde 1919 von Freikorpsoffizieren zusammen mit Rosa Luxemburg ermordet.

Rosa Luxemburg (1870–1919) war die führende Theoretikerin des linken Parteiflügels der SPD und eine strikte Gegnerin der Burgfriedenspolitik. Mit Karl Liebknecht gründete sie den Spartakusbund. Wie dieser war sie mehrfach inhaftiert. Das Programm der an der Jahreswende 1918/1919 gegründeten KPD war maßgeblich von ihr beeinflusst. Wie Liebknecht war sie antimilitaristisch und entschieden anti-revisionistisch eingestellt. Der Kapitalismus war ihrer Ansicht nach nur im Zuge einer gewaltsamen Revolution zu beseitigen. Die Errichtung einer sozialistischen Gesellschaftsordnung sollte, anders als von Lenin propagiert, nicht durch eine Avantgardepartei, sondern auf dem Wege über eine Diktatur des Proletariats zustande kommen. Luxemburg, die die russische Revolution 1917 unterstützt hatte, lässt sich deswegen nicht als Demokratin bezeichnen, auch wenn ihr Diktum, Freiheit sei immer die Freiheit der Andersdenkenden, zuweilen so gedeutet wird. Die Anhängerin des Massenspontaneismus wurde am gleichen Tag wie Karl Liebknecht vom selben Täterkreis, Offizieren der Garde-Kavallerie-Schützen-Division, im Januar 1919 ermordet, nachdem ein Aufstandsversuch niedergeschlagen worden war.

Ernst Thälmann (1886–1944) war von 1900 an Mitglied der SPD und ab 1918 Mitglied der USPD, seit 1919 war er deren Vorsitzender. 1920 trat er zur KPD über, in der er bald zu einem Proponenten einer strikten Bolschewisierung der Partei, d. h. einer Ausrichtung der KPD an der sowjetischen KPdSU, wurde. 1925 wurde er zum Vorsitzenden der KPD gewählt. 1933 von den Nationalsozialisten verhaftet, wurde er 1944 im KZ Buchenwald ermordet. Unter Thälmanns Führung vollzog sich die restlose Stalinisierung und die Unterwerfung der KPD unter die von Moskau jeweils vorgegebene Parteilinie. Erklärtes Ziel der von ihm geleiteten KPD war eine revolutionäre Umwälzung der Gesellschaftsverhältnisse und die Errichtung einer Diktatur des Proletariats. Als Hauptfeind galt die SPD, die mit dem Vorwurf des Sozialfaschismus erbittert bekämpft wurde. In die Zeit des Vorsitzes Thälmanns fallen am Ende der Weimarer Republik vereinzelte, taktisch bestimmte Bündnisse der KPD mit der NSDAP wie beim Volksentscheid zur Auflösung des preußischen Landtags (August 1931) und beim Berliner BVG-Streik (November 1932).

Clara Zetkin (1857–1933) war eine deutsche Politikerin zunächst der SPD, dann kurzzeitig der USPD und ab 1919 der KPD. Sie gehörte zu den Begründerinnen der sozialdemokratischen Frauenbewegung. Wie Rosa Luxemburg und Karl Liebknecht war sie anti-militaristisch und internationalistisch eingestellt, lehnte wie diese die Burgfriedenspolitik ab und gehörte 1916 zu den Gründern des Spartakusbundes. In der KPD war sie viele Jahre Mitglied des Zentralkomitees der Partei, daneben gehörte sie von 1919–1933 dem Exekutivkomitee der Komintern an und hatte den Vorsitz sowohl der Roten Hilfe Deutschlands als auch der Internationalen Roten Hilfe inne. Ferner saß sie zwischen 1920 und 1933 für die KPD als Abgeordnete im Deutschen Reichstag, als dessen Alterspräsidentin sie 1932 fungierte. Anders als Ernst Thälmann folgte Zetkin nicht blindlings ergeben den Vorgaben der Komintern oder der KPdSU. So kritisierte sie beispielsweise die Sozialfaschismusthese Stalins – sie wurde daher eher zum rechten Flügel der KPD gezählt. Dies änderte jedoch nichts an ihrer grundlegenden klassenkämpferischen Überzeugung.

6 Kommentierte Auswahlbibliographie

Angress, Werner T.: Die Kampfzeit der KPD, 1921–1923, Düsseldorf 1973 – Diese umfassende, sorgfältig recherchierte Untersuchung stellt immer noch ein, wenn nicht das Standardwerk über die frühen Jahre der KPD in der Weimarer Republik dar. Von besonderem Wert ist die sorgfältige historische Rekonstruktion der Märzaufstände des Jahres 1921 und der Rolle, die die Emissäre Moskaus, allen voran Karl Radek, bei der Gleichschaltung der Partei im bolschewistischen Sinne spielten. Was neben der ungemein sorgfältigen Recherche besticht, ist die unideologische Schilderung der Auseinandersetzungen innerhalb der Partei und mit anderen linken Strömungen, die frühe, vor allem von Radek betriebene Verbreitung des Sozialfaschismusvorwurfs an die SPD und der Konsequenzen, die die Partei aus dem Scheitern ihrer revolutionären Inspirationen zog.

Bullock, Alan: Hitler und Stalin. Parallele Leben, Berlin 1991 – Das ist ein monumentaler Vergleich der zwei einflussreichsten und wohl zugleich inhumansten Diktatoren des 20. Jahrhunderts. Beide haben Abermillionen von Menschen auf dem Gewissen, beide errichteten in ihren Ländern eine totalitäre Herrschaft im Namen einer Ideologie, die einen neuen Menschen zu schaffen versprach, den von allen Zwängen befreiten Menschen der kommunistischen Endzeitvorstellung und den arischen Übermenschen der nationalsozialistischen Weltanschauung. Beide veränderten nicht nur ihre Länder, sondern auch große Teile der Welt von Grund auf. Die Rolle beider Einzelpersonen, die für unterschiedliche Formen des politischen Extremismus standen und diese in ihrem jeweiligen Sinne prägten, kommt in der Doppelbiographie kenntnisreich und in höchst lesbarer Weise zur Sprache.

Falter, Jürgen W.: Hitlers Wähler, München 1991 – In seiner umfassenden Studie, in der er mit den Mitteln moderner quantitativer Wahlforschung die Anhänger der NSDAP zwischen 1924 und 1933 untersucht, räumt der Verfasser mit einer Reihe von vorgefassten, empirisch aber ungenügend bestätigten Auffassungen über die Wählerschaft der NSDAP auf. So war die NSDAP keinesfalls eine weit überwiegend sich aus der Mittelschicht rekrutierende Bewegung, sondern eine sozial höchst heterogen zusammengesetzte Partei mit einem Arbeiteranteil unter ihren Wählern von rund 40 Prozent. Arbeitslose Arbeiter votierten hingegen nur relativ selten für die NSDAP. Sie fanden ihre politische Heimat vor allem in der KPD. Der stärkste Faktor, der die Wahl der NSDAP bestimmte, war die Konfession. In überwiegend katholischen Regionen schnitt die NSDAP bis 1933 weit unterdurchschnittlich ab.

Falter, Jürgen W. (Hrsg.): Junge Kämpfer, alte Opportunisten. Die Mitglieder der NSDAP 1919–1945, Frankfurt a. M. 2016 – In diesem Sammelband werden Ergebnisse eines Projektes dargestellt, das sich auf Basis einer rund 50.000 Fälle umfassenden Stichprobe aus den beiden zentralen NSDAP-Mitgliederkarteien mit der demographischen und sozialen Zusammensetzung der NSDAP-Mitglieder befasst. Ähnlich wie bei den Wählern lag auch unter den bis 1933 eingetretenen Mitgliedern der Arbeiteranteil mit knapp 40 Prozent wesentlich höher als bisher angenommen. Die NSDAP hatte es in Gemeinden mit einer überwiegend katholischen politischen Tradition wie auch in Gemeinden mit einer linken politischen Tradition vor 1933 deutlich schwerer als in Gemeinden mit einer bürgerlich-protestantischen politischen Tradition. Neu ist u. a. die Rekonstruktion und Analyse der hohen Zahl von Austritten aus der Partei (von den bis Ende 1932 eingetretenen Mitgliedern verließen über 40 Prozent wieder die Partei, die meisten innerhalb der ersten drei Jahre nach Eintritt; Arbeiter waren unter den Austretenden überdurchschnittlich vertreten).

Fest, Joachim: Hitler. Eine Biographie, Frankfurt a. M. 1973 – Obwohl mittlerweile andere, auf einem neueren Forschungsstand beruhende Hitler-Biographien vorliegen, ist die monumentale Darstellung Fests immer noch besonders lesenswert. Ohne Zweifel handelt es sich hierbei um die literarisch gelungenste Hitler-Biographie, in der es dem Verfasser gelingt, die Entwicklung Hitlers vom jungen, ziellosen Wiener Bohemien zum allmächtigen Führer einer totalitären Diktatur nicht nur nachzuzeichnen, sondern auch durch überzeugende Interpretationen plausibel zu machen. Besonders besticht die Schilderung der frühen Münchner Jahre, deren Atmosphäre der Verfasser besser darzustellen weiß als wohl jede andere Biographie des späteren „Führers und Reichskanzlers".

Fischer, Conan: The German Communists and the Rise of Nazism, Houndmills/London 1991 – Fischer, von dem wichtige Beiträge zur Massenbasis der NSDAP stammen, untersucht die Reaktion der KPD auf die Wahlerfolge der NSDAP, der es gelang, die Klassenbarrieren zu überwinden und auch innerhalb der Arbeiterschaft nennenswerte Unterstützung bei Wahlen zu finden. Fischer arbeitet heraus, wie mit Moskauer Unterstützung die KPD Themen aufgriff, von denen sie vermutete, dass sie die Erfolge der NSDAP bei Arbeitern erklärten. So ließ die KPD zunehmend von ihrer internationalistischen Propaganda zu Gunsten stärker nationalistischer Töne in den Wahlkämpfen ab; auf der Ebene der einfachen Mitglieder unterstützte sie aktiv Kontakte zwischen Kommunisten und Nationalsozialisten. Die Hoffnung war, einen Keil zwischen die Arbeiterschaft und die NSDAP treiben zu können und verlorene Mitglieder auf diese Weise wieder zu gewinnen – eine Hoffnung, die nicht in Erfüllung ging.

Flechtheim, Ossip K.: Die KPD in der Weimarer Republik, Frankfurt a. M. 1969 – Es handelt sich um ein frühes Standardwerk über die KPD der Weimarer Republik, das durch die Einleitung von Hermann Weber, in der dieser einige Quellen zusätzlich einführt und frühere berichtigt, auch heute noch aktuell erscheint. Einem Kapitel über die radikale Linke im Ersten Weltkrieg schließt sich eine ausführliche Darstellung der KPD als Parteiorganisation, politisch-soziale Bewegung und parteipolitisch Handelnde bis 1933 an. Der starke Einfluss, den die KPdSU auf den organisatorischen Aufbau und die Politik der KPD vor allem ab Mitte der zwanziger Jahre ausübte, wird von Flechtheim ausführlich dargestellt und kritisch kommentiert. Dadurch sei die verheerende Praxis, linke und rechte „Abweichler" ausfindig zu machen und zu verfolgen, überhaupt erst geschaffen worden. Trotz aller persönlichen Betroffenheit und einer durchaus gespaltenen Identifikation mit dem Gegenstand legte Flechtheim damit ein Werk vor, das heute noch über weite Strecken Gültigkeit beanspruchen kann.

Hilberg, Raoul: Die Vernichtung der europäischen Juden. 11., durchgesehene und erweiterte Aufl., Frankfurt a. M. 2010 – Dies ist nach wie vor das Standardwerk über den Holocaust. Entstanden aus einer Dissertation aus dem Jahr 1954, die immer wieder Neuauflagen und Erweiterungen erfuhr, gilt das Werk bis heute als die ausführlichste und genaueste Darstellung der Judenvernichtung während des Dritten Reichs. Hilberg wendet sich darin implizit gegen intentionalistische Deutungen des Holocaust, denen zufolge die „Endlösung" nach einem vorgefassten Plan Hitlers erfolgt sei. Vielmehr habe sie sich, wenn auch unter Führung und mit Billigung Adolf Hitlers, im Laufe der Kriegsjahre dynamisch entwickelt. Beteiligt gewesen seien viele Organisationen und Menschen, ja große Teile der deutschen Gesellschaft der damaligen Zeit. Durch den arbeitsteiligen, gewissermaßen industrialisierten Prozess, in dem die weitgehende Vernichtung des europäischen Judentums durchgeführt wurde, habe sich der einzelne praktisch als kleines Rädchen in einem großen Getriebe frei von Verantwortung fühlen können. Diese Deutung ist umstritten, mindert aber nicht den Wert des Werkes.

Kater, Michael: The Nazi Party. A Social Profile of Members and Leaders, 1919–1945, Cambridge, Mass. 1983 – Über drei Jahrzehnte ein, wenn nicht das Standardwerk über die Mitglieder und die Parteieliten der NSDAP. Die Untersuchung der Mitglieder basiert auf einer Stichprobe von etwa 18.000 Fällen, die Kater aus der „Gaukartei", das ist die weitaus besser erhaltene der beiden zentralen Mitgliederkarteien der NSDAP, Anfang der achtziger Jahre des vorigen Jahrhunderts zog. In diesem Werk rückt Kater von seiner früheren Position, der zufolge die NSDAP eine reine oder weit überwiegende Mittelschichtbewegung gewesen sei, ab, und beschreibt sie als eine beruflich heterogen zusammengesetzte Partei mit einem Übergewicht der Mittelschichten. Mittlerweile substantiell teilweise überholt, liegt der Hauptmangel dieser verdienstvollen Untersuchung in der Tatsache, dass Kater nur wenige auf den Mitgliedskarten verzeichnete Merkmale erhoben hatte. Nach wie vor von hohem Wert sind seine Ausführungen über die Funktionärsschicht der NSDAP.

Kershaw, Ian: Hitler 1889–1936 und 1936–1945, 2. Aufl., Stuttgart 1998 – Diese monumentale, fast 2.000 Seiten umfassende zweibändige Hitler-Biographie repräsentiert auch knapp 20 Jahre nach ihrer Erstveröffentlichung nach wie vor den Stand der Wissenschaft. Wenn auch nicht von der gleichen literarischen Eleganz wie die Hitler-Biographie Joachim Fests zeichnet sich die Darstellung durch enormen Detailreichtum, eine unübertroffene Faktenvielfalt und eine wohltuende britische Nüchternheit angesichts der megalomanischen Persönlichkeit und des menschenverachtenden Charakters Hitlers aus. Zwar wird es auch in Zukunft immer wieder Ergänzungen des facettenreichen Bildes des Nationalsozialismus und der Persönlichkeit Hitlers geben, umgeschrieben werden muss das Buch deswegen jedoch auch auf mittlere Sicht kaum.

Orlow, Dietrich: The History of the Nazi Party. 2 Bände (Bd. 1: 1919–1933. Bd. 2: 1933–1945), Pittsburgh PA 1969–1973 – Noch ein Standardwerk, das die Jahrzehnte relativ unbeschadet überstanden hat. Es empfiehlt sich weniger für eine durchgehende Lektüre als für das Nachschlagen einzelner Perioden und Ereignisse, was seinem Charakter als dezidiert wissenschaftlichem, dem Detail verpflichteten Werk geschuldet ist. Orlow gelingt es nicht nur, eine durchgehende Organisationsgeschichte der NSDAP von den Anfängen 1919 bis zum Zusammenbruch am Ende des Krieges und ihrem Verbot zu schreiben, sondern er arbeitet auch die besondere Rolle Hitlers innerhalb dieser Organisation heraus. Sie erlangte im Dritten Reich nie die gesellschaftliche und politische Bedeutung beispielsweise der KPdSU. Indem er die relative Schwachheit der Partei als Ergebnis einer bewussten Strategie Hitlers interpretiert, der kein Interesse daran hatte, dass die Partei ein Eigenleben ohne ihn führen konnte, liefert Orlow eine plausible Erklärung dafür, warum die NSDAP sang- und klanglos am Ende des Krieges zusammenbrach und gewissermaßen über Nacht vom Erdboden verschwand.

Mallmann, Klaus-Michael: Kommunisten in der Weimarer Republik. Sozialgeschichte einer revolutionären Bewegung, Darmstadt 1996 – In bewusster Absetzung von Hermann Webers Darstellung der Stalinisierung der KPD versucht Mallmann gewissermaßen eine Parteigeschichte von unten zu schreiben, aus der Sicht der kommunistischen Arbeitermilieus der Weimarer Zeit. Folgerichtig steht im Mittelpunkt seiner Darstellung weniger die politisch-institutionelle Parteigeschichte und der Einfluss Moskauer Emissäre auf die taktischen Entscheidungen der KPD als eine Anatomie der Partei anhand ihrer Sozialprofile und ihrer Binnenstrukturen. Dabei ist der Plural für die Sozialprofile und Binnenstrukturen absichtlich gewählt. Die lokale Wirklichkeit habe anders ausgesehen als die Weltsicht der Parteizentrale mit ihrem revolutionären Getue. Eine wichtige, die Arbeiten Webers vor allem um sozialhistorische Aspekte ergänzende, wenn auch nicht ersetzende Untersuchung.

Weber, Hermann: Die Wandlung des deutschen Kommunismus. Die Stalinisierung der KPD in der Weimarer Republik, 2 Bde., Frankfurt a. M. 1969 – Es handelt sich nach wie vor um die ausführlichste und genaueste Darstellung der Gleichschaltung der KPD-Führung und der offiziellen Ideologie nach Moskauer Vorgaben. Weber arbeitet im Detail heraus, wie aus einer ursprünglich demokratisch strukturierten, wenn auch revolutionär gesinnten, eine nach Maßgabe des „demokratischen Zentralismus" strukturierte Partei wurde, die allerdings hinter den Kulissen keineswegs monolithisch agierte, sondern nach wie vor von Flügelkämpfen und persönlichen Auseinandersetzungen geprägt war. Besonders wertvoll erscheint der statistische Anhang, in dem Weber viele Zahlen, Daten und Fakten über die Weimarer KPD, ihre Mitgliedschaft usw. zusammengetragen hat.

Winkler, Heinrich August: Arbeiter und Arbeiterbewegung in der Weimarer Republik, 3 Bände (Bd. 1: Von der Revolution zur Stabilisierung 1918–1924, Bd. 2: Der Schein der Normalität 1924–1930, Bd. 3: Der Weg in die Katastrophe 1930–1933), Berlin/Bonn 1984–1987 – Auf mehr als 2.500 Seiten beschreibt und analysiert Winkler die Geschichte der deutschen Arbeiterbewegung von der Novemberrevolution 1918 bis zur Etablierung des Dritten Reiches 1933. Er geht in den drei Bänden der Frage nach, was zum Scheitern der parlamentarischen Demokratie der Weimarer Republik geführt und welche Rolle dabei die Spaltung der Arbeiterbewegung in Sozialdemokraten und Kommunisten gespielt hat. Die Darstellung ist ungeheuer materialreich, dabei flüssig geschrieben und gut lesbar, verfasst aus der Sicht eines der demokratischen SPD mit kritischer Sympathie gegenüber stehenden Historikers, der dabei doch immer zuallererst Wissenschaftler ist. Ein rundum empfehlenswertes Werk, das weit über den engeren Bereich der Arbeiterbewegung hinausgeht und in sich eine großartige Geschichte des Scheiterns der Weimarer Republik bietet.

Zitelmann, Rainer: Hitler. Selbstverständnis eines Revolutionärs, 5. Aufl., Reinbek 2017 – Im Rahmen einer sorgfältigen, vielfach durch Querbelege abgesicherten Analyse sämtlicher Schriften und Reden Hitlers arbeitet Zitelmann heraus, dass Hitler keineswegs nur ein rassistisch motivierter Darwinist, Antisemit und Imperialist war, sondern sich auch als Gesellschaftsveränderer verstand, der das Rad der Geschichte nicht in Richtung einer romantisch verklärten Vergangenheit zurückdrehen wollte, sondern ernsthaft eine Modernisierung der Gesellschaft anstrebte. Das liberale Bürgertum war ihm ein Gräuel, die den Klassenkampf überwindende Volksgemeinschaft ein ernst gemeintes Ziel. Getragen werden sollte dies von der historischen

Minorität der wenigen wahren Revolutionäre, die er während der „Kampfzeit der Bewegung" in der NSDAP versammeln wollte. Vorbilder waren ihm einerseits die industrielle Entwicklung der USA, andererseits die totalitäre Diktatur der Sowjetunion mit ihrem monolithischen Staatsaufbau und ihrer Einparteienherrschaft. Zwar behandelt Zitelmann in seiner Untersuchung bloß bestimmte Aspekte von Hitlers Denken, andere blendet er mehr oder minder aus oder streift sie lediglich, so seinen Rassismus und Antisemitismus, doch ergänzt er das Hitlerbild um mehr als nur Facetten.

KAPITEL XV
RECHTSEXTREMISMUS AN DER MACHT –
DER NATIONALSOZIALISMUS

Bernd Jürgen Wendt

1 Leitfragen

„Wir haben ihn uns engagiert[1]", triumphierte der Vizekanzler Franz von Papen, nachdem er Hitler im letzten Augenblick am 30. Januar 1933 durch Intrigen die lange verschlossene Tür zur Macht bei Hindenburg endlich geöffnet hatte. Einem konservativen Kritiker, dem späteren Widerstandskämpfer Ewald v. Kleist-Schmenzin, erklärte er: „Was wollen Sie denn? Ich habe das Vertrauen Hindenburgs. In zwei Monaten haben wir Hitler in die Ecke gedrückt, dass er quietscht"[2]. Nur ein halbes Jahr später berichtete der französische Botschafter in Berlin, André François-Poncet, seiner Regierung über eine Rede Hitlers vom 1. Juli 1933, in der dieser den erfolgreichen Abschluss seiner „nationalen Revolution" angekündigt hatte: „In der Tat konnte sich Hitler zum Zeitpunkt seiner Rede rühmen, alles, was in Deutschland außerhalb der nationalsozialistischen Partei existierte, zerstört, zerstreut, aufgelöst, angegliedert oder aufgesaugt zu haben. […] Die Zeitungen schreiben zu Recht davon, dass er in fünf Monaten eine Wegstrecke zurückgelegt hat, für die der Faschismus fünf Jahre beanspruchte. […] Adolf Hitler hat daher gewonnenes Spiel, und er hat diese Partie mit geringem Aufwand gewonnen: Er musste nur pusten – das Gebäude der deutschen Politik stürzte zusammen wie ein Kartenhaus"[3].

In der kurzen Zeitspanne zwischen diesen Äußerungen wurde das Gesicht Deutschlands gründlich verändert. Wie konnte dieser Wandel mit einer derartigen – schon die Zeitgenossen überrumpelnden – Geschwindigkeit und brutalen Folgerichtigkeit geschehen, die die Diktaturen in Italien, Spanien und sogar in der Sowjetunion in den Schatten stellten? Wie konnte ein Volk innerhalb weniger Monate der Barbarei eines staatlich verordneten Terrors verfallen, das doch so stolz darauf war, auf kulturell-geistigem, wissenschaftlichem, technischem und wirtschaftlichem Gebiet führend zu sein und eine vorbildliche rechtsstaatliche Tradition entwickelt zu haben, ein Volk, das erst knapp fünfzehn Jahre vorher, wenn auch unter großen Schwierigkeiten im Schatten eines verlorenen Krieges eine demokratische Republik gegründet hatte, deren Metropole Berlin zum Inbegriff der künstlerischen und geistigen Moderne geworden war?

Die zentrale Frage nach der „Technik der Machteroberung" durch eine rechtsextremistische Partei und ihren „Führer" bewegt uns bis heute. Wie erklärt sich der kometenhafte Aufstieg eines offenbar etwas spinnerten „Mr. Nobody" aus dem Wiener Männerasyl, der bis zu seinem

---

[1] Zitiert nach Karl Dietrich Bracher, Die deutsche Diktatur. Entstehung, Struktur, Folgen des Nationalsozialismus, 3. Aufl., Köln 1970, S. 213.
[2] Zitiert nach ebd.
[3] Zitiert nach Josef und Ruth Becker (Hrsg.), Hitlers Machtergreifung, 2. Aufl., München 1992, S. 365 f.

40. Lebensjahr beruflich kaum etwas hatte auf die Beine stellen können, innerhalb kurzer Zeit unangefochten an die Spitze des Staates, obwohl seine Partei noch bis Ende der 20er Jahre mit zwölf Reichstagssitzen (1928) eine Splitterpartei war und Ende 1932 bei sinkenden Wahlerfolgen an ihren inneren Machtkämpfen zu zerbrechen drohte? Wie konnten Hitler und seine Partei einen hoch entwickelten modernen Industriestaat mit seinem pluralistischen System von politischen Parteien und gesellschaftlichen Verbänden unter ihre Diktaturgewalt zwingen? Wie vermochten sie in nur wenigen Wochen ein Gewaltregime zu errichten, obwohl doch das rein taktische Kalkül ihres „Legalitätskurses" und das eigentliche Ziel einer radikalen politischen Umwälzung schon frühzeitig bekannt waren? Warum wurden namhafte nationalkonservative Repräsentanten der Eliten in Wirtschaft und Gesellschaft, Armee und Staatsbürokratie im Vertrauen auf eine „Teilidentität der Ziele" (Manfred Messerschmidt) mit den braunen Machthabern willige „Steigbügelhaltern" Hitlers bei der Eroberung und Konsolidierung seiner Macht und dann später bei der Durchsetzung des außenpolitischen Eroberungsprogramms? Warum konnte das Regime nicht nur in den Jahren seiner innen- und außenpolitischen Erfolge, sondern auch später im Zeichen der militärischen Niederlage noch bis zuletzt auf die gläubige Gefolgschaft der überwiegenden Mehrheit der Deutschen setzen, und wie konnten sich in einem Volk, in dem die Kriminalitätsrate nicht höher als in anderen Ländern gewesen war, derartige Verfolgungs- und Vernichtungsenergien im Massenmord an Millionen unschuldiger Menschen entfalten?

Um nicht wie nach 1945 einer bequemen „Hitler-Zentrik" zu verfallen und alle Verantwortung dem Diktator zuzuschieben, müssen wir weiter nach der Rolle Hitlers innerhalb des nationalsozialistischen Herrschaftssystems fragen. Wie weit hat er überhaupt die Politik bestimmt? Wie weit kamen ihm dabei die krisenhaften politischen, gesellschaftlichen, geistigen und massenpsychologischen Belastungen der späten Weimarer Republik im Schatten der Weltwirtschaftskrise entgegen, die seinen Aufstieg zur Macht erst ermöglicht und ihm die Massenanhängerschaft zugeführt haben? Ein kurzer Blick zurück in die deutsche Geschichte des späten 19. und frühen 20. Jahrhunderts wird nach der inneren Verfassung und den überpersonalen Defekten eines politischen Systems und einer Gesellschaft fragen müssen, die einer langfristigen demokratischen Entwicklung in Deutschland nach 1918 keine Chance geboten, dafür aber dem weit verbreiteten Bedürfnis nach einem „gottgesandten Führer" und „Heilsbringer" mit gleichsam übermenschlichen Kräften Vorschub geleistet haben. Doch eine Warnung vor einem zwanghaften Determinismus vorweg: Die „Lösung Hitler" zeichnete sich erst durch das verantwortungslose Intrigenspiel Papens und weniger anderer hinter den Kulissen ab Dezember 1932 ab.

Bei den Antworten auf die gestellten Fragen soll der Nachdruck auf zwei zentralen Komplexen liegen, die sich mit dem Begriff Nationalsozialismus verbinden, der als Parteiname NSDAP zum ersten Mal bei der Umbenennung der am 5. Januar 1919 gegründeten „Deutschen Arbeiterpartei" im Februar 1920 auftauchte: zum einen die Ideologie der NSDAP und ihre deutschen und europäischen Wurzeln im späten 19. Jahrhundert, zum anderen das nationalsozialistische Herrschaftssystem, seine Struktur und Durchsetzungskraft sowie die Rolle des „Führers" in ihm.

2 Nationalsozialistische Ideologie

Hitler hat wiederholt von einer „Weltanschauung" gesprochen, ohne sie systematisch darzustellen. Daraus ist nicht selten der Schluss gezogen worden, er sei als prinzipienloser Opportunist so sehr auf die Erringung der Macht fixiert gewesen, dass die Ideologie für ihn mehr oder weniger nur die taktische Funktion eines hemmungslosen persönlichen Machtwillens gehabt habe. Demgegenüber dürfte es als erwiesen gelten, dass sich aus Hitlers Büchern („Mein Kampf" 1925/26[4], „Zweites Buch" 1928), seinen persönlichen Aufzeichnungen und Reden ein in sich schlüssiges und zusammenhängendes Ideengebäude herausfiltern lässt, dem sich Hitler in seiner Politik bis zum letzten Tag allen taktischen Wendungen zum Trotz mit dogmatischer Sturheit verpflichtet fühlte. In der Darlegung seiner Ziele war er von entwaffnender Offenheit. Seine Zeitgenossen wollten ihm nicht glauben oder unterdrückten auftauchende Bedenken in der Erwartung, der Parteidemagoge werde die radikalen Allüren seiner „Kampfzeit" in der Regierungsverantwortung ablegen und sich „zähmen" lassen. „Die Geschichte des Nationalsozialismus ist wesentlich die Geschichte seiner Unterschätzung"[5] im In- und Ausland. Die nationalsozialistische „Weltanschauung" war alles andere als originell, eher eine eklektisch „ideologisch-politische Gebrauchtware" (Martin Broszat), gegründet auf dem europäischen „Ideenschutt" (Joachim Fest) des 19. Jahrhunderts, freilich mit einem gewaltigen Unterschied zu vergleichbaren zeitgenössischen ideologischen Diskussionen in anderen europäischen Ländern: Sie wurde nur in Deutschland ab 1933 verbindliche Staatsdoktrin mit schrecklichen Folgen für die Opfer. Diese Ideologie lässt sich auf wenige Kernbestandteile bringen: Rassenantisemitismus, Sozialdarwinismus, radikaler Nationalismus, Imperialismus und geopolitisches Raumdenken, Rassenhygiene und Eugenik, dann nach 1917 Antibolschewismus.

In einer soziologischen Übertragung der biologischen Gesetzmäßigkeiten Darwins und seiner Selektionstheorie auf die menschliche Gesellschaft sind für Sozialdarwinisten wie Hitler und seine Anhänger bewegende Prinzipien der Geschichte sowie ideologischer und programmatischer Handlungsrahmen nationalsozialistischer Innen- und Außenpolitik der Selbsterhaltungstrieb der Völker und Rassen und ihr gnadenloser und ewiger Kampf um einen ihrer wachsenden Größe und rassischen Überlegenheit angemessenen „Lebensraum" mit dem Recht des Stärkeren zu herrschen und der Bestimmung des Schwächeren, zugrunde zu gehen. In diesem Selektionsprozess sind elementare Voraussetzung für das Überleben von Rassen und Völkern als Träger der Geschichte und für ihre Höherentwicklung nach nationalsozialistischem Dogma rassebiologisch „gesunde Volkskörper", die Bekämpfung der Rassenmischung sowie strikte „Rassenhygiene" mit dem Ziel einer „Ausgrenzung" und „Ausmerze" sogenannten „minderwertigen Erbgutes" (Sterilisation, Euthanasie) und „artfremden Blutes", also insbesondere der Juden. Diese „Rassenhygiene" diente mithin zum einen der überlegenen „völkischen Wehrkraft" als Voraussetzung für einen erfolgreichen, 1941 beginnenden Kampf um „Lebensraum im Osten" und zur Ausrottung des „jüdischen Bolschewismus" und schuf zum anderen gleich-

---

[4] Hinzuweisen ist auf eine bahnbrechende, politisch umstrittene editorische Leistung 70 Jahre nach Erlöschen der Urheberrechte: Adolf Hitler, Mein Kampf. Eine kritische Edition., hrsg. im Auftrag des Instituts für Zeitgeschichte, München-Berlin von Christian Hartmann/Thomas Vordermayer/Othmar Plöckinger/Roman Töppel, München 2016.
[5] Bracher (Anm. 1), S. 51.

zeitig die Rechtfertigung für diesen Kampf. Dieses biologistische und sich auf scheinbar ewig gültige „Gesetze der Natur" berufende Politikverständnis hatte schwerwiegende praktische Konsequenzen. Dadurch wuchs der Radikalantisemitismus Hitlers und seiner Anhänger weit über den traditionellen Antisemitismus bürgerlich-völkischer Zirkel und Parteien hinaus: Proklamiert wurde hier die tendenzielle Aufhebung der überkommenen Grenzen zwischen Frieden und Krieg, zwischen militärischem und zivilem Sektor und zwischen Innen- und Außenpolitik. Kampf um „Lebensraum im Osten" und „Endlösung der Judenfrage" standen also in einem unaufhebbaren Zusammenhang. Freilich gab es bis Ende 1941 für diese „Endlösung" noch keine konkreten Vorstellungen. Erst dann setzte sich der Plan einer „physischen Endlösung" mit der Ermordung der Juden im deutschen Machtbereich durch.

Geradezu wahnhaft wurde Hitler umgetrieben von Angst vor „blutmäßiger Degeneration" und Geburtenrückgang. Der „nordisch-germanischen Herrenrasse" kommt in diesem Ideologiegebäude als „kulturschöpferisch" eine grundsätzliche Höherwertigkeit gegenüber anderen Rassen zu, insbesondere gegenüber der „jüdischen Rasse" als „kulturzersetzend", „kulturzerstörend" und „parasitär" in den „arischen Wirtsvölkern". Zwar wurde der Massenmord an den Juden erst unter der besonderen Konstellation des Krieges Wirklichkeit. Wer aber die Juden mit einer brutalen Medikalisierung der Sprache offen im längst geläufigen radikal-antisemitischen Jargon zur „Pestilenz", zum „ewigen Spaltpilz der Menschheit", zum „Parasiten", „Schmarotzer", „Bazillus" und „Blutegel" erklärte, hatte sie bereits gedanklich aus der menschlichen Gemeinschaft ausgestoßen und zumindest in seiner Sprache zur Tötung freigegeben. Auch setzte sich Hitler mit seiner verbalen Entfachung einer Pogromstimmung selbst unter einen Erwartungsdruck, dessen Verwirklichung von seinen radikalen Anhängern schließlich gefordert werden sollte, sei es beim organisierten Boykott jüdischer Geschäfte am 1. April 1933, sei es vor allem dann in der Reichspogromnacht am 9. November 1938.

Über die Akzeptanz dieser Ideologie und ihr Gewicht bei der Gewinnung einer Massenanhängerschaft ist viel gerätselt worden. Aber selbst wenn Hitler nachweislich nicht primär als Antisemit, sondern aus anderen Gründen gewählt und schließlich über die Hintertreppe an die Macht gebracht worden ist, so wurde sie ihm doch in vollem Wissen um sein Programm ausgeliefert. Seine „Weltanschauung" wurde in der Regierungsverantwortung zu einer zentralen Triebfeder seines Handelns, vor allem in der Verfolgung der Juden von ihrer gesellschaftlichen Ausgrenzung über ihre rechtliche Diskriminierung bis hin zum Massenmord im Kriege: „Ohne Hitler kein Holocaust" (Peter Longerich). Die Propagierung einer Ideologie wird vor allem dann öffentlichkeitswirksam, wenn sie auf den Erfahrungshorizont breiter Bevölkerungskreise trifft, mag deren Wahrnehmung auch noch so einseitig und politisch verzerrt damals gewesen sein. „Der Jude" war für die Antisemiten die Verkörperung des Bösen schlechthin. Er wurde identifiziert mit so unterschiedlichen Entwicklungen wie Internationalismus und „goldene" Finanzinternationale auf der einen, Marxismus und „rote" proletarische Arbeiterinternationale auf der anderen Seite, mit Pazifismus und Liberalismus, mit Demokratie, Novemberrevolution, „Dolchstoß" und Weimarer Republik allgemein als „Systemzeit" und „Judenrepublik". Hitler, seine Alterskohorte der „Frontkämpfergeneration", der Nationalsozialismus und seine Massenanhängerschaft waren auch ein Produkt des Ersten Weltkrieges mit seiner damals noch beispiellosen Entfesselung der Gewalt im ersten „totalen Krieg". So ließen sich denn auch die für weite Bevölkerungskreise traumatische und lange nicht verarbeitete Erfahrung der Niederlage von 1918 und ihrer Konsequenzen im Versailler Vertrag antisemitisch mit dem unheilvollen Wirken „der Juden" erklären: Die deutsche Armee unterlag danach 1918 nicht einem weit überlegenen Gegner von außen, sondern wurde von hinten durch „jüdisch-bolschewistische Kräfte" „erdolcht" – eine der verhängnisvollsten Geschichtslügen der jüngeren deutschen Geschichte, an die die Nationalsozialisten nahtlos anknüpfen konnten.

„Rassenhygiene" und Erbgesundheitslehre waren, wie gesagt, keineswegs Erfindungen der Nationalsozialisten, sondern wurden schon Ende des 19. Jahrhunderts breit in Europa und in den USA diskutiert. So hat Alfred Ploetz (1860–1940) bereits um die Jahrhundertwende den Begriff „Rassenhygiene" für eugenische Maßnahmen zur Erhaltung und Verbesserung des Erbgutes von Bevölkerungsgruppen eingeführt, 1904 die Zeitschrift „Archiv für Rassen- und Gesellschaftsbiologie" und 1905 die „Deutsche Gesellschaft für Rassenhygiene" gegründet, der 1914 350 Mitglieder angehörten. Er beeinflusste damals nachhaltig die nationalsozialistische Rassenlehre. Gleichsam eine ideologische Brücke zu 1933 bildete 1920 das Erscheinen der Aufsehen erregenden Schrift „Die Freigabe der Vernichtung lebensunwerten Lebens" des Leipziger Strafrechtlers Karl Binding (1841–1920) und des Freiburger Psychiaters Alfred Hoche (1865–1943), beide von den Nationalsozialisten als „verdiente Vorkämpfer" der Euthanasie geschätzt. Hier fanden sich bereits viele NS-Begriffe wie „Ballastexistenzen" und „geistig Tote". Nach dem harten Frieden könne es sich Deutschland ökonomisch nicht mehr leisten, „Lebensunwerte" durchzufüttern, und die moderne Medizin ermögliche jetzt sogar Erbkranken die Fortpflanzung.

Auch hier zeichnete sich das nationalsozialistische Regime mit seiner biologistischen Ideologie durch eine besonders radikale und opferreiche politische Umsetzung längst europaweit diskutierter Ideen und Forderungen aus. Tausende von Ärzten, bereits in den Universitäten durch neue Fächer wie Vererbungslehre und Rassenbiologie ideologisch vorbereitet, und Funktionäre der Gesundheitspolitik sowie psychiatrische Kliniken stellten sich freiwillig in den Dienst einer Medizin, deren vornehmstes Ziel es im „Kampf uns Dasein" war, durch „Auslese" für eine wachsende Bevölkerung von „rassereinen", „erbgesunden" und leistungsfähigen Menschen zu sorgen und im Rahmen der „Erbpflege" „fremdes Blut", „minderwertiges Erbgut" und „lebensunwertes Leben" von der Fortpflanzung auszuschließen und schließlich „auszumerzen". Zu den wichtigsten Gesetzen gehörte das „Gesetz zur Verhütung erbkranken Nachwuchses" vom 14. Juli 1933, das auf Gesetzesvorlagen und Beratungen der preußischen Regierung der Weimarer Zeit aufbauen konnte, besonders auf dem Sterilisationsgesetz von 1932. Das Gesetz vom 14. Juli 1933 erlaubte die Zwangssterilisation ohne Einwilligung der Kranken und verpflichtete den Hausarzt, als „Hüter am Erbstrom der Deutschen" Erbkrankheiten anzuzeigen. 1933–1945 wurden etwa 400.000 Personen zwangssterilisiert, darunter Menschen, die an Blindheit, Taubheit, schwerer körperlicher Missbildung und anderen Behinderungen litten, aber auch an schwerem Alkoholismus, angeborenem Schwachsinn oder Schizophrenie. Selbst – nach nationalsozialistischer Definition – „Asoziale" konnten unter dieses Gesetz fallen. Der nächste Schritt war am 18. Oktober 1935 ein Ehegesundheitsgesetz. Im Interesse der „Erbpflege" wurden Ehen verboten, bei denen eine Ansteckungsgefahr bestand oder mit schädlichen

Folgen für die Nachkommenschaft in dem oben genannten Personenkreis zu rechnen war. Entmündigten Personen oder geistig Behinderten wurde die „Ehetauglichkeit" entzogen.

Die radikale nationalsozialistische „Rassenhygiene" führte mit der Tötung von Geisteskranken und anderen Behinderten zur ersten großen Mordwelle vor dem Holocaust ab 1942, die in der Propaganda mit Rücksicht auf die Bevölkerung euphemistisch durch Begriffe wie „Gnadentod" und „Euthanasie verhüllt wurde. Nachdem in der zweiten Jahreshälfte 1938 in der „Kanzlei des Führers" zahlreiche Bittschriften von Eltern eintrafen, die den „Führer" baten, ihren behinderten Kindern den „Gnadentod" zu gewähren, erging im Oktober 1939 Hitlers geheimes „Ermächtigungs"-Schreiben für die „Euthanasie" im Dritten Reich. Es wurde auf den Kriegsbeginn am 1. September zurückdatiert, um die „Euthanasie" mit den „Sachzwängen" des Krieges zu begründen, und verfügte, „dass nach menschlichem Ermessen unheilbar Kranken bei kritischster Beurteilung ihres Krankheitszustandes der Gnadentod gewährt werden kann". Die oberflächlichen „ärztlichen Gutachten" sollten die „kritischste Beurteilung" als Lügen entlarven. Ein offizielles „Gesetz über die Sterbehilfe" wurde mit Rücksicht auf Empfindlichkeiten in der Bevölkerung, die dafür noch nicht „reif" sei, nie erlassen, obwohl es im Entwurf bereits vorlag. Die Aktion firmierte nach ihrer Zentrale in Berlin, Tiergartenstrasse 4, unter dem Kürzel „Aktion T 4". Zahlreiche Proteste in der Justiz, von evangelischen und katholischen Bischöfen und von der Bekennenden Kirche fanden ihren spektakulären Höhepunkt in den unerschrockenen drei Predigten des Münsteraner Bischofs August Graf von Galen, des „Löwen von Münster", im Juli/August 1941. Er appellierte an den Überlebenswunsch seiner Hörer: „Jetzt sind es die Unproduktiven", gab er zu bedenken. „Wann sind die anderen an der Reihe?".[6] Zwar wurde daraufhin die „Euthanasie" Ende August 1941 offiziell von Hitler gestoppt, sie lief jedoch insgeheim weiter in den Konzentrationslagern als „Aktion 14 f 13" nach dem Aktenzeichen des Inspekteurs der Konzentrationslager. Der „Aktion T 4" fielen mehr als 70.000 Menschen zum Opfer, der anschließenden „wilden" Euthanasie schätzungsweise weitere 50.000.

Vielfach wurde die Frage gestellt, warum Proteste in der Bevölkerung gegen die „Euthanasie" immerhin eine gewisse Wirkung zeigten, Proteste gegen die Verfolgung der Juden aber nicht erfolgten. Eine mögliche Erklärung dürfte darin liegen, dass die Juden systematisch aus der Gesellschaft ausgegrenzt und stigmatisiert und dass persönliche Kontakte mit ihnen gezielt abgeschnitten wurden. „Euthanasie"-Opfer hingegen wurden meist mitten aus ihren Familie gerissen. Hier stellte sich persönliches Mitleid ein – negative Rückwirkungen auf die „Heimatfront" waren zu befürchten. Menschenversuche in Konzentrations- und Vernichtungslagern sowie an Kriegsgefangenen gehörten mit zu den Verbrechen der nationalsozialistischen Medizin.

---

6 Zitiert nach Wolfgang Benz/Hermann Graml/Herman Weiß (Hrsg.), Enzyklopädie des Nationalsozialismus, Stuttgart 1997, S. 248. Galens dritte Predigt zur Euthanasiepolitik vom 3. August 1941 ist auch abgedruckt bei Wolfgang Michalka (Hrsg.), Deutsche Geschichte 1933–1945. Dokumente zur Innen- und Außenpolitik, Frankfurt a. M. 1993, S. 317 f.

3 Deutsche Traditionslinien

Neben den oben angesprochenen europäischen gab es spezifisch deutsche ideologische Traditionslinien, die zwar nicht in den Nationalsozialismus einmünden mussten, aber ihn doch immerhin ermöglichten. In einer Rundfunkrede am 1. April 1933 triumphiert Goebbels: „Damit wird das Jahr 1789 aus der Geschichte gestrichen"[7]. Karl Dietrich Bracher kommentiert: „Zum Wesen des Nationalsozialismus wie seiner Vorläufer gehört es gerade, dass er sich stets als die große, welthistorische Gegenbewegung gegen die Französische Revolution mit all ihren Konsequenzen verstanden hat, als Bewegung gegen Liberalismus und freiheitliche Demokratie, gegen Bürger- und Menschenrechte, gegen westliche Zivilisation und internationalen Sozialismus".

Der Nationalsozialismus war nach Bracher „wie Hitler ein direktes Produkt des Ersten Weltkrieges, aber er gewann sein Wesen und seine Wirkung aus jenen Grundproblemen der neueren deutschen Geschichte, die den Leidensweg der demokratischen Bewegung bestimmt haben. Dazu gehören: die Schwäche demokratischer Tradition und die machtvolle Fortdauer obrigkeitlicher Staats- und Gesellschaftsstrukturen vor und nach 1848; die aus der späten und nur unvollständigen Verwirklichung eines deutschen Nationalstaates rührende Anfälligkeit für nationalistisch-imperialistische Ideologien; die Problematik einer unerwarteten Niederlage mit dem Resultat der Dolchstoßlegende und des allgemeinen Protests gegen den Frieden von Versailles; die Dauerkrise der von der Bevölkerungsmehrheit nie voll akzeptierten Republik; speziell dann die sprengende Wirkung, die die Weltwirtschaftskrise auf diesen hochindustrialisierten, sozial und konfessionell zerspaltenen, mit feudalistisch-traditionalistischen Residuen belasteten Staat ausübte" [8].

Traditionelle Staatsvergottung, autoritäres Ordnungsdenken und Untertanengeist gegenüber dem „General Dr. von Staat" – so die ironische Formel von Thomas Mann – ebneten der Ideologie des Nationalsozialismus in der Massenanhängerschaft ebenso den Weg wie die Faszination des Machtstaates, 1918 jäh abgeschnittene Weltmachtträume und das Fehlen eines kräftigen politischen Liberalismus in der deutschen Parteienlandschaft seit dem 19. Jahrhundert. Die „improvisierte Demokratie" (Theodor Eschenburg) wurde von der Rechten ideologisch als ein „undeutscher Import" im „Tornister der Sieger" von 1918 diffamiert.

Eine weitere wichtige Komponente der nationalsozialistischen Ideologie mit verheerenden Folgewirkungen bis hin zum Vernichtungskrieg gegen die Sowjetunion ab 1941 weist ebenfalls auf das 19. Jahrhundert sowie auf den Ersten Weltkrieg zurück: das deutsche „Sonderbewusstsein"[9]. Es wirkte mit der Begründung des deutschen Nationalstaates als eine nationale Identität stiftende, oft hoch ideologisierte und mit missionarischem Sendungsbewusstsein vertretene Kraft. Dieses „Sonderbewusstsein" äußerte sich etwa in den „Ideen von 1914": in der Abgrenzung eines überlegenen deutschen Wesens, deutscher Innerlichkeit und deutscher Kultur gegen

---
7 Zitiert nach Bracher (Anm. 1), S. 8.
8 Ebd., S. 49.
9 Vgl. Bernd Jürgen Wendt, „Sonderweg" oder „Sonderbewusstsein"? – Über eine Leitkategorie der deutschen Geschichte im 19. und 20. Jahrhundert, in: ders. (Hrsg.), Vom schwierigen Zusammenwachsen der Deutschen. Nationale Identität und Nationalismus im 19. und 20. Jahrhundert, Frankfurt a. M. u. a. 1992, S. 111–141.

westliche Zivilisation, gegen die „Ideen von 1789" und ihre Inhalte, gegen westliche Rationalität und britischen Krämergeist, später gegen „angloamerikanisch-jüdische Plutokratie" auf der einen, gegen russische Autokratie und Orthodoxie, gegen „jüdischen Bolschewismus" und „slawisches Untermenschentum" auf der anderen Seite. Das „deutsche Sonderbewusstsein" wurde als spezifische Ausprägung des deutschen Nationalgefühls und Imperialismus und damit in seiner radikalen und zerstörerischen Geschichtsmächtigkeit bis 1945 dann nach dem Krieg ein zentrales Thema geschichtlicher Selbstbesinnung. Was bis zum Ende des Bismarckreiches 1945 weithin eine durchaus positive Färbung als Element nationaler Selbstbestätigung hatte, das „deutsche Sonderbewusstsein", erfuhr nunmehr eine grundlegende Kritik. Diese Kritik wurde identitätsstiftend und zu einem Faktor der inneren politischen Stabilität der Bundesrepublik und ihrer Rolle in Europa.

4 Hitlers Rolle im Herrschaftssystem

Der Nationalsozialismus als Ideologie führt uns nun auf das nationalsozialistische Herrschaftssystem, das dieses in der europäischen und deutschen Geschichte verankerte Ideengebäude ab 1933 innerhalb weniger Jahre innerhalb und außerhalb Deutschlands in aktive Politik umgesetzt hat. Michael Kißener etwa stellt die Leitfrage nach dem „inneren Gefüge" des Dritten Reichs.[10] Was hielt das Regime im Inneren so stark zusammen, dass es ohne nennenswerten Widerstand innerhalb weniger Monate die Macht in Deutschland erobern, nach 1939 nicht nur weite Teile Europas unterwerfen, sondern hier auch eine kriminelle Energie entfalten konnte, der Millionen unschuldiger Menschen zum Opfer fielen, und dass es selbst unter den Belastungen des „totalen Krieges" 1943 bis 1945 keine wesentlichen Risse in seinem Gefüge aufwies und auch nur einen „Widerstand ohne Volk" (Hans Mommsen) provozierte?

Der britische Historiker Ian Kershaw setzt mit seiner zweibändigen Hitler-Biographie Maßstäbe für einen modernen biographischen Ansatz, in dem Hitler zwar „der unverzichtbare Dreh- und Angelpunkt sowie die Inspirationsquelle der Ereignisse war", bei dem aber zugleich in der fruchtbaren Verbindung von Politik- und Sozialgeschichte „personale und strukturelle Elemente im Entwicklungsprozess einer der wichtigsten Epochen der Menschheitsgeschichte"[11] miteinander verknüpft werden. Welche politischen und sozialen Motivationen in der deutschen Gesellschaft – so lautet Kershaws zentrale Frage – haben Hitler und den Aufstieg der NSDAP möglich gemacht und welchen Beitrag hat er selbst zur Erringung und zum Ausbau seiner Macht geleistet? Einen wichtigen Schlüssel zur Beantwortung dieser Frage und damit zum Verständnis der Herrschaft Hitlers liefert für Kershaw Max Webers Herrschaftstypologie mit dem Begriff der „charismatischen Herrschaft". Denn dieser Begriff lenkt den Blick zum einen auf die innere Verfassung einer Gesellschaft, in der sich die Sehnsucht einer „charismatischen Gefolgschaft" nach einer gleichsam „gottgesandten", „charismatischen" Führerpersönlichkeit mit übernatürlichen und übermenschlichen Kräften entwickeln, „Führerkult" und „Führermythos" Wurzeln schlagen konnten, zum anderen auf die Persönlichkeit von Hitler selbst, auf den

---

10 Michael Kißener, Das Dritte Reich, Darmstadt 2005, S. 10 f.
11 Ian Kershaw, Hitler 1889–1936, 2. Aufl., Stuttgart 1998, S. 8.

die Sehnsucht nach Heldenkraft, Vorbild und Hingabe projiziert wurde. So avancierte Hitler etwa auch in den Augen des Hohenzollernprinzen und Kaisersohnes August Wilhelm zum „gottgesandten Führer". „Charismatische Führung" und „charismatische Gefolgschaft" bildeten ein unaufhebbares Wechselverhältnis.

Der Nationalsozialismus stand und fiel im Gegensatz zur kommunistischen Diktatur und anderen Diktaturen mit dem „Führer" Hitler und dem „Führerprinzip". Während die Rede von einer „Hitler-Bewegung" durchaus ihre Berechtigung hat, wäre es unsinnig, etwa von einer „Lenin-Bewegung" zu sprechen. Der Nationalsozialismus überlebte den Tod Hitlers auch als Ideologie nicht zuletzt infolge der totalen militärischen Niederlage mit Ausnahme rechtsextremer Randgruppen der Gesellschaft nicht, das Sowjetsystem den Tod Stalins 1953 immerhin um fast vier Jahrzehnte.

Die mit gewaltigem propagandistischem Aufwand und damals modernsten technischen Mitteln wie „Lichtdomen", gebündelte Scheinwerfer-Strahlen am nachtblauen Himmel, in Massenveranstaltungen wie den jährlichen Reichsparteitagen, im Rundfunk oder im Film betriebene Choreographierung und (Selbst-)Inszenierung des „Führermythos" durch Hitler wie Goebbels traf in den dreißiger Jahren speziell in der deutschen Gesellschaft auf fruchtbaren Boden und versetzte die Zuhörerschaft oft in rauschhafte Zustände. Erinnert sei hier etwa an den filmhistorisch beeindruckenden Dokumentarfilm über den Nürnberger Parteitag 1934 „Triumph des Willens" von Leni Riefenstahl.

Permanente Regierungskrisen, ein zersplittertes Parteienfeld, das nur selten zu regierungsfähigen Kompromissen fand, und eine spannungsgeladene Klassengesellschaft, wie sich die Weimarer Republik für viele Zeitgenossen darstellte, ließen bis ins katholische Zentrum hinein den Ruf nach einer in sich geschlossenen harmonischen „Volksgemeinschaft" und nach der starken Persönlichkeit an der Spitze des Staates immer lauter werden, die Ordnung schaffen sollte. Diese Persönlichkeit verkörperte bis in die frühen dreißiger Jahre hinein nicht Hitler, sondern der greise, jedoch bis zu seinem Tode am 2. August 1934 noch geistig durchaus präsente kaiserliche Feldmarschall und Sieger von Tannenberg, Paul von Hindenburg. Geboren als Sohn einer preußischen Offiziers- und Gutsbesitzerfamilie 1847 in Posen, fielen die geistig und politisch prägenden Lebensjahre Hindenburgs also noch in die Zeit vor der Reichseinigung 1871.

Die These Brachers, nach der man „in der Weimarer Periode eher eine langwierig abklingende Spätform der wilhelminischen Epoche"[12] erblicken könne, ergibt unter dem Aspekt der politischen Kultur und der politischen Mentalitäten, die dem Nationalsozialismus Vorschub leisteten, durchaus Sinn. In dem Bismarck-Kult der zwanziger Jahre äußerte sich die Sehnsucht nach dem alten preußisch-deutschen Machtstaat und nach dem deutschen Konstitutionalismus, der bis 1918 im Gegensatz zur parlamentarischen Monarchie in Großbritannien Reichstag und Parteien gegenüber der starken Exekutive und der Prärogative des Kaisers keinen nennenswerten politischen Gestaltungsspielraum bot. Auch Hitlers Steigbügelhalter um Papen, Hugenberg, Schacht und Blomberg hatten ihre geistig-politische Prägung ebenso wie die führenden Kräfte in der Bürokratie, im Bildungswesen, in der Wirtschaft und im Militär im Kaiserreich empfangen, waren hier sozialisiert worden. Dies soll aber ausdrücklich nicht heißen, die Repu-

---

12 Bracher (Anm. 1), S. 79.

blik sei von Anfang an zum Untergang verurteilt gewesen. Im Gegenteil zeigt die überwältigende demokratische Mehrheit bei den Wahlen zur Nationalversammlung am 19. Januar 1919, dass sich mit der jungen Republik zunächst viele Hoffnungen verbanden.

Einen instruktiven Einblick in den konkreten „charismatischen" Herrschaftsmechanismus und Entscheidungsprozess vermittelt der Staatssekretär im preußischen Landwirtschaftsministerium, Werner Willikens, auf einer Sitzung von Vertretern der Landwirtschaftsministerien der Länder am 21. Februar 1934: „Jeder, der Gelegenheit hat, das zu beobachten, weiß, dass der Führer sehr schwer alles das befehlen kann, was er für bald oder für später zu verwirklichen beabsichtig. Im Gegenteil, bis jetzt hat jeder an seinem Platz im neuen Deutschland dann am besten gearbeitet, wenn er sozusagen dem Führer entgegen arbeitet". Weiter führte Willikens aus: „Sehr oft und an vielen Stellen ist es so gewesen, dass schon in den vergangenen Jahren Einzelne immer nur auf Befehle und Anordnungen gewartet haben. Leider wird das in Zukunft wohl auch so sein; demgegenüber ist es die Pflicht eines jeden zu versuchen, im Sinne des Führers ihm entgegen zu arbeiten. Wer dabei Fehler macht, wird es schon früh genug zu spüren bekommen. Wer aber dem Führer in seiner Linie und zu seinem Ziel richtig entgegen arbeitet, der wird bestimmt wie bisher so auch in Zukunft den schönsten Lohn darin haben, dass er eines Tages plötzlich die legale Bestätigung seiner Arbeit bekommt"[13]. „Dem Führer entgegen arbeiten", seinen Willen antizipieren, noch bevor er eine konkrete Weisung erließ – nach dieser Maxime erfüllten viele Millionen Helfer und Helfershelfer auf allen Ebenen, in Partei, Wehrmacht, Verwaltung, Wirtschaft, SS und Polizei, in dem von Hitler persönlich vorgegebenen Rahmen bis „fünf Minuten nach zwölf" 1945 ihre Pflicht. Sie taten dies mit Ehrgeiz, Tatendrang, Sachverstand und Fanatismus, stets in der Hoffnung, damit zugleich für ihr eigenes Fortkommen und ihren Vorteil zu arbeiten. Der schon in den zwanziger Jahren um Hitler aufgebaute „Führerkult" machte ihn in seiner herausgehobenen Stellung unangreifbar und entfaltete eine suggestive Wirkung noch 1945 im Flammenchaos von Berlin, ja teilweise über den Tod des Diktators hinaus. Feldmarschälle ließen sich wie Schulbuben abkanzeln und ihre zutiefst ehrenrührige Behandlung in einem lange eingeübten Kadavergehorsam und unter Berufung auf ihren von Blomberg am 20. August 1934 in vorauseilendem Gehorsam mitverantworteten „heiligen Eid" auf ihren obersten Kriegsherrn widerstandslos und mit zusammenknallenden Hacken über sich ergehen. Der militärische Eid und ihr Patriotismus, wie sie ihn verstanden, ebenso Mangel an Zivilcourage verboten ihnen, von wenigen tapferen Ausnahmen 1944 abgesehen, eine Auflehnung, selbst als die drohende Niederlage den Verantwortlichen bewusst sein musste. Durch Berufung auf einen höheren Befehl des „Führers" oder „Befehlsnotstand" versuchten seine Helfer nach dem Krieg, ihr Gewissen zu entlasten und der verdienten Strafe zu entgehen. So stellte sich nach 1945 ein ganzes Volk als Opfer einer kleinen Clique um Hitler dar.

Ein wesentliches Element des „Führermythos", das Hitler selbst wesentlich aus propagandistischen Gründen inszeniert hat, wonach der „Führer" sich Tag und Nacht im Dienste seines Volkes verzehrt und darüber sein Privatleben geopfert habe, also privat so etwas wie eine „Unperson" gewesen sei, entlarvt Volker Ullrich im 1. Band seiner eindrucksvollen Hitler-Biographie

---

13 Zitiert nach Kershaw (Anm. 11), S. 665.

als reine Zweckpropaganda. Ihr seien nach 1945 auch viele Historiker auf dem Leim gegangen, indem sie die private Sphäre einfach ausgeblendet hätten. Selbst bei Kershaw bleibe die Persönlichkeit Hitlers hinter der Inszenierung des „Führermythos" relativ blass. Sie will Ullrich wieder in den Mittelpunkt rücken, ohne die gesellschaftlichen Bedingungen für seinen kometenhaften Aufstieg zu vernachlässigen. Sein Ziel ist es, „den Hitler-Mythos, der als negative ‚Faszination durch das Monstrum' (Haffner) in der Literatur und öffentlichen Diskussion nach 1945 in vielfältige Weise nachwirkte, zu dekonstruieren" und Hitler zu „normalisieren", „was ihn jedoch nicht ‚normaler' sondern im Gegenteil eher noch abgründiger erscheinen lässt"[14]. Der „Dämon" Hitler mit seiner – angeblich – magischen Verführungskraft, auf den sich nach 1945 bequem Schuld und Verantwortung abwälzen ließen, wird bei Ullrich gleichsam „entdämonisiert" und „vermenschlicht", ohne seine verbrecherischen Züge irgendwie zu bagatellisieren.

Differenziert leuchtet der Autor unter Auswertung teilweise von ihm neu in den Archiven erschlossener Quellen Hitlers intensives Privatleben vor und nach 1933 sowie sein vielfältiges privates Beziehungsgeflecht aus und entwickelt ein nuanciertes und facettenreiches Psychogramm und Charakterbild des Diktators. Leitmotiv der Darstellung sind der „merkwürdige Rollencharakter" (Joachim Fest) von Hitlers Existenz, seine schon die Zeitgenossen irritierende Verstellungs- und Verwandlungskunst, seine „abgrundtiefe Verlogenheit" (Schwerin von Krosigk) und vor allem seine eigentümliche Doppelnatur: „das Nebeneinander von gewinnenden Zügen und kriminellen Energien"[15]. Nahm er seine Gesprächspartner im In- und Ausland durch seinen österreichischen Charme ein, so konnte er sich im nächsten Augenblick unkontrolliert und autosuggestiv in einen brutalen rhetorischen Rausch hineinsteigern, ohne dass immer recht klar wurde, was daran Schauspielerei war. Der deutsche Botschafter in Rom, Ulrich von Hassel, war bei seinen Begegnungen mit Hitler immer wieder verblüfft über das „rätselhafte unmittelbare Nebeneinander klarer und realer Gedanken einerseits und fantastischer wirrer Kombinationen andererseits"[16]. Eindringlich warnt der Verfasser immer wieder vor der Unterschätzung der Intelligenz Hitler und davor, in ihm nur den halbgebildeten Bierhallenagitator und ein demagogisches rhetorisches Talent der Massenverführung zu sehen. In der Tat war Hitlers Gedächtnis stupend, sein Gespür für erfolgreiche innen- und außenpolitische Überraschungscoups bis 1938 gut entfaltet, seine politische Durchsetzungskraft als Integrationsfigur der Partei und eine gewisse Belesenheit des Autodidakten waren bekannt. Wuchsen auf der einen Seite mit jedem Erfolg sein Selbstbewusstsein, sein Ansehen in der Bevölkerung und sein Gefühl der Unfehlbarkeit, aber ebenso auch seine Gewandtheit, sich in ganz unterschiedlichen Milieus von der Münchner Bohème bis zum glatten internationalen Parkett zu bewegen, so zeigte sich Hitler immer dort verwundbar, wo man ihn in den – von ihm verachteten – bürgerlichen Eliten, unter Akademikern oder seitens des italienischen Königshauses bei einem Staatsbesuch in Rom Anfang Mai 1938 seine kleinbürgerliche Herkunft spüren ließ. „Sein an Größenwahn grenzendes Selbstbild war nur die forcierte Außenseite seiner tiefsitzenden Inferiori-

---

14 Volker Ullrich, Adolf Hitler. Bd. 1: Die Jahre des Aufstiegs 1889–1939, Frankfurt a. M. 2013, S. 21.
15 Ebd., S. 18.
16 Zitiert nach ebd., S. 548.

tätsgefühle"[17]. Wir müssen wohl alle bekennen: „Die Schwierigkeiten, das ‚Rätsel Hitler' zu entschlüsseln, liegen vor allem in den frappierenden Widersprüchen und Gegensätzen begründet, die er in seiner Person vereinigte"[18].

5 Legale Revolution?

Drei Schlagworte, mit denen die Ereignisse in Berlin nach dem 30. Januar 1933 propagandistisch groß herausgestellt wurden – „legale Revolution", „nationale Revolution" und „nationale Erhebung", – hatten die Funktion, die Stufen der nationalsozialistischen Machteroberung von der Ernennung Hitlers zum Kanzler einer Koalitionsregierung mit den Konservativen am 30. Januar 1933 bis zur Vereinigung der Ämter des Reichskanzlers und des Reichspräsidenten durch den „Führer und Reichskanzler Adolf Hitler" am 2. August 1934 nach dem Ableben Hindenburgs als streng „legal" und im Rahmen der Weimarer Reichsverfassung zu tarnen und damit Befürchtungen vor einem nationalsozialistischen Umsturz zu beschwichtigen. Der widerspruchsvolle Begriff „legale Revolution" gewann dadurch eine zentrale Rolle für die Technik der nationalsozialistischen Machteroberung. Die Epitheta „legal" und „national" entschärften im bürgerlich-konservativen Lager den Horrorbegriff „Revolution", mit dem sich hier immer noch traumatische Erinnerungen an die Novemberrevolution 1918 verknüpften, und machten ihn politisch salonfähig und akzeptabel. Der Begriff „legale Revolution" war geeignet, einerseits die revolutionären Erwartungen einer radikalen Massenanhängerschaft der NSDAP zu erfüllen, andererseits dem Besitz- und Bildungsbürgertum, dem gewerblichen Mittelstand, der Landwirtschaft und der Industrie, der Reichswehrführung, der Bürokratie und dem Reichspräsidenten, also den konservativen „Steigbügelhaltern" Hitlers Ruhe und Ordnung und – ganz im Gegensatz zum Kommunismus – eine Respektierung ihrer gesellschaftlichen Positionen zu garantieren. Ein Widerstand wurde dadurch wesentlich gelähmt, denn wer wollte sich schon gegen „legale" Aktionen auflehnen.

Hitler hat selbst öffentlich nie einen Hehl aus seiner Absicht gemacht, den legalen Weg zur Macht für die Zerstörung der demokratischen Staats- und Gesellschaftsordnung der Republik und für die Errichtung einer Diktatur zu benutzen. Auch in seinem „Legalitätseid" in dem Ulmer Reichswehrprozess betonte Hitler am 25. September 1930 als vereidigter Zeuge vor dem Reichsgericht in Leipzig seine Absicht, nur mit „legalen Mitteln" die Macht im Staat übernehmen. „Die nationalsozialistische Bewegung wird in diesem Staat mit den verfassungsmäßigen Mitteln das Ziel zu erreichen suchen. Die Verfassung schreibt uns nur die Methoden vor, nicht aber das Ziel. Wir werden uns auf diesem verfassungsmäßigen Wege die ausschlaggebenden Mehrheiten in den gesetzgebenden Körperschaften zu erlangen versuchen, um in dem Augenblick, da es uns gelingt, den Staat in die Form zu gießen, die unseren Ideen entspricht"[19]. Ebenso unverfroren schrieb Goebbels im „Angriff" vom 30. April 1928 unter dem Thema „Was wollen wir im Reichstag?": „Wir gehen in den Reichstag hinein, um uns im Waf-

---

17 Ebd., S. 801.
18 Ebd., S. 422.
19 Zitiert nach Magnus Brechtgen. Die nationalsozialistische Herrschaft 1933–1939, Darmstadt 2004, S. 21.

fenarsenal der Demokratie mit deren eigenen Waffen zu versorgen. Wir werden Reichstagsabgeordnete, um die Weimarer Demokratie mit ihrer eigenen Unterstützung lahmzulegen. Wenn die Demokratie so dumm ist, uns für diesen Ehrendienst Freifahrkarten und Diäten zu geben, so ist das ihre eigene Sache. Uns ist jedes gesetzliche Mittel recht, den Zustand von heute zu revolutionieren. Wenn es uns gelingt, bei diesen Wahlen sechzig bis siebzig Agitatoren unserer Partei in die verschiedenen Parlamente hineinzustecken, so wird der Staat selbst in Zukunft unseren Kampfapparat ausstatten und besolden. Wir kommen als Feinde! Wie der Wolf in die Schafherde einbricht, so kommen wir. Jetzt seid ihr nicht mehr unter euch!"[20]. Warnungen, solchen Demagogen die Macht im Staat zu überantworten, setzten Papen und andere konservative „Steigbügelhalter" die Illusion entgegen, Hitler einrahmen und „zähmen" zu können. Die Regierungsverantwortung werde den demagogischen Parteiführer in einen pragmatischen Staatsmann verwandeln.

Die in der Propaganda groß herausgestellte Parole von der „nationalen Erhebung" mag die Gefühle der fanatischen Anhänger Hitlers spiegeln, die am 30. Januar abends jubelnd an ihrem „Führer" in der Reichskanzlei vorbeimarschierten, nicht aber das Empfinden der Masse der Bevölkerung. Sie stand noch abwartend beiseite und wandte sich ihren privaten Kümmernissen zu, war doch die NSDAP bis dahin in freien demokratischen Wahlen aus eigener Kraft nie aus dem 30-Prozent-Ghetto herausgekommen, und sie erreichte bei den letzten freien Wahlen am 5. März 1933 nur knapp mit Hilfe ihres Koalitionspartners, der deutschnationalen „Kampffront Schwarz-Weiß-Rot", die absolute Mehrheit. Hier wurde propagandistisch von Goebbels eine breite, überparteiliche Bewegung von unten, so etwas wie ein „Erwachen der Nation" suggeriert, wo im Grunde hinter den Kulissen zwei Führungscliquen, eine strikt konservative und die nationalsozialistische, in wenigen Tagen handelseinig über die vorläufige Teilung der Macht geworden waren. Freilich sollten die Bewältigung der schweren sozialen wie wirtschaftlichen Krise und die Beseitigung der Massenarbeitslosigkeit dem Regime in den folgenden Jahren die überwiegende Mehrheit der deutschen Bevölkerung zuführen, so dass die Vermutung nicht abwegig ist, freie Wahlen hätten Ende der dreißiger Jahre einen sehr hohen Prozentsatz für die NSDAP gebracht.

Welches innere Klima sich Hermann Göring, damals erst kommissarischer preußischer Innenminister und zuständig für die Polizei des größten Reichslandes, für die „nationale Erhebung" vorstellte, erklärte er drohend am 3. März 1933 in Frankfurt am Main: „Ich denke nicht daran, in bürgerlicher Manier und in bürgerlicher Zaghaftigkeit nur einen Abwehrkampf zu führen. Nein, ich gebe das Signal, auf der ganzen Linie zum Angriff vorzugehen! Volksgenossen, meine Maßnahmen werden nicht angekränkelt sein durch irgendwelche juristischen Bedenken. Meine Maßnahmen werden nicht angekränkelt sein durch irgendeine Bürokratie. Hier habe ich keine Gerechtigkeit zu üben, hier habe ich nur zu vernichten und auszurotten, weiter nichts!"[21]. Die „Volksgenossen" mussten fortan „das Nebeneinander und die Interdependenz

---

20 Zitiert nach Bracher (Anm. 1), S. 154.
21 Zitiert nach Becker (Anm. 3), S. 117.

von Erfolgsfähigkeit und krimineller Energie, von Leistungsmobilisation und Destruktion, von Partizipation und Diktatur"[22] erleben.

Der Legende von der „legalen Revolution" und der teilweise noch heute bestehenden Vorstellung, Hitler sei völlig legal an die Macht gekommen, leistete die Tatsache Vorschub, dass Weimar im Gegensatz zur Bundesrepublik keine „wehrhafte Demokratie" (Karl Mannheim) war. Vielmehr bot die Weimarer Reichsverfassung in zwei zentralen Artikeln Einbruchstellen oder gleichsam Türöffner für eine totalitäre Diktatur nationalsozialistischer Provenienz: im „Notstandsartikel" 48 und im „Verfassungsänderungsartikel" 76, der Rechtsgrundlage des späteren „Ermächtigungsgesetzes" vom 23. März. Die Verfassung bot Antirepublikanern und Extremisten die Plattform nicht nur, um das demokratisch-parlamentarische System Schritt für Schritt schon vor 1933 auszuhöhlen und dann formal an die Macht zu kommen, sondern dann auch diese Macht zu konsolidieren und den Diktaturstaat zu etablieren.

Nach Artikel 48 konnte der Reichspräsident, „wenn im Deutschen Reiche die öffentliche Sicherheit und Ordnung erheblich gestört und gefährdet wird, die zur Wiederherstellung der öffentlichen Ordnung nötigen Maßnahmen treffen, erforderlichenfalls mit Hilfe der bewaffneten Macht einschreiten". Auch dürfen zu diesem Zweck vorübergehend „Grundrechte ganz oder zum Teil außer Kraft gesetzt werden". Ferner gab ihm der Artikel 48 die Vollmacht zur Reichsexekution gegen ein Land, wenn es „die ihm nach der Reichsverfassung oder den Reichsgesetzen obliegenden Pflichten nicht erfüllt". Wann eine Störung oder Gefährdung der „öffentlichen Sicherheit und Ordnung" eintrat, darüber befanden ebenso der Reichspräsident wie der von seinem Vertrauen nach Art. 53 der Verfassung abhängige Reichskanzler, da das vorgesehene Ausführungsgesetz zum Artikel 48 niemals zustande gekommen ist. Wenn gemäß Art. 48,3 der Weimarer Verfassung der Reichstag von seinem Recht Gebrauch machte, die „Notverordnung" außer Kraft zu setzen, konnte der Reichspräsident nach Art. 25 den Reichstag auflösen.

Gedacht ursprünglich zur Abwehr bürgerkriegsmäßiger Unruhen im Reich, wurde der Art. 48 ab Mitte 1930 unter den Reichskanzlern Brüning (März 1930 bis Mai 1932), Papen (Mai bis Dezember 1932) und Schleicher (Dezember 1932 bis Januar 1933) unter dem Vorwand eines „Verfassungsnotstandes" im Innern ein Instrument zur Durchsetzung von Regierungsvorlagen, vor allem Haushaltsvorlagen, wenn diese im Parlament keine Mehrheit erhielten oder keine Mehrheiten zu erwarten waren. „Notverordnungen" hatten Gesetzescharakter.

Die Konsequenzen dieser „Präsidialdemokratie" oder sogar „Präsidialdiktatur" (Karl Dietrich Bracher) waren gerade im Blick auf die reibungslose nationalsozialistische Machteroberung verheerend und sollten Hitler ab dem 30. Januar 1933 weit die Türen öffnen: Hindenburg wurde unkontrolliert zum „punktuellen Ersatzgesetzgeber" (Heinrich August Winkler). Die Macht verlagerte sich einseitig ins Palais des Reichspräsidenten. Die 1919 intendierte parlamentarische Demokratie wurde von innen her Schritt für Schritt ausgehöhlt, lange bevor ihr Hitler den Todesstoß versetzte. Die Gewaltenteilung zwischen Exekutive und Legislative, eines der wirksamsten Mittel gegen eine diktatorische und unkontrollierte Ausweitung der Exekutivgewalt, wurde ebenso abgebaut wie der Föderalismus der Länder. Hier ebnete die Reichsexe-

---

22 Martin Broszat, Nach Hitler. Der schwierige Umgang mit unserer Geschichte, hrsg. von Hermann Graml und Klaus-Dietmar Henke, München 1986, S. 166.

kution gegen Preußen, Papens sogenannter „Preußenschlag" am 20. Juli 1932 mit der Amtsenthebung der Regierung Otto Braun und seiner Ersetzung durch Papen als Reichskommissar unter Berufung auf Art. 48, dadurch Hitler den Weg, dass Göring als kommissarischer preußischer Innenminister, ab 11. April 1933 auch preußischer Ministerpräsident, das größte Reichland gleichschalten und mit Hilfe von Gestapo, Polizei und SA terrorisieren konnte.

Demokratisch-parlamentarische Verfassungsorgane und Institutionen wie der Reichstag und die Parteien, in der obrigkeitshörigen deutschen Öffentlichkeit ohnehin stets mit den negativen Stempeln „Quasselbude", „Parteiengezänk" oder „Parteienhader" diffamiert, wurden schon vor Hitler durch das Präsidialregime einem raschen Prozess des Verfalls ihrer Autorität unterworfen. Sie verloren im öffentlichen Bewusstsein ihre Existenzberechtigung, da kaum jemand ihnen mehr die Lösung der drückenden Wirtschaftsprobleme zutraute. In weiten Kreisen der Bevölkerung setzte so etwas wie eine Gewöhnung an die Diktatur ein, die Republik von Weimar hatte in ihren Augen abgewirtschaftet, etwas Neues sollte kommen, eine „Bewegung", die sich im Gegensatz zu den Regierungen ihrer Vorgänger als ausgesprochen jugendlich und dynamisch präsentierte. Republikanischer Geist und demokratischer Selbstbehauptungswille, in Deutschland nie sehr tief verwurzelt, waren längst der Resignation gewichen. Hitler erschien in diesem Kontext als vierter Präsidialkanzler. Die Entmachtung des Reichstages durch das „Ermächtigungsgesetz" vom 23. März 1933 und seine Denaturierung zum durch Diäten finanzierten „teuersten Gesangverein der Welt" zur Ehrung der Staatsspitze löste ebenso wenig Widerstand aus wie das Ende der Parteien im Sommer 1933.

Der Reichstagsbrand in der Nacht vom 27. auf den 28. Februar musste den Nationalsozialisten als weiterer wichtiger Schritt zur Konsolidierung ihrer Macht geradezu als Glücksfall erscheinen. Denn sie konnten sich nun mit der Behauptung, Urheber seien die Kommunisten, die Brandstiftung sei nur das Fanal für einen allgemeinen Aufstand gewesen, vor einer alarmierten Öffentlichkeit wirkungsvoll als „Retter vor dem Bolschewismus" in Szene setzen und ihrer brutalen Reaktion wiederum mit Hilfe des Artikels 48 einen verfassungsmäßigen Anstrich geben. Ungeachtet aller Mythen – bis zu einem überzeugenden Gegenbeweis sind die Fakten eindeutig: Marinus van der Lubbe, ein niederländischer Anarchist, ist der Alleintäter gewesen. Es hat weder eine kommunistische noch eine nationalsozialistische Verschwörung gegeben, wie Zeitgenossen vermuteten und viele bis heute behaupten.

Die Konsequenzen, die die Nationalsozialisten umgehend aus der Tat gezogen haben, verrieten einen kompromisslosen und zielstrebigen Willen zur Vernichtung des politischen Gegners und zur – erneut geschickt mit dem Mäntelchen der Legalität verhüllten – Durchsetzung der unbeschränkten Diktaturgewalt in Deutschland. Am 28. Februar 1933 wurde mit Hindenburgs Unterschrift auf Grund des Artikels 48,2 die „Verordnung des Reichspräsidenten zum Schutz von Volk und Staat" erlassen – und zwar ohne stichhaltige Beweisführung „zur Abwehr kommunistischer staatsgefährdender Gewalttakte". Diese Begründung hätte an sich mit der Zerschlagung der KPD die Aufhebung der Verordnung zur Folge haben müssen.

Paragraph 1 setzte die verfassungsmäßigen Grundrechte „bis auf weiteres außer Kraft". Mit der Außerkraftsetzung des Artikel 114 der Weimarer Reichsverfassung – „Die Freiheit der Person ist unverletzlich" – konnten verdächtige oder missliebige Personen unter Aufhebung der

Rechtsstaatsprinzipien zum Schutz der individuellen Freiheit ohne Anklage, ohne Beweise ihrer Schuld und ohne Rechtsbeistand in „Schutzhaft" genommen und festgehalten werden. Dies bedeutete nicht selten die Einlieferung in ein Konzentrationslager. Paragraph 2 gab der Reichsregierung, sofern „in einem Lande die zur Wiederherstellung der öffentlichen Sicherheit und Ordnung nötigen Maßnahmen nicht getroffen" werden, das Recht, „insoweit die Befugnisse der obersten Landesbehörden vorübergehend" wahrzunehmen. Dadurch war die rechtliche Legitimation für Reichsexekutionen gegen die Länder und ihre Gleichschaltung zwischen dem 5. und 9. März gegeben. Die Exekutionen wurden begründet mit von nationalsozialistischen Agents provocateurs von unten provozierten Unruhen und einer inszenierten Entfesselung des „gerechten Volkszornes" und führten mit dem „Zweiten Gesetz zur Gleichschaltung der Länder mit dem Reich" zur Einsetzung von Reichsstatthaltern. Aus dem „vorübergehend" wurde also ein Dauerzustand. Die Paragraphen 4 und 5 sahen drakonische Strafandrohungen und Strafverschärfungen gegenüber bisher geltendem Recht (Todesstrafe oder Zuchthaus) vor: bei gewaltsamer Zuwiderhandlung gegen die Verordnung sowie bei Mordanschlägen gegen Regierungsmitglieder, Brandstiftung in öffentlichen Gebäuden, schwerem Aufruhr, Hochverrat und anderen Delikten vor.

Einen ersten Tiefpunkt der deutschen Justiz markierte das „Gesetz über Verhängung und Vollzug der Todesstrafe" vom 29. März 1933 („Lex van der Lubbe"). Es verlängerte die in der Verordnung vom 28. Februar verankerte Todesstrafe für Brandstiftung an öffentlichen Gebäuden rückwirkend auf den 31. Januar. Unter Verletzung des alten Rechtsgrundsatzes *nulla poena sine lege* wurde van der Lubbe daraufhin vom Reichsgericht mit Zustimmung des Reichsjustizministeriums unter Gürtner im September zum Tode verurteilt, obwohl seine Tat in der Nacht vor Erlass der Notverordnung nach geltendem Recht an sich nur mit lebenslangem Zuchthaus hätte geahndet werden dürfen.

Die „Reichstagsbrandverordnung" vom 28. Februar 1933 wurde zum zentralen Instrument des nationalsozialistischen Terrors und sollte noch vor dem „Ermächtigungsgesetz" vom 23. März zum „Grundgesetz des Dritten Reiches" und zu seiner eigentlichen „Verfassungsurkunde" (Ernst Fraenkel) werden. Sie blieb bis zum 8. Mai 1945 die rechtliche Grundlage für den permanenten Ausnahmezustand.

Das Regieren mit Notverordnungen band Hitler immer noch an die Unterschrift des Reichspräsidenten. Um sich von ihr zu befreien und seine unumschränkte totalitäre Herrschaft nun auch scheinbar verfassungskonform zu zementieren, bot sich mit dem Art. 76 WRV die zweite Einbruchstelle des Totalitarismus neben dem Art. 48 in der WRV an: Die Verfassungsänderung „im Wege der Gesetzgebung" mit der Zustimmung von „wenigstens zwei Drittel der Anwesenden" im Reichstag, wenn „zwei Drittel der gesetzlichen Mitgliederzahl anwesend sind". Bei 647 Abgeordneten konnte also schon eine Minderheit von 288 Abgeordneten die Verfassung ändern. Überdies war im Gegensatz zum Grundgesetz (Art 79,3) in der Weimarer Reichsverfassung kein Artikel „diktaturfest", auch kein Grundrecht. Das „Ermächtigungsgesetz" vom 23. März 1933 („Gesetz zur Behebung der Not von Volk und Reich") wurde mit 444 Ja-Stimmen gegen 94 sozialdemokratischer Stimmen verabschiedet. Art. 1 sah vor, dass Reichsgesetze „auch durch die Reichsregierung beschlossen werden". Art. 2 gab der Reichsregierung die Vollmacht, selbst Gesetze zu verabschieden, die „von der Reichsverfassung abweichen, soweit sie nicht die Einrichtung des Reichstags und des Reichsrats als solche zum Gegenstand haben. Die Rechte des Reichspräsidenten bleiben unberührt". Art. 4 ermächtigte die Regierung, „Verträge des Reichs mit fremden Staaten" abzuschließen. Alle in Art. 2 eingebauten institutionellen Sicherungen gegen Missbrauch existierten ein gutes Jahr später nicht mehr: Der Reichstag war nach dem Ende der bürgerlichen Parteien gleichgeschaltet, der Reichsrat aufgelöst und das Amt des Reichspräsidenten nach dem Tode Hindenburgs am 2. August 1934 mit dem des Reichskanzlers zum „Führer und Reichskanzler Adolf Hitler" verbunden. Das „Ermächtigungsgesetz" wurde dreimal (1937, 1939 und 1943) durch Hitler verlängert und blieb bis 1945 die rechtliche Grundlage der Gesetzgebung.

Dass das „Ermächtigungsgesetz" auf den ersten Blick formal verfassungskonform von einer Zweidrittelmehrheit verabschiedet worden ist, scheint wesentlich mit zur Legende von der „legalen Revolution" und dazu beigetragen zu haben, dass rechtliche Skrupel im Beamtenapparat beim loyalen Vollzug der vom Reichskanzler künftig nach Art. 3 ausgefertigten Reichsgesetze nicht aufgekommen sind. Der Weg zur widerspruchslosen Akzeptanz der „formaljuristischen Legalitätsverkleidung" (Arnold Brecht) einer politischen Herrschaftssicherung wurde auch dadurch geebnet, dass „staatstreue" Juristen und Beamte in Deutschland traditionell in einem formalistisch-positivistischen Rechtsverständnis geschult waren und der Demokratie distanziert gegenüberstanden. Denn auch hier greift eine positivistische Argumentation nach dem Buchstaben der Verfassung zu kurz. Rechtswidrig waren die Nichteinladung der KPD-Abgeordneten und die Terrorisierung der beiden Linksparteien ebenso wie die Einschüchterung durch SA- und SS-Wachen beim Einmarsch in die Kroll-Oper zur Reichstagssitzung, die Manipulation der Geschäftsordnung durch Göring als Reichstagspräsident und die Zusammensetzung des Reichsrates nach der Gleichschaltung der Länder. Er musste einem verfassungsändernden Gesetz ebenfalls nach Art. 76 der Weimarer Reichsverfassung zustimmen. In ihm saßen von Mitte März an nicht mehr Vertreter demokratisch gewählter Landesregierungen, sondern Beauftragte von Reichskommissaren oder kommissarischen Landesregierungen.

Das „Gesetz gegen die Neubildung von Parteien" vom 14. Juli 1933 und das wohl bewusst verschwommen und auslegungsbedürftig formulierte „Gesetz zur Sicherung von Partei und Staat" vom 1. Dezember 1933 lösten ein Problem nicht, die Spannungen zwischen Partei und Staat bzw. noch nicht stramm auf Kurs gebrachten staatlichen Behörden.

So sehr Hitler gerade in der ersten Phase der Machteroberung mit Rücksicht auf die konservative Unterstützung beim Reichspräsidenten, in Justiz und Verwaltung, in der Ministerialbürokratie, in der Reichswehrführung und in der Wirtschaft darauf bedacht war, der Machteroberung den Anstrich der Legalität zu geben, so sehr strebte er aus taktischen Gründen und mit seiner wirkungsvollen „Strategie einer grandiosen Selbstverharmlosung" (Hans Adolf Jacobsen) auch danach, das Dritte Reich propagandistisch überzeugend in der deutschen Geschichte zu verankern, ihm die Legitimität der Nachfolge des „Zweiten Reiches" Bismarcks zu verleihen und dadurch die Erinnerung an die verhasste Weimarer „Systemzeit" auszulöschen. Hier bot sich die feierliche Inszenierung der Eröffnung des ersten Reichstages der „nationalen Erhebung" am 21. März 1933 in Potsdam an. Unter der meisterhaften Regie von Goebbels, der wenige Tage vorher – am 13. März – zum Reichsminister für Volksaufklärung und Propaganda ernannt worden war, wurde der „Tag von Potsdam" in seiner politischen Symbolik bis in jede Einzelheit räumlich, zeitlich, in seiner Einladungsliste und in seinem Ablauf auf die Verbindung von Preußentum und Nationalsozialismus, „auf die nationale Vermählung […] zwischen den Symbolen der alten Größe und der jungen Kraft" (Adolf Hitler) abgestellt.

Zum Ort des Staatsaktes wurde mit der Garnisonskirche in Potsdam eine Traditionsstätte preußischer Geschichte gewählt, als Zeitpunkt das gleiche Datum, an dem zweiundsechzig Jahre vorher, am 21. März 1871, der erste Reichstag im Weißen Saal des Berliner Schlosses mit einer Thronrede Wilhelms I. eröffnet wurde. Auf der Einladungsliste standen der preußische Kronprinz Friedrich Wilhelm und Generäle des kaiserlichen Deutschlands, Parteigenossen im Braunhemd und konservative Bündnispartner, SA-Führer und Reichwehroffiziere, Männer der Wirtschaft und der Verwaltung.

Millionenfach als Photo um die Welt ging die Szene auf den Stufen der Garnisonskirche: Der „Gefreite des Weltkrieges" im feierlichen schwarzen Cut verneigte sich tief vor dem greisen Reichspräsidenten, der die ordensgeschmückte Uniform eines kaiserlichen Generalfeldmarschalls angelegt hatte. So wurde die Öffentlichkeit Zeuge der „Versöhnung des alten mit dem jungen Deutschland". Weitere Symbolhandlungen dieser „Potsdamer Rührkomödie" (Friedrich Meinecke) wie die Reverenz Hindenburgs mit seinem Marschallstab vor dem leeren Sessel des emigrierten Kaisers und seine feierliche Kranzniederlegung an den Sarkophagen der Preußenkönige in der Gruft nährten bei vielen die Hoffnung auf eine Wiederherstellung der Hohenzollernmonarchie – eine Illusion, die Hitler bald zerstören sollte.

6 „Volksgemeinschaft"

Ein Kernelement des Nationalsozialismus war die propagandistisch groß herausgestellte und bei vielen noch heute in der Erinnerung verklärte Proklamation der „Volksgemeinschaf". „Führerkult" und „Volksgemeinschaft" waren untrennbar miteinander verbunden: der „Führer" als Heilsbringer für die fest zusammengeschweißte und gläubig zu ihm empor schauende Gemeinschaft der Volksgenossen. Impulse für die Idee der „Volksgemeinschaft" kamen aus dem Wunsch, die überkommenen Standes- und Klassenschranken zu überwinden. Von Scheinwerfern angestrahlt, feierte Hitler am Abend des 1. Mai 1933, der als „Tag der nationalen Arbeit" zum ersten Mal ein bezahlter Feiertag war, die „Harmonie von Geist, Stirn und Faust, Arbeitern, Bauern und Bürger"[23]. Mit agitatorisch geschickt auf die immer noch tief verwurzelte Religiosität in der Bevölkerung abgestellter frommer Demutsgeste erbat der Kirchenfeind Hitler den Segen des Höchsten: „Herr, Du siehst, wir haben uns geändert. Das deutsche Volk ist nicht mehr das Volk der Ehrlosigkeit, der Schande, der Selbstzerfleischung, der Kleinmütigkeit und der Kleingläubigkeit, nein Herr, das deutsche Volk ist wieder stark geworden in seinem Geiste, stark in seinem Willen, stark in seiner Beharrlichkeit, stark im Ertragen aller Opfer. Herr, wir lassen nicht von Dir, nun segne unseren Kampf"[24].

---

23 Zitiert nach Benz/Graml/Weiß (Anm. 6). S. 43.
24 Ebd.

Die „Volksgemeinschaft" wurde öffentlich vielfältig zelebriert und stimuliert: durch ritualisierte Feste und Jahrestage wie den „Tag der Machtergreifung" am 30. Januar, durch Massenveranstaltungen wie die jährlichen Reichsparteitage in Nürnberg, durch die „Deutsche Arbeitsfront", in der Arbeiter, Angestellte und Unternehmer zusammengeschlossen waren, durch gemeinsames Reisen mit „Kraft durch Freude" und die Planung des „KDF-Bades der 20.000" in Prora auf Rügen, durch Eintopfsonntage, Straßensammlungen und Spenden für das „Winterhilfswerk" usf. Auch die gesellschaftlich breit fundierte NSDAP als „negative Volkspartei" (Hans Mommsen) und „Integrationspartei aller sozialen Schichten" (Gerhard Schulz) mit ihren angeschlossenen Organisationen schien vielen „Volksgenossen" ein gemeinsames Dach völkischer Gemeinschaft zu bieten. Erinnert sei etwa an die Bierhallen der SA oder die Jugendlager von HJ und BDM.

Doch der Blick hinter diese Propagandafassade war ernüchternd: Juden, Behinderte und „Artfremde" waren von der „Volksgemeinschaft" ausgeschlossen, Arbeiter und Angestellte nach der Zerschlagung ihrer Gewerkschaften und der Tarifautonomie entmündigt, dem „Führer des Betriebes" wies das „Gesetz zur Ordnung der nationalen Arbeit" vom 20. Januar 1934 gegenüber seiner „Gefolgschaft" innerhalb der „Betriebsgemeinschaft" eine beherrschende Stellung zu, die an frühkapitalistische Zeiten erinnert. Die von vielen erhoffte sozial egalisierende Wirkung hatte die gefeierte „Volksgemeinschaft" in der Praxis nicht. Im Gegensatz zum Kommunismus blieben überkommene Klassenstrukturen und Klassenspannungen in der Gesellschaft trotz ihrer ideologisch-politischen Gleichschaltung ebenso intakt wie das Privateigentum in der Wirtschaft. Massenhafte Denunziationen, Argwohn und Neid spalteten die „Volksgemeinschaft". Zwar schuf die Parteimitgliedschaft neue soziale Aufstiegschancen, aber traditionelle Karrieremuster mit dem Juristenmonopol in Bürokratie und Verwaltung wirkten fort. In der gesellschaftlichen Stellung der Frau blieben die traditionellen Grundmuster zunächst bestehen: die Frau als fürsorgliche Kameradin an der Seite ihres Mannes, als Hausfrau und Mutter künftiger Soldaten, ausgeschlossen von jeder politischen Verantwortung. Vollbeschäftigung, Arbeitskräftemangel ab 1937 und Dienstpflicht im Kriege öffneten den Frauen aber den Weg in früher von Männern besetzte Berufe und steigerten signifikant die weibliche Erwerbsquote, ohne die Tür in höhere Positionen im Erwerbsleben zu öffnen. Die körperliche und seelische Belastung der Frauen im Kriege überstieg oft die ihrer Männer an der Front: Sorgen um die Kinder, Nächte im Luftschutzkeller, tagsüber Fabrik- oder Büroarbeit, Schlangestehen usf.

7 „Doppelstaat" und Kompetenzengerangel

Einen instruktiven Einblick in das innere Gefüge des NS-Herrschaftssystems, seine Effizienz und seine Durchsetzungsfähigkeit vermittelt Ernst Fraenkel in seinem Klassiker „The Dual State".[25] Im „Doppelstaat" garantierte der überkommene „Normenstaat" – im Gegensatz zum Kommunismus – mit Hilfe des traditionellen Verwaltungsapparates von der Reichs- bis hinunter auf die Kommunalebene in den ersten Jahren noch die Funktionsfähigkeit des modernen

---

25 Ernst Fraenkel, The Dual State – A Contribution to the Theory of Dictatorship, London/New York 1941 (dt. Übersetzung „Der Doppelstaat", Frankfurt a. M. 1974).

industriekapitalistischen Wirtschaftssystems durch die Anwendung von Normen besonders des Zivil-, Wirtschafts-, Gewerbe- und Steuerrechts. Demgegenüber diente der von der Partei und ihren Funktionsträgern ausgeübte „Maßnahmenstaat" der Herrschaftssicherung des Regimes und der Bekämpfung seiner politischen Gegner, lehnte eine Bindung durch Normen ab, drängte den „Normenstaat" zunehmend in die Defensive und drang in alle Bereiche von Staat und Gesellschaft ein.

Deutlich wird dieser Prozess einer schrittweisen „Entstaatlichung" im Bereich der Strafkompetenz und Strafverfolgung. Die Strafverfolgung durch die ordentlichen Gerichte, die den Angeklagten immerhin noch einen gewissen Rechtsschutz garantierte, wurde immer mehr abgelöst durch die Organe des SS- und Polizeistaates, die die Angeklagten ohne Rechtsschutz gleichsam zum Freiwild machten. Entscheidende Stationen einer Zentralisierung und Effektivierung des Verfolgungsapparates und der Verfolgungspraxis waren 1936 die Ernennung Himmlers zum „Reichsführer SS und Chef der Deutschen Polizei" und im September 1939 die Zusammenfassung der zentralen Ämter der Sicherheitspolizei (Gestapo, Kriminalpolizei und Grenzpolizei) und des Sicherheitsdienstes des Reichsführers-SS (SD) im „Reichssicherheitshauptamt" unter Heydrich, der Himmler unterstellt war. Die von Himmler angestrebte Verschmelzung von staatlichen und Parteiämtern im Interesse der umfassenden politischen Überwachung und Kontrolle war damit abgeschlossen. Oberste Rechtsquelle wurde, nachdem sich Hitler am 30. Juni 1934 zum „obersten Gerichtsherrn des deutschen Volkes" erklärt hatte, der „Führerwille", schutzwürdige Güter waren fortan nicht mehr wie im überkommenen liberalen Rechtsstaat die Würde des Menschen, die individuelle Freiheit, die Gleichheit vor dem Gesetz, Presse-, Meinungs- und Versammlungsfreiheit, das Brief- und Fernsprechgeheimnis, Glaubens- und Gewissensfreiheit, sondern die Volksgemeinschaft („Recht ist, was dem Volke nützt"), Rasse und Erbgut, Wehrhaftigkeit und Arbeitskraft, Zucht und Ordnung.

Hinter der so monolithisch erscheinenden Fassade des Diktaturstaates verbarg sich, wie es ein höherer Beamter der Reichskanzlei ausdrückte, „vorläufig wohlgeordnetes Chaos"[26]. Permanente Rivalitäten und Konflikte sich untereinander bekämpfender und um Zuständigkeiten ringender Staats- und Parteibürokratien und Amtsträger auf allen Ebenen vermitteln den Eindruck eines „institutionellen Darwinismus" (David Schoenbaum). Hitler übte nach dem Prinzip des „divide et impera" oberhalb eines polykratischen Führungsgerangels und Kompetenzenchaos monokratische, auf ihn persönlich zugeschnittene Herrschaft aus. „Verkürzt gesagt, erkennen wir eine bewusst polykratische Herrschaft mit der monokratisch integrierenden Führungsfigur Hitler an der Spitze."[27] Nach Dieter Rebentisch, einem der besten Kenner der inneren Struktur des NS-Staates, „war die polykratische Desorganisation des Reichsverwaltungssystems geradezu eine Voraussetzung für die führerstaatliche Autokratie Hitlers, weil ein mächtiger Staatsapparat mit institutionalisierten Sachkompetenzen die Führungsentscheidungen stärker präjudiziert und rationalisiert hätte, als es mit Hitlers ideologischen Maximen vereinbar war. [...] Die Polykratie war demnach die spezifische Herrschaftsmethode einer irratio-

---

26 Zitiert nach Gerhard Hirschfeld/Lothar Kettenacker (Hrsg.), Der „Führerstaat": Mythos und Realität. Studien zur Struktur und Politik des Dritten Reiches, Stuttgart 1981, S. 54.
27 Magnus Brechtgen, Die nationalsozialistische Herrschaft 1933–1939, Darmstadt 2004, S. 17.

nal gesteuerten ideologischen Bewegung, die einen radikalen Krieg führte gegen Staat und Gesellschaft"²⁸.

Die von Hitler geförderte Struktur der Strukturlosigkeit war also nicht Ausdruck administrativer Unfähigkeit, sondern hatte für den Herrschaftsapparat wichtige Konsequenzen: Sie sicherte Hitlers Omnipotenz als oberster Schiedsrichter, verhinderte die Bildung autonomer, vom „Führer" unabhängiger Machtzentren und trieb im Wettlauf um die Gunst des „Führers" die Radikalisierung des Regimes etwa in der Judenverfolgung voran. Denn die ab 1941 ausgegebenen Parole, Gaue und Verwaltungsbezirke „judenfrei" zu machen, entfesselte eine mörderische Konkurrenz hin auf dem Weg zur „Endlösung".

Ein kurzer Blick auf die Wahrnehmung des Nationalsozialismus von außen und entsprechende Reaktionen bis 1939 zeigt eine deutliche Parallele zum Inland: Konservative Politiker in London und Paris setzten ähnlich wie die Steigbügelhalter in Berlin auf die illusionäre Hoffnung, ein Entgegenkommen gegenüber den Forderungen des Regimes (Appeasement) und eine Einbindung Hitlers in die politische Verantwortung sei ein wirksames „Zähmungskonzept". Die Wahrnehmung der internen Spannungen auf der Führungsebene des Regimes verführte im Ausland zu der irrigen Annahme, Hitler sei ständig widerstreitenden Einflüssen von gemäßigten Kräften („moderates") um Schacht und Göring auf der einen, radikalen Protagonisten („extremists") um Ribbentrop und Himmler auf der anderen Seite ausgesetzt. Es komme deshalb nur darauf an, durch die Unterstützung der „moderates" etwa durch außenwirtschaftliches Entgegenkommen in Berlin bei Hitler einen Kurs des Friedens und des Entgegenkommens zu stützen.

8 Krieg

Hitler hat schon in den zwanziger Jahren niemals einen Hehl daraus gemacht, dass der Erwerb von „Lebensraum im Osten" die Anwendung von Gewalt erforderlich machen werde. „Für Deutschland lag [...] die einzige Möglichkeit zur Durchführung einer gesunden Bodenpolitik nur in der Erwerbung von neuem Lande in Europa selber. [...] Wollte man in Europa Grund und Boden, dann konnte dies im großen und ganzen nur auf Kosten Rußlands geschehen, dann musste sich das neue Reich wieder auf der Straße der einstigen Ordensritter in Marsch setzen, um mit dem deutschen Schwert dem deutschen Pflug die Scholle, der Nation aber das tägliche Brot zu geben"²⁹. In gleichem Sinne äußerte sich Hitler 1928, in seinem – damals nicht veröffentlichten – „Zweiten Buch": „Es gibt nun im Völkerleben einige Wege, das Missverhältnis zwischen Volkszahl und Grundfläche zu korrigieren. Der natürlichste ist der einer Anpassung des Bodens von Zeit zu Zeit an die gewachsene Volkszahl. Dies erfordert Kampfentschlossenheit und Bluteinsatz".³⁰ Mit seiner Kriegsentschlossenheit steckte sich Hitler zu-

---

28 Dieter Rebentisch, Führerstaat und Verwaltung im Zweiten Weltkrieg. Verfassungsentwicklung und Verwaltungspolitik 1939–1945, Stuttgart 1989, S. 552. Vgl. auch ders./Karl Teppe (Hrsg.), Verwaltung contra Menschenführung im Staat Hitlers. Studien zum politisch-administrativen System, Göttingen 1986.
29 Adolf Hitler, Mein Kampf, München 1935, S. 153 f.
30 Hitlers Zweites Buch, Ein Dokument aus dem Jahr 1928, Stuttgart 1961, S 54.

gleich das Ziel, ab 1933 innen- und außenpolitisch unverzüglich entsprechende Vorbereitungen für einen Krieg zu treffen: die mentale Vorbereitung der Bevölkerung, eine forcierte Aufrüstung, Aufbau der Rüstungswirtschaft und Schaffung einer günstigen Bündniskonstellation. Letzteres gelang insofern nicht, als der Krieg 1939[31] mit „verkehrter Frontstellung" entfesselt wurde: gegen den Westen und an der Seite der Sowjetunion.

Im Krieg und dann vor allem im Weltanschauungs- und Vernichtungskrieg gegen die Sowjetunion ab 22. Juni 1941 erfuhren die von Hitler längst vor 1933 ideologisch als verpflichtend vorgegeben sozialdarwinistisch-rassistischen Ziele und ihre konkrete Umsetzung eine mörderische Radikalisierung. Vorschub leisteten dieser Radikalisierung zum einen das überkommene Bild vom „slawischen Untermenschentum", zum anderen der seit der „Dolchstoßlegende" 1918 tief in Deutschland eingewurzelte Antibolschewismus. Ein weiteres zentrales, kriegsbedingtes ideologisches Element der Radikalisierung war die Vorstellung, zur Stärkung der „völkischen Wehrkraft" galt es, den „zersetzenden Einfluss jüdischen Blutes auszumerzen". Die Entscheidung zum Krieg erzwang also in gewisser Weise nach nationalsozialistischer Vorstellung die „Endlösung der Judenfrage", sei es als „territoriale Endlösung" durch Ausweisung der Juden aus Europa („Madagaskar-Plan"), sei es am Ende als „physische Endlösung". Dabei sollte man sich freilich davor hüten, den Weg nach Auschwitz teleologisch als von Anfang alternativlos geplant und dann strikt verfolgt zu deuten. „Es ist beispielsweise nicht nachzuweisen, dass der Befehl zur Endlösung von Hitler selbst gegeben worden ist, was nicht heißt, dass diese Politik nicht seine Billigung gefunden hat. Dass die Endlösung ins Werk gesetzt wurde, ist keineswegs allein auf Hitler zurückzuführen, sondern auf die komplexe Struktur des Entscheidungsprozesses im Dritten Reich, die zu einer fortschreitenden kumulativen Radikalisierung führte".[32]

Die folgenreiche Weisung am Anfang des Krieges, Deutschland und die besetzten Gebiete mit dem Ziel einer „völkischen Neuordnung" Europas „judenfrei" zu machen, setzte im In- und Ausland auf allen administrativen Ebenen viele arbeitsteilige Entscheidungsprozesse in Gang. Die „territoriale Endlösung" mit der Deportation der Juden in Ghettos – gedacht war zeitweise an Großghettos auf Madagaskar oder in Sibirien – stieß schon Ende 1941 an die Grenzen der Aufnahmekapazität dieser Ghettos. Als „Ausweg" aus dieser selbst verschuldeten Sackgasse fassten die Verantwortlichen des Regimes, vor allem Himmler, der am 4. Oktober 1943 in Posen vor SS-Gruppenführern die „Ausrottung des jüdischen Volkes" proklamierte[33], den Entschluss, die Arbeitsfähigen der „Vernichtung durch Arbeit" in Arbeitslagern zuzuführen, die nicht Arbeitsfähigen, Frauen und Kinder millionenfach in Vernichtungslagern wie Auschwitz zu ermorden. „Es besteht in diesem Winter die Gefahr, dass die Juden nicht mehr sämtlich ernährt werden können. Es ist ernsthaft zu erwägen, ob es nicht die humanste Lösung ist, die Juden, soweit sie nicht arbeitsfähig sind, durch irgendein schnell wirkendes Mittel zu erledigen. Auf jeden Fall wäre dies angenehmer, als sie verhungern zu lassen", erklärte der SS-Sturm-

---

31 Zum Folgenden vgl. das Standardwerk von Rolf-Dieter Müller, Der letzte deutsche Krieg 1939–1945, Stuttgart 2005.
32 Hans Mommsen, Nationalsozialismus oder Hitlerismus?, in: Michael Bosch (Hrsg.), Persönlichkeit oder Struktur in der Geschichte, Düsseldorf 1977, S. 66. Vgl. auch ders., Das NS-Regime und die Auslöschung des Judentums in Europa, Göttingen 2014.
33 Michael Salewski (Hrsg.), Deutsche Quellen zur Geschichte des Zweiten Weltkrieges, Darmstadt 1998, S. 291.

bannführer Rolf-Heinz Höppner aus dem Warthegau am 16. Juli 1941 in einem Schreiben an Eichmann Mitte Juli 1941[34], er zog daraus in Übereinstimmung mit den Verantwortlichen für die „physische Endlösung", an der Spitze Hitler und Himmler, eine radikale Konsequenz.

Entsprechend seinem vulgär-darwinistischen Rassendogma, nach dem im unerbittlichen „Kampf ums Dasein" das unterlegene Volk keine Existenzberechtigung mehr habe, und in Konsequenz seiner mehrfach geäußerten radikalen Alternative „Weltmacht oder Untergang" war Hitler dann auch entschlossen, das eigene Volk bei einer militärischen Niederlage mit in den Untergang zu reißen. So äußerte er am 27. November 1941 wohl unter dem Eindruck des vor Moskau damals gescheiterten „Blitzkrieges" gegen die Sowjetunion gegenüber dem dänischen Außenminister Scavenius am 27. November 1941: „Wenn das deutsche Volk einmal nicht mehr stark und opferbereit genug sei, sein eigenes Blut für seine Existenz einzusetzen, so soll es vergehen und von einer anderen, stärkeren Macht vernichtet werde. Es verdiente dann nicht mehr diesen Platz, den es sich heute errungen habe".[35] Dass Hitler dies durchaus ernst meinte, dokumentiert sein berüchtigter und im letzten Augenblick durch Speer blockierter „Nero-Befehl" vom 19. März 1945, der die Zerstörung aller Versorgungseinrichtungen im Reich anordnete, die dem Feind dienen konnten.[36] Hier wird besonders deutlich, dass das Dritte Reich im Grunde durch seine imperialistische Kriegs- und Rassenpolitik und die dadurch provozierte Formierung einer am Ende militärisch und rüstungswirtschaftlich übermächtigen internationalen Widerstandsallianz auf seine Selbstzerstörung angelegt war.

Bemerkenswert für das innere Gefüge des Dritten Reiches bleibt, dass die „Heimatfront" im Zweiten Weltkrieg allen schweren Belastungen des Krieges dann vor allem im Zeichen des am 18. Februar 1943 als Reaktion auf Stalingrad im Berliner Sportpalast von Goebbels proklamierten „totalen Krieges" wie pausenlosen Luftangriffen, dem Tod von fast fünf Millionen gefallener Soldaten und gegen Kriegsende der Massenflucht aus dem Osten getrotzt, im Gegensatz zu 1918 kaum Auflösungserscheinungen gezeigt, keinen Aufstand gegen die Diktatur gewagt hat und im Grunde bis Kriegsende relativ stabil geblieben ist.

Folgende Erklärungen bieten sich an: Vor allem war es der Terror mit Hilfe der zuständigen Repressionsorgane – der Sicherheitspolizei (ab 1936 Zusammenschluss von Gestapo. Kriminalpolizei und Grenzpolizei), der SS und der Sondergerichtsbarkeit –, die etwa noch 1944 öffentlich geäußerte Zweifel am „Endsieg" mit KZ-Haft oder gar der Todesstrafe belegten. Des Weiteren ermöglichte die Mitgliedschaft in der NSDAP und ihren angeschlossenen Organisationen die organisatorische Erfassung und Disziplinierung weiter Teil der Bevölkerung. In einer allgemeinen Endzeitstimmung von Apathie und Fatalismus verspürten die Menschen Angst vor einem „Danach" oder verdrängten sie vor den täglich wachsenden Sorgen des Alltages. Die Verwicklung von Hunderttausenden von Funktionsträgern auf verschiedenen Ebenen und in unterschiedlichem Maße in die Verbrechen, die im Januar 1943 von Roosevelt und Churchill in Casablanca verkündete „bedingungslose Kapitulation" („unconditional surrender") und die

---

34 Zitiert nach Hans-Walter Schmuhl, Rassenhygiene, Nationalsozialismus, Euthanasie. Von der Verhütung zur Vernichtung „lebensunwerten Lebens", Göttingen 1987, S. 248.
35 Salewski (Anm. 33), S. 221.
36 Ebd., S. 304 f.

breite Blutspur der Roten Armee bei ihrem Vormarsch nach Westen 1944/45 verhießen für die Besatzungszeit nach Kriegsende nichts Gutes. Das Regime arbeitete aber nach dem Prinzip „Zuckerbrot und Peitsche": Die hemmungslose Ausbeutung der besetzten Gebiete vor allem im Osten erlaubte für die deutsche Bevölkerung im Gegensatz zum Ersten Weltkrieg bis zuletzt eine vergleichsweise hohe Versorgung mit Konsumgütern. Ein Millionenheer von Zwangsarbeiterinnen, Zwangsarbeitern und Kriegsgefangenen brachte der deutschen Bevölkerung eine Entlastung auf dem industriellen und landwirtschaftlichen Arbeitsmarkt, etwa bei der Einbringung der Ernte auf dem Lande durch französische Kriegsgefangene.

Die nationalsozialistische Weltanschauung und die aus ihr abgeleitete politische Praxis des Dritten Reiches waren ein singulärer historischer Prozess, in ihrem Kern nicht mit anderen politischen Systemen auf eine Stufe zu stellen. Denn singulär war zum einen die unangefochtene Position Hitlers als „master in the Third Reich" (Norman Rich), zum anderen die Tatsache, dass das internationale Ideologiekonglomerat von Antisemitismus, Rassismus, Sozialdarwinismus und Imperialismus nur national in Deutschland ab 1933 zur wegweisenden und verbindlichen Staatsdoktrin wurde. Deshalb ist es auch außerordentlich problematisch, den singulären Nationalsozialismus, wie nach dem Krieg geschehen, unter dem generalisierenden und vergleichenden Begriff „Faschismus" zu subsumieren – ein politischer Kampfbegriff schon in der Zwischenkriegszeit und dann nach 1945 – und dadurch die gravierenden Differenzen zwischen verschiedenen politischen Systemen wie zwischen dem Nationalsozialismus, dem italienischen Faschismus, dem Austrofaschismus oder der spanischen Franco-Diktatur auszublenden.

9 Kommentierte Auswahlbibliographie

Aly, Götz: Hitlers Volksstaat. Raub, Rassenkrieg, nationaler Sozialismus, Frankfurt a. M. 2005 – Der Autor hat mit seinem in mehrere Sprachen übersetzten Buch und der darin vertretenen provokanten These heftige Diskussionen in der Fachwelt und in den Medien ausgelöst. Danach war „Hitler Volksstaat" auf der Grundlage einer engen Verklammerung von Sozial- und Finanzpolitik, einer auf die Ausplünderung der besetzen Gebiete angelegte Besatzungspolitik sowie einer Bereicherung an jüdischem Besitz im Zuge der „Endlösung" so etwas wie eine „Wohlfühl-" – und „Gefälligkeits-Diktatur", ein moderner „Sozialstaat" mit dem Ziel, dem NS-Regime durch soziale Bestechung Loyalität in der Bevölkerung zu sichern. Mag auch die Kritik an der unzureichenden empirischen Basis des Buches zutreffen, so vermittelt Aly für weitere Forschungen nutzbare Anregungen.

Benz, Wolfgang/Hermann Graml/Hermann Weiß: Enzyklopädie des Nationalsozialismus, Stuttgart 1997 – In ihrer gelungenen Verbindung von Handbuch mit 22 essayistischen Überblicksdarstellungen auf aktuellem Forschungsstand über zentrale Themenfelder wie Ideologie, Geschichte, Politik, Gesellschaft, Kultur und Wissenschaft und jeweils weiterführender Literatur im 1. Teil und über 1300 alphabetisch geordneten Stichworten im 2. Teil, dem Sachlexikon, bietet diese Enzyklopädie alle notwendigen Informationen über Institutionen und Organisationen, Ereignisse und Begriffe, über Fakten und Daten der nationalsozialistischen Ideologie und ihrer Verwirklichung im NS-Staat sowie über die Quellenlage. Der 3. Teil enthält ein Personenregister mit Kurzbiographien. Diese Enzyklopädie bietet damit ein unentbehrliches Hilfsmittel für die Beschäftigung mit dem „Dritten Reich".

Bracher, Karl Dietrich: Die deutsche Diktatur. Entstehung, Struktur, Folgen des Nationalsozialismus, 7. Aufl., Köln 1993 – Eine immer noch aktuelle, quellennahe und gründlich recherchierte Gesamtdarstellung des Nationalsozialismus, seiner ideologischen Wurzeln im 19. Jahrhundert, seiner Ideologie, seines Herrschaftssystems, seiner vielfältigen innen- und außenpolitischen, gesellschaftlichen und intellektuellen Aspekte sowie seiner Nachwirkungen nach 1945. Historisch-entwicklungsgeschichtliche Darstellung und politikwissenschaftlich-systematische Analyse sind stimmig miteinander verklammert. Traditionelles autoritäres deutsches Staats- und Politikverständnis wird im Zusammenhang gesehen mit der Kapitulation des Liberalismus vor dem monarchischen Obrigkeitsstaat und dem Scheitern der Weimarer Republik gegenüber dem Nationalsozialismus.

Brechtgen, Magnus: Nationalsozialistische Herrschaft 1933–1939, Darmstadt 2004 – Die verlässliche und kompetente Konzentration auf zentrale Themenfelder, die Verbindung der großen Entwicklungslinien mit differenzierter Detailanalyse und die Vorstellung des stetig voranschreitenden Forschungsstandes ermöglichen einen soliden Einstieg in das Thema Nationalsozialismus: die NS-Herrschaft und ihre Verwurzelung in der deutschen Tradition, die zentrale Rolle Hitlers, seiner „Weltanschauung" und seine charismatischen Stilisierung, die Stufen der Machteroberung bis 1934, Rüstungswirtschaft und Arbeit, die verschiedenen gesellschaftlichen Bereiche, Rassenpolitik und Verfolgung sowie die Außenpolitik bis 1939.

Evans, Richard: Das Dritte Reich. 1. Bd. Aufstieg, 2. Bd. Diktatur, 3. Bd. Krieg, München 2004, 2007, 2009 – Der in der deutschen ebenso wie in der britischen Geschichte des 19. und 20. Jahrhunderts ausgewiesene britische Historiker legt in seiner 3.000 Seiten umfassenden Trilogie die bisher umfassendste zum Dritten Reich vor. Die Darstellung verbindet erzählerische Qualität und Anschaulichkeit für ein breites Publikum mit Perspektiv- und Faktenreichtum. Sie kombiniert in einer komplexen Betrachtungsweise sozial-, kultur-, politik- und wirtschaftsgeschichtliche Aspekte mit Biographien der Parteigrößen und besonders mit Erfahrungsberichten aus der Bevölkerung etwa über die Auswirkungen des Krieges auf das Leben der Menschen. Ein Schwerpunkt liegt auf dem „Holocaust". Evans vermittelt zum einen den deutschen Lesern den britischen Blick auf das Dritte Reich und macht zum anderen seine Landsleute vertraut mit einem Geschehen, das das Leben ihrer „Väter und Mütter" nachhaltig bestimmt hat.

Grüttner, Michael: Das Dritte Reich 1933–1939 (Gebhardt Handbuch der deutschen Geschichte), Stuttgart 2014 – Dieser 19. Teilband bewegt sich auf dem wissenschaftlichen Niveau, das das 1891/92 zuerst erschienene und inzwischen in 10. Auflage vorliegende Standardwerk von Gebhardt „Handbuch der deutschen Geschichte" auszeichnet. Sein Autor führt kompetent, informativ und für den historischen Laien gut lesbar in den aktuellen Stand der Forschung, in Interpretationen und Kontroversen wie Hans Mommsens These von der „kumulativen Radikalisierung", Götz Alys These von der „Gefälligkeitsdiktatur" oder Ernst Fraenkels „Doppelstaat" ein. Der Band behandelt Weichenstellungen zum Krieg und zum Genozid in der Politik, die Vernichtung des Rechtsstaates, die Hochrüstung, die Gewaltbereitschaft, die Rüstungswirtschaft, die überraschend schnelle „Nazifizierung" der Gesellschaft sowie die Ausgrenzung und Verfolgung der Juden. Auch die Kirchen werden ebenso wie die Geschlechtergeschichte und die „Volksgemeinschaft" eingehend berücksichtigt.

Hildebrand, Klaus: Das Dritte Reich, 6. überarbeitete Aufl., München 2003 – Die Vorgaben der Herausgeber der Reihe „Oldenbourg Grundriß der Geschichte" – gute Lesbarkeit und Summe des aktuellen Forschungsstandes – sind überzeugend eingelöst. Die historische Darstellung im I. Teil konzentriert sich vor allem auf Ereignisse der politischen Geschichte, die von der „Machtergreifung" und „Gleichschaltung" (1933–1935) über die „Vorbereitung des Krieges" (1936–1939) und „Deutschland im Zweiten Weltkrieg" (1939–1942) bis zum Kapitel „Weltmacht oder Untergang" (1943–45) reichen. Die wirtschaftliche und soziale Dimension wird berücksichtigt, soweit sie zum Verständnis der politischen Geschichte notwendig ist. Innen- und Außenpolitik sind stets eng aufeinander bezogen. Bringt der I. Teil nichts Neues, so vermittelt der gewichtige und ein Drittel des Buches ausfüllende II. Teil „Grundprobleme und Tendenzen der Forschung", ergänzt durch einen Überblick über „Quellen und Literatur" im III. Teil, historisch Interessierten einen forschungsbezogenen Einstieg in die innen- und außenpolitischen Dimensionen des Dritten Reiches, seiner Entstehung, seiner Entwicklung und seines Unterganges.

Kershaw, Ian: Hitler, 2 Bde., Stuttgart 1998–2000 – Dem bedeutenden britischen Hitlerforscher gelingt es in seiner Biographie überzeugend, die auffallende Polarisierung in der NS-Forschung in den 1970er Jahren zu überbrücken: hier der biographische Ansatz, der Hitler und seine Führungsclique in den Mittelpunkt rückt, dort der strukturelle Ansatz, der die gesellschaftlichen und politischen Strukturen und Kräfte thematisiert, die ihn erst zum „unverzichtbaren Dreh- und Angelpunkt sowie zur Inspirationsquelle der Ereignisse" (Kershaw) gemacht haben. Statt zu polarisieren, erklärt es der Autor zu seinem Ziel, die sozialen und politischen Motivationen in der deutschen Gesellschaft freizulegen, die Hitler ermöglicht haben. Eine fruchtbare methodische Leitperspektive der Biographie zur Auflösung des Gegensatzes ist für Kershaw Max Webers Begriff der „charismatische Herrschaft": Danach erwiesen sich nicht nur die im „Führermythos" gepflegte und stilisierte besondere Ausstrahlung des Diktators, sein Charisma, sein „Sendungsbewusstsein" als „Werkzeug der Vorsehung" als geschichtsmächtig, sondern mindestens ebenso seine „charismatische Gefolgschaft" von Millionen, die ihre Sehnsüchte auf diesen Mann projizierten.

Kißener, Michael: Das Dritte Reich, Darmstadt 2005 – Die Beschäftigung mit dem Nationalsozialismus hat nicht nur eine wahre Bücherflut ausgelöst, sondern auch vielfältige historische Kontroversen. Eine kompetente, zuverlässige. übersichtliche und gut lesbare Orientierung bietet – gemäß dem Anspruch der Reihe „Kontroversen um die Geschichte" – dieser Band. Nach einer Einleitung über die NS–Forschung 60 Jahre danach und einem Überblick über die wichtigsten Kontroversen erörtert der Autor sechs Forschungsprobleme und zentrale Kontroversen zum „inneren Gefüge" des Dritten Reiches. Am Anfang steht „Adolf Hitler: Starker oder schwacher Diktator?" Es folgen: „Der Holocaust: Plan oder Entwicklung?", eine Einführung in zentrale Aspekte des NS-Staates, Legenden um den Krieg, Kontroversen um Begriffe und Träger des Widerstandes und schließlich das Thema „Vergangenheitsbewältigung".

Michalka, Wolfgang (Hrsg.): Deutsche Geschichte 1933–1945. Dokumente zur Innen- und Außenpolitik, überarbeitete Neuausgabe, Frankfurt a. M. 1993 – Wichtiges Lern- und Arbeitsbuch für Schüler, Studenten und geschichtlich Interessierte mit zentralen Dokumenten zu allen innen- und außenpolitischen, gesellschaftlichen und ideologischen Aspekten des NS-Herrschaftssystems sowie zu seiner Kriegspolitik, mit instruktiven historischen Einführungen zum Verständnis der Quellen, mit Tabellen und Statistiken. Volksgemeinschaft und Großmachtpolitik werden im Teil 1, Weltmachtanspruch und nationaler Zusammenbruch im Teil 2 dokumentiert.

Thamer, Hans-Ulrich: Verführung und Gewalt. Deutschland 1933–1945, Berlin 1986 – Materialreich und differenziert argumentierend präsentiert dieses Standardwerk, eine Synthese der neuen Forschungsergebnisse, einen entscheidenden Wesenszug des NS-Regimes mit seiner Verschränkung von „Verführung und Gewalt": Wohlstand, berufliche Aufstiegschancen, soziale Zugeständnisse und Faszination der Volksgemeinschaft für die „Volksgenossen" verbanden sich mit Verfolgung der Gegner und Massenmord an den Juden, industriewirtschaftliche und soziale Modernisierungsschübe mit nachhaltiger Wirkung auf die Nachkriegsentwicklung der Bundesrepublik mit einem anachronistischen „Blut-und-Boden-Mythos", Revolution mit Tradition. Die Entscheidungs- und Herrschaftsstrukturen von der monokratischen Spitze in der Person Hitlers mit seinem charismatischen, das Regime integrierenden und stabilisierenden „Führermythos" über das polykratische Kompetenzengerangel in Partei, Bürokratie und Wehrmacht auf der mittleren Ebene bis hinunter zum Alltag des „kleinen Mannes" unterm Hakenkreuz sind ein zweiter Schwerpunkt der Analyse.

Ullrich, Volker: Adolf Hitler, Bd.1: Die Jahre des Aufstiegs 1889–1939, Frankfurt a. M. 2013 – Diese Biographie stellt eine Gegenposition zu dem politik- und sozialgeschichtlich ausgerichteten Ansatz Kershaws dar. Während bei diesem die Persönlichkeit Hitlers relativ blass erscheint, rückt Ullrich sie in den Mittelpunkt, ohne darüber den innen- und außenpolitischen, nationalen wie internationalen Kontext seines kometenhaften Aufstiegs und den seiner Partei zu vernachlässigen. Er widerlegt den propagandistisch inszenierten und von der Forschung vielfach recht unkritisch übernommenen „Führermythos", nach dem der „Führer" sein Privatleben dem Dienst am Volke geopfert habe, und leuchtet unter Auswertung neuen Quellematerials das Privatleben des „Führers" vor und nach 1933 sowie sein vielfältiges privates Beziehungsgeflecht zu Frauen aus. Der Autor entwickelt ein nuanciertes und facettenreiches Psychogramm und Charakterbild des Diktators schon in seinen jungen Jahren.

Wehler, Hans-Ulrich: Deutsche Gesellschaftsgeschichte Bd. 4: Vom Beginn des Ersten Weltkrieges bis zur Gründung der beiden deutschen Staaten 1914 – 1949, München 2003 – Auch in diesem 4. Band seiner fünfbändigen deutschen Gesellschaftsgeschichte von 1700 bis 1990 bleibt der Autor, Max Weber folgend, seinem bewährten Analysekonzept treu: der gesellschaftshistorischen Synthese von politischer Herrschaft, Wirtschaft, Kultur und Gesellschaftsstruktur mit dem großen Thema der sozialen Ungleichheit und der zentralen Frage nach der Organisation von Herrschaft und der Schaffung sozialer Realität. Der Forderung nach „Historisierung des Nationalsozialismus" verpflichtet, bettet Wehler das Dritte Reich mit zahlreichen Perspektiven in die deutsche und europäische Geschichte ein. Er rekonstruiert die komplexe innen- und außenpolitische Konstellation für das Aufkommen des Nationalsozialismus unter besonderer Gewichtung der Rolle Hitlers als „Schlüsselfigur" mit seinem „Charisma" und breiter Unterstützung in der Bevölkerung zumindest bis 1941. Am Ende lenkt Wehler den Blick auf die prägende Bedeutung der Modernisierungsschübe im Dritten Reich, etwa der „entnazifizierten" nationalsozialistischen Leistungsgesellschaft für das „Wirtschaftswunder" der Bundesrepublik nach 1949.

Wendt, Bernd Jürgen: Deutschland 1933–1945: Das „Dritte Reich". Handbuch zur Geschichte, Hannover 1995 – In diesem Buch hat sich ein mehrsemestriger Vorlesungszyklus zum Dritten Reich niedergeschlagen. Das Handbuch ist mit seinen sechs in sich geschlossenen Kapiteln, unterstützt durch Stichworte am Rande, als eine Art Nachschlagewerk über die einzelnen politischen, gesellschaftlichen, wirtschaftlichen, militärischen und kulturellen Teilaspekte konzipiert. Unterschiedliche Forschungspositionen werden angesprochen. Zentrale Leitperspektiven verklammern die Kapitel: die Ursachen für den Erfolg der NSDAP und Hitlers, die Gründe für die freiwillige Loyalität der Mehrheit des deutschen Volkes bis zuletzt trotz Terror, Zwang und Verfolgung, die Prozesse der Willensbildung und Entscheidung im totalitären „Führerstaat", die Einordnung nationalsozialistischer Innen- und Außenpolitik in die Kontinuitäts- und Bruchlinien der jüngeren deutschen und europäischen Geschichte.

Wildt, Michael: Geschichte des Nationalsozialismus, Göttingen 2008 – Dem Konzept der Reihe „Grundkurs Neue Geschichte" als Einstieg in zentrale Themenfelder der jüngeren Geschichte folgend, vermittelt diese perspektivreiche und kompakte Überblicksdarstellung, gemessen an ihrem relativ geringen Umfang von 200 Seiten, ein Optimum an Informationen über alle bedeutsamen Aspekte des Nationalsozialismus. Das Buch versteht sich mit der Vermittlung des neuesten Forschungsstandes und einem weiterführenden Literaturverzeichnis als Ausgangspunkt für eine intensivere Beschäftigung mit dem Dritten Reich. Von den drei Kapiteln – 1. Eroberung der Macht, 2. Volksgemeinschaft, 3. Krieg – haben die Abschnitte über die „Volksgemeinschaft" als Angelpunkt für das Verständnis des Nationalsozialismus in ihrer Relevanz für die Mobilisierung der „Volksgenossen" und für die Ausgrenzung der „Gemeinschaftsfremden" ein besonderes Gewicht.

KAPITEL XVI

LINKSEXTREMISMUS AN DER MACHT – DER KOMMUNISMUS

Stéphane Courtois

1 Existenz eines weltweiten Kommunismus

Am 7. November 1917 ergriffen einige Tausend bewaffnete Leute, von den Bolschewiken mit Lenins Befehlen geführt, in Sankt Petersburg die Macht – einige Tage später in Moskau. 1920 gewannen sie unter der eigenen Losung der „Räteherrschaft" – im Grunde die Herrschaft der Bolschewistischen Partei – den grausamen Bürgerkrieg, den sie ausgelöst hatten. Ihr Machtbereich reichte vom Pazifischen Ozean bis zu einer Linie, die von Pskow bis nach Rumänien auf der Landkarte nahezu eine Nord-Süd-Gerade bildete – ein deutlich dezimiertes Territorium im Vergleich zu dem des Zarenreichs 1914: Die Bolschewiki hatten Finnland verloren, Estland, Lettland und Litauen, Polen, Georgien, Armenien und Aserbaidschan. Alle diese Länder waren inzwischen eigene Staaten geworden. Ein Teil der Ukraine gehörte nun zu Polen, Bessarabien zu Rumänien. Doch nach dem 2. Kongress der Kommunistischen Internationale im Sommer 1920 gab Lenin der Welt seine Sicht der Dinge zu hören: Das sozialistische Vaterland strebe – nach der Großen Sozialistischen Oktoberrevolution – nun nach einer weltweiten Revolution aller Proletarier. Mit den Bajonetten der Roten Armee eroberte das bolschewistische Russland umgehend Armenien, Aserbaidschan sowie Georgien und verwandelte die Gebiete in sozialistische Republiken.

Die Übernahme der Macht durch die Bolschewiken im November 1917 wies eine Besonderheit auf. Die Etablierung der kommunistischen Herrschaft erfolgte nämlich nach einem unbekannten Typ. Weder orientierte sie sich an der parlamentarischen Demokratie noch an autoritären Systemen (wie etwa von Napoleon oder Bismarck)[1], weder am Wohlfahrtsausschuss in der Französischen Revolution noch an der Tyrannis, wie sie in der Antike existierte. Es handelte sich um einen spezifischen Regimetyp des 20. Jahrhunderts, den Giovanni Amendola 1923 als „totalitär" bezeichnete.[2] Lenin hat ihn nicht nur eingeführt, sondern auch – nach der gewaltsamen Auflösung der demokratisch gewählten verfassungsgebenden Versammlung im Januar 1918 – als Novum für sich in Anspruch genommen. Diese Form der Herrschaft war charakterisiert von einer autoritären Staatspartei und der „Diktatur des Proletariats". Dabei bezeichnete zuerst Mussolini in Italien seine Herrschaft von 1925 an ganz offen als „totalitär", ebenso Hitler vom Januar 1933 an.

Die Kommunisten wendeten diese Formel – bis zum August 1939 – nur in dem weiten Raum an, der seit Ende 1922 „Union der sozialistischen Sowjetrepubliken" (UdSSR) hieß; im übrigen

---

1 Vgl. Guy Hermet, Démocratie et autoritarisme, Paris 2012.
2 Vgl. Bernard Bruneteau, Le totalitarisme. Origines du concept, genèse d'un débat 1930–1942, Paris 2010; ders., Les totalitarismes, Paris 2014.

Europa nicht. Aber immerhin 20 Jahre lang erprobten sie ein machtvolles System des „Weltkommunismus", dessen Führungszentrum, die Kommunistische Partei, in dieser Weltgegend ideologische Prägekraft und politische Zugkraft entfaltete. Das Anfang der 1980er Jahre von Annie Kriegel vorgestellte Konzept des „Weltkommunismus"[3] hat heftige Debatten nach sich gezogen, etwa mit Hélène Carrère d'Encausse, die den Kommunismus des 20. Jahrhunderts als Avatar des zaristischen Russlands verstand.[4] Die – zaghafte – Öffnung der Moskauer Parteiarchive und der Komintern bestätigte weithin Kriegels Hypothese, auf die sich dieser Beitrag bezieht.

Das System des Weltkommunismus entfaltete sich in drei Subsystemen: zum ersten in der sowjetischen Staatspartei, das Prototyp wie Modell zugleich war und zuerst 1938/39 in der Sozialistischen Republik Yenan in China kopiert wurde, wo Mao Tse-tung mit der KP Chinas erstmals eine stabile Herrschaft errichten konnte. Die Macht Maos beruhte nicht zuletzt auf kräftiger Unterstützung und weitreichender Kontrolle durch Stalin.[5] Hingegen misslang es, im gleichen Zeitraum die Hand nach dem republikanischen Spanien auszustrecken – Franco siegte.[6]

Zum zweiten hatte die Komintern die Aufgabe, in ganze Europa, vor allem in Deutschland und Frankreich, aber auch in den USA und in Asien (darunter in China) starke Parteien zu etablieren, die Lenins „21 Bedingungen" über den Beitritt zur III. Internationale akzeptierten. Sie sollten gegenüber den Bolschewisten in ein Lehnsverhältnis gebracht werden: durch die Namensgebung (Kommunistische Partei – 17. Bedingung), durch die Ideologie, die Organisation in Form eines „demokratischen Zentralismus" (12. Bedingung), die Schaffung von Untergrundorganisationen (3. Bedingung), durch eine gemeinsame Strategie und Taktik (14. und 16. Bedingung). Das Ziel bestand darin, ein riesiges „Manöver" großflächiger Subversion zu beginnen, um breite Massen für den Kommunismus zu gewinnen. Diese sollten gegen die damals herrschenden Regierungsformen wie gegen alle anderen politischen Kräfte – seien sie demokratisch, sozialistisch oder gewerkschaftlich – „aufstehen". Die Regierungsformen bildeten seinerzeit ein Spektrum von parlamentarischen Monarchien (Belgien, Großbritannien), autoritär geführten Monarchien (Bulgarien, Rumänien), Republiken mit Parlamentsmacht (Deutschland, Frankreich, Österreich und USA), einer autoritär geführten Republik (Polen), autoritären Regimen (Ungarn) und Kolonialreichen (etwa Indien und Indochina) ab. Von „eiserner Hand" der Komintern zusammengehalten und unterstützt von Mitteln der Sowjetunion, schwärmten die kommunistischen Parteien zu Dutzenden überall in die Welt aus; dabei gaben die spanischen Interbrigadisten als Akteure im Bürgerkrieg ein Beispiel, wie stark die Interventionskraft – auch im militärischen Sinne – war.

---

3 Vgl. Annie Kriegel, Le système communiste mondial, Paris 1984; Stéphane Courtois, Le système communiste mondial, critère d'évaluation du totalitarisme, in: Ders., Communisme et totalitarisme, Paris 2009, S. 229–256.
4 Vgl. Hélène Carrère d'Encausse, L'Empire éclaté, Paris 1978.
5 Vgl. etwa Jung Chang/John Halliday, Mao. L'historire inconnue, Paris 2006; Jean-Luc Domenach, Mao. Sa cour et ses complots, Paris 2012.
6 Über die Rolle der Kommunisten im Spanischen Bürgerkrieg siehe Antonio Elorza/Marta Bizcarondo, La guerre d'Espagne et le pendula totalitaire, in: Stéphane Courtois (Hrsg.), Une si longue nuit. L'apogée des régimes totalitaires en Europe. 1935–1953, Paris 2003, S. 113–136; Antonio Elorza/Marta Bizcarondo, La logique de guerre civile en Espagne. 1931–1956, in: Stéphane Courtois (Hrsg.), Les logiques totalitaires en Europe, Paris 2006, S. 269–295; Stanley G. Payne, The Spanish Civil War, New York 2012.

Das dritte Subsystem war das der Allianzen, das sich mit der „Volksfront"-Taktik als äußerst erfolgreich erwies. Indem sie die Verteidigung der Arbeiterklasse und des Friedens übernahmen, schufen die Kommunisten einerseits einen starken antifaschistischen Mythos. Andererseits durchbrachen sie ihre Isolation durch Bündnisse mit sozialistischen und Mitte-Links-Kräften, sogar mit christlichen Gruppierungen, wodurch sie manche antikommunistische Kritik neutralisieren konnten. Diese Taktik ging einher mit einer frühen Volksfront-Strategie, besonders in China, das von der japanischen Invasion 1936 geschwächt war. Viele politische Schachzüge waren diktiert von Tagesinteressen der sowjetischen Außenpolitik. Prägend waren etwa die Wiederbewaffnung in NS-Deutschland und der Druck des japanischen Militärs in der Mandschurei sowie China. Dies hinderte Stalin nicht daran, die Offensive zur Ausdehnung des Kommunismus wieder aufzunehmen, wie die Intervention in Spanien 1938 zeigt. Dort sollte die Formel der „Volksdemokratie" eine kommunistische Machtergreifung symbolisieren. Sie beruhte nicht auf einem Volksaufstand oder einem Putsch (wie in Russland 1917), sondern auf einer zunehmenden Infiltration des Staatsapparats, die den Anschein einer friedlichen, demokratischen Vereinnahmung erwecken sollte – ähnlich wie in Mittel- und Osteuropa nach 1945.[7]

Die Früchte dieser Allianzpolitik wurden aufgezehrt durch die plötzliche außenpolitische Kehrtwende der UdSSR in Form der Unterzeichnung des Deutsch-Sowjetischen Nichtangriffspakts vom 23. August 1939. Die Bezeichnung „Nichtangriffspakt" öffnete – durch geheime Zusatzprotokolle – den Weg zur Teilung Ostmitteleuropas und der Eroberung größerer Gebiete. Dieses Ziel sollte nach dem deutschen Angriff auf Polen am 1. September 1939 und dem damit einhergehenden Beginn des Zweiten Weltkriegs Realität werden: Die UdSSR besetzte *manu militari* den Ostteil Polens (mit 12 Millionen Einwohnern), ferner – nach dem zweiten Pakt vom 28. September 1939, umgesetzt wiederum durch Soldaten im Juni 1940 – die drei baltischen Staaten, Bessarabien und Nord-Bukowina; im März 1940 riss sich die UdSSR nach dem Krieg gegen Finnland zudem Karelien unter den Nagel.[8]

Am 22. Juni 1941 überraschte Hitler Stalin mit dem Bruch des „Bündnisses" und dem massiven Angriff auf die UdSSR. Bald stellte sich indes heraus, dass Hitler die Weite und das Klimas Russlands, die Bevölkerungsmasse und den fanatischen Willen Stalins, seine Herrschaft aufrecht zu erhalten, unterschätzt hatte. Die Stärke der neuen Schwerindustrie setzte den Angreifern ebenso zu wie der sich alsbald verstärkende Widerstand in den besonders grausam eroberten Gebieten. Schließlich darf die Schlagkraft der westlichen Alliierten (seit Ende 1942) nicht vergessen werden. Bereits im Juli 1941 reaktivierte die UdSSR die antifaschistische bzw. antinazistische Propaganda, die sie in der Zeit der Volksfrontregierungen 1934 bis 1938 entwickelt hatte, und betrieb sie mit ungeahnter Perfektion. Mit dieser neuen ideologischen Grundlage, die eine „sozialistische Revolution" und den Machtgewinn nach dem „Oktobermodell" zunächst in den Hintergrund schob und eine nationale Befreiung durch den (offenen) Kampf betonte, rief die Komintern die kommunistischen Parteien der durch die Nationalsozialisten und ihre Verbündeten besetzten Länder dazu auf, den bewaffneten Widerstand zu beginnen. Dieser

---

7 Siehe Antonio Elorza/Marta Bizcarrondo, Queridos camarados. La Internacional Comunista y Espana. 1919–1939, Barcelona 1999.
8 Siehe Yves Santamaria, 1939. Le pacte germano-soviétique, Paris 1999.

gewann Mitte 1943 mehr und mehr Kraft. Hinzu kamen die Siege bei Stalingrad und am Kursker Bogen.

Vom Sommer 1944 an gewann die UdSSR in Ostpolen, den Baltischen Staaten, Bessarabien und in der Nord-Bukowina enorm an Boden, weil die Rote Armee immer schneller vordrang. Damit einher ging die Resowjetisierung der 1939/40 erstmals besetzten Gebiete. Diesen fügte Stalin den für ihn diesseits der Karpaten liegenden Teil Ruthenien und später das Areal um Königsberg hinzu. Die Resowjetisierung war das Ergebnis eines heftigen Kampfes zwischen kommunistischen Gruppen, die der Roten Armee zur Macht verholfen hatten, und Widerstandsgruppen, die im Zuge der doppelten Besetzung durch Nationalsozialisten und Sowjets entstanden waren. Der während der Befreiung von den Deutschen tobende Bürgerkrieg verlief in den Baltischen Staaten, in Polen, der Ukraine und in Jugoslawien besonders blutig.[9]

Stalin forcierte parallel zu den Annexionen den Aufbau kommunistischer Gruppierungen, die politischen Widerstand in ihren Heimatländern brechen sollten. Die Mitglieder dieser Gruppen waren zuvor bereits innerhalb der Komintern ausgewählt worden. Daher war es Stalin ein leichtes, sie an die Spitze jener Staaten zu setzen, die von der Roten Armee eingenommen, aber nicht in das Staatsgebiet der UdSSR inkorporiert worden waren. So vollzog sich die „Befreiung" zugleich als neue „Besetzung", auch in Ländern, die sich nicht im Krieg befunden hatten, wie Bulgarien. Der „Generalissimus" wäre – so klagte er im November 1947 dem Anführer der KP in Frankreich, Maurice Thorez[10] – bis nach Paris vorgedrungen, wenn er nicht durch die anglo-amerikanischen Landungen in der Normandie und in der Provence (Juni und August 1944) daran gehindert worden wäre. Auf diese Weise hätte er ein gigantisches Gebiet zwischen Atlantik und Pazifik kontrolliert und ihm – mit Waffengewalt – seine Ideologie, sein sozioökonomisches Regime und seinen politischen Totalitarismus aufgezwungen. Die Entwicklung und Anwendung der Atombombe durch die USA im Sommer 1945 verhinderten indes diesen leninistischen Traum; zur Eindämmung war zudem der bald darauf lancierte Marshall-Plan gedacht, ein Hilfsinstrument für Europa, das den Wiederaufbau vorantreiben und Stalin daran hindern sollte, seine Karten im westlichen Europa auszuspielen, die wiederum den wahren Charakter der Kräfte, wie sie in den „Volksdemokratien" herrschten, gezeigt hätten.

Nach dem Februarumsturz 1948 in Prag, der es den tschechischen Kommunisten erlaubte, eine totalitäre Herrschaft einzurichten, schwenkten acht ostmitteleuropäische Länder auf einen stalinistischen Regime-Typ um. Dabei nahmen die Besatzungstruppen der Roten Armee und der KGB weitreichende Kontrollbefugnisse wahr und unterdrückten jede Widerstandsregung brutal. Mit der Zerschlagung (separationistischer) nationaler Kräfte, demokratischer Strömungen und der Schwächung der Kirche begann die Hochphase des „Kalten Krieges".[11] Im Herbst 1947 gründete Stalin das „Kommunistische Informationsbüro der Kommunistischen und Ar-

---

9 Für den Fall von Estland siehe Mart Laar, Estland und der Kommunismus, in: Stéphane Courtois u. a. (Hrsg.), Das Schwarzbuch des Kommunismus 2. Das schwere Erbe der Ideologie, München 2004, S. 261–323; zu Polen siehe Andrzej Paczkowski, Polen, der „Erbfeind", in: Stéphane Courtois u. a., Das Schwarzbuch des Kommunismus. Unterdrückung, Verbrechen und Terror, München 1998, S. 397–429; vgl. auch Victor Zaslavsky, Le massacre de Katyn. Crime et mensonge, Paris 2003.
10 Vgl. Mikhail Narinski, L'entretien entre Maurice Thorez et Joseph Staline du 18 novembre 1947, in: Communisme (1996), H. 45–46, S. 31–44.
11 Vgl. Georges-Henri Soutou, La Guerre de Cinquante ans. Les relations Est-Ouest. 1943–1990, Paris 2011.

beiterparteien"[12] (Kominform), mit dessen Hilfe er seine Allianzpolitik erneuern konnte, vorwiegend um das Thema „Frieden" gruppiert: etwa im Kampf gegen die „amerikanische Atombombe" oder die „deutschen Revanchisten". Stalin nahm auch das Klassenkampf-Thema wieder auf – u. a. mit der Gründung des Weltgewerkschaftsbundes 1945, der alle von den Kommunisten kontrollierten Gewerkschaften neu organisieren half, dazu den Antikolonialismus, vor allem mit dem Hintergedanken, die Kriege in Indochina und später in Algerien zu beeinflussen.

Gleichzeitig gewann Mao Tse-tung 1949 den – erst latenten, dann offenen – Bürgerkrieg, der China ab den 1920er Jahren in Nationalisten und Kommunisten gespalten hatte. Durch diesen Sieg wendete sich das Blatt auch für weitere kommunistische Gruppierungen in Asien: zuerst für die nordkoreanischen Kommunisten, die sich mit Stalins Hilfe von Südkorea abspalten wollten und so einen zunächst regionalen Konflikt in eine internationale Auseinandersetzung verwandelten, in die China ebenso eingriff wie eine Staatengruppe im Rahmen eines UNO-Mandats. Bald darauf gewannen die vietnamesischen Kommunisten unter dem – noch in der Zeit der Komintern ausgebildeten – Ho Chi Minh und mit kräftiger Unterstützung der Chinesen die Schlacht von Dien Bien Phu, worauf 1954 ein kommunistisches Regime in Nord-Vietnam entstand.[13]

Nach Stalins Tod 1953 beendete die sowjetische Führung auf Nikita S. Chruschtschows Initiative hin umgehend die aggressive Außenpolitik. Der neue Staats- und Parteichef pries die friedliche Koexistenz zwischen dem kapitalistischen und dem sozialistischen System. Dies hinderte ihn derweil nicht daran, die Expansionspolitik fortzuführen. Zunächst löste die Kubanische Revolution unter Fidel Castro 1959 in Lateinamerika vielerorts heftige Guerillakriege aus, die von den Sowjets wie von Maoisten unterstützt wurden. Die sozialistische Bewegung kam sodann erneut in Schwung, als die Kommunisten 1975 in Süd-Vietnam, in Laos und in Kambodscha die Macht übernahmen. Drei Jahre später geschah Ähnliches in Afghanistan, 1979 schließlich in Nicaragua. Damit hatte die „sozialistische Staatengemeinschaft" ihre größte territoriale Ausdehnung erreicht.

Diese Staatengruppe flankierten „Staaten mit sozialistischer Orientierung" (im Wortlaut der Sowjets), die als Alliierte der UdSSR deren Gesellschaftsmodell teilweise übernahmen, allerdings aus eigenen nationalen Befreiungsbewegungen entstanden waren: Algerien, Angola, Mosambik, Äthiopien, Benin, Kongo, Guinea, die Kapverden, Guinea-Bissau, Madagaskar, Sao Tomé et Principe sowie Tansania. Anfang der 1980er Jahre – das kommunistische System war auf seinem Zenit angekommen – erschien die Liste sozialistischer Staaten lang, der Kommunismus in Gänze unverletzlich, bevor er mit einem Mal fast völlig von der Bildfläche verschwand – in der kurzen Zeitspanne zwischen dem Fall der Mauer im November 1989 und dem Kollaps der Sowjetunion im Dezember 1991. Dieses erstaunliche Phänomen, das dem „kurzen" 20. Jahrhundert (1917–1991) sein Gepräge gab, löst über sein Verschwinden hinaus Fragen auf,

---

12 Vgl. The Kominform. Minutes of the Three Conferences 1947/1948/1949, Mailand 1994.
13 Vgl. Christopher E. Goscha, Vietnam, de l'insurrection à la dictature. 1920–2012, in: Stéphane Courtois (Hrsg.), Communisme 2013, Paris 2014, S. 11–38.

auch wenn mit Öffnung der Archive des Kommunismus sein Charakter und seine Wirkungskräfte peu à peu verständlich werden.

2 Totalitärer Charakter des Systems

Die Geschichte des weltweiten Kommunismus bleibt unklar, solange nicht sein Ursprung beleuchtet wird: der von Lenin Anfang des 20. Jahrhunderts erfundene Bolschewismus. Geboren 1870, engagierte sich Wladimir Iljitsch Uljanow früh in den revolutionären Gruppen Russlands, stets von unterschiedlichen Einflüssen inspiriert: Zuerst befasste er sich mit der Französischen Revolution, vor allem mit ihrer radikalsten Periode (von der jakobinischen Ära bis zum Wohlfahrtsausschuss, vom August 1792 bis zum Juli 1794). Lenin reklamierte für sich stets den Standpunkt der Montagnards (im Gegensatz zu den Girondisten), wenn er über die sozialistische Bewegung in Russland und weltweit sprach.[14] Konsequenterweise qualifizierte Hannah Arendt die Herrschaftspraxis Lenins 1917 bis 1924 in „Ursprünge und Elemente totaler Herrschaft" einfach als eine „revolutionäre Diktatur"[15] auf Basis des französischen Modells, das politische Veränderung mit repressiven Methoden umzusetzen suchte, die auch Terror einschlossen.

Lenin bediente sich indes darüber hinaus zwei weiterer Figuren aus der russischen Geschichte.[16] Die erste war Sergej Netschajew, ein Revolutionär und Abenteurer des Jahres 1860, der Berühmtheit erlangte, da er einen Studenten erschossen hatte, der mit seiner revolutionären Gruppe gebrochen hatte. 1869 verfasste der Extremist einen „Katechismus des Revolutionärs", in dem er sich für die totale Zerstörung der Gesellschaft aussprach. Er sah die Notwendigkeit, dafür eine hierarchisch aufgebaute, im Geheimen agierende Organisation zu gründen, in der ausschließlich Männer eines bestimmten Typs zusammengeschlossen sein sollten: solche, die subversiv zu handeln wussten und vor nichts zurückschreckten – also auch professionell Gewalt anwenden konnten und wollten.[17] Dass Netschajew 1882 im Gefängnis starb, trug zu seiner Heroisierung als radikaler Revolutionär bei. Lenins zweite große revolutionäre Figur der Jugendzeit war der Autor des berühmten Romans „Was tun?"[18] von 1864, Nikolai Tschernyschewski. Darin erscheint der professionelle Revolutionär, der „Spezialist", als Arbeiter für die Transformation vom normalen in den „neuen" Menschen, der eine ideale Gesellschaft aufbauen kann, wie es den Utopisten bereits seit langem vorschwebte.

Die Ideen beider Figuren, die Lenin in seiner revolutionären und utopistischen Leidenschaft bestärkten, fügte dieser eigene Gedanken hinzu, die Marx' und Engels' Schriften als messianische und pseudo-wissenschaftliche Revolutionsanleitungen interpretierten. Demnach sei die Geschichte bestimmt durch den radikalen Konflikt zwischen Bourgeoisie und Proletariat, in des-

---

14 Wladimir I. Lenin, Que faire?, Paris/Moskau 1969, S. 13.
15 Ebd.
16 Siehe Robert Service, Lenin. Eine Biographie, München 2000.
17 Dieser Text wie auch Informationen zum Verhältnis von Netschajew und Bakunin finden sich bei Michael Confino, Violence dans la révolution, Paris 1973.
18 Nikolai Tschernyschewski, Was tun?, Reinbek 1988. Zum intellektuellen Kontext siehe Alain Besançon, Les origines intellectuelles du léninisme, Paris 1977.

sen Verlauf der Kapitalismus – im Zweifel auch mit Gewalt – durch den Sozialismus ersetzt werden würde. Lenin befasste sich Ende der 1880er Jahre eingehend mit Marx' Texten; 1893 trat er einer marxistischen Gruppierung bei. Binnen kurzem stieg er in Russland zu einem der führenden Marxisten auf; nicht zuletzt, weil er Marx am radikalsten auslegte.

Mit diesem ideologischen Rüstzeug schmiedete Lenin den Typus der revolutionären Partei. Diese fungierte – 1917 bis 1918 mit bolschewistischen Strukturen versehen – dann als Spitzenorganisation der gesamten kommunistischen Bewegung. Wenn der marxistische Ursprungstext „Manifest der kommunistischen Partei" hieß, so verwandte sein Urheber das Wort „Partei" als Sammelbegriff aller Anhänger des Kommunismus. Erst die Zweite Internationale von 1889, von marxistischem Denken durchdrungen, schuf die moderne Form des sozialistischen Parteiverständnisses. Demnach sei die Partei eine Organisation mit breitem Rückhalt der Arbeiterschaft. Sie verstand sich als Partei wie als gewerkschaftliches Sprachrohr, brachte sich allerdings auch ins parlamentarische System ein, um proletarische Alltagsinteressen aufzugreifen; dabei vergaß sie nie die eschatologische Perspektive einer Ablösung des Kapitalismus. Die deutsche Sozialdemokratie bildete vor 1914 hierzu ein reformorientiertes Alternativmodell, das in Belgien, Großbritannien, Norwegen, Österreich und Schweden ähnlich zu finden war, während die Parteien der „Südländer" Frankreich, Italien und Spanien einen anarchistischen Einschlag aufwiesen.

Lenin nahm an dieser europaweiten Bewegung teil, vor allem nach Gründung der Sozialdemokratischen Arbeiterpartei Russlands (SDAPR) 1898. In seiner – auf Tschernyschewski rekurrierenden – Schrift „Was tun?" von 1902 entwickelte er die Idee einer neuartigen Partei, die auf dreierlei Weise mit der bisherigen sozialdemokratischen Konzeption brach: Erstens sollte die leninistische Partei aus einer Abspaltung der Avantgarde aus den Reihen der Arbeiterschaft bestehen – wegen der leitenden Ideologie, der „revolutionären Theorie", der „Kenntnis revolutionärer Gesetzmäßigkeiten" und des – von Lenin selbst definierten – „Bewusstseins proletarischer Interessen". Zweitens sollte diese „Partei neuen Typs" durch eine illegale Struktur (also in Form einer Untergrundbewegung), durch Zentralisierung und Disziplinierung geprägt sein, so dass deren Mitglieder als „Agenten" einem charismatischen Parteichef unterworfen waren. Während – drittens – die Sozialdemokratie einen Massencharakter und ein Klassenbewusstsein kultivierte, das mit ihrer „tribunizischen" Funktion eines Wortführers des arbeitenden Volkes einherging und seine Stärke aus dem allgemeinen Wahlrecht bezog, bestand die leninistische Partei aus „professionellen" Revolutionären, die sich – handverlesen durch die Parteiführung – einzig um die Aushöhlung der bestehenden Machtverhältnisse kümmerten; ihre Mittel waren die der Illegalität und der subversiven Praxis.

Auf diese Weise diskreditierte Lenin die sozialdemokratische Vorgehensweise; an ihre Stelle trat die nackte „Diktatur der Revolution", die den Stand der Berufsrevolutionäre verband mit einer radikal-marxistischen Ideologie, in der eine verwissenschaftlichte Eschatologie zur Orthodoxie wurde, was den Robespierristen noch abgegangen war. Diese Parteikonzeption brach im allgemeineren Sinne auch mit zwei grundlegenden demokratischen Prinzipien: Einerseits machte der Untergrundcharakter der Partei es der Basis unmöglich, die Führung zu kontrollieren oder effektiv Widerspruch zu erheben. Andererseits erschien so die Basis nicht mehr als eine Klasse im soziologischen Sinne, nämlich die der Arbeiter, sondern als eine ideologische

Klasse ausgewählter Getreuer. Die Partei war damit kein Spiegelbild der Gesellschaft oder eines Gesellschaftsteils mehr, sondern eine Gruppe, die einem Führer und dessen Ideologie unterworfen war. Diese „Anti-Gesellschaft" war dem alleinigen Ziel und Interesse untergeordnet, die Gesellschaft in ihrer gegenwärtigen Form zu überwinden. Damit schuf Lenin die totalitäre Form der Parteiherrschaft, zuerst innerhalb der SDAPR zwischen 1903 und 1917, später im Rahmen der Massenbewegung zwischen Februar und Oktober 1917, schließlich in perfektionierter Form nach der Machtübernahme.[19]

3 Vom extremistischen Kern mit totalitärer Idee zur totalitären Staatspartei

Von 1903 an konsolidierte sich die leninistische Gruppe innerhalb der SDAPR; gleichwohl blieben die Bolschewisten bis 1917 nichts als ein Grüppchen, dem sein Anführer eine revolutionäre Aura verlieh und das von einer totalitären Ideologie sowie großer Disziplin zusammengehalten wurde. Im Vergleich zu den hohen Mitgliederzahlen der deutschen Sozialdemokratie oder den 1905 vereinten französischen Sozialisten waren dies nicht viele. Hinzu kam der wachsende Konkurrenzdruck in Russland durch andere Parteiungen – durch die Menschewiki, den „Bund", durch revolutionäre Sozialisten, Anarchisten, nicht zuletzt durch die polnischen Sozialdemokraten.

Mit der Februarrevolution 1917 verfügte Lenin plötzlich über ein offenes Gefechtsfeld, wie er es sich seit Jahren gewünscht hatte.[20] Aufgrund seiner Disziplin, der zügellosen Demagogie und seiner extremistischen Ideologie beeinflusste er rasch den radikalsten Teil der öffentlichen Meinung in Sankt Petersburg in seinem Sinne. Innerhalb von sechs Monaten stieg die Zahl der Gruppenanhänger von wenigen 1.000 auf mehr als 100.000. Die Bolschewiki avancierten zur Massenbewegung. Von dem Zeitpunkt an konnte sich jene Partei als „die" Partei der Arbeiterklasse gerieren – im Inneren war sie eine gemischte Partei aus Fabrikarbeitern und dem u. a. von Hannah Arendt so benannten „Mob", den Deklassierten aus verschiedenen Milieus. Parteiführung und Kader setzten sich aus Intellektuellen, Aristokraten und Großbürgern zusammen, die mit ihrer Klasse gebrochen hatten (etwa Lenin, Dserschinski, Trotzki, Sinowjew, Kamenew, Molotow), aus Aktivisten der Arbeiterschicht, die bereits seit langem nicht mehr selbst in der Produktion tätig waren (wie Stalin), und aus Abenteurern. Die 1917 neu Hinzugekommenen waren zu einem Großteil von der „Muschik"[21]-Kultur geprägt, da sie noch bis vor kurzem in der Rüstungsindustrie gearbeitet hatten, oder als Meuterer, die alles dafür getan hatten, um nicht an die Front geschickt zu werden. So bezeichnete der Menschewik Martow, später ganz ähnlich übrigens Boris Pasternak in „Doktor Schiwago", die bolschewistische Revolution als „Soldatenrevolution". Dem Gewaltmonopol des Staates folgend, schuf sich die Partei des

---

19 Siehe Stéphane Courtois, Lénine et l'invention du totalitarisme, in: ders. (Anm. 3), S. 63–96.
20 Zur Februarrevolution und zur Oktoberrevolution vgl. die Klassiker: Richard Pipes, The Russian Revolution, New York 1990; ders., Russia under the Bolshevik Regime. 1919–1924, London 1994; ferner Orlando Figes, A People's Tragedy, London 1996.
21 Eigentlich war dies eine Bezeichnung für einen leibeigenen Bauern im zaristischen Russland – daher im Sinne von „Abhängige" gebraucht.

Mobs (sich bereits als Staatspartei fühlend) im Sommer 1917 eine Miliz, die „Rote Garde", eine den Bolschewisten hörige Truppe, auf die Lenin zählen konnte, als er die Macht ergriff.

Sicherlich hingen sowohl einige langjährige Anhänger als auch Neulinge dem Ideal einer gerechten und egalitären Gesellschaft an; sie bewiesen dies an vielen Stellen durch Akte der Großzügigkeit, Uneigennützigkeit und Opferbereitschaft. Doch auch diese amorphe Masse wurde bereits durch die Gärstoffe des Totalitarismus zersetzt: durch den Extremismus der Ideologie, die übersteigerte Treue zur Partei und zu ihrem Chef, die Ablehnung der pluralistischen Demokratie, die Legitimierung von Gewalt und Bürgerkrieg, zudem durch eine fehlende Verankerung in der Zivilgesellschaft. Über allem schwebten die Zustimmung zum Monopol und die Legitimität der Revolutionäre, die sämtliche Sowjets, die Gewerkschaften und die Arbeiterschicht unter ihre totale Herrschaft brachten.

Die Natur der Partei musste Lenin nach der Machtergreifung vom 7. November 1917 nolens volens ändern; er hatte sich nämlich des Staats als Entscheidungsinstanz wie als Machtapparat bemächtigt. Während seine Macht den Anschein erweckte, nun der staatlichen Prärogative zu unterliegen, also der Verwaltung, der Diplomatie, der Armee etc., unterlag sie weiterhin der Partei. Obwohl der Staat eigentlich am Allgemeinwohl ausgerichtet sein soll, verfolgte die bolschewistische Staatspartei lediglich Partikularinteressen, indem sie nach Machterhaltung und Durchsetzung der eigenen Ideologie strebte. Für diese Art der Herrschaft steht der Rat der Volkskommissare „Sownarkom", dem Lenin vorstand. Die extremistische Revolutionspartei wandelte sich in eine Staatspartei – erkennbar vor allem an der Besetzung fast aller staatlichen und gesellschaftlichen Positionen mit Parteileuten. Von der ersten sowjetischen Verfassung 1919 bis zu der Breschnews 1977 wurde dieses Prinzip immer wieder bestätigt: „Die führende und lenkende Kraft der sowjetischen Gesellschaft, Kern ihres politischen Systems und aller staatlichen und sozialen Organisationen ist die KPdSU." Keiner der Nachfolger Lenins, nicht Stalin, nicht Chruschtschow, Breschnew, Andropow, genauso wenig Mao, Castro, Kim Il-sung etc., wichen von diesem Prinzip ab, das die Funktionen eines Generalsekretärs der Partei, Staatspräsidenten und Armeechefs zusammenband. Und als Mao Anfang der 1960er Jahre feststellte, dass ihm seine unbeschränkte Macht über die Partei, den Staatsapparat und die Armee entglitt, zögerte er keinen Augenblick, eine „Kulturrevolution" ins Leben zu rufen, eine gewaltsame Offensive gegen die installierten Kader, die Millionen Tote forderte.

Der Wandel von einer radikal-revolutionären Organisation hin zu einer Staatspartei hatte drei Konsequenzen: Erstens unterhielt die Partei nunmehr einen Verwaltungsapparat mit einer gigantischen Bürokratie. 1920 zählte die KPdSU 600.000 Mitglieder, mehr als eine Million 1926 und etwa 18 Millionen im Jahr 1989. Neben vielen Anhängern gab es – zweitens – nun massenhaft Apparatschiks, die jene Ethik der Uneigennützigkeit mit der einer nun privilegierten Elite vertauschte. Sie wurden zur allmächtigen Nomenklatura, die der Führung absolute Hörigkeit entgegenbrachte. Unter dem Druck der Umstände – drittens – wurde die Partei schließlich immer monolithischer: Lenin untersagte im März 1921 die Bildung von „Fraktionen" und führte die autokratische Lenkung durch das Politbüro anstelle des zuvor entscheidenden Zentralkomitees ein. Als die Partei oberste Instanz geworden war, hatte sie einen fast sakralen Charakter – so sprach Trotzki beim 13. Parteikongress 1924 wie folgt: „Keiner von uns kann recht haben gegen die Partei. In letzter Instanz hat die Partei immer Recht. [...] Sei es Unrecht oder Vernunft, es bleibt meine Partei."

Dieser neue Anspruch der Partei zeigte sich an drei Monopolen, die sie in Beschlag nahm. Das erste ist das politische Monopol innerhalb der Einparteienherrschaft, die ultra-hierarchisiert war und mit militärischer Disziplin durchgesetzt wurde, gelenkt von einem charismatischen Führer, der einen neuen Autokratietyp schuf. Die Partei zerstörte, um ihre Macht zu sichern, zudem den Rechtsstaat völlig und riss alle drei – nun vereinigten – Gewalten der Legislative, der Exekutive und der Judikative an sich. Die Partei hatte schließlich den Anspruch, das Leben in der Zivilgesellschaft in seiner Totalität zu lenken und zu kontrollieren – jedes Individuum, und zwar in allen Lebenslagen – um den „neuen Menschen" zu formen.

Darüber hinaus – zweitens – stützte sich das Parteimonopol auf die von Karl Marx im „Manifest der kommunistischen Partei" 1848 postulierte historische Zwangsläufigkeit eines heftigen Klassenkampfes, der – als blutiger Bürgerkrieg, unter Abschaffung des allgemeinen Wahlrechts und der Menschenrechte[22] – von einem Regime der Bourgeoisie zu einer Herrschaft des Proletariats (d. h. der Kommunistischen Partei) führen sollte. Diese Ideologie, gedacht eigentlich als fundamentale Legitimation des neuen Regimes, wurde in allen Bereichen des Denkens, der Bildung, der Kunst, in den Medien (Presse, Kino, TV etc.), bei Verlagen und im Sport vehement durchgesetzt.

Schließlich etablierte die Partei infolge des Verbots von Privateigentum ein Produktions- und Verteilungsmonopol – in der Stadt wie auf dem Land (Agrarflächen, Viehbestand, Maschinen, Höfe), in der Industrie wie beim Handwerk, im Handel und in den Dienstleistungen. Dieses Monopol machte Getreue wie die gesamte Bevölkerung schnell abhängig von der „Gnade" der Leitung. Dieses System reichte von Belohnungen über die Zuweisung eines gut dotierten Postens oder Wohnraum bis hin zur Verpflegung. Zu den Sanktionsmechanismen gehörten die Waffe des Hungers (gemäß dem Slogan Lenins: „Wer nicht arbeitet, soll nicht essen!"), Gefängnis, Gulag und Ermordung.

Diese drei Monopole waren flankiert von Massenterror als Herrschaftsinstrument.[23] Dieser stützte sich maßgeblich auf die im Dezember 1917 geschaffene Geheimpolizei und sollte Volksfeinde mit radikaler Gewalt „demaskieren" und niederhalten (bei Straffreiheit für die Verfolger); er machte weder Halt vor sozialen noch vor nationalen Zugehörigkeiten. Da er sich – neben der Geheimpolizei – ferner auf die 1918 gegründete Rote Armee stützte, fanden schon früh Massaker mit hohen Opferzahlen statt, die bis zur Auslöschung ganzer Klassen gingen: So wurden von 1918 an die Kulaken (wohlhabende Bauern) und von 1919 an „reiche Kosaken" im Namen der Klassenideologie, im Grunde aber nach völkischen Kategorien ermordet. Dieses Phänomen fand sich in den Jahren 1975 bis 1979 bei der Ermordung des „neuen Volks" (d. h. vor allem der Intellektuellen) durch die Roten Khmer in Kambodscha.[24] Von diesem Moment

---

22 Über Marx' Verhältnis zu den Menschenrechten siehe André Senik, Marx, les Juifs et les droits de l'homme, Paris 2011.
23 Zum kommunistischen Terror vgl. Stéphane Courtois u. a., Das Schwarzbuch des Kommunismus (Anm. 9).
24 Vgl. Philip Short, Pol Pot. Anatomy of Nightmare, London 2007; ferner Stéphane Courtois, Rafael Lemkin et la question du génocide en régime communiste, in: ders. (Anm. 3), S. 357–400.

an ruhte das Regime auf drei starken Pfeilern: der Partei, der politischen Polizei und der Roten Armee.

Nachdem das Regime den Bürgerkrieg gewonnen und sich stabilisiert hatte, glich es bereits dem totalitären „Idealstaat", wie ihn Emilio Gentile beschrieben hatte: „Der Totalitarismus kann als ein neues Phänomen beschrieben werden, das nicht durch bisherige Erfahrungen mit politischer Herrschaft fassbar ist; die von einer revolutionären Bewegung errungene politische Macht bekennt sich zu einem allumfassenden Politikkonzept. Die Bewegung führt einen Kampf um das Gewaltmonopol; nachdem es – auf legalen oder illegalen Wegen – erobert wurde, transformiert sie den bisherigen Staat in ein neues System. Dieses gründet sich auf einer Einheitspartei, auf der polizeilichen Überwachung und auf dem Terror als Instrument der ‚permanenten Revolution' gegen ‚innere Feinde'. Hauptziel der totalitären Bewegung ist die Eroberung und Transformation der Gesellschaft, wozu die Unterordnung, Integration und Homogenisierung der Regierten gehört – nach dem Prinzip des Primats der Politik über alle anderen Lebensbereiche. Dieses wird in den Kategorien, Mythen und Werten einer festen Ideologie gedeutet, die dogmatischen Charakter aufweist, da das System Züge einer politischen Religion annimmt. Sie legt es darauf an, das Individuum und die Gesellschaft einer anthropologischen Revolution zu unterziehen, um einen neuen Menschentyp zu schaffen, der lediglich dazu da ist, die revolutionären und imperialistischen Ziele der revolutionären Partei umzusetzen. Insgesamt will sie eine neue, der Form nach supranationale und expansionistische Zivilisation schaffen."[25]

4 Einordnung und Generalisierung des leninistischen Modells

Solange Lenin lebte, sorgte er für die Einheit von Staat und Partei. Doch nach seinem Tod schwankte das Regime. Stalin, von Lenin als Generalsekretär eingesetzt, war als Führer zwar immer weniger umstritten, zumal er den Apparat und die Ernennungen kontrollierte und sich darum bemühte, seine wesentlichen Konkurrenten (Trotzki, Sinowjew, Kamenew, Bucharin etc.) schon früh auszuschalten. Allerdings verfügte er nicht über die Kontrolle der Staatsverwaltung. Diese oblag dem Regierungschef, Alexej I. Rykow. Mit erstaunlichem Gespür für die Logik des totalitären Systems schlug er daher am 22. September 1930 Molotow die Entlassung von Rykow vor: „Das ist absolut notwendig. Wenn dies nicht erfolgt, wird es immer eine Trennung von Partei- und Staatsführung geben. Mit der Zusammenlegung, die ich Dir vorschlage, werden wir eine perfekte Einheit von Staats- und Parteispitze haben, die unsere Macht festigt."[26] Gesagt, getan: Am 19. Dezember entließ das Politbüro Rykow und ersetzte ihn durch Molotow. Dieses Staatsparteienmodell machte Schule: Es wurde allen Volksdemokratien in Asien, Afrika und Lateinamerika durch die Sowjets aufgedrückt.

---

25 Emilio Gentile, Parti, Etat et monarchie dans l'expérience totalitaire fasciste, in: Stéphane Courtois (Bearb.), Quand tombe la nuit. Origines et émergence des régimes totalitaires en Europe. 1900–1934, Lausanne 2001, S. 245 f.
26 Zur Machtübernahme Stalins vgl. das fundamentale Werk von Oleg Chlewnjuk, Das Politbüro. Mechanismen der Macht in der Sowjetunion der dreißiger Jahre, Hamburg 1998, S. 52 f.

Parallel dazu erlegte die Komintern 1920 allen kommunistischen Parteien die 12. von ihren 21 Beitrittsbedingungen auf: „Die zur kommunistischen Internationale gehörigen Parteien müssen nach dem Prinzip der demokratischen Zentralisierung aufgebaut sein. In der Gegenwart eines erbitterten Bürgerkriegs kann die kommunistische Partei nur einnehmen, wenn sie bestmöglich zentralisiert ist, sie eiserne Disziplin aufweist, die an militärische Disziplin heranreicht, und wenn ihre Zentralorgane mit starken Machtbefugnissen ausgestattet ist, um eine unangefochtene Autorität ausüben zu können, die von dem unverbrüchlichen Vertrauen ihrer Anhänger getragen wird."[27] Dieses Organisationsmodell wurde zusammen mit der marxistisch-leninistischen Parteidoktrin sowie der Moskauer Strategie und Taktik eines der drei fundamentalen Elemente der teleologischen Dimension des Weltkommunismus. Wo die Parteien den Zustand des Sektierertums verließen und stattdessen die Massen erreichten (so wie die PCF in den Jahren 1934 bis 1938 und nach 1944 oder die Kommunistische Partei Italiens nach 1944), avancierten sie – nach Annie Kriegel – zu „Gegengesellschaften"[28] und ließen im Schoß kapitalistischer Gesellschaften erahnen, wie eine Staatspartei aussehen würde.

Von 1938 an im chinesischen Yan'an, von 1945 an in den Volksdemokratien und später bei allen anderen kommunistischen Staatsparteien funktionierte die Machtausübung nach sowjetischem Muster. Dieses ruhte auf drei Säulen: Die erste war die Partei mit ihrer klaren, alle Politikbereiche abdeckenden Entscheidungsstruktur unter Leitung des Politbüros und dem Ersten bzw. Generalsekretär. Sie unterstand der weitreichenden Kontrolle der Komintern und – nach 1945 – der Internationalen Abteilung des Zentralkomitees der KPdSU. Die zweite Säule war die politische Polizei, gewissermaßen der bewaffnete Arm der Partei, der jeden Widerpart aus dem Ausland, aus der eigenen Gesellschaft und der Partei ausschalten, nach dem Vorbild der Tscheka aus der Bürgerkriegszeit wie dem „Großen Terror" der Jahre 1937/38 agieren und darüber hinaus Massendeportationen in Gulags (bzw. die chinesischen „Laogai"-Arbeitslager) organisieren sollte. Überdies sollte die Polizei zu Massentötungen in der Lage sein – wie etwa bei den Roten Khmer, die zwischen 1975 und 1979 ungefähr ein Viertel der Bevölkerung Kambodschas umbrachten. Die dritte Säule war schließlich die Armee, genauer die Armee des Bürgerkriegs, die wegen der massiven Präsenz der Roten Armee in den Volksdemokratien weniger aktiv war, dafür eine große Rolle in China, Vietnam und Kambodscha spielte.

Zwischen Wissenschaftlern ist vor geraumer Zeit eine Debatte darüber entbrannt, ob dieser Regimetyp während der gesamten Bestehenszeit als totalitär zu bezeichnen ist (das beträfe etwa die UdSSR zwischen 1917 und 1991), oder ob nach dem „Geheimbericht" von Chruschtschow beim 20. Parteikongress der KPdSU 1956 und der folgenden Entstalinisierung jene Regime nicht der Kategorie autoritärer Staaten zuzuordnen seien.[29] Einerseits ebbte nach 1956 in der sowjetischen Einflusssphäre der unter Lenin und Stalin praktizierte Massenterror ab, wiewohl er 1956 in Ungarn, 1968 in der Tschechoslowakei und 1981 in Polen mehrere Renaissancen erlebte, die nachhaltig einschüchternd wirkten. In der maoistischen Einflusssphäre blieb der Terror bis Ende der 1970er Jahre auf der Tagesordnung; später noch war er grausame Me-

---

27 Zit. bei Stéphane Courtois/Marc Lazar, Histoire du Parti communiste française, Paris 1995, S. 52.
28 Vgl. Annie Kriegel, Les communistes français. Essai d'ethnographie politique, Paris 1985.
29 Vgl. etwa die Debatte zwischen Krzysztof Pomian und Stéphane Courtois – in: 1989. Pourquoi la désintégration du bloc soviétique?, in: Le Débat 30 (2009), H. 5, S. 3–15.

thode des „Leuchtenden Pfads" in Peru.³⁰ Andererseits ging die Entstalinisierung nach 1956, auch wenn sie den internen Säuberungen ein Ende bereitete, mit einer Amnestie der Henker einher. Chruschtschow selbst hat das Blut hunderttausender Opfer an seinen Händen kleben. Die Massenverbrechen blieben ungesühnt. Zudem änderte sich nichts an der Ideologie der Staatsparteien und nichts an den Machtverhältnissen: Die Partei dominierte nach wie vor die Gesellschaft, die drei „Pfeiler" blieben wirksam (und steigerten teils sogar ihren repressiven Charakter). So wurde Ivan Serow, einer der größten Verbrecher des 20. Jahrhunderts, 1954 von Chruschtschow zum KGB-Chef ernannt (und Juri Andropow, KGB-Chef von 1967 an, wurde 1982 Chef der KPdSU). Auch in China gab es solche Lebensläufe: Kang Sheng, jahrzehntelang Chef der Geheimpolizei und an vielen Massentötungen beteiligt, wurde in den 1960er Jahren einer der mächtigsten Männer der KP Chinas.³¹

Terror ist nicht ausschließlich totalitären Staaten wesenseigen. So war das Franco-Regime kriminell bis zum Ende des Bürgerkriegs und dabei „nur" als autoritär und ultra-konservativ einzustufen. Man kann nicht außer Acht lassen, dass auch totalitäre Staaten Phasen hoher krimineller und ideologischer Intensität aufwiesen – und Phasen niedriger Intensität. Zwischen 1933 und 1938 war das deutsche NS-Regime (etwas mehr als zehntausend Tote) im Vergleich mit dem Sowjetregime (mehrere Millionen Tote) weniger brutal, bevor es 1939 in eine Phase mit hoher Intensität eintrat.³² Auch das Regime von Benito Mussolini war bis 1935 eher wenig gewalttätig, ehe es 1936 erbarmungslos gegen die Äthiopier vorging und von 1938 an gegen die Juden. In China wurde der Massenterror noch 1989 praktiziert, wenn man an das Massaker vom Tian'anmen-Platz denkt; danach, so scheint es, nahm die Gewalt gegen die Bevölkerung ab, abgesehen vom Vorgehen gegen die Tibeter und Uiguren.

5 Beweis durch Untergang?

Eine stichhaltige Methode, die Funktionsweise des kommunistischen Systems zu verstehen, ist die Analyse der Gründe seines Sturzes, vor allem im „Kernland" dieses Regimetyps, in der UdSSR.³³ Viele führen externe Gründe an: den von Ronald Reagan aufgebauten Druck und sein Projekt eines „Kriegs der Sterne", die Unterstützung des afghanischen Widerstands gegen die Rote Armee durch die USA, die Rolle von Papst Johannes Paul II. Diese Faktoren spielten eine Rolle, doch nur eine marginale. Wesentlich wichtiger waren die inneren Gründe: das Streben der Zivilgesellschaft nach Freiheit – zur freien Meinungsäußerung, Religionsfreiheit, der Niederlassungs- und Vereinigungsfreiheit, der Freiheit der Kunst u. a. Wenn diese Bestrebungen in vielen Volksdemokratien stark waren (nicht zuletzt, weil diese die Freiheiten aus der Zeit vor der kommunistischen Herrschaft kannten), so blieben sie schwach in der UdSSR. Dort

---

30 Vgl. Santiago Roncagliolo, La Quatrième Epée. L'histoire d'Abimael Guzman et du Sentier lumineux, Paris 2012.
31 Vgl. die Biographie von Roger Faligot/Rémy Kauffer, Kang Sheng, Paris 2014.
32 Vgl. Jean-Marie Argelès, La terreur en Allemagne nazie. 1933–1939, in: Courtois (Hrsg.), Une si longue nuit (Anm. 6), S. 191–206; ferner Timothy Snyder, Bloodlands. Europa zwischen Hitler und Stalin, München 2013.
33 Vgl. Stéphane Courtois, Vers un changement d'époque de l'Atlantique à l'Oural, in: ders. (Hrsg.), Sortir du Communisme, changer d'époque, Paris 2011, S. 3–54.

waren sie bis 1917 kaum ausgeprägt und durch den Terror völlig beseitigt. Zudem waren die sowjetischen Dissidenten Anfang der 1980er Jahre sehr geschwächt und zahlenmäßig gering; wichtige Köpfe wurden ins Exil getrieben, wie Alexander Solschenizyn, Wladimir Bukowski, Mstislaw Rostropowitsch, andere in die innere Emigration, wie Sacharow, wieder andere in Lagerhaft oder durch andere Formen der Repression zum Schweigen gebracht. Dass das Sowjetregime in kurzer Zeit zusammenbrach, lag tatsächlich an zwei zusammenfallenden Krisen, einer ökonomischen und einer politischen.[34]

Die erste Krise, eine originäre Systemkrise, die während der kommunistischen Herrschaft häufig wiederkehrte, ergab sich aus der Anwendung der marxistisch-leninistischen Ideologie auf die Eigentumsverhältnisse, die Warenproduktion und -verteilung. Die Zerstörung des Privateigentums, die Ersetzung der Marktwirtschaft durch eine Planwirtschaft, in der die Staatspartei alle Produktions- und Verteilungsprozesse zentral lenkte, sowie die konzentrierte Mittelverwendung im strategisch wichtigen „militärisch-industriellen Komplex" begünstigten ein Klima der Verantwortungslosigkeit und Verschwendung. Zudem trat die Knappheit an Konsumgütern an immer mehr Stellen immer offener zutage: Wohnung, Verpflegung, Transport, Kleidung etc. Diese Unfähigkeit zur Befriedigung elementarer Bedürfnisse hat die zweite Supermacht der Welt weithin delegitimiert – vor allem, als die Sowjetbürger ihre Situation mit der in den USA und Westeuropa vergleichen konnten.

Angesichts dieser desolaten Lage versuchte der 1985 zum Staats- und Parteichef ernannte Michail Gorbatschow dem System durch Einführung der „Perestroika" neuen Schwung zu verleihen. Zudem ermöglichte er kleine marktwirtschaftliches Freiräume, was binnen kurzer Zeit das Kreditmonopol zu Fall brachte, bald darauf den Außenhandel, schließlich die gesamte Planwirtschaft. Nach und nach kamen die enormen Dysfunktionalitäten der Sowjetwirtschaft zum Vorschein: die versteckte Inflationsrate, die gefälschten Statistiken, die schwache Produktionsbasis, die Überbeschäftigung – mit der Folge millionenfacher Entlassungen. Dass Gorbatschow keinerlei Übergangszeit zwischen den Wirtschaftssystemen vorgesehen hatte, führte zu zusätzlichem Chaos und Panik. Die Verunsicherung verschärfte damit die ohnehin schon großen Alltagsschwierigkeiten der Bevölkerung. Zudem ermöglichte es die turbulente Zeit einem Teil der Nomenklatura, sich zu bereichern und damit unabhängig von früheren Parteiprivilegien zu machen. Die Versuchung war so groß, dass sie bald zum Untergang des Systems führte, da die Kader sich von ihm abwendeten, um Gewinn zu machen.

Die zweite Krise war eine politische – und zwar konjunkturell wie strukturell. Breschnew starb 1982, Andropow 1984, Tschernenko 1985. Indes war der Generalsekretär der Staatspartei der Dreh- und Angelpunkt des gesamten Systems, die Spitze einer Pyramide von fast 20 Millionen Mitgliedern, absteigend vom Sekretariat des Politbüros, dem Zentralkomitee bis hinunter zum Parteiapparat in der hintersten Provinz. Zudem bestand weder in der UdSSR noch in den anderen kommunistischen Staaten ein Rechtsstaat, so dass keine legale Form der Nachfolge existierte – im Gegensatz zu parlamentarischen und präsidentiellen Demokratien, die dieses Problem durch Wahlen lösen, oder auch konstitutionelle Monarchien mit der Erbfolgeregelung. Der

---

34 Zur inneren Krise des Sowjetregimes siehe Rudolf Pikhoja, Le retour de l'aigle bicéphale, Québec 2008.

Tod dreier Generalsekretäre innerhalb von drei Jahren zeitigte eine Krise unbekannten Ausmaßes, die – in Ermangelung besserer Alternativen – zur Ernennung Gorbatschows führte.

Um die Kontrolle über die Partei zu erlangen, entschied sich Gorbatschow, junge Kader zu fördern, was dazu führte, dass sich rasch die „Nomenklatura der Jugend" um ihn scharte und die „Alten" ihre Felle davonschwimmen sahen. Daraufhin führte er mit „Glasnost" ein System von Transparenz und Offenheit ein; die Medien bekamen u. a. das Recht, kritisch über die Zeit von Breschnew und Tschernenko zu berichten – ein Sargnagel für das 1922 von Lenin eingeführte und später sakralisierte Prinzip der obersten Zensurbehörde „Glawlit". Das damit entzündete Fünkchen Meinungsfreiheit öffnete 1986/87 der allgemeinen Kritik am System eine kleine Tür, die sich nicht mehr verschließen ließ. Parallel dazu ließ Gorbatschow, um eine gewaltfreie Säuberung der Parteispitze zu erreichen, im Zuge der 19. Parteikonferenz der KPdSU im Jahre 1988 Delegierte wählen, die vorher stets von der Führung bestimmt worden waren. Wer aber „Wählen!" sagt, muss auch „Wahlkampf!" sagen – und damit traten Debatten um unterschiedliche Ansichten auf, bald auch „Fraktionen" innerhalb der Partei. Bereits hier wurde Lenins bislang geheiligtes Verbot der „Fraktionsbildung" in der Partei zu Grabe getragen. Mit dem Versuch, Demokratie zuzulassen, legte Gorbatschow im „Haus" des demokratischen Zentralismus Feuer. Und um die an die leninistischen Prinzipien gewöhnte Nomenklatura noch effizienter zu besiegen, verstärkte er die Spannungen, indem er die Wahlen 1989 auf den Volksdeputiertenkongress ausdehnte – und damit auf alle Bürger der Sowjetunion. Diese Woge der Demokratie beförderte das Aufkommen unvorhergesehener politischer Kräfte mit Antipartei-Impetus, die das System der Staatspartei bald sprengten.

Wer Gorbatschow Unkenntnis oder mangelnden Respekt gegenüber der Funktionslogik des totalitären Systems vorwirft, muss ihm dennoch zugutehalten, dass er nicht auf Terrormaßnahmen zurückgriff, um die Kontrolle wieder zu erlangen, die ihm entglitten war. Dies unterschied ihn von den Machthabern in Peking, welche die Lage in der Sowjetunion nach 1985 wachsam verfolgten und im Juni 1989 durch oberste Entscheidung von Parteichef Deng Xiaoping einen gegensätzlichen Weg einschlugen: China liberalisierte – unter Kontrolle der Partei und zugunsten der Nomenklatura – den Wirtschaftssektor, aber behielt die Prinzipien der Staatspartei bei. Dazu zählte auch der Befehl zum Massaker auf dem Tian'anmen-Platz.[35] So blieben die Gewalten konzentriert und das Monopol der Partei über Ideologie und Medien bestehen. Während die Führungen in Kuba und Vietnam teilweise dem chinesischen Beispiel (der vorsichtigen Öffnung) gefolgt sind, blieb Nordkorea bei einer unreformierten Anwendung der drei Monopole und des Terrors.

Zwischen 1989 und 1991 sind die kommunistischen Regime in der früheren Sowjetunion und in Ostmitteleuropa sämtlich untergegangen. Indessen haben Teile der alten Nomenklatura es vermocht, weiterhin herausgehobene Positionen in Politik, Wirtschaft, Justiz und in den Medien einzunehmen. 28 Jahre nach dem Fall der Berliner Mauer scheint das Fortbestehen starker kommunistischer, neo- bzw. postkommunistischer Kräfte in Europa, das sich eigentlich als

---

35 Zur Krise von 1989 siehe Zhang Liang, Les Archives de Tienanmen, Paris 2004.

Hort der Demokratie versteht, nicht als geringstes Paradox.³⁶ In Asien ist die Kommunistische Partei nach wie vor in China, Laos, Nordkorea und Vietnam an der Macht, auch wenn sie sich zu gewissen Graden vom Totalitarismus losgesagt und zu autoritären Regimen entwickelt haben, in denen sich die Nomenklatura jeweils privat bereichert.

Es ist daran zu erinnern: Auch in vielen demokratischen Ländern sind Ideologie und Mythos des Kommunismus lebendig geblieben. Beide nähren sich aus der jüngeren Finanz- und Wirtschaftskrise, die Ideen des Klassenkampfes und der Revolution erneuerte, und aus dem Hinweis auf den glorreichen Sieg der Roten Armee über das nationalsozialistische Deutschland. Dies bedeutet jedoch, den Zustand zwischen Juni 1940 und Juni 1941 zu vergessen, während dessen zwei gigantische totalitäre Systeme – gestützt auf massenhafte Gewalt – den gesamten Raum zwischen Atlantischem Ozean und Pazifik, zwischen Arktis und dem südlichen Mittelmeer beherrschten. Und wenn Hitlers Macht nicht gebrochen worden wäre, was wäre aus dieser Allianz geworden?

Übersetzung aus dem Französischen: Sebastian Liebold

6 Kommentierte Auswahlbibliographie

Baberowski, Jörg: Verbrannte Erde. Stalins Herrschaft der Gewalt, Frankfurt a. M. 2014 – Die Konzentration auf die Gewalt im Stalinismus verwundert bei Jörg Baberowski, der einen großen Teil seiner wissenschaftlichen Aufmerksamkeit der Gewalt widmet, keineswegs. Wer etwas zur Kultur- oder Außenpolitik während Stalins Herrschaft sucht – hier wird er nicht fündig. Wer eine lückenlose Chronologie von Stalins Lebensweg erwartet – er wird enttäuscht. Vielmehr sucht der 2012 mit dem Leipziger Buchpreis ausgezeichnete Band Ursachen für die Brutalität von Stalins Herrschaft – und wird fündig in dessen Person. Indem Baberowski ihm zutiefst sadistische, autoritäre und misstrauische Züge attestiert, die ins Psychopathologische reichen, füllt er eine Lücke der Autokratieforschung, die einzelne Personen – Charakterzüge, Zufälligkeiten, Wegentscheidungen – häufig verdrängt. Zugleich wirft die Studie Fragen auf: Überbewertet man nicht Stalins Person, sieht man in ihm den alleinigen Treiber? Und: Woher rührt Stalins Grausamkeit: Krankheit? Kultur? Sozialisation? Schließlich: Was ist von seinen Begründungen für das unerbittliche Vorgehen zu halten: Vorwand oder Paranoia? Obwohl einige Fragen unbeantwortet bleiben, erhellt der Band wie kaum ein anderer, dass dem Stalinismus die Gewalt wesenseigen war.

Backes, Uwe/Stéphane Courtois (Hrsg.): „Ein Gespenst geht um in Europa". Das Erbe kommunistischer Ideologien, Köln u. a. 2002 – Die Relevanz kommunistischer Ideologien wird in diesem Gemeinschaftswerk deutscher und französischer Autoren kritisch unter die Lupe genommen: am Beispiel der „Diktatur des Proletariats", des utopischen Denkens, der „säubernden und gesäuberten" Einheitspartei, der Interpretation Rosa Luxemburgs und Leo Trotzkis,

---

36 Zum Fortbestand siehe Stéphane Courtois/Patrick Moreau (Hrsg.), 1989–2014. En Europe, l'éternel retour des communistes et postcommunistes, Paris 2014.

der „kulturellen Hegemonie", des Anarchismus, der Neuen Linken, des „demokratischen Kommunismus". Die Beiträge der Herausgeber über die Jahrhundertbilanz des Kommunismus und die Rolle totalitären Denkens im Konzept von Kommunisten rahmen den Band ein. Gewiss hat die Strahlkraft kommunistischer Ideologien nach dem Untergang des „Vaterlandes aller Vaterländer" nachgelassen, aber es gibt im intellektuellen Milieu weiterhin Positionen, die in modifizierter Form Elemente des Kommunismus zu retten versuchen.

Brown, Archie: Aufstieg und Fall des Kommunismus, Berlin 2009 – Archie Brown, während des Prager Frühlings Dozent in Moskau, nunmehr Emeritus für Politikwissenschaft in Oxford, zieht in diesem Band die Bilanz des Kommunismus. Es handelt sich um eine faktengesättigte Chronologie, deren detaillierte Darstellung mit der Herausgabe des Kommunistischen Manifests 1848 einsetzt (ohne frühe christlich-egalitäre Sekten zu verschweigen) und sich über die beiden Weltkriege sowie den Ost-West-Konflikt erstreckt. Mit seiner Systematik hat sich der Band den Ruf eines Standardwerks erarbeitet. Brown, der sein wissenschaftliches Leben weithin dem Kommunismus gewidmet hat, kommt ohne den Totalitarismusansatz aus. Der Autor erörtert ausführlich die Gründe für die Machtübernahme des Kommunismus wie die Gründe für dessen Zusammenbruch. Für Brown weit von einer Generalabrechnung mit dem Kommunismus entfernt, besteht ein tiefer Bruch zwischen den Positionen von Marx und Lenin.

Brzezinski, Zbigniew: Das gescheiterte Experiment. Der Untergang des kommunistischen Systems, Wien 1989 – Das im Sommer 1988 abgeschlossene Werk des bekannten amerikanischen Kommunismusforschers prophezeite das Ende des sowjetischen Kommunismus. Was für manche als kühn erschien, wurde von der Wirkung schnell überholt. So galten Bulgarien und die DDR als Staaten „ohne Krise". Brzezinski analysiert das „gescheiterte Experiment" mit seiner in „Misskredit geratenen Praxis". Herausgearbeitet werden die Mängel auf dem ökonomischen Sektor, die zum Scheitern verurteilten Reformversuche in der Sowjetunion, die Unruhen in Osteuropa (zumal in Polen), die Reformen in China, die erfolgreich sein könnten, die nachlassende Anziehungskraft auf internationaler Ebene sowie die mögliche Entwicklung des Postkommunismus. Brezinski war bei allen Irrtürmern im Einzelnen weitsichtig. Er gehörte zu den wenigen Wissenschaftlern, die den Sowjetkommunismus (und seine Schwächen) realistisch einschätzten.

Courtois, Stéphane u. a. (Hrsg.): Das Schwarzbuch des Kommunismus. Unterdrückung, Verbrechen und Terror, München 1998 – Der am 80. Jahrestag der Oktoberrevolution in Frankreich erschienene und mittlerweile in über 20 Sprachen übersetzte Sammelband vereinigt eine Reihe internationaler Historiker, welche die Gewalt der kommunistischen Regime – vorrangig im Osten Europas, in Asien und der Dritten Welt – erstmals systematisch dokumentierten. Der Band schlug Ende der 1990er Jahre hohe Wellen, nicht zuletzt wegen der Einleitung, die eine angemessene historisch-moralische Aufarbeitung nicht nur des Nationalsozialismus, sondern auch des Kommunismus verlangte. Dazu gehöre eine Berücksichtigung der Opfer(zahlen), weil Repression und Terror ein Grundzug kommunistischer Herrschaft sei. Diese habe, so die Schätzung des Bandes, 100 Millionen Tote gefordert. In der deutschen Fassung finden sich zwei Aufsätze zu den „politischen Verbrechen in der DDR" (Ehrhart Neubert) und zum „schwierigen Umgang mit der Wahrnehmung" (Joachim Gauck).

Courtois, Stéphane u. a. (Hrsg.): Das Schwarzbuch des Kommunismus 2. Das schwere Erbe der Ideologie, München 2004 – Es handelt sich um eine etwas schmalere Ergänzung des ersten Schwarzbuchs. Die fünf, den Opfern des Kommunismus gewidmeten Länderkapitel zu Estland (bereits in der estnischen Ausgabe des ersten Schwarzbuches vorhanden), Bulgarien, Rumänien, Griechenland und Italien werden ergänzt durch drei eher essayistische Beiträge, die sich nicht nur dem Einsatz von Terror in der Politik und damit der (Un-)Ähnlichkeit von Kommunismus und Nationalsozialismus widmen, sondern auch der Entstehung der Kommunismusforschung im postkommunistischen Zeitalter. Dieser Beitrag zeichnet überdies die turbulente Entstehungs- und Rezeptionsgeschichte des ersten Schwarzbuches nach. Alexander Jakowlew, der die Politik Gorbatschows unterstützt hat, rechnet mit dem Kommunismus ab. Er stellt ihn auf eine Stufe mit dem Nationalsozialismus.

Furet, François: Das Ende der Illusion. Der Kommunismus im 20. Jahrhundert, München 1998 – Der renommierte französische Historiker, zwischen 1949 und 1956 selber Kommunist, analysiert in diesem Monumentalwerk den Kommunismus als ideelles Gesamtphänomen: seine Wechselwirkungen mit den anderen einflussreichen politischen Ideen des 20. Jahrhunderts, seinen Einfluss auf die internationalen politischen Entwicklungen sowie vor allem auf die Intellektuellen – wie sie von ihm angezogen und enttäuscht wurden. In den Kapiteln über „Kommunismus und Antifaschismus" und „Die Kultur des Antifaschismus" kommt die Faszinationkraft des Kommunismus gut zum Ausdruck. Der ausgeprägte Frankreichschwerpunkt macht den Band für den deutschsprachigen Raum nicht weniger lesenswert. Furets Analyse kommt ein ähnliches Gewicht zu wie Eric Hobsbawms „Zeitalter der Extreme" und Ernst Noltes „Europäischer Bürgerkrieg".

Koenen, Gerd: Utopie der Säuberung. Was war der Kommunismus?, Berlin 1998 – Die These des „konvertierten" Ex-Kommunisten Koenen lautet: Dem Kommunismus sei eine Utopie völliger sozialer Gleichschaltung und Säuberung inhärent. Er war von Anfang an totalitär. Der Autor will anhand der Entwicklung in der Sowjetunion diese Thesen untermauern. Wenngleich der Band die gesamte Zeitspanne von 1917 bis 1991 in den Blick nimmt, steht doch die Frühphase unter Lenin und Stalin im Vordergrund der chronologischen Darstellung des Herrschaftssystems. In dieser Zeit wurde versucht, die Gesellschaft und den Staat zu zerschlagen sowie neu aufzubauen und dergestalt ein Experiment von ungeheurem Ausmaß in die Tat umzusetzen. Anschließend sei das System – in Anlehnung an Juan J. Linz – in eine „post-totalitäre Phase" gerutscht. Koenen geht es nicht zuletzt um Erklärungsversuche für den Glauben vieler Menschen an den Kommunismus.

Priestland, David: Weltgeschichte des Kommunismus, München 2009 – Der britische Historiker fragt, was den Kommunismus als Idee im vergangenen Jahrhundert (und auch heute noch) attraktiv macht, warum er so viele Menschen in unterschiedlichen Ländern zu Repression und Terror, aber auch Aufopferung brachte. Die breit angelegte Studie spannt den Bogen von der Französischen Revolution bis hin zu den wenigen zeitgenössischen kommunistischen Regimen und stellt in diesem Zeitfenster die realsozialistischen Diktaturen dar, ebenso die ideologischen Anfänge bei Marx und Engels sowie die Wirkmächtigkeit der kommunistischen Idee im Westen. Priestland sieht vier Hauptphasen: von der Französischen Revolution bis zu Marx und Engels; von Lenin bis zu Stalin; dann die Expansion des Kommunismus außerhalb Europas, zumal in China; schließlich den Niedergang unter Gorbatschow. Das Buch ist essayistisch und systematisch zugleich angelegt. Immer wieder fließen anschauliche Beispiele aus kommunistischen Romanen, Filmen und Theaterstücke in die Analyse ein.

Schroeder, Klaus: Der SED-Staat. Geschichte und Strukturen der DDR 1949–1990, Köln u. a. 2013 – Klaus Schroeder, Leiter des Forschungsverbundes SED-Staat an der FU Berlin, hat 1998 die erste große Gesamtdarstellung der Deutschen Demokratischen Republik nach der Wiedervereinigung vorgelegt. In nunmehr dritter Auflage skizziert der zum Nachschlage- und Standardwerk avancierte Band mit enzyklopädischem Charakter auf über 1.000 Seiten die politische Entwicklung der DDR, ihre gesellschaftlichen Strukturen, das Wandlungen unterworfene Verhältnis zu Sowjetunion und Bundesrepublik, die wissenschaftliche Einordnung (totalitär: ja oder nein?) sowie wichtige Akteure. So gut wie alle relevanten Aspekte zur zweiten Diktatur in Deutschland kommen zur Sprache. Der Autor wendet sich scharf gegen Verharmlosung des von der Sowjetunion abhängigen Unterdrückungssystems. Die DDR gilt als „(spät)totalitärer Versorgungs- und Überwachungsstaat". Ein umfangreicher Dokumentationsteil liefert weiterführende Informationen.

Literaturverzeichnis

Ackermann, Jan u. a.: Metamorphosen des Extremismusbegriffes. Diskursanalytische Untersuchungen zur Dynamik einer funktionalen Unzulänglichkeit, Wiesbaden 2015.

Ackermann, Robert: Warum die NPD keinen Erfolg haben kann. Organisation, Programm und Kommunikation einer rechtsextremen Partei, Opladen 2012.

Adorno, Theodor W. u. a.: The Auhoritarian Personality, New York u. a. 1950.

A.G. Grauwacke: Autonome in Bewegung. Aus den ersten 23 Jahren, Berlin u. a. 2003.

Agethen, Manfred/Eckhard Jesse/Ehrhart Neubert (Hrsg.): Der missbrauchte Antifaschismus. DDR-Staatsdoktrin und Lebenslüge der deutschen Linken, Freiburg/Brsg. 2002.

AK Wantok (Hrsg.): Perspektiven autonomer Politik, Münster 2010.

Albert, Michel: Capitalism against Capitalism, London 1993.

Alexander, Robert J.: Maoism in the Developed World, Westport 2001.

Altenhof, Ralf/Sarah Bunk/Melanie Piepenschneider (Hrsg.): Politischer Extremismus im Vergleich, Berlin 2017.

Aly, Götz: Hitlers Volksstaat. Raub, Rassenkrieg, nationaler Sozialismus, Frankfurt a. M. 2005.

Aly, Götz: Unser Kampf. 1968 – ein irritierter Blick zurück, Frankfurt a. M. 2008.

Ameri-Siemens, Anne: Ein Tag im Herbst. Die RAF, der Staat und der Fall Schleyer, Berlin 2017.

Angress, Werner T.: Die Kampfzeit der KPD, 1921–1923, Düsseldorf 1973.

Apfel, Holger (Hrsg.): Alles Große steht im Sturm – Tradition und Zukunft einer nationalen Partei. 35 Jahre NPD – 30 Jahre JN, Stuttgart 1999.

Art, David: Inside the Radical Right. The Developement of Anti-Immigrant Parties in Western Europe, New York 2011.

Arzheimer, Kai: Die Wähler der extremen Rechten 1980–2002, Wiesbaden 2008.

Assheuer, Thomas/Hans Sarkowicz: Rechtsradikale in Deutschland. Die alte und die neue Rechte, akt. Neuaufl., München 1992.

Athena Institute (Hrsg.): Major Domestic Extremism Incidents – Europe, 1990–2010, Budapest 2012.

Aust, Stefan: Der Baader-Meinhof-Komplex, Neuausgabe, Hamburg 2017.

Aust, Stefan/Dirk Laabs: Heimatschutz. Der Staat und die Mordserie des NSU, München 2014.

Baberowski, Jörg: Der rote Terror. Die Geschichte des Stalinisms, München 2003.

Baberowski, Jörg: Verbrannte Erde. Stalins Herrschaft der Gewalt, Frankfurt a. M. 2014.

Backes, Uwe: Politischer Extremismus in demokratischen Verfassungsstaaten. Elemente einer normativen Rahmentheorie, Opladen 1989.

Backes, Uwe: Bleierne Jahre. Baader-Meinhof und danach, Erlangen 1991.

Backes, Uwe: Politische Extreme. Eine Wort- und Begriffsgeschichte von der Antike bis in die Gegenwart, Göttingen 2006.

Backes, Uwe: Liberalismus und Demokratie – Antinomie und Synthese. Zum Wechselverhältnis zweier politischer Strömungen im Vormärz, Düsseldorf 2000.

Backes, Uwe u. a.: Rechts motivierte Mehrfach- und Intensivtäter in Sachsen, Göttingen 2014.

Backes, Uwe (Hrsg.): Rechtsextreme Ideologien in Geschichte und Gegenwart, Köln u. a. 2003.

Backes, Uwe/Stéphane Courtois (Hrsg.): „Ein Gespenst geht um in Europa". Das Erbe kommunistischer Ideologien, Köln u. a. 2002.

Backes, Uwe/Eckhard Jesse: Totalitarismus – Extremismus – Terrorismus. Ein Literaturführer und Wegweiser im Lichte deutscher Erfahrung, Opladen 1984.

Literaturverzeichnis

Backes, Uwe/Eckhard Jesse: Politischer Extremismus in der Bundesrepublik Deutschland, 3 Bde., Köln 1989.
Backes, Uwe/Eckhard Jesse: Vergleichende Extremismusforschung, Baden-Baden 2005.
Backes, Uwe/Eckhard Jesse (Hrsg.): Gefährdungen der Freiheit. Extremistische Ideologien im Vergleich, Göttingen 2006.
Backes, Uwe/Steffen Kailitz (Hrsg.): Ideokratien im Vergleich. Wechselbeziehungen zwischen Legitimation, Kooptation und Repression, Göttingen 2013.
Backes, Uwe/Matthias Mletzko/Jan Stoye: NPD-Wahlmobilisierung und politisch motivierte Gewalt. Sachsen und Nordrhein-Westfalen im kontrastiven Vergleich, Köln 2010.
Backes, Uwe/Patrick Moreau (Hrsg.): Communist and Post-Communist Parties in Europe, Göttingen 2008.
Backes, Uwe/Patrick Moreau (Hrsg.): The Extreme Right in Europe. Current Trends and Perspectives, Göttingen 2012.
Backes, Uwe/Henrik Steglich (Hrsg.): Die NPD. Erfolgsbedingungen einer rechtsextremistischen Partei, Baden-Baden 2007.
Baier, Dirk u. a. (Hrsg.): Kinder und Jugendliche in Deutschland: Gewalterfahrungen, Integration, Medienkonsum. Zweiter Bericht zum gemeinsamen Forschungsprojekt des Bundesministeriums des Innern und des KFN, Hannover 2010.
Baron, Udo: Kalter Krieg und heißer Frieden. Der Einfluss der SED und ihrer westdeutschen Verbündeten auf die Partei „Die Grünen", Münster 2003.
Bartsch, Günter: Anarchismus in Deutschland, 3 Bde., Hannover 1972/1973.
Bartsch, Günter: Revolution von rechts? Ideologie und Organisation der Neuen Rechten, Freiburg/Brsg. 1975.
Bärsch, Claus-Ekkehard: Die politische Religion des Nationalsozialismus. Die religiöse Dimension der NS-Ideologie in den Schriften von Dietrich Eckart, Joseph Goebbels, Alfred Rosenberg und Adolf Hitler, München 1998.
Bavaj, Riccardo: Die Ambivalenz der Moderne im Nationalsozialismus. Eine Bilanz der Forschung, München 2003.
Bavaj, Riccardo: Von links gegen Weimar. Linkes antiparlamentarisches Denken in der Weimarer Republik, Bonn 2005.
Becker, Manuel: Ideologiegeleitete Diktaturen in Deutschland. Zu den weltanschaulichen Grundlagen im „Dritten Reich" und in der DDR, Bonn 2009.
Becker, Manuel/Stephanie Bongartz (Hrsg.): Die weltanschaulichen Grundlagen des NS-Regimes. Ursprünge, Gegenentwürfe, Nachwirkungen, Berlin 2011.
Beier, Katharina u. a.: Die NPD in den kommunalen Parlamenten Mecklenburg-Vorpommerns, Greifswald 2006.
Bell, David Scott: Western European Communists and the Collapse of Communism, Oxford 1993.
Benoist, Alain de: Kritik der Menschenrechte. Warum Universalismus und Globalisierung die Freiheit bedrohen, Berlin 2004.
Benz, Wolfgang/Hermann Graml/Hermann Weiß: Enzyklopädie des Nationalsozialismus. Stuttgart 1997.
Benz, Wolfgang (Hrsg.): Rechtsextremismus in der Bundesrepublik. Voraussetzungen, Zusammenhänge, Wirkungen, akt. Neuaufl., Frankfurt a. M. 1993.
Bergsdorf, Harald: Fakten und Fälschungen. Argumente gegen rechtsextreme Parolen, München 2010.
Bergsdorf, Harald/Rudolf van Hüllen: Linksextrem – Deutschlands unterschätzte Gefahr? Zwischen Brandanschlag und Bundestagsmandat, Paderborn 2011.
Bermeo, Nancy: Ordinary People in Extraordinary Times: The Citizenry and the Breakdown of Democracy, Princeton 2003.

Bernecker, Walther L.: Anarchismus und Bürgerkrieg. Zur Geschichte der Sozialen Revolution in Spanien 1936–1939, Nettersheim 2006.
Bertelsmann Stiftung (Hrsg.): Strategies for Combating Right-Wing Extremism in Europe, Gütersloh 2009.
Betz, Hans-Georg (Hrsg.): Radical Right-Wing Populism in Western Europe, London 1994.
Bickel, Alexander: The Least Dangerous Branch. The Supreme Court at the Bar of Politics, Indianapolis 1962.
Bieber, Christoph/Benjamin Drechsel/Anne-Katrin Lang (Hrsg.): Kultur im Konflikt. Claus Leggewie revisited, Bielefeld 2010.
Bingham of Cornhill, Thomas Henry: The Rule of Law, London 2010.
Blank, Bettina: „Deutschland, einig Antifa"? „Antifaschismus" als Agitationsfeld von Linksextremisten, Baden-Baden 2014.
Bobbio, Norberto: Rechts und links. Gründe einer politischen Unterscheidung, Berlin 1994.
Bock, Norman: Zwischen Verdrängung und Verklärung. Die „junge Welt" in der Auseinandersetzung mit der Geschichte des europäischen Kommunismus, Baden-Baden 2014.
Böke, Henning: Maoismus. China und die Linke – Bilanz und Perspektive, Stuttgart 2007.
Botsch, Gideon: Die extreme Rechte in der Bundesrepublik Deutschland 1949 bis heute, Darmstadt 2012.
Bötticher, Astrid/Miroslav Mareš: Extremismus. Theorien – Konzepte – Formen, München 2012.
Botsch, Gideon: Die extreme Rechte in der Bundesrepublik Deutschland 1949 bis heute, Darmstadt 2012.
Botsch, Gideon: Wahre Demokratie und Volksgemeinschaft. Ideologie und Programmatik der NPD und ihres rechtsextremistischen Umfelds, Wiesbaden 2017.
Botsch, Gideon/Christoph Kopke: Die NPD und ihr Milieu. Studien und Berichte, Münster/Ulm 2009.
Boventer, Gregor Paul: Grenzen politischer Freiheit im demokratischen Staat. Das Konzept der streitbaren Demokratie in einem internationalen Vergleich, Berlin 1985.
Bracher, Karl Dietrich: Die Auflösung der Weimarer Republik. Eine Studie zum Problem des Machtverfalls in der Demokratie, 5. Aufl., Villingen 1971.
Bracher, Karl Dietrich: Zeit der Ideologien. Eine Geschichte des politischen Denkens im 20. Jahrhundert, Stuttgart 1982.
Bracher, Karl Dietrich: Die deutsche Diktatur. Entstehung, Struktur, Folgen des Nationalsozialismus, 7. Aufl., Köln 1993.
Brandstetter, Marc: Die „neue" NPD: Zwischen Systemfeindschaft und bürgerlicher Fassade, Berlin 2012.
Brandstetter, Marc: Die NPD unter Udo Voigt. Organisation, Ideologie, Strategie, Baden-Baden 2013.
Braun, Stefan: Scientology – Eine extremistische Religion. Vergleich der Auseinandersetzung mit einer umstrittenen Organisation in Deutschland und den USA, Baden-Baden 2004.
Braun, Stefan/Alexander Geisler/Martin Gerster (Hrsg.): Strategien der extremen Rechten. Hintergründe – Analysen – Antworten, Wiesbaden 2009.
Brechtgen, Magnus: Nationalsozialistische Herrschaft 1933–1939, Darmstadt 2004.
Bremmer, Ian: The End of the Free Market. Who wins the War between States and Corporations?, London 2010.
Brettfeld, Katrin/Peter Wetzels: Muslime in Deutschland. Integration, Integrationsbarrieren, Religion und Einstellungen zu Demokratie, Rechtsstaat und politisch-religiös motivierter Gewalt. Ergebnisse von Befragungen im Rahmen einer mulizentrischen Studie in städtischen Lebensräumen, Hamburg 2007.
Breton, Albert: Political Extremism and Rationality, Cambridge 2002.
Breuer, Stefan: Anatomie der Konservativen Revolution, Darmstadt 1993.

Breuer, Stefan: Die Völkischen in Deutschland. Kaiserreich und Weimarer Republik, Darmstadt 2008.
Breuer, Stefan: Die radikale Rechte in Deutschland 1871–1945. Eine politische Ideengeschichte, Stuttgart 2010.
Brie, Michael (Hrsg.): Die Linkspartei. Ursprünge, Ziele, Erwartungen, Berlin 2005.
Brie, Michael (Hrsg.): Radikale Realpolitik. Plädoyer für eine andere Politik, Berlin 2009.
Brie, Michael/Richard Detje/Klaus Steinitz (Hrsg.): Wege zum Sozialismus im 21. Jahrhundert. Alternativen – Entwicklungspfade – Utopien, Hamburg 2011.
Brodkorb, Matthias (Hrsg.): Extremistenjäger!? Der Extremismus-Begriff und der demokratische Verfassungsstaat, Benzkow 2011.
Broszat, Martin: Nach Hitler. Der schwierige Umgang mit unserer Geschichte, hrsg. von Hermann Graml und Klaus-Dietmar Henke, München 1986.
Brown, Archie: Aufstieg und Fall des Kommunismus, Berlin 2009.
Browning, Christopher R.: Der Weg zur „Endlösung". Entscheidungen und Täter, Bonn 1998.
Brünneck, Alexander von: Politische Justiz gegen Kommunisten in der Bundesrepublik Deutschland 1949–1968, Frankfurt a. M. 1978.
Brzezinski, Zbigniew: Das gescheiterte Experiment. Der Untergang des kommunistischen Systems, Wien 1989.
Bull, Martin J./Paul Heywood: West European Communist Parties after the Revolutions of 1989, New York 1994.
Bullock, Alan: Hitler und Stalin. Parallele Leben, Berlin 1991.
Bundesamt für Verfassungsschutz (Hrsg.): Verfassungsschutz in der Demokratie. Beiträge aus Wissenschaft und Praxis, Köln 1990.
Bundesamt für Verfassungsschutz (Hrsg.): Bundesamt für Verfassungsschutz. 50 Jahre im Dienst der inneren Sicherheit, Köln 2000.
Bundesamt für Verfassungsschutz (Hrsg.): „Autonome Nationalisten" – Rechtsextremistische Militanz, Köln 2009.
Bundesministerium des Innern (Hrsg.): Verfassungsschutz – Bilanz und Perspektiven. Beiträge aus Wissenschaft und Praxis, Halle (Saale) 1998.
Bundesministerium des Innern (Hrsg.): Feindbilder und Radikalisierungsprozesse. Elemente und Instrumente im politischen Extremismus, Berlin 2005.
Bundschuh, Stephan/Ansgar Drücker/Thilo Scholle (Hrsg.): Wegweiser: Jugendarbeit gegen Rechtsextremismus, Schwalbach/Ts. 2012.
Burleigh, Michael: Die Zeit des Nationalsozialismus. Eine Gesamtdarstellung, Frankfurt a. M. 2000.
Butterwegge, Christoph: Rechtsextremismus, Rassismus und Gewalt. Erklärungsmodelle in der Diskussion, Darmstadt 1996.

Canu, Isabelle: Der Schutz der Demokratie in Deutschland und Frankreich. Ein Vergleich des Umgangs mit politischen Extremisten vor dem Hintergrund der europäischen Integration, Opladen 1997.
Capoccia, Giovanni: Defending Democracy. Reactions to Extremism in Interwar Europe, Baltimore 2005.
Carter, Elizabeth: The Extreme Right in Western Europe. Success or Failure?, Manchester 2012.
Ceyland, Rauf/Michael Kiefer: Salafismus. Fundamentalistische Strömungen und Radikalisierungsprävention, Wiesbaden 2013.
Chaussy, Ulrich: Oktoberfest. Ein Attentat, Darmstadt/Neuwied 1985.
Chaussy, Ulrich: Die drei Leben des Rudi Dutschke, 2. Aufl., Frankfurt a. M. 1985.
Cohn-Bendit, Daniel/Thomas Schmid: Heimat Babylon. Das Wagnis der multikulturellen Demokratie, Hamburg 1992.

Copsey, Nigel: The English Defence League: Challenging our Country and our Values of Social Inclusion, Fairness and Equality, o. O. 2010.
Courtois, Stéphane u. a.: Das Schwarzbuch des Kommunismus. Unterdrückung, Verbrechen und Terror, München/Zürich 1998.
Courtois, Stéphane u. a. (Hrsg.): Das Schwarzbuch des Kommunismus 2. Das schwere Erbe der Ideologie, München 2004.
Courtois, Stéphane (Hrsg.): Das Handbuch des Kommunismus. Geschichte, Ideen, Köpfe, München 2010.

Damir-Geilsdorf, Sabine: Herrschaft und Gesellschaft. Der islamistische Wegbereiter Sayyid Qutb und seine Rezeption, Würzburg 2003.
Damm, Matthias: Die Rezeption des italienischen Faschismus in der Weimarer Republik, Baden-Baden 2013.
Decker, Frank: Der neue Rechtspopulismus, 2. Aufl., Opladen 2004.
Decker, Frank (Hrsg.): Populismus in Europa. Gefahr für die Demokratie oder nützliches Korrektiv?, Wiesbaden 2006.
Decker, Frank/Bernd Hennigsen/Kjetil Jakobsen (Hrsg): Rechtspopulismus und Rechtsextremismus in Europa. Die Herausforderung der Zivilgesellschaft durch alte Ideologien, Baden-Baden 2015.
Decker, Frank/Viola Neu (Hrsg.): Handbuch der deutschen Parteien, 3. Aufl., Wiesbaden 2018.
Decker, Oliver/Elmar Brähler: Vom Rand zur Mitte. Rechtsextreme Einstellungen und ihre Einflussfaktoren in Deutschland, Berlin 2006.
Decker, Oliver/Elmar Brähler: Bewegung in der Mitte in der Krise. Rechtsextreme Einstellungen in Deutschland 2008, Berlin 2008.
Decker, Oliver/Marliese Weißmann/Johannes Kiess/Elmar Brähler: Die Mitte in der Krise. Rechtsextreme Einstellungen in Deutschland 2010, Berlin 2010.
Decker, Oliver/Johannes Kiess/Elmar Brähler: Die Mitte im Umbruch. Rechtsextreme Einstellungen in Deutschland 2012, Berlin 2012.
Decker, Oliver/Johannes Kiess/Elmar Brähler: Die stabilisierte Mitte. Rechtsextreme Einstellungen in Deutschland 2014, Leipzig 2014.
Decker, Oliver/Johannes Kiess/Elmar Brähler: Die enthemmte Mitte. Autoritäre und rechtsextreme Einstellung in Deutschland 2016, Gießen 2016.
Denninger, Erhard (Hrsg.): Freiheitliche demokratische Grundordnung, 2 Bde., Frankfurt a. M. 1977.
Deutz-Schroder, Monika/Klaus Schroeder: Linksextreme Einstellungen und Feindbilder. Befragungen, Statistiken und Analysen, Frankfurt a. M. 2016.
Dietze, Carola: Die Erfindung des Terrorismus in Europa, Russland und den USA 1858–1866, Hamburg 2016.
Dietze, Sascha: Die Ideologie der Marxistisch-Leninistischen Partei Deutschlands (MLPD), Münster 2010.
Ditfurth, Jutta: Worum es geht. Flugschrift, Berlin 2012.
Dornbusch, Christan/Jan Raabe (Hrsg.): RechtsRock. Bestandsaufnahme und Gegenstrategien, Münster 2002.
Dörr, Nikolas: Die Rote Gefahr. Der italienische Eurokommunismus als sicherheitspolitische Herausforderung für die USA und Westdeutschland 1969–1979, Köln u. a. 2017.
Dovermann, Ulrich (Hrsg.): Linksextremismus in der Bundesrepublik Deutschland, Bonn 2011.
Dubiel, Helmut (Hrsg.): Populismus und Aufklärung, Frankfurt a. M. 1986.
Dudek, Peter: Jugendliche Rechtsextremisten. Zwischen Hakenkreuz und Odalsrune 1945 bis heute, Köln 1985.

Dudek, Peter/Hans-Gerd Jaschke: Entstehung und Entwicklung des Rechtsextremismus in der Bundesrepublik. Zur Tradition einer besonderen politischen Kultur, 2 Bde., Opladen 1984.
Dünkel, Frieder/Bernd Geng (Hrsg.): Rechtsextremismus und Fremdenfeindlichkeit. Bestandsaufnahme und Interventionsstrategien, Mönchengladbach 1999.
Dutschke, Rudi: Versuch, Lenin auf die Füße zu stellen. Über den halbasiatischen und den westeuropäischen Weg zum Sozialismus. Lenin, Lukács und die Dritte Internationale, Berlin 1974.
Eatwell, Roger/Cas Mudde (Hrsg.): Western Democracies and the New Extreme Right Challenge, London 2004.
Enzmann, Birgit: Der demokratische Verfassungsstaat. Zwischen Legitimationskonflikt und Deutungsoffenheit, Wiesbaden 2009.
Enzmann, Birgit: Der Demokratische Verfassungsstaat. Entstehung, Elemente, Herausforderungen, Wiesbaden 2012.
Enzmann, Birgit (Hrsg.): Handbuch Politische Gewalt. Formen – Ursachen – Legitimation – Begrenzung, Wiesbaden 2013.
Esser, Frank/Bertram Scheufele/Hans-Bernd Brosius (Hrsg.), Fremdenfeindlichkeit als Medienthema und Medienwirkung. Deutschland im internationalen Scheinwerferlicht, Opladen 2002.
Euchner, Walter (Hrsg.): Klassiker des Sozialismus. Erster Band: Von Gracchus Babeuf bis Georgi Walentinowitsch Plechanow, Zweiter Band: Von Jaurès bis Marcuse, München 1991.
Evans, Richard: Das Dritte Reich. 1. Bd. Aufstieg, 2. Bd. Diktatur, 3. Bd. Krieg, München 2004, 2007, 2009.
Everts, Carmen: Politischer Extremismus. Theorie und Analyse am Beispiel der Parteien REP und PDS, Berlin 2000.

Faber, Richard/Hajo Funke/Gerhard Schoenberger (Hrsg.): Rechtsextremismus. Ideologie und Gewalt, Berlin 1995.
Falter, Jürgen W.: Hitlers Wähler, München 1993.
Falter, Jürgen W.: Wer wählt rechts? Die Wähler und Anhänger rechtsextremistischer Parteien im vereinigten Deutschland, München 1994.
Falter, Jürgen W. (Hrsg.): Junge Kämpfer, alte Opportunisten. Die Mitglieder der NSDAP 1919–1945, Frankfurt a. M. 2016.
Falter, Jürgen W./Harald Schoen (Hrsg.): Handbuch Wahlforschung, 2. Aufl., Wiesbaden 2014.
Falter, Jürgen W./Hans-Gerd Jaschke/Jürgen R. Winkler (Hrsg.): Rechtsextremismus. Ergebnisse und Perspektiven der Forschung, Opladen 1996.
Farin, Klaus (Hrsg.): Die Autonomen, Berlin 2015.
Fascher, Eckhard: Modernisierter Rechtsextremismus? Ein Vergleich der Parteigründungsprozesse der NPD und der Republikaner in den sechziger und achtziger Jahren, Berlin 1994.
Fedoseev, Petr N. u. a.: „Demokratischer Sozialismus" – Ideologie des Sozialreformismus, Berlin (Ost)/Frankfurt a. M. 1980.
Feit, Margret: Die „Neue Rechte" in der Bundesrepublik. Organisation – Ideologie – Strategie, Frankfurt a. M./New York 1987.
Felsch, Philipp: Der Lange Sommer der Theorie. Geschichte einer Revolution 1960–1990, München 2015.
Fenske, Hans: Der moderne Verfassungsstaat. Eine vergleichende Geschichte von der Entstehung bis zum 20. Jahrhundert, Paderborn 2001.
Fest, Joachim: Hitler. Eine Biographie, Frankfurt a. M. 1973.
Feustel, Robert u. a.: Wörterbuch des besorgten Bürgers, Mainz 2016.
Feustel, Susanne/Jenifer Stange/Tom Strohschneider (Hrsg.): Verfassungsfeinde? Wie die Hüter von Denk- und Gewaltmonopolen mit dem „Linksextremismus" umgehen, Hamburg 2012.
Fischer, Conan: The German Communists and the Rise of Nazism, Houndmills/London 1991.

Fischer, Michael: Horst Mahler. Biographische Studie zu Antisemitismus, Antiamerikanismus und Versuchen deutscher Schuldabwehr, Karlsruhe 2015.
Flechtheim, Ossip K.: Die KPD in der Weimarer Republik, Frankfurt a. M. 1969.
Flemming, Lars: Das NPD-Verbotsverfahren. Vom „Aufstand der Anständigen" zum „Aufstand der Unfähigen", Baden-Baden 2004.
Flümann, Gereon: Streitbare Demokratie in Deutschland und den Vereinigten Staaten. Der staatliche Umgang mit nichtgewalttätigem politischem Extremismus im Vergleich, Wiesbaden 2015.
Flümann, Gereon (Hrsg.): Umkämpfte Begriffe. Deutungen zwischen Demokratie und Extremismus, Bonn 2017.
Forum für kritische Rechtsextremismusforschung (Hrsg.): Ordnung, Macht, Extremismus. Effekte und Alternativen des Extremismus-Modells, Wiesbaden 2011.
Foschepoth, Josef: Verfassungswidrig! Das KPD-Verbot im Kalten Bürgerkrieg, Göttingen 2017.
Fraenkel, Ernst: Deutschland und die westlichen Demokratien, 9. Aufl., Baden-Baden 2011.
Freeden, Michael: Ideologies and Political Theory. A Conceptual Approach, Oxford 1996.
Friedrich-Ebert-Stiftung (Hrsg.): Handlungsempfehlungen zur Auseinandersetzung mit islamistischem Extremismus und Islamfeindlichkeit, Berlin 2015.
Frindte, Wolfgang/Klaus Boehnke/Henry Kreikenbom/Wolfgang Wagner: Lebenswelten junger Muslime in Deutschland, Berlin 2011.
Frindte, Wolfgang u. a.: Rechtsextremismus und „Nationalsozialistischer Untergrund". Interdisziplinäre Debatten, Befunde und Bilanzen, Wiesbaden 2015.
Fritze, Lothar: Täter mit gutem Gewissen. Über menschliches Versagen im diktatorischen Sozialismus, Köln u. a. 1998.
Fritze, Lothar: Anatomie des totalitären Denkens. Kommunistische und nationalsozialistische Weltanschauung im Vergleich, München 2012.
Fromme, Friedrich Karl: Von der Weimarer Republik zum Bonner Grundgesetz, 3. Aufl., Berlin 1999.
Fuchs, Christian/John Goetz: Die Zelle. Rechter Terror in Deutschland, Reinbek 2012.
Fünfsinn, Helmut/Armin Pfahl-Traughber (Hrsg.): Extremismus und Terrorismus als Herausforderung für Gesellschaft und Justiz, Brühl 2011.
Fukuyama, Francis: Das Ende der Geschichte. Wo stehen wir?, München 1992.
Funke, Hajo: Paranoia und Politik. Rechtsextremismus in der Berliner Republik, Berlin 2002.
Funke, Hajo: Von Wutbürgern und Brandstiftern. AfD – Pegida – Gewaltnetze, Berlin 2016.
Furet, François: Das Ende der Illusion. Der Kommunismus im 20. Jahrhundert, München 1998.

Gable, Gerry/Paul Jackson: Lone Wolves: Myth or Reality? A Searchlight Report, Ilford 2010.
Gallus, Alexander: Die Neutralisten. Verfechter eines vereinten Deutschland zwischen Ost und West 1945–1990, 2. Aufl., Düsseldorf 2006.
Galtung, Johan: Strukturelle Gewalt. Beiträge zur Friedens- und Konfliktforschung, Reinbek bei Hamburg 1982.
Gallus, Alexander (Hrsg): Meinhof, Mahler, Ensslin. Die Akten der Studienstiftung des deutschen Volkes, Göttingen 2016.
Gauck, Joachim: Freiheit. Ein Plädoyer, München 2012.
Gay, Peter: Das Dilemma des demokratischen Sozialismus. Eduard Bernsteins Auseinandersetzung mit Marx, Nürnberg 1954.
Geiges, Lars/Stine Marg/Franz Walter: PEGIDA. Die schmutzige Seite der Zivilgesellschaft?, Bielefeld 2015.
Gellately, Ronert: Lenin, Stalin and Hitler. The Age of Social Catastrophe, London 2008.

Gerick, Gunter: SED und MfS. Das Verhältnis der SED-Bezirksleitung Karl-Marx-Stadt und der Bezirksverwaltung für Staatssicherheit 1961 bis 1989, Berlin 2013.
Gerlach, Julia: Die Vereinsverbotspraxis der streitbaren Demokratie. Verbieten oder Nicht-Verbieten?, Baden-Baden 2012.
Gessenharter, Wolfgang/Thomas Pfeiffer (Hrsg.): Die Neue Rechte – eine Gefahr für die Demokratie?, Wiesbaden 2004.
Gerlach, Julia: Die Vereinsverbotspraxis der streitbaren Demokratie. Verbieten oder Nicht-Verbieten?, Baden-Baden 2012.
Geronimo: Feuer und Flamme. Zur Geschichte der Autonomen, Berlin/Amsterdam 1995.
Giddens, Anthony: Beyond Left and Right. The Future of Radical Politics, Oxford 1994.
Giddens, Anthony: The Third Way, Cambridge 1998.
Giordano, Ralph: Die Partei hat immer recht. Ein Erlebnisbericht über den Stalinismus auf deutschem Boden, Freiburg/Brsg. 1994.
Gleichauf, Ingeborg: Poesie und Gewalt. Das Leben der Gudrun Ensslin, Stuttgart 2017.
Graf, Herbert/Günther Seiler: Wahl und Wahlrecht im Klassenkampf, Berlin (Ost) 1971.
Gräfe, Sebastian: Rechtsterrorismus in der Bundesrepublik Deutschland. Zwischen erlebnisorientierten Jugendlichen, „Feierabendterroristen" und klandestinen Untergrundzellen, Baden-Baden 2017.
Greß, Franz/Hans-Gerd Jaschke/Klaus Schönekäs: Neue Rechte und Rechtsextremismus in Europa. Bundesrepublik, Frankreich, Großbritannien, Opladen 1990.
Gross, Almut/Thomas Schultze: Die Autonomen – Ursprünge, Entwicklung und Profil der autonomen Bewegung, Hamburg 1997.
Grumke, Thomas/Rudolf van Hüllen: Der Verfassungsschutz. Grundlagen, Gegenwart, Zukunft?, Opladen 2016.
Grumke, Thomas/Bernd Wagner (Hrsg.): Handbuch Rechtsradikalismus. Personen – Organisationen – Netzwerke vom Neonazismus bis in die Mitte der Gesellschaft, Opladen 2002.
Grünbaum, Robert: Jenseits des Alltags. Die Schriftsteller der DDR und die Revolution von 1989/90, Baden-Baden 2002.
Grunenberg, Nina: Antifaschismus. Ein deutscher Mythos, Reinbek bei Hamburg 1993.
Grünke, Ralf: Geheiligte Mittel? Der Umgang von CDU/CSU und SPD mit den Republikanern, Baden-Baden 2006.
Grüttner, Michael: Das Dritte Reich 1933–1939, Stuttgart 2014.
Gurr, Ted Robert: Why Men Rebel, Princeton 1970.
Gusy, Christoph: Grundrechte und Verfassungsschutz, Wiesbaden 2011.
Gusy, Christoph: Weimar – die wehrlose Republik?, Tübingen 1991.

Häberle, Peter: Verfassungslehre als Kulturwissenschaft, Berlin 1998.
Habermas, Jürgen: Faktizität und Geltung. Beiträge zur Diskurstheorie des Rechts und des demokratischen Rechtsstaats, Frankfurt a. M. 1992.
Hadamitzky, Sebastian: Demokratische Qualität in Deutschland. Ein input-orientiertes Modell zur Beseitigung normativer Defizite, Baden-Baden 2016.
Haines, Charles Grove: The American Doctrine of Judicial Supremacy, New York 1973.
Hainsworth, Paul (Hrsg.): The Politics of the Extreme Right Parties in Western Europe. From the Margins to the Mainstream, London 2000.
Hansen, Henning: Die Sozialistische Reichspartei. Aufstieg und Scheitern einer rechtsextremen Partei, Düsseldorf 2007.
Hartleb, Florian: Rechts- und Linkspopulismus. Eine Fallstudie anhand von Schill-Partei und PDS, Wiesbaden 2004.
Hartleb, Florian: Die Stunde der Populisten. Wie sich unsere Politik trumpetisiert und was wir dagegen tun können, Schwalbach/Ts. 2017.
Hartmann, Hauke: Violence, Exremism and Transformation, Gütersloh 2006.

Hasche, Thorsten: Quo vadis, politischer Islam? AKP, al-Qaida und Muslimbruderschaft in systemtheoretischer Perspektive, Bielefeld 2015.
Haury, Thomas: Antisemitismus von links. Kommunistische Ideologie, Nationalismus und Antizionismus in der früheren DDR, Hamburg 2002.
Häusler, Alexander (Hrsg.): Rechtspopulismus als „Bürgerbewegung". Kampagnen gegen Islam und Moscheebau und kommunale Gegenstrategien, Wiesbaden 2008.
Heimann, Horst/Thomas Meyer (Hrsg.): Bernstein und der Demokratische Sozialismus. Bericht über den wissenschaftlichen Kongress „Die historische Leistung und aktuelle Bedeutung Eduard Bernsteins", Berlin/Bonn 1977.
Heim, Tino (Hrsg.): Pegida als Spiegel und Projektionsfläche. Wechselwirkungen und Abgrenzungen zwischen Pegida, Politik, Medien, Zivilgesellschaft und Sozialwissenschaften, Wiesbaden 2017.
Heinemann, Karl-Heinz/Wilfried Schubarth (Hrsg.): Der antifaschistische Staat entlässt seine Kinder. Jugend und Rechtsextremismus in Ostdeutschland, Köln 1992.
Heinisch, Reinhard C./Christina Holtz-Bacha/Oscar Mazzoleni (Hrsg.): Political Populism. A Handbook, Baden-Baden 2017.
Heintze, Cornelia: Wohlfahrtsstaat als Standortvorteil. Deutschlands Reformirrweg im Lichte des skandinavischen Erfolgsmodells, Leipzig 2005.
Heitmeyer, Wilhelm: Die Bielefelder Rechtsextremismus-Studie. Eine Langzeituntersuchung zur politischen Sozialisation männlicher Jugendlicher, Weinheim u. a. 1992.
Heitmeyer, Wilhelm (Hrsg.): Deutsche Zustände, Bde. 1–10, Frankfurt a. M. 2002–2012.
Heitmeyer, Wilhelm/Joachim Müller/Helmut Schröder: Verlockender Fundamentalismus, Frankfurt a. M. 1997.
Heitmeyer, Wilhelm/John Hagan (Hrsg.): Internationales Handbuch der Gewaltforschung, Wiesbaden 2002.
Herbert, Ulrich: Best. Biographische Studien über Radikalismus, Weltanschauung und Vernunft 1903–1989, Bonn 1996.
Herrmann, Nadine E.: Entstehung, Legitimation und Zukunft der konkreten Normenkontrolle im modernen Verfassungsstaat. Eine verfassungsgeschichtliche Untersuchung des richterlichen Prüfungsrechts in Deutschland unter Einbeziehung der französischen Entwicklung, Berlin 2001.
Hilberg, Raoul: Die Vernichtung der europäischen Juden, 11., durchgesehene und erweiterte Aufl., Frankfurt a. M. 2010.
Hildebrand, Klaus: Das Dritte Reich, 6. überarbeitete Aufl., München 2003.
Hildebrand, Klaus (Hrsg): Zwischen Politik und Religion. Studien zur Entstehung, Existenz und Wirkung des Totalitarismus, München 2003.
Hillebrand, Ernst (Hrsg.): Rechtspopulismus in Europa. Gefahr für die Demokratie, Bonn 2015.
Hirscher, Gerhard (Hrsg.): Kommunistische und postkommunistische Parteien in Osteuropa. Ausgewählte Fallstudien, München 2000.
Hirscher, Gerhard/Eckhard Jesse: Extremismus in Deutschland. Schwerpunkte, Vergleiche Perspektiven, Baden-Baden 2013.
Hirscher, Gerhard/Armin Pfahl-Traughber (Hrsg.): Was wurde aus der DKP? Beiträge zu Geschichte und Gegenwart der extremen Linken in Deutschland, Brühl 2008.
Hirscher, Gerhard/Roland Sturm (Hrsg.): Die Strategie des „Dritten Weges". Legitimation und Praxis sozialdemokratischer Regierungspolitik, München 2001.
Hobsbawm, Eric: Das Zeitalter der Extreme. Weltgeschichte des 20. Jahrhunderts, München/Wien 1995.
Hodenberg, Christina von: Das andere Achtundsechzig. Gesellschaftsgeschichte einer Revolte, München 2018.

Hoffmann, Karsten Dustin: „Rote Flora". Ziele, Mittel und Wirkungen eines linksautonomen Zentrums in Hamburg, Baden-Baden 2011.
Hoffmann, Uwe: Die NPD. Entwicklung, Ideologie und Struktur, Frankfurt a. M. u. a. 1999.
Holzer, Jerzy: Der Kommunismus in Europa. Politische Bewegung und Herrschaftssystem, Frankfurt a. M. 1998.
Hough, Dan/Michael Koß/Jonathan Olsen: The Left Party in Contemporary German Politics, Basingstoke 2007.
Hüllen, Rudolf van: Ideologie und Machtkampf bei den Grünen. Untersuchung zur programmatischen und innerorganisatorischen Entwicklung einer deutschen Bewegungspartei, Bonn 1990.
Huntington, Samuel P.: Political Order in Changing Societies, New Haven 1968.
Hutter, Clemens M.: Rassen-, Klassen-, Massenmord. Anatomie des Totalitarismus, München 2003.

Ignazi, Piero: Extreme Right Parties in Western Europe, Oxford 2006.
Isensee, Josef: Freiheit ohne Pflichten? Zum verfassungsrechtlichen Status des Bürgers im Staat des Grundgesetzes, Münster 1983.

Jaschke, Hans-Gerd: Streitbare Demokratie und Innere Sicherheit. Grundlagen, Praxis und Kritik, Opladen 1991.
Jaschke, Hans-Gerd: Die „Republikaner". Profile einer Rechtsaußen-Partei, Bonn 1993.
Jaschke, Hans-Gerd: Rechtsextremismus und Fremdenfeindlichkeit. Begriffe – Positionen – Praxisfelder, 2. Aufl., Opladen 2001.
Jenke, Manfred: Verschwörung von rechts? Ein Bericht über den Rechtsradikalismus in Deutschland nach 1945, Berlin 1961.
Jenke, Manfred: Die nationale Rechte Parteien – Politiker – Publizisten, Berlin 1967.
Jesse, Eckhard: Streitbare Demokratie. Theorie, Praxis und Herausforderungen in der Bundesrepublik Deutschland, 2. Aufl., Berlin 1981.
Jesse, Eckhard: Systemwechsel in Deutschland. 1918/19 – 1933 – 1945/49 – 1989/90, 2. Aufl., Köln u. a. 2011.
Jesse, Eckhard/Jürgen P. Lang: Die Linke. Der smarte Extremismus einer deutschen Partei, München 2008.
Jesse, Eckhard/Jürgen P. Lang: DIE LINKE – eine gescheiterte Partei?, München 2012.
Jesse, Eckhard (Hrsg.): Totalitarismus im 20.Jahrhundert. Eine Bilanz der internationalen Forschung, 2. Aufl., Baden-Baden 1999.
Jesse, Eckhard (Hrsg.): Wie gefährlich ist Extremismus? Gefahren durch Extremismus, Gefahren im Umgang mit Extremismus, Baden-Baden 2015.
Jesse, Eckhard/Steffen Kailitz (Hrsg.): Prägekräfte des 20. Jahrhunderts. Demokratie, Extremismus und Totalitarismus, Baden-Baden 1997.
Jesse, Eckhard/Roland Sturm (Hrsg.): Demokratien des 20. Jahrhunderts. Historische Zugänge – Gegenwartsprobleme – Reformperspektiven, Opladen 2003.
Jesse, Eckhard/Tom Thieme (Hrsg.): Extremismus in den EU-Staaten, Wiesbaden 2011.
Johansson, Warren/William A. Percy: Outing: Shattering the Conspiracy of Silence, Harrington Park 1994.
Jun, Uwe/Henry Kreikenbom/Viola Neu (Hrsg.): Kleine Parteien im Aufwind. Zur Veränderung der deutschen Parteienlandschaft, Frankfurt a. M. 2006.

Kailitz, Steffen: Die politische Deutungskultur im Spiegel des „Historikerstreits". What's right? What's left?, Wiesbaden 2001.
Kailitz, Steffen: Politischer Extremismus in der Bundesrepublik Deutschland. Eine Einführung, Wiesbaden 2004.

Kailitz, Steffen/Patrick Köllner (Hrsg.): Autokratien im Vergleich, Baden-Baden 2013.
Kailitz, Susanne: Von den Worten zu den Waffen? Frankfurter Schule, Studentenbewegung, RAF und die Gewaltfrage, Wiesbaden 2007.
Kater, Michael: The Nazi Party. A Social Profile of Members and Leaders, 1919–1945, Cambridge, Mass. 1983.
Katsiaficas, George: The Subversion of Politics. European Autonomous Social Movements and the Decolonization of Everyday Life, New Jersey 1997.
Kellerhoff, Sven Felix: Die NSDAP. Eine Partei und ihre Mitglieder, Stuttgart 2017.
Kemmesies, Uwe E. (Hrsg.): Terrorismus und Extremismus. Der Zukunft auf der Spur. Beiträge zur Entwicklungsdynamik von Terrorismus und Extremismus – Möglichkeiten und Grenzen einer prognostischen Empirie, München 2006.
Kershaw, Ian: Hitler 1889–1936 und 1936–1945, 2. Aufl., Stuttgart 1998.
Kershaw, Ian: Höllensturz. Europa 1914 bis 1949, München 2017.
Khosrokhavar, Farhad: Radikalisierung, Hamburg 2016.
Kielmansegg, Peter Graf: Die Instanz des letzten Wortes. Verfassungsgerichtsbarkeit und Gewaltenteilung in der Demokratie, Stuttgart 2005.
Kißener, Michael: Das Dritte Reich, Darmstadt 2005.
Kitschelt, Herbert: The Radical Right in Western Europe. A Comparative Analysis, Ann Arbor 1995.
Klamt, Martin: Die Europäische Union als Streitbare Demokratie. Rechtsvergleichende und europarechtliche Dimensionen einer Idee, München 2012.
Klärner, Andreas: Zwischen Militanz und Bürgerlichkeit. Selbstverständnis und Praxis der extremen Rechten, Hamburg 2008.
Klärner, Andreas/Michael Kohlstruck (Hrsg.): Moderner Rechtsextremismus in Deutschland, Bonn 2006.
Klingemann, Hans-Dieter/Franz Urban Pappi: Politischer Radikalismus. Theoretische und methodische Probleme der Radikalisierungsforschung dargestellt am Beispiel einer Studie anlässlich der Landtagswahl 1970 in Hessen, München 1972.
Kloke, Martin: Zwischen Scham und Wahn. Israel und die deutsche Linke 1945–2000, Hamburg 2001.
Klötzing-Madest, Ulrike: Der Marxismus-Leninismus in der DDR – eine politische Religion? Eine Analyse anhand der Konzeptionen von Eric Voegelin, Raymond Aron und Emilio Gentile, Baden-Baden 2017.
Klump, Andreas: Neuer politischer Extremismus? Ein politikwissenschaftliche Fallstudie am Beispiel der Scientology-Organisation, Baden-Baden 2001.
Koenen, Gerd: Utopie der Säuberung. Was war der Kommunismus?, Berlin 1998.
Koenen, Gerd: Das rote Jahrzehnt. Unsere kleine deutsche Kulturrevolution 1967–1977, Köln 2001.
Koenen, Gerd: Was war der Kommunismus?, Göttingen 2010.
Koenen, Gerd: Die Farbe Rot. Ursprünge und Geschichte des Kommunismus, München 2017.
Kolakowski, Leszek: Die Hauptströmungen des Marxismus. Entstehung, Entwicklung, Zerfall, 3 Bde., München 1989.
Kollmorgen, Raj/Wolfgang Merkel/Hans-Jürgen-Jürgen Wagener (Hrsg.): Handbuch Transformationsforschung, Wiesbaden 2015.
Koopmans, Ruud: A Burning Question. Explaining the Rise of Racist and Extreme Right Violence in Western Europe, Berlin 1995.
Kowalsky, Wolfgang/Wolfgang Schroeder (Hrsg.): Rechtsextremismus. Einführung und Forschungsbilanz, Opladen 1994.
Kraushaar, Wolfgang: Die Bombe im jüdischen Gemeindehaus, Hamburg 2005.
Kraushaar, Wolfgang: Achtundsechzig. Eine Bilanz, Berlin 2008.
Kraushaar, Wolfgang: Die blinden Flecken der 68er-Bewegung, Stuttgart 2018.

Kraushaar, Wolfgang: Die blinden Flecken der RAF, Stuttgart 2017.
Kraushaar, Wolfgang (Hrsg.): Die RAF und der linke Terrorismus, 2 Bde., Hamburg 2006.
Kroll, Frank-Lothar/Barbara Zehnpfennig (Hrsg.): Ideologie und Verbrechen. Kommunismus und Nationalsozialismus im Vergleich, München 2014.
Kühn, Adriaan: Kampf um die Vergangenheit als Kampf um die Gegenwart. Die Wiederkehr der „zwei Spanien", Baden-Baden 2012.
Kühn, Alexander: Christlicher Extremismus in Deutschland. Das Verhältnis der Partei Bibeltreuer Christen, Christliche Mitte, Priesterbruderschaft St. Pius und Zeugen Jehovas zum demokratischen Verfassungsstaat, Leipzig 2017.
Kühn, Andreas: Stalins Enkel, Maos Söhne. Die Lebenswelt der K-Gruppen in der Bundesrepublik der 70er Jahre, Frankfurt a. M. 2005.
Kühnl, Reinhard: Die nationalsozialistische Linke 1925–1930, Meisenheim am Glan 1966.
Kurz, Robert: Die antideutsche Ideologie. Vom Antifaschismus zum Krisenimperialismus. Kritik des neuesten linksdeutschen Sektenwesens in seinen theoretischen Propheten, Münster 2003.

Lafontaine, Oskar: Politik für alle. Streitschrift für eine gerechte Gesellschaft, Berlin 2005.
Land Brandenburg/Ministerium des Innern (Hrsg.): Schwarze Blöcke rechts und links. Autonome Extremisten auf Gewaltkurs, Potsdam 2010.
Landesamt für Verfassungsschutz Baden-Württemberg: Sayyid Qutb als Wegbereiter des modernen Jihadismus, Stuttgart 2011.
Lang, Jürgen P.: Ist die PDS eine demokratische Partei? Eine extremismustheoretische Untersuchung, Baden-Baden 2003.
Lang, Jürgen P./Patrick Moreau: Linksextremismus: eine unterschätzte Gefahr, Bonn 1996.
Lang, Kai-Olaf: Postkommunistische Nachfolgeparteien im östlichen Mitteleuropa. Erfolgsvoraussetzungen und Entwicklungsdynamiken, Baden-Baden 2009.
Lange, Markus: Das politisierte Kino. Ideologische Selbstinszenierungen im „Dritten Reich" und der DDR, Marburg 2013.
Langebach, Martin/Andreas Speit: Europas radikale Rechte. Bewegungen und Parteien auf Straßen und in Parlamenten, Zürich 2013.
Langguth, Gerd: Mythos ´68. Die Gewaltphilosophie von Rudi Dutschke – Ursachen und Folgen der Studentenbewegung, München 2001.
Lauterbach, Jörg: Staats- und Politikverständnis autonomer Gruppen in der BRD, Frankfurt a. M. 1999.
Lauth, Hans-Joachim: Demokratie und Demokratiemessung. Eine konzeptionelle Grundlegung für den interkulturellen Vergleich, Wiesbaden 2004.
Lauth, Hans-Joachim/Marianne Kneuer/Gert Pickel (Hrsg.): Handbuch Vergleichende Politikwissenschaft, Wiesbaden 2016.
Leif, Thomas: Die strategische (Ohn-)Macht der Friedensbewegung, Opladen 1990.
Leggewie, Claus: Druck von rechts. Wohin treibt die Bundesrepublik?, München 1993.
Leggewie, Claus: Anti-Europäer. Breivik, Dugin, al-Suri & Co, Frankfurt a. M. 2016.
Leggewie, Claus/Horst Meier: Republikschutz. Maßstäbe für die Verteidigung der Demokratie, Reinbek bei Hamburg 1995.
Leggewie, Claus/Horst Meier: Nach dem Verfassungsschutz. Plädoyer für eine neue Sicherheitsstruktur der Berliner Republik, Berlin 2012.
Leggewie, Claus/Horst Meier (Hrsg.): Verbot der NPD oder Mit Rechtsradikalen leben? Die Positionen, Frankfurt a. M. 2002.
Lehmann, Steffi: Jugendpolitik in der DDR. Anspruch und Auswirkungen, Baden-Baden 2018.
Leo, Per/Maximilian Steinbeis/Daniel-Pascal Zorn: Mit Rechten reden. Ein Leitfaden, 4. Aufl., Stuttgart 2017.
Leonhard, Wolfgang: Die Revolution entlässt ihre Kinder, Köln 1955.

Lepsius, M. Rainer: Extremer Nationalismus. Strukturbedingungen vor der nationalsozialistischen Machtergreifung, Stuttgart 1966.
Liebold, Sebastian: Kollaboration des Geistes. Deutsche und französische Rechtsintellektuelle 1933–1940, Berlin 2012.
Linz, Juan J.: Breakdown of Democracies. Crisis, Breakdown & Reequilibration, Baltimore 1978.
Linz, Juan J.: Totalitäre und autoritäre Regime, hrsg. von Raimund Krämer, 3. Aufl., Potsdam 2009.
Linz, Juan J./Alfred Stepan (Hrsg.): The Breakdown of Democratic Regimes, Baltimore 1978.
Lipset, Seymour M.: Soziologie der Demokratie, Neuwied 1962.
Lipset, Seymour M.: Political Man. The Social Bases of Politics, New York 1960.
Lipset, Seymour M. Lipset/Earl Raab: The Politics of Unreason. Right-Wing Extremism in America 1790–1977, 2. Aufl., Chicago 1978.
Loewenstein, Karl: Verfassungslehre, Tübingen 2000.
Löffler, Bernhard: Integration in Deutschland. Zwischen Assimilation und Multikulturalismus, München 2011.
Logvinov, Michail: Russlands Kampf gegen den internationalen Terrorismus. Eine kritische Bestandsaufnahme des Bekämpfungsansatzes, Stuttgart 2012.
Lohlker, Rüdiger: Dschihadismus. Materialien, Wien 2009.
Lohlker, Rüdiger: Theologie der Gewalt. Das Beispiel IS, Wien 2016.
Longerich, Peter: Politik der Vernichtung. Eine Gesamtdarstellung der nationalsozialistischen Judenvernichtung, München 1998.
Lönnendonker, Siegward (Hrsg.): Linksintellektueller Aufbruch zwischen „Kulturrevolution" und „kultureller Zerstörung", Opladen 1998.
Lösche, Peter: Anarchismus, Darmstadt 1977.
Lüdersen, Klaus (Hrsg.): V-Leute – die Falle im Rechtsstaat, Frankfurt a. M. 1985.
Luft, Stefan: Staat und Migration. Zur Steuerbarkeit von Zuwanderung und Migration, Frankfurt a. M. 2009.
Luks, Leonid: Zwei Gesichter des Totalitarismus. Bolschewismus und Nationalsozialismus im Vergleich, Köln 2007.
Lützinger, Saskia u. a.: Die Sicht der Anderen. Eine qualitative Studie zu Biographien von Extremisten und Terroristen, Köln 2010.

Maas, Heiko, Aufstehen statt wegducken. Eine Strategie gegen Rechts, München 2017.
Mácków, Jerzy: Totalitarismus und danach. Einführung in den Kommunismus und die postkommunistische Systemtransformation, Baden-Baden 2005.
Maher, Shiraz: Salafi-Jihadism. The History of an Idea, New York 2016.
Mahler, Horst/Franz Schönhuber: Schluss mit deutschem Selbsthass. Plädoyer für ein anderes Deutschland, Berg am See 2000.
Maier, Hans u. a. (Hrsg.): Totalitarismus und politische Religionen, 3 Bde., Paderborn 1996, 1997 und 2003.
Mallmann, Klaus-Michael: Kommunisten in der Weimarer Republik. Sozialgeschichte einer revolutionären Bewegung, Darmstadt 1996.
Malthaner, Stefan/Peter Waldmann (Hrsg.): Radikale Milieus. Das soziale Umfeld terroristischer Gruppen, Frankfurt a. M. 2012.
Mann, Alexander: Corporate Governance Systeme. Funktion und Entwicklung am Beispiel von Deutschland und Großbritannien, Berlin 2003.
Mannewitz, Tom: Linksextremistische Parteien in Europa nach 1990. Ursachen für Wahlerfolge und -misserfolge, Baden-Baden 2012.
Mannewitz, Tom: Politische Kultur und demokratischer Verfassungsstaat. Ein subnationaler Vergleich zwei Jahrzehnte nach der Wiedervereinigung, Baden-Baden 2015.

Mansour, Ahmad: Generation Allah. Warum wir im Kampf gegen den religiösen Extremismus umdenken müssen, Frankfurt a. M. 2015.
March, Luke: Radical Left Parties in Europe, New York 2011.
Marg, Stine u. a.: NoPegida. Die helle Seite der Zivilgesellschaft?, Bielefeld 2016.
Marty, Martin E./R. Scott Appleby: Herausforderung Fundamentalismus. Radikale Christen, Moslems und Juden im Kampf gegen die Moderne, Frankfurt a. M./New York 1996.
Massing, Peter/Gotthard Breit/Hubertus Buchstein (Hrsg.): Demokratietheorien, 8. Aufl., Schwalbach/Ts. 2017.
McAdam, Doug/Sidney Tarrow/Charles Tilly: Dynamics of Contention, Cambridge 2001.
Mecklenburg, Jens (Hrsg.): Handbuch Deutscher Rechtsextremismus, Berlin 1996.
Meier, Horst: Parteiverbote und demokratische Republik, Baden-Baden 1993.
Meier, Horst: Protestfreie Zonen? Variationen über Bürgerrechte und Politik, Berlin 2012.
Meier, Horst: Verbot der NPD – ein deutsches Staatstheater in zwei Akten. Analysen und Kritik 2001–2014, Berlin 2015.
Meier, Horst/Claus Leggewie/Johannes Lichdi: Das Zweite Verbotsverfahren gegen die NPD. Analyse, Prozessreportage, Urteilskritik, Berlin 2017.
Meleagrou-Hitchens, Alexander/Edmund Standing: Blood & Honour. Britain's Far-Right Militants, London 2010.
Menhorn, Christian: Skinheads. Porträt einer Subkultur, Baden-Baden 2001.
Metzler, Marco: Nationale Volksarmee. Militärpolitik und politisches Militär in sozialistischer Verteidigungskoalition 1955/56 bis 1989/90, Baden-Baden 2012.
Merkel, Wolfgang: Systemtransformation. Eine Einführung in die Theorie und Empirie der Transformationsforschung, 2. Aufl., Wiesbaden 2010.
Meyer, Thomas: Sozialismus. Kleine Einführung zur Geschichte und Gegenwart des Sozialismus, Wiesbaden 2008.
Michaelis, Lars O.: Politische Parteien unter Beobachtung des Verfassungsschutzes, Baden-Baden 2000.
Michalka, Wolfgang (Hrsg.): Deutsche Geschichte 1933–1945. Dokumente zur Innen- und Außenpolitik, überarbeitete Neuausgabe, Frankfurt a. M. 1993.
Milton, John: Zur Verteidigung der Freiheit. Sozialphilosophische Traktate (1644), Leipzig 1987.
Minkenberg, Michael: Demokratie und Desintegration. Der politikwissenschaftliche Forschungsstand zu Rechtsradikalismus, Fremdenfeindlichkeit und Gewalt, Berlin 2005.
Minkenberg, Michael: Die neue radikale Rechte im Vergleich. USA, Frankreich, Deutschland, Opladen 1998.
Mohr, Reinhard: Der diskrete Charme der Rebellion. Ein Leben mit den Achtundsechzigern, Berlin 2008.
Mohr, Markus/Hartmut Rübner: Gegnerbestimmung – Sozialwissenschaft im Dienst der „inneren Sicherheit", Münster 2010.
Möllers, Christoph: Die drei Gewalten. Legitimation der Gewaltengliederung in Verfassungsstaat, europäischer Integration und Internationalisierung, Weilerswist 2008.
Möllers, Martin H. W./Robert Chr. van Ooyen (Hrsg.): Jahrbuch Öffentliche Sicherheit, Frankfurt a. M. 2000–2017
Moreau, Patrick/Rita Schorpp-Grabiak: „Man muss so radikal sein wie die Wirklichkeit" – Die PDS: eine Bilanz, Baden-Baden 2002.
Moroni, Primo/Nanni Balestrini: Die goldene Horde. Arbeiterautonomie, Jugendrevolte und bewaffneter Kampf in Italien, Berlin 1994.
Mouffe, Chantal/Ernesto Laclau: Humanismus und radikale Demokratie, Wien 1991.
Morgenstern, Andreas: Extremistische und radikale Parteien 1990–2005. DVU, REP, DKP und PDS im Vergleich, Berlin 2006.
Mudde, Cas: Populist Radical Right Parties in Europe, Cambridge 2007.

Mudde, Cas (Hrsg.): Political Extremism, Bd. 1: Extremism and Democracy: Concept, Theories and Responses, Bd. 2: Historical Extremism, Bd. 3: Right-Wing Extremism, Bd. 4: Left-Wing Extremism, Berkeley/Los Angeles 2014.
Müller, Jan-Werner: Was ist Populismus? Ein Essay, Berlin 2016.
Müller, Jost: Sozialismus, Hamburg 2000.

Narr, Wolf Dieter (Hrsg.): Auf dem Wege zum Einparteienstaat, Opladen 1977.
Neu, Viola: Das Janusgesicht der PDS, Wähler und Partei zwischen Demokratie und Extremismus, Baden-Baden 2004.
Neu, Viola: Rechts- und Linksextremismus in Deutschland. Wahlverhalten und Einstellungen, St. Augustin/Berlin 2009.
Neu, Viola: Linksextremismus in Deutschland: Erscheinungsbild und Wirkung auf Jugendliche. Auswertung einer qualitativen explorativen Studie, Sankt Augustin/Bonn 2012.
Neugebauer, Gero/Richard Stöss: Die PDS. Geschichte – Organisation – Wähler – Konkurrenten, Opladen 1996.
Neumann, Peter R.: Die neuen Dschihadisten. IS, Europa und die nächste Welle des Terrorismus, Berlin 2016.
Niethammer, Lutz: Angepasster Faschismus. Politische Praxis der NPD, Frankfurt a. M. 1969.
Noelle-Neumann, Elisabeth/Erp Ring: Das Extremismus-Potential unter jungen Leuten in der Bundesrepublik Deutschland 1984, Bonn 1984.
Nolte, Ernst: Der Faschismus in seiner Epoche, München 1963.
Nolte, Ernst: Der europäische Bürgerkrieg 1917–1945. Nationalsozialismus und Bolschewismus, Berlin 1987.
Norris, Pippa: Radical Right. Voters and Parties in the Electoral Market, Cambridge 2008.

O'Donnell, Guillermo/Philippe C. Schmitter/Lawrence Whitehead (Hrsg.): Transitions from Authoritarian Rule. Prospects for Democracy, Baltimore 1986.
Oppacher, Andreas: Deutschland und das Skandinavische Modell. Der Sozialstaat als Wohlstandsmotor, Bonn 2010.
Orlow, Dietrich: The History of the Nazi Party. 2 Bände (Bd. 1: 1919–1933. Bd. 2: 1933–1945), Pittsburgh PA 1969–1973.
Otto, Hans-Uwe/Roland Merten (Hrsg.): Rechtsradikale Gewalt im vereinigten Deutschland. Jugend im gesellschaftlichen Umbruch, Bonn 1993.
Overesch, Manfred: Buchenwald und die DDR oder Die Suche nach Selbstlegitimation, Göttingen 1995.

Painter, Anthony: Left Without a Future? Social Justice in Anxious Times, London 2013.
Patze, Peter: Wie demokratisch ist Russland? Ein tiefenorientierter Ansatz zur Messung demokratischer Standards, Baden-Baden 2011.
Patzelt, Werner J./Joachim Klose: PEGIDA. Warnsignale aus Dresden, Dresden 2016.
Paul, Johann: Die politische Auseinandersetzung mit dem Linksextremismus im Landtag Nordrhein-Westfalen 1946 bis 2005, Düsseldorf 2007.
Paxton, Robert O.: Anatomie des Faschismus, München 2004.
Pelinka, Anton: Die unheilige Allianz. Die rechten und die linken Extremisten gegen Europa, Wien 2015.
Peters, Butz: 1977 – RAF gegen Bundesrepublik, München 2017.
Peters, Butz: RAF. Terrorismus in Deutschland, Berlin 2006.
Peters, Tim: Der Antifaschismus der PDS aus antiextremistischer Sicht, Wiesbaden 2006.
Petersen, Andreas: Radikale Jugend. Die sozialistische Jugendbewegung der Schweiz 1900–1930 – Radikalisierungsanalyse und Generationentheorie, Zürich 2001.

Petschke, Madeleine: Literatur in den Farben der Deutschen Demokratischen Republik. Die Kulturpolitik unter Ulbricht und Honecker im Vergleich, Baden-Baden 2016.
Pfahl-Traughber, Armin: Konservative Revolution und Neue Rechte. Rechtsextremistische Intellektuelle gegen den demokratischen Verfassungsstaat, Opladen 1998.
Pfahl-Traughber, Armin: Rechtsextremismus in der Bundesrepublik, 4. Aufl., München 2006.
Pfahl-Traughber, Armin: Der „zweite Frühling der NPD". Entwicklung, Ideologie, Organisation und Strategie einer rechtsextremistischen Partei, St. Augustin/Berlin 2008.
Pfahl-Traughber, Armin: Linksextremismus in Deutschland. Eine kritische Bestandsaufnahme, Wiesbaden 2014.
Pfahl-Traughber, Armin (Hrsg.): Jahrbuch für Extremismus- und Terrorismusforschung, Brühl 2008–2016.
Pfeiffer, Thomas: Für Volk und Vaterland. Das Mediennetz der Rechten. Presse, Musik, Internet, Berlin 2002.
Phlippsberg, Robert: Demokratieschutz im Praxistest. Deutschlands Umgang mit extremen Vereinigungen, Baden-Baden 2015.
Pickel, Gert/Oliver Decker (Hrsg.): Extremismus in Sachsen. Eine kritische Bestandsaufnahme, Leipzig 2016.
Pohl, Cathleen: Politische Irrwege. Die Totalitarismuskonzepte Karl Raimund Poppers, München 2007.
Pohlmann, Friedrich: Deutschland im Zeitalter des Totalitarismus. Politische Identitäten in Deutschland zwischen 1918 und 1989, München 2001.
Pokorny, Sabine: Regionale Kontexteinflüsse auf extremistisches Wählerverhalten in Deutschland, Wiesbaden 2012.
Popper, Karl R.: Die offene Gesellschaft und ihre Feinde, 2 Bde., 8. Aufl., Tübingen 2003.
Priester, Karin: Rechter und linker Populismus. Annäherung an ein Chamäleon, Frankfurt a. M. 2012.
Priestland, David: Weltgeschichte des Kommunismus. Von der Französischen Revolution bis heute, München 2009.
Prinz, Sebastian: Die programmatische Entwicklung der PDS. Kontinuität und Wandel der Politik einer sozialistischen Partei, Wiesbaden 2010.
Pröhuber, Karl Heinz: Die nationalrevolutionäre Bewegung in Westdeutschland, Hamburg 1980.

Qutb, Sayyid: Milestones, Indianapolis 1990.

Rabert, Bernhard: Links- und Rechtsterrorismus in der Bundesrepublik Deutschland von 1970 bis heute, Bonn 1995.
Rebentisch, Juliane: Die Kunst der Freiheit. Zur Dialektik demokratischer Existenz, Berlin 2012.
Rehberg, Karl-Siegbert/Franziska Kunz/Tino Schlinzig (Hrsg.): PEGIDA – Rechtspopulismus zwischen Fremdenangst und „Wende"-Enttäuschung? Analysen im Überblick, Bielefeld 2016.
Reinhold, Otto: Demokratische Alternative und sozialistische Zukunft in Westdeutschland, Berlin 1968.
Rieker, Peter: Rechtsextremismus: Prävention und Intervention. Ein Überblick über Ansätze, Befunde und Entwicklungsbedarf, Weinheim/München 2009.
Rohe, Matthias: Der Islam in Deutschland. Eine Bestandsaufnahme, München 2016.
Roik, Michael: Die DKP und die demokratischen Parteien 1968–1984, Paderborn 2006.
Rokeach, Milton: The Open and the Closed Mind, New York 1960.
Röpke, Andrea/Andreas Speit (Hrsg.): Braune Kameradschaften. Die neuen Netzwerke der militanten Neonazis, Berlin 2004.

Röpke, Andrea/Andreas Speit (Hrsg.): Blut und Ehre. Geschichte und Gegenwart rechter Gewalt in Deutschland, Berlin 2013.
Roth, Roland (Hrsg.): Parlamentarisches Ritual und politische Alternativen, Frankfurt a. M. 1980.
Roth, Roland/Dieter Rucht (Hrsg.): Die sozialen Bewegungen in Deutschland seit 1945, Frankfurt a. M. 2008.
Rowold, Manfred: Im Schatten der Macht. Zur Oppositionsrolle der nicht-etablierten Parteien in der Bundesrepublik, Düsseldorf 1974.
Roy, Olivier: Der islamische Weg nach Westen. Globallsierung, Entwurzelung und Radikalisierung, München 2006.
Rudzio, Wolfgang: Erosion der Abgrenzung. Zum Verhältnis zwischen der demokratischen Linken und Kommunisten in der Bundesrepublik Deutschland, Opladen 1988.
Ruf, Christoph/Olaf Sundermeyer: In der NPD, München 2009.

Sageman, Marc: Leaderless Jihad: Terror Networks in the Twenty-First Century, Philadelphia 2008.
Salzborn, Samuel: Antisemitismus. Geschichte, Theorie, Empirie, Baden-Baden 1994.
Salzborn, Samuel: Rechtsextremismus, 3. Aufl., Baden-Baden 2018.
Sarrazin, Thilo: Deutschland schafft sich ab. Wie wir unser Land aufs Spiel setzen, München 2010.
Sarrazin, Thilo: Der neue Tugendterror. Über die Grenzen der Meinungsfreiheit, München 2014.
Sarrazin, Thilo: Wunschdenken. Europa, Währung, Bildung, Einwanderung – warum Politik so häufig scheitert, München 2016.
Schäuble, Martin: Dschihadisten – Feldforschung in den Milieus, Tübingen 2012.
Schedler, Jan/Alexander Häusler (Hrsg.): Autonome Nationalisten. Neonazismus in Bewegung, Wiesbaden 2011.
Schellenberg, Britta: Die Rechtsextremismus-Debatte. Charakteristika, Konflikte und ihre Folgen, 2. Aufl., Wiesbaden 2014.
Scherb, Armin: Präventiver Demokratieschutz als Problem der Verfassungsgebung nach 1945, Frankfurt a. M. 1987.
Schieren, Stefan (Hrsg.): Populismus, Extremismus, Terrorismus, Schwalbach/Ts. 2014.
Schmeitzner, Mike (Hrsg.): Totalitarismuskritik von links. Deutsche Diskurse im 20. Jahrhundert, Göttingen 2007.
Schmidt, Manfred G.: Demokratietheorien. Eine Einführung, 5. Aufl., Wiesbaden 2010.
Schmidt, Vivien A.: The Futures of European Capitalism, Oxford 2002.
Schroeder, Klaus: Rechtsextremismus und Jugendgewalt in Deutschland. Ein Ost-West-Vergleich, Paderborn u. a. 2004.
Schroeder, Klaus: Der SED-Staat. Geschichte und Strukturen der DDR 1949–1990, Neuaufl., Köln u. a. 2013.
Schroeder, Klaus/Monika Deutz-Schroeder: Gegen Staat und Kapital – für die Revolution! Linksextremismus in Deutschland – eine empirische Studie, Frankfurt a. M. 2015.
Schroeder, Klaus (Hrsg.): Geschichte und Transformation des SED-Staates, Berlin 1994.
Schubarth, Wilfried/Richard Stöss (Hrsg.): Rechtsextremismus in der Bundesrepublik. Eine Bilanz, Bonn 2000.
Schuhmacher, Nils: „Nicht nichts machen"? Selbstdarstellungen politischen Handelns in der Autonomen Antifa, Duisburg 2014.
Schultens, Rene/Michaela Glaser (Hrsg.): „Linke" Militanz im Jugendalter. Berichte zu einem umstrittenen Phänomen, Halle 2013.
Schüddekopf, Otto-Ernst: Linke Leute von rechts. Die nationalrevolutionären Minderheiten und der Kommunismus in der Weimarer Republik, Stuttgart 1960.

Schüßlburner, Josef: Zivilrecht als politisches Kampfinstrument? Zur Kündigung von Girokonten aus politischen Gründen, Starnberg 2001.

Schüßlburner, Josef: Demokratie-Sonderweg Bundesrepublik. Analyse der Herrschaftsordnung in Deutschland, Künzell 2004.

Schüßlburner, Josef: „Verfassungsschutz". Der Extremismus der politischen Mitte, Schnellroda 2016.

Schultze, Thomas/Almut Gross: Die Autonomen. Ursprünge, Entwicklungen und Profil, Hamburg 1997.

Schulze, Reinhard: Geschichte der islamischen Welt. Von 1900 bis zur Gegenwart, München 2016.

Schuppert, Gunnar Folke (Hrsg.): Der Rechtsstaat unter Bewährungsdruck, Baden-Baden 2010.

Schwab, Jürgen: Die ‚Westliche Wertegemeinschaft'. Abrechnung – Alternativen, Tübingen 2007.

Schwab, Jürgen: Angriff der neuen Linken. Eine Herausforderung für die nationale Rechte, Tübingen 2008.

Schwagerl, Joachim H.: Rechtsextremes Denken. Merkmale und Methoden, Frankfurt a. M. 1993.

Schwarzmeier, Jan: Die Autonomen zwischen Subkultur und sozialer Bewegung, Göttingen 2001.

Sedlmaier, Alexander: Konsum und Gewalt. Radikaler Protest in der Bundesrepublik, Berlin 2018.

Siegfried, Detlef: 1968. Protest, Revolte, Gegenkultur, Ditzingen 2018.

SINUS-Institut (Hrsg.): 5 Millionen Deutsche: „Wir sollten wieder einen Führer haben", Reinbek bei Hamburg 1981.

Sobota, Katharina: Das Prinzip Rechtsstaat. Verfassungs- und verwaltungsrechtliche Aspekte, Tübingen 1997.

Sommer, Bernd: Prekarisierung und Ressentiments. Soziale Unsicherheit und rechtsextreme Einstellungen in Deutschland, Wiesbaden 2010.

Sowinski, Oliver: Die Deutsche Reichspartei 1950–1965. Organisation und Ideologie einer rechtsradikalen Partei, Frankfurt a. M. u. a. 1998.

Spaaij, Ramón: Understanding Lone Wolf Terrorism. Global Patterns, Motivations and Prevention, Dordrecht u. a. 2012.

Spier, Tim: Modernisierungsverlierer? Die Wählerschaft rechtspopulistischer Parteien in Westeuropa, Wiesbaden 2010.

Spier, Tim/Felix Butzlaff/Matthias Micus/Franz Walter (Hrsg.): Die Linkspartei. Zeitgemäße Idee oder Bündnis ohne Zukunft?, Wiesbaden 2007.

Staud, Toralf: Moderne Nazis. Die neuen Rechten und der Aufstieg der NPD, 4. Aufl., Köln 2007.

Staud, Toralf/Johannes Radke: Neue Nazis. Jenseits der NPD: Populisten, Autonome Nationalisten und der Terror von rechts, Köln 2012.

Steffani, Winfried: Gewaltenteilung und Parteien im Wandel, Opladen 1997.

Steffen, Michael: Geschichten vom Trüffelschwein. Politik und Organisation des Kommunistischen Bundes 1971 bis 1991, Berlin u. a. 2002.

Steglich, Henrik: Die NPD in Sachsen. Organisatorische Voraussetzungen ihres Wahlerfolgs 2004, Göttingen 2005.

Steglich, Henrik: Rechtsaußenparteien in Deutschland. Bedingungen ihres Erfolges und Scheiterns, Göttingen 2010.

Stein, Katrin: Parteiverbote in der Weimarer Republik, Berlin 1999.

Steinberg, Guido: Der nahe und der ferne Feind. Die Netzwerke des islamistischen Terrorismus, München 2006.

Steinberger, Helmut: Konzeption und Grenzen freiheitlicher Demokratie, Berlin u. a. 1974.
Stepanek, Marcel: Wahlkampf im Zeichen der Demokratie. Die Inszenierung von Wahlen und Abstimmungen im nationalsozialistischen Deutschland, Leipzig 2014.
Stern, Fritz: Kulturpessimismus als politische Gefahr, Berlin 1963.
Stern, Klaus/Jörg Herrmann: Andreas Baader. Das Leben eines Staatsfeindes, München 2007.
Stöss, Richard: Die extreme Rechte in der Bundesrepublik. Entwicklungen – Ursachen – Gegenmaßnahmen, Opladen 1989.
Stöss, Richard: Politics against Democracy. Right-Wing Extremism in West Germany, New York/Oxford 1991.
Stöss, Richard: Rechtsextremismus im Wandel, 3. Aufl., Berlin 2010.
Stöss, Richard (Hrsg.): Parteienhandbuch. Die Parteien der Bundesrepublik Deutschland 1945–1980, 2 Bde., Opladen 1983/1984.
Stowasser, Horst: Freiheit pur. Die Idee der Anarchie, Geschichte und Zukunft, Frankfurt a. M. 1995.
Straßner, Alexander: Die dritte Generation der „Roten Armee Fraktion". Entstehung, Struktur, Funktionslogik und Zerfall einer terroristischen Organisation, Wiesbaden 2005.
Straßner, Alexander (Hrsg.): Sozialrevolutionärer Terrorismus. Theorie, Ideologie, Fallbeispiel, Zukunftsszenarien, Opladen 2008.
Sturm, Eva: „Und der Zukunft zugewandt"? Eine Untersuchung zur „Politikfähigkeit" der PDS, Opladen 2000.
Szczerbiak, Aleks/Paul Taggart (Hrsg.): Opposing Europe? The Comparative Party Politics of Euroscepticism, 2 Bde., New York 2008.

Talmon, Jacob L.: Geschichte der totalitären Demokratie, 3 Bde., hrsg. von Uwe Backes, Göttingen 2013.
Tauber, Kurt P.: Beyond Eagle und Swastika, German Nationalism since 1945, 2 Bde., Middeltown 1967.
Terhoeven, Petra: Deutscher Herbst in Europa. Der Linksterrorismus der siebziger Jahre als transnationales Phänomen, München 2014.
Terhoeven, Petra: Eine Geschichte terroristischer Gewalt, München 2017.
Thamer, Hans-Ulrich: Verführung und Gewalt. Deutschland 1933–1945, Berlin 1986.
Thein, Martin: Wettlauf mit dem Zeitgeist. Der Neonazismus im Wandel. Eine Fallstudie, Göttingen 2009.
Thiel, Markus (Hrsg.): Wehrhafte Demokratie. Beiträge über die Regelungen zum Schutz der freiheitlichen-demokratischen Grundordnung, Tübingen 2013.
Thieme, Tom: Hammer, Sichel, Hakenkreuz. Parteipolitischer Extremismus in Osteuropa: Entstehungsbedingungen und Erscheinungsformen, Baden-Baden 2007.
Thieme, Thieme: Eliten und Systemwechsel. Die Rolle der sozialistischen Parteiführungen im Demokratisierungsprozess, Baden-Baden 2015.
Tibi, Bassam: Die fundamentalistische Herausforderung. Der Islam und die Weltpolitik, 2. Aufl., München 1993.
Tibi, Bassam: Der neue Totalitarismus. Heiliger Krieg und westliche Sicherheit, Darmstadt 2004.
Tibi, Bassam: Islamism and Islam, New Haven/London 2012.
Timmermann, Heinz: Kommunistische Parteien in Westeuropa. Programme, Strukturen, Perspektiven, Köln 1985.

Ullrich, Volker: Adolf Hitler, Bd.1: Die Jahre des Aufstiegs 1889–1939, Frankfurt a. M. 2013.
Urban, Johannes: Die Bekämpfung des Internationalen Islamistischen Terrorismus, Wiesbaden 2006.

Vahlefeld, Hans Wilhelm: Deutschlands totalitäre Tradition. Nationalsozialismus und SED-Sozialismus als politische Religionen, Stuttgart 2002.
Vinen, Richard: 1968. Der lange Protest. Biografie eines Jahrzehnts, München 2018.
Virchow, Fabian/Martin Langebach/Alexander Häusler (Hrsg.): Handbuch Rechtsextremismus, Wiesbaden 2016.
Virchow, Fabian/Christian Dornbusch (Hrsg.): 88 Fragen und Antworten zur NPD. Weltanschauung, Strategie und Auftreten einer Rechtspartei – und was Demokraten dagegen tun können, Schwalbach/Ts. 2008.
Vollmer, Andreas M.: Arbeit & soziale Gerechtigkeit – Die Wahlalternative (WASG). Entstehung, Geschichte und Bilanz, Baden-Baden 2013.
Völkel, Evelyn: Der totalitäre Staat – das Produkt einer säkularen Religion? Die frühen Schriften von Frederick A. Voigt, Eric Voegelin sowie Raymond Aron und die totalitäre Wirklichkeit im Dritten Reich im Dritten Reich, Baden-Baden 2009.
Vorländer, Hans: Die Verfassung. Idee und Geschichte, München 2004.
Vorländer, Hans/Maik Herold/Steven Schöller (Hrsg.): PEGIDA. Entwicklung, Zusammensetzung und Deutung einer Empörungsbewegung, Wiesbaden 2016.

Wagenknecht, Sahra: Freiheit statt Kapitalismus. Über vergessene Ideale, die Eurokrise und unsere Zukunft, erw. und aktualisierte Neuausg., Frankfurt a. M. 2012.
Wagner, Thomas: Die Angstmacher. 1968 und die Neuen Rechten, Berlin 2017.
Waldmann, Peter: Terrorismus. Provokation der Macht, München 1998.
Waldmann, Peter (Hrsg.): Beruf: Terrorist. Lebensläufe im Untergrund, München 1993.
Waldmann, Peter: Radikalisierung in der Diaspora. Wie Islamisten im Westen zu Terroristen werden, Hamburg 2009.
Waldstein, Thor von: Der Beutewert des Staates. Carl Schmitt und der Pluralismus, Graz 2008.
Walter, Franz: Rebellen, Propheten und Tabubrecher. Politische Aufbrüche und Ernüchterungen im 20. Jahrhundert, Göttingen 2017.
Weber, Hermann: Die Wandlung des deutschen Kommunismus. Die Stalinisierung der KPD in der Weimarer Republik, 2 Bde., Frankfurt a. M. 1969.
Weckenbrock, Christoph: Die streitbare Demokratie auf dem Prüfstand. Die neue NPD als Herausforderung, Bonn 2009.
Wehler, Hans-Ulrich: Deutsche Gesellschaftsgeschichte Bd.4: Vom Beginn des Ersten Weltkrieges bis zur Gründung der beiden deutschen Staaten 1914 – 1949, München 2003.
Weiß, Volker: Die autoritäre Revolte. Die Neue Rechte und der Untergang des Abendlandes, Stuttgart 2017.
Weißmann, Karlheinz: Kulturbruch '68. Die Linke Revolte und ihre Folgen, Berlin 2017.
Wendt, Bernd Jürgen: Deutschland 1933–1945: Das „Dritte Reich". Handbuch zur Geschichte, Hannover 1995.
Wesemann, Kristin: Ulrike Meinhof. Kommunistin, Journalistin, Terroristin – eine politische Biografie, Baden-Baden 2007.
Wildt, Michael: Geschichte des Nationalsozialismus, Göttingen 2008.
Wilke, Manfred/Hans-Peter Müller/Marion Brabant: Die Deutsche Kommunistische Partei (DKP). Geschichte – Organisation – Politik, Köln 1990.
Wilke, Manfred/Udo Baron: „Die Linke". Politische Konzeptionen der Partei, St. Augustin/Berlin 2009.
Wilke, Manfred/Jürgen Maruhn (Hrsg.): Raketenpoker um Europa. Das sowjetische SS 20-Abenteuer und die Friedensbewegung, München 2001.
Winkler, Heinrich August: Arbeiter und Arbeiterbewegung in der Weimarer Republik, 3 Bde., Bonn 1990.
Winkler, Heinrich August: Geschichte des Westens, 4 Bde., München 2009–2015.

Winkler, Heinrich August: Zerbricht der Westen? Über die gegenwärtige Krise in Europa und Amerika, München 2017.
Winkler, Willi: Die Geschichte der RAF, Berlin 2007.
Winkler, Willi: Der Schattenmann. Von Goebbels zu Carlos. Das mysteriöse Leben des François Genoud, Berlin 2011.
Wippermann, Wolfgang: Dämonisierung durch Vergleich: DDR und Drittes Reich, Berlin 2009.
Wirsching, Andreas: Vom Weltkrieg zum Bürgerkrieg? Politischer Extremismus in Deutschland und Frankreich 1918–1933/39. Berlin und Paris im Vergleich, München 1999.
Witterauf, Peter (Hrsg.): Ist der Kommunismus wieder hoffähig? Anmerkungen zur Diskussion um Sozialismus und Kommunismus in Deutschland, München 2011.
Wolff, Robert Paul/Barrington Moore/Herbert Marcuse: Kritik der reinen Toleranz, Frankfurt a. M. 1966.
Wunschik, Tobias: Baader-Meinhofs Kinder. Die zweite Generation der RAF, Opladen 1997.

Zehnpfennig, Barbara: Hitlers Mein Kampf. Eine Interpretation, 3. Aufl., München 2006.
Zehnpfennig, Barbara: Adolf Hitler. Mein Kampf. Weltanschauung und Programm. Studienkommentar, München 2011.
Zick, Andreas/Anna Klein: Fragile Mitte – Feindselige Zustände. Rechtsextreme Einstellungen in Deutschland 2014, Bonn 2014, Berlin 2016.
Zick, Andreas/Beate Küpper/Daniela Krause: Gespaltene Mitte – feindselige Zustände. Rechtsextreme Einstellungen in Deutschland 2016, Berlin 2016.
Zitelmann, Rainer: Hitler. Selbstverständnis eines Revolutionärs, 5. Aufl., Reinbek 2017.

Personenverzeichnis

Abbas, Abul 450
Abedi, Salman 505
Abel, Theodore 560–562, 571
Abendroth, Wolfgang 27, 374 f.
Abou-Nagie, Ibrahim 409–411, 418, 420, 422
Abou-Taam, Marwan 420
Abromeit, Heidrun 67
Adorno, Theodor W. 50, 163, 210, 212, 238, 252 f., 258, 278, 369, 374, 378
Agartz, Viktor 375
Akilow, Rakhmat 505
al-Albani, Nasir ad-Din 399, 420
Albartus, Gerd 444
Albrecht, Holger 516
Aliyev, Gaydar 539
Allende, Salvador 443
Almond, Gabriel 521
Althusser, Louis 137
Amadeu, Antonio 451
Aly, Götz 614 f.
Amendola, Giovanni 619
Amri, Anis 389, 505
Andropow, Juri 627, 631 f.
Angress, Werner T. 585
Apfel, Holger 317, 329, 332
Appleby, R. Scott 142, 158
Arendt, Hannah 49, 152, 155, 624, 626
Aristoteles 29 f., 56
Aron, Raymond 107
Arzheimer, Kai 173, 257 ff., 272, 299
Asahara, Shoko 148
Asdonk, Brigitte 431
August Wilhelm von Preußen 599
Aust, Ernst 360
Aust, Stefan 469
Azzam, Abdullah Yusuf 417

Baader, Andreas 102, 215, 357, 431–433, 462, 471
Baberowski, Jörg 343, 634
Babeuf, François N. 352
Bachmann, Josef Erwin 378
Bachmann, Kurt 215, 377
Backes, Uwe 17, 29, 32, 50, 55 f., 93, 99, 157, 161, 169, 175, 239, 304, 334 f., 386, 445, 509 f., 514, 549, 634

Bacon, Francis 108
Badiou, Alain 137
Bäcker, Hans-Jürgen 432
al-Baghdadi, Abu Bakr 424
Bahro, Rudolf 150 f.
Baier, Dirk 239
Bakunin, Michail 106, 139, 348 f.
al-Banna, Hassan 392 f., 415 f., 419-422
Bardèche, Maurice 120
Barschel, Uwe 176
Bartsch, Dietmar 367, 380, 385
Baumann, Michael 215, 369, 440
Beam, Louis 458
Beckurts, Karl-Heinz 435
Behme, Katharina 55
Behsain, Mohammed 409
Beisicht, Markus 318 f.
Belinski, Wissarion G. 106
Ben Ali, Zine el-Abidine 392, 534, 536
Benedikt XIV. 143
Benoist, Alain de 327
Benz, Wolfgang 614
Bergmann, Marie Christine 239
Berisha, Sali 539
Berlusconi, Silvio 485
Bernstein, Eduard 353, 367 f.
Besancenot, Olivier 291
Bickel, Alexander M. 87 f., 93
Bigalke, Ruth 420
Bin Laden, Osama 391, 394, 396, 406, 416 f., 420, 423
Binding, Karl 595
Bingham of Cornhill, Thomas Henry 93
Bismarck, Otto von 599, 619
Blank, Bettina 386
Blanqui, Louis-Auguste 104, 352
Blasche, Helge 450
Blomberg, Werner von 599
Bobbio, Norberto 111 f., 157
Bodin, Jean 71
Böckenförde, Ernst-Wolfgang 70. 90
Böhnhardt, Uwe 452 f., 462, 465 f.
Boehnke, Klaus 201
Böll, Heinrich 189
Böse, Wilfried 442, 444
Bötticher, Astrid 211

661

Boock, Peter-Jürgen 434
Borissow, Bojko 486
Bormann, Martin 581
Botsch, Gideon 335
Bouhlel, Mohamed 223
Bracher, Karl Dietrich 104, 157, 597, 599, 604, 615
Brähler, Elmar 189, 200, 203
Brandstetter, Marc 335
Brandt, Tino 452
Braun, Otto 604
Braun, Stephan 335
Braunmühl, Gerold von 435
Brecht, Arnold 607
Brechtgen, Magnus 615
Breininger, Eric 417
Breivik, Anders Behring 125 f., 212, 223
Breschnew, Leonid 627, 632 f.
Breton, Albert 515
Brettfeld, Karin 182, 186, 200
Breuer, Stefan 112
Brie, Michael 347
Broszat, Martin 593
Brown, Archie 635
Brüning, Heinrich 566, 604
Brzezinski, Zbigniew 48 f., 516, 635
Buback, Siegfried 433
Bubis, Ignaz 437
Bucharin, Nikolai I. 629
Buchholz, Christine 364
Buchta, Felix 55
Bukowski, Wladimir 632
Bullock, Allan 585
Burton, Michael G. 530
Bush, George W. 378
Busse, Friedhelm 311, 447

Cagol, Mara 445
Camerarius, Ludwig 30
Campanella, Tommaso 351
Campbell, Donald 259
Capoccia, Giovanni 532, 544, 642
Carrère d'Encausse, Hélène 620
Carter, Elizabeth 267, 272, 299
Castoriadis, Cornelius 135
Castro, Fidel 352, 623, 627
Chamberlain, Houston Stewart 116, 459
Chan-ocha, Prayut 540
Chávez, Hugo 294, 490

Chomeini, Ruhollah Musawi 12, 21, 145, 395, 404, 405
Chong, Dennis 278
Christophersen, Thies 311, 447
Chruschtschow, Nikita 134 f., 377, 623, 627, 631
Churchill, Winston 613
Ciftci, Muhamed 411
Cleary, Matthew R. 293
Coke, Edward 71, 74
Colomer, Josep M. 528, 544
Constant, Benjamin 105
Courtois, Stéphane 22, 386, 619, 634–636
Crouch, Colin 26

Dabbagh, Hassan 409, 417 f., 422
Däumig, Ernst 131
Dahrendorf, Ralf 178
Daleel, Mohammed 504
Darré, Walter 101
Darwin, Charles 143
Déby, Idriss 540
Decker, Oliver 38, 189 f., 200, 203
Deckert, Günter 215, 315
Dehm, Diether 377
Deleuze, Gilles 142
Della Porta, Donatella 240
Dellwo, Karl-Heinz 437, 467
Deng Xiaoping 633
Deppe, Frank 376
Deschner, Günther 331
Deutz-Schroeder, Monika 194, 202, 387
Dicey, Albert Venn 73
Dickhut, Willi 360, 377
Dienel, Thomas 46
Dobroljubow, Nikolai A. 106
Donaldson, Ian Stuart 324
Dornbusch, Christian (siehe auch Martin Langebach) 315, 325, 335
Dovermann, Ulrich 386
Drobot, Marc 55
Dserschinski, Felix E. 626
Dudek, Peter 335
Dutschke, Rudi 215, 357, 378, 429 f.
Duverger, Maurice 482

Eason, David 208, 476, 521
Ebert, Friedrich 189 f., 573
Echnaton 107

Ehrhardt, Artur 119
Ehrhardt, Hermann 575 f.
Eichberg, Henning 120
Eichmann, Adolf 582, 613
Ekiert, Grzegorz 534
Elsässer, Jürgen 350, 378
Ely, John H. 88
Engel, Stefan 362, 378 f.
Engels, Friedrich 105, 128, 153, 349, 352 f., 360, 624, 636
Ensslin, Gudrun 215, 357, 431–433, 446, 462 f.
Enzmann, Birgit 16, 59, 93
Erbakan, Necmettin 392 f., 403
Erdmann, Gero 516
Erdogan, Recep Tayyip 393, 403, 523
Ergün, Kemal 402
Erikson, Erik 109 f.
Ernst, Klaus 365
Erzberger, Matthias 575 f.
Eschenburg, Theodor 597
Euben, Roxanne L. 421
Evans, Richard 615
Evola, Julius 119, 309
Eysenck, Hans-Jürgen 208, 211, 253, 278

Falter, Jürgen W. 21, 167, 169, 171, 178, 188, 195, 200, 299 f., 547, 585
Farin, Klaus 371, 386
Farook, Rizwan 223
Fellman, David 61
Feltrinelli, Giangiacomo 357
Feng, Yi 538
Fenske, Hans 94
Fest, Joachim 586 f., 593, 601
Feuerbach, Ludwig 352
Fichte, Johann Gottlieb 104
Fico, Robert 485
Fischer, Conan 581, 586
Flanagan, Scott 273
Flechtheim, Ossip K. 586
Flümann, Gereon 157
Folkerts, Knut 437, 467
Fourier, Charles 104
Fraas, Hans-Peter 450
Fraenkel, Ernst 33, 94, 606, 609, 615
Franco, Francisco 143, 629
François-Poncet, André 591
Frankenberger, Rolf 21, 513, 516
Frantz, Erica 536 ff.

Franz, Frank 317
Freeden, Michael 110, 157
Frenkel-Brunswik, Else 238, 252
Freud, Sigmund 253
Frey, Gerhard 46, 313, 315, 330, 448
Friedrich, Carl Joachim 48 f., 516
Friedrich, Hans-Peter 445
Frindte, Wolfgang 186, 201, 469 f.
Fritsch, Theodor 150
Fritze, Lothar 56, 386
Fuchs, Christian 469
Fülberth, Georg 376
Fukuyama, Francis 11, 90
Furet, François 636

al-Gaddafi, Muammar 326
Galen, August Graf von 596
Galeotti, Gianluigi 515
Gallus, Alexander 56
Gansel, Jürgen 328, 378
Garweg, Burkhard 437
Gasiorowski, Mark 539
Gauck, Joachim 635
Geddes, Barbara 536, 538, 540
Gehrcke, Wolfgang 360
Geisler, Alexander 335
Gerlach, Holger 453
Gerster, Martin 335
Geschke, Daniel 470
al-Ghannouchi, Rachid 406
Gijsberts, Merove 267, 272
Gobineau, Joseph Artur Comte de 116, 459
Goebbels, Joseph 245, 582, 603, 607, 613
Göring, Hermann 576, 582, 597, 602–604, 611
Goetz, John 469
Gohlke, Nicole 364
Golder, Matt 272
Goldstone, Jack 520
Gorbatschow, Michail 128, 632 f.
Gorz, André 376
Grabert, Herbert 309
Graml, Hermann 614
Grams, Wolfgang 215, 436, 463, 468
Gramsci, Antonio 122, 347
Grashof, Manfred 431
Gremliza, Hermann L. 384
Griesbaum, Rainer 445
Griffin, Roger 117
Grüttner, Michael 615

Grumke, Thomas 336
Guevara, Ernesto („Che") 136, 370
Gül, Abdullah 393
Gürtner, Franz 606
Guizot, François 105
Gunther, Richard 530
Gurr, Ted Robert 240
Gysi, Gregor 380

Habermas, Jürgen 14, 88, 94, 369, 374
Häberle, Peter 94
Häusler, Alexander 336 f.
Haffner, Sebastian 601
Haines, Charles Grove 95
Hamilton, Alexander 75
Hammerschmidt, Katharina 436
Hartz, Peter 322, 362
Hasche, Thorsten 19 f., 389
Hase, Anna-Maria 239
Hassel, Ulrich von 601
Haule, Eva 436
Haupt, Heinz-Gerhard 240
Hausner, Siegfried 433
Haußecker, Nicole 470
Hegel, Georg Wilhelm Friedrich 108, 128, 130, 352, 427
Heine, Heinrich 99
Heissler, Rolf 436
Heitmeyer, Wilhelm 169, 182, 201, 228 f., 241
Held, Karl 382
Heller, Hermann 27
Hennis, Wilhelm 33
Henry, Emile 139
Hepp, Odfried 20, 120, 427, 448–450, 463
Heraklit 550
Herodot 29
Herold, Horst 455
Herrhausen, Alfred 435
Herrmann, Nadine 95
Hertle, Wolfgang 383
Herzen, Alexander 106, 130
Heß, Rudolf 174, 321, 581
Heydrich, Reinhard 610
Higley, John 530
Hilberg, Raoul 586
Himmler, Heinrich 118, 582, 610–612
Hindenburg, Paul von 21, 554, 583, 599, 604 f., 607 f.
Hildebrand, Klaus 615

Hitler, Adolf 57, 117, 120, 245, 305, 307 f., 427, 449, 551–558, 560–562, 567, 575–577, 583, 585, 587, 591–594, 598–604, 607, 610–614, 617 f., 621
Ho Chi Minh 136, 352, 623
Hoche, Alfred 595
Hodscha, Enver 358
Hobbes, Thomas 71
Hobler, Uwe 385
Hobsbawm, Eric 11, 636
Höppner, Rolf-Heinz 612
Hofer, Norbert 12
Hoffmann, Karl-Heinz 29, 312, 448 f., 463
Hofstadter, Richard 259
Hogefeld, Birgit 215, 436 f., 461, 463, 467 f.
Holderberg, Angelika 467
Holmes, Stephen 63
Honecker, Erich 360, 379
Horkheimer, Max 369, 374
Horlemann, Jürgen 361
Houellebecq, Michel 509
Huber, Wolfgang 432
Huber Stephens, Evelyne 526
Hugenberg, Alfred 558, 583, 599
Humphrey, Hubert Horatio 431
Huntington Samuel P. 475, 521, 524 f., 544
Hussein, Saddam 424

Ibn Abd al-Wahhab, Mohammed 398 f.
Ibn Hanbal, Ahmad 399
Ibn Taimiya, Taqi ad-Din Ahmad 399
Ignazi, Piero 254 f.
Iliescu, Ion 485
Il-sung, Kim 627
Inglehart, Ronald 226, 273

Jabotinsky, Wladimir Ze'ev 144
Jackman, Robert W. 272
Jackson, George 434
Jacobsen, Hans Adolf 607
Jakowlew, Alexander 636
Jansen, Heinrich 431
Jaschke, Hans-Gerd 336, 541
Jaspers, Karl 153
Jelpke, Ulla 384
Jesse, Eckhard 11, 16, 23, 32, 56 f., 157, 161, 169, 179 f., 304, 387, 445, 610, 514 f., 543, 549
Jesus von Nazareth 123
Johannes (Evangelist) 143

Johannes Paul II. 631

Kaase, Max 32, 169, 218
Kaczýnski, Jaroslaw A. 485
Kägi, Werner 88
Kahane, Meir 144
Kailitz, Steffen 275 f., 515
Kaindl, Gerhard 383
Kamenew, Lew B. 626, 629
Kant, Immanuel 108
Kapke, André 453
Kaplan, Cemaleddin Hocağlu 145
Kaplan, Metin 145
Kapp, Wolfgang 349, 574 f.
Kappes, Cathleen 240
Karadag, Roy 521
Karl I. 71
Karl II. 72
Karry, Heinz-Herbert 369, 442 f.
Kater, Michael 587
Kellmann, Klaus 346
Kershaw, Ian 587, 598, 601, 616 f.
Kexel, Walter 20, 120, 427, 448–450, 463
Khosrokhavar, Farhad 423
Kielmansegg, Peter Graf 33, 95
Kiesinger, Kurt Georg 430
Kiess, Johannes 200
Kinkel, Klaus 20, 437, 458, 461
Kirchner, Christina 294
Kißener, Michael 616
Kitschelt, Herbert 226 f., 255, 273, 275–277, 301
Klamt, Martin 480, 510
Klar, Christian 434, 436, 464
Klein, Anna 202
Klein, Dieter 347
Klein, Joachim 444
Kleist-Schmenzin, Ewald von 591
Klemperer, Victor 109
Klette, Daniel 437
Klingemann, Hans-Dieter 32, 165 f., 227 f., 242, 256–258, 261, 275, 277, 302
Knopp, Philipp 55
Köhler, Gundolf 450
Koenen, Gerd 636
Koestler, Arthur 49
Kofler, Leo 375
Kollmorgen, Raj 544, 546
Kopke, Christoph 42

Kopp, Magdalena 444, 469
Krause, Daniela 190, 202
Kraushaar, Wolfgang 23–26, 179, 470
Kreikenbom, Henry 201
Kriegel, Annie 620, 630
Kröcher-Tiedemann, Gabriele 441, 444
Kroll, Frank-Lothar 158
Kropotkin, Pjotr A. 138
Krug, Wilhelm Traugott 30
Kubik Jan 534
Kühnen, Michael 215, 311 f., 320, 330, 332, 447, 450
Kühnl, Reinhard 376
Küpper, Beate 190, 202
Kuhlmann, Brigitte 444
Kunzelmann, Dieter 215, 369, 379
Kurras, Heinz 439
Kurz, Robert 376
Kusserow, Wilhelm 149

Lafontaine, Oskar 366, 384
Lagarde, Paul de 149
Lai, Brian 538
Lamartine, Alphonse 105
Lambsdorff, Otto Graf 445
Lamennais, Félicité 104
Landauer, Gustav 349
Lang, Jürgen P. 19, 339, 387
Langebach, Martin 335, 511
Langhans, Rainer 369
Lassalle, Ferdinand 353
Lau, Sven 411, 418, 420
Lauck, Gary 447
Lawrow, Pjotr L. 106
Leach, James 352
Lefebvre, Marcel 143
Lefort, Claude 136
Leggewie, Claus 45
Lenin, Wladimir Iljitsch 31, 106, 129–132, 135 f., 153, 341, 343, 346, 353 f., 566, 599, 619, 624–640
Le Pen, Jean-Marie 143, 494
Le Pen, Marine 12, 494
Lepper, Andrzej 499
Lepsius, M. Rainer 178
Levi, Paul 354
Levine, David 259
Levinson, Daniel J. 238 f., 252
Levitsky, Steven 293 f.

Liebknecht, Karl 353, 563–565, 573, 575, 583 f.
Liebold, Sebastian 634
Lifton, Robert Jay 110
Likert, Rensis 253
Linz, Juan J. 49 f., 517, 521, 530–532, 545, 636
Lipset, Seymour Martin 26, 31, 42, 177–180, 246, 251, 259, 273, 521–524
Loewenstein, Karl 16, 95
Logvinov, Michail 239
Lohlker, Rüdiger 424
Longerich, Peter 594
Lorenz, Peter 370, 441, 466
Lubbe, Marinus van der 605 f.
Lubbers, Marcel 267, 272
Lützinger, Saskia 213, 241
Lüttwitz, Walther von 574 f.
Luhmann, Niklas 14
Lukács, Georg 378
Lukaschenko, Alexander 539
Lula da Silva, Luiz I. 294
Lumumba, Patrice 429
Luxemburg, Rosa 131, 189, 341, 346 f., 353 f., 366 f., 376, 563–565, 573, 575, 583 f., 634

Mácków, Jerzy 545
Madison, James 76
Maher, Shiraz 424
Mahler, Horst 102, 215, 431 f., 441, 464, 468
Maier, Hans 158
Maizière, Thomas de 410, 496
Malcolm X 136
Malik, Tashfeen 223
Mallmann, Klaus Michael 567–571, 588
Mandel, Ernest 375
Maududi, Sayyid Abu l-A'la 145
Mann, Thomas 597
Mannewitz, Tom 11, 18, 245, 301, 511
Mannheim, Karl 604
Mansour, Ahmad 413, 424
Manzoni, Patrick 239
Mao Tse-tung 110, 134, 344 f., 352, 358, 360, 378, 387, 620, 623, 627
al-Maqdisi Abu Mohammed 399, 416, 418
Marbury, William 76
March, Luke 284 ff., 292, 301
Marcos, Ferdinand 539
Marcuse, Herbert 136, 369, 374, 378
Mareš, Miroslav 211
Marshall, George C. 622

Marshall, John 76
Martow, Julius 626
Marty, Martin E. 142, 158
Marx, Karl 57, 104 f., 108, 128–130, 134, 136, 153, 274, 341, 348 f., 352 f., 624 f., 635 f.
Maschke, Günter 215
Masood, Khalid 505
Mateen, Omar 223
Matthäus (Evangelist) 258
Mattheuer, Wolfgang 21
Mazzini, Giuseppe 104
McAdam, Doug 533, 545
McCarthy, Joseph R. 45
McClosky, Herbert 278
Mečiar, Vladimir 485, 490
Meier, Horst 45
Meinecke, Friedrich 608
Meinhof, Ulrike 102, 215 f., 357, 384, 431–433, 457, 464, 468, 471
Meins, Holger 432, 440
Melkonian-Hoover, Ruth 538
Mélenchon, Jean-Luc 291
Menhorn, Christian 336
Merkel, Wolfgang 530, 544–546
Merkl, Peter 560, 571, 578
Messerschmidt, Manfred 592
Meyer, Till 215
Michelet, Jules 104
Michelman, Frank J. 88
Micus, Matthias 26 f.
Michalka, Wolfgang 616
Mies, Herbert 215, 377, 379
Milgram, Stanley 246
Miliopoulos, Lazaros 18, 205
Milošević, Slobodan 114
Minkenberg, Michael 543
Mletzko, Matthias 239
Moeller van den Bruck, Arthur 328
Möller, Heiner 382
Möllers, Christoph 96
Möllers, Martin H. W. 57
Mohammed 406
Mohler, Armin 327, 330
Mohnhaupt, Brigitte 433 f., 436, 464 f.
Molotow, Wjatscheslaw M. 626, 629
Mommsen, Hans 598, 609, 615
Moneta, Jakob 215, 379 f.
Montesquieu, Charles de 74 f.
Moore, Barrington Jr. 521, 526

Moreau, Patrick 509 f.
Morus, Thomas 351
Mosley, Oswald 119, 309
Mubarak, Hosni 21, 146, 392, 405, 534, 536
Mühsam, Erich 349
Müller, Joachim 182, 201
Müller, Kurt 356
Mudde, Cas 158, 240, 511
Mugabe, Robert 539
Mursi, Mohammed 392, 534
Mußgnug, Martin 315
Mundlos, Uwe 452 f., 465 f.
Mussolini, Benito 106 f., 575, 631

Naess, Arne 151
Nagib, Mohammed 392
Napoleon I. 619
Napoleon II. 105
Narr, Wolf-Dieter 179
Nasser, Gamal Abdel 392, 419
Negri, Antonio 137
Netschajew, Sergej 106, 139, 624
Nettlau, Max 139
Neu, Viola 17, 161, 169, 201, 241
Neubert, Ehrhart 635
Neugebauer, Gero 42 f., 386
Neumann Peter R. 41, 412, 425
Niekisch, Ernst 117
Noelle-Neumann, Elisabeth 196, 202
Nolte, Ernst 49, 636
Norris, Pippa 272
Noske, Gustav 573 f.

Ochsenreiter, Manuel 331
O'Donnell, Guillermo 519, 529 f., 546
Oertzen, Peter von 375
O'Hara, Patrick 434
Ohnesorg, Benno 431, 439
Ooyen, Robert Chr. van 57
Orlow, Dietrich 587
Orwell, George 109
Oschmann, Rainer 384

Palmers, Walter 466
Papen, Franz von 577, 592, 599, 604
Pappi, Franz Urban 32, 165 f.
Parsons, Talcott 163, 254, 521
Pascual, Margot 528, 544
Pasternak, Boris 626

Pastörs, Udo 317, 331
Pelinka, Anton 512
Pétain, Philippe 143
Peters, Butz 470 f.
Pfahl-Traughber, Armin 57, 303, 336, 387
Pfeiffer, Christian 240
Pierce, William L. 120
Pimental, Edward 434
Pinochet, Augusto 143
Pius IX. 143
Pius X. 143
Plambeck, Juliane 441, 446
Platon 29, 108, 127
Ploetz, Alfred 595
Pohl, Helmut 436
Pokorny, Sabine 17, 161, 169
Pol Pot 360
Ponto, Jürgen 433
Popper, Karl R. 58, 108
Posadas, Juan 133
Priestland, David 636
Proll, Thorwald 431
Proudhon, Pierre-Joseph 139, 348
Przeworski, Adam 521, 528
Pufendorf, Samuel 74
Putin, Wladimir 114, 126, 523
Putnam, Robert 521, 525

al-Qaradawi, Yusuf 416, 420 f.
Queirolo, María del Rosario 290
Qutb, Sayyid 145, 419–421

Raabe, Jan 335
Rabehl, Bernd 215
Rabert, Bernhard 470
Rabold, Susann 240
Radek, Karl 585
Ramadan, Said 419
Ramadan, Tariq 419
Ramelow, Bodo 365, 367
Rasmussen, Anders Fogh 485
Rasmussen, Løkke 486
Raspe, Jan-Carl 215, 432 f.
Rassoul, Muhammad 145
Rathenau, Walther 575
Rauch, Georg von 439, 446
Reagan, Ronald 24, 631
Rebentisch, Dieter 610
Redler, Lucy 364

Reents, Jürgen 384
Reich, Wilhelm 136
Reimann, Max 380
Reinders, Ralf 440 f.
Reisz, Heinz 46
Remer, Otto Ernst 46
Rensmann, Lars 42
Requate, Jörg 240
Reuter, Edzard 437
Ribbentropp, Joachim von 611
Rich, Norman 614
Riedl, Jonathan 25, 27
Riefenstahl, Helene („Leni") 599
Rieger, Jürgen 149
Riemeck, Renate 464
Ring, Erp 196, 202
Roberts, Kenneth 293 f.
Robespierre, Maximilien de 105
Rockwell, George Lincoln 120
Roeder, Manfred 311, 447
Röhl, Klaus Rainer 384, 465
Röhm, Ernst 312
Röpke, Andrea 336
Rohe, Mathias 425
Rohmer, Friedrich 30
Rohwedder, Detlev Karsten 435
Rokeach, Milton 163, 208, 211 f., 242, 253, 278
Rokkan, Stein 251, 273
Rollnik, Gabriele 467
Rommerskirchen, Charlotte 285, 292
Roosevelt, Franklin D. 613
Rosenberg, Alfred 101, 119
Rostropowitsch, Mstislaw 632
Rothbard, Murray 138
Rouhs, Manfred 318 f.
Rousseau, Jean-Jacques 105, 351 f., 375
Roy, Olivier 400
Rueschemeyer, Dietrich 521, 526
Rustow, Dankwart A. 513, 521, 529
Rykow, Alexej I. 629

Sacharow, Andrei 632
al-Sadat, Muhammad Anwar 21, 536
Saint-Simon, Henri de 104 f.
Salamun, Kurt 154
Salazar, António de Oliveira 143, 480
Salzborn, Samuel 337
Sánchez, Ilich Ramírez 444, 468 f.
Sandschneider, Eberhard 518

Sanford, R. Nevitt 238 f., 252
Sarkozy, Nicolas 419
Scavenius, Erik 613
Schacht, Hjalmar 599, 611
Scharpf, Fritz 522
Schedler, Jan 337
Scheepers, Peer 267, 272
Scheidemann, Philipp 575
Schelm, Petra 431
Scheuch, Erwin K. 31, 165, 227 f., 242, 256–258, 261, 275, 277, 302
Schiller, Margrit 432
Schleyer, Hanns Martin 357, 429, 433, 435, 441, 456, 461
Schleicher, Kurt von 604
Schlierer, Rolf 315
Schlumberger, Oliver 520
Schmidt, Helmut 433
Schmidt, Manfred G. 482
Schmidtke, Franziska 470
Schmierer, Hans-Gerhart („Joscha") 361
Schmitt, Carl 328
Schmitter, Philippe 519, 529, 546
Schmücker, Ulrich 440
Schnell, Eva 466
Schoen, Harald 299
Schoenbaum, David 610
Schölzel, Arnold 384
Schönhuber, Franz 331
Schroeder, Klaus 194, 202, 387, 637
Schröder, Helmut 182, 201
Schüssel, Wolfgang 485
Schützinger, Jürgen 315
Schulz, Adelheid 434
Schulz, Gerhard 609
Schulze, Reinhard 425
Schumann, Dirk 578
Schumann, Siegfried 163, 278
Schuppert, Gunnar Folke 96
Semler, Christian 361
Serow, Ivan 631
Shariati, Ali 404
Sheng, Kang 631
Shepard, William E. 145
Sherif, Carolyn 259
Sherif, Muzafer 259
Shils, Edward 278
Siemens, Carl Friedrich von 332
Siepmann, Ingrid 441

Sieyès, Emmanuel Joseph 78
Simonson, Julia 240
Singer, Hartwig (siehe Henning Eichberg)
Singer, Peter 151
Sinowjew, Grigori J. 626, 629
Sobota, Katharina 96
Söhnlein, Horst 431
Solberg, Erna 485
Solschenizyn, Alexander 632
Sommer, Eva-Maria 466
Sontheimer, Kurt 115, 552
Sorel, Georges 106
Speer, Alfred 613
Speit, Andreas 336, 511
Spengler, Oswald 328
Sperber, Manès 49
Sperling, Fritz 356
Spohrer, Hans-Thomas 220
Sporleder, Dieter 450
Staël, Germaine de 99
Stalin, Josef Wissarionowitsch 130–132, 342–344, 354, 360, 364, 387, 583, 585, 599, 621–623, 626, 629 f., 634, 636
Stanicic, Sascha 364
Staub, Ernst-Volker 437
Steffani, Winfried 34, 96
Steglich, Henrik 302, 335, 337
Stehr, Heinz 367
Steinberg, Guido 399
Steinmetz, Klaus 463, 467
Stepan, Alfred 521, 545
Stephens, John 526
Stern, Klaus 68
Sternberger, Dolf 33, 109
Stirner, Max 138, 348
Stöss, Richard 40, 189, 193, 202, 303, 337, 473 f., 493
Stoltenberg, Jens 490
Storz, Gerhard 109
Stowasser, Horst 387
Stoye, Jan 239
Strasser, Gregor 120, 308, 311, 447, 449
Strasser, Otto 120, 308, 311, 447, 449
Straßner, Alexander 20, 427, 471
Ströbele, Hans-Christian 437
Strohschneider, Tom 384
Sturzo, Luigi 48, 106
Süskind, Wilhelm E. 109
Szczerbiak, Aleks 512

Szydło, Beata 12

Taggart, Paul 512
Talmon, Jacob L. 33, 104, 106, 158 f.
Tandja, Mamadou 539
Tarrow, Sidney 533, 540, 545
Taufer, Lutz 437
Teufel, Fritz 215, 369, 441
Thadden, Adolf von 310, 331 f.
Thälmann, Ernst 354, 568, 584
Thamer, Hans-Ulrich 617
Thatcher, Margaret 24
Thein, Martin 337
Thieme, Tom 20, 57, 473, 510
Thomas, Wolfgang 431
Thorez, Maurice 622
Thorning-Schmidt, Helle 486
Tibi, Bassam 426
Tillmann, Ulrich 450
Tilly, Charles 533, 540, 545
Tito, Josip Broz 346 f.
Tkatschow, Pjotr N. 106
Tocqueqville, Alexis de 105
Tolmein, Oliver 469
Troebst, Stefan 478
Trotzki, Leo 131–133, 343, 626 f., 629, 634
Tsarnaev, Dschochar 223
Tsarnaev, Tamerlan 223
Tschernenko, Konstantin U. 632 f.
Tschernyschewski, Nikolai 106, 130, 624 f.
Tschombé, Moise 429
Tucker, Benjamin R. 138

Uka, Arid 103, 223, 504
Ulfelder, Jay 540
Ullrich, Volker 600 f., 617

Vanhanen, Tatu 521, 526
Vattels, Emer de 74
Vesper, Bernward 215, 462
Vesper, Will 462
Viet, Inge 441, 466
Voegelin, Eric 107
Vogel, Andreas 441
Vogel, Pierre 409, 411, 418, 420
Voigt, Udo 316 f., 332
Vollmer, Andreas 388
Volpert, Karin 272
Vorländer, Hans 97

Wagener, Hans-Jürgen 544, 546
Wagenknecht, Sahra 380, 384
Wagner, Bernd 336
Wagner, Wolfgang 201
Waldmann, Peter 242
Walesa, Lech 541
Walter, Franz 28
Weber, Hermann 588, 598
Weber, Max 616 f.
Wegner, Christel 367
Wehler, Hans-Ulrich 617 f.
Weinhauer, Klaus 240
Weinrich, Johannes 444
Weiß, Hermann 614
Weißmann, Karlheinz 327
Weißmann, Marliese 200
Wendell, Charles 422
Wendt, Bernd Jürgen 22, 591, 618
Wetzel, Peter 182, 186, 200
Whitehead, Lawrence 519, 529, 546
Wilders, Geert 12
Wildt, Michael 618
Wilhelm I. 608
Wilhelm von Preußen (Kronprinz) 608
Willamson, Richard 143
Willikens, Werner 600
Winkler, Heinrich August 13, 581, 588, 604
Winkler, Willi 470 f.
Wippermann, Wolfgang 39
Wirsching, Andreas 578
Wischnewski, Hans-Jürgen 456
Wissler, Janine 364, 380 f.
Wohlleben, Ralf 318, 452 f.
Worch, Christian 323, 332
Wright, Joseph 536, 538
Wunschik, Tobias 471 f.

Young, Owen D. 583

Zak, Paul 538
Zaman, Muhammad Qasim 421
al-Zarqawi, Abu Musab 394, 416
al-Zawahiri, Ayman 394, 416 f.
Zehnpfennig, Barbara 158
Zetkin, Clara 373, 584
Ziblatt, Daniel 532
Zick, Andreas 38, 190, 202
Zimmermann, Ernst 434
Zitelmann, Rainer 588 f.
Žižek, Slavoj 137
Zschäpe, Beate 126, 452–454, 466

Autorenverzeichnis

Backes, Uwe (geb. 1960 in Greimerath bei Trier): Prof. Dr., TU Dresden, stellvertretender Direktor des Hannah-Arendt-Institutes, (Mit-)Herausgeber des Jahrbuches Extremismus & Demokratie.

Courtois, Stéphane (geb. 1947 in Dreux bei Paris): Prof. Dr., Forschungsdirektor am „Groupe d'Etude et d'Observation de la Démocratie" der Universität Paris X in Nanterre, Politikwissenschaft. Mitgründer der Zeitschrift Communisme.

Enzmann, Birgit (geb. 1965 in Sobernheim bei Bad Kreuznach): Prof. Dr., Katholische Universität Eichstätt-Ingolstadt, Politikwissenschaft.

Falter, Jürgen W. (geb. 1944 in Heppenheim): Prof. Dr., Johannes Gutenberg-Universität Mainz, Forschungsprofessur, Politikwissenschaft.

Frankenberger, Rolf (geb. 1974 in Ruit auf den Fildern bei Stuttgart): Dr., Akademischer Rat, Eberhard Karls Universität Tübingen, Politikwissenschaft, Sprecher des Arbeitskreises „Vergleichende Diktatur- und Extremismusforschung" der Deutschen Vereinigung für Politikwissenschaft.

Hasche, Thorsten (geb. 1982 in Husum): Dr., Wissenschaftlicher Mitarbeiter, Georg-August-Universität Göttingen, Politikwissenschaft.

Jesse, Eckhard (geb. 1948 in Wurzen bei Leipzig): Prof. em. Dr., TU Chemnitz, Politikwissenschaft. (Mit-)Herausgeber des Jahrbuches Extremismus & Demokratie.

Lang, Jürgen P. (geb. 1964 in Regensburg): Dr., Leitender Redakteur beim Bayerischen Rundfunk, München.

Mannewitz, Tom (geb. 1987 in Wurzen bei Leipzig): Juniorprof. Dr., TU Chemnitz, Politikwissenschaft.

Miliopoulos, Lazaros (geb. 1976 in Düsseldorf): Dr., Privatdozent und Lehrbeauftragter an der Rheinischen Friedrich-Wilhelms-Universität Bonn, Politikwissenschaft, Sprecher des Arbeitskreises „Vergleichende Diktatur- und Extremismusforschung" der Deutschen Vereinigung für Politikwissenschaft.

Autorenverzeichnis

Neu, Viola (geb. 1964 in Ludwigshafen): Dr., Leiterin der Hauptabteilung Politik und Beratung der Konrad-Adenauer-Stiftung und Leiterin des Teams Empirische Sozialforschung, Berlin.

Pfahl-Traughber, Armin (geb. 1963 in Schwalmstadt): Prof. Dr., Hochschule des Bundes in Brühl, Lehrbeauftragter Universität Bonn, Herausgeber des Jahrbuches für Extremismus- und Terrorismusforschung.

Pokorny, Sabine (geb. 1981 in Wesel): Dr., Koordinatorin des Teams Empirische Sozialforschung, Konrad-Adenauer-Stiftung, Berlin.

Straßner, Alexander (geb. 1974 in Zwiesel/Niederbayern): Dr., Privatdozent und Akademischer Oberrat, Universität Regensburg, Politikwissenschaft.

Thieme, Tom (geb. 1978 in Karl-Marx-Stadt): Prof. Dr., Hochschule der Sächsischen Polizei (Rothenburg/O.L.), Politikwissenschaft.

Wendt, Bernd Jürgen (geb. 1934 in Hamburg): Prof. em. Dr., Universität Hamburg, Geschichtswissenschaft.